江西省交通基本情况图

福银高速东生段互通立交

中国年鉴资源全文数据库
CHINA YEARBOOK DATABASE
核心年鉴
中国年鉴全文数据库
收录年鉴

JIANGXIJIAOTONGNIANJIAN

江西交通年鉴

2014

江西省交通运输厅交通史志编审委员会

方志出版社

图书在版编目(CIP)数据

江西交通年鉴.2014/江西省交通运输厅交通史志编审委员会编.
—北京:方志出版社,2014.12
ISBN 978-7-5144-1464-6

Ⅰ.①江… Ⅱ.①江… Ⅲ.①交通运输业-江西省-2014-年鉴
Ⅳ.①F512.756-54

中国版本图书馆CIP数据核字(2014)第282543号

江西交通年鉴(2014)

编　　者:江西省交通运输厅交通史志编审委员会
责任编辑:刘方圆

出 版 人:冀祥德
出 版 者:方 志 出 版 社
地址　北京市朝阳区潘家园东里9号(国家方志馆4层)
邮编　100021
网址　http://www.fzph.org
发　　行:方志出版社发行中心
电话(010)67110500
经　　销:各地新华书店
印　　刷:江西龙莹印务有限公司

开　　本:889×1194　1/16
印　　张:40.125
字　　数:1233千字
版　　次:2014年12月第1版　2014年12月第1次印刷
印　　数:0001~1200册

ISBN 978-7-5144-1464-6/F·150　　定价:200.00元

8 月 1 日，江西省政府在南昌召开赣粤两省政府座谈会，研究和商讨两省高速公路省际通道的规划和建设衔接工作。会前，省委书记强卫会见了广东省副省长刘志庚一行

2 月 8 日，省委副书记、省长鹿心社在省委常委、常务副省长凌成兴，省人大常委会副主任、省交通运输厅厅长马志武、副省长李贻煌等陪同下慰问江西公路开发总公司信息中心职工

7月17日，省委副书记尚勇到九江新长江大桥、九江绕城高速项目，考察工程建设情况，看望慰问一线交通干部职工

12月9日，省委常委、常务副省长莫建成调研昌九一体化交通工程，并在庐山服务区召开座谈会，协调进一步加快推进交通项目建设

7月10日，省委常委、省纪委书记周泽民一行到省交通运输厅开展“五访纳谏”专项调研工作

7月12日，省人大常委会副主任洪礼和、朱秉发一行察看昌樟改扩建项目

10月21日，副省长李炳军调研宜春环城南路建设项目

11月15日，团中央书记处第一书记秦宜智一行到高速集团泰和管理中心井冈山“映山红”收费站实地调研青年文明号创建工作

10 月 17 日，交通运输部党组副书记、副部长翁孟勇率调研组到江西就沿江经济发展情况进行调研，副省长李贻煌陪同

4 月 15 日，交通运输部副部长高宏峰到省高速集团畅行公司调研指导工作

2 月 27 日，交通运输部副部长冯正霖考察江西高速公路建管养运及庐山西海水上交通安全工作

8 月 22 日，省交通运输厅党委书记、厅长朱希察看高速建设项目

5月15日，省交通运输厅党委委员、副厅长王爱和在省高速集团泰和管理中心调研

11月12日，省交通运输厅党委委员、副厅长、省邮政管理局局长彭志先在物流企业调研

1 月 28 日，省交通运输厅党委委员、纪委书记成松检查指导上饶春运安全工作

8 月 8 日，省交通运输厅党委委员、总工程师胡钊芳在建设工地检查安全生产工作

省交通运输厅党委委员、副厅长梁必康在九江市交通部门检查指导工作

省交通运输厅党委委员、副厅长王昭春在萍乡公路部门调研

交通管理

3月29日，省政府召开全省进一步加快交通运输事业发展座谈会，研究落实关于进一步加快交通运输事业发展的意见

全省交通运输工作会议对交通工作作了全面的部署

省交通运输厅积极谋划交通发展新思路

2013年是全面贯彻落实中共十八大精神的第一年。一年来，在省委、省政府和交通运输部的正确领导下，全省交通运输系统把握主题主线，坚持稳中求进，全面完成各项年度目标任务，在推动交通运输发展升级的进程中迈出一大步。

为有效破解交通建设筹融资三大难题，即高速公路建设资本金难以筹措的难题、普通公路撤站收费难以偿债的难题、自然村水泥路建设无资金来源的难题，在省政府领导率领下，赴东北三省考察调研，学习借鉴经验，争取省政府出台《江西省人民政府关于进一步加快交通运输事业发展的意见》，为江西省交通运输事业发展提供政策支持和资金保障。

12月12日，全省创新民工工资管理机制推进会在南昌召开，推广交通建设工程民工工资管理经验

全力维护行业和谐稳定。扎实做好社会管理综合治理工作，认真做好信访维稳工作，着力从源头上化解矛盾纠纷。创新交通在建工程民工工资管理机制，基本实现民工工资零拖欠，民工兄弟零投诉、零上访、零阻工，省综治委将这一经验做法在全省推广。

7月和9月，国务院安委会第七综合督查组在江西省进行安全生产工作督查。9月18日，该省安全生产工作汇报反馈会议在南昌召开，督查组组长、交通运输部副部长何建中出席会议并讲话

江西省综治委、江西省交通运输厅在深入调研基础上，联合出台《关于创新交通建设工程民工工资管理的实施意见》和操作规程，创造性建立保障民工工资发放八项机制，并在昌樟高速改扩建工程先行试点

围绕赣南等原中央苏区振兴国家战略，编制完成《赣南等原中央苏区江西境内公路水路交通发展规划》

11月6日至8日，交通运输部在赣州市开展"在推进城镇化发展中交通运输发挥基础性先导性作用"专题调研，并在安远县开展对口支援工作调研

围绕罗霄山特困片区等38个贫困县扶贫开发工作，全年共筹措25.3亿元资金用于贫困地区交通基础设施建设，同比增长23.8%。全面启动贫困地区25户以上自然村通村水泥路建设，为贫困地区的6521个自然村安排7.81亿元资金，用于硬化6180公里通村水泥路以及改善村内道路条件。

高速公路建设

井冈山厦坪至睦村高速公路

高速公路高架桥施工

高速公路建设完成投资 189.9 亿元。建成九江长江公路大桥、井睦高速公路 2 个项目，完成抚吉高速公路赣江大桥以西段竣工扫尾工作，全省高速公路通车里程达 4335 千米。新开工建设都九高速公路星子至九江段、金溪至抚州、南昌至宁都、南昌至上栗、资溪花山界（赣闽界）至里木高速公路 5 个项目 564 千米，复工建设萍洪高速公路项目。九江绕城、万宜、寻全高速公路、昌樟高速公路改扩建、昌九高速公路通远段改扩建等续建项目进展顺利。

井冈山隧道

九江长江公路大桥施工

交通基础设施建设迎难而上，全年完成总投资 355.1 亿元，再创历史新高

国省道和农村公路建设

320 国道宜春段

铁路公路并驾齐驱

顺畅的高速公路连接线

国省道公路改造完成投资 79.7 亿元。升级改造国省道 717 千米，实施路面大中修 1536 千米，完成危桥改造 4732 延米 /40 座、安保工程 1658 千米、灾害防治工程 550 千米。农村公路建设完成投资 71.4 亿元。在没有国家资金补助的情况下，通过省自筹并按省 8 万元 / 千米，市、县各 2 万元 / 千米的补助标准，全面启动 25 户以上自然村通水泥路建设。全年共建成农村水泥路 12604 千米，同比翻一番，完成农村公路危桥改造 4615 延米 /44 座，安保工程 595 千米。

农村公路坦荡如砥

水运及运输站场建设

赣江石虎塘航电枢纽

南昌－湖口二级航道整治后航运繁忙景象

运输枢纽站场建设完成投资9.7亿元。建成宜春汽车客运总站，107个农村公路综合服务站试点项目累计建成81个。续建南昌、抚州、宜春综合客运枢纽，新开工建设上饶、南昌西综合客运枢纽，吉安河西综合物流园、井冈山经开区物流园。

水运建设完成投资4.4亿元。我省水上交通工程建设投资规模最大的赣江石虎塘航电枢纽建成投运，完成整治赣江南昌至湖口二级航道，南昌龙头岗综合码头一期工程、万年港综合码头工程进展顺利，赣江新干航电枢纽、南昌港樵舍综合码头等项目前期工作加快推进。建设管理水平大幅提升。

繁忙的水运码头

农村公路综合服务站

通过多元化融资筹集水上交通工程建设资金

井冈山至睦村高速公路隧道

九江长江公路大桥

九江长江公路大桥

九江长江公路大桥

九江绕城高速汪家洞特大桥效果图

井冈山厦坪至睦村高速公路

南昌至宁都高速公路效果图

高速公路隧道

四通八达的高速公路网

婺源江湾公路

G105 国道泰和段

莲花农村公路

鹰潭鹰南大道

繁忙的赣江河道

赣江石虎塘航电枢纽建成投运

赣江石虎塘航电枢纽

南昌至湖口二级航道

积极参加机动车驾培工作会议

省交通运输厅每年举行春运记者见面会

运管部门严格落实各项安全措施

100 多辆出租车和私家车、企业主参与“2013 年景德镇市爱心送考”活动

争取省政府出台《关于城市优先发展公共交通的实施意见》，指导南昌市成功申报第二批国家“公交都市”建设示范城市，并已获批复。全年公路运输客运量、旅客周转量、货运量、货物周转量同比分别增长 3%、2.9%、11.5% 和 19.9%。

6 月 7 日早上 6:30 分，27 辆贴有“爱心助考公益车”标识的客车从江西新干长运有限公司缓缓出发，帮助高考考生

启动水路运输企业“营改增”试点工作，推动水运企业转型发展。全年水路运输货运量、货物周转量同比分别增长6.1%和5.4%，港口货物吞吐量达2.62亿吨，同比增长3.8%。

应急保障

不断强化应急保障能力建设，交通监控应急指挥中心主体工程全面完工。顺利完成部队跨区机动演习交通保障任务，全省交通运输系统4个单位、15名个人受到省国防动员委员会、南京军区交战办通报表彰。

昌樟改扩建项目办结合组织开展老路基塌方暨交通安全应急演练

江西远洋公司开展救生演习

萍乡公路部门用平地机铲雪除冰

开展隧道消防演习

高速公路管理部门铲冰除雪保畅通

路政执法

加强法治政府部门建设。扎实推进基层执法站所“三基三化”试点和交通行政执法形象“四统一”工程。

组织开展普通公路路域环境综合整治工作，通过治理违法搭建、违法采挖、违法堆放、违法占道经营等“四违”现象，努力实现整治路段沿线路域环境“八个无”（即交通标志前后500米基本无广告、基本无违法建筑物、无穿越公路的设施、基本无违法非公路标志、路基路肩边坡基本无非植物、基本无摆摊设点、无打谷晒粮现象、公路用地范围内基本无堆积物）目标。全省路政部门共清除占路堆积物3.16万处，查处和制止违章建筑926处，拆除非公路标志牌4178个，查处损坏公路设施案件1430件。

开展路政法规宣传教育

整治路域环境

帮助受困司乘人员

协助疏导交通

养护保通

推行公路养护新工艺

紧密结合实际，推进公路水路养护管理发展方式转变，不断提升管理水平，推进科学养护，强化应急保障，深化机制改革，确保优质服务，形成高质量工程，高品质服务，高效率监管，高科技支撑，高素质队伍的公路水路养护管理格局。

高速公路养护实现机械化

“集养护、应急、服务”一体的综合养护中心

检测车在 105 国道东坑路段检测路况

赣江南昌至湖口段为二级航道

收费服务

开展“百姓满意服务区”评选活动

泰井高速井冈山收费站的映山红班组

高速公路服务区服务水平大幅提升

全省累计建成电子不停车收费车道318条，高速公路收费站覆盖率达63%。切实保障重点物资运输和特殊时段旅客运输，认真执行鲜活农产品运输“绿色通道”和重大节假日小客车免费通行等政策，全省全年减免通行费18.5亿元。深入开展“百姓满意服务区”评选活动，进一步提升高速公路服务区管理水平。

为司机送上温馨服务

不停车收费系统提高了通行效率

省交通运输厅举办学习班，集中学习习近平总书记系列重要讲话精神

省交通运输厅党委召开党的群众路线教育实践活动

党的群众路线教育实践活动工作推进会召开

群众路线专题民主生活会按照“照镜子、正衣冠、洗洗澡、治治病”的总要求，厅机关和厅直属61家副处级以上单位扎实开展党的群众路线教育实践活动。各级领导班子和领导干部发挥带头示范作用，学习教育注重深化认识、触及灵魂；征求意见做到开门纳谏、广开言路；开展批评做到较真碰硬、剖析深刻；整改落实注重建章立制，务求实效。在扎实做好规定动作的同时，精心组织具有交通特色的自选动作，开展10个方面的专项整治，修订出台15项规章制度，着力加强机关作风建设，着力构建反“四风”的长效机制。通过全省组织的民意调查和测评，社会公众对交通运输系统教育实践活动成效普遍反映良好。

省交通运输厅召开专门会议落实中央“八项规定”和省委具体要求

请有关专家举办专题讲座

将反腐倡廉作为教育实践活动的重中之重。坚持“三重一大”事项集体决策制度，把权力关在笼子里，晒在阳光下。落实“一岗双责”。加强廉政警示教育。开展上缴“红包”、清理交通工程建设保证金、清理涉企收费、严肃财经纪律等专项治理。切实加大对全系统贯彻中央八项规定和省委若干规定情况的监督检查，与2012年相比，厅机关和厅直属单位会议费用、公务接待费用、办公经费支出、车辆运行费用分别减少57.7%、41.4%、26.3%和15.9%。

广开言路、开门纳谏

在红色教育基地举行入党宣誓活动

省公路管理局每年举办全省公路系统“清风杯”羽毛球比赛

敖志凡获得第四届全国道德模范提名奖和第三届江西省道德模范称号

交通文化在一路传播

深化行业文明创建。大力宣传交通运输行业核心价值观，积极培养选树行业先进典型。交通工程咨询监理中心职工敖志凡获得第四届全国道德模范提名奖和第三届江西省道德模范称号，39个单位获得第九届省直机关文明单位称号，3个单位获得“全国青年文明号”称号。

丰富多彩的职工文体活动

省高速集团举办职工登山比赛

江西省交通运输厅交通史志编审委员会

主任委员　朱　希

常务副主任　王爱和

副主任委员　谢元银　于钦民　王圣义　王江军　朱隆亮
　　熊华武

委　　员　黄伟钢　曾云谋　罗志明　邝宏柱　吴相金
　　王垒嘉　刘维文　夏太胜　刘盖群　雷茂锦
　　来栋萍(女)　万杰兵　蔡建新　朱　晗　王继东
　　陈玉书　席文良　秦小辉　彭　瑜(女)　易宗发
　　贺一军　糜向荣　张建明　胡建强　秦炜婷(女)
　　熊昌军　杜一峰　李　旷　曾　敏　王林水
　　邓振胜　黄自强

《江西交通年鉴》编辑部

主　　编　熊华武

副 主 编　王林水　邓振胜

主　　任　王林水

副 主 任　邓振胜　黄自强

编　　辑　(按姓名笔画排序)
　　邓振胜　何战鏖　胡建国　黄自强　游小荣　彭益民

《江西交通年鉴(2014)》编辑分工

特　　载	邓振胜
专　　记	何战鏖
便　　览	邓振胜　何战鏖
大 事 记	彭益民
交通基础设施建设	胡建国
运输生产	邓振胜
科技　教育　卫生	彭益民
交通管理	黄自强
党群工作	何战鏖
市、县交通	巢强花(女)　游小荣(女)
交通统计资料	黄自强
人物、先进集体	彭益民
文献文件	彭益民
附　　录	何战鏖
彩色图片	王林水　游小荣(女)
索　　引	游小荣(女)
发　　行	游小荣(女)　王小旭

《江西交通年鉴(2014)》提供资料单位主审名单

（以姓氏笔画为序）

万杰兵	王江军	王继东	龙　骏	邝宏柱
刘维文	朱隆亮	吴伟明	吴步高	李　奇
李　坪	李建红	李星勇	来栋萍(女)	陈　峰
陈玉书	邹记根	张　洪	张建明	肖伦发
余力克	郭　昌	钟家毅	贺一军	胡建强
夏太胜	徐华德	谢元银	谢赣健	聂复生
黄　强	黄伟钢	秦小辉	秦炜婷(女)	彭　瑜(女)
曾云谋	简少华	蔡建新	熊华武	熊昌军
糜向荣				

《江西交通年鉴(2014)》提供资料单位主笔

（以姓氏笔画为序）

万海飙	王　硕(女)	云　丽(女)	甘正阳	邓清华
叶　勇	艾年宗	马兰花	刘　婷(女)	刘　晔
刘　勤	朱　革(女)	朱　晗	朱国英	江涛达
李　丹(女)	李发淳	李青峰	任金平	陈志光
陈　菁(女)	陈均培	陈根玲	吴　欣(女)	吴泽水
余明华	杨淑芬(女)	周国祥	罗新民	钟恢万
倪文权	张兆平	张曙光	荣　耀	饶品涵
饶梅香(女)	聂玉洁(女)	陶光辉	涂　强	高　梅(女)
龚仁平	龚莉萍(女)	崔建林	黄　云(女)	彭　磊
鲁德彪	虞德军	鲍丽娜(女)	廖晓锋	熊晓红(女)
颜卫民				

编　辑　说　明

一、《江西交通年鉴(2014)》是江西省交通运输厅交通史志编审委员会主持编修的第18卷省级交通年鉴。载录江西交通2013年1月1日至12月31日的资料。出版年鉴的宗旨是为江西交通建设服务,为社会了解江西交通提供信息。

二、本年鉴坚持实事求是的思想路线。在充分反映成绩、经验的同时,对工作中的困难、问题和缺点也作了如实记述;同时注意时代特征、地方特色、行业特点;力求全面准确地展示交通系统广大干部职工在物质文明、精神文明、政治文明和生态文明建设中的成果和风貌;充分发挥信息密集、多功能的作用,满足多方面、多层次读者的需要。

三、本年鉴的体例采用分类编辑法,以交通专业分工立目,内容由特载、专记、便览、大事记、交通基础设施建设、运输生产、科技教育卫生、交通管理、党群工作、市县交通、交通统计资料、人物及先进集体、文献文件、附录和索引构成,并附彩页。

四、本年鉴文稿由省交通运输厅机关各处室、厅直属各单位、各设区市及县交通局提供,并经领导审核。条目文后括号内的人名或单位名为撰稿者。

五、本年鉴选录的统计资料,主要依据江西省交通运输厅规划处编印的《2013年江西省交通统计年鉴》,部分由交通运输厅直属单位和设区市交通运输局提供,统计口径不一的以厅规划处统计数字为准。

六、本年鉴对获省、部级以上奖励的先进个人设简介;对厅级以上的先进集体、先进个人列表记述。

七、本年鉴的计量单位、数字用法、语言文字等均依照国家现行有关规定执行。

目 录

特 载

专 记

便 览

大事记

交通基础设施建设

公路建设

高速公路建设

普通公路建设

国道

省道

城市道路

县乡公路

公路桥梁建设

公路养护

养护工程

港航建设

规划与勘察设计

站场(厂)房屋建设

运输生产

道路运输

运输线路

运输站点

运输工具

道路运价

道路旅客运输

道路货物运输

城市公共交通

水路运输

水路货物运输

交通附属工业

道路运输附属工业

节能环保

道路运输节能减排

水路运输节能减排

行政机关、事业单位节能减排

科技　教育　卫生

科　技

信息工程

教　　育

卫　　生

学会　协会

交通管理

行政管理

政务管理

组织与人事

财务与审计

法治建设

交通战备

综合治理

交通建设管理

高速公路管理

公路交通管理

治理车辆超限超载

道路运输管理

城市客运管理

路政管理

安全与应急管理

水路交通安全管理

水路交通管理

水路运输管理

船舶检验

党群工作

纪检监察工作

精神文明

共青团工作

老龄工作

扶贫救灾工作

市、县交通运输

交通统计资料

人物 先进集体

人物简介

2013 年度全省交通运输系统先进个人

2013年度全省交通运输系统先进集体

江西省交通运输厅表彰的先进集体

文件　文献

附　录

铁　路

民用航空

索　　引

特　　载

深化改革　攻坚克难 全面打造江西省交通运输发展升级版*

朱　希

（2014 年 1 月 18 日）

一、2013 年全省交通运输工作的简要回顾

2013 年是全面贯彻落实党的十八大精神的第一年。一年来，在省委、省政府和交通运输部的正确领导下，全省交通运输系统把握主题主线，坚持稳中求进，全面完成了各项年度目标任务，在推动交通运输发展升级的进程中迈出了一大步。回顾过去的一年，我们主要狠抓了以下几项工作：

（一）狠抓了交通基础设施建设任务的完成

2013 年是江西省交通基础设施建设极不平凡的一年。交通基础设施建设迎难而上，全年完成总投资 355.1 亿元，再创历史新高。

高速公路建设完成投资 189.9 亿元。建成九江长江公路大桥、井睦高速公路 2 个项目，完成抚吉高速公路赣江大桥以西段竣工扫尾工作，全省高速公路通车里程达 4335 千米。新开工建设都九高速公路星子至九江段、金溪至抚州、南昌至宁

* 这是江西省交通运输厅党委书记、厅长朱希在全省交通运输工作会议上的讲话（摘录）

都、南昌至上栗、资溪花山界(赣闽界)至里木高速公路5个项目564千米,复工建设萍洪高速公路项目。九江绕城、万宜、寻全高速公路、昌樟高速公路改扩建、昌九高速公路通远段改扩建等续建项目进展顺利。

国省道公路改造完成投资79.7亿元。升级改造国省道717千米,实施路面大中修1536千米,完成危桥改造4732延米/40座、安保工程1658千米、灾害防治工程550千米。农村公路建设完成投资71.4亿元。在没有国家资金补助的情况下,通过省自筹并按省8万元/千米、市、县各2万元/千米的补助标准,全面启动25户以上自然村通水泥路建设。全年共建成农村水泥路12604千米,同比翻了一番,完成农村公路危桥改造4615延米/44座,安保工程595千米。

运输枢纽站场建设完成投资9.7亿元。建成宜春汽车客运总站,107个农村公路综合服务站试点项目累计建成81个。续建南昌、抚州、宜春综合客运枢纽,新开工建设上饶、南昌西综合客运枢纽,吉安河西综合物流园、井冈山经开发区物流园。

水运建设完成投资4.4亿元。江西省水上交通工程建设投资规模最大的赣江石虎塘航电枢纽建成投入运营,完成整治赣江南昌至湖口二级航道,南昌龙头岗综合码头一期工程、万年港综合码头工程进展顺利,赣江新干航电枢纽、南昌港樵舍综合码头等项目前期工作加快推进。

(二)狠抓了交通建设筹融资难题的破解

为了有效破解交通建设筹融资三大难题,即高速公路建设资本金难以筹措的难题、普通公路撤站收费难以偿债的难题、自然村水泥路建设无资金来源的难题,交通运输厅在省政府领导率领下,赴东北三省考察调研,学习借鉴经验,争取出台了《江西省人民政府关于进一步加快交通运输事业发展的意见》,为江西省交通运输事业发展提供了政策支持和资金保障。

平稳实施了高速公路通行费收费标准调整。其中小客车通行费增量部分用于增强高速公路还本付息能力,货车计重收费线性调整增量部分由省统筹用于自然村通水泥路建设。这次调整部署周密、操作得当、平稳有序。加上2012年7月1日出台的1分钱撤站偿债补助,全年高速公路通行费达到129.2亿元,同比增长1.3%。

通过多元化筹融资,2013年高投集团完成融资352亿元,同比增长14%。加强了与国电江西公司的友好协商,争取到赣江石虎塘航电枢纽的全部股权和合理上网电价,预计每年发电收入1.5亿元,为内河水运建设搭建了新的融资平台。

在全国率先实现了普通公路取消收费、免费通行。累计撤销普通公路收费站35个,每年减征普通公路通行费8亿元,全面构建起普通公路免费体系和高速公路收费体系"两个公路体系",为江西全面实施大开放战略,营造了良好的环境。

(三)狠抓了交通基本建设管理的整改

以案为鉴、痛定思痛,下大力气整治交通基本建设中存在的突出问题。对重点工程建设领域发生的案件进行了深刻剖析,查找了交通基本建设监管方面的突出问题,并采取针对性措施予以纠正。开展了领导干部违规干预和插手工程建设专项整治,对违规进入的施工队伍进行了坚决清理。在南昌至宁都、南昌至上栗高速公路主体工程招投标中推行了电子化招标,最大限度减少了人为因素干扰。修订出台了《公路工程设计变更管理办法》等一批管理制度,完善了基本建设市场监管制度体系。

建设管理水平大幅提升。九江长江公路大桥主桥跨径818米,位居世界斜拉桥第7位,创造了不对称斜拉桥跨径第一等四个世界之最,标志着江西省公路桥梁建设水平跻身世界先进行列。井睦高速公路项目建成全省最长公路隧道井冈山隧道,并在国内第一个试行项目监管一体化和设计施工总承包组合模式,开创了中国高速公路建设的建管新模式。吉莲高速公路永莲隧道克服罕见施工难度,左、右洞已分别掘进2204米和2125米。景婺黄高速公路于2013年荣获工程建设领域最高奖项"詹天佑"奖。

规划前期工作力度空前。在省政府的高位推动下,会同昌宁、昌栗高速公路项目沿线的6个设区市、13个县、59个乡镇和省直有关部门,采取"特事特办、并联审批"的办法,一周之内完成了以往需几个月时间的项目建设用地报批材料编报工作,确保了两个项目顺利开工。抓住交通运输部编制《国家公路网规划(2013—2030)》的契机,将德兴至南昌至铜鼓、泰和至井冈山至睦村、上饶至德兴至婺源、兴国至赣县至大余4条地方加密高速公路纳入国家高速网,增加里程549千米,规划总里程达到6279千米,形成"4纵6横8射"加

17条联络线网络布局。积极主动与国家交通战备办对接,争取交通战备公路用地指标;同时优化高速公路线型设计,最大限度节约和减少用地。通过这些举措,加上新增国高网的用地,初步估算可解决建设用地4000公顷左右,约占2014年7333.33公顷用地需求的一半以上。

(四)狠抓了区域交通规划建设的实施

围绕赣南等原中央苏区振兴国家战略,编制完成了《赣南等原中央苏区江西境内公路水路交通发展规划》。新增广昌至吉安、宁都至定南及定南联络线等3个高速公路项目。争取到交通运输部12.3亿元补助资金用于普通国省道改造建设,同比增长48.5%,占全省补助资金总额的63.6%。安排2.9亿元资金用于国省道大中修。专门筹措2.6亿元资金用于323国道瑞金至赣县段113千米路面改造。安排16.3亿元补助资金用于6990千米的农村公路建设,同比增长105.2%。

围绕推进昌九一体化战略,研究制定了昌九交通一体化方案和昌九大道建设规划方案,重点是对昌九高速进行"4车道改8车道"扩容工程建设,新建昌九大道一级公路,支持共青城先导区建设。

围绕罗霄山特困片区等38个贫困县扶贫开发工作,全年共筹措25.3亿元资金用于贫困地区交通基础设施建设,同比增长23.8%。全面启动贫困地区25户以上自然村通村水泥路建设,为贫困地区的6521个自然村安排了7.81亿元资金,用于硬化6180千米通村水泥路以及改善村内道路条件。

为更好地服务区域经济发展,对国省道规划进行了调整完善,总里程由现有的11078千米增加到19022千米,全省82%以上乡镇和所有重点乡镇、省级及以上经济开发区、AAAA级及以上旅游景区实现国省道公路连通,新增覆盖乡镇400多个。

(五)狠抓了公路水路运输服务能力的提升

加强法治政府部门建设。《江西省公路水运工程质量安全监督管理条例》被列入省人大立法项目,取消和下放行政审批事项7项,扎实推进基层执法站所"三基三化"试点和交通行政执法形象"四统一"工程。加强行政执法工作,开展了运政稽查和网上稽查行动。严肃查处梨园治超站"黄牛带车过站问题",举一反三,以整治治超违规违法行为为重点,迅速开展了交通公路执法专项整改工作。

推动公路水路运输服务优化。争取省政府出台了《关于城市优先发展公共交通的实施意见》,指导南昌市成功申报第二批国家"公交都市"建设示范城市,并已获批复。全年公路运输客运量、旅客周转量、货运量、货物周转量同比增长3%、2.9%、11.5%和19.9%。启动水路运输企业"营改增"试点工作,推动了水运企业转型发展。全年水路运输货运量、货物周转量同比增长6.1%和5.4%,港口货物吞吐量达2.62亿吨,同比增长3.8%。切实保障重点物资运输和特殊时段旅客运输,认真执行鲜活农产品运输"绿色通道"和重大节假日小客车免费通行等政策,全年减免通行费18.5亿元。深入开展"百姓满意服务区"评选活动,进一步提升了高速公路服务区管理水平。

加快安全绿色转型发展。深化"平安交通"创建,继续保持了安全生产平稳态势,道路运输连续三年未发生重特大事故,水上交通事故死亡人数连续五年控制在个位数,交通重点工程事故控制在考核指标范围以内。不断强化应急保障能力建设,交通监控应急指挥中心主体工程全面完工。顺利完成部队跨区机动演习交通保障任务。全省交通运输系统4个单位、15名个人受到省国动委、南京军区交通战备办通报表彰。加强交通科技创新工作,召开了全省交通运输科技创新会议,全年新增1个省级工程技术研究中心,25项技术获得国家专利和证书,8项成套技术上升为省地方标准,9个科研项目获得国家及省部级奖励。全国高速公路信息通信系统联网工程江西段项目建设基本完成,省地方海事局被列为全国"智慧海事"试点工程建设单位。全省累计建成电子不停车收费车道318条,高速公路收费站覆盖率达63%。加大了交通职业技术教育、成人教育、继续教育和干部教育培训工作力度。

推进体制机制改革。平稳有序做好了九江长江大桥公路桥管理局成建制划转工作。推进了省交通工程集团有限公司和省港航投资建设公司的实质性组建和运作。省交通工程集团有限公司公路工程施工总承包特级资质进入住建部核准公示阶段。将省港航投资建设公司和远洋公司一并理顺至省港航局管理,统一整合了水运建设和发展的资源。

（六）狠抓了党的群众路线教育实践活动的开展

根据中央和省委的统一部署，在挂点省领导周泽民同志和省委第十二督导组的悉心指导下，按照“照镜子、正衣冠、洗洗澡、治治病”的总要求，厅机关和厅直属61家副处级以上单位扎实开展了党的群众路线教育实践活动。各级领导班子和领导干部发挥带头示范作用，学习教育注重深化认识、触及灵魂；征求意见做到开门纳谏、广开言路；开展批评做到较真碰硬、剖析深刻；整改落实注重建章立制，务求实效。在扎实做好规定动作的同时，精心组织具有交通特色的自选动作，开展了10个方面的专项整治，修订出台了15项规章制度，着力加强机关作风建设，着力构建反“四风”的长效机制。通过全省组织的民意调查和测评，社会公众对交通运输厅教育实践活动成效普遍反映良好。

将反腐倡廉作为教育实践活动的重中之重。坚持“三重一大”事项集体决策制度，把权力关在笼子里，晒在阳光下。落实了“一岗双责”。加强了廉政警示教育。开展了上缴“红包”、清理交通工程建设保证金、清理涉企收费、严肃财经纪律等专项治理。切实加大对全系统贯彻中央八项规定和省委若干规定情况的监督检查，与2012年相比，厅机关和厅直属单位会议费用、公务接待费用、办公经费支出、车辆运行费用分别减少57.7%、41.4%、26.3%和15.9%。

推进干部人事制度改革。严格执行干部选拔任用监督“一条例八制度”，完成厅管领导班子及成员到期考察续聘工作，科学开展竞争性选拔干部工作。

深化行业文明创建。大力宣传交通运输行业核心价值观，积极培养选树行业先进典型，交通工程咨询监理中心职工敖志凡荣获第四届全国道德模范提名奖和第三届江西省道德模范，39个单位荣获第九届省直机关文明单位称号，3个单位荣获“全国青年文明号”称号。

全力维护行业和谐稳定。扎实做好社会管理综合治理工作，认真做好信访维稳工作，着力从源头上化解矛盾纠纷。创新交通在建工程民工工资管理机制，基本实现民工工资零拖欠，民工兄弟零投诉、零上访、零阻工，省综治委将这一经验做法在全省推广。

二、2014年交通运输发展升级的基本思路和主要任务

2014年是全面深入贯彻落实党的十八届三中全会精神的开局之年，是实施“十二五”规划承前启后的关键之年，做好今年的工作意义重大。

当前，交通运输改革已进入攻坚期和深水期，交通运输部门要全面准确把握面临的新形势新任务，掌握主动，积极作为，不断开创交通运输升级发展的新局面。为此，交通运输部门必须把握全面深化改革的总目标，坚持问题导向，认真研究全面深化交通运输改革的顶层设计和创新突破，在承接好、落实好国家和省一系列重大改革部署的同时，主动调整和优化交通运输发展的具体政策、制度和管理措施，以改革的红利释放交通运输发展的潜力。必须坚持稳中求进的总基调。江西省还属于经济欠发达地区，加快发展仍是首要任务。具体到交通运输，面临的最大问题还是“发展不足、发展不平衡”的问题。在当前乃至今后几年，江西省交通运输发展的关键还是要加快基础设施建设，做大增量，升级存量，重点是推进建设提速。必须准确把握推进“四个交通”的新要求，当前和今后一个时期我们要以加快推进“四个交通”发展为主题主线，充分发挥各种运输方式技术经济优势和交通网络整体效能，依托科技创新和管理进步引领交通运输行业转型升级，加快建设资源节约型、环境友好型交通运输行业，全面提高交通运输安全发展的管控能力，全力维护行业和谐稳定。

综合分析交通运输发展面临的形势任务，2014年乃至今后几年江西省交通运输工作的总体要求是：全面贯彻落实党的十八大、十八届三中全会和省委十三届七次、八次全会精神，按照中央经济工作会议和全国交通运输工作会议部署，坚持深化改革，攻坚克难，推进江西省交通运输“建设提速、服务升级、改革突破、创新驱动、和谐发展”，全面打造交通运输发展升级版，为建设富裕和谐秀美江西，全面建成小康社会提供交通运输保障。

围绕上述要求，2014年重点要抓好以下几项工作：

（一）推进高速公路建设提速

2013年，厅党委在深入调研、充分论证的基础上，作出高速公路建设“两步并作一步走，6000千米大提速”的部署，将原计划到2020年实现

6000千米的高速公路目标提前至2016年底实现。作出这样的部署,有这样几点判断:一是从全国看,国家将对地方政府债务的管理日益严格,对土地管理日益严格,对政府融资管理日益严格,可以预见,土地指标、融资政策将日益收紧。二是从项目建设看,随着经济社会发展,项目建设的征地拆迁、原材料、劳力等成本将大幅上升。三是从建设融资趋势看,目前高速公路建设融资对金融机构仍具有较大的吸引力,但越往后融资难度将越来越大。四是从高速公路建设面临的问题看,问题和困难是客观存在的,并不会因为放慢发展速度而自行消失。由此可见,高速公路越往后越会增加新的、不可预见的困难和问题,越拖越被动,越早越主动,建设提速势在必行。只要我们思想统一,步调一致,组织得当,安排合理,这个目标一定可以实现。

根据高速公路建设提速要求,2014年,全省交通运输基础设施建设投资规模预计为430亿元,首次跨越400亿元大关,同比增长21.1%。高速公路建设投资预计为274.7亿元,重点确保实现三个目标。

一是全力以赴抓好年内通车项目建设,确保实现县县通高速公路的新目标。2014年将全面建成宜春至万载、萍乡至洪口界、九江绕城、都九高速公路星子至九江段、寻乌至全南等5个项目242千米高速公路,全省高速公路通车里程达到4577千米。在此基础上,全省最后两个不通高速公路的县,即万载县和安远县将实现高速公路通达,赣鄱大地将翻开县县通高速公路的历史新篇章。

二是全力以赴抓好续建项目建设,确保2015年建成5000千米高速公路。续建昌樟高速改扩建、昌九高速改扩建通远试验段、金溪至抚州、南昌至宁都、南昌至上栗、资溪花山界(赣闽界)至里木等6个续建项目646千米高速公路,为2015年实现5000千米高速公路目标奠定基础。

三是全力以赴抓好新开工项目建设,确保2016年建成6000千米高速公路项目全部落地。实现6000千米高速公路共有12个项目1030千米。其中,广昌至船顶隘(闽赣界)、南昌南外环、都昌至九江高速公路都昌至星子段、兴国至赣县4个项目要确保7月底前开工建设;东乡至昌傅、宁都至定南(赣粤界)、宁都至定南高速公路定南联络线、上饶至万年、修水至平江(赣湘界)、铜鼓至万载、南昌至宁都高速公路南昌连接线7个项目要确保10月底前开工建设:广昌至吉安项目要确保年底前开工建设,实现所有项目年底前全部落地。

(二)推进区域交通规划建设先行

支持赣南等原中央苏区振兴发展。进一步落实支持赣南等原中央苏区振兴发展部省会谈纪要精神。高速公路建设,2014年建成寻乌至全南,续建南昌至宁都等3个项目,开工建设宁都至定南(赣粤界)等6个项目。国省干线公路建设,加快G105信丰县石井至西牛段等项目建设,启动G220东深线草林至双溪段等断头路项目建设。农村公路建设,全面推进罗霄山17个集中连片特困地区农村公路建设,加快赣南等原中央苏区县和特困片区县25户以上自然村通水泥路建设。根据交通运输部对口支援安远县振兴发展工作方案,抓紧细化落实,对安远县符合交通运输部投资政策的项目,加大前期工作指导力度,及时纳入部年度计划,推动对口支援工作圆满完成。

支持昌九一体化发展。重点推进昌九高速公路"四改八"扩容工程,抓紧做好项目前期工作,确保年内开工建设。加快昌九大道建设,根据实用管用原则,对线型进一步进行调整完善;认真研究省级资金补助方式,想方设法降低工程造价,促使项目尽早开工建设。加快共青先导区交通建设前期工作,尽力予以配合和支持。

支持赣东北扩大开放合作加快发展。开工建设上饶至万年、东乡至昌傅高速公路项目。重点推进320国道上饶绕城公路等项目建设。

支持赣西经济转型加快发展。建成萍乡至洪口界、宜春至万载高速公路项目,加快推进南昌至上栗高速公路建设,开工建设铜鼓至万载高速公路项目,推进萍乡至莲花高速公路前期工作。重点推进国道319萍乡、上栗绕城一级公路、国道320宜春绕城等项目建设。启动省道S314樟排线明月山至万龙山、省道S222宋水线罗溪至石境两条断头路项目建设。

以推进区域经济发展战略为抓手,加快国省干线公路建设。全面完成升级改造500千米、路面改造等大中修工程1500千米。全面建成50个集"养护、应急、服务"三位一体的普通干线综合养护中心,全面启动16个普通国省干线公路服务区建设试点工作。实施危桥改造389座,安保工程2500千米,灾害防治工程200千米。争取省政府对国省道建设管理在融资和用地方面的支持,调整有关监管办法。

继续加大农村公路建设力度,安排通自然村公路建设1万千米,加快全省尤其是38个赣南等原中央苏区县和特困片区县25户以上自然村通村水泥路建设。建成41个农村客运站,500个农村候车点。全面完成107个农村公路综合服务站建设试点工作。全面启动全省农村公路危桥改造工程,力争上半年出台相关建设规划,制定相关具体实施意见。

(三)推进公路水路运输服务升级

大力推进客运“零换乘”。进一步加快南昌、南昌西、宜春3个国家综合客运枢纽建设,加快抚州、上饶2个区域性综合客运枢纽建设,切实加强客运枢纽站场设施与铁路、地铁、城市公交的规划衔接和配套建设,大力建设铁路、轨道交通、长途客运、城市公交、出租车等多种运输方式之间零距离换乘的综合客运换乘中心。建立客运站站务工作流程标准,在一级客运站先行试点。引导、鼓励客运企业进行股份制改造,探索公司化经营新模式,提升服务质量。

大力推进货运“无缝对接”。认真贯彻落实国家和江西省促进物流业健康发展的政策措施,着力改善发展环境,提高物流专业化、社会化水平。加快现代物流基地建设,续建吉安河西综合物流园、井冈山经济开发区物流园,力争开工建设赣州综合物流园、宜春开发区物流中心、萍乡赣湘国际物流港。开展传统物流向现代物流转型试点工作。抓好国家甩挂运输试点项目建设。推进交通运输公共物流信息平台建设。

大力推进公共交通“优先发展”。认真贯彻落实国务院关于城市优先发展公共交通的指导意见和省政府的实施意见,以组织开展公交考核为抓手,推动城市公共交通优先发展;加强对南昌市创建国家“公交都市”建设示范工程的指导。制定下发全省统一的出租车经营合同范本,推进出租车规范发展;继续指导推进全省出租汽车行业和谐劳动关系创建活动,维护出租汽车行业稳定发展。

大力推进水路“通江达海”。牢牢把握国家加快长江黄金水道建设的重大机遇,进一步加快“两纵一横”高等级航道和南昌、九江两个主要港口建设,加快建设通江达海的水路交通大通道。重点建设赣江新干航电枢纽,南昌龙头岗综合码头、九江港彭泽港区红光综合码头两个物流园区和南昌港樵舍货运码头等项目。

(四)推进交通运输改革突破

深化改革必须坚持问题导向,改什么、怎么改都要直面摆在我们面前重大的突出的问题,为此,2014年要在着力推进以下几个方面的改革上下工夫:

深化交通筹融资改革。当前,交通运输发展最突出的问题是资金紧缺,资金紧缺最突出的问题又体现在三个方面:一是高速公路资金缺口大。据初步测算,完成6000千米高速公路建设任务,需投资1300亿元,其中资本金需450亿元。二是国省道建设筹资能力弱。完成“十二五”国省道改造建设与养护管理等任务,需安排省级补助资金约180亿元、地方配套资金200亿元,但地方交通部门筹资能力弱,省政府要求的将国省道建设资金纳入各级地方财政预算的目标难以实现,配套资金落实难。为破解难题,鼓励各地按照“取之于路,用之于路”的原则,积极探索搭建普通公路建设筹融资平台。在这方面,赣州市、新余市敢试敢闯,值得各地学习借鉴。三是多元化经营水平低。江西省高速公路企业总收入中90%以上依赖于通行费收入,与广西壮族自治区等省(区)形成了鲜明的反差。为此,要积极争取部、省、市、县各级在政策、资金、土地等方面支持的基础上,通过筹融资改革,拓宽渠道,创新方式,充分利用有效资产、公共资源搭建融资平台的办法,为交通建设提供资金筹措渠道。

深化重点工程招投标改革。在认真总结昌宁、昌栗高速公路“一公开一保密,两自动五随机”招投标方式,即:“公开招标工程量清单解释、子目单价、最高招标限价,对招标人信息保密,自动调取投标人投标业绩、自动清标,投标人的投标子类别由电子化系统随机分配、每个标段可通过的最多投标人数量在开标现场随机抽取、投标人的报价开标标段在开标现场随机抽取、评标基准价计算办法在开标现场随机抽取、评标基准价计算参数在开标现场随机抽取”的基础上进一步总结完善,并在全省高速公路主体工程招投标工作中予以推广。

深化项目管理机制改革。成立项目管理专门

机构，对项目建设实施规范化、标准化、集约化管理，统筹管理交通重点工程建设，做到项目建设前期工作、招标投标、财务管理、政治监察和工程技术管理"五统一"，整合建设资源，节约建设成本，限制领导权力，加大监督力度，确保交通工程建设优质、廉洁、高效。

深化用工与分配制度改革。坚持以人为本，优先考虑照顾年龄大、工龄长的员工，逐步解决员工异地工作、两地分居问题。在收入分配上，要向偏远、一线员工倾斜；在提拔使用时，偏远、一线员工在同等条件下优先。

继续深化交通运输行政审批制度改革。精简审批、简政放权，做到能简化的简化、能下放的下放、能取消的取消。积极探索普通公路养护管理体制改革。全力完成公路桥梁工程局、公路机械工程局事改企工作，全力支持交通工程集团有限公司做大做强。在深化改革的同时，要切实加强行业管理工作。深入开展公路交通执法工作专项整改，进一步健全和完善治超工作制度，加强执法人员警示教育和管理，推进治超工作长效开展。健全交通建设市场诚信体系建设，提高项目信息公开透明度，完善信用评价工作机制。完善道路运输市场准入和退出机制，完善行业信用体系建设。全面加强普通公路养护管理，全力以赴做好迎接"十二五"全国干线公路养护管理大检查的各项准备工作。全面推进农村公路养护管理工作。

（五）推进交通运输创新发展

全面落实综合交通要求。坚持适度超前、量力而行、尽力而为，与区域协调发展和新型城镇化要求相适应，合理布局不同区域、不同层次、不同方式的运输网络，合理配置和优化整合交通运输资源，促进各种运输方式深度融合，逐步实现各种运输方式从分散、独立发展转向一体化、集约化发展，加快构建网络设施配套衔接、技术装备适用、运输服务安全高效的综合交通系统。

全面落实智慧交通要求。开展"科技信息、科技研发、科技推广"三大创新平台建设，力争组建 1 个全国性和 1 个省级行业工程技术研究中心，做好 11 个科技创新团队培养计划的组织实施工作；启动交通运输科技园建设。建成江西交通监控指挥中心；加快全省普通干线路网运行监测与应急处置平台项目建设；在省级 12328 服务监督电话与 96122 交通服务热线并行开通运营的基础上，各设区市 2014 年要全面建成 12328 交通运输服务监督电话受理分中心，构建省、市两级交通运输服务监督综合受理平台。大力推进电子不停车收费工作，2014 年 9 月底前加入全国联网，力争 2014 年年底前全省高速公路收费站 ETC 覆盖率超过 90%。

全面落实绿色交通要求。大力实施交通运输节能减排"十二五"规划，进一步加快老旧运输船舶淘汰速度，着力推进船型标准化工作，优化船舶运力结构；试点开展老旧车船提前退出运输市场工作；研究制定道路客运实载率评估测算办法。加快推进城市公交和出租车推广使用节能与新能源车辆的比重，扩大清洁能源在交通运输领域的应用。

全面落实平安交通要求。把安全发展理念贯穿于各领域、全过程，特别是基层和一线，提高交通运输安全监管水平。继续开展"打非治违"和隐患排查治理，强力实施"平安交通"，深化交通运输标准建设，强化重点通航水域和重点运输车船的安全监管，强化交通建设安全监管，提升安全应急能力。尤其要加强对自然灾害、地质灾害、雨雪冰冻天气灾害的提前预防，加强对桥梁、隧道、服务区、加油站等重点部位的安全巡查，加强对车站、码头等人员密集场所的安全防范，严防发生各类安全生产事故、突发性事件。

（六）推进交通行业和谐稳定

扎实抓好党的群众路线教育实践活动整改落实。重点做到"三整改、一执行"，确保整改成效让职工群众看得见、感受得到、大多数人满意。"三整改"即：一要兑现承诺抓整改，一件一件去落实。二要强化措施抓整改，切实拿出硬措施和实办法。三要顺应民心抓整改，着力解决群众最不满意的问题，着力办好群众最关心关切的事情。"一执行"，即强化制度抓执行，使规章制度真正起到防火墙、防波堤的作用。

扎实抓好机关工作作风转变。着力整治机关存在的"庸""懒""慢""浮"等作风问题。大力整治工作平庸、因循守旧、得过且过等"庸碌"行为。大力整治不思进取、执行不力、无所事事等"懒惰"行为。大力整治办事拖拉、敷衍塞责、消极怠工等"怠慢"行为。大力整治以会议落实会议、以文件落实文件，当甩手掌柜、不跟踪问效等"漂浮"行为。

扎实抓好党风廉政建设。一是制定出台贯彻落实《建立健全惩治和预防腐败体系2013～2017年工作规划》实施意见,落实党风廉政建设责任制,党委负主体责任,纪委负监督责任,实行责任追究制度。二是要以堵塞工程建设领域监管漏洞为重点,抓紧修订完善工程建设领域规章制度,关住权力,堵塞漏洞,实现长效化治理。三是要规范权力运行。坚持"三重一大"事项集体决策,重大事项避免一把手说了算,防止一言堂;领导班子成员分管领域的重大事项避免分管领导一个人说了算,使公权力与个人私利物理隔绝。四是要重点加强对重点建设项目、厅属企业、行业专项资金的审计。五是要落实中央八项规定和省委若干规定,在改进工作作风、密切联系群众、厉行节约、勤俭办交通等方面下工夫、见成效。

扎实抓好党的建设工作。牢牢把握加强党的执政能力建设、先进性和纯洁性建设这条主线,落实党建工作责任制,深入推进学习型、服务型、创新型党组织建设,不断提高党建工作服务交通运输科学发展的能力和水平。加强干部队伍和人才队伍建设,努力建设和培养交通运输系统好班子、好干部。认真贯彻落实中央新修订的《干部任用条例》,按照"小步走、长流水、不断线"原则,配齐配强厅直属单位领导班子。深入推进行业核心价值体系建设,加强行业文明建设,充分发挥先进典型示范作用。进一步加强行业新闻宣传工作,营造良好的舆论环境。做好信访和维稳工作,维护行业和谐稳定。

名词解释

△4纵6横8射(正文P3):指江西省高速公路建设规划网的4条纵向高速公路、6条横向高速公路,以及从南昌出发的8条射向高速公路。

△"三基三化"(正文P3):指基层执法站所,基层职业队伍职业化,基层执法站所标准化,基层管理制度规范化。

△"四统一"工程(正文P3):指交通行政执法形象,统一执法标志,统一执法证件,统一工作服装,统一执法场所外观。

△"三重一大"(正文P4):指反腐倡廉,要坚持"三重一大",即重大决策,重要干部任免,重大项目安排,大额资金使用,要坚持集体决策制度。

△"一岗双责":"一岗",指一个领导干部所对应的岗位;"双责",指一个领导干部既要对所在岗位应当承担的具体业务工作负责,又要对所在岗位应当承担的党风廉政建设责任负责。

△"三乱"(正文P11):指公路上的乱设卡、乱收费、乱罚款。

△"四风"(正文P11):指形式主义,官们主义、享乐主义、奢靡之风。

专　记

坚定信心　迎难而上
深入推进交通运输系统
党风廉政建设和反腐败工作*

成　松

（2014 年 1 月 18 日）

2013 年，在省纪委和驻交通运输部纪检组的正确领导下，全省交通运输系统组织和纪检监察部门，认真贯彻落实上级关于党风廉政建设的决策部署，紧密结合行业实际，以推进交通运输特色惩治和预防腐败体系建设为主线，严明党纪政纪，严抓工作作风，严惩腐败行为，推动全系统党风廉政建设和反腐败工作不断取得新的成效，为全省交通运输事业科学发展提供了有力保证。

（一）坚持“一岗双责”，严格落实党风廉政建设责任制

* 这是江西省交通运输厅纪委书记成松在全省交通运输工作暨廉政工作、安全生产工作会议上的讲话（摘录）

一是细化责任分工,明确工作职责。第一时间制定下发了年度反腐倡廉工作计划,将工作任务细化分解为5个大项、83个小项,逐项落实了主办单位、协办单位和整改时限,明确了工作职责。二是领导率先垂范,落实“一岗双责”。年初,厅党委书记、厅长朱希与厅机关各处室、厅直属各单位负责人签订党风廉政建设责任书。全年,各级党组织主要负责人员积极履行党风廉政建设“第一责任人”的责任,全力支持纪检监察部门履行职责,做到反腐倡廉任务亲自部署、廉政教育亲自授课、信访举报亲自批示;其他班子成员自觉履行“一岗双责”的责任,在推进业务工作的同时,切实抓好分管范围的党风廉政建设。三是加强检查考核,严格责任追究。年底,将党风廉政建设情况纳入对各单位的目标考核,把考核结果作为对领导班子总体评价和领导干部业绩评定、奖励惩处、选拔任用的重要依据。部廉政工作报告对省交通运输厅这一做法给予了肯定。各级纪检监察部门积极协助同级党组织加强监督检查,加大责任追究力度,推动党风廉政建设责任制落实。全年共组织领导干部公开述职述廉1165人次,开展责任落实监督检查91次,处理违反党风廉政建设责任制规定的领导干部8人。

(二)落实中央八项规定,切实改变工作作风

中央八项规定出台后,省厅结合实际,第一时间制定下发《江西省交通运输厅改进工作作风、密切联系群众“九规范”》,细化了中央和省委的相关规定,力戒形式主义、官僚主义、享乐主义、奢靡之风。厅纪委积极治理“舌尖上的腐败”“车轮上的腐败”,发出“禁酒令”“月饼禁令”“贺卡禁令”和“烟花爆竹禁令”;全厅各级纪检监察部门也通过明察暗访等方式,加大监督检查力度,狠刹公款吃喝、公车私用、公款请客送礼等不正之风。一年来,全省交通运输系统查处违反中央八项规定精神的问题10件,处理24人,通报9人;取消庆典、研讨会、论坛活动17个,节约经费570多万元。与上年相比,厅机关和厅属单位会议费用、公务接待费用、办公经费支出、车辆运行费用分别减少57.7%、41.4%、26.3%和15.9%。

(三)加强廉政教育,筑牢思想道德防线

一是以“六个一”为载体,深入开展廉政宣传月活动。深入开展以“六个一”为主题的廉政宣传月活动,要求厅属各单位开展一次廉政承诺、组织一次专题讨论、撰写一篇心得体会、剖析一件典型案例、旁听一次案件庭审、刊出一期专题信息。省港航局选取了近年发生在本单位的6起较为典型的违纪违法案例,认真组织职工进行案例分析。活动期间,全系统共举办专题廉政警示教育会140余场,有1750人进行了廉政承诺,撰写廉政心得体会500余篇。二是以“五进”为阵地,不断丰富廉政文化内涵。全系统各单位深入开展廉政文化进机关、进基层、进工地、进学校和进家庭的“五进”活动,共组织各类活动220余次,丰富了廉政文化建设的内涵。积极开展廉政文化精品创作、廉政书法及摄影展评等活动,拓展了廉政文化建设的触角。积极向省纪委选送廉政文化精品,共选送曲艺、小品、公益广告三大类共7个项目的16件作品。三是以申报省级示范点为契机,不断强化廉政文化建设。强化廉政文化示范点建设,积极参加全省第二批廉政文化示范点申报评选工作。省高速集团景德镇管理中心、泰和管理中心井冈山管理所和奉新公路分局申报了省级廉政文化示范点。全系统各单位紧密结合实际,注重挖掘自身特色,对照上级标准,积极开展形式多样的廉政文化创建活动,打造了一批特色鲜明的廉政文化示范点。

(四)建立长效机制,增强监督制约作用

一是开展课题研究。积极围绕项目监管、案件查办、廉政管理等工作开展课题研究。为提高项目建设廉政监管工作的针对性和实效性,形成《江西省高速公路建设项目廉政监管效力后评估课题》等研究成果。二是认真剖析案例。许润龙等腐败案件发生后,厅纪委在省纪委的指导下,撰写了题为《关住权力,堵住漏洞,在提升预防腐败能力中“亡羊补牢”》的案件剖析材料,分析存在问题10个,查找案发原因7项,提出工作对策7条。三是积极完善制度。修订完善《公路工程设计变更管理办法》《高速公路项目建设单位管理考核评价办法》《工程建设领域招投标制度及相应规定》等工程建设规章制度,制定出台《江西省公路施工企业信用评价实施细则》和《江西省公路水运重点工程建设项目监督管理办法》,积极完善廉政监管制度规范,夯实工作基础。四是加强监督检查。开展在建项目招投标、合同履约及设计变更等工作的专项检查,加强工程建设项目资金的审计和监督力度,加强从业人员的职业资

格管理,着力解决挂靠借用资质投标、违规出借资质等问题。全年共查处企业和个人挂靠借用资质投标、违规出借资质的行为211起。

(五)狠抓纠风治乱,维护群众合法权益

将维护群众合法权益作为纠风工作的出发点和落脚点,积极纠正各类损害群众利益的行为。一是积极参加行风热线。由分管厅领导带队,做客省广播电台"正本清源改四风(形式主义官僚主义、享乐主义和奢靡之风。)"直播访谈节目,就治理公路"三乱(乱设站卡、乱罚款,乱收费。)"工作,接听广大群众的热线电话,解答群众提出的问题。二是运政执法强化监管。为规范出租车经营行为,省运管局开展了出租车异地经营专项整治活动,共出动执法人员579人次,出动执法车辆122台次,查处出租车异地经营行为40起;为规范客运班线运营,开展了全省运政稽查"追踪"系列行动,稽查三类以上客运班线企业114家,班车线路1844条,客运班车3560辆,立案查处违规车辆43辆。三是积极纠正违规行为。对在高速公路清障施救中乱收费、转让分包的清障施救队伍给予了解除合同及强制退出的处理;及时纠正了某高速路政支队工作人员失职和所监管排障施救队伍违规收费近10万元的事件,责任追究5人;对媒体反映的某治超站"黄牛"活动猖獗、间歇治超的问题经调查作出了治超站班子全免、中层全撤、职工全换的处理。

(六)严惩腐败案件,突出查案治本功能

加大办案协调配合力度,积极配合省纪委和司法机关对相关案件进行调查,认真做好中央巡视组反馈线索的核实调查工作,及时报送调查结果。立案调查九江大桥局收费员售卖弃票非法获利及该局原稽查监控科科长索贿案件,给予当事人开除党籍和开除公职的处分。全年全厅纪检监察机关共接受群众来信来访电话举报287件,其中检控类68件;受理初核线索5件,立案8件,共处分违纪人员19人,其中处级干部9人,科级干部6人,一般干部4人。

(七)开展专项治理,优化行业发展环境

一是继续深化工程建设领域突出问题专项治理。省厅结合交通工程电子招投标系统,实行全过程电子化招标,做到"一公开一保密、两自动五随机",并在2013年新开工的昌宁、昌栗两个高速公路项目主体工程招投标工作中应用。二是深入开展领导干部违规干预插手工程专项治理活动。严查领导干部利用职务之便,打招呼、批条子,违规干预和插手在建工程项目,为个人和亲友谋取利益的行为,查实问题3起。各单位共召开动员会议80场,共有2222名干部开展了自查自纠。三是深入开展违规收送"红包"专项治理活动。强调"当干部就不能收红包,收红包就要丢官帽",采取"1+2+3"模式,积极引导干部职工自觉上交"红包"。厅机关及厅属单位共有500人上交"红包",合计金额106.67万元。四是深入开展各类保证金专项清理活动的监督检查。全面排查已建和在建公路项目保证金收取和返还情况,坚决纠正滥收保证金行为,共清理返还无法律法规依据收取的保证金3768.5万元。

过去的一年,厅党委认真履行主体责任,厅纪委积极履行监督职责,全面推进党风廉政建设和反腐败工作。在省纪委和驻部纪检组的正确领导下,在广大干部职工的共同努力下,反腐倡廉工作取得一定成效。

在肯定成绩的同时,我们也要清醒地认识到,当前交通运输既处于发展的历史机遇期,又处于改革的攻坚期和矛盾的凸显期,党风廉政建设和反腐败工作面临不少新情况新问题。既面临工程项目集中、资金密集、竞争激烈的客观现实,又面临建设市场产能过剩、暗流涌动的市场环境;既面临市场主体分散、诚信不足,围标串杯、变更设计、超载超限的管理难题,又面临机制不完善、制度不健全、监督不到位的障碍,滋生腐败现象的土壤依然存在;一些党员干部对落实中央八项规定精神认识不到位,"四风"问题仍然存在;一些领域权力、资源过分集中而又监管薄弱,腐败现象易发多发;一些执法部门粗暴执法、趋利执法,甚至内外勾结,社会影响十分恶劣。反腐倡廉形势仍然严峻、任务依然繁重。从我们的工作看,在反腐倡廉教育的针对性、制度的执行力和监督的有效性上还存在不足,有效惩治和预防腐败的办法还不多,需要认真加以研究解决。

全面深化改革　转变工作作风
加快推进“平安交通”建设*

胡钊芳

(2014年1月18日)

2013年,全省交通运输系统各级单位坚持“安全第一、预防为主、综合治理”的方针,狠抓了重点领域、重点时段的安全保障,大力开展了“平安交通”建设、“打非治违”、“百日安全大检查”、“道路客运安全年”、交通运输企业标准化达标建设等活动,各项工作抓得早、抓得细、抓得比较实。在全交通运输行业的共同努力下,全省交通运输安全形势平稳,呈“两个下降、两个平稳”态势。即:

——水上交通各项安全指标全面下降。共发生水上交通事故5起,死亡1人,沉船5艘,直接经济损失443.8万元。与2012年同比分别下降44.4%、50%、37.5%、36.6%。事故造成死亡人数仅占省安委会下达水上交通安全考核控制指标的12.5%。全年未发生渡运和远洋运输事故。

——道路旅客运输事故造成的伤亡人数下降。共发生道路旅客运输事故22起,死亡26人,受伤57人。事故起数与2012年持平,事故造成人员伤亡与2012年同比分别下降42.2%和38.7%。全年未发生重特大道路客运人员伤亡事故。

——全省交通重点工程建设安全形势保持平稳。共发生安全生产事故4起,死亡5人。事故造成死亡人数占省安委会下达重点工程建设安全考核控制指标的27.8%。

——各重点时段和法定节假日期间安全形势保持平稳。没有发生安全生产责任事故。

回顾2013年工作,全省交通运输系统在厅党委的正确领导下,抓住关键环节、创新管理模式、深化隐患治理、破解工作难题、加大安全投入,圆满地完成了各项安全生产工作任务。主要表现为“一个全面覆盖、两个有效推进、三个强化保障”。

(一)全面覆盖开展交通运输安全生产大检查。

按照“全覆盖、零容忍、严执法、重实效”的总要求,全省交通运输部门创新工作方式,将督查工作贯穿大检查工作始终,采取基层单位全面自查与行业重点抽查、互查相结合;明察与暗访相结合;现场查验与听取汇报相结合;查阅台账与当面问询相结合;查找隐患与督导工作相结合等方式开展工作,做到了“五个到位”。一是贯彻部署到位。高位推动,成立了由主要领导任组长的安全生产大检查工作领导小组,制订工作方案并迅速展开行动。二是检查标准到位。厅直属单位制定了专项安全检查对照表格10余项,指导各行业领域按照查非法、查管理、查资料、查设施、查落实“五查”的要求,全面开展检查。三是检查力度到位。2013年省厅由厅领导带队开展督查2次,省厅代表省政府、省安委会等对相关设区市开展综合、专项督查8次,接受国务院安委办、交通运输部督查5次。省运管局、省港航局派出明察暗访组17个,深入基层、深入企业查隐患、找问题。厅质监站通过组织项目自查、监督组抽查、站督查的方式,保障交通重点工程“大检查”落实到位。抚州市交通运输局组织全市11个县区交通运输局开展交叉互查。据不完全统计,全系统共派出检查组1644个,出动检查人员6552人次,检查交通运输行业单位及场所6291处。四是隐患治理到位。做到督查情况有反馈、督查结果有通报,促隐患整改落实。通过大检查,全省共排查出安全隐

* 这是江西省交通运输厅总工程师胡钊芳在全省交通运输工作暨廉政工作、安全生产工作会议上的讲话(摘录)

患3288个，其中重大安全隐患9个，现均已基本整改到位。五是宣传报道到位。全系统既充分利用各种媒介，营造安全大检查工作氛围。又及时梳理上报发布工作动态信息。省厅在“江西交通信息网”发布工作动态信息26条，在交通运输部安全生产动态信息专刊刊发信息5篇，在江西省安全生产工作简报刊发信息9篇。

（二）有效推进“平安交通”创建。

借助“平安交通”创建活动，深化各项专项整治活动，做到了“四个相结合”。一是将“平安交通”创建与道路安全年活动相结合。开展了代号为“追踪”的客运班线网上稽查行动。追踪稽查三类以上客运企业114家、客运班线1844条、客车3560辆，下达责令整改通知书933份，立案调查涉嫌违规车辆59辆。联合开展了货车违法行为、危爆物品等专项整治行动。通过安全审核将企业安全生产状况与企业营运资源挂起钩来。二是将“平安交通”创建与渡口渡船安全管理专项整治“回头看”活动相结合。“四措并举”深化整治活动。即：强化了检查，开展渡口渡船安全专项检查和执法行动38次，排查整改渡口渡船隐患263项。实施“救生衣行动”，基本实现全省渡口按渡船载客人数100%配备救生设备。摸清了全省乡镇渡口渡船台账，将现有474道渡口、477艘渡船登记造册。开展了水上交通安全知识进校园活动。并继续深化了船舶治超、船舶标识以及砂石运输船、施工船等专项整治。三是将“平安交通”创建与“平安工地”考核评价相结合。开展了“平安工地”考核评价，将九江二桥、井睦项目作为平安工地冠名工程向部推荐申报。同时，深化了工程建设领域预防施工起重机械脚手架等坍塌事故专项整治，组织督查8次，下发检查意见通知书14份。四是将“平安交通”创建与营运高速公路专项治理相结合。强化了高速公路路面巡查，及时发现治理路面安全隐患。强化了运输超限治理，提升了收费窗口文明服务水平，先后对昌金萍乡服务区、梨温上饶服务区开展专项整治取得成效。

（三）有效推进交通运输企业标准化达标建设。

稳步推进交通运输企业标准化达标建设，打牢了“六个基础”。一是审定了考评机构。通过单位申报、条件初审、厅相关处室审查、厅安委办审核、厅领导批准、网上公示等流程，确定二级考评机构8家，各设区市确定三级考评机构11家。二是建立了考评员、自评员队伍。开展道路、水路运输、港口、城市客运等考评员培训共6期，经考核合格考评员556人次。组织企业自评员培训共3期，累计培训357人次。三是细化了评分细则。在交通运输部考评评分标准的基础上进行细化，审定通过了道路水路旅客运输、危险货物运输等11个达标类别的考评评分细则。四是明确了考评程序。制定了《江西省交通运输企业安全生产标准化考评流程》。五是完成了达标考评试点。完成对南昌长运公司、南昌平川成品油运输公司等两试点企业二级达标考评发证工作。六是召开了全省交通运输企业标准化达标建设推进会。目前全省交通运输企业安全生产标准化达标建设正全面铺开，已有5家企业完成了二级企业标准化达标考评工作，10家企业正在开展二级达标考评。各设区市也正在积极对申报三级达标的企业组织进行考评。此外，全省已完成“四个一”标准化建设的渡口，正在按照程序组织验收。

（四）强化制度建设，保障安全生产责任落实。

一方面进一步落实安全生产“一岗双责”，强化落实安全生产两个主体责任。另一方面注重制度的完善，制定了《江西省交通运输安全生产挂牌督办办法》。经专家评审通过的道路水路旅客运输、危险货物运输等11个交通运输企业安全生产标准化考评评分细则，从起草之初就注重从企业安全生产本质和各生产环节上，落实企业安全生产主体责任。此外，还制定了《江西省道路运输安全生产隐患排查治理制度（试行）》《江西省道路运输卫星定位系统监控管理办法（试行）》等。《江西省公路水运工程质量安全监督管理条例》已列入省人大立法项目。其次，严肃安全生产事故责任追究。按照“四不放过”原则，对全省交通运输系统几起事故组织或参与事故调查，严肃倒查追责相关责任人员10余名。对连续发生生产安全事故单位、发生内部安全事故单位进行了约谈，对工程建设相关事故责任单位进行了信用扣分。

（五）强化安全投入，保障基础设施条件改善。

一是加大了公路改造和安保工程投入。投入79.7亿元完成国省道公路升级改造717千米、危桥改造4732延米/40座、安保工程1658千米、灾害防治550千米。完成农村公路危桥改造4615延米/44座,安保工程595千米。二是建成高速公路应急储备基地12个;“三位一体”普通国省干线公路养护中心17个;“六位一体”乡镇农村公路综合服务站81个。三是3477千米高速公路实施智能交通系统,实施里程占通车总里程的81.6%。全省高速公路重点部位监控进行加密建设。启动普通国省道路网监测工程。建立了在建交通重点工程施工视频监控系统,完成了“质量安全管理平台”建设。四是全省有挖掘机、铲雪车、装载机等各式应急抢险设备821台套。各设区市组建应急保障车队,并在此基础上择优建立了首支省级应急保障车队。宜春等地投巨资更新客运班车、公交车辆,提高了车辆的安全性和舒适性。成功应对了两次冰冻雨雪灾害、防抗九次强降雨、强台风袭击,切实化解历史罕见持续高温干旱气候对交通运输造成的不利影响,保障了全省交通运输的安全稳定。

(六)强化教育培训,保障安全队伍素质提升。

借助“安全生产月”活动契机,省厅组织开展了“平安交通”新闻作品、论文、格言警句征集评选活动。其中抚州海事局《送渡运知识进校园,赠救生衣保平安》一文荣获交通运输部优秀新闻作品奖。组织发放安全生产月主题宣传片和警示教育片光盘500余套。组织安全应急专家培训班1期,安全应急管理人员培训班1期,培训安全应急专家和安全管理骨干150余人次。全省各级交通运输部门广泛开展了形式多样的宣传教育活动,举办了各类知识竞赛;组织运输企业参加了全国交通运输行业“金龙龙翼杯”机动车驾驶员职业技能竞赛选拔赛;上饶市交通运输局还评选出了最美渡工8名。此外,正式印制出版了《江西省道路运输安全实用手册》;补充完善了《江西省交通建设一线作业人员岗前安全培训教材》内容;举办各类船员培训考试64期考核船员177名;督促、指导各建设项目总结推广典型示范经验,累计组织现场观摩交流30余次。据不完全统计,全省交通运输系统共印制、张贴、发放宣传资料6万余份,培训教育从业人员4000余人次,开展各类应急演练活动30余次。

同志们,在过去的2013年,全省交通运输安全生产工作交出了一份令人较为满意的答卷,这要归功于省委、省政府和厅党委的正确领导,归功于有关部门和人民群众的大力支持,归功于全省交通运输战线广大干部职工的奋力拼搏和无私奉献。借此机会、我代表省厅党委向同志们并通过你们向广大交通运输安全工作战线的同志们表示衷心的感谢和崇高的敬意!

同志们,我们在充分肯定成绩的同时,也应清醒地看到,当前交通运输安全形势依然严峻。从外部环境看,部分行业重特大事故频繁发生,如:黑龙江中储粮库火灾事故、吉林长春特别重大火灾事故、青岛输油管道爆炸事故,令人触目惊心。从交通运输行业内部看,南京一艘1.2万吨满载货轮撞击长江大桥桥墩事故、贵州超载客车侧翻重大交通事故、湖北长途卧铺客车坠入江滩重大交通事故、厦门公交车起火特别重大事故以及全省抚州市南丰县“7·23”重大道路交通事故等,给我们再次敲响警钟,安全生产工作永远不能说大话,永远不能吹牛皮,永远不能松口气。经济要发展、交通运输事业要发展,但发展决不能以牺牲人民群众的生命为代价,这是肩负在我们身上的神圣使命。我们要把维护人民群众生命安全放在高于一切的位置,进一步增强做好交通运输安全生产工作的责任感和使命感,强化“底线”思维和“红线”意识。以事故防范为重点,以责任落实为保障,牢牢把握安全工作主动权,做到警钟长鸣,举一反三,有效防范事故发生,不断提升交通运输安全发展的水平。

当前,我们面临的交通运输安全工作还存在着诸多问题亟待深入研究和解决。一是安全监管队伍力量薄弱、人员意识和素质参差不齐、激励机制的不健全、不完善,给安全监管工作带来了巨大的压力。二是非法违法经营行为屡禁不止,运输市场秩序还不规范,安全监管存有漏洞。三是企业主体责任落实还不到位,管理水平低,从业人员素质不高,有的建设项目接二连三事故不断,安全责任和意识淡薄,安全制度体系还有待健全和完善。四是交通运输安全生产的基层基础仍然薄弱,安全生产投入仍显不足,安全管理法制建设滞后,监管队伍现有装备难以适应交通运输快速发展的需求,总量不足、分布不均和现代化手段缺乏等矛盾依然比较突出。五是极端天气、地质灾害和非传统因素对交通运输安全的影响压力越来越大，推进交通运输安全发展的任务更加繁重、更为紧迫。我们要正视这些问题，认真研究对待。同时要牢牢绷紧安全生产这根弦，克服松懈、侥幸思想，牢固树立打持久战意识，坚持将安全生产事故防患于未然。

便 览

地 理

【鄱阳湖水道】 千百年来,鄱阳湖的悠悠水道都是中国南北地区交流沟通的重要通道,直至19世纪末20世纪初,才因现代交通方式的逐渐发达而产生了变化,但仅就水运来看,鄱阳湖水道的地位依然举足轻重。据史料记载,早在上古商周时代,鄱阳湖水道就是一条交通要道。

古代北方入赣唯一水道

时至今日,宽阔的鄱阳湖上,来往的船只依然数不胜数。

对鄱阳湖水运文化颇有研究的九江学院教授罗龙炎曾撰文介绍,在水运交通时代,江河湖海是人类交通运输的主要渠道。鄱阳湖是古代人们从北方进入江西的唯一水道,也是沟通中国南北大交通的主要水道。

据《汉书》等有关史料记载,上古商周时代,鄱阳湖水道就成为了当时南北交流的交通要道,是通两广的必经之地。

到了隋唐时期,长江流域经济呈迅速发展态势。为此,隋代开通了南北大运河,以运河沟通江淮水系。这条由运河—长江—鄱阳湖水系构成的东部水上交通线,与西部由汉水—长江—鄱阳湖水系构成的水上交通线相呼应,形成了一条纵贯中国南北的水上大通道。很显然,鄱阳湖在这个大交通网络中处于十分重要的枢纽地位。

鄱阳湖水道在水运交通时代的重要地位一直延续到19世纪末20世纪初,因现代化交通方式的崛起而发生了巨大变化。但从水运单方面来说,鄱阳湖依然是沟通南北的重要水道交通。

鄱阳湖水运大动脉

据九江市水文局资料显示,鄱阳湖湖面似葫芦形,以湖上的松门山为界,分为南北两部分。南部宽阔,湖水较浅,为主湖;北部狭窄,为入长江水道区。鄱阳湖水道主要分为东水道和西水道,是鄱阳湖水运的大动脉。

其中,东水道由赣江南、中、北支与抚河、信江、饶河先后汇入鄱阳湖主湖区。自湖内小岛瓢山西北流16千米,过蛇山、棠荫、三山至朱袍山。朱袍山湖域为鄱阳湖最宽区域,汛期烟波浩渺,水天相连,渺无际涯,气象万千。

西水道由赣江主支在永修吴城与修河汇合，往北偏西流5.5千米至吴城吉牛山，进入北部湖区。两岸沿程分布着大面积季节性草洲，高程约14米。右岸的吉牛山与吉山相连，梅西湖静卧其间。

这两条水道都形成于河流汇处，因此水源十分丰富，也是船只进入鄱阳湖的主要入口。

东水道进入北部湖区后，西北流转西流9.8千米至都昌港入口处，穿过大矶山与松门山、吉山，转西北流18千米至渚溪河口，与西水道来水汇合为入江水道，至湖口注入长江。

水道受湖水丰枯影响

鄱阳湖宽广的水域面积和丰富的水源为其成为重要水道提供了主要支撑。

鄱阳湖位于江西北部、长江中下游南岸，是中国最大的淡水湖，水域面积最大时有近3000平方千米，承纳赣江、抚河、信江、饶河、修河五大江河及清丰山溪、博阳河、漳田河、潼津河等区间来水，经调蓄后由湖口注入长江，是一个过水性、吞吐型的湖泊。

鄱阳湖还是一个季节性湖泊，素有“高水是湖，低水似河”之说。每当洪水季节，水位攀升，湖面宽阔；枯水季节，水位下降，湖面变小，蜿蜒一线与河道无异。其水道随着丰水期和枯水期而受季节影响，丰水期水道宽，水运频繁，反之则来往船只相对较少。

同时，鄱阳湖有一些较深的水域好比天然的避风港，吸引了众多船只停泊。如吴城、姑塘、青山等历史名镇，都曾因港而兴。

因地质运动平原变湖泊

在汉代以前，烟波浩渺的鄱阳湖是一块美丽富庶的平原，是典型的“鱼米之乡”，有“粮仓”之称。

江西师范大学地理与环境学院副教授贾玉连长期致力于鄱阳湖地理的研究，他介绍历史上鄱阳湖所在的区域地质活动较为频繁，属于下陷地带。大约在公元400年前后，长江主泓道移至湖口一带，长江水直接阻碍了赣江水系的泄水，于是湖水迅速向南扩张。此时由江湖作用形成的梅家洲不断伸长，缩小了泄水断面，加速了湖泊向南扩张，富饶的平原从东汉至西晋陆续由北向南被淹。东汉末年淹海昏、枭阳两县；西晋时鄱阳山被淹，标志着平原完全沦为湖泊，鄱阳湖由此得名。

由于江西是一个边境群山环峙，地势自南向北、由边向里渐次向鄱阳湖缓慢倾斜的大盆地，因而省境五大河流及其他一些小河顺着地势注入位于盆地最低处的鄱阳湖。一条条河流与星罗棋布的湖、塘、堰，构成了一个向心状的天然水网——鄱阳湖水系。

晋代前主要用于军事活动

除了得天独厚的自然条件外，丰富的物产资源也是使鄱阳湖水道形成并繁荣的主要原因。

晋代之前，由于经济尚不发达，物资运输量并不大，因此鄱阳湖水道主要用于军事活动。如三国时，鄱阳湖水道一直都是东吴水军的主要基地和水上交通地必经之路。

晋代之后，鄱阳湖水道逐渐成为大量商旅物资转运的交通要道。据九江史志办提供的资料显示，其中最主要的物资是漕粮，就是中国封建时代东南地区向朝廷缴纳的税粮。宋朝由东南地区往北运的漕粮达600万石，其中江西所产的1/3。为加强管理，宋代在九江设置了漕粮“转搬仓”，负责漕粮收纳、储存和转运事宜。这也是明清时期九江米市成为著名四大米市之一的直接原因。

元代九江的漕粮储运十分繁忙。“转谷之舟络绎不绝，即俭岁亦橹声相闻”，就是当时粮食转运繁忙情景的真实写照。当时，九江米业粮行多达百余家，贸易十分活跃。有记载统计，仅乾隆三年（公元1738年）八月至次年四月，往来于鄱阳湖和长江的米船在九江报关纳税的就多达53032艘。

此外，江西的茶叶、瓷器、食盐、夏布、药材、鱼苗、苎麻、木材等特色产品，也为鄱阳湖水道提供了丰厚的运输物资。

（戴志燕）

【宜春禅都文化博览园】

宜春市禅都文化博览园是省、市重点建设项目。项目位于宜春市锦绣大道以北、卢州路延伸段以南、秀江河以西，占地面积约213.33公顷，建筑面积约56万平方米，项目总投资约6.5亿元，是集文化观光与体验、休闲度假、旅游地产为一体的综合性旅游项目。整个工程将于2014年年底前全部完工并交付使用。

宜春既是佛教马祖兴丛林、百丈立清规的起源处，又是禅宗“一花五叶”中的三宗（即临济宗、曹洞宗、沩仰宗）发祥地。因此，在禅博园的建设过程中，充分考虑了佛的内涵、禅的主题及宜春的城市特色，把禅宗的“一花五叶”与由宜春起源的“丛林清规”自然融合，把禅都文化博览园定位为:一条主线、两大定位、三个理念、四大区域、九度空间。

一条主线:即以禅文化主线贯穿始终。包含以下含义:心禅——佛教禅宗文化;俗禅——人生禅理文化;春禅——禅宗圣地文化。围绕禅文化主线,以禅映月,以月印禅,以禅策划项目,以禅设计景观,以禅营造意境,以禅开发产品,以禅形成产业,以禅塑造形象。通过禅门、禅寺、禅街、禅居、禅迹、禅诗、禅画、禅茶、禅艺、禅学、禅修、禅联、禅故事等形式,以最大程度彰显宜春禅文化特色。

两大定位:即市民的文化公园;游客的旅游胜地。

依托宜春丰富的禅、月资源,突出项目自身特色,将禅博园定位于市民的文化公园和游客的旅游胜地,以形成宜春市旅游产业龙头项目和海内外具有重大影响的禅文化旅游景区和旅游目的地。

三个理念:园区建设始终贯彻三个理念,即"佛心禅、世俗禅、宜春禅"。充分展示中国禅都文化,构建宜春对外交流的平台。禅博园建设立足于宜春禅宗文化独有的特性,充分发挥城市适合休闲、度假、养生的优势,围绕佛心禅、世俗禅、宜春禅三层文化概念进行规划设计与策划,实现文化展示与环境体验的功能融合,最终从景区、社区、城区三个层面打造具有宜春禅文化特色的旅游胜地。

四大区域:整个园区分为四大区域,即禅林区(崇圣寺)、禅文区(禅文化重点展示区)、禅商区(五叶街)、禅居区(包括安置房、商住楼等)。整个禅博园按照国家AAAAA级旅游景区标准,进行高质量的硬件建设(建筑、设施等)和软件开发(文化、产品、服务等)。突出文化、强调效益、注重生态、着眼世界,坚持景区开发高标准、高起点,坚持景区运营特色化、产业化、低碳化和国际化,尽可能遵循自然,保持自然生态环境。

九度空间:整个景区打造九度空间,即:一花、五叶、三丛林,分别以禅心、禅念、禅地、禅祖、禅寺、禅业、禅客、禅居、禅乡为依托,以入禅(入定、入慧、入禅门)、观禅(观山、观水、观禅林)、修禅(修身、修心、修禅法)、悟禅(悟天、悟地、悟禅理)、听禅(听禅、听乐、听身心)、品禅(品禅、品茶、品心境)、施禅(施善、施礼、施慈悲)、城禅(城里、城外、城中禅)、乡禅(乡里、乡村、乡间禅)为内容,形成具有不同禅意境的九个功能空间。九个功能空间整体形成旅游和居住两大片区:一花五叶形成旅游片区,一花辐射五叶,五叶环绕一花,犹如佛光法轮之形,暗合禅宗圆融之义,阐释宜春明月之心,全面展示中国禅、宜春禅和生活禅。三大丛林形成居住片区,因禅文化旅游而生,环绕"一花五叶"分布,受佛光普照,随法轮常转,为游客、城市居民和周边村民传递禅音佛韵。

整个布局融合禅宗"一花五叶"的文化概念,突出宜春作为佛教丛林、禅宗圣地的城市特色,以求构建极具禅宗文化内涵和城市文化特色的动态发展格局。

整个园区分南北轴线和东西轴线进行建设。其中,南北轴线主要建筑包括:主入口广场—五叶空门—四空广场—客服中心(接待处、售票处、游客服务中心)—经幢步道—禅心广场、观景台—拜佛天梯—五叶坛、拈花微笑雕塑。

东西轴线主要建筑包括:(五叶坛往东、南方向)禅佛手长廊—禅林碑廊—慧心亭—慧养亭—禅故事雕塑园—五叶街—禅月酒店等;(五叶坛往西、南方向)禅法器长廊—邀月潭—宜春禅胜园—崇圣寺—梵呗音乐厅—禅茶阁—花木禅园—停车场等。

禅都文化博览园建成后,其优美的环境、完善的服务设施及禅宗圣地品牌,是宜春旅游走向世界的又一金字名片,也是展示宜春禅宗文化的重要窗口。

(温 姐 宴小宜)

历 史

【江西古代造船业】 造船业,是江西历史上产生最早、延续时间最长的产业之一。

造船业,曾是江西古代生产科技中最值得骄傲的产业之一。

造船业,更是赣鄱先民为促进中国古代社会发展进步,贡献卓著的一大产业。

自古以来,江西即为长江中游地区的交通要道之一,江西先民借助水道因地制宜、就地取材治木造船由来已久。江西傍大江拥鄱湖,水资源、水优势十分突出;江西地广物阜,林木繁茂,有取之不尽的造船之木;而赣鄱先民不为水困,不惧水险，很早就懂得化凶险为坦途，以船压浪，借水行舟之理。他们锯木治船，充分利用优越的水道、水网从事各种生产经济活动和社会活动，使江西逐步成为古代著名的造船业中心，到东汉时就被选为官办造船基地。唐宋以降，江西更是发展成为我国古代造船业的重要基地。

一、汉末东晋，因战争之需江西始为造船基地

秦汉以来，江西造船工匠因长期水乡生活生产之需要，积累了丰富的造船经验，造船技术始成熟。其中，鄱湖区域是江西著名的鱼米之乡，水运繁忙，浔阳、馀汗（今余干）是这一地区的重要港口和修造船舶地。史载，“越人欲为变，必先田馀汗界中，积食粮，乃入，伐林治船”。秦汉际，闽越、南越还没有完全归顺中央王朝。为防越人有变，几次征伐南越，利用浔阳、馀汗近水靠港的优势造船贮船，并在馀汗屯粮屯军。其后，在双方交战时，闽、粤越人为抗击秦汉军队的进攻，常“阴计奇策，入燔浔阳楼船”（《汉书・严助传》卷64）。可见，秦汉时江西已具有一定的造船能力，其中被越人燔烧的楼船就是浔阳、馀汗等地造船工匠所为。当时，江西境内具有这种修船造船能力的港口和码头，还有彭泽、海昏（今永修）、豫章（南昌）、庐陵（今吉安）等。

西汉时期，我国铁制工具已得到广泛使用，其中造船用工具如斧、凿、锯、锥、刨等在江西造船工匠中已十分常见。楼船是汉朝有名的船型，具有高大、坚固和快速等特点，是西汉的主要战船。史载，汉武帝建造的楼船“高十余丈，旗帜加其上，甚壮”，“可载千人”，并以“豫章”命名（《史记・平准书》卷30）。用“豫章”地名命船，这绝非偶然。它可能取自于豫章郡内造船工匠的设计创意，也可能采用豫章船场的造船技术和工艺。这时的豫章郡已成为长江流域重要的造船业中心之一，所造船只不仅有大量的民用货运船，而且还有能满足朝廷水军作战需要的各类战舰，其中楼船的建造和发展，成为西汉造船技术进步的典型标志。

东汉末，天下纷争，三国鼎立，你征我伐，攻城略地。魏、蜀、吴三国之主各依所长制敌拒敌，无不用其所极。占据江东的孙吴，物产丰富，水网发达，更是一个未尝一日弃舟楫之国。借助辖境内纵横密布的水系，孙吴伐木布点，建船造舰，训练水师，以抵抗来自北方的侵犯。江西因其优越的水道地势和较成熟的造船技术，成为孙吴政权下重要的造船基地。因战争军事所需，这一时期造的舟船多以军用船舶为主。据史载，孙吴选定的舟船战舰建造地有侯官、京口、武昌、温州、豫章等多处，其中豫章（今南昌）的谷鹿洲就是当时孙吴的重要造船基地之一。谷鹿洲位于南昌城西南江边，现为蓼洲。北魏时郦道元在《水经注・赣水》中记：“赣水又迳谷鹿洲，即蓼子洲也，旧作大艑处。”唐虞世南在《北堂书钞》中也记：“豫章城西南有朐腮洲，去度支步可二里，是吴吕蒙袭关羽造朐腮舰于此。”朐腮洲，也即蓼子洲，其地处赣江抚河二水交汇处，地势低平，水深适度，具有良好的造船场地条件。东吴大将吕蒙在此招募工匠，建造一种名为“朐腮船”的战船。朐腮是艑船的一种，形状似鳊鱼，缩头、弓背、大腹，具有载重大、行速快、抗风浪等特点。这种受鳊鱼体形的启发设计，是江西造船工匠长期辛勤劳动的智慧结晶。谷鹿洲造船工场的工匠模仿其外形，建造成便于水上作战的船舰，并成为东吴水军的主要战舰。吕蒙袭击关羽，使用的战船即为朐腮大艑。

正是因为江西具有一定的造船优势和优良水网，东汉末年孙吴将帅周瑜在九江、鄱阳湖等地利用江西造的艑舟大肆操练水师，以战船迎战南犯之师。

汉朝因战争的需求，所造军用船只种类有楼船、戈船、冒突、先登、赤马、斗舰、斥候等不同功用的舟舰。船舶的体量和载重量也增大，品类增多，木构帆船的帆、舱、橹、锚等主要设备齐全。这一时期造船技艺的提高和进步在很大程度上受到战争的推动。到东晋时，江西造船技艺持续上升。史载：东晋义熙年间，卢循、徐道覆准备率义军进取建康。徐道覆先在南康（赣江上游）山中预伐船材，锯木治船存储于民间，待出兵之前，“乃并力装之，旬日而办”（《晋书・卢循传》卷100）。由此看出当时南康造船能力和规模不可小觑，造船工匠的技艺高超。另据《义熙起居注》载：“卢循新作八槽船九枚，起四楼，高十余丈。”这里卢循新作的九艘四楼高大船应是徐道覆在南康建造的。《晋书・何无忌传》中有记：“卢循遣别帅徐道覆顺流（赣江）而下，舟舰皆重楼……闻其舟舰大盛，势居上流……以大舰逼之，众（何无忌部）遂奔败。”由此得知，徐道覆在南康建造的战舰均属较大舟船，而且数量多，基本结构完备，并能在赣江中上游航行。

汉晋时,江西的造船技术已达到相当高的水平,造船工场已有较大的规模。其中,孙吴在南昌蓼子洲创建的造船基地和东晋徐道覆在南康的造船基地,是江西当时造船技术进步的具体表现,其深远的影响即为后世造船技术的提高,奠定了坚实的基础。

二、唐宋元时,江西漕船战船日臻成熟

唐宋之际,是江西造船业成熟时期,所造舟船以规模大、设计先进、技术精巧、性能优越而著称于世。

这一时期江西造船业呈现出几个特点和变化,一是造船基地增加,分布较广。初唐伊始,天下虽暂且相安,朝廷出于军事和漕粮的需要,恢复了在全国各地设置官办造船基地的规制。唐王朝对造船基地的恢复,重新布点造船,使江西具有传统优势的造船业再次受到朝廷的关注。唐宋时,江西官置造船基地主要分布在鄱阳湖地区和赣江一线。其中,在鄱阳湖地区有洪州、饶州、江州三处,赣江沿岸有吉州、虔州二处,造船基地的数量和分布早已超过了汉晋时期。二是造船能力大增。江西造船基地的增加无疑对江西造船能力的肯定具有实质意义,江西造船业已进入成熟阶段,不仅数量大,而且造船速度快。如洪州(今南昌)基地的造船能力就相当强盛,一次能铺开数百艘船舶持续打造。贞观十八年(644)七月,唐太宗为征辽东,令将作大监阎立德"诣洪、饶、江三州,造船四百艘,以载军粮";二十二年八月,又"敕宋州刺史王波利等,发江南十二州工人造大船数百艘,欲以征高丽";其中,十二州中即有江州(今九江)、洪州两处基地。次年又"敕越州都督府及婺、洪州造船及双舫千一百艘"(《资治通鉴》卷197、198、199)。到宋朝,江西沿江沿湖地区建有大量官办和民间的造船工场,来往江西的船只修理、停泊更为方便,而每年建造的船只越来越多。南宋淳熙六年(1179),马定远在江西承办马船100艘。可见唐宋时江西造船能力的实力强势。三是造船技术提高。随着社会经济的发展,江西造船技术和工艺也得以提升。据《旧唐书·李皋传》载:曹王李皋为洪州观察使时,出于平息李希烈叛军的需要,总结当地造船经验,"运心巧思,为战舰挟两轮,蹈之翔风破浪,疾若挂帆席,所造省易而久固"。李皋在洪州研制建造的这种轮转动鼓水推进的船舰,是一种最早使用机械力推进的简易雏形轮船,是中国造船史上的一项创举。遗憾的是,这一简易的轮船受当时历史条件所限而夭折。唐太宗贞观年间三次大规模造船,动辄数百上千艘,其中江西造船基地承建了不少。这些大船舰是为了从海道进击高丽而设计制造的,所造海船要经得起海洋风浪的冲击,因而需要很高的造船技术。唐宋之际,造船技术和工艺整体得以提升,其目的是提高船舰的速度,增强船体的强度。江西各地在造船中采用增加风帆的幅度,以更有效地借助风力行船;采用铁钉与榫合用连接技术,强化船体自身;船舱采用水密隔舱的设置,既强体,又防漏,更为中国造船的一大发明。四是始建大吨位船舶。史载,唐代,漕运进一步加大,唐玄宗天宝初年,每年漕运达四百多万石。宋代较唐更甚,宋真宗、仁宗时多达八百多万石。漕粮多就要有大漕船装运,建造装载量大的漕船就成为现实需求。江西此时建造了一批吃水浅、装载量大的漕船投入漕运,及时缓解了漕运运量不足的矛盾。当时被世人称为万石船、万斛船的大船,就是江西为漕运建造的大漕船。段成式在《酉阳杂俎》中称豫章船"载一千人",就不足为怪了。

宋朝尽管不断遭受外族挑衅入侵,在军事上多有失利,但其偏安江南一隅的政治统治未废,尤其是社会经济文化的发展仍有增无减。其中宋王朝控制的漕粮运输就超出前朝一倍,多达八百多万石;除漕粮之外,尚有大量的金银、珠宝、缗钱、薪炭、布帛等物质需要征运。有鉴于此,宋王朝加大对船舶建造业的掌控,所造舟船以漕船为主。江西设于洪州、江州、吉州、虔州等造船工场都差有监官、工役、兵卒,人员多达二百。吴会融在《改齐漫录》中记:"本朝东南岁漕米六百万石,江西居三分之一。"每年二百万石的漕粮运送,需要多少船只装运。至天禧末年,江西所出漕船占全国总数一半以上。宋王朝不断敦促各地造船基地加快造船速度,南宋绍兴三十年(1160)"立定格例,日成一舟"(《宋会要·食货》卷44),如此算来,江西造船基地每年造船数都在上千艘以上。

元时,长期受泥沙填盖的运河淤塞严重,漕船受水深限制,时有搁浅阻滞之困,航行受阻。于是元朝开辟海运,长江沿岸诸省漕粮循海路北运入大都(今北京),江西各造船工场转以造海船为主。史载,至元十六年(1279),隆兴(今南昌)、泉州等地共造大小船舶三千艘,其中就有一部分是参与漕运的海船;至元二十年(1283),又命江浙、江西、湖广“三省造船三千艘,于济州河运粮”(《元史·食货志》卷93)。今九江市城西有“海船窝”一古地名,即为宋元时建造海船的造船基地。

三、明清时,江西官营民营造船业共享繁盛

明朝至清前中期,我国的社会经济持续发展,漕运与商货运十分繁盛。此时,官营造船业和民营造船业互为消长,都得到进一步发展。地方官办船场为满足朝廷对漕运和海运的需要,建造了有额定数量和标准的各类船只;而民间造船作坊建造了大量的各类商货船、渡船和渔船等。

江西为全国主要漕运之省,其漕粮运输数量已居全国第三位。明初,建都金陵(今南京),改海运为递运。明成祖时,迁都北京,漕粮采用海运兼河运。江西地方官营造船业发达,造船中心有南昌、九江、赣州、吉安、湖口、鄱阳、抚州、建昌等地。江西在明初十余年间连续为朝廷建造和改建了一批海运漕船,投入近海漕运和远航西洋。永乐三年(1405)冬十月,朝廷“命江西造海运舟”等内河船五百艘;永乐十三年(1415),会通河疏通,海运漕粮废止,明成祖朱棣命陈瑄到江西、湖广监造平底式浅船三千艘;明成化七年(1471)实行长运法,浅式漕船用量大增,江西官营船场得以发展,各运粮卫所均设有专职督造守备或千总以监造漕运船舶。明弘治以后,江西地方官营造船场再为朝廷建造一大批红船、拨船和战船。

清代,地方官营船场继续存在。顺治初年,江西漕船因在战乱中毁坏严重,不堪使用,漕粮运输多雇民船。顺治八年(1651)四月,江西一次就雇募民船47艘。与此同时,官营船场纷纷开工,赶造一批漕船。史载,当时南昌、袁州、饶州三处船场一年之内赶造了56艘漕船。到康熙年间,江西各地运粮卫所的漕船改由以县为单位佥选运军自造。自此,各地官营船场不再承建漕船之事。

明清两朝,所造官船以漕船、海船、战船为主,此三种船都要求具有船体高大、坚固耐用、装载量大、行驶平稳灵活、抗风浪强等特点,它体现了当时全国造船的最高水平。因此,明清王朝对各地官营船场的造船技术和工艺要求很高,也很严。而各地官营船场以财力足,投资多,任务饱,而促使各地造船能力大幅提升。以江西九江造船场而言,明时为全国五大船厂之一,其年造漕船能力可达800~900艘之间。

此时,江西民营造船业也得到迅速的发展,造船作坊广泛分布在赣江、抚河、信江、袁河、修水五大水系沿岸以及鄱阳湖地区,这些沿江沿湖边屹立有大小不等的船棚、船坞。尤其是在官营造船场周边,更是民营造船作坊汇聚之处,他们不与官营造船场争粮抢食搞竞争,而始终作为官营造船场及市场拾遗补缺的力量而存在。以南昌为例,不仅是官营造船中心,也是全省水运中心,这里的民营造船业也同样发达,修造船点遍及南昌港各大洲渚。与地方官营船场以建造漕船、战船、海运船为主不同,民营造船则以建造商货船为主,兼造各类渔船、渡船和农船,以及娱乐竞赛用的龙舟等。明清两朝,江西民营船坊还会根据各地不同的风俗习惯和审美情趣,建造独具风格的各种船只,被人们冠以别号,以区别不同地域文化,如“南昌土苟子”“九江巴斗子”“都昌罗汤子”“广信刁子”等等。赣州所属各县民营船作坊所造民船也有同样情形,用得最多的有三板船、安远县的梭子船、信丰县的沙爬子等。这些风格迥异功能多样的型船与当时造船工匠的技术有着密切的关系。

明清之际,江西造船技术和工艺得到大幅提升,所造船舶体形大、种类全、数量多,而且能结合各河道的实际情况对船只因地制宜地进行形制改良。明永乐十三年,为实行漕粮长运作准备,陈碹到江西、湖广督造浅底船,要求“底平舱阔,吃水不深”。清康熙年间,朝廷对漕船尺寸正式规定“各省遵照新式长七丈一尺,一律成造”。雍正二年(1724)特“题准江西、湖广漕船以十丈为率,短不得过九丈,其宽、深酌量合式。其余各省仍照式成造”(傅泽洪《行水金鉴》卷134)。清政府对江西、湖广两地漕船的额式准予放宽,船体尺寸可超出他省,有其特定原因。漕船船体的大小,决定船舶载重量的多少。而决定船体的主要尺度当时受两方面的制约:一是船的宽度不得超出运河闸门的宽度,二是运河水深不足,漕船吃水受限制。因此,在提高漕船载重量的同时而尽可能地减少满载吃水尺度,就成为江西当时造船业要解决的技术课题。江西造船工匠在多次漕船形制改良的生产实践中,不断总结经验,首先是合理加大船体的主尺度,长由23.31米增至33.33米,宽由3.16米增至4.68米;其次增加船底板的长度,以增加货舱的有效容积;再就是最大限度减轻船的自重。这些技术措施,收到很好的效果。江西漕船的载重量由20吨至25吨而增加到约65吨,为原来的

3倍;吃水由原来的1米提高到1.3米,仅增加0.3米,相对缓解了漕船增大与运河水深不足的矛盾,为漕运作出了贡献。明清时,江西无论是海船、战船、漕船还是商船、货船的建造,体现出的工艺和技术水平都堪称佳作。如清道光时江西建造的红船,是专供当时官员乘坐的巡座船,因稳性好、速度快,深受清朝官员们的青睐,引起长江流域各省竞相仿造。

四、晚清时期,江西传统造船业走向衰败

晚清时期,中国社会进入了一个持续震荡的时期,清王朝深陷内忧外患之泥潭:欧美列强恃强犯境,太平天国席卷半壁江山,国家库银日愈亏空,政治制度腐朽不堪,百姓民不聊生怨声载道……伴随着时代的变迁、社会的震荡,近代工业的崛起,江西传统造船业一蹶不振,不再辉煌,逐步走向衰败。

晚清江西传统造船业逐步衰败,有其特定的历史时代背景,也有内因和外因两个方面的作用使然。其内因为:一是缺乏市场观念,独立性差,常年依附于官府下生存,靠官府订单银子造船;二是缺乏紧跟时代步伐的勇气,思想观念保守,满足于简陋粗放的生产现状,对传统工艺和生产方式不放弃、不改变;三是缺乏创新竞争意识,不善于学习引进新观念、新技术、新方法,单打独干,无法做大做强,走向市场。其外因则更为明显,更为直接,主要表现在列强外轮的入侵,持续千年漕运的废止,厘金制度的盘剥摧残等对其挤压打击。

(伍常安)

经　济

2013年,江西省国民生产总值14338.50亿元,比上年增长10.1%,其中第一产业1636.49亿元,比上年增长4.6%,第二产业7671.38亿元,比上年增长11.7%,第三产业5030.63亿元,比上年增长9.1%。全省财政总收入2358.43亿元,比上年增长15.3%。财政支出3470.30亿元,比上年增长14.9%。农业总产值2578.35亿元,比上年增长4.5%。主要工业产品产量:化学纤维42.0万吨,布匹77615万米,机制纸181.90万吨,原煤2378.54万吨,卷烟127.80万箱,原油加工量519.18万吨,钢材2463.82万吨,水泥9204.20万吨,汽车36.81万辆,化学肥料374.38万吨,农药106.29吨。主要农产品产量:粮食2116.1万吨,棉花13.09万吨,油料119.22万吨,黄红麻0.07万吨,烟叶5.05万吨,茶叶42999吨,蚕茧6880吨,甘蔗64.66万吨,水果441.34万吨,肉类344.52万吨,水产品242.65万吨,生猪存栏数1967.61万头。

全省固定资产投资12850.25亿元,比上年增长26.8%。全社会消费品零售总额4576.05亿元,比上年增长13.6%。全省进出口总额3674663万美元,其中出口2816665万美元,进口857998万美元。

全省货物运输周转量3646.05亿吨千米,其中铁路618.66亿吨千米,公路2829.02亿吨千米,水运198.36亿吨千米。全省旅客周转量930.69亿人千米,其中铁路622.63亿人千米,公路307.69亿人千米,水运0.36亿人千米。

(凌景坡)

人　口

2013年,全省居民12530776户,总人口45221468人,其中,男性23265848人,女性21955620人,非农业人口12152216人,为总人数的26.87%,农业人口33069252人,为总人口的73.13%。城镇人口22099731人,为总人口的48.87%,乡村人口23121737人,为总人口的53.13%。全省社会就业人数2588.7万人,其中第一产业820.9万人,第二产业824.1万人,第三产业943.8万人。城镇非私营单位在岗职工410.0万人,工资总额17789724万元,年人平均工资43582元;城镇私营单位就业年末人数2854094人,就业人员工资总额7757170万元,就业人员年平均工资27819元。全年在校研究生2.63万人,普通高等学校86.18万人,普通中专学校26.07万人,普通中学263.08万人,小学408.11万人,特殊学校17111人,幼儿园156.32万人。

(凌景坡)

数字交通

2013 年，全省高速公路通车里程 4303 千米，比上年增加 74 千米。

2013 年，全省公路总里程 152067 千米，其中高速公路 4303 千米，一级公路 1643 千米，二级公路 9790 千米，三级公路 9379 千米，四级公路 97559 千米，等外公路 29393 千米，等级公路占公路总里程 80.67%，等外公路占公路总里程 19.33%。有铺装路面 109252 千米，其中沥青混凝土路面 10488 千米，水泥混凝土 98763 千米，铺装路面里程占公路里程 75.69%。

2013 年，全省公路桥梁 25192 座 1278198 米，其中特大桥 54 座 100878 千米，大桥 2592 座 603549 米，永久性桥梁 23183 座 1235104 米，半永久性桥梁 1792 座 37913 米，临时性桥梁 217 座 5182 米。

2013 年，全省营运汽车拥有量 403833 辆，同比增长 5.1%，其中营运客车 17976 辆 483950 客运，同比分别减少 5.16%、1.67%，营运载货汽车 385857 辆 3255339 吨位，同比分别增长 5.67%、12.33%。

2013 年，全省公路运输完成客运量 7.998 亿人，旅客周转量 382.84 亿人千米，同比分别增长 3% 和 2.9%，完成货运量 12.69 亿吨，货运周转量 3068.42 亿吨千米，同比分别增长 11.6%、19.9%。

2013 年，全省道路客运班线 6805 条，平均日发班次达到 49957 个，同比分别减少 1.48%、4.69%，其中跨省客运班线 1204 条，跨地（市）客运班线 1232 条，跨县客运班线 884 条，县内客运班线 3485 条，高速公路客运班线 541 条。

2013 年，全省拥有客运站 956 个，其中一级站 18 个，二级站 92 个，三级站 59 个，四级站 200 个，五级站 587 个，简易站及招呼站 12418 个。货运站 56 个，其二级站 2 个，三级站 11 个，四级站 43 个。

2013 年，全省内河航道通航里程 5716 千米，其中等级航道 2427 千米。港口 59 个，泊位 1796 个，码头长度 67126 米。

2013 年，全省拥有水运企业 347 户，较上年增长 7 户，其中获得 2013 年度省级诚信企业 9 户。

2013 年，全省运营船舶 2454 艘，比上年减少 228 艘。船舶净载重量 2154639 载重吨，同比上年增加 75440 载重吨。载客量 10785 客位，同比减少 570 客位。船舶总功率 659122 千瓦，同比增加 31700 千瓦。船舶平均吨位由上年的 775 吨增加到 878 吨，增幅为 13.3%。

2013 年，全省完成水路货运量 8395 万吨，同比增长 5.7%，货物周转量 211.7 亿吨千米，同比增长 4.8%。远洋运输完成货运量 16.90 万吨，同比增长 4.7%。全省完成水路客运量 206.6 万人，旅客周转量 3645 万人千米。

交通运输机构及领导人名录

【2013 年江西省交通运输厅党组织领导成员】

中共江西省交通运输厅委员会

党委书记：朱　希

党委副书记：朱　希

委　　员：朱　希　王爱和（2.21 任）
彭志先（2.21 任）　成　松
胡钊芳　梁必康
王昭春（11.15 任）
万　明（4.12 免）
许润龙（6.21 免）
邓经国（11.15 免）

党委办公室主任：熊华武

党委办公室副主任：梁波（9.27 任）

中共江西省交通运输厅直属机关委员会（第三届）

书　　记：万　明（7.16 免）
王爱和（7.16 任）

专职副书记：熊华武
副　书　记：秦炜婷
委　　员：万　明（7.16 免）
王爱和（7.16 任）
谢元银　严　允　王江军
熊华武　蔡建新　李建红
娄鸿雁　黄生平　秦炜婷
熊昌军

中共江西省交通运输厅纪律检查委员会（省监察厅驻交通运输厅监察室）

纪 委 书 记：成　松
副　书　记：李建红（12.12 免）
监察室主任：李建红（12.12 免）
副　主　任：李　旷（正处级纪检员、监察员）
委　　员：成　松　李建红（12.12 免）
李　旷　蔡建新　陈玉书
秦炜婷　娄鸿雁　魏炳彦
李建华　肖伦发

中共江西省交通运输厅直属机关纪律检查委员会（第三届）

纪委书记：熊华武
副　书　记：秦炜婷
委　　员：熊华武　李建红　李　旷
秦炜婷　郭　昌　黄绿光
邵立范　高东升　方汉芳

【2013 年江西省交通运输厅行政领导】

一、厅级领导

厅　　长：马志武（4.25 免）
朱　希（4.25 任）
副 厅 长：王爱和（3.7 任）
彭志先（3.7 任）
梁必康　王昭春（12.16 任）
万　明（4.24 免）
许润龙（7.5 免）
邓经国（12.3 免）
总工程师：胡钊芳
巡　视　员：孙茂刚（2.19 退、3.21 免）
副巡视员：王凯林
龙华明（1.17 免职退休）
魏炳彦（8.23 任）

二、处室领导

办公室主任：谢元银（3.13 免）
熊华武（9.27 任）
副主任：梁　波　曾　敏（11.22 任）
政策法规处处长：张建明
副处长：鲍丽娜
规划处处长：王继东
副处长：彭辉勇（12.4 任）
基本建设监管处处长：钱志民（9.27 免）
副处长：朱　晗
副处长：丁光明（12.4 任）
财务审计处处长：钟彦祯（3.4 免职退休）
财务处处长：陈玉书（8.15 任）
副处长：彭　嵘（8.15 任）
审计处处长：席文良（9.3 任）
运输处处长：秦小辉
副处长：龚爱军　唐小兵
安全监督处处长：彭　瑜
副处长：谈　勇
组织人事处处长：蔡建新
副处长：雷毅（11.28 免）
毛茂（11.22 任）
科技教育处处长：易宗发
副处长：邹爱华
路航管养处处长：糜向荣
副处长：蔡小秋
省交通战备办公室副主任（正处）：贺一军
离退休干部管理处处长：胡建强

2013 年江西省交通运输厅直属机构及党政领导班子成员

表 1

单位类别	单位名称	单位级别	党组织名称	党组织领导成员	行政领导成员
直属单位	省公路管理局	副厅	中共江西省公路管理局委员会	党委书记:谢元银(2.21 任) 党委副书记:任东红(女)、娄鸿雁 委员:任东红(女)、谢元银(2.21 任)吴铭汉、刘凌、娄鸿雁、冯义卿、黄伟钢、王圣义(7.16 免) 纪委书记:娄鸿雁	局　长:任东红(女) 副局长:吴铭汉、刘凌、冯义卿、黄伟钢、王圣义(保留副师级待遇)(7.16 免)
直属单位	省港航管理局(省船舶检验局、省地方海事局)	副厅	中共江西省港航管理局委员会	党委书记:严允 党委副书记:于钦民;熊海清 委员:于钦民、严允、熊海清、胡敬党(11.5 免职退休)、曾云谋、杨礼生、李建华、乔文典、刘水生、徐良、刘贤明、熊慎文 纪委书记:李建华	局长:于钦民 副局长:胡敬党(11.5 免职退休)、曾云谋、杨礼生、乔文典
	江西省港航建设投资有限公司(隶属省港航管理局11.2)	正处	中共江西省港航建设投资有限公司委员会(2013 年6 月6 日)	党委书记:赵建歧 党委副书记:赵卫楚 党委委员:彭韬、何宪威 纪委书记:何宪威	董事长:赵建歧 总经理:赵卫楚 副经理:彭韬 董事:杨礼生、徐良、彭韬 监事会主席:李建华 监事:方汉芳、何金宝、胡国和
	江西远洋运输公司(隶属省港航管理局11.22)	正处	中共江西远洋运输公司委员会	党委副书记:方汉芳(女) 委员:赵建歧、方汉芳(女)、彭韬、夏友南、姜志德 纪委书记:方汉芳(女)	经理:赵建歧 副经理:彭韬、余峥、夏友南、姜志德
直属单位	省公路运输管理局	副厅	中共江西省公路运输管理局委员会	党委书记:王江军(2.21 免)、曾晓文(2.21 任) 党委副书记:王圣义(7.10 任) 党委委员:曾晓文(2.21 任)、王圣义(7.10 任)、刘伯康(9.27 免)、肖伦发、唐晓鸣、罗志明(10.12 任)、黄强(10.12 任)、傅友华(12.4 任) 纪委书记:肖伦发(9.27 免)、黄强(10.12 任)	局长:王圣义(7.10 任) 副局长:刘伯康(9.27 免)、肖伦发(9.27 任)、唐晓鸣、罗志明(10.12 任)、傅友华(12.04 任)
直属单位	省高速公路投资集团有限责任公司(省高等级公路管理局)	副厅	中共江西省高速公路投资集团有限责任公司委员会	党委书记:李素华(3.14 免职退休)、王江军(2.21 任省高等级公路管理局党委书记、3.14 任省高速公路投资集团有限责任公司党委书记) 党委副书记:谢来发(11.4 免)、魏炳彦(保留副师级待遇)(8.28 免)、李建红(11.22 任) 委员:王江军(2.21 任)、谢来发(11.4 免)、魏炳彦(8.28 免)、李建红(11.22 任)、姚光南、刘理、吴克海、邝宏柱、王昭春(12.20 免)、何闽(11.22 任)、段卫党(11.22 任)、颜杏生(9.27 免)、傅春华、周院芳、黄铮 纪委书记:魏炳彦(8.28 免)、李建红(11.22 任)	董事长:马志武(3.14 免) 总经理:谢来发(10.19 免) 副经理:姚光南、颜杏生(9.27 免)、刘理、吴克海、王昭春(12.20 免) 总工程师:邝宏柱

续表

单位类别	单位名称	单位级别	党组织名称	党组织领导成员	行政领导成员
直属企业	江西公路开发总公司	正处	中共江西公路开发总公司委员会	党委书记:傅春华 党委副书记:刘楚有 委员:傅春华、周院芳、陈书全(6.20免职退休)、邝启祥、黎明、叶香春、万保安、刘楚有 纪委书记:刘楚有	经理:周院芳 副经理:陈书全(6.20免职退休)、邝启祥、黎明 总会计师:叶香春 总经济师:钟家毅 总工程师:万保安
直属企业	江西交通工程监理公司(与省交通工程咨询监理中心合署)	正处	中共江西交通工程咨询监理中心委员会	党委书记:刘云川 党委副书记:黄绿光 党委委员:刘云川、徐重财、徐义标(1.31任)、徐世田(1.31任)、黄绿光 纪委书记:黄绿光	经理:徐重财 副经理:徐世田、徐义标、樊文胜
直属单位	江西交通职业技术学院	副厅	中共江西交通职业技术学院委员会	党委书记:吴克绍 党委副书记:张海平 委员:吴克绍、朱隆亮、张春晓、黄晓敏、舒小平、江志强、刘勇、张海平	院长:朱隆亮 副院长:张春晓、黄晓敏、舒小平、江志强、刘勇
直属单位	省交通工程质量监督站	正处	中共江西省交通工程质量监督站支部委员会	党支部书记:项军 委员:项军、栾建平、刘学斌、彭东领	站长:栾建平 副站长:刘学斌、彭东领
直属单位	江西省高速公路联网管理中心	正处	中共江西省高速公路联网管理中心支部委员会	党支部书记:雷毅(11.28任) 委员:夏太胜、雷毅(11.28任)、郭昌、刘红生 纪委书记:郭昌	主任:夏太胜 副主任:刘红生
直属单位	规划办公室(省交通工程造价管理站)	正处	中共江西省交通厅规划办公室支部委员会	党支部书记:廖贵星 委员:廖贵星、刘维文、徐华兴、陈强	主任(站长:刘维文) 副主任(副站长):徐华兴、陈强
直属单位	对外经济联络办公室	正处	中共江西省交通厅对外经济联系办公室支部委员会	党支部书记:傅晓驷 委员:王垒嘉、肖国华	主任: 副主任:王垒嘉
直属单位	省交通工会	正处	中共江西省交通工会支部委员会	党支部书记:刘盖群 委员:刘盖群、李坪	主席:刘盖群 副主席:李坪
直属单位	江西省交通干部学院	正处	中共江西省交通干部学院委员会	党委书记:李国峰(9.27免)、刘晓兰(10.12任) 党委委员:李国峰、刘晓兰(女)、来栋萍(女、10.12任)	校长:李国峰(9.27任) 副校长:刘晓兰(女、10.12免)、来栋萍(女、10.12任)
直属单位	江西省交通设计研究院有限责任公司	正处	中共江西省交通设计研究院有限责任公司委员会	党委书记:王金根(5.21免职退休)、吴相金(10.12任) 委员:王金根(5.21免职退休)、聂复生、吴相金、陈秋华(女)、张小明、邵立范(女)、方向明(10.12任)、王伟(10.12任) 纪委书记:邵立范(女)	董事长兼总经理:聂复生 副总经理:吴相金(10.12免)、张小明、方向明(10.12任) 总工程师:张小明(9.27免)、王伟(10.12任) 工会主席:陈秋华

续表

单位类别	单位名称	单位级别	党组织名称	党组织领导成员	行政领导成员
直属单位	省交通科学研究院	正处	中共江西省交通科学研究院委员会（2012.4.24 改设）	委党书记:丁青(女) 委党副书记:高东升 委员:丁青(女)、雷茂锦、肖武光、吴伟明(3.4 免职退休)、江祥林、高东升	院长:雷茂锦 副院长:肖武光、吴伟明(3.4 免职退休)、江祥林
直属单位	厅信息中心（省交通运输厅应急指挥中心）	正处	中共江西省交通运输厅信息中心支部委员会	党支部书记:余力克(1.31 任) 委员:余力克(1.31 任)、颜庆华(1.31 任)、莫宇蓉(1.31 任)、王玉(1.31 任)、张正辉(1.31 任)	主任:余力克 副主任:颜庆华:莫宇蓉
直属单位	九江长江大桥（公路桥）管理局（8.31 机构划转至江西省投资集团）	正处	中共九江长江大桥公路桥管理局委员会	党委书记:户才淦(9.11 免) 党委副书记:陈峻(9.11 免) 委员:沪才淦(9.11 免)、陈峻(9.11 免)、盛继国、张曙光(9.11 免)、裴庆红(9.11 免) 纪委书记:陈峻(9.11 免)	局长:户才淦(9.11 免) 副局长:张曙光(9.11 免)、裴庆红(9.11 免)
直管单位	厅机关后勤服务中心	正处	中共江西省交通厅机关后勤服务中心总支部委员会	党总支书记:杜一峰 委员:杜一峰、熊华山(3.4 免职退休)、刘玉珠、王亲勇	主任:杜一峰 副主任:熊华山(3.4 免职退休)、刘玉珠
直管单位	江西省交通运输工程档案馆	副处		副馆长:张正辉	
	省公路路政管理总队	正处	中共江西省公路路政管理总队委员会	党委书记:黄生平 党委副书记:黄国标、邓江雁(女) 委员:黄生平、黄国标、郭本星、李烨、万杰兵、邓江雁(女)、黄炬 纪委书记:邓江雁(女)	总队长:黄国标 副队长:郭本星、李烨、万杰兵、黄炬

（王　硕）

【市级交通机构】 全省 11 个市设交通运输局、公路管理局(其中赣州、上饶归交通运输局管理)归所在市人民政府领导,业务上受省交通运输厅指导。

2013 年各设区市交通运输局机构与党政领导成员

表 2

单位	党组织名称	党组织领导成员	行政领导成员
南昌市交通运输局	中共南昌市交通运输局委员会	书　　记:黄维象 委　　员:黄维象　吴久铭　彭孝福(2012.12 免)　闵小平　黄振珠　车小琴(女)　严晓群(9 月任) 纪委书记:闵小平	局　　长:黄维象 副 局 长:吴久铭　彭孝福(2012.12 免)　车小琴(女)　严晓群(10 月任) 总工程师:张　伟 调 研 员:戢才金　张大军(5 月免)　彭孝福(2012.12 任) 副调研员:王　健

续表

单位	党组织名称	党组织领导成员	行政领导成员
景德镇市交通运输局	中共景德镇市交通运输局委员会	书　　记:龙　骏 副 书 记:周光镇(12.28免) 委　　员:龙　骏　周光镇(12.28免) 叶宜民　黄兴好　陈景明 张金水　陈树生　黄　涛 方景萍(1.11任) 纪委书记:周光镇(12.28免)	局　长:龙　骏 副局长:叶宜民　陈景明　张金水 陈树生　黄　涛　方景萍(1.30任)
萍乡市交通运输局	中共萍乡市交通运输局委员会	书　　记:张　洪 委　　员:张　洪　贺志勇　李小勇 朱小东　毛惠明(8月免) 巴颜林　曾宪许 徐卫华　凌小春(5月任) 纪委书记:曾宪许	局　　长:张　洪 副 局 长:李小勇　朱小东　毛惠明(8月免) 巴颜林 总工程师:凌小春 调 研 员:贺志勇　吴　菊(1月免) 焦凤俊　吴耀华　江祖球 毛惠明(8月任) 副调研员:翟文新　刘安萍
九江市交通运输局	中共九江市交通运输局委员会	书　　记:王金初 委　　员:黄　强　王金初　吴照新 喻小明　刘赛喜　朱汉练 曹达会　丁芳华 黄玉桃(10月离任)　卢作林 周裔南(5月任)	局　　长:黄　强 副 局 长:王金初　吴照新　喻小明 刘赛喜　朱汉练　曹达会 总工程师:丁芳华 副调研员:周裔南(5月任　胡民礼)
新余市交通运输局	中共新余市交通运输局委员会	书　　记:江　勇(11月免) 何志勇(12月任) 副 书 记:简少华　杜元生 委　　员:江　勇(11月免) 何志勇(12月任)　简少华 杜元生　欧光宏　蔡晓颖 潘会君(10月任)　陈　卓 黄　昕(1月任)　樊国华 陈仕斌　王慎刚(2月任) 纪委书记:蔡晓颖	局　　长:简少华 副 局 长:欧光宏　潘会君(12月任) 陈　卓　黄　昕(2月任) 总工程师:王慎刚(2月任) 调 研 员:江　勇(12月任)　张向东 罗志东 副调研员:陈仕斌　邓茂勇(11月免)
鹰潭市交通运输局	中共鹰潭市交通运输局委员会	书　　记:齐群策 委　　员:齐群策　李星勇　詹志平 陈亦彬　邱雪成　张爱民 廖乡兴　许智先 纪委书记:邱雪成	局　　长齐群策 副 局 长:徐文艺　詹志平　陈亦彬 张爱民(8月免) 调 研 员:李星勇 副调研员:廖乡兴　张爱民(8月免)
赣州市交通运输局	中共赣州市交通运输局委员会	书　　记:严家春 副 书 记:朱洪波 委　　员:严家春　朱洪波　罗宗棋 尹善奎　陈爱东　陈建生 宋冬如　彭炎明　周小勇 郭远昌　欧阳光标　钟佩芳 张　贝(12月免) 何祖林(8月任) 纪委书记:宋冬如	局　　长:朱洪波 副 局 长:罗宗棋(2月任)　陈爱东　陈建生 彭炎明　郭远昌　钟佩芳 张　贝(12月免) 何祖林(8月任) 调 研 员:吴慧让　钟成林(4月免) 副调研员:傅广仁　章广麟　李干荣 杨北林
吉安市交通运输局	中共吉安市交通运输局委员会	书　　记:彭贵先 副 书 记:邹记根 委　　员:彭贵先　邹记根　龙林华 王跃平　赵夫发　黄坚勇 廖建洲　刘　勇 张志刚(1月任) 纪委书记:赵夫发	局　　长:邹记根 副 局 长:龙林华　王跃平　黄坚勇 廖建洲　刘　勇 总工程师:张志刚(2.7任)

续表

单位	党组织名称	党组织领导成员	行政领导成员
宜春市交通运输局	中共宜春市交通运输局党组	书　　记:李　奇 副 书 记:朱宜民 委　　员:李　奇　朱宜民　曹幸军 梁　彦　陈宜林　王赣闽 曾义城　刘毅明 纪检组长:王赣闽	局　　长:朱宜民 副 局 长:曹幸军　梁　彦　陈宜林 副调研员:王玉洁　彭智勇　梁益海 总工程师:曾义城
抚州市交通运输局	中共抚州市交通运输局委员会	书　　记:乐小红 副 书 记:徐华德　华河辉 委　　员:乐小红　徐华德 李勃绪(4月免)　陈佐光 王爱民　华河辉　罗　维 陈　峰　梁明昌(4月任) 纪委书记:徐相生(5月任)	局　长:徐华德 副局长:陈佐光　王爱民　罗　维 陈　峰　梁明昌(4月任)
上饶市交通运输局	中共上饶市交通运输局委员会	书　记:吴步高 副书记:徐泽民　张晓峰 委　员:吴步高　徐泽民　张晓峰 姚佳水(6月免)　刘　建 赖　勇　周全行　方　扬 刘光锌　彭芳德　白伟民 王少波　苏卫东　万益春 纪检组长:程黎霞(女,11.13任) 副县级纪检员:王淑琴(女)	局　　长:吴步高 副 局 长:刘　健　赖　勇　周全行 刘光锌　彭芳德 总工程师:方　扬 调 研 员:刘秀明　姚佳水(6月任) 钱达宏 副调研员:周建英(女)　常建新

（何　赣）

《江西省交通运输志资料长编》审稿会在梅岭生态苑召开

大事记

2013 年

1 月

3 日 自即日起,省交通运输厅多措并举,做好雨雪冰冻天气应急处置工作,确保了雨雪冰冻天气期间全省道路运输安全畅通。

5 日 省交通科研院主持完成的“大跨径公路铁路两用桥结构安全监测关键技术与方法”科研项目,获 2012 年度中国公路科学技术一等奖,并被交通运输部列为 2011 年度应用示范项目。

同日 资溪花山界(赣闽界)至里木高速公路初步设计通过专家审查,该线路全长 38.75 千米。2013 年 10 月 28 日开工建设,总投资 27.61 亿元。

8 日 全省 1396 名公路路政(治超)执法人员正式使用交通运输新式行政执法证件。

9 日 省综治委与省交通运输厅联合下发《关于创新交通建设工程民工工资管理的实施意见》,保障农民工合法权益,民工每月可凭银行卡领取工资。自 2013 年 4 月起,在全省交通系统全面施行。

11 日 吉水县恩江二桥正式开工建设,该桥按双向四车道一级公路标准设计,全长 848 米,总投资 1.9 亿元,计划 2014 年 10 月竣工通车。

12 日 全省道路运输法规稽查工作例会在赣州召开。

14 日 省委常委、常务副省长凌成兴到德上高速公路考察建设运营情况。省交通运输厅厅长马志武,省政府副秘书长涂琼理等领导陪同。

同日 商务部等四部联合发布《机动车强制报废标准规定》。《规定》对机动车使用和安全技术及排放检验状况等达到报废标准的机动车实施强行报废。小、微型私家车无使用年限限制。该《规定》自2013年5月1日起施行。

同日 省交通运输厅党委书记朱希到武宁县走访慰问困难群众和困难企业，并实地检查了高速公路服务区运营和服务情况。

同日 省交通运输厅在南昌召开2013年全省春运领导小组会议，部署2013年全省春运工作。省交通运输厅副厅长梁必康出席会议并讲话，省交通运输厅2013年春运领导小组全体成员参加会议。

14～19日 省交通工会筹集60万元资金分4个慰问组赴各基层单位走访困难职工与困难劳模。

15日 赣粤高速公路股份有限公司携手中国农业银行江西省分行，在全省首推服务区24小时自助银行金融服务，第一台离行式ATM机在永武高速公路西海服务区正式投入营运。峡江、吉安、石钟山服务区离行式ATM机也随后投入运营。

16日 井(冈山)睦(村)高速公路井冈山特长隧道左洞至斜井段贯通，全长6850米，是全省在建最长公路隧道，也是全国首座采用同位双斜隧道，该隧道左洞累计开挖6361.5米，完成比例占93.55%。

16～19日 省高速公路投资集团公司对鲜活农产品运输绿色通道免费工作进行专项督查，重点抽查省界站、市界站及省各路段绿色通道车流量排名前5位的收费站，共复查绿色通道40多万车次，涉及减免通行费金额近20亿元。

18日 以省纪委常务副书记陈尚云为组长的省检查考核组一行16人到省交通运输厅，对该厅2012年度落实党风廉政建设责任制和推进惩防体系建设工作进行考评。厅党委书记朱希汇报工作，并按要求进行公开述职述廉。厅领导马志武、万明、成松、胡钊芳、梁必康参加汇报会。

19日 2013年度全省交通运输工作会议、廉政工作会议、安全生产工作会议"三会合一"在南昌召开。省交通运输厅党委书记朱希主持会议并讲话。厅长马志武作交通工作报告，厅纪委书记成松作廉政工作报告，总工程师胡钊芳作安全生产工作报告。厅领导万明、梁必康、孙茂刚出席会议。会议以文件形式表彰了2012年度全省交通运输系统目标管理先进单位与纪检监察工作先进集体和先进个人及安全生产先进单位。

同日 2013年全省公路工作会议暨廉政工作、安全生产工作会议在南昌召开。会议总结了2012年全省公路系统工作，部署2013年度公路工作、廉政建设、安全生产任务。会议确定2013年全省新建改建农村公路8000千米，重点升级改造G105国道和赣南原中央苏区、罗霄山脉集中连片的公路500千米。

21日 省交通运输厅、省公安厅、省安监局联合召开2013年全省道路水路春运工作视频会议，研究部署道路水路春运工作。省春运办主任朱肖理、省公安厅副厅长罗永银、省安监局巡视员朱志明出席会议并讲话。省交通运输厅总工程师胡钊芳主持会议，副厅长梁必康作春运工作部署。

22日，省交通运输厅在南昌召开记者见面会，向中央驻赣及省内各大媒体通报江西交通运输部门春运组织准备情况。

25日 省交通运输厅组织收看收听全国交通运输系统学习贯彻中共十八届中央纪委二次全会精神电视电话会议。厅领导朱希、万明、成松、胡钊芳、梁必康及厅直单位主要领导、纪委书记、厅机关各处室负责人参加收看收听。

26日～3月6日 省公路运输管理局组织代号为"猎击"的全省统一运政稽查行动。重点对非法营运与班车、包车、出租汽车客运的非法行为，予以重拳出击，维护春运期间道路运输市场秩序，保障广大旅客出行安全。

28日 省交通运输厅在南昌召开南昌至樟树高速公路改扩建工程SI—I合同段图纸设计审查会。会议邀请谢家全、车宇琳等8位国内知名专家审查了昌樟改扩建高速公路施工图纸文件和审查报告及咨询报告。

是月 省交通运输厅分9个督查组，由厅领导带队对全省交通运输安全生产进行全面督查。共检查运输企业22家，汽车客运站13个，渡口10道，客运码头3个，国、省道公路段8段和部分渡改桥项目，结果显示全省交通运输安全形势良好。对查出的安全问题与隐患强调由督办单位落实整改措施，责任到人，立即整改，消除隐患，解决问题。

是月 省委、省政府在九江市召开全省深入推进九江沿江开放开发会议，并出台了《关于进一步推进九江沿江开放开发的若干意见》。"十二五"计划期间，九江沿江港口项目建设预计投资68.02亿元,规划建设泊位52个,新增造船能力45万载重吨,提前五年跨入亿吨大港行列。力争九江市沿江地区五年后生产总值达到2000亿元,10年后达到4000亿元。着力打造千业集群,力争九江市沿江区五年后工业主营业务收入达到6000亿元,10年达到15000亿元。

是月 福银高速南城境内跨线桥投入营运。桥长161米,桥宽15米,总投资1500万元。

是月 省交通运输厅制定和出台《关于改进工作作风、密切联系群众的"九项规范"》,对考察调研、联系群众、各项会议、各类活动、文件简报、公务接待、公务用车、外出出访、监督检查等九项内容作出48条明确规定。

是月 省直机关工委、文明委发布《关于表彰省直机关第九届文明单位》的决定。省交通运输厅及厅直属的39个单位被授予"江西省省直机关第九届文明单位"称号。

2月

1日 《港口危险货物安全管理规定》(交通运输部令〔2012〕年第9号)自即日起实行。

同日 高安市西环公路大桥工程项目开工建设,全长3946.8米,桥长470.5米,桥宽29米。工程总投资1.93亿元。

同日 省人大常委会副主任、省交通运输厅厅长马志武、省交通运输厅党委书记朱希到南昌地区基层单位走访慰问困难职工。

4~7日 泛长三角地区启动联合稽查行动,加强相互间的协调和配合,打击非法违法经营道路客运行为,维护旅客和道路客运的合法权益。

5日 即日上午,省人民政府副省长李贻煌到徐坊客运站视察春运工作情况,慰问一线交通干部职工。

6日 省交通运输厅副厅长万明率省公路局、省运管局、厅治超办、厅规划处、财审处等相关部门和处室负责人做客江西人民广播电台《政风行风热线》节目,就进一步加强交通运输系统政风行风建设、做好春运应急保障工作等问题,接听群众热线电话,解答听众咨询的有关问题。

7日 省交通运输厅在南昌召开学习贯彻落实省纪委十三届三次全体会议精神大会。省人大常委会副主任、省交通运输厅厅长马志武出席并讲话。厅党委书记朱希主持会议,厅纪委书记成松传达省纪委十三届三次全会精神。厅领导万明、胡钊芳、梁必康出席会议。会议提出了贯彻落实省纪委十三届三次全会精神的方法措施,明确了目标任务。

8日 省委副书记、省长鹿心社到南昌长运徐坊客运站、江西公路开发总公司信息中心检查指导春运工作,慰问交通运输系统一线职工。

9~15日 2013年春节7天长假期间,全省道路旅客运输量为885.2万人次,与2012年同比下降0.61%;日均投放车辆17297辆,其中,包车数量2929趟次,加班车辆1791趟次;水路旅客运输共投入客船1296艘次,同比下降28.4%;共投入41046客位,同比下降32.5%,累计完成客运量3.97万人次,与2012年春运同比下降35.4%。长假期间全省高速公路出口车辆流量为403万辆(日均57万辆),比上年春节的172.447万辆增长133.76%,其中,小型客车流量为383万辆,同比增长150%。

11日 萍乡市公交总公司新购的30辆汽电混合动力公交车正式投入使用。

18日 省交通运输厅党委中心组召开专题学习中共中央总书记习近平在新进中央委员会委员、候补委员学习贯彻中共十八大会议和在十八届中央纪委二次全会上的讲话精神学习会。省人大常委会副主任、省交通运输厅厅长马志武参加学习,省交通运输厅党委书记朱希主持会议。厅领导万明、成松、胡钊芳、梁必康、孙茂刚参加学习。

20~21日 省交通运输厅在省交通干部学院举办学习习近平总书记重要讲话精神学习班。厅党委书记朱希出席学习班开班仪式并讲话。学习班邀请省政协常委、省社会科学院院长汪玉奇作"中华梦与中国特色社会主义"主题辅导报告。厅领导、厅机关、厅直单位在南昌地区副处级以上干部等300余人参加学习。

26~28日 省委常委、常委副省长凌成兴先后到井睦高速公路、九江绕城高速公路及昌九高速公路改建扩建项目建设施工现场实地察看项目建设情况。省政协副主席、九江市委书记钟利贵、省政府副秘书长涂琼理、省交通运输厅党委书记朱希、省发改委副主任吴晓军、省重点办主任王前虎陪同考察。

27～28 日　交通运输部副部长冯正霖在江西省委常委、常务副省长凌成兴、省人大常委会副主任、省交通运输厅厅长马志武陪同下，考察江西交通运输工作。

3 月

1 日　交通运输部修订后的《快递市场管理办法》自即日起施行。

同日　省交通运输厅编制的省地方标准《高速公路服务区设计规范》《高速公路收费所站管理使用房设计规范》两项设计规范经省质量技术监督局批准，自即日起施行。

同日　南城环城高速公路贯通，全长为 23.6 千米。

4 日　省高速公路投资集团公司 2013 年第 2 期 20 亿元非公开定向债务融资工具在银行间市场交易商协会获准注册。于 2013 年 3 月 29 日与兴业银行合作发行，利率为 4.75%，较同期银行贷款利率降低 21%，节约近 2500 万元财务成本。截至 3 月底，该公司已累计发行五期定向工具，共计 65 亿元，融资规模和发行期数均居全省第一。

6 日　经省编制委员会批准，石虎塘船闸管理所正式挂牌成立。

同日　赣粤高速公路股份有限公司成功发行 15 亿元 10 年期中期票据。本次中期票据票面利率为 5.35%，利率较基准贷款利率下浮 18%，节约融资成本 1.8 亿元。

同日　2013 年春运工作结束。春运期间，全省道路旅客运输量达 5025,57 万人，与 2012 年春运相比下降 0.56%。全省道路运输企业共投入客车 18446 辆，其中，班线客车 15215 辆，旅游客车 2310 辆，日均投入运力 17300 辆，与 2012 年相比下降 1.1%；全省水路旅客运输共投入各类客运船舶 7465 艘次，与 2012 年春运相比下降 30.7%，累计完成客运量 221129 人次，同比下降 11.7%。

11 日　省交通运输厅党委书记朱希到昌樟高速公路改扩建工程昌西南连接线（九龙大道）和省交通监控指挥中心实地察看项目建设情况。总工程师胡钊芳、巡视员孙茂刚陪同考察。

15 日　中国铁路总公司成立大会在原铁道部举行。盛光祖为公司法人代表。该公司拥有注册资金 10360 亿元。该公司的经营范围和主要职责是：以铁路客货运输服务为主业，实行多元化经营等。

16 日　杨传堂被任命为中华人民共和国交通运输部新一任部长。

同日　省交通运输厅党委书记朱希到吉莲高速公路钟家山隧道施工现场实地查看项目建设情况，慰问一线参建人员。

同日　停建多年的萍（乡）洪（口界）高速公路正式复工建设。

22 日　全省高速公路违法涉路设施综合整治工作推进会在南昌召开。全省违法涉路设施整治工作开展以来共立案查处违法涉路设施案件 158 起，取得较好成效。此次会议总结了全省前期违法涉路设施综合整治工作，安排部署了今后工作目标任务。

23 日　赣江石虎塘航电枢纽工程 1～4 号机组正式投入正常发电。与此同时，5 号、6 号机组正在调试，即将投入试运行。

同日　省纪委常委、省直机关工委副书记邓剑峰与省委巡视工作办公室副主任叶挺峻到省交通运输厅，对该厅 2012 年度落实党风廉政建设责任制和推进惩防体系建设工作考核评审情况进行反馈，并对该厅领导班子和全省交通运输工作在肯定成绩的同时指出了检查中发现的问题与不足，要求该厅进一步把党风廉政建设和推进惩防体系建设工作落到实处。厅领导朱希、王爱和、万明、成松、胡钊芳、梁必康参加会议。

26～28 日　江西省第二期道路运输安全生产标准化考评员培训班在南昌举办，180 余人参加培训和考试。

27 日　省交通运输厅在庐山服务区召开会议，总结 2012 年度全省高速公路“百姓满意服务区”评选活动情况，部署下一阶段工作目标任务。省交通运输厅党委书记朱希出席并讲话。省文明办主任张天清宣读 2012 年度“百姓满意服务区”名单。省交通运输厅副厅长万明总结评选活动情况并部署下一阶段工作任务。中石化江西分公司及全省各高速公路服务区管理营运单位负责人参加会议。2012 年全省共有 49 个高速公路服务区参加“百姓满意服务区”评选，占服务区总数的 76.6%。经网络投票和现场考评，共有 18 个服务区被评为“百姓满意服务区”。

28 日　宜春市明月山机场飞机升降试飞成功。当日下午，从上海飞来的空客 A320 飞机缓缓降落在明月山机场的停机坪。

29 日　省人民政府在南昌召开全省进一步加快交通运输事业发展座谈会，研究落实省政府《关于进一步加快交通运输事业的意见》。省委常委、常务副省长凌成兴出席会议并讲话，副省长李贻煌主持会议，省政府副秘书长王水平、涂琼理，省交通运输厅党委书记朱希、副厅长王爱和、彭志先、梁必康，巡视员孙茂刚及省直有关部门、各设（市、区）政府分管领导出席会议。根据《意见》，至2020 年，全省高速公路通车里程力争突破6000 千米，全省行政村 25 户以上人口的自然村基本建成水泥路。铁路运营里程力争达到 5000 千米，形成南昌到赣州 2 小时，到上海 3 小时，到北京 5 小时的高铁经济圈。

是月　永修至武宁（庐山西海）高速公路被中国投资协会评为 2012～2013 年度国家优质投资项目。这是这批获奖投资项目中唯一一个高速公路建设项目，也是继景婺黄（常）高速公路项目之后江西第二个获此殊荣的高速公路建设项目。

4 月

7～8 日　省委常委、常委副省长凌成兴到金抚、抚吉、萍洪、万宜高速公路视察项目建设情况。省政府副秘书长涂琼理、省交通运输厅党委书记朱希、省能源局局长郑沐春、省重点办主任王前虎及省铁办主任、省铁路投资公司总经理熊燕斌陪同考察。

15 日　交通运输部副部长高宏峰到江西畅行高速公路服务区开发经营有限公司调研指导工作。部政策法规司副司长柯林春，省交通运输厅党委书记朱希，副厅长万明、王爱和，总工程师胡钊芳，副厅长梁必康随同。

16 日　省交通运输厅获中国交通报“2012 年度合作共建”奖，中国交通报社驻江西记者站站长熊昌军被评为最佳站长。

17 日　省交通运输厅副厅长、厅直机关党委书记万明到省高速集团调研高速公路青年文明号创建工作，并为荣获全省青年文明号的景德镇管理中心景北管理所和梨温高速公路公司鹰潭西收费站揭牌。

18 日　吉安市青东公路改建项目二期工程完成全线桥涵、路基土石方、路基整形、垫层铺设工程，同年 6 月底通车。

22 日　高安市东环公路大桥工程项目动工建设，桥长 11.5 千米，总投资 4.8 亿元。

23 日　省委书记强卫到在建的九江新长江大桥察看项目建设情况。省委常委、常务副省长凌成兴，省政协副主席、九江市委书记钟利贵，省交通运输厅党委书记朱希等随同考察。

26 日　自即日起，朱希担任江西省交通运输厅厅长。此前，其已任江西省交通运输厅党委书记。

4 月 29 日～5 月 1 日　全省高速公路免费通行的小型客车（7 座及以下）90.8 万辆，通行量比上年同期增长 76%，累计免费额为 4115 万元；普通公路免费通行小型客车 20.33 万辆，免费金额为 182 万元。

5 月

6 日　《吉安港总体规划》获省政府批准实施。

8 日　《原中央苏区——莲花县公路交通发展规划（2012—2020）》编制完成。

9 日　宜春市明月山风景区高山观光铁路正式开工建设，全长 3.95 千米。该路是全国首条内地高山观光铁路。

10～30 日　鹰潭市城区所开展的货运市场专项整治行动，对 126 家企业下达整改通知书。

12 日　峡江县县城至高速公路“二改一”工程获列省重大项目，核准该路建设规模为 21.85 千米、沥青路面双向六车道。

14 日　省交通运输厅党委书记、厅长朱希到南昌龙头港综合码头、南昌国际集装箱码头、南昌保税物流中心调研和指导工作。

15 日　亚行代表团一行就抚州城市基础设施综合改善项目向该行申请贷款一事进行实地考察。

21 日　2013 年度收费员星级考试在省高速集团所属路段单位设立的 18 个考场同时开考，3700 多名收费岗位人员参加考试。

同日 省纪委机关党委专职副书记刘玉椿一行到省交通运输厅就推进风险岗位廉政管理工作进行调研。对省交通运输厅自开展此项工作以来，已从梳理岗位设置、理清岗位职责入手，共查出风险点223个，清理职权83项，并针对性提出防范措施227条，形成一级抓一级，层层落实的廉政风险防控格局给予充分肯定。

24日 新余市人民政府制定出台《关于进一步加快农村公路建设的意见》。

27～29日 省交通运输厅副厅长王爱和、总工程师胡钊芳到昌泰、井睦、泰和高速公路调研、指导工作，看望一线干部职工。

28日 省高速公路联网管理中心与中国建设银行江西省分行合作，首批开通建设银行（南昌地区）赣通卡充值业务，6月底逐步开通全省建设银行各级网点赣通卡充值服务。至此，赣通卡充值合作银行已有招商银行、农业银行和建设银行3家，已在全省开通合作充值网点176个。

同日 江西省公路路产损失赔偿收费项目及收费标准省直部门联席评审会在南昌召开。省发改委副主任叶柏青，省交通运输厅副厅长梁必康、省公路局、省高速集团、省公路路政总队有关负责人出席会议。

29日 萍乡市至武功山新班线开通，线路全长61千米。

是月 九江市港口生产吞吐量完成货物吞吐量591.77万吨，其中，集装箱吞吐量1.63万标箱，累计完成6.71万标箱，同比增长5%。2013年前5个月累计完成货物吞吐量2096.76万吨，同比增长7%，推动了港口经济持续发展。

是月 经江西省商务厅批复，赣粤工程公司顺利取得对外承包工程经营资格，获得中华人民共和国对外承包工程资格证书。

是月 第十届中国户外传播大会在重庆召开。江西高速传媒公司被大会授予“2013年～2014年中国区域性高速媒体20强单位”，成为跻身中国户外广告主流水准的优秀企业。

6月

1日 江西首家船舶交易中心——江西省昌胜船舶服务有限公司成立。该中心成立后运营半年中共交易船舶106艘，船舶交易额8478.66万元。

同日 全长6850米的井（冈山）睦（村）高速井冈山特长隧道实现双幅贯通。该隧道是全省在建的最长公路隧道，也是全省首座采用同位双斜井隧道。

3日 泛长三角区域公路学会第二次联席会议在江西玉山县召开。上海、江苏、安徽、浙江、山东和江西公路学会的20余位代表参加会议。会议通报了泛长三角区域高速公路应急保障体系研讨课题进展情况，总结了第一次联席会议以来的工作，部署了今后的工作目标任务，确定了下一步课题方向和下一次联席会议的主办单位等事项。

3～9日 交通运输部海事局船舶检验资质审核组对江西省船舶检验局国内航行船舶检验资质进行复核。审核组对省船舶检验局国内航行船舶检验工作总体认可，并建议交通运输部海事局认可该局法定检验资质。

4日 赣州新增至北海、苏州、高安，分宜、桂林与于都至昆山，龙南至坎市长途客运班线。

7日 2013年赣港金融合作发展推进会在香港会展中心举行。省长鹿心社出席并致辞，70余家香港知名金融机构高管参加推进会。会上，省高速集团总经理谢来发与摩根斯坦利亚太区首席运营官克里斯托弗杰克逊、大新银行（中国）有限公司南昌分行行长刘颜进行融资项目合作签约。

同日 省交通运输厅党委召开扩大会议，传达省纪委书记周泽民就省直单位贯彻落实中共中央八项规定与厅纪委书记成松一对一的约谈情况，通报省纪委有关文件精神，对该厅下一步的相关工作进行研究部署。厅党委书记、厅长朱希出席会议并讲话。厅领导王爱和、彭志先、成松、胡钊芳、梁必康出席会议。

15日 吉安市吉州区最后一个民间渡口—樟山镇文石渡口撤销，吉州区部分乡镇江河路段村民出行靠渡船来往的历史宣告结束。

17日 即日，是全国首个低碳日。全省交通运输系统在6月15～21日深入贯彻全国第23个节能宣传周活动的基础上，又深入广泛地开展了形式多样的低碳宣传活动。

19日 省高速公路投资集团井（冈山）睦（村）项目办总监办主任敖志凡被省委宣传部、省文明办、省总工会、共青团江西省委、省妇联评为第三届江西省道德模范和敬业奉献模范。并被推荐上报为第四届全国道德模范候选人。

20日 省高速集团召开“运用电子监察手段绿通查验腐败行为”课题评审会。省交通运输厅纪委书记成松出席评审会。会上,专家们对这项科技成果给予充分肯定。

23日 吉安市出台《关于进一步加快交通运输事业发展的实施意见》。

26日 宜春明月山机场建成通航,开通了昆明—宜春—上海第一条航线,结束了宜春无民航的历史。

是月 省交通运输厅开展江西交通安全生产“三结合”,即“平安交通”“抗旱防暑”“教育活动”有机结合大检查活动。全省各级交通运输主管部门,累计派出由领导带队的督查组876个,排查出交通安全隐患2614起,及时整改2332起,整改率达90%,其余正在整改中。通过这一活动,进一步保持全省交通运输行业稳定良好的安全生产态势。

是月 国务院批准《国家公路网规划(2013年—2030年)》。根据该规划,江西省境内普通国道里程由3111千米调增至约7600千米,新增里程约4500千米。普通国道由现有的6条增至22条,并形成“七纵十横”公路网络,省际通道由12个增至30个。赣州市辖区内普通国道由4条增至11条,里程由930千米增至1950千米,新增1020千米。实现县县通国道。上犹、崇义、全南、安远、定南等五县结束无国道历史。

是月 《吉安港总体规划》通过江西省人民政府批复。该规划将吉安市境内的所有港口码头归属于一个大吉安港,形成“一港七区”,即吉安港和该港新干港区、峡江港区、吉水港区、吉安市港区、吉安县港区、泰和港区、万安港区。规划港口岸线总长34526米,其中,已利用岸线长880米,港区规划岸线长21216米,预留岸线长12430米。

是月 泰和沿溪综合货运码头建设用地预审、项目选址意见书、编制工程可行性研究报告等项工作圆满完成。该项目总投资约1.2亿元,将建成1000吨级散件泊位和杂件泊位各一个,设计年吞吐量为55万吨。

7月

1日 《道路危险货物运输管理规定》(交通运输部令2013年2号)自即日起施行。

4日 省交通运输厅召开全省公路水路安全联防工作小组第一次全体会议。省综治办副主任吴建春出席会议并讲话。会议审议通过《江西省公路水路安全联防工作小组成员单位责任书》和“平安公路”“平安航道”“平安车站”“平安港口”建设方案,进一步推进全省公路水路安全联防工作。

同日 抚州市上顿渡大桥正式通车。桥长245米,桥宽24.5米,双向4车道,总投资2600万元。

9日 省交通运输厅召开党委会议,专题研究部署党的群众路线教育实践活动。厅党委书记、厅长朱希主持会议,厅领导成松、胡钊芳、梁必康参加会议。会议传达学习了省委开展党的群众路线教育实践活动的有关文件和精神,讨论通过《中共江西省交通运输厅党委党的群众路线教育实践活动实施方案》。

同日 第十一届中国土木工程詹天佑奖颁奖大会在北京召开。大会共向32项获奖工程和227家获奖单位颁发了詹天佑奖杯和奖牌及证书。江西省景婺黄高速公路,成为全省唯一获此殊荣的项目,实现了江西在这一奖项上零的突破。

10日 省交通运输厅下发《江西省交通运输厅转发省人民政府〈关于加强道路安全工作实施意见〉的通知》,对贯彻省人民政府这一文件精神作出部署,明确工作任务和要求,并从完善道路运输市场准机制入手做好“两客一危”车辆卫星定位终端装置的安装和应用工作等16个方面提出明确要求和落实措施。

11日 省委党的群众路线教育实践活动第十二督导组组长宋才火、副组长黄少峰等一行6人到省交通运输厅召开见面会,传达中央和省委党的群众路线教育实践活动有关工作精神与要求,并听取了省交通运输厅开展党的群众路线教育实践活动情况汇报。省交通运输厅党委书记、厅长朱希出席会议并讲话。副厅长王爱和介绍该厅党委党的群众路线教育实践活动实施方案和工作开展情况。厅领导成松、胡钊芳、梁必康及厅党委党的群众路线教育实践活动领导小组成员参加会议。

同日　省交通运输厅党风廉政建设和反腐败工作任务落实情况推进会在省交通工程集团召开。厅党委书记、厅长朱希出席会议并讲话，副厅长王爱和主持会议，厅纪委书记成松传达省纪委书记周泽民在省直单位党风廉政建设和反腐败工作情况调度会上的讲话。厅领导胡钊芳、梁必康出席会议。

12日　省交通运输厅召开2013年社会管理综合治理工作会议，总结2012年度综治工作，分析当前的形势，部署2013年综治工作任务。省政法委副书记、省综治办主任张传发出席会议并讲话。厅党委书记、厅长朱希在会上向19家厅直属单位党政主要领导下发责任状并讲话，副厅长王爱和主持会议，厅纪委书记成松宣读表彰决定。

15日　吉安市青东公路改造工程实现油路面全线建成通车。该项目为省重点工程，总投资2.5亿元，按二级公路标准改建，全长64.51千米，贯穿青原区7个乡镇（街道），直接受益人口14万人。

17日　中共江西省委副书记尚勇到九江新长江大桥和九江绕城高速公路工程考察建设情况，慰问一线干部职工。省政协副主席、九江市委书记钟利贵陪同。

18日　省交通运输厅召开党的群众路线教育实践活动会议。省委党的群众路线教育实践活动第十二督导组组长宋才火出席会议并讲话，副组长黄少峰及督导组全体成员出席会议。厅党委书记、厅长朱希作动员讲话，副厅长王爱和主持会议并做工作部署。厅领导彭志先、成松、胡钊芳、梁必康出席会议。厅直副厅级单位的班子成员、厅直二级单位正处级单位的党政主要负责人及厅机关副处以上干部、部分党员代表和离退休党员老干部代表参加会议。

20日　新井冈山大桥项目工程初步设计获省发改委专家组审查通过。

21日　全省科学技术奖励大会在南昌召开。省交通科研院承担的“大跨径公铁两用桥结构安全监测关键技术与方法”获省科技进步二等奖；武吉高速公路项目办公室承担的“高填路堤稳定性及非均匀沉降控制技术”获省科技进步三等奖。

26日　据统计，1～6月省交通运输厅认真贯彻落实中央八项规定，开展基层调研数同比增加28.29%；定期接访112次，处理来信来访反映的突出问题同比增加73.62%；会议费用同比下降38.62%；清理减少简报42类；印发文件同比减少38.62%；公务接待次数同比减少38.98%；实际发生接待费用同比减少43.97%；办公经费支出同比减少31.41%；车辆运行费同比减少20.73%。

28日　昌九高速公路改扩建通远二号隧道右洞贯通。至此实现隧道双幅贯通。

29日　2013年度“百姓满意服务区”创评动员大会在庐山西海服务区举行。省文明办主任张天清出席会议并讲话，省交通运输厅领导作动员部署。省文明办、省交通运输厅、省高速集团、中石化江西分公司以及各高速公路服务区等单位有关负责人参加会议。

同日　景德镇市人民政府出台《关于进一步加快交通运输事业发展的指导意见》。

31日　省交通运输厅党委书记、厅长朱希就如何开展党的群众路线教育实践活动到省高速集团专题调研，与干部职工代表深入座谈交流，认真听取他们的意见和建议。

是月　省交通运输厅确定2013年7月为廉政宣传月。以党员干部、特别是领导干部为重点，在全厅范围内开展为期一个月的廉政宣传教育活动。此次活动以“开展六个一活动”，即开展一次廉政活动、组织一次专题讨论、撰写一篇心得体会文章、进行一次典型案例剖析、组织一次职务犯罪或经济犯罪案件法院庭审旁听活动、出一份廉政宣传月活动专题纪检监察信息为抓手，广泛深入推进全省交通运输系统反腐倡廉建设。

是月　7月15日～9月15日，省交通运输厅在全厅范围内开展对领导干部违反规定干预和插手在建工程项目，为个人或亲友谋取私利的专项治理活动。截至7月31日，全厅各单位、各项目办共召开动员会议80场，参加会议人数达2570人。共有2222名干部开展了自查自纠。自8月6日起该项活动由个人自查自纠转入专项治理。

是月　始于2013年开展的全省水路运服输服务业核查工作完成。2013年江西省船舶平均吨位由2012年的775吨增加到878吨，增幅为13.3%；全省省际内河普通货船舶数较上年减少9.7%，而载重吨位则增长1.1%；危险品船舶艘数较上年减少2.5%,载重吨位则增加17.3%。全省船舶向大型化、标准化方向发展取得明显成效。

8月

1日 吉安市吉州—泰和501路公交线正式开通运营,这标志着吉泰走廊“三县三区”公交一体化改造工作全面完成。

同日 省人民政府在南昌召开赣粤两省政府座谈会,研究商讨两省高速公路省际通道的规划与衔接工作,尽快打通赣粤现代化交通大通道。会前省委书记强卫会见了广东省副省长刘志庚一行,省交通运输厅党委书记、厅长朱希陪同会见。

同日 自即日起,全省交通运输业和信息技术、文化创意、物流辅助、有形动产租赁等现代化服务业启动营业税改征增值税(简称“营改增”)试点。

3日 省交通运输厅召开全省交通重点建设项目工作会议。省交通运输厅党委书记、厅长朱希出席并讲话,厅纪委书记成松就加强重点工程建设领域党风廉政建设作具体部署。会议通报了重点建设项目质量、安全、环保等方面情况。

8日 320国道宜丰县新连接线一级公路建设工程全线建成通车,工程总投资2亿余元。

9日 省交通运输厅党委书记、厅长朱希到昌樟高速改扩建工程昌西南连接线项目建设工地召开座谈会,听取项目办对厅党委党的群众路线教育实践活动的意见建议,协调推进项目建设。并看望慰问了交通咨询公司职工、第三届江西省道德模范敖志凡。

同日 昌九高速公路通远段拓宽工程全面动工建设。全长10千米,由4车道扩建为双向8车道,总投资8亿多元。

14日 省交通运输厅副厅长梁必康做客江西广播电视台“政风行风热线”栏目。开展党的群众路线教育实践活动系列直播访谈,以治理公路“三乱”办主题,征求广大人民群众对省交通运输厅深入开展党的群众路线教育实践活动的意见建议,解答社会公众的咨询和问题。

15日 《江西交通》杂志编辑部发出《征文启事》,面向全省交通运输系统广大干部职工开展“学习敖志凡先进事迹、积聚发展正能量”征文活动。

16日 省人民政府在南昌召开南昌—宁都、南昌—上栗高速公路建设项目征地和房屋征收动员会。省委常委、常务副省长莫建成出席会议并讲话。省政府副秘书长涂琼理宣读征地拆迁补偿及规费标准。省发改委主任李安泽主持会议。省交通运输厅党委书记、厅长朱希作征地拆迁工作部署。

18日 截至即日,赣江石虎塘航电枢纽发电量已突破2亿千瓦。该工程总库容为743亿立方米,电站总装机容量为12万千瓦,通航设施建设标准为内河Ⅲ级,设计年发电量为5亿千瓦。2012年2月,首台发电机并网成功,2013年7月,6台发电机组全部投入试运行。

同日 宜春—慈化二级公路开工仪式在袁州区辽市镇上陈村举行。该路起于明月山机场A线,终于慈化境内的万上线连接线,系省重点工程调度项目。全长62.3千米,工程总投资10亿元。

19日 省级重点调度工程吉安市吉州区朱北公路一期改造项目进入机动车道水稳基层摊铺阶段。该项目起始于东庆化工厂,终于樟山镇金牛广场。全长1722.6米,道路红线宽度55米,按城市Ⅱ级主干道设计,总投资1亿元。

20日 寻全高速公路G4标邱屋围高架桥左幅箱梁架设完工。该桥上跨105国道,下穿京九铁路,施工难度大,安全管控任务重,是寻全高速公路C4标段重点控制工程。

21~22日 省交通运输厅党委书记、厅长朱希先后到赣江石虎塘航电枢纽工程和吉莲高速、萍洪高速、万宜高速公路项目建设工地察看工程建设情况,听取干部职工对厅党委的群众路线教育实践活动的意见和建议。

22日 江西理文公用码头工程通过交工验收,正式投入使用。该码头位于瑞昌市码头镇梁公堤作业区,占用长江深水岸线820米,共建2个500吨级散货泊位,5个5000吨级杂货泊位,设计通过能力839吨,总投资3.3亿元。

同日 吉水县八都黄铜坑茅以升公益桥正式竣工通车。该桥长32米,桥宽45米,系全国第二座茅以升公益桥。

26日 靖安环城北路公路开工建设,全长12.262千米,按一级公路兼城市道路功能设计建设,路宽38米,行车道宽20米,双向四车道,两侧各设 5 米人行道和 4 米绿化带。该路是江西省“十纵十横”干线公路网中第七纵省道宋水线重要改建路段，工程投资约 2.16 亿元。

27 日 省交通运输厅召开党的群众路线教育实践活动工作推进会。通报前一阶段此项活动开展情况，部署下一阶段活动相关工作。厅党委书记、厅长朱希出席会议并讲话。副厅长王爱和传达中央督导组工作座谈会和全省党的群众路线教育实践活动工作会与推进会精神，厅纪委书记成松主持会议。

同日 105 国道九江境内改造工程建设累计完成水稳铺筑 37.079 千米，占目标任务的 96%；完成水泥面板施工 30.888 千米，占目标任务的 80%。该工程于 2012 年 6 月 28 日动工建设，2013 年全面完工。

30 日 赣江石虎塘航电枢纽工程建设通过了 W4 标、W10 标交工验收。至此，江西省水位工程建设史上最大的航电枢纽工程建设全面完成。

同日 省人民政府在南昌召开九江长江大桥（公路桥）成建制整体交接会议，正式将九江长江大桥（公路桥）移交给由赣鄂皖三省投资方出资设立的江西赣鄂皖路桥投资有限公司。省委常委、常委副省长莫建成出席会议。

是月 交通运输部办公厅发布 2011～2012 年度交通运输行业先进集体、先进企业和先进个人通报表彰名单。江西省交通运输行业共有 1 个集体、3 个单位、4 名个人荣获 2011～2012 年度全国交通运输行业“节能减推先进集体”、“节能减排先进企业”、“节能减排先进个人”称号。

是月 省公共机构节能领导小组授予省交通运输厅“2012 年度全省公共机构节能先进单位”称号。

是月 省交通运输厅在全省交通运输系统开展学习龚全珍、熊文清、敖志凡等江西交通运输系统先进典型活动。

9 月

1 日 自即日起，《江西省突发事件应对条例》开始施行。

同日 即日起，全省实行新的高速公路清障施救收费项目和收费标准，对拖车、吊车、抢修等 8 类公路清障收费实行最高限价。按照新规定，在行车道上的故障车辆应立即予以拖走，在停车带上的故障车辆白天半小时内（夜间不超过 15 分钟）能自行排除正常行驶的，不得强行拖走收费。

同日 江西省迄今投资规模最大的水利工程——峡江水利枢纽工程首台发电机组并网发电。该工程电站总装机 36 万千瓦，2015 年全面建成后可渠化三级航道 77 千米，工程总投资近百亿元。

1～30 日 宜春市交通运输局在全市范围内开展为期一个月的水路运输业经济普查工作。

3～6 日 省交通运输厅召开的群众路线教育实践活动作风建设专题党委会。省委党的群众路线教育实践活动第十二督导组组长宋才火、副组长黄少峰及督导组全体成员出席会议。厅党委书记、厅长朱希主持会议并讲话，在职的厅领导参加会议。会议听取并审议通过了《中共江西省交通运输厅党委解决“四风（形式主义、官僚主义、享乐主义、奢靡之风）”问题，加强作风建设的工作方案（讨论稿）》。

6 日 省交通运输厅召开会议，传达省纪委、省监察厅关于在全省开展党政领导干部违反规定接受和赠送现金、有价证券、支付凭证问题专项治理活动有关会议与文件精神，并对省交通运输厅开展此项专项治理活动进行动员部署。厅党委书记、厅长朱希出席会议并讲话，厅纪委书记成松主持会议，在家的厅领导、厅直各单位、各重点工程建设项目办相关负责人，以及厅机关副处级以上干部参加会议。

11～13 日 交通运输部行政执法评议考核检查组一行 4 人到江西检查考核行政执法工作。采取查阅台账资料、案卷评查等方式，对江西省交通运输厅行政执法工作进行评议考核。省交通运输厅副厅长梁必康出席汇报、座谈会。

16～25 日 为省交通运输厅党的群众路线教育实践活动谈心阶段。其间，厅领导班子与领导干部按照“照镜子、正衣冠、洗洗澡、治治病”的总要求，以为民务实、清廉为主题，以反对“四风”、服务群众为重点，开展了形式多样的诚挚、深入的谈心交流活动。

23 日 全省公路交通阻断信息报送工作联席会议召开。会议明确了全省公路交通阻断住处报送工作归口厅应急指挥中心统一管理。规定各单位应结合交通阻断事件处理流程特点，将信息报送流程按事件发生时、事件处置中、事件处置完毕三个时间段进行规范，省交通运输厅则对全省公路交通阻断信息报送单位进行考核，并制定相关制度进一步规范住处报送工作。

26日 第四届全国道德模范座谈会和授奖仪式在北京举行。江西省高速集团井睦项目总监办主任敖志凡荣获全国道德模范提名奖，受到中共中央总书记、国家主席、中央军委主席习近平和中共中央政治局常委、中央文明委主任刘云山等中央领导的亲切接见。

同日 中国第一条连接海峡两岸和中部内陆腹地的快速铁路——向莆铁路正式开通运营。

同日 吉安市新井冈山大桥开工建设。该桥位于吉安中心城区石溪头码头下游约800米处，距离井冈山大桥4.6千米，路线起于朱北线，终于105国道，全长3.56千米，其中，桥长1.22千米。工期28个月，工程概算总投资12.78亿元。

29日 经省政府批准，宜春市撤销大段库区大坝渡口，从此结束了该市渡运历史。同日，大段库区天柱峰景区水上客运开业。

同日 上午，省委书记强卫在南昌看望了从北京载誉归来的龚全珍、敖志凡等江西第四届全国道德模范及提名奖获得者。省领导姚亚平陪同看望。

30日 省交通运输厅党委书记、厅长朱希和厅领导王爱和、彭志先、成松、魏炳彦、王昭春看望了敖志凡。朱希代表厅党委对敖志凡荣获第四届全国道德模范提名奖、当选第三届江西省道德模范表示热烈的祝贺。

10月

1日 抚吉高速公路崇仁连接线路面工程完工，全线通车。总长9.336米，设计速度60千米/小时，2012年1月12日正式开工建设，总投资为1.43亿元。

同日 省交通运输厅党委书记、厅长朱希和副厅长王爱和到昌樟高速公路昌西南收费站与昌九高速公路昌北收费站，检查指导国庆长假期间七座及以下小型客车免费通行情况，看望慰问坚守一线岗位的干部职工。

7日 2013年国庆长假结束。长假7天全省高速公路出口总车流量达到355.6万辆，其中，7座(含7座)以下小汽车289.6万辆；水路客运共投入运力1846艘，57331客位。完成客运量1824万人，客运收入779万元。

14～15日 省交通运输厅召开领导班子专题民生生活会。省委常委、省纪委书记周泽民到会指导并讲话。省委党的群众路线教育实践活动第十二督导组组长宋才火、副组长黄少峰及省委组织部、省委活动办有关负责人，省交通运输厅领导班子成员、副巡视员、省公路管理局、省港航管理局、省公路运输管理局、省高速公路投资集团公司、江西交通职业技术学院等单位的党政负责人出席会议。厅副总工程师、厅机关有关负责人及4名群众代表列席会议。厅党委书记、厅长朱希代表厅领导班子开展对照检查，查摆"四风"方面的突出问题。厅领导班子成员认真开展了批评与自我批评，聚焦"四风"，采取"一个一个过"的方式，深刻查摆和剖析"四风"问题。

15～18日 交通运输部副部长何建中率国务院安委会安全生产第七综合督察组到赣开展第二轮安全生产督察。省政府有关领导和省交通运输厅党委书记、厅长朱希、总工程师胡钊芳，省安监局局长龙卿吉等出席汇报反馈会。会上，督察组对江西省安全生产工作成效和亮点给予肯定，指出了存在的问题与不足之处。

16日 万宜高速公路"咽喉工程"——严岭2号隧道右幅两头实现零误差准确对接、贯通。该隧道全长4110米，其中，左洞2105米、右洞2005米。

同日 上午，随着寻全高速C3标松虎坑1号隧道的贯通，C3标成为全线首个实现半幅贯通的标段。寻全高速C3标段全长4.581千米，项目合同工期20个月，总造价3.29亿元。

17日 交通运输部党组副书记、副部长翁孟勇率调研组到江西九江新长江大桥、九江港城西区集装箱码头，就江西港口建设和沿江经济发展情况进行调研。省长鹿心社，省委常委、省纪委书记周泽民，副省长李贻煌在南昌会见了调研组一行。省政府副秘书长张小平，省交通运输厅党委书记、厅长朱希，省发改委副主任李志刚，省交通运输厅总工程师胡钊芳、副厅长梁必康等陪同调研。

18日 宜春明月山机场继上海—宜春—昆

明开通后，北京—宜春—深圳航线即日正式开通。

21 日 省公路运输管理局新成立的“行政服务中心”投入试运行。该中心承接省运管局有关对外服务工作，实行“一站式全方位“统一受理、抄告相关、同步审批，限时办结”服务方式。

26 日 南昌—宁都高速公路开工建设。全长 248.586 千米，设计时速 100 千米/小时，双向四车道，路基宽 26 米，总投资估算 182 亿元。

27 日 省交通运输厅召开全厅组织人事工作会议，深入贯彻落实全省组织工作会议精神，部署全厅人事组织工作。厅党委书记、厅长朱希出席会议并讲话，厅纪委书记成松作人事组织工作部署。

同日 全省投资规模最大的 65 米钢质趸船在鄱阳湖蛤蟆石水域交付使用。该船总长 65 米，型宽 15 米，型深 2.3 米，设计吃水 1.2 米，集风能、太阳能供电一体化，配装一套由 22 千瓦级风力发电机，88 块太阳能板、110 只蓄电池等组成总装机容量为 30 千瓦的风光互补供电系统，兼具办公生活等多项功能于一体。

28 日 省人民政府在南昌召开新闻发布会，宣布福银高速公路九江长江二桥、井冈山厦坪—睦村高速公路、赣江石虎塘航电枢纽工程项目建成，并投入使用；南昌—宁都、南昌—上栗、资溪花山界（赣闽界）—里木高速公路项目开工建设。新开工的三个工程项目线路长度分别是：南昌—宁都高速公路项目总长 260.47 千米；南昌—上栗工程项目总长 223 千米；资溪花山界（赣闽界）—里木工程项目总长 38.578 千米。以上已建成的三个工程项目总投资近 100 亿元；新开工的三个工程项目总投资合计超过 310 亿元。

同日 九江长江公路大桥（江西段）和井冈山厦坪—睦村（赣湘界）高速公路正式通车，收取通行费。省发改委与省交通运输厅批复的车辆通行费标准为：九江长江公路大桥收费标准分跨江大桥和连接线两段计费。跨江大桥主桥收费标准，客车一类车（≤7 座）为 0.45 元/车公里，货车（载货类汽车）正常装载部分按基本费率 0.09 元/吨公里计收。另外，井睦高速公路全线单座长度 500 米以上的隧道、1000 米以上的特大桥按实际里程的 2 倍计费。

29 日 省交通运输厅召开厅党委班子专题民主生活会情况通报会。通报厅党委班子专题民主生活会情况，部署推动厅直单位扎实开好专题民主生活会工作。厅党委书记、厅长朱希出席会议并讲话，副厅长王爱和通报厅党委班子专题民主生活会情况，厅纪委书记成松主持会议。在家厅领导、厅直副厅级单位班子成员、厅直二级正处单位党政主要负责人、厅机关副处以上干部和部分党员代表与离退休党员老干部代表参加会议。

是月 庐山西海市口旅游码头开工建设。该码头位于庐山西海巾口旅游镇，项目占地面积 23.7 公顷，总建筑面积约为 58990 平方米，计划 2016 年完工，总投资 3.2 亿元。

11 月

1 日 江西赣粤高速公路股份有限公司入选“江西领军企业 50 强”。

3～4 日 全省交通运输系统 2013 年度社会管理综合治理培训班在上饶市举办。全省各设区市及厅属各单位分管领导与综治专职干部等共 200 余人参加培训。

5 日 省交通运输厅召开会议，传达学习贯彻中共十八届三中全会精神。

7 日 省高速集团成功获得南昌银行 15 亿的 LPR 贷款，期限为半年，利率以基础利率（Loan Prime Rate，简称 LPR）为定价基础，大幅低于同期基准。该笔贷款为江西省首单 LPR 贷款，是目前为止全国单笔最大金额的 LPR 贷款，也是对 LPR 一年期报价体系下，其他期限 LPR 贷款利率定价的首次尝试。

8 日 省交通运输厅党委书记、厅长朱希和副厅长梁必康到省高速集团赣州管理中心调研指导工作，看望干部职工。

13 日 江西省高速集团 100 亿元超短期融资券顺利通过中国银行间市场交易商协会注册，成为国内第一家获得超短期融资券发行资格的地方企业。

15 日 省交通运输厅召开会议，传达学习中共十八届三中全会精神和中共江西省委书记强卫在全省领导干部会议上的讲话精神。厅党委书记、厅长朱希主持会议，在南昌的其他厅领导、厅直副厅级单位党政主要负责人以及厅机关各处室负责人参加会议。

同日　铜鼓县汽车服务广场二期工程竣工、投入使用。该工程建筑面积16000平方米,工程总投资6000万元。

18日　昌樟高速公路改扩建工程昌西南连接线项目祥云大道改建工程竣工通车。

22日　省交通运输厅召开领导干部会议,研究和部署全厅深入学习、宣传、贯彻落实中共十八届三中全会精神的各项相关工作。厅党委书记、厅长朱希主持会议并讲话,在南昌的其他厅领导、厅直二级单位党政主要负责人以及厅机关各处室主要负责人参加会议。

25日　全省首支运政警务队伍——宜春市运政警务大队在宜春正式揭牌成立。

28日　抚州市物流协会成立,会长由赵水根担任。

29日　全省交通运输科技创新视频会议在南昌召开。省交通运输厅党委书记、厅长朱希出席会议并讲话。在南昌的其他厅领导王爱和、魏炳彦出席会议,厅总工程师胡钊芳主持会议。各设区市交通运输局、公路局,厅直属各单位、各重点工程项目办、厅管行业学会、协会,厅机关各处室有关负责人参加会议。会议强调全省交通运输系统要努力做到"把握一个核心,夯实五项能力,强化三大保障",即要把握火力推进科技创新,为交通运输升级提速发展服务这个核心;夯实促进公路水运建管养水平提升能力、促进现代物流业发展水平提升能力、促进绿色低碳交通运输发展水平提升能力、促进行业安全应急保障水平提升能力以及促进行业服务管理信息化水平提升能力等五项能力;强化组织领导保障、强化体制机制保障和强化人才队伍保障。

30日　丰城市小港、洛市、荣塘、秀市4个农村公路综合服站务建成,总建筑面积8047.7平方米,总投资1800万元。

是月　江西交通咨询公司荣获国家发改委批准颁发的工程咨询单位公路工程项目管理(全过程管理)甲级资质证书,成为江西省内首家获得该项咨询甲级资质的单位。

12月

2日　即日,是第二个"全国交通安全日",省交通运输系统聚集公路安全出行,广泛开展了交通安全宣传、咨询活动。

4日　省交通运输厅召开会议,学习、宣传和贯彻省纪委、省监察厅关于在全省科以下机关党员和干部职工中开展违犯规定接受和赠送现金、有价证券、支付凭证问题专项治理活动有关会议和文件精神,对该厅开展此项专项治理活动进行动员部署,厅纪委书记成松出席会议并讲话。

5日　交通运输部、财政部、国家发展改革委、工业和信息化部共同发布《老旧运输船舶和单壳油轮提前报废更新实施方案》。该方案明确,中央财政安排的专项资金,按照1500元总吨的基准,对在2013年至2015年提前报废更新的老旧运输船舶和单壳油轮进行补助,以加快船舶工业结构调整,优化船队结构,促进节能减排。

同日　抚州市运政稽查支队正式成立。

6日　省交通运输厅党委书记、厅长朱希到铅山县篁碧畲族乡调研该厅对口帮扶工作,就落实帮扶项目,推进扶贫开发与该乡负责人进行座谈。副厅长梁必康、副巡视员魏炳彦以及厅机关有关处室负责人随同调研。

8日　江西省第三届道德模范颁奖仪式在省广播电视台演播厅举行。省交通工程监理咨询中心敖志凡获奖,被授予"江西省第三届道德模范"称号。

9日　九景衢铁路婺源段正式开工建设。九景衢铁路为国家一级双线电气化铁路,设计时速200千米,建设里程333.33千米,其中,江西境内244.93千米,途经上饶市鄱阳县、婺源县和德兴市。总投资196.25亿元。

10日　昌樟高速公路改扩建工程项目药湖特大桥新桥右幅与引桥顺利合龙。

同日　交通运输部召开全国交通运输公路执法专项整改工作电视电话会议,决定自即日起在全国集中开展为期3个月的公路执法专项整改工作。省交通运输厅党委书记、厅长朱希,厅纪委书记成松、厅总工程师胡钊芳,副厅长梁必康、副巡视员魏炳彦及厅机关有关处室、厅直属有关单位的负责人在江西分会场收听收看会议实况。

12日　全省创新民工工资管理机制推进会在南昌召开。省委常委、省政法委书记周萌出席会议并讲话,省委政法委副书记、省综治办主任张传发主持会议。省交通运输厅党委书记、厅长朱希以及省直有关部门负责人参加会议。会议观看了省交通运输厅创新民工工资管理机制试点工作纪实片和全省交通建设领域民工工资管理系统演示。全省交通系统有民工5万余人,民工工资实现了"零拖欠"。该厅民工工资管理方式方法,将在全省建设领域推广。

同日 省交通工程集团投资有限公司正式揭牌成立。

13日 省交通运输厅与华东交大签署战略合作框架协议。省交通运输厅党委书记、厅长朱希,华东交大党委书记万明,校长雷晓燕出席协议签署仪式。根据协议,省交通运输厅与华东交大在战略决策咨询,行业研究、科技创新、教育培训、人员交流互动、信息资源共享等方面开展全方位的战略合作。

同日 省交通运输厅第9期青年科级干部培训班在省交通干部学院举行结业仪式。厅党委书记、厅长朱希和厅纪委书记成松出席结业仪式,并向受表彰的优秀班委、优秀学员颁发荣誉证书,向56名结业学员颁发结业证书。

16日 316国道梁家渡大桥正式完工恢复正常通行。该桥长766.78米,于1992年7月建成,因桥梁受损,于2013年9月21日开始封闭维修加固,有效改善梁家渡大桥车辆的通行条件。

17日 省交通运输厅党委书记、厅长朱希到省港航建设投资公司、江西远洋运输公司调研,并召开座谈会。研究部署推进江西水运事业改革发展工作。厅领导成松、胡钊芳、梁必康、王昭春,省港航管理局党委书记严允,以及港航建设投资公司与江西远洋运输公司的负责人参加座谈会。

17~18日 省交通运输厅举办学习贯彻中共十八届三中全会和总书记习近平讲话精神专题研讨班。邀请省委宣讲团成员、省人大常委会内司委副主任陈东有作专题学习辅导。厅党委书记、厅长朱希在研讨班上作了总结讲话。在南昌的厅领导及厅直单位党政主要负责人和厅机关副处以上干部参加研讨班学习研讨,厅机关党委所属各支部共有4名代表在研讨班上作交流发言。

19日 全省港航信息工作交流会在赣州召开。

20日 江西省新一轮扶贫开发工作会议召开。按照省委、省政府的扶贫开发整体部署,上饶县、铅山县篁碧畲族乡、信丰县油山镇坑口村被确定为省交通运输厅定点扶贫帮扶单位。

24日 省交通运输厅召开元旦春节期间公款送礼、公款吃喝、奢侈浪费专项整治活动专题动员部署会。深入动员部署交通运输系统"元旦春节期间公款送礼、公款吃喝、奢侈浪费"专项整治活动。厅直属各单位及厅机关各处室相关负责人参加会议。

22日 抚(州)吉(安)高速临川连接线互通工程竣工。该工程于2012年开工,全长9.015千米,路宽40米,双向六车道,总投资2.2亿元。

23日 樟(树)吉(安)高速峡江连接线"二改一"改造工程开工。该项目是全省重点调度项目,按一级公路双向六车道沥青路面设计,总长为218千米,红线宽50米,路基宽30米。

25日 省委常委,省纪委书记周泽民在省纪委主持召开党的群众路线教育实践活动情况 汇报会,听取活动联系点省交通运输厅党的群众路线教育实践活动总体情况,特别是整改落实及建章立制环节的工作情况汇报。省委第十二督导组组长宋才火,省纪委常委、秘书长李建发出席会议。省委活动办联络员、省纪委有关人员和省交通运输厅班子成员参加会议。省交通运输厅党委书记、厅长朱希代表厅党委汇报工作。

28日 省交通运输厅组织厅直相关单位负责人观摩交通运输部在陕西秦岭终南山公路隧道举办的2013年度公路交通联合应急演练,并召开交通运输安全生产专题会议,落实党中央、国务院、省委、省政府和交通运输部有关安全生产的部署和要求,强调全省交通运输系统要履行好自己的职责,把好自己的门、进一步强化安全生产管理,保持全省交通运输安全生产稳定发展的良好态势。

29日 全省交通运输科技创新视频会议在南昌召开。省交通运输厅党委书记、厅长朱希出席会议并讲话,在南昌的其他厅领导王爱和、魏炳彦出席会议,厅总工程师胡钊芳主持会议。会议总结了全省交通运输科技创新工作,部署了今后一个时期交通科技创新工作目标任务。

是月 交通运输部海事局通报2013年度全国海事系统行政执法评议考核结果。江西省地方海事局在全国28个地方海事局评议考核中,综合排名位居第4名。

是月 药湖特大桥桩基全部完工,梁板预制、梁板架设已完成70%。昌樟高速改扩建项目药湖特大桥新桥右幅主桥与引桥合龙。昌樟高速改扩建项目药湖特大桥为全线关键性控制性工程,也是全线第一大桥,全长9100米。

是年 全省交通运输系统完成基础建设总投资355.1亿元,其中,高速公路建设完成投资189.9亿元,国道公路改造完成投资79.7亿元,完成运输枢纽站场建设投资9.7亿元,完成水运建设投资4.4亿元,完成农村公路建设投资71.4亿元,再创历史新高。

是年 全省高速公路通车里程达到4335千米,升级改造国省道717千米,实施路面大中修1536千米,建成农村水泥路12604千米;完成危桥改造4732延米/40座、安保工程1658千米、灾害防治工程550千米;完成农村公路危桥改造4615延米/44座,安保工程595千米;全年107个农村公路综合服务站试点项目累计建成81个。

是年 全省全年公路运输客运量、旅客周转量、货运量、货物周转量分别比2012年增长3%、2.9%、11.5%和19.9%;全省水路运输货运量、货物周转量同比分别增长6.1与5.4%;港口货物吞吐量达到2.62亿吨,同比增长3.8%;全省水上交通工程建设规模最大的赣江石虎塘航电枢纽投入营运;完成了整治赣江南昌至湖口二级航道,南昌龙头岗综合码头一期工程、万年港综合码头、赣江新干航电枢纽、南昌港樵舍综合码头工程建设,达到预期目标。

《江西省志·交通运输志资料长编》审稿会部分成员合影

交通基础设施建设

公路建设

【概况】 2013年,江西交通运输系统按照交通运输部和省委、省政府的重大决策部署,认真贯彻"发展升级、小康提速、绿色崛起、实干兴赣"方针,全力推进全省交通运输事业发展,交通基础设施建设继续加快,全年完成交通基础设施总投资突破350亿元,继续保持对经济的高位拉动;全省交通运输系统坚持围绕服务于全省经济社会发展大局,为群众办实事、办好事,公路水路运输服务水平进一步提升;借鉴外省经验,创新思路,进一步破解了交通融资难题。

2013年,江西省交通运输厅狠抓交通基础设施建设,全年完成总投资355.1亿元,再创历史新高。高速公路方面,建成九江长江二桥、井睦高速公路,全省高速公路通车里程达4335千米。新开工建设都九高速公路星子至九江段、金溪至抚州、南昌至宁都、南昌至上栗、资溪花山界(赣闽界)至里木高速公路,复工建设萍洪高速公路项目。九江绕城、万载至宜春、寻乌至全南、南昌至樟树高速公路改扩建、南昌至九江高速公路通远段改扩建等续建项目进展顺利。

国省道升级改造717千米,实施路面大中修1536千米,完成危桥改造4732延米/40座、安保工程1658千米,灾害防治工程550千米。在没有国家资金补助的情况下,通过省自筹并按省8万元/千米和市、县各2万元/千米的补助标准,全面启动25户以上自然村通水泥路建设。全年共建成农村水泥路12604千米,同比翻了一番。

运输枢纽场站建设,建成宜春汽车客运总站,农村公路综合服务站重点项目累计建成81个。续建南昌、抚州、宜春综合客运枢纽,新开工建设上饶、南昌西综合客运枢纽,吉安河西综合物流园、井冈山经开区物流园。

狠抓交通基本建设管理。开展领导干部违规干预和插手工程建设专项整治,对违规进入的施工队伍进行了坚决清理。在南昌至宁都、南昌至上栗高速公路主体工程招投标中推行了电子化招标,最大限度减少了人为因素干预。九江长江公路大桥主桥跨径818米,位居世界斜拉桥第7位,创造了不对称斜拉桥跨径第一的世界之最,标志着江西公路桥梁建设水平跻身世界先进行列。井睦高速公路项目建成全省最长公路桥隧井冈山隧道,并在国内第一个试行项目监管一体化和设计施工总承包组合模式,开创了全国高速公路建设的建管新模式。景婺黄高速公路荣获工程建设领域最高奖项"詹天佑"奖。

狠抓区域交通规划建设。围绕赣南等原中央苏区振兴国家战略,编制完成《赣南等原中央苏区江西境内公路水路交通发展规划》,新增广昌至吉安、宁都至定南及定南连接线高速公路项目,积极争取筹集资金用于区域内普通国省道改造建设、农村公路建设。围绕推进昌九一体化战略,研究制订昌九交通一体化方案和昌九大道建设规划方案,方案重点是对昌九高速进行"4车道改8车道"扩容工程建设,新建昌九大道一级公路,支持共青城先导区建设。围绕罗霄山特困区等38个贫困县扶贫开发工作,积极筹措资金用于贫困区交通基础设施建设,全面启动贫困地区25户以上自然村通水泥路建设,为贫困区的6521个自然村安排资金,用于硬化6180千米通村水泥路以及改善村内道路条件。为更好地服务区域经济发展,对国道规划进行了调整完善,总里程由现有的11078千米增加到19022千米,全省82%以上乡镇和所有重点乡镇、省级及以上经济开发区、AAAA以上旅游区实现国道公路连通,新增覆盖乡镇400多个。

(李　宗)

高速公路建设

【省高速集团抓紧高速公路建设出成效】 2013年是实施"十二五"规划承上启下的关键之年,是实现全省高速公路连续跨越5000千米、6000千米目标的奠基之年,高速集团项目管理部始终按照省委、省政府重大项目带动战略的要求,围绕省厅确定的目标任务、时间节点和工作要求,精心组织,加强管理,确保了项目建设的顺利推进、全面完成。

①计划内通车项目顺利建成。2013年10月28日,九江长江二桥、井冈山厦坪至睦村项目如期建成通车。九江长江二桥全长17.13千米,是江西省筹资建设的第一座具有世界领先水平的跨长江高速公路桥梁,主跨跨径达到818米,居世界斜拉桥第7位,并创建了多个 国内之最。井睦高速公路全长43.57千米,其中长约6.85千米的井冈山隧道是全省最长的公路隧道,也是全国首座采用同位双斜井通风的公路隧道。

②4个重要项目如期开工。金溪至抚州(39.58千米)、都昌至九江高速星子至九江段(14.17千米)、南昌至宁都(260.47千米)、南昌至上栗(223.09千米)等4条总里程537.31千米、总投资332亿元的项目建设,为全省2015年高速公路突破5000千米奠定了基础。

③计划建设项目前期工作全面启动。面对全省经济社会发展对高速公路建设的需求,积极配合省交通运输厅做好项目建设的中长期规划,并按照目标任务,提前启动拟开工项目前期工作,为如期开工建设提供保障。2013年,集团承担的计划内的12个拟开工项目,即宁都至定南、宁都至定南连接线、昌宁高速南昌连接线、都昌至星子、昌九改扩建、广昌至船顶隘(赣闽界)、广昌至吉安(含吉安连接线)、东乡至昌傅、上饶至万年、修水至平江、铜鼓至万载、铜万高速宜丰连接线等,总里程1006千米、总投资715亿元,项目前期工作均已启动,有关工作正有序推进,预计将于2014年全部开工建设。

④续建项目阶段目标基本实现。各项目加强管理,加快推进,基本完成了阶段目标任务,为项

目如期建成奠定了基础。如万宜高速项目路基土石方涵洞通道、桥梁下部构造、隧道掘进基本完成，梁板预制85%，架梁75%；昌九高速通远段项目路基土石方、涵洞通道、桥梁下部构造、隧道掘进已完成，梁板预制75%，架梁65%；九江绕城高速项目路基土石方、涵洞通道、桥梁下部构造、梁板预制已完成，架梁95%；昌樟高速改扩建项目路基土石方、涵洞通道、桥梁下部构造基本完成，梁板预制70%，架梁65%；萍洪高速项目路基土石方、涵洞通道完成85%，桥梁下部构造完成75%，梁板预制50%，架梁30%，隧道掘进45%；昌樟高速昌西南连接线项目可施工路段基本完成路面施工；吉莲高速项目永莲隧道掘进完成657米，还剩591米，其中进口左洞三个循环帷幕注浆、两个循环注浆段开挖已结束。

（省高速集团）

【凌成兴察看井睦高速公路项目建设情况】 2月26日和28日，省委常委、常务副省长凌成兴先后到井睦高速、九江绕城高速、昌九高速改扩建通远试验段项目建设施工现场，实地察看项目建设情况。省政协副主席、九江市委书记钟利贵，省政府副秘书长涂琼理，省交通运输厅党委书记朱希，省发改委副主任吴晓军，省重点办主任王前虎，省高速集团总经理谢来发及吉安、九江市负责人分别陪同。

凌成兴一行从井睦高速起点开始，察看井睦全线。在察看完井睦项目与湖南炎睦高速对接的省界后，凌成兴对项目建设情况给予了肯定，并要求大家再接再厉，按照省委、省政府的部署要求，确保工程进度、质量和安全。

在九江绕城高速公路项目，凌成兴从九绕高速互通进入主线施工现场，察看了项目控制性工程鞋山湖特大桥施工现场，详细了解了工程实施情况。在听取工程进展情况汇报后，凌成兴对项目办抢抓机遇，克服雨、雪等恶劣天气频繁等困难，科学管理，精心调度，确保2013年汛期之前抢出小型构造物和水中桩基、墩柱的做法表示了肯定。

在昌九高速扩建通远试验段，凌成兴实地察看了2号隧道施工情况和项目征地拆迁现场。他指出，项目沿线各级政府要抓紧完成项目建设剩余征地拆迁任务，全力以赴配合施工单位做好工程建设，营造良好施工环境；项目建设单位要强化质量、安全、环保、廉政、群众协调工作，高标准、高质量推进昌九高速改扩建通远试验段建设。

凌成兴要求，广大参建人员要牢固树立“百年大计，质量第一”和“筑好富民路，造福一方，共同奔小康”的思想，增强使命感和紧迫感，继续发扬“不畏艰难，奋勇争先”的拼搏精神，精心组织，科学调度，规范管理，细化目标，抓住有利时机，紧扣工期节点，全力推进项目建设，为全省实现高速公路通车里程5000千米目标增光添彩。

（张永康　井睦高速项目办）

【南昌入选42个全国性综合交通枢纽之一】 2013年3月，国家发改委印发《促进综合交通枢纽发展的指导意见》，按“零距离换乘”和“无缝化衔接”要求，在“十二五”期间基本建成42个全国性综合交通枢纽，南昌与北京、上海、深圳等一线城市和全国各省区省会（首府）城市一同入选，铁路、公路、水路、民航等多种运输方式“一票到底”将在南昌成为现实。

通过推进铁路、公路、水运、民航等多种运输方式的客运联程系统建设，普及电子客票、联网售票，推进多种运输方式之间的往返、联程、异地等各类客票业务，意味着今后旅客出门乘坐火车、客车、客船、飞机，将实现“一个时刻表、一次付票款、一张旅行票”，甚至大宗散货水铁联运、集装箱等货物运输也可“一票到底”，实现各种运输方式在综合交通枢纽上的便捷换乘。

早在2007年交通运输部出台的《国家公路运输枢纽布局规划》中，就确立国家公路运输枢纽179个，涉及城市196个，江西省南昌、赣州、宜春、吉安、九江、鹰潭均包含在内。其中，南昌布局客运枢纽5个、货运枢纽9个，客运枢纽包括南昌综合客运枢纽（与火车站、地铁2号线衔接）、南昌西综合客运枢纽（与铁路客运西站、地铁2号线衔接）、昌北机场客运枢纽（与机场、地铁1号线衔接）、高新客运站（与地铁1号线衔接）、昌南客运站（已经建成），这5个客运枢纽已建成或在建，为打造全国性综合交通枢纽奠定基础，最终成功入选。

（袁辉翔　周国祥）

【凌成兴察看金抚、抚吉等6条高速公路运营情况】 4月7日至8日，省委常委，常务副省长凌成兴深入金抚、抚吉、吉莲、萍洪、万宜高速公路察看项目建设情况。省政府副秘书长徐琼理,省交通运输厅党委书记朱希,省能源局局长郑沐春,省重点办主任王前虎,省铁办主任、省铁投总经理熊燕斌,省高速集团总经理谢来发、党委书记王江军以及抚州,吉安、萍乡、宜春市政府有关负责人陪同。

凌成兴先后到金抚高速向莆铁路跨线桥、抚吉高速赣江特大桥、吉莲高速钟家山隧道、萍洪高速、万宜高速等施工现场,详细了解施工进展情况和遇到的困难。向莆铁路跨线桥横跨部分、抚吉高速赣江特大桥已基本完成施工任务,凌成兴对此表示肯定,并要求强化协调、衔接,做好后期续建、运营工作。

吉莲高速钟家山隧道地层岩性种类多,地质构造复杂,岩层风化十分严重,且具有弱膨胀性和地下水丰富等特点,施工难度很大。凌成兴深入隧道深处,仔细向施工技术人员了解施工进度,他指出,要按照“安全第一、平稳推进、力争进度”的目标,坚定信心,鼓足干劲迎难而上,确保建设目标实现。

萍洪、万宜高速项目正紧张施工。凌成兴沿起点一直到终点,重点察看了萍洪高速洪口隧道、万宜高速严岭隧道等施工点,对工程进度表示肯定。他要求,各参建单位要兑现承诺,按照时间节点,抢抓有利工期,保证质量安全,全力推进项目建设。

凌成兴强调,各单位要按照《江西省人民政府关于进一步加快交通运输事业发展的意见》要求,坚定目标和信心,齐心协力,抢抓机遇,迎难而上,精心组织,科学施工,全力以赴推进高速公路项目建设;要强化项目管理,强化质量控制,强化安全监管,强化廉洁自律,确保工程安全、优质;要千方百计控制成本,依靠科技创新解决难题、优化设计、节约成本,努力为完成高速公路通车总里程突破5000千米阶段任务打牢基础。

其间,凌成兴还察看了杭长客专萍乡北站,华能安源电厂项目建设情况。

(张永康　吴建刚　谢　华)

【福银高速抚北互通立交工程动工兴建】　4月10日,福银高速抚北互通立交工程正式动工兴建。主匝道上跨高速公路,设36米+60米+36米连续箱梁跨线桥,桥长132米,桥宽15.5米。连续线对接规划中的温泉连接线,并与抚北工业园区的园区主干道T形交叉,设两进三出收费站一座,收费管理站一处,连接线长0.6千米。连接线为一级公路,设计速度80千米/小时,路基宽24.5米。跨线桥汽车荷载等级为公路－Ⅰ级。总投资7193万元。计划2014年6月竣工通车。

(抚州市交通运输局)

【景婺黄高速公路喜获詹天佑奖】　7月9日,中国土木工程领域科技创新最高荣誉奖——中国土木工程詹天佑奖颁奖大会在北京隆重举行,32项精品工程获得表彰,其中公路工程仅有3个,景德镇至婺源(塔岭)高速公路项目(简称景婺黄高速)榜上有名,成为目前为止江西省唯一获此殊荣的项目,填补了江西省在这一奖项上的空白。省高速集团总经理、原景婺黄(常)项目办主任谢来发代表获奖工程领奖,项目设计、施工、监理、咨询单位代表参加了会议。

景婺黄高速公路是国家高速公路网杭州至瑞丽高速在江西省境内的一段,起点位于皖赣两省分界处的塔岭,止于景德镇市以西鲤鱼洲,与九景高速公路相接,路线全长116千米,2004年11月开工,2006年11月建成通车,景婺黄项目突出管理创新,作为交通部公路勘察设计典型示范工程,把勘察设计典型示范延伸至项目建设的全过程;突出设计创新,落实“自然式设计”“乡土化设计”“保护性设计”“恢复性设计”等先进理念,使高速公路与沿线自然生态协调统一;突出环保创新,提出“不破坏就是最好的保护”的理念,绿化与施工同步进行,做到了“边施工、边绿化,力求自然”“多保护,少破坏,不留伤痕”;突出施工创新,严格按照精细化、规范化要求施工,打造了过硬的工程品质;突出科研创新,在全省率先全面推进内部网络办公,开展“隧道群施工若干关键技术研究”等课题研究,多项研究成果获江西省科技进步奖和中国公路学会科技奖。该项目还先后获得国家优质投资项目奖、全国生产建设项目水土保持示范工程、公路交通勘察设计经典工程等奖项。

“詹天佑土木工程奖”是中国土木工程领域科技创新最高荣誉奖,自1999年创立以来,得到科技部、住房城乡建设部、铁道部、交通部、水利部等部门的大力支持,至今已评选十一届。詹天佑奖旨在奖励“自主创新”,奖励在工程建设中突出科技创新与新技术应用方面成绩显著的项目，评选范围覆盖建筑、铁道、交通、水利系统以及航天、海洋、核电等特种工程，评选过程充分体现创新性、先进性与权威性。

（省高速集团）

【洪礼和、朱秉发察看昌樟改扩建项目】 7月12日，省人大常委会副主任洪礼和、朱秉发一行到昌樟改扩建项目察看工程建设情况。省人大常委会秘书长魏民、财经委主任谢碧联、教科文卫委主任李玉英、财经委副主任伍再谦，以及省交通运输厅党委书记、厅长朱希，省高速集团总经理谢来发，厅副总工程师王昭春等陪同。

洪礼和、朱秉发一行先后察看了API标拌和站、药湖大桥制梁场和架梁现场，向建设者们表示亲切慰问。洪礼和充分肯定了项目建设进展情况。他强调，下一步要抓住有利时节，继续全力以赴抓好质量监控，加强安全监管，确保工程按时保质保量完成。

洪礼和指出，近年来江西交通运输事业特别是高速公路建设取得巨大成就，为江西科学发展、绿色崛起提了气、助了力、增了光。省委、省政府对交通运输工作总体是肯定的，对交通干部队伍是信任的。交通运输系统干部职工要进一步树立信心，凝聚人心，增强定力，确保各项工作平稳有序推进。要进一步营造干事创业的良好环境，善用那些有能力、有担当的干部，一心一意推进交通大发展。要坚决守住底线，确保人和路“两个安全”，继续抓好党风廉政建设，切实贯彻落实中央“八项规定”，加强党的群众路线教育，确保干部队伍廉洁安全，为建设富裕和谐秀美江西、实现中华民族伟大复兴“中国梦”作出积极贡献。

朱秉发对全省交通运输事业取得的成绩表示肯定。他说，这几年来全省交通运输事业发展变化很快，成绩振奋人心。交通运输队伍团结精干、战斗力强，交通建设者敬业奉献、吃苦耐劳的精神值得学习。要珍惜来之不易的成绩，以更加奋发有为的饱满精神，努力推进全省交通运输事业迈上新台阶。

（省高速集团）

【尚勇考察九江新长江大桥、九江绕城高速项目】 7月17日，省委副书记尚勇到九江新长江大桥、九江绕城高速项目，考察工程建设情况，看望慰问一线交通干部职工，省政协副主席、九江市委书记钟利贵一同看望。

尚勇先后察看了九江新长江大桥全线和九绕高速公路A2标，详细了解项目建设进展情况、现场施工管理和施工工艺情况，向建设者们表示亲切慰问，对他们在高温烈日下坚持工作表达敬意和感谢，嘱咐他们要合理安排工作时间，注意防暑降温。

随后，在九绕项目办召开座谈会。省委办公厅副主任李能，省交通运输厅党委书记、厅长朱希及厅领导王爱和、彭志先、成松、梁必康，九江市委副书记冯静，省高速集团总经理谢来发等参加会议。在听取书记朱希简单汇报后，尚勇讲了三点意见：

第一，近年来，全省交通运输事业取得跨越式发展，到2012年，高速公路通车里程达到4260千米，在全国排位前十名，比江西省整个GDP的排位提前了将近10位。而且高速公路的质量很好。此外，江西省在全国率先完成了行政村村村通公路的任务，在全国走在前列，同时，让每个自然村通公路，十分不容易。高速公路和农村公路取得这么快的发展，得益于交通干部职工的开拓创新和敬业精神，得益于科学的管理和精心的组织。交通战线的干部职工为改善民生、特别是改善广大城乡居民的生活条件做出了突出贡献。

第二，全省交通系统的干部职工队伍是一支值得省委、省政府信赖，而且能担当大任的队伍，是一支好的队伍。近几年，全省交通运输事业仍处于大建设、大改革、大发展的重要历史机遇期，腐败问题仍易发多发。必须深刻认识反腐败斗争的长期性、复杂性和艰巨性，要认真总结原来交通系统发生的违纪违法案件的教训，通过这些案件，警钟长鸣，让大家从思想上绷紧廉政建设和作风建设这根弦。要更加完善制度约束，更加强化监督，做到一手抓工程建设、一手抓党的建设特别是廉政建设，不断加强交通系统领导班子建设、干部队伍特别是基层组织建设。只有干部队伍建设抓好了，工程建设的质量才能提高。

第三，希望交通系统发扬敢于担当的精神，在事业发展上有更大的作为。江西要与全国同步实现小康，需要不懈的奋斗。交通系统仍然要发挥先行军的作用。要更加振奋精神，坚定信心。

要扎实开展好党的群众路线教育实践活动,按照为民、务实、清廉的主题要求,进一步营造干事创业的良好环境,努力推进全省交通运输事业迈上新台阶,为建设富裕和谐秀美江西做出新的更大的贡献。

(练崇田 聂头龙)

【何建中到江西调研】 7月27日,交通运输部副部长何建中带队到江西调研,并在南昌主持召开交通运输行业改革座谈会,强调要正确认识新时期交通运输事业面临的发展趋势,进一步深化行业体制改革,加快顶层制度设计步伐,加快交通运输转型升级,推进综合运输体系发展。

会上,江西、湖北、浙江、河南、山东等地交通运输部门负责人,围绕加强综合交通运输管理顶层设计,加快交通运输现代服务发展,创新交通基础设施投资、建设和运营模式等交通运输行业改革和政策创新的重点领域、关键环节,进行了深入探讨和交流。部政策法规司司长梁晓安,江西交通运输厅领导朱希、王爱和、成松、胡钊芳、梁必康等参加会议。

何建中提出,随着国家深入推进大部制、财税制度等改革,交通运输在建立综合管理体制、适应"营改增"变化、促进行业转型升级等方面都面临重大挑战和机遇。深化行业体制改革,破除妨碍科学发展的体制机制障碍,是交通运输部门新的重大课题。

何建中指出,改革是一项长期工作,难度不小,但迫在眉睫。面对新形势,要抢抓机遇,跳出行业看行业,把握改革主导权,厘清交通运输部门职权与责任,从观念、方式上突破常规,从体制、规划、法规、政策、标准等方面入手,加强、加快顶层制度设计,以大部制改革为契机,建立和完善适应经济发展新形势、满足人民群众新需求的综合交通运输体系。

何建中强调,深化行业体制改革,要全面系统深入思考,认真研究以下问题:单一运输方式管理向综合运输方式管理转变的问题;适应财税改革变化,推进交通运输事业平稳快速发展的问题;交通运输传统产业向现代服务业转型的问题;在综合运输体系下从单一运输方式向多式联运方式转变,从发挥比较优势向发挥综合优势转化的问题;抓住区域发展战略机遇,先行先试推进交通运输改革试点的问题,确保改革取得实效。

会前,调研组成员还深入江西赣粤高速公路应急指挥中心、南昌国际集装箱码头、南昌保税物流中心等地实地调研,充分肯定江西交通运输发展成绩;召开交通基础设施建设特许经营管理专题座谈会,了解江西交通基础设施特许经营情况,听取有关建议。

(张永康)

【南昌至宁都、南昌至上栗高速公路启动征地拆迁】 8月16日,江西省政府召开南昌至宁都、南昌至上栗高速公路建设项目征地和房屋征收动员会,两条高速征地拆迁工作正式启动。

省委常委、常务副省长莫建成出席会议并作动员讲话,省政府副秘书长涂琼理宣读征地拆迁补偿及规费标准,省发改委主任李安泽主持会议。省交通运输厅党委书记、厅长朱希作部署,厅领导彭志先、成松、胡钊芳、梁必康参加会议。省高速集团总经理谢来发介绍两个项目概况,南昌、萍乡、赣州、宜春、吉安、抚州等项目沿线设区市政府有关负责人作表态发言。

莫建成说,南昌至宁都、南昌至上栗两个项目对完善全省高速公路网布局,促进区域经济协调发展,实现全省稳增长的决策部署意义重大,要切实抓好征地拆迁各项工作,严格落实补偿政策,严格落实占补平衡,严格监督补偿资金,切实加强组织领导,抓好"机构、责任、任务"三落实,确保在2013年10月完成征地,11月基本完成房屋征收。

莫建成强调,各级地方政府、各单位、各部门要充分认识省委、省政府关于项目发展带动战略的重要意义,激发基础设施建设的动力,凝聚推动重点工程建设的强大合力,具体到高速公路建设方面,要按照《关于进一步加快交通运输事业发展的意见》要求,把握好三点:省直有关部门要落实好政策支持,各级地方政府要落实好资金补助,交通运输部门要落实好建设要求,确保全省交通重点工程项目顺利推进,奋力迈出"发展升级、小康提速、绿色崛起、实干兴赣"新步伐,为建设富裕和谐秀美江西做出新的更大的贡献。

朱希在作部署时说,南昌至宁都、南昌至上栗两个项目是全省2013年开工的重点建设项目,对2015年全省高速公路通车里程突破5000千米意义重大,对于改善区域投资环境、打造南昌核心增长极、加速资源开发利用、促进沿线经济社会发展意义重大，对于实施“龙头昂起、两翼齐飞、苏区振兴、绿色崛起”发展战略意义重大。希望两个项目办和沿线地方政府、有关部门互相支持、密切配合，齐心协力完成征地拆迁各项工作。一是掌握好工作时限，征地工作要在10月末前完成，房屋征收工作要在11月末前完成。二是把握好工作原则，坚持依法拆迁、坚持分工负责、坚持公开透明、坚持便民利民，做到和谐征迁。三是落实好工作举措，确保组织领导到位、宣传解释到位、协调配合到位、重点工作到位、资金监管到位，高效完成拆迁任务，为项目早日开工建设创造条件，以实际行动加快推进高速公路建设，推动全省交通运输事业迈上新台阶。

（张永康　夏睿德　邱志清）

【省交通运输厅召开全省交通重点建设项目工作会】 8月23日，省交通厅召开全省交通重点建设项目工作会。省交通运输厅党委书记、厅长朱希出席会议并讲话，厅纪委书记成松就加强重点工程建设领域党风廉政建设作具体部署。

朱希指出，从目前掌握的具体数据、指标和形象进度来看，全省交通重点建设项目稳中有进，年内建成项目进展良好，年内计划开工项目进展良好，各在建重点工程质量可控、安全生产形势稳定。要正确把握形势，坚定加快推进交通重点建设项目的信心和决心。要突出工作重点，全力确保交通重点建设项目高效有序推进。各项目主管单位、各重点工程项目办、厅机关有关处室要认真对照“四个确保”目标任务，分析形势，理清思路，强化措施，狠抓落实，重点做到全力以赴推进在建项目，全力以赴推进年内计划开工项目，全力以赴推进规划项目前期工作，全力以赴推进已建成通车项目扫尾工作“四个全力以赴”。要强化保障措施，努力实现交通重点建设项目工程优质、干部优秀。面对艰巨繁重的工作任务，要举全行业之力，齐心协力攻坚克难，做到“强化五个保障”，即强化组织保障、强化资金保障、强化质量保障，强化安全保障、强化廉政保障，以只争朝夕、排难奋进的实干精神，再创交通重点建设项目新辉煌，向省委、省政府和全省人民交上一份满意答卷，为全省“发展升级、小康提速、绿色崛起、实干兴赣”做出新的更大的贡献。

成松要求，要紧紧围绕推进重点工程建设的中心工作，切实加强重点工程建设领域党风廉政建设，进一步抓好党风廉政责任制建设，进一步从正反两面加强廉政教育引导，进一步查漏补缺完善反腐败惩防体系建设，进一步有序推进违规干预项目建设专项活动，进一步加大对违法违纪人员的查处力度，确保工程如期完成、质量优质、干部廉洁。

会议通报了重点建设项目质量、安全、环保等方面的情况。

（张永康）

【朱希带队到昌九高速公路调研】 9月7日，省交通运输厅党委书记、厅长朱希带队到昌九高速公路调研，厅领导胡钊芳、梁必康，省高速集团总经理谢来发以及厅直相关单位负责人一同调研。

在座谈会上，朱希充分肯定了昌九高速公路为促进南昌、九江两地经济社会发展所起的重要作用。他指出，省委十三届七次全体(扩大)会议作出加快推进昌九一体化战略部署，把南昌、九江打造成支撑江西经济崛起的“双核”，交通是基础，是保障。要积极推进交通对接，推动昌九高速公路、国省干线为骨架，连接乡镇，覆盖农村的交通运输服务体系；提高赣江、九江沿江高等级航道通航标准和水运能力，推进南昌港和九江港一体化进程。在座谈会上，大家从规划、设计、环保、发展等各个方面就昌九交通一体化发展进行了深入讨论。

【九江长江二桥、厦坪至睦村高速公路、赣江石虎塘航电枢纽三个交通重点项目建成运行暨三个项目开工】 10月28日，江西省政府在南昌召开新闻发布会，宣布福银高速公路九江长江二桥、井冈山厦坪至睦村高速公路、赣江石虎塘航电枢纽项目建成运行，南昌至宁都、南昌至上栗、资溪花山界(赣闽界)至里木高速公路项目开工。

省委常委、常务副省长莫建成出席讲话并宣布三个项目建成运行和三个项目开工。副省长李贻煌主持，省政府副秘书长涂琼理宣读嘉奖令，省政府副秘书长张小平出席会议，省交通运输厅党委书记、厅长朱希介绍项目情况。省有关部门、项目沿线地方政府、部门的负责人，各项目先进代表、劳模、参建方代表以及新闻媒体记者等参加会议。省交通运输厅领导王爱和、彭志先、成松、胡钊芳、梁必康、魏炳彦、王昭春参加发布会。会前,莫建成、李贻煌亲切会见三个建成项目先进代表和劳模,并与他们合影留念。

莫建成在讲话中指出,九江长江二桥等三个项目的建成,有利于完善赣鄂湘省际高速公路网络、缓解过江交通压力,有利于加快井冈山等革命老区建设、发展红色旅游业,有利于振兴千年赣鄱黄金水道、促进赣江流域及江西腹地经济发展。参建各方在省委、省政府的正确领导下,在沿线各级党委、政府、人民群众和省直有关部门的支持配合下,克服不利因素,如期建成三个项目,取得了"内在质量优、外观形象美、科技水平高、生态效益好"的良好业绩。

莫建成表示,南昌至宁都等三个高速公路项目是全省高速公路第五个1000千米重要组成部分,对完善全省"三纵四横"高速公路网、强化交通枢纽作用,对确保2015年全省高速公路通车里程突破5000千米,实现县县通高速,带动沿线地区发展,促进当地百姓富裕,具有十分重要的意义。希望沿线各级党委、政府全力做好项目的土地征用和房屋征收、施工协调、治安管理等工作,创造良好的施工环境;希望省交通运输管理部门加强指挥调度、创新管理模式、优化施工组织、提升建设水平;希望省有关部门特别是省直有关部门主动跟进、密切配合、优质服务,加强土地、水保、环保等程序的审批服务和跟踪落实;希望项目建设、设计、施工、监理等参建单位切实履行职责、务实勤奋、高效廉洁,确保项目建设经得起历史的考验,经得起党和人民的检验。莫建成强调,省委十三届七中全会吹响了"发展升级、小康提速、绿色崛起、实干兴赣"的奋进号角,作出了尽快建成"纵贯南北、横跨东西、覆盖全省、连接周边"高速公路网的重要部署,希望大家开拓创新、奋力拼搏,全力以赴加快交通建设步伐,为建成富裕和谐秀美江西,实现江西省与全国同步全面建成小康社会做出新的更大贡献。

朱希在讲话中指出,三个项目的建成运行、三个项目的开工建设,得到了省委、省政府的亲切关怀、得到了省直兄弟单位的强力帮助,得到了沿线各级党委、政府和广大人民群众的大力支持,也凝聚了广大工程建设者的心血和汗水。

朱希表示,三个开工项目建设意义重大,希望三个项目办及全体参建人员发扬攻坚克难、勇挑重担的精神,科学组织、精心施工,保质保量如期完成建设任务。省交通运输厅将坚决贯彻落实省委十三届七中全会精神,按照省委、省政府的部署,全力以赴加快推进高速公路升级提速,早日建成"纵贯南北、横跨东西、覆盖全省、连接周边"的高速公路网,为全省"发展升级、小康提速、绿色崛起、实干兴赣",建设富裕和谐秀美江西作出新的更大贡献。

背景资料:三个建成项目总投资近100亿元。九江长江二桥全长17.13千米,是省筹资建设的第一座具有世界领先水平的跨长江高速公路桥梁,主跨跨径达818米,居世界斜拉桥第7位,并创造了多个国内之最。井睦高速公路全长43.57千米,其中长约6.85千米的井冈山隧道,是全省最长的公路隧道,也是全国首座采用同位双斜井通风的公路隧道。该项目是全国首次试行项目管理与工程监理合并管理(监管一体)模式,在全省首次采用设计施工总承包模式建设,开创了全国高速公路建设的新型建管模式。赣江石虎塘航电枢纽项目是一座以航运为主、兼顾发电等水资源综合利用的大型航电水利枢纽项目,也是全省水上交通工程建设有史以来投资金额最多、投资规模最大的项目。

三个开工建设的项目总投资超过310亿元。南昌至宁都高速公路,是南昌至韶关国家高速公路的一部分,也是全省又一条南北方向的快速通道。该项目途经5个县(市)26个乡镇,终点与泉南(福建泉州至广西南宁)高速公路石吉段相接,项目建设总长260.47千米。南昌至上栗高速公路,是鄱阳湖生态经济区与长株潭城市群之间的又一快速通道,是赣西地区的第三条高速大通道;项目途经8个县(市、区)33个乡镇,终点与萍洪高速公路相接,项目总长223.09千米。资溪花山界(赣闽界)至里木高速公路,是省高速公路网中的一条地方加密高速公路,路线起点与福建邵武至光泽高速公路相接,途经5个乡镇,终点与鹰瑞高速公路相接,项目总长38.578千米。

(练崇田　张永康　涂序东　雷声猛
夏睿德　罗时善)

【乐温高速瑶北互通立交工程进展顺利】 乐温高速瑶北互通立交工程由南昌高新技术产业开发

区(以下简称南昌高新区)管委会为建设出资人,并委托南昌市交通运输局代建管理。该立交工程位于南昌高新区昌东镇,北临赣江南支大桥,南靠福银高速公路西熊分离立交桥。该工程是南昌市道路规划"五纵三横"中东二环快速路(天祥大道)与福银高速公路连接的枢纽,是南昌高新区瑶湖组团公路路网的重要组成部分。工程投资概算总金额为2.6亿元。

工程于3月开工,截至2013年12月,累计完成投资10326万元,占合同工程量的53.61%。该项目预计工期20个月。

(刘　卫　周国祥)

【抚吉高速公路抚州市境内建成1个互通2条连接线】 2013年,抚州市抓紧与过境高速公路的衔接,建成1个互通,2条连接线。①抚吉高速临川互通工程贯通,项目总投资2.2亿元,道路全长9.015千米,路宽40米,双向六车道。工程于2012年开工建设,2013年12月22日竣工。②抚吉高速公路宜黄连接线工程竣工。该线长6.954千米,公路等级为一级,时速60千米;另设支线从互通收费站至源口村,通往曹山寺,公路等级为二级,全长1.946千米。该工程于2012年2月17日开工,2013年12月竣工,总投资1.2亿元。③抚吉高速公路崇仁连接线全线通车,10月1日,抚吉高速公路崇仁连接线路面工程完工,全线正式通车。该连续线主线长8.05千米,公路一级、K7+000段路基宽24.5米,K7+000~K8+730段路基宽度40米,桥梁18.5米;支线长1.291千米;全线总长9.336千米,项目总投资为1.43亿元。工程于2012年1月12日开工,2013年10月1日正式通车。

(抚州市交通运输局)

普通公路建设

国道

【105国道永修县境内虎山至云居山段改建工程提前完工】 该路段是永修县县城到云居山的必经之路。为保证春节期间游客到云居山景区的道路畅通,九江市公路管理局要求该标段的施工单位必须提前完成水泥路的建设任务。德安公路分局负责4.6千米建设任务,时间短,任务重,该分局举全局之力,确保人、财、物各个方面的供给,战严寒、抗冰雪,24小时不停机的工作,12月末提前完成建设任务。

(省公路管理局)

【105国道德安段改建工程项目完工】 105国道德安段改建工程分二期建设,一期工程后田村至宝塔乡,按二级公路标准设计,路段长7.83千米,路基宽度分别为12米、21.5米、40米、25米四种路幅,全线采用水泥混凝土路面,工程于2013年1月竣工。二期改造工程按照二级公路标准修建,路长9.1千米,路基宽12米,路面与路基同宽,双向二车道,项目总投资3.5亿元,工程于9月竣工。该项目的建成通车,对于缓解德安县城内交通压力,拉大城市框架,加快县域经济发展有着重要意义。

(省公路管理局)

【105国道星子段二期改造工程完工】 备受星子人民关注的105国道星子段二期改造工程经过紧张的施工,于9月8日全面完工。该工程长4.1千米,横贯温泉、泽泉两个乡镇,工程土石方13.5万立方米,盖板涵2道,圆管涵22道,8米小桥一座。该项目自开工以来,在九江公路管理局和项目办的大力支持下,经营部发扬"5+2"、"白+黑"精神,克服高温等困难,抓质量、赶进度、保安全,自我加压,强力推进,确保项目顺利推进。

(省公路管理局)

【105国道九江市蛟田段改建工程B3标竣工】 105国道蛟田段地处江西省北部,贯穿星子和九江境内,北起于星子境内苏家垱,南至星子县与德安县分界处,路线全长7.554千米(其中B3标段3.668千米)。改建后路基宽16米,路面宽12米,为水泥混凝土路面,工程总投资2321.28万元。该标段工程于国庆节通车。

(省公路管理局)

【105国道高坊岭段路面修复工程竣工】 105国道南昌市高坊岭段K1745+700~K1745+965路段原有水泥混凝土路面破损严重,影响道路通行。为消

除道路安全隐患,南昌市公路局高坊岭公路分局于11月26日正式开工对该路段进行大中修。为了不影响交通运输,该局一方面分段施工,一方面抓紧施工,尽可能加快进度,于12月末竣工。

（省公路管理局）

【206国道余干段“白改黑”路面工程完工】 206国道余干段“白改黑”(水泥路改建沥青路)路面水稳层已全线贯通,至11月15日,整个工程全面完成。205国道在余干境内共长24.33千米,其中10千米中修工程早已完工,限于施工环境与条件等问题,其余14.33千米的“白改黑”路面大修工程于7月开工。

（省公路管理局）

【206国道烟汕线景德镇境内大中修工程全面完工】 由景德镇市公路管理局直属分局承建的206国道烟汕线景德镇境内大中修工程通过筑路员工近3个月的连日奋战顺利完工,10月21日解除交通管制,恢复全面通行。

（省公路管理局）

【206国道广昌境内路面中修工程开工】 11月15日,206国道烟汕线南城收费站至广昌白沙坪路面中修工程开工。项目分别位于国道206线K1728+300~K1753+410,K1768+550~K177+700;全长34.26千米,工期2个月。

（省公路管理局）

【206国道金溪段进行路面碎板修复】 金溪公路分局对206国道K1611+500~K1625+500路段进行路面碎板修复。近年来,随着社会经济的发展,金溪境内国道公路交通量和重型车比例迅速增长,致使路面出现较大程度的断板、碎板等病害,严重影响行车的安全性。为此,金溪公路分局统筹安排资金、人员和设备对206国道金溪段路面破碎板进行全面修复,以提高道路的通行能力。

（省公路管理局）

【206国道寻乌绕城公路开工建设】 206国道寻乌县城大路下至河岭村绕城公路,全长6.7千米,是206国道主骨架网中的一段重要公路,于10月开工建设。由于前期工作准备充分,工程建设进展顺利。

（省公路管理局）

【236国道宁都县七里至竹笮段一级公路改建工程开工】 236国道宁都县七里至竹笮段一级公路改建工程开工。该工程移至绕城区外建设,路线全长23.203千米,设计等级为双向4车道一级公路,路基宽度24.5米,设计时速为80千米/小时。工程概算总造价8.6亿元,工期预计2年,由宁都公路分局负责建设。

（省公路管理局）

【316国道新祺周段路面重建工程全线贯通】 经各参建方的共同努力,316国道新祺周段路面重建工程主体于12月15日全线贯通。该项目路面宽23米,按二级公路技术标准设计建设,路面采用沥青混凝土面层,全长共1.44千米。

（省公路管理局）

【316国道金溪部分路段进行升级改造】 316国道金溪段升级改造路段起点为K472+386处,终点为K483+970处。该路段原为Ⅱ级公路,弯道多且半径较小,行车视距差。随着抚金高速公路开工建设,金溪县及时做好连接抚金高速出入口道路规划工作,将316国道县城至枫山段公路升级改造列入2013年金溪县重点工程建设项目之一。该项目工程,由原Ⅱ级公路升级为Ⅰ级公路,资金来源于省级补助和地方配套,总投资约1亿元。

（省公路管理局）

【319国道兴国城区段改造工程基本完工】 12月,319国道兴国城区段改造工程基本完工。改造项目全长14.127千米,总投资3.9亿元,按一级公路兼顾城市主干路标准建设,设计行车速度为60千米/小时。主线由宝华山水泥厂粉磨站至高兴文溪塔脚下,全长13.136千米;支线由长冈西至睦敬村新屋,长0.991千米。

（省公路管理局）

【319国道永新段路面大中修工程完工】 11月23日,永新公路分局管护的319国道路面大中修工程完工。该工程全长6.275千米,路面宽7米。原有路段路面已有大部分出现比较严重的龟裂、

坑槽等;水泥路面出现破碎板、裂缝等,无法满足现大交通量的需求,急需进行大中修。其中,5.33千米在原沥青混凝土的路面上加铺23厘米水泥混凝土面层;0.945千米原路面为沥青路面,改建后路面结构层为5厘米沥青混凝土面层加1厘米沥青下封层加15~17厘米水泥稳定碎石基层。

（省公路管理局）

【320国道上饶县段大中修改建工程完工】 12月21日,320国道上饶县段改建工程全部完成。该路段位于K571+651~K576+472处,原混凝土路面破损严重。近年来,上饶县公路分局对该路段进行多次维修,但修复情况不甚理想。为改变原有断板修复困难情况,该局按照上级“白改黑”计划安排,采取双基双面处理方式,修复4.821千米,彻底改善上饶县西大门的交通条件。

（省公路管理局）

【323国道赣县江口至沙石段水毁修复工程全面竣工】 由兴国公路分局承建的323国道赣县江口至沙石段水毁修复工程AP3标,桩号K113+000~K127+370段,全长14.37千米,公路等级为二级,工程总造价为1597.81万元,工期为128天,至11月30日工程已全面竣工。

（省公路管理局）

【353国道弋阳段路面重建工程竣工】 12月30日,由省道升级为国道的宁德至福贡公路353国道弋阳段路面重建工程竣工。该路面重建工程共16千米,路面宽9米,采用4厘米细粒式上油面层+5厘米中粒式下油面层+16厘米5%水泥稳定碎石上基层+18厘米4%水泥稳定碎石下基层+22厘米水泥路面碎石化垫层。

（省公路管理局）

【赣州市全年投入15.13亿元用于国省道改造】 2013年,赣州市公路局围绕创建“优良工程、安全工程、廉洁工程”目标,精心组织,狠抓管理,确保了国省道路面改造项目保质保量按期向前推进。全年投入资金15.13亿元,完成升级改造工程85.8千米,路面重建268千米,G323、G206等国道干线公路路况得到明显改善。为支持赣南苏区振兴发展,省交通运输厅、省公路管理局专门筹措2.69亿元资金用于323国道瑞金至赣县江口113千米路面改造,该工程7月开工,11月主体工程完工,工程质量良好。

（赣州市公路局）

【206国道瑞金市湖岭背至武阳尾路面改建工程竣工通车】 206国道瑞金市湖岭背至武阳尾(K1886+325~K1895+715)路面改建工程于11月27日全部浇筑完工。该工程采用挖除旧路重建和破碎旧路新建两种不同的施工工艺。其中,破碎旧路新建是一种新的施工工艺,效率高,质量好,目前正在业内广泛推广使用。该工艺是对基础较好的地段,使用多锤头液压破碎机,先将旧水泥路面破碎成7.5~30厘米的“碎石”,作为底基层使用。

（瑞金公路分局）

【323国道瑞金至赣县141千米路面改建工程如期完工】 323国道瑞金至赣县县城141千米沥青路面改建工程,于11月26日全部铺筑完工。该工程于2013年7月5日开工,历时145天,已全面开放交通。

（瑞金公路分局）

省道

【省道S201大二线一级公路建设项目开工】 省道S201大二线(大畈至二渡关)原为二级公路,从婺源县城中间穿过,与S304省道婺桃线把县城分为三块,阻车现象严重,不仅影响婺源当地旅游经济发展,也对群众生产、生活带来不便,急需改造。该工程被列入普通国省干线公路“十二五”规划,迁移至城外建设,全长10.11千米,设计等级为一级公路双向4车道,其中,K36+700~K45+110.599路基23米,K15+110.599-K46+809.792路基25米。工程预算2亿元,工期2年。

（省公路管理局）

【省道S201新东线广丰大南至下溪段路面重建项目竣工】 省道S201新东线(大南至下溪)路面重建项目,长10千米,实施桩号为K125~K135,公路等级为二级公路,路面宽9米,路面结构为沥青混凝土,工程总投资为1159.7万元。资金来源为上级补助和地方配套。该项目于9月9

日开工,12月9日完工。该工程的顺利完工,有力地改善当地沿线的道路通行条件,为地方经济发展创造良好的交通环境。

(省公路管理局)

【省道S206资洵线资乌段改建工程开工】 省道S206资洵线资溪县城至乌石段公路改建工程全长20.7千米,路面等级为三级,工程造价预计7300万元,工程于2013年8月10日开工,工期12个月,设计行车速度30千米/小时,路基宽度7.5米,路面宽度6.5米。

(省公路管理局)

【省道S206资洵线黎川高阳至洵口段改建项目竣工】 该改建项目起点位于省道S206资洵线黎川高阳,途经溪源、皮边、石田、终于黎川县洵口镇,全长19.9千米,路面为水泥混凝土,分2段建设,A段长、宽分别为7千米、6.5米;B段长、宽分别为13千米、5.0米。该项目于2012年11月1日开工,2013年12月31日竣工。

(省公路管理局)

【省道S222宋水线大中修工程竣工】 11月28日,省道S222宋水线高安境内养护大中修工程竣工。该工程项目由3段组成,分别为K143+700~K144+200,K144+700~K146+200,K147+400~K148+400,合计长3千米。该路段是高安至奉新路面损毁最严重的路段,工程于10月30日开工,历时一个月。该大中修工程是在原路面的基础上加铺二层18厘米的水稳层,1厘米下封层,5厘米沥青混凝土面层,工程总投资为558万元。

(省公路管理局)

【省道S222靖安县环城北路开工建设】 8月26日省道S222宋水线靖安县环城北路项目开工建设。工程起于靖安县城西北泥埚K98+860,终于干洲坳背桩号K117+850.996处,全长18.991千米。设计行车速度80千米/小时,其中泥埚至梦幻城新修路段全长12.273千米,路基宽度为38米,全线设置2座大桥(白云大桥和余家大桥)、1座中桥、7座小桥,全线项目总投资2.2亿元。

(省公路管理局)

【省道S224吉安段“二改一”工程开工】 8月16日,省道S224吉安市城南至井冈山国家农业科技园工程项目开工。该项目是吉安市的重点工程,起点位于井冈山国家农业科技园,桩号K169+150,途经兴桥镇、城南专业市场,下穿樟吉高速公路,终于省道S224上吉线城南高速连接口,桩号K175+990,全长6.84千米,投资1.2亿元。项目按一级公路建设,设计速度60千米/小时,路面为沥青混凝土,建设工期16个月。

(省公路管理局)

【省道S231安源线升级改造工程竣工】 省道S231安源区境内升级改造工程,是东门道口至五陂段,全长9.125千米。路段起点位于东门道口(K42+375)途经丹江街、五陂镇、王坑村、终于双凤村(K51+500),与芦溪县南坑相接。全线路面结构分为沥青混凝土、水泥混凝土路面2种。工程于2012年6月开工建设,摊铺完一层油面沥青,完成大部分水泥混凝土路面,2013年4月完成剩余工程建设。

(省公路管理局)

【省道S231芦溪段升级改造工程全线油路贯通】 10月6日,省S231芦溪段升级改造工程油路路面摊铺施工全部完成,实现了国庆节全线油路通车目标。省道S231南坑至六市段是贯穿萍乡市芦溪县南北的一条重要经济干线,该项目全长29.3千米,全线为沥青混凝土路面,工程投资6800万元。其中王坑至南坑段长6.6千米,按二级公路设计改造,路基宽12米,路面宽8米;南坑至长丰段长15千米,按三级公路设计改造,路基宽7.5米,路面宽6.5米;长丰至六市段长7.7千米,按二级公路设计,路基宽8.5米,路面宽7.5米。该工程项目于2012年8月开工,历时14个月。

(省公路管理局)

【省道S231莲花县六市段改造工程启动】 8月23日,省道S231莲花县六市段改造工程正式启动。该工程起于莲花县六市乡与芦溪县长丰乡交界处磨桥村,经界下,终于六市街道,全长3.473千米。全线按二级公路技术标准建设,路面结构类型为水泥混凝土路面,设计速度为40千米/小时,路基宽度为8.5米,路面宽度为7米,工程造价 1200 万元。

（省公路管理局）

【省道 S235 吉安公路改建二期工程主体完工】 通过建设者 19 个月的努力，省级重点工程青东公路改建二期工程主体已完工。该工程全长 39.1 千米，项目总投资 1.6 亿元，起于青原区东固乡，终于青原区新圩镇，全线按二级公路改造，沥青混凝土路面。

（省公路管理局）

【省道 S241 红修线（修水三都至走马工业园）大中修工程全面竣工】 红修线修水境内大中修工程全长 14.926 千米。2012 年 7 月开工，全体施工人员发扬吃苦耐劳，顽强拼搏的精神，战高温，夺高产，起早摸黑，每天工作 10 多个小时，于 2012 年 10 月完成水稳基层工程。沥青罩面工程于 2013 年 12 月完工。

（省公路管理局）

【省道 S241 东华线铜鼓至排埠段大中修工程竣工】 6 月 16 日，省道 S241 东华线铜鼓县城至排埠铁树坳段大中修工程开工建设。大中修工程长 21.781 千米，桩号为 K174 +000 ~ K195 +781，技术方案为加铺 20 厘米水稳中基层 +20 厘米水稳基层 +1 厘米下封层 +5 厘米沥青混凝土面层。工程于 10 月 30 日竣工。该工程竣工为铜鼓县提供优质的通行条件和服务水平。

（省公路管理局）

【省道 S301 德兴万青线路面大中修工程完工】 10 月 15 日，省道 S301 万青线黄柏村至尚和村沥青混凝土路面大中修工程完工。该项工程为三级公路标准，7 米宽路面，结构形式为：20 厘米垫层 +20 厘米水稳基层 +1 厘米沥青下封层 +5 厘米沥青混凝土面层。自 9 月 20 日开工以来，德兴公路分局施工技术人员加强监督、管理，克服作业面窄小等诸多不利因素，保证各施工工序之间的衔接，确保大中修工程的顺利进行。

（省公路管理局）

【省道 S303 九江双黄线进行大中修工程竣工】 该工程为混凝土路面破碎板修复，路面宽度 9 米，修复面积为 24300 平方米，于 2013 年 11 月末完工。工程地处江西省北部，贯穿瑞昌和九江县境内，北起九江县狮子镇，桩号 K11.6 ~ K22.7，K23.8 ~ K29.112，全长 16.412 千米，施工主要内容是对原路面损坏的水泥混凝土破碎板进行修复，挖除原路面病害板和已损坏的基层并重新铺筑。

（省公路管理局）

【省道 S307 乐平市德三线路面改建工程开工】 5 月 1 日，省道 S307 乐平市德三线吴家至乐平段路面改建工程正式开工。该线是江西省内的一条干线公路，起点位于德兴，终站在鄱阳的三庙前。改建工程为乐平市境内的 K17 +893（乐平与德兴交界处）~ K52 +231（乐平接渡镇的丘家）路段，总计 31.338 千米。改建工程要求根据路面损坏程度，分段次采用沥青混凝土路面和水泥混凝土路面形式。通过改造，将大大提高乐平与德兴的公路通行质量和能力。

（省公路管理局）

【省道 S313 杨福线清福段改造工程完工】 省道 S313 杨福线清溪至福田段公路改造工程于 4 月 1 日开工。工程起点位于上栗县福田镇，路线全长 5.592 千米。路段原是水泥混凝土路面，受沿途料场开采、土地开发、居民建房等影响，路面破损严重，行车困难，急需改造。该工程完工后，大大改善当地交通状况，对促进区域经济发展具有重要作用。工程于 9 月 30 日完工。

（省公路管理局）

【省道 S319 石镇线上高段大中修工程竣工】 该路段起于上高境内锦江镇大塘，终于新界埠镇城陂，全长 23.618 千米，是宜丰、铜鼓两县通往上高、新余的主要干线公路之一。工程按照二级公路标准分为两段建设，路面宽 9 米，路基宽 12 米，工程总投资 3141.64 万元。该工程的竣工，显著提升了石镇线公路通行条件和服务水平，为地方经济发展提速创造了优良交通环境。

（省公路管理局）

【省道 S322 遂川横店至高坪段公路改建工程全面施工】 5 月 4 日，省道 S322 横店至高坪段“三改二”工程进入全面施工阶段，工程项目全长

49.69 千米,投资 3 亿元,计划 2013 年年底完成路基土石方任务,预计工期 20 个月。

(省公路管理局)

【省道 S331 六上线公路升级改造工程完工】 8 月 22 日,省道 S331 六上线公路升级改造工程竣工。工程起点位于乐安县石塘,途经牛田、万崇、罗陂,终于乐安与吉安永丰交界处的都溪,路线全长 37.343 千米。该工程是抚州市 2013 年改造项目中路线最长、投资最大的工程项目。

(省公路管理局)

【省道 S335 永新县小流线大中修工程完工】 6 月 3 日,省道 S335 永新小流线(小屋岭至高市街)路面大中修工程开工。大中修工程全长 6.27 千米,其中水泥路 5.25 千米,白改黑 1.02 千米,路面宽 7 米,工程于 9 月 30 日完工。

(省公路管理局)

城市道路

【安义县龙安大道正式通车】 安义县龙安大道项目北起安义县城的潦河大桥南端,途经鼎湖镇、石鼻镇,南接昌铜高速安义互通口,是一条一级公路兼顾城市道路。龙安大道道路全长 9 千米,分为双向 6 车道和双向 4 车道路段,并建设绿化景观带,道路设计速度为每小时 60 千米。工程总投资 2.08 亿元。该工程于 2011 年 12 月开工建设,2013 年 6 月 30 日正式建成通车。龙安大道的建成,可使安义至南昌的路程缩短 1/3,车程缩短十几分钟。

(周国祥)

【景德镇市迎宾大道一期改造完工】 经过半年的紧张建设,景德镇市迎宾大道(一期)改造工程竣工,于 10 月 11 日全线通车。该工程于 2013 年 4 月开工,改造的路段西起洪源大桥东侧桥头(接杭州至瑞丽高速公路罗家滩枢纽),东至紫晶路与金岭大道交叉口,全长 1.7 千米,投资 2100 万元。改造工程主要包括将原双向 4 车道改为路宽 28 米的双向 6 车道,并增加非机动车道,实现机动车和非机动车分离行驶,有效提高行车安全系数;将原水泥路面改为沥青路面,增设排水系统,照明设备改为具有瓷都特色的陶瓷立柱路灯,同时完善道路两旁绿化带。改造后的迎宾大道路面更宽敞、功能更完善、行车更畅通。迎宾大道改造后,将由过境公路改为城市主干道。

(涂 强)

【景德镇市陶瓷文化创意新区路网工程开工】 8 月 2 日,景德镇市陶瓷文化创意新区路网工程正式开工建设。6 月 24 日,江西省建工集团有限责任公司与景德镇市人民政府在江西建工大厦签订战略合作暨新区南片区路网 BT 建设工程协议,双方就陶瓷文化创意新区路网工程建设和开发达成共识,工程造价预计为 9.8 亿元,路网工程以"畅、洁、绿、美"的标准进行施工建设,新区内给水、排水、电力、通讯、燃气等基础设施和管线全部埋设于地下。

(涂 强)

【景德镇高新区致远路全线贯通】 10 月,总投资 1355 万元,全长 1.475 千米,宽 26 米的高新区致远路建成通车。作为景德镇高新技术产业开发区 7 条主干道之一的致远路,起于梧桐大道,贯通直升机大道,连接滨江路,是贯穿园区南北的交通大动脉。至 7 月底,该园区总长 10.4 千米的 7 条主干道建设已完成工程总量的 65%;污水管网铺设 7 千米,雨水管网铺设 5 千米,路面硬化 5 千米,基本形成路网框架。

(涂 强)

【景德镇市景东大道二期工程开工】 9 月末,景东大道二期工程项目建设全面启动。景东大道在一期工程的基础上延伸至高岭大道。景东大道二期工程连通景德镇陶瓷学院新校区、杭瑞高速公路景德镇东收费路口,全长 2.12 千米。景东大道的建成,对进一步完善该市城市布局、缓解交通压力、方便群众生活、促进经济发展等方面都具有重要意义。景东大道完全贯通后,从迎宾大道、昌江大道前往东市区的车辆可以不再依靠珠山中路和广场北路通行,沿瓷源路从浮梁县方向前往东市区的车辆也可以不再依靠广场北路通行,有效分流多条主干道车流量,大大提高主干道通行效率。

(涂 强)

【抚州市 3 条城市道路开工建设】 2013 年,抚州市进一步加快市内交通建设,3 条城市道路陆续开工。①抚州市汝水大道南延伸段道路开工建设,该路是抚州市城市主干道,项目全长 5 千米,路基宽度 45 米,行车速度为每小时 40 千米,总投资为 6400 万元,工期为 300 天。该工程于 11 月 10 日开工。②抚州医学分院学院东路及北路建设工程开工。11 月 16 日,南昌大学抚州医学分院学院东路、北路建设工程破土动工。学院东路全长 630.27 米,路基宽度 20 米;学院北路全长 1215.75 米,路基宽度 30 米。总投资 5000 万元。③抚州市背山路东西延伸段建设工程开工。项目全长 2270 米,建设内容包括人行道、非机动车道、机动车道、排水等,总投资 2200 万元。

(陈根玲)

【黎川陶瓷大道改建工程通车】 8 月 16 日,黎川县省道丰德线陶瓷大道改建工程竣工,一期项目全长 879 米,建设标准为城市主干线一级公路标准,宽 24 米,双向四车道;二期项目全长 2.146 千米,建设标准为二级公路标准,路面宽 12 米,双向两车道。工程总造价 6000 万元。

(陈根玲)

县乡公路

【全省农村公路建设大步推进】 2013 年,省交通运输厅大力推进农村公路建设,全省完成投资 71.4 亿元,建成农村水泥路 12604 千米,同比翻了一番,完成农村公路危桥改造 4615 延米/44 座,完成安保工程 595 千米。各设区市积极采取有效措施,加强农村公路建设,在省厅投资的基础上,加大自筹资金力度,赣州市全年建成农村公路 2500 千米,吉安市建成 1719 千米,上饶市建成 2060 千米,同比增长 12.6%。九江市积极建好“短路”,成效甚好,如九江县 2013 年完成通自然村公路项目 108 个、长 90.4 千米;彭泽县完成通自然村公路项目 165 个、长 108.6 千米;武宁县完成通自然村公路项目 102 个、长 96.8 千米。

(李　宗)

【景德镇市交通运输局推行农村公路建设“八公开”】 为加强农村公路建设中的廉政工作,预防腐败现象产生,保证农村公路建设质量,景德镇市交通运输局于 6 月 11 日出台农村公路建设“八公开”制度。制度的核心是全面公开全市农村公路建设中的八个关键环节,主动接受群众和社会监督,规范农村公路建设管理行为。其主要内容包括:发展规划、建设计划公开,建设资金补助政策公开,建设项目招标公告、招标过程、招标结果公开,项目法人、现场执行机构施工管理、监理单位施工管理、施工单位施工管理等施工过程管理公开,质量监督公开,安全生产监督公开,竣(交)工验收公开,资金使用公开。“八公开”制度涉及农村公路建设的全过程。

为确保“八公开”制度落到实处,该局要求各县(市、区)交通运输局、农村公路管理部门尽快形成制度公开、监督到位的长效机制。

(涂　强)

【景德镇市 2013 年度 25 户以上人口自然村通水泥路建设项目全面完工】 7 月末,景德镇市 25 户以上人口自然村通水泥路建设最后一个项目——浮梁县庄湾乡大洲至汪家通自然村水泥路项目正式开工建设,标志着该市 2013 年度 25 户以上人口自然村通水泥路220个建设项目全面开工。

景德镇市 2013 年度 25 户以上人口自然村通水泥路工程建设规模巨大,全市计划建设(改造)公路里程 205.2 千米(不含村内道路硬化里程),建设项目 220 个,总投资 5375.86 万元,其中争取上级补助资金(中央车购税及成品油税费改革转移支付增量资金)2060.46 万元。项目均按四级公路标准设计建设,路基宽 4.5 米 ~5 米不等、路面宽 3.5 米。工程完工,致使 18614 户共 78302 名村民直接受益。这是该市自 2008 年实现所有行政村通沥青(水泥)路以来,通自然村水泥建设(改造)规模最大的一年,至年末,220 个 25 户以上人口自然村通水泥路建设项目全面完工。

(涂　强)

【浮梁县寺(前)白(绛岭)公路建成通车】 11 月 18 日,浮梁县瑶里镇寺前至白绛岭(浮梁县与婺源县交界处)公路建设项目建成通车。寺(前)白(绛岭)公路是浮梁县瑶里镇寺前至婺源县灵岩洞旅游公路,终于白绛岭,全长 12.4 千米,全线按重丘三级公路标准设计建设,水泥混凝土路面,路基宽 7.5 米,路面宽 6.5 米,总投资 3980 万元。

寺(前)白(绛岭)公路项目的实施,使“中国茶叶之乡”浮梁与有着“中国最美乡村”之称的婺源再增一条联系通道,对两地旅游资源的开发、促进沿线农村和农村经济发展,以及完善赣东北地区国防公路网络等具有重要意义。

(涂 强)

【景德镇市鲇鱼山至206国道口县道升级改造工程竣工】 9月初,景德镇市鲇鱼山至206国道口县道升级改造工程开工建设。该工程为景德镇市昌江区2013年重点工程之一,由昌江区交通运输局负责实施,属2012年县道升级改造项目,为县道联村至仓下公路(编号:X105)的一段。工程建设里程5.5千米,路面宽度为6.5米,按三级水泥路面公路标准设计,预算总投资500万元。至12月末,该工程完工。

(洪 涛)

【萍乡市安源区交通运输局在公路建设上做到“两手抓”】 2013年,萍乡市安源区交通运输在公路建设工作中努力做到“两手抓”:一是积极向上争取项目,全年共争取县道升级改造和客运网络车通工程以及通自然村项目,共计争取上级补助资金1000万元;二是积极向下狠抓工程建设进度,一大批项目相继开工建设。青福公路、高坑至幕冲公路、园塘冲至黄毛冲公路、高坑至王家源公路、亚福公路、马岭至略下等项目进展顺利。全面完成省道S231(战备公路)的完善工作,民生工程35千米的建设任务提前完成。

(萍乡市交通运输局)

【萍乡市莲花县农村公路建设稳步推进】 2013年,萍乡市莲花农村公路建设稳步推进,投资1000万元、全长10千米的荷塘至洌源公路已完成50%的水泥路面铺设;投资500多万元、全长8.3千米的坊楼红军路,毛竹垅段与新枧路段已完成路面硬化,阁前段路面和桥梁工程施工;良坊至田东公路改造建设的征地拆迁和招投标等前期工作同步进行。与此同时,该县交通运输局继续实行以奖代补的办法实施农村水泥路建设,全年共完成农村公路建设120千米,在实现100%的行政村通水泥路的基础上加快推进自然村特别是新农村建设点自然村通水泥路进程,推进了该县农村交通纵深发展。

(萍乡市交通运输局)

【萍乡市湘东区抢抓机遇加快农村公路建设步伐】 2013年,萍乡市湘东区交通运输局进一步完善“十二五”交通运输规划,突出抓好农村公路网络化建设工作,取得较好成效。2012年申报的4个县道升级改造项目:磨头至塘溪、连山至杉坪、大江边至麻山、东桥至界头,共计43.14米,已全部启动。2013年申报的2个道路改造升级项目,共11.1千米,也已启动。2012年,客运网络化连通工程共有5个项目,13.5千米,已全部完工。2013年,省里下达该区的农村公路建设计划为20千米,实际已完成105.1千米,为年计划的5. 25倍。

(萍乡市交通运输局)

【吉莲公路莲花段改造项目竣工通车】 吉莲公路萍乡市莲花段属“三改二”公路改建工程。该路起于莲花与安福交界的东湖村,途经路口、湖上、良坊至琴亭镇,全长28.7千米,概算总投资1.2亿元,整个工程已于2013年9月全面竣工通车。该工程的建设得到省交通运输厅、省公路管理局的高度评价,成为近年来省内“三改二”项目建设中征地拆迁最快、项目推进最快、建设程序最规范、工程质量最好的工程之一。

(萍乡市交通运输局)

【县道X121萍乡经济技术开发区辖段升级改造工程竣工】 县道X121是城市与乡镇联通的主要道路,由萍乡市规划勘察设计院设计,道路红线宽度为50米,为沥青混凝土路面,全长3138米。道路断面形式为四块板形式。半幅路具体布置为5.5米(人行道)+3.5米(辅道)+2米(绿化隔离带)+11米(机动车主道)+3米中央隔离带,工程总投资8000万元。该工程于3月10日开工,11月中旬竣工。

(萍乡市交通运输局)

【九江市交通基础设施建设取得新成绩】 2013年,九江市交通运输局加强全市交通基础设施建设,在积极取得省、市领导部门大力支持的基础上,进一步落实建设计划,建立严密的工作责任制,加强督促检查,奖优罚劣,成效显著。一是全年投资规模突破7亿元,达到7.73亿元,完成项目2135个。二是完成农村公路建设1500千米,安保工程28.2千米,完成通村公路质量检测624.13千米,合格率达到99.6%。三是交通设施建设进展顺利。在完成8个农村综合服务站建设的前提下,并完成德安新汽车站建设,永修新汽车站主体完工,完成九江城市候机楼改造等项目建设。此外,交通战略和部队进出口道路建设项目有序推进,战备器材库规模化建设通过省里和南京军区验收。

(九江市交通运输局)

【德安县改造完成95条通自然村公路】 2013年,德安县完成了95个项目,61.5千米自然村公路改造,涉及全县11个乡镇,总投资1538万元,其中上级部门项目补助资金492万元。该批项目的完成,使德安县78个自然村由原来的砂石路面改变成水泥路面,使全县自然村通畅率提高到72%,也极大方便了沿线百姓的出行。该县交通运输局十分重视通自然村公路改造工作,特别重视抓小工程。小工程投资少,见效快,农民群众非常欢迎。在95个通自然村公路改造工程中,长度0.1千米~0.9千米的有74个,1.0千米~1.9千米的有16个,2千米以上的仅有5个。

(九江市交通运输局)

【九江县抓紧通自然村公路建设】 2013年,九江县完成通自然村公路工程项目108个、90.4千米,按四级公路标准建设,总投资2712万元(其中,中央投资561.6万元,地方自筹2150.4万元),投资方式上级补助和地方自筹。该县还提前实施计划外项目26个、20.2千米,自筹资金606万元。该县交通运输局在抓通自然村公路工作中,着力抓好短小工程,在108条通自然村公路中,长0.1千米~0.9千米的有78条,1.0千米~1.9千米的有26条,2千米以上的仅4条。

(九江市交通运输局)

【彭泽县完成通自然村公路165条长108.6千米】 2013年,彭泽县大力抓好通自然村公路建设,取得好成绩,全年完成通自然村公路工程项目165个,长108.6千米。该县交通运输局认真贯彻落实县委、县政府关于加强通自然村公路建设的指示精神,全力抓好短小型项目建设工作,成立专项工程建设领导小组,明确分工负责,一抓到底。工程建设过程中,加强工程质量监督、财务监督,确保工程质量和工程进度,成效显著。在165个工程项目中,长度在1千米以下的项目,占132个,1千米~2千米的有26个,2千米~3千米的有5个,3千米~3.8千米2个。

(九江市交通运输局)

【武宁县完成通自然村公路建设项目102个长96.8千米】 2013年,武宁县重点抓好通自然村公路短小项目,取得好成绩,全年完成通自然村公路102条,长96.8千米,完成总投资2239万元。要抓好通自然村公路建设项目,困难还是不少的。一是数量多,共102个;二是路程短,长度在1千米以下的有63个,1千米~2千米的有23个;三是由于项目数量多,总投资达2239万元。为了克服上述困难,武宁县交通运输局想方设法,“一步一个脚印”地真抓实干,首先是要取得省、市交通领导部门的支持关怀,解决投资困难。其次要落实责任制,把任务落实到单位,落实到人。再次要加强对工程建设过程中的监督检查,确保工程建设质量和进度,如期完成建设任务。

(九江市交通运输局)

【九江市庐山区通自然村公路建设取得好成绩】 2013年,九江市庐山区通自然村公路建设取得好成绩,累计完成77条,共39.2千米,完成投资1391.5万元。其中,长1千米以下的公路71条,长1千米~2.7千米公路5条,长4.8千米的公路1条。该批项目工程的竣工,对进一步实现庐山区农村公路网络化,促进农村经济发展,提高农民生活水平具有重要作用,受到广大农民群众的热烈欢迎。

(九江市交通运输局)

【瑞昌市加强县乡道路升级改造工作】 2013年,瑞昌市进一步加强县乡道路升级改造工作,取得好成绩。县道三级公路改造项目12.1千米,其中大德—大坳公路洪大段1.9千米、乐园段6千米;南阳—红旗公路南阳段4.2千米,总投资1270万元,投资方式为车购税和地方自筹。乡道四级公路改造项目11.5千米,其中南阳乡罗城山—陈家凼2.6千米、洪一乡洞下—王司畈7千米、桂林街道办大路口—四五九厂1.9千米,总投资575万元,投资方式为车购税和地方自筹资金。

(九江市交通运输局)

【新余市余新公路建设进展顺利】 新余市余新公路西起高新区水西镇丰都头与环城南路相接,途经水西镇、罗坊镇、南安乡、新干县界埠乡,终于新干县河西综合码头,全长39.5千米,一级公路,预算总投资6.8亿元。项目在渝水区境内长24.5千米,其中6.5千米由新干县负责建设。渝水区负责境内18千米项目用地的征地拆迁和道路路基土石方桥涵、路面垫层和边坡边沟等工程施工作业,已全面完成建设任务,完成投资1.393亿元。其中,二标段(罗坊段)中标单位为新余市市政工程集团有限公司,三标段(南安段)中标单位为新余市建安工程有限公司。

(廖振峰)

【分宜县洞村连接线改建工程开工】 分宜县洞村连接线改建工程起于渝水区人和乡茂江村和主线相接(主线桩号K21+220)经分宜县上吉里村,跨大广高速公路,终于分宜县江厦村与洞宜公路相接。路线全长15.26千米,三级公路,预算总投资2.9亿元。项目在分宜县境内长6.189千米,分宜县负责境内项目用地的征地拆迁和道路路基土石方、桥涵、路面垫层和边坡边沟等工程施工作业,项目已于2013年10月开工建设,预算投资3200万元。

(杨 伟)

【新余市渝水区山田至中棱公路开工】 新余市渝水区山田至中棱公路建设工程位于县道水芳线上,起点为罗坊镇山田村委山田村,终于中棱村,全长2.2千米,属县道升级改造,由四级公路改造升级为三级公路,总投资200万元,2013年11月开工,预计工期9个月。 (廖振峰)

【鹰潭市农村公路建设取得突破性成绩】 2013年,鹰潭市交通运输局在公路建设项目方面,实现了四大突破。一是投资2.06亿元完成农村公路306.86千米,新增通水泥路自然村213个,自然村公路硬化达1460个。行政村通达率、通畅率达到100%,自然村通达率达44.1%,继续走在全省前列。二是投资1.5亿元的龙虎山中心服务区建设工程已经接近扫尾,即将投入运营。三是投资4亿元的上清至饶桥旅游公路建设项目,前期工作已经完成,并经省发改委批复立项列入省重点项目。四是投资600万元,全力支持贵冶周边村庄新农村建设,完成15千米自然村道路建设。全市370个行政村全部通了水泥(油)路,一个以市区为中心,以高速公路及国、省道为骨架,市、县、乡、村相连接的公路网络已初步形成。

(鹰潭市交通运输局)

【鹰潭市信江新区路网工程二、三期工程完成】 鹰潭市信江新区路网二、三期工程完成。二期工程包括纬三路、经五路、纬五路,总长5.8千米,宽26米,双向四车道,沥青混凝土路面,投资1.1亿元。12月,信江新区路网三期工程完成,包括余信贵快速路、信江路,总长4.4千米,宽55米,双向六车道,沥青混凝土路面,投资1.2亿元。同时,还完成信江新区经六路、祝家安置房72栋基础建设和纬三路延伸工程垫层施工,支七路完成50%。该批工程施工为打造鹰潭市"一江两岸"城市格局、进一步拉大鹰潭城区框架发挥了重要作用。

(鹰潭市交通运输局)

【鹰潭市桂洲至圣井旅游公路建成通车】 5月31日,鹰潭市桂洲至圣井旅游公路建成通车。该项目为龙虎山旅游基础设施重点建设项目之一,2010年,省发改委以龙虎山旅游基础设施建设项目的名义对该项目进行批复。该路建设全长7.2千米,按三级公路标准设计,工程总投资为1700万元。该工程共三个标段:第一、二标段(城门至大脚岭),长6.5千米,路基宽7.5米,水泥路面宽6米,投资1345万元,于2012年10月末竣工;第三标段(圣井山至大脚岭延伸段),长0.533千米,路基宽6.5米,水泥路面宽5米,投资337万元,于2013年5月末竣工通车。该路的修通,为龙虎山景区圣井山旅游开发奠定良好基础,同时为沿途村民出行提供交通便捷。

(鹰潭市交通运输局)

【赣州市农村公路取得新进展】 2013年，赣州市交通运输局认真贯彻落实全省交通工作会议精神，大力加强农村公路建设，在积极取得省交通运输厅关怀支持的基础上，狠抓科学管理，分工负责，一抓到底；同时加强督促检查，奖优罚劣，充分发挥各级管理部门的积极作用，取得良好成效。2013年，赣州市农村路网结构进一步优化。全年完成农村公路建设2500千米，全市累计农村公路总里程为25211千米。按行政等级分，省道382千米，县道3884千米，乡道4437千米、村道16324千米，专用道路184千米。全市农村公路上桥梁数量为137440延米/4265座，隧道2座。农村公路中，硬化公路(含简易铺装路面)18897千米，占75%。未硬化公路6314千米，占25%。危桥改造160座。此外，支持农村危房改造集中新建点道路建设200千米。农村公路综合服务站建设进一步加快，全市16个试点项目中8个开工建设，5个建成完工，3个投入使用。

(李发淳)

【赣州市公路工程质量监督覆盖率达100%】 2013年，赣州市交通工程质量监督站针对全市农村公路建设项目多、任务重、工期紧、质量要求高，施工现场质量控制难的现状，全站质监人员发扬一不怕苦、二不怕累、埋头苦干、大胆创新的工作作风，切实加大监督力度，全市公路建设质量得到明显提高。全市在建工程质量监督覆盖率达100%，下发监督检查通知书45份。2013年，该站下达监督计划书22份，其中国省道改造项目8个，共计218.717千米，县道升级改造项目6个，计62.972千米，危桥改建项目6个，共计1061.76延米，高速公路连接线项目1个，计1.4092千米，旅游公路项目1个，计1.828千米。国省道改建项目2个。

(李发淳)

【崇义县加快推进通组公路建设】 4月，崇义县扬眉镇何屋至坑尾通组公路顺利完工。该公路长1.3千米，投资39万元，其中上级补助资金19.5万元，社会筹集、村民自筹资金19.5万元，有效改善了2个村民小组270多人的通行条件，带动群众增收致富。至3月底，崇义县已完成通组公路建设38.4千米。通组公路是农村公路网的重要组成部分，是与村民息息相关的民生工程、幸福工程。近年来，崇义县委、县政府高度重视通组公路建设，在8万元/千米中央补助资金的基础上，县政府再配套4万元/千米，扎实推进通组公路建设。同时，崇义县群众积极投工投劳、自筹资金，形成向上争一点、财政补一点、村组筹一点的通组公路资金筹集模式，有效破解筹资难题。

(崇义县交通运输局)

【赣县罗霄山区3条农村公路改造项目启动建设】 3月5日，省交通运输厅下文批复2013年罗霄山区3条县乡道路改造项目可行性研究报告，标志着3条公路正式启动建设。该3条公路分别是：赣县大田至王母渡(大田至三江段)、枫树至大龙(岐岭至阳埠段)、攸镇至社溪(攸镇至沙地段)，3条公路总里程为29.4千米，总投资8707万元。

(赣县交通运输局)

【吉安市农村公路建设规模创历年之最】 2013年，吉安市积极争取农村公路建设投资，得到上级大力支持，建设规模创历年之最，建设项目达2191个2257.7千米，省厅下达的投资计划达4.98亿元，是近年来最多的一年。该市重点做好县乡道升级改造、农村客运网络化连通工程、农村公路危桥改造工程及25户以上自然村通水泥路4项民生工程。全年共完成农村公路建设任务1719千米，建成5个农村公路综合服务站，共完成投资7亿元。

(吉安市交通运输局)

【吉安市农村公路路网改造工程全面完工】 吉安市2013年农村公路路网结构改造工程已全面完工。农村公路路网改造工程共分3个部分：一是公路体部分，全年已完成1719千米；二是危桥改造项目，已完成计划总投资744.5万元，占年计划的67.6%；三是安保工程项目，全年已完成计划总投资863.6万元，占年计划的59.6%。

(吉安市交通运输局)

【泰和县苑前至阳丘公路建设工程全面启动】 10月，泰和县苑前至阳丘公路建设工程已全面启动。工程总概算600万元，路线全长6千米，按三级公路技术标准设计,设计速度30千米/小时,路面宽6.5米,水泥混凝土路面,其中2.7千米为新建路面。

(吉安市交通运输局)

【新干县潭丘至蜜蜂街公路改造升级工程启动】

新干县潭丘至蜜蜂街公路,起于潭丘乡,连接丰城市,线路全长23千米。该路段原为四级公路(单车道),车辆通行能力差。新干县对该路进行升级改造,按山岭重丘三级公路标准建设。

(吉安市交通运输局)

【宜春市大力推进农村水泥公路建设】 宜春市政府高度重视农村水泥公路建设,加强领导,科学谋划,精心组织,上下联动,全力推进,工程进度快,效果好。全市全年建设农村水泥公路1250条,里程达1373.2千米,完成工程投资9.23亿元,新增通水泥公路25户以上自然村1150个,超额完成公路建设任务,进一步完善农村交通网络,为支持"三农",推动农村经济社会科学发展发挥重要作用。该市的主要措施为:一是实行"五个统一"。市县乡均成立农村公路建设领导小组,实行统一规划、统一组织、统一部署、统一时间、统一验收。二是做到"五个落实"。为确保农村公路顺利实施,各地做到领导、任务、举措、资金、责任五落实。三是采取"五个一点"筹集资金。公路建设关键在于资金。各县(市区)为解决公路建设资金,采取国家拨一点,地方财政补一点,乡镇筹一点,通过一事一议,群众自愿出一点,在外工作和经商老板为家乡修路自愿捐一点的办法,确保公路建设资金需求。四是严把"五关"。为确保农村公路建设质量,各地严把设计关、工程开工关,招投标关、材料进场关、工程竣工验收关。通过严格管理,确保工程质量,经年末组织专家和工程技术人员验收,全市农村公路建设合格率达100%,其中多为优良工程。

(余贵红)

【宜春市袁州区全面完成2013年通自然村公路计划】 宜春市袁州区区交通运输局切实抓好交通基础实施建设工作。全年新建通自然村公路项目199个,完成路面硬化177.8千米,占计划的100%;工程总投资4913.2万元,其中车购税通自然村公路165个、141.8千米、3926.6万元;成品油价格和税费改革转移支付资金通自然村公路34个、36千米、986.6万元。该局严格把关,坚持在确保工程质量的前提下加快建设速度。一是认真抓好工程质量全过程监督管理。加快对勘察设计、招投标、开工审批、施工质量、安全生产、竣工验收等各个环节的监管。二是建立目标管理责任制,将目标任务责任落实到人。科室每月汇报一次工程进展情况,及时掌握工程进度,督促业主按工期要求完工。由于措施得力,该区农村公路建设计划保质保量全面完成。

(李　庆)

【袁州区水江镇退休干部易明生带领群众修路传为佳话】 水江镇塘大行政村破洞坑村地理位置偏远,自古以来只有一条狭窄崎岖的土路进村,交通极为不便,生产资料运不进,农副产品运不出,严重制约经济发展。回乡退休干部易明生,不等不靠,动员村民筹资40万元,修通2500米通村致富水泥公路,全村彻底告别"晴天一身灰,雨天一身泥"的交通状况,易明生带领群众修路被广大村民传为佳话。一是担任修路理事长。为修路顺利实施,召开村民大会,成立修路理事会,村民一致推荐易明生担任理事长,负责工程筹资、工程勘测设计和建设质量等。二是带头捐资,他退休工资比较低,还要负责家里6口人生活费,经济条件并不富裕,他带头捐款8000元,在他带领下,全村村民纷纷捐款,共筹资20万元,全村人平均捐助款达1000元。为解决修路资金问题,他8次自费到宜春,找到本村两位在外创业老板,苦口婆心动员他们赞助资金修路。两位心系家乡的老板被一次次登门"化缘"的老易感动,各捐款10万元。三是耐心细致调解修路纠纷。四是战斗在修路第一线。修路3个月里,他每天早出晚归,战斗在修路第一线,同筑路人员一起劳动,协调各种纠纷,严把工程施工质量关。

(吴泽水)

【樟树市农村网通达能力明显提高】 樟树市政府高度重视农村路网建设,2013年投资3600万元,对全市破损严重的主要县乡道路全面改造维修,改善人民群众出行条件。全市新建农村水泥公路89条,全长71.3千米,其中通自然村水泥公路70条，全长61.3千米、新建农村进村水泥公路19条，全长10千米，补助资金570.4万元。新建2个客运网络改造项目8.5千米，补助资金340万元。新建公路桥梁2座，补助资金54万元。完成自然村通水泥建设规划。改建永泰、昌傅、黄土岗、观上、阁山和张家山危桥改造。新建中洲乡农村客运综合服务站，为发展农村客货运输、保障道路畅通发挥综合服务作用。

（杨　波）

【靖安县做好农村公路建设争资立项工作】 靖安县交通运输局把突破交通瓶颈，加快区域经济发展作为主要任务，踏实做好争资立项工作。一是认真做好调研工作，组织人员到乡镇调查，编制发展规划。二是将长远规划与当前任务有机结合，主要领导多次到市局、省厅汇报该县的交通工作，争取上级对靖安的关心、支持。三是调动乡镇、村组、群众的积极性，充分发挥农村理事会的功能，做到一事一议，做好基础工作，全年共争取农村公路的项目84.1千米。项目总投资7655.8万元（补贴1400.8万元）。其中：①通自然村公路项目52个55.6千米，投资1520万（省补569.6万元）；②新农村建设点通水泥路项目4个，投资54.8万元省补26万元；③农村公路路网改善工程项目（客运网络化工程）项目4个26.5千米，投资4581万元，车购税补贴534万元；④农村公路路网改善项目新建桥梁2座339延米，投资1500万元，车购税补贴271.2万元。全年争取到项目比年初预期目标增加了26千米。

（刘　斌）

【高安市加大农村公路建设力度】 高安市继续把农村公路建设作为加快新农村建设，推动农村经济发展，惠及百姓的一项首要任务和民心工程来抓，全年完成农村公路建设里程184.1千米，完成投资2965.4万元。①领导重视。市委、市政府多次召开专题会议，研究部署县乡公路公路建设工作，从工程规划、施工到验收，都逐项进行研究和部署。形成一把手亲自抓，一级抓一级的良好格局。②群众参与干劲足。坚持前期工作做得好的先建设，激发县、乡、村和广大人民群众的积极性。③真抓实干质量好。坚持把工程质量放在首位，专门聘请沿途农民作为社会监理，对全市所有农村交通建设工程实行5天一次质量督查，发现问题及时返工，争创优良工程。

（周世祥）

【上高县大力推进通村组农村公路建设】 上高县大力推进通村组农村公路建设。一是做好通村组公路的核查入库。县交通运输局对全县1621个自然村通村公路进行一次全面核查，对核查出的716个未通水泥路自然村及时录入数据库，上报上级主管部门。二是做好通村组公路规划的编制。在全面核查掌握第一手数据的基础上，认真做好25户以上自然村2013—2020年通村组公路建设规划。三是县财政大力支持。县财政除对村组公路建设每千米补助2万元，另外对一些有特殊困难的村组修建通村公路，采取“一事一议”的方式进行补助。2013年，该县完成水泥路建设项目88个，里程84.9千米，投资4945.5万元，其中通组公路83个60.7千米，投资1727.5万元。截至12月末，该县通水泥公路自然村988个，自然村水泥公路通畅率达60.95%。

（朱铁廷）

【宜丰县强力推进农村村组公路建设】 2013年，宜丰县坚持从实际出发，因地制宜抓好交通网络规划布局，加大政策宣传力度，按照宜丰“十二五”规划确定的发展目标，积极争取农村公路建设计划，全年完成县乡道升级改造工程13.9千米，完成危桥和独立桥梁改造3座302延米，完成自然村通水泥路85千米，新增118个自然村通水泥路，实现自然村通畅率达50%以上。该县县政府坚持资金支持力度不减，县财政继续实行每千米2万元扶助政策，各乡镇、场也加大地方公共财政投入，搭建好融资平台，争取更多的地方财政资金和社会资金，确保农村公路发展的良好态势。

（漆志勇）

【万载县农村公路通自然村项目建设成绩斐然】 2012年11月，宜春市交通运输局下达万载县农村公路通自然村项目计划93个计61.6千米。至2013年上半年全部完工，完成投资290万元。2013年11月，上级又下达万载县通自然村建设项目147个计119千米。虽然计划下达时间较晚，万载县交通运输局在项目申报之初即对所报项目及时安排、协调和督促项目及早动工。至12月,全县通自然村建设项目完成达83千米,完成投资1959万元。根据县委、县政府的安排和地方经济发展的需要,县局提前安排大量计划外通自然村建设项目,至12月,计划外项目完成达74千米,完成投资1776万元。2013年,全县完成通自然村建设项目共170千米,累计完成投资4025万元。

(辛鹏远)

【铜鼓县交通运输局为农村公路立项争资效果明显】 铜鼓县交通运输局紧紧围绕县委、县政府中心工作,准确抓住省市交通部门政策信息,结合实际,积极想办法,在项目申报立项和资金争取方面取得成绩。2013年,该局共获批农村公路项目71个,向上争取项目资金3704万元。该局在农村公路跑项争资工作中,一是认真研究筛选,编制项目可行性研究报告、设计方案,做好项目争取工作。二是实事求是地讲明困难,赢得理解,争得支持、重视。三是在"早"字上做文章,做到项目早谋划、早安排、早落实,主动取得上级支持。

(金小明)

【抚州市交通基础设施建设取得巨大成绩】 2013年,是抚州市交通基础设施建设取得重大突破的一年。全省高速公路4000千米,抚州建成通车488千米,约占全省的12%。金溪至抚州、资溪花山界至里木、南昌至宁都3条高速公路先后开工建设,其中,金抚高速项目被市政府评为优秀项目,福银高速抚北互通项目被市政府授予年度目标奖,广昌至船顶隘、东乡至昌傅2条高速公路前期工作进展顺利,抚州掀起了高速公路建设热潮。国省道干线公路通行能力进一步提升,辖管国道359.419千米,省道870.176千米,桥梁454座18651.68延米。2013年,农村公路建设计划520千米,实际完成1441千米,超过计划921千米。2013年,完成农村公路危桥改造12座1040延米。建成农村公路综合服务站5个、乡镇客运站7个、候车亭61个,完成标准化渡口建设试点项目2个,农村出行条件进一步改善。全市农村公路达12018千米,农村公路桥梁1348座48297.08延米。

(陈根玲)

【抚州市临川区交通基础设施建设稳步推进】 2011年以来,抚州市临川区加快农村公路建设步伐,取得可喜成绩。在此基础上,2013年,该县交通基础设施建设,更上一层楼。一是重点工程建设扎实有效。抚吉高速公路临川连接线工程于2013年年末全面竣工,完成投资2.2亿元。总投资2600万元的上顿渡大桥于7月建成通车。抚北互通至温泉风景区连接线工程进展顺利,完成投资2.3亿元。抚北大桥至园区公路新建工程完成投资1.2亿元。展坪乡桥头大桥建设工程7月开工建设。二是农村公路建设向纵深发展。完成通自然村水泥公路120千米,为上级下达任务的130%。完成县道升级改造32千米,为上级下达任务的260%。完成危桥改造5座计721.55延米及独立桥1座计86延米。

(临川区交通运输局)

【抚州市临川区高坪镇党员垫资修通致富路】 12月6日,抚州市临川区高坪镇金龙村进村水泥路全线铺通。全村百姓喜上眉梢,交口称赞村域经济发展的领路人——何贵和。金龙村是一个偏远山区村,共有5个自然村,人口不到1000人,进村路程长3.2千米。因为没有通水泥路,农业生产资料进村难,农副产品出村难,修通水泥路是该村村民多年来的梦想。但一个偏远小村修路资金短缺是圆梦进村水泥路的最大的难题,整个工程总投资需105万元,除去国家政策补助和村民集资捐赠,仍有20万元的资金缺口。为了解决资金不足问题,身为党员干部的何贵和决定自己垫上缺口资金修通这条致富路,并天天坚守在工地上协调公路建设事宜,先后解矛盾纠纷14起,保证了进村水泥路的顺利竣工。

(陈根玲)

【金溪县两年投入1.3亿元修建村组公路】 2012年以来,金溪县累计筹集资金1.3亿元,修建村组水泥公路867.6千米。为确保工程质量,该县在各村组全面推行村组公路民主管理理事会制度。理事会成员由本村组老党员和有威望的农民组成,有关修路筹资、工程招标、资金管理等事宜,由理事会全权负责,村组干部既不管钱,也不插手工程。县交通部门充分发挥职能作用,派出技术服务队到各村组公路建设点巡回服务。

2013年12月，该县100%的乡镇、100%的行政村和98%的自然村已修通水泥路，基本形成了以济广高速、316国道、206国道为龙头，省道、县道为骨架，村组公路为支撑，对外快捷畅通、对内四通八达的现代交通网络格局。

（陈根玲）

【宜黄县投资2亿元建设农村公路】 宜黄县加快农村公路建设步伐，促进农民增产增收走上致富路。全年修建村组公路20千米，县乡道升级计划24千米，其中县道升级君山至棠阴12千米，桐源至阮家3千米；乡道升级潭坊至新中4千米，高庄至梨溪5千米。完成渡改桥项目12个，新建桥梁2座160.56延米，443.91万元；加固维修危桥4座299.8延米，1047.7万元。全年完成总投资2亿元，实现了县、乡、村通水泥路的目标，农村公路总里程达1208千米。

（宜黄交通运输局）

【乐安县农村公路建设铺就发展升级快车道】 2011年以来，乐安县积极谋划、争取、实施了一大批交通建设项目，大大加快了公路建设步伐，纵横交错的道路为该县发展升级、小康提速、绿色崛起铺就了一条条“金光大道”。资金不足是制约公路建设的一大难题。乐安县用足用活各项优惠政策，向上争一点，财政投一点，群众集一点，社会捐一点，多渠道筹集公路建设资金。2010—2013年，该县累计筹措公路建设资金近3.5亿元，先后升级改造了省道和县乡道80千米，新建农村公路220千米，新建县城四条主干道20千米，建设县城二级客运站1个，农村客运站7个。乐安县严把公路建设质量关，确保工程建设合格率达到100%。截至2013年，该县高速公路通车里程达29.3千米，省道通水泥公路224.76千米，县、乡、村通水泥公路1138.4千米，大大促进了全县经济发展。

（陈根玲）

【崇仁县交通基础设施建设再创佳绩】 2013年，崇仁交通基础设施建设投资完成11878万元，其中公路建设投资完成11079万元。完成抚吉高速公路崇仁连接线9.336千米、里崇线改造21.37千米，完成西郊路764.52米道路改造项目，农村公路建设项目43.7千米。至2013年年末，全县境内公路总里程达1350.717千米（不含乡村小道），其中一级路面4.7千米、二级路面54.4千米、三级路面50.87千米、四级路面1150千米、等外路面90.747千米。

（崇仁县交通运输局）

【上饶市开展农村公路建设“百日会战”活动】 2013年，上饶市开展农村公路建设“百日会战”活动。上饶市交通运输局成立活动领导小组，负责指导、协调、推动活动的开展。该项活动投入资金1亿元。各县（市、区）交通运输局制定相应的推进方案，明确工序时间节点，做到以日保旬，以旬保月，以质取胜。活动中切实加强农村公路建设项目的监督与管理，严把原材料进场关、施工工艺关、竣工验收关，做到面上有人管，点上有人盯，环节上有人查，不打“马虎眼”，不签“糊涂字”，确保工程质量。同时，做到专项专用、专款专用。“百日会战”的开展，建设进度明显加快，全市累计完成新铺农村公路水泥路面1109.8千米。

（陈均培　陈永红）

【上饶县建设农村公路投入大】 2013年，上饶县加大农村公路建设的投入，全力推进乡村道路建设。全县建设农村公路项目有294个，建设里程357.4千米，总投资19970.2万元，其中上级补助资金6656.9万元，地方配套和自筹资金13313.3万元。为了转变重建轻养的现象，该县加强公路养护队伍，配备了养护工，对各条公路进行养护，已完成2012年自然村公路项目279个，里程245.1千米；完成4个客运网络化工程项目，计21.6千米；完成7个农林场建设项目34.9千米；完成少数民族公路项目4个，12.9千米；完成溪北大桥和符家洲大桥两个危桥改造项目。

（陈均培　胡　萍）

【广丰县采纳一条建议节省千万资金】 5月27日，广丰县省道大二（大畈—二渡关）线改线工程建设指挥部决定，采纳工程技术人员提出的道路宽度由32米变更为24米，在K4+500~K6+257.788间根据地貌特征相应变更深挖的建议。变更后的土石方由94万立方米缩减为60万立方米，减征土地5.2公顷，缩短工期3个月，节省投资1300万元。该项工程投资9.2亿元,将于2014年年末全线竣工通车。

(陈均培)

【上饶市信州区西沙公路改建工程竣工】 9月末,上饶市信州区西沙公路改建工程竣工,县道Y15线西村至沙溪公路铅岭村到龙头村直接与320国道相接,全长10.07千米,投资1700万元,随着改建工程的竣工通车,把铅岭、西坂、宋宅、白石、油坞、英塘、龙头七个行政村连通,成为真正意义上的人民致富路。

(陈均培 黄和顺)

【广丰县沙田镇邀请村民监督工程项目建设】 广丰县沙田镇为了确保农村公路建设工程质量,安排专人跟踪项目,从立项到验收,谁签字、谁负责,实行终身责任制。同时,每项工程聘请3至5名群众监督员,不定期监督工程进度、资金运作以及工程质量等。未经5名以上监督员验收完工的工程,不予验收;对在该镇实施的项目工程中,没有实现优质工程的施工队在该镇辖区内将不再享受工程承包权及施工权。同时,还出台了6个不准:不准扩大工程规模,不准上没有资金来源的项目,不准挪用工程资金,不准暗箱操作,不准转包工程,不准逃避工程监督。

(陈均培)

【婺源县赋春镇村民筹资修复古驿道】 2013年,婺源县赋春镇冲田村,为了保护古建,让距今已有300多年历史的梅山古驿道永久地保存下来,该村成立梅山古驿道修复理事会,倡导村民捐资投劳,村民积极响应并捐资5万元修复凉亭和道路。

(陈均培)

【余干县建设路网贯通城乡】 2013年,余干县投资1.2亿元,全长3.6千米的外环公路竣工通车;投资9176万元,全长1.8千米的干越大道改造工程竣工;投资3000万元,全长1千米的玉亭北大道已开工建设……余干县通过加快公路维修改造建设步伐,缩短镇乡之间的行驶时间,拉伸城市发展框架,畅通全县城乡。2013年,该县对G206国道、S208省道石宁线、朱宋线、余信公路等5条市养公路进行了维修改造,并按照“五横六纵”的规划思路,建设外环公路、玉亭北大道,改造干越大道、环城东路,拓宽昌万公路县城段,将县城区域面积扩大到22平方千米。在建设过程中,该县本着“打通主干线、贯通断头路、向产业集中区域辐射”的原则进行规划,按规划建设,完善路网。同时,坚持把建设质量放在第一位,建立了一整套公路建设质量控制体系和管理制度,确保工程完工后“三年无小修,五年无中修,十年无大修”。

(陈均培)

公路桥梁建设

【概况】 2013年,全省公路桥梁累计1278197.620延米/25192座(含危桥190544.670延米/5508座),共计有永久性桥梁1235102.58延米/23183座。其中:特大桥100878.460延米/54座、大桥603548.640延米/2592座、中桥339343.740延米/6419座、小桥234426.780延米/16127座;一类桥709773.37延米/6064座、二类桥206578.12延米/6039座、三类桥171301.46延米/7581座、危桥190544.67延米/5508座,一、二类桥所占比例为48.08%。

2013年度新建桥梁为25828.170延米/111座。各设区市公路局管养的桥梁216417.010延米/4734座(含危桥34094.550延米/668座),其中:永久性桥梁216417.010延米/4734座,永久化程度达100%;一类桥82752.98延米/1820座、二类桥88109.61延米/1962座、三类桥11459.87延米/284座,四类桥30480.43延米/583座、五类桥3614.12延米/85座,一、二类桥所占比例为

79.8%。省养公路渡口1处为机动渡。各地市交通局管养的桥梁554807.86延米/17335座(危桥156450.120延米/4840座),其中永久性桥梁511712.820延米/15326座。

(省公路管理局)

【105国道泰和上宏大桥维修完工】 10月15日,105国道泰和上宏大桥加固工程全面完工,交通分流管制解除,车辆恢复正常通行。上宏大桥桥长125.5米,桥面净宽9米。于8月30日开始对T梁接缝及横隔板进行加固,凿除桥面重新浇筑混凝土。整修期间,由吉安市交警支队和公路局联合发布了交通分流公告,仅允许2.8米以下小车通行,其他车辆一律分流绕行。通过泰和公路分局精心组织、科学管理、倒排工期、同时加大人力、物力投入,在保证安全和质量的前提下,大桥维修加固任务如期完工。

(省公路管理局)

【105国道新干沂江大桥改造工程完工】 该工程于2012年8月16日动工,历时9个月,工程总长890米,其中桥长132米,总投资2194万元。

(省公路管理局)

【105国道九江境内虬津大桥改建工程竣工】 7月31日,105国道九江境内虬津大桥改建工程顺利竣工。虬津大桥全长548米,是105国道九江境内改建工程中唯一的一座跨径500米以上的大桥。

(省公路管理局)

【316国道梁家渡大桥恢复正常通车】 12月16日,封闭维修加固的梁家渡大桥经过近三个月的紧张施工,恢复正常通行。316国道梁家渡大桥位于南昌县与进贤县交界处,桥长766.78米,于1992年7月建成。因桥梁受损,影响过往行车安全,经南昌市政府同意,南昌市公路管理局决定于2013年9月21日开始封闭维修加固。工程总投资450万元。主要是对破损的桥面铺装和伸缩缝进行凿除重建,对桥梁主梁的蜂窝麻面和裂缝进行修补。加固工程的完成,将有效改善梁家渡大桥车辆的通行条件。

(省公路管理局)

【320国道贵溪左家大桥新扩建工程竣工通车】 7月31日,320国道贵溪左家大桥新扩建工程竣工通车。新扩建工程包括对桥梁、桥面全部改建,总投资2800万元。该桥的建成,有利于进一步加快贵溪市对外联系,拉大贵溪城市框架,促进地方经济社会的快速发展。

(省公路管理局)

【省道大二线婺源小港桥加固修复工程完工】 进入新世纪,随着超限超载重型运输车辆的增加,交通量剧增,导致婺源小港桥桥面出现纵向裂缝,横隔板边接损坏,梁体存在裂缝,直接影响行车安全。为消除安全隐患,婺源公路分局对小港桥进行加固维修,工程于3月末开工,总投资129万元,6月竣工。

(省公路管理局)

【九江彭湖公路芙蓉大桥顺利完工】 彭湖公路芙蓉大桥改建工程于2012年10月开工,桥长157米,宽15米,上部结构采用5孔30米钢筋混凝土预应力连续箱梁,下部结构采用桩柱式钢筋混凝土钻孔灌注桩,投资1000万元。12月,工程竣工。该桥竣工能大大地改善当地群众的安全出行环境,有力地促进沿江经济带的发展,受到当地群众的好评。

(省公路管理局)

【省道东华线奉新赤岸严家地桥重建完工】 7月2日,奉新县境内的省道东华线赤岸严家地桥重建工程完工。严家地桥始建于上世纪70年代,为双曲拱桥,位于省道东华线K38+227处,长15.4米,原宽8米,1991年改建后加宽4米,桥宽达12米。因长期受超限超载运输车辆碾压,该桥不堪重负,于2013年5月2日由奉新公路分局拆除并在原地进行重建,采用预制空心板梁,桥面采取10厘米厚防水混凝土现浇层加6厘米厚沥青混凝土铺装。

(省公路管理局)

【省道东华线奉新罗市泽上桥动工重建】 8月9日,随着奉新公路分局对省道东华线罗市泽上桥危桥的拆除,该桥的重建工作正式启动。泽上桥位于省道东华线K67+302处,始建于上世纪70

年代,为双曲拱桥,长31.5米,原宽7.8米,1991年改建后加宽4米,桥宽11.8米。因长期受超限超载瓷土运输车辆碾压,2011年年末该桥拱圈出现开裂,随后被列为危桥。重建桥梁在原址进行,采用预制空心板梁,桥面采取10厘米厚防水混凝土现浇层加6厘米厚沥青混凝土铺装。

(省公路管理局)

【昌万公路余干段朱家桥右幅单边车道完成】 昌万公路余干段朱家桥12月完成右幅单边车道,左幅桥面已经开挖,开始铺装更换伸缩缝。朱家桥位于昌万公路K57+820处,桥虽不长,但位置却处在交通频繁要段。出于安全考虑,昌万公路局对该桥进行维修加固,重新铺筑防水钢筋混凝土为13厘米厚的桥面铺装。

(省公路管理局)

【省道石宁线龙泉大桥加固维修工程完工】 12月末,省道石宁线龙泉大桥桥面加固维修工程竣工。维修工程包括凿除原桥桥面铺装,重新浇筑钢筋混凝土桥面铺装,更换伸缩缝。桥长122.92米,总投资44万元。通过对桥梁维修加固,消除桥梁隐患,确保公路安全畅通。

(省公路管理局)

【丰城新丰桥维修工程全面完工】 丰城公路分局对丰德线新丰桥的桥面维修工程已全面完成。该桥于2013年3月中旬开始封闭施工,丰城公路分局采用桥面铺装、封闭路段施工方式对该桥进行维修,该桥现已正式通车。

(省公路管理局)

【县道王赋线婺源武口大桥维修工程竣工】 县道王赋线武口大桥维修工程完工,总投资600万元,按公路二级荷载标准设计。婺源县境内的武口大桥,始建于2001年,为预应力混凝土简支T梁结构,桥长305.84米。近年来,由于该桥所处区段道路交通量急增,重载车辆多,目前桥主梁存在纵向和横向裂缝,对结构安全构成威胁,直接影响到车辆及行人的安全通行,已定性为危桥。婺源公路分局高度重视,把危桥维修工程作为当前的重要工作任务来抓,于12月竣工。

(省公路管理局)

【吉安县泉溪桥重建工程完工】 该桥位于吉安县大冲乡镇内,属于“十二五”时期危桥项目中项目之一,是乡道下河至冻头桩号为K3+255处的桥梁,在原址拆除老桥重建。新桥上部采用现浇混凝土空心板结构,宽6.5米,总长51.84米;下部桥墩为重力式实体墩;桥台为重力式U形桥台;基础均为扩大基础。该桥于2012年1月中旬开建,2013年12月竣工。

(省公路管理局)

【景德镇市农村渡口改渡建桥项目全面完工】 7月12日,随着浮梁县兴田乡潭下大桥主体工程竣工,标志着景德镇市历时5年的农村渡口改渡建桥项目全面完工。2008年,景德镇市政府提出到2010年年末,完成新建桥梁30座,撤销农村渡口36个。建桥项目总长4965.1延米,总投资15969.13万元。其中,大桥(跨度为100米及以上)19座、中桥(跨度为30米~99米)9座、人行桥2座。

在景德镇市委、市政府的高位推动下,有农村渡口改渡建桥项目的县(市、区)政府建立“县(市、区)长负总责、一桥一领导、一桥一技术人员”的机制,积极筹措建设资金,将农村渡口改渡建桥纳入政府考评体系,合力推进。主管部门加强施工监管,严把质量关,切实把渡改桥工程建设成为“放心工程”“满意工程”。质量监督部门切实加大对农村渡口改渡建桥项目的监管力度,加强对隐蔽工程的质量检测,有效地保证工程质量,确保建设项目全部顺利竣工。

(涂　强)

【景德镇市官庄大桥建成通车】 5月22日,景德镇市官庄大桥建成通车。官庄大桥为预应力混凝土30米与50米T梁组合桥型,水泥混凝土路面,桥址位于白鹭大桥与吕蒙大桥之间,桥长378米,双向两车道,桥面净宽15米,另有北引道长271米、南引道长19米,按二级公路标准设计并兼顾城市道路功能,计算行车速度为60千米/小时,设计洪水频率为1/100、通航等级为V-(3),投资概算2915万元,其中省、市财政共补贴735.6万元,其余由市焦化集团公司筹集。该桥于2009年12月15日开工建设。官庄大桥的建成通车,在完善城市道路网络布局,拓展城市发展空间等方面发挥积极作用。

（涂　强）

【浮梁县对4座危桥进行改造】　2013年12月，浮梁县交通运输局对通往安徽的西湖大桥，境内的湘湖北安大桥、王港大桥、庄湾大桥共4座危桥进行改造，实施危桥维修加固提载工程。为确保危桥改造项目顺利实施，该局共筹集380万元建设资金，并且从工程项目设计、监理到施工，实行专人负责。4座危桥维修加固提载工程将极大地方便项目周边村组逾万村民的生产生活和出行安全，成为服务群众的“民心桥”。

（涂　强）

【景德镇市昌江区重点工程新桥建设项目完工】　9月30日，由景德镇市昌江区交通运输局负责实施的昌江区2013年重点项目是2012年水毁桥梁重建项目，桥梁全长49米，桥面净宽8米（其中7米行车道、2乘0.5米防撞墙），按4孔10米钢筋混凝土板式桥梁设计，项目预算总投资150万元。

（洪　涛）

【萍乡市加强农村公路危桥改造加固工作成效好】　2013年，萍乡市采取有力举措，加强农村公路危桥改造加固工作，成效显著，全年全市共完成危桥改造27座：①莲花县完成危桥改造14座。为改善农村群众出行条件，解决农村交通安全问题，莲花县交通运输局积极组织实施农村危桥改造工程，与乡村联动，多方筹资，齐心协力，对斜田桥、张家里桥、龙山口桥引桥等14座桥梁实施新建或改造，使农村群众的通行安全得到有效保障。②湘东区完成危桥改造10座。为从根本上解决水上运输安全隐患，湘东区交通运输局加大危桥改造项目建设力度，全年共改造或加固危桥10座，完成投资97万元。③上栗县交通运输局完成3座危桥改造任务。

（萍乡市交通运输局）

【修水县新建农村公路桥梁10座】　2013年，修水县大力加强农村公路桥梁建设，取得好成绩，新建独立桥10座。修水县委、县政府十分重视农村公路桥梁建设，自筹资金1641万元。县交通运输局坚决贯彻落实县委、县政府指示精神，多方努力，取得省交通厅、九江市交通运输局的关怀支持，筹措到中央投资547万元，为落实建桥资金奠定了坚实基础。该局认真做好农村公路桥梁建设的管理工作，首先成立专职管理部门，领导亲自抓。其次进行明确分工，责任到人。第三，抓好工程建设质量管理工作，加强监督检查，确保施工质量。10座桥梁总长684延米。

（九江市交通运输局）

【新余市渝水区进一步加强农村独立桥建设】　2013年，新余市渝水区进一步加强农村独立桥建设，新开工项目4个，分别是：①渝水区南英绵山桥。该工程位于县道水芳线南绵山村委，跨农田灌溉水渠，全长32米，宽8.5米，总投资85万元，项目于2013年12月初开工，工期8个月。②渝水区大桥村丰江桥。该工程位于下村镇大桥村丰江至谢家村道上，跨小江，全长45米，宽6米，总投资50万元，项目于2013年12月下旬开工，工期8个月。③渝水区燕山后港桥。该工程位于罗坊镇燕山村委，横跨小溪，全长34米，宽5.5米，总投资38万元，项目于2013年9月开工，工期6个月。④渝水区伍塘洋头桥。该工程位于水北镇伍塘村委，横跨蒙河，全长25米，宽7米，总投资45万元，项目于2013年11月开工，工期7个月。

（廖振峰）

【鹰潭市信江浮桥正式开放通行】　11月8日上午，鹰潭市市民企盼已久的信江浮桥终于正式开放通行。全市重点工程项目之一，于2013年6月1日正式开工建设，历时138天完成浮桥主体工程施工任务，并进行了检验调试，通过了交工验收。该项目南起滨江公园老码头，北至信江新区市民广场，总长431米，桥面宽6米，工程总投资2300万元。整座浮桥的桥板由54艘浮船和4艘趸船支撑，配顶推轮一艘，浮桥中部拱桥下设置宽9米、高3.36米通航孔，可供高度不超过3.3米的船舶正常通航。

（周洁华）

【石城县小松镇王泥塘桥竣工通车】　石城县小松镇罗溪村王泥塘桥于2012年12月开工建设，经过6个月的紧张施工，于2013年6月2日全面竣工,7月8日正式通车。该桥是跨越罗溪河连通石城县小松镇罗溪村和宁都县田埠乡文明村的一座新建桥梁,属2012年独立桥梁项目,桥长50米,桥宽6.5米,总投资86万元。该桥的建成,大大地方便了两地群众的耕作、出行和交流。对发展边贸、促进县域经济都有较大的意义。

(李发淳)

【兴国县茶园一桥建设工程基本竣工】 兴国茶园一桥属茶园扶贫开发交通项目之一,位于茶园乡茶园村富足大道,桥梁全长49.64米,三级公路标准,设计荷载:公路Ⅱ级,桥面宽7.5米+2×0.5米;上部结构采用2×20米预应力空心板;下部结构采用:U形台,扩大基础,柱式墩。经过紧张施工,至12月末,该桥已基本完工。

(李发淳)

【南城县三座农村公路桥梁竣工】 2013年,南城县进一步加强农村公路桥梁建设,取得好成绩,3座桥梁竣工。①南城周家堡大桥竣工通车。该桥位于天井源乡周家堡渡口,桥梁长698米、桥宽12米,引道长1.935千米,路基宽16米,行车道宽14米,项目总投资6000万元。②2013年1月,南城县河东工业大道的福银高速跨线桥正式投入运营。该桥全长161米,桥宽15米,项目总投资1500万元。③鄱阳桥重建工程竣工。该桥坐落于鄱阳至西坑乡道上,改建后的鄱阳桥长42米、宽7米,于2013年9月开工,12月31日竣工,总投资100万元。

(南城县交通运输局)

【宜黄加快农村公路桥梁建设】 2013年,宜黄县新建农村公路桥梁2座:①花家桥位于中港镇龙岗村,全长85.98米,桥净宽6.0米+2×0.5米。造价224.41万元,其中建安费186.78万元。2013年10月动工。②新斜桥桥长74.58米,桥宽7米,净宽6米,工程总预算219.5万元,其中建安费166.6万元。2013年11月动工。同时,该县还维修加固危桥4座:①梨溪中桥,位于县道龙三线九车村梨水河上,全长62.5米,净宽4.7米,维修投资69万元,2013年6月开工,10月完工。②周家中桥,位于棠阴镇大岚村,全长43.5米,净宽3米+2×0.5米(安全带),工程投资55万元,2013年11月开工。③白槎大桥,全长123.8米,净宽4米+2×0.25米(安全带),维修投资123.7万元。④九车桥,全长70米,总投资800万元,其中中央资金40万元,2013年年末完工。

(宜黄县交通运输局)

【抚州市临川区二座大桥竣工通车】 2013年,抚州市临川区大力加快农村公路桥梁建设,取得2座大桥竣工的好成绩:①2月20日,罗针镇许渡大桥建成通车。该工程共投资2229万元。②临川区新上顿渡大桥竣工通车。原桥长245米(含引桥),桥面宽7米。新桥建设总投资2600万元,长度仍为245米,桥宽改为24.5米,为双向四车道。

(陈根玲)

【黎川新建农村独立桥梁两座】 2013年,黎川县着重抓好农村公路桥梁建设,取得较好成效,新建桥梁2座:①宏村镇紫府桥,桥长76延米,总投资200万元,桥面宽6.5米;②西城乡薛家堡桥,桥长45延米,总投资106万元,桥面宽7米。

(黎川县交通运输局)

【崇仁县加强农村公路桥梁建设】 2013年,崇仁县在积极取得上级领导部门的支持关怀下,进一步加快了农村公路桥梁建设的步伐,受到广大农民群众的欢迎。①贯下大桥竣工通车。大桥长126.08米,桥头引道长273.92米。桥面净宽为6米+2×0.25米(安全带),主桥造价306.307万元,工程于2012年12月30日开工,于2013年12月30日竣工。②桥头大桥动工兴建。该大桥全长451.495米,其中主桥长127.08米,引道长324.415米。主桥造价371.617万元。工程于2012年9月10日开工,截至2013年12月30日,主梁架设就位,已完成总工程量的80%。

(崇仁县交通运输局)

【吉安市新井冈山桥开工建设】 9月26日,吉安市中心城区第四座跨赣江大桥——新井冈山大桥开工建设。新井冈山大桥位于中心城区石溪头码头下游800米处,距离井冈山大桥4.6千米,路线起于朱北线,终于105国道,全长3.56千米,其中桥长1.22千米。该项目概算投资12.78亿元,工期28个月。该桥按城-A级城市桥梁标准设计,双向六车道，沥青混凝土路面，设计速度每小时60千米，宽度为38米，主桥为独塔双索面叠合梁斜拉桥，主塔为“人”字钻石形，按三级内河通航标准设计，洪水频率为300年一遇。

（吉安市交通运输局）

【吉安市农村公路危桥改造加速】　吉安市交通运输局紧紧抓住国家支持原中央苏区和罗霄山脉集中连片特困地区扶贫开发的有利政策，加紧实施农村危桥改造工程，全年共新建独立桥梁23座1071延米，完成投资2639万元；改（重）建潼桥等7座桥梁442延米，完成投资1101万元。

（吉安市交通运输局）

【吉水县黄铜坑茅以升公益桥正式通车】　8月22日，黄铜坑茅以升公益桥正式竣工通车。该桥横跨院背江，桥长32米，分为二跨，每跨长度16米，桥宽4.5米。桥梁实际投资59万元，北京茅以升科学教育基金会捐资20万元。该桥为全省第一座、全国第二座茅以升公益桥，也是全国第一座茅以升公益桥中的车行桥。

（吉安市交通运输局）

【吉安县指阳大桥维修加固启动】　为确保安全通行，吉安县人民政府决定对指阳大桥进行加固维修。由于超限超载货车较多，上下游无序采砂等原因，导致该桥部分基础严重掏空，桩基混凝土严重剥落，钢筋外露，伸缩缝破损，急需维修。该工程主要采用植筋外包混凝土，对桥墩和桥梁采取粘贴碳纤维布方法进行加固，总投资50万元，11月下旬完工。

（吉安市交通运输局）

【宜春市23座农村公路新建独立桥开工建设】
2013年，宜春市有23座桥获省交通运输厅批复并开工建设，比上年新增17座，增长3.8倍。23座新建独立桥全长1928延米，其中：大桥1087延米/6座，中桥841延米/17座。工程总投资7562万元，其中中央投资1542.4万元，工程于2003年开工，预计2014年年末竣工。23座新建独立桥的建设，可以解决21个乡镇50余万人的出行问题，有利于当地群众的生产和生活，促进并带动当地的经济发展，意义重大。主要措施：一是加强领导，组织到位。以乡镇为建设单位，乡镇成立领导小组，主要领导担任组长，抽调专人集中办公，具体负责新桥建设日常工作。二是做好建设项目的前期准备工作。宜春市交通运输局督促建设单位提前做好新桥施工图审查批复，及早筹措启动资金和提前做好项目招投标工作，为项目早日开工创造条件。三是突出抓好建设过程中的质量管理。加大检查频率，组织人员多次深入建桥施工现场进行检查，重点检查进场材料、墩台基础、桩身、盖梁和主梁施工等重要关口，对存在和发现的问题当场整改。四是加强对施工进度的督察和指导服务，加大督查力度，深入现场进行指导和服务，每15天和每月报项目进度，效果很好。

（余南猛）

【宜春市袁州区加强公路桥梁建设】　2013年，宜春市袁州区交通运输局积极取得上级领导部门的支持，多方筹措建设资金，进一步加强公路桥梁建设和改造工作，取得较好成效，新建桥梁4座，改建桥梁1座。①南庙镇荷塘桥，长52米，宽6.5米，工程投资100万元，其中中央投资41.6万元；②天台镇南安桥，长70米，宽7米，工程投资150万元，其中中央投资56万元；③下浦桥，长67米，宽50米，双向4车道，总投资1200万元；④金桥，长67米，宽50米，双向4车道，总投资1200万元；⑤西村镇谗塘桥危桥改造，桥长92米，宽8米，工程总投资217万元，该桥于2012年10月开工，2013年5月竣工。

（李　庆　刘良生）

【丰城市积极抓好公路桥梁建设工作】　2013年，丰城市交通运输局加强交通建设规划工作，按照市委、市政府的部署，积极取得上级领导部门的支持，抓好特大桥建设的同时，带动农村公路桥梁建设，成效较好。①锦江公路特大桥建设竣工。锦江公路特大桥位于同田乡，跨越赣江支流锦江河。桥梁全长1208米，宽24.5米。工程总投资1.26亿元，该桥12月24日顺利通过交工验收。②陂上公路桥改造工程竣工通车。该桥属公路危桥改建工程，1月开工以来，进展顺利。桥长82.08米，桥面宽7米，工程总预算为146.7万元。③孙渡三溪公路大桥改造竣工通车。该桥位于孙渡曾家至桥头集镇公路，桥长145.1米，设计速度为

20千米/小时。总投资354.7万元。该桥于1月开工建设,12月建成通车。

(管华云　杨建荣　熊雪芽)

【靖安县加快危桥改造步伐】　靖安县交通运输局紧紧围绕县委、县政府的决策部署,把农村公路危桥改造建设任务纳入民生工程,精心谋划,扎实推进,确定分批实施危桥改造计划。一是加强桥梁安全巡查,建立公路桥涵档案,做到一桥一档,分轻重缓急对危桥进行逐步改造。二是积极筹措资金。采取"向上级争项目,向财政争资金,群众一事一议筹资"的办法,有效推进农村公路危桥加固改造工程,截至年末,完成改造危桥3座,总长290.16米。三是对危桥实行交通管制,严禁超载超限车辆通行,确保人民群众出行安全。

(刘　斌)

【高安市全力推动农村公路危桥改造工作】　高安市交通运输局把危桥改造工程当做民心工程来抓,狠抓工程质量,努力打造成群众满意的"连心桥"。全年累计投资477.8万元,完成危桥改造工程项目4个,共322.08延米。①科学规划,做好前期工作。按照危桥"病情"和"先急后缓"的原则,编制全市危桥改造工程规划和实施方案,力求改造方案科学合理,既要降低危桥改造成本,又要适应经济社会发展需要。②多方筹资,提供资金保障。市政府按照"统筹分级负责、合理负担"的原则,对拆除重建类项目和加固改造项目按核定概算50%的标准由市财政进行补助。定额补助以外的资金由各镇(街办)自筹解决。③强化管理,确保工程质量。全面推行项目法人责任制、招标投标制、建设监理制、合同管理制。通过公开招标,择优选择施工企业,实现工程规范化管理。大力推行工程建设监理,邀请纪检监察、计划、财政部门派员监督,有效地保证工程质量。市交通部门及时给予支持,提供施工图设计、参与施工等各个环节的技术指导,严把技术关。

(周世祥)

【上高县积极抓好农村公路危桥改造工作】　2013年,上高县积极抓好农村公路危桥改造工作,竣工1座,在建2座,具体项目是:①7月,上八线(上高至宜春八角亭)该县境内董丰桥危桥改造竣工通车。该桥位于该县锦江镇董丰村境内,全长26.04米,桥宽7.5米,工程投资80万元。②泗溪镇叶家桥主体工程改造完成。该桥位于泗溪镇叶家村,始建于上世纪80年代,由于桥面下沉而无法通行,对当地人民的生产、生活带来严重影响。该桥于2012年6月动工改造,2013年12月完成主体工程。改建后,桥长86.06米,宽6米,工程总投资95.7万元。③泗溪镇罗家桥改造工程进展顺利。该桥为一座石拱桥,由于建成年代已久,拱圈出现较多的裂缝,安全隐患较大,急需改造。该桥于2012年12月10日开工,工程进展顺利。该桥全长85.08米,宽6米,总投资176万元。

(朱铁廷　冷光明)

【铜鼓县加大农村公路危桥改造力度】　铜鼓县交通运输局围绕县政府的部署,加大危桥改造力度,把危桥改造纳入民生工程,精心谋划,扎实推进。一是科学安排,全力推进。经摸查,全县共有危桥14座,确定分批改造,2013年改造4座,全长282.6延米,工程总投资472万元。二是多方筹措,着力解决建桥资金。各乡镇采取向上争取地方财政补助、动员在外经商老板捐助等办法,共筹资金280余万元。三是加强质量监管。四是对尚未开工的危桥采取加大巡查,交通管制等方式,严禁超载超限车辆通行,确保人民群众出行安全。

(黄祖芳)

【上饶市新建独立桥工作进展顺利】　2011—2013年,上饶市共完成新建独立项目723.78延米/13座,其中2011年新建独立桥项目完成213.66延米/3座,2012年全市新建独立桥项目完成317.12延米/6座,2013年全市新建独立桥项目完成193.0延米/4座。

(韩晓艺)

【上饶大桥竣工通车】　6月28日,上饶大桥竣工通车。该桥坐落于上饶大道的城市交通主干道,是从国家级风景名胜区灵山通往三清山机场主干道上的横跨信江的大桥,也是连接中心城区与三江片区的交通枢纽。上饶大桥全长798米,宽55米,主桥长578米(其中主跨长268米,引桥长310米),引道长220米,双向八车道,中间设有绿化隔离带，设计行车时速 50 千米，项目总投资 4.43 亿元。该桥造型独特，主桥系自描式悬索桥，整体式钢箱梁，单柱直塔，“风帆”采用钢结构，配以纤弯的缆索，如迎风的船帆，强烈地折射出现代桥梁的力学美感，是一座景观桥。上饶大桥于 2011 年 5 月动工新建。

（陈均培）

【弋阳信江大桥恢复通车】 1 月 14 日，弋阳县信江大桥改扩建工程竣工通车。弋阳县信江大桥是连接该县县城城南城北的主要交通干道，是一座始建于上世纪 60 年代初期的石拱桥，桥面较窄，满足不了市民的出行需求。经相关部门检测，发现该桥存在较大安全隐患，为确保过往车辆和市民出行安全，弋阳县投资 1880 万元，自 2012 年 7 月中旬开始，对信江大桥进行加固、拓宽、提载、增拱改造，使之成为城市 A 级桥梁。

（陈均培）

【余干马背嘴大桥扩建工程开工】 5 月 22 日，余干县马背嘴大桥扩建工程开工。该桥位于城市老城区，是省道 S208 线进入县城的必经之桥。扩建工程全长 1.71 千米，大桥主体长 399 米，桥面宽 12 米，新建左半幅桥梁与老桥平行布置，桥面总宽 24.55 米，引道长 1.314 千米。项目总投资 1.53 亿元。扩建工程工期长 12 个月。

（陈均培）

【上饶市东岳大桥加固拓宽改造工程竣工通车】 6 月 28 日，上饶市乐岳大桥（原称长扩大桥）加固、拓宽、亮化改造工程竣工通车。该桥是上饶市环城东南线及通往广丰县城的主要交通枢纽桥。原桥于 1992 年 2 月建成通车，桥梁全长 236.78 米，桥面总宽 9 米 +2×1.75 米，净高 12.9 米。改造设计标准为公路Ⅰ级，桥面由原来的总宽 12.5 米拓宽为 14.5 米，行车道不变，人行道由原来的 1.75 米拓宽为 2.75 米，工程总投资 900 万元。

（陈均培）

【上饶市危桥改造及安保工程稳步推进】 2013 年，上饶市共完成危桥改造项目 376.88 延米/3 座，其中 2009 年危桥改造项目 233.08 延米/2 座，2011 年危桥改造项目 143.80 延米/1 座。共完成安保工程 41.781 千米，其中 2012 年安保工程项目 5.09 千米，2013 年安保项目 36.691 千米。该市交通运输局十分重视危桥改造及安保工程，每年对有关交通运输安全设施均安排技术人员进行调查研究，划拨专门经费，落实施工计划，进行阶段性监督检查，确保完成年度施工任务，维护公路运输安全。如婺源县交通运输局还对全县 1108 座桥梁全部登记入册，制作图文档案，实行科学管理。

（韩晓艺）

【玉山县对东津古桥实施维修加固】 玉山县东津桥位于县城城东，是一座实腹式石拱桥，始建于公元 1433 年，迄今已有 436 年历史，由于年久失修，桥体局部出现裂缝，桥面破损严重，给当地村民出行带来诸多不便。11 月中旬，该县正式对其维修加固。维修加固的项目有：对主拱圈底缘砌缝、裂缝用聚合物水泥砂浆进行封闭，挖除拱腔填料，对主拱圈条石间砌缝不密实处及主拱圈裂缝压注聚合物水泥砂浆进行修补；在墩身处布置钻孔，压力灌注水泥浆加固桥梁墩台基础；对侧墙裂缝局部凿除，并采用灌浆法进行修补；对出现水平推移的部分侧墙拆除后重新砌筑；拆除原人行道系、栏杆系、桥面铺装，重建桥面铺装及安全带、栏杆系。

（陈均培　韩晓艺）

【婺源县为桥梁上“户口”】 10 月，婺源县交通部门经过 3 年时间精心整理的《婺源交通桥》大型画册编著完成，标志着该县 1108 座桥梁全部拥有了自己的图文档案。婺源山水相依，桥梁众多，现有古桥 321 座、现代桥梁 787 座。该县通过逐一测量、核查、摄影、记录和建档。《婺源交通桥》大型画册分建桥撤渡、城市交通桥、公路桥梁、景区桥梁、乡村桥梁、古桥梁和正在建设桥梁 7 个篇章进行分类记录，在为该县发展交通提供参考依据的同时，也为见证该县经济社会发展留存了鲜活的史料。

（吕富来）

公路养护

【概况】 2013 年,全省公路管理部门认真贯彻落实全省交通工作会议精神,进一步加强了公路养护管理工作,取得了良好成效。

一、高速公路养护工作。2013 年,省高速集团采取有力措施,做到内强素质,外树形象,全力推进养护工作规范化管理,保持所辖高速公路良好路容路貌和路况水平,全年集团投入养护资金 5.3 亿元,高速公路优良率达 98%以上,无三类以下桥梁,无 B 类以下隧道,全面实现高速公路"畅、安、舒、美"养护管理目标。①进一步完善管理体系建设,全面加强养护规范化管理。集团本部在 2013 年 6 月前成功申办了集团养护施工资质,确保了 6 个路段管理中心养护自行实施的合法地位,实现全集团养护从业资质在类别与等级的全覆盖。同时,修订完善各项养护管理制度,做到职责明确,考核到位。②统筹安排大中修工程,分批、分步实施。③加大桥隧整治力度,全面消除安全隐患。严格按规范要求开展对桥隧的定期检查,记录进档,发现问题,及时处理。④加强养护科技创新,全面推进养护科学决策。建立和利用公路养护技术研究中心,积极开展养护技术研究,加快养护新技术的引进、推广和转化。

二、国省道干线公路养护。2013 年,省公路管理局按照《江西省"十二五"公路养护管理发展纲要》的要求,牢固树立"公路建设是发展,养护管理也是发展,而且是可持续发展"的理念,全面加强养护管理工作,克服点多、线长、面广等困难,养护管理工作取得一定成绩,全年全省国省道干线养护大中修工程完成 1646 千米,完成投资 9.46 亿元,确保全省国道干线的畅通。①全力做好交通运输部对国家干线公路网络路况抽查和桥梁抽查的准备工作,顺利通过了交通运输部对 105 国道、316 国道和 320 国道的巡检,检测公路共 1019.5 千米,还完成了对桥梁的检测。②认真抓好全年干线公路的养护大中修工程,共完成 1646.5 千米。③继续抓好路网结构改造工作。至 2013 年年末,完成危桥改造 58 座/7352 延米,完成投资 3.53 亿元;完成安保工程 2874 千米,完成投资 2.4 亿元。④做好汛期公路养护及抗洪保通工作。2013 年全省遭受多轮强降雨袭击,导致公路交通设施出现严重损毁现象,各设区市公路管理部门切实采取有效措施,全年完成灾害防治工程 181.7 千米,完成投资 0.4 亿元。⑤开展养护大中修工程的督查工作,对养护工程做得好的单位进行表彰奖励,对工作落后单位,进行通报公布。⑥积极推行干线公路养护、应急、服务三位一体化综合养护中心建设,先行建设的 20 个市级综合养护中心,已完成 17 个。⑦完善公路养护管理制度。2013 年,省公路管理局编制下发《江西省普通国有干线公路养护工程项目督查管理办法》和《江西省国省干线公路路面技术状况检测评定管理办法》。

三、县乡公路养护。2010 年以来,在各县(市、区)政府直接领导下,县乡公路管理养护工作,不断完善,不断创新,取得很大成绩,做到了分级负责,县道县管,乡道乡管,村道村管,有路必有人管,有路必有人养。各县均制定《农村公路管理养护实施办法》,并认真贯彻落实。同时,各县交通管理部门加强了检查评比工作,严格执行"奖优罚劣"制度,促进了各级管理部门做好农村公路管养工作的积极性,农村公路完好率不断提升。近年来,在农村公路养护模式上,不断创新,在以专业养护为主的基础上,有的乡镇搞承包责任制,有的建立义务组。萍乡市芦溪县制定了《发挥党员先锋模范作用,创新公路养护模式实施方案》,成立了组织领导机构,制定了考核、评比和奖励机制,在全县全面推广 4 种养护模式:党员义务养护、青年志愿养护、户户参与养护、企业认养养护。全县组建了党员、青年、农户、企业志愿者队伍共 184 支,有 1693 名志愿者注册登记,开展志愿活动 131 次,参加义工人次 2003 人次,清扫农村公路 517.5 千米,绿化公路 207.1 千米。

该模式在江西交通网刊登后，受到广泛好评。农村公路管养模式创新活动的开展，对推动全省农村公路养护工作有重要作用，发展前景美好。

（省高速集团公司　省公路管理局）

养护工程

【县道汪黄线德兴境内大中修工程全面完工】 1月28日，县道汪黄线（X738）德兴境内港西段至黄柏段3千米路面养护大中修工程顺利完工。该项目为三级公路建设标准，7米宽路面，20厘米的水稳基层和5厘米的沥青面层。2013年1月1日管制交通开工，进场之初，便出现了雪霜、阴雨等恶劣天气，德兴公路分局技术人员针对实际情况，制定行之有效、切合实际的实施方案，抢抓晴天，利用雨天，合理利用有效工期和施工场所，实行平行作业、24小时不间断作业等方式，通过广大施工人员近一个月连日奋战，确保了工程圆满按期完成。

（省公路管理局）

【鄱阳县境内两县道大中修养护工程完工】 鄱阳境内铁江线（X709）铁路前至江埠（桩号K0+000～K6+400段），江石线（X703）江家桥至石门街（桩号K0+000～K3+000段）公路大中修工程于2012年11月开工建设，历时4个月，3月末，全部完工通车。铁江线、江石线是通往枫林、源山冲等水库重要干线，由于使用年限的增长以及交通量的逐年递增，重型车辆不断增加等因素，导致该路段通行困难，不能满足汛期交通需要。鄱阳公路分局投资696.27万元进行维修养护。

（省公路管理局）

【安福武功山旅游公路安保工程全面竣工】 6月30日，安福武功山旅游公路安保工程顺利竣工。该工程采用钛克网技术，改造后的边坡显得更加宽畅、平整、干净，使游客乘车进、出景区更加安全、便捷、舒适。该路起点为嵘源温泉景区，终点为箕峰景区，全长6.5千米，竣工正式运营后，将有效改善安福旅游业发展并带动当地经济快速推进。

（省公路管理局）

【新余市7个安保工程项目竣工】 12月31日，新余市马河线、章洋线、哲划线和邓罗线7个安保工程竣工。该项目获交通运输部批准，被列入2013年交通运输部公路建设（农村公路路网结构改造工程—安保工程项目）计划，建设总里程为54.79千米，总投资342万元（其中：中央投资188万元，地方自筹154万元）。

（省公路管理局）

【萍乡市安源区多措并举推进农村公路养护工作】 萍乡市安源区交通运输局切实做好农村公路养护工作，完善举措，全方位推进。一是健全组织机构，明确养护职责。该区从上到下成立了农村公路养护工作领导小组，并制定养护制度，明确了管理目标，将目标任务落实到线路，具体到责任养护人员。二是加大宣传力度，优化养护环境。三是创建示范典型，规范养护管理。创建典型镇、街和示范路段，以点带面，推进工作的开展。四是拓宽资金渠道，保障养护经费。该区将公路养护经费纳入年度财政预算，同时积极拓宽农村公路管理养护工作融资渠道，积极争取上级资金，鼓励、吸引企业、个人等社会力量出资或捐资用于农村公路管理和养护。五是加强路政管理，提升养护水平。以创建标准化路政大队为目标，充分发挥路政管理为公路养护工作保驾护航的职能作用。六是强化考核责任，确保养护质量。实行定期考核和不定期抽检制，该区交通运输局根据对各镇、街养护情况的检查，实行奖惩制度。一年来，该区农村公路管护水平明显提高，农村公路管理养护走上了正常化和规范化道路。

（萍乡市交通运输局）

【萍乡市湘东区交通运输局公路养管力度不断加大】 2013年，萍乡市湘东区交通运输局深入开展“农村公路管理养护年”活动，坚持日常养护与集中养护相结合，不断夯实基础，突出养护重点，投资200万元完成横塘至排上街口路段修复；投资600万元对横美公路进行改造；投资110万元修复樟里村仓冲口组及新村公路7700平方米；投资200万元修复小桥至仙峰、泉塘至灯芯桥等路面12500平方米；投资97万元改造或加固危桥10座；创建文明路段20.6千米。为每个乡镇配备了专用割草机。坚持“三步同创”创新养护模式：①创新群众义务承包模式，东桥镇五丰、草市等村推行沿线党员义务承包养护模式，东桥镇五丰、草市等村推行沿线党员义务承包养护模式,建立养护基金,区、镇采取以奖代补方式,明确养护里程、养护职责,效果良好;②创新农村清洁工程和养护资源整合模式,重点开展集镇、墟场、县乡道路等地的环境净化,实施常态化保洁;③创新专业养护模式,以服务站建设为契机,充实人员,切实发挥服务站实效。

(萍乡市交通运输局)

【芦溪县实行专业养护与义务养护相结合的新模式】 芦溪县交通运输局积极探索农村公路养护新模式,在4支农村公路专业养护队伍的基础上,把创建义务养护农村公路新模式列入创先争优工作重点之一,在全县印发《发挥党员先锋模范作用,创新公路养护模式实施方案》,成立组织领导机构,制定考核、评比和奖励机制,并全面推广党员义务养护、青年志愿养护、户户参与养护、企业认养养护4种养护模式。全县组建党员、青年、农户和企业志愿者队伍共184支,有1693名志愿者进行注册登记,开展志愿活动131次,参加义工2003人次,清洁农村公路517.5千米,绿化公路207.1千米,清理塌方358.9立方米,维护行道树725棵。该模式在交通部网站、江西交通信息网上被刊登,得到了省、市领导的肯定。

(萍乡市交通运输局)

【上栗县农村公路养护管理效果得到提升】 2013年,该县农村公路养护管理推陈出新。一是完善制度。制定农村公路养护制度,建立养护月考,各乡镇明确乡镇交通办为农村公路管理主体,专门成立10支农村公路管养承包队伍,落实“五定一包三挂钩”的管理办法,即:定路段、定人员、定责任、定奖惩、定费用、包养护质量、养护管理与经费挂钩、与工资待遇挂钩、与评比挂钩。全年共进行月检12次,季度考评3次,平常抽查验收87次。二是注重创新。3条县道进行专人养护承包试点后,逐步探索县道由沿线村民养护承包和专业化养护公司承包养护等多元化养护模式。同时,对乡道养护管理的模式进行相应改革。三是注重实效。在文明样板路的打造上坚持新建一条完善一条的原则。2013年,完成20千米文明样板路创建。全年投资275.59万元用于公路养护,投资101.98万元用于17个水毁项目恢复。2013年,完成农村公路绿化里程130千米。

(萍乡市交通运输局)

【莲花县农村公路管养规范化发展】 莲花县交通运输局加大力度,重点对县乡公路主干道进行养护,着力抓紧雨季汛期水毁公路的预防和维护。根据制定的全年农村公路养护计划,重点对罗市至荷塘、高洲至张佳坊、升坊至砻山口、云溪至江口、竹湖至松山里等公路进行水毁修复和大中修,组织人员加大对公路的巡查力度,及时掌握路况,对检查中发现的问题和存在安全隐患路段,及时采取相应措施,基本做到“有路必养、烂路必修、有草必除、有障必清”,保持全县道路的畅通,确保通行安全。在县道和主要乡道养护上继续实行“四定一包”的养护模式,并着力打造六市至柏市、红豆杉基地等20千米养护管理文明示范样板路。

(萍乡市交通运输局)

【武宁县大力抓好农村公路养护工作,乡村道路好路率达85%以上】 武宁县交通运输局大力抓好农村公路养护工作,取得好成绩,全县乡村道路好路率达85%以上。截至2013年年末,该县农村公路总里程2283.836千米,其中县道16条295.5千米,乡道47条379.2千米,村道851条1609.2千米,比2012年新增107.5千米,养护任务是很繁重的,但该县做到了有路必养,养必到位。武宁县交通运输局采取的主要措施是:一是改革县道考核模式。2013年以来,进一步加大县道日常养护管理考核力度,变“季检”为“月检”,严格按考评结果兑现养护经费,不达标路段不发放养护经费,提升了工人出勤率和养护好路率,县道好路率达90%以上。二是加大村道检查力度。做到“半年一检查,年终一考核”。激发了广大乡村组织部门做好养护工作的积极性,乡村道路常年好路率达85%以上。三是开展桥梁隐患排查。2013年,开展3个月的全县农村公路道路桥梁安全隐患大排查活动,做到了摸清底数,明确重点,防控到位。

(九江市交通运输局)

【湖口县农村公路管养实现“全覆盖”】 截至2013年年末,湖口县共有农村公路1048.948千米,管养任务相当繁重。为了进一步加强全县农村公路管养工作,2013年5月该县交通运输局出台《湖口县农村公路养护与管理办法》,成立“湖口县农村公路养护站”,并在流芳乡隆重召开农村公路管养现场会,率先在全市实行公路“管养”全覆盖。根据新规定,县政府每年按照公路养护里程给予养护补贴,县道3000元/千米/每年,乡道1500元/千米/每年,村道500元/千米/每年。全县聘请了20多位县道养护工作人员,完成了80千米的县道养护任务。乡道与村道管养任务也落实到乡、村行政部门,通过以上措施,全县农村道路好路率大大提高。做到“有路必养、养必优良、有路必管、管必到位”。

(九江市交通运输局)

【九江市交通运输局开展农村公路“文明示范路”创建活动】 2013年,九江市交通运输局在全市开展农村公路“文明示范路段”创建活动。活动要求各县选择提出一条8千米以上县道,从日常养护、完善附属设施、路政执法等方面创建文明示范路,做到以点带面,创建一批文明示范路,推动全市农村公路管养工作新突破。各县对此高度重视,成立相关领导机构,制订详细实施方案,量化工作任务,加强组织管理,取得良好效果。

(九江市交通运输局)

【新余市交通运输局召开2013年县乡道维修和危桥改造项目建设推进会】 11月18日,新余市交通运输局召开2013年县乡道维修和危桥改造项目建设推进会,县(区)交通运输局分管领导、公路站长及相关人员参加会议。会上,各县(区)交通运输局汇报县乡道路维修和危桥改造项目工程进展情况及质量监督情况。会议指出,近年来全市各级交通运输管理部门为农村公路建设做了大量富有成效的工作,也取得很好成绩,2013年是全市启动县乡道维修和危桥改造项目建设的第一年,建设项目多,投资规模大,建设里程长,完成任务压力大,此次会议的目的是通过互相交流,发现问题,解决问题,推动落实,共同抓好县乡道路维修和危桥改造建设工作。同时提出了三点要求:一是加强组织领导,确保建设任务圆满成功。要强化措施,狠抓落实,切实加快工程建设进度,确保全面完成2013年下达的建设任务。二是加强资金使用管理,确保专款专用。市政府每年筹措2000万元,3年筹措6000万元用于农村公路建设,并且每年用107.3万元用于农村公路养护,要严格按照招投标的有关规定,严格基建管理程序,加强资金管理,切实把各项补贴及筹集的资金用在农村公路建设上,严禁挪作他用。三是加强监督检查,确保工程质量。

2013年,新余市为确保完成年度县乡道路维修和危桥改造任务,采取多项措施:年初下达项目建设计划;6月8日,新余市政府召开加快农村公路建设工作会议;9月3日,新余市召开全年农村公路建设调度会;11月18日,又召开县乡道路维修和危桥改造项目推进会。通过这些措施,新余市通自然村公路建设里程达198.9千米,超额完成原省定民生工程,农村公路建设80千米指标。

(何勤学)

【鹰潭农村公路养护管理成效稳步提升】 2013年,鹰潭市交通局在全面总结2012年农村公路管理养护工作的基础上,结合实际,解放思想,研究拟定《鹰潭市农村公路管理养护工作实施意见》及《鹰潭市农村公路危桥改造实施意见》,并上报市政府。各县(市、区)根据市局要求,制定了实施细则,把养护保洁目标细化分解到各乡镇,养护工作正在稳步发展。经检查评定,鹰潭市农村公路中等路以上路面共2735千米,比率达77%;绿化总里程2174.423千米,绿化率为61.5%,均达到预期目标。

(鹰潭市交通运输局)

【龙南县青茶至程龙公路安保工程完工】 10月,总投入100万元的龙南青茶至程龙安保工程完工。该路地处赣南山区,公路急弯、陡坡、临崖等高危路段较多,2010年以来,龙南县对该公路进行过多次整治,公路安全通行状况得到显著改善,但仍有部分路段存在安全隐患。为确保公路运输安全,2013年,龙南县再投入100万元,对该路段实施以安装护栏、标志牌、反光镜为主的安保工程建设,安装里程近15千米。

(李发淳)

【赣州市公路养护示范路现场会在寻乌召开】 4月19日,赣州市公路管理局召集全市18个下属分局负责人及养护技术管理人员近70人在寻乌召开公路养护现场会。与会人员首先徒步观摩了寻乌分局在国道206线创建的养护管理示范路，并对路容良好、设施完善、亮点突出、特色分明的示范路段给予高度的评价和赞扬。与会人员听取了寻乌、龙南、瑞金等分局的经验介绍，市公路局养护科认真总结近年来养护示范路建设经验并对日常养护工作提出意见；会议明确该市2013年要完成1210千米的养护示范路，占市养护里程的46%，要求各市县公路分局在创建中要坚持标准，确保质量，并以此为契机，全力推动养护管理决策科学化，努力构建更畅通、更安全、更高效、更舒适、更优美的公路交通环境，更好地满足经济社会发展和人民群众出行的需求，从而使全市国省干线公路形成具有客家人文特色的养护新亮点。

（李发淳）

【赣州创建养护示范路1210千米】 赣州市公路局牢固树立“建设是发展，养护也是发展”的理念，创新日常养护督查，落实预防性养护措施，规范桥梁安全管理，目标任务全面完成。2013年，顺利完成了G105国道230千米迎部检任务。创建养护示范路1210千米，占计划的100%。完成危桥改造21座。龙南、兴国、宁都的3个市级养护中心主体工程完成投资3000万元，养护中心辐射功能初步显现。应急抢修工作积极主动，共投入水毁抢修资金1260万元，修复24处中断交通路段，在最短时间内恢复车辆通行。年末，国省干线优良率75%，比计划目标提高了2.5个百分点。

（李发淳）

【吉安市开展农村公路养护示范路创建活动】 2013年，吉安市交通运输局在全市范围内开展养护示范路创建活动，共安排200万元养护资金对全市96千米县道作为养护示范路进行资金支持。通过示范带动，遂川、泰和等县的农村公路养护水平显著提高，全市县道经常性养护率达到100%，乡道经常性养护率达到65%以上，村道经常性养护率达到45%以上。

（吉安市交通运输局）

【吉安市青原区公路所积极抓好农村公路安保工程】 吉安市青原区公路所积极做好农村公路安保工程，截至年末，共设置公路桥梁标识牌16块，安装236.8米桥梁护栏、水泥柱9根，桥梁护栏钢管刷漆长度330米，粉刷美化候车亭76平方米。

（吉安市交通运输局）

【宜春市进一步加强农村公路养护管理】 宜春市农村公路养护管理实行“统一领导、分级负责、以县为主、乡村配合”管养体制。坚持“建养并重、协调发展、因地制宜、确保长效”的原则，做到全面养护、有路（桥）必养。建立层层目标考核机制，加大工作、管理和经费投入力度，采取新举措、新办法，全面加强养护管理，全年好路率达63.7%，同比上升1.1%，力推农村经济社会发展，一是制定养护管理办法。市、县（市、区）先后制定《农村公路养护管理考核办法》《农村公路综合服务站日常巡查制度》等，使公路管养走上制度化、正常化、规范化和法制化。二是改革公路养护体制。认真落实县政府为农村农村公路管理养护责任主体。实行县路县管养、乡（镇）公路乡（镇）管养，村公路村管养的公路管养体制。变交通部门行为政府行为，形成一级抓一级，层层抓落实工作机制。三是落实养护资金。县道按照每千米3000元，乡道1500元，村道500元的补助标准落实养护资金。与养护公司或个人签订养护合同。四是启动农村公路大中修工程。高安、上高、万载、奉新、丰城等县（市、区），投入大量资金，进行公路大中修工程。使公路技术等级标准和公路状况明显提升，进一步改善公路交通运输条件。

（晏　勇　余贵红）

【宜春市袁州区切实抓好农村公路养护优化行车环境】 为进一步改善全区农村公路路况和路貌，切实提高好路率是全年公路养护工作的目标，2013年年初，袁州区交通运输局下发《关于搞好公路养护安全畅通的通知》，就全年公路养护工作提出要求。一是全面清理路基边沟、疏通涵洞，确保排水畅通；二是消除路基塌方，恢复路基原有宽度；三是加固处理好水泥、油路破损严重路段；四是修补砂石路面大坑大槽，保持路面平整坚实；五是对公路“红线”内违章建筑要求停建并限期拆除，清除公路上的杂物和路障，维护和完善公路沿线安全设施、警示标志；六是排查危桥，采取应急安全措施，落实专人监管，确保公路养护到位。

（李　庆　刘良生）

【丰城市政府拨款840万元用于农村公路养护】 2013年，丰城市政府十分重视农村公路养护工作，从财力上给予支持。一是市财政拨款240万元用于购置养护运输车辆18辆，购置搅拌机、割草机、开槽机9种设备54台，不仅提升农村公路养护效率，也减轻养路工劳动强度，深受广大养路工好评。二是市财政拨款600万元，用于农村公路养路工工资、养护材料补贴。三是印发通知，明确要求各乡镇、街道加强农村公路管养工作领导，按照公路里程配备养路工。通过积极努力，全市农村公路质量有一个大提升，农村交通条件有明显改善，助推农村经济大繁荣。

（熊雪芽）

【高安市实现农村公路养护管理全覆盖】 高安市交通运输局对农村公路养护工作实施“切诊把脉”的办法，改变旧有养护模式，有效解决路况不清，养护不到位现象的发生，提高农村公路养护水平，全市好路率达82%，确保道路畅通，方便百姓出行。①加强保障。按照一乡（镇）一养路队的原则，成立养护机构，落实养护工作人员职责，落实农村公路日常养护资金。②明确责任。按县道每人2～4千米、乡道每人3～5千米的标准落实养护责任路段并签订养护管理聘用合同。③加强巡查。对出现问题的路段，及时修复。④强化考核。市交通运输局对县道每月考核一次、乡道每季度考核一次、村道每半年考核一次。各级养护资金的拨付数额与考核结果直接挂钩。

（周世祥）

【宜丰县积极推进农村公路管理养护年活动】 2013年，宜丰县交通运输局继续在全县范围内开展农村公路管理养护年活动，截至12月，县乡级公路好路率达到72%；村道好路率达到45%；乡村公路绿化70.4千米，已取得阶段性成果。为切实把管养年活动引向深入，本着“乡镇为主、行业指导、分级负责、全面养护、提高质量”的原则，通过强化乡镇的主体责任，完善机制，落实制度，将农村公路养护管理工作形成目标化、规范化、标准化、制度化。交通部门制定管养年活动目标和标准，加强技术指导，使全县乡村公路养护质量不断提高，确保管养年活动扎实、稳步进行。

（漆志勇）

【宜春市袁州区认真抓好农村公路安保工程建设工作】 2013年，宜春市袁州区认真抓好农村公路安保工程建设工作，效果较好。①马步至槐溪公路袁州段公路安保工程项目全面完成。该路段处于山岭区，路线弯曲陡峭，存在明显的安全隐患，项目建设的内容包括警示牌、水泥护栏、减速带和反光镜等。处置隐患里程13.976千米，工程投资112万元，到年末已全面完工。②袁州区八角亭至杨桥公路安保工程项目启动。项目建设的内容包括警示牌、波形护栏、减速带和反光镜等。处置隐患里程18.35千米，工程投资110万元。

（李　庆　刘良生）

【抚州市临川区重视农村公路建养管协调发展】 2013年，抚州市临川区交通运输局完成通自然村水泥路建设120千米，完成区道升级改造32千米，完成危桥改建5座计721.55延米及独立桥1座计86延米，均超额完成上级下达的指标任务。至年末，该局共管养农村公路里程1116千米，其中县道258千米13条，乡村道831千米95条。农村公路综合服务站建设也在加紧进行。为确保建一条成一条见效一条目标实现，首先在建设质量上严把“四关”，即施工队伍准入关，材料进场质量关，施工现场管理关，工作检查验收关。工程不达质量要求的不得验收。其次是加强农村公路养护，按照“有路必养，养必有效，有路必管，管必到位”的要求，明确责任，层层落实。再次是加强路政管理，加大公路巡查力度，纠正违规行为，保障公路畅通。“建、管、养”并重方针得到较好落实，全区公路好路率保持在56%以上，方便了农民生产生活。

（临川区交通运输局）

【宜黄县农村公路好路率在98%以上】 宜黄县在加快农村公路建设的同时，十分重视抓好农村公路养护工作。2013年，县里拨出资金200万元用于农村公路重建与养护，按照“县道县养、乡道乡养、村道村养”的原则，把公路养护任务分解到各乡（镇）、村，实行公路养护责任制，做到公路养护常态化，使全县农村公路好路率保持在98%以上。2013年，县里还挤出资金300万元用于公路安保工程建设，以创建平安公路为目标，提高路容路貌整治标准，在农村公路两旁安装警示标志牌

4200多块,安装广角镜730块,增加了农村公路的行车视距,确保了车辆安全行驶。

(宜黄县交通运输局)

【崇仁县加强农村公路养护管理】 崇仁县始终重视农村公路养护管理工作,坚持"建养管并重"的方针,按照"统一领导、分级负责、以县为主、分类养护、依法管理"的原则,推行"县道县养、乡道乡养、村道村养"的"三级"管养责任体系和机制,明确县公路站负责全县农村公路养护技术指导和监督考核等工作,乡镇作为乡村责任主体直接管理养护本乡镇公路,行政村在乡镇的指导下具体实施本村公路的养护工作。同时,采取"管养分离"的办法,明确由"崇仁县恒星公路养护有限公司"为农村公路养护责任单位,县交通运输局对其日常养护工作进行监督管理和考核。农村公路综合好路率达82.7%。

(崇仁县交通运输局)

【上饶市强化农村公路养护管理】 2013年,上饶市农村公路管理处通过外地考察学习,市内调研和试点工作,提出加强农村公路养护管理的具体措施,得到上饶市交通运输局和上饶市政府的支持。一是落实县、乡、村道养护责任主体,明确县道县管,乡、村道乡管,专用道路企业管。二是确保养护护资金的到位,县道不低于3000元/年千米,乡道不低于1500元/年千米,村道不低于500元/年千米。三是理顺公路管理机制,明确管理机构、养护公司、路政大队职能,实行管养分离,事企分开,执法规范。四是目标明确,县道及以上公路不但要消灭差等路,且优良率保持在90%以上,乡道基本消灭差等路,好路率保持在80%以上,村道要保证晴雨畅通。五是要加强路政管,保护路产路权。六是落实安全责任制,确保农村公路安全畅通。

(陈均培)

【万年打好农村公路"养护牌"】 万年县交通运输局坚持"以人为本、服务为先"的理念,转变发展方式,认真做好农村公路保养工作,延长公路使用寿命,为百姓提供更加安全、舒适、畅通、高效的公路环境。一是重养护,该县出台了《万年县农村公路养护办法》,县交通运输局成立了公路养护公司,各乡镇组建交通管理站,负责农村公路养护管理工作,并将农村公路管理养护资金筹集和使用管理以及路况优劣等纳入各乡镇的年度考核,层层签订责任书,确保农村公路管理养护的各项措施落到实处。二是抓养护。该县落实县道县养、乡道乡养、村道村养的养护机制。积极探索推行多元化农村公路养护模式。三是保养护。将全县农村公路纳入制度化、规范化轨道,做到工作有制度、任务有指标、消耗有定额、岗位有职责、考核有标准。养路工人爱路护路养路意识显著增强,公路状态呈现出干净整洁、路域环境良好的局面,农村公路安保率达92%,好路率达90%以上。

(陈均培)

【鄱阳县谢家滩选聘24名农民上路护路】 鄱阳县谢家滩为扎实做好镇村公路的养护,在全镇选聘24名农民担任镇村道路养护员,确保公路畅通、清洁、绿化、安全。该镇是鄱阳县北陲重镇,地处昌、九、景金三角腹地,交通非常便利。镇村道路也日益成为这里群众的"致富大道"。为保障"致富大道"安全畅通,该镇对镇村公路进行专项检查,全面排查安全隐患,对道路存在的问题一一排查登记在册,制定针对性养护和修护措施。按照"谁受益谁管理"的原则,在全镇19个行政村选聘24名农民担任镇村道路养护员,签订用工合同,建立稳定的养护队伍,把责、权、利落实到人、到路段;常年巡查养护,实行动态管理;定期对养护员实行考核,根据考核结果给予奖惩,切实做好道路的维修保养等工作。

(陈均培　张新冬)

【铅山县管养好农村公路有新招】 铅山县始终把农村公路管理养护作为大力实施"交通先行战略"的一项重要工作来抓,不断健全和完善农村公路管养长效机制,农村公路管养率达100%。该县建立农村公路"三级"管养责任体系,出台了《农村公路养护管理办法》,落实以县级政府为主体的农村公路养管责任,将原农村公路管理机构人员工资、工作经费等分别纳入同级财政预算,制定符合各地特点的管养政策和措施。各乡镇也成立相应的农村公路管养机构,各行政村都设立农村公路协管员,由村支部书记兼任。养护人员按就近原则竞聘上岗,实行合同管理。该县与各乡镇、乡镇与各村委会都层层签订农村公路养护目标责任书，确保农村公路管养工作有专人、有资金、有考核、有落实。同时，对各乡镇管养人员进行管养技术现场培训，开展各项业务竞赛活动，极大地提高了全县农村公路管养整体水平。

（陈均培 周 行）

【三清山给公路沿线民居“整容”】 9月，三清山风景区为加快旅游产业转型升级，提升风景区形象，改善乡村环境，使三清山的村容村貌与世界级风景区相匹配，投资5000万元，正式启动辖区公路沿线的民房美化工程。重点是对德上高速公路三清山互通连接线沿线，环山公路沿线和旅游服务区公路沿线农房“穿衣戴帽”，使世界自然遗产地三清山以靓丽的形象迎接四海宾朋。

（陈均培）

公路绿化

【宜春市打造与环境协调可持续发展的公路绿化管理模式】 针对公路绿化中的养护重视不足，存在“管种不管养”，养护队伍专业培训不够等的现状，宜春市交通运输局强化公路绿化创优的新举措：一是创新管理，拓展管理思路，建立政府引导、社会参与、多元投资、市场运作的机制，多方面筹集养护资金，又好又快地推进公路绿化的全面开展。做到“谁投资，谁受益”，“谁管理、谁受益”，多劳多得，开展绿色荣誉评选活动，奖优罚劣，建立激励机制。二是精细化操作，实施“低碳养护”积极推广新材料、新工艺、新设备，保持排水系统通畅，做到养护作业低污染，零排入。三是及时培训，建立专业化绿化队伍。要求具有植物栽培、园林绿化、景观规划等方面的专业知识。

（李 庆 刘良生）

【宜春市袁州区农村公路绿化见成效】 宜春市袁州区为进一步加强公路绿化“一大四小”工程建设，确保“路通绿化通，路好环境好”，2013年，袁州区公路绿化工作在区、委区政府的指导下，在区级有关部门的大力配合下，以争创“省级森林城市（城镇）”为目标，加强绿化建设和养护管理工作，绿化工作取得可喜的成绩，全区新增公路绿化里程74.5千米，绿化管养里程1057.46千米．为袁州区“创建省级森林城市”的目标作出交通人的贡献。强化领导，健全机构。区政府成立公路绿化领导小组和督查小组，对公路绿化进行指导督查；市交通局和公路直属分局建立相关科室，负责绿化工作的规划、实施和日常检查，各乡镇街道也成立相应的工作组，将公路绿化工作落到实处。市交通局紧紧围绕“创建省级森林城市”为目标，围绕点、线、面重点区域，加快绿化建设步伐。实行分段管理，坚持巡查制度，掌握绿化动态，做到种养并重，保证公路绿化指标达到规定要求。

（李 庆 刘良生）

【靖安县投入300余万元植树10万株】 靖安县高标准实施公路绿化工作，2013年共投入300余万元植树10万株，打造3条精品线路。为确保公路路树的质量和成活率，该县采取多种新举措管护路树。一是该县对樟树、桂花树等价值高的树种进行编号并登记造册，建立名贵树种的档案卡，已登记编号4000多棵。二是县政府与各乡镇签订《公路绿化责任状》，把公路绿化管护落实到具体养护路段，真正使公路绿化工作落到实处。三是路政人员加大管理、巡查力度，发现损坏或不良路树积极补种，管养路段人员精心养护，确保树苗成活率在95%以上。

（刘 斌）

【奉新合力推进农村公路绿化】 奉新县交通运输局在农村公路建设中，采取多种形式、多种方法，切实加强农村公路绿化生态建设，举全县之力，2013年在农村公路共植树3万株，里程50千米。一是落实人员。该县成立县分管领导任组长，各相关单位负责人任副组长的县乡公路绿化工作领导小组，抽调一批业务素质高，工作责任心强职工为成员，实行领导包片、干部包路，将责任层层分解，落实到人。二是落实经费。在公路建设和养护经费中挤出一定资金为绿化经费，对县乡公路绿化工作完成好的给予奖励。三是落实考核制度。将农村公路绿化列入农村公路建设考核内容，对完成任务较好的乡镇（场），优先安排农村公路建设计划，对没有完成任务的乡镇（场），原则上不安排农村公路建设计划。四是明确分工和责任。由县林业局提供树苗，按照“谁主管、谁负责，谁投资、谁受益”，各乡镇（场）负责各辖区内栽树和管理,推动工作迅速开展。

(魏振宇)

【高安市积极推进农村公路绿化工作】 高安市交通运输局早部署早落实,因地制宜对农村公路实施绿化美化工作。2013 年,完成绿化线路 24 条、里程 40 千米,栽植树苗 74600 株,成活率达 95%。1. 加强组织领导。由分管农村公路的领导具体负责,各养路队抓落实,全体养路工和交管站人员植树。从 4 月初开始,局公路所技术人员深入全市 24 个乡镇(场、库),对绿化工作进行技术指导,制订绿化工作方案,积极开展绿化工作。2. 制订实施方案。明确责任人员、责任目标、资金筹措方式等;合理选用树种,科学安排绿化线路。3. 确保绿化质量。先后制定完善绿化苗木采购及验收、树坑开挖及栽植、浇水保墒及后勤管理等制度,明确标准、规格及质量要求,加强绿化环节、程序及质量管理,确保苗木成活和绿化质量。

(周世祥)

【万载县拟定通道绿化提升规划】 2013 年,在全面贯彻落实中共十八大精神,加快发展生态文明的实践中,万载县计划提升通道绿化工程。重点要求是:高速公路,建成"景观效果好、生态功能强、综合效益高"的绿色长廊,对路两旁 30 米范围内的有林地,进行封、改、补的办法,成为公益林,对 20 米范围内的宜林地段全部绿化;万芳公路,按照"四季常绿、三季有花、错落有致、色彩丰富"的原则,打造成万载现代农业观光旅游带的要求,进一步丰富边沟外 10 米内林带的绿化品位,全面完成两旁断点、断带及可视范围的荒山荒地造林荫道,对可视范围内 500 米以内耕地或荒山连片成 6.6 公顷以上的苗木花卉基地;万(载)株(潭)铁(山界)和竹(渡)高(城)公路,要求对高城段采取苗林一体化模式,进行绿化大苗新造,其他地段进行补植补造 1 ~2 厘米桤木大苗。

(王松州)

【靖安县打造生态特色旅游公路】 靖安县在公路养护过程中,注重生态特色养护,在"美"上做文章,结合景区公路美化亮化工程,因地制宜。建设景观路、如在宋水线建成 20 千米"红地毯"路肩,在仁首至桥头打造 4 千米"绿地毯"路肩。冬季统一为路树穿上白"裙",系上"红围巾"。在适当路段,树立"文化石",如在石镇线的起点刻有"团结创新、务实奉献"公路人精神的大型文化石。在宋水线沙港检查站附近树立"实干兴路"文化石。靖安县内各主要公路做到一线一树一路一景点,使公路变成一幅山水画,成为一道靓丽的风景线,"车在路上跑,人在景中游",彰显靖安生态特色,提高靖安旅游品味,提升公路文化内涵。

(刘　斌)

【抚州市新建绿道 178 千米】 2013 年新年伊始,抚州市各相关部门紧密结合当地实际,充分利用现有的城市生态资源,建设不同类型的绿色慢行道。2013 年,抚州市中心城区重点打造环梦湖、凤岗河沿岸自行车道;南丰、资溪、临川三个县(区)作为绿道建设示范县,积极推进琴湖公园绿道、大觉山景区绿道、金山大道绿道等 13 条绿道建设;其他县均在 2013 年建成 2 条以上的绿道建设示范点,总长度不少于 5 千米。至年末全市已建成绿道项目 48 个,共 178 千米。抚州市内已建成多条城市休闲绿道,如名人雕塑园建成绿道 6 千米、凤岗河建成沿河绿道 20 千米、汝水森林公园建成绿道 5 千米。

(陈根玲)

【广昌打造生态景观路】 为积极策应鄱阳湖生态经济区建设,加快造林绿化步伐,增强城市生态功能,提高居民生活质量,建设和谐秀美广昌,广昌县积极实施"森林城乡、绿色通道"工程,多方筹集建设资金,大力提高道路绿化档次,提升绿化综合效益。该县把通道绿化作为植树造林的主战场,着力将鹰瑞高速及高速连线、昌厦公路、206 国道等主干道打造成精品通道。至 2013 年,总投资达 3000 万元,共完成通道绿化(高速、国省道) 100 千米,造林面积 282.4 公顷,充分利用沿线形态各异的地势环境,分带、分点种植香樟、桂花、石榴、紫薇等景观树,使该县辖区内公路主干道形成了"花果飘香、花团锦簇"的生态景观路。

(陈根玲)

灾害防治

【景德镇市交通运输局加强春夏之际公路养护和安全隐患排查治理】 5 月 8 日,景德镇市交通运输局就加强春夏之际公路养护和安全隐患排查治理工作作出部署，要求各县（市、区）交通运输局及公路管理部门针对入春以来公路病害和隐患频出状况的实际，一是加大公路安全隐患排查治理工作力度。对事故易发、多发、频发地段进行全面检查，制定措施进行整治。在危险地段设置警示标志和安全防护措施，减少事故发生率。及时修复公路病害，保证行车安全。重点加大桥隧等结构物检查力度。对出现安全隐患的桥梁登记建档，及时处治突发病害，严防桥隧安全运行事故发生。二是全面加强公路养护工作，调动各种资源，全面提升养护工程质量。加强排水系统和边坡养护，全面疏通公路排水设施，及时整治边坡不稳定等安全隐患。三是强化公路路政管理。坚决遏制非法超限超载车辆上路上桥。通过部署，2013 年景德镇市公路桥梁安全度汛。

（涂　强）

【景德镇市大力抢修 206 国道浮梁段多处塌方】 6 月 6 日 14 时至 7 日 14 时，景德镇市范围内骤降大暴雨和特大暴雨，平均降雨量 91.1 毫米。暴雨瞬间形成山洪，冲淹大片农田和部分村民住房，206 国道浮梁段有 10 多处塌方，倒树、石头、淤泥充塞于公路路面，塌方量达 5000 立方米，仅 K1343 +500 一处的塌方量就超过 3000 立方米，交通被迫中断。

灾情发生后，景德镇市公路管理局迅速启动应急抢险保通预案，组织干部职工和机械设备，冒着大雨和山石随时可能再次掉落的危险展开抢修。经过 3 个多小时的奋力抢险，于 7 日中午 12 时中断交通的 206 国道浮梁段基本疏通并恢复通车。

（涂　强）

【浮梁县交通运输局全力抢修水毁公路】 6 月 7 日以来，浮梁县骤降暴雨，山洪突发，河水猛涨，造成公路、桥涵坍塌受损严重，公桥镇港口至梓里公路中断，近千名群众出行受阻。6 月 8 日，得知灾情后，浮梁县交通运输局立即派人赶赴现场组织抢修工作，经过近 6 个小时的全力抢修，港口至梓里公路于当日晚上 10 时恢复通行。面对洪灾给全县农村公路造成的损毁，该局技术人员全部下到抗洪抢险一线，一方面全力抢修水毁公路，确保公路畅通，另一方面加强路面巡查，在危险路段设置警示牌，同时做好灾情核查，根据损毁公路情况，制订相应的修复方案，以确保人民群众出行安全。

（郑卫华）

【鹰潭市交通运输部门全力抢修水毁公路】 6 月 27 日至 29 日，鹰潭市普降大暴雨，局部特大暴雨，降雨来势猛、强度大、持续时间长，给全市造成严重洪涝灾害，全市农村公路受损严重。截至 6 月 30 日，全市农村公路路基水毁 378320 立方米，计 186 千米；水泥路面水毁 422450 平方米，计 88 千米；砂石路面水毁 264200 平方米，计 72 千米；桥梁水毁 928 延米，全毁 28 座，局部水毁 21 座；涵洞全毁 322 道，局部毁 265 道；交通中断 17 处，计 8 条，直接经济损失 1.05 亿元。面对严峻的灾情，各级交通运输部门充分发挥职能作用，精心组织，全力以赴抓好交通抢修抢通工作。自洪灾发生以来，全市共组织人员 600 余人次，投入资金 150 万元和 160 台次装载机、挖掘机、自卸汽车等机械设备，全力抢通农村公路，到 7 月上旬交通中断的农村公路大部分基本恢复通行。

（钟　斐）

【鹰潭市交通运输局紧急处置一起农村公路桥台垮塌安全隐患】 1 月 29 日，因水流冲刷等原因，位于余江县锦江镇乡道鸿塘—石港 K1 +003 处塔路桥一侧桥台突然垮塌，车辆已不能通行，存在非常严重的交通安全隐患。接到报告后，鹰潭市交通运输局副局长占志平立即带领市公路所、余江县交通运输局负责人，会同锦江镇政府、灌田村委会有关人员赶到塔路桥现场进行调查。经过现场查看和论证，形成以下处置意见：由锦江镇政府和灌田村委会立即组织对塔路桥进行抢修，确保临时通行安全，余江县交通运输局全程提供技术支持和监控；在桥两端设置警示标志，并派人 24 小时值守直至抢修结束；如选址重建，当地政府必须按照上级有关规定申请危桥鉴定，并委托有公路桥梁相关资质的设计单位进行设计，向上级申报危桥改造计划，市县交通部门将积极配合争取。

（鹰潭市交通运输局）

【鹰潭公路所应对雨雪天气保农村公路安全畅通】 1 月下旬，鹰潭持续雨雪低温天气，给农村公路交通运输带来安全隐患，鹰潭公路所紧急部署农村公路应对雨雪冰冻天气应急工作,对各县(市、区)农村公路管理机构提出4点工作要求:一是要落实责任,采取切实有效措施,认真做好防雪、防滑、防冻等安全工作,确保道路畅通。二是要组织力量深入现场,认真检查安全防范措施的落实情况,抓好各类隐患排查工作,防止事故发生。三是要确保物资设备调配得当,备足工业用化雪盐、防滑链条、铁锹、草包、麻袋等应急储备,实行统一调配,随时投入道路疏通之用。四是坚持24小时值班,确保指挥系统完备有力,并及时做好信息发布。

(钟　斐)

【赣州市公路管理局沉着应对严重公路水毁灾情】

自5月15日起,赣州市遭遇了2013年以来最强的一次强降雨灾害性天气过程,水毁造成中断交通的信息一个接着一个传到了市公路局应急办,市养公路频频告急。在降雨过程中累计造成全市市养公路11条线路25处交通阻断,发生山体滑坡224处,塌方量14万立方米;水淹路面8处/11千米,冲毁路面253万平方米/313千米;28座/940米桥梁严重受损,需重建或加固;冲毁水沟、挡墙、护坡、涵洞等构造物3135立方米/41处。面对严重灾情,5月16日起,全市公路系统启动防汛Ⅳ级应急响应,全系统干部职工积极投入水毁抢修。赣州市公路局领导班子成员分片包干,与机关相关人员深入一线,督促检查各分局防范和抢修情况,一直到抢通为止。截至5月末,全市所有阻断公路已全部实现全幅或半幅通车,整体通行状况正常,未发生安全生产责任事故。同时,各分局抓紧做好剩余塌方清理和路面、涵洞、水沟、护坡修复等工作,受损严重的桥梁已采取临时安全加固措施,并设置限速限载标志,确保安全通行。

(李发淳)

【宜春市袁州区及时抢通农村水毁公路】 4—5月袁州区连降暴雨,冲毁农村公路16.15千米,冲毁路基9695立方米,直接经济损失51.24万元;被毁水泥路面6千米、3738平方米,经济损失63.7万元;被毁砂石路面3千米、5096平方米,经济损失46万元;其他灾毁损失9.65万元。为尽快修复全区农村公路,区交通运输局在上级部门的大力支持下,积极救灾,局干部职工组成救灾工作组,分别到各乡镇逐一了解、察看实情,制定具体的处理办法。交通系统安排4辆货车、2辆客车和3台挖机组成防汛应急车辆组,并安排2部货车、1部客车、2台挖机24小时待命。在雨中及时组织抢险人员上百人次,运送抢险砂石材料两万立方米,修复中断的公路23处。对出险的桥梁制定除险加固方案,消除隐患,保证通行安全。该局投入资金170.59万元,使农村公路水毁设施及时得到修复,确保农村道路畅通,为抗洪救灾和支持农村经济社会发展发挥重要作用。

(刘良生)

【高安市立足“三抓”防公路水毁】 高安市交通运输局坚持“三抓”,积极做好汛期县乡公路养护和防汛保畅工作。汛期,共调集公路防汛抢险突击队员60多名,抢险机械16台,出动养护人员130人次,清理边沟160千米,疏通涵洞32道,修补坑槽789立方米,树立安全警示牌46块,保证全市干线公路安全畅通。1. 抓预防。组建防汛抢险突击队,调集挖掘机、铲车、运输车等机械设备,储备编织袋、铁锹等抢险物资,修订完善应急预案,确保公路安全度汛万无一失。2. 抓重点。投入100余养护人员对易发生滑坡等地质灾害的干线道路重点进行清除安全隐患。3. 抓排查。组织养护和路政人员对易发生水毁的公路边坡、桥涵及急弯、陡坡与农村公路交叉口等特别危险路段进行地毯式排查,一旦发现安全隐患立即报告,并在最短时间进行整改。

(周世祥)

【靖安县组织抢险队伍昼夜清理山区主干公路塌方】 5月6日至9日靖安县连降大雨。5月9日山洪暴发,致使境内省道宋水线K59+700、K70+980、K72+800,省道安口线K37+140、K39+120、K62+100和县道宝罗线K9+700等该县山区主干道上出现多处严重山体塌方,总塌方量逾46000立方米,造成交通数度中断。该县全面启动应急抢险预案,组织抢险队伍近100余人和调用机械设备12台(6台挖掘机、6台装载机),自卸车36辆,在170千米的公路上掀起一场抗击水毁保畅通的大会战。经过近20小时的连续奋战,于10日中午12时左右恢复交通。

(刘　斌)

【铜鼓县全面完成水毁道路桥梁工程建设】 2013年雨季，造成铜鼓县部分公路损毁，位于奉带线上的高岭桥被雨水冲刷成危桥，棋港线路基也被雨水冲开多个口子，沿线交通被阻断。灾情发生后，县交通运输局立即组织技术工程队，对水毁公路进行抢险自救工作。成立灾后重建工程指挥部，研究技术处理方案组织施工。在桥梁修复方面，分3种情况处理：对一般性损坏桥梁进行常规性修复维护；对损坏严重、危及安全运行的危险桥梁，采取限载和应急加固措施；对中断交通一时难以修复的桥梁，迅速抢修便道或设置绕行标志。在公路本体修复方面，分4种情况处理：如路基冲断应重新填筑路基或抬高路基，分层填筑、分层夯实；对小型的路基缺口，要及时填补岸渣或砂石等材料，并进行人工夯实；对坍塌路基，应及时清除松散层，在达到路基稳定层后，再人工挖台阶，分层回填土石方；对沉陷路段应清除原有填料，重新充填透水性良好材料，分层填筑、分层夯实。

（金小明）

【万载县水毁重建项目完成投资790万元】 2011年，上级两次下达万载通乡水毁项目计划3个16.5千米，由于不能长期中断交通等客观原因，这些项目直到2012年9月才正式启动。为保证工程质量，县交通运输局争取县政府对县道项目适当配套，考虑到水毁项目是在原路改造无法长期中断交通的实际情况，要求部分项目为保证工程进度必须采用预拌混凝土。至2013年，3个项目已完成2个计6.5千米，研陂至双桥B标段5千米已竣工通车，A标于年初动工，修补路段、改线路段2.3千米路基土石方、桥涵工程全部完成。2013年，全县水毁公路重建工程实际完成投资790万元。

（辛鹏远）

港航建设

【概况】 2013年，省发改委、省交通运输厅下达港航部门基本建设项目投资计划105777万元，款源为：交通运输部补助资金14590万元，省交通运输厅统筹资金200万元，项目法人贷款42510万元，国外贷款1500万元，地方自筹或单位自筹资金46977万元。2013年，已完成基本建设投资44326万元。其中：建筑工程32845万元，设备购置3462万元，其他费用8019万元，累计新增固定资产1599万元。施工项目17个，其中：建成项目3个。新增生产能力：新建客运码头泊位2个，泊位岸线长度80米，新增旅客通过能力9万人/年。

重点港航建设（续建）项目方面：①总投资243764万元的石虎塘航电枢纽工程完成年度投资27690万元，渠化Ⅲ级航道38千米；整个工程已进入扫尾阶段，电站1~6号机组已全部并网发电，工程船闸与左侧闸坝、库区防护及枢纽管理区房建工程已于2012年10月20日进行交工验收。主体工程于2013年8月份交工验收，并于10月整体工程移交给江西省港航建设投资有限公司管理。②南昌—湖口Ⅱ级航道整治工程计划总投资18296万元，本年度完成工程投资2899万元，累计完成投资13365万元，主体工程全面完工。③南昌港龙头岗综合码头（一期工程）完成投资9258万元，累计完成投资13458万元。陆域土方工程已基本完成；码头水工建筑物桩基已全面完成；底系梁11个单元已完成10个单元施工；立柱、走道板、靠船柱已完成1282立方米混凝土浇筑，占总工程量32%；连锁块预制35000立方米，占总工程量的54%。④万年港综合码头堆场道路已全部完工，设备安装基本完成，累计完成投资5804万元，占总投资的80%。中小港站及其他建设工程有序进行，龙南桃江旅游客运码头工程、会昌县海事处工作用房复建工程、九江港航分局趸船建造、南昌塔城货运码头工程、景德镇凤岗船闸所值班用房、贵溪市海事处工作用房、南昌西河检查站房工程相继完成。九江市水上应急指挥中心

已完成了 ±0 标高建设任务。各项工程质量合格率继续保持 100%,未发生工程质量和安全事故。

(周国强　罗淑青)

【强卫在九江港考察调研】 4 月 23 日至 24 日,江西省委书记强卫深入九江港考察调研。强卫一行驱车沿长江岸线而行,详细考察并了解九江港沿江开放开发及其专用码头建设和货物吞吐情况。强卫目睹九江港上港集装箱码头一片繁忙,指出:九江是四省交汇枢纽城市,占天时地利之优。要加强交通基础设施建设,大力发展航运高铁,提升交通设施营运管理水平,畅通省内省际的连通瓶颈,以大交通促进大流通,以大流通引领大开放大发展;长江岸线是九江发展的宝贵资源。要充分发挥长江黄金水道、岸线和水资源优势,大力发展临港、临江经济;要引进、做好一批实体化、集聚化、现代化大项目,强化项目实效考核和评价机制,把项目建设实际成效作为绩效考核的重要依据。强卫在调研中强调,要继续深入推进九江沿江开放开发战略,充分利用九江沿长江 152 千米岸线发展优势,实现沿江地区大开放、大开发、大发展;要倍加珍惜岸线资源,科学规划、合理布局,集约开发、集聚发展,纵深开发、有序推进;要抓住长江中游城市群发展的战略机遇期,突出重点,形成特色,在全国区域发展布局中谋得一席之地。

(王凌云　陈明中)

【冯正霖视察庐山西海交通建设】 2 月 27 日下午,交通运输部副部长冯正霖在江西省委常委、常务副省长凌成兴,省人大常委会副主任马志武,省交通运输厅党委书记朱希,省港航局局长于钦民陪同下深入庐山西海风景区,视察交通安全及建设情况。冯正霖一行首先视察了庐山西海服务区,随后乘赣海巡 666 艇,视察庐山西海风景区水路交通及航道、码头建设情况,详细询问和了解省港航局管辖范围、职能及工作开展情况。在认真听取于钦民关于江西水运及港航工作的汇报后,对江西水运工作取得的成绩给予充分肯定。

(屈　群　陈明中)

【翁孟勇到九江沿江港口调研】 10 月 17 日上午,交通运输部副部长翁孟勇率队到九江城西港区集装箱码头,就九江沿江港口建设与发展情况进行调研。调研的重点是如何依托长江建设中国新经济支撑,推动长江经济带升级转型。在九江城西港区集装箱码头,翁孟勇详细了解九江沿江港口建设、货物吞吐量以及询问九江港集装箱运输货源腹地情况,并对九江港打造亿吨大港目标提出了相关指导意见。

(柯瑞华)

【马志武到石虎塘工程调研】 8 月 20 日,省人大常委会副主任马志武一行,到石虎塘航电枢纽工程进行调研。省港航管理局党委书记严允、副局长兼石虎塘项目办主任杨礼生、省港投公司董事长赵建岐等陪同调研。

马志武一行先后查看航电枢纽主体工程船闸、大坝、泄水闸、电站,了解工程建设情况,对工程建设取得的成就给予高度评价,对工程建设者们给予充分的肯定,并向江西港航的干部职工表示致敬和问候。他指出,石虎塘工程自 2005 年开始前期工作以来,至今已历时 9 年。全体参建人员以实干兴赣的精神砥砺奋进,凭借开拓创新、精益求精、勇于担当、乐于奉献、团结一心、排除万难的精神,终于把石虎塘工程建设完成,实现了打造石虎塘航电枢纽精品工程的目标。石虎塘工程的建成是实现高等级航道在赣江中上游的重要突破,对建成江西水运主通道构建国家高等级航道网,推进其综合交通运输体系的进一步完善;促进沿江工业布局和腹腔地国民经济的发展;改善全省能源结构,缓和电网电力供应紧张的局面;提高防洪、灌溉能力;发展当地的旅游、养殖业都具有极其重大意义。

(吕一琦　黄海源)

【朱希视察石虎塘航电枢纽工程】 8 月 21 日,省交通运输厅党委书记、厅长朱希视察石虎塘航电枢纽工程,省厅副总工王昭春、厅质监站副站长彭东领等陪同视察。朱希一行到石虎塘主体工程现场,详细了解建设情况后指出:石虎塘 6 台机组高负荷发电已完成发电超过 2 亿千瓦时。根据工程初步设计报告以及石虎塘枢纽建设引发的直接和间接的效应可以看出,由江西交通港航人兴建的石虎塘枢纽工程,已经远远超越了航电开发上的意义。在工作向前推进的过程中,逐渐形成并不断完善的统筹兼顾、全面协调发展的科学思路,是交通港航人把赣江水资源进行综合利用转化为综合经济效益的实践，更是将要成为促进枢纽区域乃至赣江流域经济社会全面、协调、持续发展的一个典范工程。他同时希望石虎塘项目办要改变以往只默默奉献，不大力宣扬成果的做法，要高定位、高标准、高效率的推进宣传工作，使社会大众更好地了解石虎塘工程的建设情况，充分展现江西交通的建设成果。

（吕一琦）

【省港航建设投资有限公司投融资项目平稳开展】 2013年是江西省港航建设投资有限公司正式组建的第一年。自组建以来，公司紧紧围绕航运、港口、物流、航电枢纽四大板块，积极推进项目建设，打造江西省省级水运投融资平台建设。

为保障建设资金，建立良好的信贷资金结构，公司拟定了“以项目中长期贷款为基础，以流动资金贷款为保障，以吸引民间资本为补充”的短期融资规划，不断扩张资产规模，夯实资本结构，充实公司现金流动，提高净资产收益率，提升公司信用评级。全年公司总计获得贷款授信额度6.7亿元，达成22亿元建设资金贷款意向。其中，流贷资金2.2亿元，实际到位1亿元；项目建设资金4.5亿元，实际到位1.5亿元。

结合全省水运建设公司及公司发展实际，公司制定“省十二五”及“十三五”期间的项目建设计划，概括为“三个二工程项目”计划，即二个航电枢纽、二个港口、二个综合物流园，预计总投资为101.5亿元。2013年，全司实现经营收入1.168亿元，完成保税物流业务量3.38亿元，同比增长117.94%。

（罗淑青）

【江西水运基础建设快速发展】 2013年，江西水运基础建设加快。一是着力加强规划引领。完成《赣南等原中央苏区江西境内水路交通发展规划》；编制完成《九江港总体规划（修订稿）》并报部待批；《吉安港总体规划》获省政府批复。二是水运建设稳步推进。全年完成基础设施建设总投资4.43亿元。石虎塘航电枢纽建成投产，渠化Ⅲ级航道38千米，南昌—湖口Ⅱ级航道整治主体工程完成。三是项目管理水平得到提升。石虎塘航电枢纽被财政部评为2013年国际金融组织贷款在建项目再评价的典型示范项目；龙头岗综合码头一期工程实施了项目建设标准化试点。四是有序推进项目前期工作。编制完成新干航电枢纽工程《初步设计（初稿）》；樟树港河西综合码头工可报告通过省发改委评估；赣州港水西综合码头根据赣南苏区规划重新启动项目前期工作，工可报告已完成内部审查；启动石虎塘—神岗山Ⅲ级航道整治前期工作；完成赣粤运河江西段全流测量工作。

（黄海源）

【赣江石虎塘航电枢纽工程建设最后两个标段胜利完成】 8月30日，赣江石虎塘航电枢纽工程顺利通过了W4标、W10标交工验收委员会验收，标志着江西省水运工程建设史上最大的航电枢纽工程建设全面完成。省交通运输厅副厅长梁必康，省港航局局长于钦民、党委书记严允，省交通运输厅、世界银行、省重点办、省财政厅、省交通工程质量监督站、省港投公司、省电力质监站相关部门负责人以及交工验收委员会委员、地方政府代表、参建各单位负责人共计70余人参加验收会。

会上，副厅长梁必康指出，石虎塘航电枢纽工程是江西省示范性水运工程，它的建设对加快全省水运建设的发展、实现内河航运规划和对赣江资源综合利用开发、促进经济社会发展具有重要而深远的意义。石虎塘工程是母亲河赣江上第一座由江西交通水运人挑梁兴建的水上枢纽，也是第一个利用世行贷款符合世行要求的工程，创造了一次性蓄水成功、一次性并网发电成功的佳绩。于钦民在讲话中表示，石虎塘航电枢纽工程是全省建设规划，投资数额最大的航电枢纽项目。它的建设成功，是全省水运工程建设的重要成果，具有里程碑意义。本次交工验收的标段为土建工程W4标和电站机电设备安装工程W10标2个标段，以及W6标万合导排渠工程。经现场检查、资料查验和认真审议，交工验收委员会认为本次交工验收各标段单位工程质量得到有效控制，外观质量较好，内业资料基本齐全；试蓄水运行以来，电站、泄水闸、防护堤、导排渠、电排站、自排闸等枢纽建筑物运行正常，工程结构安全稳定，金属结构及电站发电机组设备运行平稳，各单位工程质量符合设计要求。

（吕一琦　黄海源）

【交通运输部规划研究院调研赣粤运河工程项目】 1月30日,交通运输部规划研究院会同江西省发改委、省港航局、省航务勘察设计院等单位,对赣粤运河工程项目进行实地调研。调研工作一方面现场考察了广东境内位处浈水上游的孔江水库航道情况,同时还对赣州境内自赣粤运河分水岭以下至信丰县小河口处航段河床水情进行了实地勘察,为赣粤运河工程项目的规划实施掌握了第一手资料。

调研中的赣粤运河北连长江,南接珠水,穿越鄱阳湖、赣江干流,越分水岭至广东珠江出海,全长约1300千米。运河规划为1000吨级标准航道,其中江西境内767千米,占全长的59%。有关专家论证了赣粤运河的天然优越条件。开通赣粤运河,从长江到珠三角的船不必再绕道上海、浙江、福建等东南沿海地区,航程可减少1200千米,大大降低运输成本。同时,还可以降低长江干线通航密度,减少小船和大船争抢航道的情况,使长江航行更加安全。长江、珠江两大水系的直接连通,将形成长江以南地区南北向的水路交通大动脉。

(贺亮鑫 陈明中)

【石虎塘水电站碳融资协议顺利通过第三方首次核查】 2月4日,石虎塘水电站CDM(碳融资协议)顺利通过第三方首次核查。该项目于2010年1月5日与西班牙政府正式签订《西班牙碳基金清洁发展机制减排量购买协议》,2012年1月31日,石虎塘水电项目预核查通过。12月,根据世行要求,积极协助碳融资咨询北京易澄信诺碳资产咨询有限公司开展碳融资事宜,先后五次提供清单资料,协助完成《江西赣江石虎塘航电枢纽项目的CDM项目管理和运行程序手册》,并根据咨询方提供审核员现场查看材料清单及石虎塘水电第一次核查材料清单、核查一般流程及注意事项,于2013年1月末完成相关资料准备工作。

为满足相关要求,石虎塘项目办多次参加世行碳融资培训,努力完成与碳融资有关的各项工作,同时积极配合咨询单位,严格按照碳融资工作要求做好准备。工程已经初步达到协议的有关要求,项目建设进展顺利,各项工作有条不紊地进行。但由于2012年3月旱汛和8月洪水期影响了施工,一定程度上影响了碳排放计划指标的完成。石虎塘项目办将在世行的指导帮助下,继续认真严格按照签订的《西班牙碳基金清洁发展机制减排量购买协议》以及合同、咨询单位的要求,不断改进完善各方面工作,努力实现协议以及合同目标要求。

(吕一琦 陈明中)

【石虎塘航电枢纽下水闸试蓄水成功】 3月18日上午9时,石虎塘航电枢纽二期泄水闸工程下闸试蓄水成功。赣江石虎塘航电枢纽工程建设历时49个月,其23孔泄水闸和船闸及库区防护工程已经建成;电站1#~4#机组已具备正式投运条件,剩余2台机组也即将安装调试完成;二期工程施工围堰已经按要求拆至设计高程,枢纽工程已具备正常蓄水位挡水条件。根据枢纽工程实际进度的完成情况及上级的有关要求,同时为了检验赣江石虎塘航电枢纽挡水、泄水、通航、发电和库区防护、排涝、淹没状况是否满足设计要求,石虎塘项目办自即日始,开始水库正常蓄水位下闸试蓄水。蓄水分三阶段进行,水位最高达到黄海高程57米时,按设计要求进行正常水库调度运行。3月23日起,1#~4#机组投入正常发电运行、5#~6#机组调试完毕后投入试运行。

(吕一琦 陈明中)

【世界银行对石虎塘航电枢纽进行督察】 4月22日—25日,以世行赣江石虎塘项目经理焦育辉为团长的世行代表团一行,对石虎塘航电枢纽工程半年来项目实施情况进行了督察。此次督察,是该项目开工以来世行对其进行的第10次监督检查。世行代表团通过听取汇报、实地察看、会议座谈交流和分组讨论的综合督察方式,对项目整体实施情况表示满意,对项目建设管理成效、建设成果和社会经济效益给予高度评估和充分肯定,并对后续工程建设和能力建设提供了科学指导。

(吕一琦 陈明中)

【石虎塘航电枢纽工程运营管理工作正式移交】 根据省交通运输厅的决定,赣江石虎塘航电枢纽工程由省港航建设投资有限公司接管,标志着石虎塘运行管理单位正式到位,工程正式投入正常运行。8月1日上午,运营管理交接仪式在石虎塘项目办举行,省港航局副局长兼项目办主任杨礼生就工程建设和正式运行情况作了介绍,省港投公司总经理赵卫楚就接管工作作了讲话。石虎塘工程于 2005 年 10 月份开始前期工作,2009 年 2 月正式开工。项目办严格抓好工程招标,认真组织工程施工,狠抓工程质量,力促工程进度,严控工程投资,创新管理模式,提高管理水平,培养了一批优秀管理人才。经参建各方努力,克服了工期紧,任务重,洪水影响大、天气不好等诸多困难,创造了石虎塘工程形象好、环境优、质量佳的成就。自上年正式运行以来,运行情况良好,达到了设计要求,具备投入正常运行的条件。

（吕一琦　黄海源）

【财政部对石虎塘航电枢纽工程开展绩效再评价调研】 9 月 24 日至 25 日,财政部国际司副司长李新海一行,对世行贷款石虎塘航电枢纽工程进行为期两天的绩效再评价调研。调研主要目的是以石虎塘航电枢纽工程为试点,验证 2013 年国际金融组织贷款在建项目再评价的评价要求、评价方法,并以此为开展实地评价工作。同时,通过了解项目实施进展情况,抽样访谈绩效评价时涉及的利益相关方和受益方。

调研中,财政部国际司、农业部外经中心的评价专家,以及省财政厅、赣江石虎塘航电枢纽工程项目建设办公室、江西华泰会计师事务所有限公司、项目实施过程中的其他相关利益者的代表,就以下问题进行深入讨论和研究:一是对再评价侧重点的讨论。主要关注项目绩效评价实施过程的规范性,即各主要活动节点的操作与指南要求的符合程度,包括报告文本的规范性,评价依据搜集的方法、内容、对象和过程是否恰当;领导小组和工作小组的构成能否体现出技术性和对评价的重视情况;绩效评价的归因分析是否合理。二是对“再评价”逻辑方法的讨论,讨论再评价框架、指标设定和打分评级方法。三是关于再评价方向的讨论,主要讨论再评价是围绕质量控制进行,还是围绕针对已完成的绩效评价进行重新评价。

（吕一琦　黄海源）

【赣江石虎塘航电枢纽项目建成运行】 10 月 28 日,副省长李贻煌在南昌主持召开新闻发布会,常务副省长莫建成出席讲话并宣布赣江石虎塘航电枢纽等三个项目建成运行,省政府副秘书长涂琼理宣读嘉奖令。省交通运输厅党委书记、厅长朱希介绍项目情况。省政府副秘书长张小平,省有关部门、项目沿线地方政府、部门的负责人,各项目先进代表、劳模、参建方代表以及新闻媒体记者等参加会议。莫建成在讲话中指出,石虎塘航电枢纽建成有利于振兴千年赣鄱黄金水道、促进赣江流域腹地经济发展;对今后进一步完善和推动全省水运事业的发展具有重要意义。它的建成标志着高等级航道在赣江中上游取得重大突破。从此,坝址上游 38 千米航道的等级提高到Ⅲ级,千吨级船舶畅通无阻,一条“水上高速公路”已经形成。

（吕一琦　黄海源）

【交通运输部水运工程质安组督查龙头岗综合码头建设】 10 月 17 日至 18 日,以交通运输部质监局水运处张继顺处长为组长的水运工程质量安全督查组一行 9 人,对南昌龙头岗综合码头一期工程进行了质量安全督查。省交通运输厅副总工王昭春,省港航局局长于钦民、调研员徐良,厅基建处及省交通工程质监站、省港投公司有关负责人陪同检查。

督查组采取听汇报、看现场、查内业等方式对该项目质量安全管理行为、施工工艺、实体质量等进行了细致的了解。反馈会上,督查组首先肯定了项目建设质量安全管控方面取得的成绩,认为质量安全总体可控,安全生产和“平安工地”建设的有关要求落实到位。与此同时,对发现的有关问题进行了客观分析,并对下一步工作提出了要求:一要提高质量安全意识,对照精细化管理找差距,严格执行国家的政策、标准和规范;二要加强质量安全制度的落实及资料的完善;三要加强重点部位、关键工序的质量控制,严防出现突发情况;四要加强质量通病管理预案,提前做好计划。针对督查组提出的问题和建议,王昭春代表省厅表示,要立即启动整改工作,制定整改方案和措施,相关单位按职责抓好落实,进一步提升工程质量和安全管理水平,把龙头岗码头建设成精品优良工程,为江西今后的水运工程建设树立样板。

（黄文平　黄海源）

【交通运输部、国家发改委有关领导到九江港调研】 11 月 16 日,交通运输部综合规划司副司长苏杰、国家发改委基础产业司副司长周小棋率调研组,在省发改委副主任李志刚、省港航局局长于钦民、九江市政府副市长石荣国陪同下,对九江段长江干线港口岸线资源基本情况和利用效率进行调研。省港航局,九江市港口局、市发改委、市交通运输局、市港航局,九江海事局、九江航道处、上港集团九江港务有限公司等参会代表分别在座谈会上发言,就"岸线资源的管控与保护""港口岸线使用审批程序""岸线规划与岸线后方陆域管理""港口岸线与城市发展""港口与工业、港口与疏港通道、港口与河、湖"的发展关系进行了讨论。

(周 翔 黄海源)

【南昌龙头岗综合码头一期工程进展顺利】 南昌龙头岗综合码头一期工程是江西省重点工程,是《"十二五"时期长江黄金水道建设总体推进方案》"十二五"时期交通运输发展规划实施的港口重点项目。该项目位于赣江西支左岸,地处南昌市新建县樵舍镇龙头岗。项目建设规模:新建2000吨级泊位4个,设计年吞吐能力为420万吨,泊位岸线总长为408米。主要建设内容:陆域土方,水工建筑,道路堆场,装卸工艺设备置安,辅助建筑,给排水、消防,供电照明。项目总概算65755.25万元,预计建设期为两年。南昌龙头岗综合码头一期工程于2012年12月29日开工,至2013年12月完成工程投资16000万元,占批准概算投资的24.35%。

(罗淑青)

【南昌—湖口Ⅱ级航道整治工程项目进展顺利】 2013年,投资1.82亿元的南昌—湖口Ⅱ级航道整治主体工程顺利完成,再次实现了本省内河航道等级新突破。至年末,南昌—湖口Ⅱ级航道整治工程筑坝工程累计完成块石工程量30.36万立方米(占总量102.09%),护岸工程累计完成块石工程量6.48万立方米(占总量83.13%),疏浚工程累计完成挖槽工程量131.91万立方米(占总量99.80%,基本完成)。庐山海事码头工程全部完成。

(罗淑青)

【全省最大内陆河码头落成于万年港】 2013年,全省最大的内陆河码头、赣东北地区水运中心—万年港综合码头建设初具规模。万年综合港码头位于万年县石镇镇石镇大桥下游1.7千米处,乐安河左岸。项目分两期建设,总投资1.3亿元。根据规划,该港综合码头将建设4个500吨级兼顾1000吨级泊位,码头占地2.5公顷。首期新建4个泊位,工期预计2年,建成后年吞吐量将达到120万吨。该项目服务半径半小时内可辐射万年、乐平、鄱阳及余干工业园区。一小时内可辐射鹰潭、贵溪、景德镇、德兴工业园。

(朱文新 蒋永华)

【湖口港区神华煤电一体化项目正式开工】 落户湖口港区银砂湾工业园的神华煤电一体化项目,于9月2日正式开工建设。该项目总投资300亿元,规划建设年吞吐量2000万吨煤炭储备(中转)基地和6台100万千瓦超临界大型燃煤发电机组。项目全部建成投产后,每年将向全省提供煤炭400万吨及6000兆瓦发电装机容量的能源保障,年发电量近400亿千瓦时,产值可达200亿元,创利税13亿元。

(周阳泽 黄海源)

【九江港获交通运输部批港口岸线1195米】 2013年,九江港获国家交通运输部批复的岸线合计长达1195米,新增年通过能力1314万吨。其中:彭泽港区岸线长130米,建设1个3000吨级散货泊位,水工结构按靠泊5000吨级船舶设计和建设,设计年通过能力219万吨;湖口港区金砂湾作业区,项目拟建2个5000吨级件杂货泊位,使用长江岸线245米,设计年通过能力256万吨;瑞昌码头工程拟建散货泊位2个,件杂货泊位5个,均为3000吨、水工结构兼顾10000吨,设计年通过能力839万吨,获部批复820米长江港口岸线。项目岸线的获批,对完善瑞昌、湖口及彭泽港区的港口设计建设,促进地方经济发展,加快九江沿线深水岸线的开发有重要意义。

(汪兰香 黄海源)

【樟树港引资5亿元加快码头建设】 2013年,应樟树市政府邀请,中国物流有限公司考察组前往港口实地考察,认为该市工业迅速崛起,港口设施条件较好,尤其是樟树至南昌航道通过整治,已建成三级高等级航道,具有发展水路物流条件。为此,当即决定收购樟树港埠总公司51%产权,投资5亿元与樟树市港埠总公司合股新建或改造樟树港四、五、六、七码头和江边码头、河西综合码头及港口铁路专用线、办公用房等设施。至2013年11月止,已投入资金完成港口铁路专用线的维修、六码头的设计、口岸作业区的可行性研究报告等项目。目标是要把樟树港打造成江西一流的综合港口。

（周青兰）

【九江港城西港区集装箱码头一期工程通过部竣工验收】 2月7日,交通运输部水运局在九江组织有关部门、单位代表和专家组成工程竣工验收委员会,对九江港城西港区集装箱码头一期工程进行竣工验收。

验收委员会至工程现场,听取了工程建设、设计、施工、监理、试运行和审计等单位的汇报,质量监督机构的鉴定意见,审阅了工程竣工档案资料,查验了工程建设规模、技术标准、概算执行情况及建设合同履行情况。认为该工程已按批准的建设规模、内容、标准和要求全面建成,工程质量合格;通过主管部门专项验收和九江市港口管理局组织的初步验收,经试运行,码头结构安全可靠,设备运行良好,水域条件满足5000吨级集装箱船舶进出港靠泊作业,具备竣工验收条件,同意通过竣工验收并正式交付使用。

该工程建成2个5000吨级集装箱泊位,年通过能力30万标准箱,正式投入使用后,必将大大提高九江港的集装箱年通过能力,更好地服务沿江开放开发。

（丁本领　陈明中）

【交通运输部同意九江市政府对《九江港总体规划》进行修编】 2月18日,为了更好地适应腹地经济社会发展和沿江产业布局需要,推进沿江开放开发,促进港城协调,指导九江港科学持续发展,交通运输部复函同意九江市人民政府对《九江港总体规划》进行修编。

交通运输部要求九江市政府在组织开展《九江港总体规划》修编过程中,应统筹沿江港区和沿鄱阳湖及主要支流港区的发展问题;注重开发新建与功能调整相结合,深入研究岸线的水陆域和集疏运条件,科学制订新规划港口岸线及港区的方案,优化现有港区的规划方案;处理好港口与产业、城市、综合交通的关系,促进九江港集约化、规模化发展;重视港口规划与相关关系的衔接协调,规划成果应书面征求江西省有关部门的意见,并按照国家有关规定开展规划环评工作。

《九江港总体规划》的修编,旨在进一步与沿江港口与产业、土地、交通、电力等规划的衔接,充分利用长江黄金水道资源,将九江港发展为江西的赣北门户,是江西连接国际、国内市场和实现省内资源优化配置的重要依托;是加快鄱阳湖生态经济区建设、推进沿江开放开发和打造全省区域经济增长极的战略资源;是九江市港园联动、强工兴城和加速推进经济社会发展的重要支撑。九江港将以集装箱、建材、矿石、能源运输为主,依托港口大力发展临港工业和港口物流业,逐步发展成为设施先进、功能完善、运行高效、文明环保的现代化、多功能的综合性港口。

（丁本领　陈明中）

【交通运输部颁发九江港首个港口工程竣工验收证书】 3月12日,交通运输部颁发九江港首个港口工程竣工验收证书(九江港城西港区集装箱码头一期工程),标志着该工程建设已完成所有程序和手续。

九江港城西港区集装箱码头位于九江港城西港区官湖作业区,一期工程项目总投资4.4亿元,项目新建2个5000吨级集装箱泊位及相应配套设施,设计通过能力为30万标箱,使用岸线295米。该项目的正式投入使用,将大大提高九江集装箱的通过能力,更好地服务沿江开放开发。

（柯　华　陈明中）

【江西理文公用码头项目一期正式试运营】 3月18日,江西理文造纸有限公司公用码头迎来首艘货轮,正式开始试运营。江西理文公用码头项目位于九江港瑞昌港区梁公作业区,总投资3.3亿元,共建5个5000吨级杂货泊位,2个5000吨级散货泊位,年吞吐量839万吨。其中,码头项目一期工程建3个5000吨级泊位,于2012年2月开工建设,至年末已完工。该码头的建成使用,对加快瑞昌沿江深水岸线的开发和推动地方经济发展将发挥积极作用。

（刘国保　吴瑞武　陈明中）

【南昌港国际集装箱码头升级扩能初设评审会在南昌召开】 4月25日至26日,省发改委在南昌市主持召开了《南昌港国际集装箱码头升级扩能改造工程初步设计》评审会。参加会议的有省交通运输厅、省港航局、省港航建设投资有限公司、江西国际集装箱码头有限责任公司、总体设计单位中交第二航务工程勘察设计院有限公司和参与设计单位中交武汉港湾工程设计研究院有限公司(加固设计单位)、湖北省交通规划勘察设计院(初步设计咨询单位)的代表及特邀专家。

与会代表和专家察看了项目现场,认真听取设计、加固设计、设计咨询等单位关于《南昌港国际集装箱码头升级扩能改造工程初步设计》和咨询报告内容的汇报,一致认为,《初步设计》文件的编制符合交通运输部《港口工程初步设计文件编制规定》JTS110－4－2008要求,设计依据可靠,基础资料齐全,设计内容和深度规范要求。

南昌港国际集装箱码头位于赣江航道南昌至湖口段,地处南昌港鸡山港区内江西南昌经济技术开发区白水湖工业园。码头于2005年建成投产,前沿线总长200米,设2个1000吨级集装箱泊位;堆场面积29569平方米,生产及辅助建筑面积10202.82平方米,其中,集装箱作业区面积2366平方米,配备3台45吨/36米集装箱轨道式门机,1台45吨集装箱正面吊机等和若干水平运输机械,设计吞吐量为5万标准箱/年,改造后泊位等级为2000吨级,并建设相应的港区配套设施。全港设计年吞吐量集装箱12万标准箱/年,件杂货15万标准箱/年。

(刘　倬　魏　涛　陈明中)

【交通运输部规划研究院环境评估专家到九江城西港区调研】 5月10日,交通运输部规划研究院环境评估专家一行在九江市港口管理局九江县分局领导陪同下,到城西港区九鼎物流码头及上港集装箱码头进行现场调研。专家组详细了解了港区开发现状、码头建设规模以及港口布局等情况。对九江港城西港区有了基本的了解,为下一步《九江港总体规划环境影响报告书》的编制做好前期准备工作。

(燕　丽　陈明中)

【《吉安港总体规划》通过省政府批复】 5月28日,《吉安港总体规划》获省人民政府批复。吉安港位于赣江的中游,是江西区域性重要港口。《规划》从整合港口资源的角度,将吉安市境内所有港口码头归属于一个大吉安港,形成"一港七区",即:新干港区、峡江港区、吉水港区、吉安市港区、吉安县港区、泰和港区、万安港区。规划港口岸线总长度34526米,其中,已利用岸线长度880米,港区规划岸线21216米,预留岸线12430米。规划的正式实施,将进一步有效保护和合理利用港口岸线资源,把吉安港建成布局合理、功能完善、科学管理、设备先进、集疏便捷、效益优良的基本现代化港口,为吉安市及周边地区提供"高效、畅通、绿色"的运输服务。

(肖小红　刘　晖　陈明中)

【新余市3个渡口标准化建设工程完工】 10月11日,新余市仙女湖区凤凰湾 办事处浒头渡口、钤阳管理处昌田渡口和分宜县分宜镇池塘渡口3个渡口标准化建设工程已完工。至此,自2012年启动全市渡口标准化建设工作以来,全市4个渡口标准化建设工程已全部完工,为实现全市所有渡口的渡船、码头、风雨亭、视频监控的规范化管理打下坚实基础。

(邓清华)

【鹰潭市龙虎山新竹筏码头投入使用】 鹰潭市龙虎山景区为完善旅游基础设施,打造景区新形象,对原正一观码头及其周边环境进行改造提升,把正一观码头建成融旅游、生态为一体的景观码头——新竹筏码头。改扩建项目从4月份开始建设,于9月末全面竣工,总投资1200万元,建设内容包括改建的候筏楼面积1200平方米、新建的综合服务楼面积1700平方米、改扩建观光车停靠站及室外广场等建设面积4000平方米、新建贵宾上筏码头70米。正一观新竹筏码头的建成,进一步提升原码头的品位及接待容量,方便游客购物、餐饮和候筏,为游客提供了舒适的旅游环境。

(鹰潭市交通运输局)

【贵溪完成4个标准化渡口建设】 贵溪积极争取省交通运输厅标准化渡口建设项目,2011年、2012年共争取设置标准化渡口项目4个(滨江乡的金沙渡口、地理渡口、李家渡口,河潭镇的余家滩渡口），争取省厅资金80万元，地方配套资金56万元，2013年年末4个项目全部完成。标准化渡口包括渡船、码头、风雨亭、视频监控设施均要符合国家规范要求。

（鹰潭市交通运输局）

【吉安市青原区对七姑岭渡口、渡船进行标准化建设】 吉安市青原区交通运输局向上争资20万元，对值夏七姑岭渡口、渡船进行标准化建设。建设内容包括渡船维修，渡口码头改造，渡口风雨亭建设及渡口监控视频设置，11月末完工。

（吉安市交通运输局）

【吉安市吉州区民间渡口全部撤销】 随着吉安市吉州区最后一个民间渡口——樟山镇文石渡口的撤销，吉州区江河路段居民摆渡出行的历史宣告结束。摆渡往来的出行方式，不但阻碍了当地农村经济发展，还存在极大的水上交通安全隐患。为方便过往的群众，彻底消除渡口安全隐患，近年来，吉州区多方筹集资金，大力实施"渡改桥"项目，先后有11个渡口因建桥而被撤销。曲濑镇卢家洲大桥的建设就是一个范例，该桥投入资金1000万元，建成后极大地方便了吉州区曲濑镇和吉安县敦厚镇过往群众的出行，直接受惠人口达9万人。

（吉安市交通运输局）

【泰和县沿溪综合货运码头开工建设】 8月30日，泰和县沿溪综合货运码头建设工程开工，由于前期工作进行周密，整个工程进展顺利。该项目总投资1.2亿元，将建成两个千吨级泊位，设计年吞吐量为55万吨，船型为1000吨级货船。

（吉安市交通运输局）

【宜黄投资180万元疏浚"母亲河"】 3月6日，宜黄县大力推进宜黄河河道疏浚工程，以防汛泄洪，提升水生态功能，让"水更清、流更畅、岸更绿、景更美"。宜黄河主流全长35.3千米，流域面积166.49平方千米。清理、开挖工程量总计33.1万立方米，总投资180万元。

（陈根玲）

规划与勘察设计

【概况】 2013年是实施"十二五"规划承前启后的关键之年。省交通运输厅规划办根据省厅安排，紧紧围绕工作目标，认真开展交通运输规划工作，已完成的规划有《江西省"十二五"公路水路交通运输发展规划中期评价及调整》《江西省境内国家公路网线位规划方案》《赣南等原中央苏区江西境内公路水路交通发展规划》《鹰潭市综合交通运输规划》《昌九大道建设规划方案》及《昌九交通一体化方案》等。高速公路路线规划报告编制工作方面，编制完成了《修水至赣湘界高速公路路线规划报告》《东乡至昌傅高速公路路线规划报告》《上饶至万年高速公路路线规划报告》《宁都至定南高速公路及其联络线路规划报告》《德州至上饶（赣皖界至婺源段）高速公路路线规划方案》《广昌至吉安高速公路路线规划方案》等。此外，指导地方编制了地方性交通发展规划，如：《宁都县综合交通运输发展规划》《德兴市综合交通运输发展规划》《万年县物流发展规划》《万年县港口集疏运规划》《福银高速黎川互通出口建设规划研究》《章贡区综合交通运输发展规划》《横峰县综合交通规划》《万安县交通扶贫规划》等。

（省交通运输厅规划办）

【《江西省"十二五"公路水路交通运输发展中期调整规划》】 2013年，省交通运输厅规划办编制完成了《江西省交通运输"十二五"发展规划中期评估》，主要从四个方面进行了研究：

一、综合运输和现代物流

1. 综合客运枢纽站建设重点的调整意见

经调整全省拟在"十二五"期间,共规划建设11个综合客运枢纽站,其中国家综合客运枢纽站6个,分别为南昌、南昌西、宜春、鹰潭、吉安综合客运枢纽站和井冈山旅游客运站;区域性综合客运枢纽5个,分别为上饶、抚州、萍乡、新余客运枢纽站以及萍乡汽车客运中心站。

2. 公路货运枢纽(物流园区)建设重点的调整意见

经调整全省拟在"十二五"期间共规划建设23个公路货运枢纽(物流园区),其中国家公路货运枢纽(物流园区)18个,区域性公路货运枢纽(物流园区)5个。

二、公路交通

1. 高速公路重点的调整意见

"十二五"末,江西省高速公路规划通车总里程将突破5000千米,保持原规划建设里程目标不变,仅对部分建设项目进行调整。南昌至兴国(龙口)、兴国至赣县、广昌至船顶隘、寻乌至全南、资溪至金溪、金溪至抚州、九江绕城、都昌至九江、南昌南外环等高速公路项目被列入部"十二五"规划。

2. 普通国省道重点的调整意见

普通国道及省道规模将由现状的3111千米和7969千米,初步调整到7570千米和11634千米。"十二五"后三年江西省普通国道干线公路网需建设3114千米,总投资合计327亿元,其中:升级改造建设2294千米,投资291亿元,路面重建2080千米,约需36亿元。

3. 农村公路重点的调整意见

为保障原全省县道三级以上公路比例达50%的目标任务,全省农村公路方面建设资金总投资超过200亿元,其中中央补助资金约需69亿元。

4. 公路场站

预计2015年年末,建成客运枢纽项目16个,其中国家综合客运枢纽项目5个,国家普通公路客运枢纽项目6个,区域综合客运枢纽项目5个。全省国家公路运输枢纽规划客运场站项目27个,预计建设434个农村客运站(含307个综合服务站)。建成公路货运枢纽项目18个。其中国家公路货运枢纽项目15个,区域公路货运枢纽项目3个。全省国家公路运输枢纽规划公路货运场站项目27个。

三、水路交通

1. 航道方面

因受鄱阳湖水利枢纽方案未定的影响,信江八字嘴航电枢纽和信江渠化航道整治工程还未开展前期工作,"十二五"时期开工建设难度大,建议调入"十三五"时期项目。因前期环评未能通过国家环保总局的批复,建议将井冈山水电枢纽(入股建设船闸)调入"十二五"跨"十三五"时期项目。

2. 港口方面

综合实际需求,新增"十二五"时期新开工并完工项目2个:万年港综合码头二期工程(含疏港公路)和九江港瑞昌港区梁公堤作业区九江市码头工业城公用港口一期码头工程;新增"十二五"跨"十三五"时期项目3个:姚湾综合码头、吉水醪桥货运综合码头、泰和县沿溪货运码头。将南昌港南昌东港区散杂货码头调入"十三五"时期项目;九江港城西港区滚装船码头不建设。

将13个项目由"十二五"时期新开工并完工项目调入"十二五"开工跨"十三五"时期项目:九江港城西港区阎家渡综合码头、樟树港七码头工程、樟树港河西港区综合码头、九江港湖口港区散杂货码头、九江港星子港区神灵湖货运码头、新干港大洋洲盐化工码头、九江港星子港区旅游客运码头、南昌港旅游客运码头、九江港彭泽港区散杂货码头、永修港公字屯化工码头、鄱阳港综合码头、吉安港张巷综合码头、景德镇港良港综合码头。

四、交通环保

重点建设高速公路网沿线公路和鄱阳湖敏感水域的交通环境监测站。对已运营的工程逐步实施环保后评价。营运车船单位货物运输周转量的碳排放量下降比例高于-15%;营运客运车辆单位周转量能耗下降比例为2%;营运货运车辆单位周转量能耗下降比例为6%;内河货运船舶单位运输周转量能耗下降比例为5%。

(卞 伟)

【《赣南等原中央苏区江西境内公路水路交通运输发展规划》】 根据《国务院关于支持赣南等原中央苏区振兴发展的若干意见》和省委、省政府出台的《关于贯彻落实〈国务院关于支持赣南等原中央苏区振兴发展的若干意见〉的实施意见》

的精神，厅规划办编制了《赣南等原中央苏区江西境内交通运输发展规划》（以下简称《规划》）。《规划》以2013—2020年为规划期，近期至2015年，远期至2020年，规划基年为2012年。《规划》范围包括赣州市18个县（市、区）、吉安市13个县（市、区）、抚州市境内9个县（市、区）、上饶市境内5个县（市、区）、鹰潭市境内2个县（市、区）、萍乡市境内3个县（市、区），宜春市境内2个县（市、区），新余市境内2个县（市、区），共54个县（市、区），国土总面积10.09万平方千米。

《规划》的总体目标：到2020年，江西省苏区"干支成网、等级明确、有效衔接、功能完善"的交通运输网络基本建成，基本建成区域内的国家和省级高速公路，形成"五纵五横三联"高速公路网络；国家公路运输枢纽基本建成；苏区赣江、信江航道达到三级通航标准，实现赣州三级通航，赣州港、吉安港建成区域性物流中心；交通安全和应急保障能力显著提升，交通运输适应区域经济社会发展和建设全面小康社会的总体要求。

（卞　伟）

【《昌九大道建设规划方案》】 省委十三届七次全会提出加快推进昌九一体化，着力构建"做强南昌、做大九江、昌九一体、龙头昂起"。为此，厅规划办开展《昌九大道建设规划方案》的研究与编制工作。路线起于南昌市的上天岭（接南昌市G105昌北改线段），终于九江市的双塔（接九江市城市道路九园路）。项目采用双向六车道一级公路标准建设，设计速度80千米/小时。路线与各县主城区的间距合适，与沿线城市、园区建设总体规划、城市总体规划衔接更好。该方案线型较好、行车速度较快，将满足昌九及沿线的交通出行需求，改变德安、共青、永修东部鄱阳湖经济发展滞后地区无干线公路的局面，给规划中的南昌至北京铁路客运专线预留的空间较大，并对沿线土地资源开发利用有较大帮助。

（卞　伟）

【省交通设计研究院有限责任公司生产经营出成效】 2013年，江西省交通基础设施建设形势呈现出新一轮高潮，省交通设计研究院有限责任公司市场经营抓住机遇，以新建高速公路为重点，全方位谋划、多举措出击，积极承揽交通勘察设计项目。全年，院级经营共签订勘察设计合同26个，合同额逾3.5亿元；生产部门自闯市场，自揽勘察设计项目49个，合同额2300余万元，签订勘察设计合同的数目和总金额均创历史新高；院属子公司江西交通建设监理所取得3779万元的经营佳绩，亦为历史之最。该院全年实现营收逾3亿元，上缴企业利税0.32亿元，经济效益再创历史最高水平。该院大力加强经营运作创新，取得初步成效。①继续探索走出省门的有效途径，设立省内外分公司。首先成立四川分公司，业务承揽工作初见成效，全年签订项目合同5个，合同额747万元。以同样模式，正在办理厦门、深圳等地合作协议。②继续跟踪国外市场，分别与多家具有境外工程总承包资质和业绩的施工企业签订了境外项目合作意向。与江西国际经济技术公司合作，实现加纳项目签约29万元。③该院产业拓展的基础性工作成效显著。通过努力，申报并成功获得建筑专业乙级设计资质，从而，为实现"大土建领域设计"的长远设想迈出了可喜的一步。④实现特殊工程施工业务的发展战略，该院第二个子公司——江西交院路桥工程有限公司，通过努力，正式获得特种专业工程施工资质、园林绿化三级施工资质及其相应的安全生产许可证。该公司收购进贤县一处苗圃基地（28.67公顷）获得该基地30年经营权。

（张晓菁）

【南昌至宁都高速公路设计简介】 南昌至宁都高速公路是新修编的《江西省2020年高速公路网规划》中增设的一条地方加密高速公路，是江西省又一条南北向交通大通道。项目起于南昌县冈上镇境内的沪昆高速公路上（设冈上枢纽互通），经南昌县、丰城市、乐安县、永丰县，终于宁都县赖村镇境内的泉南高速公路上（设宁都南枢纽互通）路线全长248.601千米。

项目的建设是改善江西省南北交通运输状况，促进区域社会经济发展、提高城镇化水平的需要，是开展沿线旅游资源，提高当地人民群众生产生活水平的需要。

技术标准。设计行车速度：100千米/小时；汽车荷载等级：公路—Ⅰ级。路基宽度为26米。路面：主线采用沥青混凝土路面，设计年限15年，设计标准轴载BZZ—100千牛。设计洪水频率：

特大桥1/300,路基及其他桥涵构造物1/100。隧道净宽(单洞):基本宽度10.75米。

建设规模。路线设计总长度248.601千米,征用土地1671.7公顷,路基土石方数量5258.818万立方米;沥青混凝土路面5593.35千平方米;桥梁23979米/88座,其中特大桥3131米/2座,大桥19577米/67座,中桥1271米/19座;隧道19350/7座,其中特长隧道12790米/3座,6560米/4座;互通立交12处;涵洞941道;分离式立交45处,通道362道。项目批复概算总金额为173.93亿元。

该项目里程长,建设投资大,涉及5个不同市区的县市,影响面广。

(陈 勇)

【南昌至上栗高速公路设计简介】 南昌至上栗高速公路东接南昌西外环、西连上栗至萍乡高速公路与湖南浏阳对接,是赣西第三条大通道,也是江西省高速公路网络的重要组成部分。路线位于南昌市、宜春市及萍乡市境内,总体呈东西走向。

该项目建设对打造南昌核心增长极、增强南昌辐射功能、提升高安、上高、万载、上栗等赣西地区县域经济发展水平意义重大。该项目的建设,对加快全省旅游事业发展、充分开发利用自然资源,促进地区旅游经济的发展,均具有十分重要的意义。

技术标准。设计行车速度:100千米/小时。汽车荷载等级:公路——Ⅰ级。路基宽度:26米,路面:主线采用沥青混凝土路面,设计年限15年,设计标准轴载BZZ—100千牛。设计洪水频率:特大桥1/300,路基及其他桥涵构造物1/100。桥梁采用整体式断面:上、下行分幅设桥,桥梁全断面(含涵洞)与路基同宽。

建设规模。路线设计总长度223.09千米,征用土地22671公顷,路基土石方数量3792.4万立方米;沥青混凝土路面5790.677千平方米;桥梁19485米/152座,其中大桥11492米/50座,中桥1984米/29座,主线上跨分离立交6009米/73处。互通立交15处;涵洞753道;分离式立交10658.8米/129处,通道369道。项目批复概算总金额为96.97亿元。

(魏建华)

【江西省港航设计院喜获水运行业港口工程设计甲级资质】 6月25日,省港航设计院经国家住房和城乡建设部核准,工程设计资质由水运行业(港口工程)专业乙级成功晋级为甲级。该院获甲级资质,使之成为全省唯一一家具有从事港口工程设计甲级资格的单位。

省港航设计院前身是江西省交通厅航运设计室,组建于1985年。该院原持有乙级港口工程设计证书、乙级港口工程咨询证书、乙级船舶工程设计证书,可从事资质证书许可的设计及研究等业务。建院以来,该院累计完成工程项目200余项,承担的工程项目以优质、高效、守信受到客户的好评,赢得了良好的社会信誉,并先后获得交通部优秀设计奖2项,江西省优秀设计奖7项,江西省交通厅优秀设计奖6项、优秀成果奖1项,江西省优秀咨询成果奖5项,江西省科技进步奖1项。

甲级资质的获取,将进一步提升该院的实力,拓展该院的业务发展空间,为做大做强和参与市场竞争奠定坚实的基础。

(尚 桦 涂莹莹 陈明中)

【赣粤运河全流测量江西段基本完成】 至6月27日,赣粤运河江西段全流测量工作基本完成。原赣粤运河规划图纸,是上世纪90年代初期手工绘制的,距今已20多年。为得到最新的水文、流速、地形等数据,为赣粤运河决策提供参考,江西路港工程有限公司测绘人员采用GPS测量方式,自桃江信丰河口起至广东浈江孔江水库库尾,全程160千米。自3月15日外业测量工作开展以来,奋战3个半月,已基本完成外业测量工作任务。

(杨兰庆 刘亦红 陈明中)

【景德镇市出台《进一步加快交通运输事业规划发展的指导意见》】 7月,景德镇市政府出台《关于进一步加快交通运输事业发展的指导意见》(以下简称《指导意见》),明确今后五到十年交通运输的发展目标和任务,提出实现目标任务的政策措施。《指导意见》分公路及公路运输体系建设、水运航道建设、铁路建设、民航建设4个方面。公路及公路运输体系建设又分高速公路建设、国省干线和综合养护"三位一体"建设、农村公路建设、公路运输体系建设、城市交通建设5个方面。

公路及公路运输体系建设的主要内容是:①

高速公路建设方面，到2015年促成与浙江省、安徽省高速公路对接，增加出省通道、发挥路网效益。②国省干线建设方面，到2020年末，基本建成与城镇化、工业化布局相匹配的路网结构和等级合理普通干线公路网络。③农村公路建设方面，到2015年年末前打通7条省际、县际、县乡际“断头路”；每年争取实施75千米县（乡）道升级改造、70千米农村客运网络化连通工程及农村公路危桥改造和安保工程。到2018年，全市行政村通25户以上人口自然村基本建成水泥路。④公路运输体系建设方面，到2020年年末，基本建成布局合理、结构优化、绿色节能的现代道路运输体系。重点建成5个农村公路综合服务站，实现100%乡镇和92%建制村通客车。⑤城市交通建设方面，到2015年，城区公交线路里程达到1000千米，建立5个以上公交枢纽站；建成公交专用车道50千米。

《指导意见》还对水运航道、铁路建设、民航建设规划作了安排，进一步明确了交通工程建设资金的筹措法和建设项目的职责分工。

（涂　强）

【景德镇市罗家滩收费站西迁工程可研报告通过评估】 1月25日，省工程咨询中心受省发改委委托，在景德镇市主持召开《杭瑞高速公路罗家滩综合管理所（收费站）西迁工程可行性研究报告》评估会，在经过现场踏勘、听取报告编制单位汇报及有关部门负责人发言后，与会专家对该项目建设进行了评估审查，提出进一步完善的建议。会议最后通过《杭瑞高速公路罗家滩综合管理所（收费站）西迁工程可行性研究报告》。

杭（州）瑞（丽）高速公路罗家滩综合管理所及收费站西迁工程选址位于现景西收费站（罗家滩）以西约2千米处，主要工程包括新建收费广场及收费棚（4进7出）、省际车辆超限超载检测站、收费站管理所及路政、交警用房、停车区（含加油站、便利店、厕所及附属设施），规划用地11.51公顷，总建设面积7565.34平方米，投资概算11384.8万元，建设期为18个月。

（涂　强）

【景（德镇）瑶（里）公路扩建工程可研报告获批】 8月23日，景德镇市发改委发文批准景（德镇）瑶（里）公路扩建工程项目正式投入实施阶段。景（德镇）瑶（里）公路扩建工程项目起点位于大岭青龙山与昌江区交界处（原公路桩号K2+100），路线基本沿景（德镇）瑶（里）公路现状线形走向，终点位于浮梁县鹅湖镇东埠（原公路桩号K34+306.174），总长32.2千米。全线采用一级公路标准进行扩建，路基宽20米，路面宽16米，行车道宽4×3.5米，道路中间设置隔离带，设计速度60千米/小时，沥青混凝土路面；汽车荷载等级采用公路—Ⅰ级，大、中、小桥涵、路基设计洪水频率1/100，估算总投资为38858.55万元。

该项目的实施，不仅促进瑶里风景区旅游产业大发展，而且可形成南昌、九江、景德镇、婺源的黄金旅游线路，发挥旅游资源整体效益。

（涂　强）

【萍乡市交通运输局积极将全市道网整合省网规划中】 8月，萍乡市交通运输局对辖区内省道网布局提出了调整意见，并将调整部分列入《江西省省道网规划（2013－2030）》。调整后的规划有利于形成功能清晰、层次分明、衔接高效、能力充分的省道网络，促进城乡、区域协调发展，完善萍乡市综合交通运输体系，对建设富裕和谐秀美萍乡有着积极意义。

（卢江宜）

【萍乡市安源区交通运输局积极策应国家新政策】 萍乡市安源区交通运输局结合新政策，及时编制规划。2013年，该局完成了《原中央苏区—安源区公路交通规划》和《江西省萍乡市安源区自然村通水泥路建设规划（2013—2020）》规划工作，通过努力该区已纳入原中央苏区，为安源区以后的发展奠定了基础。

（萍乡市交通运输局）

【上栗县交通运输局着力规划建设“四纵七横”公路网】 上栗县交通运输局紧扣县委、县政府提出的打造全球最大的花炮产业基地、全国最大的粉末冶金产业基地、对接长株潭和赣湘边界经贸开放合作前沿阵地的城市定位，制订《上栗县2013—2015年交通基础设施建设实施方案》。明确了工作目标：全力推进新的“三纵三横”交通主干道建设（即中环北路、工业大道、昌栗高速和省道S231公路上栗段改造、萍洪高速、杨武公路),全面推进次干网建设,努力构建"一条高铁、两条铁路、三条高速、五个高速出口,县域四纵七横互为支撑的十一条主干线"的现代交通网大格局。到2015年基本形成"车畅其流、人便于行,城乡一体、内外畅通"的现代交通网络,着力构建"县城至周边城市半小时,县城至各中心镇15分钟的经济交通圈"。

(萍乡市交通运输局)

【《原中央苏区—莲花县公路交通发展规划》(2012—2020)编制完成】 莲花县属赣南原中央苏区,被列为江西省原中央苏区45个县(市、区)之一,被纳入国务院支持赣南等原中央苏区振兴发展的地区范围,为紧抓机遇,取得中央和省级政府及交通运输等有关部门的大力支持,利用这个契机推动莲花苏区交通运输事业的快速发展,根据省委、省政府《关于贯彻落实〈国务院关于支持赣南等原中央苏区振兴发展的若干意见〉的实施意见》,按照省交通运输厅编制《赣南等原中央苏区公路水路交通发展规划》的部署与要求,4月,该县交通运输局积极组织人员编制完成《原中央苏区—莲花县公路交通发展规划》(2012—2020),做好与省交通运输厅的衔接,布局好"十二五""十三五"时期该县公路交通运输事业的发展,充分运用好中央和省级扶助政策及资金助推县交通事业上新台阶,以促进该县加快发展、转型发展、进位赶超。

(萍乡市交通运输局)

【芦溪县积极做好规划编制工作】 芦溪县编制完成《2012—2020年芦溪县原中央苏区公路水路交通运输发展规划》,规划金额157亿元。该规划明确了该县2012—2020年区域公路水路交通运输发展的总体要求、空间布局、重点任务和政策措施,为该县中远期交通运输发展战略规划提供科学合理的依据,为实现该县交通运输事业的科学、快速和可持续发展起到至关重要的作用。同时,该县还编制完成全县《2013—2020年通自然村公路规划》。该规划采用PDA现场采集路线和自然村点,经核实,规划通往25户以上的全县未通畅自然村共1012个,进村外接公路608.293千米,其中包括25户以上未通畅自然村869个,进村外接公路529.163千米;25户以下未通畅自然村143个,进村外接公路79.13千米。该规划现已申报省交通运输厅待批复,将逐步建设完成水泥路。

(萍乡市交通运输局)

【九江市交通运输局编制通自然村水泥路建设规划】 为贯彻落实《江西省人民政府关于进一步加快交通运输事业发展的意见》,根据省交通运输厅有关文件精神和要求,九江市交通运输局在大量调查的基础上,编制《九江市自然村通水泥路建设规划(2013—2020年)》,该规划涉及全市210个乡镇、1946个行政村(合并后)、23001个自然村,规划利用8年时间,完成25户以上人口自然村公路建设7713千米。规划在兼顾全市公路网络优化的基础上,本着实事求是,因地制宜,分步实施,逐步完善的原则,使公路适应全市及县市区域经济发展的需要,推动工农业的发展。

(九江市交通运输局)

【九江市积极做好乡村水泥路建设的前期工作,32个建设项目获批】 9月,九江市32个乡村水泥路建设项目已通过省交通运输厅批准,其中三级公路16个35.1千米,四级公路16个23千米,共获中央财政支持资金2330万元。全部建成后,将有效解决100多个居民点众多群众的出行难问题。

(九江市交通运输局)

【新余市11个农村公路建设项目获交通运输部批准】 2013年,新余市加强农村公路基础设施建设项目报批工作,成效显著,获得交通运输部批准建设项目11个:①安保工程项目7个,包括马河线、章洋线、哲划线和邓罗线等安保工程,被列入2013年交通运输部公路建设(农村公路路网结构改造工程—安保工程项目)计划,建设总里程为54.79千米,总投资342万元(其中:中央投资188万元,地方自筹154万元)。②危桥改造项目3座,即渝水区绵山桥、高新区南安桥和高新区安和拱桥,被列入2013年交通运输部公路建设(农村公路路网结构改造工程—危桥改造项目)计划,3座桥的总长度为94.12米,总投资267万元(其中:中央投资133万元,地方自筹134万元)。③旅游公路建设项目1个,即仙女湖钤阳湖景区旅游路建设项目,该工程被列入交通运输部2013年车购税农村公路网改善工程建设计划,建设标准为三级公路,建设总里程19.2千米,总投资5494万元,其中车购税投资960万元。

(邓清华)

【新余市积极做好农村公路建设计划报批工作】 2013年,新余市积极做好农村公路建设计划报批工作,取得好成效,共12个建设项目获省交通运输厅批准,其中农村公路建设项目6个,农村独立桥建设项目5个,农村公路综合服务站1个。

(一)农村公路建设项目是:①农村公路县道升级改造项目1个,即章塘至洋江农村公路县道升级改造项目,建设里程5.3千米,总投资1262万元。②农村客运网络化连通工程3条,即水西镇哲划线至田南、山南至竹园、姚圩镇裴港至姚圩,属农村客运网络化连通工程路面改造,建设总里程11千米,总投资760万元。③国有农林场通沥青(水泥)路建设项目2个,建设总里程13.3千米(其中:渝水区王年三队至劳改农场1.6千米,分宜县场部至马井11.7千米),总投资2951万元。

(二)农村公路新建独立桥5座即渝水区下村镇枫江桥、高新区水西镇马洪桥、高新区水西镇张家二桥、分宜县杨桥镇文辛桥和孔目江区欧里镇白梅桥。5座新建独立桥的总长为248米,引道长420米,总投资600万元。

(三)农村公路综合服务站1座。即高新区水西农村公路综合服务站,该项目位于高新区水西镇,占地面积0.67公顷,其中新建综合服务区面积1741平方米。附属用房面积344平方米,建成后将覆盖水西镇、马洪办和城东办等3个乡镇(办)。该项目预算总投资445万元,其中建安工程费为332万元。

(邓清华)

【新余市交通运输局编制《新余市自然村通水泥路建设规划(2013—2020年)》】 为贯彻落实《江西省人民政府关于进一步加快交通运输事业发展的意见》(赣府发〔2013〕10号),科学规划全市自然村通水泥路建设,新余市交通运输局根据省公路局《关于开展江西省自然村通水泥路建设规划工作的通知》(赣路县字〔2013〕7号)的要求,组织全市各县(区)编制《新余市自然村通水泥路建设规划(2013—2020)年》。该规划范围为全市一县四区25户以上未通水泥路的自然村,同时对25户以下未通水泥路的自然村进行了调查。全市未通水泥路自然村有1069个,其中25户以上未通水泥路自然村有939个,需建设进村外接公路里程760.356千米,25户以下未通水泥路自然村130个,需建设进村外接公路里程110.477千米。

(邓清华)

【鹰潭市完成自然村通水泥路建设规划编制工作】 根据省公路管理局通知精神,6月,鹰潭市交通运输局召开专题会议精心研究部署规划工作,仅用1个月时间就将全市自然村公路数据采集完毕,编制完成《鹰潭市自然村通水泥路建设规划(2013—2020)》,并整理出相应的电子地图,及时将规划文本及电子地图上报至省公路管理局。根据该规划,2013—2020年,全市需建设通25户以上人口自然村水泥路1563.3千米,新增通水泥路自然村1650个,此外,还有201个25户以下人口自然村需建设通水泥路218.5千米。

(钟 斐)

【赣南公路勘察设计院产值突破三千万元】 2013年,赣南公路勘察设计院加大交通工程勘察设计力度,狠抓勘察设计生产经营,全年共签订勘察设计合同60个,合同产值3263万元。全年,福建分院共签订勘察设计合同8个,合同产值279.5万元;河南分院共签订勘察设计合同17个,合同产值68.7万元。招标代表中心共代理11个项目的招投标业务,合同产值84.3万元。在勘察设计生产经营和其他生产业务上,该院勘察设计合同产值较上年有一定的增长,该院在没有高速公路等大项目的情况下,依靠国省道改造小项目实现了产值突破3000万元的目标。

(李发淳)

【龙南县编制2013—2020年自然村通水泥路建设规划】 8月,龙南县交通运输局顺利完成《龙南县2013－2020年自然村通水泥路建设规划》编制工作。该局高度重视规划编制工作,派出公路技术人员深入全县各乡镇、场、管委会,进行指导、采集完善各自然村基础数据,及时完成数据调查工作。该规划的编制完成,对建设完善全县农村路网、断头路和乡、村道路连通工程建设具有重要指导意义。规划表明,2013—2016年全县计划建设农村公路397.1千米,确保全县自然村通畅率达到90%以上,2017—2020年拟建设农村公路139.7千米,到2020年年末全县自然村通畅率力争实现100%。

(李发淳)

【宜春市编制2013—2020年农村自然村水泥公路建设规划】 宜春市地处赣西,辖10个县(市、区),乡镇180个,行政村2263个,自然村26190个,农业人口4076287人,是个农业大市。至2012年12月,已通水泥公路自然村12812个,占自然村总数48.9%,水泥公路里程8913千米,为推动农村经济发展发挥重要作用。按照省、市政府部署要求,市交通运输局科学谋划,精心组织,多次召开座谈会,听取各方面意见,在调查研究的基础上,编制2013—2020年全市拟新建通水泥公路(25户以上)自然村13378个,里程10640千米,预算工程总投资303361万元。其中2013—2016年,新建通水泥公路自然村8576个,里程达6751.25千米,预算工程总投资189587万元,受益人口129.8万人;2017—2020年,新建水泥公路自然村4802个,里程3888.6千米,预算工程总投资121223万元,受益人口70.2万人。在全市农村自然村水泥公路建设中,全市将采取政府带动,舆论推动、部门互动、上下齐动良好局面。规划明确要求。一是坚持以人为本。把通自然村(25户以上)水泥公路建设作为惠民工程,2020年全市实现自然村村村(村小组)通水泥公路,使农村公路交通发生根本变化,为全面建设小康社会提供强有力交通运输保障。二是坚持交通安全为先的原则。全面提升农村公路等级技术标准,把公路建成安全工程。三是坚持打造环保公路。通过建设,实现公路硬化,桥梁永久化,路树成荫化,使公路美丽、绿色、环保、低碳,成为农村一道亮丽风景线。四是坚持建管养运一体化。在公路建设中强化公路管理,搞好公路养护和公路运输,制定切实可行公路管理、公路养护和公路运输办法,充分发挥公路在农村经济发展中的先行作用。

(余南猛　余贵红)

【上高县完成通自然村水泥路规划编制】 上高县现有自然村1621个,71480户,农业人口262591人,其中25户以上自然村1459个,共67906户236331人。截至2012年年末,全县水泥路未通畅自然村716个,共34076户122539人。其中25户以上水泥路未通畅自然村646个,共32469户117706人,25户以上自然村水泥路通畅率达60.15%。为实现省委、省政府提出的“全省2020年前25户以上自然村水泥路通畅率达100%”的目标,县交通运输局投入大量人力物力,对全县自然村进行核查、数据采集和入库工作,并在此基础上编制完成25户以上自然村通水泥路规划。根据规划,该县2013—2016年将安排25户以上自然村409个,修建进村公路293.1千米,村内公路171.3千米,通畅率达到85.38%;2017—2020年将安排25户以上自然村237个,修建进村公路168.5千米,村内公路99.1千米,通畅率达到100%。

(冷光明)

【铜鼓县开展通自然村公路调查】 根据省、市交通部门的部署,铜鼓县交通运输局从6月18日起开展对全县通自然村公路情况调查。调查分两个小组,每组3人,采用最先进的公路数据采集系统GPS进行工作。调查组历时21天,对全县9个乡镇、4个林场共95个行政村,700余个自然村公路进行一次全面普查。全县共有71条、长536.84千米的公路未硬化或不通公路。在调查过程中,工作人员发扬不怕苦精神,有时加班加点,有时徒步行走,有时午饭只能吃点干粮充饥。为保证采集数据的真实准确,编报及时,调查人员白天忙于采集数据,晚上还要对数据进行汇总、绘编,经常工作到深夜。经过半个多月的辛勤工作,全县所有自然村公路采集完毕,并按时向省、市上报数据,为全县通自然村公路修建改造打下坚实基础。

(黄祖芳)

【宜春市交通规划勘察设计院设计任务顺利完成】 2013年,宜春交通规划勘察设计院本着高起点、高标准、高质量的要求,精心组织,扎实工作,以较好的测设质量完成工程可行性研究报告23份,完成桥梁设计55座,完成农村公路水泥路面设计850千米。为增强勘察设计人员的质量责任意识和工作责任感，持续提高全院勘察设计水平和质量，改进质量薄弱环节，该院通过业务研究与学术交流，提高职工勘察设计工作水平，同时增加资金投入，不断加强全院技术储备能力，加大对专业技术人员的培训教育，组织专业技术人员参加软件计算机学习。通过培训学习，开阔视野，更新设计理念，将“以人为本”“安全、环保、和谐、耐久”的思想，切实贯彻落实到设计中去，持续提高勘察设计产品质量。近年来，该院服务质量不断提高，业务范围不断发展，在时间紧、任务重、要求高的情况下，坚持白天测量，晚上搞内业，夜以继日地“连轴转”，在保证设计质量的前提下，全面完成了全年工程设计任务。

（戴颖娟）

站场（厂）房屋建设

【概况】 2013 年，省交通运输厅共下达汽运场站基本建设计划补助资金 4000 万元（其中：部车购税 4000 万元）。全部用于罗霄山集中连片扶贫县级客运站、农村客运站和候车亭（点）建设，已下达计划数比 2012 年（5700 万元）减少 29.82%。

全年站场（厂）建设累计完成投资 96975 万元，比 2012 年增长 102%。其中，三级以上客运站场完成投资 46630 万元（其中国家公路客枢纽完成投资 37800 万元），农村客运站完成投资 9345 万元，物流园区完成投资 41000 万元，三级以上客运站和农村客运站与去年同期相比分别增加 175.80%、127.13%，物流园区更是实现突破，成为全年工作的一大亮点。2013 年，全省汽车客货运站场建设累计新增固定资产 3245 万元，竣工房屋建筑面积 5346 平方米，其中：农村客运站项目新增固定资产 1579 万元，新增房屋建筑面积 17088 平方米。2013 年，新开工项目 20 个，其中综合客运枢纽项目 2 个，货运枢纽项目 2 个，罗霄山县级站 1 个，农村客运站项目 15 个。

（省运管局 李 杰）

【罗霄山扶贫区域县级客运站建设】 2013 年，罗霄山区域县级客运站建设作为全省重点建设县级客运站，共有 5 个扶贫项目：新开工建设的为乐安汽车客运站；已完成建设的有于都汽车客运站、莲花汽车客运站和兴国汽车客运站，累计完成投资 6430 万元。乐安客运站和遂川汽车客运站等 2 个项目已完成施工图设计审查。 （李 杰）

【南昌综合客运枢纽站工程开工建设】 南昌综合客运枢纽站工程开工建设。该站建设是由《南昌市城市总体规划》和《南昌国家公路运输总体规划》确定，是为完善南昌市公路客运场站规划，建设南昌综合交通枢纽而建的公路客运中心，项目法人为江西长运股份有限公司。该站位于南昌火车站东广场北侧，用地总面积 1.43 公顷，采用一级汽车客运站标准建设，总建筑面积 35800 平方米，其中：主站房 7080 平方米，生产辅助用房 2620 平方米，综合用房 15000 平方米，地下停车场 7900 平方米，发车位和停车位 3200 平方米。另建设站前广场和停车场 5300 平方米。项目估算总投资 2.3 亿元。主要由项目法人自筹解决。建设工期 30 个月。

（周国祥）

【南昌西综合客运枢纽开工建设】 10 月 9 日，南昌市发改委正式批复《南昌西综合客运枢纽可行性研究报告》，确定项目主管单位是南昌市国资委，建设单位是江西长运股份有限公司。该客运枢纽位于南昌火车站西客站区域 A03、B04 地块，总面积 5.2 公顷。其中，A03 为“站房办公区”，B04 为“辅助设施区”。客运站总建筑面积 92894 平方米，其中：站房及站场配套建筑面积 15000 平方米，辅助用房建筑面积 15559 平方米，地下停车场及建筑面积 32335 平方米。项目建设总投资 3.75 亿元。除申请上级建设补助资 5000 万元，其余资金采取 PT 方式组织。该项目由南昌市城市规划设计研究总院编制设计,建设工期24个月。

(周国祥)

【景德镇市首座农村公路综合服务站建成使用】

7月8日,浮梁县蛟潭农村公路综合服务站建成并投入使用。该站于2012年4月8日开工建设,是景德镇市首个建成并投入使用的农村公路综合服务站。该站位于蛟潭镇206国道西侧,整体呈徽派建筑风格,占地面积6597.639平方米,其中综合服务楼占地面积632.72平方米,建筑高度为3层,总建筑面积1491.47平方米,建设公路养护设备用房及汽车维修用房200平方米,场地硬化面积38148平方米,工程总投资约450万元。

蛟潭农村公路综合服务站建成并投入使用,不仅实现总里程达902.2千米的农村公路管理养护的全覆盖,扩大农村公路的好路率和通畅率,而且农村客(货)运输组织能力将得到有效提升,直接受益群众达17.59万人。

(郑卫华)

【景德镇市昌江区鲇鱼山农村公路综合服务站竣工】 11月20日,景德镇市昌江区鲇鱼山农村公路综合服务站竣工。该站位于昌江区鲇鱼山镇老206国道旁,总占地面积6660平方米,综合服务楼占地面积1448平方米,建筑高度2层,总建筑面积2580平方米,建设公路养护设备用房及汽车维修用房1380平方米、场地硬化面积3802平方米,总投资300万元。该综合服务站集农村客运、货运、运政、路政、公路建设与养护为一体,具有健全完善的综合管理服务功能。鲇鱼山农村公路综合服务站建成后,直接受益村(居)民达6万余人,为当地村(居)民的生产生活提供良好的出行条件。

(洪　涛)

【杭瑞高速公路罗家滩综合管理所(景西收费站)西迁工程开工建设】 3月21日,杭(州)瑞(丽)高速公路罗家滩综合管理所及景西收费站西迁工程开工建设。该工程选址位于现景西收费站(罗家滩)以西2千米处,主要工程包括新建收费广场及收费棚(4进7出)、省际车辆超限超载检测站、收费站管理所及路政、交警用房、停车区(含加油站、厕所及附属设施),规划用地11.51公顷,总建筑面积12400平方米,投资概算1.13亿元,建设工期为6个月。项目建成后,不仅可提高收费站(现景西收费站为4进4出设置)车辆通行能力,并且实现园区道路与高速公路(项目建成后改为城市道路)的顺畅连接。

(涂　强)

【浮梁县锦东(鹅湖)汽车站旧貌换新颜】 位于浮梁县东北部山区的锦东(鹅湖)汽车站,在经历2个多月的修缮改造后,于9月初重新开门迎客。

锦东(鹅湖)汽车站建成于2006年,由于当时建设资金缺口较大,该站的附属设施一直未配套建设。5月,景德镇长运公司董事长周国顺到鹅湖汽车站检查工作时,看到站内停车场、候车室等均很破旧,当即召开现场办公会,决定投资20万元专门对该汽车站的附属设施进行完善,并对车站内外环境进行治理。

修缮改造后,锦东(鹅湖)汽车站站容站貌焕然一新,新铺设的2000余平方米的水泥地面停车场及进出站道路硬化路面,候车室内更新的座椅、添置的风扇,都让车站司乘人员、服务人员和乘客赞不绝口。

(浮交宣)

【景德镇市倾力打造赣东北综合物流园】 9月6日,景德镇市政府倾力打造的赣东北综合物流园(一期40公顷)基础设施建设全部完成。

赣东北综合物流园区位于杭(州)瑞(丽)高速景西收费站入口处,总占地面积373.3公顷,将规划建设会展中心、长途客运中心、公交枢纽中心、汽车城等十大功能区。规划中,园区总建筑面积90万平方米,总投资16亿元,全部由企业自筹和银行贷款解决。现园区一期工程建设面积为40公顷,至2013年8月末已完成主干道、高速连接线、航空一路接通景湖公路、航空二路全部竣工,完成投资1亿元。

(涂　强)

【乐平众埠农村公路综合服务站竣工】 2012年7月动工新建的乐平市众埠农村公路综合服务站,于2013年12月16日竣工。该站位于乐平市众埠村石山山场(乐秧战备公路东侧),占地面积14000平方米,建筑面积8000平方米;另有场地硬化7000平方米。该农村公路综合服务站主要承担众埠、十里岗、鸬鹚、礼林、接渡5个乡(镇)、94个行政村范围内665.65千米的县、乡、村道的养护与建设管理,负责辖区的道路客货运输市场监管,受益人口达26.5万人。

(涂 强)

【萍乡市湘东区交通运输局着力推进农村公路综合服务站建设】 2013年,湘东区有2个省级试点农村公路综合服务站,分别是湘东综合服务站和老关综合服务站,其中投资500万元、占地6347平方米的湘东农村公路综合服务站年末竣工,通过市级初验,并获得肯定;占地0.93公顷,由原老关稽征收费站改建成的老关农村公路综合服务站年末基本完工,全区农村公路建设、管理、养护、运输一体化服务初步实现"全覆盖"。

(萍乡市交通运输局)

【芦溪县农村公路综合服务站场建设扎实推进】 芦溪县为建立集农村公路建、管、养为一体的综合性服务站点,根据省厅要求,投资643.28万元建设了张佳坊、银河2个农村公路服务站和华云汽车站。其中,张佳坊综合服务站和银河农村公路综合服务站于2013年1月动工,12月综合服务楼、后勤楼、机修车间等相关办公室设备、机械设备都已全部到位,等待省厅验收;华云汽车客运站于2013年1月动工,12月主体工程、围墙、停车坪等已完工。

(萍乡市交通运输局)

【上栗县农村客运站场建设取得新发展】 2012年,上栗县各乡镇全部建立了客运站场,整体推进了"公交进郊、微巴进村"工作。确保了全县乡镇和行政村客车通达率分别达到100%和90%以上。金山镇农村公路综合服务站2013年12月末全面建成,共计完成投资450万元。

(萍乡市交通运输局)

【九江长运德安新汽车站投入试运营】 4月25日,九江长运集团德安新汽车站开门迎客,投入试运营。142辆客运班车全部进新站发班。原老汽车站和县城客运站已同时关闭。德安新汽车站于2010年9月破土动工,2012年6月已全面竣工。整个车站占地2公顷,主体建设工程4000平方米,站前广场1000平方米,总投资2000万元,是九江长运集团公司按照国家二级汽车客运站标准投资建设的。

(九江市交通运输局)

【九江长运集团开工建设永修新汽车站】 4月26日,永修县新汽车站开工建设。该工程为永修县2013年城市建设十大重点项目之一。永修新汽车站坐落在永修县湖东新区、开元大道东侧,与南昌至永修地铁站相邻,可实现地铁与公路旅客零距离换乘,将大大方便市民出行。永修新汽车站占地3.67公顷,总建筑面积10600平方米,工程总概算1.05亿元,其中建筑物概算投资5000万元。该工程是由九江长运集团公司策应永修县委、县政府城建规划要求,按照一级汽车客运站标准设计建设。至12月,主体工程已完工。

(九江市交通运输局)

【新余市渝水区水北农村公路综合服务站竣工】 新余市渝水区水北农村公路综合服务站为全省开展乡镇农村公路综合服务站建设的试点项目,是渝水区首个集农村公路建、管、养、运于一体的综合服务站,项目占地面积6019.72平方米,建筑面积1463.34平方米,总投资200万元,该项目2012年11月开工,2013年年末全面完成建设任务。

(廖振峰)

【新余市仙女湖物流园区客运西站建设工程完工】 10月,新余市仙女湖物流园区客运西站项目工程全部完工。停车场、维修车间、地面硬化、管网等其他附属工程也已完工。作为加快赣西中心物流园区开发建设的一项重要工程,该客运站的建设对完善新余市城市交通网络、提升客运保障能力、改善群众出行条件、提升新余城市品位以及区域竞争力和辐射力具有重要意义。

(赵春亮 邓清华)

【分宜县双林镇农村公路综合服务站主体工程完工】 分宜县双林镇农村公路综合服务站为全省开展乡镇农村公路综合服务站建设的试点项目,是分宜县首个集农村公路建、管、养、运于一体的综合服务站,总投资200万元。该项目于2012年

10月开工,2013年年末主体工程完工。

(杨 伟)

【新余市首个普通干线公路服务区开工建设】 12月,位于省道S224上吉线K62+000处新余市凤阳公路服务区全面开工建设。为促进普通干线公路建管养发展与经济社会发展,满足广大司乘人员公路出行服务需求,新余市公路管理局在凤阳建设具有停车、如厕、加油、休息、小卖部等实体服务功能的公路服务区。该服务区预计工期3个月。

(胡莉花)

【鹰潭农村公路综合服务站建设进展顺利】 鹰潭市有3个农村公路综合服务站被列为2011年度全省试点,至12月,龙虎山上清镇、余江县潢溪镇、贵溪市文坊镇3个农村公路综合服务站基本竣工。①上清农村公路综合服务站,建筑面积1989平方米,占地面积6722平方米,工程预算380万元,2013年1月30日竣工。②潢溪农村综合服务站,建筑面积1543.1平方米,占地面积10500平方米,项目总投资420万元,于2012年6月20日开工,至2013年1月30日竣工。③文坊农村公路综合服务站,总建筑面积2155平方米,占地面积0.67公顷,工程概算总投资650万元,10月末基本竣工。3个综合服务站作为省级综合服务站,将享有"7351"省厅优惠政策,服务站启用后将建立集农村客运、货运、路政、公路建设与养护为一体的综合管理服务功能。

(鹰潭市交通运输局)

【沪昆高速公路龙虎山服务区基本竣工】 沪昆高速公路龙虎山服务区建设项目是鹰潭市获批复的2011年度省重点工程项目之一,项目业主为江西省公路开发总公司。该项目占地面积20公顷、总投资1.5亿元,位于沪昆高速与济广高速相交的鹰潭枢纽互通附近,对鹰潭市大框架城区发展有着积极的推进作用。工程于2012年9月19日开工建设,至2013年12月基本竣工。

(钟 斐)

【安福县洲湖农村公路综合服务站全面竣工】 安福县洲湖农村公路综合服务站全面竣工,并通过吉安市交通运输局初步验收。洲湖农村公路综合服务站是江西省第一批乡镇农村公路综合服务站省级试点项目,总投资360万元。

(吉安市交通运输局)

【宜春市乡镇农村公路综合服务站建设成效显著】 2013年,宜春市开工建设乡镇农村公路综合服务站19个,总占地面积165000平方米,共投入资金9500万元,其中省交通运输厅补助每站100万元,各县市共自筹7600万元,项目数占全省107个获批建项目的1/5。其中,2011年批准立项的11个项目,丰城市的曲梅林,高安市的新街,宜丰县的黄岗等4个综合服务站通过省厅验收,其余的站均已竣工。该市主要做法是:①统筹兼顾,科学规划。充分调研,准确掌握农村公路通达情况,客源分布、车辆现状等各种情况,使农村公路综合服务站建设充分体现"选址源于民,选址便利民"的服务宗旨。②从严监督,确保质量。在工程建设关键环节、重要建筑材料的使用等方面,重点检查,层层把关。③制定制度,加强管理。制定农村综合服务站各项规章制度,严格按制度落实,按照"车进站、人归点"要求,引导旅客进站候车、乘车,维护正常秩序,同时,开通小件物流、邮政代办、农资配送等功能,深受周边乡镇农民的欢迎。

(周文明 李 明)

【宜春市汽车总站建设项目有序推进】 该项目位于宜春锦绣大道与明月大道交汇处,占地6.4公顷,投资规模1.86亿元,现已完成投资8000万元。宜春汽车总站于2009年9月28日动工建设,进展顺利,截至2013年年末,该项目站房18—32轴主体已完工,站前广场行铺设工作,预计站房部分将于2014年3月完工并投入使用,可容纳客车100多辆。项目的建成,对改善宜春地区交通基础设施条件,促进区域经济发展起重要作用。

(李 庆)

【宜春铁路综合交通枢纽建设进展顺利】 宜春新火车站综合交通枢纽工程项目,是集高铁站、普铁站、长途汽车站、公交车站、出租车站等五站于一体的综合性交通枢纽工程。是袁州区城市建设三年升级战重点项目之一,是省、市调度重大工程建设项目。总建筑面积14.8万平方米,其中地上建筑面积68149平方米，地下建筑面积79920平方米，工程总投资119000万元。市委、市政府、区委、区政府对工程建设高度重视，成立由市区领导任总指挥，市区交通运输等部门主要负责人为成员的综合交通枢纽建设总指挥部，加强领导，科学谋划，精心组织，制定举措，加大力度，实现"五个"统一，做到"五个"到位，全力推进。该工程建设进度快、质量优、效果好。于2011年12月开工建设，由宜春市袁州新城管委会承建。项目建设进展顺利，截至2013年11月末，累计完成投资6.5亿元，占总投资54.1%，为高铁早日开通创造良好条件。

（李　庆）

【樟树市投资480万元新建93个公交站亭】 过去樟树市城区公交线路有站无亭，给乘车群众带来诸多不便。为进一步改善广大群众候车条件，6月，该市利民公交公司坚持以人为本，科学发展，更好地提供公共服务，组织人员进行调查研究，广泛听取社会各界意见，反复研究，公司投资480万元，公开招标择优选择建设单位，新建美观大方、多功能港湾式不锈钢公交站亭93个，做到布局合理，站亭结合，不仅美化城市环境，也为广大群众候车提供方便，得到市政府充分肯定，深受群众好评。

（杨　波）

【丰城市实现农村公路综合服务站全覆盖】 丰城市在2012年建站的基础上，2013年又建小港、洛市、荣塘、秀市4个农村公路综合服务站，总面积49508.11平方米，建筑面积8047.7平方米，工程投资1800万元，率先在全省实现县级综合站全覆盖，为建设农村公路建管养一体化创造良好条件，为发展农村公路交通运输发挥重要作用。

（朱明荣　熊雪芽）

【奉新县农村公路服务站建设有序推进】 为切实做好农村公路的建、管、养、运工作，奉新县委、县政府经认真研究，积极筹划，拟在"十二五"期间完成上富、赤田、会埠3个农村公路综合服务站的建设，做到农村公路管养全覆盖。通过积极向上争取，该县上富和赤田两个农村公路服务项目获得省交通运输厅的批准立项，会埠站的申报立项也可在2014年完成。上富站已于11月动工建设，至12月末，工程已完成33300立方米填土及土地平整工作，进行主体工程施工，工程总投资354万元，争取省交通运输厅补贴资金100万元，县财政拨款245万元，占地0.667公顷。赤田站在通过省交通运输厅立项批准后，正在开展建站土地征收工作。

（魏振宇）

【高安市相城农村公路综合服务站竣工运营】 11月25日，高安市相城农村公路综合服务站建设历时9个月竣工运营。工程占地0.71公顷，建筑面积1236平方米，总投资477.11万元。该站功能可辐射相城镇、建山镇、田南镇及相城垦殖场7个居委会，59个行政村，568个村民小组，人口11.56万人。

（周世祥）

【上高县乡镇农村公路综合服务站建设进展顺利】 9月，上高县泗溪、徐家渡2个乡镇农村公路综合服务站开工建设，项目占地总面积1.33公顷，总建筑面积4000平方米，工程总投资900万元。至12月末，完成主体工程（综合楼）建设，完成投资231万元。

（冷光明）

【宜丰县扎实做好农村候车亭建设】 宜丰县遵循"立足需求，方便群众；统一规划，合理布局"的原则，根据全县农村地形、人口密度，经过实地考查、科学论证，2013年共完成市级候车亭建设18个，其中万修线10个候车亭已通过省、市运管部门验收，梨树、凌江、县城320国道连接线8个候车亭10月完成，为全县道路运输发展提供坚强的道路运输保障。

（漆志勇）

【东乡瑶圩乡农村综合服务站竣工】 东乡县瑶圩乡农村综合服务站是2012年省交通运输厅试点建设项目。建设内容：综合服务楼一栋745平方米、养护设备仓库125平方米、检修车间84平方米、附属用房64平方米、停车场及其他空地4000平方米。该工程由"江西华诚建设有限公司"中标施工，投资66万，2012年8月1日开工建设,2013 年 12 月 25 日竣工。

(东乡县交通运输局)

【崇仁袁坊客运站动工兴建】　袁坊客运站位于崇仁县桃源乡袁坊村,属山区,具有丰富的毛竹、杉木等林业资源,现有人口 1.7 千余人,地处桃源乡、礼陂镇、相山镇等三个乡镇的交界处,历来是当地山货交易和客商人流的汇集之地。袁坊客运站总占地 1160 平方米,建筑占地 210 平方米、建筑总面积 416 平方米,主楼设计二层,总投资 32 万元,2013 年 10 月开工建设,截至 12 月 30 日完成工程总量的 50%。

(崇仁县交通运输局)

【黎川县城乡客运一体化建设稳步推进】　2013 年,黎川县认真落实《黎川县"十二五"交通规划》,坚持把优先发展城市公共交通作为贯彻落实科学发展观、建立节约型运输行业的重要举措,不断完善城市公交基础设施,推进城乡一体化进程,推进城际客运、城市公交、出租车客运、农村客运和旅游客运等组成的多层次一体化客运服务体系建设。该县新建区乡客运站 5 个,在各城乡主干道建设 86 个农村候车亭。投入公共交通客运车辆 44 台,开通 4 条公交线路,延伸 1 条线路;投入农村客运车辆 47 辆,开通农村客运班线 38 条,为全县人民群众提供出行便利条件。

(徐高宗)

【抚州市 4 个县建成新汽车站】　2013 年,抚州市 4 个县建成新汽车站 4 座。①东乡客运站 2011 年 4 月开工,占地面积 1.4 公顷,建筑面积 13000 平方米,站场面积 1.13 公顷,主站房 8 层,站前广场面积 0.27 公顷,总投资 3500 万元。该站建有候车大厅、售票大厅、公交办公大楼、修理车间、停车场。②宜黄新车站竣工营运。该站占地面积 1 公顷,建筑面积 5023 平方米,站场面积 0.8 公顷,主站房 4 层,站前广场面积 0.2 公顷,总投资 2300 万元。该站于 2012 年 12 月竣工。③乐安新车站竣工。该站占地面积 2.34 公顷,建筑面积 6000 平方米,站场面积 0.8 公顷,办公楼 6 层,站前广场面积 0.267 公顷,总投资 2600 万元。该站于 2013 年 12 月竣工。④广昌新车站建成。该站占地面积 2.6 公顷,建筑面积 8000 平方米,站场面积 0.8 公顷,主站房 4 层,站前广场面积 0.2 公顷,总投资 2857 万元。

(抚州长运)

运输生产

道路运输

【概况】 道路运输生产稳步增长。截至2013年底,全省公路运输完成客运量7.998亿人次,旅客周转量382.84亿人千米,同比分别增长3%和2.9%;完成货运量12.69亿吨,货运周转量3068.42亿吨千米,同比分别增长11.6%、19.9%。客运平均运距48千米,货运平均运距242千米。日均运送旅客219万人、货物347.2万吨。公路运输四大指标在综合运输体系中所占比重分别为91.5%、37.2%、90.4%、78.6%。公路运输在综合运输体系中继续保持主导地位。

道路运输与公路建设进一步实现良性互动。公路总里程已达到152067千米,其中高速公路4303千米,依托高速发展的高速公路和快速发展的农村公路,搭建了省际、省内高速客运网络和农村客运网络。

城乡运输一体化进程进一步加快,提高了农村客运通达覆盖率和服务保障水平,为客、货运输生产提供了重要保障,道路运输在全省综合运输体系中的地位优势日趋明显。

元旦、春节、清明、五一、端午、暑期客流高峰、中秋等节假期的来临,使全省出行人数大幅增加,道路运输发挥着越来越重要的作用。

公路货运通过树立物流服务的经营理念,积极引导货运企业转变发展方式,积极推动物流站场规划实施,积极推动甩挂运输试点工作,强化危货运输管理基础管理,加强企业应急能力建设等工作开展,努力提高车辆的运行效率,使道路货物运输服务能力不断增强,道路货物运输行业总体保持稳步发展态势。

道路运输业结构调整成效明显。近年来,江西省始终以调整道路运输业结构为主线,通过政策引导、制度规范,公司化经营得到普遍推行,并取得非常大的成效和非常好的示范效应,运输经营业户“多、小、散、弱”的局面得到了明显改观,旅客运输经营业户数量明显减少,运输企业向规模化方向发展,平均规模逐步提高。

拥有100辆客车以上的班车客运企业达到38户,50辆客车以上的企业107户,班车客运经营业户户均拥有车辆26.4辆,同比增加了6辆,班车客运经营业户的平均规模继续扩大。货物运输经营户数达16.6万户,同比增长了4.05%,以甩挂运输为契机,以物流园区建设为突破口,培育龙头货运企业,引导货运企业向现代物流企业转型,100辆货车以上的货运企业达到686户,户均拥有货车2.7辆。

危险货物运输经营业户达249户,拥有危险货物运输车辆10643辆,户均拥有车辆数为42.7辆,明显高于普通货运。提高了市场竞争力,危险货物运输向规模化、集约化发展。

运输装备水平不断提高。截至2013年年底,全省营运汽车拥有量达到40.4万辆,同比增长了5.1%,其中营运客车1.8万辆、48.4万座位,同比减少了5.16%、1.67%,营运载货汽车38.6万辆、325.5万吨位,同比分别增长了5.67%、12.23%(载货汽车的统计口径作了修订)。道路运输装备总量持续增加,运力结构得到进一步调整,较好地满足了日益增长的不同层次运输需求。

全省营运客车更新速度进一步加快,标准化程度高、舒适性能好、安全性能强、能耗低的营运汽车所占比例逐年提高。高级营运客车已达4917辆、194530座,同比分别增长1.4%、5%,中级营运客车已达4015辆、127179座,同比分别减少16.7%、14.9%。全省中、高级客车共8932辆,占整个运力结构的49.9%。营运客车的减少主要原因是由于为了节能减排的目标2013年省会南昌市严格执行了对高污染排放车辆(黄标车)的限行标准,大量不符合排放标准的营运客车开始下载,而更新车辆未能及时补充。

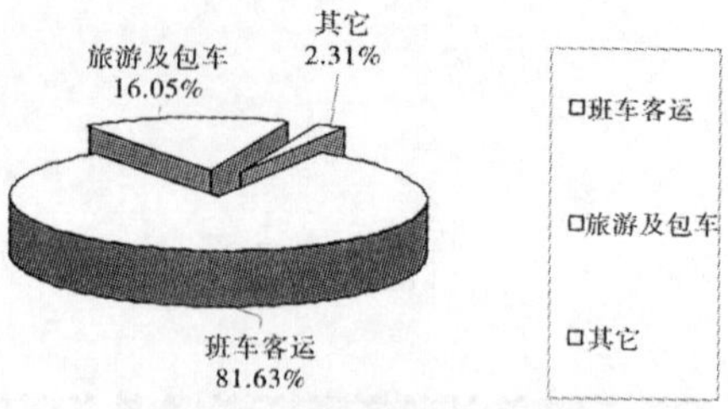

图1 全省营运载客汽车构成及比例

大吨位、高效率的大型货车和轻便灵活的小型货车均得到了较快发展。大型载货汽车达17万辆、295.5万吨位,小型载货汽车达14.24万辆、18.63万吨位;同比分别增长1.7%、13.2%、1%、4.9%。运力结构不断优化,重型货车比重进一步提高,达到了32%。运力大型化、专业化程度不断提高,行业竞争力进一步加强。

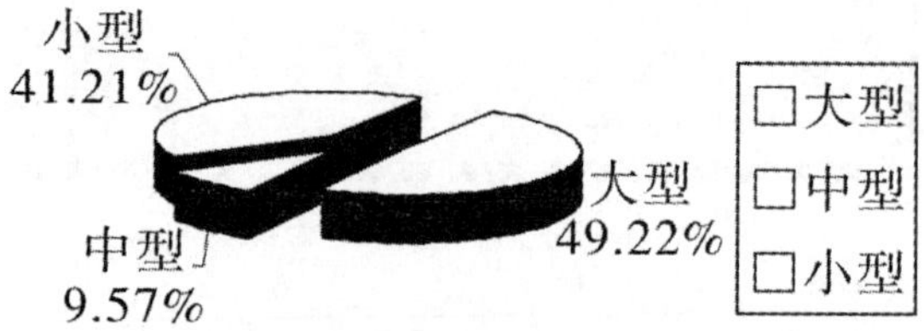

图2 全省营运载货汽车构成及比例

2013年营运载货汽车运力结构

表3

年度	载货汽车按车型划分所占比例				按经营范围分所占比例	
	大型	其中:重型	中型	小型	普通载货	专用载货
2013	42.22%	(32%)	9.57%	41.21%	95.8%	4.2%

行业发展为社会提供了更多的就业机会。截至2013年年底,全省道路运输经营许可证在册数达到17.31万张,较2012年增加0.34万张,同比增长2%;道路运输从业人员78.4万人,同比增长4%,其中持证上岗人员71.6万人,同比增长7%;为社会提供新的就业岗位3万个。

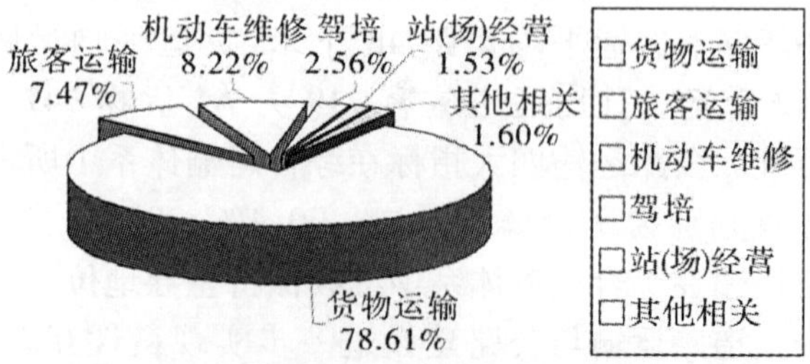

图3 全省道路运输从业人员构成及比例

道路运输相关业务发展迅速。道路运输基础设施建设有序推进。截至2013年底,全省累计建成等级客运站956个，货运站56个，建成候车亭12418个，其中一级站17个、二级站93个、三级站59个、四级站200个、五级站587个，全年汽运站场建设累计完成投资9.65亿元，同比增长102%。客运站服务设施进一步完善，2013年配备危险品安全检测仪的客运站达到108个。

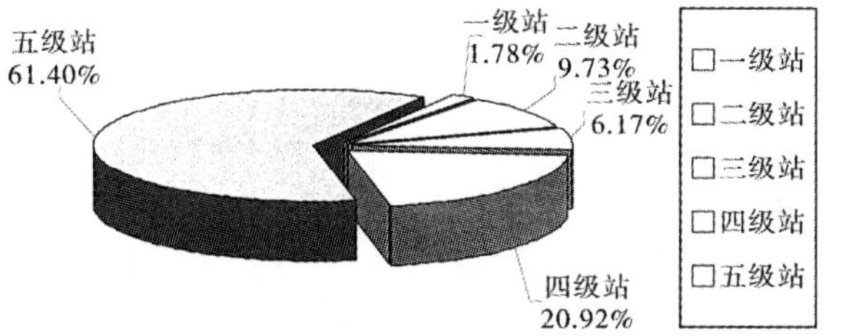

图4　全省等级客运站构成及比例

汽车维修服务能力继续增强。机动车维修业户9977户，其中一类维修企业313户，二类维修企业1543户，三类维修企业6131户，摩托车维修企业1990户。完成主要工作量344.1万辆(台)次，同比增长3.1%，汽车综合性能检测站75家，增加了7家，完成检测量48.1万辆次，同比增长26.3%。

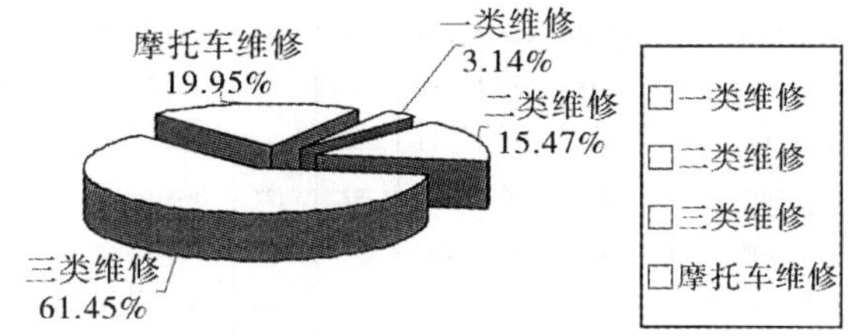

图5　全省机动车维修业户构成及比例

驾驶员培训机构进一步发展。机动车驾驶员培训业户476户，同比增长9.2%，其中一级驾校51所，二级驾校342所，三级驾校81所，培训了61.3万人次，同比减少2%，其中：培训合格人次为56.9万人次，同比减少4.4%。培训合格人次的下降主要原因是由于从业资格考试大纲变更后难度加大，许多人担心无法通过考试，呈观望的态度。

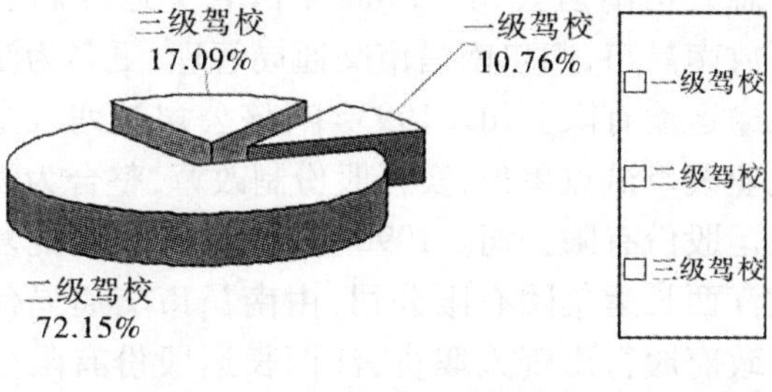

图6　全省机动车驾驶员培训驾校构成及比例

客运班线班次经营逐步转型升级。截至2013年年底，全省共开通客运线6805条，平均日发班次达到49957个，同比分别减少1.48%、4.69%，其中跨省客运班线1204条，跨地(市)客运班线1232条，跨县客运班线884条，县内客运班线3485条，高速公路客运班线541条。江西省对运力过剩且竞争激烈的中短途客运班线，引导经营者采取股份制改造等形式组建客运线路专营公司，实行一线一公司，或通过制定线路置换、绿色通道办理等政策，引导、鼓励客运企业之间进行兼并、合并，如江西长运股份有限公司并购鄱阳长途汽车运输有限公司，萍乡长运有限公司并购萍乡市永安实业有限公司，为推进客运行业集约化、规模化发展进行积极有效的探索。

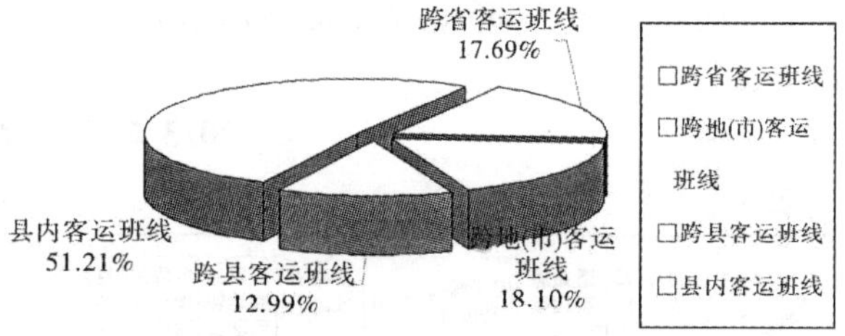

图7　全省客运班线构成及比例

由于农村客运网络化程度继续提高，农村客运班线网络覆盖密度的不断加大，江西省交通运输出台了《关于推进城乡道路客运一体化发展的实施意见》，推进农村客运线路公交改造，全年共有34条农村客运班线进行了改造。

投入到农村客运的车辆达到8841辆，开通农村客运班线3592条，占客运线路的52.8%。乡镇客车通达率为100%，行政村通客运班车率92.4%，比上年提高了1个百分点，方便了农民出行，使更多的农村群众共享了现代交通改革发展成果。

城市客运稳步发展。省政府出台了《关于城市优先发展公共交通的实施意见》，实现江西省公交优先发展的重大政策突破。截至2013年年底全省拥有城市公共汽电车经营业户112户，从业人员20219人，公共汽电车运营车辆9813辆10717标台，与上年相比基本持平。运营线路1042条，运营线路总长度178388千米，同比分别增长7.6%和3.6%，公交客运量149877.8万人次，同比增长1.6%。拥有城市出租汽车经营业户205户，从业人员35307人，出租汽车16975辆，同比增长4.7%，出租客运量64660.1万人次,同比增长 0.2%。全省城市(县城)公共汽电车投资完成 50286.7 万元,其中公交站场投资 6347.7 万元,公交车辆购置与更新 43939 万元。

市场退出机制进一步健全。2013 年全省报废和检验不合格退出车辆 4388 辆,吊销(注销)经营许可证 1891 户。通过实行“招标准入、期限经营、合同规范、信誉考核、依法退出”的市场运行机制,促进公平竞争,实现优胜劣汰,坚持日常管理和专项整治相结合的原则,有力地促进了道路运输市场准入、考核、监管、退出机制的形成和完善。

(陈　刚)

运输企业

【概况】 2013 年,全省道路运输客运企业 145 户(拥有 50 辆客车以上的经营户),货运企业 16.6 万户,从业人数 783695 人,其中从事旅客运输 58542 人,从事道路货物运输 615050 人,机动车维修经营 64304 人,机动车驾驶员培训 20020 人,详见表 4:

2013 年全省道路运输从业人员数

表 4　　单位:人

单位名称 \ 类别	从业人员数合计	道路旅客运输	客运驾驶员	乘务员	道路货物运输	道路货物运输驾驶员	危险货物运输驾驶员	危险货物运输押运员	危险货物运输装卸管理员	站(场)经营	客运站经营	货运站场经营	机动车维修经营	技术负责人	质量检验员	其他维修技术人员	汽车综合性能检测站	机动车驾驶员培训	汽车租赁	其他相关业务经营
全省合计	783695	58542	36501	17969	615050	554712	17868	12933	4329	11955	11492	463	64304	6858	4509	40365	1050	20020	239	12535
南昌市	143359	9452	6900	1184	102686	88572	1538	1430	78	2740	2740	0	15662	623	369	10017	113	2986	0	9720
景德镇市	46030	2365	1179	11	35925	26195	651	526	0	649	649	0	6415	181	169	295	27	649	0	0
萍乡市	39781	2442	1528	981	33063	31170	1189	1254	239	411	411	0	2965	87	213	2083	36	784	34	46
九江市	64346	8185	5850	2112	48553	46332	2337	1476	322	1102	1102	0	4374	620	581	2922	127	1848	19	138
新余市	43779	1342	612	291	39404	38934	184	230	30	308	308	0	2288	447	205	1579	23	414	0	0
鹰潭市	36731	1346	886	344	33689	32964	338	169	30	93	93	0	1111	101	101	909	56	436	0	0
赣州市	89561	10706	6318	4388	63164	58425	1151	1151	1286	1836	1601	235	8844	1491	418	6935	245	3761	117	888
吉安市	77134	5517	3162	1893	61680	58798	2372	2198	264	1019	908	111	6640	910	566	4891	99	1761	0	418
宜春市	83806	4680	3050	1630	66958	56356	5256	2145	1398	1536	1435	101	7274	1021	897	5356	105	3029	0	224
抚州市	77425	4535	2701	1677	65968	60516	1901	1529	620	687	671	16	3697	535	402	2337	72	1365	0	1101
上饶市	81743	7972	4315	3458	63960	56450	951	825	62	1574	1574	0	5034	842	588	3041	147	2987	69	0

【江西长运集团公司整体划归南昌市国资委管理】 2013 年,中共南昌市委、南昌市政府决定将江西长运集团有限公司整体划归市国资委管理。7 月 5 日,市委常委、常务副市长张鸿星主持该公司国有资产划转有关问题协调会议,副市长刘家富、肖玉文和有关单位领导出席会议。会议传达了市政府有关江西长运集团有限公司国有资产划转问题会议精神,认真研究有关工作,明确即日起,江西长运集团有限公司整体划归市国资委管理,由市国资委代表市政府履行出资人职责,市交通运输局作为行业主管部门履行行业管理职责。会议对整体划转期间的相关工作提出明确的工作要求和工作纪律,要求市政府各有关部门严格按照市委、市政府的决策部署,切实履行职责,按要求、按程序办理相关手续,确保一次性整体划转到位。

江西长运集团有限公司前身是江西省公路运输总公司南昌公司。1988 年由省交通厅属企业下放南昌市,归口南昌市交通局管理,更名为江西长途运输有限公司。1993 年,该公司被列入全省企业改革试点单位,实行股份制改革,整合为江西长运股份有限公司。1996 年,南昌市政府批复组建江西长运集团有限公司,由南昌市交通局代表市政府履行出资人职责,江西长运股份有限公司为集团有限公司的控股公司。

(周国祥)

【江西长运定向增发股票圆满完成】 4月18日，中国公路客运第一股——江西长运圆满完成增发任务，首次以非公开发行股票5100万股，筹集资金4.6亿元，用于客运枢纽站场和物流中心建设。

2010年以来，面对日益严峻复杂的市场竞争新形势，江西长运发挥主业对相关产业的辐射和拉动力，通过资本运作，开辟一条多维化经营可持续发展之路，实现了一年一小步，三年一大步的发展历程，截至4月，公司总资产42.17亿元，比2009年的15.79亿元增长167.07%；净资产15.34亿元，比2009年的6.69亿元增长129.3%。实现营业收入21.7亿元，比2009年的9.92亿元增长118.75%。实现利润2.11亿元，比2009年的1.38亿元增长52.9%。江西长运有客运站场78个，经营线路2036条，营运建制车辆6516辆，从业人员13600人。

本次非公开发行股票借助资本市场的融资平台，加快客运和货运站场的建设和整合，提高公司竞争力和持续盈利能力，为实现公司战略发展目标提供有力的资金支持。

（周国祥）

【江西长运入选江西领军企业50强】 8月30日，江西长运股份有限公司在江西省生产力学会、国家统计局江西调查总队举行的江西领军企业50强调研活动中，被授予“江西领军企业50强”称号。这是对江西长运内抓管理、外拓市场，不断提高经济增长质量和效益，实现可持续发展，成为引领行业发展的标杆性企业的充分肯定。本次调研活动覆盖了全省各地区、各行业、各经济类型、各种规模的独立法人企业或企业集团，从中选取196家企业，按行业分类进行盈利能力、营运能力、发展能力、管理能力、创新能力和环境保护、安全生产、履行公益等八个方面的多项指标的综合评价评出50强。这50家企业在引领行业发展和规范管理、提升效益、开拓创新等方面发挥着示范和带动作用。

6月，江西长运股份有限公司被中国道路运输协会评选为“中国道路运输百强诚信企业（2013年）”，位列第8位。

（周卫国）

【南昌长运QC成果喜获丰收】 10月27日，2013年度全国交通运输行业质量管理经验交流暨表彰大会在西安举行，总结交通运输行业开展质量管理小组活动经验，推动全国交通运输行业群众性质量管理小组活动的发展。

南昌长运公司报送的9项质量管理（QC）小组及成果获得大会的表彰，分别是：（1）昌南客运站先锋QC小组《降低车站纸张消耗》；（2）昌南客运站星光QC小组《降低停车场空置率》；（3）昌南客运站金瑞QC小组《降低旅客错乘、漏乘率》；（4）洪城客运站“方向盘”QC小组《提高车辆安检报班速度，杜绝未过安检车辆报班》；（5）高客分公司扬帆起航QC小组《提高营运车辆车载GPS上线率》；（6）客运三分公司迅雷QC小组《优化梅庄班线发班流程，提高高峰期班线客运量》；（7）徐坊客运站李红QC小组《提高恶劣天气下旅客满意率》；（8）长安客运服务有限公司奋进QC小组《新型售票电脑桌的研制》；（9）青山客运站安盾QC小组《提高车辆出站检查效率》。

南昌长运有限公司获得全国交通行业2013年度质量管理小组活动优秀企业，穆孙祥获得质量管理小组活动卓越领导人，张敏获得质量管理小组活动优秀推进者。南昌长运有限公司徐坊客运站李红服务组和公司顾客服务中心被评为交通行业2013年度质量信得过班组。

（周国祥　刘小平）

【南昌长运对高安、丰城、平江班线进行公司化改造】 按照南昌长运公司总体部署，南昌长运客运二分公司、太平洋分公司、客运三分公司分别对高安，丰城，平江班线进行公司化改造。

客运二分公司对“南昌—高安”班线公司化改造做好前期准备工作。一是自10月中旬开始多次与高安汽车运输公司沟通，得到对开公司的支持。二是与责任经营人多次谈判和沟通，向责任人通报外部环境及该班线的经营形势。12月5日，6名责任人全部在收购协议书上签了字，二分公司全部收回高安班线6辆车，顺利完成该班线公车改造。12月13日，“南昌—高安”班线公车公营正式开班，运营模式暂时延续以前“联营模式”。

太平洋分公司和长安公司的领导班子成员面对60多人的责任经营人团队，认真了解和掌握丰城班线的运营情况及责任经营人的思想动态和诉求，对责任经营人耐心讲解和分析公司组建公营车队的重要性和必要性,认清市场变化的新形势。分公司领导还专程赶赴丰城,到困难的责任经营人家中走访,了解他们的实际困难,并承诺在下一步招聘驾驶员的过程中,原班线车辆驾驶员优先招聘,安抚责任经营人的情绪。

12月14日开始,丰城班线14辆车辆进行交接。12月18日上午9:10,第一趟南昌至丰城的公车从长安车站开出,自此太平洋分公司公营车队丰城班线正式开通。

客运三分公司继靖安公车公营改造之后,领导班子成员经过前期的充分准备和不懈努力,平江班线公车公营于2013年12月18日下午顺利签约,对车辆进行交接。在整个交接过程中,分公司组织机务、安全人员对车辆的安全性能进行检查,将车辆的相关证件及车钥匙收齐,认真填写好车辆交接表并签字备案。

(周国祥　郑兴铭　孙　磊
饶文英　刘志坚)

【江西长运举办"营业税改征增值税"培训班】 7月10日,江西长运股份公司在南昌市进行"营业税改征增值税"的培训班,组织省内参与本次"营改增"涉及的公司各单位的财务、业务人员进行集中培训。培训班邀请江西省国家税务局的专家前来授课,重点对营业税改征增值税试点有关企业会计处理规定进行剖析,以及如何适应在"营改增"试点下账务处理方式的变化和税收筹划进行解读与指导。参加培训的学员就相关问题向专家提出咨询和交流。

(周国祥)

【江西长运机动车检测中心通过计量认证评审】 江西长运机动车检测中心三年一次的计量认证于2013年年底到期。为了保证计量认证资质的延续性,该中心领导高度重视此次认证,精心地准备计量认证评审有关工作,抓好每个细节,确保在评审中一次性通过。

12月1日上午,江西省质监局委派三位评审组专家一行莅临检测中心,依据计量认证的有关要求,按照计量认证的程序召开首次会议,抽查现场试验,进行材料审核和人员现场考核,最后召开末次会议,反馈专家组的评审意见。经过一天的审核,评审组认为江西长运机动车检测中心符合计量认证的相关要求。该中心一次性顺利通过省质监局的计量认证评审。

(周国祥　温时满)

【景德镇长运公司连续6年获得全国"安康杯"】 8月,江西景德镇长运有限公司再次获得全国"安康杯"安全生产竞赛优胜单位。这是该司连续6年获此荣誉。

"安康杯"是由中华全国总工会和国家安全生产监督总局联合下发的全国安全生产最高奖项。景德镇长运公司长期以来,始终把安全工作放在企业经营生产的首要位置,致力于打造企业安全管理长效机制,形成了一整套涉及安全责任、检查、教育、培训、监督、考核、奖惩、风险转移、经费保障、事故处理、责任追究、应急保障、消防管理等方面的一整套规章制度。并严格按照标准抓好落实。责任事故率、责任死亡率、责任伤人率、经济损失率控制在国家一级道路运输企业控制指标以内。所属高客分公司创造了连续11年"零"死亡的记录,并于2008年通过国家职业健康安全管理体系认证。

(张顺寿)

【景德镇长运公司开通网络购票渠道】 2月初,景德镇长运公司开通网络购票渠道,以缓解春运期间"买票难"问题,方便市民安排出行计划。景德镇长运公司采取加入"旅途100长途客运汽车二维码电子票在线订购服务平台"的方式开通网络购票渠道,市民只需登录www. Lvtu100. com(旅途100网)完成注册后可以在线查询到自己所乘班线的班次、发车时间及车票价格等信息,每次订单最多可购买4张车票。在线订票成功后,市民可通过网银、支付宝等方式付款。购票成功后,市民可在乘车前到班车始发站购票窗口领取车票乘车。

(涂　强)

【景德镇长运公司推出高客学生票】 2013年春运启动后,为积极做好节后客流高峰时的运输组织工作,景德镇长运公司在景德镇至南昌、景德镇至九江2条学生客流较多的高速直达客运班线上推出学生票,充分体现出国有企业的社会责任感,受到广大学生及学生家长好评。大、中专院校学生凭学生证，即可按每票(次)35元的标准购买学生票。具体为：景德镇至南昌班线任何班次均安排一定数量的学生票；景德镇至九江班线只在该公司车辆承担的班次上安排一定数量的学生票。与全价票相比，购买景德镇至南昌车票可节省50元，购买景德镇至九江车票可节省30元。

(涂　强)

【萍乡市公路运输业】 2013年，该处从"一个目标、两个落实、三个重点"出发，以人为本，不断激活运输行业市场，提高行业服务质量，使行业管理和行业市场，实现不断繁荣。全市有客运企业10户，客、货站(场)98个，货运企业97户，三类以上汽车修理厂648家，驾校15所，从业人员达到41620人。有客运车辆1040辆，客运线路258条，有货运车辆29145(危货806辆)。全年完成客运量7023万人(其中春运589.3万人)，旅客周转量177681万人千米，分别比上年增长2.99%和2.83%；完成货运量10882万吨，货物周转量1246611万吨千米，分别比上年增长10.69%和18.5%。

(萍交局)

【上栗县公路运输业】 该县公路运输业主要是以旅客运输、货物运输为主导，道路运输服务业为辅的道路运输体系。货物运输突出以烟花爆竹、煤炭、水泥、石矿产为主要货源。辖区道路旅客运输经营、道路货物运输经营、机动车维修经营、机动车驾驶员培训学校、站(场)经营、汽车租赁、城市公交等道路运输行业。截至2013年年底，辖区共有营运货车1822辆、营运客车72辆、农用运输车5085辆、客运企业5户、货运企业22户、货运站(场)1个、三级汽车站1个、农村客运班线26条、机动车维修企业64户(其中一类2户、二类8户、三类56户)、机动车驾驶员培训学校4所，辖区内道路运输行业从业人员逾万人。

(萍交局)

【莲花县公路运输业】 莲花县地处湘赣边界，境内四面环山，中间为丘陵与盆地，是个典型的山区内陆县，无大江大河过境，没有水运，铁路还未通车，公路是唯一的运输方式。近20年来，莲花在国家一系列扶贫开发政策的大力扶助下，实行县、乡、村三级联动，全民参与，大搞交通基础建设，实现了公路交通的飞速发展。至2013年年底，全县通车总里程达1400多千米，密度达132千米/百平方千米，实现了乡乡通油(水泥)路，100%的行政村、78%的自然村通水泥路，县际公路和乡际公路都已打通，初步形成了以县城为中心、以南北走向的319国道与东西走向的省道吉莲线构架的"人"字形干线为主骨架，农村公路为支脉、干支相连，内通各乡村、外通各邻近县区、纵横交错的城乡交通运输网络。打造了"全县1小时交通圈"。同时，该县按照"路站运一体化"的发展思路，充分发挥全县通车里程增长和通行能力增强的优势，不断放开搞活运输市场。积极引导和扶持客货运发展，实行货运个体私营自由竞争，客运"经营主体公司化、客运班线网络化、运营模式公交化、动力投放合理化、管理服务规范化"，促进了客货运输市场的繁荣发展。全县有客车126辆3375座位、小车(含面包车、出租车)1560辆，全县开通县内短途班线17条，实现了100%的乡镇、90%的行政村通直达班车。构建了以县城为中心、乡镇为联结点、村为始终点的县内客运网。开通了跨县长途班线20条，与周边县市都互通了班车，可直达广州、深圳、上海等沿海发达城市。全县年旅客运输达370万人次。同时，建立了出租车公司，投入"的士"70辆进行出租运输。开通了城市公交线三条。全县共有营运货车2100多辆，其中普货货车1244辆4159吨位、农用机动车881辆1233吨位，遍布了全县各乡村，实现了100%的行政村、90%的自然村通汽车。该县跨境运输发展很快，辐射全国各地，农村货运发展更快，几乎使全县各个角落打破了"无车区"。

(萍交局)

【赣湘国际物流港建设进展顺利】 赣湘国际物流港项目2012年落户在萍乡市安源区青山镇，建设在320国道与萍洪高速公路交汇处。该项目规划用地66.67公顷，总投资25亿多元，总建面积逾100万平方米，投资方为萍乡青山绿水物流投资有限责任一公司，项目将引进1500多户企业，业态涵盖制造业、商贸业、流通加工业、物流和电子商务。投产后，该项目集聚商流、物流、信息流为一体，将成为赣西区域的重要物资集散地和赣湘区域的核心商贸物流枢纽。为使项目尽快落地投产,该局积极配合做好该项目的立项、一期工作的征地、规划建设相关事宜。至2013年年底,工程已有7.8万平方米内20栋仓储楼建设主体完工,另有18.67公顷土地已平整好,并在办理施工前的前期手续工作。该项目《可行性研究报告》通过省厅专家评审和得到省厅立项,并成功入选国家重点货运枢纽项目之一,获得建设资金4000万元。

(萍交局)

【九江市公路运输业】 2013年,全市拥有客车6494辆、78024座,货车48133辆、272069吨,中、高级客车达到1390辆,共完成客运量9582万人、客运周转量394244万人千米,同比分别增长3.1%,2.8%,完成货运量8852万吨、货运周转量1958538万吨千米,同比分别增长7.7%,13.3%。

(九江市交通运输局)

【鹰潭运输企业】 鹰潭市交通运输局有下属企业7户。其中,国有企业3户:市公交公司、市汽运总公司、市港联贸易公司。集体企业4户:市航运公司、市第一运输公司、市第二运输公司、市物资供应公司户。7户企业改制完全结束。

(艾年宗)

【鹰潭长运公司资产重组进展顺利】 2012年5月,鹰潭长运成立,当时只是本部一家,下面只有三个生产单位,车辆不足百台、市场份额不大。为扩大市场占有率,2012年年底成功抢占了贵溪市市场,组建了贵溪长运公司。2013年,公司又成功并购了龙虎山旅游公司和交通公司,继续收购贵溪1、3路公交,同时继续收购贵溪北乡2条农村班线26辆车,不但抢占和扩大客运市场,扩充资源,同时填补了鹰潭长运农村客运、旅游客运业务空白。2013年公司还启动了余江项目,在公司努力和当地政府大力支持下,项目进展顺利,已完成35辆农村班线收购。截至2013年年底,公司车辆已超过300辆,下辖3个子公司,员工近400人。

(艾年宗)

【贵溪长运公司注册完毕】 贵溪市为彻底改变贵溪市客运企业小、散弱、客运车辆脏乱差等现象,在贵溪市委、市政府领导下,积极寻找解决办法,顺利引进江西长运进驻贵溪客运市场。经协调、谈判,于11月顺利完成签约,新的客运公司贵溪长运公司注册完毕。

(艾年宗)

【鹰潭长运公司大力开发新线路】 2013年,鹰潭长运公司通过申报新增客运班线及报名参加客运班线经营权招投标,取得了鹰潭至武夷山、至赣州、至东乡3条客运班线经营权。另外,鹰潭至吉安,鹰潭至泰宁、将乐、建宁、宁化,画桥至永康等6条客运班线已被列入省局下一步班线发展计划中。同时,公司大力推进责任车辆更新速度,全年更新责任车8辆,增加座位92座,增加更新服务费收入15万元。公车更新方面,先后完成了贵溪长运22辆公交车、龙虎山公司二批次27辆旅游车、客运公司鹰潭—南昌2台高客、交通公司鹰潭—金溪5辆车更新项目。公车改造方面,公司果断抓住责任业户之间产生矛盾的有利机会,以较低的价格对鹰潭至铅山、永平、武夷山4辆车进行了公车改造。另外,在鹰潭公交公司的大力支持下,公司还开通了火车站至汽车站公交专线,增加了车站营收。

(艾年宗)

【鹰潭长运公司强化安全生产降低企业风险】 2013年,公司强化安全生产,落实安全生产责任制,降低企业风险。①建立健全各项安全生产管理制度和措施,并认真加以贯彻落实。6月份顺利通过了"鹰潭市运管处安全生产评估",完成了2012年到期市级班线延续经营考核。②为提高车辆抗风险能力,公司大幅度提高了各类保险额度。将承运人责任险市际班线40万元/座、省际班线60万元/座,统一增加到为80万元/座,第三责任险从50万元/车全部增加至100万元/车。并认真做好保险计划和台账,确保运行车辆投保率达100%。③运用科技手段,实时监控车辆运行动态,公司GPS监控共检出违章超速511次/车、检出GPS监控设备人为损坏事件6次/车,维修GPS监控设备27次/车,监控完好率98%。

(艾年宗)

【鹰潭长运公司管理日趋规范】 2013年该公司自我加压,按照股份公司要求全面推行内控管理,同时本部按内控管理要求对贵溪及龙虎山2个子公司进行内部审核,发现问题给予指正,并提出意见和建议,一定程度加快了新进子公司的管理接轨进程。为达到股份公司管理要求,公司5月启动质量与职业健康安全两个体系建设,聘请指导老师对体系覆盖部门负责人及主要工作人员进行辅导培训,按照体系建设要求,建立管理手册、过程文件、管理制度,并按要求进行2次内审,顺利通过股份公司审核,取得了认证证书。

(艾年宗)

【鹰潭长运公司解决干群后顾之忧】 2012年鹰潭长运公司成立,由于底子薄、资金紧,公司还是给全体员工办理五险一金,在全体员工共同努力下,全面完成了公司经营计划。2013年公司领导决定给全员调整工资,平均增幅10%,其中一线员工增长比例最高,达到了12.5%,激发了干群工作热情,调动了员工工作积极性,稳定了职工队伍。2014年,公司还将给全司人员调增工资。鹰潭公司外派和外招人员较多,家属均不在身边,吃住不方便,公司想方设法解决住宿,建起食堂,解决了外派人员后顾之忧。

(艾年宗)

【吉安市道路客货运持续增长】 2013年,该市共有客运汽车2531辆,货运汽车48492辆,城市公共汽车运营车辆693辆,运营线路131条,长2124.8千米,城市出租车保有量952辆,城郊(通乡村)客运班线车辆1838辆,运营线路862条。2013年,全市完成客运量3640万人,周转量185991人千米,货运量7680万吨,周转量3072964吨千米,同比客运分别增长3.8%和2.7%;货运分别增长13%和18.3%。

【第七届月亮文化节暨经贸活动周交通运输保障】 9月10日至19日,宜春市交通运输局主要承担第七届月亮文化节期间交通车辆运输保障工作任务。为保障月亮文化节各项活动用车,确保车辆供应和安全运行,交通运输局领导高度重视,注重协调沟通,加强调度指挥,圆满地完成交通运输保障任务。一是坚持做到"三个高标准、三个不懈怠"。①坚持高标准,思想上不懈怠。克服"月亮文化节年年搞,年年交通运输保障一个样"的麻痹思想,立足新要求,力求高标准。该局召开月亮文化节交通保障动员会议,传达月亮文化节组委会有关会议精神,精心组织,周密部署。②坚持高标准,措施上不懈怠。专门成立月亮文化节交通运输保障小组,设立车辆调度室,明确专人负责车辆调度,制订具体工作方案、车辆和驾驶员管理方法等,确定调用车辆储备数量和类型。③坚持高标准,安全上不懈怠。印发驾驶员文明服务指南和安全行车准则,切实做到人手一份,并对大中巴车辆驾驶员进行培训。同时,要求所有调用车辆调用前一律要进行安全性能检测,做到每车安全可靠;一律要进行清洗,做到车容车貌干净卫生,努力确保交通运输保障无一差错,无一投诉,无一安全事故。节日期间共运输1万余人次,较好地完成整个月亮文化节暨经贸活动周的交通运输保障任务,实现零投诉、零滞留、零事故。

(郑　健)

【宜春市全面完成道路春运任务】 春运从1月26日开始至3月6日结束。该市运管部门加强领导,科学谋划,精心组织,制定举措,周密部署。春运期间,日均投入城市公交车辆625辆,出租车1413辆,营运客车1615辆;安全输运旅客2108万人次,加班、包车3210班次,同比分别增长3%和5%,未发生一起因管理部门责任导致的死亡事故,未发生一例重大服务质量投诉,该局被省政府评为"全省道路春运工作先进单位"。工作突出"四个狠抓"。一是狠抓安全防范。市县运管部门、参运企业均成立安全管理领导小组,制订具体的实施方案和应急预案,任务层层分解、责任落实到人,形成上下联动、齐抓共管的安全防范格局。春运前夕,运管部门对全市拟投入春运的营运客车,城市公交车、出租车及在岗的驾驶员进行全面排查,严把资质源头关。市运管局班子对10个县(市、区)进行分片驻点督导,强化春运日常安全监管;市运管部门及客运企业的32个GPS监控平台,对在线的营运客车进行动态监控;全市16个城区客运站都派驻运管人员,加强源头监管,预防和减少安全事故。二是狠抓运力调配。针对年前和年后旅客高峰期,各汽车站采取增开旅客乘车通道,调配应急运力,并向火车站等客源集中地派出信息员,及时反馈客流情况,以随时增开班次等办法,保障旅客正常运行。春运40天,全市各汽车站未发生长时间滞留旅客现象,也未出现一例超载出站现象。三是狠抓市场有序。根据宜春中心城区非法营运车辆专项整治行动工作领导小组的布置,市运管、交警等部门开展联合整治,实行两班倒 24 小时执勤。各县(市、区)也采取相应整治措施。春运期间,全市共检查各类车辆 8100 余辆次,处罚违规及非法营运车辆 760 余辆,有效遏制违规和非法经营行为。四是狠抓服务优化。运管部门均设立投诉电话,24 小时保持民声通道畅通。各车站增设售票窗口,延长售票时间,设立服务咨询台,安排旅客引导员、秩序保安员、流动清洁员,城区 16 个汽车客运站候车室全部开放中央空调,为旅客提供良好的候车环境。宜春汽运公司,增设农村售票网点,推行购长途票免费赠送一张进城乘车的短途票、送票上门等举措,方便农民工的出行。春运中,共有助人为乐、拾金不昧的好人好事 620 余起,全市道路运输服务质量进一步提升。

(李 明 何爱民)

【宜春市道路货运产业】 宜春市交通运输管理部门积极引导货运转型升级,使全市道路货运产业出现集约化、规模化发展的态势。以申报国家甩挂运输试点企业为契机,鼓励企业推进甩挂运输、快速货运等先进经营方式,大力发展集装箱、箱式、罐式等大吨位车辆,提高企业的经营管理水平和竞争力,高安市江龙集团鸿海物流有限公司获批全省唯一一家全国甩挂运输试点企业;全市拥有 10 辆以上车辆的货运企业 510 户(其中,拥有 100 辆车的货运企业 79 户)、营运货车 45000 辆,总吨位 421641 吨;完成货运量 14548 万吨、货物周转量 4248530 万吨千米,与上年同期相比,货车数量下降 15%,但总吨位数增加 7.3%,货运量、货物周转量同比分别增加 12%、13%,货运集约化程度明显提高。为对接航空高铁,策应市委、市政府"兴工强市"战略,宜春中心城区重新布局物流格局,在下浦高铁站、明月山机场、经济开发区、锂电产业基地、高速公路口、城南分别规划货运枢纽 6 个。充分利用宜春汽运公司覆盖全市 1600 多个农村的客运班线网络优势和人脉优势,在乡(村)设立农村超市 160 多个,将农村物流、商品销售与农村客运、农民旅游等有机结合,有效开拓农村市场。切实抓好乡镇农村公路综合服务站物流仓储、配送点及托运部、门市部等设施的建设,加强与农村超市、零售店等的对接。采取散件物品"班车带货"、大宗物品"货车配送"等模式,更好地服务"三农",加快城乡物流发展。全市货运产业带动相关就业岗位 30 余万个。

(李 明)

【靖安县加快客货运发展步伐】 该县交通运输部门进一步改进工作方法,提供优质服务,创造条件,吸引货运外商投资,鼓励和指导货运企业整合资源,优化管理模式,不断提升竞争力,帮助解决企业发展中的困难和问题。坚持改善出行条件,继续支持客运企业更新高档客车。坚持绿色低碳运输,提高营运市场准入门槛。优先扶持和发展技术先进、高效低碳、环保清洁的新型运力。新增货运企业 7 户。新增营运货车 157 辆 2745.95 吨位,全县货运企业达 52 户,营运货车达 951 辆 17180.36 吨位。完成货运量 167 万吨,货运周转量 36554.1 万吨千米,同比分别增长 8.8% 和 9.5%。春运期间,投放运力 47 辆,累计运行 2364 班次,组织加班 73 班次、包车 25 班次,共运送旅客 13.2 万人次,圆满完成春运任务。在春运、清明、"五一"、"十一"等节假日人流高峰期,合理组织,科学调配,确保人民群众出行安全、便捷、顺畅。全年共完成客运量 62.5 万人,客运周转量 7208.6 万人千米,同比增长 4.1% 和 3.7%。

(刘 斌)

【上高县道路运输业】 该县交通运管部门一是合理规划和投放运力。充分运用市场准入等行政管理手段,从源头上控制高耗能、高排放车辆进人道路运输市场。引导运输企业加快老旧车辆和高耗能车辆更新步伐,鼓励发展专用车型和绿色环保车型,积极发展挂靠运输、集装箱运输、特种货物运输、厢式货车运输、零担快运等现代化运输方式,同时积极推广节能减排新技术,努力建设资源节约型、环境友好型道路运输业。二是优化服务环境。实行公开办事服务承诺制,制定行政许可六公开,对职权范围内的行政许可时限精简 50%,做到能办的即刻办,不能办的及时告知解释,需上级业务主管部门许可的全力协调沟通。三是规范执法行为。在执法过程中遵循教育为主,处罚为辅的原则,全面推行文明规范执法,严防公路"三乱"行为发生。2013 年,县道路运输业新增货运(物流)企业 17 户,新增营运汽车车 420 辆,其他机动车 95 辆。全县货运企业 53 户,其中物流企业 27 户,客运企业 3 户(汽运分公司、城市公交、出租车公司),维修企业 117 户(其中一类维修企业 2 户,二类维修企业 9 户,三类维修企业 106 户),机动车驾驶员培学校 6 所。全县有营运货车 1710 辆,其他机动车辆 634 辆,客车 172 辆、城市公交车 60 辆,出租车 141 辆。是年,该县道路运输业从业人员 1 万余人,年创税收 5000 万余元。

(冷光明)

【高安市汽运产业】 高安市交通运输局积极优化发展环境,提升服务质量,通过政府推动、部门联动、思想搅动、能人带动、市场拉动,汽运产业迅猛发展。全市拥有一个物流管理总集团、三个汽运集团、一家物流总公司,汽运子公司达 662 家。有营运货车 19525 辆,总运力 26.2 万吨,其中新增营运普货车 3908 辆,运力 4 万吨。全年汽运产业完成税收 2.25 亿元。①优化产业发展环境。落实交通行政执法报告制度和责任追究制度。严禁乱设卡、乱罚款行为发生,发现一起,查处一起,决不搞“下不为例”。为该市运输业发展提供优质的服务,创造优良的发展环境。严厉打击黑车、黑户等非法经营行为,净化环境,保证公平竞争,维护运输企业的合法利益。②引导产业转型发展。最大限度地放宽市场准入关。鼓励各类投资主体进入交通服务业,尤其是物流业市场。进一步简化行政许可审批程序,缩短审批时间。引导运输企业发展综合物流服务,扩展传统运输产业的发展空间,增强增值服务功能,创新利润增长源。③千方百计服务产业发展。主动为运输企业排忧解难,做到有求必应,有难必帮;为业主提供热情、周到的服务,坚决杜绝“索、拿、卡、要”和“门难进、脸难看、事难办”等现象。积极协助运输企业争取上级业务部门在资金和政策上的支持,在城区设立驾驶员从业资格证培训点,切实解决从业人员办证不便的问题。

(周世祥　余小琴)

【抚州市道路运输业】 2013 年,抚州市拥有道路客运经营业 46 户,客运车辆 1456 辆,31962 个客位,客运线路 748 条,跨省 84 条,跨地(市)131 条,跨县 90 条,县内 443 条。新增省际客运班线 7 条,市际客运班线 2 条,新增(更新)县际及以上班线客车 77 辆。全市平均日发班次 6250 班次。拥有等级客运站 65 个,一级站 1 个,二级站 15 个,三级站 2 个,四级站 7 个,五级站 40 个。年完成客运量 4742 万人次,旅客周转量 288141 万人千米。货运站 8 个,均为四级站。道路货物运输业 11856 户,货运车辆发展到 43566 辆,461493 吨位,新增道路货物运输企业 1216 户,货运车辆 4126 辆,年完成货运量 12753 万吨,货物周转量 4646644 万吨千米。拥有农村客运站 1177 个,1806 个建制村有 1618 个通了班车。年完成农村客运量 2095 万人次,旅客周转量 86795 万人千米。公路运输在综合运输体系中继续保持主导地位,并以其灵活、快捷、方便、舒适的特点,为人民群众生产、生活提供了强有力的保障。

(陈根玲)

【抚州长运公司经营业绩】 2013 年,抚州长运公司实现营业收入 19120 万元,占年度预算的 104.22%,较上年同期增加 2087 万元,增幅为 12.24%;实现利润总额 2159.67 万元,占年度预算的 113.66%,较上年同期增加 471.61 万元,增幅为 27.93%。全司 16 个基层单位,有 12 个单位超额完成利润指标,占单位总数的 75%,其中崇仁分公司完成预算的 120.96%、高客分公司完成预算的 118.74%、客运分公司完成预算的 110.95%、客运总站完成预算的 110%。

全年完成旅客运输量 684.11 万人次,完成客运周转量 80951.99 万人千米,分别比上年同期增长 1.54%、0.07%;小件快运收入 379.02 万元,比上年度增长 3.78%,配水业务收入 290.74 万元,比上年度增长 10.5%,班线效益费收入 1110.72 万元,比上年度增长 2.8%;与此同时,公司附加产业经营也得到新突破,物业收入完成 656.97 万元,占计划数的 103.81%,驾驶员培训、司法鉴定、机动车检测收入与上年同期相比均有增长。

(抚州长运)

【抚州长运成立 5 年客运量逾三千万人次】 1 月 18 日上午,江西抚州长运有限公司成立 5 周年庆典仪式隆重举行,公司高管及员工代表共计 130 余人出席庆典。

抚州长运成立5年来,取得了经济效益和社会效益的双丰收。5年来,公司累计完成客运量3094.99万人次,完成客运周转量348408.7万人千米,公司资产由25657万元增长到35699万元,增幅达39%。5年来,公司累计完成营业收入57843万元,年收入较2008年增幅达243%;累计实现利润6261万元,年利润较2008年增幅达105%;累计上交国家税金5609万元,年上交国家税金较2008年增幅达79%。公司先后获得全国"五一"劳动奖状、全国工人先锋号、全国安康杯竞赛优胜企业、全国交通运输企业文化建设优秀单位等10项国家级荣誉,获得江西省优秀企业、江西省交通工会工作先进单位等14项省级荣誉。

(陈根玲)

运输线路

【概况】 2013年,江西全省道路客运班线由于农村道路客运网络化的提高,客运班线、班次同比上年进一步增长。具体数字见表5:

2013年全省道路客运线路班次

表5

单位名称	道路客运线路班次合计		高速公路客运线路		跨省线路		跨地(市)线路		跨县线路		县内线路	
	条	平均日发班次	条	平均日发班次	条	平均日发班次	条	平均日发班次	条	平均日发班次	条	平均日发班次
全省合计	6805	49957	541	1556	1204	1598	1232	4019	884	9535	3485	34805
南昌市	512	3040	23	130	121	143	228	1024	41	713	122	1160
景德镇市	229	1475	12	61	68	173	89	150	9	31	63	1121
萍乡市	258	5538	46	48	51	88	35	70	108	3242	64	2138
九江市	775	6854	187	902	122	168	148	307	109	1183	396	5196
新余市	204	964	7	15	19	20	65	193	5	20	115	731
鹰潭市	143	1571	15	35	14	23	27	131	25	305	77	1112
赣州市	1259	7736	85	157	353	493	64	110	169	1516	673	5617
吉安市	862	4562	20	31	108	101	96	239	119	648	539	3574
宜春市	638	4267	60	41	81	80	120	492	77	426	360	3269
抚州市	748	6250	58	87	84	127	131	823	90	780	443	4520
上饶市	1177	7701	28	50	183	183	229	480	132	671	633	6367

【丽阳村至联村公交开通】 2013年2月,景德镇市昌江区丽阳乡丽阳村至联村的公交车开通。

昌江区政府加快农村客运网络化建设步伐,修建了一批农村区乡客运站和村庄候车亭,先后开通多条通村客运公交线路,既方便了村民出行,也促进了农村经济发展。为解决边远地区群众"出行难",昌江区委、区政府将延伸公交线路至丽阳乡联村列入2012年为民所办实事之一。区交通运输局积极协调、沟通,在景德镇市公共交通公司的大力支持下,终于促成了该公交班线的顺利开通。

丽阳乡至联村公交线路全长12千米,为丽阳公交专线的延伸段,自丽阳乡丽阳村始发,途经丰田村,芦源村、山田村,终点为联村,全天开行6个班次,满足了沿线村民的出行需求。对此,当地村民交口称赞:“党和政府又为老百姓办了件大好事。”

（洪　涛）

景德镇市直达高速客运班线一览

表6

班线	去程乘车地点（发班时间）	回程乘车车站（发班时间）	在途（时间）	去程票价	车型
景德镇—南昌	客运中心站6:50～19:30每50分钟一班	井冈山大道850号徐坊客运站6:50－19:30每50分钟一班	2小时50分	79元	高二级座位车
景德镇—九江	客运中心站7:30～18:30每小时一班	九江长途汽车站7:30～18:30每小时一班	约2小时	56元	高二级座位车
景德镇—武汉	客运中心站7:30～19:30、15:00、17:00	汉口金家墩汽车站14:30、16:30武昌宏基汽车站15:00、17:00武昌付家坡汽车站15:30、17:30	约5小时	155元 往返220元	高二级座位车
景德镇—南昌（快客）	汽车东站7:30,10:30、13:50、16:30汽车南站7:50、10:50,14:10、16:50	南昌长安汽车站（火车站旁边）7:00、10:40、13:10、17:30	约3.5小时	55元	中型高一级座位车
景德镇—上海	客运中心站19:40,20:00汽车东站19:10,20:00	沪太路中山北路交叉口605号（15:45、17:00）上海南站（16:45、17:58）	约8小时	220元	高二级卧铺车
景德镇—杭州	客运中心站8:10,14:30、16:30汽车北站:8:30汽车东站14:30	汽车西站:杭州天目山路357号（9:00、11:00、15:20）	约5小时	164元	高二级座位车
景德镇—宁波	客运中心站12:20	宁波客运中心站（宁波新站）12:10	约9小时	175元	高二级座位车
景德镇—赣州（吉安）	汽车东站8:10;客运中心站8:40	赣州新车站10:10	约9小时	185元 吉安155元	中型高一级座位车
景德镇—长沙（萍乡）	客运中心站10:10	长水东站10:10	约8小时	180元 萍乡160元	高二级座位车
景德镇—新余	客运中心站9:00;汽车东站8:30	新余新汽车站9:00	约5小时	118元	中型高级座位车
景德镇—上饶	客运中心站7:40、14:00;东站7:10	信州区带湖路客运中心站8:40、12:45	约3小时20分	70元	中型高二级座位车
景德镇—婺源	客运中心站7:40,13:40;东站8:00、14:00	婺源北站10:00、17:00	约1小时	33元	中型高二级座位车
景德镇—福州	东站9:40;客运中心站9:10		8小时	180元	高二级座位车
景德镇—苏州	客运中心站10:00;东站9:30	苏州北站9:30;苏州南站10:00	约7小时	196元	中型高二级座位车
杭州夜行	东站20:10;客运中心站20:30	四季青服装城12:00	4小时30分	164元 往返230元	高二级卧铺车

【景德镇至樟树(丰城)直达高速客运班线开通】 2月25日,景德镇至樟树(丰城)直达高速客运班线正式开通。这是继2012年10月景德镇至福州直达高速客运班线后,景德镇长运有限公司开通的又一条直达高速客运班线。至此,景德镇市直达高速客运班线扩展到19条。

景德镇至樟树(丰城)直达高速客运班线每天开行1个班次,景德镇汽车东站为始发站,发班时间为8:00,途经南昌、丰城、樟树,全程约5个小时;回程时,樟树发班时间为15:00、丰城发班时间为16:00,回程时不再在南昌上、下旅客。

景德镇至丰城票价为105元/人次,景德镇至樟树票价为115元/人次。

(涂　强)

【景德镇市新增2条公交线路】 3月,开通六〇二所至第一医院的27路公交线路,配置5台车,首班发车时间为6:00,末班发车时间为20:00,途经六〇二所—印机—陶瓷学院—二百商场—新厂(陶瓷工艺美院)—樟树下—陶机—里村—里村菜市场(往)—马鞍山—人民广场—医药公司(景德商厦)—御窑长廊—风景路—人民瓷厂—市一院。为满足南河小区居民出行需要,6月,该公交线路起点站由六〇二所调整至南河小区,其他站点及行经路线不变。

12月26日,开通景德镇陶瓷学院老校区(新厂)至陶院新区的30路公交线路,配置4台车,首班发车时间为6:20,末班发车时间为19:00,途经景德镇陶瓷学院(新厂校区)—二百商场—曹家岭—何家桥—黄泥头—地铁—耐火器材厂—古田—浮梁正骨医院—古田小学—塘下A站—塘下B站—白虎湾A站—白虎湾B站—下街—中街—景德镇陶瓷学院新区。

(荆伟英)

【萍乡37路和39路公交开通】 2月18日,萍乡市公交总公司开通营运37路、39路公交,票价1元。其中,37路公交线路上投放4辆车,往返线路是从公交西站至市交通运输局,沿途经过17个站点,全程12千米。39路公交线路上投放5辆车,往返线路是从火车站至安源汽车站,沿途经过24个站点,全程运行16千米。

【萍乡至武功山班线开通】 5月29日上午9:18,从萍乡长运北站发出的萍乡至武功山新班线正式发班,途经芦武公路,每20分钟一班。萍乡至武功山新班线终点站石鼓寺,班线全长61千米,票价20元/人,发班时间从早上7:00至下午5:00,20分钟一班。班车是萍乡最豪华的旅游客车,客车数量10辆,由萍乡长运城西分公司武功山车队负责运营。萍乡至武功山新班线的开通,对于加快武功山旅游开发的步伐,促进城区与景区的融合,推进该县旅游规模化和城乡一体化进程,带动沿线乡镇及县域经济的快速发展有着重要的意义。

(肖招萍)

【新余市恢复新余至昌北机场客运班线】 9月25日,新余市恢复新余至昌北机场客运班线,初期计划每天往返12个班次。旅客可直接在新余城市候机楼换登机牌后,乘机场大巴前往昌北机场接受安检登机,大大方便旅客出行。新余城市候机楼发班时间为:6:20,10:20,13:00,15:00,17:00;昌北机场:10:00,12:00,14:00,16:30,18:30,21:00。

(邓清华)

【新余市2条旅游客运班线"五一"开通】 从5月1日起,江西新余长运公司开通新余至圣集寺、新余至凤凰湾两条旅游客运班线。此次开通的两条旅游客运班线发车地点均为新余汽车西站,发车时间为早上7:00至下午4:00,从圣集寺返回的时间为上午8:00,从凤凰湾办事处返回的时间为8:30,两条线路班车的发车、返回时间有调整。两条班线均途经环湖公路,中途停靠龙伏、江口、洋田。

(吴晓敏　王金玉)

【新余市开行新能源客车营运长途班线】 1月20日,江西新余长运公司在全省率先投入新能源客车营运新余至南昌班线。

为大力发展低碳交通,积极推进交通运输节能减排工程,江西新余长运公司筹集450多万元,购置了4辆55座金龙海格LNG新能源汽车,全部投入到市际班线——新余至省城南昌区间往返营运,每天发班16个班次。

2013 年在新余至南昌班线营运的新能源客车，由于客车全部使用液化天然气作燃料，与以前的客车相比，减少了车辆在运行中的碳排。同时，车辆在运行中的噪音也大为降低，旅客乘坐更加舒适。

（吴晓敏　王金玉）

【新余开通至武汉直达长途班车】　为方便两地旅客特别是学生群体，新余市长途汽车站投入 60 多万元新购客车，开通新余至武汉直达长途班车，于 2 月 19 日（大年初十）开始运营，发车时间为每日上午 9 时。

（王金玉　邓清华）

【新余市公交陆续开通学生接送专线】　新学期伊始，为方便市内各中小学学生上、下学，公交公司积极与各学校联系，在了解新学期作息时间，并征求学校意见后，提前安排好公交车次，适时开通 102 路、105 路、301 路等 6 条学生专线，最大限度满足广大学生的出行需求。具体班次为：

102 路兼北师大附中，中午 12:06、13:50 两班车由北师大附中发车接送学生上下学；下午 16 : 16 于北师大附中接学生放学；

105 路兼逸夫小学专线，早班 6:59 由第二人民医院发车经 105 路沿途各站点返回后延伸至逸夫小学，中午逸夫小学站接送时间为 11:58、12:07，下午第二人民医院站发车接送时间为 13:23、13:31，下午逸夫小学站接送时间为 17:10、17:19；

301 路兼市四中专线，7: 00 桥北发车经 301 路沿途各站点接送学生至市四中；

303 路兼市一中、市四中专线，早班 6:55 由金爵站发车经 303 沿途各站点接送学生至市四中，21:18 两班车由市一中发车沿站分别至城南、城北两个方向，接学生下晚自习；

801 路兼渝水一中专线，早班 6:40 于沙土发车经 801 路沿途各站点接送学生至渝水一中，晚班 21:10 在渝水一中接送学生放学，经 801 路沿途各站点至高新区；

902 路兼兼渝水一中专线，晚班 21:10 在渝水一中接学生放学，沿路接送至终点站火车站。

为确保以上班次运行时间的科学合理，公交公司将根据学校作息时间的改变进行灵活调整。除此之外，在学生上、下学高峰期间，公司均对途经各学校的线路班次进行了加密调整，为学生出行提供最大便利。

（宁茂昌　邓清华）

【新余公交 601 路获省“工人先锋号”】　5 月 9 日，江西省总工会表彰了一批获得“五一”劳动奖状奖章、“工人先锋号”等荣誉称号的集体和个人。江西长运新余公共交通有限公司 601 线路获江西省“工人先锋号”。

（邓清华）

【新余市开通清明祭扫专线】　4 月 4 ~ 6 日，新余公交将从部分公交线路抽调 30 余辆公交车投入清明节祭扫客运服务工作，开通清明节祭扫专线。

4 月 4 ~ 6 日，308 路、802 路公交线路将延伸至长安陵园，按现行发车时间和发行班次运行；开通公园北村至长安陵园专线车，首班 7:30，每班间隔 15 ~ 20 分钟，运行线路为：公园北村—抱石公园—保健院—人民银行—四医院—人民医院—长途汽车站—长安陵园；开通渝工学院至长安陵园专线车，首班 8:30，发车间隔时间 25 ~ 30 分钟，线路走向：渝工学院—市委—广电局—工商银行—四医院—人民医院—长途汽车站—长安陵园。

（邓清华）

【新余 105 路公交车延伸至天工路公交停车场】　因五一南路实行交通管制，新余公交 105 线路车辆无法在二医院路段旁调头停靠，故自 2013 年 12 月 1 日起，拟将 105 线路延伸至天工路公交停车场为起点站，二医院候车乘客需移步至站前西路延伸段公交车停靠点候车，具体走向如下：

天工停车场—二医院—阳光 365—甜甜幼儿园—锦绣花园—裕江花园—康盛花园—保健院—新华书店—肯德基—新亚新—火车站—金三角—康盛花园，原路返回。

（张　健）

【赣州市新增至北海等 7 条客运班线】　8 月，该市为扩大与沿海省（区）的公路客运业务，新增至广西北海等地 7 条长途始发客运班线。这 7 条客运班线路程最长的为赣州市至北海市，全程 1044

千米。其他为赣州市至苏州市,赣州市至桂林市,于都县至昆山市,赣州市至高安县,赣州市至分宜县,龙南至坎市。上述客运班线开通后,大大方便赣、苏、桂等地的经济文化交流。

(李发淳)

【上饶长运公司开通网上订票】 4月底,上饶客运中心、万年、余干、玉山、广丰、德兴、铜矿、铅山、永平等9个客运站网上订票业务全面上线。旅客可通过100网进行网上订票,凭手机的二维电子票,可在所购车票始发站的电子票窗口换取纸质车票。这一举措,方便了广大旅客网上售票,帮助旅客轻松出行。

汽车电子票订购只需6个步骤,花费几分钟即可轻松完成购票:①登录旅客100网进行注册;②旅客进行乘车车次查询;③旅客选择所需车次进行网上订购;④网上支付;⑤接收并保存系统发回的二维码电子票短信;⑥旅客凭此短信提前半小时换取纸质车票,即可乘车。

(陈均培)

【上饶至德兴高速客运班线开通】 2月1日,上饶汽运集团德兴汽运分公司德兴至上饶的高速客运班线正式开通,德兴客运分公司本着想乘客所想,坚持为乘客提供优质、快捷的方便服务为原则,投入210万元添置了6辆33座大巴投入到德兴至上饶高速客运班线上。实行6辆车对开,每整时发一趟车。新投入的高速客运班线客运车,从德兴至上饶只需1个半小时左右,比走老路要节省1小时左右,大大缩短了乘客时间。

(陈均培)

上饶客运省际、市际及市内始发班车及时间一览

表7

出发站	到达站	出发时间	里程	车型
上饶—南昌	南昌	10:00	276	空调快客
上饶—衢州	衢州	10:00	131	空调快客
上饶—鹰潭	鹰潭	10:00	125	普客
上饶—万年	万年	10:00	190	普客
上饶—义乌	义乌	10:00	312	普客
上饶—江湾	江湾	10:05	235	普客
上饶—余干	余干	10:10	190	普客
上饶—浦城	浦城	10:20	130	普客
上饶—鹰潭	鹰潭	10:30	125	空调快客
上饶—鄱阳	鄱阳	10:30	260	普客
上饶—德兴	德兴	10:30	126	普客
上饶—余干	余干	10:40	190	普客
上饶—江湾	江湾	10:45	235	普客
上饶—鹰潭	鹰潭	11:00	125	普客
上饶—南昌	南昌	11:00	276	空调快客
上饶—衢州	衢州	11:00	131	空调快客

续表 7

出发站	到达站	出发时间	里程	车型
上饶—德兴	德兴	11:10	126	普客
上饶—鹰潭	鹰潭	11:15	125	空调快客
上饶—金华	金华	11::15	232	空调快客
上饶—余干	余干	11:20	190	普客
上饶—新安江	新安江	11:20	243	普客
上饶—婺源	婺源	11:25	203	普客
上饶—玉环	玉环	11:30	586	普客
上饶—晋江	晋江	11:30	725	普客
上饶—德兴	德兴	11:50	126	普客
上饶—余干	余干	12:00	190	普客
上饶—南昌	南昌	12:00	276	空调快客
上饶—武夷山	武夷山	12:00	123	普客
上饶—婺源	婺源	12:10	203	普客
上饶—慈溪	慈溪	12:10	493	普客
上饶—乐平	乐平	12:20	150	普客
上饶—兰溪	兰溪	12:30	222	普客
上饶—椒江	椒江	12:30	533	普客
上饶—鄱阳	鄱阳	12:35	260	普客
上饶—德兴	德兴	12:40	126	普客
上饶—开化	开化	12:40	139	普客
上饶—暖水	暖水	12:40	153	普客
上饶—万年	万年	12:40	190	普客
上饶—衢卅	衢州	12:40	131	空调快客
上饶—鹰潭	鹰潭	12:40	125	空调快客
上饶—景德镇	景德镇	12:45	260	普客
上饶—余干	余干	12:45	190	普客
上饶—婺源	婺源	12:50	203	普客
上饶—浦城	浦城	12:50	130	普客
上饶—金华	金华	12:55	232	空调快客
上饶—南昌	南昌	13"00	276	空调快客
上饶—建阳	建阳	13:00	188	普客
上饶—潮安	潮安	13:00	956	普客
上饶—丽水	丽水	13:50	389	普客
上饶—三清山	三清山	13:15	105	普客
上饶—江山	江山	13:15	106	普客

续表 7

出发站	到达站	出发时间	里程	车型
上饶—武夷山	武夷山	13:15	123	普客
上饶—余干	余干	13:20	190	普客
上饶—鹰潭	鹰潭	13:30	125	空调快客
上饶—乐清	乐清	13:30	554	普客
上饶—婺源	婺源	13:30	203	普客
上饶—鄱阳	鄱阳	13:30	260	普客
上饶—德兴	德兴	13:40	126	普客
上饶—抚州	抚州	13:40	490	空调快客
上饶—景德镇	景德镇	13:55	260	普客
上饶—永康	永康	13:55	313	普客
上饶—江山	江山	14:00	106	普客
上饶—瑞安	瑞安	14:00	490	普客
上饶—余干	余干	14:00	190	普客
上饶—衢州	衢州	14:00	131	空调快客
上饶—南昌	南昌	14:00	276	空调快客
上饶—浦城	浦城	14:00	130	普客
上饶—深圳	深圳	14:00	1080	空调快客
上饶—东阳	东阳	14:05	331	普客
上饶—婺源	婺源	14:10	203	普客
上饶—抚州	抚州	14:10	490	空调快客
上饶—石狮	石狮	14:10	740	普客
上饶—武夷山	武夷山	14:15	123	普客
上饶—鹰潭	鹰潭	14:20	125	空调快客
上饶—金华	金华	14:20	232	空调快客
上饶—德兴	德兴	14:20	126	普客
上饶—宁波	宁波	14:20	543	普客
上饶—万年	万年	14:25	190	普客
上饶—温州	温州	14:30	488	普客
上饶—婺源	婺源	14:40	203	普客
上饶—余干	余干	14:40	190	普客
上饶—松溪	松溪	14:45	215	普客
上饶—乐平	乐平	15:00	150	普客
上饶—南昌	南昌	15:00	276	空调快客
上饶—德兴	德兴	15:00	126	普客
上饶—鹰潭	鹰潭	15:10	125	空调快客

续表7

出发站	到达站	出发时间	里程	车型
上饶—中山	中山	10:40	1164	普客
上饶—武夷山	武夷山	15:15	123	普客
上饶—余干	余干	15:20	190	普客
上饶—杭州	杭州	15:30	409	空调快客
上饶—蠡口	蠡口	9:40	588	普客
上饶—婺源	婺源	15:30	203	普客
上饶—德兴	德兴	15:40	126	普客
上饶—金华	金华	15:45	232	空调快客
上饶—衢州	衢州	15:50	131	空调快客
上饶—鹰潭	鹰潭	16:00	125	空调快客
上饶—南昌	南昌	16:00	276	空调快客
上饶—万年	万年	16:00	190	普客
上饶—上海	上海	16:00	625	空调快客
上饶—余干	余干	16:05	190	普客
上饶—婺源	婺源	16:10	203	普客
上饶—德兴	德兴	16:30	126	普客
上饶—乐平	乐平	16:30	150	普客
上饶—余干	余干	16:40	190	普客
上饶—江湾	江湾	16:50	235	普客
上饶—南昌	南昌	17:00	276	空调快客
上饶—鹰潭	鹰潭	17:00	125	空调快客
上饶—衢州	衢州	17:00	131	空调快客
上饶—武夷山	武夷山	17:00	123	普客
上饶—余干	余干	17:20	190	普客
上饶—南昌	南昌	18:00	276	空调快客
上饶—鄱阳	鄱阳	19:00	260	普客
上饶—鄱阳	鄱阳	05:40	260	普客
上饶—德兴	德兴	06:00	126	普客
上饶—浦城	浦城	06:00	130	普客
上饶—武夷山	武夷山	06:00	123	普客
上饶—暖水	暖水	06:05	153	普客
上饶—婺源	婺源	06:05	203	普客
上饶—鹰潭	鹰潭	06:20	125	空调快客
上饶—九江	九江	06:20	365	普客
上饶—龙泉	龙泉	06:25	214	普客

续表7

出发站	到达站	出发时间	里程	车型
上饶—德兴	德兴	06:40	126	普客
上饶—景德镇	景德镇	06:40	260	普客
上饶—婺源	婺源	06:45	203	普客
上饶—金华	金华	06:50	232	空调快客
上饶—福鼎	福鼎	12:00	660	普客
上饶—武夷山	武夷山	07:00	123	普客
上饶—鹰潭	鹰潭	07:00	125	空调快客
上饶—抚州	抚州	07:00	490	空调快客
上饶—南昌	南昌	07:00	276	空调快客
上饶—珠湖	珠湖	07:00	211	普客
上饶—新余	新余	07:00	—	空调快客
上饶—余干	余干	07:05	190	普客
上饶—衢州	衢州	07:05	131	空调快客
上饶—乐平	乐平	07:10	150	普客
上饶—永康	永康	07:15	313	普客
上饶—江山	江山	07:20	106	普客
上饶—德兴	德兴	07:20	126	普客
上饶—周宁	周宁	07:20	323	普客
上饶—婺源	婺源	07:25	203	普客
上饶—鄱阳	鄱阳	07:30	260	普客
上饶—余干	余干	07:40	190	普客
上饶—庆元	庆元	07:40	264	普客
上饶—三清山	三清山	07:45	105	普客
上饶—兰溪	兰溪	07:50	222	普客
上饶—武夷山	武夷山	07:50	123	普客
上饶—无锡	无锡	09:10	676	空调快客
上饶—德兴	德兴	08:00	126	普客
上饶—万年	万年	08:00	190	普客
上饶—乐平	乐平	08:00	150	普客
上饶—南昌	南昌	08:00	276	空调快客
上饶—鹰潭	鹰潭	08:00	125	空调快客
上饶—衢州	衢州	08:05	131	空调快客
上饶—婺源	婺源	08:05	203	普客
上饶—抚州	抚州	08:10	490	空调快客
上饶—金华	金华	08:15	232	空调快客

续表 7

出发站	到达站	出发时间	里程	车型
上饶—瑞洪	瑞洪	08:15	223	普客
上饶—景德镇	景德镇	08:20	260	普客
上饶—江山	江山	08:20	106	普客
上饶—开化	开化	08:25	139	普客
上饶—嵊州	嵊州	08:30	436	普客
上饶—鄱阳	鄱阳	08:30	260	普客
上饶—德兴	德兴	08:40	126	普客
上饶—婺源	婺源	08:45	203	普客
上饶—东阳	东阳	08:50	331	普客
上饶—余干	余干	08:50	190	普客
上饶—南昌	南昌	09:00	276	空调快客
上饶—鹰潭	鹰潭	09:00	125	空调快客
上饶—东阳	东阳	09:10	331	普客
上饶—金华	金华	09:15	232	空调快客
上饶—婺源	婺源	09:20	203	普客
上饶—铜矿	铜矿	09:25	151	普客
上饶—余干	余干	09:25	190	普客
上饶—鹰潭	鹰潭	09:40	125	空调快客
上饶—德兴	德兴	09:40	126	普客
上饶—武夷山	武夷山	09:40	123	普客

运输站点

【概况】 2013 年,江西道路客运站 956 个,其中一级站 18 个,二级站 92 个,三级站 59 个,四级站 200 个,五级站 587 个,简易站 12418 个;货运站 59 个。详见表 8、表 9。

2013 年全省道路客运站一览

表 8

单位名称	客运站数量									简易站及招呼站(个)
	客运站数量合计(个)	配备危险品安全检测仪(个)	一级站(个)	二级站(个)	配备危险品安全检测仪(个)	三级站(个)	配备危险品安全检测仪(个)	四级站(个)	五级站(个)	
全省合计	956	108	18	92	87	59	3	200	587	12418
南昌市	58	4	3	3	0	0	0	3	49	971
景德镇市	18	3	2	0	0	1	1	3	12	360

续表 8

单位名称	客运站数量									简易站及招呼站(个)
	客运站数量合计(个)	配备危险品安全检测仪(个)	一级站(个)	二级站(个)	配备危险品安全检测仪(个)	三级站(个)	配备危险品安全检测仪(个)	四级站(个)	五级站(个)	
萍乡市	57	2	1	1	1	5	0	7	43	560
九江市	118	13	3	11	11	5	0	15	84	1170
新余市	28	4	1	3	3	0	0	2	22	421
鹰潭市	49	3	1	0	0	5	2	3	40	480
赣州市	161	20	1	19	19	28	0	62	51	1850
吉安市	123	15	1	16	14	4	0	22	80	1460
宜春市	132	15	2	13	13	0	0	19	98	2175
抚州市	65	16	1	15	15	2	0	7	40	1130
上饶市	147	13	2	11	11	9	0	57	68	1841

2013 年全省道路货运站一览

表 9

单位名称	货运站数量				
	合计	一级站	二级站	三级站	四级站
	(个)	(个)	(个)	(个)	(个)
全省合计	56	0	2	11	43
南昌市	0	0	0	0	0
景德镇市	0	0	0	0	0
萍乡市	0	0	0	0	0
九江市	0	0	0	0	0
新余市	0	0	0	0	0
鹰潭市	0	0	0	0	0
赣州市	34	0	2	0	32
吉安市	3	0	0	1	2
宜春市	11	0	0	10	1
抚州市	8	0	0	0	8
上饶市	0	0	0	0	0

【南昌徐坊客运站抗冰雪运输】 南昌徐坊客运站作为省内及省际班线客运中心枢纽站场,运输情况受到广大旅客,和中央电视台的高度关注。1月5日,中央电视台卫星同步直播车在徐坊客运站站前广场架设传送天线,对徐坊客运站暴风雪之后的旅客运输情况做白天时段的现场采访和实况报道。央视的卫星同步传送直播分别在上午、下午对该站停班和发车情况做了即时采访和视频同步直播。

由于受到暴风雪的袭击,全省高速公路处于封闭状态,车辆继续停运。该站继 4 日封站停运后,5 日继续停发高客,等待天气好转,滞留旅客很多,给车站带来很大的压力,该站工作人员的安抚工作多于发车工作,车站秩序井然有序。

(周国祥　徐欧宾)

【昌南客运站接送学生回家过年】 1 月 24 日清晨,一支由江西长运 35 辆豪华大巴组成的车队,开进位于进贤县的江西省西山学校，接送学生平安返家。

为了保障广大学生安全、快捷、有序回家，减少往返南昌中转的麻烦，江西长运昌南客运站近年都组织人员在春运前对各大中专院校进行上门售票、上门包车服务。该站站长带领业务人员前往西山学校进行洽谈，签订了服务运输协议。副站长率站务和公司兄弟单位人员开车前往江西省西山学校，现场组织输送工作。此次运送学生近1400名，根据客源流向编组，分别将学生安全快捷送往抚州、南昌等地。这种让学生足不出校园，即可平安返家过年的优质服务，已是江西长运自2009年以来连续第五年开展这样的活动，深受广大师生的好评。

（周国祥　鄢美生　戴丽娜）

【南昌长途汽车西站临时客运作业区正式启用】 南昌长途汽车西站临时客运作业区于9月24日已经完成所有作业设施设备的安装调试工作。9月25日开始售票，9月26日正式启用，实现与南昌火车西客站的同步运行。从各地到达南昌火车西客站的旅客可通过人行换乘楼梯，经火车站北广场通道，到达南昌长途汽车西站Ⅰ临时客运作业区，实现旅客转乘长途汽车的无缝衔接，方便旅客转乘和分流。

南昌长途汽车西站临时客运作业区占地面积1600平方米，共有8个发车位，设立6个售票窗口，建有103.68平方米的候车室。该站临时客运作业区先行安排万载、奉新、高安、上高、丰矿五条班线进站发班，日后视火车站运行情况再行安排和调整，满足旅客出行需求。

按照南昌西综合客运枢纽站规划和工期，南昌西综合客运枢纽站站场作业区预计2014年年底竣工。

（周国祥　吴　娇）

【景德镇汽车南站停用】 因合同期满，景德镇汽车南站于3月12日停用，景德镇前往包括乐平在内的多条客运班线届时将分别从景德镇汽车站（西客站）和景德镇汽车东站（景德镇火车站对面）发车。

汽车南站停用后，该车站承担管理运行的班线中，景德镇开往乐平、芦田、三庙前、中州、梓埠、鹰潭、东乡、饶丰等地的班线将迁往景德镇汽车站西客站发车。由景德镇开往余干、古南、万年、黄金埠、南昌等班线将迁往景德镇汽车东站发车。各条班线发车地点调整后，车票票价不变。

（涂　强）

【九江长途汽车站开通网上售票业务】 为方便旅客购票，九江长途汽车站从2013年1月20日起正式开通网上售票业务，旅客可以直接登录www.jj8s.com进行网购。2013年年底，网上只售全价票，儿童票和优惠票要到车站窗口购买。网上购票如要退票，须到车站窗口办理。

（九江市交通运输局）

【九江长途汽车站开通手机购票业务】 2013年7月11日起，九江长途汽车站正式开通手机购票业务，全天候为旅客提供售票服务。旅客只需手机一点便可购买所需的汽车票。目前，该站率先开通安卓版购票系统，凡持装有安卓版智能手机的旅客，无论身在何地，只要登录该站的官方网站（www.jj8s.com），下载购票客户端，购票时只需通过手机登录，无需到汽车站排队等候，便可购买到预售期为10天的、九江长途汽车站始发固定班次的车票，真正实现足不出户，异地购买。此举不仅为广大旅客购票提供了方便，并缓解了车站售票窗口的压力。此外，还可为旅客提供该站始发班次信息查询服务，方便旅客出行。

（九江市交通运输局）

【九江长途汽车站在全省率先启用指纹报班系统】 为规范站务管理，认真落实“三不进站、六不出站”规定，九江汽车总站在IC卡管理基础上，近期又在全省同行业率先引进一套“指纹报班”系统，实行IC卡和指纹双报班制度，2013年8月29日起已正式投入使用。

“指纹报班”系统利用IC卡和指纹识别对进站车辆及驾驶员进行计算机管理，对站务安全管理的每一道环节进行有效控制。客车出站驾驶员必须通过“指纹报班”系统进行指纹识别，以验证其真实身份，避免手工作业管理存在的人为不规范因素，从而进一步提高汽车客运站管理工效和安全管理能力。实行IC卡和指纹双报班制度后，驾驶员在发车前不仅要通过IC卡进行刷卡报班，还要在检票口的指纹识别设备上按下指纹,待系统确认车辆和驾驶员全部符合规定后,车站方能准予报班配客。否则,系统就会提示不允许报班,客车不得配载出站。至2013年12月底,九江汽车总站所有进站营运班车及驾驶员指纹等信息全部录入完毕,该系统已在该站全部始发班线上使用。

(九江市交通运输局)

【九江长途汽车站开通免费无线上网服务】 2013年10月29日,九江长途汽车站正式开通免费无线上网,通过对候车区域无线网络的覆盖,为旅客提供免费上网服务。旅客只需随身携带具有Wi-Fi上网功能的笔记本电脑、手机等终端,搜索链接名为"A—GL"的无线网络,无需交纳任何费用,即可享受到20M公共宽带的无线上网服务。旅客候车时可免费无线上网,查阅相关信息、刷微信等。

(九江市交通运输局)

【新余汽车西站正式投入运营】 5月1日,新余汽车西站正式投入运营。该站用一年半时间改建,投资3000余万元。运营后每天将开通89个省内、省际班线,远达深圳、珠海、温州、北海、厦门、福州等沿海城市,近往高安、上高、峡江、安福等12个邻近县市,全站最大旅客接待量为3000人次。为方便乘客,汽车西站与中心客运站和城南汽车站合作联网售票,乘客可在西站购票,凭票在以上3个站场任一地点上车。正式投入运营的当天,新余汽车西站特别开设两条从西站开往圣集寺和凤凰湾的农村客运班线。此外,为配合西站的运营,新余公交有限公司也于5月1日画龙点睛式开通505路、506路两条公交线路。这两条公交线路均从城东汽车站发车,分别途经新钢和白竹路开往汽车西站,尔后循环运营。

(邓清华)

【宜春综合交通枢纽】 该枢纽是集高铁、普铁、长途汽运、公交、出租、邮政六位一体的综合交通枢纽,占地11.33公顷,建筑面积15万平方米(其中地上7万平方米,地下8万平方米),总投资13亿元。枢纽主体站房由铁路部门负责建设,其他配套工程由袁州区政府采取BT合作形式建设。综合枢纽于2012年12月月动工建设。

该枢纽参照江苏常州高铁枢纽的设计思路,把"零换乘"和铁公对接作为目标,体现了一切以旅客为本的设计理念,使宜春综合交通枢纽实现了多种运输工具的有效对接,极大地方便了旅客换乘。枢纽建成后,日均旅客流量将接近2万人,其中高铁客流4000多人、普铁客流1.2万余人、长途汽运3000余人,各运输工具之间全部实现"零距离"换乘。

为加强宜春综合枢纽的建后管理,宜春市政府成立了枢纽管理机构筹备工作领导小组,办公室设交通运输局。市交通运输局于2013年9月抽调专门力量进驻枢纽,介入枢纽的管理机构的前期筹备工作,经过半年多考察、调研,形成组建方案报请市政府研究。市政府决定批准成立宜春市综合交通枢纽营运管理有限公司,其性质属国有独资企业,由交通运输局履行出资人资质,并负责管理。同时,根据管理需要,枢纽还将成立政府层面的枢纽协调管理机构、公安分局以及交通牵头的综合执法大队等长期管理机构,负责枢纽辖内的安全和秩序管理。

该公司围绕安全、卫生、有序三条主线,抓住管理、维护、经营、服务四个重点,做到公共服务优质化、资产效益最大化、内部管理企业化、各方协调有序化、倡廉守纪规范化。通过完善一系列举措,把宜春综合交通枢纽打造成为宜春的示范窗口、形象窗口和文明窗口。

(宴小宜)

运输工具

【概况】 2013年,全省道路营运客车17976辆,483950客位,营运货车453370辆,3324380吨位,客车向标准化、舒适性、安全性、能耗低方向发展,货运汽车向大吨位、高效率和灵便灵活方向发展。具体详见表10、表11、表12。

2013 年全省营运载客汽车(合计一)

表 10

单位名称	合计		汽油车	柴油车	其中:卧铺车		小计		班车客运客车 大型		中型		小型	
	辆	客位	辆	辆	辆	客位	辆	客位	辆	客位	辆	客位	辆	客位
江西省	17976	483950	390	17586	731	21012	14674	380073	3494	150207	9304	204942	1876	24924
南昌市	1839	56436	0	1839	22	860	1119	28207	325	13591	546	11967	248	2649
景德镇市	610	17731	0	610	12	498	475	12373	86	4174	205	5651	184	2548
萍乡市	1040	25319	38	1002	5	215	955	22365	166	6662	734	15132	55	571
九江市	3117	77992	32	3085	47	1940	2340	54391	395	16664	1566	32961	379	4766
新余市	325	8744	0	325	1	39	260	6336	50	1920	210	4416	0	0
鹰潭市	456	10684	0	456	5	234	409	9049	50	2050	359	6999	0	0
赣州市	2961	82813	230	2731	67	2831	2585	75106	978	42164	1272	28163	335	4779
吉安市	1838	53700	0	1838	39	1904	1560	42167	460	19061	1021	22059	79	1047
宜春市	1494	49294	0	1494	61	2522	1399	45265	338	18067	801	23306	260	3892
抚州市	1456	31962	0	1456	36	1452	1419	30580	246	9505	939	17822	234	3253
上饶市	2840	69275	90	2750	436	8517	2153	54234	400	16349	1651	36466	102	1419

2013 年全省营运载客汽车(合计二)

表 11

单位名称	旅游客车		包车客车		其他客车	
	(辆)	(客位)	(辆)	(客位)	(辆)	(客位)
全省合计	2776	96480	110	4142	416	3255
南昌市	720	28229	0	0	0	0
景德镇市	135	5358	0	0	0	0
萍乡市	48	1914	22	935	15	105
九江市	702	22316	0	0	75	1285
新余市	37	1371	28	1037	0	0
鹰潭市	47	1635	0	0	0	0
赣州市	128	5766	13	530	235	1411
吉安市	275	11427	3	106	0	0
宜春市	95	4029	0	0	0	0
抚州市	36	1349	1	33	0	0
上饶市	553	13086	43	1501	91	454

2013 年全省营运载货汽车(合计)

表 12

单位名称	货运车辆总计		营运载货汽车		汽油车	柴油车	其他载货机动车		轮胎式拖拉机		牵引车	挂车	
	(辆)	(吨位)	(辆)	(吨位)	(辆)	(辆)	(辆)	(吨位)	(辆)	(吨位)	(辆)	(辆)	(吨位)
全省合计	453370	3324380	385857	3255339	3188	281576	67389	68874	124	167	40477	60616	1493385

续表 12

单位名称	货运车辆总计		营运载货汽车		汽油车	柴油车	其他载货机动车		轮胎式拖拉机		牵引车	挂车	
	(辆)	(吨位)	(辆)	(吨位)	(辆)	(辆)	(辆)	(吨位)	(辆)	(吨位)	(辆)	(辆)	(吨位)
南昌市	45577	181997	43684	180400	0	42002	1893	1597	0	0	1287	395	10008
景德镇市	14087	91070	14087	91070	947	9615	0	0	0	0	1842	1683	36275
萍乡市	29145	103767	19217	94459	346	16561	9928	9308	0	0	743	1567	45351
九江市	42231	275019	39560	271943	216	33049	2671	3076	0	0	2760	3535	96779
新余市	38892	443051	35678	440819	0	21436	3214	2232	0	0	4081	10161	291387
鹰潭市	25935	375698	24987	374751	0	10526	948	947	0	0	4498	9963	289865
赣州市	47403	144173	35718	132789	0	33390	11685	11384	0	0	1084	1244	31704
吉安市	50592	309894	34242	292756	46	26168	16350	17138	0	0	3460	4568	137239
宜春市	54150	574778	51870	571583	0	28746	2280	3195	0	0	10155	12969	142895
抚州市	50450	469451	43566	461493	0	28430	6884	7958	0	0	6925	8211	245387
上饶市	54908	355482	43248	343276	1633	31653	11536	12039	124	167	3642	6320	166495

【新余市出租车“油改气”工作】 出租车是城市的形象展示,反映了城市的精神风貌和文化内涵。新余市交通局将以推进出租车“油改气”工作和整改出租车卫生为重点,大力整顿出租车运营市场,推动创建文明城市工作。

截至 11 月 13 日,全市已有 220 辆出租车完成“油改气”安装,并已全部投入使用,占全市出租车总量的 40%。2013 年年底,市交通运输局将进一步加大工作力度,推进出租车“油改气”工作,计划 2014 年全部完成。

(姚　婷　邓清华)

【新余市 636 辆的士安装卫星定位系统】 截至 2013 年 10 月,新余市已有 636 辆出租车陆续安装卫星定位系统。通过这个系统,新余市营运车辆指挥中心能随时了解每辆出租车的行驶轨迹,并根据顾客需求及时调度。该系统还具有隐蔽报警功能。如果司机夜间出车遇到抢劫等危险情况,只要按下隐蔽按钮,就可以和指挥中心取得联系,指挥中心将提供报警、救援等相应帮助。

(刘　健)

【婺源县 20 台新出租车投入运行】 春运期间,婺源县新购置 20 台出租车投入到运行中。婺源是旅游大县,在春运期间出租车投放新运力,一方面有效缓解了春运期间旅游出行的运力紧张问题,另一方面也维护了旅游城市的良好形象。

(周　玮)

【上饶牌新能源客车进入公交运营】 9 月 23 日,上饶市公共交通有限公司新购 10 辆上饶牌公交车投入南昌大学附属医院(铁路医院)至火车站的 17 路公交路线,执行运营任务。

上饶牌公交车为液体天然气的能源客车,车身美,噪声小,省能源;后置发动机,使用无色、无味、无毒且无腐蚀性的 LNG 液化天然气燃料,达到国 5 的排放标准,清洁环保;其 275L 大容量的真空气瓶,充装一次可行驶 600 千米,经济型比普通柴油机提高 18% ~25%。电动除霜无需擦洗,设 23 个 AB5 座椅,27 个手吊环,满载 65 人;LED 显示器、通道灯,节能环保;车内手动灭火器和发动机舱内自动灭火器,确保安全。该公司年内将招标采购 8 米 ~10 米的液态天然气新能源客车 60 辆,开通火车站至上饶师院的 15 路和穿越市区繁华路段的 6 路、19 路。

(陈均培)

【弋阳人力三轮车统一换上“新装”】 弋阳县为了提升文明城市形象,于 1 月 25 日完成全线持有牌照的 264 辆人力三轮车统一换上了黄色的篷布与黄色的车棚。

此次人力三轮车的集体“换装”,有利于加强和规范对车辆及其驾驶员的管理，有效地打击人力三轮车非法加装动力装置和“黑三轮”的营运，有利于美化弋阳市容市貌。

（陈均培）

道路运价

【新余市规范春运期间出租车收费】 2月5日，新余市物价局、市交通运输局联合发出通知，对2013年全市春运旅客运价管理作出具体规定，其中，城区出租车不得再加收2元钱。

通知规定，对经营固定线路的道路客运，实行客票价格最高限价管理，继续执行市物价局、市交通运输局余价字〔2011〕90号《关于调整我市跨市道路客运班车票价的通知》规定的价格，不得擅自提价。对非固定线路的临时包车运输，继续实行市场调节价。对农村道路客运，因已实行财政补贴，票价不得提高。对市城区出租汽车运价，仍按现行价格政策执行，不得涨价。取消上年春运期间城区出租汽车票价在计价器显示金额的基础上加收2元的政策。

通知要求各有关运输经营者要严格执行价格政策，认真做好春运票价明码标价工作，在车站公布政府指导价和当日票价。春运期间，物价、交通运输主管部门将密切配合，加强春运期间旅客运输价格的监督检查，对借机乱涨价、乱收费的行为，进行严厉查处。乘客可通过市物价局“12358”价格举报电话、市交通运输局“6453899”举报电话投诉违规行为。

（胡二根　谢　丹）

【鹰潭市调整客运运价】 2013年，贵溪市客运企业在执行运价规定中作了新的调整：身高1.2米以下不单独占用座位的儿童免费；身高1.2米～1.5米的儿童可购买儿童票；革命伤残军人、因公致残的人民警察乘车凭伤残证件可购买优待票。儿童票和优待票为单程票价的50%计算。

鹰潭市至各主要城市汽车标价一览

鹰潭至上海：运距712千米，大型高一卧铺245元/人；大型高二卧铺293元/人；

鹰潭至福州：运距572千米，大型高一卧铺194元/人；大型高二卧铺231元/人；

鹰潭至石狮：运距788千米，大型高一卧铺264元/人；大型高二卧铺316元/人；

鹰潭至宁波：运距640千米，大型高一卧铺220元/人；大型高二卧铺262元/人；

鹰潭至南昌：运距168千米，大型高一卧铺54元/人；大型高二卧铺66元/人。

（鹰潭市交通运输局）

【宜春城区调整出租车运价】 针对中心城区出租车收费不规范、拒载现象严重，以及空驶费因操作困难未得到实际执行，导致出租车跑远程放空返回利润损失大等情况，10月29日，宜春市调整出租车运价。其中，起步运价，2千米以内（含），白天5元，夜间（晚23时至次日6时，下同）6元。车千米运价超过2千米以外的部分，按实际行驶里程计算，白天每千米1.5元，夜间每千米1.8元。空驶费单程载客行驶超过6千米以外部分，按每千米加收50%空驶费（即：每千米白天加收0.75元，夜间加收0.90元）。燃油附加费2千米（不含）以外部分，汽油价在7～8元区间内时，每车次加收1元。上述收费项目全部被列入车载计价器，实行电脑自动打票；每趟一票，车票上注明出租车公司名称、电话。此种做法能有效避免司机和乘客因议价产生纠纷，而且乘客一旦遗忘物品，便于按票寻找，司机有违章行为也便于投诉。此外，将燃油附加费列入计价器，打表计费，还可省去以往手撕附加费票的麻烦。

（杜鹏程　李　明）

【樟树市调整出租车运价】 从3月19日起，该市物价局发文调整城市出租车运价，具体为：①白天起步价为每车次5元/2千米，2～6千米为1.5元/千米，夜间11点至次日6点起步价为每车次6元/2千米，2～6千米为1.8元/千米。②超过6千米以外部分按每千米加收5%空驶费。③堵车车速低于12千米/小时，累计达5分钟加收1千米租价。

（杨　波）

【万载县调整公交车和出租车运价】 2013年3月，县交通运输局和县物价局，对县城市公交公司部分运营区间线路价格进行调整：万载—泉塘15

千米,每人票价2.5元;万载—寨下11.5千米,每人2元;万载—石脑下8.5千米,每人1.5元;万载—黄村村部6.5千米,每人1元;万载—后塘11.5千米,每人2元。7月,对万载恒通出租车公司的出租车价格调整,起步价由3元调整为5元,起步计价由1.5千米调整为2千米,起步价外白天由1.4元/千米调整为1.5元/千米,夜间由1.5元/千米调整为1.8元/千米。空驶补贴费计价5千米以外,每千米加收50%,夜间22点至凌晨5时,行驶补贴费为单位租价的20%,等候收费为10分钟以后,每增5分钟加收1千米,以此类推。过桥过路费由乘客承担。另对低速收费、启动计价收费程序等都作了具体规定。

(王松州)

【上饶市中心城区调整出租车空驶费】 上饶市客管处为维护中心城区出租汽车整车的运营秩序,确保城区出租汽车行业的稳定和发展,经市物价局出租车运价调查测算,了解全省其他设区市有关出租办运价中的空驶费情况,进行了横向比较,召开了有关部门和出租车司机代表座谈会,报经市政府办公厅研究同意,对市中心城区出租车运价中空驶费进行了调整。调整从2013年10月1日起执行。

中心城区出租汽车在基本运价和千米价不变的前提下,将现行中心城区出租车运价中空驶费单程载客10千米内不计空驶费,超过10千米外,每千米加收50%的空驶费调整为:单程载客6千米内不计空驶费,超过6千米外每千米加收50%的空驶费。

空驶费调整后,要求出租汽车经营者本着服务市民和谐社会的主旨,提高服务质量,不得拒载,严格按计价器收费。出租车协会及交通运输管理部门和有关责任部门要加强行业管理,提升行业服务水平,做到规范有序经营。

(陈均培)

道路旅客运输

【春节期间全省道路运输】 2013年春节运输于1月26日开始,3月6日结束,为期40天(即节前15天,节后25天)。全省道路旅客运输量达5025.57万人次,与上年春运相比下降0.56%。全省道路运输企业共投入客车18446辆,其中班线客车15215辆,旅游客车2310辆,日均投入运力17300辆,与上年同比下降1.1%;加班达10328班次,与上年同比下降29%;包车达16709趟次,与上年同比下降28%。春运期间,首次因节前学生放假时间较长、私家车出行增多、凌晨2时至5时停运,形成车辆使用率下降等非天气因素导致的道路客流量下降状况,且学生流、务工流、探亲流相对分散,春运期间无明显客流高峰。

2013年春运,全省道路运输行业以"平安春运"为主题,加强安全监督措施,保持了较好的春运安全形势。全省共发生2起道路运输人员伤亡事故,死4人,伤2人。与上年春运相比,道路运输安全事故起数、死亡人数、受伤人数分别下降60%、71%、94%。一是加大安全宣传教育力度,大力推广使用《安全告知》视频和《培训示范片》,进一步规范安全告知工作,统一道路安全告知的标准,强化驾驶员的安全意识,促进道路客运安全发展;二是加大安全监管和动态监控力度,春节前省厅组织督查组分赴各地市进行安全督查,春节后省运管局又组织了11个暗访组分赴各地市进行安全暗访,对出现的问题及时下达安全隐患整改通知单,督查运输企业及时整改落实到位;三是加大运政稽查力度,春运期间,省运管局组织了代号为"猎击"的统一道路运政稽查行动,按照以客为主的监管原则,重点对非法营运和班车、包车、出租汽车客运的违法行为,以及群众投诉集中、媒体曝光、交办转办的案件予以打击,春运期间道路客运市场秩序保持良好,未发生一起涉及道路运输行业的不稳定事件;四是做好各种应急准备,针对春节假期出现的冻雨、低温等恶劣天气,及时发布预警信息,要求各运输企业尽早做好应对雨雪冰冻防范工作,确保各项安全生产措施落到实处。

(章华平)

【"十一"黄金周全省道路运输】 2013年"十一"黄金周期间,全省共完成客运量1082.83万人次,与上年同期相比增长5.5%。全省道路运输企业日均投放运力19344辆,其中班线客车15422辆,旅游客车1980辆;加班达3731班次,与上年同比增长6%;包车达3814趟次,与上年同比增长18.

6%。整个“十一”黄金周期间，全省未发生一起道路运输安全事故。

（章华平）

【农村客运发展情况】 2013年，全省各地加快推进农村公路和农村客运站等交通基础设施建设，大力实施农村客运网络化工程，广大农村群众出行条件得到了很大改善。截至2013年年底，全省农村客运班线达3592条、车辆达8841辆、座位17.94万个；乡镇班车通达率达到100%，行政村班车通达率达到92.4%，平均日发班次35773次。农村旅客运输完成客运量25853万人、旅客周转量870633万人千米；完成农村客运站投资9345万元，其中政府投资3380万元；农村客运站数量达到12775个，其中等级客运站789个。

（游国候）

【南昌市道路春运】 2013年3月6日，为期40天的道路春运工作结束。春运期间，全市各级交通运输部门认真贯彻落实中共十八大精神，以“平安春运”为主题，按照“以客为主、科学组织、协调配合、安全有序”的原则，统一思想认识，明确责任分工，加强组织领导，建立协调机制，完善值班值守，强化应急保障，把春运工作作为交通运输系统的重点工作，确保人民群众的平安出行。

春运期间，全市公路运输共投入客车2450辆，累计发送旅客268万人次，同比下降9%。城市公交投入公交车3140辆，共发送旅客约5889万人次，同比增长3.5%。投入出租汽车4803辆，完成客运量3190万人次，同比增长6.3%。至春运结束，全市道路春运未发生一起安全生产责任事故、未发生一起旅客滞留现象、未发生一起重大服务质量投诉事件。

（周国祥）

【景德镇市道路春运圆满收官】 历时40天的2013年公路春节运输工作于3月6日结束。春运期间，全市各汽车客运站共发班53632班次，其中加班1708班次、包车1686班次，运送旅客213.09万人（次），发班总数及运送旅客人（次）同比分别增长1.3%和1.04%，顺利实现“平安春运”主题。

景德镇市及周边的鄱阳、都昌、万年等地，每年均有大量农村剩余劳动力前往沿海及经济发达地区务工。受此影响，春节期间客流量一直保持节后客流量大、高峰集中、单向流动明显的特点，主要客源地是浙江、广东、福建、上海、江苏、湖北等“泛长三角”和“珠三角”地区。

2013年公路春运高峰时段的客流量除延续2012年的波峰不高、波谷不低的特点外，还呈现出波峰延长的现象，即自2月15日（正月初六）至2月28日（正月十九）的14天里，日均客流量在6万人（次）以上，最高时的2月18日（正月初九）为6.79万人（次），最低时的2月28日（正月十九）也有6.21万人次。这说明市民出行更加理性，懂得避开高峰以减少旅途麻烦。

为确保将旅客安全及时送达目的地，不发生旅客滞留现象，市、县两级公路运输管理机构派出运政执法人员入驻各汽车客运站。并设立春运牌证申领处，方便企业和经营者随时申领到春运牌证，缩短车辆组织和调度时间。切实加强运力组织，指导公路旅客运输企业根据客流变化情况及时调整、加密班次，适时增开包车，督促汽车客运站认真落实《汽车客运站营运客车安全例行检查和出站检查工作规范》做好“三危品”查堵工作，坚持车辆安全例检、旅客登记和售票检票制度，有效杜绝了车辆“带病”运行、超载车辆出站。检查《道路客运安全告知》视频播放情况及省际班线客车、旅游客车驾驶员在乘客上车后、发车前向乘客发布安全告知及安全驾驶承诺情况。充分运用GPS监控平台和汽车客运站视频监控系统，加强对营运车辆运行和车站作业场所的安全管理，实现公路运输安全生产的动态监控。多手段、全覆盖的安全管理体系为公路春节运输工作的顺利进行提供了有力保障。

（涂　强）

【景德镇市道路暑运圆满落幕】 2013年公路暑期运输工作，始于7月1日，终于9月1日。暑运期间，景德镇市各级交通运输部门和道路客运企业针对高温炎热天气持续给行车安全带来的不利影响，坚持对所有班车进行严格检查，重点做好车辆油、电路排查和车辆日常“三检”作业，确保班车正常营运。在为期62天的暑运期间，景德镇市各汽车客运站共发班77811班次，运送旅客241.2万人次，同比分别增长1.23%和1.77%。

暑期运输伊始,景德镇长运公司所属各汽车客运站做好客流动态监控,根据客流变化情况及时调整、加密班次,适时增开包车,认真落实《汽车客运站营运客车安全例行检查和出站检查工作规范》。做好“三危品”查堵,坚持车辆安全例检、旅客登记和售票检票制度,有效杜绝车辆“带病”运行、超载车辆出站。运用GPS监控平台和汽车客运站视频监控系统,加强对营运车辆运行和车站作业场所的安全管理。暑期运输期间,景德镇长运公司还推出学生票优惠措施,大、中专院校学生凭《学生证》或大、中专院校《录取通知书》,即可按每票(次)35元的标准购买南昌或九江的高客学生票。

(涂　强)

【交通运输成功保障瓷博会】 2013中国(景德镇)国际陶瓷博览会举办期间,景德镇市交通运输局按照全市动员部署,积极、紧张、有序地逐项落实工作任务,确保交通安全、及时、可靠,共运送中外宾客及市民逾30万人(次),为瓷博会的成功举办提供了优质快捷的交通保障和服务运输。

在瓷博会主场馆施工进入冲刺阶段,该局指挥调度市公交公司自9月26日起开通“瓷博会”工地专线通勤车(4路公交线延伸),满足主场馆施工建设者上下班的交通需求。在瓷博会开幕前,调集了40辆空调公交车,自10月16日起开通2条“瓷博会”免费参观游览专线:一条为昌南路口(交通银行)—昌南湖公园—体育中心—瓷博会主会场;一条为人民广场(老干部活动中心)—锦绣昌南—体育中心—瓷博会主会场。这2条专线均为间隔1 5分钟一班循环运行。运行时间为每天的7时至19时。截至10月22日18时,共运送参观瓷博会主展馆的市民及游客逾23万人(次),最多时的开幕式当日共运送市民及游客近7万人(次)。

瓷博会举办期间,该局调集100辆出租汽车,用于参展商、采购商等与会宾客的出行服务,共运送与会宾客及市民、游客近5万人(次);调集130辆旅游大巴,负责“瓷博会”开幕式、招待会等集中活动时的宾客运输服务;从市直机关单位调集12辆公务车,从省委省政府接待处借调考斯特20辆,负责接送与会贵宾从空港乘机到景德镇,以及会展期间的用车服务。瓷博会举办期间,旅游大巴、公务车(含20辆考斯特)共接送与会重要贵宾逾2万人(次)。

(涂　强)

【萍乡市圆满完成2013年春运任务】 2013年春运,全市各部门按照“以客为主、科学组织、协调配合、安全有序”的春运指导原则,认真落实省市春运各项工作,精心组织,强化监管,圆满完成了春运工作任务。全市2013年春运期间共投入客车39067辆次,日均投入运力976辆,其中包车698趟次,加班632班次,完成客运量589.31万人次。萍乡火车站开行临客48趟,图定列车86趟,共计134趟旅客列车。发送旅客30.2万人,同比增加1.2万人、增长4.14%,其中直通16.2万人,同比增长8%;管内14万人。整个春运期间实现了广大人民群众出行放心、舒心,未发生旅客滞留及死亡安全责任事故,保证了居民生活必需品,和重要物资的运输。

(晏卫东)

【“爱心送考”启动】 2013年高考在即,新余长运有限公司钢城出租车分公司再次启动“爱心送考”活动。这是该公司第十次组织“爱心送考”车队,高考期间,考生只要凭准考证即可免费乘坐贴有“爱心”标志的出租车。

“服务莘莘考生,传递出租温情”。该公司非常重视出租车文明优质服务,组织“爱心送考”已经成为公司每年的常务活动。2013年,公司精心挑选100辆出租车开展“爱心送考”活动,为考生出行提供免费、安全、快捷、温馨的服务。

(肖志勇)

【新余公交多项措施应对春运】 1月26日,新余公交出台了《2013年春运工作方案》,对春运期间各项工作进行提前部署,以满足市民的出行需求。

根据春运节前客流高度集中的特点,该公司充分利用公交基础设施,增加运力供给,确保旅客(市民)平安回家、顺利返岗、返校。针对新余学院、渝工学院、冶金学院、中山学院等大中院校寒假客流高峰,在途经这些站点的线路相应增加运力,满足学生客流高峰乘车需求;针对春节前各重要购物时段,安排加班车在胜利北路洪客隆、新亚新、步步高等大型购物场所,增加班次密度,满足市民出行需求；针对相对边远郊区乘客的乘车需求，向农村延伸的线路（104 路、501 路、502 路、503 路、601 路、903 路等线路）末班车时间延长 40～60 分钟。同时，为方便旅客中转换乘，新余公交与火车站、长途汽车站等旅客运输集散地进行衔接，加强与城际公交、城乡公交的对接，通过延长收班时间、缩短发车间距，方便旅客出行，减少乘客滞留现象。

（彭　剑）

【新余长运公司多措并举方便旅客出行】　为方便全市在武汉高校就读学生顺利返校以及两地走亲访友人士出行，江西新余长运公司投资 60 多万元购置了一辆 39 座宇通豪华客车，从大年初十起开通新余至武汉长途班线。此趟省际班车每天上午 9:00 从新余发车，全程行驶高速公路，下午 14:00 左右驶入武汉市的武昌傅家坡汽车站，稍作停留后，再行前往武昌宏基汽车站。在宏基汽车站载客后，返回新余。同时，该公司根据该市在福建省福清市一带务工人员较多的情况，为让新余乡亲能及时返乡团聚，开行新余至福建福清省际班车，每天上午 11:30 从新余发车。上述两趟省际班车在新余火车站旁设有售票点和发车点，旅客可以就近购票乘车。

此外，在春运期间，该公司还派出精干人员到该市在深圳、广州、珠海、厦门、泉州、温州等务工人员集中地，与当地企业、新余老乡取得联系，走访组织客源，准备充足运力，帮助新余在外务工人员返乡过年。与此同时，新余长运公司在新余火车站旁设立了 24 小时旅客服务点，由公司领导坐镇指挥，及时为旅客出行提供周到、快捷的服务，让旅客走得了、走得好。

（吴晓敏　王金玉）

【新余国庆七天公交客流突破 90 万人次】　2013 年 10 月 1～7 日，新余市共发行公交车 3354 班次，营运里程达 36.2 万千米，公交客流量突破 90 万人次，同比增长 7%。为确保节日期间市民和游客安全便捷出行，新余公交多措并举，加强运力保障，做好优质服务，其间没有出现乘客集中滞留情况，未发生重大有责交通事故，圆满完成了公交客运保障任务。

黄金周第一天，纷纷走出家门的市民给穿梭不断的公交车带来了大量客源，从周边居民区奔往各公共娱乐场所和购物商场的客流来得最早，市区连接郊区的公交车最爆满。上午 9 时～11 时、傍晚 17 时～19 时是全天客流最高峰，与此同时，道路通行状况却不容乐观，部分经过胜利北路的主要线路受到不同程度影响，导致发车准点率下降。为了不影响市民出行，很多车辆到站就发车，驾驶员忙个不停。从公交总体运营情况看，全天客流量突破 15 万人次，创下“十一”客流历史新高。

黄金周随后几天的总体客流出现了小幅下滑，但仙女湖、新余学院、水西方向的客流仍然是持续高峰状态。为此，新余公交有针对性地将 501 路延伸至仙女湖，平均每天延伸达 30 趟，同时预备 3 辆机动车随时待命，全力保障景区游客的乘车需求。国庆七天共运送仙女湖游客 2.2 万人次，公交运行安全有序，未出现游客滞留现象。针对水西方向客流密集的情况，公司将 603 路延伸至水西，日均延伸 20 余趟，方便了该方向市民出行。为满足新余学院方向的乘客出行需求，804 路实行流水发车，车队管理员现场灵活调度，缩短了运行时间，增加了车辆发行趟次，确保了新余学院方向客流的正常出行。

（宁茂昌）

【赣州市国庆期间公路输送旅客】　随着国庆长假的结束，该市国庆期间公路旅客运输平安落幕。10 月 1 日至 10 月 7 日，该市公路运输部门共输送旅客 165.76 万人次，与上年同期相比增长 10.7%。客流对象以探亲流、学生流和旅游流为主，流向和流量以广东居多，其次向赣州市区域内以及省内各主要城市、重要的旅游景点扩散。针对国庆期间客流量较大的特点，市公路运输主管部门、公路运输企业和各汽车站提前做好应急准备，加强了运输组织、运力安排和安全监管工作，公路运输未出现长时间滞留旅客事件，未发生一起源头安全责任事故，实现了“安全、及时、快捷、通畅”的目标。

（李发淳）

【赣州市中秋假期公路输送旅客】　2013 年中秋假日期间，该市公路运输安全输送旅客 88.12 万人次，与上年同期相比客运量上升 9.8%，实现了

“安全、及时、快捷、通畅”之目标。

（李发淳）

【赣州市“五一”公路客运安全输送旅客】 4月29日至5月1日，全市公路运输企业安全输送旅客66.9万人次，与上年同期相比上升9.3%。为做好2013年“五一”期间公路运输客运工作，全市公路运输系统的客运站、客运企业在落实安全监管、假日值班、信息报送、运输组织、应急保障等方面制定了具体的工作措施。假日期间，尽管赣州市气候雨多晴少，但该市短途区域内的旅客流量较大。全市投入客车2350辆，为假日运输提供了充足的运力，未发生事故。城市客运加强重点时段、重点区域、重点公共场所的现场监管，已对9起投诉进行处理。对不按规定运营的出租车和非法营运的“黑车”保持了高压严厉打击态势，维护城市客运市场健康稳定。

（李发淳）

【赣州市投入3384辆客车忙春运】 为了实现2013年1月26日至3月6日为期40天的“平安春运”目标，该市公路运输处根据部、省公路运输春运工作的总体安排，已对全市的春运工作台进行了全面部署。2013年春运客运量达586万人次，比上年上升5%。强化安全监管和提高运输保障水平是春运工作台的重点内容。从上年12月28日始，各级运政管理部门已着手对参与2013年春运的车辆逐一进行全面的技术性能检查。凡车辆技术等级不达三级(含三级)标准，GPS装置不能正常使用的营运客车，不得参与春运。经审核，全市有各类客车3384辆投入春运。客运站严格执行“三不进站、六不出站”的规定，凡运行归来未经安全例检、不合格的营运客车，不得排班发车。为了应对雨雪低温天气和客运高峰可能发生的旅客滞留情况，所在区域的应急保障车辆将会迅速出动，就地、就近、就快把旅客送到安全地带或目的地。

（李发淳）

【吉安市运输部门全力确保春运】 春运期间，吉安市共安全发送旅客1700余万人次，道路运输日均开行客运班车1850辆，组织春运加班(包车)5225次，疏运旅客498.6万人次，同比增长3.1%；城市客运1107.5万人次，其中城市公交客运742.8万人次，出租客运364.7万人次 。

春运期间，交通运输部门合理调配运力，储备应急运力，开展文明执法，做好服务工作，加大宣传力度，使春运工作平稳有序，广大旅客安全便捷出行，电煤、粮食、成品油等重点物资和关系人民群众日常生活的节日物资运输得到有力保障，实现了“科学组织、安全第一、以客为主、优质服务”的总体目标。

（吉安交通运输局）

【袁州区道路运输生产健康稳步发展】 该区交通运输局以科学发展观指导，全力推动该区道路运输业健康稳定快速发展。一是高度重视，加强组织领导。分别成立客运与货运工作领导小组，加强对运输企业的监管和指导，积极引导现有运输业向现代大物流发展。二是优化发展环境，积极开展招商引资。以优惠的政策，良好的环境，充足的人力资源为优势条件，积极吸引各地企业前来投资，推动物流产业发展。三是精简交通行政审批程序，简化发展道路运输手续，为广大业主提供优质服务，进一步推进全区道路运输产业发展。四是加强交通基础设施建设，完善配套设施。通过农村公路修建和改造、城市道路改扩建、高速公路建设等项目，新建农村公路综合服务站1个，候车亭14个，不断改善省际、城乡等交通条件。全年新增客车32辆，共完成道路客运量1268万人，旅客周转量31942万人千米，比上年同期分别增长3%和5%。

（李　庆）

【靖安县全力保障服务高考】 为满足2013年高考考生乘车需求，保障高考交通运输安全，该县从保平安、保畅通、保服务入手，积极做好高考期间道路交通服务保障工作。一是保障道路运输安全。县交通运输局在前期开展的预防性公路养护基础上，进行公路安全大检查，及时整改安全隐患，并对部分路段进行修补，确保车辆行驶安全。二是整顿社会运输秩序。该局组织执法人员加大对非法营运车辆的监控力度，严厉打击非法营运“黑车”，确保良好的运营和安全秩序。三是保障考生运输安全。该局组织对营运车辆技术状况逐车进行安全隐患排查，保证车辆技术性能良好、保持车容整洁，杜绝

"带病"车辆参与考生运输。同时,提前调查摸底,科学制订应急预案,全力做好运力储备,积极与各主要运输企业进行协调,准备充足运力,保证考生乘车需要。四是做好服务,塑造良好的交通形象。该局加强司乘人员宣传教育,在高考期间,严格做到规范经营,优质服务。做到不超速、超载、不疲劳驾驶,自觉抵制各种交通违法、违章行为,为考生创造一个良好的交通环境。

(刘　斌)

【上高县启动学生"家门至校门"一站式运输】 7月,县交通运输部门高度关切如何开通学生"家门至校门"的一站式运输。多次召开城乡公交、城市公交企业负责人协商会,就运送学生车辆进入城区后的线路、票价、企业间的利益平衡等问题进行一一商定。决定启动中学生"家门至校门"的一站式运输。9月1日起,五中学生不但不再为反复换乘车辆烦恼,而且每人每次乘车票价还比以前降低2元~4元不等的费用。学生家门至校门的一站式运输,有效地消除学生换乘车辆带来的安全隐患,每年为学生家庭减少乘车费用近20万元,赢得学校师生、学生家长及社会各界的称赞。

(冷光明)

【奉新县"五到位"做好中高考学生运输】 为确保2012年度普通高效招生统考和中考考生运输工作的顺利进行,在县教育、公安等部门积极配合下,县交通运输局围绕"安全、快速、优质"的运输目标,精心组织,统筹安排,全力以赴从三个方面切实做好考生的运输工作。一是成立工作领导小组,由局长任组长,分管副局长、运管所长任副组长,做到"五个到位":即组织到位,举措到位,服务到位,责任到位,安全生产到位。二是制订方案,合理安排时间、线路、车次,调最好的客车和技术最好的驾驶员,负责考生运输。三是严格落实"三把关一监督"的要求,对车辆和驾驶员进行严格审查,凡车辆技术性能不达标的一律不准参加考生运输,实现零投诉、零事故、零滞留。四是做好突发事件的应对预案,确保考试运输工作万无一失。2013年高考、中考期间,共安全运送考生3200人次,确保考生运输任务全面完成,为中高考顺利进行提供了坚实的运输服务保障。

(魏振宇)

【万载县交通运输局为农村学生解决乘车难问题】 万载县高村中学的学生大多居住在距离学校十几千米的各个村子里,周一上学和周五回家需要走路几个小时,且经常风吹雨淋。班车线路是从村里到县城的,学校只是途经地,经常满员,坐不上车。为解决100多名学生乘车难的问题,县交通运输部门和客运企业决定对现有客运班次稍作调整,即每周日早上和每周五下午各增加一班从各个村里到镇中学的车次,专门用来接送学生,让学生们可以安心地坐上"校车"。该模式实行后,受到当地政府、学校及学生的普遍欢迎,学校还专门安排人员维持秩序,保障学生有序乘车。此后,运行该县较为偏远乡镇的班车都采用了这种模式。

(钟春梅)

【宜丰县大力提升客运企业服务水平】 2013年,宜春汽运股份公司宜丰分公司积极提升服务水平。6月,该公司投入500多万元从江苏常州、江西吉安等地购进19辆空调公交车,从总公司调拨车辆11辆。通过合理调配,有效解决客运超载问题。为解决乡镇群众乘车购票不便问题,在澄塘、潭山、黄岗、芳溪、新庄分别设立售票点,在芳溪香源、澄塘钩下、棠浦陈家路口、车上、黄岗、新庄、同安、花桥设立"五位一体直通店"。"直通店"的设立,为促进城乡客流、物流、信息流提供有力的交通运输保障。

(漆志勇)

【抚州春运完成道路客运量531万人】 以"安全出行、平安春运"为主题的2013年春运,1月26日启动,3月6日结束,历时40天。整个春运期间,抚州市客车超员现象比往年明显减少,未发生重特大交通事故,未发生公路"三乱"行为。春运期间,抚州市道路客运量达到531.07万人次,相比上年增长6.13%。为了保障旅客平安出行,各地交通管理部门对申请参加2013年春运的所有客车进行临时检验,对所有参与春运的客车驾驶员进行安全教育。全市共有34户运输企业、1478辆客车和940辆出租车(含县区的)参加了春运。

(陈根玲)

【鄱阳道路运输能力不断提升】 2013年,鄱阳县道路运输业长足发展,运输能力不断提升。现有道路客运企业3户,二级客运站2个,四级客运站7个,候车亭122个。开辟客运班线196条,其中省际20条,市际68条,县际13条,县内96条。全年完成客运量801万人次,客运周转量38973万人千米。全县拥有汽车3760辆,20306吨位(2013年新增营运汽车345辆,1780吨位)。其中载货汽车2874辆,营运货车2874辆,其他货运汽车749辆,挂车137辆,全年完成货运量1241万吨,货物周转量74281万吨千米。

(陈均培　张新冬)

【上饶春运输送旅客66万多人】 1月26日春运开始到3月20日,上饶汽运集团公司所属各客运单位、各车站,日均投入运力1196辆(26325座),日均发班2194班次,累计加班(包)车1553多趟,安全输送旅客66.3732万人,同比上升2.86%,广大旅客走得了,走得好。

上饶客运公司等单位利用GPS、行车记录仪、视频监控等高科技平台,强化对春运客运期间客车的有效监控。如果行车途中出现问题,监控中心看得一清二楚,尤其对“超速、超载、超员”“疲劳驾驶”“私跑”等问题,起到了积极的防患作用。

(李长乐)

道路货物运输

【景德镇市零公里运输公司】 2013年6月27日是景德镇市零公里运输公司成立15周年纪念日。经过15年苦心经营,该公司资产规模由创立时的300万元扩大到现在逾3000万元、年运送商品汽车由20000辆左右提升到超过60000辆,年营收由200万元急剧增加到近4000万元,成为景德镇市商品汽车运输市场中的骨干企业。

景德镇市零公里运输公司是景德镇汽车运输集团有限公司所属专业物流企业。15年前,景德镇汽车运输集团有限公司通过市场调查分析,看准此一时期正是昌河汽车工业公司、江西昌铃汽车公司汽车生产规模由年产5万辆扩大到年产15万辆的快速发展阶段,商品汽车运输市场潜力巨大。于是,该集团有限公司果断决策,投资300余万元购置10辆大型专用运输车辆(半敞式集装箱牵引列车),并组建成立零公里运输公司,首开景德镇市商品汽车驮背运输先河(指将商品汽车装载到专用运输车辆上进行运送的一种运输方式)。这种方式运送的商品汽车因发动机磨损小、运输过程事故率低(商品汽车几乎无剐蹭而损害外观品质)、商品汽车路码表指示小于8 5千米(自生产厂家至承运企业储运场地、运送目的地城市至销售商停车场地的短距离移动不超过85千米而忽略不计,“零公里运输”由此而来)而深得生产厂家和销售商推崇。该公司经理冯水勇介绍说,零公里运输公司组建之初便获得昌河汽车工业公司、江西昌铃汽车公司销售到河北、山东两省的商品汽车运输合同,当年运送商品汽车近10000辆。

创业初期,该公司把创品牌、树信誉作为生产经营的首要任务,建立健全一整套运输服务规范和内部管理制度。在谈到如何管理车辆时,冯水勇如数家珍,比如车队在运输途中必须按编号依次行驶,在高速公路上行驶时速度不超过80千米/小时,在国(省)道上行驶时速度不超过60千米/小时,在急弯陡坡路段行驶时速度不超过40千米/小时。面对运输价格低迷给效益增长带来的压力,公司坚守不超载超速运输、不改装加长车厢、不夹带运输其他货物的“三不”生产经营原则,做到每个批次的商品汽车均按生产厂家或销售商的要求准时安全运达目的地。所运送的商品汽车不仅车容车貌、内在质量与出厂时一样,随车配件也从未发生短缺现象,在业内获得良好口碑。

信誉赢取市场。景德镇汽车运输集团有限公司瞄准中国汽车产业的快速发展给商品汽车物流需求带来几何数增长的机遇,持续不断地投资用于增加或更新运力,以扩大商品汽车运输规模、增加生产经营效益。至2013年年底,景德镇市零公里运输公司拥有42辆大型专用运输车辆,吸纳下岗职工120余人,不仅承运昌河汽车工业公司、江西昌铃汽车公司生产的商品汽车,而且与北京现代、一汽大众、天津日产等知名汽车生产企业建立起稳固的承(托)运关系,商品汽车物流网络覆盖北京、天津、河北、山东、江苏、湖北、浙江等地,实现了所有专用运输车辆在上述地域内的商品汽车配载(例如,将本地产商品汽车运至北京后,又从北京配载当地产商品汽车运往浙江)和满负荷运行,极大地提高了物流效率和企业生产经营效益。

（涂　强）

【萍乡市交通运输局精心组织危货从业资格证考试】 按照规定,危货从业资格证考试至少一个季度一次,2013 年萍乡市交通运输局组织了 4 次考试,申报人员 812 人,考试合格并予发证人员 633 人,合格发证率 78%。合格发证人员的档案按照规范要求进行了整理和备案,并做到纸质材料与电子文档同时存档。全年换发证件近 700 多本。

（晏卫东）

【萍乡市公路货物运输继续良好发展】 2013 年全市共有各类货运企业 711 户,各型货运车 13546 辆,从业人员数量 16255 人。货物运输量达 10882 万吨,其中企业货物运输量 7295 万吨,社会车辆货物运输量 3687 万吨;普通货物运量 9903 万吨,危险货物运量 979 万吨;货物周转量 1246611 万吨千米。货运车辆总计 29145 辆,103767 吨,其中普通货物运输车 28339 辆,94262 吨;危险货物运输车 806 辆,9505 吨;厢式货车 1885 辆,11436 吨;罐式货车 303 辆,3152 吨;专用货车 584 辆,9505 吨。

（晏卫东）

【渝水区道路运输稳步增长】 全年新增货运企业 20 户,新增货运车辆 2180 辆,新增运力吨位 22183 吨,全区货运企业总数达 114 户,货运车辆总数 13179 辆,总吨位 117629 吨,全年完成货运量 1622.15 万吨,货物周转量 48443.81 万吨千米。全区共拥有客运公司 3 个,城乡公交公司 3 个,个体客运业户 1 户,拥有客运车辆 119 辆(其中农村客运车辆 48 辆,城乡公交车 71 辆),班线 48 条,日发班次 476 班。拥有乡镇客运站 9 个,客运招呼站 187 个。全年完成客运量 862.24 万人次,客运周转量 19016.45 万人千米。

（廖振峰）

【分宜县道路运输稳步增长】 全县拥有货物运输车辆 5346 辆,28573 吨。新增、引进货运车 481 辆,3724 吨,其中:货车 454 辆,3698 吨;农用车 27 辆,266 吨。全县有客运公司 1 个,城乡公交公司 1 个,出租车公司 2 个,个体客运业户 12 户,拥有客运车 303 辆,其中农村客运车 127 辆,城乡公交车 71 辆,出租车 105 辆,班线 83 条,日发班次 479 班。拥有乡镇客运站 7 个,客运招呼站 190 个。全年完成客运量 324.43 万人次,客运周转量 17749.9 万人千米。

（杨　伟）

【赣西万商红商贸物流中心开业】 赣西万商红公司的招商工作已经完成,近 4000 余商家进场,于 5 月 1 日隆重开业。

赣西万商红(国际)商贸物流中心是赣西中心物流园区重点建设项目、新余市“1020”重点工程,也是江西省重点项目。赣西万商红的落成是赣西商贸物流发展的一个里程碑,起到改变赣西商贸物流发展整体局面的作用。

（陈冰花）

【鹰潭市优化环境推动物流发展】 2013 年,鹰潭全市物流企业共计 544 户,营运车 18673 辆,332064.2 吨位。作为服务物流企业的职能部门,鹰潭市交通运输局以最简化、最便捷、最高效为目标,不断提高服务水平,优化发展环境。一是做好市场整治工作。开展货运市场专项整治工作,与 100 多户企业签订安全生产管理目标责任状,取缔 86 户“三无”企业,对存在不规范经营的 126 户企业下达整改通知书,并督促企业在限期内整改到位。二是开展招商引车工作。全年引进 59 家物流企业,营运汽车 2392 辆。

（鹰潭交通运输局）

【吉安市物流业加速发展】 “一平台、多园区”建设中井开发区、泰和县、吉州区、吉安县等物流园区(中心)建设一期已基本完成。全市还有报批在建的物流园区(中心)16 个,已全面完工的有 2 个,完成主体工程的有 2 个,开工建设的 5 个,正在作项目前期准备工作的 7 个。峡江、吉水、遂川、新干、吉安县、永丰等县的物流业税收收入均突破 1 亿元大关,峡江县突破 2 亿元。

（吉安交运局）

【宜春市道路货运产业】 该市各级交通运输部门围绕宜春市委市政府“谋发展、比实干、争先进”目标,把道路运输发展作为第一要务。以科学发展观为指导,调结构,提升级,积极引导全市货运企业适应市场需求,加快车辆更新步伐,大力推出集装箱、厢式、罐式等大吨位车辆。引导企业在经营中筹集资金,推广快速货运、甩挂运输等先进经营方式,提高企业的经营管理水平和竞争力。同时,对重点运输企业发展大吨位车辆实行适度放开等优惠政策,缓解运输压力,促进货运产业发展,为企业做大做强创造条件。同时,对到宜春落户的大型物流企业做好跟踪服务。全市拥有10辆以上车辆的货运企业510户,其中拥有100辆车的货运公司79家。全市共有货车5.5万辆,全市呈现道路货运加快发展势头,安排就业人员30万余人,全年实现税收4亿多元,推进经济社会稳中向上。

(项广生)

【为第44届全国药材药品交易会提供运输保障】　第44届全国药材药品交易会10月16日至18日在“中国药都”樟树市举行。该市交通运输局把做好第44届全国药材药品交易会交通运输服务保障工作作为一项重要任务。一是加强领导,成立运输保障工作机构。成立第44届药交会交通运输安全服务保障工作指挥协调小组,建立联动保障工作机制,组织指导和动员交通运输系统全面落实药交会期间交通运输安全服务保障任务。指挥协调小组落实工作负责人和联系人,对车辆配备、参会人员及各阶段工作提出明确要求。制定紧急预案,确保大会运输安全、万无一失。二是落实任务,明确运输保障职责。按照药交会安全运输保障工作的各项要求,“早准备、早部署、早检查、早落实”,把各项措施细化到每个环节、岗位、人员,做到领导到位、责任到位、措施到位、人员到位。三是规范服务,严格运输保障要求。认真落实属地管理责任、强化行业监管,做好行业安全管理和服务规范工作,落实值班制度,及时报送信息,保证通讯联络畅通,运力保障充足、监管巡查到位、措施切实落实到位、运输安全有序、服务优质规范,全力营造安全、优质、方便的道路客运服务环境,充分展示药都樟树交通运输窗口的良好形象。本次药交会共提供小车55辆、考斯特10辆、客车20辆(含机动运力),为参会代表提供安全、舒适、便捷的运输服务,实现代表零滞留、零投诉、安全零事故,受到广大药商代表的好评。　(曾凡荣)

【奉新县道路货运产业加速转型升级】　该县交通运输局始终按照科学发展观的要求,切实把交通运输发展作为第一要务,大力贯彻国家有关“保增长、促发展、调结构、提效率”的方针,采取组织和鼓励富裕起来的广大群众筹资购车,以优惠政策招商引资,发展物流业。简化发展道路运输手续,缩短办证时间,为发展提供优质服务等举措,助推全县货运产业稳步发展。通过努力,货运业发展实现稳中有进的态势。全县新增营运货车460辆,计4600吨,淘汰老旧高能耗货车150辆,计1050吨。货运运力发展进一步朝着大型化、专业化、集装箱式方向发展。至年底,全县拥有运输企业36户,拥有营运货车1910辆,计21531吨,完成货物运量206.92万吨,货物周转量37115.48万吨千米,同比分别增长7.5%和7.3%。通过近3年的发展,奉新货运运力总量已增近1倍,而车辆数总体稳中有升,单位运输能耗大幅下降。

(魏振宇)

【宜春市袁州区物流业发展迅速】　随着经济的持续快速发展,道路货物运输、仓储、配送等产业获得巨大的发展契机。袁州区果断抓住机遇,大力推动物流业快速发展。2013年,全区辖区内有普货企业158户,增加38户,危货企业13户,其中规模在200辆车以上的2户,100~200辆的有3户,拥有营运货车6466辆、37859吨,比上年增加1047辆和13455吨,同比分别增长16.2%和24.6%。一是找准突破口,培育优势龙头企业。抓住当前加快发展“大房产、大商贸、大总部”的机遇,立足区位交通优势,培育现代物流龙头企业。积极建立现代物流企业,加大政策扶持,在征用土地和资金借贷上享受发展工业同样的优惠政策。积极打造赣西物流园、金桥物流园和赣西农产品批发市场等大型物流企业。二是加强交通基础设施建设,完善交通网络。加快高速公路建设,全力做好南昌至上栗高速公路袁州段、万宜高速公路项目建设征地拆迁、协调工作;完善公路交通网络,启动宜慈公路、宜新公路改造项目建设,新修建农村公路建设项目共218个,完成危桥改造项目2个。加强站场建设,新建农村村组候车亭项目14个,投资1.68亿元修建宜春汽车客运站,新建西村、金瑞、湖田农村公路综合服务站。建设新火车站枢纽工程,杭长高速铁路正在建设。三是制定优惠政策,精简行政审批程序。区交通运输局行政中心窗口进一步优化行政审批程序,压缩审批时限,降低行业准入门槛,创新行业管理服务方式,为物流发展提供高效优质服务。四是整合运输资源,多方融资创办物流企业。动员、组织、引导广大社会个体及闲散车辆加盟兴办货运企业。同时,组织招商小分队赶赴浙江、广东、上海等沿海城市招商引资,推介本区优惠政策和优势条件,吸引外商投资。

(李 庆)

【丰城市商贸物流园入选2013年度中国物流试验基地】 11月25日,该市商贸物流园顺利通过中国物流与采购联合会专家委员会的层层审核,被正式命名为2013年度中国物流试验基地,成为江西省唯一一家入选的园区基地。中国物流与采购联合会是经国务院批准设立的中国唯一一家物流与采购行业综合性组织,具有政府授予的外事、科技、行业统计和标准修订等多项职能。该园区地处丰城市剑南街道,105国道、剑邑大道交汇处,交通十分便利。市商贸物流园又名林安国际商贸物流城,是由广东林安集团投资建设的大型商贸物流项目,以物流园和商业地产为主,涉及信息技术管理、商贸、物流等多个领域,总投资20亿元,总建筑面积达100万平方米。一期工程在12月已全部建成并投入营业,二期工程在2014年建成投入使用。商贸物流基地建设,引来大批运输企业、汽车、零配件、机动车等企业入驻,对推动该市交通运输物流业发展将发挥重要作用。

(熊雪芽)

【靖安县借助高速公路做足物流产业】 该县交通运输局抓住昌靖高速公路建成这个历史机遇,为该县物流业做足、做好发展文章,推动物流产业健康发展。一是编制发展规划。根据县域经济的特点,科学编制《靖安县物流产业发展总体规划》。为该县的物流产业的发展描绘美好蓝图。从政策、措施上提出“高速公路通靖安,靖安发展上高速”的定位,引导运输企业把物流业做大做强。二是建立物流基地。以两个工业基地为依托,以江西恒威投资集团有限公司投资的恒源科技物流外包连锁基地为重点,牵手中储粮、蒙牛、美的、金龙鱼等国内知名企业,形成食用油第三方物流外包电子商务园、粮食储存物流外包加工销售园、奶制品物流外包销售园以及电器物流外包销售园等门类多样、在中部地区有一定影响力的物流外包连锁基地。三是提升办事效能和服务水平。加强政策导向,在开展发展提升年活动实施方案中明确要求管理部门以优质服务吸引外商入驻,对物流园区和物流企业的建设加大扶持的力度,制定和落实好各项优惠政策,形成符合该县经济发展的物流产业准入制度。对符合条件的企业,鼓励进入物流行业,在法律许可的范围内,从税费减免等方面给予支持,简化程序,实行一站式服务,引导企业整合物流资源,重点向快速货运、专业运输、集装箱运输及特种运输方向发展,帮助货运企业形成科学化、规范化、数字化的管理模式。

全年新增物流企业9户,现有货运企业达到27户。其中,大规模的货运企业有5户,三友货运公司拥有车辆300辆,吨位为5696吨;平安货运公司拥有车辆201辆,吨位为4580吨;运通货运公司拥有车辆77辆,吨位为2010吨。快递站点有13户,全县新增营运货车193辆2329吨位,营运货车总数达到902辆,总吨位15279吨,同比分别增长13.9%和16.5%。

(刘 斌)

【江西新振兴投资发展有限公司物流】 江西新振兴投资发展有限公司从3万元资金,10辆车起家,发展到拥有各类汽车500余辆,固定资产达2亿元的AAAA大型物流企业。历经从小到大、从弱到强的嬗变,经历过挂靠车辆与联运公司合并、引进人才、筹措资金和管理加运作,车辆迅速发展。同时开拓维修、危货运输等业务,为资本原始积累迈出重要一步,成为汽运行业领军人。形成运输、汽车销售、运输信息、汽车维修和房地产开发等10个产业,固定资产增加到2个亿元,年营业收入2.65亿元,上缴税收1500余万元,并带动就业岗位1万多个。

(项广生)

【高安市力促汽运物流发展】 该市全面打造物流发展平台,推进汽运大市迈上物流强势。全市有货运(物流)企业662户,新增84户,其中有AAAA物流企业4户。高安兴海物流公司还成为全国第三批甩挂运输试点江西唯一企业;有营运货车19525辆,总运力26.2万吨,其中新增营运普货车3908辆,运力4万吨。400多处物流信息网点追随高安车辆驻扎全国主要物流节点城市,并带动一大批汽配企业及各类维修站点。①政府高位推动。按照"提升物流层次、壮大贸易规模、延伸生产链条、完善服务体系"的发展思路,集中力量打造汽车交易市场、专用车生产基地、现代物流园区等三大物流平台,为物流发展注入强大动力,推动汽运产业升档提速,打造现代物流强市。②部门准确导向。市交通运输局积极引导产业拓展升级,走物流化道路,实现从传统的承运人向综合物流服务经营人的角色转变,提升质量,走品牌化道路,不断提升运输服务品质,为社会公众提供更加安全、便捷、经济、高效、绿色的运输服务。加强行业监管,在依法调控货运行业准入的同时,进一步完善货运企业市场退出机制,保证货运市场健康有序发展。③优良环境触动。该市出台一系列激励和优惠政策,成立汽运产业协会、汽运产业办,设立运输纠纷调处中心,搭建银企合作金桥,破解融资难题,为企业发展提供全程服务。政策支持、鼓励汽运公司特别是较大型汽运集团向提资升级,主动承接制造企业物流、承包物流专线、销售区域的三方物流,改变过去货物起运地和到达地两头在外,单纯提供运输的传统格局。

(周世祥)

【江西江龙集团鸿海物流有限公司】 7月24日,交通运输部办公厅、财政部办公厅联合印发《关于确定公路甩挂运输第二、三批试点项目的通知》,全国共选定41个项目为全国公路甩挂运输第二、三批试点项目。江西江龙集团鸿海物流有限公司甩挂项目成功入选。试点起止时间为2013年7月至2015年7月。试点期间,物流公司将在高安市建设占地15.86公顷甩挂车运输站场,新增41辆牵引车及109辆甩挂车投入甩挂运输。项目实施后物流公司可实现降低成本10%、减少二氧化碳排放2244.21吨,实现绿色、高效物流。甩挂运输能大大提高运输车辆的周转使用效率,降低成本,减少尾气排放,对建设资源节约型、环境友好型社会意义重大。但是,甩挂运输中挂车的管理、维护、发展环境及配套的政策成为甩挂运输发展瓶颈。如何保证甩挂运输的快速健康发展,还需要政府和物流企业之间的共同推动。此次,国家试点项目体现对甩挂车运输发展的极大促进,试点结束后还将帮助站场设施改造及车辆更新。

(周世祥)

【上高县推动道路物流业发展】 为加快物流业的发展,促进全县货运企业朝物流化、规模化、集约化方向发展,掌握物流、货运行业发展动态,提升全县道路货运行业整体服务水平,县交通运输局建立重点物流和重点货运联系制度,确保物流行业健康有序发展。一是对重点联系的物流和货运企业的经济运行情况作跟踪监测,及时了解道路货运企业发展动态;二是收集企业反映的热点、难点问题,及时采取措施解决或协调解决物流、货运企业在生产经营过程中遇到的问题;三是定期组织重点联系物流、货运企业参加经济分析、信息、总结交流经验等会议;四是鼓励开拓创新,扶持道路货运企业发展。2013年,该县道路运输业新增货运(物流)企业17户,全县货运企业53户,其中物流企业27户。

(冷光明)

【铜鼓县物流产业保持良好态势】 铜鼓县交通运输局围绕打造赣西北物流强县这个目标,始终把货运物流产业当做县域经济发展的重要产业来抓,年年拉高工作标杆,加大产业发展力度。坚持内外并重,采取两条腿走路的方法,"走出去""引进来",鼓励本地企业或能人与外地有实力的企业强强联手,注册新的物流企业;同时大力引进县外物流企业,借助这些企业信息网络,货物配载能力等优势,使货与车科学的对接,促进县内企业与县外企业优势互补,从而实现县内货运企业向货运物流企业转型。到2013年,通过引进物流企业、整合货运物流资源,基本形成以县城为中心,辐射乡镇的现代物流网络体系。同时,放活产业政策,调整激励机制,增设物流业发展有功人员奖项,对引进货运物流企业进行奖励。由于措施得力,全县货运物流产业继续保持增长态势,货运物流企业总数达30户,全年新增6户,货车2011辆,吨位22210吨,比上年增长16%,从业人员达400多人,比上年增长25%以上。

(李　洪)

【万载县打造“物流强县”】 该县现代物流业以汽车服务广场为平台，充分利用物流业招商优惠政策，充分发挥花炮等货源充足的优势，使物流业得到较快发展，成为该县主导产业之一。县委、县政府决定因势利导加大、加快服务业的发展，展开服务业三年大会战，促进物流业是重点项目发展，建设一批设备先进、质量上乘、功能齐全、信息化水平高、辐射面广、竞争力强的现代物流企业。全年建设项目有：宜春华洋国际物流有限公司投资12亿元，在县城动工兴建总面积25.4万平方米，集产品零售、批发、产品发布展示交易、企业商品仓储、配送、运输、检测、信息交流、汽车展销、汽修汽配、综合办公等多功能于一体的大型现代物流中心，2014年5月投产。万载天禧商贸物市场有限公司投资4.7亿元，在株潭镇动工兴建总建筑面积30.5万平方米，包括原材料区、包装区、配送区、服务区等，2014年5月竣工投产。江西郑铁物流有限公司（总部设万载），投资8000万元，在万载鹅峰乡，占地6.6公顷，兴建总面积2万平方米，含物流、仓储、汽车销售、车厢制造、物流专业培训、4S旗舰店等，2014年竣工。江西万港国际花炮物流有限公司在马步乡建设江西万载公路口岸作业区，建筑面积4.8万平方米，含仓储仓库、配送中心、信息服务管理中心等综合服务设施，2014年12月竣工。江西明清机动车交易市场有限公司，投资4000万元，在县城建设万载二手车交易市场，占地2公顷，建筑面积2万平方米，集综合性二手车、零配件交易、维修服务和仓储等一体的综合性服务设施。2013年秋开始试运行，2014年正式开业。县交通运输局投资1500万元，在县城南新区，动工兴建物流中心大楼，总建筑面积5900平方米。上述项目竣工投产后，将大大提高物流企业的竞争力，提升全县物流社会化程度，完善现代物流体系，物流业在全县国民经济中的比重将大幅度增加。

（胡爱仙　王松州）

【抚州市加快农村物流网建设】 2013年，抚州市继续加快运输结构调整，积极发展农村现代物流业，根据各县农工产品的特点，以农资市场、货运站、客运站、综合服务站等为依托，建立货源集散中心。通过客运车辆结构调整，积极推行连锁经营、快速配送和专用运输，加快形成以乡镇为主体，以村组为网点，以信息平台为支撑，集货源、采购、运输、仓储、加工配送为一体的农村现代物流网络。惠农便民，助农增收。一个以农村班线为资源、小件快运为主要形式的农村物流业在抚州市蓬勃发展。

（陈根玲）

【南城每年投入1500万元撬动运输物流业转型升级】 在拥有金字招牌“江南运输物流大县”的南城县，县委、县政府将运输物流作为赶超的“主引擎，”从2010年起，每年拿出1500万元，对发展车辆、壮大运输业、创办航运物流等进行奖励扶持。这一举措带来县税收增加，继2012年带来1.3亿元税收额之后，2013年该县运输物流业又完成税收额1.9亿元。

“十二五”计划以来，该县实施交通优先战略，交通建设进入了前所未有的快速发展时期。截至2013年底，全县通车里程已达1740多千米，拥有高速公路、一级公路各1条，国省道主干线7条、县道7条；向莆铁路和济广高速公路穿境而过，规划中的阜鹰汕铁路及吉武铁路也将在这里接轨。与此同时，起步于20世纪90年代的运输物流业在20多年的走南闯北中，集聚了大量的资金流、信息流等。全县有近2万人从事这一行业，网联全国20多个城市。

为了鼓励外挂车辆“凤还巢”，该县对新增车辆给予每吨400元的奖励，并要求各租赁公司、运输企业将车主当月实交双定税额的50%奖给车主。同时，加大基础设施建设力度，在金山口核心地段建设了一家集租赁、运输、物流、餐饮为一体的运输城，吸引了100余家专业汽修汽配、汽车租赁企业入驻。上年，该县又启动了投资5亿元的物流园区建设项目，至2013年底做好了总体规划，完成了立项选址、布局设置、各区域功能划分等前期工作。

该县还积极构建运输物流业“三个体系”，即：完善以物流园为核心、物流中心为骨干、配送中心为基础、农村物流站点为补充的物流节点网络体系；形成服务国际物流、区域物流、配送物流的龙头企业体系；建成现代物流公共信息服务体系，加速推动运输物流业从传统向现代转变、从单一经济向总部经济转型。宏顺、宏达、富强等32家运输公司先后实现了集团化兼并重组，一批实力雄厚的运营企业得以迅速壮大。全县已拥有较大规模的运输物流企业240户,货运汽车保有量达4600余辆,总运力7万吨。

在运输物流企业破茧、转型、升级发展的喜人态势下,南城的铁路货运、航运等新兴物流产业,呈现出巨大生命力。随着向莆铁路的通车,南城的铁路物流迎来"春潮":一个投资1.2亿元、建成面积近2万平方米的物流配送基地正着手规划建设,建成后,这个物流基地将与向莆铁路港湾站、秀屿港深水港口和铁路沿线全部挂钩,成为通江达海的主要陆路口岸。与此同时,瞄准长三角、珠三角,水上物流也将大幅度增长,总运力预计达31万吨。

(陈根玲)

【东乡县物流业发展迅速】 随着东乡县物流产业各项政策的落实到位,东乡县汽车运输业得到了迅猛的发展。至2013年年底,东乡县货运企业已达98户,货运车辆由2005年年底的520辆增至6959辆,吨位由2900吨增至80767吨。2013年11月底,共完成货运量1168万吨,货运周转量169650万吨千米,实现物流税收2.6亿元。三丰、惠昌、宏顺等公司发展更快,形成营运主体多元化、营运操作市场化、营运组织公司化、营运信息网络化的物流格局。其他相关部门通力合作,服务企业,让全县物流产业真正步入了高速发展的轨道。

(东乡交通运输局)

【南丰县汽车物流业蓬勃发展】 自2009年2月成立了南丰县汽运物流业管理中心,归口县交通运输局管理以来,该局积极作为,认真拟定汽运物流业总体规划及相关政策措施,协调解决汽运物流业发展中遇到的困难和问题,协助汽运公司加强车辆管理,把好汽运公司车辆二级保养和营运证年审关,负责企业纳税退税奖励的数额审核。汽运物流业管理中心成立三年来,全县汽运物流业得到蓬勃发展,汽运物流企业由2009年年初的20户增加到2013年的46户,汽运物流公司车辆(吨位)数也从2009年年初的1080辆(11800吨)猛增到2013年的2800辆(36440吨),2013年物流税收达到11000万元。2013年,由于县委、县政府的各项优惠政策逐步加大及兑现及时,极大地刺激了全县汽运物流业的发展,仅2013年就新增车辆200辆(2420吨),开票公司在达到一定规模后变更为自开票公司,有力地促进了财政增长和群众致富。

(南丰县交通运输局)

【黎川县公路运输生产】 2013年,黎川县有经营道路货物运输业户数222个,其中:企业40家,个体运输户182个。营运载货汽车1327辆19718吨位,其他载货机动车1081辆1241吨位,轮胎式拖拉机14辆14吨位,车辆总吨位20973吨。营运载客汽车73辆,1640客位。客运线路51条,其中:跨省线路8条、跨地(市)线路2条、跨县线路3条、县内线路38条。从事客运班车、包车和客运站经营的企业共2户,客运线路平均日发班次238.5班次/日;线路辐射江西、福建、浙江、上海、广东等5个省、直辖市。营运城市出租车45辆,225个座位;城市公交车38辆。全县完成公路旅客发送量193万人次,旅客周转量15208万人千米。公路货运量476.82万吨,比上年增长4.4%;货运周转量134262.36万吨千米,比上年增长67%。

(黎川县交通运输局)

城市公共交通

【南昌公交简况】 2013年,南昌公共交通在政府政策支持下得到新的发展。南昌市成功入选全国第二批"公交都市"建设城市,实施公交车刷卡免费换乘,取消成人月票,特殊人群免费乘车线路扩大到市内全部的123条公交线路。加入全国17个城市一卡通互联互通,实现主城区和高校园区院校线路及部分新城区公交线路Wi-Fi网络覆盖。开通江西省内首条城际公交线路——南昌至永修公交线路(南昌公交139路)。对一大批城区公交线路的收班时间进行延时,方便市民的夜间出行。开行南昌铁路西客站首批公交线路。红谷滩客运枢纽站、高新天祥大道公交枢纽站等公交基础设施建成。购置更新高品质公交车,公交运营车辆平均车龄不到3年,城区实现空调公交车全覆盖。南昌公交总公司全年总收入15.28亿元,其中,主营收入9.32亿元,比上年净增1.16亿元,增长14.32%。总资产达到27亿元,比上年净增3.78亿元,增长16.3%。

(周国祥)

【南昌成功入围国家第二批公交都市创建城市】 为了更好地解决南昌市发展瓶颈,不断提升南昌市公共交通发展水平,有效缓解交通拥堵现状,提升百姓出行幸福指数,市政府决定于2013年5月启动第二批国家公交都市申报工作,成立由市领导为组长,市委宣传部、发改委、建委、规划局、国土局、财政局、物价局、交管局、交通运输局等部门和市轨道集团、市公交总公司为成员的创建工作领导小组,领导小组办公室设在市交通运输局。南昌公交总公司为此项工作的主要参与者,在时间紧、任务重的条件下,加班加点,积极开展相关研究,收集和组织翔实的申报材料,为公交都市的申报成功奠定坚实基础。

南昌公交总公司近三年投入11.6亿元,购置2338辆新车,公共汽电车平均车龄2.48年,城区公交车实现了全空调化。2013年,有公交运营线路183条,线路总长度约为4800千米。公交日均客运量为163.3万人,城市公共交通机动化出行分担率(2010年)为40.9%。全市共有32个公交场站,城市公共交通汽电车进场率达82.31%,车均场站面积75.26平方米,公交专用道里程达到15.26千米。全市已建港湾式停靠站397个,占全市公交站点比例32.04%。全市共有6个卡种,约114万张公交IC卡,实现了90分钟内的公交免费换乘和GPS全覆盖、公交车辆3G视频实时监控、Wi-Fi免费使用、掌上公交手机查询、电子站牌滚动播报车辆运营信息等出行信息化服务,为乘客提供行前、行中、行后的全过程服务。此外,南昌市是全省第一个实现城乡公交一体化的设区市,连通安义、进贤等四县的公交线路达33条,开通全省第一条城际公交线路,实现了市场一体化、站点一体化和线路一体化,使农村老百姓出行成本降低了30%以上,实现城乡人民出行的均等化。

8月20日,南昌市通过“公交都市”的内审;10月17日,市领导率队赴京参加公交都市的外审;11月21日,国家交通运输部传来好消息,南昌在全国29个申报城市中脱颖而出,获得公交都市评审团评委专家们的高度认可,一举申报成功,这标志着南昌市成功入围国家第二批“公交都市”创建城市。

(周国祥 王小平 熊佐宇)

【南昌公交线路延时收班】 南昌公交总公司经专题研究,决定对一大批公交线路的收班时间进行延时,首批20条公交线路延时方案6月16日起开始实行,第二批公交线路于9月5日出台,满足更多百姓的出行需求。

为了使公交线路的延时方案更好地贴近市民需求,该司于5月13日至5月19日,面向社会公开征集新辟、优化公交夜间线路的意见和建议,进行整理、分析。同时,安排工作人员对市区各主要线路进行夜间客源调查,了解线路夜间运行的实际情况和乘客需求,利用高科技手段和平台,对市区各主要线路夜间客源的随车、刷卡、3G监控调查数据进行分析研究。

首批收班延时的公交线路考虑市民的晚间出行和高校园区学生课余时间的特点,分别延长1至3个小时的收班时间,共有20条,包括:205、2、22、10/11、202、25、245、225、6、220、208、5、201/203、16、88、221、20、210、211和223路。第二批延时的公交线路共有13条,包括游1、7、12、13、18、26、206、213、216、219、230、231、235路,分别延长30分钟至1小时收班。

该司克服驾驶员延长工作时间、运营成本增加等一系列困难,将社会效益放在首位,为市民提供更好的出行服务,进一步拉动和活跃城市夜生活的商业经济圈,并满足市民业余休闲的娱乐,得到了广大市民的大力称赞,取得了较好的社会效益。

(周国祥 熊佐宇)

【南昌实施公交车免费换乘】 为提高城市公共交通效率,吸引更多百姓乘坐公交绿色出行,有效缓解道路交通拥堵现状,南昌市借鉴其他城市先进经验,结合行业实际情况,经过反复研究和论证,决定于10月1日起在全市正式推行刷卡免费换乘。

此次南昌实行的乘坐公交车5至90分钟内免费换乘措施,指的是从使用公交IC卡内电子钱包的乘客,刷卡扣费时间(以公交IC卡记录为准)起算,5分钟后至90分钟内(含)换乘所指范围内的公交车,可享受一次免费。实施每次刷卡享受折扣优惠,并将乘坐范围由此前不到10条线路扩大为市政府规定的所有公益性免费乘车范围,占总线路数的92%。

由于老年卡以及军人伤残人士使用的公益卡本已是免费卡乘车不需付费,故未纳入免费范畴;另外由于无法记录乘车时间采取投币方式的乘客不享受换乘优惠。

南昌公交自1996年实施无人售票就实行一元一票制(除远郊线路外)。随着城市经济社会的快速发展,在燃油人工等一系列成本持续上扬的条件下,南昌公交让利于民,依然维持原有票价制度不变,在全国范围内是属于较低水平,给广大市民节省了一笔不小的出行成本开支。此次实行免费换乘,将使114万拥有IC卡的乘客年人均少支出28元乘车费用。

(周国祥 熊佐宇 王小平)

【南昌市取消公交车月票】 公交车月票制度是计划经济时代的产物,与市场经济脱节,月票成本严重倒挂,少部分(南昌市使用成人月票仅有1.04万人,占客运总量的2.06%)月票持有人员享受到较大的优惠,对其他广大非月票卡乘客来说有失公允,取消月票制度是大势所趋。南昌市经过反复研究和论证,决定于10月1日起在全市正式取消月票政策。同时,将学生月票转为学生卡[中、小学生(中专生、技校生、大学生除外)],每次刷卡实行5折优惠且乘坐范围扩大为南昌市公交总公司所有无人售票线路(其中乘坐城际公交线路及机场巴士、特约车不享受5折优惠),在规定时段内可享受一次换乘免费或优惠,在换乘所有票价1元无人售票公交车时享受一次刷卡免费,换采票价2元及以上无人售票公交车时享受全额票价5折后再优惠0.5元,换乘城际公交线路和机场巴士享受全额票价后优惠0.5元。

取消成人月票后,南昌公交将70岁以上老年人、现役军人、革命伤残军人、因公致伤残人民警察、盲人等群体的免费乘车线路扩大到市内全部的123条公交线路。

(周国祥 熊佐宇 李 波 杨书钦)

【南昌至永修公交线路开通】 9月30日上午,南昌至永修公交线路(南昌公交139路)开通仪式在永修隆重举行,成为江西省内首条城际公交线路。南昌市政协副主席侯捷、九江市政协副主席李军、南昌市交通运输局局长黄维象、九江市交通运输局党委书记王盒初及永修县县委、人大、政府、政协四套班子领导出席仪式。永修县委书记邹绍辉和南昌公交总公司总经理李明致辞,李军宣布南昌至永修公交线路正式开通。

139路由南昌公交投资1000余万元,首批购买20辆45座的高靠背空调大巴。车辆采用LNG(液化天然气)为动力,绿色环保无污染,噪音小,且车上均配备有GPS和车内外3G监控系统。严格实行定线、定车、定人,定班、定时的城市公交化运营模式,首末班在有无客源时都必须准时发车,并视乘客需求,适当延长首末班时间,沿途做到有站必停,确保不滞留乘客。全车实行一人一座,票价由原来的17元、18元降至10元一票制,节假日也不涨价,据永修县政府估算,仅此一项,每年可直接为永修县百姓减少千余万元交通费用的开支,做到真正让利于民,让老百姓享受到公交出行带来的实惠。使用洪城一卡通刷卡,还能享受免费换乘一次南昌市内公交车,让老百姓得到实实在在的优惠。

(周国祥 宗 可 熊佐宇)

【南昌铁路西客站首批公交线路开通运行】 为策应南昌铁路西客站的正式启动,打造高铁西站公交线网体系,依靠公共交通发挥公交最大运能疏散旅客,南昌公交总公司及时完成西客站首批公交线路的规划方案,于9月26日开始正式运行。

南昌铁路西客站首批公交线路开通5条新线路,延伸1条老线路,以高铁西站为中心点,连通昌南客运站、昌北下罗、红谷滩、八一广场、火车站和昌北机场六大区域,进入南昌公交主干道,接驳公交主干网,方便乘客换乘到达目的地。其中,高铁巴士1号线途经红角洲、南昌大桥、洪城大市场、南昌火车站(往返);机场巴士3号线途经南昌大学前湖校区、南大北门、昌北国际机场(往返);707路途经国体中心、南昌大桥、象湖路、小兰工业园、昌南客运站(往返);708路途经南昌大学前湖校区、南昌科大、丰和大道、红谷大厦、庐山大道、下罗、蛟桥镇政府(往返);512路途经华南城、西客站、南昌大学前湖校区、南昌科大、卫东、

江西省交通干部学院

江西省交通运输厅集中学习习近平重要讲话精神学习班

江西省省法院院长会议

江西省交通干部学院系江西省交通运输厅直属正处级差额拨款事业单位，成立于1984年5月，原名江西省交通干部学校。2010年12月，更名为江西省交通干部学院，成为全国交通运输行业第一家更名的省级干部学院。与中共江西省交通运输厅委员会党校、江西省交通职工中专、北京交通大学现代远程教育江西交通教学中心、武汉理工大学网络教育南昌学习中心合署办公。

学院内设办公室、党委办公室、监察室、教务处、培训处、后勤处、财务处、工会等8个处室。2014年在职干部职工30人，其中高级职称3人，中级职称7人。中共党员23名。

学院新校区位于红谷滩凤凰洲，2011年11月全面建成投入使用。由教学楼、学术交流中心、学员公寓、食堂等6栋单体建筑组成。配有420人会议厅1个，120人会议室1个，100人会议室1个，70人会议室2个，40人会议室2个，会议接待能力800人；168人阶梯教室1个，普通教室10个，图书室1个，40人计算机室2个，室内恒温游泳池1个，室内羽毛球场1个，网球场2个，篮球场1个。配有按四星级标准建设的单人间122个，标间88个，套间12个，可容纳500人就餐食堂1个，接待能力800人。学院设施完善，功能齐全，是一个集教学、培训、会议、住宿、餐饮等功能为一体的现代化干部教育培训基地。

江西省青年干部培训班班羽毛球比赛

120人会议室

学院大门

江 西 省 公 路

省委副书记、省长鹿心社到南昌长运徐坊客运站检查指导春节期间道路运输工作

省政府副省长李贻煌到徐坊客运站视察春运工作

省交通运输厅党委书记、厅长朱希到江西蓝天驾校参观考察

省公路运输管理局做客《政风行风热线》节目

2014 年，全省运管系统在省委、省政府和省交通运输厅的正确领导下，在交通运输部的支持指导下，全面贯彻落实全国、全省交通运输工作会议精神，牢牢把握稳中求进的总基调，按照“深化改革、提升服务、加强监管、促进和谐”的总体要求，狠抓各项措施落实，较好地推进了全年各项工作任务，预计全年完成客运量 5.97 亿人、旅客周转量 314 亿人千米、货运量 13.8 亿吨、货物周转量 3168 亿吨千米，同比分别增长 3%、2%、14%、12%。简要概括起来就是“抓好一件大事、解决五件难事、办成六件实事，依法履职做好五项工作”。

（一）集中力量抓好一件大事

全面深化改革。全局将全面深化改革作为今年及今后几年的一项重要任务，集中力量、攻坚克难，积极贯彻落实上级有关决策部署，结合实际制定工作要点，细化分解目标任务，领导带头、倒排时间、责任到人，层层抓好落实。

（二）千方百计解决五件难事

一是源头治超工作取得新进展。二是农村客运站点建设加快推进。三是困扰行业多年的“两大顽疾”得到根除。四是昌北机场、西客站出租车市场整治取得实效。五是营运客车类型划分工作标准化取得实效。

（三）全心全意办成好六件实事

一是实现了全省公路客运联网售票。另外，电话售票、手机售票、自助售票、代售点售票等多元化的售票业务也将陆续上线，为公众出行提供更优质更便捷地服务。

二是积极推动南昌“公交都市”建设。协调指导南昌市申报第二批城市公交智能化应用示范工程试点城市并获交通运输部批准。

三是启用了省级道路运输监控指挥中心。为全省重点营运车辆的安全监管、重点区域的视频监控、运政稽查车辆及应急保障车队的监管调度提供了技术保障。

四是提升了行政服务中心服务水平。行政服务中心运行一年来，受理业务 14152 件、办结 14150 件、在办 2 件，没有发生误办、延办现象。

全国机动车驾驶培训工作会议在南昌召开

全省汽车客运站营运客车安全例行检查宣贯会

运 输 管 理 局

交通运输部副部长冯正霖，交通运输部道路运输司司长李刚、副司长王水平等领导参观蓝天驾校教学现场

交通运输部道路运输司司长李刚在江西欧亚汽车服务有限公司调研汽修行业发展

五是落实了每年2000万资金补助。为道路运输中长期重点建设工作提供了政策引导和资金保障。

六是深化了机动车维修服务规范创建活动。

（四）依法履职做好五项工作

一是加快发展综合交通。圆满完成交通运输部“交通运输业经济统计专项调查暨城市客运交通线路及站点专项调查”工作，两项专项调查受到交通运输部表彰，我局被评为先进集体。

二是加快发展民生交通。提高运输服务保障能力，圆满完成春运、国庆等重点时段旅客运输任务，为省运会、第45届全国药交会、景德镇瓷博会等大型活动提供道路运输保障。

三是加快发展绿色交通。做好道路运输节能减排专项资金申报工作，江西省4家企业共获得交通运输部节能减排专项资金193万元。倡导绿色维修，江西铜业集团修理公司的绿色维修理念在全国绿色维修现场交流会上进行推广。

四是加快发展平安交通。严格落实安全生产“党政同责、一岗双责”要求，制定出台《江西省道路运输安全管理目标考核制度（暂行）》，组织开展道路客运、危货运输安全生产专项整治等活动，强化公共交通安全防范工作，提高安全防范意识和应急处理能力。

五是加快发展智慧交通。推动信息化项目建设，江西省被交通运输部列入了国家首批道路客运联网售票系统建设省份，2014年该项目已争取到了部和省厅配套补助计划资金2980万元。

同时，加强行业宣传，围绕主题创建、行业核心价值体系及全局重点工作开展宣传，妥善应对并处理了多起舆论危机事件。加强和改进了社会管理综合治理、离退休、财务审计以及交通技校一部的行业教育培训等工作，保证了机关内部的高效运行、政令畅通和各项工作的贯彻落实。

南昌市公交总公司“畅通省城”“创建文明城市”活动和授星大会举行

省运管局在徐坊客运站开展“坚持群众路线 心系百姓出行”主题咨询服务活动

省运管局举办“活力青春、团结奋进”素质拓展活动

省运管局组织党员干部参观“纪念毛泽东主席诞辰120周年”大型主题展览

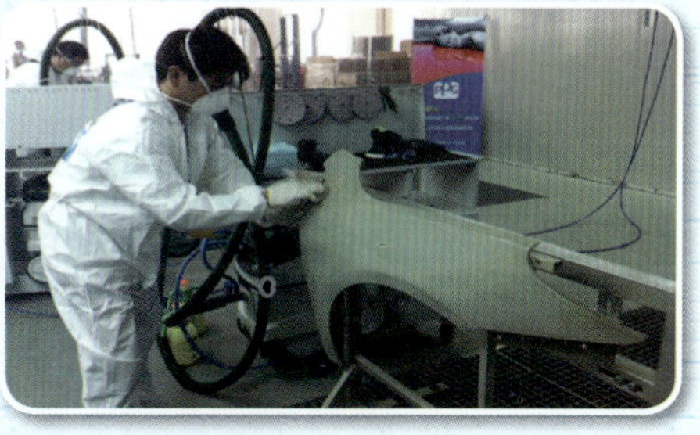

江西省“振兴杯”交通运输行业职业技能竞赛暨第五届全国交通运输行业职业技能竞赛江西省选拔赛在南昌召开

江西省高速公路投资

省委副书记、省长鹿心社检查指导春运工作慰问高速公路一线职工

交通运输部副部长翁孟勇察看九江长江二桥建设

省交通运输厅党委书记、厅长朱希检查指导国庆长假小客车免费通行工作

省交通运输厅副厅长王爱和、总工程师胡钊芳调研高速公路建设工作

江西省高速公路投资集团有限责任公司是由省政府批准、在省高等级公路管理局基础上整合省属高速公路管理单位设立的国有独资企业，于2009年11月28日挂牌成立，2010年1月1日开始运作。目前，集团是一个管理近4000千米高速公路、近2000亿元资产的大企业，是一个拥有380多个基层单位、13600多名员工的大公司，是一个集高速公路投融资、建设、经营、管理于一体的大集团。集团的主要特点和成就可以概括为"江西'航母'、江西速度、江西窗口"：

江西"航母"。目前，集团经营管理着江西省境内福银高速昌九段、沪昆高速梨温段、大广高速泰赣段等32条3763千米高速公路，资产总额1940亿元，资产规模在江西省内企业中首屈一指、在国内同行企业中位居前列；集团业务涉足工程施工、物流仓储、地产开发、酒店经营、核电等多个领域，已逐步走向经营多元化、产业集团化；集团旗下直接管理的单位有公路开发公司、赣粤股份公司（上市公司）、交通咨询公司等7个子公司，赣州、抚州、宜春管理中心等12个路段管理单位，以及瑞寻高速、九江长江大桥等10个参股子公司，共有389个基层单位、13687多名员工。

江西速度。江西高速公路起步于上世纪80年代末，从零到1000千米用了15年；从1000到2000千米用了4年；从2000到3000千米用了2年，从3000到4000千米用了2年。特别是"十一五"规划以来，集团共投入1200多亿元建成了20条、2453千米高速公路，助推全省高速公路通车里程连续跨越了2000千米、3000千米、4000千米三个历史性台阶，使江西省一跃成为全国高速公路建设速度最快的省份之一，通车里程名列全国第11位，创造了令人瞩目的"江西速度"。目前，全省高速公路通车里程达到4335千米，打通了22个

集团有限责任公司

交通运输部副部长冯正霖考察江西高速公路工作

省委副书记尚勇考察九江新长江大桥和九江绕城高速项目

出省大通道，高速路网贯通全省 98 个县（市、区），“国高网”江西境内“三纵四横”主骨架全面建成。

江西窗口。集团秉承“项目建设的大业主、政府融资的大平台、服务车主的大窗口、永续发展的大集团”这一战略定位，弘扬“高速高效、同行同德”的企业精神，致力于“把集团打造成资产规模大、融资能力强、管理水平高、窗口服务优、经济效益好的产业集团”的企业愿景，通过推行收费窗口规范化服务、规范化所站建设、“四容四貌”整治、绿化改造、服务区综合环境整治，运营服务管理水平明显提升，打造了庐山、三清山、峡江等一批标杆服务区，涌现了熊文清班组、微笑昌樟、映山红等一批窗口品牌，高速公路成为展现江西面貌的重要窗口，成为展示江西形象的靓丽风景。特别是 2011 年，在五年一次的全国干线公路养护管理大检查中，创造了高速公路排名全国第六的卓越成绩，为实现省委、省政府提出的“力争前十五，确保进步奖”目标做出了突出贡献。

2012 年度“百姓满意服务区”公布

省高速集团“运用电子监察手段防范绿通查验腐败行为”课题结题

赣粤两省商讨高速公路省际通道规划建设衔接工作

全国首届高速公路服务设施建设管理研讨会会议代表参观服务区

南昌至宁都、南昌至上栗高速公路启动征地拆迁

江 西 交 通

总经理　徐重财

党委书记　刘云川

江西交通咨询公司前身为江西交通工程监理公司，创建于1989年7月，具有全民所有制独立法人资格，是一个集公路、水运工程的综合性咨询监理企业，公司注册资金1200万元。经过多年的发展，公司目前具有公路工程监理甲级、水运工程监理甲级、工程咨询甲级、试验检测乙级、公路工程设计丙级、特殊独立大桥、特殊独立隧道和公路机电监理专项和交通安全设施施工专项等资质，获得了对外经营许可权，能承担国内外各种公路水运工程施工监理、咨询、代建、检测和交通安全设施工程施工任务。

江西交通咨询公司通过了质量、环境和职业健康安全“三合一”管理体系认证，确立了以资源配置为先导、控制为本、质量至上、为业主提供满意的交通咨询监理服务的质量方针，累计完成2300余千米高速公路、38座特大桥、12座特长隧道、700余千米航道整治、3处水利枢纽和7个大型码头工程的施工监理，所监理的项目均被评为优良工程。近年来，江西交通咨询公司积极开拓更为广阔的咨询市场，开展了招标代理、项目代建、工程可研和项目后评价等业务，完成招标咨询和招标代理业务项目近20个，施工图设计审查项目近30个，重点项目代建5个、可研和项目后评价项目6个。

公司树立“科技兴企”的理念，坚持“产学研”相结合，不断加大科技投入，加强科技创新能力。先后主持完成了省交通重点科技攻关项目12个，其中获省科技进步二等奖1项、中国公路科技进步二等奖1项、三等奖3项，省优秀咨询成果一等奖1项、二等奖1项。正在主持研究的省部联合科技攻关项目2个、全国交通科技示范工程1项，省科技支撑计划项目1个、省交通重点科技攻关项目15个。

通过多元化经营，公司为从业人员提供了更多的锻炼、实践机会，吸引了高端人才，目前有教授级

公司监管一体化工程—井睦高速公路

咨　询　公　司

省道德模范、公司职工敖志凡获交通运输部部长杨传堂接见，被授予“2013 年度感动交通年度人物”称号

公司机关开展道德讲堂活动

高工 8 人，高级工程师 68 人，工程师 95 人，注册监理工程师 130 人、注册咨询师 16 人、试验检测工程师 58 人、项目管理与招标工程师 22 人等。这些优秀人才在有效保障工程项目安全高效的同时，也赢得了社会的广泛认可，获得了多项荣誉，其中有 1 人获得“中国公路百名优秀工程师”，7 人获得“交通运输部优秀监理监理工程师”，163 人次获得省高速公路领导小组“劳动模范或先进个人”。

“育人才，升资质，拓市场，多元发展，诚信经营”，是江西交通咨询公司的经营思路；“信誉是市场、质量是生命”，是江西交通咨询公司的经营理念。公司求真务实，团结拼搏，不断开拓进取，创新质量理念，在打造监理品牌、全面提升单位的核心竞争力、创新经营机制中前进，在开展交流合作、拓宽业务范围中开创了咨询监理工作的新局面，正逐步向一个集工程监理、项目代建、工程咨询、工程设计和试验检测于一体的综合型、智力密集型现代化咨询公司迈进。

开展应急救援演练

公司公开选拔竞聘中层干部

中层干部竞聘上岗

江 西 交 通 职

教学楼

汽车楼

校园俯瞰

江西交通职业技术学院创建于1956年，前身为交通部南昌公路工程学校，1958年升格为江西交通学院，1973年更名为江西省交通学校，1984年曾筹建江西交通专科学校，2002年升格为高等职业技术学院。

学院占地面积40公顷，建筑面积31万平方米，教学仪器设备总值6000万元，各类图书资料50余万册。设有路桥工程系、建筑工程系、汽车工程系、机电工程系、管理工程系、信息工程系、基础课部、思政部和成人教育部9个教学系部，共开设道路桥梁工程技术、汽车运用技术、物流管理、数控设备应用与维护、计算机网络技术、市政工程技术、港口航道与治河工程等34个专业。

学院办学环境优良，被列为省重点建设的高等职业院校，生均预算内财政拨款标准在省内同类院校中位居前列；省交通运输厅近三年共投入1.2亿元用于学院的建设，已初步建成生态化、数字化、现代化的新型校园。

学院不断加强“双师”结构和“双师”素质专业教学团队建设，已初步形成实践技能课程主要由企业一线高技能兼职教师讲授的机制，外聘行业企业技术人员达171人；注重专任教师综合职业素养和实践教学能力的提高。现有专任教师364人，其中交通部专业带头人4人、江西省高校教学名师4人、省级学科带头人3人、省高校中青年骨干教师22人、省级高校教学团队3个，具有高级职称的教师132人。

学院紧扣区域经济建设，对接支柱产业发展，以专业建设为龙头，形成了重点突出、特色鲜明、布局合理、适应职业岗位需求的、充满活力的专业体系。学院将工学结合作为人才培养模式改革的切入点，通过企业与社会需求紧密结合，先后与一汽丰田合作开办了“T-TEP”学校，与江

南大门

业　技　术　学　院

机电信息楼

学生活动中心

西贝尔科技公司合作成立了“南昌贝通科技发展有限公司”，与洪都佳时特数控技术有限公司共同建设了“交院佳时特数控加工基地”，与赣粤高速合作建立了“交苑土木工程试验检测中心”。同时依托专业成立了交通规划勘察设计院、博苑工程咨询监理所、汽车技术服务中心和驾驶培训学校等产教实体，为学生职业技能的提升提供了真实的生产环境。同时在教学中不断完善教育教学管理与质量监控，形成了持续改进的人才培养质量保障体系。

学院是国家骨干高职院校建设单位、交通运输部交通职业教育示范院校、首批江西省示范性高等职业院校立项建设院校。2004 年，在教育部组织的人才培养工作水平评估中被评为优秀。2005 年，被人事部、交通部评为全国交通系统先进集体。先后荣获全国交通职业教育工作先进集体、省五一劳动奖状、省文明单位荣誉称号。并在由江西日报、搜狐网等多家媒体组织的江西省十大满意高职院校评比中获得第一名。

学生宿舍

机电实训场地

物流实训场地

汽车实训场地

足球场

江西省公路路政管理总队

江西公路路政系统大练兵大比武

打造高速路政铁军

随着国务院成品油价格和税费改革，江西省公路路政管理总队在原省交通稽查征费局、原省高速路政管理一、二支队的基础上于2009年5月组建成立，为正处级全额拨款事业单位，内设10个机关科室，按设区市划分设立11个副处级高速路政管理支队，72个高速路政大队，昌九高速公路白水湖、梨温高速公路梨园、九景高速公路罗家滩等3个超限超载车辆检查站，以及路政总队井冈山培训中心，全系统核定编制数为1650人。

总队目前主要承担着全省近4600千米高速公路的保护路产、维护路权和清障施救监督管理工作，负责组织实施高速公路机动车辆超限超载运输治理工作等。

总队组建以来，在省厅的直接领导下，始终坚持"紧抓一个中心，突出四项重点，协调八大关系"原则，即坚持以保畅通、保平安、保稳定、保形象为中心，突出专项整治、培训教育、舆论宣传、规范管理四项重点工作，协调好路政与省厅各处室、路政与经营管理单位、路政与高速交警、路政与沿线地方政府、执法与服务、发展与民生、整体与局部、日常工作与基本建设等八个方面的关系。通过大力开展各类教育培训、大练兵大比武活动、路域环境综合整治、标准化信息化建设、党风廉政建设等工作，努力打造一支文明执法、规范管理的高速路政铁军，较好地保护了路产、维护了路权，保障了高速公路安全畅通，为江西省交通运输事业改革发展做出了应有的贡献。

暴雪中为司乘人员服务

五年来，总队荣获全国交通运输依法行政先进集体，省直机关文明单位，全省交通运输目标管理、"十一五""抓养护、迎国检"、安全生产、综合治理、节能减排、交通战备先进单位，以及江西交通工人先锋号、创先争优先进单位、党风廉政先进集体、工会重点工作先进单位等一系列荣誉。部分支队和大队还荣获全国交通运输行政执法评议考核优秀单位、全国交通运输行业"文明示范窗口"、省级和市级文明单位、全省交通运输系统"廉政文化建设示范点"等荣誉，并收到大量司机车主赠送的锦旗和感谢信，文明执法和优质服务得到了社会各界的赞许和肯定。

业务技能大比拼

清障施救

奋战在抗洪抢险一线

江西公路开发总公司

梨温高速路面养护施工

整治路容路貌迎国检

江西公路开发总公司隶属于江西省高速公路投资集团有限责任公司，是一家具有独立法人资格，以投资、建设、管理高速公路为主业的国有交通综合性企业，总公司注册资本17.75亿元，截至2013年年底总资产达285亿元。江西公路开发总公司下辖7个分公司或控股公司，拥有56个基层收费处站、10对服务区。

江西公路开发总公司自1993年成立以来，大力开展招商引资工作，先后合作投资建设了吉安赣江公路大桥、樟树赣江公路大桥、南昌新八一大桥和一江两岸南岸道路工程、赣州大桥；合作开发了105国道新干至吉水醪桥段公路、南康至信丰公路、龙南里仁至中村坳一级公路，320国道东乡至玉山段公路和高安市大城镇至万载段一级公路等。

自2000年起，江西公路开发总公司开始投资、建设高速公路建设项目，至2013年底，总公司经营管理了668千米高速公路，占高速集团管辖总里程约20%。在高速公路经营管理中，积累了丰富经验，形成了独具特色管理机制。

江西公路开发总公司成立以来，坚持一手抓经济，一手抓精神文明建设，两手抓、两手硬，以构建和谐文明企业为目标，以提升企业形象为着力点，不断夯实基础，丰富内涵，营造创先争优的浓厚氛围，精神文明创建工作不断取得新成果。获得“全国交通行业文明单位”“江西省文明单位”等荣誉。涌现出熊文清、熊艳、龚胜等先进个人和鹰潭西收费站“巾帼示范岗”、进贤收费站“党员示范岗”“熊文清班组”、赣皖收费站“螺丝钉班组”等先进集体。

当前，总公司处于改革发展、爬坡过坎的关键时期，困难和机遇并存，在省交通运输厅和省高速集团的坚强领导下，总公司上下将勇于肩挑重担，敢于涉水闯滩，善于打破藩篱，真抓实干、攻坚克难，奋力谱写总公司快速高效和谐发展的新篇章，不断为江西高速公路事业发展做出新的贡献。

熊文清班组春运服务在行动

党员先锋队铲冰除雪

笑迎八方来客

景西收费站新建设计效果图

三清山服务区夜色

江西省高速公路联网管理中心

全省高速公路自动收费客服体系启动运行，初步形成了“省中心—市分中心—县管理处”三级内部直属管理体系

沪苏皖赣高速ETC收费系统联网举行签字仪式，标志着长三角区域沪苏皖赣四省市交通无缝对接和一体化进程的顺利推进

江西省高速公路联网收费结算管理中心正式挂牌运行，时任副省长凌成兴启动联网开通按钮标志着江西成为全国第五个实现全省联网收费的省份

2002年5月20日，江西省编委批准成立了江西省高速公路联网管理中心（简称“省联网中心”），为省交通运输厅直属正处级自收自支事业单位，主要负责全省高速公路联网管理工作，包括通信、收费、监控“三大系统”骨干网、路径识别系统、电子不停车收费系统、自助服务终端系统和客户服务系统建设、运行和维护管理，收费结算、稽查、卡票管理、赣通卡业务、信息处理与发布等工作。

从成立之初，省联网中心一路拼搏，经历了从无到有、从小到大、由弱变强的发展与蜕变，职能更加明确，机构更加健全，队伍不断壮大。在全省建立了两大管理体系，一是省联网中心—路段分中心—收费站（桥隧所）三级联网行业管理体系，二是省联网中心—市分中心—县管理处三级直属管理体系，实现了对全省高速公路三大系统的建设和管理，联网业务也不段扩展和延伸，其中几项工作在全国名列前茅：江西省是首批加入全国ETC联网的14个省市之一，全国第一个以车牌识别技术进行路径识别的省份，全国第二个实现高速公路不停车收费的省份，全国第三个实现在高速公路服务区开通电子收费自助服务系统的省份，全国第四个一次性实行全省高速公路计重收费的省份，全国第五个一次性实现全省高速公路联网收费的省份。联网工作的深入发展，为高速公路业主节约了大量的建设和运营费用，增加了通行费收入，同时产生了较大的社会效益，百姓出行因此更加快捷、便利。随着江西省高速公路的不断发展，联网里程实现了从1000千米到3000千米再到4000千米的历史性跨越，联网范围实现了从省内联网到长三角联网再到全国ETC联网的历史性突破。

下一步，省联网中心还将继续以科技引领，顽强拼搏，攻坚克难，在高速公路联网建设、管理和服务中再立新功，在机制体制建设、队伍建设和廉政建设等工作中再添业绩，推动整个高速公路联网事业向着更加安全、畅通、便捷、绿色的方向发展。

江西省高速公路非现金支付和不停车收费项目正式开通，这标志着江西省成为全国第二个开通ETC收费的省份

第一个路径识别点在南昌环线高速公路建成，标志着江西成为全国第一个运行高速公路路径识别系统的省份

江西赣鄂皖路桥投资有限公司

九江长江大桥（公路桥）成建制交接会议

交接签字仪式

江西赣鄂皖路桥投资有限公司是经江西、湖北、安徽三省人民政府批准，由三省出资人参照 1987 年修建九江长江大桥（公路桥）时的原始投资比例组建的合资公司。2013 年 8 月 30 日，江西省人民政府在南昌召开九江长江大桥（公路桥）成建制整体交接会议，江西赣鄂皖路桥投资有限公司成建制整体接收九江长江大桥（公路桥）的管理职能、资产及财务、人员等，并负责公路桥的加固改建工作，标志着大桥的改革发展迈出了新的重要步伐。

加固改造方案论证会

2014 年 10 月 16 日，江西省交通运输厅对九江长江大桥公路桥加固改造期间交通组织予以正式批复，即在项目开工前，大桥禁止所有货车、19 座以上客车（公交除外）通行，超限车辆一律劝返。2014 年 5 月 1 日，按照上级规定，大桥停止收取车辆通行费，江西赣鄂皖路桥投资有限公司按照江西省交通运输厅批复精神，严格执行限行规定，允许 19 座以下客车（含公交车）免费通行，禁止超限车辆通行，确保了九江长江大桥公路桥的安全畅通。

2014 年 1 月 15 日，江西、湖北两省发展改革委正式核准九江长江大桥公路桥加固改造项目，并于 4 月 9 日审查通过项目初步设计。由于加固改造项目技术难度大、安全风险高，为确保施工期间铁路运营安全，赣鄂皖公司多次与省重点工程办公室、省交通运输厅、南昌铁路局协调联系，经报请江西省政府同意，明确九江长江大桥公路桥加固改造涉铁工程委托南昌铁路局代建，由南昌铁路局授权其所属京九电气化改造工程指挥部为项目代建执行人，全权负责大桥加固改造涉铁工程代建事宜，并于 2014 年 8 月 10 日签订代建协议。目前，大桥加固改造项目按照程序进行施工、监理招标工作，即将开工建设。

联合公安、路政、武警治理超限车辆

开展扶贫捐赠活动

开展篮球比赛活动

大桥全貌

江　西　赣　粤　高　速　公

国庆节假期间，省交通运输厅党委书记、厅长朱希到高速收费站，检查指导免费通行工作，看望慰问干部职工

赣粤高速董事会首获中国上市公司“金圆桌奖”董事会建设特别贡献奖，公司董事长黄铮出席颁奖典礼

江西赣粤高速公路股份有限公司成立于1998年3月31日，2000年5月18日在上海证券交易所上市，股票代码600269，简称赣粤高速，系江西省唯一一家公路类上市公司。

公司经营范围为项目融资、建设、管理、经营；公路、桥梁和其他交通基础设施的投资、建设、管理、收费、养护管理以及公路、桥梁和其他交通基础设施的附属设施的开发、经营；高等级公路通讯、监控、收费系统及其设备、交通配套设施的生产、加工、销售及施工；交通工程咨询；苗圃和园林绿化；筑路材料加工和经营等。目前，公司拥有控股公司8家，参股公司6家；经营管理昌九、昌樟、昌泰、九景、温厚、彭湖、昌铜等800千米高速公路，旗下各条高速公路均系国家及省内高速公路网络的重要组成部分，具有得天独厚的区域优势和路网优势。

江西省科学技术厅在南昌组织专家对赣粤高速承担的省级科技项目召开成果鉴定会，鉴定委员会专家认为该项目达到国内领先水平，一致同意通过鉴定

作为一家大型基础设施建设与运营服务类企业，赣粤高速以促进江西交通和区域经济发展为己任，始终秉承“义利共赢，和谐创新”的核心价值理念，坚守“路畅人和，提升价值”的企业使命，不断加强以董事会为核心的法人治理结构，科学发展，稳健经营，开创了赣粤高速持续健康发展的良好局面。截至2014年6月，公司总资产达287.09亿元，净资产达116.73亿元。公司股票先后入选沪深300指数、上证180指数、上证50指数、上证380指数、中证100指数和上证治理指数样本股，并荣获上海证券交易所“2011年度上市公司信息披露提名奖”殊荣，董事会连续9年荣获上市公司优秀

赣粤高速上市公司治理专题讲座在公司举办。讲座由公司独立董事、华东政法大学博士生导师唐波教授主讲，省高速集团及公司150余人聆听了讲座

赣粤高速党委利用中心组扩大学习会等形式，系统学习总书记习近平系列讲话精神

路股份有限公司

2014 年全国企业家活动日暨中国企业家表彰典礼现场

“2014 年全国企业管理创新大会”在北京召开，赣粤高速选送的管理创新成果荣获二等奖

董事会“金圆桌奖”。公司还连续 7 年入选“中国服务业企业 500 强”，连续 7 年荣获“江西省优秀企业”称号，先后荣获“全国企业文化优秀奖”、“全国首届企业文化创新案例奖”、“交通运输部首批文化建设示范单位”、“全国交通企业文化建设优秀单位”、“首届全国交通行业企业文化优秀成果奖”、“中国最具社会责任感企业”、“全国交通行业文明示范窗口”、“全国文明单位”、“全国杰出青年文明号”、“全国精神文明建设先进单位”、“全国职业道德十佳单位”、“全国职工小家”、“全国巾帼文明示范岗”和“江西最具影响力企业”等荣誉。

由赣粤高速承担的课题“高速公路养护市场化模式与运行机制研究”召开成果评审会，并顺利通过验收

昌樟改扩建项目办分别在药湖特大桥、路面施工试验段现场召开标准化建设观摩会

为进一步弘扬雷锋精神，倡导社会文明新风，赣粤高速团委各级团组织通过走进服务区、深入弱势群体、立足收费岗亭等，努力为公众提供力所能及的帮助

由赣粤高速主持的课题就地风热再生试验路在昌九高速公路上顺利实施，标志着沥青路面就地风热再生技术在江西省首次应用

江西省港航建设

省委副书记、省长鹿心社到南昌港国际集装箱码头视察

公司开展新春第一课集中学习活动

江西省港航建设投资有限公司是经江西省人民政府批准组建，于2010年6月完成工商注册的国有独资有限责任公司。公司主要从事航电枢纽、港口、航道、船闸、物流等港航基础设施的建设、投资与运营管理，以及水资源综合开发利用、水电建设、发电及其他批准的业务。注册资本金为人民币5.1亿元。

公司的设立是省政府为了进一步深化我省港航国有资产管理体制改革，搭建我省省级水运投融资平台，提高江西水运投融资及资本运作水平，提高港航基础设施建设的投资力度，实现港航国有资本的快速扩张和资产的保值增值。

公司紧紧围绕航运、港口、物流、航电枢纽四大板块，积极推进项目建设，打造我省省级水运投融资平台，使公司尽快成为江西省水运行业和现代物流行业龙头企业，最终成为资产规模大、融资能力强、管理水平高的港航产业集团。

公司积极策应长江经济带建设和昌九一体化建设，以项目建设为抓手，优先打造赣江黄金水道，而后信江、昌江，梯级开发航道，合理布局码头，振兴江西水运。公司制定了“十二五”及“十三五”期间的项目建设计划，重点建设赣江新干航电枢纽、贡江茅店航电枢纽等航电枢纽，以此打通内河航道网络，实现干支联通、江海直达的高等级航道网络；重点建设九江港彭泽港区红光综合枢纽和南昌龙头岗综合枢纽的江西省航运物流中心，配套建设多式联运物流信息中心和融资物流中心，力争到2020年总资产达到300亿元。

公司投资建设的南昌龙头岗综合码头一期工程，预计2015年年底竣工

目前，公司运营管理江西远洋运输公司、南昌保税物流中心、赣江石虎塘航电枢纽；正在建设南昌龙头岗综合码头一期工程，预计2015年底竣工投产；正在开展赣江新干航电枢纽工程、九江红光港口综合枢纽、南昌樵舍货运码头工程等项目的有关前期工作，并力争2015年开工建设。

赣江石虎塘航电工程枢纽

投 资 有 限 公 司

公司开展招投标知识讲座

公司 2014 年 3 月正式接管赣江石虎塘航电工程枢纽的发电运行工作

主要项目介绍

一、赣江石虎塘航电枢纽

赣江石虎塘航电枢纽工程是赣江主要梯极航电枢纽之一，是实现赣江中游全河段渠化建设的关键工程和实现赣州至南昌三级航道的重要组成部分，是以航运为主、结合发电，兼顾其他效益的水资源综合利用工程。

该项目总库容 7.43 亿立方米，电站装机容量 12 万千瓦，设计年平均发电量 5.27 亿度，通航设施建设标准为内河Ⅲ级，该项目批复总投资 24.4 亿元人民币，实际投资 23.5 亿元人民币。该项目于 2009 年开工建设，现已基本建成。第一台机组于 2012 年 10 月投入试运行，其余机组于 2013 年 3 月全部并网发电。

江西省港航建设投资有限公司于 2013 年 8 月 1 日正式接管其运行管理工作，2014 年 3 月 1 日正式接管电厂发电工作，预计于 2015 年 3 月 1 日正式接管电厂维护工作。该项目自第一台机组发电以来至 2014 年底共发电 6.4 亿度，实现售电收入 2.36 亿元。目前单日最高发电量记录为 267.5 万度，出现在 2014 年 6 月 26 日。

二、九江港彭泽红光港区综合枢纽工程

该项目位于九江港彭泽港区红光作业区，紧紧抓住长江经济带建设和昌九一体化建设的历史机遇，充分利用鄱阳湖及其主要支流航运条件，充分发挥红光作业区水公铁联运等多式联运优势，努力将其打造成长江江西段航运核心节点、江西航运标杆项目和江西通江达海最前沿的母港，成为江海大船和内河小船货物第一大中转港，填补我省长江航段无大型社会化港口枢纽工程的空白，使之成为继重庆的果园港、武汉的阳逻港后的长江上又一重要航运枢纽。

该项目约占用岸线 1600 米，总占地面积约 3100 亩，拟规划新建 5000 吨级泊位 12 个，预留泊位 11 个，码头年通过能力 2190 万吨（其中集装箱 120 万 TEU，散杂货 990 万吨）。港口物流园区主要分仓储物流区、综合服务区。该项目总投资预计约为 61.5 亿元

目前，省发改委已下文明确该项目为备案类项目，建设单位为我公司；已完成九江港彭泽港区红光作业区综合枢纽码头一期工程勘察、测量工作，力争 2015 年开工建设。

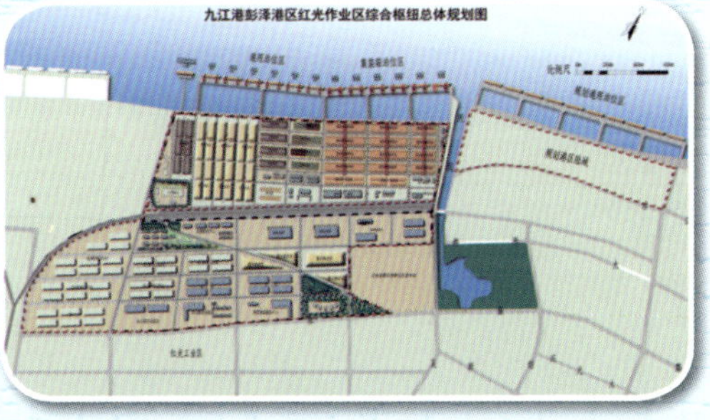

九江港彭泽港区红光作业区综合枢纽总体规划图

繁忙的南昌保税物流中心

赣州高速公路

在党的群众路线教育实践活动中，领导干部深入基层听取民声，征求意见

省运会期间，做好保畅工作，展示赣州市良好窗口形象

公司团委开展“关爱空巢老人、留守儿童及红色革命传统教育”主题活动

公司团总支组织志愿者在服务区开展夏日送清凉活动

赣州高速公路有限责任公司成立于2001年4月6日，是赣州市委、市政府批准成立、由市国资委监管的国有控股公司。公司注册资本金11亿元，总资产155亿元，现有员工约1300人。公司全资、控股及参股高速公路通车里程376千米；在建项目里程184千米，总里程达560千米，是江西省内三大高速公路建设投融资平台之一，也是赣州唯一的高速公路建设投融资平台，为赣州交通基础设施建设发挥了重大作用。

赣州高速实行现代化企业制度，注重内部管理创新。公司设立了董事会和经营层，同时，成立了公司党委、工会、团委等党群组织。公司已投资建成的项目有7个：赣定高速公路、赣州至大余高速公路（三益－梅关段）、赣州绕城高速公路、大广高速公路龙南里仁至杨村段、厦门至成都国家高速公路赣州至崇义（赣湘界）、赣州大桥、赣州和谐钟塔；正在投资建设的项目有2个：寻乌（赣闽界）至全南高速公路项目、兴国（宁都）至赣县高速公路项目。

公司成立十三年以来，在项目建设、运营管理、“三送”工作、企业综治、党群建设，以及财税缴交，绿通、节假日费收减免，公益捐赠等方面作出了突出的成绩，并先后获得了100多项省、市级荣誉和表彰，为推动苏区振兴发展做出了积极的贡献。

2014年新班子调整以来，公司提出了“壮大总量、推动转型、优化结构、提升效益”的发展战略和重点打造三大业务板块的发展思路，即：以高速公路建设和运营管理为主的高速公路板块；以全市加油（气）站、战略油库等建设运营投资为主的能源板块；以公

全幅贯通的寻全高速高架桥

有　限　责　任　公　司

省运会期间，收费站场增设便民服务台

全面提升收费窗口文明服务水平和文明礼仪素养，打造公司文明服务品牌

司现有土地开发、养护施工、对外投资为主的综合投资板块；提炼了“开放包容、敬业奉献、感恩奋进、追求卓越”的高速精神；“诚信、高效、创新、超越”的经营理念。公司转型发展的思路、战略目标、路径措施等逐渐清晰，并逐步上升为市委、市政府对公司的战略规划和定位。

当前，公司正紧紧围绕打造中国南方重要交通枢纽和千亿投融资平台战略定位，紧抓苏区振兴发展历史机遇，按照“壮大总量、推动转型、优化结构、提升效益”发展战略，努力打造好三大业务板块，力争通过2—3年的努力，将公司打造成为资产超300亿元；通过5—6年的努力，将公司打造成为资产超600亿元的主业突出、产业多元、赢利能力强、核心竞争力优势明显，信用等级达AA+以上的，省内领先、国内有一定影响的现代化高速企业集团，实现资产总量、净资产、利润3年翻番，6年翻两番的目标。

公司提高办事效能，提升窗口形象。图为机关人员支援一线查验绿通车辆

深入践行社会主义核心价值观，大力弘扬尊老爱幼、崇德向善的道德风尚

赣定高速公路迎国检养护路面摊铺作业

公司“三送”工作帮扶建设施工中的农村公路

正在抓紧建设中的寻全高速桂云山高架桥

公路工程施工总承包特级企业

江西省交通

由公司承建的江西省第一条设计施工总承包高速公路项目——井冈山厦坪至睦村高速公路

江西省交通工程集团公司成立于1997年，现有注册资本117543万元，资产规模近百亿元，系江西唯一具一定投融资实力，以公路施工为主，涵括市政、房建、园林绿化、地产开发和对外承包工程经营等领域，集施工、科研、设计和投融资等于一体的国有交通综合性企业。

公司先后以商业模式和施工模式创新，在高速公路标准化建设、安保工程建设实施、设计施工总承包和普通公路投融资模式等方面，创造了江西公路建设史上的“五个第一”，并以优秀业绩在四川、内蒙、安徽、福建、浙江等省内外建筑市场获得良好声誉，先后荣膺首届江西最具影响力企业、全国首批公路建设百家诚信企业、全省先进建筑业企业、江西省“十一五”重点工程建设先进单位等称号。

企业精神：团结、拼搏、高效、创新

公司地址：江西省南昌市红谷滩新区赣江中大道1426号泓德新厦四层

Http://www.jxjtjt.com

Tel/Fax：0086-0791-86243301

以施工总承包形式承建的江西省第一条标准化高速公路——温厚高速

以委托融资模式成功完成建成的320国道大城至万载公路改造项目

以风险投资模式成功完成建设投资的三清山环山旅游公路

我公司承建的江西省第一条设计施工总承包二级公路项目——宜安公路

工　程　集　团　公　司

企业荣誉

由公司承建的河南郑石高速宋庄分离式立交桥施工现场

由公司承建的江西省最长高速公路隧道——井冈山最长隧道洞内

由公司承建的昌栗高速公路路面底基层试验段摊铺现场

泓德新厦

江西省公路工程

工地交响曲

浇灌

路面摊铺

瑞寻高速

江西省公路工程有限责任公司（原江西省公路机械工程局，成立于 1994 年），是江西省交通系统首家通过 ISO 9002 国际质量标准认证（现已升级到 ISO 9001:2000 版）的国家公路工程施工一级总承包企业，具有市政公用工程施工总承包一级，路基、路面、桥梁、隧道专业承包一级资质，注册资本金为 3 亿元。公司现有正式员工 335 人、各类专业技术人员 225 人。

公司始终坚持“立足行业、多元发展、超越自我、追求卓越”的宗旨，大力加强企业文化建设，深化机制改革，强化内部管理，紧扣市场脉搏，在开拓创新、和谐创业中不断发展壮大，现已发展成为集公路、桥梁、隧道、交通工程、公路养护、市政建设、水利水电等工程建设及工程勘察设计、设备租赁、招投标咨询代理、园林绿化、软件开发、对外贸易、沥青改性等业务为一体、多元化发展的现代化集团式施工企业。

近年来，公司积极参与省内外重点工程建设，取得了令人瞩目的可喜成绩，施工队伍日益壮大、施工能力和施工水平进一步提高，近五年参建了省内外 20 多条高等级公路的工程建设，足迹遍及全国 20 多个省市（自治区），并于 2008 年承担了江西省乃至全国迄今为止一次性开工建设里程最长

致富工程

有 限 责 任 公 司

摊铺施工

架梁施工

的高速公路建设项目——济南至广州国家高速公路江西鹰潭至瑞金段建设项目的代建业务，经济效益和社会效益逐年提高，是江西省近年来发展最为迅猛的公路施工企业之一。

大路当歌，大气无形，大音希声。江西省公路工程有限责任公司每位员工将以“修筑完美之路，构建和谐企业，优质回馈社会”为使命，励精图治，锐意进取，并愿与社会各界携手奋进，共创美好未来，为交通、公路事业的跨越式发展而不懈奋斗。

瑞金老禾高架桥

优质工程

长龙摆尾

生态高速

江西通慧科技发展有限公司

寻全高速机电工程联合设计专家评审会在南昌召开

寻全高速机电、房建工程进行现场协调工作会

江西通慧科技发展有限公司成立于2004年。拥有交通部公路机电监理专项资质（甲级专项），主营业务为高速公路机电监理、专业工程软件开发、智能化系统集成等。是国内少数几家在交通建设领域具有管理软件开发、机电工程施工、机电工程监理资质的高新技术企业，软件产品和机电监理服务于国内高速公路、轨道交通、银行金融机构项目30余个，单位用户达1300余家，覆盖国内公路工程施工企业80%以上用户，是工程软件行业内具有较大影响力的企业之一。

公司自2008年成立监理部以来，取得了交通运输部公路机电监理专项资质。奉行“守法、诚信、公正、科学”的行为准则，竭诚为社会各界提供优质监理及工程项目管理服务。建立了一支具有一定技术水平、管理水平、专业配套、经验丰富的老、中、青年相结合的工程监理队伍。专业包括：公路、桥梁、隧道、机电、建筑、安全环保、工程经济等，有各类工程技术人员近35人，具有高级工程师11人、工程师18人，持交通部监理工程师证达20余人，建设部注册造价工程师1人，交通部造价师工程师2人，注册一级建造师2人，安全工程师4人，聘请了多名交通建设行业权威专家为顾问，其中多名专业技术人员被聘为交通部工程建设专家库专家、评委。

同时作为江西省“双软”及“高新技术”企业，为客户提供“专业、及时、热忱、耐心、周到”的服务是通慧的服务基准。全方位地提高通慧软件产品质量，为推动交通工程建设管理信息化的进程作出一份贡献。

公司坚持“规范监理、一丝不苟、高效优质；竭诚服务、持续改进、业主满意”，始终把所监理工程项目的质量摆在工作的首位，在做好质量控制、进度控制、投资控制的同时，协助业主和施工单位做好项目的组织协调和安全管理工作，力求实现业主的建设总目标。

交通建设工程监理企业

资质等级证书

企业名称：江西通慧科技发展有限公司

资质等级：公路机电工程专项

业务范围：在全国范围内从事各等级公路、桥梁、隧道工程通讯、监控、收费等机电工程项目的监理业务。

证书编号：交监[illegible]第[illegible]号 发证机关

有效期自2013年5月15日至2017年5月14日 发证日期 [illegible]

中华人民共和国交通运输部制

公司主营业务有高速公路机电监理、软件开发与销售。软件产品包括交通工程领域的计量支付、工程造价、工程变更、质量评定与试验（检测）分析、公路通信与收费、银行绩效管理、电子签章。公司获得了高新技术企业、软件企业认证，被授予中国交通标准化理事单位、江西省交通规划造价理事会副理事长单位、南昌市委市政府引智项目资助企业，南昌市东湖区重点扶持科技企业等，其公司多个软件科技项目和人才分别获科技部、江西省科技厅、南昌市科技局、南昌市委市政府立项或奖励。公司愿与有诚意及相关资源的朋友共创辉煌！

寻全高速机电工程联合设计专家评审会现场

寻全高速机电工程召开第一次工地会议调度工作会

万达广场、红谷配套中心(往返)。

(周国祥　周　星)

【昌北机场巴士20辆新车正式上线运营】 7月1日起,南昌公安交管部门将对无环保标志或持有黄色环保标志的机动车进行限行。南昌公交机场巴士原有45辆大巴,其中部分为黄标车。为落实相关政策,为城市节能减排贡献力量,南昌机场巴士公司斥资近1000万元,新购20辆豪华大巴,于7月1日起正式上线运营,淘汰原有的部分黄标车。新车长11米,46座(含驾驶座,比旧车多15个座位)。车辆品质、性能和舒适度均有较大幅度的提升,进一步为市民提供优质、舒适的出行服务,车辆更新后,停靠站点、收班时间和票价维持不变。

(周国祥　宗　贺)

【南昌高新天祥大道公交枢纽站项目完成主体封项】 8月12日,南昌公交总公司高新天祥大道公交枢纽站顺利完成主体封项。

高新天祥大道公交枢纽站位于天祥大道公交以西、规划南塘湖北路以南,建设用地面积2公顷,建筑面积9389平方米,项目总投资约2400万元。主要包括公交停车、调度始发、修理和集员工办公、休息于一体的综合配套公用服务基础设施,由1栋调度办公楼与2个值班室组成。场地可停放公交车约100辆、小车64辆。

该项目于2013年1月至4月进行开工前土方回填、箱变接入等工作,5月8日正式破土动工,8月12日调度楼封项,历时三个月,比原计划工期略提前。

该项目属市重大重点项目之一,也是高新区重大重点项目之一,为高新片区公交车提供配套服务,建成后可有效解决高新区公交车的停放、始发、加油及修理问题。

(周国祥　熊佐宇　赵　强)

【南昌公交实现公交车Wi－Fi网络覆盖】 1月28日下午,南昌公交与中国联通南昌分公司公交车载Wi－Fi合作协议签约仪式在联通南昌分公司举行。此次南昌公交联合中国联通南昌分公司推出的公交车辆3G转Wi－Fi无线上网业务,是继2011年11月成功推出"掌上公交"后,南昌公交又将在部分公交车上实现Wi－Fi网络覆盖,进一步为市民乘坐公交时提供更为时尚,超值的服务。

南昌公交将在主城区的21条线路的609辆公交车上实施Wi－Fi无线网络服务,具体为:1路(区间)、2路、5路、9路、10路、11路、16路、18路、20路、22路、27路、88路、208路、210路、211路、215路、221路、225路、228路、229路和233路。上述线路为主城区和高校园区院校线路及部分新城区公交线路,覆盖了主城区和城市主要周边区域,面积较为广泛。拥有无线网络覆盖的公交车上将张贴Wi－Fi网络覆盖的标识,市民确认后即可上网。

(周国祥　熊佐宇)

【全国城市一卡通互联互通接入仪式在南昌举行】 4月18日,全国城市一卡通互联互通城市接入仪式在江西南昌举行。住房和城乡建设部、国家信息中心、国家密码管理委员会、江西省住房和城乡建设厅、南昌市政府、政协等部门领导到场祝贺。住房和城乡建设部总工程师陈重,南昌市市委常委、副市长高伟致辞,中国工程院院士倪光南发表主题讲演。仪式上,南昌、抚顺等第二批接入城市通卡公司负责人亲手将代表自己城市的互联互通卡片接入刻有中国地图的模型上,当9个城市的卡片聚齐时,中国地图瞬间点亮,预示着"互联互通卡"点亮中国,刷遍神州。北京、南京、深圳、宁波等50余个城市的城市一卡通公司相关人员与400余名代表参加。

这是继2012年上海、宁波等8个城市率先实现互联互通后,南昌、抚顺、锦州、葫芦岛、淮安、永州、江油、昆山、江阴9个城市也加入全国城市一卡互联互通。这意味着17个城市中的任何一张"互联互通卡"都可以通刷并乘坐其他互通城市的公交车、地铁等公共交通。

"全国城市一卡通互联互通"是指本地城市IC卡能够实现在异地城市的刷卡消费。该项目由住房和城乡建设部组织与推进,在国家金卡办、中国城市公共交通协会的大力支持和协作下蓬勃发展,是对《国务院关于城市优先发展公共交通的指导意见》中"逐步实现跨市域公共交通'一卡通'互联互通"精神的落地实施,预计"十二五"期末将达到60个城市互联互通。　(周国祥　杨书钦)

【景德镇市“掌上公交”正式投入运行】 2月16日,由景德镇市公共交通公司、中国移动景德镇分公司联合开发的“掌上公交系统”正式投入运行。

作为交通运输、通讯行业的一项便民服务项目,“掌上公交”免费向景德镇移动客户提供景德镇市公交车的线路查询及实时信息服务,仅收取正常上网流量费。“掌上公交”即“手机上的公交电子站牌”无论何时何地,景德镇移动客户只要通过随身携带的手机,登录,“无线城市”wap版网址 http://211.141.137.6,进入“掌上公交”,即可查询到要乘坐的公交车的实时位置、实时到站、实时离站等信息。

移动手机客户登录“无线城市”的“掌上公交”,就可看到从乘车站到目标站的公交车离自己所在公交车站还有几站的实时数据,并可查看某辆公交车的实时到、离站信息。该系统还提供实时定位查询,输入公交线路与所等候公交车的站点,即可从地图上直观地看到未驶过该站的最近一辆公交车的实时位置以及与本站的距离,从而计算出车辆抵达的大致时间。“掌上公交”的另一功能是公交车到达预约提醒,移动手机客户可根据自身需要对所需乘坐的公交线路设置预约到达提醒闹铃,以节省等车所耗时间。

至2月16日,“掌上公交”已完成景德镇市所有公交线路的覆盖。移动手机客户登陆“无线城市”进入“掌上公交”页面后,可通过“按线路查询”“按站点查询”“按换乘查询”三种方式查询公交线路,在选定所要乘坐的线路后,系统会自动列出该线路的所有途经站点;用户选择点击关注的公交站点后,页面将不断自动刷新,实时显示该路线所在关注站点的公交车到站情况。

为让客户从容赴公交车站坐车,“掌上公交”提供最近2个班次的车辆到站情况,即马上到达的班次的下一个班次,不仅可以帮助市民“随时、随地、随身”掌握公交信息,还能让市民自由安排时间,不再为情况不明的等待而焦心。

(涂 强)

【景德镇市公交车上覆盖无线网络】 随着智能手机的普及,移动登录互联网逐渐成为人们工作、学习、娱乐、消遣的方式之一。为满足广大市民移动登录互联网的需求,中国移动景德镇分公司、景德镇市公共交通公司于3月25日开始联合建设公共交通无线网络工程。首台安装测试的公交车为车牌号为赣H93553的108路空调公交车。

作为公共交通无线网络工程应用平台的空调公交车上安装的无线接入设备,其电力由电瓶提供,就算是车辆熄火、停驶时也不会妨碍无线网络的使用。无线网络的发射范围在公交车身10米范围内。从测试的效果看,无论是上QQ、传微博、看视频都非常流畅,文件下载速度也稳定地维持在100KB/s以上,未出现信号衰减、掉线等现象。6月底,公共交通无线网络工程实现空调公交车全覆盖。

(涂 强)

【景德镇市公交公司多项措施提升公交运行质量】 3月27日,景德镇市全市城市交通拥堵综合整治动员大会召开后,该市公交公司迅速行动,采取有效措施,切实改善公交运营效率和质量。

该公司针对市民反映较多的公交车鸣高音喇叭产生噪音扰民的问题,于4月10日前拆除所有公交车上的高音喇叭装置;针对公交车不进站停靠给市民乘车带来不便的问题,一方面加强教育管理,要求驾驶人员严格执行操作规程和服务标准,一方面强化站点稽查,引导规范上、下车秩序,监督驾驶人员规范停靠站点;针对部分公交车车容车貌不整洁的问题,在加密车辆清洗频次的同时,计划再购置自动洗车设备,确保实现所有投入运营的公交车每天至少清洗一次。针对公交网络布局不合理、部分班线班次间隔时间过长等问题,该公司编制全市公共交通发展规划及站场布局方案;加快年度新增30辆空调公交车招标采购进度,科学合理地调整公交线路、站点布局及发车间隔时间,完善“掌上公交”服务平台运行功能,努力营造快捷顺畅的公共交通环境以吸引更多市民选择乘坐公交车出行,不断提高公交出行分担率,为治理城市交通拥堵发挥应有作用。

(涂 强)

【景德镇市与全省其他设区市同步开通4G公交专线】 5月17日是世界电信与信息社会日。中国移动景德镇分公司开通4G通信体验网络暨公交专线,景德镇市1路与南昌的26路、九江的101路、上饶的4路、抚州的1路、宜春的5路、吉安的6路、赣州的k2路、萍乡的2路、新余的101

路、鹰潭的1路共11条公交线路同步开通4G公交体验专线，标志着江西省第一个4G规模体验网络正式开通。乘客只需使用带有Wi－Fi功能的智能手机等移动终端，通过Wi－Fi模式搜索到“CMCC—4G”，接入无线信号后，打开任一浏览器，弹出4G登录网，输入所使用的手机号码，点击获取动态密码，即可免费畅享4G网络的便捷和高速。

（涂　强）

【景德镇市打造精品公交线路】　景德镇市公共交通公司以“着装统一、用语规范、微笑服务、卫生标准、运行准点”为服务标准，将1路公交线路精心打造成精品公交线路，于7月1日正式运行。

作为景德镇市首条精品公交线路，1路精品公交线路以提升乘客出行满意度、提高公交服务质量为目标，以大型高档新型空调车为配置，实现全空调车运行，票价保持不变（1月、2月、6月、7月、8月、9月开启空调季节为每人次2元；3月、4月、5月、10月、11月、12月不开空调季节为每人次1元）。驾驶员统一着制服式服装，戴白色手套，并佩戴标识；出车前，按规范操作程序，开启所有车载设施，做好发班前的各项准备；在首、末站站立微笑迎客，礼貌送客，并开启车内相关语音服务系统；车辆卫生要达到“星级标准”，即车身净、地板净、坐骑净、车窗净、扶手净、玻璃净；实行双语报站、配备便民物品、分季配备各类应急药品；准点运行，规范进站，提供舒适、安全、优质服务。

（荆伟英）

【景德镇市14条公交线路更名】　自7月26日起，景德镇市城区有14公交线路正式更名。更名的具体公交线路为：2路内环改为2路，2路外环改为22路，103路改为3路，5路内环改为5路，5路外环改为25路，106路改为7路，1路区间改为10路，101路改为11路，123路改为13路，201路改为21路，303路外线改为23路，108路改为28路，303路改为33路，108路支线改为38路。此次14条公共交通线路只改变名称，并不改变线路。

（荆伟英）

【萍乡市交通运输局探索公共交通发展模式】　2013年11月4～5日，萍乡市交通运输局分管领导、局运输管理科科长和市运管处、市公交总公司负责人到上饶、吉安考察两地城市公交的营运模式及其模式下承担公交公益任务的情况。上饶市政府在2013年决定通过股权和资产收购的方式，花大代价，将民营公交股权与资产全部退出城市公交客运市场，实行“一城一公交，国有国营”的经营体制模式。吉安市城市公交于2011年实行股份制经营模式，70%的股份为江西长运股份有限公司控制，江西长运控股后，对政府下达的一些指令性计划和公益事业完成不力，市民意见大。根据上饶、吉安两地的情况和公交公益性的特点，萍乡市交通运输局向市政府提交《关于上饶吉安中心城区公交发展的考察报告》提出“公共交通必须实行一城一交、国有国营，必须由政府全力主导公交发展”的建议，认为只有这样，才能有效解决市民的出行需要，才能保证完成政府在推进民生中的公共交通发展任务，才能加强对公共交通的管理与服务，推进“公交优先”工程，并推进相关政策的落实。

（晏卫东）

【萍城出租车统一免费换新装】　经市政府批准，从3月1日开始，萍乡市区700辆出租车陆续完成全面换装，统一更换为深蓝色的新座套，按照不同的车型包边颜色有所区别，同时在市城市客运管理所的监督下，对出租车的卫生死角都进行一次大清理，给乘客一个全新、舒适的乘车环境。为保证出租车的干净整洁，萍乡市城市客运管理所对出租车坐椅套实行“三天一换”的考核制度，超过三天以上未更换的将收取污损费，超过一个月未更换的按价赔偿；每月更换次数少于8次的，车容车貌月评不合格，扣5分，并计入年度单车考核工作。

（李　维）

【萍乡市公交企业经济指标同比上涨】　2013年，萍乡公交城区公营车辆完成营收5141.79万元，广告、物业等副业收入207.03万元，增长率为2.1%；城郊社会车辆完成营收2800万元，增长率为1%；全司全年实现营收8148.82万元；客运量突破9000万人次；营运里程完成2450万千米；上缴国家营业税170.67万元。

（萍乡交通运输局）

【萍乡市公交总公司加大基础设施建设投入】 该司以加快城市公交基础设施建设为中心,以改善和提升市民出行环境为目标,努力打造绿色公交、环保公交、节能公交,为广大人民群众提供绿色环保、舒适便捷的乘车条件。2013 年年初,新购30 辆气电混合环保空调车,总造价 2600 多万元,五分公司峡山口线 8 月新购天然气公交车 10 辆,合作兴建安源新区天然气加气站于 2012 年年初投放使用,公交新西站建设征地 3.33 公顷,完成了土地定界、设计方案、土方估算、项目报批等前期工作。同时,完成公交西站市场整体置换工作,改建新建站台 20 多座,开通 17 路、37 路、39 路三条新线,优化调整 19 路、20 路两条线路。

(萍乡交通运输局)

【萍乡市公交总公司实行星级化管理提升服务水平】 该司为整顿和规范城市公交运营秩序,大力提升公交服务能力及水平,让广大市民乘坐安全车、洁净车、舒心车、文明车。从 2013 年 8 月份起,实施星级驾驶员、星级线路“双星工程”,着力打造“精进员工,精细企管,精品服务,精致公交”全新品牌。“双星工程”既有“个人赛”,也有“团体赛”,是以星级管理、星级服务为中心,全面促进企业运营秩序、策应安全生产的一种管理手段。星级驾驶员分为一星级至五星级五个等级,每月一评,实行分层动态考核;星级线路分为一星级至三星级三个等级,每季一评,实行分级动态管理。由此,驾驶员服务质量合格不合格、乘客满意不满意直接影响到驾驶员的工资收入,乘客表扬及有责投诉与星级升降双双挂钩。通过“无星无奖,高星高酬”的薪资模式,由公司向驾驶员购买优良的服务,再向广大民众提供优质的公共服务产品,有效提升了驾驶员的服务质量和服务水平。全市主城区 20 多条公交线、200 多辆公交车、近400 名驾驶员的工作面貌发生了质的变化,车容车貌合格率、驾驶员服务合格率有了稳步提升,乘客投诉率小于万分之一。由过去式“要我服务好"向现在式、将来式“我要服务好”转化。全年,总公司驾驶员上星率已达 98%,近 400 名驾驶员走上了星光大道。

(萍乡交通运输局)

【萍乡市公交总公司加强后勤服务保障能力建设】 该司始终把中心工作作为重要保障,完善了一系列行之有效的管理措施,有效保障了企业生产经营的需要。一是加强机修管理制度建设。实行随叫随到、随到随修制,做到了检测小修不过夜、总成大修不过周。二是加强供应管理。供应部门加大了对市场的调查分析,尤其是物价走势,制订出合理的月采购计划,保障营运车辆用油、用气、用配件的需要。同时,对物资采购实行“日跟踪、周分析、月总结”,推进“阳光化”采购程序。三是加强营销宣传。总公司 IC 卡管理中心大力改进部门服务作风,积极调整市场攻略和营销手段,全年售卡充值总额 1602.27 万元,刷卡乘车次数 1849 万次、交易金额 1574.40 万元。四是加大整治。针对员工带客乘车、家属不买票乘车、少投币不刷卡乘车等一些乱象,以及运营秩序、危险品查禁等一些实际问题,开展了一次旷日持久的整治大行动。全年处罚违章违纪 210 人次,收缴各类违章用卡 65 起,处罚金额 3960 元。五是加大教育培训。举办新聘驾驶员培训等各类教育培训 36 期,参训人员 600 多人次,在职驾驶员和线路队长再培训覆盖面 100%。六是加大综治管理。每月对车辆、场站及办公场所进行了“四防”安全检查,隐患整改 19 起。6 月份,与安源消防大队联合组织开展了一次消防知识培训和消防演练。

(萍乡交通运输局)

【上栗县城市公共交通】 该县公交事业开始于2006 年 10 月,上栗县公共交通有限公司系该县政府批准的唯一一家城市公共交通专营单位。公司成立初期有车 6 辆,1 条线路,17 名职工。通过这几年发展壮大,现已更新换代公交车辆 20 辆,共有公交车 22 辆,公交线路 4 条,线路总长 75 千米,公交员工 32 人(含临聘司乘人员),车辆年营运里程 150 万千米,年客运量约 130 万人次,公司资产达 600 多万元。

(萍乡交通运输局)

【莲花县城市公共交通】 在该县委县政府的强力推动下,该县交通运输局加快推进全县公交车、出租车的市场化改革进程。指导出租车公司收购该县所有 70 辆出租车的经营权,于 2013 年 1 朋以公车公营的形式投放市场。公交车、出租车的市场化改革，保障了客运市场的稳定有序，受到社会各界的好评。该县共开通公交线路三条：县城—凫村、县城—白岭、县城—工业园。

（萍乡交通运输局）

【九江第二批 50 辆新天然气（LNG）公交车投入运营】 2013 年 11 月 17 日，根据公交优化发展工作实施方案要求，是年第二批 50 辆天然气公交车投入市区 6 路、26 路运营。至此，九江市共完成 100 辆新天然气公交车投入运营任务。

（九江市交通运输局）

【新余公交增加运力方便市民】 春节期间，新余公交采取增加运力、缩短发车间隔时间和延长收班时间等措施，保障客流集散地乘客的疏导。其中，101 路、102 路、104 路、601 路等 4 条线路各增开 1 ~ 2 车辆应急。同时合理调整发车时间；303 路每天增开 3 个班次，发车间隔时间由原来的 12 分钟左右缩短到 8 分钟左右；305 路、401 路等 2 条线路大年初一（2 月 10 日）早班车提前 30 分钟以上时间发车，满足崇庆寺方向沿途市民的乘车需求；308 路、602 路、603 路、804 路等 4 条线路加密发行班次，发车间隔时间分别缩短 4 ~ 10 分钟；郊区线路末班车收班时间延长 8 ~ 10 分钟。

（彭　剑）

【新余 104 路、303 路新增 18 辆清洁能源空调公交车】 2013 年，新余公交继首批 22 辆新能源（气电混合动力）空调公交车 7 月 28 日投入运营后，12 月 6 日，又有 18 辆清洁能源空调公交车投入运营，分别投放在 104 路、303 路等 2 条线路。

新余公交拟用 3 年左右时间（2012 ~ 2014 年），分批次购置 120 辆新能源（清洁能源）空调公交车，首批 40 辆清洁能源空调公交车已于 2012 年 10 月投入运营，2013 年 40 辆新能源（清洁能源）公交车也已全部投放到位。至此，全市绿色公交占新余公交日常营运车辆总数的 40%。

（彭　剑　赖娇健）

【新余公交国庆期间安全运营】 新余公交多措并举，加强运力保障，做好优质服务。国庆期间，新余公交发行公交车 3354 班次，营运里程达 36.2 万千米，公交客流量破 90 万人次，同比增长 7%，没有出现乘客集中滞留情况，未发生重大有责交通事故。

（邓清华　宁茂昌）

【新余为 65 岁以上老人免费办乘公交意外险】 新余公交公司截至 2013 年 6 月底，已为市内（不包括分宜县）4904 名持有《老年优待证》、65 周岁以上老年人购买免费乘坐公交车意外伤害保险。免费为 65 岁以上老年人办理乘公交意外险，新余是全省唯一将年龄下限从 70 周岁扩至 65 周岁的地级城市。

（邓清华）

【鹰潭市公交公司圆满完成年度营运任务】 鹰潭市公交公司有营运车 158 辆，经营线路 19 条。2013 年继续开展“公交服务提升年”活动，各项工作稳步推进，圆满完成年度营运任务。全年完成客运量 2700 万人次，总行驶里程达 980 万千米，实现营运收入 2600 万元，上缴税金 85 万元。同时，新增公交车辆 19 辆。

（鹰潭市公交公司）

【鹰潭市公交公司圆满完成 2013 年春运任务】 该市公交公司做好 2013 年“春运”安全管理工作，制订《鹰潭市公共交通 2013 年春运工作方案》，春运 40 天累计投入客车 210 辆、发车 1320 余班次，输送旅客 388 万人次，圆满完成“春运”期间运输任务。

（林凤星）

【鹰潭市公交公司为一线员工送清凉】 7 月 28 日，鹰潭市公交公司将 50 箱矿泉水和防暑降温药品，送到了一线司机的手中，向他们表示慰问。连日来的持续高温天气给坚持在一线的公交司机们带来严峻考验，酷暑中的公交驾驶员，奋战在热浪滚滚的公交线上，保证了市区公共交通的正常运行。高温灼烤着大地的同时，也考验着公交人的意志。据了解，针对高温天气，鹰潭市公交公司根据客流需求，适时调整运力，保证司机的休息时间和身体状况，防止疲劳驾驶导致车辆事故的发生，努力为市民提供安全、便捷、舒适、文明的出行服务。

（彭　霞）

【贵溪优化公交线路加大运力投放】 贵溪市按照“以人为本、就近上车”原则,优化线路,拟公交线由原来的3条增至11条。已形成方案待市政府批复后实施。更新公交车辆16台,新增车辆46台。贵溪长运公司完成公交收购后,投资近200万元引进的22台油电混合动力车分别投放在1路、2路、3路环城公交线上,为市民提供了舒适方便的出行条件。

(艾年宗)

【吉安市吉泰走廊“三县三区”公交实现全覆盖】 在2012年顺利开通吉州至吉水公交线后,在多次组织相关企业进行协商谈判,多次与相关管理部门直协调沟通,争取政府支持,帮助企业解决改造过程中存在的问题后,吉州至泰和公交线于8月1日正式开通,至此吉泰走廊内“三县三区”公交实现全覆盖,吉泰走廊公交一体化得以实现。

(吉安市交通运输局)

【宜春中心城区新增燃气空调公交车】 公交于7月29日通过招标购买燃气(CNG)空调公交车28辆。于10月投入8路、116路、118路3条线营运,并将原营运车辆调整下线或调整到其他公交线上营运。至此,中心城区新能源燃气公交车辆已达90辆,空调公交车辆增至107辆,占营运车辆的43%。

(何　清)

【宜春中心城区首批公车公营出租车营运】 1月16日上午,宜春中心城区首批新增的40辆公车公营出租车在宜春公交总站举行发车仪式,正式营运,余下的60辆出租车将下月内全部投运。80名出租车司机在发车仪式上郑重宣誓:“按表计费,不拒载,不宰客,做到文明驾驶、规范服务、安全营运。”标志着在建设幸福宜春的进程中增添一支出租客运生力军。此前,该公司参加由宜春市政府采购中心组织的《宜春中心城区新增出租汽车运力指标》的招标工作,并以总分第一名的好成绩取得宜春中心城区100辆出租车运力指标,总投资为1300多万元。随后开展新增车辆司机的招录工作,除对应聘者有驾龄3年、无交通事故、无犯罪记录等要求外,还进一步强化面试环节,以提升从业者的整体素质。新增出租车对切实解决中心城区居民出行难问题,改善出租车的经营环境,提升出租车市场的服务质量等有着积极的作用。此次中标的车辆为油气混合动力的上海大众畅达和北京现代名驭两款车型各50辆,颜色为深宝蓝色、下身为深橘黄色,比现有的出租车档次更高。所有车辆将全部安装GPS、摄像头及计价收费系统、对讲机、限速仪、评价器,采用科技手段进行管理。统一配备蓝色坐椅套和白色的靠背套,安装服务承诺牌。每天清洗车辆、更换头套、定期更换座套、脚垫,保障车容车貌。与中心城区现有出租车经营方式不同的是,本次新增出租车将实施经营权、车辆产权合一的公司化经营、员工化管理,出租汽车经营权严禁私自转让,实行收费公开化、规范化、透明化。

(何　清)

【宜春市公交公司开通明月山机场公交专线】 为积极配合宜春明月山机场通航,尽量满足机场乘客出行需求,该公司从6月26日起开通机场公交专线,营运票价为5元/人次(暂定),全线一票制。该线路的具体走向为:始发站为火车站,主要途经浙赣友好医院、七家岭、汽车西站、交警支队、公交公司、苏瓜塘、交警大队、汽车北站、机场A线,终点为明月山机场。首航初期每天安排运行两趟.营运时间为:上午10:20从火车站发车、11:00到达机场,12:20从机场返回、12:50到达火车站;下午15:20从火车站发车、16:00到达机场,17:15从机场返回、17:45到达火车站。该线路不属于免费乘车范围,所有免费卡、优惠卡、证及IC卡均不能使用乘车,需按规定票价自配零钞投币乘车。

(付文成)

【宜春公交推出移动手机刷卡乘公交车】 自2012年8月起,为方便市民乘车,宜春市公共交通公司与宜春移动公司联合开发手机公交一卡通服务,在5路和8路公交车上开展手机刷卡乘公交车试点,市民使用专用SIM卡的移动手机即可在公交车上刷卡乘车,经过半年多的试行,社会反响良好。从5月起,覆盖中心城区的所有公交线路和公交车辆。移动用户只需持身份证、手机到移动朝阳路营业厅、袁山营业厅、宜春学院动感营业厅、宜阳大厦西座移动营业厅、宜春公交IC卡营业大厅，更换一张支持 RFID 功能的专用 SIM 卡（不需要更换手机号码），开通公交 IC 卡钱包业务，即可在宜春市中心城区公交车上实现刷手机乘公交车功能。

（晏慧锋）

【樟树市新增 60 辆出租车】　经市政府批准，4 月 28 日，该市采取社会公开招投标办法，樟树宜运出租车有限公司中标，该公司投资新购出租车 60 辆，5 月 31 日投入营运，实行公司化公车公营。采取六统一管理：即统一经营模式；统一车型和车身颜色；统一安装 GPS 卫星定位监控与调度系统；统一安装税控计价器、顶灯；统一安装坐套；统一收费标准。出租车司机全部实行聘用制，严格打表收费，规范经营，带动整个出租车行业走向正常经营轨道，不仅满足群众乘坐出租车的需要，而且改善城区交通环境，提升该市新形象。

（杨　波）

【丰城市大力发展城市客运】　市交通运输局坚持以公共交通优先发展为战略目标，提升客运车辆安全运行质量，提升公交和出租车服务水平。全年更新出租车 160 辆，其中，新增高档出租车 50 辆。更新城市公交车 74 辆，单车核载 61 人。一是政策引导全力支持公交和出租车向高档车型发展。二是认真对营运客车进行技术审查，对营运客车进行类型划分评定。三是对已到运行年限的客运车辆强制停运更新。四是对未到年限但车辆已破损达到一定程度的客运车辆强制停运更新。更新的出租车和公交车辆，已成为一道靓丽的城市风景线，老百姓坐在这样的客车上舒心、开心，共同享受改革发展带来的成果。

（黎建刚　熊雪芽）

【丰城市更新城市公交候车亭工作进展顺利】为进一步改善市民候车条件，规范公交运行秩序，提升城市品位，方便群众安全快捷出行。根据市政府要求，市运管局从 9 月开始对全市公交站台进行更新建设。此次城市公交站台需更新建设的共计 105 个，分别为老城区 53 个。新城区 52 个，其中原有 57 个，新增 48 个。截至 12 月 29 日，已全部完成候车亭站台硬化和浇筑柱桩基础。不锈钢晴雨篷安装以及附属设施的装饰工作已开始进行，2014 年春节前完工。工程投资 500 万元。建设资金通过城区公交候车亭广告经营权公开招投标，由江西普城广告装饰有限公司成功获得广告经营权，期限 12 年，根据双方签订协议规定，由该公司出资建设、经营、管理公交候车亭。

（宋金彪　熊雪芽）

【靖安县开通县城公交车】　为适应经济发展，提高人民生活水平，满足广大市民乘车需求，县政府把发展县城公交作为民生工程之一，决定成立县华夏公交公司，投资 700 余万元。2 月，购买 10 辆高档豪华宇通牌公交车投入营运，共开通 7 条公交线路，建港湾式公交站 70 多个，乘坐公交人次票价 1 元，70 岁以上老人免费乘坐。深受群众好评，称赞政府为民办了一件实事。

（刘　斌）

【上高县城市公交客运铸造“民心工程”】　上高县按照“依靠基础、优化网络、立足需求、注重实效”的原则，以加快“转型升级、建设幸福公交”，优化配置城市公共交通资源，大力推动实施惠民公交工程。通过编制城市综合交通规划，增加调整线路，消除公交路网覆盖盲点，逐步解决城郊住地偏僻群众出行难问题。采取开通支线办法，灵活安排班次，解决各产业聚集区员工出勤问题。实现方便出行、快速通畅、合理分流、有效衔接的目标。全县开通公交线路 6 条，配备大型无人售票公交车 60 辆，建设美观适用公交站亭 30 多个，日均载客量 2 万余人次。该县城市公交实行低票价制度，凡运输辐射范围 10 千米内实行公交票价 1 元制，城区至三大工业园区的公交票价与班线客运票价相比，降幅超 50%。落实老人、现役军人、残疾人免费乘坐服务和中小学生特殊群体票价优惠服务。按现有票价核算，城市公交年让利百姓票额达 200 余万元，提供政策性免费乘车服务年让利群众票额达 120 余万元。

（冷光明）

【万载县新增 30 辆出租车投入运营】　万载县委、县政府为净化公共交通营运市场，决定取缔非法载客电瓶三轮车，万载县恒通出租车公司给予了大力支持，并资助 200 万元作为取缔的补偿费。同时，深知电瓶三轮车退出运营市场后，按照县政府的要求,必须尽快完善相关配套措施,大力发展公共交通,方便群众出行。为此,恒通出租车有限公司又投资数百万元,在原有70多辆出租车的基础上,购置30辆大众系列传祺轿车,于8月30日投入运营,至此,公司共有出租车102辆,在城区内24小时运营。公司实行公交车公营,由企业聘请司机营运,并严格按政府物价部门审批的价格,打表经营,为广大乘客提供便利、优质、安全的运输服务。

(胡爱仙)

【樟树市新增59辆公交车投入营运】 随着城市不断扩大,工业迅速崛起,人口增多,原有公交车不能满足广大群众出行需求。市利民公交公司坚持以人为本,为解决乘公交难,报经市政府批准,全年投资先后购买59辆宇通等高档豪华公交车投入营运,在城区新增6条公交线路,在试运行期间,早上7时发班,晚上19时收班,票价1元。进一步加强管理,使城区公交市场有序、安全、畅通发展,让广大人民群众共享公交优先发展成果,深受群众好评。

(杨 波)

【抚州市公交1路车延伸至曙光商业街】 从2月19日上午起,抚州市区1路公交线路发生变化,从抚州高新技术产业园区管委会的终点站,在高新区延伸多个站点,到曙光商业街再返回。1路公交车延伸后,高新区市民出行更加便捷了。

为了完善高新区的城市基础设施,方便区内市民出行,在充分调查研究,吸纳市政协委员意见的基础上,经高新区管委会、市交通运输局、市公交总公司等单位协商,决定从19日起开通园区公交线路,把1路公交车延伸到曙光商业街,其在高新区的具体线路为:高新区—金棍大道—王安石大道—园纵六路—珍展鞋业公司—曙光商业街。

1路公交线路现共有19辆公交车上线运营,全部为天然气公交车,起点站为山水人家,终点站为曙光商业街。考虑到羊城路经常堵车,1路车在赣东大道运行时,经过赣东大道北延伸段,赣东大桥西侧经环城北路到山水人家站,然后从山水人家站经羊城路返回,如此循环运营,市民出行更加方便。

(陈根玲)

【南城县公交线路实现城区全覆盖】 2013年9月,南城恒顺公共客运有限责任公司投资200多万元,购进18辆公交车,投放到新增加的由东到西走向的6路和7路公交线路(新增的两条线路分别是从建昌镇的姚家巷村至原圭峰渡口,火车站至河东工业园区),实现了主要城区路段公交100%覆盖。

至2013年年底,该公司共有公交车50辆,线路6条,营运里程78千米,工作时间从每天早上5:40到晚上19:00点。随着两条新线路的开通。该县公共交通网络不断完善,极大地方便了郊区群众进入城市和城区居民的出行。

(王素红)

【抚州市2路、22路公交线路作出调整】 为配合临川大道高桥拓宽改造工程,从11月10日起,抚州市城区2路、22路公交车开始调整运行线路,其中从市中心城区前往上顿渡方向2路、22路在梦湖商务酒店右拐经梦湖东路、梦桥、梦湖西路转入临川大道;从上顿渡前往市中心城区方向2路、22路在临川大道区国税局路口右拐经曾巩大道、南门路、玉茗大道转入临川大道。此次2路、22路公交线路调整将一直持续到临川大道高桥拓宽改造工程结束。原2路公交线路(起点:新剪子口,终点:上顿渡新华书店)共有33辆公交车上线运营,每天最早一班车6时从新剪子口发车,最晚一班车21时从上顿渡返回市区;原22路公交线路(起点:长岭公交停车场,终点:临川二中新校区)共有14辆公交车上线运营,每天最早一班车6时45分从长岭公交停车场发车,最晚一班车17时50分从上顿渡返回市区。

(陈根玲)

【抚州市区47辆天然气公交车正式运行】 1月20日,抚州市公交总公司新购进天然气公交车47辆分别投入1路、11路公交线路经营,替换原来的老旧公交车。"新装上市"的公交车蓝白相间,颇为清新,车前的电子显示牌上的红色数字尤为醒目,车内干净亮堂并设有空调。

新公交车与旧式公交车最大的不同之处在于,这批新投入使用的公交车采用天然气发电,更经济、更节能、更加环保。加满天然气的公交车可行驶300千米以上。 (陈根玲)

【抚州市城区80辆节能出租车投入营运】 3月30日,抚州市民期盼已久的80部出租车全部投入营运。至此,抚州市区出租车公司达到6家,出租车为409辆。

这次新投放的80辆出租汽车,选用外观靓丽的桑塔纳3000畅达1.8L双燃料车型,车厢内部宽大,座位舒适。新出租车采用CNG清洁能源天然气,节约减排绿色环保。充分应用高科技手段,统一车身颜色及车身标识。统一安装车载GPS终端、摄像头和LED顶灯,统一安装配备自动打票机及司机管理卡的计价器。统一设立车辆调度及视频监控专席,采用出租车管理服务智能信息系统,对车辆实行电召调度,方便群众出行需求,确保车辆规范安全高效运营。

为不断提高市城区出租车的服务水平和质量,抚州市交通运输局以这次新增出租车为契机,明确要求抚州华威公司将出租车管理的模式和经验在市区发扬光大,驾驶员在经营服务中做到语言文明、仪表文明、车容文明、经营文明、行车文明的"五个文明",车辆每三天清洗一次,为市民提供便捷安全、舒适温馨的出行服务,尽最大努力改变市区部分出租车脏乱差的现象。

(陈根玲)

【抚州市城区通达火车站公交线路增至3条】 ①新开辟赣东大桥至火车站的专线公交(高铁1路),具体走向为:赣东大桥—新华书店—曾家园—市第一人民医院(老院区)—市长途汽车站—马家山广场—汽车站后门—三中路口—市地税局(东华理工大学南区)—市移动公司—临川大道路口—建鼎华城—名仕家园—市财政局—翰城国际—市行政中心—名人雕塑园—火车站(回程按原路返回)

②新开辟上顿渡至火车站的专线公交(高铁2路),具体走向为:上顿渡公交修理厂—l临川汽车站—上顿渡洪客隆—区体育场—临川区政府—上顿渡金山大道—王安石大道—火车站(回程按原路返回)

③将9路公交车延伸至火车站,具体线路为:洪客隆—临川三小—临川区人民医院—五皇殿—老冷冻厂—五皇殿汽车站—河滨路—抚河大桥头—轻纺城—小商品市场—市人力资源和社会保障局—临川大道路口—市消防支队—汤显祖纪念馆—贸易广场—贸易广场汽车站—长岭—长岭新村—高新区管委会(创业嘉园)—火车站。(回程按原路返回)

市城区通达火车站的三条公交线路9月25日正式开通运营,其中高铁1路间隔时间为每分钟发一班车,首班车为早晨6时整由赣东大桥发车,末班车为23时10分从火车站返回市区;高铁2路间隔时间为每15分钟发一班车,首班车为早晨6时30分由上顿渡公交修理厂发车,末班车为23时10分从火车站返回上顿渡;9路车间隔时间为每10分钟发一班车,首班车为早晨6时40分由洪客隆发车,末班车为18时30分从车站返回市区。

节假日期间,市公交总公司密切关注客流量的变化,适时对这三条线路的车辆班次进行调整,以保证市民出行需求。

(陈根玲)

【抚州市老人坐公交享有意外保险】 2013年7月10日,根据中国人保财险抚州分公司与抚州市老龄委签订的保险协议,抚州市11个县(区)的7.29万名70周岁以上老年人免费乘坐公交车时,可享受乘车意外伤害和医疗保险保障。

2010年,该市就在市城区实施70岁以上老人凭乘车证(卡)免费乘坐公交车的优惠政策。2013年,该市公交总公司已办理老年卡1.3万余张。随着社会经济快速发展,城市规模不断扩大,公交车辆不断增多,与此同时全市老年人口比例逐年上升,老年人乘坐公交车发生意外伤害的现象也日渐增多。为此,省、市政府决定为高龄老人乘坐公交车免费办理意外伤害保险,给老年人乘车系上"保险带"。

2013年7月,抚州市70岁以上老年人免费乘坐公交车意外伤害保险工作已被列入省政府民生工程,省财政也预算了专项资金予以补助,所办理的意外伤害保险和医疗保险全部由政府买单,中国人保财险抚州分公司承保。全市已有7.29万名70周岁以上老年人办理了这项保险。

免费乘坐市内公交车,如发生意外伤害,将获得最高3万元的医疗费用赔偿金,如意外伤害导致身故、伤残、烧伤,将获得最高6万元的赔偿金。

(陈根玲)

【抚州市城区坐公交可以刷银行卡】 12月19日,经过半年多的开发和测试,上饶银行抚州分行和抚州市公交总公司联合推出的“上饶银行三清山金融IC卡公交项目”开始正式投入运行,这标志着金融IC卡开始进入公共服务领域,实现“一卡多用”,对金融IC卡在抚州市公共服务领域的广泛应用产生了积极的示范带动效应。

金融公交IC卡是上饶银行自主研发的一项重大便民工程,是抚州促进金融服务民生、推动金融IC卡在服务领域广泛运用的一次创举,也有效增强了上饶银行在抚州社会公共领域的服务能力。该项目有多项技术在省内尚属首例,金融IC卡具有“高安全、快支付、多应用”的特点,未来应用前景非常广泛,并可逐步实现自助终端、互联网、手机等新兴渠道支持金融IC卡,在缴纳水电费、乘坐的士和公交等公共领域,实现“一卡多用”。抚州市民可以到上饶银行抚州分行各网点或柜员机上办理存款充值,每张卡最高存款额不超过1000元,享受与原公交IC卡同样的八折优惠。

(陈根玲)

【东乡着力完善城市公交网络】 2013年以来,东乡县积极实施公交惠民工程,进行公交线路扩改及52座公交站台新建,推动公共交通服务水平进一步提升,打造安全、畅达、绿色的交通空间,提高市民出行品质。

2013年,该县采取政府注资、运输公司参资等形式,将原有的5条公交线路扩展至12条,并采取外商投资获得规定年限内广告收益权的做法,将以前只有零散标志的公交停车点改建为具有不锈钢玻璃宣传橱窗、能避风躲雨的公交亭。这些美观实用的公交亭成为县城马路边一道道靓丽的风景。

(陈根玲)

【上饶市公交公司在实行国有国营后明显提升】 上饶市公交责任有限公司在7月10日实行国有国营后,推行了“稳队伍、保运转、强管理、促发展”等一系列举措,顺利地实现了公交公司转型期的平稳过渡。一是迅速组建了公司新的经营管理班子,完善公司法人管理结构。二是在公司内部推行“全员竞聘上岗、全岗绩效考核、全司按章办事”,按照“精简、高效、务实”原则,对公司12个科室优化整合为4个科室,实行“定编、定岗、定薪”;拿出66个岗位实行公平、公开、公正竞选。三是推行了公交智能调度系统,3G实时监控系统投入试运行。四是加快车辆更新,首批20辆LNG供气商的采购招标工作也已完成。五是全力推进公交基础设施建设,加快推进城北公交修理保养厂,原公交公司办公场地综合开发,三清山大道临时停车场和候车亭等公交设施建设。六是开展老年人IC卡的发行工作。

(陈均培 韩晓艺)

【上饶公交迎来精彩蝶变】 为迎接中华人民共和国成立64周年,上饶市公共交通有限责任公司购进60辆新能源大型公交客车,其中40辆用于替换中心城区新火车站至老火车站的19路、至铁路新村的17路、至经济技术开发区的6路以及西城旭日镇至灵山路的2路等4条主干线。“上饶”牌新能源公交车取代原6路线的非空调车。

随着7月10日该市公交公司股份转让签约仪式的举行,按照“公交公益”的原则,“一城一公交,国有国营”的经营体制模式,整合重组中心城区公交企业,统一高效、规范有序的公交发展机制已然建立起,全面提升公交服务质量和水平已不再是口号。上饶市中心城市公交客运起步于1975年7月,经历了挂靠承包经营、国营民营混合经营、国有控股经营等阶段。2013年,市中心城区共有18条公交线路、228辆公交车。自2012年11月,开始启动对市公交公司49%民营股权和资产的收购工作。随后,建立“一城一公交、国有国营”经营体制,使该市公交迎来新的发展阶段。市交通运输部门动员各方参与,提出多项建设性的意见,获得市政府的支持。市财政部门还成立了由市本级、信州区、上饶县和经济技术开发区等四家财政为主体的“城市公交发展专项基金”,每年挤出1500万元,用于车辆与路线等硬件的投入。

(陈均培)

【上饶市对于城区公交站点进行全面调查】 10月,上饶市客管处对城区公交站点进行全面调查,已建成210个公交站台,其中港湾式候车亭87个,路边式候车亭53个,招呼站70个,待建港湾式候车亭68个,待完善的4个,待建路缘式候车亭6个,已建需移位的7个;待建(换)招呼站130个,有亭未建站牌24个,有站牌未粘贴线路标识14个。

(上饶市公交公司)

【上饶市完成城区出租车单车考核】 上饶市客管处于10月全面完成城区511辆出租车的单车考核工作。这次考核的内容主要是车容车貌,驾驶员经营行为,设备设施、道路交通安全等方面。考核中评为A级12辆,AA级68辆,AAA级290辆,B级141辆。

(陈均培　李月煌)

【玉山县出租车新增至100辆】 玉山县原有60辆出租车,10月又新增40辆,全县出租车达100辆,且全是东风悦达起亚赛拉图的车型,起步价5元/次,里程票价为1.5元/千米。

(玉山县交通运输局)

水路运输

【概况】 2013年,全省完成水路货运量8395万吨,比上年增长5.7%;货物周转量211.7亿吨千米,比上年增长4.8%;远洋运输完成货运量16.90万吨,比上年增长4.7%。完成旅客运输量206.6万人,旅客周转量3645万人千米。内河完成货物运量8152.8万吨,货物周转量1430470万吨千米。其中:进入长江干流的货运量1299.1万吨,货物周转量535529万吨千米;沿海完成货物运量507.6万吨,货物周转量485999万吨千米,比上年分别增长3.7%和下降29.2%。

至年末,全省拥有营运船舶2454艘,比上年减少228艘,船舶净载重量2154639载重吨,同比增加75440载重吨,载客量10785客位,同比减少570客位;船舶总功率659122千瓦,同比增加31700千瓦。船舶平均吨位由上年的775吨增加至878吨,增幅为13.3%。全省水路运输经营业户347户,较上年增加7户。沿海运输船舶44艘,同比减少7艘,其中:总载重量为210790吨位,比上年末减少111184吨位;功率为60789千瓦,比上年减少1982千瓦。

2013年,全省水路运输经营业户根据航道条件的改善,市场的变化和需求来调整企业经营方向及船舶运力结构。船舶运力变化呈以下特点:一是在国家政策的扶持下进一步推进船型标准化,淘汰老旧船舶,优化船舶运力结构,船舶逐渐向大型化方向发展,企业竞争力不断提高。二是继续推进液货危险品运输企业资源整合。2013年全省危险品船舶艘数虽然较上年减少2.5%,载重吨却增加了17.3%,使之大型化、标准化船舶比例不断提高。

水上旅客运输的格局基本没有发生多大变化,长途旅客运输基本停运,中短途的旅客运输呈萎缩趋势,库区内和旅游景点的旅客运输量基本上保持上年同期水平。但是,客运船舶继续向安全化和标准化方向发展。

(周国强　罗淑青)

水路运输企业

【江西远洋运输公司经济效益趋好】 2013年,江西远洋运输公司在国际航运产能严重过剩,市场持续深度低迷的情况下,以经济效益为中心,以安全生产为前提,一手抓航运市场萧条环境中的生存和发展,一手抓和谐与稳定。通过分析、评估公司的优势和弱点,明晰经营策略,强化整合经营资产,发挥优势,提升公司整体效益等措施,促进公司经营稳步发展。

该年度,远洋运输公司的“瑞金”轮和“赣顺”轮两艘远洋船共完成26个航次数,完成货运量16.90万吨,达到年度计划数的108.33%,同比增加0.76万吨;完成周转量3.10亿吨海里,达到全年计划数的119.23%,航运主业经营亏损约1100万元,同比减亏约560万元。内支线集装箱运输完成进出口航次875个,同比增长45.1%;承运箱量71388TEU,同比增长43.31%;实现营运收入60190万元,同比增长27.9%;完成营业利润278万元,同比大幅增长163%。南昌国际集装箱码头完成集装箱吞吐量83982TEU,完成计划数的120%,同比增长38.3%。江西中货出口箱量36806TEU,同比增长47%;进口箱量1587TEU,同比增长72.3%。

在狠抓主业的同时,远洋公司坚持市场化导向,继续实行船员人力资源管理的改革。通过外聘、外派、辞退、解除、分流等方式盘活人力资源。全年共节约人力成本约70余万元。另外,公司对长期未发挥应有效益的房产、写字楼和店面进行了清理、整合、出租,达到了盘活资产、增加收益的目的。

(罗淑青)

【九江永丰船务有限公司开业】 1月25日,经行政许可相关的申报、审核、审批程序,九江永丰船务有限公司开业申请获得交通运输部长江航务管理局批复,同意该公司开业。该公司在星子县境内注册地,公司注册资本为150万元,主营长江中下游干线及支流省际普通货船运输。九江永丰船务有限公司的开业获批,标志着星子县辖区水路运输企业增至8户,对星子县地方水运经济发展将起到良好的助推作用。

(黄友坚 陈明中)

【江西表彰水上搜救社会力量】 11月1日,江西省水上搜救中心对2012年度省水上搜救社会力量进行表彰。九江赣鄱砂石公司、九江国盛物流有限公司、上饶市江海利民船舶服务有限公司、江西省路港工程有限公司4家先进集体和吉安市泰和县南门渡口渡工刘金元获通报表彰,并获得中国海上搜救中心颁发的奖金。中国海上搜救中心总值班室副主任卓立,江西省政府应急办专职副主任万建生,省交通运输厅党委委员、总工程师、省水上搜救中心主任胡钊芳,省港航管理局局长、省水上搜救中心兼职副主任于钦民,省港航管理局党委书记严允等参加会议并颁奖。

江西是内陆地区比较早成立水上搜救中心的省份之一。2012年,由于社会救助力量的积极参与,水上交通安全取得了历史最好成绩,全年水上交通事故指标数创历史最低,涌现一批积极参与水上搜救的社会力量和个人。此次对作出突出贡献的水上搜救社会力量进行表彰,旨在大力弘扬社会正气,激发正能量,增进社会各界对水上搜救工作的了解,扩大搜救工作的社会影响,鼓励支持更多的社会力量积极参与水上救助行动,为江西水上搜救事业开辟一个新的有效的途径。

(黄海源 航 宣)

【南昌港客运站候船厅拆除】 南昌港客运站位于八一大桥上游塘子河地段,有着60多年的历史。上世纪50年代至80年代初期的客运站位于抚河故道沿江路文孝庙附近的南昌市航运局大楼内,1985年滕王阁开始建设,该站搬迁至赣江塘子河地段异地重建,于1988年建成投入使用。该站设有南北两个候船大厅,为上下两层,底层为候船大厅,面积约3000平方米,二楼为办公用房,其附属设施建有调度中心大楼、食堂、浴室、医务室等。上世纪90年代,是赣江水上客运的黄金时代,南昌港客运站辟有开往鄱阳、都昌、余干等地的客运航线5~6条,节日期间甚至一票难求。90年代末,随着九景高速、湖口大桥建成通车,赣江及鄱阳湖水上客运航线客源大幅萎缩,南昌港客运站航线逐步减少,至2005年全线停航。因滕王阁景区二期工程建设需要,南昌港客运站候船大厅于2013年10月23日开始拆除,11月4日已全部夷为平地。这次南昌港客运站候船大厅拆除后,将规划建设南昌港游船码头候船大厅。该候船大厅为一层建筑,与滕王阁景区二期工程配套建设,建成后由南昌旅游集团与江西水运集团共同组建的南昌滕王阁游船有限责任公司经营。

(平关正 黄海源)

【2013年度省级水运诚信企业】 12月31日江西省港航管理局公布了2013年度江西省水路运输诚信企业名单,全省9户水运企业获此荣誉,九江市全部收入囊中。

年度省级诚信水路企业是根据交通运输部、长江航务局有关建立水路运输业诚信体系的要求和《江西省水运企业诚信评价办法》的规定,经水运企业申报，由当地港航管理部门审核，诚信水运企业评审小组评价评审提出意见，省港航局审定的。诚信评定遵循公开、公平、公正和便民原则，采取查看申报资料与现场考核相结合的方式进行，并建立企业诚信考核档案。省港航局对全省水运企业进行诚信评定，分为AAA、AA、A与不能评A四个等级，是对一定时期内水运企业在水运市场经济活动中遵章守法、履行契约、兑现承诺、安全生产、承担社会责任等情况的综合考核，内容涉及5个大项、15个小项、42个具体评分项目。

此次被评为“江西省AAA级诚信水运企业的有4户”，分别是九江市金鸡水运物流有限公司、九江市顺恒物流有限公司、九江县航运公司与江西省瑞昌市第二航运公司；被评为“江西省AA级诚信水运企业”的有5户：分别是永修县航运有限公司、九江泓昌物流有限公司、九江新立通船务有限公司、九江利达船务有限公司和九江市庐山区姑塘航运有限公司。

（江运华　黄海源）

【省港投公司、远洋公司正式划归省港航局管理】 为更好地实现省政府水运发展的战略和目标，整合内部资源，发挥整体优势，做大做强省港航建设投资有限公司以及推动江西远洋运输公司的改革发展，12月省交通运输厅正式下发文件，将省港航建设投资有限公司、江西远洋运输公司划归省港航局管理。此举对理顺水运管理体制，形成建设与管理合力，统筹航道、港口、船舶、运输的协调发展，促进鄱阳湖生态经济区建设具有积极意义。

（航　宣　黄海源）

【南昌市水路运输概况】 2013年，受枯水期提前和砂石禁采等影响，南昌市货物吞吐量增幅放缓，仅完成2308.3万吨，同比增长2%。第四季度的港口吞吐量有明显下滑趋势，比上年同期下降31%。煤炭、钢铁、非金属矿石、农林牧渔业、化工原料及制品、粮食、木材等货物吞吐量分别完成238.6万吨、295.3万吨、218.7万吨、121.5万吨、25.2万吨、75.1万吨、32.4万吨，分别比上年同期增长53%、30%、78%、7%、10%、24%、45%。

南昌港集装箱吞吐量创历年来最高，共完成集装箱吞吐量90872TEU，比上年同期增长37%，其中空箱完成29278TEU，比上年同期增长54%；重箱完成61594TEU，比上年同期增长31%。原因，一是，受2013年铁路运输提价影响，给南昌市的水路集装箱运输带来难得的发展机遇；二是，江西国际集装箱码头不断提高装卸能力和进出南昌港货物及货种的不断增加。

全年完成水路货运量748.1万吨，比上年增长5%；货物周转量完成138741万吨千米，比上年增长28%，其中市属交通部门货运量完成7.9万吨，比上年下降19%。受赣江南昌礁矶头段采砂点的影响，2013年二季度的砂石运输有较大幅度地增长；三季度南昌市新增一艘海船，且运距长吨位大，因此货物周转量上涨明显。

（张科文）

【九江水运企业核查整改】 自1月21日全面启动2013年度水路运输业及水路运输服务业核查工作以来，九江市港航管理局精心组织，周密部署，严把材料上报审核关，重点对企业的管理人员配备、运力情况、安全责任落实情况、安全制度执行情况、船舶证书情况以及企业是否存在违规经营等方面进行核查。至4月10日，九江市全面完成辖区水路运输（服务）企业和在册营运船舶核查工作。全市现有的水运企业90户中有78户通过了核查，12户不达标的企业被取消了经营资格。核查营运船舶555艘，542245载重吨，取得“船舶营业运输证”。全市38户水运服务企业全部通过年度核查，核查通过率为100%。核查港口企业18户，其中危货企业8户。

对核查中未达到经营资质的企业和个体户，九江市港航管理局责令其限期整改，并做好跟踪督查，确保整改到位。

（九江市交通运输局）

【永修港航积极促成航运企业贷款4200万元】 2013年5月中旬，永修县航运有限公司与上海浦发银行、省信用合作社等金融机构达成4200万元的贷款协议，有效缓解该公司在经营发展中资金不足问题。

近年来，九江市港航管理局始终推行“真心真诚、至善至美”的服务理念，积极扶持本地区的龙头企业，发挥龙头企业的市场带动作用，引导企业做大做强。为有效解决企业贷款难、融资难、担保难的问题,市、县两级港航部门积极联系社会融资平台,主动上门为企业提供政策咨询、业务指导等服务,最终促成企业与银行达成贷款协议。

永修县航运有限公司是一家主要从事沿海及长江中下游成品油运输的民营企业,公司急需大量资金用于设备更新改造。该项贷款资金有效地解决公司建造 3 艘标准型油船项目中的资金缺口。船舶建成后,将提升公司的运输能力、安全保障水平及市场竞争力。

(九江市交通运输局)

【鹰潭市水路运输】 2013 年,鹰潭市共有船舶 244 艘,净载重量 7608 吨,载客量 730 客位,船舶功率 3564 千瓦,航线一条。全年完成水路运输客运量 45.27 万人,旅客周转量 316.89 万人千米,货运量 447.47 万吨,货物周转量 3429.21 万吨千米,同比分别增长 2.2%、2.2%、16% 和持平。鹰潭、余江、贵溪三个港口共完成货物吞吐量 449.68 万吨,其中鹰潭港 148.4 万吨、余江港口 103.42 万吨、贵溪港口 197.86 万吨。

(艾年宗)

【吉安市水路客货运输概况】 2013 年,吉安市水路客运量 8.8 万人,比上年减少 0.5 万人,下降 5%;水路客运周转量 210 万人千米,比上年减少 21 万人千米;水路货运量 1620 万吨,比上年增加 120 万吨,增长 8%;水路货运周转量 211025 万吨千米,比 2012 年增加 56025 万吨千米,增长 36%;港口吞吐量 1352 万吨,全部为区内短途砂石运输装卸。

(吉安交通运输局)

【吉安市水路运输业经济统计调查】 吉安市水路运输业经济统计调查外业数据采集工作第二阶段全面完成。2013 年,全市共有 26 户水运运输企业、3 户港口企业、504 艘船舶,由市港航管理处抽 22 户水路运输企业、3 户港口企业,76 艘船舶为样本,对企业的基本情况、财务状况和生产状况进行专项调查统计。

(吉安交通运输局)

水路运输线路

【南昌港航开展航道维护测量工作】 为及时了解辖区航道主要浅滩滩情水情,保障航道安全畅通,7 月,南昌港航分局抽调人员组成测量小组,针对辖区赣江市汊—吴城枯水期浅滩航道较狭窄、弯曲,近年水位屡创新低,船舶搁浅时有发生的现状,确定将太平滩、瓦窑滩、裘家洲头滩、小坊滩、铁河滩等被列为主要对象,按由上而下、由主及次顺序进行测量。

此次测量按《水运工程测量规范》(JTJ203—94)的要求进行,采用 GPS 与测深仪联合测图,电子化制图,测图比例 1:2000,50 厘米 ×50 厘米图纸出图。测量完工后,编写了详细报告,为可能出浅的滩群编制疏浚方案提供可靠依据,为枯水期浅滩调整航标提供有效的数据支持。

(曾 昪 余 菲 汪 莹)

【南昌赣江大桥更新桥涵标】 9 月 20 日,京九铁路线赣江桥涵标更新工程完工,并通过省港航管理局和南昌铁路局组织的竣工验收。该桥建于上世纪 60 年代初,其桥涵标志历经多年,老化严重。为保障桥梁与桥区通航安全,南昌港航分局多次联系南昌铁路局,要求协调桥梁管理部门维护更新,得到铁路局支持,安排更新改造资金,并增设警示水尺。2012 年 5 月 25 日,北桥和南桥桥涵标更新改造工程相继开工,于 2013 年 9 月竣工。

(黄海源)

【南昌航道处清障扫床保航道畅通】 9 月 25 日,为确保国庆节日期间航道安全畅通,南昌航道处对所辖 106 千米主航道(南昌至市汊,南昌至吴城)开展了一次为期四天的全面清障扫床工作。

此次采取两艘道政巡航船舶锚链拉网的方式巡回扫床,清除航道内大树根四个,混凝土钢筋一根及石块、渔网、垃圾等碍航物。为确保质量,在扫床过程中严格按照内河航道清障扫床的技术规范和要求,做到横向到边,纵向到底,覆盖全范围,对桥区通航孔和浅滩等重点水域进行反复清扫,并且严格控制扫床的速度,保证扫床的质量,以有效地保障航道通行的安全性和通航率。

（汪 莹 胡 翔）

【南昌海事清理赣江江心洲两艘废弃船舶】 10月16日，南昌地方海事处清理了赣江江心洲两艘废弃船舶，消除了安全隐患。中石化南昌分公司所属船队的两艘废弃拖轮，常年搁置在南昌大桥下游江心洲上，每当赣江洪水期都会被淹没，极易造成过往的船舶搁浅、触碰事故的发生。为彻底消除隐患，南昌地方海事处海事联系中石化南昌分公司，利用赣江水位走低的有利时机，对废弃船舶进行清除，同时积极指导并协调相关单位，组织专业的队伍对拖轮进行切割处理，从根本上消除这一安全隐患。

（汪 莹 沙 磊 夏 亮）

【九江地方海事应对反常水位保障通航安全】 10月枯水期，鄱阳湖水位时涨时跌，容易导致采砂区船舶搁浅。为保障从主航道进出采区的船舶通航，九江市地方海事局驻采砂办安全监管组人员，根据采区通航水域水情变化，积极开辟安全航路，提供通航保障。一是利用测深仪、GPS等设备、设施，依据当天水位对采区的航路进行勘测、存储，并在航线上铺设旗标，引导船舶进出。二是建议采区根据船舶型深、航线最浅水位、水位变化等综合因素，合理安排船舶入采区作业。三是每日做好航线旗标检查维护工作。四是指导航行船舶在电子海图导航仪中铺放航迹线，并存储以便下航次使用。五是做好航路安全航行宣传工作。

此次通航保障工作中，涉及永修县瓢头水域至都昌县小矶山水域，航路里程约11.12千米，铺设旗标260余次，已保障650余艘次船舶安全通航。

（汪可志 黄海源）

【航道工程局保畅通工作取得良好成效】 受自然环境等诸多因素影响，赣江下游及鄱阳湖区枯水期正逐年变长，维护工作量也逐年上升。为做好保畅通工作，航道工程局主动提前做好保畅通各项准备工作。6月，完成江洪号、江湾号船舶改造任务以及其他挖泥船和相应辅助设备的维修保养工作。与此同时，还积极主动地与省港航局航道处、南昌分局、上饶分局等有关人员联系，及时了解相应区域的航道通航状况。8月下旬，航道工程局先后组织三个挖泥船组分别赶赴南昌、九江、上饶等港航分局辖区，历经四个月的紧张施工，完成了龙口滩、生米滩等6个滩的航道维护疏浚任务，共计工程量30.77万立方米，保障了南昌、九江、上饶等辖区的航道安全通畅。

（张孔义 涂小英）

港口码头

【概况】 2013年，全省拥有港口59个，港区73个。其中：生产性码头泊位1721个，泊位总长度63361米。非生产用泊位75个，泊位总长3765米。千吨级以上泊位116个，最大靠泊能力5000吨级。港口生产性仓库面积252703平方米，生产用仓库容积430605立方米、堆场面积1119665平方米。铁路专用线总长10327米，其中装卸线3336米。港口装卸机械2906台（套），其中起重机械1440台（套）、装卸搬运机械729台（套）、输送机械526台（套）、专用作业机械19台（套）、其他装卸机械192台，最大起重能力800吨。港口管理部门66个，港口经营人1071户，船厂19户。

该年度，全省港口共完成货物吞吐量26243.3万吨，其中出口16767.9万吨，进口9475.4万吨，分别比上年同期增长3.8%、下降1.8%、增长15.7%。旅客吞吐量为353.6万人次，比上年同期下降24.3%，其中出港168.5万人次，进港185.1人次。集装箱吞吐量为28.55万TEU、347.1万吨，比上年分别增长26.3%和35.5%。

（省港航局）

2013 年全省港口分货类吞吐量统计

表 13

货物吞吐量(万吨)				集装箱吞吐量(万 TEU)	汽车吞吐量(万辆)	旅客吞吐量(万人次)
合计(万吨)	矿石	煤炭	油品			
26243.3	1121.4	148.9	181.6	28.55		353.6

2013 年全省港口泊位数统计表

表 14

泊位长度(米)		泊位个数(个)	泊位年通过能力						
			货物(万吨)				集装箱(万 TEU)	旅客(万人次)	汽车(万辆)
			合计	矿石	煤炭	油品			
生产用	63361	1721	11099			40	780		
非生产用	3765	75							

(周国强)

【九江港货物吞吐量提前 2 个月完成全年目标任务】 11 月 3 日,九江港沿江港口货物吞吐量累计完成 5000 万吨,提前 2 个月完成全年目标任务。

九江港充分发挥长江黄金水道和通江达海一类口岸的优势,提出到 2015 年实现亿吨大港目标,高起点规划、高目标建设沿江四大板块港区,并重点加快澎湖板块、赤码板块码头建设。同时大力发展建材、钢铁、石油、造纸等产业。尤其是吸引了上港集团、中电投、神华、香港理文等一大批企业落户沿江,促进沿江港口基础设施建设不断加快,港口专业化、集约化水平显著提高,港口综合服务能力不断拓展与提升。

(柯瑞华 周 翔)

【九江瑞昌港区年货物吞吐量突破 2000 万吨大关】 2013 年,瑞昌港区港口货物吞吐量累计完成 2052.48 万吨,同比增长 69.34%,占九江港总量的 34%,创历史新高。集装箱吞吐量完成 12164 标准箱,其中进港 6865 标准箱,出港 5299 标准箱,填补了瑞昌港区无集装箱作业的空白。吞吐量增幅较大的主要是进口煤炭、废纸、集装箱及出口的石子等。

该年度,瑞昌港口管理部门围绕"沿江开放开发战略"这一中心,以"履行港政职能,奉献一流服务"为目标,牢固树立"服务园区、服务企业、服务项目建设"的理念,狠抓港口企业安全生产,全力服务港口经营,大力推进项目建设,为港口企业提供良好的生产、建设、经营环境,为港口货物吞吐量突破 2000 万吨提供了坚实的保障,实现了瑞昌港区平稳快速发展。

(罗小兵 黄海源)

【南昌港集装箱吞吐量再创新高】 在加速构筑"龙头昂起、两翼齐飞、苏区振兴、绿色崛起"区域发展格局,以及在鄱阳湖生态经济区建设、昌九一体化等区域发展战略的推动下,南昌港集装箱码头自 2005 年竣工投产以来连续第八年创集装箱吞吐量新高,2013 年,南昌港集装箱吞吐量突破 9 万标箱,达到 90872 标箱,比上一年增长 37%,其中进口重箱 18729 标箱,比上年增长 22%,出口重箱 420865 标箱,比上年增长 34%。

(平关正)

【九江港航全面完成春节水路运输任务】 2013 年初,九江市港航管理局未雨绸缪全力以赴做好应对春运水路客运高峰各项准备工作。一是加强领导。成立以"一把手"负责、分管领导和部门负责人参加的春运工作领导小组。制订《春运工作方案》,完善应急预案。二是科学组织运力。针对该年客流特点,科学组织运输,全市核准投入船舶 126 艘、4731 客位。同时,积极落实应急备用船舶运力,做好客运高峰期需要增加航班的准备工作。三是加强安全监管。加大对各类安全隐患的排查力度，组织定期或专项核查，强化重点区域、重点船舶的监管工作，认真排查客运船舶和危险作业的各项安全措施和安全设施，清除各类安全隐患。四是确保信息畅通。严格落实值班制度（市局值班电话 0792－8585945），执行领导在岗带班的值班制度和安全生产情况专报制度，保证处置及时，保持信息通畅。

春运期间，九江市实际参与客运船舶 42 艘，1415 客位。发送旅客 12321 人次，实现营业收入 299136 元，与上年同期相比分别增长 69% 和 42.37%。没有旅客滞留，没有发生安全事故，没有收到旅客投诉，危货作业平安无差错，圆满实现春运"安全、快捷、有序、优质"的工作目标。

（九江市交通运输局）

【赣州港简况】 赣州港地处赣州市，位于赣江上游，辐射章江、贡江两水，由赣江、章江、贡江 3 个港区组成，是江西南部水运货物的集散地。赣州中心城区港区水域面积约 8 平方千米，陆域占地近 3 平方千米，可利用岸线长 16 千米。该港现使用岸线长 6.148 千米，建成并保留普通货运码头 63 座，其中起重机械 83 台，装卸搬运机械 22 台，输送机械 6 台，最大起重能力 5 吨。2013 年赣州港完成货物吞吐量 361 万吨，其中出港 9 万吨，主要货物为砂石、农副产品、木材等。2013 年完成旅客吞吐量 506 万人次，其中离港旅客 2.8 万人次。是年，赣州港货运量同比增长 12.3%，客运量同比增长 11.3%。但是，由于赣州市水路运输市场受到航道制约，水运生产依然有萎缩下降趋势。赣州港水西综合码头拟建规模为 5 个 1000 吨级泊位（2 个件杂货泊位、3 个集装箱泊位），货物吞吐量为件杂货 80 万吨/年、集装箱 12 万标箱/年，投资估算约 5.59 亿元。工程可行性研究报告已通过省交通运输厅组织的专家评审，工程建设相关评估工作业已展开。

（李发淳）

【赣州市港口分布】 全市有 15 个县（市、区）设有港口，分别是赣州港、南康港、信丰港、龙南港、石城港、宁都港、瑞金港、寻乌港、崇义港、定南港。港口有码头 399 座，泊位 509 个，总延长 15869 米，最大靠泊能力 300 吨级。　（李发淳）

【赣州市水路运输简述】 运力结构情况：2013 年，全市内河运输船舶数合计 428 艘，其中客船 93 艘，客位 2561 个；货船 335 艘，吨位 46524 吨；沿海货运船舶一艘，吨位 3570 吨。水运完成情况：赣州市水路运输市场基本稳定，全年货物吞吐量 1501.5 万吨，其中出港 8.9 万吨千米；旅客吞吐量 144.5 万人，其中出港 72.3 万人；客运量 144.5 万人，旅客周转量 1125 万人千米。

（李发淳）

【宜春市袁州区飞剑潭水库码头运转顺利】 飞剑潭水库码头于 2012 年 12 月竣工，201 3 年 1 月 22 日通过省交通运输厅验收，并于 2 月中旬正式投入运营。该码头共有一坝，朱头山、柘汤、周源和模汤等 6 个码头靠泊点。投入营运客船 10 艘，其中渡船 5 艘、快艇 3 艘、渔政船 1 艘、公务用船 1 艘，比上年新增 3 艘；拥有客位近 300 个，比上年增加 50 个。该码头自投入使用以来，全年共运送旅客 8 万多人，比上年增加 1 万余人，全年取得营运净收入 5 万元。为确保码头运转顺利，该区严格加强库区管理，专门配备应急保障船只 2 艘，保障应急需求。建立安全隐患排查制度，实行一月一报，区港航管理所与区水上安全办每季度到达库区进行一次现场检查，全力保证库区码头渡运安伞。

（李　庆）

【吉安港口码头规划暨企业】 5 月 6 日，《吉安港总体规划》获省人民政府批复。规划从整合港口资源的角度，树立港口品牌，打造统一的大吉安港，将吉安市境内所有港口码头归属于一个大吉安港，形成"一港七区"，即：新干港区、峡江港区、吉水港区、吉安市港区、吉安县港区、泰和港区、万安港区。

截至 2013 年底，全市共有港口企业 77 户，其中按企业性质分，国有企业 5 户、集体 1 户、股份制企业 2 户、个体 69 户；按经营类别分，普通货物 7 户、砂石 68 户、木材 2 户。共使用港口岸线 11604 米，长期使用岸线 1407 米，临时使用岸线 10197 米。

（吉安港航局）

水路运输船舶

【南昌拆解老旧船舶】　实施船型标准化工作是推进内河运力结构调整的一个重要机遇,是建设畅通、高效、平安、绿色的现代化内河水运体系的一项重点工作。2013 年,根据长江干线船型标准化的要求,南昌一批老旧船舶已不能适航,将被拆解。南昌地区申请上报并被批准拆解的老旧船舶共计 16 艘 5144 船舶总吨,其中集装箱船 2 艘,1500 总吨;化学品船 1 艘,198 总吨;普通货船 13 艘,3446 总吨。计划拆解补贴金额 293.32 万元。

被列入拆解的老旧船舶由船主自行安排拆解,南昌市港航管理处协同海事部门负责监督并建立老旧船舶拆解档案。至年底,计划拆解的 16 艘 5144 船舶总吨的老旧船舶已顺利完成,各级补贴由财政部门直接发放到位 293.32 万元。

(周国祥)

【省港航推进江海直达船舶运力发展】　2013 年,省港航推进江海直达船舶运力发展,全省省际沿海船舶达 65 艘 29.1 万载重吨,同比分别增长 1.5% 和 16.3%。按照“退一增一”加强省际内河普通货船市场准入管理,全省省际内河普通货船达 1546 艘 167.3 万载重吨,艘数同比减少 9.7%,载重吨增长 1.1%。

(黄连源)

【九江港航稳步推进老旧船舶拆解工作】　5 月 15 日,九江市新一批老旧船舶获省交通运输厅、财政厅批准拆解。此次获批拆解的 15 艘船舶,平均船龄超 20 年。其中,客船 2 艘,普通货船 13 艘,268 总吨。拆解船舶将获政府补贴资金 270 余万元,用于建造新型标准化船舶,以利有效推进船型标准化工作和水运市场健康发展。自 2009 年省政府对拆解老旧船实施补贴的惠民政策以来,九江港航分局上下联动,广泛宣传。全市共拆解老旧船舶 26 艘、5216 总吨,获财政补贴资金 421.3 万元。

(江运华　陈明中)

【长航检查组到赣检查船型标准化工作】　10 月 15 日至 16 日,为贯彻落实《推进长江干线船型标准化实施方案》和《长江干线船型标准化补贴资金管理办法》,评估船型标准化老旧运输船舶拆解实施效果,长江航务管理局总经济师赵洪祥率检查组到赣就其船型标准化老旧船舶拆解工作进行了检查和指导。

检查组听取了船型标准化老旧船舶拆解工作开展和自查自纠情况的汇报,分别实地抽查了南昌和宜春市的船型标准化老旧运输船舶拆解工作,重点检查补贴资金的申请、核准和发放流程是否符合相关规定要求,地方配套补贴资金到位情况,拆解船舶的档案资料是否齐全等。检查组对此工作予以充分肯定,同时也指出在补贴资金计算和拆解船舶档案资料中存在的一些细节问题。

(李　明　倪　磊)

【星子县船舶运力居全省前列】　九江市港航局星子分局通过不断健全和优化服务制度,促成全县运力再次实现快速增长,水运发展的效益持续走高。

截至 2013 年年底,星子县拥有水路运输船舶 95770 吨,占全市总量的 27%;船舶 154 艘,占全市总量的 26%。发展运力 17925 吨,同比增长 20% 以上,接近全市完成总量 的 30%。全年运力总量、年增长量及年增长速度均列全省县(市、区)基层港航单位前三,其增长速度由 2008 年的负增长升至第一位。

为不断适应新形势发展要求,星子分局扩源头、调结构、提效益,不断在运力扩增上下功夫。分局上门与企业沟通,一起分析研究市场行情,共商运力发展之策;搜集卖方信息,然后告知买方;还专门为业户办理船舶转户、过户手续 提供便利,努力吸引运力流入本地。为深化节能减排,促进水运由粗放式发展转向集约式发展,严格按照船型标准化要求 设置准入门槛,规范资质审批。

作为全市运力的重点分布区,水运业户明显感受到“船舶越来越大,效益不断提高”。2013 年,星子县运输船舶平均吨位为 622 吨,超出全市平均水平。

(九江市交通运输局)

【宜春市水路运力结构调整初见成效】 2013年,宜春市各级港航管理部门和水路企业围绕市委市政府"谋发展、比实干、争先进"目标,以科学发展观为指导,深入贯彻落实中央有关调整产业结构的通知精神,把水运发展作为第一要务。坚持统一规划,分步实施的原则。采取政府引导,企业参与,强化服务,全力推进的办法,全市营造水路运力调整的浓厚氛围,并取得初步成效。2013年,全市水路营运船舶运力为744562吨,艘平均吨位650.8吨,比过去增长10.8倍,一举改变过去运输船舶多,吨位小,运输成本高,经济效益低落后状况,使水路运输呈现出勃勃生机。一是开展广泛宣传大讲调整船舶结构重要意义。通过宣传,进一步提高港航企业和船主对调整结构重要性的认识,变被动调整为主动调整,晚调整不如早调整。二是以典型引路。先后总结和推广丰城市袁渡镇王家州航运公司和同田乡航运公司,融资改小船为大船,小的2000~3000吨,大的5000~6000吨,每艘营运船舶年创利几十万元,最多1百~2百万元的经验,对各地震动很大,航运企业和船主纷纷筹资改小船为大船舶运输,调整水运运力空前高涨。三是抓融资。调整运力结构的重点是资金,各地通过组织和鼓励个人、联户积极筹集,与港航管理部门牵线搭桥,与商业银行协商,用船舶作抵押,利用银行贷款扶助,加快老旧船舶报废速度,争取国家补贴资金等融资方式,确保水路运力调整的资金需求。

(吴泽水)

【宜春市水运船舶平均运力逐步增加】 2013年,全市共有运输船舶1148艘,741515载重吨,平均运力646载重吨,比上年同期的632载重吨增加14吨。该市港航管理部门,以科学发展观为指导,坚持水运发展为第一要务,深化改革,调整运力结构,引导企业运输船舶向大型化、标准化发展,增强企业在水运市场的竞争力,淘汰老、小、旧不适应营运的船舶。该市全年拆解、淘汰老旧运输船舶8艘。新建造3000吨级不锈钢标准油化两用营运船舶3艘,申报更新运力计划2艘3000吨级不锈钢标准油化两用船,2014年建造完工。运力结构调整,进一步降低水运成本,提高水运企业效益,进一步打造水上运输船舶节能、环保、局效的局面,加快水运经济的发展,实现和保持营运船舶平均运力稳步增长。

(周青兰)

【樟树市继续加快对水路运输产业结构调整】 樟树市 港航管理处发挥企业市场主体作用,着力推进产业结构调整,继续优化企业船舶结构,提高水路运输产业竞争力。一是鼓励老旧船舶报废更新。市港航管理处以老旧船舶拆解补偿为契机,鼓励符合条件的船舶签订船舶拆解承诺书。同时严格执行老旧船舶管理法规,不让任何一艘已达到报废年限的船舶继续从事水路运输经营活动。截至2013年,已拆解老旧船舶4艘,淘汰老旧船舶12艘。二是引导企业营运船舶标准化、大型化。过去,该市内河运输船舶技术状况十分落后,船舶数量大,船型、机型、材质杂乱,能耗大、吨位低,随着水运市场日趋激烈的竞争,已难以适应水运事业的发展需求。面对这一难题,市港航管理处一方面灵活运用经济、技术、法律和必要的行政手段,调控运力总量,优化运力结构,提高船舶技术水平。另一方面积极为水路运输企业拓展融资渠道,鼓励企业间兼并、重组,优化企业船舶结构,提升企业竞争合力。截至2013年该市载重吨1000吨以上的标准化船舶占有率同比2012年上升127%,与此同时,船舶的优化调整也给企业带来显著效益,该市第二航运公司已连续三年获得樟树市纳税明星企业称号。

(杨　波)

【吉安市水路运输船舶概况】 2013年,吉安市拥有水运企业25户,各类运输船舶281艘,比2012年减少40艘,船舶净载重量20.37万吨位,比2012年增加0.88万吨位,载客量444客位,与2012年持平。船舶功率59323.22千瓦,比2012年增加1826.32千瓦。其中省际运输船舶229艘,比2012年减少9艘,船舶净载重量179674吨位,比2012年减少4651吨位,船舶功率49639.08千瓦,比2012年减少650.94千瓦。省内运输船舶48艘、船舶净载重量5068吨位、船舶功率3949.14千瓦,其中货运船舶37艘,比2012年减少35艘,客运船舶11艘,与上年持平。另外2013年吉安市新增沿岸海运输船舶3艘。

(吉安交通局)

【上饶首艘“油改气”混合动力船试验取得成功】 3月11日,江西天然气鄱阳有限公司出资建造的上饶地区首艘“油改气”混合动力船——“上饶昌盛818”自卸沙船在鄱阳县试验取得成功。

“油改气”混合动力运输船舶以混合燃料为动力,可减少发动机的磨损而有效延长其使用寿命,船舶的动力性能、经济性能也可得到进一步提高。通过天然气和柴油混合,促进燃料的充分燃烧,降低硫化物与氮化物在大气中的排放,减少了对空气的污染。船舶的燃料成本与原燃烧柴油的发动机相比较下降20%以上,符合国家提倡的节能、环保要求。

(胡棉光 付知拾 陈明中)

水路旅客运输

【春节九江水路旅客运输】 2013年,春节期间,九江市港航局严格落实春运水路运输各项监管要求,干部职工坚守工作岗位,积极应对雨雪天气,强化应急保障,全力做好节日期间水路运输安全监管工作。全市水路运输达到安全有序畅通的目标。期间,全市投入客船运力142艘、6005客位,共发送旅客3311人次,实现营运收入87919元,水路运输安全形势持续稳定,没有发生旅客滞留现象,没有发生安全事故。

(九江市交通运输局)

【国庆期间九江水路客运安全畅通】 2013年国庆期间,九江市调配客运船舶60艘、2032客位。节日期间,实际投入客运船舶433艘次、15059客位,运送旅客45664人次,为上年的119.1%,实现营运收入1727146元。由于运力充足,准备充分,措施到位,整个节日期间水路运输安全畅通有序,没有出现旅客滞留现象,没有发生安全事故。

九江市港航管理局高度重视节假日的水路旅客运输,精心组织、周密部署,强化安全防范措施及责任落实。一是加强安全检查。节前通过开展对水运企业、客运码头和客运船舶的安全检查,切实保障各项客运设施和安全措施落实到位。二是加强源头管理。落实人员应急值守,强化现场监管,局领导带人在庐山西海和湖口客运码头进行现场督导,从源头消除安全隐患;三是加强船舶动态监管。加大安全稽查力度,严查超载、超员出港出航,严查非客运船舶非法载客等违规行为,确保节假日期间水路旅客运输安全畅通。

(九江市交通运输局)

【九江港航局湖口分局积极应对鞋山庙会客流高峰】 2013年5月2日(农历三月二十三日)是湖口当地民俗节日——“鞋山庙会”。该年庙会又紧接“五一”小长假,经水路前往鞋山参加庙会的香客和游玩的旅客较往年明显增多。

为确保节日期间湖口水上平安有序,市港航局湖口分局积极开展安全生产检查。重点检查湖口江湖水上旅游公司船舶营运经营资质是否合格、船舶人员配备及安全救生设备是否齐全等情况。针对客流小高峰紧随“五一”小长假延续,要求客运企业完善应急保障预案,做好客流预估、配备相应运力以及维持秩序人员等工作,港航执法人员从源头加强监管,全程现场值守,严禁“三品”上船、严禁超载航行、严禁恶劣天气出航,为旅客提供安全高效服务。庙会期间,共安全运送游客882人次,没有发生安全事故。

(九江市交通运输局)

【“五一”假期庐山西海接待旅客超万人】 “五一”小长假期间,九江市港航局庐山西海分局及早应对,备足运力,坚持现场值守,实行全员24小时值班制,指导客运企业,及时疏导上下旅客,做好客运服务工作。加强景区的客运安全现场监管,严禁超售客票,严禁客船超载出港,认真核查载客人数,实行航班确认制度,做好客流情况统计。“五一”期间,庐山西海景区共接待旅客10309人次,保持往年同期水平,水路旅客运输安全畅通、井然有序,未发生水路客运安全事故。

(九江市交通运输局)

【宜春市铜鼓县开展水上旅游客运】 宜章市铜鼓县大塅水库20余艘个体旅游客船,长期以来一直进行非法经营,扰乱水运秩序,给水上交通带来安全隐患。11月,宜春市港航管理处联合海事部门下大力气,对景区内所有非法经营船舶实行取缔。并由当地旅游公司按规定申报取得水路运输客运经营资质，投资购买4艘豪华仿古电瓶旅游客船。新营运船舶证照齐全，库区水上安全得到保障，客运市场秩序井然。

（韩　笑）

【宜春市库区客运量增长25%】 宜春市有上游、飞剑潭和大塅3座大型库区，利用水源优势，从事游客运输。辖区港航部门，坚持科学发展观，抓发展、抓服务、抓管理、抓安全，库区客运出现稳中有进态势。全年库区完成客运量14.23万人，同比增长25%，一是库区游客增多。除本地游客外，南昌、武汉、长沙、萍乡等外地游客利用休息日和“五一”、“十一”节假日，纷纷开自驾车，带着全家人和亲朋好友前往高安市上游库区、袁州区飞剑潭库区和铜鼓县大塅库区，乘客船观看景点，库区游客俱增。二是运力增加。全年库区客运船37艘，座位584个，同比分别增长9%和26%。三是客运条件改善。铜鼓县大塅库区一位浙江外商投资165万元，修建水泥客运码头面积600平方米，新增停靠游船25艘、330个游客候船位，并投资新购高档豪华游船4艘，新增座位120个；袁州区飞剑潭库区，省交通运输厅和区政府投资60万元，新建客运码头泊位4个；高安市上游库区，市政府拨款对库区客运码头、客船等设备进行维护，进一步改善库区客运条件。

（吴泽水）

【宜春市大力发展水上漂流游客运输】 2013年，宜春市港航管理部门，围绕市政府做大旅游产业，把水路运输发展作为第一要务，利用河流多有利条件，采取组织鼓励富裕起来的群众筹资、招商引资等办法，大力发展水上漂流旅客运输。全市共有水上漂流线路6条，里程总长36.6千米。投资总额11500万元。营运橡皮船（筏）2810艘，配备安全员343人。年完成游 客运输30.65万人次。年漂流运输总收入12072万元。水上漂流开发利用，对于搞活水路运输，助推旅游业发展，活跃群众文化生活，安排劳动就业，增加国家财政收入发挥了重要作用。一是科学规划。坚持统一规划，分批实施的原则，港航与旅游、水利、海事等部门密切配合，通力协作，组织人员，深入河流调查研究，反复论证，写出工可报告，报呈县（市、区）政府审批实施。二是多方筹资。采取动员鼓励富裕起来的城乡群众融资、招商引资和财政投资等多种形式筹资办法，解决漂流项目资金需求。三是实行优惠政策。凡是县以上政府审批的水上漂流项目，对企业办证、码头征地，在国家政策 规定之内，给予优惠。四是强化安全生产管理。坚持“安全第一，预防为主、综合治理”的方针，牢固树立安全生产意识，制定安全生产制度，维护漂流秩序，每100米配备一个安全员，做到漂流企业自 查，旅游风景管理区日检查，县（市、区）港航管理部门月督查，开展查思想、查制度、查设备、查隐患，发现问题，及时整改到位，确保游客生命安全。

（吴泽水）

【宜春市袁州区明月山大峡谷漂流正式营业】 明月山大峡谷漂流是2010年新开发的一个集参与性、娱乐性、观光性于一体的暑期旅游项目，位于国家AAAA景区明月山风景名胜区内的温汤镇江源河道，距温汤集镇1千米，起点为温汤河源头——江源河（沈家充电站处），终点为温汤河上端环城南路桥头，属于民营企业。明月山大峡谷漂流，已投资3500多万元，营运里程3.1千米，落差238米，河道上段为峡谷，两侧山峰陡峭，林木繁盛，溪水自山涧于茂林汇集而成，河床为天然山石，水质清澈，晶莹剔透，无任何污染，下段1千米穿田野阡陌而过，遥望繁华集镇。全程让游客历经原始山林、大山峡谷的惊险刺激，体验农田阡陌的逍遥闲情，享受纵情自然山水的无穷乐趣，涤尽生活的烦恼与工作的压力，真正达到休闲、健身、怡情之效。该项目以明月山国家森林公园、温汤镇富硒温泉为依托，努力打造集峡谷漂流、自然观光、溯溪探险等综合体验型的峡谷漂流旅游区。漂流区拥有皮筏艇1000只，一次可接待游客3000多人。为保障游客的人身安全，该公司特意聘请70多名具有丰富救援知识与技能的安全救护人员。自2013年6月中旬开始正式营业以来，明月山旅游区吸引来自四面八方的游客日渐增多，大大推动当地旅游业的发展。

（李　庆）

【靖安县三爪仑旅游漂流】 靖安县三爪仑国家森林公园，是国家示范森林公园之一，位于靖安县境内的九岭山脉东麓，东临南昌，北靠九江，距京九铁路仅50千米。园内奇峰林立，怪石密布，清泉飞瀑，曲溪流泉，云雾霞光，瑰丽动人。引人入胜，风光旖旎、气候宜人，是旅游避暑的佳境胜地。其中林海、虎啸峡、大洞山三个漂流段，这里既有精致安全的皮筏探险漂流，又有古村原始的竹筏漂流。乘筏漂流而下，惊险刺激，其乐无穷，同时可尽览四季如画，童话森林般的北河风光。让你体验在林海里、在峡谷中不一样的漂流。三爪仑旅游漂流创办之早漂流点之多、漂流资源丰富三项为全国之最，已经成为该县对外的一张名片，吸引国内外游客纷至沓来。全年共接纳游客10.5万余人次。①北河漂流是三爪仑国家森林公园首批开发的精典旅游项目。距靖安县城20千米，上起千年古刹宝峰寺边缘的太平洲旁，下至风景秀丽的大梓河。全程12千米，落差近100米，乘筏漂流而下，历时4小时，亦可漂半程，在直河古渡口上岸，历时2小时。有竹筏、皮筏计200余只，北河漂流全年接纳游客15000余人次，创造旅游收入180万元。②大洞山峡谷漂流位于靖安县高湖镇境内的潦河上游，拥有双人皮筏艇200余只，漂流河段上起罗湾知青电站，下至山口铁索桥，全程16千米，历时2小时30分钟。峡谷两岸悬崖壁立，古树参天，幽深奇峻，乘自助性皮筏顺流而下，时而峰回路转，急流险滩迭出，震撼心灵；时而碧 潭如镜，险峰奇石，蓝天白云倒映其中，“荡舟清波上，人在画中游”的美妙遐想油然而生。峡谷中有著名的十八潭、十八滩、十八弯，雄峻奇幽的大洞山峡谷，无道可攀，唯有舟行，惊险而刺激。大洞山峡谷漂流全年接纳游客50000余人，创造旅游收入360万元。③橹崖漂流位于三爪仑国家示范森林 公园中部，拥有双人漂流船150只，一次性可接待游客300人，上起群山环 抱，风光秀丽的丁坎口，下至翠竹丛生，奇山怪石的锦秀谷，全程7千米，落差近60米，漂流而下，历时2小时，橹崖漂流全 年接纳游客40000余人。

（刘　斌）

【奉新县水上漂流客运出现新亮点】 随着奉新“工业大提速、城乡大变样、农业大发展、旅游大突破、社会大和谐”战略的全面实施及“秀美奉新、生态立县”理念的贯彻和普及，旅游业日益成为奉新经济发展的一个新的增长点。奉新境内的“天工开物园—张勋墓—罗卜潭—仰天峡漂流—百丈禅寺”旅游线路已初具规模，日渐热火。特别是水上漂流已成为该县旅游发展的一个重要品牌项目。仰天峡水上漂流位于县城西北，距县城35.9千米，起点位于仰山乡目上村，终点位于罗市镇港下村，属民营旅游企业，总投资200余万元，营运里程2.5千米，沿途林荫蔽天，瀑布、深潭、急流险滩，又有沙滩、怪石、飞鸟惊鸿，风景迷人，整个漂流过程有张有弛，让人有惊险刺激、跌宕起伏，最终又归于平静悠闲的感觉。漂流区拥有橡皮船200艘，安全防护设备器具齐全。为进一步加强对游客人身安全的保护和救助，该公司还特意聘请40名具有丰富水上安全施救知识和技能的安全救护员，在漂流区每隔100米配备1名救护员。确保水上安全救护工作的万无一失。仰天峡漂流自2011年5月正式投入市场运营以来，社会反应良好，来自县外和省内外的旅客日渐增多，已成为该县休闲游的一张名片。由于推介措施得力，市场开发卓有成效，游客同比增长20%，全年该景点接待游客4.2万人，收入1200余万元。

（魏振宇）

【铜鼓县大塅库区客运码头客运量逐年增长】 铜鼓大段库区属江西省Ⅲ级国家森林风景区，水质为国家一级，库区有天柱峰、九龙瀑布、观音晒鞋、岸目一线天、少女之春等，风景秀丽、景色迷人，是休闲旅游的好去处。随着该县武吉、昌铜高速贯通，以及汤里温泉等景区的相继开发，宜春、南昌、长沙、武汉等地的游客逐年增加。该区拥有客运机动船14艘、快艇4艘，新购仿古电动船4艘，总座位450个。全年客运量10万余人，较上年增长25%。一是县政府高度重视，着力改善客运环境。县分管领导多次召集相关部门召开专题整治会，联合开展水域航运秩序整治活动。通过整治，库区客运环境有了大的改善。二是加大宣传力度，着力提升景区知名度。通过走出去，请进来的办法，邀请知名人士到景区参观指导，提出改进意见建议。与此同时，通过制作专题片、宣传广告片等形式，广泛宣传库区，提升知名度。三是强化服务。交通运输局分管领导带领相关人员协助公司多次到市交通运输局、市地方海事处等单位，协助办理水上运输经营许可取得水上运输经营资质。9月底，公司取得水上运输经营许可。县政府撤销渡运码头,结束水库渡运历史。

(黄祖芳)

【铜鼓县水上旅游客运公司成立】 为进一步合理开发该县天柱峰景区旅游资源,规范和保证游客水上游览安全,配合景区争创国家AAAA级旅游景区,以满足日益增长的游客接待量,8月,江西天柱峰景区有限公司在该县筹建景区水上旅游客运公司。公司新购四艘新型节能、环保的电动仿古旅游船,9月正式挂牌成立。天柱峰景区共有5个码头,即景区主码头、天柱峰码头、少女之春码头、瀑布码头、徐家洲码头,每个码头安全设施、设备齐全。景区主要景点有:九龙飞瀑、峡谷漂流、灵石古庵、观音晒鞋、水上迷宫、少女之春、客家风情寨、水上一线天、天柱峰顶众山小、顺告石下两线天、九龙湖畔春花秋叶、官山绝顶夏鹃冬雪。水上旅游公司的营运发展必将推动景区深度开发,对全县旅游事业的发展发挥积极的作用。

(黄祖芳)

【铜鼓县结束全县农村渡运历史】 中华人民共和国成立后,铜鼓县公路运输事业发展比较落后,满足不了人民群众生产生活需求,村民的竹、木主要靠渡运,于是渡运发展起来。至1990年年底,该县共有9个渡口,分别是中渡、龙溪、金鸡桥、鲤明渡、灵庵、光相、太坪、港口中、三都渡口。这些渡口首先均是竹筏或木筏,然后才是木质船,且大都是义渡。1990年以后,随着全县公路桥梁的发展,加快了以桥代渡步伐,大部分渡口先后陆续被桥梁所代替,至2000年,全年仅有3个渡口,分别是港口渡口、金鸡桥渡口和大塅水库大坝渡口。港口渡口于2005年被港口桥取替、金鸡桥渡于2006年被金鸡桥取替,至2013年8月底,全县唯一一个渡口为大塅水库大坝渡口。2013年9月29日,经大塅镇政府申请,铜鼓县政府同意撤销大塅水库大坝渡口,成功转型为旅游码头,从而结束全县农村渡运历史。

(黄祖芳)

【高安市借力旅游产业发展水路客运服务业】 2013年,高安市港航部门抓住上游湖—八百洞天—华林寨旅游线路开发机遇,主动适应和服务地方经济发展,提升水路交通保障能力,促进水路客运快速发展。上游湖有游艇12艘44座,完成客运量6600人,客运周转量33000人千米,同比分别增长85.9%、155.3%。旅游开发拉动游客增长。该市积极策应省委、省政府建设旅游产业大省的政策机遇,及时跟进,持续实施旅游兴市战略,加快华林寨——上游湖风景名胜区升级步伐,短短几年就实现省级风景名胜区向国家AAAA级旅游景区的跨越。景区秀美的自然风光、深厚的文化底蕴,吸引大批游客。旅游接待人数从五年前的5万人次/年上升到现在40万人次/年。优化水运发展环境。该市港航管理部门牢固树立管理就是服务的理念,将水运客运业放至在整个社会发展的大背景中综合、统筹来考虑,变被动管理为主动服务,加强与开发公司的联系,完善安全措施,保障游客安全。交通条件更加便捷。随着人们生活水平的提高,自驾游已成为现代生活的时尚标志。改造完工后的320国道杨圩至华林旅游公路为游客提供交通上的便利。登华林山、观八百洞天、赏上游湖自驾游已成为本地及周边游客所热爱的旅游休闲方式之一。

(周世祥 张 森)

【盱江上最后的渡船】 随着社会经济的发展,抚州市的交通格局发生了重大变化,公路交通渐渐代替了水路交通,尤其是"十一五"期间的渡改桥工程顺利落实,使得昔日许多渡口架起了大桥,也使得许多轮渡随之消失。南丰县白舍镇胡岭渡口是盱江上最古老的渡口之一,有着数百年历史,当盱江上一座座古老的渡口改成桥梁后,胡岭渡口成为南丰县盱江上最后的一个渡口了。由于波罗是原乡政府所在地,胡岭村有数十名孩子在波罗小学上学,如果孩子们走公路,比过渡船要远3千米,为此,该县交通部门和白舍镇让这个渡口继续存在。

胡岭村到昌厦公路已经有一条简易的沙石公路,年轻人都喜欢骑着摩托车走这条简易公路。如今,这个渡口主要为到波罗上学的孩子们提供便利,还有一些老年人会乘渡船到波罗赶集。这个渡口的摆渡人裴小毛2013年62岁,他在这个渡口摆渡6年。枯水季节,用人力撑船,涨水时,使用柴油发动机开船。2010年,村里有70多个孩子要坐渡船到波罗上学,2013年还有40多个孩子一天要坐4趟渡船。孩子上学坐渡船是不要钱的,由村里补贴。而成年人过渡每人每次也只收2元钱。摆渡人的工资主要由县交通部门补贴,一年大概有1.6万元的收入,但很辛苦。乘客随叫随到,不管刮风下雨,就是下雪天也必须摆渡。因此,村里的年轻人都不愿意干。村里原来规定摆渡人一年一换,因为找不到合适的人,裴小毛便一直干了下来。

裴小毛还经常为病人或特殊情况的人临时摆渡。2013年农历三十晚上,裴小毛被一阵阵叫喊声吵醒,原来是村里有一个孕妇提前分娩,年轻的丈夫赶到裴小毛家里,请求裴小毛送孕妇过河,裴小毛二话不说,扛起竹篙就赶到河边渡口,冒着凌厉的寒风把孕妇安全运送到对岸。波罗医院的医生说,是大龄难产,幸亏及时送到,如果晚一步到医院,母子均会有生命危险。

胡岭渡口是模范渡口,中华人民共和国成立至今,没有发生过一起安全事故。白舍镇政府计划修建胡岭村水泥公路,让村里的孩子们就近到另外一个村上学,预计2015年胡岭渡口就将撤销,胡岭渡口将成为永远的记忆。

(抚州交道局史志办)

【龙湾渡口摆渡人】 2013年,63岁的曾学康是龙湾渡口最早的摆渡人。龙湾渡口位于抚州市临川区孝桥镇龙湾村头,对岸连着展坪乡石港村。两个村的人口都较多,来往也较密切。以前,龙湾渡口没有专门的摆渡人,两岸村民要绕道10余千米,中途几经辗转才能够到达,非常不方便。

曾学康家住石港村,妻子何黄金是龙湾村人,两地相隔抚河。年轻的时候,曾学康在耕作之余,喜欢搭乘小渔船去对岸访友,做些小买卖。由于勤劳灵活、为人厚道,小渔船的渔夫与其亲戚便为曾学康说媒,把本村善良贤惠的姑娘何黄金介绍给曾学康。结婚后,由于一河之隔,妻子何黄金很少回娘家。虽然隔河就能相望,但是却要绕道坐车过去,既麻烦又花去不少费用。曾学康想,如果这里有渡船,妻子就可以经常回娘家,同时也能方便两岸的村民出行。

1992年夏天,曾学康用家中仅存的3000多元积蓄,专程从湖南乡购买了一艘二手小木船,开始了他的摆渡生涯。

每天早上6时,曾学康就像上班一样,准时来到渡口,等待运送过河的村民。刚开始的时候,坐船的村民较少,一天只有几十人,比较轻松。后来,大家知道了渡口有专门的摆渡人,坐船的村民就不断增加。一天至少摆渡10趟,多则20趟,运送客人100人次以上。一年365天,他几乎天天开渡,就连除夕也不例外。

摆渡报酬低。每人每次渡运收费0.3元,一天下来最多才有30元左右,少则10元。虽然收入很少,但是曾学康却乐此不疲。不仅如此,曾学康还对老人和小孩照顾,全部免费过渡。他说自己就是喜欢摆渡,给人方便是件很快乐的事情。

方便他人,快乐自己。曾学康为了方便村民过河,还在渡口的醒目位置标注自己的手机号。只要接到电话,他就不畏辛苦与麻烦,立即放下碗筷或起床穿衣,赶往河边,即使只有一个人过河,他也会开船送客。

由于年龄增大,曾学康感到有点力不从心。他在村里寻觅,找寻年轻力壮的、有爱心的人加盟摆渡。在曾学康的影响下,曾能旺、曾人才和曾黄仔等三人先后加入摆渡队伍中,全身心地投入渡运工作。四人共有两艘船,两两分组互相配合,组成水上"黄金搭档"客运队,为两岸的村民架起了"爱心桥"。他们同甘共苦,不畏严寒酷暑,不惧艰辛往返于抚河龙湾与石港两岸。

为方便两岸群众生产与生活,省交通厅已拨付渡改桥专项资金及市、区镇三级配套资金共2900余万元。2013年下半年开始建造横跨抚河的桥头大桥工程,该桥长为860米、宽9米,计划两年内完工并正式通车。

(抚交局史志办)

水路货物运输

【宜春市袁州区开展整治河沙运输市场】 为保护水利、航道设施,建立开放、畅通、安全和有序的河沙运输市场。6月至8月,袁州区政府成立以区长为组长、相关乡镇和部门主要负责人为成员的河沙运输市场整治领导小组,并从交通、海事、公安、国土等部门抽调执法人员80多人,组成6个整治小组,实行统一领导、统一组织、统一部署、统一时间,深入乡村,走村串户,到沙场,上船头,向广大采砂和船舶运输业户,广泛宣传国家《水路运输条例》

等法规和整治范围。在调查研究、摸清情况的基础上,对袁河(秀江河)等河流采运河沙运输秩序进行整治。重拳出击,严厉打击非法采沙、运输活动的黑势力,取缔无证无照沙场和运输船舶,全面清理和纠正超载重运输船舶等。共拆除非法运输船舶12艘,关闭非法河沙场和砂石加工厂16家,处理违章运输船舶7艘,拆除采砂吊机和加工设备7台套,查处违章河沙运输案件3起。通过整治,进一步改善水路运输环境,净化河沙采运秩序,为水路运输安全生产发展创造条件,一个开放、畅通、安全和有序水运市场正在建立。

(吴泽水)

【高安市水路货运小幅下滑】 2013年,受航道影响,高安港水路运输量出现小幅下滑,水路运输面临严峻形势,全年水路运输货运量73.8万吨,货运周转量738万吨千米,同比上年均下降5%。虽然高安港码头数量较多,但深水泊位几乎没有,航道级别低,处于原始自然状态,大吨位船舶不能通航,难以组织高效、经济的直达运输。水路运输停留在沙石采挖、吊装、短途运输。运输装备落后。船舶运力结构不合理,技术状况落后,船型、机型、材质杂乱,能耗高,平均吨位低,抗风险能力弱,难以适应水运事业的发展。货源不足。由于锦河沙石资源的过量开采,导致沙石资源急剧减少,已不能满足大量运输船的营运要求。该市大桥下游大部分挖砂机,运输船转移到新建县境内采挖,运输沙石到高安港,来缓解船多货少砂石供不应求的矛盾。

(周世祥　张淼)

【奉新县河沙采掘运输业逐步实现资源整合利用】 奉新境内的南潦河、北潦河两条河流,为全县提供非常丰富的河沙资源,对该县快速推进的城市化提供足够的建筑材料。在整顿结束过去由于利益驱动导致的沿河乡镇村乱挖滥采,大挖大采,破坏河床行洪安全及两岸生态环境,影响资源的可持续利用的乱象的工作基础上,2013年,该县又进一步加大对河沙采掘运输业的管理。由县政府采砂办牵头,会同水务、国土资源、交通运输、安监等部门及有关乡镇对河沙资源采掘进行划区块限量公开招标拍卖。通过限定区块,限量挖掘,强化对资源的开发利用的有效控制,有力地保护潦河两岸的生态和环境,确保河堤及河床的引洪安全。全年河沙采挖运输30万立方米,建筑用砂石7.5万立方米。

(魏振宇)

【樟树港货物吞吐量保持平稳增长】 2013年,樟树港完成货物吞吐量141.3万吨,同比增长1.05%。在赣江水位连创历史新低的情形下,市港航管理处和港口企业锐意进取、探索创新、凝心聚力、苦干实干,实现樟树港货物吞吐量的十年连续增长。一是优化环境,优质服务。市港航管理处进一步转变机关工作作风,结合港口企业的实际情况,开通绿色办证通道,缩短行政审批时间,提高行政审批效率,并主动深入港口企业细致调查,解决港口企业存在的各种困难,优化港口企业的生存环境。二是完善设施、大力扶持。2013年,该市继续加大对港口基础设施的建设力度,先后投入700多万元,对大码头、四码头等港口进行了不同程度的修复,提升各码头的客货运输、游览等功能。该市还采取强力扶持、深化服务、重点培养等方式,为港口企业提供资金和政策支持,带动樟树港的经济效益持续增长。三是凝心聚力、攻坚克难。面对赣江水位的持续偏低,高速公路、铁路货运带来的市场冲击,市港航管理处团结和带领港口企业,增强忧患意识,保持清醒头脑,凝心聚力搞建设,攻坚克难谋发展,取得显著的成绩。

(杨　波)

【丰城曲江码头进出港货运量创新高】 2013年,丰城曲江码头完成货运吞吐量1753102吨,同比增长71.5%。全年雨水稀少,赣江航道水位偏低,尤其下半年过往货物都要经过小船过驳才能进出码头,严重影响码头生产效益。面对不利因素,市港航管理处与曲江码头责任有限公司齐心协力,商讨对策共渡难关:一是优质服务,减少货物进出港办理手续,适当降低各项费用,开展上门服务,现场办公,以高效优质服务留住老客户,吸引新客户。二是依托本地资源优势,挖掘电煤市场,拓宽电煤进出港份额。三是开拓瓷土市场,力保石膏粉市场。四是协调相关部门,开展码头航道疏浚,改善通航条件。取得曲江码头进出口货运量逆境增长的成效。

(喻雪英)

【抚州市完成水路货运量104万吨】 2013年，抚州市港航部门通过召开年审会动员和为年审业户提供全天候服务等措施，有效保证审核工作的顺利进行。共核查市内水运企业22户，核查省际运输船舶149艘，核查率均达100%。该市全年完成水路运输货运量104.2万吨，周转量120615万吨千米。

（抚州港航处）

交通附属工业

道路运输附属工业

【全省机动车维修概况】 截至2013年年底，江西省机动车维修业共有9977户，其中一类机动车维修313户，二类机动车维修1 543户，二类机动车维修6131户，摩托车维修1990户。全省机动车维修从业人员64304人，比上年增长1.1%，其中技术负责人6858人，质量检验员4509人，其他维修技术人员40365人。全省完成主要工作量3440914辆（台次），比上年增长3.09%，其中整车维修63937辆次，总成修理213918台次，二级维护1059071辆次，专项修理2052880辆次，维修救援39728辆次。全省汽车综合性能检测站共有75个，其中南昌市4个，景德镇3个，萍乡市3个，九江市11个，新余市2个，鹰潭市3个，赣州市16个，吉安市10个，宜春市7个，抚州市5个，上饶市11个。全省完成检测量合计481 1 76辆次，比上年增长26.28%，其中维修竣工检测195048辆次，等级评定检测2157316辆次，维修质量监督检测81 69辆次，其他检测53298辆次。这次维修和检测不仅保证了全省机动车正常行驶，而且是道路运输安全的有力保障。江西省顺利完成2012年度机动车维修质量信誉考核工作共有109户维修企业被评为“质量信誉AAA级企业”结合行业标准《机动车维修服务规范》的贯彻实施，先行在AAA级企业开展达标工作，然后逐步扩大服务规范达标活动的参与面，引导维修行业形成服务规范化、常态化。组织全国机动车检测维修职称考试，全省共有46人参加考试。此项工作走在全国前列。

（蔡宣灿）

【江西省32户汽车维修企业获全国诚信企业称号】 在中国汽车维修行业协会组织开展的汽车行业创建诚信企业活动中，江西省广大汽车维修企业热烈响应，积极参加，经过维修企业自主申报，自查自评，江西省汽车维修行业协会专家组现场评估审核，评选出32户维修企业。经中国汽车维修行业协会的审核通过，获得“2011～2012年度全国诚信行业诚信企业”的称号。这是在全国范围内第三次开展此项活动。江西省获奖企业中有江西广甸宝德汽车销售服务有限公司、江西宜春汽车运输股份有限公司、宜春汽车维修总厂、江西铜业集团（贵溪）物流有限公司、萍乡市绎济开发区蓝盾汽车修理厂、抚州金鑫汽车销售服务有限公司6户企业连续三次获得“全国汽车维修诚信企业”称号。

（王美成）

2013 年全省机动车维修业一览

表 15

单位名称	机动车维修业户						完成主要工作量					
	合计	一类汽车维修	危险货物运输车辆维修	二类汽车维修	三类汽车维修	摩托车维修	合计	整车修理	总成修理	二级维修	专项修理	维修救援
	（户）	（户）	（户）	（户）	（户）	（户）	（辆/台/次）	（辆次）	（台次）	（辆次）	（辆次）	（辆次）
全省合计	9977	313	54	1543	6131	1990	3440914	63937	213918	1059071	2052880	39728
南昌市	768	76	2	240	448	4	178435	6501	42008	101157	28135	634
景德镇市	310	25	0	82	192	11	68988	11529	11397	25994	8516	17
萍乡市	701	39	10	48	556	58	345321	4850	20569	35440	279186	5276
九江市	776	20	4	235	395	126	212846	4744	126411	74501	117591	3369
新余市	294	19	4	67	165	43	158171	7700	14738	69919	51488	3826
鹰潭市	101	7	2	73	21	0	118680	1920	11400	28800	72720	3840
赣州市	2076	19	1	200	1469	388	1003587	4534	11255	242814	743804	4093
吉安市	1775	24	5	162	1145	444	524094	3820	22153	148894	341217	6549
宜春市	1611	52	20	170	757	632	134410	8121	7221	91032	25012	3024
抚州市	595	9	3	78	307	201	272291	4966	12600	161523	91638	5187
上饶市	970	23	3	188	676	83	424091	5252	47936	78997	293573	3913

2013 年全省汽车综合性能检测站一览

表 16

单位名称	数量合计	汽车综合性能检测站						
		完成检测量合计	维修竣工检测	等级评定检测	维修质量监督检测	其他检测	排放检测	质量仲裁检测
	（个）	（辆次）	（辆次）	（辆次）	（辆次）	（辆次）	（辆次）	（辆次）
全省合计	75	481176	195048	215731	8169	53298	45493	644
南昌市	4	75336	7502	28097	63	39674	39659	15
景德镇市	3	47566	39847	7719	0	0	0	0
萍乡市	3	12085	0	10368	0	1717	0	0
九江市	11	43357	15100	25498	0	2567	420	0
新余市	2	17776	7330	8646	0	0	0	
鹰潭市	3	19026	12311	6715	0	0	0	0
赣州市	16	80126	40167	29536	4424	5999	5414	585
吉安市	10	66514	38024	28785	1222	978	0	0
宜春市	7	36718	4753	30245	1203	512	0	0
抚州市	5	28071	0	18763	0	0	0	0
上饶市	11	54601	30014	21359	1257	1851	0	44

【萍乡市维修企业总体布局合理】 全市拥有合法维修企业701户,分布区域:一类汽车维修39户(含9户危险货物运输车辆维修企业),二类汽车维修48户,三类汽车维修556户,摩托车一、二类维修58户。其中,二类汽车维修企业安源区29户、经济开发区31户、湘东区6户、芦溪县9户、上栗县8户、莲花县4户;三类汽车维修企业安源区(含经济开发区)184户、湘东区86户、芦溪县13户、上栗县52户、莲花县221户;摩托车维修企业安源区(含经济开发区)1户、上栗县1户、莲花县56户。形成了以城市为中心,一、二类维修企业为骨干,三类维修企业为补充的维修格局,较好地满足了全市机动车辆维修的需要。

(萍交局)

【萍乡市运管处加强对维修企业质量信誉考核】 为加强全市机动车维修市场管理,提高维修服务质量和管理水平,引导和促进企业依法经营、诚实守信、公平竞争、优质服务,市运管处在认真总结以往质量信誉考核工作经验的基础上,明确职责,细化措施,对全市所有一、二、三类机动车维修企业进行一年一度的质量信誉考核。一、二类机动车维修企业的质量信誉考核经过维修企业自评,辖区运管所初评,市运管处复评,网上公示15天,AAA级经省运管局核查,最后通过综合评价,分别评出AAA级9户(其中一类资质8户,二类资质1户;综合修理厂2家,4S店或特约维修站7个),AA级24户,A级37户,B级12户,新增4户。对2户资质条件严重欠缺的予以注销。考核为AA级及其以上的维修企业,可以申请加入全省救援网络和申请江西快修品牌。对考核为B级的维修企业,由各辖区运管所下达整改通知书,其企业必须在规定期限内进行整改,递交整改报告,并由各辖区运管所予以验收。整改期间停止发放竣工出厂合格证,整改合格后方可进行相应的经营。三类维修企业(含摩托车维修业户)的质量信誉考核工作由辖区运管所在一、二类维修企业考核完成后展开,并在6月底完成。质量信誉考核结果如下:AA级91户,A级348户,B级62户,新增9户。

(萍交局)

【萍乡市运管处狠抓维修企业管理】 由于维修市场竞争激烈,为确保全行业健康发展,该处积极主动地对行业政策进行调整:一是严格按照标准进行行政许可的原则,把好维修企业经营许可关,搞好全行业的规划。二是鼓励维修企业走专业化发展的道路,争取把维修业做大做强。针对全市维修水平有待进一步提高的情况,近几年来该市鼓励一类维修企业向4S店发展。2013年,全市共有18户以4S店模式经营的维修企业,25户70个品牌的特约维修站,使全市的维修水平得到了较大的提高。三是改进工作作风,密切联系群众,对拟筹建一、二类维修企业经营者履行风险告知义务,执行筹建登记制度。四是鼓励3户机动车辆综合性能检测机构进行股权整合,杜绝了恶性竞争、相互压价、虚假检测等不良行为。一、二类维修企业从业人员1853人,其中维修工971人,持有从业资格证人数为490名,共522项。

(萍交局)

【宜春市获全省机动车检测维修职业技能竞赛团体第三名】 为进一步加强江西省机动车检测维修行业人才队伍建设,促进行业更好更快发展,省运管局于2013年9月在南昌举办全省交通运输行业机动车检测维修人员职业技能竞赛活动。本着展现该市机动车检测维修行业人员从业水平,为行业赢得荣誉,宜春市运管局通过层层选拔,挑选出3名行业能手参加此次竞赛。经过理论知识和技能操作,两个方面的竞技,3名参赛选手分别获得车身涂装一等奖、汽车综合故障诊断与排除二等奖、车身修复三等奖的成绩,宜春市代表团获得团体第三名和优秀组织奖的好成绩。同时,参加车身涂装的选手滕明恒获得代表江西省参加全国交通运输行业技能竞赛资格。

(彭旭东)

【宜春市袁州区汽车维修业健康快速发展】 随着经济的快速发展,人民生活水平的提高,特别是道路货运产业和物流业的发展,机动车迅猛增加,有力推动该区汽车维修企业迅速发展。2013年,该区有一、二、三类汽车维修企业176户,同比增加65户。其中,一类维修企业28户,包括4S店18户,修理厂10家;二类维修企业46户,同比增加3户,包括4S店13户,修理厂33家;三类维修企业102户,同比增加52户。该区的汽车维修企业基本满足营运车辆的维修需求。为确保汽车维修业稳定发展,区运管部门为辖区所有维修企业建立信誉评价台账,加强对维修企业进行质量信誉考核,组织企业维修人员进行从业资格培训,进一步促进汽车维修从业人员素质和技术的提高,为汽车维修企业健康有序发展发挥积极促进作用。

(李 庆)

【樟树市开展汽车二级维护技能竞赛】 6月22日上午,一年一度的全市汽车二级维护技能竞赛活动在樟树市天海汽车销售有限公司拉开帷幕。此次活动以"绿色低碳交通伴我行"为宗旨,通过比协作、赛技能,积极推广绿色维修知识,从而提升行业整体水平、形象。参加此次竞赛活动共有8支代表队24名维修人员参加。竞赛项目有四轮保养、调刹车、手刹等十个维修项目,裁判根据参赛人员工具使用、程序操作、车轮制动力、车轮阻滞力等间隙调整方法、调整值等按国家标准严格评分,全完成维护内容且准确无误者获胜。竞赛现场气氛紧张热烈,所有参赛人员一丝不苟,规范严谨操作,熟练使用操作工具。在整个竞赛过程中,各代表队发挥良好的团队协作精神,经过的激烈角逐,天海代表队荣获一等奖,合城代表队、众售代表队分获二、三名。

(肖 锋)

【丰城市开展三类机动车维修市场专项整治】 为加强机动车维修市场行业管理,规范机动车维修经营行为,市运管局针对机动车维修市场三类企业存在的无证经营、占道经营、超范围经营等问题,2月至11月在全市范围内开展一次三类维修企业专项整治。经过全面清理整治,规范三类维修企业的经营行为。对全市三类维修企业302户全部办理"机动车维修经营许可证",无证经营、占道经营、超范同经营等问题得到有效治理。全市机动车维修从业人员430人进行岗前培训,并颁发上岗证。对非法擅自从事机动车维修经营活动且拒不接受清理整治的3户"钉子户"予以取缔。专项整治分四个步骤进行:一是宣传发动,调查摸底。下发《清理整治机动车维修市场的通知》,逐家逐户将通知送上门,使之家喻户晓。在全市分片进行调查摸底,详细掌握全市32个乡镇(街道)的三类机动车维修业户分布情况,并登记造册,为清理整治提供第一手资料。二是集中整治。采用上门方式,对三类机动车维修业户进行资格条件清理。对符合条件的办理"机动车维修经营许可证",对超范围和占道经营的进行规范,对使用假冒伪劣配件的行为进行处罚,对非法经营又拒不接受清理整治的打击取缔。三是建章立制规范企业内部管理。为全市三类维修企业统一制作《安全生产制度》《机动车服务承诺》,设立举报投诉箱、公布投诉举报电话。四是对机动车维修企业进行统一审验,实行年度考核制。通过整治,全市机动车维修经营管理走上规范化轨道。

(熊雪芽 张桂华)

【靖安县汽车维修行业】 2013年,全县共有汽车摩托车维修业户70户。其中一类汽车维修企业1户,二类企业3户,三类企业60余户,年汽车维修量首次突破8000辆次,年维修产值达3000多万元。一个以一类企业为骨干、二类企业为基础、三类业户为补充,各种经济成分协调发展的汽车维修网络和市场格局基本形成。该县把建立维修行业"诚信维修,规范服务"机制作为提升行业文明的大事来抓,切实加强市场监管,引导和促进企业向着依法经营、诚实守信、公正竞争的方向发展。通过评定企业信誉等级,树立典型示范,对考核优秀的企业从政策上鼓励和扶持做大做强。建立五大体系将行业的诚信建设推向深入:一是维修行业标准化体系。认真贯彻落实交通部《机动车维修管理规定》以及有关国家标准、行业标准,进一步规范机动车维修许可和市场行为,完善车辆技术信息化管理网络和推广应用机动车维修汽车配件追溯制度管理网络,实现机动车维修的准入、经营、服务、管理的全面标准化。二是从业人员培训体系。包括企业负责人、技术、质量管理人员和工人的全员培训,建立汽修人才库。三是维修质量考核体系。重点对维修企业从业人员素质、服务质量、维修质量、经营业绩以及安全生产、环境保护、经营行为和管理水平等方面进行全面考核。引导和促进企业向着依法经营、诚实守信、公正竞争的道路发展。在考核工作中,对考核优秀的企业,从政策上鼓励和扶持做大做强;对考核不合格的企业,限制其发展,直至退出市场。同时,将评价结果予以公示,接受社会的监督,提高诚信企业的知名度,把质量信誉考核作为一种重要的手段,以达到规范维修市场秩序,全面提升服务水平的目的。四是车辆技术管理体系。推行“三明汽修”的服务理念,即“明码标价、明档修车、明白消费”。公示维修价格、维修报备程序。使用维修合同、维修记录和维修结算清单。确保车辆技术状况良好。建立维修过程、竣工检验制度,合同维修和出厂合格证制度。五是行业服务体系。建立健全行业管理内部监督和社会监督体系,提高行业管理效能。整治机动车维修市场非法经营行为,对监督检查中发现的违法行为,进行严格依法查处,净化市场环境,规范市场行为,保护广大消费者的合法权益。

(刘　斌)

【奉新县汽车维修业】 伴随着交通运输业的快速发展,特别是私家车迅猛增长和加速普及,社会对汽车售后服务和维修保养的需求也日益增长。通过近几年的快速发展,汽车维修及保养服务已迅速成长起来,已成为一个相对独立、社会网络化、分工明细、资金技术密集度不断增强的朝阳产业。截至2013年年底,全县拥有汽车销售及售后服务企业16户,有机动车维修企业157户,其中一类1户,二类维修企业2户,三类维修企业96户,摩托58户,其中新增三类维修企业18户。为进一步规范这个新兴产业的发展,6月该县运管所大力开展机动车维修质量督查活动,组织运管执法人员深入机动车维修企业,着力加强诚信评价机制和体系建设,以引导这个新的产业健康有序发展,强化对经营情况和诚信建设情况进行检查。定期公布检查结果。积极引导维修企业做强做优,加强从业人员的培训教育。加大维修市场监管力度,开展维修市场的综合整治。从整治情况看,少数机动车维修企业程度不同地存在违规经营,任意提价,配件以次充好等问题,有关人员被依法处理。通过整治活动共查处机动车维修违章经营行为25起,取缔无证经营户12户,不诚信经营得到有效解决,进一步净化维修市场秩序,促进维修业健康发展。

(魏振宇)

【高安市维修企业】 6月17日,高安市交通运输局组织全市维修企业在汽运城开展“绿色低碳交通伴我行”主题活动,大力传播绿色低碳交通运输发展理念,推广绿色维修知识。全市57户二类以上企业参加此次活动。围绕主题,精心谋划。紧紧围绕“绿色低碳交通伴我行”这一主题,科学策划,周密安排,认真组织,动员各维修企业、广大交通运输职工共同参与,确保宣传活动取得良好成效。突出重点,扎实推进。广泛宣传绿色低碳交通运输体系建设试点成效与经验,推广维修行业低碳交通运输专项行动成果。在车站、港口、码头、服务区等公共场所采用多种方式展开宣传。同时,开展绿色维修等职业技能竞赛活动,推广绿色维修知识,注重宣传,及时总结。充分利用网络、报刊、展板等媒介,选择有特色有亮点有创新的工作进行报道,努力营造宣传舆论氛围。

(周世祥)

【上高县开展机动车维修市场清理整治】 自9月起,县运管所在全县范围内开展机动车维修市场清理整治,成立机动车维修市场安全隐患大检查工作领导小组,按照“全覆盖、零容忍、严执法、重实效”的总要求,对全县机动车维修市场进行全面检查清理。集中检查清理无证、无照的非法维修、擅自改装、使用假冒伪劣配件和在汽车维修经营中的欺诈行为。对达不到汽车维修开业条件的汽车维修企业,维修设备严重不足、所修车型技术资料缺乏、维修人员水平低下、内部管理制度混乱、经常出现维修质量纠纷、安全生产问题严重的业户,进行限期整改;整改效果不明显,逾期仍不达标的需强制其退出维修市场。截至12月底,共取缔不达标维修企业13户;对15户维修企业补办核发经营许可证,纳入规范化管理。

(朱铁廷)

【宜丰县努力提升维修质量水平】 强化维修市场管理,加大对维修市场无证经营、以次充好等违法违章行为的打击力度。强化营运车辆二级维护管理,充分应用视频系统监控车辆维修质量,对未安装监控系统的坚决取消其从事二级维护作业。对全县17户二类以上维修企业进行质量信誉考核,经考核,其中6户被评为AA级企业,11户被评为A级企业,三类企业由18户增加到21户,通过对维修市场的专项整治,使全县维修质量水平有明显的提高。

(漆志勇)

【万载县维修企业呈现新发展】　3月，该县运管部门对全县12户二类以上机动车维修企业进行质量信誉考核。本着公开、公平的原则，评出AAA级企业1户，AA级企业2户，A级企业7户，注销1户一类维修企业和1户二类维修企业。全年汽车服务广场又新增三类汽车维修企业6户，全县汽车维修业户发展到429户。其中，一类企业3户（含2户快修企业，1户维修救援企业），二类企业8户，三类企业33户，其他维修业户385户。汽车维修行业形成以一类企业为龙头，二类企业为骨干，三类企业为补充，多功能、全方位的市场格局。依托汽车服务广场这个大平台，为汽车安全运行提供可靠的技术保障，为促进运输市场的发展作出积极的贡献。

（王薪霏）

水路运输附属工业

【新余“赣海巡90”船顺利下水】　8月9日上午，由鄱阳县江海船舶造船厂为新余市地方海事局承建的“赣海巡90”船在仙女湖顺利下水。

该船于2013年6月开工建造，总船长26.5米，型宽5.4米，主机功率176千瓦，为全省首例搭载动态视频监控设备的海事执法船。新余市地方海事局在该船建造全过程中，与船厂密切协作，随时跟踪建造进度，经常委派技术人员到现场勘察、检查并提出具体要求，以确保下水前每一个环节均符合相关规定。

（姜林峰　傅耀能）

【江西交通投资最大的钢质趸船正式竣工】　10月27日，由鄱阳县江海船厂承建的九江市地方海事局65米钢质趸船在鄱阳湖蛤蟆石水域正式交付使用。该趸船是江西交通系统投资规模最大的一艘船舶，主尺度总长65米，型宽15米，型深2.3米，设计吃水1.2米，集风能、太阳能供电一体化，配装一套由4台2千瓦级风力发电机、88块250WP峰值太阳能板、110只蓄电池以及控制系统和逆变电源组成的总装机容量为30千瓦的风光互补供电系统。通讯报警、办公网络及视频监控等现代化信息系统俱全。该船的投入使用，将大大提高鄱阳湖水域水上交通安全监管水平和巡航救助能力，改善一线执法人员办公和生活条件。同时，为海事执法艇和过往大吨位社会运输船舶提供码头泊位，为鄱阳湖区的水上交通安全监管提供一个综合保障平台。

（付知拾　邓文俊　黄海源）

【华东船业舾装码头、船台船坞工程初步设计获批复】　10月，江西华东船业有限公司舾装码头、船台船坞工程初步设计获批复。该工程位于九江港湖口港区金砂湾工业园，使用深水岸线970米，工程新建60000吨级纵向船台滑道两条，35000吨级船坞2座，3500吨级舾装码头泊位2个，年修造船25万载重吨。批复原则同意推荐的总平面布置方案、装卸工艺设计方案和水工建筑物设计方案等，工程总概算为64491.64万元，建设工期24个月。

（周阳泽　黄海源）

【江西船厂开工建造60米钢质趸船】　11月5日，江西造船有限责任公司举行60米钢质趸船开工仪式。南昌市港航处和江西水运集团等有关方面负责人参加了开工仪式。这次开工建造的60米钢质趸船，是为南昌市港航管理处砂石运输管理站提供的一处新的执法管理平台。砂石管理站原工作趸船为水泥趸船，且使用年限久，已不能适应执法管理工作需要。这是南昌市港航处在省港航局、市交通运输局关心支持下建造的一艘新钢质趸船。

（平关正）

节能环保

道路运输节能减排

【城乡道路客运燃油消耗】 2013年度,全省有公交企业119户,车辆数为11221.3标台,消耗汽油1383.57吨(1920390升)、消耗柴油176458.95吨(207515727.73升),消耗LNG(液化天然气)5094822.21升、消耗CNG(压缩天然气)10586897.41立方米。百千米平均单耗汽油29.65升、柴油28.66升,LNG41.4升、CNG41.18立方米。全年行驶里程合计768556674.6千米。2013年,全省有LNG车辆375辆,较2012年新增335辆,CNG车辆有356辆,较2012年新增194辆。

全省有出租车企业183户,车辆19069辆,消耗汽油柴油合计164103806.94升,全年行驶里程2143359754千米;百千米平均单耗汽油8.3升,柴油6.54升。

全省有农村客运企业183户,车辆10063辆。消耗汽油柴油合计1219539升,全年行驶里程741343075千米;百公里平均单耗汽油12.97升,柴油16.49升。

(游国候)

【省运管局强化燃料消耗量核查】 为严格执行道路运输车辆准入制度,促进营运客车类型划分和燃料消耗量核查工作规范化,省运管局组织人员通过采用“道路运输管理信息系统”“中国商用车辆网”“道路运输车辆燃料消耗量达标车型信息服务网”对相关车辆信息进行一致性的核查方式,对部分新办“道路运输证”中的车辆型号、达标车型和客车类型批次、客车座位数、车辆总质量等信息进行了抽查。通过抽查,发现部分新增营运车辆在营运客车类型划分和燃料消耗量核查工作中存在不按有关规定办理的情况。省运管局将抽查结果进行通报,并要求各级运管机构要认真排查核实本辖区存在问题的车辆。按照属地管理的原则,深入运管所、综监机构和办证大厅,逐车、逐档进行倒查核实,对存在的问题应进行分析、确认,针对性提出整改措施,并将此项工作列为年度目标考核日常工作指标。

(蔡宣灿)

【江西省规范驻外道路货物运输车辆维护管理】

为加强江西省道路运输车辆管理和动态监管,规范江西省驻外道路货物运输车辆(危险货物运输车辆除外)的车辆维护管理工作,方便道路运输经营者从事异地道路货物运输经营,省公路运输局发文明确:江西省异地经营3个月以上的道路货物运输车辆,道路运输经营者应到驻在地县(市、区)道路运输管理机构备案,并纳入驻在地道路运输管理机构的管理。驻外期满后,申请人应携带驻在地县(市、区)道路运输管理机构出具的车辆维护管理证明文件,回车籍地参加车辆年度审验。外省籍道路货物运输车辆驻江西省从事货物运输的,应按江西省规定进行二级维护和备案,纳入江西省道路运输车辆维护管理。

(蔡宣灿)

【省运管局建立道路运输车辆燃料消耗量核查工作机制】 为把好营运车辆准入关,坚决杜绝燃料消耗量不达标的车辆进入市场,省运管局建立道路运输证配发与车辆燃料消耗量核查、车辆综合性能检测紧密结合的工作机制,健全道路运输车辆监督管理责任追究制度和“道路运输证”发放责任制度,对燃料消耗量不达标的车型和道路运输车辆综合性能技术达不到要求的车辆,不得进入道路运输市场。从源头上把好道路运输车辆的节能减排技术关口。同时,将燃料核查工作列入年度道路运输管理目标考核内容,签订目标责任状。通过运管机构一级抓一级,层层抓落实,确保进入道路运输市场的车辆达到燃料消耗量标准限值要求。

（蔡宣灿）

【**江西省道路运输行业节能减排取得新成效**】江西省道路运输行业积极贯彻落实有关节能减排的工作，重点督促指导企业建立节能评价指标体系，调整运力结构，改善企业装备。江西长运集团、宜春公交公司获得“全国交通运输行业节能减排先进企业”荣誉称号。在开展“绿色汽修”示范项目建设工作中，赣州华宏汽车有限公司、新余日通货物运输有限公司、江西诺友科技有限公司被列入2013年交通运输节能减排专项资金支持项目。在第五届交通运输行业检测维修职业技能竞赛中，江西省钣金选手杨生林被授予“全国交通运输行业交通技术能手”荣誉称号；在全国“金龙龙翼杯”机动车驾驶员职业技能竞赛中，江西省代表队获得团体第四名、最佳组织奖、个人三等奖的好成绩，江西长运获得最佳参与企业奖。

（蔡宣灿）

【**景德镇市交通运输局狠抓节能减排工作**】 5月13日，景德镇市交通运输局印发《景德镇市交通运输系统2013年节能减排工作意见》，确定该年节能减排工作10项计划。一是加强组织领导。各单位要将节能减排工作纳入重要议事日程，按照全市交通节能减排工作总体要求，制订本部门、本单位的节能减排工作方案，并认真组织实施。二是继续强化节能减排目标责任考核。强化各级主管部门和企业责任，建立健全交通运输行业节能减排工作目标责任制，将目标任务进行量化分解，下达给各单位并签订目标责任书，作为考核依据。严格实施节能减排“一票否决”制，对完不成目标任务的要实行责任追究。三是严格实施营运车辆准入制度。各级道路运输管理机构严格执行《江西省道路运输条例》，在核发道路运输证时，将燃油消耗量作为必要指标，根据营运客车、货车燃油消耗量限值及测量方法，组织实施营运车辆准入和退出制度，对能耗高、尾气排放超标的车辆，强制退出运输市场。四是深化车、船、路、港企业节能减排专项行动。动员交通运输企事业单位参与专项行动，形成车、船、路、港企业节能减排专项行动常态化的工作机制。大力推广节能措施，其中：“车”，以严格执行车辆燃料消耗量限值标准，推广节能驾驶、淘汰高能耗车辆，推广低能耗和清洁燃料车辆为主；“船”，以深入推进船型标准化、船舶一卡通为主；“路”，以继续推广不停车收费、太阳能节能照明技术和路面材料再生技术为主；“港”，以推广为靠港船舶提供岸电为主。五是积极优化运输组织，优先发展公共交通，推进运力结构调整。尽快淘汰耗能高、污染重的老旧公交汽车和落后的运输车辆、船舶。鼓励发展经济安全、节能环保的运输方式，积极推广使用油电混合动力、LNG等新能源（环保）客货运输车辆，降低运输成本，减少污染排放。六是发展智能交通技术，推动节能减排工作深入开展。大力推进智能交通、现代物流、现代信息技术的开发和应用。重点加强货运信息系统和物流管理信息系统建设，促进客货运输市场的电子化、网络化。对公务车、私家车购置中推广使用ETC装置，发挥不停车收费系统的经济效益和社会效益。七是大力推广节能减排示范项目，提高能源利用率。推进节能技术创新，鼓励推广节能新产品、新技术在交通重点工程中的推广应用。在环保新材料应用、公路节能减排与材料循环利用技术、班线客运和城市公共汽车节能技术、水运环保与节能减排技术等重点领域开展科技攻关和专项课题研究。八是加快推进绿色交通建设。深化交通循环经济发展理念，推进绿色、低碳交通发展。认真实施固定资产投资项目环境影响评价和节能评估制度，鼓励通过合理规划、优化设计、技术改造，降低对周边环境的影响。公路建设中继续开展旧水泥、沥青路面的循环再利用和临时占地复垦工作，减少资源的投入占用。道路运输行业继续实施二级维护的排放检测，排放不达标不签发合格证，继续推行废机油、废轮胎、废电瓶等回收制度，实现交通清洁生产。九是加强节能减排宣传培训。组织开展节能宣传周活动，通过会议、报刊、信息发布等多种形式，广泛宣传节能减排工作的重要意义，宣传有关节能减排工作的法律法规，宣传交通各级单位开展节能减排工作的经验做法，树立节约理念，提高节约意识，建设节约文化，形成全社会、全行业都来关心支持参与交通运输系统节能减排工作的浓厚氛围。十是继续推进节约型机关建设。大力推进建设节约型机关活动，把建设节约型机关工作作为重点，建立健全节约管理制度，落实完善节约措施,提高行政效能、降低行政成本、减少浪费,节约资源,健全节约保障体系和机制。

(涂　强)

【2013 年第四届北斗星节油挑战赛圆满落幕】 8 月 25 日,昌河汽车景德镇销售分公司举办第四届“昌河”北斗星乘用车节油挑战赛,10 名北斗星(X5 型)的车友行驶爱车 63 千米后进行测试。现场演示了一场节油比赛。挑战赛开始后,参赛车队在领航车的引领下向浮梁县鹅湖镇方向行驶。此次比赛往返行程约 63 千米,北斗星(X5 型)车队在每辆车乘坐 3 人的情况下,驶出了平均百千米油耗 3.74 的成绩,其中一位郭姓车主更是以百千米油耗 2.132 的佳绩在此节油赛中拔得头筹。

(涂　强)

【莲花县交通运输局节能减排工作】 2013 年,该局按照省厅交通运输科技教育和节能减排工作的统一部署,全县交通运输行业深入贯彻落实科学发展观,积极践行资源节约、环境友好的交通运输发展理念,把交通运输科技教育和节能减排作为促进交通运输行业科学发展的重要抓手,作为加快转变交通运输发展方式,推动行业转型升级的重要突破口,采取切实有效的措施,在交通运输科技教育和行业结构性节能、技术性节能、管理性节能等方面取得了较好的成效。

(莲　花)

【新余公交整治尾气排放显成效】 城市公交是为广大市民提供基本出行服务的民生工程,建设绿色、文明、和谐、优美的公共交通环境是每个市民的共同愿望。多年来,新余公交努力践行“低碳交通,绿色出行”的理念,以构建绿色公交,倡导绿色出行为工作要求。2013 年新余公交根据市民提出的少部分公交车辆“冒黑烟”,造成空气环境污染,提出整治的期待和建议,在公司范围内整治营运车辆尾气排放“冒黑烟”活动,通过采取各种措施,限制尾气排放,使车辆尾气造成空气污染得到改善。

该公司现有营运车辆 300 多辆,其中天然气清洁能源车 80 辆,其余的 200 多辆以柴油作燃料,其中部分车辆由于运行超过 5 年,车辆技术性能明显下降,加之个别驾驶员操作不规范等原因,致使少部分车辆运行中尾气排放“冒黑烟”现象偶有发生。该公司根据实际情况,制订整治计划,多措并举,纵深推进整治工作,整治活动取得实效。

(范晓冬　周　亮)

【新余公交开展节油技能大比武】 10 月 22 日,江西省公交企业“节油能手”技能比武大赛新余分赛区的比赛在新余公交拉开帷幕,40 条公交线路推选出的 27 名资深驾驶员各显绝活,看谁在指定营运路线上耗掉的油料最少。经过两天的激烈角逐,最终 6 名驾驶员摘得“节油能手”称号。温春梅、刘燕、龚伟珍分别摘取冠、亚、季军,温春梅还参加全省公交企业“节油能手”的角逐。

此次节油技能大比武,选择同类车型、同条线路、不同时间进行。参赛选手按照线路正常的排班顺序依次始发,途中不得拒载乘客、改变线路、超速行驶,不得有作弊行为,发生交通事故和服务纠纷都将被视为违规而取消成绩。为体现公平、公正,每辆车均有一名裁判全程随车。

以“节油技能大比武”为载体,在全公司营造出一种认真钻研技术技能的氛围,驾驶员的操作技能也在比赛中不断提高。赛后,选手们把自己的节油经验和操作技能传授给身边更多的驾驶员,从而带动一个车组、一条线路、一个车队,涌现出更多的节油标兵和操作能手。

(邓清华　宁茂昌)

【宜春市公交打造绿色交通显成效】 该市公交公司,通过“节、升、改”三举措施行节能减排,取得良好的经济和社会效益,推动交通运输绿色低碳发展。一是积极开展内部挖潜降耗节能活动。首先,加大对车辆故障隐患的排查、维修和保养,使车辆 处于良好的运行状态,严禁车辆带“病”上路,减少不必要的消耗。其次,为进一 步完善企业内部管理规章制度,提高全 体员工“节能降耗”意识,强化部门之间 的协调与衔接,严格控制燃油、材料在 使用过程中出现的浪费。公司开展为期 3 个月的“节能降耗”活动。通过活动,各项成本支出较活动前有明显减少,其中油耗降低 5.14%、节约 4.2 万升、计 25.2 万元,材料损耗降低 17.12%、节约 7.19 万元。同时,该公司与中石化合作，在宜阳停车场建设一座加油站，既增加油料储存，又极大地方便司机加油与计量考核，有效地堵塞外流和浪费。二是优化车辆配置，加速车辆升级换代。该公司加快对车况差、污染大、车型旧公交车的淘汰力度，加速车辆升级换代步伐，一批油耗低、设施优、污染小、性能佳的公交车相继投放运输市场服务乘客。三是积极推进实施"油改气"工程。公司着力实施"油改气"工程，克服困难，千方百计筹措资金，抽调技术骨干到兄弟公交学习观摩，掌握新技能，运用新技术，进行"油改气"试点，将线路上营运车辆由柴油车改装成油气混合双燃料车，主要使用天然气这一清洁能源。同时，与深燃公司协商，签订可实现双赢的合作协议，为"油改气"工程的实施奠定坚实的基础。与柴油车相比，天然气公交车尾气排放比改造前有明显改善，并且大大降低公司的营运成本。

（付文成）

【靖安县交通运输局大力推动节能减排工作】 该县交通运输局 结合部门实际，切实推进节能减排工作。一是成立节能领导小组。成立以局长为组长的节能宣传周活动领导小组。认真制订节能宣传周实施方案，对活动周期间的活动时间、活动地点及活动内容进行周密部署。二是在6月15日～21日开展为期一周的节能宣传周活动。以"绿色低碳交通伴我行"为主题，发放节能减排宣传资料500余份，广泛宣传交通行业节能减排的重要性、紧迫性以及节能技术、节能小知识等。旨在进一步提高全社会的节约意识、资源意识和环境意识，推动该县经济社会快速协调健康可持续发展。三是配合县政府完成高速公路不停车收费（ETC）工作。提高车辆通过速度，减少收费过程中由于车辆低速、怠速造成的能源浪费。四是积极落实公交优先发展战略。建立健全以政府为主导、企业为主体、全行业参与的节能长效机制，提供资源节约出行方式，引导公众选择公共交通工具、自行车、步行等绿色低碳出行形式支持节能减排，把交通运输行业节能减排工作不断推向深入。

（刘　斌）

【宜丰县道路运输行业节能减排成效喜人】 该县以构建资源节约型、环境友好型交通行业为目标，从理念节能、技术节能、组织节能三方面入手，突出重点、强化措施，利用政策引导、监督管理、科技创新等手段，完成交通运输节能目标任务，推进宜丰交通运输行业节能减排工作的开展。引导公交公司更新10余辆公交车，更新后的公交车比更新前的中型车单车每月平均节约油料100升。货运车辆方面，鼓励发展多轴、高效、低耗的罐式、箱式、8吨以上重型货车和2吨以下轻型货车，该县这一类型货运车辆占全部货运车辆的75%，大大提升单车运营效益。全年全县客运节标煤40吨，货运节标煤1471吨，出租车节标煤12.26吨，其他方面（优化道路行驶路线等）节标煤3吨，全年全县交通运输行业共节约能源1546.26吨标煤。

（漆志勇）

【铜鼓县多措并举推进节能减排工作】 该县交通运输局积极响应国家节能减排号召，狠抓节能减排工作，取得明显成效。①成立局节能减排领导小组，下设办公室，具体负责指导，推进协调、管理节能减排工作，将节能减排工作的责任纳入相应工作岗位、日常管理和工作考核要求之中，做到层层有责任，逐级抓落实。②严把市场准入，优化调整运力结果，把好营运车辆的准入关，推动客货车辆向"大特新"方向发展，降低单位运输能耗。在调整运力结构方面，一是提高车辆的营运效率，严把控制运输结构，对实载率低于65%的线路，一般不投放新的运力；超过65%的，采取增班不增车的方法，有效节能能源。③抓好工程建设节能。在公路建设中，统筹规划设计公路路网。尽量使用老路基，避免深挖高填，减少废方量，少占土地，减少水土流失。严把工程材料质量关，减少施工中粉尘对大气的污染。公路建设扫尾阶段，对于废旧路段，料场及废石弃土场，能复耕的尽量复耕或进行绿化恢复植被。④加大科技推广应用。鼓励科技创新，推进信息化建设。在农村客运停靠站建设中加大节能新材料、新工艺、新技术的应用，GPS定位系统在营运车辆上得到广泛应用，监控中心稳步推进，信息化管理、节约型理念全面贯彻落实，机关能耗下降明显。

（黄祖芳）

【万载县大力抓交通运输对节能减排】 该县交通运输认真贯彻有关文件精神，紧紧围绕"节能减排，科学发展"这一主题，加强宣传，营造氛围，落实措施,把节能减排工作落实到全县道路运输行业的全方位、全过程,为打造低碳运输做出新的努力。①加强运输市场管理,优化运力结构。认真履行“三关一监督”职责,强化运输市场管理,抓好道路运输市场清理整顿工作,严厉打击非法营运车辆,坚决取缔高耗能的客货运车辆。②对机动车维修户进行年检,监督维修业户提高服务水平,降低车辆维修成本。探索农村客运市场新经营方式,积极引导农村客运线路由个体化经营向公化经营转变,节约运输成本,提高安全系数和抗风险能力。③充分发挥部门职能,加强行业管理从源头上限制高耗能车辆进入运输市场。同时,引导运输企业建立节能考核激励机制,深入推广节油驾驶技术。大力发展甩挂运输,优化运输组织.降低单位能耗。全年新购置30辆大众系列轿车投入运营,10辆全新的公交车投入运营。所有更新车辆均符合欧4排放标准。④坚持节约办公用品。充分发挥办公自动化优势,有效利用电子公文传输系统收发和办理文件,尽量在电子媒介上修改文稿,减少出清样次数。办公用纸双面打印或重复利用,积极推行无纸化办公。逐步规范办公用品设施的配备、采购和领用管理,提倡修旧利废,严格控制办公用品的使用量。打印机、复印机的墨粉用完后,重新灌装,重复使用,促进办公用品的高效利用和循环利用。教育广大干部职工,节约一滴水、一度电、一升油,要爱护环境,积极参与各项公益活动,使“万载更美,社会更和谐”。

(县交通运输局)

【上饶市节能环保“水、陆”双管齐下】 2013年,上饶市交通运输局加快了客运车辆的结构调整与更新,加速淘汰不符合安全运行条件的老旧车辆,限制和淘汰技术等级低,能源消耗大的车辆。禁止排放不达标、尾气污染严重的车辆从事营运。推广使用节能型、环保型车辆。运管部门在配发道路运输证时,将燃油消耗量作为必要指标,禁止高耗油车辆进入营运市场。2013年,度上饶市新增柴油车6042辆,新增新能源公交车60辆,淘汰高耗能老旧车辆641辆,实现综合节能效益1.479万吨标准煤。在水路运输领域,相关部门积极推进老旧船舶的更新改造和淘汰工作,继续对长江内河船舶运力结构进行调整,通过采取补偿等措施,促成老龄船舶提前下线。航运企业开展了高耗能设备的改造与淘汰工作,不断优化运输船舶的结构。本年度共对4艘老旧船舶进行了拆解,经测算,实现综合节能效益0.025万吨标准煤。

(严　纲　韩晓艺)

【上饶市行业节能技术广泛应用】 进一步完善了客运车辆和危险品运输车辆GPS监控系统建设,2013年上饶市中心城区511辆出租汽车免费安装使用了GPS车载终端和LED显示屏,健全了出租车安全监控平台,并利用此平台开通了出租车电召服务,为乘客提供方便、快捷的服务,减少空载率;上饶市公交公司积极推进公交智能化改造,加大投资力度,安装更新了公交GPS调度监控和车载视频监控系统,全力打造科技公交、智慧公交,更合理调配运力,提高车辆的运行效率,达到节能减排的目的。截至2013年,上饶市安装GPS车辆数达到3208辆(其中:公交车267辆、出租车511辆、营运客货车辆2430辆),经测算实现综合节能效益0.1335万吨标准煤。

(严　纲　韩晓艺)

水路运输节能减排

【湖口检查站配合省环保厅进行水质检测】 2013年2月25日上午10时,中石化九江至樟树成品油输油管道发生漏油,油污从新祺周支流流入潦河,由于潦河为汇入鄱阳湖的修河支流,鄱阳湖水质的安全引起政府的高度重视。2月27日,湖口检查站受命协助有关部门对鄱阳湖水域进行检测。检查站立即启动应急预案,出动运政20号艇全力协助省环保厅、水利厅以及市政府等部门工作人员对湖口至永修吴城水域进行水质检测。

漏油点导流渠已得到有效清理,石油类指标趋于稳定,永修段河流污染得到控制,水质逐渐趋于稳定。

(九江市交通运输局)

【江西水运减排项目备忘录签字仪式在昌举行】 3月28日,省港航管理局与中油中泰燃气投资集团在南昌举行签字仪式,共同签署江西水运减排项目备忘录。省交通运输厅党委书记朱希、副厅长万明,中油中泰燃气投资集团有限公司总裁高发连、副总裁姜兆巍,省港航局局长于钦民、党委书记严允及厅党办、中油中泰燃气投资集团相关人员出席签字仪式。省港航局副局长乔文典和中油中泰燃气投资集团有限公司副总裁姜兆巍代表双方在相关文件上签字。

推进水运节能减排,发展绿色低碳运输是转变发展方式,实现科学发展、绿色发展的必然途径。为减少内河营运船舶 CO_2 的排放,实现内河水运绿色发展的要求,省港航管理局与中油中泰燃气投资集团经过友好磋商,同意在江西实施柴油—LNG 双燃料混合动力船舶改造试验和加气站建设工程的项目,建立协作机制,共同推进水运减排项目的实施。

交通运输厅副厅长万明在签字仪式上致辞。他指出,江西交通运输事业在科学发展绿色发展中崛起,实现了跨越式发展,鄱阳湖生态经济区高等级航道、主要港口建设迈上了新台阶。江西水运突出主题主线,努力推进结构调整。水运基础设施建设坚持保护自然生态环境,保护水资源。水路运输船舶大力推行大型化、标准化、专业化,特别注重发展高技术性能的节能环保船舶。他要求,各级港航部门要加强转变发展方式,推进节能减排工作的宣传指导,引导水运企业转变发展方式,提升发展能力。依法加强市场监管,创造良好的水运发展环境。全省水运企业要加快发展大型化、标准化、专业化运输船舶,充分发挥水路运输绿色、低碳、环保的比较优势,努力提升水运企业市场竞争力和综合实力。

(倪　磊　陈明中)

【鄱阳湖国际生态旅游区客运港项目节能评估和审查获批复】 6 月 13 日,总投资 1.81 亿元的星子鄱阳湖国际生态旅游区中心客运港项目节能评估和审查获省发改委正式批复。

项目由江西青山绿水旅游有限公司投资建设,地点为星子县紫阳堤边,建设内容包括游轮码头、游艇码头、客运中心和望湖亭等。该项目是策应星子县构建"环庐山百里休闲旅游走廊"战略,充分利用鄱阳湖生态旅游资源,集旅游集散、综合服务、水上旅游、客运、文物保护等功能于一体的综合性旅游区。项目建设期 3 年。建成运行后,年综合能源消费量为 1134.44 吨标准煤(等价值),客运中心单位建筑面积电耗不超过 50.73 千瓦时/平方米·年。

(黄友坚　陈明中)

【鹰潭市人大常委会领导到界牌处调研信江水质安全问题】 7 月,鹰潭市人大常委会副主任尹宁一行到界牌航电枢纽管理处调研,了解有关信江水质方面事宜。

界牌航电枢纽工程自建成以来,确保了信江沿岸生产生活用水和城市景观生态用水,为鹰潭市全力打造"一江两岸"发展格局做出积极贡献。随着经济不断发展、人口逐年增多,工业废水和生活污水的排放增加,信江上游水污染日益严重。界牌枢纽运行时,雍水抬高水位,增强稀释作用,但同时流速减缓,不利于污染物扩散及自净。

调研中,尹宁对界牌枢纽能够服从大局、积极配合地方政府改善信江水质表示肯定。他指出,确保信江水质安全需要各方共同努力、齐抓共管,一方面,政府及相关部门要加强对沿江两岸污染源监管及水质监测的力度;另一方面,界牌处也要根据该区域降水和污染情况,不定期提闸放空,以利于净化回水区域水质。尹宁强调,枢纽与地方政府要一如既往加强沟通,努力形成协调运行机制,为共同保护信江作贡献。

(董　彤)

【宜春市港航处为船舶节能环保牵线搭桥】 为倡导节能环保理念,促进绿色循环低碳发展,降低船舶运输成本,提高企业经济效益,11 月 4 日,宜春市港航管理处与宜春深圳燃气股份有限公司联系协商,作为试点,宜春深圳燃气公司免费为宜春市 1 艘运输船舶改装天燃气动力技术,同时对后继改装船舶将在价格上给予优惠。此举为船主减轻了经济负担,为宜春市船舶向节能环保方向发展起到了推动作用。

(宜春市港航管理处)

行政机关、事业单位节能减排

【安源区交通运输局着力打造节能型交通运输单位】 长期以来,该局高度重视节能降耗工作,将节能工作纳入年度考评,严格落实节能工作各项规定,全力打造“低碳型”“节能型”机构。一是宣传教育、倡导低碳。积极教育引导广大干部职工树立“低碳、节约”的生活理念,从节约一滴水、一度电、一张纸开始,降低办公成本,养成随手关灯、关水阀、关电脑、关空调等良好习惯,杜绝资源浪费。二是完善管理、压缩成本。制定了详细的节能工作制度、措施,确保不出现奢侈浪费现象。合理安排公务车辆,严格执行公车使用、维修、燃油定量制度,降低能耗。定期对单位办公楼内电线、网线和水管等基础设施及耗能设备进行经常性检查维护,杜绝“漏滴冒跑”等现象发生。三是落实管护、责任到人。要求干部职工“人人重节约、个个懂低碳”。规范各办公用品的配备领用,对各股室办公用品和办公设备落实管护责任,明确责任人。办公耗材严格按标准配备,最大限度节约资源,减少浪费。

(萍交局)

【上栗县交通运输局节能减排工作】 2013 年以来,该局紧紧围绕“节能减排,科学发展”这一主题,采取多种形式,在全体机关干部中开展“践行科学发展观,推进节能降耗”,营造节能减排工作的良好氛围。一是加强了宣传。每季度召开一次节能工作会议,组织全体机关工作人员认真学习文件,充分认识到做好减排工作的重要性和紧迫性,切实增强责任感和使命感,把节能减排工作作为重要工作任务来抓。二是强化领导。成立由局长任组长,副局长任副组长的节能减排工作领导小组,加强对本单位资源节约各项工作的指导、协调、督查和考核。三是跟进管理。2013 年通过对办公经费的控制,加强水、电和车辆的管理,比 2012 年节约各种费用开支 2 万余元,城市公交通过更换公交车辆,比上年同期减少用油 20%。四是加强监督。节能工作领导小组专人负责落实本单位节能工作措施,不定期开展检查,对浪费资源、节能措施实施不到位的科室和个人给予通报批评。

(上　粟)

【袁州交通运输局节能减排工作落到实处】 该区交通运输局以可持续发展为理念,积极创建节约型机关,采取一系列行之有效的措施,不断加大节能减排的工作力度。与上年相比,水、电、公务车用油量等耗用指标明显下降。一是加强组织,完善领导机构。成立以主要领导为组长,分管领导具体抓的专门机构,指定专人负责每月的能源消耗量统计工作,并及时报送至区机关事务管理局。二是建立健全工作机制。制订工作方案,下发节能减排实施方案,明确工作目标,具体指导节能减排工作的开展。建立节能减排活动周制度,6 月中旬开展节能减排活动周。三是加强宣传,开展多种活动。通过在办公楼悬挂宣传横幅、标语,开展“绿色出行日”、“能源紧缺体验日”、节能环保驾驶等活动,提醒机关工作人员注意节能降耗,引导广大干部职工牢固树立节约意识和节能理念,提升本单位节能减排工作层次和水平。四是制定措施,监督落实。强化日常管理,加大水电巡查力度,每月定期进行水电设施例行查检,杜绝长明灯、长流水和“跑、冒、漏”现象;加强公车管理,严格实行 IC 卡制度,一车一卡,每月定限;规范办公用品管理,实行办公用品领用实名登记制,严格控制纸张使用,减少纸张浪费,提倡采用双面复印和打印。

(李　庆)

【丰城市交通运输局节能减排取得实效】 该市交通运输局高度重视节约减排工作,把节能减排工作作为全年工作重点,加强领导,落实举措,制订实施方案,做到组织、领导、举措、职责、任务“五落实”有部署,有检查,有考核,有总结,全市交通运输节能减排取得实效。一是加强领导。市局和运输企业成立节能减排领导小组,实行统一领导。统一组织,统一部署,统一考核,统一总结,树立先进典型,表彰先进。二是发动群众。局和运输企业召开干部、工人大会,传达学习中央、省、市有关节能减排精神,动员大家提合理化建议,大力开展节约一度电、一滴油、一张纸活动,节能减排成为广大群众自觉行动。二是加快车船更新步伐。为提高运输效能，引导和支持运输企业多方筹集资金，淘汰油料消耗大的旧车船，加快车船更新步伐，既降低运输成本，又实现绿色环保运输。通过抓节能减排工作，全年更新出租车160辆，更新公交车74辆和大批营运货车，新车比旧车油料消耗下降15%以上，局机关公车油耗同比下降40%；水费同比下降27%；电费同比下降0.5%。

（熊雪芽）

《江西省志·交通运输志资料长编》审稿会省地方志办副主任周慧到会指导

科技 教育 卫生

科 技

【概述】 2013年,江西交通运输科技工作坚持以科学发展观为统领,以发展现代交通运输业为导向,深入实施“科技强交”战略,依托项目建设,大力推进,协同创新,狠抓科技创新能力、重大项目研发、成果推广应用、行业标准化建设、节能减排管理和现代信息化技术应用,着力解决制约交通运输科学发展的关键技术和难题,积极推进节约型、创新性行业建设,为全省交通运输科学发展提供了有力的支撑和引领。

全年共确定交通运输科技计划项目49项,其中,3个科技项目被列入省部科技项目计划,1个被列入省自然科学基金项目计划。取得交通运输科研成果27项,其中,9项科研成果获得省部级以上奖励。新增1个省级工程技术研究中心,25项技术获得国家专利和证书,8项成套技术上升为省地方标准。召开全省交通运输科技创新会议,攻克了一批关键技术,开展了一系列技术交流活动,推广应用了一批技术成果,行业创新能力建设取得新成效。

强化交通运输科技管理。一年来,结合行业发展实际,继续开展科技项目计划申报工作,确定了一般性科技项目计划30项。推进重大科技项目招投标工作,依托昌樟高速改扩建工程,招标确定“高速公路改扩建工程路基修筑关键相关技术研究”“旧沥青路面承载能力评价与改建路面耐久性结构设计方法研究”“在役宽幅PC空心板(药湖大桥利用部分)结构安全评估关键指标研究及其实时监测应用示范”“高速公路改扩建全程双向四车道保通与应急技术研究”“基于物联网的高速公路不利气候条件下运行监测关键技术研究”等5个重大科技项目承担单位和合作单位。

强化重点工程科技技术攻关。按照“随时申报、随时受理、及时立项评审”要求，支撑抚吉、万宜、九绕、都九、昌樟、井睦、吉莲等重点工程建设，安排科技项目计划16个。为支持行业重点实验室和技术研发中心建设，安排科技项目计划3个。

强化省部级科技计划项目申报工作。省交通科学研究院承担的“基于车—路相互作用及路面结构动态响应的检测评价技术研究”、江西赣粤高速公路股份有限公司承担的“高速公路运行管理与应急处置关键技术研究及应用”被列为交通运输部科技项目计划。江西交通职业技术学院承担的“环鄱阳湖地区村镇聚落规划建设特色的协同缀合研究”被列为江西省自然科学基金项目计划，省交通科学研究院承担的“预应力混凝土桥梁开裂后的力学性能研究与工程应用”被列为江西省科技支撑计划项目。截至年底，全行业在研科技项目247项。王昭春、余力克、彭明、彭爱红等4人被评为“第七届中国公路百名优秀工程师”。

科技成果丰硕。2013年，通过鉴定验收并登记的各类科技成果27项，其中，“体外预应力加固桥梁关键技术研究及工程示范”“新型公路边坡柔性支护技术应用研究”等9项研究成果达到国际先进水平。

科技奖励颇多。2013年，一批科研项目获国家及省部级科技进步奖励，获奖项目的数量与质量较上一年均有明显提升，其中，省交通科研院完成的“长大跨桥梁结构状态评估关键技术与应用”获国家科学技术进步二等奖；省交通科研院完成的“体外预应力加固桥梁关键技术研究及工程示范”、公路开发总公司完成的“高速公路深厚软基加固与智能信息化监测关键技术”、赣粤高速公路公司和天池科技公司联合完成的“高速公路沥青路面改造关键技术及其工程应用”、省交通科研院和省公路局联合完成的“湿热山区高速公路沥青路面建设关键技术及示范”等4个项目获江西省科学技术进步奖。

知识产权工作与知识产权保护意识明显增强，知识产权工作力度进一步加大。省交通科研院的“压电式动态条形称重板”、省天驰高速科技发展有限公司的“自行式桥梁视频检测仪”、省交通设计研究院有限公司“的一种路桥隧安全综合检测监控预警装置”等19项技术取得国家发明和实用新型专利；《道路检测数据处理系统》等6项技术获得国家软件著作权证书；9项技术获得专利申请受理，出版《体外预应力加固桥梁技术与工程实例》《汽车营销实务》等专著3部。

科技条件平台建设取得新成效。2013年继续开展基础条件平台建设，行业创新能力持续提升。省交通设计研究院有限责任公司申报的“江西省公路桥梁工程技术研究中心”获省科技厅批准成立，成为全省交通运输行业第三个省级研发平台。省交通科研院科研基地正式投入运营。启动行业科技创新团队培养计划，选树了10个科技创新团队作为行业科技创新工作的骨干力量。

科技交流与合作全面推进。2013年，积极组织参加各类技术交流活动，组织科技人员参加科技大讲堂4次。省公路学会立足行业发展需求，拓展科技交流空间，举办高速公路与气象灾害监测预警、庐山西海高速公路绿色交通科技示范工程技术交流会等7次学术交流活动。

科技成果推广应用力度加大。2013年，庐山西海高速公路安全绿色交通科技示范工程，通过省交通运输厅组织的预验收，33项科技成果在该工程中得到推广应用。召开科技成果推广应用研讨会，发布“沥青路面就地热再生技术”等6项新技术科技成果推广应用目录，加速科技成果转化应用，推进行业可持续发展。

行业节能技术得到推广应用。开展营运客车节能技术改造，推广了发动机风扇离合器与热管理、子午线轮胎、GPS技术监控车速等8项综合节能成套技术。选择“内河集装箱码头调度指挥系统”“南昌保税物流中心153.6千瓦光伏电站工程”“长大公路隧道综合节能技术应用研究及示范”“江西省交通建设工程民工工资管理信息系统”“4000型沥青混合料拌和站油改天然气节能项目”“天然气重型半挂牵引车应用项目（日通货运）”“绿色宽基轮胎在道路运输中的应用项目”“上饶公交油改气工程”“油气混合动力在运输船舶上的应用”“营运车辆卫星定位及能耗监测系统”等10个项目，将全省交通运输行业第三批节能减排示范项目予以推广。积极组织交通运输部节能减排专项补助资金申报工作。南昌市公共交通总公司的“安全行车管理综合监控体系建设”、江西交远物流有限公司的“南昌保税物流中心公共物流信息平台”、萍乡市达金物流有限公司的“营运车辆智能化资源调度和监控管理系统”、九江市公共交通集团公司的“智能调度系统在城市公交中的运用”、赣州华宏汽车有限公司的“绿色汽车维修节能减排技术应用”5 个项目获得交通运输部以奖代补专项资金 312 万元。

技术标准化工作稳步推进。召开交通运输标准化技术委员会年度工作会议,审议通过年度省地方标准申报计划和省交通运输行业标准计划。《江西省高速公路红砂岩路基施工技术规范》《江西省高速公路施工质量控制技术要求》《高速公路机电系统维护技术规范第 1 部分:通用技术要求》《江西省高速公路绿化设计技术规程》《江西省高速公路绿化养护技术规程》《江西省高速公路绿化施工技术规程》《江西省高速公路绿化工程质量评定与验收标准》《废轮胎橡胶沥青路面施工技术规范》等 8 项省地方标准通过审定或颁布实施;《高速公路交通机电系统维护技术规范第 2 部分:监控设施》《高速公路交通机电系统维护技术规范第 3 部分:通讯设施》由省交通运输厅发布实施。

(何爱鹏)

2013 年全省交通运输行业科技成果一览

表 17

项目编号	项目名称	承担单位	负责人	成果鉴定编号
2009C0043	厂拌冷再生沥青混合料下面层在高速公路大修工程中的应用研究	江西赣粤高速公路股份有限公司、赣粤高速九景高速技术改造项目办公室、江西天池高速科技发展有限公司、江西赣粤高速公路工程有限责任公司	林天发	赣交科鉴字〔2013〕第 01 号
2009C0041	江西高速公路桥梁铺装防水黏结层典型结构研究	江西赣粤高速公路股份有限公司、赣粤高速九景高速技术改造项目办公室、江西天池高速科技发展有限公司	胡文华	赣交科鉴字〔2013〕第 02 号
2009C0042	高模量沥青面层技术在江西省高速公路调坡路面中的应用研究	江西赣粤高速公路股份有限公司、赣粤高速九景高速技术改造项目办公室、江苏省交通科学研究院股份有限公司	胡文华	赣交科鉴字〔2013〕第 03 号
2010X0037	基于智能客户端的交通运输企业联网审计系统研究与开发	江西赣粤高速公路有限公司、北京中普审业软件有限公司	邹龙赣	赣科鉴字〔2013〕第 06 号
2009C0044	废旧橡胶粉改性沥青在高速公路路面中的应用研究	江西赣粤高速公路股份有限公司、同济大学、江西省公路科研设计院	谢来发	赣科鉴字〔2013〕第 05 号
2010T0061	汽车运用技术专业人才培养模式的研究与实践	江西交通职业技术学院	徐　昭	赣交鉴字〔2013〕第 06 号
2009C0038	新型公路照明灯 HID 技术应用研究	鹰潭至瑞金高速公路项目建设办公室、江西省公路机械工程局	朱能维	赣交科验字〔2013〕第 07 号
2010C0067	高速公路隧道 LED 实时照明智能变光测控系统的研究	省交通运输厅瑞金至寻乌高速公路项目建设办公室、省交通科学研究院	胡　智	赣交科验字〔2013〕第 08 号
2010H0028	体外预应力加固桥梁关键技术研究及工程示范	省交通科学研究院、省桥梁检(监)测及加固重点实验室、北京交通大学、东南大学	江祥林	赣交科鉴字〔2013〕第 09 号
200835	新型公路边坡柔性支护技术应用研究	省公路机械工程局、长安在大学、省交通运输厅鹰潭至瑞金高速公路项目建设办公室	喻光华	赣交科鉴字〔2013〕第 10 号

续表 17

项目编号	项目名称	承担单位	负责人	成果鉴定编号
2010T0062	江西高速公路节能减排路径与综合管理体系	江西赣粤高速公路股份有限公司	梁志爱	赣交科软评字〔2013〕第11号
2010H0030	基于视知觉的大型桥梁路面减损及交通安全改善技术研究	九江长江大桥（公路桥）管理局、武汉理工大学	户才淦	赣交科验字〔2013〕第12号
2011C0015	湖沥青在上武高速公路路面工程中的应用研究及示范	上饶市交通工程质量监督局、上饶至武夷高速公路建设管理处	万益春	赣交科鉴字〔2013〕第13号
2009H0027	斜拉—连续协作桥Ⅱ型梁与箱梁的衔接结构研究	省交通设计研究院有限责任公司	聂复生	赣交科鉴字〔2013〕第14号
2010C0069	高速公路沥青路面热反射涂层应用技术研究	省交通运输厅永修至武宁高速公路项目建设办公室、江西交通咨询公司、重庆交通大学	樊友伟	赣交科鉴字〔2013〕第15号
2010W0033	150TEU 干支直达集装箱标准	江西远洋运输公司	赵建歧	赣交科验字〔2013〕第16号
2010C0068	江西省交通房建工程主要材料应用技术条件研究	省交通运输厅永修至武宁高速公路项目建设办公室、江西交通咨询公司、省建材科研设计院、省交通工程质量监督站	徐世田	赣交科验字〔2013〕第17号
2009H0026	山区高速公路特殊小桥涵设计集成系统	省交通设计研究有限责任公司	陈　国	赣交科鉴字〔2013〕第18号
2012X0061	基于分布式传感网技术的内河码头船舶靠岸供电管理系统研发	江西国际集装箱码头有限责任公司	侯会斌	赣交科验字〔2013〕第19号
2011H0059	江西省交通建设一线作业人员岗前安全培训教学研究	省交通工程质量监督站	于文金	赣交科软评字〔2013〕第20号
DB 36/T 698 - 2013	高速公路服务区设计规范	省交通运输厅规划办公室、吉安至莲花高速公路项目建设办公室、南昌大学设计研究院	刘维文	赣交科软评定〔2013〕21号
DB 36/T 699 - 2013	高速公路收费所占管理用房设计规范	省高速公路投资集团有限责任公司、吉安至莲花高速公路项目建设办公室、省交通运输厅规划办公室、南昌大学生设计研究院	邝宏住	赣交科软评字〔2013〕22号
DB 35/T 743.1 - 2013	高速公路机电系统维护技术规范第1部分:通用技术要求	江西路通科有限公司	秦小明	赣交科软评字〔2013〕23号
DB 36/T 744 - 2013	废旧轮胎橡胶沥青路面施工技术规范	省公路科研设计院	彭德清	赣交科软评字〔2013〕24号
2012T0073	汽车节能技术在交通运输中的应用研究	省交通科学研究院	彭　明	赣交科验字〔2013〕第25号
2010 - 353 - 336 - 170	绿色公路建设关键技术与应用研究	省交通运输厅永修至武宁高速公路项目建设办公室/交通运输部公路科学研究院	王昭春	交科鉴字〔2013〕第27号
2010 - 353 - 336 - 180	高速公路沿线水环境安全保障关键技术研究	省交通运输厅永修至武宁高速公路项目建设办公室/交通运输部公路科学研究院	俞文生	交科鉴字〔2013〕第28号

（省交通运输厅科教处）

2013 年全省交通运输行业科技计划项目一览

表 18

编号	项目名称	承担单位
2013Y0001	水泥乳化沥青混凝土在路面关护中的应用研究	宜春公路局丰城分局、长沙理工大学
2013Y0002	垂向多级土壤渗滤技术处理高速公路污水研究	省交通工程质量监督站、中国地质大学
2013Y0003	基于图像的路面损坏自动检测技术研究与应用	省公路工程检测中心、长安大学、北京长大众安监测技术有限公司
2013Y0004	多功能矿物纤维沥青混凝土在湿热地区的应用研究	省交通科学研究院、南昌至宁都高速公路项目建设办公室
2013Y0005	水稳基层泡沫沥青就地冷再生混合料配合比设计及路面结构设计方法研究	省交通运输技术创新中心、省高速集团赣州管理中心
2013X0001	高速公路移动互联网路况管理及发布平台的研究与应用	省交通科学研究院
2013X0002	基于物联网的公路隧道机电设备故障应急响应系统研究	省交通科学研究院、萍洪高速公路项目办
2013X0003	江西省交通运输能源消耗统计、监测与考核信息系统研发	省交通运输技术创新中心
2013R0001	江西省交通运输厅科技计划项目管理办法(修订)研编	江西交苑公路工程试验检测中心
2013R0002	江西省设区城市公共交通发展考核评价指标体系	省公路运输管理局、省城市公共交通协会、华东交通大学
2013R0003	高速公路后评价指标系研究	江西交通咨询公司
2013R0004	县域综合交通运输体系建设研究	南康市交通运输局、省交通科学研究院
2013B0001	江西省公路养护工程质量检验评定标准	省交通科学研究院
2013B0002	机动车维修行业管理信息系统技术规范研编	省公路运输管理局等
2013B0003	高速公路交能机电系统维护技术指南(第 3 –6 部分)研编	江西路通科技有限公司、江西方兴科技有限公司
2013B0004	填方路基压实质量的波电场耦合快速检测技术指南研编	赣州高速公路有限责任公司、江西农业大学、重庆交通大学
2013B0005	公路沥青路面防水抗裂层设计施工技术指南研编	省公路桥梁工程局、赣州至崇义高速公路项目建设办公室、省交通运输技术创新中心
2013B0006	高模量沥青混凝土施工技术规范研编	省交通科学研究院、省公路桥梁工程局、赣州至崇义高速公路项目建设办公室、省交通运输技术创新中心
2013B0007	江西省高速公路交通安全设施、机电工程施工质量控制要点研编	省交通工程质量监督站、江西公路开发总公司
2013T0001	科普知识宣讲	省公路学会
2013T0002	江西省交通运输行业科技成果推广	省交通运输科技推广中心
2013T0003	2013 年全省交通运输行业科技统计数据分析	省交通运输技术创新中心

续表 18

编号	项目名称	承担单位
2013Y0006	江西省交通运输行业现代交通运输物流重点实验室	江西交通职业技术学院
2013Y0007	江西省交通运输行业机动车检测与诊断工程技术研究中心	江西交通职业技术学院
2013Y0008	江西省交通运输行业道路检测工程技术研究中心	省公路工程监理公司
2013Y0009	江西省交通运输行业公路隧道安全工程技术研究中心	省交通科学研究院
2013Y0010	江西省交通运输行业公路施工与装备工程技术研究中心	省公路机械工程局
2013Y0011	江西省交通运输行业地质灾害防治工程技术研究中心	省交通设计研究院有限责任公司
2013Y0012	江西省交通运输行业交通地理信息工程技术研究中心	省交通设计研究有限责任公司
2013Y0013	江西省公路桥梁工程技术研究中心	省交通设计研究院有限责任公司
2013C0001	江西省高速公路建设项目廉政监管效力后评估指标体系研究及应	省高速公路投资集团有限责任公司抚州至吉安高速公路项目建设办公室、省交通科学研究院
2013C0002	桥隧三维地质成图系统在万载至宜春高速公路项目的应用	万载至宜春高速公路项目建设办公室、省交通设计研究院有限责任公司
2013C0003	基于层位功能的组合式基层沥青路面结构及其混合料设计研究	万载至宜春高速公路项目建设办公室、南昌工程学院
2013C0004	基于试验方法的 PC 桥梁结构承载能力评估研究	万载至宜春高速公路项目建设办公室、武汉理工大学
2013C0005	高路堤钢波纹管涵预拱度控制及地方标准研究	万载至宜春高速公路项目建设办公室、中交一公院
2013C0006	高速公路膨胀土路堑边坡稳定综合处治关键技术研究及应用	万载至宜春高速公路项目建设办公室、南昌工程学院、省交通运输技术创新中心
2013C0007	基于红外热像方法的高速公路沥青路面施工离析质量控制研究与推广示范	万载至宜春高速公路项目建设办公室、省交通运输技术创新中心
2013C0008	恶劣天气条件下高速公路路况监测预警及应急处置研究	九绕高速公路工程建设项目办公室、长沙理工大学
2013C0009	高速公路 CFG 桩复合地基加固深厚软基技术成果推广应用	九绕高速公路工程建设项目办公室、南昌工程学院
2013C0010	都九高速温泉隧道断层区复合衬砌受力特性与施工优化研究	都昌至九江高速公路建设项目办公室、南昌工程学院
2013C0013	软基智能光纤光栅监测技术在九绕高速公路的推广应用与示范	九绕高速公路工程建设项目办公室、南昌工程学院
2013C0011	高速公路改扩建工程路基修筑关键相关技术研究	昌樟高速公路扩建项目建设办公室、长沙理工大学

续表 18

编号	项目名称	承担单位
2013C0012	旧沥青路面承载能力评价与改建路面耐久性结构设计方法研究	昌樟高速公路改扩建项目建设办公室、同济大学
2013R0005	江西省交通运输“十一五”以来科技创新成果研编	省交通运输技术创新中心
2013X0004	江西省高速公路养护基础信息管理系统研究与开发	省高速公路养护工程技术研究中心
2013Y0014	江西省高速公路路面环保型沥青混合料研发与应用	省高速公路养护工程技术研究中心、长安大学
2013C0016	聚合物改性水泥混凝土路面技术及在江西高速公路应用研究	井冈山夏坪至睦村高速公路项目建设办公室、重庆交通大学
2013C0017	隧道用低回弹喷射混凝土及其关键技术研究	井冈山夏坪至睦村高速公路项目建设办公室、山东大学
2013C0018	复杂断层破碎带隧道突水突泥机理及防治技术	吉安至莲花高速公路项目建设办公室、山东大学

(省交通运输厅科教处)

【“十一五”计划期间交通科技成就喜人】 “十一五”计划期间,全省交通运输系统以科学发展观为统领,在全力推进交通运输大建设、大发展、大跨越的同时,大力实施“科技强交”战略,科技创新工作呈现出加快发展、全面提升的良好局面,集中表现为“一个翻番、两项突破、四大成效”。“一个翻番”,即全系统科技投入同比翻了一番。“两项突破”,即2010年“公路在用桥梁检测评定与维修加固成套技术”获国家科技进步二等奖,2011年“乳化沥青混合料厂拌冷再生技术”获江西省科技进步一等奖,两项目科技成果奖项实现首次突破。“四大成效”,即一是公路建设、养护、桥隧修筑等重点领域关键技术攻关取得显著成效,取得了一批拥有自主知识产权、高水平的公路养护科技成果;二是交通运输创新能力建设取得显著成效,建成3个省级重点实验室、工程技术研究中心,3家厅属企业被认定为国家级高新技术企业,2家单位获准设立博士后科研工作站;三是节能环保安全技术攻关取得显著成效,交通运输资源再生循环利用、隧道照明、隧道和桥梁运营安全等领域部分科研成果达到国内、甚至国际先进水平;四是行业标准化建设取得显著成效,完成省地方标准20项、行业标准4项。

(黄　金)

【全省交通运输科技创新视频会议在南昌召开】

11月29日,全省交通运输科技创新视频会议在南昌召开。省交通运输厅党委书记、厅长朱希出席会议并讲话厅领导王爱和、魏炳彦出席会议。会议由厅总工程师胡钊芳主持。会议总结“十一五”计划以来全省交通科技工作,部署了今后一个时期全省交通行业科技创新的目标任务,即紧紧围绕交通运输发展为中心,服务交通运输发展大局,努力做到“把握一个核心,夯实五项能力,强化三大保障”。“把握一个核心”,即要把握大力推进科技创新,为交通运输升级提速发展服务这个核心,集全行业之力推进科技创新,服务于交通运输升级提速发展。“夯实五项能力”,即夯实科技创新促进公路水运建管养水平提升的能力,夯实科技创新促进现代物流业发展水平提升的能力,夯实科技创新促进绿色低碳交通运输发展水平提升的能力,夯实科技创新促进行业安全应急保障水平提升的能力,夯实科技创新促进行业服务管理信息化水平提升的能力。“强化三大保障”。即,强化组织领导保障;强化体制机制保障:一是要强化企业科技创新主体地位;二是要搭建产学研相结合的平台;三是要完善科技成果推广应用机制。强化人才队伍保障,促进江西交通运输科技创新再上一个新台阶,用科技创新的力量推动江西交通运输事业又好又快发展。

各设区市交通运输局、公路局，厅直属各单位、各重点工程项目办、厅管行业学会、协会、厅机关各处室有关负责人参加会议。

（黄　金）

【省交通设计研究院有限责任公司技术创新硕果累累】 2013年，省交通设计研究院有限责任公司技术创新硕果累累：

①由该院主持设计的景婺黄高速公路荣获第十一届中国土木工程詹天佑大奖，该奖项是江西省土木工程界的第一个詹天佑奖，也是该院建院38年来在科技方面取得的最高荣誉。

②由该院主持设计的福银高速公路九江长江公路大桥于8月建成通车。该桥主跨818米，为世界斜拉桥第七大跨径。大桥设计多项技术创国内领先水平，其中，依据地物和航道条件而创意设计的两塔不对称布索技术复杂，为罕见的特大跨径斜拉桥构造型式，标志着该院斜拉桥设计水平迈上新台阶。

③由该院设计的井冈山至睦村（赣湘界）高速公路于10月建成通车。该项目的咽喉工程——井冈山隧道，全长6.8千米，是省内最长的公路隧道，也是全国首座于同一位置设置双通风斜井的特长公路隧道。该项设计的成功，标志着该院公路特长隧道的通风设计水平得到了新的提升。

④该院数字公路技术研究实现新跨越。以三维地理信息系统为平台的公路数字成像技术达到了国内领先水平，实现了待建公路与周边地形、地物的全融合仿真。应用该技术已成功地对南昌南外环整条高速公路建成后的效果进行了仿真模拟动画展示，受到交通设计行业和社会的广泛关注和好评。

⑤工程咨询和工程设计项目报告工作喜获丰收。济广高速公路江西瑞金至寻乌（赣粤界）段新建工程项目被中国公路勘察设计协会评为2012年度公路交通优秀设计三等奖；兴国至赣县高速公路工程可行性研究报告获2013年度江西省优秀工程咨询成果奖一等奖，樟树赣江特大桥双桥建设工程可行性研究报告获二等奖。

⑥该院科研成果“地震作用下斜拉桥主副孔间防碰撞措施研究”被评为全省公路行业科学技术一等奖；“山区高速公路特殊小桥涵设计集成系统”和“山区高速公路高填方暗桥设计研究”被评二等奖。“斜拉——连续协作桥Ⅱ型梁与箱梁的衔接结构研究”被鉴定为国内领先。

⑦获得国家原创发明专利1项、原创实用新型专利2项，为历年之最，已使该院专利总数达到7项。

（罗贤虎）

【全省交通运输科技创新大会在南昌召开】 12月19日，全省交通运输科技创新大会在南昌召开。副省长洪礼和、省政府副秘书长王水平出席会议。省交通运输厅党委书记朱希主持会议，省交通运输厅厅长马志武、交通运输部科技司副司长洪晓枫、省科技厅副厅长赵金城出席会议并讲话。厅领导万明、成松出席会议，厅总工程师胡钊芳作工作报告。

会议要求，要把科技创新工作作为转变交通运输发展方式的中心环节，摆上重要议程，对照会议提出的目标要求，围绕发展中遇到重点难点问题，找准切入点和突破口，把各项工作落实到位，切实做到思路更清晰、目标更明确、重点更突出、措施更有力、成效更明显。加强督促指导，要有针对性地开展调查研究，提出对策措施，确保各项目标任务。

会议强调，一要牢牢把握方向，明确“十二字（定好位、搭平台、找准点、做实功）”交通运输创新驱动的发展思路。（1）定好位。找准位置，按照行业发展要求和自身实际，坚持有所为、有所不为，真正找到一条适合我省交通运输、适合本地单位科技创新的路子。（2）搭平台。搭建科技信息、科技研发、推广应用平台。（3）找准点。找准科技攻关项目的重点、找准发挥企业主体作用这个聚焦点、找准科技协同创新这个突破点。（4）做实功。把路、桥、港口、码头、枢纽等产品，运输、车辆、船舶、装装、安全应急、节能减排等领域科技含量多少作为衡量科技工作成效的重要标尺，努力使今后几年全省交通运输各地、各领域、各部门科技水平显著提升。二要强化政策措施保障，凝聚交通运输科技强交的强大合力。符合“十二字”方向的，要聚焦资金、聚焦资源，加大投入、重点突破。不符合“十二字”方向的，少投入或不投入。要建立首席专家制度，完善职称评审工作，壮大人才队伍。要把单位开展科技立项、攻关、成果推广应用情况纳入领导干部绩效评价和业绩评价的考评体系,并与企业经营考核及个人年度考核、任期考核、选拔任用等结合起来。要用足用好中央和江西企业科技创新的各项优惠政策,激发企业科技创新的积极性。

全省各社区市交通运输局、公路局,厅机关和厅省各单位有关负责人参加会议。

(雷声猛)

【2013年度江西4个项目获中国公路学会科学技术奖】 2013年度由江西省公路学会推荐的全省公路交通系统参评项目有4个获中国公路学会科学技术奖:

1. 以省交通科学研究院、北京交通大学、东南大学为主要完成单位,以胡钊芳、江祥林、杜进生、叶见曙、俞博为主要完成人的科研项目"体外预应力加固桥梁构造体系研究"获奖。

2. 以江西公路开发总公司、南昌工程学院为主要完成单位,以万保安、张鸿、熊茂东、黎剑华为主要完成人的科研项目"高速公路深厚软基加固与智能信息化监测关键技术"获奖。

3. 以省交通科学研究院、省公路管理局、瑞金至寻乌高速公路项目建设办公室为主要完成单位,以钱志民、雷茂锦、朱能维、赵华、朱耀庭为主要完成人的科研项目"湿热气候红砂岩山区高速公路沥青路面建设关键技术及示范"获奖。

4. 以江西赣粤高速公路股份有限公司、同济大学、江西省公路科研设计院、中川正中路面科技有限公司为主要完成单位,以谢来发、胡文华、徐晓霞、李秋平、彭德清为主要完成人的科研项目"废旧橡胶粉改性沥青在高速公路路面中的应用研究"获奖。

【省交通运输行业2项科研成果在全省科技奖励大会上获奖】 7月21日,全省科学技术奖励大会在南昌举行。省交通科研院承担的科研项目"大跨径公铁两用桥结构安全监测关键技术与方法"获省科技进步二等奖;武吉高速公路建设项目办公室承担的科研项目"高填路堤稳定性及非均匀沉降控制技术"获省科技进步三等奖。

(佚 啸)

【省交通设计研究院有限责任公司首次应用数字公路技术】 2013年5月,省交通设计研究院有限责任公司交通地理信息研究所运用以往完成的基于VRML和JAVA技术的三维建模技术,结合GIS技术完成了公路三维地理信息平台的搭建和开发。通过对卫星影像及数字高程获取技术、遥感影像处理技术、大规模地形裁剪技术、公路三维选线技术、互通匝道三维实时定线技术、影音合成技术的研究,该院地理信息研究所成功完成了南昌市南外环高速公路数字公路项目,这是数字公路技术在该院的首次应用。

该院地理信息研究所针对南昌市南外环高速公路(塔城至生米段)全长约35千米,包含枢纽互通9座和大中桥与分离立交20余座,路线跨越赣江并多次跨越铁路,数字公路平台的搭建任务十分艰巨的实况,在项目中采用0.5米的全色高分辨率卫星影像与2.5米多光谱卫星影像融合,结合全球数字地面高程和1:2000地形图模拟路线经过地区真实地形,所有数据信息均为实地信息,高程精度能达到厘米级,平面精度达到毫米级,可指导设计与施工。数字公路不仅能细腻表现路线、桥梁、互通立交的建成后景象,而且能让设计人员通过鼠标进入场景互动,动态查询精确设计信息,进行土石方分析、洪水分析、最短路径分析,同时能表现行驶的车辆、流动的水面、浮动的云彩、林立的建筑等细节,犹如身临其境,实现了待建公路与周边地形、地物的全融合仿真。为将数字公路成果更好地展现给大众,特别制作了10分钟视频动画,其中包含了6项新技术,技术手段达到国内领先水平,得到省、厅领导的好评和认可。

2013年7月,该院地理信息研究所将这项技术运用到效果图制作中,抛弃了以往采用3D软件建模的方法,制作了全线35.549千米"公路全景三维卫星影像图",在南昌市南外环高速公路投标中得到了成功运用。该图不同于以往的效果图,不仅能反映设计的效果,而且能体现设计的精确,图中所有物体的环境、坐标、高程与地形图和设计图完全一致,充分展示了数字化公路的概念,给人耳目一新的感觉。

(陈 国)

【景德镇市交通运输行业首次推出新能源汽车】 2013年，景德镇市新增105辆上海大众畅达新能源出租汽车，这是该市交通运输行业首次使用新能源汽车，意味着全市迈出节能减排、打造绿色交通的重要一步。12月11日，该市进行新增出租汽车经营权出让招标工作。通过招标，景德镇长运有限公司中标，获得新增105辆出租汽车6年经营权。该公司选择上海大众畅达新能源汽车为新增出租汽车车型，并投入营运。

（涂　强）

【“斜拉—连续协作桥Ⅱ型梁与箱梁的衔接结构研究”科研项目通过鉴定】 8月2日，省交通设计研究院有限责任公司承担的“斜拉—连续协作桥Ⅱ型梁与箱梁的衔接结构研究”科研项目通过省交通运输厅成果验收。

该项目主要内容是：研究斜拉—连续协作桥主梁的可选形式及其优缺点；研究斜拉跨采用Ⅱ型主梁和连续跨采用大箱梁的衔接问题，对国内已建斜拉—连续协作桥的兀型梁与箱梁的衔接方式进行结构分析比较；重点构思一种新的且受力合理的Ⅱ型梁和大箱梁的衔接构造，并对其进行空间有限元分析，必要时进行荷载试验；研究新型衔接结构的合理施工方案，总结出施工监控的要点和工序要求及斜拉—连续协作桥新型主梁结构的设计系统性技术。

与会专家认为，斜拉—连续协作体系桥与等跨径一般斜拉桥相比，具有刚度大、造价低、桥型美和施工速度快等优点，取得了以下主要创新成果：①提出箱梁的两箱与Ⅱ型梁的两肋平顺连接方式，外形美观，传力明确，构造简单新颖；②采用数值分析方法对斜拉部分的主梁与连续部分的主梁衔接部位进行系统的受力分析，从理论上论证了过渡段结构设计的可行性和有效性，主梁各部分受力均能较好地满足规范要求。③研究成果成功应用于江西丰城剑邑大桥（主跨55＋2165＋55米，斜拉—连续协作体系），经动、静载试验检测，满足规范要求，该桥已营运四年。鉴定委员会认为：该项研究成果具有推广应用价值，达到国内领先水平。

（周　立）

【新余市新增清洁能源公交车投入营运】 2013年，新余市公交公司在上半年购置22台混合动力新能源空调公交车的基础上，年底前再次投入资金，购置了18辆清洁能源（LNG）空调公交车，于12月正式投入运营，分别投放在该市主城区104路、303路等2条公交线路。由此进一步提升该市城市公交品位，满足市民绿色出行的乘车需求。

（彭　剑）

【“江西省交通工程质量安全管理平台”课题研发完成】 2013年，由省交通运输厅立项，省交通工程质量监督站研发的“江西省交通工程质量安全管理平台”通过在隧道进出口、料场、钢筋加工厂、工地试验室操作间等施工现场关键部位安装远程视频监控，运用数据分析、统计、远程传输等工作，实现对在建项目的远程网上监督。该平台的推广使用，实现交通工程质量安全环保监管的可视化、集成化、信息化和数据处理的即时化、标准化、自动化，大幅提高质量安全监督效率。

【江西远洋公司“瑞金”轮通过ISM代表船审核】 1月9日，交通运输部交通安全质量管理体系审核中心委托江苏海事局在张家港对江西远洋公司“瑞金”轮进行ISM代表船审核。审核组依据ISM规则对该轮进行全面审核后，一致认为“瑞金”轮实操基本符合要求，公司安全管理体系在船运行有效。

（刘建平）

【江西省地方标准两项设计规范正式实施】 3月1日，江西省交通运输厅编制的省地方标准《高速公路服务区设计规范》、《高速公路收费所站管理用房设计规范》经江西省质量技术监督局批准，正式实施。该2项标准分别规定了江西高速公路服务区、收费所站的类型划分、规划选址、建设规模、总体布局、建筑设施等方面的设计要求，适用于全省新建、扩建和改建的高速公路服务区和收费所站。

（周　珣）

【石虎塘水电站CDM通过第三方首次核查】 2010年1月5日，石虎塘项目办与西班牙政府正式签订《西班牙碳基金清洁发展机制减排量购买协议》。2012年1月31日，正式通过石虎塘水电项目核查。同年12月,根据世行有关要求,石虎塘项目办积极协助碳融资咨询方做好碳融资询事宜,先后五次提供尽职调查资料清单资料,完成编纂《江西赣江石虎塘航电枢纽项目的CDM项目管理和运行程序手册》,并完成相关资料准备工作。2013年,石虎塘水电站CDM顺利通过第三方首次核查。

(吕一琦)

【昌金高速推广应用乳化沥青厂拌冷再生混凝土技术】 2013年,沪昆高速昌金段路面维修推广应用沥青厂拌冷再生混凝土技术。

该项技术是将旧沥青路面铣刨后运至拌和厂,通过破碎、筛分,根据旧料中沥青含量、沥青老化程度、集料级配等指标,掺入一定数量的新集料、乳化沥青、水泥、水等进行常温拌和,由水稳摊铺机按一定工艺重新铺筑,形成新的路面基层或者面层。该项技术最大的特点是充分利用原有材料,不仅可以使维修产生的沥青废料实现循环利用,解决旧料堆放产生的环境污染问题,而且可以减少土地占用,节省矿山资源,实现良好的环境和经济效益。

(廖振华)

【省交通运输厅举行交通应急指挥车功能测试】 5月3日,省交通运输厅在昌奉高速进行应急指挥车功能测试。测试为应急指挥现场音视频获取能力、视频会议功能。技术人员通过交通VSAT宽带卫星技术实现指挥车与省厅应急指挥大厅的互联互通。利用车载升降式摄像机、整车四方位的针孔摄像机对移动应急通信指挥平台四周的环境进行监控。车载升降式摄像机最大升降高度为9米,可以全方位、大景深地拍摄现场的视频图像。同时,使用单兵无线图传设备,模拟应急事件发生时车辆不能到达事故现场的状况,让工作人员进行深入采集音视频信息。与此同时,厅应急指挥中心还在昌奉高速进行了“96122”远端坐席操作培训,对“96122”远端坐席的功能作用、基本操作、常用操作等进行详细讲解。全省已有隘瑞、德昌、永武、昌奉、吉莲等五条高速公路分中心安装了“96122”远端坐席。

(涂序东)

【省公路学会对九绕高速青山湖特大桥桩基施工开展技术咨询服务】 6月21日,受九江绕城高速公路项目办委托,省公路学会专家组赴施工现场对该项目A4标青山湖特大桥少数钻孔桩因地质条件复杂而发生的施工难题开展技术咨询服务。专家们在施工现场详细查看了施工环境、施工组织等情况,听取了施工单位技术负责人对问题成因及处治情况介绍,认真查阅了设计钻探资料,比对施工原始记录,与业主、设计、监理和施工单位代表进行座谈交流。经咨询小组研究讨论后,形成了技术咨询报告提交给项目办及施工方。

九江绕城高速公路北起杭瑞高速九景段新港互通(九江市庐山区新港镇)南接都九高速公路(星子县温泉乡境内),里程全长约46.637千米,路线位于庐山东麓,沿鄱阳湖西岸布设。A4标青山湖特大桥位于鄱阳湖滨湖区,区域内存在溶岩、漂石、流沙等复杂地质条件,全桥144根桩基大部分已探明存在溶洞,施工过程中遇到家了前所未有的困难,是九江绕城高速公路该新建项目建设的控制性工程。省公路学会专家组为该工程建设提供了最专业的技术指导。

(李文华)

【省高速集团泰和管理中心开展沥青路面裂缝“焊接”试验】 2013年,泰和管理中心为延长道路使用寿命,在泰井高速公路K11+000~K11+200路段开展了沥青路面裂缝“焊接”试验。

沥青路面裂缝“焊接”技术是预防性养护中的一项新工艺,是指通过裂缝专用检测设备对裂缝的宽度及深度进行检测分析的结果,再使用专门的焊缝设备把焊缝材料从裂缝下部向上对裂缝进行填充。该工艺使焊缝材料能够充分填充至路面裂缝的所有缝隙,把半刚性基层沥青路面的裂缝病害从底基层、再到沥青面层一并解决,从而将裂开的路面连接为一个整体,达到防水和结构性双重修复目的。在试验现场,工程养护部相关工作台人员、养护中心技术人员以及施工单位技术人员观摩了整个过程,基本掌握了沥青路面裂缝“焊接”技术的要点,为推进预防性养护工作提供技术支撑。

(郭　平)

【南昌龙头岗综合码头应用新技术进行桩基浇筑】 2013年，南昌龙头岗综合码头一期工程第一根桩基础顺利浇筑完成，标志着该项目水工建筑施工拉开序幕。水工建筑是龙头岗码头建设的重要组成部分，共有桩基340根。本次桩基施工采用钢护筒护壁，旋挖钻成孔，是目前较为先进高效的钻孔施工技术，具有机动性好、成孔速度快、定位精度高，更安全、交叉干扰少，更环保、不需制备泥浆等特点。

（邹秋宝　刘江舟　黄文平）

【“长大跨桥梁结构状态评估关键技术与应用”科研成果获国家科学技术进步二等奖】 省交通科学研究院与东南大学等单位共同承担的科技项目“长大跨桥梁结构状态评估关键技术与应用”成果获2013年度国家科学技术进步二等奖。

该项目基于长大跨桥梁具有投资大、工作环境恶劣、服役周期长、灾变后果严重等特点及针对传统的桥梁维护管理手段单一、自动化和科学化程度低，亟须在理论和实践上得到突破的现状，历时10年，攻克了长大跨桥状态评估中的若干关键科学技术问题，形成了长大跨桥梁结构健康监（检）测关键技术与系统、长大跨桥梁风特性及风致抖振的精细化分析方法、长大跨桥梁疲劳损伤演化模型与多尺度分析方法、长大跨桥梁的时变可靠度评估方法等创新成果，为确保长大跨桥梁的安全、耐久和科学化的养护管理提供了先进理论与系列技术。该项成果已成功应用于润扬大桥、苏通大桥、南京长江大桥等十余座具有世界影响的大跨桥梁，以及国家级文物桥梁兰州黄河铁桥建设，创造直接和间接经济效益10余亿元。

（龚仁平）

【“体外预应力加固桥梁关键技术研究及工程示范”科研成果获省科学技术进步奖二等奖和中国公路学会科学技术进步奖三等奖】 主要完成单位：江西省交通科学研究院、北京交通大学和东南大学

主要完成人：江祥林、杜进生、叶见曙、胡钊芳、俞博、易汉斌、张冬兵、曾国良

主要成果内容：建立了体外预应力筋的极限应力统一计算方法；首次通过试验，研究了体外预应力混凝土连续梁的弯矩重分布，提出了外荷载作用下普通钢筋屈服前，体外部分预应力混凝土梁的短期挠度计算方法；研发了体外预应力加固桥梁的锚固体系，解决了传统混凝土锚固转向体系局部开裂失效的通病问题；改进了空心板梁体外横向预应力加固技术与设计计算方法。项目研究的加固方法和工艺具有效果良好、工艺简单、经济节约、实用性强、特别是无需中断交通即可进行施工等特点，有效解决了当前体外预应力技术中存在的通病；提出的计算公式被国家规范引用，推动了该领域技术规范的制定和桥梁加固技术的发展，提高了中国在该领域的技术水平与竞争力。

该项目成果中的体外预应力筋的极限应用统一计算方法达到国际领先水平，获2013年度省科学技术进步二等奖和中国公路学会科学技术奖进步奖三等奖，已在广东、上海、江苏、江西等省（市）数十座桥梁加固工程中得到了成功应用，节约直接工程费用达10亿元以上。

（龚仁平）

【“湿热山区高速公路沥青路面建设关键技术及示范”科研成果获江西省科技进步三等奖和中国公路学会科学技术进步奖三等奖】 主要完成单位：江西省交通运输厅瑞金至寻乌高速公路项目建设办公室、江西省交通科学研究院、南昌工程学院

主要完成人：雷茂锦、朱能维、赵华、朱耀庭、吴文清、时宁、许守标、刘福明、胡致远、胡智

主要研究内容：“湿热山区高速公路沥青路面建设关键技术及示范”项目，由“湿热山区高速公路沥青路面搞水损害技术研究”“湿热山区高速公路路面层间结合技术研究”“红砂岩顺层滑坡防汉技术研究”“湿热山区高速公路红砂岩路基评价体系研究”等四个科研项目组成，分别针对江西省高温多雨的气候特点和特殊地质条件，采用了工程调查、试验研究和理论分析，研究了沥青路面抗水损害技术、路面层间结合技术、红砂岩顺层滑坡防治技术和红砂岩路基评价体系，取得创新性成果。该项目研究成果具有先进性和实用性，并应用于瑞寻高速公路等工程，社会和经济效益显著，项目研究成果总体达到国际先进水平，获2013年度省科技进步奖三等奖和中国公路学会科学技术奖三等奖。

（龚仁平）

【“压电式动态条形称重板”科技成果获国家发明专利】 专利号:ZL200910115717. X

申请(专利权)人:省交通科学研究院江西省交通运输技术创新中心、西安维纳住处测控有限公司

发明(设计)人:李晓宝、赵立波、梁建强、刘小勇、吴伟明、胡琼清、刘红生、何耀忠、赵玉龙、张碧波、张良吉、吴典泽、刘绪、彭恢湘

“压电式动态条形称重板”由上盖板、下盖板、结构化石英晶组三个部分构成,其特征在于:上盖板和下盖板结合处设有凹形槽,并在凹形槽中安装结构化石英晶组,石英晶组上设有导出电极。本发明利用压电石英为敏感元件,将结构化的元件,植入经优化设计梁结构,构造一种用于车辆动态称重的条形称重板,采用分离式结构,具有结构简单,加工、调试安装方便,动态量程大、测量精度高等特点。

(龚仁平)

【“公路隧道 LED 照明无级调光系统”科技成果获国家发明专利权】 专利号:CN201310135055. 9

申请(专利权)人:江西省交通科学研究院

发明(设计)人:赵华、糜江、雷袁欧忆

“公路隧道 LED 照明无级调光系统”是一种公路隧道 LED 照明无级调光系统,主要由监控中心、传感信号采集处理模块、亮度传感器、车流量检测器、车速检测器、温度传感器、RS485 接口电路、电源、电源管理模块、存储器、LED 隧道灯控制模块和 LED 隧道灯组构成。

本发明综合利用洞外亮度、车流量及车速数据,可以实时连续地对 LED 隧道灯组进行调光,得到不同亮度水平的光能,能够有效地克服分级控制带来的闪烁、照度不均匀等不利行车安全的因素,使整个隧道的亮度控制和节能都能处于优化状态。

(龚仁平)

【“增强隧道照明效果的配光方法”科技成果获国家发明专利】 专利号:CN201310135029

申请(专利权)人:江西省交通科学研究院

发明(设计)人:糜江、赵华、雷袁欧忆

“增强隧道照明效果的配光方法”是一种增强隧道照明效果的配光方法。其特征是:在隧道的入口段、出口段、过渡段或基本照明车方向上使用逆光照明,即灯具的光束照射方向与隧道纵断面方向(或叫垂直方向)上呈 50 ~ 70 度夹角;隧道出口段、入口段和过渡段的灯具对称安装在隧道两侧,隧道基本照明段的灯具安装在隧道顶部正中处。

本发明增强隧道照明效果的配光方法,采用逆光照明方式够使隧道内障碍特在沿着车辆行驶反方向的光线照射下,形成更大的阴影区,从而增回障碍物的视认性,使路面亮度相对于其他配光照明效果提高了 120%,特别适合单通道的隧道照明使用。

(龚仁平)

【“双向长标距光纤光栅应变传感器”科技成果获国家发明专利】 专利号:CN201310260304

申请(专利权)人:石家庄铁道大学、江西省交通科学研究院

发明(设计)人:张浩、雷茂锦、朱耀庭、段君淼、时宁、王子龙、王国安、孙铁成

“双向长标距光纤栅应变传感器”是一种双赂长标距光纤光栅应变传感器,其特征在于:包括两个经由弯头(7)连接为一体的互相垂直的测量装置;所述测量装置包括受力和变形部、光纤光栅传感器(4)以及与光纤光栅传感器(4)连接的光纤光栅调节仪(6);所述受力和变形部包括承受压力的 2 个不锈钢管(103),所述不锈钢管(103)的直径小于不锈钢圆盘(101)的直径;所述光纤光栅传感器(4)穿设于不锈钢管(103)内,其一端与光纤光栅调节仪(6)连接,另一端通过设于弯头(7)内的连接光纤(5)与另一个测量装置的光纤光栅传感器连接,所述光纤光栅传感器(4)经由两个间隔一定距离的黏结点(104)连接于不锈钢管(103)内壁上。

(龚仁平)

【“空心板梁桥的体外预应力加固系统”科技成果获国家实用新型专利】 专利号:ZL201320011710. 5

申请(专利权)人:江西省交通科学研究院

发明(设计)人:江祥林、易汉斌、俞博、张冬兵、曾国良

本实用新型专利涉及一种空心板梁桥的体外

预应力加固系统,包括锚固螺栓(1)、角钢锚固板(2)、预应力钢筋(3)、槽钢锚固板(4)和预应力钢绞线(5),槽钢锚固板通过锚因螺体固定在梁桥两端的侧板上,预应力钢绞线的两端在梁桥底板位置的下方张拉锚固在槽钢锚固板上。角钢锚固板通过锚固螺栓固定在梁桥顶板的两侧,预应力钢筋均埋在桥面的铺装层中。本实用新型的体外预应力加固系统改善了梁桥的受力状态,减少了铰缝的产生,增加了梁桥结构的刚度和挠度。本实用新型可用于桥梁加固的技术领域。

（龚仁平）

【"加固混凝土盖梁的体外预应力结构"科技成果获得家实用新型专利】 专利号:ZL201220334609.9

申请(专利权)人:江西省交通科学研究院

发明(设计)人:江祥林、易汉斌、俞博、曾国良、张冬兵

本实用新型专利涉及一种新型加固混凝土盖梁的体外预应力结构,首先对盖梁上下端部混凝土表面进行凿毛,并在盖梁体内植入钢筋,而后支模现浇锚固块;其次,在上缘锚固块(1)下缘锚固块(2)两侧穿入钢绞线(3),并按照设计要求对钢绞线(3)进行逐根张拉,张拉完成后在张拉端设置扁形锚(4)由于张拉钢绞线产生了一定的体外预应力,用以平衡外荷载的作用,从而提高了盖梁的承载力;最后,在钢绞线处安装预应力筋固定件(5)。本实用新型使用的设备简单,操作简便,便于在混凝土盖梁加固中的大面积推广应用。

（龚仁平）

【"水下墩柱的加固装置"科技成果获国家实用新型专权】 专利号:ZL201320011706.9

申请(专利权)人:江西省交通科学研究院

发明(设计)人:江祥林、易汉斌、俞博、张冬兵、曾国良

本实用新型专利涉及一种水下墩柱的加固装置,包括支架体系(1)、玻璃纤维套筒(2)、限位器(3)、压缩密封件(4)和紧固件,玻璃纤维套筒包裹在墩柱(5)的周围,支架体系将玻璃纤维套筒支撑并固定在墩柱的完好部分上,限位器安装在玻璃纤维套筒的内表面且位于玻璃纤维套筒(2)和墩柱之间,压缩密封件安装在玻璃纤维套筒的底部并且也位于玻璃纤维套筒和墩柱之间,在玻璃纤维套筒和墩柱之间的空隙内填充有灌浆料,玻璃纤维套筒从上到下间隔设置有紧固件。本实用新型具有施工周期短、施工简单方便等优点,可用于建筑加固的技术领域。

（龚仁平）

【"一种新型预应力碳纤维布锚固装置"科技成果获国家创新型专利】 专利号:ZL201220334626.2

申请(专利权)人:江西省交通科学研究院

发明(设计)人:江祥林、易汉斌、俞博、张冬兵、曾国良

本实用新型专利涉及一种预应力碳纤维布加固混凝土梁的装置,首先在梁底横桥向设置两板槽钢反力梁,纵桥向设置——根槽钢,三者形成反力架装置。在进行结构加固时,先使碳纤维布——端锚固在待加固混凝土梁端上作为固定端;张拉前先在混凝土表面刷一层碳纤维专用胶,在碳纤维布张拉端粘贴钢锚板,并安装压力传感器及推进螺栓系统进行张拉;达到控制应力后,持荷待黏结胶体固化完成后裁剪去张拉端布条,最后拆除锚固螺栓体系及反力架系统。由于避免了二次受力造成的应力滞后,碳纤维布的抗拉强度可以得到充分利用,从而改善梁的受力性能。该技术所使用的设备简单,操作简便,便于在混凝土梁加固中的大面积推广应用。

（龚仁平）

【"一种测量铰接缝剪切变形的传感器"科技成果获国家实用新型专利】 专利号:ZL201220334607.X

申请(专利权)人:江西省交通科学研究院

发明(设计)人:俞博、江祥林、叶见曙、易汉斌、张冬兵、曾国良

本实用新型专利涉及一种测量铰接缝剪切变形的传感器。其采用了应变桥传感原理,由梁(1)、基座(2)、固定装置(3)、应变桥(4)、输出电缆(5)等组成。在梁的两侧上下面各贴有两个应变片,组成全桥后通过四芯电缆输出。E 为电桥电源,u 为电桥的输出。基座跨铰接缝粘贴在其两侧,当铰接缝发生剪切变形时,贴在传感器梁上、下表面的应变片通过应变仪把梁产生的应变转换成与剪切变形成正比的电压信号,然后送给

记录仪。本实用新型构造简单、精度高,使用操作简便,能有效地测量剪切变形。

(龚仁平)

【"预应力纤维复合板材的张拉锚固系统"科技成果获国家实用新型专利】 专利号:ZL201320011690.1

申请(专利权)人:江西省交通科学研究院

发明(设计)人:江祥林、易汉斌、俞博、张冬兵、曾国良

本实用新型专利涉及一种预应力纤维复合板材的张拉锚固系统,包括锚栓(1)、锚固板(2)、夹具装置(3)和张拉单元(4),锚栓将纤维复合板材(5)的一端和锚固板固定在结构梁上,纤维复合板材的另一端被夹持在夹具装置上,夹具装置与张拉单元关联并被设置为通过张拉单元对纤维复合板材进行张拉,张拉单元通过锚固块固定在结构梁上,在纤维复合板材和结构梁表面之间涂抹有胶粘剂。通过本实用新型的张拉锚固系统,能够提高结构梁的承载性能,减少裂缝并增强结构的挠度。本实用新型专利技术也可用于建筑加固的技术领域。

(龚仁平)

【"高速公路隧道LED实时照明智能变光测控系统研究"科技项目通过验收】 完成单位:省交通运输厅瑞金至寻乌高速公路项目建设办公室、省交通科学研究院

主要完成人:胡智、糜江、涂勇、雷袁欧忆、赵华、杨文娟

本项科研成果运用MATLAB软件,建立洞外高度、车流量和车速三个参数的线性回归模型;利用DIAlux,验证了LED相对于HPS光源在光效、显色性和节能方面具有优势,证明了中间视觉理论应用于隧道照明设计的重要性。通过对"基于模糊理论控制方案的DALL总线系统"和"元级调光控制方案"两种隧道照明控制廊进行比较分析,验证了隧道LED照明智能无级调光控制方案的节能效果较佳,并提出了增强公路隧道LED照明效果的配光方法。

(龚仁平)

【《体外预应力加固桥梁技术与工程实例》出版发行】 2013年,由江西省交通科学研究院技术人员江祥林、易汉斌、俞博等编著的《体外预应力加固桥梁技术与工程实例》由人民交通出版社出版发行。

该著作主要包括体外预应力加固桥梁结构体系的构造、主要材料、计算方法,以及体外预应力加固简支梁桥、连续梁桥、T形刚构桥、增强腹板抗剪强度、桥墩、空心板梁桥的设计要点与工程实例,有很强的针对性和实用性。该书可供从事桥梁设计、管理、养护工作台的技术人员参考,也可供大专院校相关专业师生选用。

(龚仁平)

【省交通运输环境监测中心通过省质监局计量认证】 2013年,江西省交通运输环境监测中心通过江西省质量监督管理局的计量认证和运输行业公路水环境监测网成员单位资格认定。交通运输行业公路水路环境监测网成员单位是指交通运输部委托开展交通运输行业公路水路环境监测工作的监测机构。交通运输行业公路水路环境监测网成员单位提供的监测数据可作为各级交通运输主管部门作为环境管理的依据。

(龚仁平)

【省交通运输行业公路隧道安全工程技术研究中心成立】 2013年1月,江西省交通科学研究院为进一步提升自主创新能力和核心竞争力,经江西省交通运输厅批准,成立江西省交通运输行业公路隧道安全工程技术研究中心。

(龚仁平)

【"高填路堤稳性及非均匀沉降控制技术"科研项目成果获江西省科技进步奖三等奖】 5月28日,江西省人民政府以赣府发〔2013〕14号文件发布,"关于2012年度江西省科学技术奖的决定"。《决定》对省交通运输厅"高填路填稳定性及非均匀沉降控制技术"科技项目给予省科技进步奖三等奖。该科技项目由江西省交通厅武宁至吉安高速公路建设项目办公室与长沙理工大学、省公路桥梁工程局共同完成。主要完成人:俞文生、周志刚、陈文俊、匡希龙、李雪连、罗文。

【景婺黄高速公路获第十一届詹天佑土木工程奖】 7月9日，第十一届中国土木工程詹天佑奖颁奖大会在北京举行。该奖为全国土木工程界最高的工程荣誉奖。全国共有32项精品工程及主要承建单位获奖。由省交通设计研究院有限责任公司设计的景德镇至婺源（塔岭）高速公路（简称景婺黄高速）成为江西省唯一获此奖的公路工程项目。

景婺黄高速公路工程项目为交通运输部公路勘察设计典型示范工程，以"新理念设计、规范化管理、环保型施工、全优良品质"为建设思路，确定"理念新、质量优、环境美、特色强"的建设目标，把勘察设计典型示范延伸至项目建设全过程。从设计入手，突出设计创新，落实"自然式设计""乡土化设计""保护性设计"及"恢复性设计"等先进理念，因地制宜地进行动态设计，使高速公路与沿线自然生态协调统一、融为一体。沿线边坡80%以上采用的是草、灌木等绿色植物做的"软防护"，被修成了圆弧形，看不到棱角、折角，与周边山体的形状相融。为了保护婺源晓起村的77株百年古樟树和30余株国家级树种红豆杉，设计人员经过多次更改设计方案，最终沿着河道，架起了两座高架桥，从而使古树没有一棵遭到破坏。为了减小对沿线河流的破坏、影响，设计对路线走向进行了调整，由跨河15次减为跨河8次。为了不惊扰婺源境内的珍稀鸟类黄喉噪鹛，设计时尽量避开其的栖息地，使线路走向从距其栖息地几十米远调整为500米远，充分体现人与自然的和谐统一。

（朱　革）

【省交通科研院一项科技成果获中国公路学会科学技术进步奖一等奖】 1月，中国公路学会公布2012年度中国公路学会科学技术奖获奖项目名单，由省交通科研院主持完成的"大跨径公铁两用桥结构安全监测关键技术与方法"项目获中国公路学会科技进步奖一等奖。

"大跨径公铁两用桥结构安全监测关键技术与方法研究"项目以九江长江大桥（公铁两用桥）为背景，对桥梁结构安全监测关键技术（传感器布置理论、桥梁群监测平台开发、传感器开发等）与评估方法（桥梁结构损伤识别方法、基于实测数据的结构剩余寿命评估理论等）进行系统研究。2012年5月，省科技厅邀请国内外8位知名专家（其中境外专家2名）组成专家组对项目成果进行验收鉴定，专家组一致认为该项研究成果总体达到国际领先水平，具有良好的推广前景。项目成果已被列为交通运输部2011年度应用示范项目。

（易汉斌）

【南昌市交通运输局试用新型多位计价器欲解乘客合乘难题】 2013年，南昌市在10辆出租车安装合乘新型多位计价器，开始对合乘方式可行性进行测试，同时对合乘数据进行采集。测试内容包括四方面：（1）全市乘客对合乘的需求量到底有多大；（2）乘客是否接受合乘模式；（3）合乘模式是否能够维护好司机、乘客双方的利益；（4）合乘计价器能否精准测量。测试结果表明：该合乘计价器同时最多可为4名乘客分别计价，共同路段则需要合乘乘客各付6折费用。此次对合乘方式可行性的测试和数据采集，尚处于初始阶段，一旦时机成熟，出租车合乘工作台将会科学、有序地逐步推广。

（雷声猛）

【省交通运输厅批准组建首批行业科技基础条件平台】 1月15日，省交通运输厅同时批准组建1家重点实验室和6家工程技术研究中心，即①江西省交通运输行业现代交通运输物流重点实验室；②江西省交通运输行业机动车检测与诊断工程技术研究中心；③江西省交通运输行业道路检测工程技术研究中心；④江西省交通运输行业公路隧道安全工程技术研究中心；⑤江西省交通运输行业公路施工与装备工程技术研究中心；⑥江西省交通运输行业地质灾害防治工程技术研究中心；⑦江西省交通运输行业交通地理信息工程技术研究中心。组建期限为两年，期满经验收合格后正式予以认定。交通运输科技创新研发平台的建设与发展，将在培育优秀科技人才，提高科技创新能力和成果转化能力等方面发挥引领作用，为实现全省交通运输行业创新驱动发展提供有力支撑。

（佚　啸）

【昌樟改扩建工程沥青拌和楼推广应用"油改气"技术】 10月24日，昌樟改扩建项目对全线参与该项目建设的5个路面标全面推行沥青混凝土拌和楼“油改气”技术,重点打造昌樟高速改扩建项目低碳公路主题性示范工程。

“油改气”技术是将天然气用于沥青混凝土拌和楼,替代重油、柴油等燃料,对道路所用混合料进行加热的技术,实现经济效益和社会效益双赢。一是保证了工程进度。沥青混凝土拌和设备生产效率的高低在一定程度上取决于加热系统和燃料的热值。液化天然气热值含量高、燃烧充分,有效提高了设备的生产效率,保证了工程进度。二是降低设备的维护保养成本。液化天然气燃烧充分,对燃烧器等设备的耗损几乎可以忽略,有效降低了设备维护费用。三是保障施工人员和工地的安全。天然气主要成分是氢气和甲烷,对人体无毒无害,直接由专用槽车输送,运输管理方便,储存安全,大幅降低了事故隐患。四是绿色环保。天然气燃烧后基本无污染,是国家能源政策推广和普及的重要能源之一。

(戴梅苓)

【省高速集团两个项目分获全国交通企业管理现代化创新成果一二等奖】 2013年度全国交通企业管理现代化创新成果奖揭晓,昌泰高速公司报送的“高速公路运营企业特色服务品牌创建与管理”项目从全国交通行业1 72个参选项目中脱颖而出,荣获一等奖。景德镇管理中心申报的“基于提升企业竞争力的收费所站精细化管理”荣获二等奖。

5月28日,昌泰公司正式发布“金庐陵”服务品牌,标志着这条为过往樟吉高速司乘人员服务8年的“江西高速雷锋热线0796-8333333”拓展升级为“金庐陵”高速公路品牌体系,以24小时热线服务、微信平台服务、预约服务和VIP服务为主要内容的四大服务,将为行驶在樟吉高速公路上的司乘人员提供更加便捷、更加全面的帮助和服务。

景德镇管理中心从2011年开始倡导精细化管理,坚持“顾客至上、司乘第一、快速放行、文明礼仪、准确高效、应急便捷、应征不漏、秩序井然”的管理和服务理念,以提高员工基本素质入手,以提高基层组织执行力为突破口,规范收费所站内部的管理行为和人员的工作行为,逐步形成“实施有规范、操作有程序、过程有控制、结果有考核”的收费所站“科学化精细化管理”模式。

(蔡志荣 饶 勤)

【昌九改扩建工程通远段精心组织新老路基拼接强夯试验】 该工程全线涉及“左幅分离新建、右幅利用老路改造”“两侧拼接加宽”“左侧拼接加宽”三种改扩建形式。在进行新老路基拼接施工时,为减少新老路基差异沉降与提高新老路基拼接部位的路基强度,采取了落锤式强夯为主、液压式强夯为铺的处理方案。

该工程施工管理人员结合项目自身特点,制定昌九高速改扩建通远试验段新老路基拼接强夯试验指导意见,明确试验参数和检测方法;从严控制施工过程,优化创新工艺,依据现场强夯效果情况,对夯锤尺寸和重量、夯击范围和遍数进行调整。针对新老路基拼接部位紧邻老路采用落锤式强夯可能造成的安全质量隐患及桥涵构造物前后两侧各6米落锤式强夯不能作业的区域,在全省率先引进液压式强夯新工艺进行路基补强,确保强夯不留死角。根据总结和提炼的试验检测数据,经认真分析,明确了强夯参数(遍数和落距)、范围、夯点布置、施工组织及安全保证措施等,形成了一套适合本项目的标准工法,取得了显著效果。

(傅凯敏 谢 华)

【省公路局普通干线路网运行监测与应急处置平台工可通过评审】 9月18日,省发改委组织相关专家对《江西省普通干线路网运行监测与应急处置平台工程可行性研究报告》进行评审并通过。该平台是为了进一步加强普通干线公路网运行监测,全面提高公路运行管理分析和决策能力,提升应急处置的效率和科学性而建设。计划在“十二五”计划期间,全省完成120个干线公路外场监测点、120个移动监测点、一个省级路网中心和11个设区市路网分中心的建设。并建成集交通运行数据、视频图像数据、基础设施运行数据、公路交通突发(阻断)信息和路网环境信息为一体的路网监测与应急处置平台。

(路 宣)

【南昌市低碳交通运输体系试点工作进展顺利】

南昌市继2011年被交通运输部列为首批10个全国低碳交通运输体系试点城市之一后,2012年又被确定为全国唯一建设低碳交通运输体系区域性管理试点城市。2013 年，南昌市引导相关单位谋划、实施建设低碳交通运输体系试点工作。该市从基础设施建设、更新运输装备、优化运输结构、完善智能交通等多方面，开展了低碳交通运输体系建设。南昌西综合客运枢纽站建设工地、出租汽车智能指挥中心和市公交总公司电动公交车及充电站等项目顺利推进，绿色交通、智能交通，使市民出行更加便捷舒适。

（佚　啸）

【永武交通科技示范工程进入新阶段】 永武科技示范工程自 2011 年 6 月正式批准立项以来，项目办精心组织实施，在 2011 年月竣工通车前，已同步实施完成科技示范工程涉及的所有土建工程施工、机电工程外场设备安装等工作。项目通车运营后，该项目办又开展了示范技术应用效果观测，水环境安全保障关键技术科技攻关、智能公路交通安全保障与应急处置成套技术集成创新及绿色公路建设成套技术集成创新的研究工作，以及科技示范工程后评价前期准备工作。已全面启动了科技示范项目后评价工作和技术总结工作，并积极加强与运营管理单位的沟通，做好建管衔接，确保示范工程运转良好。2013 年 10 月，交通运输部科技司和西部项目管理中心组织国内专家对项目进展情况进行全面检查，专家组对项目取得的阶段性成果给予充分肯定。

（邱志清）

【省地方海事局被确定为“海事云数据中心省级分中心”试点单位】 2013 年，交通运输部海事局确定江西省地方海事局为“海事云数据中心省级分中心”试点单位，这也是全国省级地方海事局唯一入选交通运输部海事局试点的单位。为使试点工作顺利推进，省地方海事局依据“一系统、二平台”建设构架要求，确立了“江西省地方海事局统一数据交换平台”配套建设项目和“统一数据交换平台（省级数据分中心）”建设的设计方案，正在按法定程序和规范要求组织实施续后建设，2013 年年底完成建设任务。

（王鹿江　张南平）

【昌西南连接线推广应用大体积水压法桥梁支架预压工艺】 赣粤工程公司昌西南连接线工程按照“建洪城地标、铸精品工程”的目标要求，坚持以创新为动力，在富乡中桥支架预压时引进大体积水压法施工新工艺，大幅加快工程进度，取得了良好效果。

富乡中桥全长 56 米，桥梁上部结构为 15 米 +20 米 +15 米一联预应力混凝土等截面连续箱梁，上部结构采用钢管桩柱支架预压工艺，相对于传统压工艺，具有多项特点：一是安装便捷。水压法预压通过水泵即可完成加载，每小时至少可加载 70 吨，无其他特殊工艺和材料要求，一般的工人即可操作；卸载时，仅需打开桥梁预压水袋的下部阀门即可，效率可提高一倍以上。二是效果显著。水压法预压加载过程是一个匀速加载、荷载分布均匀的过程，整个支架系统的受力比较均衡且较为安全，预压过程与现实情况相当接近。三是环保施工。水压法预压直接采用河水或井水，无污染，不会对周边环境造成很大的影响，施工现场较为干净整洁，有利于环境保护和文明施工。

大体积水压法桥梁支架预压工艺大规模应用到现浇法桥梁施工中在江西尚属首次，填补了该项施工工艺在全省高速公路建设的空白。同时也为以后现浇桥梁支架预压积累了宝贵的施工经验，便以在以后施工的中大力推广。

（李文华）

【省交通运输厅与华东交通大学签署战略合作框架协议】 12 月 13 日，省交通运输厅与华东交通大学签署战略合作框架协议。双方将在多个方面开展深入合作，发挥各自优势，共享双方资源。省交通运输厅将对华东交大的教学、培训、科研等工作给予优先支持；华东交大则充分发挥科研、人才等优势，帮助提升江西交通运输行业科技创新能力和人才队伍素质。根据协议，省交通运输厅与华东交通大学将在战略决策咨询、行业研究、科技创新、教育培训、人员交流互动、信息资源共享等方面，展开全方位的战略合作。

（涂序东）

【省交通运输厅公布全省交通运输行业第三批节能减排示范项目】 12 月 20 日，省交通运输厅经组织项目申报，专家评审及项目公示，确定并公布

了全省交通运输行业第三批节能减排10个示范项目:

1.内河集装箱码头调度指挥系统;

2.南昌保税物流中心153.6千瓦光伏电站工程;

3.长大公路隧道综合节能技术应用研究及示范工程;

4.江西省交通建设工程民工工资管理信息系统;

5.4000型沥青混合料拌和站油改天然气节能项目;

6.天然气重型半挂牵引车应用项目(日通货运);

7.绿色宽基轮胎在道路运输中的应用项目;

8.上饶公交油改气工程;

9.油气混合动力在运输船舶上的应用;

10.营运车辆卫星定位及能耗监测系统。

【省运管局积极开展科技课题研究工作】 2013年,省运管局积极组织局相关处室开展"江西省道路运输行业诚信息系统研究与开发""江西省道路运输行政执法模式研究""江西省农村候车亭新建、改造规划指南"等三个课题的申报和研究工作。

(胡保安)

【分宜公路分局推广应用TS型道路密封胶填缝料公路养护新工艺】 2013年,分宜公路分局坚持科学养护公路,积极探索新技术、新工艺的推广和应用。首次试用TS型道路密封胶填缝料,在省道上吉线开展预防性养护新技术的应用试验。针对以往对路面裂缝的处理主要采取传统的沥青材料灌缝技术,在寒冷季节容易脆裂,在炎热季节容易流淌、泛油,稳定性差,不美观等实况,创新采用TS型道路密封胶填缝技术。该养护工艺具有很好的耐高温和低温性能,粘贴力强,密封性能好,施工操作简便,而且美观适用、环保节能。该项技术的使用显著改善沥青混凝土路面的预防性养护质量,提高和延长了道路使用寿命。

(张清保)

【省交通运输厅召开全省交通运输科技成果推广工作座谈会】 12月16日,全省交通运输科技成果推广工作座谈会在南昌举行。会议旨在贯彻落实全省交通运输科技创新会议精神,加快推进交通运输科技创新及科技成果推广转化。厅总工程师胡钊芳出席会议讲话,厅机关有关处室、省高速公路投资集团公司、省交通设计研究院公司、各在建重点工程项目办的负责人、新技术持有人代表等参加座谈。

会议指出,科技成果推广是科学研究落到实处的关键环节,也是科技创新体系的重要组成部分。当前,全省交通运输业正面临转型发展机遇期,要加强科技成果推广转化,支撑交通运输事业又好又快发展。

会议强调,应做好以下工作:一是提高认识,加强营造科技成果推广应用氛围。各项目建设的参与单位应结合项目建设实际及时将先进的、成熟的科技成果推广应用,确保项目建设达到安全高效优质的既定目标。二是遵章办事,加快推进科技成果推广应用步伐。厅有关职能部门要严格按照《江西省交通运输厅新技术推广应用管理暂行办法》的规定要求,扩大遴选范围、严把认定关,好中选优,推荐出确实能解决工程技术难点的新技术应用于项目建设。三是创新途径,加大实施科技成果推广应用力度。相关部门和单位要做到提前跟踪、主动跟踪,积极参与项目建设的前期阶段工作,认真梳理分析建设项目的工程特性,有针对性地提出新技术的需求计划,实现科技成果推广应用与支撑项目建设的有效对接,提高项目建设管理水平和投资效益。

(佚　啸)

【永武高速举行安全绿色交通科技示范工程技术交流会】 10月6日,庐山西海(永修至武宁)高速公路安全绿色交通科技示范工程交流会召开。庐山西海高速公路作为全国"十二五"计划首批首个交通科技示范工程,围绕"安全、绿色"两大主题,投资6500万元用于科技示范项目实施,取得了"1个科技攻关、2项集成创新、33项推广应用"的成果。本次会议以"节能、环保和智能技术应用"为主题,组织并邀请来自全国各省、自治区、直辖市的交通运输厅(局)、高速公路公司及科研、设计、监理、质量监督部门及公路工程施工企业等单位的科研和工程技术人员就新型交通安全设施、高速公路管理系统的开发、服务区环保建设技术、水源地建设保护技术等内容进行技术交流，并实地考察庐山西海高速公路。

（佚　啸）

【省交通设计院有限责任公司获批组建省级工程技术研究中心】 2013年，省公路桥梁工程技术研究中心获批正式组建，该中心依托江西省交通设计研究院有限责任公司进行建设，是全省交通运输行业第3家省级研发条件平台。在3年的组建时间里，该院将在现有平台条件基础上，新增试验用房1200平方米，增添一批试验检测设备，构建一支结构合理的研发团队。在公路桥梁的结构标准化、新材料新工艺新结构、风险评估及安全耐久性研究等三个方向攻关，有效解决桥梁工程共性的产业化、工程化关键技术难题。通过引进消化吸收国内外先进技术，进行集成、示范、推广应用，使之成为桥梁设计、研究、检测、转化和培训的基地，全面提升全省桥梁设计、施工和管理技术水平。

（罗贤虎）

【上饶客车“开上”央视“发明梦工场”】 8月中旬，中央电视台10套“发明梦工场”栏目组在博能上饶客车公司的汽车碰撞实验现场拍摄一组镜头：一辆正在前面高速行驶的车辆突然急刹车，紧跟其后的另一辆安装了自动防撞器的小车在安全距离下自动地刹车停住了，避免了追尾，该节目旨在全国海选好发明、好项目中介绍安全自动保护器。

博能上饶客车在生产的校车上，选择家装草根发明家贺亮才发明的汽车安全自动保护器。这款汽车安全自动保护器是一种智能化汽车防撞保护器，由智能红外测距仪和碰撞消能式两类保护器组成，集自动监控、自动预警、自动减速、自动刹车、数据储存、自动熄火、消能、缓冲八大功能为一体，可有效减少汽车在行驶过程的交通碰撞与追尾事故。加装这款装置后，可以有效提升车辆的安全保障等级，为广大司乘员提供有效安全保护。

（陈均培）

【国道济宁线、台小线婺源县城段公路建设项目工可评审会召开】 11月15日，国道济宁线、台小线婺源县城段公路建设项目工可评审会在婺源县召开。省、市专家实地察看了国道建设项目途经控制点，并对该项目工可进行评审。专家组原则同意该项目建设标准和实施方案，同时要求对两条国道接线点设计方案等方面进一步优化。

（婺源县交通运输局）

【沥青路面就地风热再生技术在江西首次应用】 9月10日，赣粤高速公路股份有限公司科研项目“沥青路面就地风热再生技术及其评价方法研究”就地风热再生试验路在昌九高速公路上顺利实施，标志着沥青咱面就地风热再生技术在江西省首次应用。

沥青路面就地风热再生技术作为典型的沥青路面预养护技术，近年来在国内外发展较快。该技术与传统的沥青路面大面积铣刨重铺、罩面等维修工艺相比，具有经济、环保、交通干扰少、施工速度快等优点，并可100%回收利用原沥青路面旧料，实现了变废为宝，极大地降低能源损耗和维修成本，经济效益显著，且能最大限度降低路面维修对高速公路正常通行的影响，为提高高速公路养护技术水平提供了有力的技术支撑。

（吁新华）

【吉安市长江干线船型标准化工作进入收尾阶段】 2013年，吉安市港航管理处会同海事、船检部门，对已核准拆解的老旧船舶按照有关办法、规定实施拆解现场监督。自长江干线船型标准化工作实施以来，该市现有实际拆解船舶完工数为12艘，拆解船舶补贴资金按规定已全部发放到位，船员也从中得到了实惠。全市省际营运船舶共229艘，单船平均载重吨位已达780吨，与2010年相比提高190吨，提高幅度达32%与此同时，提高了船舶的运输效能，船舶的安全性和环保性也得到进一步提升，为推动辖区水上交通运输发展方式的转变，推进内河船型标准化工作奠定了坚实的基础。

（于　燕　刘晓琴）

【赣南公路勘察设计院两项目获江西省优秀工程咨询成果奖】 2013年12月，省工程咨询协会评选出2013年度江西省优秀工程咨询成果奖。赣南公路勘察设计院编制完成的寻茅线全南县绕城一级公路工程可行性研究报告、G105信丰县石井至西牛段二级公路升级改造工程可行性研究报告分别获江西省优秀工程咨询成果二等奖和三等奖。

(叶明华)

【“体外预应力加固桥梁关键技术研究及示范工程”科研项目验收】 5月14日,省交通运输厅组织召开“体外预应力加固桥梁关键技术研究及工程示范”课题研究成果鉴定验收会。

该项目由省交通科学研究院、北京交通大学和东南大学共同承担完成。与会专家认真听取项目研究汇报,审阅相关技术文件,经质询与讨论后,一致认为该项成果总体达到了国际先进水平,其中,体外预应力筋的极限应力统一计算方法达到国际领先水平。与会专家一致同意该项目通过鉴定验收,并建议进一步加强课题成果的推广应用。

(俞　博)

【江西交通咨询公司获公路工程咨询项目管理甲级资质】 2013年,江西交通咨询公司获国家发改委批准颁发的工程咨询单位公路工程项目管理(全过程管理)甲级资质证书,可承担全过程策划和准备、实施阶段具体业务,成为省内首家获得该项咨询甲级资质的单位。

江西交通咨询公司一直以来主要从事公路水运工程施工监理、项目代建、试验检测等相关的工程咨询和技术服务。本项资质获得后,公司将继续发挥政策扶持和项目代建“两个优势”,拓展“全周期”咨询范围和“全范围”咨询领域,除了已开展的初步设计、施工图审查、重大工程变更审查以及项目后评价等业务外,业务内容逐渐向政策咨询、管理咨询、技术咨询方向发展,为该公司进军全国咨询市场、构建业务新格局奠定坚实基础。

(江西交通咨询公司)

【南昌至上栗高速公路项目进行技术设计审查】 7月28～29日,省发改委在南昌主持召开南昌至上栗高速公路项目技术审查会。省发改委、省重点办、省交通运输厅、省高速集团、项目沿线各市、县(区)政府等在相关部门负责人及相关专家参加会议。与会专家在听取了勘察设计单位的项目介绍和设计咨询单位咨询意见及沿线地方政府的发言后展开专题讨论,与会专家一致同意该公路项目通过评审。

(昌栗项目办)

【江西交通科技创新服务升级提速】 2013年11月,江西交通运输科技创新以交通运输升级提速发展服务为核心,夯实科技创新五项能力,即务实促进公路水运建管养水平提升能力、促进现代物流业发展水平提升能力、促进绿色低碳交通运输发展水平提升能力、促进行业安全应急保障水平提升能力及促进行业服务管理信息化水平提升能力。大力实施“科技强交”战略,科技创新工作呈现出加快发展、全面提升的良好局面,部分科技创新成果大幅提升了交通运输信息化、智能化水平。如“乳化沥青混合料厂拌冷再生技术”应用于昌九高速公路技术改造项目中,与传统的热拌沥青碎石混合料相比,节省了50%以上加热能源,减少了50%以上二氧化碳排放;庐山西海高速公路安全绿色科技示范工程被列为“十二五”计划期间全国交通运输行业首个交通科技示范项目。

(黄　金)

【新余市大力推进绿色公交】 2013年,新余市新增40辆清洁能源空调公交车投入运营。至此累计购置新能源(清洁能源)空调公交车80辆。全市绿色公交占公交日常营运车辆总数的40%。

(新余市交通运输局)

【九景高速两项科技成果通过鉴定】 1月11日,省交通运输厅组织召开九景技改项目“厂拌冷再生沥青混合料下面层在高速公路大修工程中的应用研究”“江西高速公路桥梁铺装防水黏结层典型结构研究”两个科技项目成果鉴定会。经与会的公路行业资深专家、教授组成的鉴定委员会认真审议,认为这两项科技成果均达到国内领先水平,具有较好的应用价值和推广前景,一致同意这两项科技成果通过鉴定。

(省高速集团)

【江西方兴科技公司顺利通过两项国际权威管理标准认证】 1月,历经半年多的内部审核和专家评估,方兴公司顺利通过两项国际权威管理标准认证,即获得专业机构颁发的ISOO20000和ISOO27001国际认证标准和证书,标志着方兴科技在IT服务管理和企业信息安全等方面得到了国际权威组织的认可。

(省高速集团)

【江西方兴科技公司再获“高新技术企业”称号】 1月22日，江西省科技厅给方兴公司颁发“高新技术企业”证书，这是自2009年江西高新技术企业评审换证以来，方兴公司再获此项认定。与此同时，由方兴公司自主研发的“高速公路全路段气象检测与交通信息实时提示系统”获2012年度“中国公路学会科学技术奖”二等奖。

（省高速集团）

【昌西南连接线项目引进数控机械化设备创先例】 6月，昌西南连接线TJ合同段引进世界先进的数控机械化设备天宝GCS900系统，应用于该项目超宽路基平整施工，开创了全省将天宝GCS900系统应用于公路建设施工的先例。数控机械化施工技术的引入，为该项目建设提供了有力的技术保障，整体施工效率得到了很大提高，较之传统施工方法，至少提高效率（缩短工期）35%以上。

（省高速集团）

【航天科技控股集团、省国防科工办和省交通运输厅共同探讨科技合作】 6月8日，航天科技控股集团股份有限公司总经理董贵滨一行和江西省国防科工办党组书记、主任杨桂平到省交通运输厅就北斗导航系统在交通运输领域的应用等方面问题与加强合作、推进北斗导航系统联网工作，与省交通运输厅党委书记、厅长朱希，副厅长梁必康及厅机关有关处室以及厅直属有关单位负责人等共同进行探讨和交流。航天科技控股集团、省国防科工办领导就提升交通运输信息化建设水平提出宝贵的意见和建议，进一步推进交通运输信息化发展。

（厅信息中心）

【“运用电子监察手段防范绿通查验腐败行为”课题评审会召开】 6月20日，省高速集团召开“运用电子监察手段防范绿通查验腐败行为”课题评审会。与会人员认真听取了课题研究的背景、研究概述和研究方向等情况介绍，并详细了解课题软件设计开发方案，观看软件系统流程操作演示。专家们一致认为，课题中运用电子监察手段防范绿通查验腐败具有一定的可行性和威慑作用，能够较好地解决绿通查验过程中的腐败现象，实现“减少假冒绿通车、杜绝绿通查验内外勾结”的核心目标。同时，建议建立健全绿通电子查验的流水式全过程监察体系，进一步简化绿通查验程序，拓展绿通电子监察系统的功能，实现绿通查验监督、管理、数据分析统计、资料共享等一系列程序功能。会后，课题组加紧完善课题研究报告及软件技术开发和试点工作。

（省高速集团）

【绿色低碳公路主题性项目实施方案咨询会召开】 6月29日上午，昌樟改扩建项目办召开绿色低碳公路主题性项目实施方案咨询会，省交通运输厅总工程师胡钊芳、交通运输部政策法规司节能减排处处长李树栋、省高速集团副总经理王昭春出席会议并讲话。

（省高速集团）

【省高速集团被评为交通运输部节能减排先进企业】 6月，2011年～2012年度全国交通运输行业节能减排先进企业评选结果揭晓，省高速集团榜上有名，被交通运输部授予“全国交通运输系统节能减排先进企业”称号。

（省高速集团）

【江西公路建设史上最大的金属波纹管涵在万宜项目应用实施】 7月，江西高速公路建设史上最大的金属波纹管涵（直径6米，长50米）在万宜高速公路A3标14K+220米处应用实施。此项施工工艺不受外界环境影响，使土方施工与管涵安装同步实施，互不干扰，金属波纹管通道设施稳定，建设速度比混凝土盖板管涵施工提前1个多月时间建成，有效解决了高填方路段传统混凝土管涵施工工期长，影响路基填方进度的问题，缩短了工期，节省了造价，有利于控制质量。

（佚 啸）

【万年管理中心“车载式融雪剂自动洒布装置”课题获国家级优秀QC成果奖】 2013年度全国交通行业QC小组成果及信得过班组发布会上，万年管理中心鄱阳管理处锐志QC小组选送的“车载式融雪剂自动洒布装置”课题被评定为优秀课题。

该撒布机可在规格为1.7米×2米以上的各类型货车上自由组装，原本人工洒布10千米路程单次需投入20人、7辆车耗时3小时才可以完成的任务,使用该洒布机仅需2人1辆车2个小时便可完成,具有良好的社会效益和经济效益。

(省高速集团)

【江西方兴科技公司成为江西重点软件企业20强】 8月,在江西省工业和信息化委员会召开的重点软件企业调度工作座谈会上,方兴科技公司与先锋软件公司、泰豪软件公司等知名企业被确定为江西重点软件企业20强。江西方兴科技公司是江西交通机电行业唯一家人选20强的企业。

(省高速集团)

【赣粤高速公路股份有限公路公司获江西省管理创新成果一二等奖】 12月,省企业联合会、省国有资产监督管理委员会、省工业和信息化委员会、省企联企业管理现代化委员会公布了第十五届江西省企业管理现代化创新成果评选结果。江西赣粤高速股份有限公司选送的"以'路畅人和'为理念的高速公路通行服务优化管理"和"高速公路服务区'卖场经营、平价超市'管理模式的构建与运作"分别获管理创新成果一等奖,"'金庐陵'高速公路服务品牌的创建"和"高速公路行业预算管理体系的构建与实施"分别获管理创新成果二等奖,并荣获本届管理创新成果申报组织奖。这也是赣粤高速连续两年在省企联企业管理现代化创新成果评选中获得的殊荣。

(省高速集团)

【永武高速公路项目获国家优质投资项目奖】 3月上旬,永武高速公路被中国投资协会评为2012~2013年度国家优质投资项目,这是获奖投资项目中唯一一个高速公路建设项目。

永武高速公路项目属江西境内加密高速公路,起于昌九高速公路军山枢纽互通,路线途径九江市的永修县和武宁县,终于武宁西枢纽互通,与武吉高速公路相接。路线全长104.487千米,批复投资概算41.852亿元。2009年7月开工建设,2011年9月16日竣工。作为全国"十二五"计划首批首个交通科技示范工程,永武项目办围绕"安全、绿色"两大主题,投资6500万元用于科技示范项目的实施。与交通运输部联合开展了"高速公路沿线水环境安全保障关键技术研究"课题,开发出成机电工程、交通安全技术、环保技术于一体的危险化学品运输车辆事故风险防范系统,填补了国内空白;基于三维GIS的高速公路管理与服务信息系统研究,在国内属率先实施应用;建成全国第一个低碳服务区——西海服务区;在全国首次应用自动标识系统等。凭借良好的经济效益、社会效益、环境效益、生态效益和体制创新、制度创新、机制创新、管理创新、技术创新成为江西继景婺黄(常)高速公路项目之后,第二个获此殊荣的高速公路建设项目。

【国内首创自测距滑动式无人值守发卡机成功应用】 11月,经过近半个月时间的运行试用和测试,由江西方兴科技公司研发的国内首创自测距滑动式无人值守发卡机在昌北、昌西南两个收费站获得成功应用,并具有推广价值。

(省高速集团)

【宜春管理中心创建国内首个高速公路保洁人员/车辆监控考勤管理系统获国家专利】 12月,省高速集团宜春管理中心历时多年研发的一整套针对高速保洁人员考勤管理的行业应用系统,获国家专利,专利号:201320416418.1。

该系统由数据处理服务器、通讯服务器、GIS地理信息处理系统、GIS采集端、短信网关、C/S监控管理客户端、报表统计分析系统、手机查询客户端、定位终端及定位APP等组成。可拓展车辆GPS应用及3G视频应用,实现养护车辆巡线、日常管理和路面情况视频记录等功能。

"高速公路保洁人员/车辆监控考勤管理系统"可全天候无盲区掌握保洁人员的工作状态、工作线路轨迹、工作时间、签到签退时间等重要数据,并自动生成专业考勤报表,还可以查询过去任意时间段保洁员活动轨迹,使管理人员对保洁员管理考核更加灵活、可控,实现了路面保洁质量的常态化管控。该专利发明,有利于客观、准确地评估保洁人员管理工作,为实施对养护承包企业的综合管理考评提供有力的依据。

该系统经过长期调测、更新和完善,完全符合高速养护行业使用,操作简单、功能实用、稳定性和考勤数据准确度高,采用模块化设计拥有很好的扩展性。

(省高速集团)

【省交通设计研究院有限责任公司强力夯实科研基础】 2013 年,省交通设计研究院有限责任公司继 2012 年获省交通运输厅批准成立江西省交通运输行业“交通地理信息研究中心”和“地质灾害防治研究中心”两个行业创新平台后,通过省科技厅的评审,成立了“江西省公路桥梁工程技术研究中心”,夯实了该院高新技术企业的技术创新基础。与此同时,该院对创新体系和模式进行了新的探索,在原有人员不变的前提下,通过重新定位,理顺和健全体制、机制,丰富科技内涵,实现科研机构和创新平台的同步推进,构建了以三个研究所和三个工程技术研究中心为主体的新型的科研创新团队,其中,院桥隧设计研究所与“江西省公路桥梁工程技术研究中心”、院交通地理信息研究所与“江西省交通运输行业交通地理信息研究中心”实行一套人马两块牌子管理,找到了一条生产项目引领科研攻关、科技创新促进生产效益的良性发展之路。

（罗贤虎）

【江西交通职业技术学院获国家版权局软件著作权登记证书】 2013 年,由江西交通职业技术学院申报的“桥梁快速检测车视频监控系统”获中华人民共和国国家版权局计算机软件著作权登记证书。该院此项软件著作权的获得,是学院鼓励科技创新,注重自主知识产权保护的重要结果,也是该院国家骨干院校建设推进的成果体现。

（陈晓明）

【全省交通行业加强和规范试验检测工作】 2013 年,省交通工程质量监督站组织召开江西省公路水运工程试验检测机构会议。全省甲、乙、丙级共 47 家试验检测机构负责人参加会议。会上,省交通工程质量监督站就各检测机构代表交流的内容及行业存在的问题进行分析解答,会议提出从现在开始要将试验检测行业管理重心从市场培育转移到规范和培育并重、更加注重规范上来。会议要求,优化试验检测工作环境,拓宽检测范围,把检测工作做精做细;加强对试验检测机构和检测市场的监管,严格标准;加强试验检测的培训,开展能力验证、技能竞赛等活动,提升试验检测能力水平。

（省交通工程质量监督站）

【江西交通运输系统四位工程技术人员获“第七届中国公路百名优秀工程师”称号】 2013 年,经省公路学会推荐,省高速公路投资集团有限责任公司副总经理、教授级高工王昭春,江西省交通运输厅信息中心主任、教授级高工余力克,江西省交通科研院副总工程师、省公路学会副秘书长彭明,江西省公路桥梁工程局副总工程师彭爱红四位工程技术人员被中国公路学会授予“中国公路百名优秀工程师”称号。

“中国公路学会百名优秀工程师”是中国公路学会为表彰在公路勘察、科研等各领域的优秀科技、技术人员而设立,是公路交通行业工程师的最高荣誉,也是公路工程师的一项终身荣誉。

（省公路学会秘书处）

【全省交通运输行业质量管理小组活动成果获多个国优、部优奖】 2013 年全国交通运输行业质量管理小组活动成果评选中,江西省交通运输行业质量管理小组(班组、个人)活动成果获得 6 项国优奖,其中,优秀企业 1 家,QC 小组 2 个,信得过班组 2 个,优秀推进者 1 名。尚有 55 项部优奖,其中,优秀企业 2 家,QC 小组成果发布优秀奖 6 个,QC 小组 40 个,信得过班组 3 个,卓越领导者 1 名,优秀推进者 3 名。

（厅运输处）

【《废轮胎橡胶沥青混合料设计、施工技术规范研编》获准为江西省地方标准】

完成单位:江西省公路科研设计院、四川正中路面科技有限公司

主要内容:1. 橡胶粉的路用性能研究;2. 橡胶沥青生产、施工工艺研究;3. 橡胶沥青的物理、力学和路用性能研究;4. 橡胶沥青应力吸收层的性能研究;5. 橡胶沥青混合料物理、力学、路用性能研究;6. 橡胶沥青混凝土面层的性能研究;7. 橡胶沥青技术在高速公路项目中的应用研究;8. 橡胶沥青技术的环境影响评价;9. 橡胶沥青技术的社会经济效益评估。该研编总结了橡胶沥青混凝土面层的成套技术,主要有①橡胶沥青的配方确定与生产工艺研究。包括:①橡胶粉技术参数的确定;②确定最优橡胶粉掺量,研究橡胶沥青的路用性能;③橡胶沥青生产工艺研究。②橡胶沥青应力吸收层的组成设计与施工工艺研究。③橡

胶沥青混合料的配合比设计、路用性能、施工工艺研究。④结合九景、抚吉高速公路、抚州市迎宾大道公路橡胶沥青项目的成果，编制江西省橡胶沥青制作、橡胶沥青应力吸收层与橡胶沥青混凝土的地方规范。

9月20日，该研编已通过江西省质量技术监督局专家评审。专家们认为该项目已达到国内领先水平。2013年12月25日，该《规范》由江西省质量技术监督局以2013年第10号(总第115号)文件批准为江西省地方标准。

(周佩仪)

【"基于开裂试验的混凝土结构性能研究"科研项目通过鉴定并获奖】

完成单位：江西省公路科研设计院、福银高速九江长江公路项目办公、武汉理工大学

主要内容：围绕交通运输安全技术领域相应要求，完成试验梁体的设计制作及试验方案确定。通过分级加载裂缝监控确定荷载与构件开裂之间的内在联系。根据实测挠度、裂缝和承载力之间的对关系分析结构极限承载力其退化趋势，建立混凝土梁开裂后承载力快评判模型。在开裂试验的混凝土梁结构性能研究方面处于国际先进水平。

该项目于2012年11月13日通过有关主管部门组织的专家组评审鉴定(鉴字〔2012〕第38号)。2013年，获江西省公路学会科技进步奖一等奖。

(周佩仪)

信息工程

【综述】 2013年，江西交通信息化工作紧紧围绕交通发展战略和信息化建设发展规划，努力构建信息整合与共享机制，以服务百姓促和谐为理念，以科技创新谋发展为动力，积极搭建服务群众的新桥梁。通过抓信息化体系机制、基础设施建设、政务管理、业务应用、安全应急、公众服务，有效地提升了全省交通运输信息化水平，各项工作取得实效。

一、注重整合协同，全面推进门户网站和电子政务建设。2013年，省交通运输厅积极开展交通运输系统网站群建设，完成了方案的顶层设计，构建了运输管理子群省和市、县三级框架，完善了政府信息公开意见箱、查询中心(含证件查询、监理企业、监理资质等)二、三级栏目近30个，并对江西交通信息网进行一次改版。新增处室栏目3个，网站专题专栏共制作5个，新增"十二公开"项目网站5个。全年，厅长手机、公众留言及在线访谈等栏目受理公众留言4701件，回复率超过80.6%，网站累计总访问量超过1314万人次。

与此同时，积极开展视频会议系统联网工程建设，基本实现了省厅与主要厅属单位的系统级联，并完成省交通工程公共资源网上交易系统建设推广。逐步扩大了厅直属单位OA协同办公应用的深度和广度，深入推进网上审批和电子监察系统工作，初步建成省交通运输系统网上办事系统。全年，会同有关部门完善行政许可与非行政许可共57件大项网络建设，通过网上审批办理事项共480件。

二、立足行业需求，深入推进行业业务应用系统建设。2013年，省交通运输厅积极开展与部署重大信息化工程建设，完成了统计分析监测和投资计划管理系统的建设方案编制，通过建设与运输市场信用系统可行报告的部专家评审。启动农村公路计划管理系统、港口管理系统、省级驾培监管系统、车辆维修与综合性能检测系统联网、运政移动稽查管理系统、路政综合业务管理系统等业务应用软件建设及相关推广工作。升级完善公路养护综合管理平台，初步实现与公路基础数据库、路面管理、桥梁管理、道班管理、计划管理、路况评定管理等系统的数据对接与共享，日常办公效率显著提高、规范性明显加强。

三、坚持统筹协调，稳步推进安全畅通与应急处置系统建设。2013年，省交通运输厅结合全省交通运输行业实际，按照职责分工，启动公路水路安全畅通与应急处置系统建设，完成了普通干线路网监测与应急处置平台可行报告、智能交通监控与管理平台、水路安全监控系统、道路运输应急保障指挥系统、公路治超检测站监控等系统建设方案的报批；完成路政监控指挥调度系统(一期)、江西道路运输监控指挥中心工程、交通工程质量安全生产管理系统建设；完成交通移动应急通信指挥平台的交付和联通，并进行了分区域应急演练。完成泛长三角"四省一市"应急指挥联

动平台江西子平台建设，先期已完成视频与路阻数据的上传，后期将上传车流量与气象信息，同时与现有系统进行整合与集成。对全省交通运输系统应急指挥平台内的各系统及业务功能进行优化，开发了“96122”交通服务热线远端服务系统，出台全省交通路网应急数据报送制度，为江西省政府及交通运输部等相关部门的应急决策指挥和处置提供了数据和信息保障。

四、转变发展思路，切实推进公众出行服务系统建设。2013 年，省交通运输厅继续推进高速公路电子不停车收费系统(ETC)建设，截至 2013 年 12 月底，已开通 ETC 专用车道 318 条，ETC 收费站数 148 个，占收费站总数的 63%。加快推进绿通建设，在赣定、梨园等地开展了绿色通道快速检测系统试点及评估工作。开展公路客运联网售票系统试点建设，初步实现全省部分一级客运站的联网售票。深化完善交通出行信息服务系统，基本建成覆盖高速公路和国省干线普通公路的出行信息服务综合性平台。截至 2013 年 12 月底，公众出行网站子系统访问量已突破 1800 万次，呼叫中心子系统接访公众来电咨询 100 余万次，与江西交通广播连线 4380 次，发布路况信息 13500 条、出行微博信息 20982 条。构建与完善了高速公路信息服务体系，基本建成两级联动的高速公路应急指挥信息平台，为全省各地区以及省外来赣的高速公路出行者及车主提供舒适快捷的高速公路出行服务。

五、夯实应用基础，扎实推进信息化基础设施建设。2013 年，省交通运输厅全面推进智能交通系统建设，编制《江西省交通运输厅智能交通管理与路网监控系统建设方案》，启动江西交通监控指挥中心大楼智能化系统(含应急指挥大厅信息化系统)、交通运输综合地理信息平台以及港航统一数据交换平台等基础性平台建设。完成了全国高速公路信息通信联网(江西段)工程、路政信息专网主干网络的建设。在现有条件基础上，实现全省高速公路综合业务信息网络覆盖率达到 100%。建成并完善满足应用需要的专业化机房、监控中心等场所，建立健全了信息安全体系，为信息化发展提供基本的条件和保障。

六、完善体系机制，优化信息化发展环境。2013 年，省交通运输厅编制完成了《江西省交通运输厅信息化项目管理暂行办法》。积极开展行业标准化以及相关科研课题研究工作，完成《江西省高速公路监控平台车检器控制与访问接口技术规范》《江西省高速公路监控平台情报板控制与访问接口技术规范》《江西省高速公路监控平台光平台控制与访问接口技术规范》《江西省高速公路监控平台编解码器控制与访问接口技术规范》《江西省高速公路监控平台矩阵切换器控制与访问接口技术规范》《江西省高速公路监控平台气象监测器控制与访问接口技术规范》《江西省高速公路机电系统维护技术规范》等系列规范的编制。并高度重视信息系统安全防范体系建设，对全厅范围内的信息系统进行不定期安全检查，积极推进信息系统安全等级及相应的安全体系建设、测评、整改等工作。

(徐 钊)

【江西交通信息网首页改版全新亮相】 2013 年，江西交通信息网(www. jxjt. gov. cn)新首页完成改版升级后全新亮相。

此次改版新增“查询中心”和手机 WAP 版，优化“图行江西”、“出行参考”等栏目。新梳理了各项行政许可和投资项目审批，完善厅长手机(信箱)、公众留言等功能，改进了场景式服务导航等办事指南，为社会公众提供更实用、更快捷的链接通道，进一步提升网站整体服务水平。在充分展示江西交通建设飞速发展的同时，还突出江西江南水乡的地域风貌和绿色环保等理念，诠释和体现“既要金山银山，又要绿水青山”的可持续发展战略，为加快推进建设富裕和谐秀美江西提供交通运输保障。

江西交通信息网新首页完成改版升级后，省交通运输厅仍按照“统一标准、规范管理”的要求建设交通运输系统网站群，重点通过建立网站群运维监测平台，实现对厅直属各单位子网站进行动态考核，最终形成一整套完善的政务网站群日常监测考核评价体系，进一步增强江西交通信息网的整体影响力。

(黄 金)

【江西交通综合信息服务系统一期网站群建设方案通过评审】 6 月 20 日，省交通运输厅在南昌召开“江西省交通运输厅交通综合信息服务系统一期网站群建设方案”评审会。会上，评审专家听取了建设方案编制单位厅信息中心的一期网站群建设方案和江西交通综合信息服务系统主要利用门户网站、热线电话、短信、广播、情报板等多种渠道,面向社会公众、交通从业人员提供各类综合性信息服务。服务内容包括出行信息查询、政务信息公开、网上办事系统、高速公路交通诱导信息及赣通卡客户服务等情况汇报。专家们一致认为:网站群是综合信息服务系统中的一个平台,该方案提出的"网站群"建设模式,能提高网络资源的使用效益,解决各部门之间信息资源不能共享、数据传输不规范等管理难题,破除信息孤岛现象,有效解决了系统间数据壁垒的问题,为建设透明公开的电子政府整体形象提供了可行的技术平台。建设方案目标明确、结构合理、需求分析充分、技术路线合理,符合交通运输部和省厅相关编制要求,予以评审通过。

(胡军胜　黄　金)

【江西有了应急移动指挥车】 2013 年 5 月,省交通应急指挥中心新增并已投入使用交通应急移动通信指挥平台(车)。该車车顶装有一口"大锅",主要由应急通信指挥车和通信网络构成。车头配有警示灯,与省厅应急指挥大厅联通,具备良好的通信传输能力、信息获取能力、指挥协同能力、综合保障能力和通行能力,能为突发公共事件现场监控、指挥调度、异地会商、移动办公等提供手段和场所,为迅速处置各类交通突发事件,发挥减灾、救灾作用发挥了重要作用。

(涂序东)

【江西方兴科技公司获全国交通运输企业信息化智能化建设多项殊荣】 11 月 29 日,2013 年度全国交通运输企业信息化、智能化建设交流大会在北京召开。会上,江西方兴科技公司因近年来在高速公路交通信息化、智能化建设方面取得丰硕成果,获全国交通运输信息化、智能化建设优秀企业;公司总经理邝仲平获全国交通运输信息化、智能化建设优秀个人;公司自主研发的"高速公路全路段气象检测与交通信息实时提示系统"获全国交通运输信息化、智能化建设优秀推荐产品(技术)、"高速公路机电养护系统"获全国交通运输信息化、智能化建设优秀推荐项目。

(胡婉莉)

【交通应急指挥车第二次常规演练在万年服务区举行】 8 月 8 日,省交通运输厅应急指挥中心继 5 月初在昌奉高速举行第一次常规演练后,又在万年服务区举行交通应急指挥车第二次常规演练。

此次演练分五个科目进行。模拟某高速某段因重大自然灾害造成路阻及通信中断,应急指挥车开赴现场后,建立前方临时指挥部,利用 VSAT 卫星通信、海事卫星电话建立通信系统,同时连通 3G 网络,利用 3G 网络与省厅应急指挥中心建立通信并展示指挥中心整合的各业务平台,商讨应急处置措施。演练充分利用各种先进的技术手段,挖掘和整合现有信息资源和通讯手段,提高应急指挥和信息通讯快速反应能力,实现了"指挥高效、信息畅通、机动灵活、保障有力"的最终目标。

(厅信息中心)

【交通阻断或遇险情实现了统一协调指挥】 2013 年,省交通运输厅购置交通应急移动通信指挥平台(车)后,在迅速处置各类交通突发事件、交通出现阻断或遇突发险情件时,有效实现了现场图像、信息采集传输与指挥处置统一协调指挥。当突发事件发生时,交通应急指挥车迅速开赴事故现场,展开应急指挥通信平台,通过远程通信传输系统与指挥中心建立通信,使得现场人员之间、现场人员和平台上的指挥人员之间建立通信联系。四川雅安地震发生后,此类交通应急指挥车对抢通交通生命线和抗震救灾发挥了积极的作用。

(厅信息中心)

【省交通运输厅进一步规范公路交通阻断信息报送工作】 9 月 23 日,省交通运输厅进一步规范公路交通阻断信息报送工作,明确规定全省公路交通阻断信息报送工作归口厅应急指挥中心统一管理,强调各单位要积极做好公路交通阻断信息报送工作,并结合交通阻断事件处理流程特点,将信息报送流程按事件发生时、事件处置中、事件处置完毕三个时间段进行规范。省交通运输厅将对全省公路交通阻断信息报送单位进行考评,并制定相关制度,进一步规范信息报送事项。

(厅信息中心)

【省交通运输厅信息中心强化交通服务信息化、应急指挥专业化】 7月31日，省交通运输厅信息中心召开会议，研究、部署做好交通服务信息化、应急指挥专业化工作。强调要结合交通信息化发展新需求，精心组织，统筹安排，做好“规定动作”，抓好“自选动作”：一是紧扣交通运输发展主线，加强顶层设计和协调机制研究，以行业服务标准为抓手，推进公路、水路和交通运输信息资源整合和业务协同，全面提升信息化服务支撑能力；二是紧盯应急指挥调度特色，充分利用江西交通信息网、微博及交通广播等平台，做好应急演练和特色实践教育宣传，着力提升行业管理、公众服务和应急处理能力，确保各项工作取得实实在在的成效。

（黄　金）

【省交通运输厅应急指挥中心全力做好防抗“苏力”来袭信息工作】 2013年第7号超强台风“苏力”登陆浙闽沿海，并于13日晚开始对江西造成较大天气影响，厅应急指挥中心全力做好防抗工作。坚持24小时值班制的同时，实行领导带班、科室负责人坐班，全力加强各路段视频监控巡检力度，密切关注天气、受影响路段的通行情况及各高速路段路面通行情况，紧密关注“苏力”的发展动态和移动路径，及时将预警信息和应对措施传达到相关路段，每日10时、16时、21时分别报送该时段路况情况，为领导决策提供有力保障。并通过新浪、搜狐、腾讯微博及公众出行服务网发布预警预报信息和实时路况，服务公众出行。

（厅信息中心）

【省交通运输厅应急指挥中心开通搜狐微博服务公众出行】 2013年，省交通运输厅应急指挥中心在已有新浪微博（用户名：赣交通厅应急指挥中心；地址：http://weibo.com/yingjizhihuizhongxin）的基础上，又开通搜狐微博（用户名：出行江西；地址：http://jiangxijtt.t.sohu.com/），实时播报高速公路路况信息及相关行业信息。春节期间，“出行江西”与“赣交通厅应急指挥中心”同步更新，实时发布高速公路路况信息，“出行江西”已发布信息240余条，吸引6万余人关注，极大地方便了公众出行。

（厅信息中心）

【省道路运输监控指挥中心正式投入运行】 10月上旬，省道路运输监控指挥中心完成了初步验收评审工作并开始试运行。该中心搭建的公路运输管理部门的监控平台，能更有效地整合相关资源，对客运站和车辆的监控图像进行实时监控、调阅、指挥调度，当发生突发性事件时，也可以通过该平台的应急指挥视频会议系统，与交通应急指挥中心、各地市公路运输管理部门一起在监控平台上召开视频会议，进行现场调度、指挥、会商。省运管局监控指挥中心的建成为政府监管平台的运行和应用提供了一个良好的环境，有效地强化了全省重点营运车辆的动态监管。

（胡保安）

【省道路运输网站群正式上线运行】 2013年上半年，省运管局启动了涵盖省、市、县三级应用的江西省道路运输网站群项目建设。新版的江西省道路运输网站群已于10月1日正式启用，减少了全省各级运管机构的网站建设投资，降低了网站维护成本和难度，提升了网站访问的便捷性，实现了道路运管行业信息共享最大化，成为全省运管系统对外宣传、服务公众、服务行业的重要窗口，也是信息资源丰富、功能全面、运行稳定的各级运管政务门户网站。

（胡保安）

【省运管局扎实推进全省公路客运联网售票系统建设】 2013年，省运管局在2012年深入开展全省公路客运联网售票系统基础性调研和可行性方案研究工作的基础上，按照“统一规划、分步实施”的原则，以数据库建设为基础，以资源整合为方法，以高效便民为目标，全面开展联网售票系统建设。已完成硬件部署工作、专线网络的组网和调试工作，并上线试运行。网上售票、电话售票部分的建设工作已启动，省运管局正加紧测试，解决试运行期间的遗留问题，以正式投入使用。

（胡保安）

【江西省包车客运管理信息系统正式启用】 2013年6月，省运管局开展江西省包车客运管理信息系统的建设工作。经过需求讨论、系统开发、系统测试、人员培训后，该系统已正式投入使用。该系统投入使用后，有助于科学有序地发展包车客运运力,完善道路包车客运市场准入与退出机制,落实企业安全生产主体责任,进一步加强道路包车客运市场监督管理。

(胡保安)

【省运管局推进一级客运站视频监控系统应用】 2013 年,省运管局积极组织全省各设区市运管处(局)和所辖一级客运站针对系统应用存在的主要问题进行全面检查和维护,确保视频监控系统能够正常有序地运行,切实发挥系统监管功能,强化客运站安全源头管理。该局规范了全省一级客运站的视频监控系统应用管理,提高了客运站应急指挥响应和安全管理能力。

(胡保安)

【全省全面开展道路运政管理信息系统数据清理】 2013 年,省运管局印发了《关于进一步做好江西省道路运输管理信息系统数据清理工作的通知》,利用上半年时间,在全省道路运输管理系统全面开展道路运政管理信息系统数据清理工作。

本次数据清理主要任务是:对系统基础数据进行"补录、更正、删除"。清理范围涉及运政信息系统的多类数据,主要包括客运、货运、维修、综合检测、驾培、站场、公交、出租車和汽车租赁等业户数据;客运、货运、公交、出租、租赁、教练车等车辆数据;货物运输、维修检测、驾培、公交、出租和其他类型等从业人员数据;客运班线数据和机构言息数据等。

省运管局把数据清理工作成果与目标考核挂钩,将数据清理质量和进度列为目标考核内容。省、市、县三级运管机构成立"运政信息系统"数据清理领导小组,确保此项工作有序高效进行,已取得丰硕成果。

(胡保安)

【省高速集团昌樟管理处开通交通服务热线微博】 4 月,昌樟管理处开通交通服务热线微博(http://t.qq.com/kudingcha7748),即时与江西交通广播电台、江西交通服务热线(96122)、乐行南昌等进行在线路况信息发布及微博互动。

微博开通后,昌樟信息中心每天将管辖的昌樟、温厚、昌铜路段的各类交通路况信息、收费政策、天气信息等通过腾讯微博网络互动平台在第一时间向广司乘人员和广大旅客提供及时、准确、快捷的行车路况信息及各类交通信息咨询服务,并积极与江西交通广播电台及江西交通服务热线(96122)等进行交通信息共享。

(陈　洁)

【赣粤高速公路服务有限公司信息化建设项目正式启动】 3 月 25 日,赣粤高速作化建设项目启动大会在南昌召开。会议介绍通报了赣粤高速信息化建设项目的建设内容、前期筹备工作及项目建设总体安排。承建单位将从四个方面提升公司信息化管理水平:一是用户页面集成,以员工为本,方便员工日常使用;二是流程集成,做到流程扩展快速方便,流程变更灵活;三是应用集成,实现多应用系统之间的信息共享、信息交互;四是数据(信息)集成,为领导决策提供唯一的、准确的、有效的信息。软通动力集团高级副总裁黄立表示,公司将集中优势资源参与本项目建设,真正为客户服务好,全力打造江西省信息化建设的标杆。

(王卫娥)

【省运管局以信息化宣传推动信息化应用】 2013 年,省运管局通过视频、宣传画册等形式,集中展现全省道路运输信息化建设的情况,加大对全省道路运输信息化的宣传来有力地推动信息化在全行业的发展,推进信息技术的广泛应用,进一步形成信息化发展共识,加快信息化平台建设,推动全省道路运输信息化应用工作,使信息化成果更好地服务于道路运输行业的发展。

(胡保安)

【省运管系统安全保护测评工作有序开展】 2013 年,省运管局组织开展全省道路运输协同办公系统、道路运输车辆卫星定位系统政府监管平台、省道路运政管理信息系统、省城乡道路客运燃油消耗信息月度申报系统的计算机信息系统安全保护测评工作,切实提高信息系统的安全保护性能,保障和促进全省道路运输信息化科学、健康、有序发展。

(胡保安)

【省高速公路联网管理中心加大赣通卡推广力度】 2013 年,省高速公路联网管理中心开展赣通卡推广活动,以便车主对赣通卡有进一步的了解、认同和接受。江西高速公路自2007年12月29日实现非现金支付及电子不停车收费以来,截至2012年12月底,累计建成ETC车道243条,ETC收费站116个,在建ETC车道63条,赣通卡有6万用户,ETC系统已初步显现规模经济效益和良好社会效益。

8月14日,省高速公路联网管理中心召开全省赣通卡业务推进会,与相关商业银行就推广赣通卡业务工作进行研究部署。并与各合作银行加强联名对外宣传工作,建立双方联系机制,提高赣通卡充值网点服务质量,建立健全客户投诉处理机制。通过合作,推动了赣通卡业务快速发展。

（彭蓉蓉）

【昌铜高速宜丰收费所开发出手机通讯录程序】 2013年,昌铜高速宜丰收费所成功开发出内部手机通讯录程序。该程序基于安卓系统开发,适用于所有使用安卓系统的手机,可提供昌樟管理处人员手机和办公电话通讯联络和提供搜索、添加邮箱、QQ号码、皮肤下载、云端储存、智能导入导出等实用功能,成为高效办公的得力助手。

（李　平）

【寻全高速项目办推广应用隧道进出洞自动登记系统】 6月19日,寻全高速项目办在C3标松虎坑2#隧道、B2标高云山1#隧道组织召开现场观摩会,全面推广应用隧道进出洞自动登记系统。隧道讲出洞自动登记系统主要由LED显示屏、芯片、读卡基站和电脑显示器四部分组成。在隧道洞内外分别安装一个读卡基站,进出洞人员随身携带一块有个人信息的电子芯片,当人员接近读卡基站20米左右时,读卡基站就能识别该作业人员的信息,并通过LED显示屏显示该作业人员的姓名、工种、进出洞时间。全线共计安装6套隧道进出洞自动登记系统。该系统投入后,进出洞人员将分别靠手工翻牌记录、靠签名登记的传统方式登记。

（袁　涛）

【省高速集团泰和管理中心公务车安装车务通】 为加强公务用车管理,从2012年11月开始,泰和管理中心在所有公务车辆上安装车务通,运用车载GPS系统规范机务管理,杜绝公车私用,降低使用成本。2013年一季度,全中心公务用车平均行驶里程与2012年四季度相比下降20%～30%,燃油消耗和各项维修保养费用支出降低了近15%。

（刘连江）

【抚州市城区公交始用银行金融IC卡刷卡】 12月19日,上饶银行抚州分行和抚州市公交总公司联合推出的“上饶银行三清山金融IC卡公交项目”开始正式投入运行。金融公交IC卡是上饶银行自主研发的一项重大便民工程,是抚州促进金融服务民生、推动金融IC卡在服务领域广泛运用的一次创举,有效增强了上饶银行在抚州社会公共领域的服务能力。金融IC卡具有“高安全、快支付、多应用”的特点,应用前景广泛,并可逐步实现自助终端、互联网、手机等新兴渠道支持金融IC卡。在缴纳水电费、乘坐的士和公交等公共领域,实现一卡多用。

（陈根玲）

【江西普通公路建设项目开始实施网上招标】 8月21日,九江市公路局对星县X242归横公路改建项目进行电子招标,9月22日吉安市公路局对S223石镇线古县至江口段公路改建工程古县大桥项目采用电子招标,这标志江西省公路系统已按省交通运输厅要求开始对公路建设项目实施网上招标。

省公路局为做好网上招标工作,自2012年年底推进交通工程公共资源网上交易系统建设以来,一是加强培训,使建设、施工、监理单位全面了解该系统功能。二是加强网上模拟招标,使建设、施工、监理单位尽快进入角色。三是加强月报制度,形成推广该系统的长效机制,并取得良好效果。

（胡　智　毛　涛）

【省港航局开展信息化管理督察工作】 8月下旬,省港航局对局属各单位开展了一次信息化工作督察。通过为期10天的督察,督察组在对各单位信息化工作所取得的成绩给予肯定的同时也发现了一些存在的问题和管理中的薄弱环节,特别是基层海事处的机房建设相对滞后、信息化专业人员匮乏等问题亟待解决。为此省港航局安排专项资金对局属各单位的机房进行标准化改造,解决了基层海事处的信息化基础保障问题,提高了船员办证效率,提升了港航信息化管理服务水平。

(罗云海　刘　琦)

【江西加紧建设第一家海底电缆生产企业】 江西第一家海底电缆项目生产企业位于九江瑞昌港区码头工业城,项目总投资10亿元,其中,固定资产投资7亿元。该企业主要生产应用于长距离通讯网、跨海军事设施、海洋工程、钻井平台及台间连接等领域的光电复合海底电缆线,也是全省第一条、全国第六条光电复合电缆生产线。项目建成后年产值达20亿元,上缴税收达6000余万元。2013年厂房框架已完成,正在进行顶棚施工,配套工程尚有一个5000吨级件杂泊位。码头采用高桩梁板式结构,工程占用岸线140米,总体设计年通过为能力638万吨。

(刘国保)

【全省普通干线路网运行监测与应急处置平台工作座谈会召开】 2013年,江西省普通干线路网运行监测与应急处置平台第二次工作座谈会在南昌召开。

会上,住处数据中心讲解介绍了《江西省普通干线路网运行监测与应急处置项目建设管理办法》,着重讨论了“十二五”计划期间全省普通干线路网运行监测与应急处置平台项目建设的招标方案和计划任务。

会议要求,各相关单位及其工作人员要时不我待,尽快熟悉业务,全面进入工作状态;要主动对接,形成合力,全面消除工作盲区;要深思熟虑,结合单位实际,全面落实三年工作计划;要标准为先,严格坚持程序,全面实施路网平台建设任务。

(廖宁华)

【省公路局推进二三级公路施工企业网上备案登记】 自省公路局负责承担公路工程二、三级施工企业网上备案登记工作以来,截至2013年9月,已完成102家施工企业网上备案登记工作。并组织网上交易操作系统培训和工程项目业绩审查,核查了306条业绩,为全省普通公路建设项目实施网上招投标奠定了基础。

(谢银水)

【省高速公路联网管理中心举办办公自动化OA系统应用培训班】 3月26日,省高速公路联网管理中心举办办公自动化OA系统应用培训班。此次培训由负责OA系统开发的工程师主讲并演示,以联网中心办公网络的公文处理模块为平台,演示了发文、收文、归档等文件传输及得理的流程及操作方法,同时也进行了系统其他功能展示。培训班还对网络保密及信息安全等工作进行具体部署并提出了明确要求,达到了预期效果。

(周绍芹)

【省交通运输厅评审交通综合信息服务系统一期建设方案】 6月20日,省交通运输厅在南昌召开《江西省交通运输厅交通综合信息服务系统一期网站群建设方案》(以下简称《方案》)评审会。

交通综合信息服务系统主要利用门户网站、热线电话、短信、广播、情报板等多种渠道,面向社会公众、交通从业人员提供各类综合性信息服务。服务内容包括出行信息查询、政务信息公开、网上办事系统、高速公路交通诱导信息及赣通卡客户服务等,网站群是综合信息服务系统中的一个平台。

评审专家认为,《方案》提出的“网站群”建设模式,能提高网络资源的使用效益,解决各部门之间信息资源不能共享、数据传输不规范等管理难题。同时,还破除信息孤岛现象,有效解决系统间数据壁垒的问题,为建设透明公开的电子政府整体形象提供可行的技术平台。一致同意该《方案》予以通过。

(黄　金)

【昌九高速改扩建通远试验段民工工资信息录入信息系统】 2013年,昌九高速改扩建通远试验段项目办推广创新民工工资管理,全面展开民工工资信息录入工作。民工工资信息系统集中了承包合同确认、民工信息注册、民工工资预存、民工工资核算、民工工资支付、民工工资监管、违规责任查究、信息记录建档等八个方面的内容。农民工信息资料及工资发放情况等全面录入工作结束后,农民工工资管理正式进入常态化、规范化管理轨道。

（谢　华　李福森）

【省运管局组织信息系统应用培训】 2013年下半年，省运管局针对“江西省道路运政信息系统”新增功能、变更需求后，各地运管部门在应用操作上存在的主要问题，组织各设区市运管处（局）、县区运管所相关业务部门使用“运政信息系统”的工作人员、各级运管机构的“运政信息系统”管理员以视频讲座的形式举办江西道路运政管理信息系统应用视频讲座和应用培训。

通过培训，进一步提升全省道路运输行业的信息化应用管理水平，规范“运政信息系统”操作人员的业务办理流程和应用操作，提高了工作效率。

（胡保安）

【省运管局、省交警总队联合召开营运车辆及驾驶人信息互通协调会】 4月15日，省运管局与省交警总队联合召开协调会，协商营运车辆卫星定位系统与电子信息记读仪的技术兼容和营运车辆、驾驶人信息等相关数据的共享工作。

卫星定位系统与电子信息记读仪两个仪器在技术上合一，能够有效降低企业成本，督促道路运输企业全面落实安全生产主体责任。营运车辆、驾驶人信息及营运车辆交通安全事故等信息的共享，能够实现数据信息的最大化使用，形成交通安全源头监管和路面监管的有机衔接。建立健全运管、交警之间的协调联动工作机制，能够形成部门监管合力，有效预防道路交通事故的发生，最大限度地维护道路运输安全。

会上，省运管局和省交警总队达成共识，双方均表示全力支持、共同推进数据共享项目的相关工作。双方指定分管领导和处室对相关问题进行对接，就共享信息的具体内容、信息共享平台和数据管理工作机制进行进一步的研究和落实措施。

（胡保安）

【南昌市洪城客运站开通微信公众服务平台】 2013年，南昌洪城客运站自春运伊始就开通了微信公众服务平台，旅客可以通过扫描二维码，快速进入平台进行在线咨询，了解洪城客运站最新公告、班次查询、包车服务等信息，大幅提升了服务水平，方便了旅客便捷出行。

（南昌市交通运输局）

【省高速集团天驰公司获6项国家计算机软件著作权】 2月20日，天驰公司“道路检测数据处理系统”“第三方公路工程试验检测机构信息管理系统”“多用户桥梁报告生成与管理系统”“多用户桥梁评定计算软件”“高速公路养护设计系统”“天驰科技执业能力认定考试系统”共6项软件获得了由国家版权局颁发的《计算机软件著作权登记证书》，表明该公司已拥有开发自主知识产权软件产品的权威资质。

（省高速集团）

【《江西省普通干线路网运行监测与应急处置平台工程可行性研究》通过评审】 9月18日，江西省发改委组织省交通运输厅、省公路管理局等单位相关专家对《江西省普通干线路网运行监测与应急处置平台工程可行性研究报告》进行评审。

在认真听取了项目的专题汇报，查阅了相关资料，并进行了质疑、答辩和讨论，与会专家认为该可行性研究报告编制内容齐全，分析论证充分，建设目标明确，工程投资估算基本合理，符合项目可行性研究报告编制的规范要求，同意通过评审。

“十二五”计划期间，江西将重点完成全省120个干线公路外场监测点、120个移动监测点、一个省级路网中心和11个设区市路网分中心的建设工作。建成集交通运行数据、视频图像数据、基础设施运行数据、公路交通突发（阻断）信息和路网环境信息为一体的路网监测与应急处置平台。

（省公路局信息数据中心）

【赣沪苏皖浙闽五省一市不停車收费累计1.2亿元】 2010年7月28日，江西加入长三角不停车收费联网，与上海市、江苏省、浙江省、安徽省、福建省四省一市ETC实现区域联网，赣通卡、沪通卡、苏通卡、浙通卡、徽通卡和闽通卡的ETC用户，均可在赣、沪、苏、浙、皖、闽实现电子不停车收费。自江西加入长三角ETC联网以来，截至2012年12月31日，赣通卡在沪苏皖浙闽四省一市消费与四省一市卡在江西消费总额累计1.2亿元，其中，赣通卡在沪、苏、浙、皖、闽四省一市消费总额3100万元,沪、苏、浙、皖、闽四省一市卡在江西消费总额9000万元,跨省轧差划账近6000万元。

(省高速集团)

【省交通运输厅、公安厅联合召开安装应用车辆记读仪新闻会】 11月1日,省交通运输与省公安厅联合召开安装应用车辆记读仪新闻会。会上,省交通运输厅介绍了安装应用记读仪的目的和意义,说明"记读仪"的主要功能、安装范围及应用的大体安排。省公安厅强调了此项工作的重要性和紧迫性。

记读仪安装应用工作将遵循"统一部署、分步实施"的基本原则,依据实施计划安排,先在"两客一危"车辆上安装使用。凡在江西境内注册的"两客一危"车辆,即从事道路班线客运(三类以上)包车(旅游)客运、危险货物运输企业所属车辆必须全部全装"记读仪"。2013年春运前已全部安装到位并投入使用。

(省运管局)

【上饶市积极推进运输车辆智能化改造】 2013年,上饶市进一步完善客运车辆和危险品运输车辆GPS监控系统建设。上饶市中心城区511辆出租汽车免费安装使用了GPS车载终端和LED显示屏,健全了出租车安全监控平台,并利用此平台开通了出租车电召服务,为乘客提供方便、快捷的服务,减少空载率;加大投资力度,安装更新了公交GPS调度监控和车载视频监控系统,已安装GPS车辆数达到3208辆,其中,公交车267辆、出租车511辆、营运客货车辆2430辆,进一步加快推进了交通运输信息化建设步伐。

(严 纲 韩晓艺)

【九江长途汽车站在全省率先启用指纹报班系统】 自8月29日起,九江长途汽车站为规范汽车客运站务管理,在全省同行业率先引进一套"指纹报班"系统,进一步完善和强化了IC卡和指纹双报班制度。该系统利用IC卡和指纹识别对进出站车辆及驾驶员进行计算机管理,对站务安全管理的每一道环节实施有效控制,避免手工作业管理存在的人为不规范因素,进一步提高汽车客运站管理工效和安全管理能力。九江长途汽车站所有进站营运班车及驾驶员指纹等信息已全部录入完毕,该系统已在该站全部始发班线上使用。

(九江市交通运输局)

【昌西南连接线在全省首次采用天宝智能GCS900系统】 6月,南昌昌西南连接线TJ合同段引进世界先进的数控机械化设备——天宝GCS900系统,应用于该项目超宽路基平整施工。

天宝GSC900系统集成精准定位技术、通讯技术、机械控制技术、计算机技术和SPS930全站仪、MT900靶标、车载电脑、传感器、电台、光棒指示及液压/电源模块数字设备,实现一体数控机械化施工,在路基平整中可以完全做到无桩化施工,避免了施工过程中人为因素而造成的误差。

数控机械化施工技术的引入,为该项目建设提供了有力的技术保障,整体施工效率得到了很大提高,较之传统施工方法,至少提高效率(缩短工期)35%以上。

(胡小明 熊小勇)

【昌栗高速公路项目办推行二维码上传试验数据】 2013年,昌栗高速项目办采用二维码上传对试验数据进行联网监控,这在江西高速公路项目建设中尚属首次。为此,该项目办编制了《江西省南昌至上栗高速公路试验室二维码编写规则》。以具体的分项工程为单位,要求各参建单位对本标段单位工程进行编码。现场取样时,取样员通过手机登录平台完成身份验证,填写本次取样品基本信息上传至服务器,并对当前样品舒畅行拍照,保留影像资料。试样带回试验室后,用二维码扫描机扫描验证,样品信息确认无误后方可进入试验环节。试验完成后,相关数据不能更改并自动保存上传。

推进二维码上传试验数据,使施工单位、监理单位试验取样、检测及数据上传等一系列程序具备可溯性,规范了试验检测工作并具备全天候无盲点监控的效果,避免了人为替换试样、篡改试验据等行为,保证了试验数据的真实可靠,为确保昌栗高速公路工程建设质量提供了保证。

(刘超群)

【吉水县交通运输局强化GPS监控保障春运安全】 2013年,该局进一步加强春运期间客运班车、危险品运输车辆运行动态监控,充分发挥GPS

平台监控在预防交通事故、保障行车安全、规范经营行为等方面的作用，对三类以上班线客车及危货运输车辆GPS终端安装使用情况进行全面核查，对从未接入省运管局GPS监控平台的车辆核查是否在营，如不在营，立即注销道路运输证，不得营运；如在营，必须立即安装GPS监控系统并与省运管局GPS监控平台对接，将安全隐患消除在源头。同时，对近期未与省运管局平台对接的车辆逐一核查离线原因，并限期全部整改到位。各道路客运企业明确了专人负责客运班车GPS监控系统的动态监管，完善相关管理制度，凡违反管理规定的，要及时查纠，确保GPS在线率达100%。坚持24小时值守制度，全天候动态监控GPS在线运行车辆，一旦发现超速等违规行为，立即电话提醒；严格要求驾驶员遵守行车纪律，保证GPS设施设备正常工作，不得蓄意关闭和破坏GPS系统，否则，记入"黑名单"；若发现车辆出现交通事故或遭遇歹徒劫持，立即启动应急预案，及时与当地公安交警等有关部门取得联系。

（周小明）

【省高速集团泰和管理中心投入使用自动发卡机】 1月19日，泰和管理中心首台自动测距滑动式发卡机在泉南高速宁都收费站投入使用，有效缓解了春运期间该站车辆通行压力。

为了尽快熟悉其结构和性能，更好地发挥其服务司乘的作用，该中心宁都收费站邀请技术与设备厂家的工作人员进行现场讲学。从自动发卡机的工作原理、使用事项到故障维修，技术人员都详细地进行了讲解，并针对大家提出的疑问进行了解答。通过讲解，员工们在最短的时间内掌握了设备的使用方法。与此同时，为了让过往司机熟悉使用自动发卡机，该站安排收费员在车道入口处引导和宣传讲解，并利用电子情报版提醒司乘朋友减速慢行，自助取卡通行，此举缩短了车辆停留的时间，进一步提高了通行速度。

（李仁林）

【宜丰县加大运政信息网络建设投入】 2013年，宜丰县进一步加大运政信息网络建设投入：一是加强信息化基础设施建设。严格按照电子计算机机房建设规范的相关要求建立信息中心，在原有基础上配备空调、除湿机，所有信息设备按照要求进行防雷改造、安全接地、防静电地板、铺设专用供电电源等，进一步加强信息化建设过程中的安全性和规范性；二是加大对信息化建设的投人。积极筹措8万余元资金购置20多台计算机，配备路由器、交换机、UPS等硬件设备，保证设备正常运转和满足运政信息管理网工作需求；三是强化软件应用及网络、数据管理。按照上级要求，开展运输系统数据的清理校核、实现省、市、县三级联网，并通过网络运用软件办理业务，全面实行OA系统办理日常办公业务，基本实现无纸化办公；四是加强设备维护管理。对耗材采取统一采购制度，确保质量，配备信息管理维护员进行专职维护，确保无纸化办公OA系统、运政系统信息、GPS监控系统等系统的正常运转。

（漆志勇）

【宜春城区公交启动"掌上公交"】 10月9日，宜春公交和宜春移动公司经过近一年的筹划，"掌上公交"正式启动，覆盖中心城区的所有公交线路、300多辆公交车。

"掌上公交"，即"手机实时公交电子站牌"。市民只需手机登录"掌上公交"网站（http://mybus.jx139.com/）页面，下载掌上公交软件并安装完成后，就可随时随地查询所等待公交线路的实时位置信息，以及距离所在车站的站点数。通过"按线路查询"、"按站点查询"、"按地点查询"、"按站站查询"、"按车牌查询"五种方式查询公交线路，此外，"掌上公交"还为手机客户端提供到站提醒服务，用户可以根据自身需要对所需乘坐的公交线路设置预约到达提醒闹铃，及时有效的信息提醒可以省去盲目等待的繁琐，从而大幅提高了城市公共交通运行效率，全面提升了乘客出行服务水平。

（李　明）

【宜春市城区公交Wi－Fi全覆盖】 2013年，宜春市公共交通公司与中国移动宜春公司，继手手机刷卡乘公交车业务后，再次推出又一便民服务——宜春市城区内公交车实施全覆盖，市民乘公交车可享受无线Wi－Fi上网和公交运行查询。5月起，市内5路公交车首次实行覆盖，市民乘坐公交车的同时，可免费享受移动4G网络服务。经过一个多月试运行，市民反响良好。根据工作进度计划,市内公交车内将逐步安装无线上网设备,年内实现全覆盖。并实行手机掌上公交查询业务,用户可在手机上查询公交车辆到位站等信息,方便广大乘客乘车、转车、候车。

(晏慧锋)

【宜丰县提高GPS卫星定位装置应用水平】 2013年,宜丰县认真落实省运管局制定的动态监控管理办法,规范联网联控各级系统平台、车载终端的运行管理和安装使用,提高卫星定位装置的应用水平:一是科学调整系统平台监控参数设置。督促客运企业对雨雪雾霾等恶劣天气车辆行驶速度、夜间行驶速度及连续驾驶时间等监控要求进行调整。二是加强对第三方平台转接车辆的管理。督促相关客运企业在6月前将这类车辆转入标准平台运行。三是提高车辆在线率。督促客运企业加强对车载终端的维护,保持终端设备技术状况良好,有效接入全国重点营运车辆联网联控系统。四是落实企业监控主体责任。会同公安、安全监管部门加强对客运企业卫星定位装置安装使用和系统平台运用情况的督查,督促客运企业加强对违法违章车辆的处罚力度,有效杜绝超速驾驶、疲劳驾驶等违法行为。

(漆志勇)

【省交通运输厅开通高速公路电子收费自助服务系统】 1月28日,省交通运输厅召开新闻发布会,通报全省高速公路电子收费自助服务系统相关情况。建行江西分行、农行江西分行、工行江西分行、招商银行南昌分行、中信银行南昌分行、光大银行江西分行、省邮政公司等合作单位的有关负责人,省交通运输厅有关处室、厅直属有关单位以及南昌高速公路公司等单位的负责人,中央驻赣媒体以及省内共20余家新闻单位参加新闻发布会。自即日起,高速公路电子收费自助服务系统正式投入使用。

(雷声猛)

【省交通运输厅开通智能交通掌上平台】 1月25日,省交通运输厅正式启用智能交通掌上平台,助力平安春运。为方便各级监控人员能及时地掌握春运期间道路运行监管信息,厅应急指挥中心、厅智能交通办经过近半个月的努力,完成省厅智能交通掌上平台(公众测试版)的开通及运行工作。随着该平台的开通,相关人员可随时在开通Wi-Fi或3G智能手机与平板电脑上调看实时监控视频,以科技化、信息化的手段保障群众平安回家,祥和过年。

(周 斌)

【省高速集团三项信息化技术引关注】 2013年,省高速集团江西方兴科技有限公司成功开发研制出自测距滑动式自动发卡机。3月28日,该机在合肥举办的第十五届中国高速公路高速公路信息化技术产品展示会上首次亮相,引起了与会行业企业的极大关注,开创了发卡机人性化设计的先河。

与此同时,省高速集团编著的《江西省高速公路投资集团有限责任公司视觉识别系统手册——养护工作分册》结合集团养护工作实际,在集团VIS手册的基础上进行了细化和延伸,对于规范养护工作的视觉识别、树立统一的养护形象具有重要意义。

此外,省高速集团的高速公路绿色通道车辆局部成像检查系统是全省第二套专业查验绿通设备主要是利用射线辐射透视成像技术,直接将查验情况连线到收费岗亭显示器,无需人工查验车辆装载物品就能有效查看封闭式车厢内装载物品。亮相高速公路后,该设备对绿通货品识别率达100%。

(省交通集团)

【九江市交通运输局规范燃油消耗信息统计】 2013年,九江市交通运输局为确保燃油消耗信息申报真实、准确、及时,进一步推动燃油申报工作的规范化管理,对城乡道路客运燃油消耗信息采集申报工作作出规定,督促和指导城乡道路客运经营者扎实做好管理工作,客观、真实采集日常运营信息,及时统计上报燃油消耗信息,并严格数据审核,科学制定燃油消耗定额标准,规范燃油消耗信息统计。同时,在城市公交、农村客运、出租汽车中积极推广使用车载卫星定位装置,覆盖享受燃油价格补助政策的所有车辆,为燃油申报系统提供先进手段,使采集车辆运营里程等重要基础数据准确无误。市运管部门将申报情况每月进行公示,把监管措施落到实处,严防和杜绝冒领油补等违规现象发生。 (九江市交通运输局)

【全省普通干线路网运行监测与应急处置平台技术培训班在九江举办】 6月20～22日，江西省普通干线路网运行监测与应急处置平台技术培训班在九江举办。全省11个设区市公路局信息化部门的负责人与技术人员、省局住处数据中心技术人员和路通公司工程技术人员等共40余人参加培训。

此次培训邀请了行业内6位技术专家分别针对本次路网平台建设中“网络架构及组网技术”“路网平台软件技术设计”“数字会议智能化系统技术”等内容进行授课和现场答疑。

通过培训，全省公路信息化建设技术人员了解和掌握了平台建设中存在的技术难点，提升了大家专业技术水平，为加快推进全省普通干线路网运监测与应急处置平台建设奠定了坚实的基础。

（林茂森）

【“96122”交通服务热线微博入选江西省十大政务机构微博】 2013年，“96122”江西交通服务热线腾讯官方微博入选为“江西省五月份十大政务机构微博”。

“96122”腾讯微博于2011年9月12日开通，并通过政府机构认证，至今已发布实时路况信息、交通出行信息6000余条，微博粉丝有10万余人。在做好电话服务的基础上，“96122”创新服务方式，拓宽服务渠道，相继开通了新浪、腾讯官方微博，借助网络平台服务好出行者，与群众更好的互动交流。通过文字、图片、视频等方式向公众提供实时交通信息，解决群众关心的热点、难点问题，真正做到了从群众需求出发，全心全意为民服务。

（高　纯　罗玉婷）

【江西高速公路主体工程实现全过程电子化招投标】 2013年，南昌至上栗高速公路新建工程的土建主体（路基）工程施工拟中标单位通过中国采购与招标网、江西南昌公共资源交易网等各大网络媒体公示，标志着该项目电子招标工作基本结束，成为江西省内首个采用公共资源交易系统交通平台全过程电子化完成招标的交通重点项目。

这次招投标与以往招标有很大不同，全程都采用电子化招投标，将招标工程量清单解释、子目单价、最高投标限价都对外公开发布，并就项目价格编制办法或价格范围的合理性征求投标人及其他相关各方的意见，最大程度保证项目价格的合理性，有效地控制工程造价。同时，招投标活动全过程做到了公开、公平、公正，营造了公平竞争的良好市场环境。

自此，全省高速公路主体工程实现了全过程电子化优招投标。从项目备案、招标方案招标文件审批、发布公告、投标单位报名、发售招标文件、递交投标文件、开标到评标等过程全部通过江西省公共资源交易网与江西省电子开标评标系统完成。在此之前，江西省交通运输厅建立了江西省交通工程电子招标企业数据库，凡是到赣参加公路工程招标的施工企业必须将其基本情况、人员、业绩、信誉等在企业数据库中备案。企业在数据库中的备案数据向全社会公示，接受社会监督，数据库建立后，投标人在电子招标系统中编制投标文件时，软件对企业资质、人员、业绩、信誉等数据录入进行限制，各投标人无法随意填写，只能从企业数据库中已通过备案的数据中调用。昌栗、昌宁两项目招标还实现了投标人员、业绩、信誉等资格审查要素公开，杜绝了各投标人利用虚假的人员、业绩、信誉资料骗取中标现象。

（练崇田）

【遂川县交通运输局创建物流信息网】 2013年，遂川县交通运输局创建了“遂川物流信息网”。该网站涵盖了物流行业资讯、车源信息、货源信息、相关物流信息以及相关物流的快速链接，为广大业主搭建了一个物流资源信息共享的服务平台。

（吉安市交通运输局）

【全省开展道路货物运输市场信息监测工作】 2013年，省运管局进一步加强道路货运市场监管，及时掌握运输成本变动，引导建立合理运价机制，并制订了道路货物运输市场价格与成本监测工作方案，确定了年度采集数据指标及数量。各设区市运管部门根据各地货运市场特点及企业情况，确定各设区市样本企业，由样本企业每日采集监测数据，按月进行汇总整理，于每月5日前向省道路运输协会报送数据。省道路运输协会对样本企业报送的监测数据进行分析整理。自2013年4月起，每季度在省道协网站上向社会发布煤炭、成品油、钢铁、水泥、粮油、蔬菜、危化品、零担散货市场运价信息，进一步促进道路运输业健康稳定发展。

(周秋华)

【赣粤高速公路股份有限公司与投资者开展网上互动交流】 9月6日,中国证监管局和深圳证券信息有限公司联合举办“江西辖区上市公司投资者集体接待日暨投资者关系互动平台开通仪式”。赣粤高速股份有限公司在活动中采取网络在线交流的形式,由董事长等公司人员利用网络交流平台工作之便与投资者们进行了2个多小时的互动交流,针对投资者提出的有关公司治理、财务状况、经营成果、政策规定、发展战略等方面的近80个问题,给予了详尽解答。通过互动交流,使广大投资者进一步知晓公司情况,提高了公司的透明度,加强信息披露工作,做好投资者关系管理,营造了和谐与信任的良好氛围。

(王卫娥)

【“基于智能客户端的交通运输企业联网审计系统研究与开发”通过鉴定】 1月29日,省科技厅在南昌召开科技项目“基于智能客户端的交通运输企业联网审计系统研究与开发”成果鉴定会。会议邀请信息化与审计行业资深专家、教授组成鉴定委员会,与会与家听取项目汇报后,查阅了相关技术文件,并与课题组就关键技术问题进行了质询与解答。与会专家经过充分讨论、审定,认为该系统布局了基于智能客户端的联网审计系统,实现了审计状态从单一的事后静态审计方式向事中、事后动态审计模式转变,形成“预算跟踪+联网核查”的全新审计模式,提高了审计效率,扩大了审计覆盖范围,为联网审计预警功能的开发提供了重要技术支撑。专家们一致认为该项目在利用智能客户端技术实现交通运输企业联网审计方面达到国内领先水平,同意通过鉴定。

(黎　凯)

教　　育

【概述】 2013年,全省交通运输系统把交通教育摆在突出位置,服务于交通运输发展全局,全面落实“人才强交”发展战略。一年来,全创业围绕交通运输建设、改革和发展人才需求,充分发挥政府职能部门主导作用,统筹推进人才教育培训平台建设,强化管理干部职业教育培训、专业技术人员知识更新和技能型人才岗位培养,完善交通运输人力资源支持保障体系,教育与培训工作取得明显成效,为促进江西交通运输超常规跨越式发展提供了人才保障。

一、教育培训工作实现新跨越

2013年,全省各级交通运输主管部门和各类教育培训机构,围绕推进交通运输跨越发展,立足行业实际,积极组织开展岗位培训和从业资格培训,提升交通运输人才素质与能力。

1. 干部教育和技术人才培训扎实推进。继续坚持选送学习与培训学习相结合,组织6个设区市交通运输局21名领导干部免费参加全国交通运输局长培训班学习;组织200人收听收看交通运输部科技大讲堂实况4次;选送200名厅直属单位分管领导及部门负责人参加交通运输部西培项目学习培训;举办全省交通运输行业信息化、生态公路建设、教育培训和新党员培训等各类培训班21期,受培学员共计2339人次。

2. 从业资格教育培训成效明显。交通职业技术学院完成内河船舶船员培训、交通部高级道路经理培训及考试等受培学员共计12000余人次。完成驾驶员培训和职业技能鉴定4200余人次。承办江西省“振兴杯”交通运输行业职业技能竞赛、江西省机动车检测维修人员培训、考核和职业技能竞赛等。并面向全国举办了5期汽车和物流方面师资培训,为省内外兄弟职业院校培训骨干教师126人。

3. 省交通干部学院各项工作得到加强。全年完成130期总计12633人次的培训、会议、考试、评审、比赛等接待任务，其中，开展培训62期，会议37次，评标评审5次，考试5次，比赛2次；接待总人数同比增长19.6%，创收额同比增长30%；承接交通运输系统外部培训24期，共计培训2667人次。

4. 江西交通技工学校，以及各设区市交通职工培训机构进一步得到加强。

二、职业教育办学水平迈上新台阶

2013年，江西交通职业技术学院全力推进国家骨干院校建设与学院综合办学实力和人才培养能力明显提升。该校秋季招收新生2949人，其中，青海班85人。毕业生就业率首次达96.94%，被有关主管部门授予"江西省普通高校毕业生就业工作先进集体"称号。

1. 发挥示范引领作用，提升学院办学水平。省现代物流产学一体化重点实验室、省交通运输行业现代交通运输物流重点实验室和省交通运输行业机动车检测与诊断工程技术研究中心等省级重点实验室或技术研究中心均落户该学院，标志着学院骨干院校建设取得实质性进展。

2. 开拓校企合作领域，实现校企互利共赢。该院继续与德系、美系和韩系等知名汽车企业开展深度合作，开设定向班。先后与德邦物流、西藏天路、中国人保江西公司等合作，为企业定向培养适用人才。校企合作模式不断创新，合作深度得到拓宽。按照专业加产业模式，路桥工程系和建筑工程系建有乙级公路、工程试验检测中心。

3. 服务经济建设，产学结合，成果丰硕。该院积极参与省内外高速公路、国省道改造和农村公路建设，服务于行业、地区经济发展和新农村建设。发挥示范辐射作用，积极开展对口帮扶。经省教育厅批准，学院承担了国家骨干高职院校青海交通职业技术学院的公路工程检测技术和市政工程技术人才培养工作以及第4期青海班学生的推荐就业工作。在交通运输部倡导下，与甘肃交通职业技术学院结成交流帮扶单位，支持边远少数民族地区职业教育发展。此外，学院还举办了藏、蒙等多个民族第二期"天路订单班"。

4. 以内涵建设为动力，提高教育教学质量。该院建筑施工技术等5门课程被评为江西省高等职业教育省级精品资源共享课；"校企合一、产学一体，培养公路建设高端技能型人才的探索和实践"著作被评为江西省第十三批高等教育教学成果二等奖；取得专利20多个；获得省高校科学技术研究项目、人文研究项目和高校省级教改项目11项；完成了中央财政支持的高等职业学校提升专业服务产业能力项目"轮机工程技术专业""建筑工程技术"省级验收；该院代表队在全国职业院校技能大赛中，荣获全国现代物流存储与配送作业优化设计和实施比赛团体一等奖等多项奖项。

三、职工继续教育取得新进展

1. 积极争取上级部门优惠政策。根据交通运输部支持西部地区教育培训的相关政策，省交通运输厅依托长沙理工大学，继续面向全省交通运输行业招收了工程硕士14名，每人获得交通运输部学费补助1万元。

2. 积极做好大专、本科学历教育工作。省交通干部学院继续与北京交通大学等高校联合举办大专、本科学历教育。连续12年获全国现代远程教育办学先进集体一等奖。2013年，大专、本科在籍学生人数1231人，同比增长1.8%。招收大专、本科新生416人，同比增长1.5%，实现了2008年以来的"五连增"。

3. 全面拓展在职硕士学历教育工作。该校继续与武汉理工大学、长沙理工大学合作举办在职研究生教育；与华东交通大学签署协议，联合办学招收培养在职硕士研究生，网上报考人数75人，在校工程硕士研究生99人。

（邹爱华）

【各级领导深入江西交通职业技术学院调研考察】 1月19日，交通运输部科技司副司长袁鹏、教培处处长于敏、交通运输部管理干部学院副院长李兆良到该院考察调研；1月20日，教育部民族教育司助理巡视员次仁多布杰在省教育厅副厅长程样国的陪同下到江西交通职业技术学院调研；1月21日，省委常委、常务副省长凌成兴到江西交通职业技术学院视察；1月22日，西藏自治区教育厅副厅长达娃到江西交通职业技术学院调研；4月11日，中国交通教育研究会副秘书长周祥菊、中国交通教育研究会港口分会理事长张维健、秘书长张子跃率考察组到江西交通职业技术学院考察。

（刘　婷）

【抚州市交通运输系统高度重视交通科技和人才培养工作】 2013年,抚州市交通运输系统高度重视交通科技成果的实际应用,全市交通科教迈出新步伐:一是继续淘汰一批老旧、高耗能、高排放的客运车辆、公交车辆、航运船舶,新投入油气混合动力环保公交车1 07台,节能减排和绿色发展不断向前推进。二是依托运政视频监控指挥中心,建立客运、货运、维修、驾培、运政稽查、票据管理数据库,实现了网络化管理的纵向连通,运输行业信息化程度明显提高。全市客运企业、旅游企业、危货企业均安装了GPS。三是全面实行道路客货运输从业资格证无纸化考试,启用机动车驾驶培训IC卡定位计时管理系统,机动车驾驶员培训质量明显提升。四是全市交通运输系统持续把教育放在优先发展的位置,牢固树立"发展经济,交通先行。发展交通,教育先行"的观念,全面落实"科技兴交""人才强交"战略,通过干部教育培训、专业技术人员知识更新、技能型人才培养,为交通运输事业又好又快发展提供智力支持和人才保障。

(陈根玲)

【江西交通职业技术学院机构调整】 江西交通职业技术学院升格为副厅级单位后,2013年经省编委批准,该院进行机构调整。设立党委办公室、院长办公室、组织人事处(外事科)、监察室、教务处、科研管理处、发展规划处、财务审计处、资产管理处、后勤管理处(基本建设处)、学生工作处、招生就业处、安全保卫处共13个副处级党政内设机构;设置路桥工程系、建筑工程系、汽车工程系、管理工程系、机电工程系、信息工程系、水运工程系、人文系、基础课部(思想政治工作部)、军体工作部共10个副处级教学机构;设置高等职业教育研究所、成人教育部、图书馆、现代教育技术与信息中心、职业技能鉴定所、驾驶培训学校、实验实训中心、工会(离退休办公室)、团委等9个副处级教学辅助机构。

(刘 婷)

【江西交通职业技术学院快速发展】 2013年,江西交通职业技术学院快速发展。该院占地面积已达39.2公顷,建筑面积达31万平方米,图书馆藏书53万册,教学科研仪器设备总值达6600万元;拥有教职工510人,其中,教师355人,外聘行业企业技术专家163人;拥有全国交通高等职业教育专业带头人4人、省级高校教学团队3个、省高校教学名师4人、省级学科带头人3人、省高校中青年骨干教师19人;同年9月,该院新增2个高职高专教育专业,即汽车制造与装配技术、电气化铁道技术专业。该院设有汽车工程系、路桥工程系、建筑工程系、管理工程系、机电工程系、信息工程系、基础课部和成人教育部,开设汽车运用技术、道路桥梁工程技术、物流管理等交通运输类及相关专业30多个,当年招收新生2300余人,在校生达7700余人,毕业生1800余人。

2013年,该院建有"汽车底盘电控系统检修"等2门国家级精品课程,建有"道路材料""高速公路通信系统集成"等12门省部级精品课程,同时拥有中央财政支持的专业1个,紧缺人才培养培训基地2个,省级人才培养模式创新实验区2个,省高校特色专业3个,高等职业学校提升专业服务产业发展能力项目2个,省教育体制改革试点项目1个,省交通运输厅优秀科技创新团队1个。

2013年,该院"路面工程施工""注塑成型工艺与模具设计""公路施工企业会""桥涵工程施工""计算机组装与维护"被评为江西省高等学校(高职高专)省级精品资源共享课程;"校企合一、产学一体,培养公路建设高端技能型人才的探索和实践"获江西省第十三批高等教育教学成果二等奖;该院成立、组建了江西省交通运输行业现代交通运输物流重点实验室和江西省交通运输行业机动车检测与诊断工程技术研究中心;该院被认定为江西省首批交通运输企业安全生产道路运输、交通运输工程建设方面标准化二级考评机构,并入选"博世汽车诊断实训中心"项目院校。

2013年,该院学生和教师在各类竞赛中屡创佳绩。先后获得2013年全国职业院校技能大赛高职组"中诺杯"、现代物流存储与配送作业优化设计和实施比赛团体一等奖;获得第十三届挑战杯中国大学生课外学术科技作品竞赛江西赛区高职专科组一等奖;江西省大学生科技创新与职业技能竞赛一等奖和2013年全国大学生数学建模竞赛国家级二等奖与省级一等奖。与此同时,该院教师先后获江西省首届高校教师微课比赛一等奖和第四届全省高校公共安全教育教师说课比赛一等奖,以及2013年江西省首届高校创业指导课程教学大赛一等奖。

2013 年,该院各项工作受到各级组织的赞许,获得许多荣誉。1 月,获 2010 ~ 2012 年度全省普通高校毕业生就业工作评估优秀单位和第九届省直机关文明单位;3 月获全省高校党建工作优秀单位;6 月获江西省第十三届文明单位与全省高校省情教育先进单位;12 月,江西交通职业技术学院驾驶培训学校被中国道路运输协会评为全国文明诚信优质服务驾校。与此同时,该院工会获全国教科文卫体系统先进工会组织称号。

2013 年,该院一批教职工受到各级组织的表彰。1 月,李智被中共江西省交通运输厅纪律检查委员会评为 2012 年度全省交通运输系统办案工作先进个人;2 月,洪芙蓉获全省教育系统人事人才工作先进个人。张贤德、裴丽娜被评为全省高校基层党建工作先进个人;3 月,宋俊鸣、占维被评为全省高校思想政治教育工作先进工作者、万俊获全省高校优秀辅导员,孟莉被评为全省高校优秀思想政治理论课教师;4 月,宋喻被评为 2011 ~ 2012 年度江西省高等学校师资培训工作先进个人;5 月,宋俊鸣获“2011 ~ 2012 年度省直优秀共青团干部”称号;12 月,熊青被评为 2011 ~ 2012 年度全省交通运输系统文明职工标兵,刘晓冰被评为 2011 ~ 2012 年度全省交通运输系统精神文明建设先进工作者。

（刘　婷）

【江西交通职业技术学院举办全省交通基本建设评标专家培训班】　1 月 11 ~ 21 日,江西交通职业技术学院承办全省交通基本建设评标专家培训班。该次培训是针对江西省交通基本建设评标专家库第一、二批专家及第三批拟申请入库专家围绕《中华人民共和国招标投标法实施条例》《江西省交通运输厅评标专家库管理办法》等内容开展培训。培训后根据考核成绩确定第三批评标专家进入江西省交通基本建设评标专家库资格。该院有 32 人经培训考核合格后进入江西省交通基本建设评标专家库。

（刘　婷）

【江西交通职业技术学院获国家版权局软件著作权】　2013 年 3 月,江西交通职业技术学院教师宋金博、蔡龙成、陈晓明、聂莉萍共同申报的“桥梁快速检测车视频监控系统”获国家版权局计算机软件著作权登记证书,这是该院首次获得国家版权局批准的软件著作权。

（刘　婷）

【江西交通职业技术学院成为 ASEP 教学院校】
2013 年 6 月, 经过多次对江西交通职业技术学院考察,上海通用汽车公司正式确定该院为上海通用汽车 ASEP 项目正式合作伙伴暨上海通用汽车江西地区 ASEF 指定教学院校。上海通用汽车公司向该院赠送 300 万元资金的设备和仪器,并提供不断更新与市场同步的课程教材。根据 ASEP 培养计划,每年 ASEP 班人数为 30 人,采取为期一年的“在校学习和 ASC 实习交替进行、学校讲师和 ASC 辅导员双重教育、学校标准课程和 ASEP 特色课程双向结合”的培养模式。

（刘　婷）

【江西交通职业技术学院承办交通行业职业技能竞赛】　9 月 14 日,江西省“振兴杯”交通运输行业职业技能竞赛暨第五届全国交通行业职业技能竞赛江西选拔赛在江西交通职业技术学院举行。此次竞赛共有来自各设区市汽车维修企业的 35 名选手参赛,选拔出的优秀选手代表江西参加第五届全国交通运输行业职业技能竞赛。

（刘　婷）

【江西交通职业技术学院校办企业资质提升】　9 月,江西交通职业技术学院校办企业——江西省交通规划勘察设计院通过交通运输部与住房和城乡建设部审核,获公路行业甲级设计资质。

（刘　婷）

【省交通干部学院开展系统内、外干部职工教育培训成果丰硕】　该院前身为省交通干部学校,成立于 1984 年 5 月。2010 年 12 月,更名为江西省交通干部学院,系交通运输厅直属正处级差额拨款事业单位,与省交通运输厅党校、省交通职工中专、北京交通大学现代远程教育江西交通教学中心、武汉理工大学网络教育学院南昌学习中心合署办公。该院内设办公室、党委办公室、监察室、教务处、培训处、后勤处、财务处、工会等 8 个处室。拥有在职干部职工 30 人,其中,高级职称

3 人,中级职称 7 人,党员 23 人。2011 年 11 月,该院红谷滩凤凰洲新校区建成并投入使用。占地面积 3.34 公顷,建筑总面积 2.543 万平方米,学院设施完善,功能齐全,是一个集教学、培训、会议、住宿、餐饮等功能为一体的现代化干部职工教育培训基地。

2013 年,省交通干部学院在职学历学位教育再上新台阶。继续加强与北京交通大学、武汉理工大学、长沙理工大学及华东交通大学等高校联合举办大专、本科、在职工程硕士等学历、学位教育的办学力度。全年招收大专、本科新生 416 人,招生人数实现 2009 年以来"五连增"。该院已拥有大专、本科在籍学生 1231 人。同年,该院与华东交大研究生院首次联合招收培养在职工程硕士生,并组织 52 人参加全国 GCT 联考,其中有 35 人顺利通过全国联考和华东交大组织的复试,取得华东交大正式学籍,上线率达 67%,实现合作办学开门红。

2013 年,该院举办培训班 63 期,培训 7542 人次,比上年增长 36.6%。其中,承接交通运输系统内干部培训 40 期,共计 4634 人次,同比上年增长 105.4%。承接交通运输系统外培训业务,全省法院院长培训班、全省公安机关新任处级干部培训班、全省大学生村官"贯彻十八大,共筑中国梦"培训班、全省省级部门预算编制培训班、省编办机构编制统计和实名制管理业务培训班、全省团干部专题培训班、全省外事侨务干部培训班、江西省文艺创作人才研修班等省直单位培训班均在学院举办,共 23 期,计 2908 人次。与此同时,协办全省公路水运工程施工企业"三类企业"安全生产培训班 5 期,培训人员达 1020 人。协办全省公路水运试验检测人员继续教育培训班 5 期,培训人员达 1161 人。此外,完成了一系列其他会议、考试、评标等接待任务,其中会议 43 次、评标评审 5 次、出卷 1 次、考试 6 次、竞赛 2 次等,接待总人数同比增长 36.5%。

2013 年,该院所进行的全国、全省性培训业务再创历史新高。1 月 18 日,2013 年交通运输部支持西部地区干部培训工作会议在交通干院举办;6 月 21 ~ 21 日,全国交通运输行业管理干部培训平台协作组组长 2013 年扩大会议在交通干部学院召开。全国 10 余家交通运输行业干部培训平台成员单位代表参加会议;6 月 21 日,中国交通教育研究会(干校)职工教育分会 2013 年年会在交通干部学院举行;7 月 6 ~ 8 日,省委常会带头开展教育活动集体学习在省交通干部学院举行。省委中心组在该院组织开展了以"坚定理想信念、强化宗旨意识、增强群众观点、加强作风建设"为主题的集中学习,这是该院有史以来承办的最高规格教育培训。

(钟恢万)

【湘东区交通运输局加强专业知识培训】 2013 年,萍乡市湘东区交通运输局多次组织全区各乡(镇、街)分管交通运输领导和交通运输站长进行专业技术培训和公路建设专业技术学习。通过学习和培训,提高了全局干部职工的干好本职工作、服务群众、服务社会的本领与公路建设专业技能,为加快该区交通建设打下坚实的基础。

(湘东区交通运输局)

【萍乡市运管处认真抓好干部职工培训】 8 月 12 ~ 16 日,萍乡市运管处分两期举办了运政执法人员资格培训班,共有 86 人参加培训。

这次培训采用脱产学习的形式,以思想职业道德教育、运政执法业务知识培训、队列训练等为主要内容,邀请萍乡市政府法制办执法监督科人员授课,并由该处领导讲解分析案例,该处客运、安稽、驾培、货运科负责人分别进行与业务相关的法律法规授课。培训班最后一天是军训和礼仪动作规范化训练。

通过培训和军训,学员们进一步了解和掌握了运政执法工作的基本方法、程序,规范了执法人员的仪表、言谈、举止、行为。培训结束后,学员们参加了全省交通运政执法资格统一考试。

(萍乡市运管处)

【萍乡市客运所深入班线车队积极开展春运安全教育】 201 3 年,萍乡市客运所组织干部深入到各班线客运车队、客运公司、企业积极组织员工学习新《中华人民共和国交通法》和道路旅客运输法律、法规以及客运知识、安全常识,开展安全教育。督促车队工作人员树立起高度的安全思想意识和强烈的安全责任感,严格做好参运车辆技术检测,严格审核从业人员资质,对不符合要求的车辆和人员决不允许进入春运,确保了春运工作安全、有序、快捷、便民。

（赵平夫　游　维）

【萍乡市运管处积极开展“绿色低碳交通伴我行”主题宣传活动】 6月15～21日，是全国第23个节能宣传周。萍乡市运管处结合实际，围绕“绿色低碳交通伴我行”主题，开展了形式多样的宣传活动。该处把节能低碳的交通节能、公共机构节能和家庭节能等作为宣传重点，大力传播绿色低碳交通运输发展理念，宣传绿色低碳交通运输体系建设成效，倡导公众绿色出行。组织各运输企业于17日暨首个全国低碳日，积极开展“绿色低碳交通伴我行”主题宣传。市公交汽车站、长途汽车站在人多密集醒目处宣传低碳节能环保，悬挂“节能，让萍乡更美好；低碳，让人民更幸福”“绿色低碳交通伴我行”等标语。各出租公司在出租车顶箱24小时滚播“依法节能，科学用能，立足科学发展，构建和谐社会”等宣传口号，向全市百姓普及合理用能、提高能效、减少浪费的节能理念，进一步提高市民的节能意识。

（王　瑜）

【芦溪运管所开展学习龚全珍活动】 3月28日，芦溪运管所组织全所干部职工开展“学习龚全珍，我该怎么做”大讨论。所里给每位干部职工配发了一本《龚全珍日记选》，大家读后，很受感动，纷纷表示在今后漫漫人生路上，要多多学习老阿姨的淡泊名利、艰苦奋斗、无私奉献的精神，提高自己的精神境界，要努力做好运管工作，做个优秀的文明志愿者，为萍乡市的文明创建尽心竭力。以龚全珍为镜，坚守信仰、淡泊名利、艰苦奋斗、无私奉献。不因“善小而不为，不因恶小而为之”，为民办实事、做好事、解难事。

（肖招萍）

【赣州市公路管理局直属分局举办知识讲座】 9月23日，赣州公路管理局直属分局举办“如何打造坚实的基层团队”知识讲座，该局全体干部职工参加了讲座，讲座邀请“中国式管理之父”曾仕强教授讲课。曾仕强根据几十年的管理经验，从分析基层员工着手，总结出一套打造坚实基层团队的要领。课程案例丰富，见解独到，对管理者提升基层团队管理能力，以及对单位加强基层团队建设具有重要参考价值。通过讲座，参会人员表示受益匪浅。

（谢　莉　罗　拓）

【赣州北管理所注重提高养护人员安全意识培训】 4月8日，赣州市交通运输局赣州北管理所开展高速公路养护安全巡查知识培训。

此次培训，该所养护站负责人以自己丰富的工作经验，从“我们为什么要巡查”“我们怎样开展巡查”“我们巡查些什么”“在巡查中我们自己应该注意些什么”等四个部分，结合高速公路养护行业特点，深入浅出地对巡路安全事项进行了阐述。他通过大量鲜活的实例、文字资料及图片，详细分析了高速公路养护巡查时存在的各种交通安全隐患，讲解了日常养护巡查中应如何防范安全事故发生、如何保护好自己、如何妥善处理安全事故等知识，提醒养护巡查人员要按规定穿着反光背心、正确使用车辆反光锥警示标识、自觉遵守道路交通安全法律法规，规范养护操作行为，以真正达到预防和减少交通安全事故的目的。课堂上，他对在养护工作中出现的一些案例进行了分析、探讨。培训结束后，组织了参训人员到所管辖路段进行实地学习和示范。

通过养护安全培训，该所人员进一步提升了高速公路养护巡查人员的安全意识，增了强责任感和紧迫感，形成了人人参与安全养护的良好氛围，提升了高速公路养护与安全水平。

（黄星明）

【赣县公路分局机关学习改方法、重效果】 2013年，赣县公路分局注重加强机关干部学习教育的同时，改进每周学习日的学习方法，由过去单纯照本宣科，改为学习后由分局领导和科室负责人对学习内容进行宣讲和重点阐述，并布置相关思考题在下周学习时随机点名提问回答，以检查学习效果，有效地提高了学习质量，保证了学习效果。

（江赣林）

【瑞金公路分局切实做好公路法规的宣传工作】

2013年，瑞金公路分局经常组织人员上路广播宣传、送发宣传单、宣传画册和上门宣传，多形式、多渠道、广泛深入地宣传了公路管理法规法律。全年累计向沿线群众发放宣传单、宣传册5000多份,宣传面达 90% 以上。通过持之以恒的宣传,瑞金市沿线群众对《江西省公路管理条例》和《中华人民共和国公路法》在瑞金市治线家喻户晓,增强了沿线群众的法律观念和护路意识。

(雷 波 华继军)

【吉安市首个公交出行宣传周启动】 2013 年,吉安市交通运输局城客所组织开展全市首个“公交出行宣传周”活动。活动主题是“公交优先、便民利民”。该所向过往市民发放相关宣传资料的同时,还将公交 IC 卡办理流程等制成展板在现场展出。大力营造“低碳交通,绿色出行”的城市公共交通文化气氛围,以此逐步减少人们对小汽车的使用和依赖。

(吉安市城客所)

【省港航局举办船舶登记知识更新培训班】 11 月 17 日,省港航局在抚州市举办 2013 年度船舶登记知识更新培训班暨船舶登记交流研讨会,全省各设区市地方海事局的船舶登记工作人员共 20 余人参加培训。

本次培训按照《中华人民共和国海事局船舶登记机关管理办法》要求,针对本省船舶登记受理工作、初审人员年度知识更新进行培训。此次是省港航局举办的第三期年度知识更新培训班,主要学习交通运输部及部海事局近一年来发布的新的规章、规范性文件,船舶登记制度的法律价值以及船舶融资与抵押等内容。培训期间,参培人员就规范全省船舶登记工作进行了讨论交流,并提出相关意见和建议。

(黄海源)

【省港航局举办水路运政管理人员业务培训班】 12 月 3 ~4 日,省港航局在南昌举办 2013 年度全省水路运输行政管理人员业务培训班。全省各设区市(县)港航管理部门水路运输行政管理人员、行政服务中心相关人员共 54 人参加培训。

培训内容主要是:学习国内水路运输管理条例及相关规定,水路运输安全监督与管理,水路运输行政审批受理、审核、发证工作流程等日常业务,全省农村水路客运成品油价格补助核报及资金发放工作等业务方面的知识。 (熊 芬 黄海源)

【丰城市举办运政执法人员资格培训班】 9 月 4 ~6 日,丰城市运管局举办运政执法人员资格培训班。培训班邀请宜春市法制办和省、宜春市运管部门领导、专家授课。授课教师围绕《执法人员行为准则与道德规范》《中华人民共和国行政强制法》及案例分析等内容,进行详细、精彩讲述和点评。参加培训的 75 人进一步增强了服务意识和法律意识。培训结束后,经考试成绩合格者已发给执法资格证。

(黎建刚)

【铜鼓县运管部门加强执法队伍素质教育】 2013 年,该县运管部门为培养一支业务精、作风正、懂管理、听指挥的运政队伍,一是强化理论教育,开展政治理论学习,认真学习中共十八大精神和科学发展观,坚持每周一集体学习不动摇;二是注重素质教育,结合上级部门开展的文明素质测评活动,组织学习相关业务知识,促进管理理念的转变,提升运政队伍素质;三是开展廉政教育,结合廉政风险点防范管理活动的深入开展,加强全体员工的廉政教育,查找各自岗位的廉政风险点,并从行政管理、财政管理、业务许可、行政处罚等方面提出了具体的防范管理措施。

(李 洪)

【瑞金公路分局开展消防安全知识讲座】 7 月 12 日,瑞金公路分局举办消防安全知识讲座。邀请赣州市消防安全专业人员进行授课。

本次讲座授课教师结合近年来的火灾案例,就消防平常检查、防范、落实措施、疏散逃生的基本常识、消防器材的正确使用方法等进行了深入浅出的讲解。并针对大家在实际工作中遇到的一些问题进行了解答和交流互动。

(钟 珊)

【全南县交通运输局五项举措加强公路队伍建设】 2013 年 12 月,全南县交通运输局五项举措加强公路队伍建设:一是开展专题教育活动,狠抓作风建设。认真执行上级部门关于改进工作作风、密切联系群众的各项规定,并制定本局转变工作作风的具体办法,切切实实把各项规定、各项要求不折不扣落实到每一项工作、每一个环节之中。坚持教育在先、制度约束在先、严格监督在先,认真开展各项廉政宣传教育活动。在各项工作目标责任书中均明确廉洁从政规定的做法和廉政保证金制度，要求全员敢于坚持原则，坚守职业操守，加强道德修养。深入开展廉政风险点的排查，落实岗位廉洁责任。细化完善制度，力求以制度规范行为，以制度保证廉洁。二是开展建章立制活动，狠抓制度落实。全面贯彻实施首问负责制、服务承诺制、效能公示制、干部交流轮岗制和失责追究制等“五项制度”。进一步完善单位便民服务办事指南，确定三项服务承诺，即窗口服务承诺、服务全县经济发展承诺、便民利民惠民承诺。三是开展学习型单位建设，狠抓素质提升。每月组织职工参加公路讲坛，邀请专家学者作专题讲座。开展同读一本书活动，每年向每个职工发放经典书籍 1 本。四是开展文明有礼实践活动，狠抓文明创建。组织公路志愿者开展文明交通、学雷锋、爱心捐助等志愿服务活动。帮扶特困家庭、残疾人、经济困难的退伍军人，为他们办实事、做好事、解难事。五是开展公路管理执法评估分析活动，狠抓执法监督。不定期深入服务窗口和行政执法现场进行明察暗访，对检查情况进行通报，对存在问题限期整改。建立公路行政执法回访机制，定期开展走访调查活动，畅通信息交流渠道。主动走进县政风行风等栏目，倾听群众呼声，解决群众困难。主动邀请新闻媒体、行风监察员和服务对象参与行风民主评议和民主监督活动。同时认真做好人大代表、政协委员和社会各界意见建议的回复回访工作，做到件件有回音，事事有落实。

（李少煌　李　洋）

【上高县举办道路运输企业法人安全培训班】 11 月 11 日，上高县举办道路运输企业法人安全培训班，全县驾驶员培训学校、二类以上维修厂、客运企业、货运企业法人及运政管理人员 60 余人参加培训。培训的主要内容有安全知识教育、安全技能教育、观看典型安全事故警示片等。市安监局、市运管局有关领导到班授课。此次培训进一步增强了道路运输管理人员、从业人员的安全意识。

（朱轶廷）

【万载县开展道路运输企业法人代表安全培训】 11 月 12 日，宜春市安全监督管理局、市运管局、市道协组织对万载县道路运输企业法人代表进行安全培训。培训深入浅出，全面分析全国道路运输安全总体形势，对道路运输安全监管基本知识进行讲解，并观看典型事故案例专题片。通过培训使大家充分认识到安全生产的重要性，尤其万载是一个烟花、鞭炮生产运输大县，安全生产、管理压力大，需严管、重管，进一步明确了企业主体责任，完善了制度，严格了监管，抓具体、重落实，做到安全生产，警钟长鸣。

（朱林生）

【抚州市举办道路运输企业安全生产标准化建设宣贯动员大会暨自评员培训班】 12 月 13 日，抚州市运管处和市道协联合举办全市道路运输企业安全生产标准化建设宣贯大会暨自评员培训班。市交通运输局，市运管处、市道协，各县（区）运管所的有关人员和市运输企业自评员等 90 多人参加。

自评员培训班培训期间，市运管处通过 PPT、影视等信息技术向企业自评员生动地讲解道路运输法律、法规，道路运输企业安全生产标准化自评员工作责任要求，考评流程及自评基础知识；市道路运输协会对交通运输企业安全生产标准化管理系统网址的变更进行了申明，并对应知应会的 U 盘操作系统程序进行了讲解，对考评细则进行了释义解说，指导自评员阅读考评指南以及案例分析。通过培训，进一步提高了自评员的综合素质。

（抚州市运管处）

【上高县强化营运汽车驾驶员培训和管理】 2013 年，上高县交通运政部门把加强日常监管与专项整治结合起来，坚持整治与规范相结合，查处与疏导相结合，强化驾驶员培训管理：一是对已许可的驾驶员培训机构资质进行复查清理，发现设施设备及人员条件发生改变，达不到相应资质条件的，进行限期整改。二是对驾驶员报名点、培训点进行清理，取缔非法培训点 2 个。三是对驾校内业开展“五项”清查。一查各驾校是否落实培训教学大纲和培训学时，培训记录的填写、使用、管理是否真实规范。二查教学车辆及档案，看教学车辆技术状况是否符合要求。三查教练员是否持证上岗。四查驾校落实各科目培训阶段结业考试是否规范。五查驾校各项管理制度包括服务承诺制度、责任倒查制度、教学管理制度、投诉处理制度、安全生产管理制度、培训质量考核制度是否健全并执行。通过整治规范,全县6所驾培学校,136辆教练均达到相关规定要求。

(朱铁廷)

【高安市举办全市道路运输企业负责人培训班】 11月16日,高安市交通运输局举办道路运输企业负责人继续教育培训班。全市客运、货运、维修、驾校等200多位企业负责人参加培训。培训班邀请宜春市交通运输安全专家授课,讲解道路运输安全生产、道路运输法律法规知识、道路运输驾驶员的社会责任与职业道德、道路运输驾驶员职业心理和生理健康知识、道路运输车辆使用技术、安全行车知识、紧急情况和应急处置、道路旅客运输知识、道路运输节能减排知识及安全生产的重要性。课后及时解答培训人员的疑问。通过培训,提高学员们的防范事故能力,为树立良好的职业道德、安全意识和服务水平奠定良好的基础。

(周世祥)

【抚州市汽车驾校培训成效显著】 2013年,抚州市交通运输部门以提高培训质量、保障学员合法权益为目标,采取切实措施,强化市场监管力度,鼓励驾校提档升级,使全市驾校步入规范教学,注重培训质量的良性发展轨道。全市机动车驾驶员培训工作快速发展,服务能力不断增强,成效显著。至2013年,全市共有驾校26所,其中,一级驾校8所,二级驾校17所,三级驾校1所;教练人员1035人,教练车909辆;教学场地712376平方米,全年培训学员56324人次,较好地满足了社会培训需求。

(陈根玲)

【丰城市举办道路运输从业人员培训班】 该市从3月至11月,先后举办培训班15期,参加学习人员1400余人,其中,培训公交驾驶员70人,货运(含危货)驾驶员200人,出租车驾驶员330人,城乡客运驾乘人员170人,驾校教练员200人,维修从业人员430人。培训内容主要是:道路运输安全基础知识及专业技术知识;安全政策法规;安全事故案例分析;从业人员职业道德教育;安全生产标准化建设等内容。

为确保培训取得实效,该市一是抓好培训前的准备工作,多次召开会议进行研究,抽调工作人员负责,制订培训计划等,做到培训人员、培训内容、培训举措、培训责任“四到位”。二是制订培训实施方案。明确培训依据、时间、参训人员、内容、培训方式及工作要求。三是做好宣传发动工作。培训之前,召开全市道路运输行业单位负责人会议,听取意见和建议,增强培训的主动性、针对性。四是编印培训教材。教材发给每个学员,受到学员的好评。五是聘请专家、学者和领导对培训人员进行授课,结合各行业特点开展有针对性的安全教育。

通过培训,进一步提高全市道路运输行业人员素质,增强安全生产法律意识,为全市道路运输安全平稳发展打下坚实的基础。

(熊雪芽　刘雨平)

【宜丰县交通运输局注重人才培训】 一是做好人事人才公共服务。整合人事人才资源,完善机关事业单位人员基础信息数据库、公务员、离退休人员基础信息数据库、中高级专业技术人员信息库、人事代理人员信息数据库,建好人事人才数据信息总库,做到人事人才信息数据管理科学化、规范化、网络化、自动化。同时,做好人才流动和引进、档案管理、人才培训。大力开发人才资源,积极开展交通人才实用技术培训、智力引进、职称评定等项工作,注重培养一支懂技术、善经营、会管理的交通人才队伍。二是深化职称制度改革。完善以能力和业绩为导向的专业技术人员评价机制,做好交通行业职称改革和专业技术岗位设置工作,发挥职称政策的导向作用,鼓励、支持各类专业技术人才进行知识更新培训。三是加强专业人才能力建设。认真实施专业技术人才知识更新工程,提高专业技术人员的业务素质和创新能力,抓好专业技术人员继续教育培训。探索培训教育新机制,增强专业技术人员培训教育的实效性。抓好行政、事业单位工勤人员继续教育培训,把培训与考核紧密结合起来,增强培训效果。

(漆志勇)

【湘东区交通运输局加强理论学习全面提升员工素质】 2013年,该局先后制定和完善局中心学习组学习制度、理论学习意见、领导干部民主生活会学习制度、党日学习和机关每周一次的政治业务学习制度与交通系统干部职工学习培训计划等。局领导班子成员遵守学习制度，带头并督促检查职工学习情况，认真组织学习中共十八大精神和总书记习近平的一系列重要讲话精神，以及省、市、区委的重大决策部署。结合行风评议，加强学习教育，不断提高领导干部和职工综合素质，领导班子成员和干职工队伍整体素质明显提高。

（湘东区交通运输局）

【芦溪县交通运输局扎实开展各种学习活动】 2013年，芦溪县交通运输局高度重视交通干部职工的学习和培训，充分利用学习日组织干部职工学习有关文件和会议精神及相关业务知识。制订积极开展"书香交通、绿色交通、和谐交通"活动方案。每月均开展政治理论学习、书法作品展、朗诵比赛、撰写读书笔记等活动。9月23～30日，该局以"书香交通、喜迎国庆"为主题活动，安排爱国主义主题教育、书法作品展、诗歌朗诵、爬山比赛等一系列凝聚人心的活动，在营造快乐和谐的交通文化氛围的同时，促进了全局干部职工的思想理论水平、专业技术水平和业务素质的提高。

（芦溪县交通运输局）

【樟树市举办2013年道路运输企业法人安全培训班】 11月5日，樟树市交通运输局举办全市道路运输企业法人继续教育培训班，51余人参加培训。培训以《中华人民共和国安全生产法》等法规为内容，组织学习安全管理基本知识、安全技术知识、安全管理标准化管理知识，并进行事故案例分析。通过典型事故分析和专业知识的培训，使企业法人更加熟悉道路运输行业安全管理的有关法律、法规、规章和国家标准，更加明确抓好安全管理工作的重要性，为企业安全生产稳定发展、和谐发展提供强有力的保障。

（曾凡荣）

【宜丰县运管局开展执法队伍培训】 一是结合实际制定《宜丰县道路运输管理局机关内务管理规定》，在努力抓好作风建设、规范办公秩序、强化日常事务工作等方面狠下工夫，并以此为突破口，带动各项工作开展，体现运政管理与时俱进，开拓创新的精神，使机关工作逐步实现规范化、科学化。二是开展一系列运政执法人员学习培训，全年共培训80余人次，平均每人轮训达3次。在具体的执法过程中，要求所有执法人员严格按照《中华人民共和国行政处罚法》《交通行政处罚程序规定》进行执法。执法文书统一按照省市运管部门要求进行填写，做到文明执法、依法行政，坚决杜绝不规范执法行为发生。三是按上级要求统一着装，对全县运政执法工作提出新要求，进一步树立交通运政执法新形象。

（漆志勇）

【抚州市举办道路危险货物运输企业安全管理人员培训班】 4月8日，抚州市安监局、市运管处联合举行为期3天的2013年全市道路危险货物（以下简称危货）运输企业安全管理人员培训班。全市37家道路危货运输企业的45名安全管理人员参加培训。

培训内容有：学习《国务院安委会关于进一步加强安全培训工作的决定》《中华人民共和国安全生产法》及相关法律法规、危险化学品安全管理条例、道路危险货物运输政策法规、道路危险货物运输基础知识、运输企业安全生产管理、事故预防、应急措施等相关理论与技能。参训人员经培训考核合格后，颁发了安全资格证书。

（张　敏）

【袁州区交通运输局加强在职干部继续教育】 2013年，袁州区交通运输局深入贯彻"提高质量、加强管理、面向基层、讲求实效"的工作方针，积极组织在职干部参加继续教育培训。一是制订培训方案，积极部署干部培训工作，做到培训有规划、有重点、有经费、有效果。并将此工作纳入全年工作目标考核内容，把学习情况作为年终评先的条件之一。二是营造学习的良好氛围，积极鼓励在职干部利用业余时间不断"自我充电"，参加各种函授学习和专业技术考试，获得相关证书的单位给予奖励。三是按照统一安排，组织在职干部参加区里有关部门举办的各种业务培训班。全年先后组织在职干部参加事业单位工作人员继续教育培训214人次，水路、公路、运政等交通执法培训54人次，专业技术人员继续教育学习65人。通过培训，进一步提高了干部职工工作能力，打造一支高素质的干部队伍，为全区交通运输发展提供了有力支撑。

(李　庆)

【袁州区强化客运驾培人员安全培训】　2013年，袁州区交通运输局坚持培养安全驾驶、文明出行驾驶员，切实提高驾驶人员的安全意识、驾驶技能和应急处置能力。一是开展客运驾驶人培训活动。组织客运企业开展客运驾驶员培训活动，重点从案例警示、恶劣天气、复杂道路驾驶常识、紧急避险、应急救援处置等方面，对所有客运驾驶员进行一次再教育，进一步提升驾驶员安全意识和应急处置能力。全年开展道路运输从业人员安全岗位考核培训2期，共培训人员143人次。二是加强道路交通安全宣传教育。联合交警部门，按照"文明交通行动计划"统一部署，以客运驾驶员为重点，督促客运企业对所属驾驶人定期开展交通安全法制宣传教育。三是建立驾驶员安全教育阵地。大力倡导现代文明交通理念，客运企业成为传播安全驾驶、文明行车理念的主阵地和交通安全宣传教育基地。通过培训和继续教育，使驾校人员操作技能明显提升，驾驶员安全素养教育取得实效。

(李　庆)

【抚州市举办客运企业安全管理员培训班】　5月6日下午，抚州市公路运输管理处和市安全生产监督管理局联合举办2013年全市客运企业安全管理资格培训班。全市28家客运企业的59名安全管理员参加培训。

此次培训时间为三天，由有关专家讲授客运企业承运人保险知识、道路客运相关法律法规、道路客运企业安全知识、安全生产法及事故的预防、应急处置等知识，并对典型事故案例进行认真的分析。

通过培训，客运企业安全管理人员更好地把理论学习与实践经验结合起来，进一步增强安全生产意识和提升安全管理能力。参训人员经考试合格后获得安全管理员资格证书。

(抚州市运管处)

【宜春市机动车驾驶员培训行业成效显著】2013年，宜春市运管局在驾培行业大力倡导"文明诚信、优质服务"意识，不断增强管理水平，督促相关企业严格落实《机动车驾驶培训教学与考试大纲》，积极推行规范教学，努力开展教练员素质提升工程，主动创新管理模式和教学方法。提高机动车驾驶培训机构教学与服务能力，完善行业自律机制，进一步推动全市机动车驾驶培训行业健康发展，成效显著。该市"江西泰极投资发展有限公司杨梅岭驾驶员培训学校""宜春市阳光机动车驾驶员培训学校""宜春汽运机动车驾驶员培训学校"被中国道路运输协会评为"文明诚信、优质服务"优秀单位；宜春市阳光机动车驾驶员培训学校杨勇、江西省宜春汽运机动车驾驶员培训学校陈军获"文明诚信、优质服务、优秀经理"称号；宜春市林业汽车驾驶员培训学校刘日平获"文明诚信、优质服务、优质教练员"称号。

(李　烜　李　明)

【高安市交通运输局开展交通执法培训】　3月18日，高安市交通运输局开展交通执法培训，推进"三基三化"(基层执法队伍的职业化、基层执法站所的标准化、基层管理制度的规范化)建设。机关科室、运管所、各基层站所近200人执法人员参加培训。此次培训聘请法律专家授课。授课专家以交通执法办案程序、案卷制作为主线，从执法细节入手，针对在办理案件过程与上交的案件中发现的问题，重点讲解办案的程序和时限、调查取证的知识和技巧、办案文书的制作要求等内容。并就如何规范制作现场笔录、询问笔录等文书，如何配套适用交通法律法规、相应执法文书，如何规范操作执法文书做深入浅出的讲解。此次培训具有较强的针对性、实务性、操作性，会后参加培训的执法人员普遍反映感受深刻，获益匪浅。

(周世祥　余小琴)

【南城县加强出租车司机安全教育】　5月22日，南城县交警、安监、交通等部门在县委党校举办出租车驾驶员培训班。全县100余名出租车驾驶员参加培训。

此次培训，授课教师结合"文明交通行动"牵手平安行等活动，向大家讲解酒后驾驶、违法载人、超速行驶等交通违法行为的危害性，并结合交通事故案例，以案释法，使学员们真正认识到漠视交通安全的危险性和遵守交通法规的重要性。

通过学习培训，出租车驾驶员进一步增强出

租车驾驶员的安全意识、法治意识和文明意识，纷纷表示一定要学法、知法、守法、护法，严格管理，文明驾驶。

（陈根玲）

【东乡县交通运输局组织人员赴江苏沭阳学习考察】 10月10～14日与10月20～24日，东乡县交通运输局组织局班子成员和机关股室、基层部门负责人到江苏沭阳县考学习察交通运输建设管理经验，认真听取沭阳县交通运输局关于交通工程建设、农村公路管养、公交客运、出租行业管理发展情况介绍。并就县交通运输工作、重点工程、机关管理、基层站所建设、城市公交管理、交通运输行政执法等相关内容进行座谈交流。其间，实地察看沭阳县（百盟）物流产业园、公路管理站功能大楼、沭李路改造工程现场、沭阳县汽车客运南站、客运东站，观摩公交站台、交通大楼、公交公司视频监控大厅等，受益匪浅。

（东乡县交通运输局）

【靖安县确保驾校培训质量】 2013年，该县运管所进一步加大对驾校的管理力度，规范经营行为，督促驾校严格执行《机动车驾驶员培训管理规定》，提供优质服务，确保培训质量。三所驾校均已全面推广使用IC卡学时系统，建立学员档案和车辆档案，学员结业证发放率和驾校信誉考核率均达100%。

（刘　斌）

【宜春市交通工程质量监督站全员参加全省交通质监系统业务培训】 2013年5月，该站全体人员参加省交通工程质量监督站在南昌举办全省交通质监人员业务培训。听取公路桥梁及其工程质量问题讲座、试验检测行为规范讲座，学习路基施工监督要点、路基施工质量监督要点、桥梁工程施工质量监督、公文处理讲义及监督要点等的有关业务知识和技艺。通过培训，大幅提高该站工作人员整体业务水平，为更好地开展质量监督工作打下坚实的基础。

（张　虹）

【崇仁县交通运输局注重干部职工教育培训】 2013年，崇仁县交通运输局在鼓励干部职工参加继续教育的基础理上，积极组织开展业务培训。先后组织道路运政行政执法培训31人次、执业资格培训3人次，鼓励参加继续教育学习4人次，占干部职工人数的34.55%，干部职工业务素质进一步提高。2013年，在职人员中有本科生7名，大专生57名，中专生9名，高中及以下37名；大专以上学历占总人数的58.18%，比上年增加6.2个百分点。

（崇仁县交通运输局）

【高安市开展机动车教练员培训】 10月上旬，该市运管所组织全市机动车培训教练员323人进行培训，考试合格率达100%。培训班针对驾培市场上存在部分教练员吃拿卡要、不按大纲施教等问题进行分析，结合《中华人民共和国道路运输条例》《江西省道路运输条例》《机动车驾驶员培训管理规定》《道路运输从业人员管理规定》和新版《机动车驾驶培训教学与考试大纲》的规定，对规范经营提出要求，并就教练员如何规范执教、教练员应具备的职业道德以及怎样培养良好的教学作风进行讲解。通过培训，增强了教练员的安全意识，提高了教练员的教学水平，加强了教练员队伍建设，进一步提高了机动车驾培训行业人员的整体综合素质。

（周世祥）

【铜鼓县交通运输局开展水上安全与消防知识培训】 7月15日，该县交通运输局开展水上客运与消防知识培训。邀请县消防大队的消防教练及水上急救专家讲课。专家们从防火的基本观念、灭火器种类、单位及家庭用电防火要求、高楼防火的注意事项及上下船注意事项、航行中注意事项、水上遇险安全常识、救生衣使用安全常识等方面为参训人员上了一堂别开生面的培训课。专家、教练们详细介绍燃烧条件、火灾分类、灭火器使用方法、水上应急救险、报警等方面知识，并结合自己的工作经验进行比较全面、简洁、实用的讲解。局机关在家全体干部职工、全体渡工以及客运企业安全人员，部分司驾驶员等共60余人参加培训。通过培训，全体参训人员受到一次生动而深刻的消防及水上安全教育，为做好水上安全消防工作奠定了良好基础。

（黄祖芳）

【袁州区举办教练员继续教育培训班】 4月24日至28日，袁州区运管部门集中组织该区17所驾校650名机动车驾驶教练员，参加教练员继续教育培训班。此次培训邀请中国交通运输协会培训中心专家咨询委员会与中国道路运输协会驾驶员工作委员会的双聘专家南新华、悦芬其授课。主要讲解合格教练员应具备的条件、机动车驾驶培训行业的有关制度规定、相关业务知识以及如何做到"教学精、营销好"。通过培训，教练员素质进一步提高，教学模式优化，提升了教学水平。

(李　庆)

【省地方海事局举办船舶登记知识更新培训班】 2013年，省地方海事局举办船舶登记知识更新培训班暨船舶登记经验交流研讨会。按照《中华人民共和国海事局船舶登记机关管理办法》要求，对全省开展船舶登记人员进行2013年度知识更新培训，学习交通运输部及部海事局近一年来发布的新的规章、规范性文件，船舶登记制度的法律价值以及船舶融资与抵押等内容。

(李　卿)

【省运管局举办首期城市客运安全生产标准化考评员培训班】 11月5～7日，省公路运输管理局举办首期全省城市客运安全生产标准化考评员培训班。此次培训主要学习《城市客运企业安全生产标准化考评指南》《城市客运企业安全生产标准化考评指标释义》《交通运输企业安全生产标准化管理制度文件汇编》以及省交通运输厅关于城市客运企业安全生产政策法规文件等。

此次培训面向全省运管系统具有丰富城市客运安全管理经验的人员，参与培训者需具有交通运输行业5年以上相关工作经验。全省共有117人参加培训，顺利通过考评员资格考试合格者获得了首批城市客运安全标准化考评员资格证书，成为江西首批城市客运安全标准化考评专家。

(运　宣)

【省高速集团参加中法两国举办的第三届中法金融论坛】 2013年，由中法两国央行合作举办的"第三届中法金融论坛"在北京召开，省高速集团受邀参加并以"中国企业债务融资对金融生态和市场主体的影响"为主题进行大会发言。

中法金融论坛创建于2006年，为中法两国金融机构提供了交流和对话的平台，有利于中法金融领域加深彼此了解，进一步拓展合作空间，吸引了中法两国广大金融监管机构、自律组织和市场机构的关注。

【景德镇交通运输局举办道路危险货物运输从业资格培训班】 12月，景德镇市交通运输局联合市安全生产监督管理局举办道路危险货物运输从业资格培训班。景德镇市瓷都石油运输有限公司、市捷腾石油汽车运输有限公司等10家从事道路危险化学品运输企业的法人(负责人)、安全生产管理员、驾驶和押运员共80余人参加培训。通过集中培训，增进了学员们对新道路危险货物运输的法律、法规、技术标准和技术规范等方面知识的了解，提高了安全防范意识和应急处置能力。

(李青松)

【省运管局加强培训提升运政执法水平】 5月28～29日，省运管局召开运政执法工作动员大会并开展稽查人员业务培训。此次培训由省政府法制办、省厅法规处的专家讲授行政执法理论、行政强制法、执法文书制作等多个方面知识，对提高运政业务知识水平、提升依法行政能力具有较强的指导意义。培训还邀请郊区警官进行队列训练及车辆指挥手势养成训练，培养执法人员的服从意识、纪律意识和吃苦耐劳、团结协作精神。

(运　宣)

【万载县运管所注重执法人员培训教育】 该县运管所采取不同形式对执法人员进行教育培训，不断提高执法人员政治素质和业务水平。2013年，积极参加省、市部门组织的培训教育活动，有13人到宜春参加为期一周的全省运政人员执法培训，做到了执法人员培训全覆盖。与此同时，该县运管所还在单位内部采取集中学习与分散自学相结合的方法，将每月组织一次集中学习、每星期由各股室组织学习一次以机关管理制度的形式固定下来。各执法股室结合工作实际，对照涉路涉车行政执法行为的规范内容，有针对性地加强学习，查找工作中存在的问题和差距，建立"问题台账"，寻找对策，逐项整改。全体执法人员均已签订规范执法行为保证书，强化自我约束。该所已建立长效监管机制，以坚持规范依法行政，维护良好的行业形象。

（朱林生）

【抚州管理中心扎实开展节能宣传周活动】 6月15～21日为抚州管理中心节能宣传周，围绕“绿色碳交通伴我行”主题开展宣传活动。一是走进岗亭宣传。中心自制践行低碳环保的宣传单向过往司乘发放，并在收费车道出入口设置咨询台进行讲解和宣传。二是深入课堂宣传。利用中心课堂，组织机关全体员工观看节参减排践行低碳科普公益宣传片。三是结合活动宣传。中心开展“厉行节约、低碳环保”活动，在食堂墙壁、水龙头和复印机等电器开关等明显的位置，张贴宣传短语标识，用标语提示大家用行动践行节约，践行低碳运输。

（杨东峰　颜　磊）

【江西远洋公司举行船岸联合应急演习】 6月25日，江西远洋运输公司与航行在西北太平洋的“瑞金”轮举行船岸联合应急演习。

此次演习内容包括船舶遭遇自然灾害、货物的移动、散漏、污染及抛弃、暴力或海盗劫船、人员落水搜救等四个科目。进行了船岸之间在船舶遇险时的通讯联系、启动应急程序、采取应急行动、提供岸基支持等方面演练。

为确保演习取得实效，根据公司安全管理体系的要求，船岸双方联合制订了演习方案。演习中，参演人员按照方案要求认真演练。通过举行演习检验了船岸工作人员的应急能力，锻炼了队伍，达到预期的目的。

（彭汉波）

【省交通工程咨询监理中心举办“凝聚群众正能量践行核心价值观”专题讲座】 6月21日，江西交通工程咨询监理中心举办“凝聚群众正能量践行核心价值观”专题讲座，邀请省委党校教授授课。此次讲座是江西交通工程咨询监理中心深入开展行业核心价值体系学习的一次实践教育活动。中心还将通过知识竞赛、道德讲堂、志愿服务等系列活动，不断引导干部职工树立正确的价值观，增强大局意识、群众意识，坚定实现中华民族伟大复兴中国梦的自觉行动，推动中心各项工作上台阶、上水平。

（方　华　杨　旭）

【省港航局开展“中国梦”主题党课教育活动】 6月27日，省港航局举办专题党课讲座，开展“中国梦”主题教育。讲座紧扣“中国梦”主题，详细解读“中国梦”的基本内涵，深刻阐述中国社会主义道路是实现“中国梦”的唯一途径，重点强调了实干兴邦、努力实现“中国梦”的具体目标，并对全体党员干部提出了实现“中国梦”的具体要求。

（倪　磊）

【景德镇市地方海事局全力营造“四型海事”活动氛围】 2013年，景德镇市地方海事局结合自身实际，通过多种形式，在全局范围内广泛宣传“四型(学习型、责任型、服务型、创新型)海事”内容和理念，全力营造“人人知晓、人人参与、人人支持”的活动氛围。该局通过海报宣传及宣传手册的发放，在日常海事监管、基层海事处一线窗口，宣传展示“四型海事”建设工作，提升活动影响力，持续深化“四型海事”建设工作的内涵，提升海事人员的综合素质。

（程纪品）

【省运管局开展学雷锋志愿服务活动】 3月22日，省运管局立足行业特点，在南昌徐坊客运站开展“温馨旅程”学雷锋志愿服务活动。在进站口“温馨旅程”志愿服务台前，志愿者们向过往的旅客发送乘车指南、“安全带—生命带”宣传单，耐心地解答旅客的询问；在安检处，志愿者们一刻不停地提醒帮助旅客将行包过安检；在候车大厅，志愿者们为乘客送上热开水；在检票口，志愿者们协助车站人员组织旅客有序进站乘车，帮助旅客搬送行李；在发车区客车上，志愿者提醒旅客注意安全，系好安全带，为旅客送上了一份人文关怀和温暖。

（省运管局）

【省交通干部学院组织人员赴中国联通江西省分公司参观学习】 10月23日，省交通干部学院负责人和有关人员赴中国联公司江西省分公司参观学习。先后参观中国联通江西省分公楼展示大厅应用体验中心，体验了视频监控系统应急指挥系统、手机电视、手机3G通信技术及互联网应用技术产品,双方还进行了人员培训经验交流。

(钟恢万)

【省交通干部学院举行消防安全知识讲座】 9月18日,省交通干部学院举行消防安全知识讲座,南昌安居消防服务中心刘教官应邀授课。讲座以大量发人深省的特大火灾事故为实例,详细讲解了火灾给人们日常生活带来的危害,如何预防火灾及发生火灾时逃生自救方法。并现场演示了灭火器、逃生绳等灭火自救装备使用方法。此外,现场听众与日常生活中遇到的诸多消防安全问题和教官进行了交流。通过讲座,进一步增强了全院消防法制观念和消防安全意识,为做好秋冬季校园消防工作,创建和谐平安校园打下了坚实基础。

(钟恢万)

【省高速公路联网管理中心举办"我为联网作奉献"主题演讲比赛】 9月23日,省高速公路联网管理中开展"我为联网作奉献"主题演讲比赛,各分中心、机关各科共14名代表参加。比赛中,各位选手紧紧围绕主题,紧密结合工作、学习和生活实际,以典型生动的事例,从不同角度畅谈"如何为联网事业发展作奉献"的经验,充分展现了联网人凝心聚力、团结奋进的精神风貌和奋力拼搏、勇往直前的信心与决心,赢得了阵阵掌声。

(李梓辉 郭 萍)

【江西交通职业技术学院庆祝第29个教师节】 9月10日,江西交通职业技术学院召开庆祝第29个教师节暨表彰大会。会议宣读了省厅《致全省交通运输系统广大教师、教育工作者慰问信》,并对院级10名优秀教师、35名教师考核优秀奖、5名科研先进个人、22名优秀辅导进行了表彰。

(刘晓冰)

【江西交通职业技术学院开展爱心助学活动】 3月19日,江西交通职业技术学院40余名师生到南昌县三江镇徐罗小学,开展"弘扬雷锋精神,爱心助力成长"教学设备捐赠及慰问演出活动。该院向徐罗小学捐赠课桌椅100套、电脑6台,学生干部还为徐罗小学贫困学生送去了文具、衣服、图书等100余套。捐赠仪式结束后,该院师生给徐罗小学师生奉献了一场精彩的联谊文艺节目,用歌声和舞姿为乡村小学生带去了关爱,带去了欢乐。

【交通职业技术学院2门课程入选教育部"国家级精品资源共享课立项项目"】 在2013年度国家级精品资源共享课建设工作中,交通职业技术学院教授黄晓敏主持的"汽车行驶转向制动系统检修"和教授闵思鹏主持的"汽车底盘电控系统检查"两门课程通过教育部的审核认定,成功入选第三批"国家级精品资源共享课立项项目"。

精品资源共享课建设是国家精品开放课建设项目的组成部分,旨在促进教育教学观念转变,引领教学内容和教学方法改革,推动高校优质课程教学资源共建共享,提高人才培养质量,服务学习型社会建设。按照规划,"十二五"计划期间,教育部将支持建设5000门国家级精品资源共享课。该项目从2012年开始实施,从原国家精品课程中遴选转型升级为精品资源共享课比较成功的课程进行立项,在建设期内,课程将在课程网上开放、接受社会评价,教育部将对社会反应良好的课程评为"国家级精品资源共享课"。

【省高速集团举行年度收费员星级考试】 5月21日,省高速集团2013年度收费员星级考试在集团所属路段单位设立的18个考场同时开考,共有3700多名收费岗位员工参加了考试。收费员实行星级考评是高速公路运营管理、科学发展的需要,既是一种激励方式,也是一套上岗准入机制,有利于调动收费员的工作积极性,提高收费队伍的整体素质。

根据集团新修订的《收费员星级考评办法》,收费员取得星级资格均需通过考试,其他收费管理、辅助人员必须取得三星级资格方可上岗。星级考评采用考试与评审相结合的方式,考试成绩合格的收费员,将进行业务技能测试和评审,通过后方取得相应的星级资格。

(集团收费管理部)

【"向阳花"服务品牌摄影采风活动在抚州管理中心举行】 7月8~9日,抚州管理中心和省高速摄协联合开展"向阳花"服务品牌摄影采风活动。本次采风活动包括"向阳花"窗口服务、文化生活风采展示,抚州管理中心廉政文化建设成果及鹰瑞高速公路沿线荷花景色摄影。

江西高速“向阳花”服务品牌创建于2012年，经过品牌酝酿、培训学习、重点打造，品牌形象全面树立，品牌意识得到明显强化，窗口文明服务水平明显提升。

（王　伟　毛鹏飞）

【省高速集团上高管理中心开展企业核心价值观大讨论】 7月11日，上高管理中心在各基层单位组织开展“企业核心价值观大讨论”座谈会，交流对企业愿景、企业精神的认识和理解，搜集整理行为规范表述语60余条，挖掘遴选先进典型、先进事例10余个次。近年来上高管理中心围绕省高速集团推进“四大定位”战略、实现企业愿景做出的新部署，立足于企业和谐稳定和征管养工作实践，做到大讨论活动贴近时代背景、贴近中心工作、贴近员工利益，为中心持续较好地发展提供精神支撑。

（孙承学　汪　星）

【江西畅行高速公路服务区开发经营有限公司开展“书记讲党课”活动】 6月26日，畅行公司党委以“铸造畅行牌、践行中国梦”为主题，上了一堂生动的党课。党课围绕做好畅行文化品牌建设、实现中国梦而展开，授课内容分为三个部分，阐述中国梦的深刻含义，强调畅行文化品牌建设的重要意义和原则，综述畅行公司文化品牌建设的开展情况，收到了预期效果。

（罗海艳　王欲晓　葛铖曦）

【萍乡市交通运输局廉政文化建设成效初显】 2013年，萍乡市交通运输局坚持把廉政文化建设作为加强反腐倡廉建设的一个重要载体，以教育倡廉、宣传导廉、活动助廉、监督保廉为抓手，廉政文化建设取得初步成效，被萍乡市委评为“落实党风廉政建设责任制和推进惩防体系建设工作先进单位”。

【省交通科研院开展党风廉政建设知识考试】 6月18日，省交通科研院党委组织全院副科级以上干部开展党风廉政建设知识考试。考试的主要内容包括总书记习近平在十八届中央纪委第二次全会上的重要讲话、《中国共产党党员领导干部廉洁从政若干准则》、省交通运输厅密切联系群众反“四风”“九项规范”等方面的有关知识和内容。

（省交通科研院）

【九绕、都九项目办举办廉政讲座】 6月29日，九绕、都九高速公路项目办举办廉讲座。讲座邀请九江市人民检察院驻地开发区检察室专家“以案说法”。历时3个多小时的讲座，引起了与会人员强烈的反响。与会人员纷纷表示，将从中吸取教训，深刻警醒自己，在今后的工作中，严格执行“八项规定”和“九项规范”，按标准施工、按程序办事，在项目建设中严把工程质量、安全生产和资金使用关，努力把九绕、都九项目建设成为“工程优良、资料优质、干部优秀”的典范项目和精品工程。

（吴建刚）

【省公路局召开全省公路路政宣传通讯员培训会】 7月25日，省公路局在南昌组织召开全省公路系统路政宣传通讯员培训会议。全省各设区市公路局路政部门的内业人员、宣传通讯员参加了此次培训会。

会议邀请全省路政宣传业务骨干对公路路政新闻稿件的写作技巧、怎样提高在报刊等媒体投稿的刊登率和拍摄路政新闻照片的注意事项进行专题授课并交流了写作经验。

通过培训，广大学员深刻认识到路政新闻报道工作的重要性，提高了学员们在信息写作和新闻照片拍摄水平，同时也为全省公路系统路政宣传通讯员提供了一个交流平台。

（甘海花　路　宣）

【省路政总队举办2013年第七期执法人员岗前培训班】 1月24～28日，省路政总队在赣州举办2013年第七期执法人员岗前培训班。

本次培训内容包括军事训练、路政管理实践、路产路权管理、内业管理及应急处理、行政处罚案例分析、排障管理、治超管理等内容。培训结束后所有参训人员参加了路政业务知识考试和日常行为考核。

（涂智琴）

【省路政总队举办2013年第一期路政执法暨科级干部培训班】 10月21～25日，省路政总队举办

2013年第一期路政执法暨科级干部培训班，共计100余人参加培训。为使培训更加结合路政工作实际，使学员更好地学习掌握相关知识，总队对培训课程进行了大胆的创新。通过组织观看了《筑梦之基》等主题教育片和案例专题授课，开展广泛而深入的座谈交流，让广大学员学有所思、学用结合，进而学有所获。

（洪土斌）

【全省交通运输机动车检测维修人员职业技能竞赛举行】 9月14日～15日，全省交通运输行业机动车检测维修职业技能竞赛在南昌举行。

此次赛由理论知识技能操作两部分组成。理论考试占总成绩的30%，技能操作占总成绩的70%。理论知识竞赛内容包括相关的法律法规、维修技术等知识。实操技能竞赛设置了4个常规个人赛项目，分别为汽车综合故障诊断与排除、车身修复（钣金）涂装（涂漆）和汽车空调维修。各设区市汽车维修企业代表队的33名选手参与角逐。最后，上饶、赣州、宜春代表队分别获得团体一、二、三等奖；9名优秀选手分别获得诊断与排除、钣金和涂漆项目的个人一、二、三等奖；萍乡运管处、南昌市运管处、抚州运管处、九江运管局、吉安运管处、新余运管处获得优秀组织奖。

【省高速集团举办廉政书法美术摄影作品展】
10月28日，省高速集团廉政书法美术摄影作品评展在集团一楼会议室举办。

本次展览共收到116幅（组）作品，分六类进行评选，分别为书法、摄影、绘画、陶瓷、剪纸和十字绣。这些作品题材广泛，内容丰富，艺术形式多样，既有古今诗词、对联、格言、警句，又有集团企业精神、战略定位、企业愿景相关内容，既有书法、美术、摄影，又有极富地域特色和传统韵味的陶瓷、十字绣、剪纸，充分展示了高速员工的才艺风采和精神风貌，彰显了基层所站丰富多彩的文化生活。

经评委组严谨认真、公平公正评选，15幅作品从众多参赛作品中脱颖而出，评出一等奖1名，二等奖3名，三等奖4名，优秀奖7名。

（省高速集团纪检监察室）

【省交通运输厅规划办组织观看影片《钱学森》】
7月19日，省交通运输厅规划办组织干部职工观看了爱国主义教育影片《钱学森》。电影《钱学森》讲述了中国共产党优秀党员、伟大科学家、中国航天事业奠基人、“两弹一星”功勋奖章获得者钱学森出国、归国、报国的一生。影片主题积极向上，场面宏伟壮观、令人振奋，剧情跌宕起伏、扣人心弦。该片表现了新中国老一辈科学家赤诚的爱国精神、淡泊名利的奉献精神、严谨求实的精神和勇于探索的创新精神。通过组织观看，该办人员深受教育和启迪对该办加强爱国主义教育、树立巩固社会主义核心价值观起到了积极推动和促进作用。

（刘喜辉）

【省交通干部学院与华东交大联合招收培养在职硕士研究生】 6月26日，省交通干部学院与华东交通大学研究生处签署办学协议，双方联合招收培养在职工程硕士、MBA工商管理硕士春季单证班与秋季双证班。交通干部学院自2009年开始与武汉理工大学、长沙理工大学合作举办工程硕士研究生教育，积累了较丰富的办学经验。此次省交通干院与华东交大首次联合办学，进一步提升了该院办学层次，能进一步为全省交通运输行业培养层次高、水平优、能力强的专业人才。

（邓　赟　钟恢万）

【省交通科研院举办“中国梦”心语征集活动】
2013年，为推进“中国梦”主题活动的深入开展，集中展现党员热爱祖国、忠于社会主义事业，奋发向上的精神风貌，在中国共产党成立92周年之际，省交通科研院党委举办了“与中国梦同行，抒出我的美丽梦想”心语征集活动。全院党员积极响应，纷纷用饱含深情的笔触，写下了对祖国、单位和个人美好前景的祝愿。活动的开展，也激发了全体党员干事创业的热情，坚定了为实现中华民族伟大复兴的理想而奋斗的决心和信念。

（交通科研院）

【省高速集团机关党员到省纪委党风廉政教育基地接受警示教育】 8月23日，省高速集团总部机关党员到省纪委党风廉政教育基地接受党风廉政教育。

在反腐倡廉教育馆，党员们先后参观了英烈

楷模厅、警示忏悔厅、视野成果厅和廉洁教育厅等四个展厅，观看了反腐倡廉宣传片、廉政格言墙、贪腐警示录、楷模铜雕像、典型案例情景剧、贪腐分子被查动漫片、落马贪官忏悔录、世界反腐风暴、反腐倡廉成果展等。

参观结束后，党员们纷纷表示，本次廉政警示教育活动令人印象深刻，对于筑牢拒腐防变思想道德防线很有警示意义和促进作用，一定要把"为民务实清廉"这6个字的要求贯穿始终、渗透表里，做一名合格的共产党员，做一名称职的公职人员。

（罗时善）

【省高速集团机关第三党支部组织党员到抚州管理中心广昌管理所观摩学习】　8月29日，省高速集团机关第三党支部组织党员到抚州管理中心广昌管理所观摩学习该所"向阳花"服务品牌创建工作和基层党支部工作创新举措。

本次观摩学习是该党支部"学基层学业务、促服务促发展"系列活动内容之一。在广昌管理所，党员们先后观看了该所"向阳花"班组成员才艺展示，参观了该所"职工书屋"、练功房、化妆室和多功能会议室，并到收费岗亭实地观摩"向阳花"窗口服务，与广昌所干部职工就如何打造服务品牌、推进企业文化建设，进行了交流。

（罗时善　夏睿德）

【省交通质监站举办道德讲堂活动挖掘宣传身边的先进典型】　2013年，省交通质监站举办道德讲堂活动，由该站职工王珍琳为大家讲述他敬业奉献、助人为乐的先进事迹。王珍琳是该站司机班班长，是干部职工公认的爱岗敬业、乐于助人的先进人物。在生活中，他乐于助人；在工作中，他勇挑重担，吃苦在前，带头完成任务。通过组织干部职工聆听王珍琳感人事迹，用身边的事教育身边的人，使学习教育活动更加实在、透彻、生动，更加有效地帮助该站干部职工树立正确的价值取向和践行社会主义价值观。

（省交通质监站）

【省交通工会机关举行消防知识普及专题讲座】　3月18日，省交通工会举办消防知识普及专题讲座活动。邀请南昌安居防火服务中心张业茂教官作"预防为主、防消结合、珍惜生命、远离火灾"主题演讲。张业茂结合案例及近年来发生的典型火灾事故，图文并茂，给大家详细讲解了火灾种类及成因、火灾预防与自救、日常应注意的消防安全细节，消防设备储备、消防器材的正确使用等方面的消防安全知识。讲座结束后，大家表示要切实将安全工作贯穿于日常工作生活之中，全面提高安全意识、防范意识、自救意识，把防火防灾工作落到实处。

（高　梅）

【省交通运输厅外经办扎实开展综治宣传月活动】　2013年，该办科学谋划，精心组织，扎实开展综治宣传月活动。以和谐平安交通建设宣传为主线，以保障和改善民生为切入点，以矛盾纠纷排查调处为目标，及时成立综治宣传月活动领导小组，制定宣传方案。同时，充分利用墙报、宣传栏、标语横幅等方式，进行形式多样的宣传工作，取得了明显成效。

（厅外经办）

【省交通运输厅组织收看全国交通运输系统学习贯彻十八届中央纪委二次全会精神电视电话会议】　1月25日，省交通运输厅组织收看全国交通运输系统学习贯彻十八届中央纪委二次全会精神电视电话会议。在家厅领导朱希、万明、成松、胡钊芳、梁必康以及厅直属单位主要领导、纪委书记、厅机关各处室负责人参加收看。会后，省厅传达了中央和部、省关于改进工作作风、密切联系群众以及厉行勤俭节约、反对铺张浪费的一系列文件精神。

（张永康）

【省高速集团泰和管理中心开展"映山红"客户经理培训】　2013年，泰和管理中心围绕"映山红"VIP卡的发行制定客户经理制度，成立由10余人组成的客户经理队伍，开展了首次客户经理营销培训。培训班主要针对VIP卡客户的不同需求，提供个性化、差异化服务，并根据客户的需求、建议或意见，协调所属收费站提供相应服务，在规定的时间内答复客户，不断改进服务质量，提高客户满意度，进而达到提升"映山红"品牌形象的目的。通过培训，促进了以上各项工作的开展，拓展了服务渠道,创新了品牌。

(王光龙)

【江西远洋运输公司组织观看警示教育片】 8月8日,江西远洋公司组织机关全体党员干部集中观看警示教育片《失德之害——领导干部从政道德警示录》。该片通过部分被查处的干部现身说法,以及办案人员、领导干部和专家学者等人的剖析点评,从政治品德、职业道德、家庭美德和个人品德等方面,析表解里,讲理陈实,警醒和教育广大党员领导干部要充分认识到修德的重要性和失德的危害性。公司党员干部观后纷纷表示,一定要筑牢思想道德防线,遵守党纪国法,珍惜平凡的幸福生活。

(万　磊)

【省交通科研院组织观看警示教育片】 11月21日,省交通科研院组织全院党员干部职工集中观看教育实践活动警示片《四风之害》《蜕变》《贪路无归》。观看教育片后,党员们纷纷表示受到了一次很好的警示教育,在今后的工作中,一定要结合党员廉洁自律要求,认真查找自身在践行党的群众路线方面的不足,做到自我完善、自我革新、自我提高。

(省交通科研院)

【2013年度社会管理综合治理工作培训班在上饶举办】 11月3~4日,省交通运输厅在上饶举办了2013年度社会管理综合治理工作培训班(第一期)。厅属各单位分管领导和综治专干共200余人参加参训。

本次培训班邀请了省综治办主任张传发授课,他深刻阐述了《平安江西,法制江西建设总体要求》;省综治办矛盾纠纷排调室主任朱同友及省交通运输厅路航管养、基建处,省交通科研院技术创新中心等领导、专家分别就"枫桥经验对创新矛盾纠纷调处的启示""交通运输行业综治工作面临的新形势""交通重点工程建设领域矛盾纠纷引发因素与斛对策""交通建设工程领域民工工资管理制度与技术创新"等专题进行了授课。

通过培训,有效提升了综治工作者的社会管理综合治理的工作水平和能力。培训结束后,大家纷纷表示受益匪浅。

(丁　静)

【省高速集团泰和管理中心开展校企合作岗前培训】 7月3日,泰和管理中心第二期校企合作岗前培训在兴国管理所开讲。40名来自南昌工学院等高校的实习生在这里度过了两天的岗前培训。培训内容主要包括收费站制度建设、收费站文明服务、企业文化和"映山红"品牌建设、收费业务等5个方面的知识。培训结束后,实习生们分赴中心各收费站开始为期一年的实习。

(章振浩)

【九江市公交集团公司进行驾驶员星级评定考核】 1月5日,九江市公交集团公司开始实行《驾驶员星级评定实施方案》和驾驶员星级评定与工资挂钩,与动态管理。每月一评,达到什么星级,就拿什么档次的工资。此举改变了以往考核不达标就扣工资的做法,有利于形成"要拿高工资就要争创高星级",形成了"你追我赶"的良好工作局面和氛围。

(九江市交通运输局)

【省高速集团景德镇管理中心在特殊教育学校建立志愿服务基地】 5月30日,景德镇管理中心20余名志愿者到景德镇市浮梁县特殊教育学校,给孩子们送上了儿童节的礼物和亲切的关怀。"江西省高速集团景德镇管理中心志愿服务基地"也在同日正式挂牌成立。

浮梁县教育学校共有40余名学生,大部分患有孤独症、自闭症、多动症、脑瘫及语言、行为、运动障碍等疾病。2013年3月,景德镇管理中心志愿者协会成立之初,就有为该校长期志愿服务的意向,定期开展"献爱心手拉手"活动,不定期向孩子们赠送书籍、衣物、季节性实用物品,为孩子们提供多项志愿服务,并用多种形式倡导社会各界向残疾贫困儿童提供关爱和帮助。

(万庭慧)

【江西交通职业技术学院第七届"读书节"圆满落幕】 6月7日,江西交通职业技术学院举办为期一周的第七届"读书节"圆满落幕。本次读书节开展了读书问卷调查、百科知识竞答、专题讲座、征文比赛等一系列活动，丰富了师生们的课余生活。学院坚持以高雅的校园环境熏陶人、以丰富多彩的校园文化活动教育人、以蓬勃向上的校园精神激励人。读书节开幕以来，通过签名活动，倡导爱读书、多读书；开展知识竞答，拓展能力，增强团队合作意识；举办征文比赛，用笔尖去述说文字里的故事；开展专题讲座，精彩解读“大学生如何塑造与提高职业竞争力”，鼓励同学们端正态度，提高学习能力，塑造社会需要的自我，受到师生们的青睐和欢迎。

（兰　燕）

【省高速集团举办新闻宣传知识讲座】　7月12日，省高速集团举办新闻宣传知识讲座，邀请《江西日报》资深摄影记者杨继红和新浪江西微博总监贺华平，分别就新闻摄影和微博知识进行专题演讲。集团机关各部门宣传员，集团所辖各单位、各路段管理单位党委办公室（党群工作部）负责人、团委（支部）负责人、宣传干事，部分基层所站和服务区宣传报道员，各项目办政监处负责人、宣传干事等200余人进行参加讲座。

（罗时善）

【龙南县交通运输局组织干部职工参加法律知识考试】　2013年，龙南县交通运输局积极组织干职工参加法律法规考试，进一步加强干部职工法律知识学习。通过以考促学、以学促用，在全局形成认真学法、准确用法、自觉守法、严格执法的良好氛围。主要做法是：一是积极组织参加江西省“百万网民学法律”知识专场竞赛活动。二是积极组织参加2013年全省领导干部网上法律知识学习和考试。三是积极组织参加2013年全县公民法律知识考试。考试后及时阅卷，并将成绩登录于个人的学法合格证上。

通过法律知识的考试和学习，推动了该局“法律进机关”活动的深入开展，提高了干部职工的法律意识和法律素质，执法人员更加熟悉法律法规知识，更加熟练地将法律法规知识灵活运用到实际工作中去。

（赖玫芳）

【省港航局举办能源管理和能耗统计人员技能培训班】　11月中上旬，省港航局举办为期半个月的能源管理和能耗统计人员技能培训班，113名职工参加了技能培训和考核。

该局针对在群众路线教育活动中职工提出的“公务用船能耗较大，能源存在浪费现象”意见，省港航局由组织人事部门牵头，机关相关处室和局属单位配合，出台培训方案，对局属各单位能源管理和能耗统计人员进行技能培训。本次培训采取理论学习与实际操作相结合的方式，邀请业务骨干授课。考试采用理论知识闭卷，实践操作当场点评、亮分。培训目的明确，重点突出，考核严格，效果较为明显。

（航　宣　黄海源）

【全省生态公路建设技术培训班在省交通干部学院举行】　12月25～26日，全省生态公路建设技术培训班在省交通干部学院举行。

培训班邀请了交通运输部公路科研院研究员、高级工程师授课，内容涵盖绿色公路建设新理念和新技术、公路路域生态工程技术及旅游公路景观规划与设计等。

各设区市交通运输局、公路局，厅直属相关单位公路建设技术人员、管理干部、道路监测评估及科研人员共计50余人参加培训。

（钟恢万）

【上饶市整治驾驶员培训市场】　上饶市现有合法汽车驾驶员培训学校67所，其中，一级驾校8所。2013年该市运管局针对驾校的日常管理不到位、服务观念出现偏差及教练员向学员索要烟、酒、餐费已成潜规则等学员反映的问题，在7月份召开的全市运管所所长、驾校校长会议上部署的规范培训点设置，启用电子围栏技术，开展强化教练车管理为重点内容的整治驾培市场活动。对未配发营运证的教练车，不安装计时系统、不进行培训记录签章的教练车，每年必须做一次二级维护并上线检测。每所驾校一律按照行业标准最低配置教练车。驾校培训点训练场硬化不得作为培训能力核定依据。为体现便民、惠民的原则，各县（区）可根据实际情况，科学合理设置小车培训点。这次整治中对不符合规划，不达标的培训点坚决予以取缔。

（陈均培　韩晓艺）

【吉安港航分局举办首期巡航摄像培训班】 12月20日,吉安港航分局举办首期巡航摄像培训班。培训班邀请了吉安电视台资深记者授课。授课老师从摄像基础知识、摄像画面的构思、运动摄影技巧以及实践经验和体会等方面为参加培训的学员进行讲解、演示。培训班还组织学员将理论知识应用于实际操作,到赣江进行巡航摄像实践活动。

(肖宇超　黄海源)

【省运管局全面规范出租汽车驾驶员从业资格考试】 2013年,省运管局强化出租汽车驾驶员管理,进一步推进出租汽车驾驶员从业资格考试工作:一是加强舆论宣传,要求各地市充分利用报刊、电视、广播和网络,加大对《出租汽车驾驶员从业资格管理规定》《出租汽车驾驶员从业资格考试大纲》的宣传力度,为平稳开考营造和谐的氛围。二是组织相关专家编制"江西省出租汽车驾驶员从业资格考试区域科目题库编制方案"和"江西省出租汽车驾驶员从业资格考试考点设置标准",指导各设区市科学编制区域知识考试题库。三是召开全省出租汽车驾驶员从业资格考试工作会议,对全省出租汽车驾驶员从业资格考试工作进行了部署,并按部有关要求向各地市发放了出租汽车驾驶员从业资格考试系统安装软件和考试题库,同时对安装启用考试软件提出了具体要求。

(马　丹)

【省运管局开展高级道路运输经理人资格考核认定测试工作】 9月1日,省运管局组织开展了全省高级道路运输经理人资格考核认定统一测试工作。全省有183人参加本次测试。

为做好此项工作,该局一是下发了"关于做好高级道路运输经理人资格考核认定补充申报工作的通知"对全省高级道路运输经理人资格考核认定补充申报工作进行了周密部署。二是组织人员对申请人的资格条件和相关申报材料进行严格审查。三是将初审合格人员的申报材料进行编号并建立档案,同时将合格人员的相关信息录入电子表格,上报交通运输部职业资格中心。四是联系、确定考试地点,并做好考场的布置工作。全省共有167人测试成绩合格,取得交通运输部颁发的高级道路运输经理人资格证书。

(马　丹)

【省运管局完成道路运输从业资格考试系统升级工作】 2013年,省运管局积极推进道路运输从业资格考试系统升级工作,一是统一向各设区市运管机构发放了客货运输驾驶员从业资格考试理论题库光盘,并按照部有关文件要求,与各领取单位签订了考试题库保密责任书。二是将南昌市运管处作为试点单位,对其考试系统进行了升级和试运行,为下一步全省其他地市考试系统的全面升级奠定了基础。三是协调部职业资格中心信息处技术人员指导全省考试系统升级工作。截至2013年底,全省11个地市的考试系统全部升级改造完毕。

(马　丹)

【全省2012年度驾培机构质量信誉考核工作揭晓】 2013年5月,省运管局在全省经过驾培机构自评、县级运管机构初评、市级运管机构复评、省运管局抽查复核以及考核结果网上公示等几个阶段后,全省2012年度驾培机构质量信誉考核工作全面结束。全省共有404所驾培机构参加了此次考核,考核结果为:AAA级驾培机构52所,占参评总数的13%;从级驾培机构195所,占参评总数的48%;A级驾培机构147所,占参评总数的36%;B级驾培机构10所,占参评总数的3%。省运管局对AAA级驾培机构进行了表彰授牌,同时要求市级运管机构对B级驾培机构责令限期整改。通过驾培机构年度质量信誉考核,驾培机构的培训质量和诚信服务意识明显提升。

(马　丹)

【全省统一推行教练员教学质量考评工作】 1月,省运管局统一制定了"江西省机动车驾驶培训教练员教学质量考评办法"和"江西省机动车驾驶培训教练员教学质量考评内容和评分标准",统一规范了"教练员教学质量排行榜公示栏"的式样和规格,制作下发《江西省机动车驾驶培训教练员教学质量考评排行工作规范化手册》。全省各驾校从2013年1月起统一开展教练员教学质量考评排行工作,实现了"三统一",即统一考评办法、统一考评内容和评分标准、统一考评排行榜上墙格式，进一步规范教练员教学服务行为，提升教练员服务水平，增强全省教练员队伍的创先争优竞争意识。

（马　丹）

【省运管局举办执法资格培训班】 6月~8月，省运管局举办执法资格培训班。全省1679名运政执法人员参加培训。培训班在严格遵守交通运输部的执法资格证件管理规定的基础上，坚持因地制宜、按需施教、务求实效的原则，由各设区市运管机构具体承办培训，省运管局负责资格考试，共有1645名人员通过了资格考试，其余人员通过补考也取得了执法资格。省运管局对所有通过考试获得执法资格的人员建立个人执法档案，并颁发执法资格证。

（胡皓月）

【省运管局开展教练员从业资格考试】 2013年，省运管局在全省开展教练员从业资格考试。一是严格审查教练员报考资格，对不具备教练员报考条件的人员一律不予受理，对使用伪造证件及虚假报名材料骗取报名资格的人员，一经查实，列入黑名单，一年内不再受理其报考申请；二是进一步规范考试工作流程，由局机关监察、人事、党办、行办、驾培、法规稽查等多个处室的工作人员共同参与监考，并加强考核员的岗前业务培训和职业道德教育，保证了考试工作的公开公正；三是严格执行教练员考试大纲，实行计算机随机抽选考生专业知识应用能力考试科目，提高了考试难度。

全年，共有4134名具备教练员报考条件的人员参加了考试，3601人经考试合格取得教练员从业资格证件。

（马　丹）

【全省水运企业安全生产标准化考评员和自评员培训工作结束】 5月21~25日，省港航局在南昌举办全省水路运输企业、港口营运企业安全生产标准化考评员和自评员（水路运输、港口营运）培训班。全省各级交通运输主管部门、行业管理机构，部分港航企业考评员、自评员等共140余人参加培训。

本次培训为期3天，采取集中授课的方式进行。授课专家分别对港口码头企业安全生产标准化考评指南、港口码头企业安全生产标准化考评指标释义、水路运输企业安全生产标准化考评指南、江西省交通运输企业安全生产标准化建设资料汇编、考评程序、考评实务等内容进行了详细讲解，指导辖区内港航企业做好企业安全生产标准化建设自评工作。培训结束后，参加水路运输考评员资格证书的考试有55人，考试合格率达100%；参加港口营运考评员资格证书考试74人，考试合格71人，不合格3人。对考试合格的人员，省交通厅核发资格证书。

（吴彩霞　黄友坚　陈明中）

【吉安港航分局举办行政执法风险防范法律知识讲座】 7月2日，吉安港航分局举办海事行政执法风险防范法律知识讲座。各基层单位党政主要领导、驻市单位业务骨干和局机关全体人员等共80多人参加讲座。

讲座聘请了江西智乔律师事务所法律专家授课。授课老师用一个多月的时间查阅该局行政执法案卷，了解执法动态等，在课堂上以翔实的案例、生动的语言从港航海事系统主要行政职能、常见行政法律风险分析和风险控制三个方面进行了阐述，并结合最近社会上发生的东北大火、厦门公交烧毁案以及“5·23”湖南株洲沉船事故等案例剖析依法行政的重要性，警示执法人员要依法行政，服务于民。

（郭锦浙　蔡　露）

【吉安港航分局举办轮机操作技能比武活动】 9月25日，吉安港航分局举办船舶轮机实际操作技能比武活动。

活动邀请船舶机专家任主考官，在现场统一出题（人为设置故障），参赛人员在规定的时间内排除故障，由考官对参赛选手的判断能力、操作程序、排障效率、进行评比打分。

比赛内容都是作为轮机员必须具备的基本技能。这不仅是一次竞赛，更是一次相互交流学习的聚会，比赛全过程，充满了“比、学、赶、帮”的良好气氛。

（李华志）

【赣州港航分局举办青工技能培训班】 10月30日，赣州港航分局举办了为期半个月的青工技能培训班,13 名青年职工参加了培训和考核。

该局由组织人事科牵头,安监科、疏浚工程处等部门配合,并制订培训方案。培训分为轮机和驾驶两个科目,采取学习理论与实际操作相结合的方式,由业务骨干授课,理论知识考试闭卷,实践操作考核当场点评亮分。参加培训的学员均交出了合格的答卷。该局要求学员回岗位后,各基层单位应继续强化对青工的技能检验,以巩固学习成果,达到缓解船员紧缺、提高职工队伍知识结构的目的。

(刘亦红)

【上饶港航分局"立足岗位"培训基层轮机人员】 上饶市港航分局按照"立足岗位成才"的人才培养要求,从 11 月 19 日起,组织开展了为期一周的基层轮机人员培训。

本次培训抓住年底船舶进场维修的节点,传承新老技工"传帮带"的良好传统,由具有 30 多年轮机岗位工作经验的老轮机员指导,在现场为学员遇到的问题答疑解惑。培训内容包括对船舶动力设备的结构熟悉、故障维修及设备拆卸、清洗、组装等。培训结束后组织学员考试,将考评结果纳入年终绩效考核并记入个人培训档案。通过培训提高轮机人员的技能水平和动手操作能力。

(丁志强 吴 俊)

【景德镇市交通运输局举办社会管理综合治理培训班】 10 月 29 日,景德镇市交通运输局举办 2013 年度社会管理综合治理工作培训班。

培训班邀请省交通运输厅路航管养处、省交通科学研究院道路研究所、市综治办综合协调科负责人授课。全市县(市、区)交通运输局、市公路管理局及所属基层单位、系统各企(事)业单位分管综治工作领导、综治办主任及综治专干参加培训。

通过培训,该市交通运输系统综治干部深感社会管理综合治理工作责任重大、任务艰巨,今后要不断加强专业理论知识学习,进一步提升自身素质,提高工作能力,进一步做好社会管理综合治理工作。

(吴小红)

【省交通技校一部改善办学条件适应职业教育发展趋势】 省交通技工学校一部是经省人民政府批准设立,省交通运输厅、省人力资源和社会保障厅下辖的全日制公办学校,成立于 1958 年,前身是江西省汽车运输职业学校,"文化大革命"期间解散停办。1978 年成立技校,定名为"江西省交通技工学校一部",属省财政全额拨款事业单位,定编 73 人,主要为社会及系统内培养初、中级技术工人。

该校地处南昌市新建县西山镇 320 国道旁,距南昌市区 30 千米,占地面积 20.75 公顷。2012 ~2013 年,学校进一步改善办学条件,适应职业教育发展趋势,分别投资 360 万元和 650 万元,改造和新建学员培训宿舍楼,并投入使用,形成了技校教育和行业培训"双轮驱动"的办学特色。

该校秉承素质教育为本、技能为重、特色办学的办学理念,实行全封闭管理,严抓教学质量,致力于为社会培养实用型、技能型和复合型的中等专业人才。拥有多媒体教室、微机房,建立了汽车维修实训基地、汽车电路实训室、汽车检测实训室、汽车拆装实训室、钳工实训室等场所。学校经过几十年的办学实践,初步形成了自身的办学特色,构建了办学功能多元化、培养模式市场化、内部管理人性化的学校教育框架体系。

该校以开设服务汽车运输企业的三年制技工教育为主,同时也承担了全省机动车教练员上岗培训及交通运输系统职工再教育培训任务。三年制技校生开设汽车维修、汽车检测、汽车驾驶、交通客运服务、汽车商务、财会电算化等 6 个专业。2013 年,技校毕业生 32 人。2013 年,学校受省运管局安监处、法规处委托,举办全省道路运输企业安全生产标准化考评员培训班 2 期、全省运政执法培训班 11 期,与省驾协合作,举办全省汽车驾驶培训教练员从业资格培训班 25 期,共培训学员 5933 人。

【湘东区交通运输局加强理论学习,整体素质全面提升】 该局历来重视强化干部职工的理论学习,提高理论素养,先后制定和完善了局中心学习组学习制度、理论学习意见、领导干部民主生活会学习制度、党日学习和机关每周一次的政治业务学习制度、交通系统干部职工学习培训办法等。局领导班子成员模范遵守学习制度,带头并督促检查职工学习情况。坚持以科学的理论武装干部职工头脑。2013 年，认真组织干部职工学习中共十八大精神和总书记习近平的重要讲话精神及省、市、区委的重大决策部署，在深刻领会其内涵和精神实质的同时，结合行风评议，加强学习教育，领导干部自身素质及领导班子整体能力进一步提高，全局干职工队伍整体素质也明显提升。

（湘东区交通运输局）

【芦溪县交通运输局扎实开展各种学习活动】该局按照县委有关要求，积极开展“书香交通、绿色交通、和谐交通”活动，并制订活动方案，每月开展政治理论学习、书法作品展、朗诵比赛、撰写读书笔记等活动。9 月 23 ~ 30 日，组织开展“书香交通、喜迎国庆”主题活动，进行爱国主义主题教育和书法作品展、诗歌朗诵、爬山比赛等一系列文体活动，营造了快乐和谐的交通文化氛围。同时，充分利用学习日组织干部职工学习和培训，学习有关文件精神、会议精神和相关业务知识。通过学习培训，使全局干部职工的思想理论水平、专业技术水平和业务素质明显提高。

（芦溪县交通运输局）

【黎川县采取措施提高道路运输从业人员素质】2013 年，黎川县交通运输部门积极推行营业性驾驶员从业资格证持证上岗工作。分批分期举办全行业各类培训班，宣贯道路运输行业“微笑服务，温馨交通”活动服务规范。抓好营运性机动车驾驶员从业资格培训的监督管理工作，规范培训、考试、诚信考核、档案管理。开展全县驾培教练员、道路运输驾驶员诚信考核工作。通过各种形式寻找服务管理中存在的突出问题、薄弱环节，广泛吸纳社会各界的意见和建议，进行有针对性的整改，不断提升营业性驾驶员、维修和驾培等行业从业人员整体素质和服务水平。

（徐高宗）

【上饶市道路运政执法人员接受培训】　8 月 29 日至 30 日，上饶市运管局举办全市道路运输行政执法人员培训班。此次培训课程主要包括依法行政理念、行政许可、行政处罚、行政强制的理论与务实交通行政执法规范等几个方面，提高执法人员基础法律知识和专业法规知识，同时采取执法文书讲评、典型案例分析等方式，探讨解决学员执法中存在的热点、难点问题，提升执法人员业务能力。参加培训人员学完规定课程后，统一参加了省运管局行政执法人员培训考试。

（张　艺）

【崇仁县注重干部职工教育培训工作】　2013 年，崇仁县交通运输局在鼓励干部职工参加继续教育的基础上，积极组织开展业务培训。先后组织参加道路运政行政执法培训 31 人次、执业资格培训 3 人次，鼓励参加继续教育学习 4 人次，占干部职工人数的 34.55%，干部职工业务素质进一步提高。2013 年，在职干部职工中有本科生 7 名，大专生 57 名，中专生 9 名，高中及以下 37 名；大专以上学历占总人数的 58.18%，比上年增加 6.2 个百分点。

（崇仁县交通运输局）

【景德镇市交通运输局通过“五强化”加强行政执法培训】　5 月 13 日，景德镇市交通运输局制定出《景德镇景德镇市交通运输局行政执法人员培训工作实施方案》，计划用 4 年时间按照“全面覆盖、分级负责、统一标准、保证质量”的原则，依据交通运输部《交通运输行政执法人员培训考试大纲》要求，采取强化培训、强化考试、强化管理、强化跟踪、强化督察的“五强化”的措施对全市交通运输行政执法人员进行一次系统轮训。培训范围主要以基层执法人员为重点，包括所有持有和拟申领交通运输行政执法证件的人员。

该局“五强化”的主要做法是：①强化培训。按照交通运输部制定的培训考试大纲要求，安排培训总学时不得低于 90 学时，其中理论业务课 60 学时，队列、体能和执法技能战术训练 16 学时，现场情景模拟训练，案例评析 14 学时。②强化考试。考试科目均采用闭卷笔试形式，实行百分制，60 分及格，体能和执法实训考核，实行“优良、及格、不及格”等级制。③强化管理。将所有执法人员的基本信息执法岗位信息、培训记录、考试结果等相关信息录入系统，利用信息系统组织开展证件年审和换发证件工作。④强化跟踪。对考核不合格者必须在规定的时间内进行补考，经过补考仍不及格的，不颁发交通运输行政执法证件，不允许上岗，对已取得交通运输行政执法证件的,暂扣其执法证件,或进行离岗培训。⑤强化督察。把培训纳入系统单位目标管理当中,对未按期完成培训任务的单位,年度考评不得评为优秀,行政执法人员培训未取得优秀成绩的,不得评为优秀,也不得晋升职务。

(李青松)

【景德镇市运管处举办行政执法培训班】 8月28~30日,景德镇市公路运输管理处在乐平市举办全市道路运输行政执法培训班。全市各级运管机构及城客处共60人参加了为期3天的培训。培训班邀请景德镇市政府法制办法制科科长张英讲授道路运输案例。张英针对全市各级道路运管及城市客运管理机构在执法过程中遇到的问题进行讲解,重点讲授执法实体和程序方面的内容和道路运输行政执法人员应掌握法律法规的基础知识,以及对违法违规的判定和处理方式方法。通过培训,学员们认真掌握了行政执法合法性、合理性、正当程序原则及诚实守信等责任原则,加强了法治思维的培养和增强了认真执法、维护法律尊严的意识。

(余磊峰　刘巧英)

【省高速集团赣州管理中心举办文秘培训班】 9月25-26日,赣州管理中心举办2013年度文秘培训班。中心所属各单位文秘及分管综合行政的领导40余人参加培训。

本次培训邀请了赣南师范学院谢世洋教授与江西理工大学朱国平教授分别就党政公文等写作及时间管理进行专题授课。并对公文格式和文件归档进行了讲解。整个培训时间紧凑、内容丰富。

通过系统的文秘培训,进一步提高了管理中心文秘人员办文质量和效率,规范了公文处理及文件管理行为,增强了"以文辅政"能力。

(杨雪梅)

【赣州市交通职工学校组织教职工进行灭火演习】 根据《市政府集中开展安全生产大检查通知》(赣市府办电〔2013〕41号)文件精神,为做好安全生产工作,提高职工安全意识,做到防患于未然,9月12日,交通职工学校组织全校教职工进行灭火演习。

(刘超英)

【景德镇市交通运输局举办消防安全知识讲座】

10月9日,景德镇市交通运输局举办消防安全知识讲座局机关及在局大楼办公的局属事业单位全体干部职工参加讲座。邀请景德镇市消防支队教官侯佑平作以"珍惜生命、远离火灾"为主题演讲。侯佑平结合生活实际,利用多媒体为大家讲授消防安全知识,演示火灾事故警示片和人们日常生活中发生的火灾事故案例。他用通俗易懂的语言、深入浅出的分析,阐述防消结合的消防宗旨,详尽讲解火灾种类、引发火灾发生的各种因素、火灾预防和自救办法等,并现场演示了灭火器材和防烟面具的用法。通过讲座,全体干部职工的消防安全意识和遇到火灾突发事故的自救能力得到进一步提高。

(吴小红)

【省高速集团赣州管理中心开展收费实务操作学习活动】 2013年,赣州管理中心开展收费实务操作学习活动。活动要求中心全体票稽人员在日常车流较大的时间段到岗亭进行收费相关操作,并确保每次操作时间不少于3小时,每周不少于一次,每年不少于12周。票稽人员通过独立进行发卡、售票、判别车型车种,处理特情车辆等操作进一步了解收费业务知识,并将学习到的知识运用至日常的票稽工作中,用于提升票稽实际工作水平。该中心所属收费站共有30余名票稽人员参加了实操活动,实践操作时间达140多个小时。

(孙　昕)

【昌樟改扩建工程举办沥青路面冷再生技术培训】 7月23日,昌樟改扩建项目办举办乳化沥青冷再生设计与施工技术培训。建设、监理、施工、咨询单位相关技术人员等70余人参加培训。

培训邀请了国内著名专家孙立军教授进行授课,主题是乳化沥青冷再生设计与施工技术。他分别就冷再生技术、施工和质量控制、路面结构评价及设计等进行讲授,数据翔实,图文并茂,理论联系工程实际,使大家强化了对冷再生技术的认识,加深了对冷再生路面结构设计的理解,对提高全线相关岗位技术人员的业务技能具有重要的帮助作用。

通过培训,大家开阔了视野,丰富了知识,拓宽了思路,对冷再生技术在实际工程的应用有了全面的掌握，为提升全线路面施工质量、顺利完成施工任务打下坚实的基础。

（王　剑）

【省高速集团景德镇管理中心举办读书演讲活动】 4月23日是“世界读书日”。省高速集团景德镇管理中心举办“读好书、扬正气、谋发展、促和谐”主题演讲比赛，交流读书心得，分享读书快乐。各参赛选手们紧贴自身与生活、工作实际纷纷阐述见解，交流经验。

该中心此次演讲是进一步贯彻落实党的十八大会议精神、总书记习近平重要讲话精神的具体举措。该中心以“世界读书日”为契机，大力开展“以读好书、扬正气、谋发展、促和谐”为主题的读书活动，引领全体干部员工形成良好的读书习惯，营造良好的读书氛围，努力打造和谐的文化基础。

（万庭慧）

【省交通干部学院被确定为全省交通运输行政执法培训机构】 2013年，江西省交通运输厅按照教学设备设施、教学人员力量等情况，确定江西省交通干部学院为全省交通运输行政执法培训机构。认定培训机构，有助于发挥全省交通运输行政执法培训工作的规模化效应，有利于培训工作的管理。明确未在认定培训机构参加的培训，将不得作为执法证件年审和换证、发证的依据。

【吉安市交通运输局举办道路运输企业安全生产标准化建设培训班】 8月6～7日，吉安市交通运输局分别在吉水县、吉安县举办道路运输企业安全生产标准化建设培训班，对安全生产标准化建设工作进行再动员、再部署，对考评指标体系进行系统详细讲解。各县（市、区）交通运输局、运管所分管负责人、28家道路客运企业、25家危货运输企业业分管负责人及安全管理机构负责人参加了学习培训。

（吉安市交通运输局）

【袁州区驾培行业稳定发展】 2013年，袁州区拥有二级以上驾驶员培训学校17家，其中，一级4所，二级13所，拥有从业人员700人教练车720辆，同比增加220余辆，为确保驾培业稳定发展，该区不断加强措施，推进驾校可持续发展：一是推进规范化管理，严格落实质量信誉考核制度。多次深入各驾校，指导驾校制定和完善服务承诺和各项管理制度，统一教练车、教练员、学员档案。严格落实质量信誉考核制度，将质量信誉考核情况作为驾校等级评定和业务发展的一项重要指标，采取听、查、看的方法对驾校进行现场考核。二是加强驾驶监管力度，教学培训不断规范。严格落实教练车管理制度，对各驾校教练车逐车进行检测年审。严格落实IC卡教学制度，各驾校在教学过程中必须规范使用IC卡计时，对不按规定使用IC卡的驾校将按相关规定处罚。三是切实抓好教练员队伍建设。全年对17所驾校的管理人员和教练员举办集中培训2期，组织全区的教练员进行一次技能大比武。四是严格落实教练员持证上岗制度。加强对各驾校教练员的“三证”（身份证、驾驶证、教练证）审核。通过一系列行之有效的措施，使驾校的教学培训不断规范，确保了驾驶员的培训质量，促进了行业健康发展。

（李　庆）

【省交通运输厅第九期青年科级干部培训班结业】 12月13日，厅第九期青年科级干部培训班在省交通干部学院举行结业式。厅党委书记、厅长朱希，纪委书记成松出席，并向56名顺利结业的学员颁发了结业证书。

本次培训班于10月16日开班。共有参训学员56人，是2010年公开选拔的厅直单位副处级后备干部中最后一批的受训学员。培训班以党性修养为主线，组织开展中共十八大精神和中国特色社会主义理论、江西经济社会发展形势、青年干部能力培养与人文素养、党的建设与党性修养等四方面32个课堂教学，组织了5次现场教学，开展了军事化和素质拓展训练，圆满完成了预定培训任务。

（钟恢万）

【省交通运输厅举办学习贯彻中共十八届三中全会和总书记习近平系列讲话精神专题研讨班】 12月17～18日，省交通运输厅举办学习贯彻中共十八届三中全会和总书记习近平系列讲话精神专题研讨班。研讨班邀请了省委宣讲团成员、省人大内司委副主任委员陈东有作专题学习辅导。厅领导及厅直单位党政主要负责人、厅机关副处以上干部参加学习研讨。

本次研讨班通过自学、听取专题报告、分组讨论和交流发言等形式,重点学习中共十八届三中全会和习近平总书记系列讲话精神。

通过学习,大家进一步理解了全面深化改革的指导思想、重要方针、目标任务、政策举措,和习近总书记系列讲话精神纷纷表示,在今后的工作中努力把思想行动统一到全会和讲话精神上来,为江西交通运输事业又好又快发展提供坚强的思想政治保证。

(雷声猛)

【全省交通运输信息化建设与管理培训班在交通干部学院举办】 11月26日~27日,全省交通运输信息化建设与管理培训班在交通干部学院举办。培训班邀请交通运输部公路科研究院、江西财大等单位信息化领域专家授课,内容涵盖信息化未来发展趋势、门户网站建设与管理、智能交通建设与发展、中国电信如何助力于交通运输。全省各设区市、县(市)区交通运输局、公路局信息化管理部门负责人以及厅直属单位信息化管理部门负责人等共计70余人参加培训。

(钟恢万)

【省交通运输厅举办安全应急工作座谈会暨安全应急培训班】 11月11~13日,省交通运输厅在省交通干部学院举办全省交通运输系统安全应急工作(标准化建设)座谈会暨安全应急培训班。省应急管理办公室专职副主任万建生应邀为培训班授课。各设区市交通运输局、公安局,省交通运输厅机关各处室、厅直属各单位与厅在建重点工程项目办有关人员参加培训。

(钟恢万)

【省交通运输厅举办2013年度新党员培训班】 10月9~11日,省交通运输厅在省交通干院举办2013年度新党员培训班。培训班为期3天,培训对象为2012年10月以来厅直属单位党组织发展的新党员,149名新党员参加培训。培训班邀请省委党校、省直机关工委党校教师授课。培训内容由中国梦、中国党史、党员党性修养、科学发展观理论及党的群众路线教育实践活动有关规定、要求等。学员们结合学习内容,围绕“增强党性观念,更好地服务江西交通运输事业发展”撰写学习心得体会。

(钟恢万)

【交通干部学院与华东交大签署联合招收培养在职硕士研究生协议】 6月26日,省交通干院与华东交通大学签署联合招收培养在职硕士研究生协议。协议明确,从2013年起,省交通干院在职硕士研究生招生宣传方面,主推华东交通大学,面向全省交通运输行业招收培养在职硕士。MBA工商管理硕士(春季单证班、秋季双证班)。对学员培养均实双导师制,由华东交大具有工程及管理实践经验的高级技术称职人员与省交通运输厅推荐的交通系统业务水平高、责任心强的具有高级工程及管理技术称职的专家联合担任,双方将对学员的课程学习、开题、中期考核、论文答辩等环节进行严格管理。

(钟恢万)

【省直单位企业政工师岗前培训在交通干部学院举办】 5月16日,省直单位企业政工师岗前培训在交通干院开班。省交通运输厅副厅长王爱和出席开班式并致辞,省直机关工委委员、宣传部部长李跃进主持。省直机关工委副书记邓剑锋作专题讲座。

本次培训为期两天,获得2011年度企业政工师、助理政工师专业职务任职资格的省直单位企业职工共140人参加培训,其中省交通运输系统企业职工113人。培训旨在进一步加强企业思想政治工作专业人员岗位培训工作,全面提高政工专业人员素质,使获得政工专业职称的人员更好地履行职责。

(钟恢万)

【江西交通干部学院举行消防安全知识讲座】 为进一步做好秋冬季校园消防安全工作,9月18日,交通干部学院举行消防安全知识讲座,南昌安居消防服务中心的教官应邀授课。通过此次消防安全知识讲座,进一步增强了该院上下消防法制观念和消防安全意识。

(钟恢万)

【南昌市举办交通安全管理人员培训班】 5月

22～24 日，南昌市安监局与市交通运输局在湾里举办为期 3 天的全市交通运输单位安全管理人员培训班。

此次培训邀请省、市安全生产领域专家，对 103 名企业从事安全管理无证人员和 2013 年底前所有从事客运、危险化学品运输企业安全生产必须达标的单位主要负责人、分管安全负责人及安全生产管理人员，就安全生产法律、法规、规章、重点交通运输、港口、监管、安全文化建设、事故应急救援等方面进行了系统培训。

通过培训，基本解决了"会管安全""管好安全"等问题，提高了参训人员对安全生产工作重要性的认识，理清了交通企业安全生产工作思路，增强了管好安全生产工作的信心，为安全生产工作开展打下了坚实基础。

（杨龙桂）

【南昌市举办机动车排气污染治理培训班】 3 月 19 日，南昌市运管处和南昌市汽车维修与检测协会联合举办机动车排气污染治理培训班。全市 230 名汽车维修企业人员参加培训。

培训班邀请中国计量协会机动车检测专委会秘书长、中国排气治理权威专家鲍国华、江西省汽车工程学会副理事长、江西省汽车流通行业协会高级顾问熊翔辉教授授课。通过培训，各维修企业了解了当前中国机动车排污治理技术发展状况，初步掌握了机动车排气污染防治和维护的一些基本技能。

（彭珊辉）

【2012 年南昌市驾培机构质量信誉考核工作完成】 2013 年 3 月，南昌市运管处用半个月的时间对全市驾培机构 2012 年度质量信誉考核工作进行复审。全市 43 家驾培机构参加复审。复审内容主要包括驾校资质条件、经营行为、教学管理、培训质量、诚信服务等五个方面内容。为保证复审工作公平、公正，进一步完善了驾驾员培训、考试管理部门联动工作机制，充分发挥了驾培协会的中介组织作用，由市运管处、市公安车管所和市驾培协会共同参与，各自按照职责进行评分。并联合成立考评组，对辖区内驾培机构进行分组考核，及时将复审评定结果进行公示，充分发挥社会舆论监督作用，严格把关，不走过场。经过复审评分后，全市确定 AAA 级驾校 9 家，AA 级 18 家，A 级 15 家，B 级 1 家。

（何　宾）

卫　　生

【江西省交通医院在改革中谋发展】 江西交通医院成立于 1959 年，以前属省交通运输厅直管单位，2012 年 9 月起划归江西交通职业技术学院管辖。2013 年有正式在编人员 24 人，退休职工 73 人，外聘员工 8 人。

该医院主要承担交通系统干部职工的医疗、保健、疾病预防工作和为交通系统干部职工的健康保驾护航任务。

2013 年，该院以改革为动力，挖潜力、谋发展。始终把如何转变发展观念，提高医院收入视为当前和今后一个时期的一个最主要的任务。针对全院职工以退休职工为主，医院面临经费不足、设施设备陈旧、有的员工思想跟不上形势发展，观念陈旧、因循守旧等问题和困难，在加强思想政治工作的同时，积极面向社会、面向市场，引入外资，以更好地为交通系统干部职工服务。

2013 年，医院为厅机关、学院及其他兄弟单位多次派出医务人员上门就诊、会议保健，并在医务人员紧缺的情况下，仍然坚持开设了厅机关大院医务室、省公路局大院医务室、交通学院医务室，极大地方便了厅、学院及其他交通系统单位员工及学生就诊，不但创造了良好的经济效益，也产生很好的社会效益，尤其得到了患者和领导的好评。

（省交通医院）

【抚州市道路运管系统全力防控 H7N9 禽流感】 2013 年,自江西省出现人感染 H7N9 禽流感确诊病例后,抚州市道路运管系统结合实际,全力防控 H7N9 禽流感,切实抓好各项防控措施落实。境内客运站均加强了对旅客携带、托运的物品的检查,严禁旅客携带畜禽及禽类产品乘车,并要求客运车辆驾驶员在营运途中勤通风换气,保持车内卫生整洁、空气清新;要求各部门及人员密切关注疫情动态,增强 H7N9 禽流感病毒防控意识,避免与家禽接触,勤洗手,出现咳嗽发热症状立即到医院就诊,提高个人防护能力;坚持 24 小时值班制,与公安部门建立信息互通机制和应急联动机制;全体运政稽查人员随时待命,一旦发生紧急或突发事件,做到及时出动,限时处置。

与此同时,该市运管处重点加强源头监管,确保防控制到位。对相关道路运输企业下发《H7N9 禽流感防控通告》。引导客运企业、客运站积极开展 H7N9 禽流感防控的宣传工作。提醒驾驶员、广大乘客增强防范意识,强化车站等公共场所和车辆清洁、消毒和通风工作。各相关单位与卫生防疫部门联防联控,做好客、货集散点等重点区域的动态监测,发现异常情况的,迅速通知卫生防疫部门采取排查和隔离监控措施,消除传播源。完善突发事件应急预案,一旦发现可疑病例,及时启动应急预案。由于措施得力、防控到位,全市从未发生一起 H7N9 禽流感。

(抚州市交通运输局)

【宜黄县交通运输局组织离退休人员开展全民健身活动】 宜黄县交通运输局始终把机关离退休人员老有所乐、老有所养、老有所靠的问题作为年度工作的重要内容列入议事日程,狠抓落实。一是落实活动经费。全年拨付局老年协会活动资金 13400 元,比上年增加 50%,有效保障了各项健康活动的顺利开展。二是带领干部到县内各发展景点走一走、看一看,让他们亲身感受全县改革发展的最新成果。组织机关离退休人员到县城工业园区、新城区、卓王塔、新贸易广场、曹山寺、仙洞等地步行游览;包车从县城经黄陂、新丰、棠阴绕全县一圈,参观考察了宜黄公路、桥梁、渡口建设,还到黄陂大捷、草台冈、江背村等老区参观学习,特别是组织离退休人员到各乡、镇村公路参观全部改建成的硬质公路,真正实现了人行其道,物尽其流景观,使他们大开眼界,感慨万千。三是积极组织干部参加县里老年人活动:(1)“老年人健步走大联动活动”;(2)“七一”红歌比赛;(3)门球比赛;(4)乒乓球、棋牌比赛;(5)钓鱼比赛;(6)腰鼓、二胡、健身球竞赛活动,并在全县举办的这些比赛中取得门球获乙级队第一名、扑克第二名、乒乓球第三名、钓鱼第三名的好成绩。有的还代表县代表队赴市参加全市老年排球赛,荣获全市金奖,为全县老年人争了光。通过组织机关离退休人员参加这些积极健康活动,为他们晚年生活增添了丰富内容,有效增强了老人们的心身健康。

(宜黄县交通运输局)

【南城县交通运输局组织在职干部职工及退休人员体检】 2013 年 12 月,南城县交通运输局组织全局 154 名干部、职工及退休人员进行身体健康检查。这已是该局连续 5 年组织在职与退休人员进行健康体检。通过体检,使受检者及时了解自身的健康状况,有效保障了全体干部职工以健康的身体、强健的体魄、积极的心态投身交通运输事业。

(王素红)

【抚州市交通运输局组织退休人员参加老年人健步走】 11 月 11 日,抚州市老年协会在市体育休闲广场举办全市老年人健步走大联动活动,号召全市老年人“摆动双臂、迈开双腿、走出健康、走向幸福”。抚州市城区 1500 余老年人冒着阴雨天气加入大联动行列,抚州市交通运输局组织 16 名退休人员参加这次活动。他们迈着矫健的步伐,从体育休闲广场出发,沿体育路往西,顺玉茗大道向北,经过马家山广场,最后沿赣东大道返回体育休闲广场,全程用时 30 分钟。该市各县(区)、乡(镇)、村(社区)共组织 10 万老年人同步参加健步走大联动活动。

(陈根玲)

【省高速集团宜春管理中心四份“健康大礼”情暖半边天】 3 月 12 日下午,宜春管理中心为全线女职工举办中医养生及女性健康保健科知识专题讲座。

此次专题讲座主要针对女性生殖健康知识、“四期”相关知识、妇科常见病的症状、自查方法、预防治疗、心理健康、中医养生等方面作专题讲座。通过讲座，使广大女职工进一步了解女性健康相关知识，增加了关注自身健康、自我呵护和自我关爱意识。参加专题讲座的女职工代表不仅收获了许多专业知识，同时收到一份神秘节日礼物，拿到礼品的女职工们开心地说道："礼轻情谊重，其实女性健康用品才能给我们最贴心的呵护，才是我们女人健康、幸福和成功的保障！"

宜春管理中心还为每一位女职工购买了医疗保险、女职工幸福险，并开展了女职工专项妇科体检，送去人文关怀、组织关爱。

（刘爱娟　胡　娟）

【丰城市交通运输局组织无偿献血活动】 7月17日，丰城市交通运输局17名机关干部职工踊跃参加无偿献血活动，当天总献血量5900毫升。该局敖艺龙荣获卫生部、中国红十字总会和解放军总后勤部卫生部颁发的全国无偿献血奖铜奖。

（丰城市交通运输局）

【鄱阳公路分局为职工办理多种保险】 2013年，上饶市公路管理局鄱阳公路分局职工一直从事野外作业，工作辛苦，且有一定风险。该局工会为保障职工患重病、大病和因交通事故导致的意外伤害得到及时治疗，倾其所有，在行政的大力支持下，投资2.6万余元，先后为150名在职工投保了重大疾病、住院自负险、团体意外伤害险、女职工幸福险等四项保险，受到该局职工的赞许。

（邓桂春　程　宏　韩时平）

【宜春市交通运输局组织干部职工体检】 8月13～15日，宜春市交通运输局为进一步提高全员健康水平，有效保障干部职工身体健康，切实做到无病早预防，有病早发现、早治疗，组织干部职工、离退休人员到市第一人民医院进行身体检查。检查主要项目有验血、尿检、胸片、心电图、B超等。为搞好检查，局领导高度重视，召开会议进行研究，周密安排，指示工作人员与医院联系落实，并告知被检查人员在检查之前应注意事项，使检查顺利进行。在检查中，互相互让，领导、干部职工主动让离退休干部先检查，充分体现爱老、尊老，传承中华民族助老美德。参加体检人员一致认为，体检是领导对自己关心爱护，表示今后一定加倍努力工作，以实际行动报答组织上对自己的关心。离退休人员激动地说，离开了工作岗位，为人民服务思想没有退，今后要积极为单位工作进言献策，为全市实现综合、畅通、平安和谐交通发挥自己的余热。通过检查，进一步增强身体保健和体育锻炼意识，许多干部职工天天坚持晚上看北京电视台同仁堂养生知识讲座，听全国中老名医养生知识授课，利用早晚坚持跑（慢）步，全局出现打羽毛球、打乒乓球、打门球、跳体育舞热，既锻炼身体，增强体质，又丰富大家文体生活。

（吴泽水）

【靖安县交通运输局认真做好计划生育工作】 2013年，该县交通运输局有职职工53人，其中，育龄妇女有15人。局领导班子坚持以人为本，认真做好计划生育工作。通过正确的引导和人性化的优质服务来实现计生工作目标。建立了"党政负责、部门配合、群众参与、齐抓共管"的计生工作新格局，被县人民政府评为2012年度计划生育先进单位。

（刘　斌）

【铜鼓县交通运输局积极做好环境卫生整治工作】 10～11月，为庆祝"铜鼓县建县一百周年"和迎接"全省卫生城"检查，该局组织广大干部职工积极参与全县环境卫生大整治行动。对该局卫生责任区做到一天一小扫，两天一检查，五天一大扫。责任区的环境卫生得到政府检查组的充分肯定和表扬。具体做法：一是将机关院内划分卫生责任区，每天落实卫生责任人员，下午5点之前进行打扫。二是办公楼以股室为单位，坚持每天一清扫，每周一检查。三是每栋宿舍楼选一名长，负责本楼住户的环境卫生督查。四是办公楼和宿舍区内统一制作安装垃圾桶，所有垃圾必须放进桶内，不准乱丢乱垃圾。五是加强卫生检查。局办公室人员定期、不定期地对各责任区的卫生进行督查，发现问题及时指出并改进，对环境卫生差的责任区要求其重新打扫。

（黄祖芳）

【丰城市交通运输局真抓实干创"三城"】 10月3日，丰城市委市政府召开"创建省级卫生城、文明城、森林城"动员大会，会后全市掀起"创三城"活动热潮。市交通运输局领导十分重视创三城工作,并作为经济社会发展的一件大事,造福人民的一件好事和交通部门义不容辞的责任做好。一是成立由局长任组长的领导小组;召开全局干部职工动员大会,设立“创三城”办公室,一把手亲自抓。二是挤出有限资金搞好宣传、绿化,购置环卫设备。印发“创三城”宣传单一千份,制作永久性宣传标语40多条,购买树苗等共投入资金3万余元。三是开展机关环卫大扫除,落实环卫清洁、保洁责任和检查制度。四是组织全局干部职工参加全市责任路段环境卫生集中整治行动,共出动1500人次参与环卫清扫活动。五是为搞好责任路段管理工作,派出干部坚持轮流值班执勤,解决乱停乱放和“脏、乱、差”的问题。与责任路段的店主及户主签订“门前三包”责任状120份。六是组织局机关干部职工120人参加公路及城市通道义务植树。该局“创三城”工作深受市委、市政府好评。

(熊雷芽)

【宜丰县交通运输局制定机关环境卫生长效管理方案】 宜丰县交通运输局为巩固和发展省级文明城、卫生城创建成果,切实改善人居环境,努力推进幸福宜丰建设。9月,出台了《宜丰县交通运输局环境卫生长效管理工作实施方案》。该方案从建立健全环境卫生管理组织长效机制、大力整治卫生环境、规范公交车、出租车经营和完整各类资料等4个方面作出详尽规范,并从组织领导、卫生管理、检查评比等方面落实相关举措,有力促进了宜丰交通环境卫生规范化、制度化、法制化管理。

(漆志勇)

【宜丰县交通运输局强化防控H7N9禽流感工作】 9月27日至10月8日,宜丰县交通运输局进一步扎实做好公共卫生应急事件处置工作,落实防控H7N9禽流感措施。一是认真组织干部职工学习《突发公共卫生事件应急条例》,增强依法防控意识和自觉性。二是根据《条例》有关精神,结合交通工作实际,进一步完善防控H7N9禽流感应急预案,使其与国家的应急条例相衔接。三是落实人员,严明职责,严格执行重大紧急事项报告制度,坚持H7N9禽流感“零报告”和“日报告”。四是组织开展室内外环境卫生大扫除,清洗门窗玻璃和墙体,清除废弃杂物和卫生死角,检修排水、照明灯设施,美化单位环境。9月,按照“爱国卫生人人参与、健康生活人人享受”这一主题和“一次义务劳动、一次宣讲、一次秋季灭鼠、一次检查、一次测验”的“五个一”活动要求,组织开展一系列的环境卫生大整治活动和健康教育活动。五是安排人员深入车站,对乘客及运输企业应相关司乘人员进行巡查,发现有H7N9禽流感疑似症状的,不得安排上车,并及时向卫生防疫部门汇报。

(漆志勇)

【高安市交通运输局开展创卫工作进机关活动】 2013年,高安市交通运输局开展主题为“创卫工作进机关”的形象提升活动。此次活动主要对办公室物品摆放进行整理,对办公区域环境卫生进行清扫,对围墙、花同等附属设施进行美化等内容。机关干部职工充分发挥主人翁意识,发扬互帮互助精神,认真对照活动要求,积极查找存在的问题,齐心协力进行环境整治,机关办公楼及办公大院进一步亮化、绿化、美化,有效提升机关环境形象。通过活动的开展,不仅使交通大楼的办公环境更加整洁、空间更加亮丽,同时也提升广大干部职工爱护环境的意识,调动了职工参与创建卫生城市活动的积极性,提升了机关良好形象。

(周世祥)

【铜鼓县交通运输局多措并举做好省级卫生城复检工作】 2013年,铜鼓县交通运输局研究制订多项措施,切实抓好省级卫生城复检工作:

一是成立由局长任组长,分管局长及系统各单位负责人任副组长,局属相关股室负责人为成员的交通系统创卫工作领导小组和创卫工作督查小组,具体负责创卫工作的督查、调度,形成主要领导亲自过问、亲自抓,分管领导具体督查,靠前抓,有关股室具体抓,一级抓一级,层层抓落实的工作机制。同时,制订《铜鼓县交通运输局环境卫生“门前五包”创建省级卫生县城活动实施方案》,明确系统各单位的目标任务,提出具体工作措施和要求,并与系统各单位签订目标责任状。二是强化宣传,营造氛围。采取发宣传单、悬挂横幅等形式,大力宣传创卫工作。宜汽股份公司铜鼓分公司结合自身实际开展司机、员工、乘务人员创卫知识的宣传普及教育,提高干部职工对县创卫活动必要性的认识，形成人人参与、齐抓共管的浓厚氛围。三是完善机制，落实责任。各单位落实每日值守领导和责任人中，确保“门前五包”定时、定点、定人，积极组织楼栋长、单元长管理好本栋，本单元的卫生环境，形成齐抓共管，上下联动的落实机制。四是加强督查、指导。交通运输系统创卫工作督查小组对全系统责任区进行定期或不定期督查，对在督查中发现问题通知责任单位及时督促整改，确保责任区内环境卫生干净整洁，确保创卫工作落到实处，取得实效，受到县委创卫督导组的肯定和群众的好评。

（李　燕）

【九江市城市客运管理处免费为的哥的姐体检】

2013 年 12 月，九江市城市客运管理处经与九江市第一人民医办商，从 12 月 23 日起，市区 3000 余名的哥的姐分批到八里湖体检中心，接受该院提供的免费体检。

（九江市交通运输局）

【吉水运管所积极做好防控 H7N9 禽流感工作】

2013 年，吉水县运管所认真及时做好相关应急防控工作，确保人民群众身体健康。该所一是积极组织、应急预防。结合春季道路运输工作，下发通知，深入客、货聚集场所、乡村广泛宣传，提高综合预防能力。加强职工、从业人员、旅客的卫生防疫意识，强化公共场所和车辆清洁、消毒和通风工作，全面提供消毒服务。二是联防联控、重点监控。号召各单位、部门、企业与卫生防疫部门形成联防联控状态，对 H7N9 禽流感病例出现的地方方向的进出车站、客车进行重点检测，发现凝似病状人员，迅速通知卫生防疫部门采取排查和隔离监控措施，确保早诊断、早隔离、早治疗，消除传播源，防止传播源蔓延。三是应急处置、科学报送。一旦发现 H7N9 禽流感可凝病例，即刻启动应急预案，确保应急车辆和人员快速有效到位，防止病源扩散，并做好交通运输防控 H7N9 禽流感病例信息报送工作。

（吉水县运管所）

学会　协会

【江西交通会计（审计）学会各项工作迈上新台阶】　2013 年，江西交通会计（审计）学会团结和依靠广大会员、坚持以“三个服务”为宗旨，稳中求进，积极推动学会各项工作全面展开；组织财会、审计人员开展学术交流活动和财会人员继续教育工作；努力提高《江西交通财会》会刊质量，各项工作扎实推进，成效显著。

（一）成功召开会计学会第五届二次理事会暨审计学会第六届三次理事会议。5 月 15 日，江西交通会计学会第五届二次理事会暨江西省交通审计学会第六届三次理事会议在井冈山市召开。省交通会计学会理事暨省交通审计学会理事共 125 名代表参加会议。会上，副厅长王爱和作重要讲话。会长刘长根作题为“同心协力、开拓进取，更好地为我省交通财会、审计事业服务”的工作报告。代表们求真务实、畅所欲言，共商两会发展大计，总结了工作经验。会议确定了今后一个时期进一步加强财务管理，提高财务保障效率；进一步夯实财务审计工作基础，提高保障水平；充分发挥学会优势，坚持民主办会，努力创新工作机制；办好《江西交通财会》会刊，进一步提高会刊质量；做好中国交通会计学会会刊《交通财会》的征订工作；开展学会活动，进行学术交流；完成行政委托的审计工作和审计任务，着力营造良好发展环境等工作目标任务。

（二）2013 年学会的主要重点工作。1. 进一步加强了学会组织机构建设；2. 成功召开了江西交通会计学会第五届二次理事会暨江西省交通审计学会第六届三次理事会议；3. 组织学术论文参加 2013 年华东片区交通财会学术研讨会；4. 围绕服务交通事业发展,开展学术研究和业务培训;5.进一步做好2013年《交通财会》的组织征订工作;6.组织审计人员参加有关的审计培训和经验交流;7.较好地走成了行政委托交办的审计任务。

(三)2013年学会进一步办好《江西交通财会》会刊,会刊质量进一步提高。《江西交通财会》会刊,是全省交通财会人员学术理论研究和工作经验的交流园地,2013年学会秘书处坚持理论联系实际,立足交通财会(审计)工作,努力提高会刊质量:一是紧紧围绕交通运输财会中心工作,发挥舆论主渠道作用。二是坚持理论联系实际和双百方针,针对当年行业面临的难点和热点问题进行重点组稿,栏目内容紧扣行业改革和发展实际。不断发挥财会学会和财会信息服务交通改革的作用,为广大交通财会(审计)人员提供交流学习平台。

全省交通财会(审计)工作者踊跃投稿,2013年《江西交通财会》出版2期,登载文章(论文)30篇,共13.7万字,其中,资金管理2篇、财务管理9篇、工作研究2篇、交通财务审计2篇、学会文稿5篇、融资方式与管理3篇、成本管理1篇、预算管理2篇、问题探讨1篇、工程财务2篇、内部控制1篇。论文质量进一步提高,可读、可信、可用性明显增强。

《江西交通财会》会刊从邮局直接寄送各单位,确保了及时发到财务、审计人员手上,提高了发行的时效性和准确性,充分发挥了会刊作用。

(四)开展学会活动,进行学术交流学会的凝聚力在于开展学会活动,学会的生命力在于提供优质服务,提高服务质量。按照这一指导思想,2013年5月15日在井冈山召开江西交通会计学会第五届二次理事会暨江西省交通审计学会第六届三次理事会议,完成了会议议程。会上收到论文13篇,在会上交流了11篇,从不同角度进行了财务、审计理论研究交流。其中:有港航局吉安分局黄建华在会上交流"坚持'三人行'制度,更好地服务交通事业",省高速投资集团公司蒋晓密交流"高速公司经营企业资金集中管理"、江西公路开发总公司李春梅交流了"浅谈农村公路管养资金保障"、宜春市环城南路建设项目办公室财务部甘骁宇交流了"对充发挥公路施工企业财务部门管理职能的思考"等论文。

(五)做好中国交通会计学会会刊《交通财会》的组织征订工作。《交通财会》是全国优秀期刊之一。江西交通会计学会认真抓好2014年《交通财会》的征订工作。2013年10月25日学会与厅财审处联合转发"中国交通会计学会关于做好《交通财会》杂志2014年征订工作的通知",学会秘书处多次电话催办订阅,预计2014年《交通财会》订阅数达107份,保证征订工作落到实处。

(六)组织财会人员参加财会专业培训。2013年4月16日,省交通会计学会会同厅财审处以赣交会字〔2013〕3号文件转发了中国交通会计学会《关于举办2013年交通系统财会人员培训班的通知》,并督促各单位积极组织财会人员出省学习,开阔视野、增长财会专业知识。截至12月止,江西交通系统赴外省参加不同类型的学习班65人次,其中,山东1人,四川4人,云南10人,河北18人,大连2人、内蒙古7人、青海7人、海南4人、吉林4人、上海1人、湖北7人。通过培训,进一步提高了全省交通财会审计人员的素质和业务技能。

(七)圆满完成行政委托的审计任务。2013年1月参与厅财审处组织的省交通医院王亲勇院长离任经济责任审计。同年3月参与江西远洋运输公司赵建岐总经理离任经济责任审计。同年7月参与江西省交通工程集团公司2012年财务收支审计。与此同时,参与赣州港航分局2012年度预算执行情况审计,参与省公路运输管理局培训中心工程竣工决算审计,参与厅纪检组织的项目办检查工作和参与赣崇项目办、德昌项目办跟踪财务审计,圆满完成了行政委托交办的各项审计任务。

(江西交通会计〔审计〕学会)

【省公路学会积极组织会员参与国际、国内学术交流】 2013年,省公路学会坚持为提升会员技术素质,紧密结合行业工作重心,突出学术活动突出针对性和实效性,开展多种形式的学术交流。全年积极举办或承办较大的学术活动7次,有千余人次参与活动。累计组织会员参加交流活动16次,参与人数达600人次,交流论文35篇。2013年3月,组织13人参加第十五届中国高速公路信息化研讨会;4月,组织科技人员参加中国公路学会举办的学术交流活动12次。此外,还组织40余人参加第六届中国公路科技创新高层论坛论坛,被授予"第六届中国公路科技创新高层论坛优秀组织奖”;组织科技人员参加由上海市公路学会牵头的泛长三角区域高速公路应急保障体系研究的工作小组会议及课题研究;组织科技人员参加省科协的学术沙龙活动等。积极借助中国公路学会对外交流平台,选派和组织省公路学会会员参加国际桥梁大会等国际学术交流活动;协助全省交通运输行业做好会员单位人员参加各项交流和相关学术活动,其中,5月组织15人参加第十五届中国科协年会并召开全国山区桥梁建设技术论坛;9月组织20余人参加中国公路学会2013年学术年会等;12月30日,省公路学会召开2013年年会,通过学术年会,进一步交流了省内公路行业进步发展的新技术和公路建设中的新成果,并对参与会议评选获得科技奖的项目进行表彰。

通过参与国际、国内学术交流,促进了公路交通科技创新,开阔了会员视野,增长了会员才能,大幅提升了会员的科技业务水平。

（省公路学会）

【省公路学会积极为推进行业科技进步作贡献】 2013年,省公路学会坚持为促进公路交通科技创新服务、为公路建设基层服务,积极促进行业科技进步。5月10日,该学会结合江西公路科研院的课题成果,在抚州公路施工现场,召开废旧轮胎橡胶沥青路面设计施工技术交流会。会议邀请4位专家分别就国内外橡胶沥青的应用与发展等专题进行研讨与交流。会后,组织橡胶沥青路施工现场考察,有100余名技术人员参加了此次交流活动。

5月30～31日,该会针对高速公路养护中的问题,在井泰高速公路举办公路养护沥青路面病害处治新技术交流会。邀请3位行业专家就“江西省干线公路规划建设及养护形势”“沥青路面病害综合处治系列技术”“高聚物注浆技术及施工工法在高速公路病害处治中的应用”等进行专题交流,其间,组织与会人员现场观摩交流,有100余名高速公路养护部门技术负责人参加。

11月20～21日,该会在高速公路建设一线举办江西省交通新设备新技术新材料现场展示交流会。针对高速公路施工点多线长,公路技术人员对新技术、新材料的知识需求,与为落实江西省科协提出的专家下基层活动要求,在上高县南昌至上栗高速公路项目办举办江西省交通新设备新技术新材料现场展示交流会。遴选全国17家有创新成果的企业到会作展示交流,安排专家作相关的专题讲座的新技术介绍。来自昌栗高速项目业主及所有中标的施工、监理单位的技术骨干和负责人220多人参加交流活动。这次活动使参展企业创新技术与项目建设管理单位之间有了一次很好的对接交流,使长期工作在基层的技术人员和专家之间有面对面的交流探讨机会。

发挥技术优势,开展技术咨询服务。针对高速公路建设中难点问题组织专家进行技术咨询服务。6月,受九江绕城高速公路项目办委托,该会组织由设计、施工、科研方面组成的专家组,对该项目A4标青山湖特大桥跨越地下溶洞区,少数钻孔桩因地质条件复杂而发生的施工难点开展技术咨询服务。专家组提出的技术咨询报告为该项目施工提供了最专业的技术指导。

做好技术培训,服务行业队伍建设。受行业委托,2013年该会共开展技术培训4期,培训人员600余人,其中,技术培训3次。10月,80余名设计人员参加了“桥梁抗震研究进展及设计理念”的技术讲座。受省高速集团委托,对全省高速公路系统科技人员举办一期公路桥梁养护技术培训。受厅路航管养处委托,11月2—5日,该会承办了全省交通系统综合治理工作培训班一期,学会的服务能力和服务水平得到行业领导的一致认可。

积极做好期刊建设、技术咨询、科普等多方面工作,进一步拓宽服务手段,强化学会服务职能。学会内刊《江西公路科技》是全省广大公路科技工作者在省内唯一的学术论文交流平台,刊物坚持严谨的出版流程规范和专家学者审稿制度,得到行业专家和领导对该刊物的高度认可。2013年,被交通主管部门定性为省内唯一可以作为评定技术职称的学术参考期刊,被省新闻出版局评为“全省优秀连续性内部刊物一等奖”,全年出版《江西公路科技》4期,免费印发给全省公路科技人员4000册。

开展科普活动,服务社会。该会与省科协学会部联合编印了一套《2013春运安全科普手册》。1月25日,将5000余份科普手册现场赠与会员单位江西长运股份有限公司,并和客运站工作人员一道向旅客发放《春运安全手册》。

经过一年的拼搏进取、扎实工作,该会推进江西交通运输事业科技进步的服务手段和服务水平明显提升,为促进交通运输行业科技进步做出了积极贡献。被中国公路学会评为全国交通运输系统先进学会,并获2012年度全国省级"学会之星"称号,连续第24年被江西省科协授予"先进省级学会"称号。

(省公路学会)

【省公路学会服务行业科技创新做好科技评价工作】 2013年,省公路学会进一步积极做好科技评价,服务行业科技创新工作:

(一)组织好年度的优秀论文评选工作。学会坚持每年召开学术论文评审会。3月,该会召开了2012年度优秀论文评审会。通过学会学术工作委员会组织专家认真评审,完成优秀论文评选工作,其中,有28篇论文获得2012年度优秀学术论文。

(二)认真做好学会科学技术奖申报评审工作。上半年组织了中国公路学会的科技奖申报工作和江西公路学会科技奖的评审工作。9月,该会召开了2013年科学技术奖评审会。经12位行业评审委员及专家评审把关,共评选出13个获奖项目。科技奖获奖者、学术论文获奖者均在每年的学会学术年会上予以表彰。

(三)积极举荐人才。经省公路学会举荐,余力克、王昭春、彭明、彭爱红4人获"第七届中国公路百名优秀工程师"称号。

(省公路学会)

【省公路学会积极承办全国性和区域性学术交流会】 6月3日,省公路学会承办了泛长三角区域公路学会联席会议。上海市、江苏、安徽、浙江、山东省公路学会的20多位学会领导、专家参加会议。通过会议,进一步拓宽了华东省份学会工作的新思路、加强了新经验的交流,密切了区域省份之间交通行业多方面的合作关系,共同完成了"四省一市"泛长三角应急保障体系研究课题结题鉴定工作。承办了长三角区域公路学会第二次联席会议。与华东"四省一市"的公路学会共同倡导建立联席会议活动,加强学会间的工作合作与交流,探讨研究开展好学会工作。11月,省公路学会承办了由中国公路学会主办的、在江西永修召开的"庐山西海高速公路绿色交通科技示范工程技术交流会"这一全国性学术交流活动,170余名全国交通行业科技人员参加交流活动。该会和永武高速公路项目办等认真研究会议的各个细节,会议在最短的时间内,达到了最佳实效。代表们通过听、看、问、说,活跃了技术交流的氛围,这次会议的交流水平和质量得到与会者的赞许,并借助中国公路学会这一高端交流平台,进一步加强了江西公路建设科技人员与全国同行的交流。

(省公路学会)

【省公路学会加强学会组织建设提升服务能力】

2013年,省公路学会积极组织学会领导及干部参加上级单位组织的相关技能培训,学习交流新的工作经验。同时,学会承办并组织全体学会工作人员参加省科协2012年度省级学会分片总结会,学习兄弟学会工作经验。组织学会全体人员参加部分省市公路学会举办的工作座谈会及参加全国公路学会工作会议交流和学习,进行交流和学习。组织学会干部参加了第六期全国公路学会管理干部与能力建设培训班与省科协组织的学会干部培训等。通过这些学习交流活动,提高了学会干部的业务素质和服务能力。

(省公路学会)

【省城市公共交通协会取得丰硕成果】 2013年,江西省城市公共交通协会紧紧围绕"为政府服务、为行业服务、为社会服务"的宗旨,以推进公交优先落实、规范行业管理、反映会员诉求、维护企业利益为重点,认真履行职责,圆满完成了2013年协会工作目标,为构建和谐公交,促进全省公交事业健康、持续发展发挥了重要桥梁和纽带作用。

(一)主动参与政策制定,当好主管部门的参谋助手。一是组织会员单位对交通运输部《城市公共交通IC卡业务及技术应用规范》征求意见稿进行了认真研讨,结合江西省实际提出修改意见;二是召开各地市公交企业主要领导会议,专题对《江西省人民政府关于城市优先发展公共交通的实施意见》进行研讨,并根据各公交企业的建议和意见,收集整理相关资料,为制定江西省公交优先政策提供决策参考;三是积极参与2013年度省交通运输厅科技项目计划编制工作,组织会员单位参加全国交通运输科技创新大会和省交通运输厅2013年厅科技计划项目立项评审会议，并在省运管局的指导下，对各公交企业根据《江西省设区城市公共交通发展考核评价指标体系科技项目》申报的科技项目和经费进行评审和立项。

（二）积极开展各项活动，充分发挥桥梁纽带作用。一是组织全省公交企业参加第七次华东地区（六省一市）公交联席会议，增进江西省公交企业与兄弟省市公交同行交流沟通，学习了解各地落实公交优先的有益做法和经验。二是在广州市召开第一届九次理事会在总结上半年工作和部署下半年工作的基础上，组织与会代表交流各城市公交优先经验，并吸收铅山公交等三家公交企业和泰乐玛等七家生产配套厂家加入协会大家庭，全年省公交协会共有64家会员单位，其中，50家公交企业，14家生产配套厂家。三是根据交通运输部和省运管局的部署，在全省公交系统开展"寻找中国道路运输风范人物领袖品牌活动"，组织和指导公交企业踊跃参与，向社会和公众推介、宣传江西省公交行业的先进人物和优质品牌，更好地发挥示范、引领作用。四是继续在全省公交系统开展"文明创建公交服务精品线路"活动，以打造"文明公交、平安公交、时尚公交、温馨公交"为抓手，不断提高员工素质和服务品质。2013年南昌、赣州、景德镇、萍乡新增精品线路9条，目前全省共有23条精品线，展示了江西省城市公共交通新形象。五是在全省公交企业开展年度"二十佳"优秀驾驶员和"节油能手"评选活动，共评选出优秀驾驶员19人，节油能手13人，树立了全省公交服务模范和节油标兵先进典型人物，有效地促进了各公交企业创先争优的积极性，提升了全省公交行业整体素质和服务水平；六是积极参加交通运输部安全生产标准化建设工作，组织会员单位分两批赴北京、长沙两地进行系统学习。经省交通运输厅核准，协会已取得二级安全考评机构资质。进一步推进了全省公交行业安全工作规范化、常态化管理。

（三）认真履行职能，服务于公交事业发展。一是在省运管局的指导下，对德兴、铅山、南丰公交客运有限公司2012年度申报的客运企业进行了复核验收。二是建立和启动了全省公交系统专家库工作。2013年，协会专家库共有专家23人，分别为营运生产管理、运输管理、安全维修管理、智能调度、城市客运管理五个类别的专家。2013年专家库成员参与上饶公交车辆采购的标书评审工作，初步形成了为会员单位和行业主管部门在公交课题研究和论证等方面提供支持和服务的能力。三是认真组稿办好《江西公交》会刊，2013年共出版6期，广泛宣传各地公交优先、促进公交优先的经验，已使之成为各会员单位了解国内外公交行业信息、掌握省内外公交发展动态的窗口。

【抚州市物流协会成立】 11月28日，抚州市物流协会成立，并召开了第一届理事会大会。南丰县橘圣汽车贸易物流集团公司董事长赵水根当选为会长。抚州市有物流企业544家，车辆5万余辆，2013年全市物流企业贡献税收15.2亿元。

（陈根玲）

【省汽车维修行业协会第二届会员代表大会暨第一次理事、常务理事会议召开】 12月26日，省汽车维修行业协会召开江西省汽车维修行业协会第二届会员代表大会暨第一次理事、常务理事会议。全省各地市的维修检测企业、大中专院校和有关管理部门、协会的会员代表共计120余人参加会议。中国汽车维修行业协会会长孙守仁亲临会议指导并讲话。江西省交通运输厅副厅长王昭春等行业和登记主管部门的领导出席会议。江西省道路运输协会、江西省机动车驾驶员培训行业协会、江西省汽车流通协会、江西省消费者协会等兄弟协会的负责人参会议。

会议审议并通过了《江西省汽车维修行业协会章程》《工作报告》《财务收支情况报告》及《会费收缴及管理办法》。在江西省汽车维修行业协会二届一次理事会上选举产生了新一届的理事、常务理事和协会领导，王江军当选为会长。

（王美万）

【赣州市公路学会召开第三届二次理事会】 7月18日，赣州市公路学会第三届二次理事会在赣州市交通运输局召开。各会员单位理事、专委会秘书共100余人参加会议。会议表彰了2012年度学会工作先进集体、先进工作者、学会活动积极分子和优秀论文作者。会议总结了赣州市公路学会一年来的工作，部署了新的一年工作目标任务：一是学会必须紧紧围绕提升交通"三个服务"能力来开展工作,实现学会事业的科学发展。二是学会必须围绕市委、市政府的中心工作来开展,充分发挥“智囊团”功能,建言献策,决策咨询,大力开展科技服务,促进科技成果转化,提升交通行业的竞争力。三是学会必须紧紧围绕加快公路交通事业发展,坚持“科技兴交”和“人才强交”战略发现、储备、培训科技人才动员和组织各个学科带头人和广大科技工作者潜心研究,攻坚克难,奋力拼搏,为全市交通运输事业跨越式发展作贡献。

(林秉峰)

【**2013 年度江西 4 个项目获中国公路学会科学技术奖**】 2013 年度“中国公路学会科学技术奖”完成评审和公示工作,评选出特等奖 4 项,一等奖 30 项,二等奖 58 项,三等奖 90 项。由江西省公路学会推荐的全省公路交通系统参评获奖项目有:

1. 以江西省交通科学研究院、北京交通大学、东南大学为主要完成单位,以胡钊芳、江祥林、杜进生、叶见曙、俞博主要完成人的科研项目“体外预应力加固桥梁构造体系研究”。

2. 以江西公路开发总公司、南昌工程学院为主要完成单位,以周院芳、万保安、张鸿、熊茂东、黎剑华为主要完成人的科研项目“高速公路深厚软基加固与智能信息化监测关键技术”。

3. 以江西省交通科学研究院、江西省公路管理局、江西省交通运输厅瑞金至寻乌高速公路项目建设办公室为主要完成单位,以钱志民、雷茂锦、朱能维、赵华、朱耀庭为主要完成人的科研项目“湿热气候红砂岩山区高速公路沥青路面建设关键技术及示范”。

4. 以江西赣粤高速公路股份有限公司、同济大学、江西省公路科研设计院、四川正中路面科技有限公司为主要完成单位,以谢来发、胡文华、徐晓霞、李秋平、彭德清为主要完成人的科研项目“废旧橡胶粉改性沥青在高速公路路面中的应用研究”。

(省公路学会)

【**省公路学会承办高速公路安全绿色交通科技示范工程技术交流会**】 10 月 6 日,受交通运输部科技司委托,江西省公路学会、江西省交通运输厅永武宁项目办承办由中国公路学会主办的庐山西海(永修至武宁)高速公路安全绿色交通科技示范工程交流。来自全国各省、自治区、直辖市交通运输厅(局)、高速公路公司、科研、设计、监理、质量监督部门及公路工程施工企业等单位的科研和工程技术人员共计 150 人参加了会议。

庐山西海(永修至武宁)高速公路安全绿色交通科技示范工程作为江西省建设的第一家绿色低碳服务区和第四代服务区的代表,该服务区参照住建部绿色建筑的理念;作为“十二五”期间交通运输部第一个科技示范工程项目,庐山西海高速公路完成了 33 项交通科技成果的推广应用工作,其中包括交通安全保障、绿色交通新技术、新材料、新设备及新工艺,其中,交通安全保障技术 8 项,生态旅游公路建设技术 18 项,资源节约型环境友好型公路建设技术 6 项,创造了多个全国之最,很多项目在全国或者江西省属首次应用;庐山西海高速公路建设成为一条集中展示安全、绿色交通技术的高标准高速公路,具有很好的示范效应,从服务区的绿色设计理念、污水处理系统、采光系统和热水系统;充分发挥加快公路交通科技成果转化,科技示范工程的引领、示范作用。与会代表参观了庐山西海高速公路西海服务区,并围绕讨服务区建设和运营等主题进行了分组讨论。

会议就全面加快公路建设新理念、新技术、新材料、新工艺的推广和应用,提升公路工程建设质量,取得良好的经济、社会和生态效益,新型交通安全设施在交通安全保障及应用,公路交通安全保障中的三维 GIS 技术、绿色(低碳)服务区建设技术、水环境安全保障技术进行了总结,部署了下一阶段的目标任务。

【**省公路学会派员参加第六期全国公路学会管理干部与能力建设培训班**】 7 月 31 日至 8 月 1 日,由中国公路学会主办第六期全国公路学会管理干部与能力建设培训班在海滨城市大连举办。江西省公路学会及赣州市公路学会派员参加了此次培训。

本次培训以基础建设与规范管理为主题,主要针对各省级及地市级公路学会、中国公路学会各分会办事机构的专(兼)职干部,特别是新任秘书长和干部开展业务及能力培训。培训班的主要课程涉及学会的发展环境与政策、新形势下学会面临的机遇与挑战、学会干部应具备的能力和素质以及学会工作经验交流等内容。

通过培训，进一步提高了参培人员对做好学会工作重要性的认识，增强了做好学会工作的信心和决心，明确了新时期学会工作的重点和发展方向，增长了业务知识，提升了工作水平，对广大学会工作人员更好履行职责、发挥作用产生了积极的影响。

（丁　静）

【省公路学会召开 2013 年科学技术奖评审会】 9 月 13 日，省公路学会在南昌召开 2013 年科学技术奖评审会。

科技评奖是省公路学会的一项重要工作。本次参评的是 2011 年 5 月 1 日至 2013 年 6 月 15 日期间经过技术鉴定、验收（评审）的科技成果。已在省、部级获奖的项目，不再参加本次评审。评审前，学会秘书长刘鹭英对本次科学技术奖的申报情况、整体情况作了简要介绍。各位专家在组长糜向荣的组织下，分道路组、桥隧组、综合组进行讨论评审，最后终审，评选出一等奖 7 项、二等奖 4 项、三等奖 2 项。

（丁　静）

【省公路学会桥隧专业委员会举办“桥梁抗震研究进展及设计理念”讲座】 10 月 17 日，省公路学会桥隧专业委员会在江西省交通设计研究院有限责任公司会议室举办“桥梁抗震研究进展及设计理念”技术讲座。聘请交通运输部科学研究院、博士生导师王克海主讲。江西中煤、江西路桥、南昌大学、江西交通职业学院等学会代表共 60 余人参加讲座。

王克海就桥梁抗震设计方法、抗震设计规范中存在的问题及改进建议、中小跨径公路桥梁的抗震加固技术、桥梁抗震新理念等专题进行了详细的讲解，并提出了桥梁抗震设计的“一可三易（可控、易检、易修、易换）”原则以及抗震设计中采取“多道设防、分级耗能”的抗震设防理念。与会代表认真听取了王克海的讲课，进一步学习和掌握了桥梁抗震设防措施及部分关键技术，对今后桥梁抗震设计起到了一定的指导作用。

（徐　变）

【省公路学会获第六届中国公路科技创新高层论坛优秀组织奖】 4 月 17 日，1200 多名中外公路科技工作者云集北京，出席两年一届的“第六届中国公路科技创新高层论坛”。

本届论坛以“创新方法与最佳实践”为主题，由中国公路学会与国际道路联盟（IRF）、美国交通研究委员会（TRB）联合主办。是中国公路交通行业规模最大、最具影响力的学术交流活动，是展示科技创新成果的重要平台，也是中国公路学会打造的重要国际学术交流品牌。本次论坛围绕公路学科发展、生态公路与低碳环保、钢桥面铺装、路网管理与公路应急保障等领域开设了 4 个国际论坛和 14 个国内论坛，邀请了 106 名国外知名专家作学术报告，系统介绍世界最新的技术发展动态。来自美国、英国、日本、澳大利亚、尼日利亚和中国香港等 15 个国家和地区的 60 多名专家，在为期 2 天的论坛期间与中国的科技工作者进行深入交流，分享各自的发展理念和成功经验。省公路学会优秀中青年专家俞文生代表江西省在交通运输部科技示范工程关键技术分论坛上作了题目为《安全绿色公路建设关键技术研究及示范》的学术报告。被中国公路学会授予“第六届中国公路科技创新高层论坛优秀组织奖”称号。

（李文华）

【省公路学会召开 2012 年度论文评审会】 3 月 26 日，省公路学会召开 2012 年度优秀论文评审会，全省公路交通行业和各大学的 10 多名专家学者及学会秘书处领导和期刊编辑部成员参加会议。

学会从收集论文中经过初选，共推荐 156 篇参加年度论文评选，分道路工程、桥隧岩土工程、交通工程、综合四大类进行评审。通过学会学术工作委员会组织专家认真评审，并经过学会核定，有 28 篇获得 2012 年度优秀学术论文，其中，二等奖 8 篇，三等奖 17 篇，交流论文 63 篇，一等奖空缺。

（丁　静）

【省公路学会召开废旧轮胎橡胶沥青路面设计施工技术交流会】 5 月 10 日，省公路学会在抚州召开废旧轮胎橡胶沥青路面设计施工技术交流会。全省各设区市公路管理局、公路勘察设计院、高速公路项目办的管理技术人员共 110 余人参加交流会。

省公路科研设计院、抚州市公路局、中正路面科技公司分别就国内外橡胶沥青的应用与发展、橡胶沥青路面的设计、施工质量控制与验收,橡胶沥青的生产工艺与质量控制作专题技术讲座。

讲座结束后,技术人员到抚州市城市道路白改黑废旧轮胎橡胶沥青路面道路实地进行考察观摩,使技术人员对该技术了解得更加形象全面。采用橡胶沥青路面,不仅能改善沥青路面的抗车辙抗变形能力,提高沥青路面的抗裂性能和抗疲劳性能,还能提高汽车行驶舒适性,降低行车噪音。利用废旧轮胎粉加工沥青,解决了废旧轮胎的污染问题,也大幅改善沥青路面的使用性能,实现了变废为宝。

(丁　静)

【省公路交通新设备新技术新材料现场交流展示会召开】 11月20日,省公路学会在上高县召开江西省公路交通新设备新技术新材料现场展示交流会。

长期以来,由于高速公路项目点多线长,施工企业分散在偏僻的山区、村镇,许多青年科技人员长期在施工一线,急需对近几年来交通行业出现的新设备、新技术、新材料进行了解。为了让工程施工企业与掌握了高新技术的生产企业进行对接,省公路学会特意邀请了17家公路交通建设类企业的领导和技术专家来到基层,为施工一线企业服务。

当日上午,天津鑫坤泰预应力专业技术公司、徐工道路技术中心、长沙惠科信息科技有限公司、江苏燕宁新材料科技发展有限公司、南京联众建设工程技术有限公司分别作专题技术报告,向与会代表介绍技术特点。在会场外,17家企业分别搭设展示台,展示技术和先进的设备,并通过和项目施工单位面对面交流,让项目建设施工人员更直观地了解和学习了最新的材料和技术知识。

昌栗项目办工作人员、昌栗高速建设项目所属设计、施工中标单位的项目负责人及技术骨干、参展单位代表及相关行业专家共计100余人参加了本次展示会。

(丁　静　刘鹭英)

【省公路学会期刊《江西公路科技》获江西省优秀连续性内部资料一等奖】 11月22日,全省连续性内部资料管理工作会议在南昌召开,省新闻出版式局有关领导及省直各有关连续性内部资料编印单位的负责人、各设区市所属获奖内部资料编印单位负责人共200余人与会。

会议通报了江西省优秀连续性内部资料编印单位和省优秀连续性内部资料工作者名单,以及2012年度全省连续性内部资料管理工作情况,部署了连续性内部资料管理有关工作。此前,省新闻出版局组织开展了2011～2012年度全省优秀连续性内部资料及其优秀个人的评选工作,共评选出"十佳"连续性内部资料10种,优秀连续性内部资料81种,连续性内部资料优秀工作者71名。经过激烈角逐,省公路学会期刊《江西公路科技》荣获优秀连续性内部资料一等奖,期刊主编陈龙邦荣获"江西省连续性内部资料优秀工作者"称号。

【泛长三角区域公路学会第二次联席会议在江西召开】 6月3日,泛长三角区域公路学会第二次联席会议在江西玉山县召开,来自上海、江苏、安徽、浙江、山东和江西公路学会的20余位代表参加了会议。

泛长三角区域公路学会联席会议是由华东四省一市公路学会为加强区域间学会工作的合作与交流而共同倡导的一个活动平台。2012年,由上海公路学会举办了首次会议,本次会议由江西省公路学会举办。

会议的主题是:研讨如何贯彻2013年中国公路学会工作会议精神;交流学会工作新思路、新经验;通报泛长三角高速公路应急保障体系研究课题讲展情况;研究进一步开展学会区域间的合作事宜。

本次会议回顾和总结了泛长三角区域公路学会联席会议启动以来的工作,相互交流了经验,探索和研究了下一阶与工作,经过代表们的共同努力,完成了既定任务,达到了预期目的。

(鹭　子　宏　娇)

【公路养护沥青路面病害处治新技术交流会召开】 5月30～31日,由省公路学会主办、河南万里路桥集团有限公司协办的公路养护沥青路面病害处治新技术交流会在井冈山举办。省交通运输厅路航管养处、规划办公室、吉安市交通运输局、河南万里咱桥集团有限公司、吉安市县乡公路管理处等相关单位负责人出席会议。全省各公路管养单位的100余名技术骨干参加会议。

会上，省交通运输厅规划办公室、河南万里路桥集团相关负责人分别作“江西省干线公路规划建设及养护形势”“沥青路面病害综合处治系列技术”“高聚物注浆技术及施工工法在高速公路病害处治中的应用”专题讲座。

会后，参会代表们实地考察了泰井高速公路养护现场。养护人员采用高分子聚合物注浆该项技术实现了无损检测的可能，对公路路面破坏迅速修复提供了很好的技术措施，该项技术相比传统维修方法具有快捷、耐久、经济、环保的优势。已成功应用于河南、湖北等省高速公路上。填补开裂、基层脱空、唧泥的路段，以达到了加固地基、填充脱空目的，养护现场施工人员还示范了沥青路面坑槽修补新技术。通过考察和交流活动，与会代表纷纷表示拓宽了眼界，了解到了公路界科技发展的新动态，知晓了公路管护新技术、新工艺、新理念，深受启迪、受益匪浅。

（丁　静）

交通管理

行政管理

政务管理

【概况】 2013 年,省交通运输厅办公室紧紧围绕全省交通运输中心工作,全力服务交通运输发展大局,履职尽责,主动作为,较好地完成了各项工作任务。

努力做好会务组织协调。圆满完成全省进一步加快交通运输事业发展座谈会、全省交通运输工作会议、九江长江大桥公路桥成建制交接会议等一大批重大会议,交通运输部领导莅临江西检查指导、省委省政府领导视察重点建设项目等一大批重要活动的组织协调,做到圆满顺利、衔接顺畅。

切实强化督察督办工作。对全省交通运输工作会议报告中的重要工作任务,年初进行提炼分解,形成年度重点工作责任分解表,进行全年全程督查;对上级领导和厅领导的重要批示,实行台账化管理,加强跟踪督办,确保领导批示事事有回音、件件有着落;对厅党委会议、厅务会议形成的重要决议,定期开展专项督查,形成工作进展情况报告。通过强化督察督办工作,有效提高了抓落实的能力和水平。

不断加强信息报送工作。全年共向省委办公厅、省政府办公厅、交通运输部办公厅报送信息 700 多条,采用 110 余条。特别是《江西水运企业试点"营业税改征增值税"有关情况反映》这一信息还得到了交通运输部部长杨传堂的批示。2013年,厅办公室分别荣获省委、省政府和交通运输部信息报送工作先进单位称号。

认真做好文稿起草、公文运转、档案、信息公开、保密、信访、人大建议、政协委员提案、民声通道办理等工作。2013年,先后印发《关于进一步精简文件简报、加快公文运转的意见》《关于进一步规范厅机关公文处理工作的意见》《关于进一步优化办文流程提高办文效率的意见》等文件,全面优化办文流程,提高办文效率;厅机关档案室新增档案藏量131卷2046件,工程档案馆新增档案藏量3650卷25550件,瑞赣、石吉两个高速公路项目顺利通过了档案专项验收;厅门户网站新增政务公开信息8710条,向江西省政府信息公开平台报送信息663条,受理依申请公开信息11例;组织开展了保密工作检查和保密警示教育,全年未发生失泄密事件;受理信访案件905件次,初信初访办结率达96%以上;做好了104件人大代表建议、42件政协提案的督办协调工作,满意及基本满意率达100%;认真做好省委民声通道工作室转办事宜的分办答复工作,每件都按时回复。

(崔建林)

【省交通运输厅2013年度政府信息公开情况】 2013年,严格按照《中华人民共和国政府信息公开条例》要求,深入贯彻落实《国务院办公厅关于印发当前政府信息公开重点工作安排的通知》《国务院办公厅关于进一步加强政府信息公开回应社会关切提升政府公信力的意见》《江西省人民政府办公厅关于进一步加强政府信息公开回应社会关切提升政府公信力的实施意见》等文件精神,坚持把主动公开政府信息作为一项常态工作,优化公开程序,突出公开重点,加大公开力度,切实提升交通运输工作的透明度。

1.进一步完善公开制度。在已有相关信息公开制度的基础上,根据《中华人民共和国政府信息公开条例》和《中华人民共和国国家保密法》有关要求,结合工作实际,制定下发《江西省交通运输厅政府信息公开操作规则》,进一步明确了政府信息公开的内容、责任处室、公开方式、公开流程和时效要求,促进了政府信息公开工作的常态化、规范化。

2.进一步突出公开重点。继续把做好工程建设领域信息公开作为省厅政府信息公开的重点,按照省有关部门的统一部署,建立了江西省交通运输厅工程建设领域项目信息和信用信息公开共享专栏,已公开各类信息40000多条。同时围绕社会公众关注的政策法规、规划计划、财务、人事任免、行政许可等政府信息,切实加大了公开力度,努力向社会公众提供具有较强针对性和实用性的政府信息。

3.进一步拓宽公开渠道。坚持把江西交通信息网作为公开政府信息的有效载体,作为提升机关效能、接受群众监督的重要平台,及时更新发布相关交通运输信息。继续通过报纸、电视、广播等媒体公开交通运输信息,通过举行各种形式的新闻发布,及时回应社会关切。开通“省交通运输厅应急指挥中心”官方微博,24小时实时发布高速公路及国省道路况信息,并及时发布交通运输行业的新发展和行业正能量信息,在省委宣传部组织的2013年度“十佳新闻发布单位"等评选活动中,交通运输厅获评“十佳新闻发布单位”,省厅官方微博“省交通运输厅应急指挥中心”获得“最受欢迎奖”。

主动公开政府信息情况。厅主动公开信息在类别上,主要包括交通概况、法规文件、规划统计、工作动态、行政执法、行业管理、出行服务、路况信息、公告公示、新闻资讯、网上办事信息等。在公开形式上主要包括以下几种:一是省厅门户网站“江西交通信息网”。2013年,在交通运输厅门户网站新增政务公开信息8710条。二是向江西省政府信息公开平台报送信息。2013年,共计报送663条。三是通过厅档案室向公众提供政府信息查阅、借阅服务。2013年,共计新增2051份纸质信息,接待公众查阅162人次,查阅信息203份。四是主要新闻媒体。2013年度,举办各种形式的新闻发布25场次;围绕全省交通运输建设成就和改革发展等主题,先后在《中国交通报》《江西交通》等业内报纸杂志上刊登交通运输相关信息500余篇;在《人民日报》、新华社、中央电视台等主流媒体及《江西日报》、江西广播电视台、中国江西网(大江网)等省内主流媒体发布交通运输相关信息3000余条。五是政务微博。“省交通运输厅应急指挥中心”官方微博2013年度发布信息24986条。此外,按照省财政厅统一要求,在江西交通信息网公开了2013年收支预算总表和财政拨款支付预算表。

依申请公开政府信息和不予公开政府信息情况。2013年度,省交通运输厅受理依申请公开11例,均已由相关部门受理并答复,其中公开4例,6例非本机关政府信息,1例为申请信息不存在。2013年,依申请公开信息数量较2012年(7例)增加4例。

因政府信息公开申请行政复议、提起行政诉讼的情况。2013年度,厅无因政府信息公开引起的被举报、投诉或申请行政复议、行政诉讼的情况。

(李　明)

【省交通运输厅进一步规范公路交通阻断信息报送】 9月23日,全省公路交通阻断信息报送工作联席会召开,省交通运输厅副巡视员魏炳彦出席会议。

会议明确,全省公路交通阻断信息报送工作归口厅应急指挥中心统一管理,要求各单位积极做好公路交通阻断信息报送工作,结合交通阻断事件处理流程特点,将信息报送流程按事件发生时、事件处置中、事件处置完毕三个时间段进行规范。

省厅对全省公路交通阻断信息报送单位进行考评,并制定相关制度进一步规范信息报送工作。

(莫宇蓉　王嫄嫄　杨　伟)

【交通移动应急通信指挥平台投入使用】 省厅委托厅应急指挥中心购置的交通移动应急通信指挥平台部分已交付,将投入使用。交通移动应急通信指挥平台主要由应急通信指挥车和通信网络构成,具备良好的通信传输能力、信息获取能力、综合保障能力和通行能力。该平台能为突发公共事件现场监控、指挥调度、异地会商、移动办公等提供手段和场所,确保在发生突发事件情况时,能有效地实现现场图像、信息采集传输与指挥处置。

(王嫄嫄　唐嘉立)

【赣通卡建设银行充值网点南昌地区首批9个网点开通】 省高速公路联网管理中心与中国建设银行江西省分行合作,于5月28日首批试行开通建设银行(南昌地区)赣通卡充值业务。

在赣通卡建设银行充值系统运营稳定后,将于6月底逐步开通全省建设银行各级网点赣通卡充值业务,为赣通卡用户提供更加便捷的充值服务。随着赣通卡建设银行充值网点的开通,赣通卡充值合作银行达3家。此前,赣通卡在招商银行和农业银行的合作充值网点已开通176个。

(邓　涛)

【省交通运输厅两个项目分获全国交通企业管理现代化创新成果一二等奖】 2013年度全国交通企业管理现代化创新成果奖揭晓,昌泰公司报送的"高速公路运营企业特色服务品牌创建与管理"项目从全国交通行业172个参选项目中脱颖而出,荣获一等奖。江西省高速集团景德镇管理中心申报的"基于提升企业竞争力的收费所站精细化管理"荣获二等奖。

昌泰公司高度重视企业文化建设,把创建具有高速公路运营企业特色服务品牌作为企业文化建设的一个重要载体。2013年5月28日,省高速集团昌泰高速公路公司"金庐陵"服务品牌正式发布,标志着这条为过往樟吉高速司乘人员服务了8年的"江西高速雷锋热线0796-8333333"拓展升级为"金庐陵"高速公路品牌体系,以24小时热线服务、微信平台服务、预约服务和VIP服务为主要内容的四大服务,将为行驶在樟吉高速公路上的司乘人员提供更加捷、更加全面的帮助和服务。

江西高速集团景德镇管理中心,从2011年开始倡导精细化管理,以"高速高效、同行同德"为指导思想,坚持"顾客至上、司乘第一、快速放行、文明礼仪、准确高效、应急便捷、应征不漏、秩序井然"的管理和服务理念,规范收费所站内部的管理行为和人员的工作行为,逐步形成了"实施有规范、操作有程序、过程有控制、结果有考核"的收费所站"精细化管理"模式,取得了很好的经济效益、社会效益和生态效益,为高速公路管理创出了一套科学的管理模式。

(蔡志荣　饶　勤)

【全省交通运输系统信访工作有序开展】 2013年,以深入推进交通运输领导干部接访下访和开展信访积案难案化解活动为着力点,创新群众工作方法,全面推进了交通运输信访工作的有序开展,保证了全省交通运输信访秩序的基本稳定。

2013 年,厅信访总量为 905 件次,与上年相比基本持平。其中:受理群众来信 289 件;接待群众来访 132 批、616 人次,

群众来信来访反映的问题主要集中在以下四个方面:一是公路建设中拖欠农民工工资和工程款以及经济合同纠纷而引发的上访;二是撤销普通公路收费站后,部分职工就涉及有关地方政府对人员安置问题不满而引发的上访;三是厅直三级单位部分退休职工因交通运输国企改革影响其收入而引发的上访;四是道路运输管理中对客运市场管理混乱,站外揽客、甩客,春运车票乱涨价和出租车经营管理等方面而引发的上访。初信初访办结率达 96% 以上,停访息诉率达 95% 以上。全省交通运输信访秩序总体稳定。

1. 深入推进交通运输信访积案、疑难案化解。2013 年,省厅继续深入开展交通运输信访积案化解工作,实行领导干部带案下访与包案处理相结合工作制度,全厅共清理出信访积案、疑难案 6 件,化解了 6 件,停访息诉 6 件。

2. 深入推进领导干部接访下访工作。交通运输厅对领导干部接访工作高度重视,在领导示范引领、创新接访形式、完善考评制度方面有了新的突破。厅领导特别是主要领导自觉履责,身体力行,带动了"厅直属单位领导每月接访一次"制度全面落实。对信访突出问题,实行领导包案。2013 年,全厅各级党政领导参加接访 250 余人次,接待上访群众 3500 余人次,包案处理信访问题 287 个,其中:厅领导参加省人民接访中心接访和厅信访接待室接访 25 人次,包案处理信访问题。34 个。另外,厅领导带案下访 5 次,妥善处理群众信访问题 12 个。

3. 坚持矛盾纠纷排查化解常态化工作机制。厅把着力解决交通信访突出问题作为工作重点,坚持集中排查与经常性排查相结合,切实推行首办责任制,把交通信访突出问题妥善处理在本单位,本部门,把矛盾解决在基层,化解在萌芽状态,绝不允许将矛盾和问题推给上级、推向社会。2013 年,厅及厅直单位共排查出矛盾纠纷 41 起,调解 41 起。

4. 创新农民工工资管理机制。从 2012 年年底开始,在昌樟高速公路改扩建工作中试点农民工工资支付新机制,将交通项目工程款 12% 作农民工工资支付保证金,每个月按时将工资打入农民工的工资卡里。2013 年 8 月,又正式印发《江西省交通建设工程民工工资管理工作规范》文件,在全省交通工程领域进行全面推广,推广 4 个月以来,全厅所有新建、在建项目 5 万余名农民工的工资及时足额发放,实现了农民工工资"零拖欠",农民工"零投诉、零上访"的目标。

江西省农民工工资管理工作规范创建了八项新机制:凡是农民工必须签订用工合同;农民工聘用信息将录入信息系统,农民工持证上岗;施工单位按计量工程款的 12% 作为农民工工资保证金;每个月底张榜公示农民工工资数目;施工单位为每位农民工办理银行卡,每个月按时将工资打入银行卡;定期对工资支付情况督查;施工单位被农民工举报拖欠工资将被处罚;施工单位拖欠工资将录入企业不良信用记录。并搭建了程序化、规范化管理工作和智能化、网络化信息工作两大平台。

省交通运输厅创新农民工工资管理机制作法在社会上引进了强烈反响,同时,得到了省综治委的首肯,并拟在全省建设领域全面推开。20 14 年 1 月 4 日,中央电视台新闻联播栏目也对此事进行了专门报道。

5. 开通网上信访工作。2002 年起,先后开通了厅网上投诉和厅长信箱,2003 年又与省政府信箱连接开通了网上信访办理工作。针对网民反映往往群众投诉只有上文没有下文或回复不及时的情况,厅规定了办结时限:收信受理人能答复的当场回复;当场不能回复的,必须及时转交有关部门依法依规在规定的时间内(一般为 7 天)予以准确答复。厅每年受理网上信访总量占全部群众来信的 60% 以上,均已全部给予了及时准确的回复,网上办结率 100%。

(罗安生)

【江西探索农民工工资管理新途径】 为有效破解农民工工资拖欠难题,江西省在昌樟高速公路改扩建工程项目进行试点,创新农民工工资管理模式,在国内首创工程项目农民工工资管理网络监管信息平台,使农民工每月都能按时足额领到工资。全省交通重点工程建设领域创新农民工工资管理现场推进会在昌樟改扩建项目召开。省综治办将在全省其他领域推广这一经验。

为了从源头上解决施工单位拖欠农民工工资问题,2012 年 10 月,省综治办、省交通运输厅联

合出台《创新交通建设工程农民工工资管理试点工作方案》,选择昌樟高速公路改扩建项目为试点单位。该项目建立了一整套预防农民工工资拖欠的保障机制,包括承包合同确认、农民工信息注册、农民工工资预存等八个方面。项目办首先将“保障农民工工资发放”列入《工程承包合同》,要求中标单位与施工队、施工队与每个农民工都签订《劳务用工合同》,明确了工资支付标准、支付项目、支付形式和支付时间等,实现了农民工合同化管理。同时,开发一套农民工工资管理软件,软件设置了红、黄、绿3种色谱信号,则发出监管指令,责令整改。这也是国内首创的工程项目农民工工资管理网络监管信息平台。只要进入该系统,每名农民的信息、工资发放情况一目了然。

农民工工资预存制度是防止拖欠行为的有力保障。项目办对中标单位按计量工程款的12%提取农民工工资保证金,一旦发现有拖欠行为,将从保证金中直接支付。在工资发放方式上,所有农民工都办理了银行工资卡(折),中标单位每月将工资按时送达指定银行,由银行打至每位农民工的银行工资卡(折)中。中标单位如被举报拖欠农民工工资,一经查实,将取消其评先资格,并给予相应处罚。

八项制度的建立,实现农民工工资“零拖欠”。工程自2012年11月开工建设以来,全线12家施工单位、62支劳务队伍、3106名农民工,按时足额到工资5022万元。

(李　明)

【萍乡市交通运输局改进企业改制接访工作方式】 针对两家企业改制职工来局上访反映问题,因科室人员外出处理其他工作而无法反映诉求,5月23日,该局改进接访工作方式,规定市长运总公司、市运总公司改制善后问题实行每周二、周四下午上班时间定期接访制度,接访时要求企业留守处负责人参加,以便现场解答并做好说服工作。按照“属地管理、分级负责,谁主管、谁负责”的原则,对上访人员反映的诉求,采取书面下达协办通知的方式,要求涉事留守处调查处理书面答复上访职工或提出建议方案供领导决策。建立信访事项三级终结机制,落实“属地管理,就地化解矛盾"的要求,把握好第一层级的处理答复,坚持依法按政策解决问题,维护信访人的合法权益。2013年记载的上访信息达27件,件件向上汇报,向涉事留守处通报。

(晏卫东)

【萍乡市交通运输局积极协调处理企业改制遗留问题】 一是16个老工伤的处理,根据局领导指示,5月移交到局行政审批科继续由原经办人处理。市长运总公司5个被遗落的老工伤由运输管理科协调,原则上是参照16个老工伤的处理办法和结果,由市长运留守处进行处理。二是土地工的处理,由于其要求过高无法满足,无法处理,但组织土地工与市长运有限公司进行了座谈协商,有上岗要求的土地工,市长运有限公司在有岗情况下将优先考虑。三是市运总公司要求参照市长运总公司的做法发放效益工资85.88万元、市长运有限公司要求增加44万元效益工资、改制时未留用且现在未退休的班子成员生活费问题,向市政府、市国资委进行了行文请示。四是市长运总公司原部分下岗职工的基本生活费问题,经初步调查,造成生活费发不了的原因主要在个人,按照当时企业的规定和国务院办公厅《关于进一步做好国有企业下岗职工基本生活保障和企业离退休人员养老金发放工作有关问题的通知》(国办发〔1999〕10号),不能发生活费。五是市长运小区建设中,在项目、资金、手续上积极协助做好了有关部门的协调工作,对市长运小区建设中的问题,要求市长运留守处坚持公平、公正,妥善处理解决。六是李道明要求按每月1415元的标准购买社保的问题,当时长运公司购买社保的基数是按照企业工资总额为基数进行购买,该诉求没有政策依据,不予支持,进入信访“三级终结机制”。七是积极协调解决罗海平4级工伤护理费问题,2014年2月有望在社保局为其办妥护理费支付手续,年底要求市长运总公司留守处与市人社局、医保办协调,按照老工伤治疗程序,争取实现医院针灸、按摩、开药和由医保办直接负担康复费、医药费。

(晏卫东)

【新余市公路管理局推行“管养分离”】 新余市公路管理局积极探索新的公路管养模式,于7月1日在白万线进行养护市场化改革试点,迈开了养护走向市场化道路的第一步。

在试点改革中，该局走“管养分离”的养护工作道路，通过有关媒体向社会发布养护市场化的招投标公告，向社会公开招标，由具有相应资质的社会组织通过竞标，签订承包合同，承包项目主要为路面保洁及路容整治等公路日常养护，承包作业方式由承包企业根据里程聘请适当数量符合条件的社会人培训上岗，采用分、结合作业方式对承包路段进行养护。管理方式为原养护公司按照承包合同、制定《日常养护生产用工考核细则》，从道路巡查、计划安排、技术指导、质量管理、验收的全过程对承包企业进行监督管理，履行服务职能。

养护市场化改革，将还原公路管理机构的本身职责，把自身管理职责做好，市场能做的事交给社会，理顺与市场、与社会的关系。

（简水珍）

【吉安市交通运输局推进交通运输企业安全生产标准化建设】 2013 年，吉安市交通运输局把交通运输企业安全生产标准化建设工作列入重要日程，工作取得明显进展。一是重新开展交通运输企业调查摸底，全市交通运输企业约 520 家，其中 2013 年要达标的道路客运、危货运输企业 53 家。二是组织人员参加省厅（局）举办的考评员培训，共有 29 人取得了考评员资格。三是开展标准化建设试点，选择吉水县汽车运输总公司、吉安县正丰汽车运输有限公司为试点单位。四是认定首批安全生产标准化建设考评机构，吉安市道路运输协会为全市道路运输、城市客运企业三级达标考评机构。

（吉安市交通运输局）

【宜春市农村公路综合服务站建设稳中快进】 2013 年，宜春市在总结上一年度农村公路综合服务站建设经验的基础上，进一步完善部署，立足“稳”字抓快进，有效保证了全市农村公路综合服务站建设进度和质量。一是统筹兼顾，科学规划。充分调研，准确掌握农村公路通达情况、农村公路养护覆盖乡镇、路况信息、客源分布、车辆现状等各种情况，使农村公路综合服务站建设充分体现“选址源于民，选址便利民”的服务宗旨。二是从严监督，确保质量。从项目申报、资金筹措、投资建设、经营管理等方面层层把关。三是明确制度，加强管理。研究制定综合服务站各项规章制度，严格按照制度抓好各项工作落实，按照“车进站、人归点”要求，引导旅客进站候车、乘车，维护正常经营秩序，同时，开通小件物流、邮政代办、农资配送等功能，深受周边乡镇广大农民的欢迎。

（李　明）

【320 国道青山、芦溪两收费站提前撤站】 9 月 1 日凌晨零时，原定于 2013 年年底撤站的 320 国道萍乡段青山、芦溪两个收费站提前撤站，所有过往上述两个收费站的车辆均免费通行，至此，萍乡境内普通公路全部取消收费。

（张　翼）

【抚州市最后一个普通公路收费站撤销】 12 月 10 日 16 时，抚州普通公路临川收费站停止收费并撤销收费站。从而宣告抚州境内普通公路收费站全部撤销。

该收费站从 2006 年 1 月开始收费，运营了 8 年时间，根据省政府通知要求，须在 2013 年 12 月底撤销。抚州市政府考虑到春运等因素，提前 20 天完成撤站任务，原收费站人员也已基本安置完毕。

（连洪新）

组织与人事

【概况】 2013 年，各级组织人事部门紧紧围绕交通运输事业发展这个中心，选干部、配班子、建队伍、聚人才，各方面工作取得了新进展。

1. 着力加强领导班子和干部队伍建设。认真贯彻落实厅党委的有关部署。大力加强厅属单位领导班子建设和干部队伍建设。一是践行“好干部”标准，选优配强领导班子。全年共完成了 5 批次干部考察工作，共提任处级干部 46 人（其中正处级 21 人，副处级 25 人），完成 9 名试用期一年期满干部正式任职工作。二是抓好厅管领导班子及成员到期考察续聘工作。对厅属 61 家处级单位领导班子和 31 8 名领导干部进行了三年任期届满考察。确定优秀班子 1 6 个，优秀班子成员 61 名，并及时完成了干部续聘工作。三是推动领导班子和干部作风建设。作为厅教育实践活动联络组责任部门,积极完成厅直单位教育实践活动的指导工作,制订《交通运输厅党委加强作风建设征求意见工作方案》,广泛征求基层单位和干部群众对我省作风建设意见和建议,对收集到的325条意见建议,及时抓好整改落实。四是强化干部日常监督管理。严格执行年度领导干部报告个人有关事项报告制度,认真落实干部谈心谈话制度,对50余名新提任或离任干部及时进行集体谈话或个别谈话。开展选人用人专项检查和治理工作,对发现存在超职数配备和违规选人用人的情况,及时进行清理纠正,进一步规范厅选人用人行为。201 3年8月,省委组织部在给省直各单位的党委(党组)书记发放干部选拔任用情况通报中,省厅干部选拔任用工作总体评价满意度高于省直单位平均水平。

2. 着力提高干部队伍的整体素质。一是强化干部培训工作。重点抓好厅属领导干部和优秀中青年干部的培训。举办一期青年科级干部培训班,培训青年干部56人,选送各类干部到党校、行政学院等培训39人次。二是扎实推动干部交流。先后选送2名干部到赣州信丰县油山镇坑口村基层开展扶贫工作,从厅机关选送2名优秀年轻处级干部分别到省信访局和赣州南康市挂职锻炼.选送2名优秀干部参加第八批援疆建设。推进优秀干部双向交流,分别从厅机关中推荐2名优秀干部至厅直单位担任主要职务。从厅直单位中遴选3名优秀干部调任至厅机关重用。三是支持干部自学深造。通过与华东交通大学签订人才框架协议,推进交通干部学院、交通职业技术学院开展学历教育。全年处级以上领导干部新增博士2名,新增研究生学历8名,新增本科学历57名,干部学历层次进一步提高。

3. 着力提升人才队伍建设力度。一是加大高层次培养推荐力度。3名干部分别入选赣鄱英才555工程创新领军人才计划、省级特殊津贴人选和省百千万人才人选,10名干部获得教授级高级工程师专业技术资格。二是强化专业技术人才的动态管理。完成全厅专业技术人才一、二、三级人才库建设,形成专业技术人员年度信息更新制度。三是着力提升职称评审质量。率先在高速公路集团、交通设计院等单位开展职称申报材料学历认证的试点工作,有效杜绝学历造假事件。完成年度交通运输工程系列高中职称评审组织工作,评审通过高级工程师135人,中级157人。高中级评审通过率进一步下降。四是推进职业资格管理。指导省公路运输管理局、质监站、规划办等单位完成年度从业人员职业资格考试工作,推进交职院职业技术鉴定中心的建设,完成培训和鉴定各工种人员2000余人次,组织人员参加第五届全国交通运输行业机动车检测维修人员职业技能竞赛,并被授予最佳组织奖。

4. 着力优化机构编制的管理结构。一是新增整合企事业单位管理结构。完成了赣崇、龙杨、德上、吉莲等4条新开通路段7个高速公路路政管理大队的增设工作,完成厅机关两办整合及财务审计处分设,完成交通职业技术学院党政内设机构调整和教学及辅助机构的批复工作:做好厅属单位内设机构更名事宜,协调完成远洋与港投划转管理工作。二是严肃机构编制管理纪律。强化事业单位人员上下编审核工作,集中开展吃空饷和超编专项整治工作,对整治中发现的违规情况,及时做好清理整改。三是推进事业单位改革工作。按照事业单位分类改革的总体要求,按期完、成了事业单位分类改革意见申报工作。配合厅企改办平稳完成原路桥局和机械局"事改企"工作。联合省直有关单位做好九江长江大桥公路桥管理局成建制划转工作。

5. 着力强化组织人事服务保障水平。一是加大工资审查力度。做好厅直单位年度各类人员的正常调资、增资审批工作,积极结合事业单位岗位设置,完成好厅直事业单位绩效工资方案的审查批复。加强企业工资考核,完成了高速公路集团等4家厅属企业2012年经营业绩考核和2013年绩效工资标准的确定工作。联合财务审计部门,加大厅直单位工资审查,及时纠正个别单位出现的违规发放津补贴、福利等突出问题。二是加强干部档案管理。严格落实干部选拔任用工作全程纪实,对干部考察各个环节材料,及时进行集中归档保存,抽调专门人员开展厅管干部档案整理工作并部署厅属干部档案改版工作,推动人事档案工作科学化管理。三是规范人事日常管理。完成年度人员调配、招录、事业单位岗位设置、年度考核、退伍军人安置等工作,加强外事管理,推进定点扶贫工作,201 3年省厅扶贫工作得到省扶贫办的高度赞扬。

(王　硕)

【省运管局落实事业单位分类改革】 根据《江西省事业单位分类实施方案》及《关于江西做好省直事业单位分类工作的通知》精神，省运管局组织人事处按照省交通运输厅的布置要求，准确领会文件精神，严格执行政策标准，认真研究省运管局机关及下属单位分类工作，对各单位职能进行梳理，并提供了相关依据来源，在规定的时间内完成了事业单位改革分类申报材料。其中，省运管局机关申报承担行政职能的事业单位，省运管局后勤服务中心申报公益一类，交通技校一部申报公益二类，交通印刷厂和庐山培训中心申报从事生产经营活动的事业单位。同时，对全省11个设区市运管处开展了事业单位改革分类申报工作调查，确保全省11个设区市申报类别均为承担行政职能的事业单位。

（省公路运输管理局）

【湖南省交通运输厅就海事管理体制到江西调研】 7月25日，湖南省交通运输厅到江西调研交流海事管理体制。省厅党委书记、厅长朱希，湖南省交通运输厅党组书记、厅长刘明欣，省厅党委委员、总工程师胡钊芳，省港航局局长于钦民，湖南省地方海事局局长陈健强出席座谈会。

朱希对湖南省交通运输厅到赣调研交流海事管理体制表示欢迎，对江西省交通运输厅整体情况进行了简单的介绍。他说，湘赣两省是近邻，两地交流频繁，希望通过这次交流，能促进江西海事发展更上新台阶。于钦民就江西水运发展、江西港航部门机构设置、职能职责、单位性质、人员管理、设备与经费等情况作了详细介绍。其间，双方还就渡口管理、水上安全监管等方面的情况进行深入交流。

（邱志勇）

【赣粤两省海事部门"结对子"联席会在昌召开】 7月19日，赣粤两省海事"结对子"联席会在南昌召开。出席会议的有省港航局党委书记严允、副书记熊海清、调研员刘贤明和机关有关部门负责人，广东海事局党委副书记张性平一行9人。

会上，严允对广东海事给予江西海事事业发展的鼎力帮助表示由衷的感谢，特别是对此次前来江西挂职交流的广东海事三位业务骨干表示热烈的欢迎。接着简要介绍了江西水运概况和海事基本情况，希望通过此次联席会议，进一步深入推进"结对子"活动，深化赣粤之间的交流与合作。双方就"结对子"以来工作情况以及进一步深化帮建内容等方面进行了交流探讨。双方一致认为赣粤海事结对共建工作成效显著，开展了多方面、多层次的互访交流活动，建立了良好的结对共建运行机制。

广东海事局已于7月选派了3名正科级干部到江西挂职半年，对江西海事工作进行业务指导。下一步，江西海事也将选派3名干部到广东挂职半年，学习海事船检技术和先进管理方法。通过挂职交流与锻炼，逐步为江西海事培养和储备一批业务带头人，培养一批适应海事事业发展需要的高素质人才队伍。

赣粤两省海事部门干部挂职交流，是推进"四型海事"和加强全国海事系统干部队伍建设的一项重要措施，对提升海事系统干部队伍的业务能力和综合素质，促进全国海事系统各单位的协同发展、共同提高发挥重要作用。

（航　宣　黄海源）

【石虎塘船闸管理所挂牌成立】 3月6日上午，石虎塘船闸管理所正式挂牌成立。经省编制委员会批准，石虎塘船闸管理所是隶属于吉安航务分局的正科级事业单位。

为做好石虎塘船闸管理所的接管、筹备及挂牌工作，吉安分局从机关和基层选调了7名精干人员组成筹备小组，进驻石虎塘航电枢纽项目办工地，向现场安装船闸设备的厂方技术人员学习，请教船闸技术问题，学习船闸设计图纸，了解船闸的结构、技术参数等。并先后到景德镇鱼山、界牌、湖南株洲船闸参观学习，结合自身实际，制定该船闸各项管理制度、操作规程等。同时，在设备厂家技术人员的指导下开展演练，按照操作流程进行模拟预演。由于前期工作到位、措施到位、演练到位、预案到位、运行到位，进而为船闸的安全、快捷、有序运行打下了坚实基层。该船闸自2011年10月30日首次试通航成功以来，船闸安全通过船舶82艘次，船闸步入正常运行状态。

（李华志　陈明中）

【省交通运输厅实行审计处处长职位竞争上岗】 6月18日,省交通运输厅举行公开选拔厅审计处处长职位竞争上岗面试,考官由厅有关领导和专家担任。

为扩大选人用人范围,优化厅机关公务员队伍结构,根据《党政领导干部选拔任用工作条例》等相关规定,省交通运输厅党委决定从厅机关和厅属企事业单位财务和审计专业副处级领导干部中,通过竞争上岗方式选拔省交通运输厅审计处处长。

此次选拔共有4人参加大面试。厅党委根据考察对象的面试成绩、组织考察和民主测评情况进行集体讨论研究,最后以无名差额投票表决方式确定拟任职务人选。对厅党委研究确定的人选,报省委组织部备案同意后,按规定公示,办理任命,任职实行一年试用期。

(厅组织人事处)

【省交通工程集团投资有限公司揭牌成立】 12月12日,省交通工程集团投资有限公司正式揭牌成立。省交通工程集团投资有限公司是根据省政府办公厅和省交通运输厅有关文件要求设立的国有企业。内设5个部门,主要业务是进行房地产开发、物业管理,承担公路养护工程,同时作为省交通工程集团有限公司的企业投资平台,对建设项目进行投资。

(吴 莹)

【宜春市交通运输局加强干部选拔任用工作】 该局严格执行《党政领导干部选拔任用工作条例》,把改进干部选拔任用工作,提高选人用人公信度,作为深入学习实践科学发展观活动,认真贯彻落实中共十七届六中全会、十八大精神的一项重要内容。在全局干部任用中,坚持"凭德才物色干部、凭实绩使用干部"的正确用人导向,按照干部选拔任用工作程序和要求,认真把好选人用人关,提高选人用人质量。2013年,研究干部任用事项一次,提拔副科级实职干部6人;由副科级提拔为正科级实职干部4人。

(伍兆勇 晏小宜)

财务与审计

【概况】 2013年,财务审计工作本着"围绕中心、服务大局、突出重点、求真务实"原则,进一步加强债务风险防控,推进预算科学管理,加大资金使用和监管,加强审计监督检查,圆满完成工作目标任务。

(一)财务工作情况

1.积极争取政策和资金保障。为加大全省交通运输事业资金保障、破解发展难题,积极促成省政府相关支持政策的出台。2013年3月19日省政府出台《关于进一步加快交通运输事业发展的意见》,进一步增强全省交通运输事业发展的政策和资金保障。

2.稳步推进交通融资平台建设,增强平台融资功能。为进一步盘活厅属存量资产,充分发挥厅属省高速集团公司的投融资平台作用,2013年厅继续通过资产注入、财政补贴、政府投入授权管理等方式,加强对该集团的支持。省高速集团2013年度在继上年融资突破300亿元的基础上,继续开拓创新,完成融资352.04亿元,较2012年同期增长14%,其中,省内融资108.48亿元,省外融资243.56亿元。融资构成方面,信贷间接融资185.54亿元,直接融资165.5亿元。直接融资比例达47%。

3.力口强风险防控,合理控制债务规模。一是严格监管厅本级债务,实时动态防范债务风险,继续保持从无逾期和违约的优良信誉。厅对本级债务进行集中管理,所有债务实行统贷统还、预算控制,同时实行严格的合同管理,按合同约定的提款和使用条件进行提取使用,严格按合同约定及时偿付债务本息。二是为维护交通行业贷款信誉,避免出现债务违约,自2012年起,厅对地方迎国检专项贷款启动担保机制,在各设区市政府不能按期偿还贷款时由厅予以垫付。截至2013年4月,厅累计垫付38850万元。为切实解决问题,不留隐患,省厅提出《化解地市迎国检专项贷款风险方案》报经省政府同意后于2013年10月实施完成,彻底化解该专项风险,避免可能由地方违约引发的全行业信贷危机。

4. 强化预决算管控，进一步提升预算科学化水平。一是精心组织，认真审核，较好地完成了部门预算编制工作。按照“合法性、完整性、重点性、多部门参与”的基本编制原则，逐步实现全部收支活动纳入预算管理；统筹兼顾，保障内容分轻重缓急，科学合理安排资金。二是加强预算执行管理，强化执行情况分析。对各单位实行预算执行报表报送制度，及时了解预算执行情况。继 2012 年后，2013 年再次对厅本级基本建设项目预算执行进度情况进行分析，并针对性的对部分项目提出加快预算执行的建议和意见，有效推动项目实施进度和降低年末结余结转资金。三是真实准确的编制 2012 年部门决算。部门决算数据编制真实准确，全面反映部门收支情况。2012 年，省交通运输部门决算获得省财政厅的表彰，及时主动公开部门预决算信息及“三公经费”相关信息。

5. 强化预算绩效管理，启动预算项目绩效评估工作。2013 年，省厅组织对农村客运场站建设项目预算资金使用绩效进行评价，并接受了省财政厅的再评价。通过绩效评价，发现项目实施进度缓慢、计划安排跟进不及时的情况。预算资金使用中存在不规范行为，预算执行力不够，约束力有待增强等情况。绩效评价工作的开展，加大对项目实施的推进力度，为省厅全面推进绩效评估工作积累经验。

6. 加强资产管理。规范处置行为。实现资产管理和预算管理的有效结合。进一步完善行政事业单位国有资产信息填报汇总工作，预算编制中，及时报送资产信息，并录入省财政厅国有资产管理系统，将资产的配置、处置和预算编制的费用核定紧密联系在一起，合理安排资产购置、处置、修缮等支出。实现国有资产有偿使用收入的规范管理，厅直各单位国有资产有偿使用收入，严格执行“收支两条线”和预算管理。严格按照权限审核、审批国有资产处置事项。固定资产单位价值 1 0 万元以上的设备处置，一律报省财政厅批复。资产处置采用价值评估、公开拍卖、有偿转让形式，着力提高资产管理水平和使用效益。

7. 顺应财政改革要求，提高资金安全性、规范性和有效性。积极推动公务卡改革，进一步深化省级国库集中收付制度改革。为提高预算资金使用透明度，降低资金安全风险，按照实施公务卡改革工作的要求。要求厅直各事业单位研究制定本单位财务、公务卡管理制度，全面推行公务卡改革。加强银行账户管理和动态监控。2013 年，按照《江西省省级预算单位银行账户管理暂行办法》继续对省联网中心、13 个项目办及临时机构银行账户进行一次全面、彻底地清理。撤销、归并银行账户 38 个。全面推进“账户资金运行管理系统”运行工作，加强银行账户资金管理，规范预算单位对账行为，保障财政资金安全运行。

8. 切实履行收费公路行业管理职责。继续做好全省收费公路专项清理暨取消普通公路收费工作。继续开展取消普通公路收费工作，至 11 月底已陆续撤销 9 个普通公路收费站，除少数经营性项目因补偿协商问题不能及时撤销外，其他的将全部停止收费。基本实现全省普通公路无收费站的目标。

认真执行收费公路政策。进一步规范收费公路管理，依法依规收费，严格限制车辆通行费减免范围，确保鲜活农产品运输车辆免费、畅通，认真执行重大节假日小型客车免费政策。切实维护收费公路收费秩序。

审计工作开展情况

1. 建立健全审计机构。经省编委批准，成立了厅审计处，于 2013 年 9 月正式挂牌，并配备专职审计人员，充实审计力量。成立短短几个月来，内部审计工作得到较快发展，内部审计监督得到有效落实。

2. 科学组织，有序推进审计工作。制定下发《江西省交通运输厅关于 2013 年交通运输内部审计工作指导意见的通知》（赣交财审字〔2013〕48 号），充分调动有效审计资源，积极开展内部审计，重点对以下几项进行审计。一是继续深化领导干部经济责任审计。组织完成了江西远洋运输公司原总经理赵建岐、省公路运输管理局原局长龙华明等 5 项离任经济责任审计；启动了对高速集团宜春管理中心、高速集团泰和管理中心离任领导干部的经济责任审计，加大对领导干部任职期间促进科学发展、执行上级规定、重大经济决策、遵守财经法规和廉洁从政等方面的审查，实现行政“一把手”离任经济责任审计的全覆盖，并按需要进行延伸审计，提出适当的评价意见，对审计中发现的问题予以及时纠正。二是加强重点建设项目的审计监督检查。继续推进重点建设项目跟踪审计，对德昌高速、赣崇高速、昌樟改扩建等工程项目进行跟踪审计,积极推进竣工决算审计,已经完成赣州管理中心、抚州管理中心、昌金高速迎国检决算审计以及省运管局科技培训中心、萍乡服务区改扩建工程决算审计,委托中介机构对南昌保税物流中心决算审计。三是积极开展财务收支审计。强化对所属企业的监督职能。重点对省交通工程集团公司、赣粤高速公路股份有限公司2012年的财务收支情况进行审计,并对其控股公司进行延伸审计。四是开展预算执行情况审计,强化事业单位预算执行力。对赣州港航分局、吉安路政支队进行了审计,推动行业内部预算执行审计,并作为领导干部经济责任审计的一项补充,强化任中监督。五是积极配合国家审计机关对省厅的审计。积极配合审计署、财政部、省审计厅等外部审计监督单位对厅政府性债务审计、原厅长马志武离任经济责任审计、抚吉高速公路项目办建设资金专项审计,及时提供有关资料,协调有关单位,组织对审计意见的解释和答复。

3. 摸清家底,防范资产管理风险。针对近年来体制和税费改革后,资产状况划转和投资活动比较频繁,为摸清家底,规范管理,科学决策,防范风险,对厅直属单位的资产进行清查,重点清查货币资金、固定资产、对外投资和应收款项的状况。

4. 建章立制,进一步完善内部审计制度。通过建章立制,进一步规范审计行为,根据工作需要,编写完成《领导干部经济责任审计制度》、《基本建设项目审计制度》。已经征求各方意见,进一步完善。

5. 整合资源,加强审计人员队伍建设。为加强审计力量,整合有效的审计资源,打造三支审计队伍:一是建立内审专员库,从全省交通系统中优选45名财务审计、工程技术专业人员组建江西省交通内审专员库。二是借用外脑,重点针对基本建设项目跟踪审计和建设竣工决算审计。采用政府购买服务的方式,通过招标邀标聘请有能力的会计师事务所和工程造价事务所进行项目跟踪审计和决算审计。三是充分发挥审计学会力量。

(沈国华)

【省运管局启用公务卡强制结算】 根据江西省财政厅《关于实施省级预算单位公务卡强制结算目录的通知》部署和要求,在动员布置、讲解规则、全员核发的基础上,正式启动并实施省运管局公务支出公务卡强制结算,明确要求在国内发生的“三公”经费支出,除按规定实行财政直接支付或银行转账外,应当全部实行公务卡结算。

(刘春艳)

【省运管局开展“小金库”治理工作“回头看”】 为巩固“小金库”治理工作成果,根据省纪委、省财政厅《关于印发开展“小金库”治理工作“回头看”实施方案的通知》精神,省运管局于2013年1月组织省运管局机关、局直属单位及道路运输各行业协会开展了专项自查自纠活动,要求各单位重点关注银行账户管理、“小金库”易发领域和对象是否存在违反财经纪律的现象和行为。

(刘春艳)

【省运管局完成新旧会计制度转换】 根据财政部2012年12月颁布的新《事业单位会计制度》规范,部署机关及下属事业单位开展新旧制度转换,按要求设立新账,合理设置会计科目,对会计信息系统进行调整升级,对原有数据进行转换迁移,确保新旧账套的有序衔接。

(刘春艳)

【省运管局积极推进营改增工作】 2013年6月,为配合全省营业税改增值税税制改革,省运管局召集全省各大型运输企业召开“全省公路运输企业‘营改增’票证改革专题会议”,并邀请了省国税局人员参加。通过会议,传达呼声及会后协调争取,落实了公路客运票据工本费全额减免政策,切实减轻了企业负担,维护了行业发展的稳定。

(刘春艳)

【宜春市开展农村公路建设专项资金审计】 2013年,全市农村公路路网改善、县乡道升级改造及“自然村通”水泥路工程的完工总里程达到1000多千米,投入工程资金近2亿元。大部分县市区都严格落实工程项目责任制、招投标制、合同管理制和施工监理制,工程质量得到有效保障;对专项资金都进行专户存储、专项核算,保证农村公路资金的安全使用。为进一步确保公路资金专款专用,市交通运输局组织4名财务人员,由副局长梁彦带队,于11月10日至12月20日,先后对10个县(市、区)2012年县通乡升级改造项目、路网改善工程项目、水毁车购税项目、公路养护、改渡建桥等专项资金管理、使用情况进行审计。此次审计对2012年度农村公路建设资金管理使用全过程进行四个方面的检查或抽查：一是查建设资金筹措及到位情况。看省补资金、市补资金是否及时、足额拨付到位；地方自筹资金的落实，有无滞留及虚假配套的问题，有无在农村公路建设过程中违反减轻农民负担的有关政策规定，以各种名目集资、摊派或强行要求农民出工、出物、出钱等问题。二是查资金管理及使用情况。看市、县两级农村公路建设资金，是否专户管理、专款专用、专账核算，有无截留、挤占和挪用等违纪违规行为。三是抽查项目计划的执行情况。看项目是否按计划完成，有无随意调整计划，虚报工程进度，冒领补助资金。四是抽查项目建设及管理情况。看项目是否执行工程招投标制度、工程监理制度、质量责任制度、工程报告制度、交竣工验收制度。有无在招投标中弄虚作假，违规分包、转包等问题。此次审计发现个别县市区有的工程款拨付不及时，有的拖欠民工工资；有的截留养护资金，乡道、村道日常养护机制和队伍未健全等现象；有的资金拨付、支付审批程序不规范。“审计重在整改”，及时制定三条整改意见：①按计划未及时下拨公路建设专项资金，要求在2014年6月以前全部拨付到位，保证资金的使用效益；②公路养护资金不得截留用于本局机关经费使用，应及时下拨资金，以保证公路养护资金需求；③规范拨付方式。

（喻美红）

【宜春市交通运输局“三公”经费首次公开】 根据《宜春市财政预决算信息公开工作实施方案》及2013年预算信息公开工作安排，2013年10月底前，市直各部门按要求公开2013年部门预算及“三公”经费预算，丰城市、靖安县公开2013年“三公”经费预算，2014年增加高安市、樟树市、上高县、铜鼓县四县市，2015年覆盖所有县（市、区）。市交通运输局2013年11月1日在市交通运输局门户网站公开2013年“三公”经费预算。预算信息公开的主体以市交通运输局为主，包括下属二级单位市道路运输管理局。“三公”经费是指政府部门公务出国经费、公务用车购置及运行费、公务接待费用3项。“三公”经费预决算公开是贯彻落实《政府信息公开条例》的重要内容，是保障公民的知情权、参与权和监督权的必然要求，是建立高效廉洁服务型政府客观需要，是促进依法理财、民主理财、阳光理财的重要手段。他将政府的行政行为和行政成本置于阳光之下，从而大量的节约行政成本，提高行政效率。市交通运输局从严从紧编制“三公”经费预算，严格控制“三公”经费总规模，增强预算约束，强化“三公”经费分项管理，确保公费接待、公费出国、公费购车及运行费用三项经费年度预算只减不增。2013年，预算“三公”经费与2012年实际数削减约15%。今后市局将继续采取各种措施，建章立制、严格预算，以进一步压减这些支出规樟。

（喻美红）

【宜春交通规划勘察设计院“营改增”受益大】 8月1日，宜春市交通规划勘察设计院纳入营业税改增值税的试点单位。全市共确认试点纳税人1611户，认定一般纳税人249户，覆盖交通运输业和部分现代服务业（包括研发和技术、信息技术、文化创意、物流辅助、有形动产租赁、鉴证咨询，广播影视作品的制作、播映、发行等服务）。推行“营改增”试点工作是中央完善税制、促进经济发展的重要决策，不仅有利于减轻试点行业的税收负担，更有利于促进社会专业化分工，促使制造业转型升级和服务业发展壮大，对宜春市经济社会发展有着重要意义。宜春市交通规划勘察设计院为小规模纳税人，税率为3%，比原来的营业税减少超过2.5%，达到直接减税的效果。

（喻美红）

法治建设

【概况】 2013年，根据《江西省人民政府关于加强法治政府建设的实施意见》和《江西省2013年推进依法行政工作要点》精神，制定《江西省交通运输厅2013年法制工作要点》，围绕推动法治政府部门建设，深入开展交通行政执法规范化建设，大力推进“三基三化”（基层执法队伍的职业化、基层执法站所的标准化、基层管理制度的规范化）建设，努力为全省交通运输事业科学发展提供良好的法制环境。

1. 加大立法研究,加快立法进程。对纳入省政府2013年立法工作计划的《江西省公路水运工程质量管理办法》《江西省高速公路车辆通行费收费管理办法》《江西省水路交通管理条例》等三个立法项目,组织开展调研论证等工作。为策应全省公路水运工程大建设大发展和实施"质量兴省"战略的迫切需要,进一步规范公路水运工程建设市场秩序,经研究,5月省厅又向省政府申请将《江西省公路水运工程质量管理办法》改为《江西省交通建设工程质量安全监督管理条例》立法项目,在省人大法工委、省政府法制办的关心和支持下,该条例已被列为2013年的省人大立法项目。

2. 建立健全重大行政决策制度。制定并印发《江西省交通运输厅工作规则》。明确省厅重大行政决策的范围,进一步建立健全厅重大行政决策程序机制,完善重大行政决策的拟定、专家论证、风险评估、合法性审查、集体讨论决定的行政决策程序。按照"谁决策、谁负责"的原则,建立健全决策责任追究制度。进一步明确了监督主体、监督内容、监督对象和监督方式。

3. 开展行政执法规范化建设。按照交通运输部《加强交通运输行政执法形象建设指导方案》的步骤和要求,加大对工作经费的投入,重点推进交通行政执法"四统一"形象工程建设。省厅制订工作方案,明确了在省厅的统一指导下,由各牵头单位按照部有关执法形象建设规范的要求制订具体的实施工作方案和工作计划。各相关单位成立了专门的工作机构,将执法形象建设工作纳入年度工作计划,安排专项建设经费。全省已完成交通运输行政执法人员和执法证件管理系统的建设,完成了全省交通运输行政执法人员执法标志、标识和执法服装的更换和统一工作。

4. 完善行政处罚裁量权基准制度。根据交通运输行政执法工作的实际需要,组织对2008年制定的《江西省交通行政处罚自由裁量权细化标准(试行)》和《江西省交通行政处罚自由裁量权适用规则(试行)》进行调整、修改、充实、完善,出台《江西省交通运输行政处罚自由裁量权适用规则》和《江西省交通运输行政处罚自由裁量权执行标准(试行)》。对新出台的法律法规,及时做好行政处罚裁量权的细化工作。进一步完善行政处罚裁量权细化标准适用的法律文书,建立行政处罚裁量权细化标准的有效应用机制,通过执法检查、案卷评查、回访当事人等多种方式,加大监督力度,促进制度落实。

5. 组织开展执法人员培训工作。根据《交通运输部关于加强交通运输行政执法队伍建设的指导意见》,制订江西省交通运输行政执法人员培训工作实施方案、培训考试大纲和2013—2016年培训工作计划,选定省交通干部学院作为全省交通运输系统行政执法人员培训基地,确定了培训师资人选,从10月至12月已选送50余人到交通运输部干部管理学院进行交通运输行政执法师资培训。

6. 推进法治政府部门建设。依据《交通运输部关于全面建设交通运输法治政府部门的若干意见》,省厅制定出台《江西省交通运输厅建设交通运输法治政府部门工作方案》,积极推进法治政府部门建设工作。

7. 推进行政审批制度改革。按照省政府要求,在减少行政项目审批、简化环节、强化监督等方面做很多工作,取得了阶段性成效。一方面加大审批事项清理力度,行政许可事项保留22项、精简29项,压缩比例为56.9%;投资审批事项保留10项、精简9项,压缩比例为47.4%;非许可的审批事项保留10项、精简3项,压缩比例为23.1%;审批时限在原法定办理时间的基础上缩减30%。2013年,全省又陆续下放审批项目6项,取消了1项。另一方面进一步完善行政审批服务机制和监管机制,实行一个窗口对外、一站式服务管理,对外公布了行政审批相关信息、重新梳理审批流程图、优化了网上审批系统、定期开展审批监督检查、完善行政审批各项工作制度。

8. 进一步完善规范性文件的管理。根据《江西省行政机关规范性文件制定程序规定》和交通运输部《交通法规制度程序规定》,厅制定了《江西省交通运输厅规范性文件制定程序规定》,进一步规范规范性文件制定的权限和程序,完善规范性文件的管理。

9. 推进基层执法站所标准化建设。根据《交通运输部关于规范交通运输基层执法站所建设的若干意见》的要求,针对基层执法站所业务管理、执法办案等情况,进行等级评定工作;组织研究基层执法站所建设标准,提高基层执法站所的装备、站房建设、岗位配置以及业务管理的标准水平；在全省交通运输系统选择一批基础好、积极性高的基层执法单位作为全省交通运输“三基三化”建设的试点单位，发挥试点单位的带动示范作用。

10. 组织开展行政执法评议考核工作。按照《交通运输部办公厅关于组织开展2013年全国交通运输行政执法评议考核工作的通知》精神，省厅组织部署全省的交通运输行政执法评议考核工作，制订工作方案，明确检查内容及方法步骤。省公路局、省港航管理局、省运管局和省公路路政总队积极行动，制定详细的工作方案和评议考核办法，按厅要求在本系统进行了认真的自查自评工作，并按考评得分对所属基层执法单位的情况进行通报。7月上旬，各单位开展执法评议考核工作的互查工作，互查采用听取报告、座谈、考试、查阅台账资料、案卷评查等方式进行。本次执法评议考核主要针对2012年以来各级交通运输主管部门和执法机构办理的行政许可，实施的行政处罚、行政强制，处理的举报投诉、行政复议、行政诉讼、国家赔偿、控告申诉案件，以及开展执法监督和执法责任追究工作的情况进行检查。9月，江西省接受交通运输部的交通运输行政执法评议考核检查。

11. 加大行政执法监督力度。为落实省政府纠风办《关于做好春运期间治理公路“三乱”工作的通知》精神，省厅制定下发《江西省交通运输厅关于转发加强监督检查确保节日期间道路运输畅通的通知》和《江西省交通运输厅关于做好春运期间治理公路“三乱”工作的通知》。成立两个检查组，由厅领导带队进行治理公路“三乱”明察暗访工作。暗访检查采取跟车、实地查看、询问司乘人员、查阅资料等多种形式，对全省11个设区市交通运输系统的运政、路政、治超执法和“绿色通道”道路畅通方面进行监督检查。对检查期间发现的问题进行通报并限期要求问题单位进行整改，对存在严重违规行为的，作出处理决定。

（赵　宇）

【交通运输部行政执法评议考核检查组到江西检查】 9月11日至13日，交通运输部行政执法评议考核检查组一行4人到江西，综合运用听取汇报、座谈、考试、查阅台账资料、案卷评查等方式，对江西省交通运输厅行政执法工作进行评议考核。江西省交通运输厅长梁必康出席座谈会。

（涂序东）

【全省高速公路违法涉路设施综合整治工作成效初显】 自2013年3月22日全省高速公路违法涉路设施综合整治推进会召开以来，全省高速路政部门认真组织，主动出击，拓展思路，创新机制，稳步推进违法涉路设施综合整治工作。共立案查处违法涉路设施案件158起，其中，已强制拆除违法非公路标志（广告牌）7块，拆除违法建筑物10处，全省高速公路违法涉路设施综合整治工作成效初显。

高速路政部门将进一步加强整治力度，规范执法行为，精心组织，攻坚克难，确保违法涉路设施综合整治工作取得更大的成效。

（洪土斌）

【省公路局推进路政执法标准化和规范化】 按照省厅统一部署，省公路局组织开展了2013年全省公路系统行政执法评议考核工作。通过对全省33个执法单位行政执法评议考核，并经考核小组一致评定，18个单位被评为2013年全省公路系统行政执法评议考核优秀单位，10份案卷被评为全省公路系统行政执法评议考核优秀案卷，这是全省公路系统行政单位执法标准化和规范化建设的一项举措。

近年来，省公路局统一标准，广泛开展交通运输执法形象“四统一”建设工作，全省执法形象建设工作已经完成执法标志、执法证件、执法服装三方面统一，执法场所外观形象统一工作9月底前完成。在行政处罚方面，省局要求各地执法部门按照法律公开、公平、公正处理案件，做到案卷填写规范、事实清楚、依据准确、装订美观。在队伍建设方面，省局通过路政大练兵大比武，组织执法人员统一考试和召开培训班等方式，不断提高执法人员的业务技能、法律知识水平和综合素质，展示新时期行政执法队伍良好的精神面貌。

（路　宣）

【全省公路路政（治超）执法人员启用新式执法证】 1月8日，全省1396名公路路政（治超）执法人员正式使用交通运输部新式行政执法证件。本次证件换发是省公路局按照执法资格管理的有关要求,对路政(治超)执法人员开展资格管理的一项措施。省局还将加大对全省路政(治超)执法人员执法行为的监督检查,在开展执法工作时必须出示行政执法证件,无行政执法证件的人员,不得从事行政执法工作。

(甘海花　戴志勇)

【省路政总队举办执法人员岗前培训班】　1月24日至28日,省路政总队在赣州举办2013年第七期执法人员岗前培训班。本次培训内容包括军事训练、路政管理实践、路产路权管理、内业管理及应急处理、行政处罚及案例分析、排障管理、治超管理等。培训结束后所有参训人员接受路政业务知识考试和日常行为考核。

(涂智琴)

【省路政总队全力战春运】　为切实做好全省2013年春运工作,服务广大人民群众安全便捷出行,省路政总队以"平安春运"为主题,按照"科学组织、安全第一、以人为本、优质服务"的要求,突出"三个加强",促进"三大提高",即加强安全管控,提高春运安全基础、加强应急处置系统建设,提高应急处置效率、加强清障施救监管,提高应急处置能力,做到组织到位、措施到位、服务到位,全力保障春运期间全省高速公路安全畅通。

(洪土斌　阮　津　叶小燕)

【省运管局强化法规制度建设】　为进一步夯实法治基础,省运管局继续完善规章制度,确保行业管理工作有法可依、有章可循。2013年,省运管局共制定并出台《江西省城乡道路客运燃油消耗申报管理工作规范》《江西省出租汽车单车考核办法(试行)》《江西省出租汽车运力备案管理规定(试行)》《关于做好省际、市际包车客运管理的通知》《关于修订省际、市际客运班线车辆更新办理的通知》《关于规范江西省驻外道路货物运输车辆维护管理工作的通知》《江西省道路运输安全生产隐患排查治理制度(试行)》《江西省道路运输卫星定位系统监控管理办法(试行)》《关于开展机动车维修企业价格结算员和业务接待员培训发证工作的通知》《江西省道路运输驾驶员继续教育办法实施细则(报省交通运输厅送审稿)》等10件规范性文件。　(胡皓月)

【省运管局加强运政执法管理】　2013年5月,省运管局启动运政执法办公室筹建工作,一是从机关各处室和基层运管部门抽调人员充实到省局运政执法办公室,并明确机构职能和各岗位工作职责;二是举办运政执法办公室人员的岗前培训学习;三是规范行政执法文书的式样及程序。5月28—29日,省运管局召开运政执法工作动员大会暨稽查人员业务培训班,标志着省局运政执法办公室正式启动试运行。运政执法办公室主要利用卫星定位系统政府监管平台对全省三类以上班线进行"网上稽查",掌握客车和班线运行状况。截至年底,共追踪稽查全省114家三类以上客运班线企业,1844条班线,3560辆客运班车,并对其中43辆违法行为立案查处,有效规范了发挥了政务监管平台的作用,提高了运政执法效率和执法水平。

(胡皓月)

【省运管局开展行政执法评议考核】　2013年6月至8月,省运管局组织相关人员对全省13个设区市运管机构(含城市客运机构)和16个县级运管机构的行政执法工作情况进行评议考核。主要考评考核各级运管机构的执法形象"四统一"的落实、执法队伍管理和日常执法工作情况,此次考核共抽查了160件案卷,对照执法评议考核评查标准进行综合评分,并对考核结果进行通报。

(胡皓月)

【全省运管机构开展"猎击"行动】　2013年1—3月,省运管局组织全省运管机构开展代号为"猎击"的统一稽查行动,重点对非法营运和班车、包车、出租汽车客运的违法行为,以及群众投诉集中、媒体曝光、交办转办的案件,予以严厉打击。此次行动全省共出动运政稽查力量31643人次,查处各类案件2873起,其中非法营运案917起、客运违法案1132起、出租汽车违法案458起,有效维护了春运期间全省道路运输市场秩序。

(胡皓月)

【省运管局组织开展"十佳执法标兵"和"十佳执法案卷"评选】　2013年8—10月,省运管局组织开展了全省道路运输系统"十佳执法标兵"和"十佳执法案卷"评选活动。经过初审和推荐、网上公示、征求意见、专家评审等程序,从37名执法标兵候选人以及62份被推荐的执法案卷中，评选出“十佳执法标兵”和“十佳执法案卷”。

（胡皓月）

【省运管局着力提升运政执法队伍素质】 2013年6—8月，根据省交通运输厅要求，对全省1679名运政执法人员开展了执法资格培训。此次培训在严格遵守交通运输部的执法资格证件管理规定的基础上，坚持因地制宜、按需施教、务求实效的原则，由各设区市运管机构具体承办培训，省运管局负责资格考试，共有1645名人员通过资格考试，其余人员通过补考也取得了执法资格。省运管局对所有通过考试获得执法资格的人员建立了个人执法档案，并发放了执法资格证。

（胡皓月）

【省运管局全面推进基层运管部门“四统一”建设】 根据交通运输部颁布的执法场所外观建设标准，2013年，省运管局全面推进全省基层运管机构场所外观建设达标工作，组织设计制作了道路运政VIS系统，内容涵盖标志标识、门楣及牌匾设计、服务大厅内外设计等。省运管局通过定目标、下任务、做工作、树榜样、勤督促、多沟通等方式，指导督促全省基层运管机构场所外观建设，截至年底，已经完成场所外观建设的运管机构86家，占全省基层运管机构总数的69.9%。

（胡皓月）

【江西公路运输业务多次办变一次结】 为了进一步改进提升道路运输服务能力和水平，继续深化行政审批制度改革，加快政府职能转变，推动道路运输管理工作由“设门槛”向“搭平台”转变，推动道路运输管理部门由“管理者”向“服务者”转变，2013年，省运管局改进工作方式，提升工作效率，成立行政服务中心为办理业务提供更加优质的服务。

行政服务中心按照“统一受理、抄告相关、同行审批、限时办结”的工作思路，以改革行政许可（审批、备案）工作方式和提高行政服务水平为重点，建立了一个窗口受理、一个柜台办结、一条龙办理的“无缝连接”服务模式，变多次办为一次办，变经营业户跑为机关干部跑，推进行政许可网上办理，打破了前后台界限，根据法定和承诺时限，采取即时办理和限时办理相结合的工作方式。切实提高了办事效率，方便了业户群众，达到了“审批最快捷、办事最方便”的目的。

（梁富明）

【省港航局组织开展年度港航行政执法评议考核】 7月3日，省港航局组织开展2013年行政执法评议考核工作，进一步推进港航行政执法责任制。

根据省厅工作方案，5月制订省局的具体工作计划，并组织动员部署。为切实做好行政执法评议考核工作，成立了省局行政执法评议考核组。6月中、下旬，省局组成2个考评组，对各分局进行执法评议考核工作，并随机抽取相当比例的基层执法机构进行执法评议考核。

从考评情况来看，一是各单位高度重视领导干部学法用法工作，采取多种方式把干部学法、懂法、用法放到重要位置；二是全省11个分局均设有政策法规科，基本都配备了2名法制工作人员；三是执法经费保障有力，坚持保重点项目支出为原则，专款专用，确保了执法工作的顺利开展；四是高度重视执法队伍建设，加强执法人员培训和管理；五是扎实推进“四统一”形象建设工作，认真开展落实“四型海事”建设活动。考评组严格按照评分细则及标准进行评查，对各分局能认真开展了执法评议考核工作表示了肯定，对检查中发现的问题及时进行了集中现场反馈，面对面与执法人员进行交流。并以反馈表的形式反馈给各分局，使之有的放矢，进一步规范执法评议工作，推动港航行政执法水平进一步提高。

（杨　辉　陈明中）

【省级涉水行政执法单位第三次联席会议在昌召开】 9月4日，江西省地方海事局、省公安厅治安总队、省水政监察总队、省渔政局等四家省级涉水行政执法单位在昌召开了第三次联席会议，会议由海事局轮值主持。会上各单位分别通报了当前涉水行政执法的有关情况，对提交的议题进行了讨论，并就行政执法过程中存在的重点突出问题进行了有效的沟通、交流和探讨。

省级涉水行政执法单位联席会议机制于2013年1月建立。联席会议的召开，加强了省级涉水行政执法部门之间的联系和沟通，对涉水行政执法部门深化合作,提升行政执法的综合效果,维护水域的安全、和谐、稳定起到了积极作用。

(万小俊 冯雪辉)

【全国海事系统行政执法评议考核江西获第四名】 在部海事局关于2013年全国海事系统行政执法评议考核情况的通报中,江西省地方海事局在地方海事系统28个单位中综合排名中获第四名,其中34人被评为年度全国海事系统行政执法评议考试优秀人员,2例案卷被评为年度全国海事系统行政执法评议考核优秀执法案卷。

此次行政执法评议考核工作,通过省内组织自查,省际交叉互查,并在检查期间组织了两场考试,并对分支机构及抽取的基层执法站所进行了检查,最终形成综合成绩排名。

(杨 辉 黄海源)

【省港航局督察基层海事行政执法】 为贯彻落实部海事局《海事行政执法监督管理规定》和《海事行政执法督察管理办法》精神,督促海事管理机构及其执法人员依法行政,规范执法行为,提高执法水平,促进"法治海事"建设,6月中下旬,省港航局组织督察组,对所属11个分局及其部分海事处(抽查)进行了海事行政执法督察。

督察组通过听汇报,查看台账、案卷、档案等方式,认为各分局海事基本能结合实际开展执法工作,在逐步规范执法行为,加强执法队伍建设,健全执法监督机制等方面取得了一定成效;同时发现,在健全执法监督台账、规范执法案卷、船检档案、"三基三化"建设等方面存在的一些问题,需要进一步完善或改进。督察组分别向各单位进行了反馈,提出整改建议,并将对整改落实情况跟踪指导。

(杨 辉 黄海源)

【部海事局考核组到江西检查指导行政执法评议】 7月18日至19日,部海事局行政执法评议考核第八组一行5人,对江西港航2012年以来行政执法工作进行专项检查考核。

省港航局局长于钦民向考核组简要介绍了本省水运情况,党委副书记熊慎文作了行政执法工作开展总体情况的汇报。根据考核总体方案的要求,考核组重点检查了法制工作的组织领导和保障工作、机关领导干部学法用法、规范性文件制定、执法队伍建设、政务公开工作、海事行政执法监督、执法形象统一等情况,并对局政务中心的依法行政实施情况进行了现场检查。其间,考核组还抽取了九江市地方海事局、庐山区地方海事处、星子县地方海事处作为基层执法机构进行评议考核,对照执法台账随机抽取执法案卷评查。

(倪 磊 杨辉)

【省港航局修订《江西省水路运输管理办法》】 针对现行的《江西省水路运输管理办法》中大部分内容与上位法相抵触,明显滞后于本省水路运输实际的状况,省港航局2013年着手开展对《江西省水路运输管理办法》修订的前期工作。从进一步保障本省水路运输业管理的规范性、可操作性出发,修订完善了以下内容:一是细化了水路运输行业的日常监管和安全检查方面的规定;二是增加对载客2人以下客运船舶及乡、镇客运渡船运输的管理办法:三是制定适用本省的处罚实施细则。现已完成《江西省水路运输管理办法草案(初稿)》。并对原有的《港航行政执法责任制》《港航规范性文件制定程序规定》《港航行政复议程序》《港航行政许可跟踪督察制度》《港航行政许可责任追究制度》《港航行政投诉制度》六个规范性文件也进行了修订。

(罗淑青)

【省交通运输厅赴上饶调研港航自由裁量权规范实施情况】 4月9日上午,省交通运输厅自由裁量权调研组一行3人赴上饶港航分局开展自由裁量权调研工作。

此次调研主要围绕《江西省交通行政处罚自由裁量权适用规则(试行)》和《江西省交通行政处罚自由裁量权适用细化标准(试行)》在实施过程中存在的问题,裁量标准是否切合当地实际,设置是否科学合理,以及行政相对人对裁量标准的接受程度等方面的内容展开。

调研组认真听取了上饶分局2010—2012年自由裁量权执行工作情况汇报,并就实际情况和基层执法人员在实际操作中碰到的难题等进行了座谈交流和深入讨论。经查阅相关资料后,认为该局高度重视规范行政执法处罚工作,采取科学的控制方式,明确工作重点,取得了明显的效果。

同时，就下一步如何做好自由裁量权工作，提出了三点意见：一是加强执法风险防范管理工作力度。二是突出工作特色，以规范行政执法处罚自由裁量权工作为抓手，细化、量化自由裁量权的规定，并做好落实。三是加强督导，建立定期检查、考核、纠错整改和责任追究制度，建立执法风险防范管理长效机制，做好循环管理工作。

（俞　敏　陈明中）

【上栗县交通运输局积极开展运政执法】 该局以“猎击”追踪1号、2号和对旅游客运的专项整治活动为契机，针对辖区实际，制定具体实施方案，精心组织，采取定点和流动检查的方式。全年共查处违章行为136起，罚款39.6万余元，出动执法人员753人次。积极开展“打黑”工作，一方面在辖区内开展日常“打黑”工作，另一方面根据市局、处安排该所7月、12月在火车站周边的“打黑”工作，两个月来在火车站周边打击查处“黑”车10多辆，罚款4.8万元，出动执法人员90人次。在执法过程中法律文书的制作依法依规依程序进行，一份行政处罚案卷被省、市法制办评为优秀案卷。

（上栗县交通运输局）

【萍乡市交通运输局多措施监督行政执法活动】 2013年，市交通运输局以全面加强行政执法工作的监督、指导为重点，全面完善各项执法工作机制与制度，以制度建设规范行政执法行为，有效地提升全市的交通行政执法水平。一是年初从指导规范全市交通运输行政执法工作的角度，制定了年度交通运输法制工作意见，从加强法制体系建设、规范行政执法行为、加强执法队伍建设、完善监督机制等方面对行政执法工作提出了要求；二是按照建立“权责明确、行为规范、监督有效、保障有力”的行政执法体制和“结构合理、配制科学、程序严密、奖惩分明、制约有效”的权力运行机制的要求，根据新时期交通运输管理职责完善《萍乡市交通局行政执法责任制实施方案》和《萍乡市交通行政管理部门行政执法依据目录》，修订的《行政执法案件备案、审批制度》《行政执法检查制度》《错案追究制度》等制度；三是加强交通行政许可审批工作的指导与规范，下发《关于使用网上审批和电子监察系统开展行政审批业务的通知》《关于行政审批许可项目办理结果实行备案的通知》，规定行政许可审批业务（市本级）全部按照省市要求应用网上审批和电子监察系统进行操作，行政审批许可项目办理结果上报该局法制部门备案；四是建立行政执法结果公开栏，对行政许可、行政处罚结果进行公示，强化阳光执法，推进交通行政执法工作严格、公正、文明。通过一系列的制度建设，全市交通运输行政执法行为得到了全面规范，2013年未发生违纪违规行政执法行为，办理的1800多行政审批未遭到群众投诉，行政执法案卷获得省市优秀案卷，在全省交通运输系统执法评议考核中受到上级表扬。

（晏卫东）

交通战备

【概况】 2013年，全省交通战备系统进一步完善战场交通保障体系，加紧交通动员准备，加强专业保障力量建设，加快信息化建设步伐，推进交通战备现代化建设，努力提升交通保障能力。

1. 深化军民融合，推进国防交通基础设施建设。一是推进年度国防公路建设。按照国家发改委确定的《“十二五”国防公路、水路战备建设规划》，并根据部队动态需求，会同省发改委交通运输协调处、省厅规划处向上级积极争取项目支持。2013年度，共争取国家投资7个公路项目，争取中央预算内投资1.448亿元。建成项目2个，共建成24千米。新开工建设4个公路项目。二是组织国防公路建设集中检查。4月，省厅和省交战办联合下发《对“十一五”以来国防公路建设项目集中检查工作方案》，部署对国防公路建设项目的计划落实情况和建成后管养情况的检查。在各单位自查的基础上，于5月组织两个工作组，分别由厅领导带队，赴11个设区市进行检查。6月下旬，省厅和省交战办专门下发检查通报，要求有关单位限期整改。三是提出“十二五”国防交通基础设施建设规划中期调整建议。会同省发改委交通运输协调处、省厅规划处增报国防公路建设调整建议项目10个。四是协助解决部队急需的项目。协助省交通运输厅全额专项投资省军区预备役师基地进出道路。将鹰潭空军仓库进出道路路面整治纳入专项路面大中修工程,解决部队出行难题。

2. 着眼提高能力,深化军事斗争交通保障准备。组织国防交通基础设施建设成效评估。根据国家交战办和南京军区交战办部署要求,省交战办按照规范的评估标准和流程,采取各单位普查、省交战办核查、军区重点检查相结合的方式,开展国防交通基础设施建设成效评估。2月22日至3月20日,先期组织开展全省“十五”以来国防交通基础设施建设情况调查摸底工作。系统梳理“十五”以来全省国防公路计划落实情况和建成项目管理情况。10月9日和11月7日,省交战办组织省公路管理局、省港航管理局、省运管局对各设区市交战办潜力调查数据进行初审,完善数据,提出修改意见,汇总形成初步成果。梳理交通保障方案计划。对已确定的全省94个交通重点目标及其保障方案,以及省级民用运力动员预案,省级战时交通保障方案等进行了梳理。将依据部队战时行动保障需求、交通发展变化情况,适时修订完善。加强物资储备工作。借鉴兄弟单位的经验做法,强化战备钢桥的规范化管理。针对交通运输中央储备物资不再由部统一招标采购、验收的情况,及时与厂家签订合同,落实2013年度物资储备计划。

3. 坚持投送牵引,抓好交通保障力量建设。一是组织交通专业保障队伍年度整组工作。认真学习国家交战办关于上海等兄弟省市开展战略投送支援车队编组的部署、方案,研究探索重点专业保障队伍整组的方法、措施。二是强化交通战备教育训练。6月初,以国家交战办印发的民用运力动员演练成果为主要教材,组织35名交通战备专兼职干部进行民用运力动员专题培训。组织5名交通战备专职干部参加南京战区国防交协组织的“基于信息系统体系作战交通保障能力建设”理论专题研讨会。组织7名交通战备干部参加南京战区国防交协组织的“通讯报道培训班”。11月,组织2名公路抢修专业保障队伍的一线技术骨干,参加国家交战办举办的“公路抢修专业保障队伍技术骨干业务集训班”。三是推进交通战备训练保障基地建设。会同厅规划处提出依托江西省交通技工学校一部进行建设的建议,已经厅务会研究确定选址事。9月,向省发改委报送了《江西省交通战备西山训练基地项目建议书》,展开前期工作。

4. 注重实效,深化交通战备现代化建设。一是夯实交通战备正规化建设基础。省、市两级均建立了专门交通战备机构,34个县(市、区)明确了交通战备工作机构,其中22个县(市、区)配备专职人员49人。将交通战备现代化建设工作纳入了交通运输年度考核内容。从工作机构、工作职责、工作制度、工作资料、队伍素质等8个方面,指导九江市交战办出台《关于进一步加强县(市、区)交通战备办公室基础建设实施意见》。在瑞昌县交战办先行试点的基础上,九江市交战办于4月11日召开全市交通战备基础建设现场会。二是建立和落实交通建设贯彻国防要求联席会议制度。201 3年1月30日,省交通建设贯彻国防要求联席会议制度第一召集人及成员单位领导参加了由国家交战办组织的视频交流。三是深化信息系统建设应用。根据国家交战办的要求,进一步深化《国防交通信息管理系统》和《军事交通地理信息系统》数据更新工作,重点更新“组织机构、交通基础设施(公路、水路)、国防交通工程设施、民用运力动员潜力、交通专业保障队伍、国防交通物资储备”六类数据。5月,组织人员参加国家交战办组织的两项系统数据统计会审。数据整体符合要求,得到国家交战办肯定。针对数据更新中存在的实际问题,6月,组织各设区市交战办,省公路局、省港航局、省运管局和省高速集团等单位共35人,在南昌举办了全省交通战备信息化建设业务培训班,并现场录入交通战备基础信息数据,初步形成了交通战备信息数据库,达到了预期效果。四是推进交通战备应急指挥中心建设。根据交通战备应急指挥中心建设已于2012年11月融入省厅交通监控指挥中心建设的实际,及时制订建设方案,同步实施。根据交通战备专用信息网络通道建设要求,积极协调,取得省党政机关搬迁置换指挥部的支持,将专用网络通道建设纳入总体建设规划统筹考虑,预留管孔资源。

5. 着眼创新发展,抓好重难点问题研究。围绕国防交通保障能力生成模式转型发展,组织开展理论研究,共组织撰写论文3 1篇。在中国国防交协、南京战区国防交协及其他国防交通刊物发表论文、通讯报道15篇(国家级刊物发表论文4篇;军区级刊物发表论文6篇,通讯报道5篇)。根据国家交战办要求,配合省委组织部干部教育处，选派鹰潭市政府李力副市长参加国家交战办举办的交通战备专题研究班。按照南京军区交战办的要求，结合“使命行动一2013”部队跨区机动演习交通保障工作，总结成功经验和做法，围绕“有任务背景、有保障过程、有主要做法、有经验启示、有教训反思、有对策建议”的“六有”标准，深入开展案例研究。

6. 发挥职能作用，完成部队交通保障任务。2013年9月至10月，省交战办组织交通保障力量，保障参加“使命行动—2013A”“使命行动一2013B”跨区机动演习的南京军区、广州军区部队，顺利从江西机动过境。共计出动人员5100余人次，保障服务区8个，收费站开通绿色通道11个，发送路况信息1490条，处理事故30起，协助部队维修车辆1 2台次。并通过靠前指挥、临机处置，快速应对机动线路调整、服务区保障任务变化等突发情况，做到精确、高效引导，保障有力，受到南京军区、省军区首长和参演部队高度肯定。

（饶品涵）

【宜春市袁州区交通运输局加强民兵管理】 为提高民兵队伍应急能力，充分发挥民兵在突发事件中的作用，区交通运输局以军事训练为中心，以规范化建设为重点，按照“三时一体”的总要求，推进武装工作稳步开展。一是加强组织领导。把武装工作列入议事日程，明确职责；成立国防动员领导小组，制定具体工作实施方案；强化党管武装意识，从政治高度和战略全局加强党管武装工作。二是规范民兵训练。进行政治教育，组织民兵学习科学发展观、中共十八大会议精神，开展历史使命教育及形势战备教育，加强民兵队伍的思想建设，坚定民兵队伍的政治立场和信念；进行军事训练，把管兵、练兵和用兵结合，加强在“用”中达到“练”的效果，通过训练和实战，提高民兵预备队伍的应急能力。三是加强民兵管理。根据上级有关规定，着眼应急、紧贴任务、突出建设重点、系统整合民兵作战力量，该局将民兵整编为一个30人的道路交通保障分队，保证交通应急需要。加强民兵点验制和战备值班制，全年组织“春节”“端午”“十一”“中共十八大”等战备值班达到140人次。

（李　庆）

【宜丰县交通战备办认真做好民兵队伍编组工作】 该局编组时，把民兵预备役组织建设与应急应战行动结合起来，加强与武装部联系，完善民兵队伍与专业保障队伍的整体合一，把专业技术精、业务能力强，身强体健的人员编入到专业保障队伍，组建相应的汽车运输、保交护线等交通运输分队和交通保障分队，达到编组规范、专业对口的要求。并依据上级精神，成建制地设置机构，编配人员，提高中队人员的整体素质。训练中，采取编组联训、以运代训等多种形式组织应用训练，同时，实施动态管理，逐一采集人员信息，将其去向、住址、联系电话等信息存入数据库，实行定人、定位、定岗，并建立热线联系电话。

（漆志勇）

【樟树市组织快速动员集结演练】 4月14日上午8点，樟树预备役组织全营官兵549人在沿江公园进行快速动员集结演练。市交通运输局武装部组成的机枪连三排24人在局长、武装部长的带领下全部参加演练，同时还征集15辆货车参加。此次演练得到省预备役和市政府领导的高度评价和赞扬。为做到“实兵、实装、实情”快速动员集结点验，市交通运输局武装部周密部署、认真组织，确保任务圆满完成。一是认真进行摸底。严格按点验要求上交花名册，准确掌握情况，确保人员100%到位。二是高标准补充齐全个人装具。统一购买07制式迷彩背囊，做到点验时所有人员着07式林地迷彩服、迷彩鞋等。

（廖声泉）

【抚州交通战备工作稳步推进】 2013年，抚州市扎实推进交通战备现代化建设。一是认真做好在交通基础设施建设中贯彻国防要求工作，积极参与抚吉、抚金、资光等高速公路建设协调服务，督促在建战备公路，助推地方经济建设和保障部队快速机动。二是结合军分区、人武部年度民兵整组，组织开展专业保障队伍抗洪抢险训（演）练和民兵应急支援保障大队训练，对3期参训民兵共500余人进行了保交护路知识培训。三是进一步修订完善了战时交通保障计划、交通重点目标保障方案，开展了国防动员潜力调查统计工作，摸清了底数，为战时交通动员奠定了基础。

（抚州市交通战备办）

综合治理

【概况】 2013年,省交通运输厅综治工作妥善解决遇到的新情况,新问题,保障了交通运输系统平安稳定。全年没有发生一起安全责任事故和群体性事件。

1.综治日常工作和创新工作紧密结合。一年来,交通运输厅有直属单位21个,其中副厅级单位5个,职工1.8万余人,加上建设工地务工的民工队伍和高速公路养护工程队伍,年务工人员10万人次以上。厅历届班子成员十分重视综治维稳工作,在完善综治维稳组织领导机构,落实单位综治责任,落实领导责任,实施全员"一岗双责"方面进行常态管理,确保综治责任制层层落实。厅属各综治责任单位,按照年初制定的《综治工作要点》和与厅签订的《综治工作责任状》,各司其职,齐抓共管,认真完成各项规定动作,落实好"人防""物防""技防"等各项综治措施。同时,十分注重综治工作机制的创新。特别是2013年,在民工工资管理、社会稳定风险评估、平安交通建设方面做出积极有效的工作,实现了保护群众利益,防范社会稳定风险、服务公众安全便捷出行的综治工作主要任务目标。得到省委政法委领导的肯定,吸引有关新闻媒体宣传报道。

2.创新民工工资管理机制。近年全省交通基础设施建设快速推进,民工群体数量越来越大,在工程建设领域,每年投入项目建设的民工数量达10万人次以上,最高峰时达到40余万人次。施工单位拖欠民工工资现象时有发生,且数额越来越大,从几万元到数千万元。一些民工因拿不到工资,到省委、省政府、厅机关闹访堵门,甚至封堵高速公路、服务区、收费站,影响社会稳定。为从源头上解决民工工资拖欠问题,厅会同省综治办一起组织力量,多次深入施工单位和民工当中问计于民、问政于民。2012年10月,省综治办、省交通运输厅联合出台《关于创新交通建设工程民工工资管理的实施意见》,并选择昌樟高速公路改扩建项目先行试点。

试点中,大胆探索,勇于创新,创建了"八项机制",搭建了"两大平台"。"八项机制"包括:承包合同确认、民工信息注册、民工工资预存、民工工资核算、民工工资支付、民工工资监管、违规责任追究、信用记录建档。"八项机制"中最为关键的是从计量工程款中预留12%作为民工工资支付保证金。"两大平台"包括:一个程序化、规范化管理工作平台。省厅出台《江西省交通建设工程民工工资管理工作规程》,在全省交通建设领域,明确工程项目建设单位、监理单位、监管单位在民工工资管理方面的职责、任务以及工作内容、工作程序、工作标准和要求,在全省交通运输行业统一实施。一个智能化、网络化信息工作平台。民工工资管理网络运行的电脑版和手机版,均采用智能化管理模式,实现了网上动态化运行和动态化监督管理。

经过试点,昌樟高速改扩建项目实现了民工工资"零拖欠",取得了"三个满意"的良好效果。一是民工兄弟满意。现在,工资由中标施工单位委托银行直接发放。再不用因工资问题担心发愁。二是项目建设单位和施工单位满意。以前,他们疲于应付民工欠薪上访问题;现在,专心致志抓好工程质量和施工进度,工程建设正常化,劳动用工关系也更加和谐。三是监管单位满意。监管单位通过电脑直观监管,"鼠标一点,民工工资发放情况尽收眼底"。亦可对民工工资拖欠的施工单位发出整改指令,降低工作成本,提高工作效率。

2013年8月,省综治办、省交通运输厅联合召开推进会,在全省交通工程建设领域全面推开昌樟项目试点经验。推行新的民工工资管理机制以来,交通系统所有在建重点工程项目实现民工工资零拖欠,未发生一起民工上访闹事。2013年12月12日,省综治委召开了全省创新民工工资管理机制推进会,省交通运输厅做经验介绍,书记周萌在会上作了重要讲话,肯定了交通运输厅的经验,决定在全省各行业建设领域推行新的管理机制。

3.创新稳定风险评估机制。九江二桥于2013年10月28日正式通车,为九江一桥的维修加固创造了条件。对桥的交通采取禁行、限行、分流等交通管制措施,势必会给社会产生重大影响,为此,对九江一桥公路桥维修加固项目交通管制进行社会稳定风险评估。

调查组深入九江两岸,对大桥交通管制涉及的相关部门、单位、利益群体,组织调查论证会4

次，对交通管制存在的风险进行识别、评估确定等级，对影响稳定的风险因素采取预防措施，提出解决建议，风险评估报告形成后分别组织省直单位评估会议1次，九江两岸有关单位评估会议1次。

4. 提升交通运输服务保障水平。一是认真实施四个平安建设，即"平安公路""平安车站""平安港口""平安码头"。多次召集厅直属有关单位研究，组建了平安建设方案写作团队，集中办公，出台了具体的行动方案以及职责分工。二是认真开展"五个一百平安建设模范基层单位"创建活动。包括100个"平安公路建设模范乡(镇)"、100个"平安车站建设模范车站"、100个"平安港航建设模范港口码头"、100个"平安高速公路建设模范基层所站(含服务区)"、100个"平安交通建设模范执法基层单位(路政、海事、运政、治超)"。在平安创建工作中，注重基层平安，基层平安，才是真的平安。

5. 专题培训全行业基层综治干部。2013年，省交通运输厅除为厅直单位综治干部举办培训班之外，还结合全省交通运输行业综治工作新形势、新任务，深入每个设区市授课。全年综治培训规模达1000余人。

6. 积极搞好"扫黄打非"工作。2013年，省交通运输厅邀请省扫黄打非办，对全省高速公路服务区音像、图书、文化市场进行全面排查，确保高速公路服务区文化产品的纯洁性；积极配合文化部门加大对非法音像制品、盗版刊物、非法政治性出版物的封堵查缴力度，在收费口发现可疑车辆及时通知公安部门，全力支持相关部门工作，杜绝了非法出版物通过全省高速公路服务区扩张的情况。10月，全省高速公路服务区的主管单位江西畅行公司，被评为第一届"中国高速公路优秀服务区管理公司"。

7. 反恐怖工作更加扎实。年内重大政治活动和重大节假日，特别是中共十八届三中全会前后，省交通运输厅按照反恐工作的要求，落实相关工作，重点加强车站、码头、高速公路基层所站和厅属单位安全联防，严密防范危险品进站车，严查进出办公机构，集中居住场所。11月，还特别邀请了省国家安全厅和公安反恐专家指导工作，并就反恐怖工作和保密工作进行专题辅导，给厅直各党委综治、保密干部讲授反恐怖知识和保密知识。

(胡晋谊)

【宜春市交通运输局提前化解一起出租车司机群体上访事件】 10月9日，获知宜春中心城区200多名出租车司机将于次日停运，并准备到市政府上访一事后，市交通运输局遵照市政府副巡视员胡芳兰的意见，当晚局长朱宜民就召集副局长梁彦、市运管局局长刘毅明及局运输科、市运管局城市运输科、市公交公司等部门负责人认真研究部署。10月10日早，邀请中心城区各出租车公司经理和司机代表20人召开座谈会，会议由朱宜民局长主持。对于出租车司机反映的尽快整顿好中心城区出租车市场非法营运现状和运价较低等项诉求，市局领导均一一作了答复，并进行耐心细致的解释、劝说工作。座谈会取得较好效果，本欲赴市政府群体上访的出租车司机已于当日上午全部散去。

(李　明)

【樟树市交通运输局抓好维稳】 市交通运输局围绕樟树经济社会发展目标，保安全、促稳定，推进交通事业和谐健康发展。一是抓好行业安全监管。推进渡口标准化建设，按要求在临江双洲渡口和黄土岗黄家渡口先行建设，落实专项资金34万元。督促汽车站落实封闭式管理和客车安全例检工作，严格执行"三不进站、六不出站"，对营运车辆运营情况进行实时监控，确保运输安全。二是抓好交通稳定。扎实做好船运公司棚户区改造拆迁维稳工作。涉及拆迁公司办公楼及住户24户，接待安抚专访人员30余次，妥善处理公司生产、职工生活和企业生存利益关系，保持企业稳定。同时做好出租车司机集体上访矛盾纠纷排查调处化解工作，保持客运稳定。三是做好交通费改税后交管站人员队伍稳定工作和思想稳控工作，维护正常工作秩序。四是完善交通综治维稳、行政调解、平安创建、三网建设工作机制和台账资料，夯实维稳基础，确保交通稳定。

(杨　波)

【万载县交通运输局扎实开展综治工作】 2013年，县交通运输局综治工作注重从思想认识、制度保障、学习教育等方面人手，做好基层综治基础工作，重点履行好自己的综治职责。(1)大力开展打击非法营运专项整治工作，县运管所成立个交通稽查队，全年出动执法车近360辆次，纠正违规行为240余起,立案处罚156起。(2)抓好交通运输安全管理,重点抓好旅客运输和危货运输的安全管理。加强山区班线安全隐患排查,遇有安全隐患及恶劣天气下采取停班停运,确保旅客运输安全。对危货企业,运管所定期(每周两次)通过手机短信对所有危货司机做安全提醒,并向周边地市高危爆炸品企业发告知书,不得接纳万载危货车辆装运黑火药等高危爆炸品。(3)加强护路护线工作,局武装部成立路桥抢修分队,调集人员和设备,确保险重急难时刻能保障道路畅通。加大对所辖的县乡道巡查,全年共排查农村公路200余千米地,安装减速带160米。查出通班线公路安全隐患3处,全部整改到位。(4)创新社会管理,实行人性化管理,做到只纠章不处罚,一般不采取设卡检查方式,采用源头管理,并采取预约服务、上门服务、发放便民卡等便民措施。(5)抓好矛盾纠纷排查化解工作,发现不稳定苗头,及时化解,全年排查矛盾纠纷12次,对排查出来的高速公路征地拆迁、出租车群体方面的矛盾纠纷,安排专人进行认真的调处。(6)积极做好信访工作,全年共接待信访人员18次,做好了5件信访书面答复工作。拖延达一年之久的部分出租车司机诉求问题也在近期内得以解决。全年没有出现上京、赴省访,未出现赴市集体访。整个综治工作年终考评取得较好成绩。

(王明牙)

交通建设管理

【概况】 2013年,基建管理部门克服困难,保障各项工作顺利平稳推进,并且在完成各项日常工作的同时,抓好电子化招标、信用系统建设等重点工作。

基本工作完成情况。1.工程招标投标监管。切实把好招标方案关,严格审查招标文件,不断创新招标方法,认真受理各类招标投诉事件。全年共备案46项招标方案、招标文件,备案37项招标结果。

2.施工图审查批复。完成九江绕城高速公路、金溪至抚州高速公路、都昌至九江高速公路星子至九江段、南昌至樟树高速公路改扩建工程、资溪花山界(赣闽界)至里木高速公路、南昌龙头岗综合码头一期工程、樟树市赣江二桥工程、德上高速公路童坊至玉峰连接线新建项目、井冈山厦坪至睦村高速公路机电工程、九江长江公路大桥机电工程、寻乌至全南高速公路绿化工程等项目的施工图审查及批复工作。

3.施工许可办理。完成九江绕城、都九、金抚、万宜、资溪、寻全、昌樟改扩建等项目的施工许可审批及报送工作。

4.设计变更审查。完成九江长江公路大桥、井睦、鹰瑞高速公路设计变更,永武、德昌高速公路损坏地方道路补偿等审批12批、1101项。

5.竣工验收工作。完成康大高速公路竣工验收和界牌航电枢纽工程验收。

6.已交工未竣工项目验收准备。全省已交工建成通车未组织竣工验收项目23个。2013年全省有南昌西外环、瑞赣、武吉、鹰瑞、石吉、赣州绕城、彭湖、九瑞等8个项目应当完成竣工验收。2011年通车的德昌、永武、昌奉、隘瑞、瑞寻等5个项目不同程度存在滞后,要进一步加强对这些项目竣工验收工作的调度、指导力度。

7.竣工决算审批。完成赣州至大余高速公路、江西省道路运输科技教育培训中心、景婺黄(常)高速公路建设等项目竣工决算审批。

8.建设市场管理。累计审查施工、设计资质申报80项。复核监理资质申报4项,受理厅属企业资质申报6项。

9.工程款、农民工工资拖欠处理。共受理工程款纠纷、农民工工资拖欠等事项共25起(不舍各类电话、来函投诉及有关部门转来的协办事项),涉及金额458.2万元。

10.其他工作。会同厅质监站完成交通部水运工程质量安全督查迎检工作和国务院防起重设备及脚手架坍塌专项检查迎检工作。

重点工作完成情况。重点抓好以下六项工作:一是强化项目管理;二是建设网上招投标系统;三是提高评标专家素质;四是加大交通建设市场管理力度;五是做好项目成本分析研究;六是进一步完善制度建设。

1.强化项目管理。强化项目管理主要做了两件事:一是继续深入推进管理标准化活动。2013年,以实施项目管理标准化为抓手,将管理标准化要求成为项目管理的常态化工作,管理标准化有关要求直接进入招标文件,成为合同的一部分。专门制定了《建设单位考核管理办法》和《标准化活动考核管理办法》,加大了对各项目建设单位及管理标准化活动开展情况的考核力度。二是加强了已交工项目的管理。上半年专门召开项目调度会,就已交项目的下一步工作进行部署,就各项目的竣工安排进行指导。

2.建设网上招投标系统。2013 年 10 月,对昌栗和昌宁高速公路主体工程电子招标进行了创新,并成功实现全过程电子招标,标志着全省高速公路主体工程施工电子招标系统的全面建成。

3.全面提高评标专家素质。省厅完善了《江西省交通运输厅评标专家库管理办法》,并在全省试点综合评标专家库。还专门组织专家培训,根据资格认定、考试成绩、培训考勤等情况,最终816 人培训合格,正式进入专家库,391 人不合格,取消专家资格。

4.加大交通建设市场管理力度。2013 年,厅花了大量精力推进交通工程建设领域诚信体系建设,为实现部省信用信息全面对接,对现有信用管理办法进行了修改、调整,起草了《江西省公路施工企业信用评价实施细则》。并从操作层面逐步实现信息的互联互通,做到真正奖优罚劣。对讲信用的企业,提高其业信用等级,对信用等级高的企业,对其在投标保证金、履约保证金、投标资格数量等方面给予优惠。对不讲诚信企业,坚决予以处理。2013 年,省厅对因发生行贿、出借资质、弄虚作假骗取中标、转包等失信行为的 1 2 家企业,将其信用等级直接降为 D 级,2 年内禁止参加全省交通建设市场招投标。

年初,因网上招投标系统建设需要,制定《江西省公路水运建设市场从业单位备案管理办法(试行)》。约有 600 家施工企业在备案系统中登记备案。其中,公路一级施工企业有 380 家。备案系统中企业的信息,如资质、人员、业绩等,都是在网上公开的,接收社会监督。一旦有人举报为虚假信息,一经查实,信用就要扣分。备案系统杜绝了招投标活动中投标人利用虚假资料骗取中标的行为。

5.认真做好成本分析研究。根据省政府要求,会同设计、造价管理等部门多次召开会议,提出合理降低全省高速公路建设造价的方法和措施,并在施工图设计审查和审批环节贯彻执行。根据调研意见。省厅还专门印发《关于进一步加强全省高速公路工程造价管理意见的通知》,将高速公路工程造价管理工作进行了规范。

6.进一步完善制度建设。为加强建设项目的分包管理,有序规范分包行为,拟定《江西省公路工程施工分包管理实施细则(送审稿)》;为进一步规范全省公路建设项目招标投标行为,提高工程质量和投资效益,拟定《关于规范公路建设项目招投标管理的若干规定(送审稿)》;为提高设计变更审批效率,明确建设各方在设计变更管理中的权责,还修订《江西省高速公路工程设计变更管理办法》和《全省高速公路连接线管理规定》。

(陈雪玲)

【翁孟勇到江西调研】 10 月 17 日,交通运输部党组副书记、副部长翁孟勇率调研组到江西九江新长江大桥、九江港城西区集装箱码头,就江西港口建设和沿江经济发展情况进行调研。江西省省长鹿心社,省委常委、省纪委书记周泽民,副省长李贻煌在南昌会见调研组一行。省政府副秘书长张小平,省交通运输厅党委书记、厅长朱希,省发改委副主任李志刚,省交通运输厅总工程师胡钊芳、副厅长梁必康等陪同调研。

在九江新长江大桥上,翁孟勇详细了解大桥施工工艺、技术难题以及标准化施工情况,对大桥项目建设成绩表示肯定。他说,九江新长江大桥对缓解长江南北交通压力、加强长江两岸经济社会联系、加快沿江经济带开发建设等都具有非常重要意义。要始终把追求质量放在第一位,进一步加强质量控制,精益求精,精雕细琢,打造精品。

在九江港城西区集装箱码头,调研组一行详

细了解了码头运行情况,并听取九江沿江开放开发情况汇报。翁孟勇表示,他对九江沿江经济建设印象深刻,希望江西利用好、发挥好得天独厚的水运资源优势,特别是要围绕沿江经济发展的转型升级,加强省内以及与周边省市的互动互补,统筹好港口规划布局,推动港口功能结构的优化调整。同时,进一步完善配套集疏运基础设施,发挥综合交通运输体系优势,为沿江经济发展提供强有力支撑。

翁孟勇一行还深入江西晶能有限公司、江铜集团等有关企业生产一线,了解有关交通产品研发生产情况。

(张永康)

【景婺黄高速公路喜获表彰】 7月9日,中国土木工程领域科技创新最高荣誉奖——中国土木工程詹天佑奖颁奖大会在北京隆重举行,32项精品工程获得表彰,其中公路工程仅有3个,景德镇至婺源(塔岭)高速公路项目(简称景婺黄高速)榜上有名,成为目前为止江西省唯一获此殊荣的项目,填补了江西省在这上奖项上的空白。省高速集团总经理、原景婺黄(常)项目办主任谢来发代表获奖工程领奖,省交通运输厅副总工程师、省高速集团副总经理王昭春以及项目设计、施工、监理、咨询单位代表参加了会议。

"詹天佑土木工程奖"是中国土木工程领域科技创新最高荣誉奖,自1999年创立以来,得到了科技部、住房城乡建设部、铁道部、交通部、水利部等部门的大力支持,至今已评选十一届。詹天佑奖旨在奖励"自主创新",奖励在工程建设中突出科技创新与新技术应用方面成绩显著的项目,评选范围覆盖建筑、铁道、交通、水利系统以及航天、海洋、核电等特种工程,评选过程充分体现创新性、先进性与权威性。

(陶光辉)

【江西交通咨询公司获公路工程咨询项目管理甲级资质】 江西交通咨询公司荣获国家发改委批准颁发的工程咨询单位公路工程项目管理(全过程管理)甲级资历质证书,可承担全过程策划和准备、实施阶段具体业务,成为江西省内首家获得该项咨询甲级资质的单位。

交通咨询公司一直从事公路水运工程施工监理、项目代建、试验检测等相关的工程咨询和技术服务。本项资质获得后,公司将继续发挥政策扶持和项目代建"两个优势",拓展"全周期"咨询范围和"全范围"咨询领域,除了开展的初步设计、施工图审查、重大工程变更审查以及项目后评价等业务外,业务内容将逐渐向政策咨询、管理咨询、技术咨询方向发展,为公司进军全国咨询市场、构建业务新格局奠定扎实基础。

(江西交通咨询公司)

【省交通运输厅强化交通建设工程监管】 在党的群众路线教育实践活动中,江西省交通运输厅紧紧抓住群众高度关注的工程建设领域监管问题,立改立行,对症下药,关住权力,堵住漏洞,努力营造良好的交通建设环境。

针对暴露出来的问题,江西省交通运输厅在南昌至宁都、南昌至上栗高速公路主体工程招投标中,实行资格后审有限数量制的电子化招标方式,做到"一公开一保密、两个自动、五个随机",增加招投标过程的透明度,减少人为因素影响。"一公开一保密",即招标工程量清单解释、子目单价、最高投标限价对外公开发布,投标人信息在招标过程中严格保密。"两个自动",即投标人的投标业绩等内容系统自动提取、自动清标。"五个随机",是指投标子类别由系统随机分配,每个标段可通过的最多投标人数量、投标人的可投标段、评标基准计算办法、评标基准计算参数现场随机抽取。

7月15日至9月30日,江西交通系统开展了针对副处以上干部利用职务影响,干预和插手在建工程项目,为个人和亲友谋取利益行为的专项治理活动,严肃处理了1名干部,收缴工程建设管理人员红包22.32万元,清理了3支劳务施工队伍。

此外,江西交通运输厅还组织修订完善了《高速公路项目建设单位管理考核评价办法》、《公路工程设计变更管理办法》等一系列工程建设领域规章制度,实现长效化治理。

(李 明)

【省交通工程质量监督站加强质量监督】 该站采取的措施主要有:

1. 创新监督手段。"提前介入":在项目招标阶段，审核新开工项目的施工、监理招标文件，将交通运输部、省厅加强质量安全管理的规范性文件要求和“管理标准化”“平安工地”考核评价等活动的理念、措施纳入合同文件。“图文并茂”：采取“图文并茂”的形式进行督查反馈，使参建单位负责人更直观了解存在的突出问题，有效提高了整改的主动性。同时，实行督查“回头看”，有效加强了存在问题的整改力度。

加强与法人联系，采取向企业法人发送履约情况告知函和约见企业法人代表的方式，及时通报其企业在赣从业履约情况、存在的突出问题和下步加强质量安全管理的要求，督促其加大投入、提高履约能力，取得明显成效。

2. 开展专项整治。开展隧道支护偷工减料专项打假。采取破坏性检查方式，对凿开外露的超前锚杆、系统锚杆进行长度和砂浆饱满度检测。随机指定路段采用探地雷达对初期支护的喷射砼厚度、钢支撑间距、二衬砼厚度、主筋间距进行检测。通过专项打假，偷工减料的行为得到了遏制。

3. 加强行业指导。组织两期业务培训，全省县站以上质监人员共计200余人分两期参加了质监业务培训。开展联合督查，采取省、市联合督查，提高市（县）站监督人员发现问题、处理问题的能力。统一质监网站，统一建立了市站门户网站，全面推行质监信息网上公开及电子政务，建立省、市站工作协调联系机制。

4. 深入推进管理标准化活动。强力推动工法开发：制定《施工工法开发方案》，下达各重点项目标准化工法开发任务，并与活动考评挂钩。九江长江公路大桥项目“中跨顶推辅助合龙施工工法”等28项新工法通过了省级工法评审，6项正在申报国家级工法；通过成功经验和成熟工法的推广应用，管理标准化活动得到了深入推进，“粗活细作、细活精做、精益求精”的精细化管理理念逐渐深入人心。打造活动宣传平台：全年编印12期《管理标准化简报》，发放2100余份，及时宣传各项目活动开展的好经验、好做法，营造了“比学赶超”的活动氛围。加强活动考核评比：通过督促各项目主管单位、建设单位加强对活动开展情况的过程指导、检查和考核，进一步建立健全活动考核激励机制，推进活动深入开展。完成了对10个在建高速公路项目活动开展情况的考评。

5. 加快制度建设。2013年6月，省厅成立《江西省公路水运工程质量安全监督管理条例》立法工作领导小组，该站建立相应工作机构，经广泛征求意见，形成条例（送审稿）报省政府法制办，并正式列入省人大立法项目库。配合省厅完成《江西省交通运输行政处罚自由裁量权使用规则》和《江西省交通运输行政处罚自由裁量权执行标准》的修订工作。代厅拟定并印发实施《关于进一步加强预应力工程质量管理的通知》《进一步加强隧道工程质量和安全监管工作实施意见》，制定《江西省公路水运工程生产安全事故调查处理程序》《江西省公路水运工程基桩检测工作的有关要求》。

（胡金明）

【省交通工程质量监督站强化安全监管】 该站以“平安工地”考核评价工作为抓手，深入开展“百日安全大检查”等专项活动，安全发展和本质安全的理念得到进一步强化。全年全省公路水运工程建设共发生一般生产安全事故4起，累计死亡5人。死亡人数占省安委会下达重点工程建设安全考核控制指标的27.8%，全省交通重点工程安全生产形势保持平稳。

1. 强力推动“平安工地”考核评价工作。及时部署：配合省厅举办专项宣贯培训班，宣贯部“平安工地”考核评价办法及标准，及时部署全省“平安工地”考核评价工作。强化指导：配合省厅对九江绕城、寻全等8个项目“平安工地”创建达标工作开展情况进行了专项督查，对部分项目及参建单位“平安工地”考核评价工作“走过场”、施工现场安全隐患未得到及时整改等问题进行了通报，责成其抓好整改工作。严格考评：对在建的11个高速公路和南昌龙头岗综合码头一期工程项目进行了“平安工地"考核评价。九江长江公路大桥、井睦、萍洪项目和南昌龙头岗综合码头一期工程等4个项目考核评价为“示范”等级，其他项目及单位考核评价为“达标”等级。九江长江公路大桥和井睦2个项目正式被交通运输部和国家安全监管总局冠名为2013年度公路水运建设项目“平安工程”。

2. 强力推动专项整治活动。深入开展工程建设领域预防施工起重机械脚手架等坍塌事故专项整治活动。代省厅制订预防坍塌事故专项整治活动方案，并根据江西交通建设特点，将隧道掘进、高大模板工程、深基坑施工和施工车辆管理纳入专项整治范围。强化跟踪坍塌事故隐患的整改验收销号工作,切实做到整改措施、责任、资金、时限和预案“五到位”,保持预防坍塌事故的高压态势。深入开展“百日安全大检查”活动。活动期间,在建重点公路水运工程项目共排查出安全隐患753处,已整改751处,整改率99%。个别一时难以整改到位的隐患,采取了有效防范措施。

3. 多措并举,不断强化安全生产监管工作。督促指导各在建项目结合“交通工程质量安全管理系统”,建设施工视频监控系统,在高墩桥梁施工、隧道开挖等关键部位和预制场、砼拌和场等重要场地安装视频监控系统,运用远程数据传输技术实现关键工程、重要部位的全天候远程监控。加强安全督查。各项目监督组每月至少组织1次监督检查,省站每季度至少组织1次专项督查。下发督查通报18份,抽查意见通知书80余份。督促整改寻全等项目部分桥墩登高及高处作业安全防护措施不到位等重大安全隐患。规范安全事故调查工作。强化生产安全事故责任追究,做到每起事故均派人赴现场调查了解,深入分析事故原因,厘清相应责任,依据信用评价管理办法进行处罚,建立健全安全生产管理长效机制。

(胡金明)

【省交通工程质量监督站加快信用体系建设】 配合省厅修改新的施工信用评价规则,《江西省公路施工企业信用评价实施细则(试行)》已印发实行。新办法与交通运输部公路施工企业信用评价办法接轨,适用性和公平性进一步增强。按时完成了2012年度监理和试验检测机构及其人员的信用评价工作。全省有16家监理企业信用等级被评为AA级、3家被评为A级。有23家检测机构被评为AA级、23家被评为A级,1家被评为B级。及时完成施工企业信用等级评价工作,73家施工企业被评为AA级、59家被评为A级、75家被评为B级、9家被评为C级、11家被评为D级。对有失信行为的185名检测人员和11名监理人员信用评价作出扣分处理。

(胡金明)

【省交通工程质量监督站课题研究取得成果】

1. 该站自主研发的《江西省交通工程质量安全管理平台》历时2年建设,2013年,底通过江西省交通运输厅验收。平台利用数字水印、云计算、3G技术,在隧道进出口、料场、钢筋加工场、工地试验室操作间等施工现场关键部位安装摄像设施,对重点施工现场进行远程监控,实现工程技术管理人员、质量监督人员现场办公(文字、图片与录像)一体化,强化过程控制。

2. 该站组织课题组开展岗前安全培训教材研究。历经3年,于2013年8月编制完成《江西省交通建设一线作业人员岗前安全培训教材》(含光盘),填补了目前国内公路水运工程一线作业人员岗前安全培训教材的空白,解决了一线作业人员安全教育培训难题。该教材可用于一线作业人员岗前安全培训,也可作为安全管理人员学习掌握公路水运工程建设安全生产知识的教材,具有较强的指导性、针对性、实用性。

3. 该站与江苏省交通科学研究院股份有限公司合作,历经两年,在总结提炼公路工程试验检测操作成功经验的基础上,完成《江西省公路工程试验教学片》摄制,已由人民交通出版社出版,在全国范围内发行。教学片遵循科学与实用的原则,以国家和部颁技术规范、规程、标准为依据,包含公路工程原材料、水泥混凝土、无机结合料、沥青混合料、现场检测五大类70余个参数试验检测项目,演示了试验检测操作的全部过程,有助于不同层次的试验检测人员掌握试验操作步骤、要点,对规范试验检测操作具有较强的实用性和指导性。

4. 完成《江西省高速公路质量控制要点地方标准》课题研究,编辑完成《江西省施工标准化图册》并报交通运输部。

(胡金明)

【江西补充《公路工程预算定额》定额编制】 为适应公路建设发展和管理需要,补充完善计价依据,根据交通运输部公路工程定额站下发的《关于开展对现行公路工程预算定额和概预算编制办法修订工作的通知》(公定字〔2010〕011号)文件要求,2013年,省交通工程造价管理站组织测定和编制“路面标线”、“减速带”两项补充定额,形成《江西省公路工程2013年补充预算定额》,与部颁2007年定额编制办法配套使用,经省交通运输厅批准试行。两项补充定额的发布填补江西省公路工程补充定额编制和发布的空白，对合理确定公路工程建设投资，有效控制工程造价起到了积极的作用。

（陈　剑）

【厅规划办加强造价管理】 2013年，省交通工程造价管理站紧紧围绕交通运输发展大局，创新机制，合理管控，主要完成四方面的工作。定额管理方面，为四新技术的推广运用，完成2个子目的江西省公路工程补充定额编制工作，填补了江西省公路工程补充定额发布工作的空白；完成《公路工程预算定额》江西31个子目的修编任务，提交《江西省绿化估算指标》（送审稿）；编写《江西省公路工程造价水平测算》大纲。造价审查及招标控制价编制工作方面，完成抚州至金溪高速公路、昌樟改扩建等工程工程造价、九龙湖新增工程限价编制工作；编制石虎塘导托渠、导流渠修正设计施工图造价审查、吉莲钟家山隧道修正设计施工图造价审查初稿；完成德上童坊至玉峰连接线、昌九通远试验段施工图造价审工作。工程变更工作方面，完成对武吉审计漏算、武吉缺陷、瑞寻塌方特大变更、德昌、寻全高速第一期、鹰瑞7－16期等变更出具了审核意见；起草《江西省公路工程工程变更管理办法（初稿）》；此外，编辑发布2013年《江西省公路、水运概算、预算主要外购材料平均供应价格信息》（共六期）。资质管理工作方面，建立公路工程造价人员个人信息档案，完成公路工程造价人员资格印章更换工作，组织公路工程造价人员过渡考试资格预审和考务工作，1100余人次参加2013年度公路工程造价人员过渡考试，组织完成水运造价工程师认证工作，49人通过认证。

（陈　剑）

【莲花县交通建设管理有方法】 该县交通运输局继续实行以奖代补的办法实施农村水泥路建设，坚持“四个优先”的原则，带动村级组织和受益群众的积极性，采取“政府补一点、集体出一点、个人集一点、社会捐一点”的筹资方式继续推进“村村通”工程，大力实施通村水泥路建设 。全年共完成农村公路建设170余条，里程达120千米，实现100%的行政村，78%的自然村通水泥路，推进了该县农村交通向纵深发展。为确保工程质量，莲花县交通运输局严格执行工程建设“六项制度”（项目法人责任制、招投标制、工程监理制、合同管理制、安全管理制、廉洁管理制），严格按施工程序操作，加强工程质量监管理。

（莲花县交通运输局）

【吉安市出台进一步加快交通运输事业发展实施意见】 吉安市出台《关于进一步加快交通运输事业发展的实施意见》。该意见围绕全市经济社会发展新形势，坚持“适度超前、稳中求进”原则，科学提出了到2015年吉安市交通运输事业发展的各项目标任务。意见明确指出，到2015年吉安市高速公路通车里程将突破600千米，2020年力争突破800千米；100%的县有一条一级公路技术标准的高速公路连接线、100%的县通国道、80%的乡镇通省道，国道路网二级及以上公路比重达到90%；到2016年，建成通自然村水泥路6692千米，率先实现行政村通25户以上自然村建成水泥路；将吉安港建成区域性综合物流中心，力争赣江通航等级大部分水域达到三级航道标准；建成井冈山旅游客运站、吉安青原汽车站2个综合客运枢纽，建成井冈山经济技术开发区物流园、河西综合物流园、青原现代物流园、吉安县物流园4个综合货运枢纽，实现100%的乡镇和95%的建制村通客车；重点建成衡茶吉铁路，全面开工蒙西至华中地区铁路煤运通道、昌吉赣客专项目；到2015年，完成井冈山机场扩建项目。

（吉安市交通运输局）

【宜春市加强管理确保农村公路桥梁建设质量】 全年全市农村公路建设1250条，里程13732千米，完成工程投资9.23亿元。经年底组织专家验收，工程合格率100%，有力推动全市农村公路交通发展。一是一个工程一个机构。分县（市、区）乡（镇）和行政村工程，分别成立县、乡、村三长为组长（总指挥）的工程建设领导小组或工程建设指挥部，实行统一领导、统一组织、统一部署、统一时间、统一调度、统一协调、统一验收，部门各司其职，任务明确，责任到人。二是一个工程一个方案。坚持制定《工程建设实施方案》，对施工队伍、建筑材料、工程进度、工程质量、施工程序和施工安全等提出明确要求，严把工程设计、工程招投标、材料进场、施工程序、工程竣工验收关。进一步强化监管,全面开展清理工程挂靠、工程转包,发现一起,查处一起,将违规施工单位清退交通建设市场,确保工程质量。三是一个工程一个培训班。以县(市、区)为单位,举办1期工程法人、施工单位经理、监理人员参加的培训班,学期为3—5天,请公路、桥梁专家、学者讲授公路、桥梁建设基本知识和法律知识,通过培训,进一步提高质量和法律意识,为保障工程建设质量创造条件。四是一个工程建立一个监管机制。为确保工程建设质量。市政府印发《工程建设事故实行责任终身追究制的通知》,全市实行农村公路、桥梁建设施工单对工程质量和施工安全一日一自查,乡村一旬一检查,县(市、区)一月一督查,做到正常检查与突击检查相结合,明察与暗访相结合,开展查思想、查制度、查质量、查隐患、查安全,发现问题及时整改到位,全面保障工程建设质量。

(吴泽水)

【宜春市袁州区加强农村交通工程建设管理】 该区全年完成农村公路建设项目共218个,总里程259.75千米,实现工程投资4900余万元;完成危桥改造项目2个,177延米,完成投资384万元;公路安保工程项目1个,处理隐患里程18.35千米,投资110万元;新建农村村组候车亭项目14个,投资42万元。为做到进度快、质量优、效果好,区交通运输局高度重视,加大工程管理力度。一是严格落实责任制度。制订工作方案,明确领导分工,做到"一项目一领导";签订责任状,做到工作有人做,责任有人担;层层分解,一级抓一级,层层抓落实。二是加强监管,确保工程质量。不断完善业主、监理、施工三方监督体系,强化工程监管,坚持把好"五关":项目申报关、项目测设关、资金管理关、工程质量关、工程进度关。加大项目督查力度,按照"项目化、时间表、责任人"的要求,及时掌握各个项目进展情况。三是严格遵循项目建设程序。所有建设项目都必须经由各乡镇进行项目计划申报,待项目审批后,组织专业技术人员同项目建设所在乡镇、村组进行项目测设。凡列入农村工程建设项目的,均须进行公开招投标,且严禁项目转包分包。严格落实开工许可申报制度,各项目需取得施工许可单后方可开工建设。四是加强工程质量通报力度。区交通运输局对交通工程建设实行一月一通报制度。每月组织专业人员进行一次现场检查,并将检查情况及时予以通报公布,对验收时确定为不合格的工程一律无条件返工,全力确保工程项目质量。

(李 庆)

【高安市举全局之力确保桥梁安全运行】 针对车主利用管理空档集结超重超载车辆,在凌晨两三点集中通行高安大桥、筠州大桥,给两桥运行安全造成严重威胁的新情况,市交通运输局及时作出调整与部署,确保两桥安全。(1)统一思想认识。7月2日,局召开班子会,专题研究讨论治超新方略,制订《进一步加大两桥治超力度的工作方案》,班子会上,领导干部统一思想,一致认为必须举全局之力,严防死守,严管重罚,严明纪律,不徇私情,不畏权势。7月3日召开全系统干职工大会。对部职工进行思想动员,要求大家必须本着对人民群众利益高度负责的精神,克服畏难情绪,坚定信心,攻坚克难,坚决扼制超载超重车辆通行两桥。(2)完善组织机构。全系统160余名男性干部职工一律参与治超,分成10个组,每组15人,每晚2个组,一桥一组。并抽调,10名一线执法工作经验丰富的中层干部任组长,主抓晚上治超工作,封杀时间差,堵死管理空档。成立督导组,督导组人员由局领导干部组成,每晚一名领导跟班督查指导治超工作。(3)严明工作纪律。各单位负责人必须督促本单位干部职工按时到岗到位,否则每次给予单位负责人200元处罚,职工给予100元处罚。(4)加大宣传力度。在两桥桥头设置电子屏幕,滚动宣传治超的目的、意义及必要性,并将加强与电台的沟通,将治超动态及时传达到群众。(5)治超效果明显。30余名执法人员分赴两桥,认真履责,严密管控,有力遏制超载超重车辆通行两桥,确保两桥安全平稳运行。

(张松林)

【铜鼓县开展农村公路质量评定】 9月中旬,根据《铜鼓县农村公路改造质量等级评定实施办法》,县交通运输局农村公路改造质量评定小组对2012年的8个农村公路建设项目进行质量等级评定。参加此次检查评定工作人员有该局分管领导、各乡、镇(场)分管交通工作的领导,公路所技术人员、施工单位代表共26人。此次共评出合格工程6个,优良工程1个,不合格工程1个。对不合格工程,扣去其质押金5万元,施工经理两年内不得进入交通工程基础设施建市场。对评为优良工程的,给予施工经理2万元的奖励。

(黄祖芳)

高速公路管理

【概况】 2013年,省高速集团全体员工在任务重、困难多的情况下,和衷共济,砥砺奋进,圆满实现了年度目标,保持了良好的发展态势。

1. 全力推进项目建设。2013年,集团续建、新建项目多达12个共822千米。一是项目建设稳步推进。如期建成了九江新长江大桥、井冈山厦坪至睦村高速公路,完成抚吉高速赣江特大桥以西段竣工扫尾工作,全省高速公路通车里程达4335千米;圆满完成了续建项目阶段目标,其中万载至宜春、九江绕城、昌樟高速改扩建、昌九高速改扩建通远段、昌西南连接线项目路基土石方、涵洞通道、桥梁下部构造基本完成,复工建设的萍乡至洪口界项目路基土石方基本完成;顺利开工金溪至抚州、都九高速星子至九江段、南昌至宁都、南昌至上栗等四条高速公路,里程总长525千米,投资高达321亿元,为2015年通车里程突破5000千米奠定了基础;全面启动昌九改扩建、广昌至吉安等11个、1000多千米项目的前期工作,为2016年通车里程突破6000千米做好了准备。二是项目管理努力创新。大力创新项目管理,进一步理顺投资计划管理程序,归口管理立项,统筹安排资金;组建项目前期工作办公室,对前期工作实行集中管理、统一推进;在昌宁、昌栗项目主体工程中实行全过程电子招投标,从源头上规范了招投标工作流程。三是项目成果比较明显。九江新长江大桥主桥跨径818米,位居世界斜拉桥第七位,创造了不对等斜拉桥跨径第一等四个世界之最;井睦项目克服全省最长公路隧道施工难题,在国内率先试行项目监管一体化和设计施工总承包组合模式;景婺黄(常)高速公路荣获了工程建设领域最高奖项詹天佑奖。

2. 筹资工作有新突破。一是大力推进融资创新。克服金融市场罕见的钱荒,以及流动性紧张导致的巨大融资压力,创新思路、主动作为,全年融资总额同比增长14%,其中省外融资占总额70%,综合融资成本低于周边省份同行业企业,没有与省内企业抢夺金融资源。一方面,开拓了间接融资空间,继续加强与新加坡银行、平安银行、厦门国际银行等省外金融机构的战略合作,省外间接融资同比增长1 3%;另一方面,扩大了直接融资规模,深入推进"北上广战略"和"总部战略",借助AAA信用优势,通过发行超短期融资券、定向工具、信托融资等方式,实现直接融资占融资总额的47%,发行中共十八届三中全会以来首单金融创新产品——地方企业超短期融资券,并创造了国内首单半年期基础利率贷款、省内唯一"险资入赣"和省内最长期限中期票据等多项纪录。二是着力抓好堵漏增收。平稳推进收费标准调整,强化"绿通"查验,大力开展冲岗逃费整治、专项稽查等专项活动,在14个重点收费站试点安装防冲岗逃逸器,堵漏增收成效显著,全年共查处偷逃费车辆2.3万辆次,追缴通行费1000多万元。2013年,在上缴财政统筹20亿元、执行重大节假日小客车免费通行和"绿通"政策免收11亿元通行费的情况下,收费总额达93亿元,同比增长12.24%。

3. 养护管理更加科学。一是夯实了管理基础,修订补充了《高速公路养护管理办法》《特殊桥梁管理办法》等制度,完善并推广标准化养护VI形象体系,深化养护管理综合平台建设。二是推进了路况整治,全年投入养护经费5.3亿元,抓好了日常养护和预防性养护,扎实开展路况检测和评定工作,实施交通标志标牌专项整治和桥隧构造物病害整治,改造升级长大纵坡等特殊路段交通安全设施，科学制订养护施工方案，分批、分步启动泰赣、昌金、温沙、梨温、樟吉等路段的大中修工程。三是提升了技术水平，依托集团养护技术研究中心，提出了科学经济的路面处治方案，并大力开展“四新”技术的研究、引进和转化，在省内首次运用泡沫沥青就地冷再生水稳基层技术，进一步提升了养护科技水平。

收费服务更加便捷。一是提高了通行速度。落实站长带班制、预约服务制，建立了一套分流疏导、快速放行和灵活处置特殊情况的应急管理机制，试点使用自动发卡机、辐射成像“绿通”查验设备等，道口通行更加高效快捷。二是推进了品牌创建。深化收费窗口规范化服务，在落实“三个服务”、“五个统一”的基础上，组织收费员星级考评，推广星级收费站创建，推动收费服务品牌创建，新推出了“幸福昌铜”、“金庐陵”、江湾女子礼仪班等服务品牌。三是丰富了便民举措。通过发放宣传手册、提供路网信息等引导举措，推出积分送礼、免费救援、特约消费优惠等 VIP 服务，进一步满足了司乘需求。

服务区运营更加优质。环境进一步完善。着力抓好硬件设施日常维护，完成了总投资约 1.6 亿元的龙虎山服务区改址新建，推进了遂川、临川等 7 对服务区改建、改造工作。效益进一步提升。推广地方“土餐饮”文化、打造农特产品批发市场等，推进多元化、连锁化经营，全年实现营业收入 2.25 亿元，利润超过 3000 万元。深入开展“百姓满意服务区”创评活动，立足司乘多层次、个性化需求，设立医疗救助站、司乘休息室，试点推行畅行卡，推出修理工具箱、夏季免费淋浴等便民服务。

4. 加强基础工作。从制度建设入手，修订完善《督查督办制度》等，编印出台《集团管理制度汇编》，进一步规范了流程、严格了管理。从信息化建设入手，制定了集团信息化建设总体规划和工可，启动了信息化基础平台建设，完成了 OA 系统、视频会议系统一期工程，为提升全集团信息化网络管理效率打下了初步基础。从队伍建设入手，加强员工教育培训，采取内训外培等方式，累计培训 10000 余人次；积极回应员工诉求，通过工作对调、就近安置等措施，解决了 157 名员工的异地工作问题。从厉行节约入手，严格执行“三公经费”有关规定，会议、公务接待、办公支出、公车使用等费用大幅降低，减少经费支出 2000 多万元。

交通咨询公司立足监理、咨询等市场，产值超过 6600 万元；天驰公司成功取得公路工程试验检测甲级资质，实现产值 3500 万元；嘉和公司在巩固监理业务的基础上，拓展旧桥加固等业务，完成产值 3000 万元；高速物资公司销售中转沥青近 6 万吨，产值高达 3.5 亿元；高速传媒公司推进一站式户外媒体整合投放销售模式，建成媒体面积 3 万平方米，实现营业收入 3800 万元；完成了恒泰花苑项目和铜鼓、奉新、西海项目一期工程，房产开发总面积达 30 万平方米。

隐患整治不留死角，从细化排查内容、完善数据库建设、加强考核管理等入手，做到隐患排查常态化；开展了防汛自查、消防专项检查以及百日安全大检查，督查单位场所 1979 个，发现问题及隐患 1028 个，已全部整改落实到位。矛盾排查不走过场，试点运用综治智能管理平台，实时监控影响社会治安的重点区域，及时处置各类突发事件 26 次；探索建立民工工资支付新方法，并在昌樟改扩建项目上率先试点，实现民工工资“零拖欠”，省综治委将这一做法在全省推广。应急管理不遗余力，完善了预案体系和值班机制，加强了与相关部门的联勤联动，确保了恶劣天气下的道路畅通；推进了应急基地建设，全年共投入 706 万元用于新建储备仓库、采购应急物资设备，应急处置能力得到提升。

进一步推进文化体系建设。一是启动了集团核心价值观和行为规范表述语征集活动，开展企业文化小故事征集评选活动。二是文化生活多姿多彩，以高速文联、摄协、笔墨论坛为载体，开展了第三届“映山红杯"摄影大赛、人物风采展示等活动；组织“中国梦”主题系列活动，普及了第九套广播体操，举办“情系高速”交友联谊会。三是文明创建有声有色，建立集团重大先进典型信息库，深入开展各项文明创建活动和学雷锋志愿服务活动，全年荣获国家级、省部级荣誉 150 余项，集团荣获全国五一劳动奖状，敖志凡被评为第三届江西省道德模范并荣获第四届全国道德模范提名奖。四是与中央、省内主流媒体建立常态化的沟通联系机制，开通了“江西省高速集团公众出行服务”官方微博，开展“感知江西高速”等系列主题采访宣传活动，全年在国家级和省级主流媒体发稿２１０多篇，进一步树立了高速公路助推发展和高速集团奉献社会的良好形象。

（陈 菁）

【鹿心社检查指导春运工作慰问高速公路一线职工】 2月8日，省委副书记、省长鹿心社到公路开发公司信息中心，检查指导春运工作，并向高速公路干部职工致以亲切的慰问和新春的祝福。省委常委、常务副省长凌成兴，省人大常委会副主任、省交通运输厅厅长马志武，副省长李贻煌，省政府秘书长谭晓林，省交通运输厅党委书记朱希，省高速集团总经理谢来发等随同。集团党委委员、公路开发公司党委书记傅春华，介绍有关情况。

在监控大厅，鹿心社仔细询问了高速公路通行保畅和应急情况后，拿起视频电话，和工作在300多公里外的梨温高速公路赣浙省界梨园收费站的收费班长郑鸿飞通话："你好，你们辛苦了！我代表省委省政府给你拜年，并通过你向广大交通职工拜年，祝你们阖家幸福、万事如意。"

随后，鹿心社登上交通应急指挥车，了解车辆性能，对交通运输部门加大科技投入，提升应急保畅水平给予充分肯定。他强调，要科学应对，全力以赴投入到抗冰保畅工作中，积极做好雨雪恶劣天气交通运输保畅通工作，确保让旅客走得了、走得好；高速公路部门要在总结"十一"长假免费出行有效经验的基础上，完善各项措施，让人民群众出行更便捷、更满意。

（肖树山 练崇田）

【冯正霖考察江西高速公路】 2月27日，交通运输部副部长冯正霖深入江西省永武高速、福银高速庐山服务区，考察高速公路建管养工作。省委常委、常务副省长凌成兴，省人大常委会副主任、省交通运输厅厅长马志武，省政府副秘书长涂琼理，省交通运输厅党委书记朱希，省高速集团总经理谢来发、副总经理王昭春等陪同考察。冯正霖实地考察了永武高速公路排水降噪路面示范段、公路与自然相融的圆弧上边坡、浅碟式边沟以及雾区安全设施、彩色眩板等科技设施，详细了解了庐山西海服务区集成应用节能技术和运营管理情况，对永武高速大量推广应用科技成果，实现安全运营、绿色运营的做法给予充分肯定。冯正霖还考察了庐山服务区推行"同城同价"、提升服务水平的做法。他指出，江西积极探索，高速公路建设、管理、服务水平同步提升，在推进资源节约型、环境友好型交通运输业发展方面，为其他省市提供了有益的借鉴。

（省高速集团）

【凌成兴察看德上高速公路建设】 1月14日，省委常委、常务副省长凌成兴来到德上高速公路考察建设运营情况。省交通运输厅厅长马志武，省政府副秘书长涂琼理，上饶市委书记董仚生、副市长朱寅健、省高速集团有关领导陪同。凌成兴一行察看了大丘田大桥、汪村大桥和三清山西收费站，了解德上高速运营情况和职工工作生活情况，并向交通职工表示慰问。凌成兴表示，德上高速地形复杂，施工难度极大，施工期间遇到了许多难以想象的困难，项目建设者因地制宜、科学调度、创新思路，实现按时建成通车，很不容易。建成后的高速环境优美，有效地将路与周边环境有机融合在一起，很不容易。路段管理单位以人为本，努力改善收费人员工作生活条件的做法值得肯定。

凌成兴要求，项目办和路段管理单位要一如既往地完善服务区、景观绿化等后续工程，认真关心员工生活，改善一线员工工作生活条件，将德上高速打造成一条生态路、旅游路、景观路、和谐路。

（省高速集团）

【朱希到省高速集团赣州管理中心调研】 11月8日，省交通运输厅党委书记、厅长朱希，副厅长梁必康到省高速集团赣州管理中心调研指导工作，看望干部职工。赣州市政府副巡视员刘琮、厅机关有相关处室负责同志陪同。在听取赣州管理中心工作汇报后，朱希对近年来赣州管理中心取得的成绩给予肯定，对广大干部职工为交通运输事业发展所作出的贡献表示感谢。当得知赣州管理中心近期在开展干部竞争上岗时，朱希说，要对长期在异地工作的一线干部职工给予政策倾斜，激发和调动基层一线干部职工的积极性。

朱希指出，赣州管理中心管养四百余千米高速公路，工作强度大、任务重。要在做好收、管、养工作的基础上，坚持以人为本，关心关爱职工，不断改善职工工作和生活条件；要加强与地方政府的沟通，积极争取有关部门的支持；要切实加强安全生产工作，紧绷安全生产这根弦，维护行业和谐稳定局面；要扎实推进党的群众路线教育实践活动，认真开好领导班子专题民主生活会,把抓好教育实践活动和促进各项工作结合起来,努力以作风建设的实际成效提升能力、推动发展、取信于民。

(省高速集团)

【梨温高速赣浙收费处试运行绿通车辆局部成像检查系统】 3月底,一套高速公路绿色通道车辆局部成像检查系统在梨温高速赣浙收费处试运行,这是江西省第二套专业查验绿通设备亮相高速公路。该设备主要是利用射线辐射透视成像技术,直接将查验情况连线到收费岗亭显示器,无需人工查验车辆装载物品就能有效查看封闭式车厢内装载物品,对绿通货品识别率达100%。

(省高速集团)

【全省首台离行式ATM机在永武高速公路西海服务区投入营运】 1月15日,赣粤公司携手中国农业银行江西省分行,在全省首推服务区24小时自助银行金融服务,第一台离行式ATM机在永武高速公路西海服务区正式投入营运。峡江、吉安、石钟服务区ATM机也随后陆续投入运营。

(省高速集团)

【江西省对8类收费实行最高限价】 8月1日起,江西省实行新的高速公路清障施救收费项目和收费标准,对拖车、吊车、抢修等8类收费实行最高限价。按照新规定,在行车道上的故障车辆应立即予以拖走,在停车带上的故障车辆白天半小时内(夜间不超过15分钟)能自行排除正常行驶的,不得强行拖走收费。

(省高速集团)

【赣粤高速获“江西领军企业50强”称号】 11月1日,在江西领军企业50强调研活动工作总结座谈会上,赣粤高速与江西铜业集团公司、江铃汽车集团公司等50家企业一并荣获“江西领军企业50强”。

(省高速集团)

【江西高速传媒公司跻身中国区域性高速媒体20强】 5月,第十届中国户外传播大会在重庆召开,江西高速传媒公司被大会授予“2013—2014年中国区域性高速媒体20强单位”,成为跻身中国户外广告主流水准优秀企业的江西区域代表。

(省高速集团)

【赣粤股份公司获中国上市公司董事会建设特别贡献奖】 5月11日,由董事会杂志社主办、中国上市公司协会指导的第九届中国上市公司董事会金圆桌论坛暨“金圆桌奖”颁奖盛典在北京举行,赣粤股份公司荣获第九届中国上市公司董事会建设特别贡献奖,公司董事会秘书熊长水连续五届蝉联最具创新力董秘奖。

(省高速集团)

【春节期间全省高速公路出口车流量为403万辆】 2月9日至15日(2013年春节长假期间),全省高速公路出口车流量为403万辆,日均57万辆,同比上年春节(172.447万辆)增长133.76%;其中,小型客车383万辆,日均54万辆,同比上年春节增长150%。省高速集团严格执行对7座以下(含7座)小型客车不发卡、不收卡,抬杆放行的管理模式,认真落实收费窗口规范化服务和服务区“六保”要求,全力做好服务保障工作。

(省高速集团)

【“五一”假期全省免费通行小型客车90.8万辆】 4月29日至5月1日,全省高速公路出口免费通行小型客车(7座及以下)90.8万辆,通行量比上年同期增长76%,累计免费额4115万元;普通公路免费通行小型客车20.33万辆,免费金额182万元。

与清明节相比,“五一”免费通行本省高速公路和普通公路的小型客车数量减少了28.55万辆。随着重大节假日免费通行政策的常态化,江西省高速公路管理部门经过多个节假日免费通行的考验,高速设施更加完善、服务更加周到、管理更加科学,有效保障了全省高速公路安全畅通。

(省高速集团)

【畅行公司荣获第一届“中国高速公路优秀服务区管理公司”称号】 在中国公路学会主办的全国第七届高速公路服务区管理年会上,江西畅行公司荣获第一届“中国高速公路优秀服务区管理公司”称号。

此次评比活动是由评委会对申报企业的运营年限、企业(管理)规模、制度体系、经营成长、员工与顾客满意度、承担社会责任程度、企业文化特色、管理成果等方面进行了综合全面考量。经过激烈角逐,江西畅行公司在来自全国26个省市自治区的数十家申报企业中脱颖而出。

(省高速集团)

【省高速集团与摩根斯坦利亚洲、大新银行香港签约】 6月7日,2013年赣港金融合作发展推进会在香港会展中心举行,省长鹿心社出席并致辞,70余家香港知名金融机构高管出席推进会。推进会上,省高速集团总经理谢来发与摩根斯坦利亚太区首席运营官克里斯托弗·杰克逊、大新银行(中国)有限公司南昌分行行长刘彦进行融资项目合作签约。摩根斯坦利大中华区首席机构业务总裁曾立京、大新银行(中国)有限公司董事长黄汉兴鉴证签约。

6月5日,谢来发在深圳会见了招商银行总部及平安银行总部的高层,就金融交流与合作事宜进行了会谈。赴港期间,谢来发会见了摩根斯坦利亚洲、大新银行总部、星展银行香港总部的高层,深入了解了香港金融市场特别是境外债券市场的发展情况,并就集团境外融资等相关合作进行了交流,进一步推进了集团“总部战略”和“北上港战略”等融资战略的实施。

此次签约旨在充分利用香港国际金融中心的优势,加强与香港的金融交流与合作,借助香港发达的金融市场和完善的金融体系,以进一步扩大融资渠道、降低融资成本、控制融资风险,推进江西高速公路事业做大做强。

(省高速集团)

【省高速集团召开2013年融资洽谈会】 2月22日,省高速集团召开2013年融资洽谈会。省委常委、常务副省长凌成兴出席会议,省人大常委会副主任、省交通运输厅厅长、省高速集团董事长马志武致辞,省政府副秘书长涂琼理、国家开发银行资金局局长于春玲、省交通运输厅党委书记朱希、副厅长梁必康、巡视员孙茂刚出席会议,省直有关单位、省内外金融机构和中介机构等有关负责人共计130余人参加了会议。

会上进行了银企融资洽谈,谢来发代表省高速集团接受了国家开发银行递交的开发性金融支持江西省高速公路融资规划报告。国家开发银行总部、农业银行江西省分行、昆仑信托和平安银行分别代表政策性银行、省内商业银行、非银行金融机构和省外银行做了发言,并对集团的融资成绩表示认可、融资能力给予肯定、融资项目表示支持。

2012年,在国家宏观经济政策收紧、各地银行信贷规模紧缩的严峻形势下,江西省高速集团实施“北(京)上(海)广(州)战略”和“(金融机构)总部战略”,采取多项创新融资举措,累计筹措项目建设资金超过300亿元,达到303.7亿元,为全省高速公路项目建设提供了可靠的资金保障。

(省高速集团)

【省高速集团试水LPR贷款深化低成本融资战略】 11月7日,省高速集团成功获得南昌银行15亿元的LPR贷款,期限为半年,利率以基础利率(Loan Prime Rate,简称LPR)为定价基础,大幅低于同期基准。该笔贷款为江西省首单LPR贷款,是目前为止全国单笔最大金额的LPR贷款,也是对LPR一年期报价体系下,其他期限LPR贷款利率定价的首次尝试。

省高速集团以“AAA级”的主体信用和公募市场上良好的企业影响力,积极推进LPR利率机制在国有企业集团和基础建设领域的应用进程。2013年10月25日,央行正式公布LPR集中报价和发布机制,省高速集团迅速响应,利用集中报价机制对定价的指导作用,提出LPR贷款的合作意向,并与南昌银行签署了15亿元LPR贷款合同。

(省高速集团)

【江西高速首获地方企业超短期融资券注册】 11月13日,江西省高速集团100亿元超短期融资券顺利通过中国银行间市场交易商协会注册,成为国内第一家获得超短期融资券发行资格的地方企业。

超短期融资券是高等级信用企业以市场化利率,在银行间市场发行的低成本债务融资工具,自2010年12月开始试点发行。试点期间,只有重点AAA级央企才有资格发行,之后逐步放开至全部央企及核心子公司。2013年10月底,交易商协会同意发行人扩大至满足一定条件的优质地方企业,这是中共十八届三中全会之后首个金融产品创新,充分体现了交易商协会的创新意识和工作效率。省高速集团积极响应,在招商银行、兴业银行等13家金融机构的大力支持下,于10月29日将公司2013年度第一期超短期融资券注册申请文件报送银行间交易商协会。由于集团在交易商协会发行各类债务融资工具近300亿元,且信用评级和信用记录良好,仅12个工作日就完成了注册程序。

(省高速集团)

【省高速集团成功引入新加坡星展银行信贷资金】 1月,省高速集团与星展银行达成合作共识,获得了7亿元的信贷资金。此次7亿元的信贷资金是星展银行在江西省内发行的规模最大的一笔,也是新加坡银行与国内高速公路企业的首次合作。

(省高速集团)

【赣粤股份公司发行江西省首个7年期中期票据】 1月23日,赣粤股份公司本年度第一期7年期中期票据发行,票面利率为5.25%,较同期基准利率下浮20%,为同期同等级最低发行利率。这也是全省发行的首个7年期中期票据及期限最长的中期票据。

(省高速集团)

【省高速集团20亿元定向债务融资工具获准注册】 3月4日,省高速集团2013年第二期20亿元非公开定向债务融资工具在银行间市场交易商协会获准注册,并于3月29日成功发行。本次定向工具是与兴业银行合作发行,利率为4.75%,为近期定向工具发行利率最低,较同期银行贷款利率降低21%,节约近2500万元财务成本。截至3月,集团已累计发行五期定向工具,共计65亿元,融资规模和发行期数均居省内第一。

(省高速集团)

【赣粤高速成功发行15亿元10年期中期票据】 3月6日,赣粤高速成功发行15亿元10年期中期票据,是继2013年1月成功发行江西首只7年期中票后,在中期票据融资期限上的又一突破,此次中期票据也是江西省迄今为止发行的最长期限中期票据。本次中期票据票面利率为5.35%,利率较基准贷款利率下浮了18%。

(省高速集团)

【梨温高速多项“打逃”手法显成效】 2013年,梨温高速开展专项收费环境整治活动中,出组合拳,打击逃费车辆,净化高速公路收费秩序。一是从学习上找力度。该公司坚持开展业务交流与培训,通过系统的业务学习,让每个收费员成为打击逃费的行家里手,同时利用以老带新的方法开展收费业务交流会,逐步打造出一支技能过硬的收费团队。二是于工作中找依据。针对跳磅、刹磅、顶磅等现象屡禁不止,为了更有效地做好打击逃费工作,在安全岛上安装了摄像头,全程记录车辆的过磅过程,真正做到了打击逃费有据可查。三是在效率上动脑筋。一方面车流量大,一方面经查车主会恶意堵道,“打逃”与正常收费产生矛盾时有发生,该高速在收费车道安全岛搭建了简易式岗亭,查处逃费车辆时,启动便携式复式收费,灵活调动人员配合工作,确保收费一线高效率运作。四是在机制上找对策。专门公布“打逃”业务举报电话和开放群众来访接待室,由收费分管干部轮流值班,及时了解一线情况,做到群众举报有反馈、有落实、有解决,同时做好投诉电话的台账登记。

(胡　丹　宗秋波)

【省高速集团景德镇管理中心强化通行费收费管理】 为强化通行费收费管理,从根本上有效防范和遏制通行费流失,2013年,该中心大力宣传通行费收费管理政策,严厉打击偷逃费行为。一是狠抓制度规范。制定《偷逃漏费专项治理活动的实施方案》,对专项治理内容,稽查重点等方面进一步细化完善。二是狠抓业务学习。各所站合理安排时间,开展逃费车辆判别、案例分析、情景再现等形式多样的培训学习活动,不断提升打逃业务技能。三是狠抓协作配合。在处理逃费车辆的过程中,收费班要整体协作配合,确保顺利处理逃费车辆的同时,保证车道畅通、人员安全。四是狠抓内部管理。将处理逃费车辆时的常用法律规章解答进行格式化。并将打逃工作业绩比例纳入奖惩制度,提高员工的积极性和责任感。

(钟维娜)

【泰和管理中心开展“映山红”客户经理培训】 为进一步加强对“映山红”品牌的建设与营销，创新对外推广策略，泰和管理中心针对“映山红”VIP卡的发行推行客户经理制度，2013年成立了一支由10余人组成的客户经理队伍并开展了首次客户经理营销培训。客户经理主要针对VIP卡客户的不同需求，提供个性化、差异化服务，并根据客户的需求、建议或意见，协调所属收费站提供相应服务，并在规定的时间内答复客户，不断改进服务质量，提高客户满意度，进而达到提升“映山红”品牌形象的目的。

（王光龙）

【省高速集团对鲜活农产品运输绿色通道免费工作进行专项督查】 1月16日至1月20日，省高速集团就集团所属各收费站开展绿道免费自查工作进行专项督查，重点抽查了省界站、地市站及各路段绿通车流量排名前五的收费站。

自2012年11月开始，省高速集团在全集团范围内开展了绿通免费工作专项检查活动，各收费站利用两个月的时间对本站绿通免费情况进行了自查。本次督查即是对前期自查工作进行再检查，督查的内容主要为绿通查验程序是否规范，绿通稽查监督是否到位，是否存在违反规定擅自减免通行费问题，是否存在徇私舞弊私收票款问题，对自查反映的问题是否如实上报并进行整改以及是否建立了相应长效机制。

自开展专项检查活动以来，集团各单位共复查绿通车辆40多万车次，涉及减免金额数近2亿元。

（集团收费管理部）

【省高速公路联网管理中心加大赣通卡推广力度】 2013年全省高速公路通车里程已突破4000千米，累计建成ETC车道243条，ETC收费站116个，在建ETC车道63条，赣通卡近6万用户，ETC系统初步显现规模经济效益和良好社会效益。

江西高速公路自2007年12月29日实现非现金支付及电子不停车收费以来，经过五年不断的发展壮大，赣通卡现在已经被广大车主群众所认识和接受。省高速公路联网管理中心再次开展赣通卡推广活动，方便车主对赣通卡有进一步的了解。

（彭蓉蓉）

公路交通管理

治理车辆超限超载

【概况】 2013年，加大源头和路面治理力度，使治理工作稳步推进，逐渐深入，治超取得了阶段性成果。一是治理成果得到巩固。严重违法超限车辆所占比例已控制在5%以内。二是交通安全形势进一步好转。因货车违法超限超载运输引起的道路交通事故逐年递减。三是保证了物资运输市场稳定。保障了鲜活农产品、重点物质和人民生活必需品的及时运输，道路运输市场价格稳定，市场秩序呈现良性发展态势。四是公路设施进一步得到有效保护。全省干线公路路况明显改善，公路基础设施完好率与治理前相比明显提高。

主要工作措施：

1. 加大路面和源头治理力度。根据省政府批准下发的《江西省公路超限超载车辆检查站布局规划方案》要求，各有关设区市政府做好增设治超站的相关工作。经报省政府同意，年内全省共增设了11个治超检查站，以此强化了全省路网监管。同时，各级交通运输、公安部门加大联合执法力度，按照全国统一的超限超载认定标准和规定，对非法超限超载车辆进行查处。全年全省累计检查车辆356789辆，处罚车辆63278辆，除车主自行转运外,检查站卸载货物约104292吨。

各级交通运管部门加强了货运源头监管。省运管局拟定了货运源头单位治超责任考核管理办法和重点货运企业派驻名单,以此逐步推进运政人员派驻和巡查措施。并且严格把好货运市场准入关。各级运管部门依照道路运输经营许可要求以及国家相关检测标准,对货运车辆进入运输市场进行严格把关;对不符合规定的车辆,做到不发放道路运输证件,坚决杜绝了非法车辆进入运输市场。各级交通运管部门还对承修报废车辆或私自改装车辆的黑修理点进行排查,清理和规范汽车维修市场。

2. 严格规范执法行为。厅治超办要求各治超站必须按照《江西省普通公路治理车辆超限超载检查站标准化建设指南》要求,加快推进治超站场站设施建设。同时,对新增的治超站,要求在完善治超站场站设施建设,经有关部门验收后方可开展路面执法工作;对于有的设区市政府开展治超路面专项整治工作,要求必须执行省公路局出台的《江西省公路治超执法流动稽查办法》,有效防止在治超设施设备不完善的情况下开展路面执法工作以及随意上路流动治超而引发的公路“三乱"问题。为规范执法行为,厅治超办督促各地要严格规范执法程序,规范制作执法文书,严格执行江西省交通行政处罚自由裁量权的相关标准,并要求对查处的违法超限超载车辆必须严格按照有关规定,依照有关程序进行卸载处理,不准只罚不卸。同时,组织人员对卸载后将货物装回原车的行为进行打击,规范卸载收费行为。

3. 强化治超信息化建设。按照《江西省交通信息化系统建设工程》的有关要求,进一步完善全省治超站信息系统升级改造前的相关工作,推进“部、省、站”三级治超管理系统联网工作。并加快对各治超检查站执法远程监控系统的建设工作,制定《江西省交通运输厅公路治超检测站信息系统》建设方案,7月该方案通过专家评审,目前正在筹建当中。同时,加强信息监测,密切关注运力、运价和市场动态,掌握蔬菜、粮油、煤炭等批发供应市场价格波动情况,按照《全国治理车辆超限超载信息管理工作制度》有关要求,做好信息的收集、整理、审核、汇总和上报工作。

4. 着力提升执法队伍素质建设。各地、各有关部门加强对治超执法人员的教育培训,通过举办治超执法培训班,定期组织执法人员学习治超相关法律、法规、规章和政策,使治超执法人员能熟知治超执法程序、执法标准,提高依法办事能力,杜绝不按程序和超范围、超标准罚款等问题,提升了执法队伍素质。同时,积极倡导执法人员树立为民服务意识,使治超工作得到广大车主、货主和群众的广泛理解和支持,减少相关投诉,树立良好的治超执法形象。

5. 加强治超执法监督检查。各设区市治超办加大了对所属治超站执法工作的监管力度,认真落实治超工作“五不准”和“十条禁令”。组织人员对各地进行了两次明察暗访,发现问题及时予以了纠正。同时,妥善处理各类投诉案件。2013年,厅治超办共收到投诉9起,对所有投诉事件都能及时进行调查处理,并按时进行反馈。

当前治超工作存在的问题:一是短途、区域间运输超限超载仍然严重,短途驳载和绕道逃避治超执法检查的车辆时有发生,治理困难。二是治超长效机制有待完善。主要是源头治理工作尚未真正到位,治超机构未落实,治超工作人员不到位,有的站场站设施至今还未建完。三是治理力度有所下降。绕道逃避检查导致检查站通过的车辆减少,以及长时间高强度的路面执法,引发一些执法人员的疲劳和畏难情绪。部分治超站点的执法人员没到位工作。四是有的地方聚众拒不接受检查、堵塞交通、强行闯卡、带车绕行甚至暴力抗法等问题仍然存在。五是一些地方只罚款、不实施卸载的现象还比较严重,并且极少数执法人员态度蛮横,刁难群众问题尚未纠正。

(万海飚)

【刘昌林调研治超工作】 12月23日下午,中共景德镇市委书记刘昌林一行先后到206国道三龙车辆超限超载检查站、市区瓷都大桥治超卡点等地,现场察看车辆超限超载情况。他强调,要多方联动,齐抓共管,重拳整治车辆超限超载等违法行为,切实维护道路交通安全和环境卫生。景德镇市委常委、常务副市长于秀明,副市长汪剑平陪同。

调研中,刘昌林仔细了解违章车辆处罚的依据、标准、流程和车辆的运输情况、运输成本,与相关单位负责人一同探讨根治车辆超限超载的方案以及货车通行最佳路线。在执法人员截停的超载车辆旁,刘昌林仔细询问车辆超载情况,并指出,要加大治理力度,保持高压态势,坚持 24 小时不间断联合执法,从根本上制止超限超载车辆上路,确保道路、桥梁安全畅通。

随后,刘昌林主持召开座谈会,听取各相关单位就治理车辆超限超载工作提出的具体建议和意见。他强调,不规范经营和超限超载车辆的存在,不仅直接影响城市环境卫生和交通秩序,而且对道路、桥梁造成严重损害,产生严重的安全隐患。各级各部门要完善机制,严格执法、科学执法、文明执法,确保"治超"工作取得实效。要强化路面执法,以源头、末端和路网节点监控为重点,全面构建超限超载监控网络,切实加强管控,对重点路段实行 24 小时值班制,严控超限超载货运车辆进入城区;要做到疏堵结合,完善对企业和驾驶员的监督机制,运用经济手段鼓励车主合法装载运输,切断超限超载运输户的经济链条,逐步建立"治超"长效管理机制;要加大宣传力度,通过广泛宣传取得车主和司机的理解与配合。对于重点工程项目的运输车辆,要科学规划通行路线和时间,避开交通高峰路段和时段,确保城区道路安全通畅运行。

(涂　强)

【樟树市开展车辆违法超载超限专项整治】 1 月 21 日,市政府组织公路路政、公路治超、交警、交通运政、公安特警等执法部门联合专项治理超限超载及污染抛洒车辆,打响 2013 年铁拳治超战役。为抓好车辆违法超载超限专项整治工作,市委、市政府高度重视,制定《樟树市超限超载及污染抛洒车辆专项治理整治实施方案》,决定 1 月 21 日至 4 月 20 日为集中治理阶段,4 月 21 日后为长效治理阶段。一是宣传动员到位。在电视、户外视频连续 20 天播出整治公告,张贴公告 2000 份、对重点企业上门宣传、召开动员大会进行动员宣传。二是部门联动到位。由市领导带队,公安、交警、交通、公路、城管共出动 50 多人统一行动,在昌傅治超站蹲点值守,联合执法,纠风办全程监督。三是现场执法到位。对超载超限车辆、污染路面车辆一律卸货后再处罚,消除违法状态再放行。对集体冲卡、聚众闹事的由公安机关严厉打击;对拒绝接受检查,锁车逃逸的,由交警大队用拖车拖走。

(杨　波)

道路运输管理

【概况】 2013 年,全省道路运输经济实现稳步上扬,全年完成客运量 8 亿人次、旅客周转量 382.8 亿人千米、货运量 12.7 亿吨、货物周转量 3068.4 亿吨千米,同比分别增长 3%、2.9%、11.6% 和 19.9%。

1. 实施三项新举措。一是便民利民。省公路运输管理局成立了行政服务中心,以改革行政审批工作方式和提高行政服务水平为重点,将直接面向群众的班线客运、教练员从业资格等相关审批项目移交至行政服务中心办理,实现了"一窗式受理、一站式审批、一条龙服务"。二是简政放权。修订了道路客运行政许可议事规则,对不同类型的行政许可事项,分别采取会议许可、并联许可、授权许可等方式进行审批,缩减了许可审批环节和时间。改进省际、市际客运班线车辆更新审批方式,简化了审批程序。梳理了局机关各部门职权,取消了驾培机构专家评审组织工作,并对梳理出的 25 项对外职能和 9 项对内职能完成了业务流程再造。三是转变作风有了新举措。扎实开展党的群众路线教育实践活动。开展了 9 个方面的专项治理,修订完善了 9 项制度。深入贯彻落实中央八项规定、精简会议文件,规范公务接待和公车管理。

2. 发展城乡客运。争取省人民政府出台《关于城市优先发展公共交通的实施意见》,实现全省公交优先发展的重大政策突破。参与指导南昌市申报第二批国家"公交都市"建设示范城市,并且成功入选。争取省交通运输厅出台了《关于推进城乡道路客运一体化发展的实施意见》,大力推进农村客运线路公交化改造,全年共有 34 条农村客运班线进行了改造,其中丰城、樟树等地的农村客运已全部实现了公交化改造。

3. 推进运输转型。对运力过剩且竞争激烈的中短途客运班线,引导经营者采取股份制改造等形式组建客运线路专营公司,或通过制定线路置换、绿色通道办理等政策,鼓励客运企业之间进行兼并、合并。如江西长运并购了鄱阳长途汽车运输有限公司,萍乡长运并购了萍乡市永安实业有限公司。2013年年底,全省共有中、高级客车8932辆,占整个公路客运运力结构的49.9%。积极推进全省3个全国第二批公路甩挂运输试点项目建设。继续做好试点项目申报工作,2013年,江西鸿海物流有限公司又被列为全国第三批公路甩挂运输试点项目,并以甩挂运输为契机,以物流园区建设为突破口,培育龙头货运企业,引导货运企业向现代物流企业转型。2013年,全省拥有100辆以上货车的货运企业达到686家。大型载货汽车达17万辆、295.5万吨位,同比分别增长1.7%、13.2%,运力大型化、专业化程度不断提高,行业竞争力进一步增强。

4.加大站场建设力度。全年站场建设完成投资9.7亿元,同比增长102%。启动了22个客货运枢纽站场建设项目前期工作,新开工建设南昌西综合客运枢纽、上饶综合客运枢纽、吉安河西物流园、井冈山经济技术开发区物流园等4个项目。继续推进南昌综合客运枢纽、宜春综合客运枢纽、宜春汽车客运总站、抚州客运综合枢纽等项目建设。加快推进农村公路综合服务站建设,全年共建成8 1个。启动于都、兴国、遂川、乐安、莲花等5个罗霄山脉连片扶贫县级站建设。

5.强化市场监管。继续加强法律法规的配套规章制度建设,出台了《江西省交通运输行政处罚自由裁量权执行标准(试行)》(道路运输部分)及《江西省道路运输驾驶员继续教育办法实施细则》《江西省出租汽车单车考核办法(试行)》《江西省道路运输安全生产隐患排查治理制度(试行)》等规范性文件10件。强化市场监管,协调落实运管部门进入高速公路服务区进行执法,先后组织了29个检查组和16个暗访组,深入11个设区市道路运输企业一线进行明察暗访,共发现安全隐患438起,完成整改438起,整改率达100%。加大执法力度。分别开展了代号为"猎击""追踪""追踪2号"的三次运政稽查行动,其中,省局利用卫星定位系统政府监管平台开展的网上"追踪"稽查行动,对全省114家三类以上客运班线企业、1844条客运班线、3560辆客运班车进行检查。核实和查处了362辆监控平台无记录的、1351辆运行轨迹不正常的和708辆不按规定线路行驶的车辆,有效发挥了政府监管平台的作用。

6.强化安全监管。大力推行企业安全生产标准化建设,成立了8家二级考评机构,组织编制了考评指标评分细则,选择了1家客运企业和1家危货企业开展达标试点,并全部通过达标考评。深入开展"平安车站"创建以及"道路客运安全年"、"安全生产月""隐患排查治理"等专项活动。保持对道路运输安全严管严控的高压态势。2013年,全省共发生道路旅客运输事故22起,死亡26人,受伤57人。其中:一次死亡3人以上9人以下较大事故1起,全年未发生10人以上重大客运安全事故。与2012年相比,事故起数持平,死亡人数和受伤人数分别下降了42.2%和38.7%。

7.加快信息化建设。积极推行客车安检信息化管理,进一步完善全省一级客运站的视频联网监控系统,加强对客运站场的源头监管。建成江西省道路运输监控指挥中心,完成全省公路客运联网售票系统的技术开发工作。启用"江西运政网上办事系统",推动运管部门由"管理者"向"服务者"转变。升级完善江西省道路运政管理信息系统,强化包车客运管理、危货运输管理功能。组建覆盖省、市两级运管机构的道路运政备份专网,为提升信息化应用效率提供了技术支持。建设江西省道路运输门户网站群,实现省、市、县三级运管机构的门户网站统一规划、建设、管理和维护。江西道路运输网被评为2013年省直单位优秀政务网站。

8.推动节能减排工作。重点督促指导企业建立节能评价指标体系,调整运力结构,改善企业装备,江西长运集团、宜春公交公司获得"全国交通运输行业节能减排先进企业"荣誉称号。积极开展"绿色汽修"示范项目建设工作。赣州华宏汽车有限公司、新余日通货物运输有限公司、江西诺友科技有限公司被列入2013年交通运输节能减排专项资金支持项目。积极组织参加第五届交通运输行业检测维修职业技能竞赛,江西省钣金选手杨生林被授予"全国交通运输行业交通技术能手"荣誉称号。积极组织参加全国"金龙龙翼杯"机动车驾驶员职业技能竞赛,江西省代表队获得团体第四名、最佳组织奖、个人三等奖的优异成绩.江西长运获得最佳参与企业奖。

9.创建行业文明建设。扎实开展客运、货运、城市公交、出租、维修、驾培等子行业的质量信誉考核工作,着力推进行业诚信体系建设。在201 3年度全国驾培行业"文明诚信、优质服务"创建活动中,本省1所驾校、6名驾校校长、11名教练员分别获得“全国文明诚信优质服务示范单位、优秀经理人、优质服务教练员”的荣誉称号。开展了汽车维修诚信企业创建活动，全省有30家企业荣获全国诚信企业。江西大众交通运输有限公司标兵车队被授予“全国工人先锋号”称号。洪城客运站被评为“2013年度全国道路运输百强诚信站场”，徐坊客运站站长甘冰荣获“第二届全国道路运输优秀站长”称号。

（梁富明）

【李贻煌参加交通运输部改进提升道路运输服务工作电视电话会】 11月21日，交通运输部召开改进提升道路运输服务工作电视电话会议。部长杨传堂强调，要以中共十八大和总书记习近平一系列重要讲话精神为指导，认真贯彻党的十八届三中全会精神和中央领导的指示要求，进一步理清思路、聚焦重点，改革创新、务实奋进，在“六个加快、六个提长”上狠下工夫，不断提升道路运输服务水平。

江西省副省长李贻煌、副秘书长张小平，省交通运输厅厅长朱希、副厅长梁必康，南昌市副市长刘家富，省公路运输管理局局长王圣义等在江西省交通运输厅分会场参加会议。

副部长冯正霖主持会议。各省（区、市）政府分管领导和第二批公交都市建设示范城市政府有关负责人应邀出席会议。

（涂序东）

【省运管局规范驾培机构行政许可】 省运管局决定，各地运管部门在对驾培机构实施行政许可过程中，不再向省运管局申请专家评审，省运管局也不再组织专家评审工作。

为确保驾培机构行政许可工作的科学、客观、公正，各地运管部门可结合工作实际，邀请相关专家或专业技术人员对驾培机构的教练场地、教学车辆以及设施设备等实质内容进行实地核查。此前已向省运管局提出专家评审申请的，省运管局不再组织专家评审，由各地运管部门按照科学规划、有序发展、严格准入、合理布局等要求实施行政许可。

（运　宣）

【省运管局开展班线客车运营整治活动】 省运管局自7月16日起，发起代号为“追踪”的网上稽查行动，对全省省际、市际班线客车运营情况进行全面整顿。

省运管局运政执法办公室通过江西省道路运输车辆卫星定位系统政府监管平台，对全省省际、市际班线客车运营情况进行网上跟踪稽查，并通过调阅车辆许可档案的方式进行对比核查。对未按规定使用GPS车辆，省运管局执法办公室对违规车辆所属公司下达责令整改通知书，对未按规定线路行驶的车辆下达立即整改通知书，并予以立案调查。

（省运管局）

【江西省交通运输行业质量管理小组活动成果获2013年国、部优等多个奖项】 在2013年全国交通运输行业质量管理小组活动成果评选中，全省交通运输行业质量管理小组（班组、个人）活动成果获得了6项国优奖（其中优秀企业1家，QC小组2个，信得过班组2个，优秀推进者1名），56项部优奖（其中优秀企业2家，QC小组成果发布优秀奖6个，QC小组40个，信管过班组3个，卓越领导者1名，优秀推进者3名）。

（厅运输处）

【赣湘国际物流港入选国家重点货运枢纽候选项目】 赣湘国际物流港位于萍乡市安源区青山镇320国道与萍洪高速交叉口，是全国首创的电子商务物流港，由实体店网络、物流配送网络和电子商务网络组成的“三网融合”的新流通模式，该项目已被列入交通运输部国家重点货运枢纽候选项目。

赣湘国际物流港总占地面积67公顷，项目总投资25亿元，该项目位于320国道以南、萍青路以北、萍洪高速以西，距湖南长沙黄花机场110千米，距省会南昌285千米，五分钟直达萍乡市中心和高速路口，具有非常明显的交通优势。项目包含流通仓储中心、公共仓储中心等主要功能分区。项目计划两期开发，其中一期占地面积28公顷，总建筑面积50万平方米，总投资10亿元；二期占地面积28公顷，总建筑面积50万平方米，总投资15亿元。一期工程已供地10公顷，有建筑物20栋，11月30日前全面封顶，2015年春节前全面竣工，2015年年上半年进入试运营用，下半年正式开园运营。

(李襟远)

【省运管局要求做好《道路危险货物运输管理规定》贯彻实施】 交通运输部颁布的《道路危险货物运输管理规定》(部令2013年第2号,以下简称《危规》),于2013年7月1日正式实施。为切实做好《危规》的贯彻实施工作,省运管局做出了明确要求。一是各设区市运管机构要结合实际对县级运管部门从事道路危险货物运输的管理人员、危险货物运输企业负责人及管理人员进行培训、宣传;二是要规范行政许可工作,在7月1日前省局将按《危规》要求完善江西道路运政管理信息系统,各地相关人员要熟悉业务,熟练掌握、运用该系统,为《危规》实施做好充分准备;三是要按照《危规》要求认真做好对已许可的道路危险货物运输企业(单位)的复查工作,完善企业(单位)档案管理;四是在2013年12月31日前,各设区市运管机构公布本单位的道路危险货物运输事故报告电话、举报电话。

(省运管局)

【全省交通运输行业机动车检测维修人员职业技能竞赛在南昌举行】 9月14日至15日,全省交通运输行业机动车检测维修人员职业技能竞赛在南昌举行。

此次机动检测维修人员职业技能竞赛由理论知识考试和技能操作两部分组成。理论考试占总成绩的30%,技能操作占总成绩的70%。理论知识竞赛内容包括相关的法律法规、电器维修技术等知识。实操技能竞赛设置了4个常规个人比赛项目,分别为汽车综合故障诊断与排除、车身修复(钣金)、车身涂装(涂漆)和汽车空调维修,由选手使用设备、仪器、工具完成指定各项操作流程。来自各设区市汽车维修企业的11个代表队33名选手参与角逐。最后,上饶、赣州、宜春代表队分别获得团体一、二、三等奖,九名优秀选手分别获得故障诊断与排除、钣金和涂漆项目的个人一、二、三等奖,萍乡市运管处、南昌市运管处、抚州运管处、九江运管局、吉安运管处、新余运管处获得优秀组织奖。

(陈　晨)

【江西省一家企业确定为全国公路甩挂运输第三批试点项目】 按照《交通运输部办公厅财政部办公厅关于印发公路甩挂运输第三批试点工作方案的通知》要求,交通运输部、财政部组织专家对各地上报的甩挂运输项目进行了审查,确定江西省企业江西鸿海物流有限公司甩挂运输试点项目为全国公路甩挂运输第三批试点项目。

(周秋华)

【江西开展道路货物运输市场信息监测】 省运管局制定了道路货物运输市场价格与成本监测工作方案,并确定年度采集数据指标及数量。各设区市运管部门根据各地货运市场特点及企业情况,确定各设区市样本企业,由样本企业每日采集监测数据,按月进行汇总整理,于每月5日前向省道路运输协会报送数据。省道路运输协会对样本企业报送的监测数据进行分析整理。自2013年4月起,每季度在省道协网站上向社会发布煤炭、成品油、钢铁、水泥、粮油、蔬菜、危化品、零担散货市场运价信息。

(周秋华)

【省运管局开展一二级客运站站级核定】 2013年,省运管局组织开展一、二级客运站站级核定工作。按照客运站站级核定工作要求,新核定一级客运站2家:湖口汽车站、修水汽车总站;二级客运站3家:新余汽车西站、新干城南客运站、德安汽车站。截至2013年年底,全省共有一、二级客运站107个,其中一级站18个、二级站89个。

(蔡　洁)

【省运管局完成汽车客运站安检仪资金补助】 2013年,省运管局完成对10家汽车客运站购置安检仪资金补助工作,按每台安检仪补助6万元的标准,共计补助60万元。

(蔡　洁)

【省运管局开展2013年度客运班线复审】 省运管局于2013年7月在新余市召开了全省道路客运班线复审工作。此次复审共审核了2257条省际、市际客运班线及3832辆客运车辆,其中26条客运班线中的30辆客运车辆因运行不规范等原因必须整改而未通过复审。

2013 年,省运管局共受理道路旅客运输经营申请 10 个,同意许可 7 个,因市场供求状况存在矛盾不予许可 3 个,办结率为 100%;共受理道路客运班线经营申请 57 个,其中同意许可 57 个,办结率达 100%。

(章华平)

【省运管局对省际、市际客运班线执行年度发展计划制度】 省运管局决定自 2013 年起,对省际、市际客运班线发展执行计划制度,并于 2012 年年底制定了《江西省省际、市际客运班线年度发展计划编制和实施暂行办法》。根据该办法,按照企业申报、市级运管机构初审、省级运管机构终审的发展程序,按照整合为主、发展为辅,发挥道路客运比较优势,优先发展直达班线,维护市场稳定,促进行业节能减排等原则,省运管局制订了 2013 年省际、市际客运班线发展计划,并在江西运政信息网进行了公示。

(章华平)

【江西启用省际、市际旅游客运网上审批机制】 2012 年,交通运输部下发了《关于进一步加强道路包车客运管理的通知》,明确要求 2013 年开始启用新版的“省际包车客运标志牌”。为确保在规定时间内完成此项工作,省运管局研究开发了“包车客运管理系统”。在“包车客运管理系统"开发后,省运管局对全省各地市运管机构道路客运管理人员进行了培训,并于 6 月 1 日正式启用了省际、市际旅游客运

(章华平)

【南昌严肃查处天元驾校私设培训点】 4 月 12 日上午,南昌市运管处针对媒体反映南昌天元驾员培训有限公司在昌北经开区华春集团闲置厂房私自设立科目二培训点的情况,当即组织执法人员对天元驾校私设培训点进行突击检查。检查过程中,执法人员发现现场确有科目二培训标线、设施、两辆有天元驾校标识的教练车、培训广告、招牌等物证。随后到达的天元驾校工作人员亦承认有时会在此地进行科目二培训。

该处对天元驾校作出处理,一是责令天元驾校立即关闭私自设立的培训点,停止该培训点的一切培训活动,要求该驾校的科目二训练应到交警部门办理相关手续,按照核定的路线、时间进行;二是依据《南昌市机动车驾驶员管理办法》第三十七条第二项规定,对天元驾校作罚款 5000 元行政处罚。

(何 宾)

【景德镇市五部门整顿旅游市场】 景德镇市旅游局、发改委、公安局、交通运输局、工商局于 2 月初实行常态化联合执法,共同整顿规范全市旅游市场。此次整顿活动,重拳打击“黑车”“黑社”“黑导”等非法经营业务,重点整顿规范旅游、包车营运车辆,打击旅行社、旅游餐馆、景区购物点以假充真、虚标价格、低价招徕等非法经营行为,查处导游人员带团是否经旅行社委派、有无行程派遣单、在行程单中私自增加、减少旅游项目等行为。

按照“条块结合、分工负责、上下联动、集中打击”的要求,此次整顿活动采取日常检查与专项检查相结合、明察与暗访并重的原则,以投诉和举报的查处为工作重点,标本兼治、综合治理,力求实现“规范市场秩序,净化旅游环境”目标。截至 2 月 16 日,整顿活动共查处涉旅“黑车”7 辆(次)、“黑导”13 人(次)、虚标价格欺骗游客的景区购物点 3 处。

(涂 强)

【景德镇市政府领导检查春运】 1 月 26 日是 201 3 年春运的第一天。这天一大早,景德镇市委常委、副市长黄康明带领市春运领导小组成员单位负责人,先后检查景德镇火车站、景德镇汽车站和景德镇机场等运输单位春运准备情况,要求各单位一定要保证春运安全,同时现场解决各运输单位遇到的困难和提出的要求。

检查中,黄康明等人首先到景德镇火车站,听取火车站负责人介绍景德镇铁路春运相关情况后,就火车站负责人提出的希望相关部门帮助维持站前广场周边摊贩经营秩序和卫生情况的要求,黄康明立即交代随行相关单位负责人处理,同时向这位负责人交代,火车站要做好后勤保障,要保证旅客卫生需要。

随后,黄康明一行到景德镇汽车站,实地察看售票大厅、候车大厅及发车场区运行管理、旅客候车秩序等情况,听取汇报并询问相关细节,登上一

辆停靠在发车场区的长途客车,体验车内环境。他对车站内的自动售票机很感兴趣,工作人员向他介绍了自动售票机的功能和使用方法。“能保证旅客在路上有热水喝吗?”当听到肯定的答复后,黄康明高兴地点头称好。

在当天的检查中,黄康明多次提到一定要保障春运安全,要求运输单位遇到问题时要及时提出、及时解决,春运领导小组各成员单位相互配合,保障2013年春运工作顺利进行。

(涂 强)

【景德镇市建立校车安全管理工作联席会议制度】 1月11日,景德镇市政府建立市校车安全管理工作联席会议制度,旨在进一步加强校车安全管理,有效预防学生道路交通安全事故的发生,保障学生乘车安全。

该联席会议由市教育局牵头,市公安局、市委宣传部、市发改委、市工信委、市交通运输局、市财政局、市建设局、市文广局、市安监局、市司法局、市质监局、市公安交警支队、市关工委等22个部门(单位)组成。

该联席会议原则上每季度召开一次,全体成员或部分成员会议,协调落实相关工作,研究制定相关制度,依法、有序地推动全市校车安全管理工作。对市政府审定和会议议定的事项,联席会议成员单位按各自职能抓好落实,并将落实情况及时通报联席会议办公室。联席会议办公室负责跟踪、督促市政府审定和联席会议议定事项的落实,并将落实情况报告联席会议和市政府。

(涂 强)

【景德镇市多部门协同处置危化品运输泄漏事故】 1月6日13时30分许,一辆车牌号为鲁C0221 9号(挂车号为鲁CW—509)的槽罐车装载29吨易燃易爆化学品氯丙烯由山东滨州经济(南)广(州)高速公路驶往乐平市,当行驶至济(南)广(州)高速公路1034千米路段时,一辆车牌号为鲁FW—520号的大货车与其发生追尾,导致该槽罐车发生泄漏。

接到报警后,景德镇市所属乐平市迅速启动突发事件应急预案,当地公安交警、消防官兵及道路运政执法人员火速赶赴事发路段展开救援,同时对该危险化学品运输车将要行经的道路实行交通管制并疏散行人。

在赶赴事发路段的路上,乐平市公安交警大队巡逻中队民警最先看到行驶在济(南)广(州)高速公路接线菱田公路铁路桥附近的事故车辆,该中队指导员不顾个人安危,迅速指挥警车向槽罐车接近,并示意驾驶人靠边停车。经简短询问事发经过及所载物品后,随后赶到的消防官兵及道路运政执法人员一道在前面引路,将该事故车辆迅速转移至乐平塔山工业园内某化工企业进行卸载。至此,一起严重的危险化学品运输泄漏事故被成功处置。

(涂 强)

【萍乡市交通运输局重拳打击火车站周边非法营运“黑车”】 针对火车站周边非法营运车辆“黑车”扰乱道路运输市场秩序、危害群众利益、损坏城市形象的突出问题,该局在2013年春节来临之际决定对非法营运“黑车”予以重拳打击。为此,成立打击非法经营专项整治领导小组,以市运管处为主要力量,联合公安客运派出所、铁路派出所进行整治打击。同时设立宣传劝导、信息收集、群众扶助、行政执法、执法监督5个工作小组。其中,群众扶助组负责与有关社区、街道、居委会联系,了解从事非法经营当中的特殊困难群体的情况,研究拟制有针对性的救助办法,帮助有关人员落实相关救助政策。执法监督组负责整治行动的监督检查,依法依纪查处违法违纪和失职渎职人员。这样既保证了整治工作的依法进行,也能帮助困难群众解决具体问题,真正做到管理到位,服务群众到位,而不是过去式的一打了之。

(晏卫东)

【九江市交通运管部门重拳整顿驾培市场】 九江市交通运管部门在全市开展机动车驾驶员培训市场专项整治活动,严厉打击“黑驾校”“黑教练”“黑教练车”等行为。此次检查的重点一是未取得道路运输经营许可从事机动车驾驶员培训业务的;二是机动车驾驶培训机构异地培训的;三是机动车驾驶培机构校外设点或使用不符合要求车辆的;四是当地运管部门需要查处的其他违法违规行为。

(九江市交通运输局)

【九江长途汽车站启用指纹报班系统】 九江长途汽车站在IC卡管理的基础上，近期，又在全省同行业率先引进“指纹报班”系统，并于8月29日正式投入使用。

该系统利用IC卡和指纹识别对进站车辆及驾驶员进行计算机管理，对站务安全管理的每一道环节进行有效控制。客车出站驾驶员必须通过“指纹报班”系统进行指纹识别，以验证他的真实身份，避免手工作业管理存在的人为不规范因素，从而进一步提高汽车客运站管理工效和安全管理能力。

（朱晓明　吴　尘　曹达林）

【新余市对营运车辆提供卫星定位服务】 自5月22日起，新余市在全省率先对营运车辆免费安装车辆卫星定位安全服务系统车载终端设备。

车辆卫星定位网络服务包括实时定位、实时跟踪、实时视频监控、越界报警、超速报警、抢劫报警、历史轨迹回放、运程断油电、工作时间及里程统计、黑匣子纪录、车辆油耗统计、车辆费用统计、地图标注管理、查车系统地图及功能升级、权限管理、人工导航、驾驶员信息管理、图像和音频监控、失物查找、录像检索、录像回放等。实现了车辆监控、电调（电话叫车）、报警、失物查车等功能服务。

全市危险货物运输车辆、省际客运班车、市际客运班车、旅游客运车辆、重型载货汽车[总质量5000千克以上（含5000千克）]、公交车、出租车均可免费安装车辆卫星定位安全服务系统车载终端设备，营运车辆业主只需缴纳一定的车辆卫星定位网络服务费便可享受卫层定位安全服务。

（邓清华）

【新余市道路运输管理处对全市危货、客运机动车维修企业进行抽查】 9月12日，新余市运管处维修科对全市危货、客运机动车维修企业进行抽查。此次抽查危货、客运机动车维修企业12家，通过安全生产制度、安全保护措施和消防设施、安全生产学习、安全事故四个方面进行安全隐患排查，共发现安全隐患10处，问题主要存在于气压表未定期进行年检、消防器材未及时进行更换、氧气乙炔瓶未按规定进行摆放等。针对此现象市运管处共下发整改通知书10份，责任其限期整改同时督促维修企业防患于未然杜绝安全隐患。

（章伟鑫）

【余江县综合整治道路运输市场秩序】 为了保障根艺石艺博览会顺利进行，余江县交通运输局认真履行部门职能，自4月以来，在全县范围内开展道路运输市场秩序综合整治，依法严厉打击各类车辆违章经客和非法营运，欺行霸市、垄断经营的行为，保护经营业主的合法权益，进一步规范全县道路运输市场秩序。该局在实施整治中，加大打出力度。重点取缔非法营运的“黑的”，查处带有重大安全隐患的客运车辆，查处客运班车站外揽客、超载经营行为；严厉打击使用客车、货车（含农用车）等车辆从事非法经营的行为；规范各类车辆的停靠点遵循“车进站、人归点”管理；不准出租车异地经营及兜揽散客；严厉打击私自非法拦截营运车辆，欺行霸市、打架斗殴、毁坏他人车辆、财物的违法行为。共检查各类营运车辆500余辆，查处违章违规车辆50余辆，查处出租车异地经营行为12辆，公交车、班线客车司机无从业资格证、随意停靠上下旅客行为20人次，从而规范了道路运输市场秩序。

（汪有根）

【赣州市一物流企业列入省重点商贸物流企业】 2013年，省商务厅认定全省15家商贸物流企业为首批全省重点商贸物流企业，赣州市规模以上物流企业——赣州国盛铁路实业有限公司名列其中，这也是该市首家省重点商贸物流企业。赣州国盛大铁路实业有限公司是该市唯一具有国家AAAA级仓储型资质的民营物流企业。企业列入省重点商贸物流企业之后，省商务厅将与其建立重点联系制度，帮助其解决新建和扩建项目的用地指标，优先督促落实国家商贸物流企业有关政策，在企业加入城市共同配送试点、提高信息水平和物流先进设施代购等方面予以支持。

（淳　朴　张惠婷）

【赣州市提供30辆旅游客车为赣台会议服务】 为切实做好第六届海峡两岸客家高峰论坛暨第十一届赣台经贸文化合作交流大会的道路运输保障工作，赣州市公路运输管理处积极筹集车辆，选调驾驶人员组成专门车队，为会议提供优质的道路运输服务保障。

6月,市公路运输管理处共抽调30辆旅游客车,专门承担参会嘉宾的接送任务,对参与执行任务的40名驾驶员开展集中培训教育,并对所有参运车辆进行了严格的综合性能检测和二级维护保养。

(李发淳)

【赣州市道路运输基础设施建取得成效】 全市各级运管部门积极争取地方政府出台相关扶持政策,推动道路运输基础设施建设,农村公路综合服务站建设成果喜人,至2013年年底,3个综合服务站已正式投入使用,7个综合服务站已全面竣工,6个综合服务站正在施工中;新建农村客运站7个,新式候车亭116个。

(赣州市运管局)

【赣州市加大城市客运管理制度】 2013年,市城客处积极推动中心城区出租汽车公司重组,通过收购、兼并组建成6家具有一定规模的出租汽车公司;督促出租汽车公司与驾驶员签订劳动合同,推行班费制,建立出租汽车行业和谐劳动关系;鼓励车辆提前更新,全年投放出租汽车200辆,其中有100辆通过奖励企业的方式投放;加大监管力度,在重大节日、重点区域、重要活动期间开展专项整治活动,采取明察暗访、设立有奖举报制度等方式,查处出租汽车违法行为933起,对54辆严重违规出租车进行停业整顿,对254名违规驾驶员组织了办班学习,全年查处"黑的士"255辆。继续落实"公交优先"发展战略,在中心城区新开通3条公交线路,优化公交线路11条,改造公交候车亭53座,新增公交车100辆。

(赣州市运管局)

【赣州市农村客运班线公交化改造取得显著成效】 2013年,各县(市)运管所积极鼓励农村客运经营者对县城附近20千米范围内的农村客运班线改造为公交化运行,在道路条件符合公交车通行且人口相对集中的乡镇进行试点,大余、崇义、寻乌、赣县、于都、会昌、南康、定南等地将部分农村客运"热线"进行公交化改造,采取增加班次、降低票价、让利百姓的方式,着力提高人民群众出行质量,让城乡居民共享改革发展成果。全市共改造农村客运班线26条,全部实行公交化运行。

(赣州市运管局)

【赣州市提升驾培市场管理水平】 2013年,市运管局有序推进驾培IC卡计时管理系统的建设使用工作,全市近3000辆教练车统一安装了IC卡计时管理系统,对驾驶员培训工作实行全程监督,确保培训质量;强化道路运输驾驶员从业资格考试工作,有4123名驾驶员通过了道路运输驾驶员从业资格无纸化考试;组织开展驾培市场专项整治工作,重点整治挂靠经营、乱设培训点、报名点、教练车超越电子围栏培训及乱停放、驾校乱收费等违法行为,查处违法教练车辆30辆次,驾培市场规范、有序。

(赣州市运管局)

【赣州市提高车辆技术管理能力】 市运管局坚持营运车辆燃油消耗核查制度,有效杜绝燃油消耗超标车辆是入道路运输市场,全年共有330辆新增客车、2713辆新增货车通过了燃料消耗量核查进入运输市场;强化营运客车辆技术工作,对于营运时间超过8年的营运客车,采取了下线强制报废或调整为机动运力等措施来确保道路运输安全。2013年,全市更新中高级营运客车226辆,中高级客车比例达66%,全市客车的车辆档次和新车系数明显提高。

认真开展节能减排工作,实施绿色维修,赣州市华宏汽车有限公司的《绿色汽车维修节能减排技术应用》通过了交通运输部的评审,获得财政部拨付的47万奖金;积极组织开展机动车维修技能比武活动,在江西省汽车维修行业汽车空调检测维修技能竞赛中,赣州荣获"优秀组织奖",选派的肖泽光荣获个人三等奖,在全省交通运输行业机动车检测维修人员职业技能竞赛中,赣州荣获"团体二等奖",选派的梁剑荣获汽车综合故障诊断与排队个人一等奖,邱贤德荣获车身涂装个人二等奖,陈兵荣获车身修复个人二等奖,这三个选手分别代表江西省参加了第五届全国交通运输行业职业技能竞赛。

(赣州市运管局)

【赣州市运政执法工作取得成效】 2013年,全市运管部门积极开展专项执法活动，开展了代号为“猎击”“追踪1号”“追踪2号”的运政稽查行动，部分县(市)还与当地交警部门积极配合，通力合作，开展联合执法，共同打击非法经营，形成严管高压态势，全市共检查、服务车辆27151辆次，查处违法车辆1047辆次，查扣非法经营车辆389辆次。举办2期运政执法人员培训班，对全市153名执法人员进行培训，通过开展道路运输行政执法评议考核工作，进一步规范执法行为，提高办案质量，2013年被省运管局评为“道路运输行政执法评议考核优秀单位”。

（赣州市运管局）

【赣州市提升道路运输服务经济社会发展的能力】 全市营运车辆逐步向大型化、专业化、高级化方向发展，旅客运输、货物运输步入规模化、规范化、集约化良性发展的轨道。2013年，全市拥有营运客车2961辆，其中中高级客车1967辆，同比增长8%，拥有营运货车47403辆，同比增长1.21%。公路客运班线通达11个省，拥有跨省班线353条，省内跨设区市班线64条，跨县班线169条，县内班线673条，形成了长中短结合，高中低配套的旅客运输服务格局。货物运输“多、小、散、乱”的现状有所改观，大件运输、集装箱运输从无到有，综合物流服务应运而生，道路客货运输总量分别占社会运输量的89.3%和75.2%。

（赣州市运管处）

【赣州市物流产业情况】 2013年，赣州市物流办以赣南振兴发展为契机，紧紧围绕赣州市2012年现代物流产业发展工作要点，以编制物流产业发展规划、完善落实物流政策平台、加快物流载体建设等为工作重点，砥砺奋进，各项工作取得了较大的进展。全年，社会物流总额4885.92亿元、同比增长7.31%，物流业增加值120.26亿元、同比增长12.61%，占GDP的比重为7.38%、同比增长0.26%。

（赣州市交通运输局）

【赣州市物流基础设施建设有新突破】 根据市振兴办的要求，每月对各县(市、区)的物流物质载体建设进度进行了汇总，督促各县(市、区)的加大政策扶持和资金投入，抓紧建设辖区内物流中心的规划建设。根据交通部对国家货运枢纽站场建设的扶持政策，积极向上级部门上报项目，争取扶持。于2月向省运管局上报本省6个纳入国家货运枢纽项目，其中赣州综合商贸物流园区站场建设项目已通过省交通厅和省发改委专家评审，已上报至交通部。章贡区沙河物注中心完成工可报告，并完成立项，争取国家扶持资金。赴开发区调研赣州综合商贸物流园区建设进展情况，并赴瑞金、寻乌、信丰、于都、赣县等地调研园区载体建设情况。赣州综合商贸物流园区已完成一期工程建设，完成总投资30亿元，赣州金属物流中心、崇义物流中心、安远农产品物注园区、定南无水港等物流项目已开工建设。

（赣州市交通运输局）

【赣州市物流企业资质评估工作有成效】 3月28日，该召开赣州市规模以上物流企业评审会，评审小组对新申报的9家物流企业进行评审，赣州口岸集装箱运输有限公司等9家企业均达到赣州市规模以上物流企业认定标准，评审小组一致通过。同时，评审小组对54家赣州市规模以上物流企业进行年审，赣州市森海汽车贸易有限公司，于都华海商贸有限公司因纳税不足，定南通利物流有限公司因注销登记，评审小组一致建议取消上述3家企业的“赣州市规模以上物流企业”的称号。目前赣州市共有规模以上物流企业60家，其中运输型45家，仓储型8家，货运代理型7家。积极帮助企业申报全国A级物流企业，2013年全市新增2家A级物流企业，其中南康洪鑫物流有限公司被评为全国AAA级物流企业，小松物流有限公司被评为全国AA级物流企业。另外，本市国盛实业有限公司成功由全国AAA级物流企业升级为AAAA级物流企业。本市共有国家AAAA级物流企业1家、AAA级物流企业1家、AA级物流企业2家。A级物流企业评选，对于打造赣州物流品牌，推进赣州物流行业的发展具有重要意义。

（赣州市交通运输局）

【宜春市成立全省首支运政警务队伍】 11月25日，宜春市运政警务大队在市运管局正式揭牌成立，标志着该市中心城区打击非法营运工作进入一个新的历史阶段。近年来，由于受经济利益的驱动，非法营运现象在城区较为突出，严重扰乱道路运输市场秩序,同时也常出现暴力抗法的情况。经市委、市政府研究,决定将常年春运期间临时组建的市政府牵头,公安、交警、运管等部门联合组成的打击非法营运机构(即宜春中心城区打击非法营运办公室)作为常设机构确立下来。从公安、交警部门选派16名执法人员组成宜春市运政警务大队,与市运政稽查支队一道在该市运管局设立办公室,形成联合执法。宜春市运政警务大队为全省首支运政警务队伍,其主要职责是打击违反道路交通运输、交通安全法规等行为,为宜春中心城区打击非法营运现象实行常态化执法发挥重要作用。

(李　明)

【宜春危货企业运输车辆 GPS 上线情况实行周报制】 为进一步提高危货车辆 GPS(车机)上线率,保障道路运输安全,自10月份起,市运管局安排专人,对全市道路运输危货车辆 GPS(车机)上线与离线情况每天进行监控、记录,统计后每周通报给县(市、区)运管所(局)。对一周内未上一次线的车辆,要求各地进行重点监管,属 GPS 故障造成的,督促企业抓紧修复;属欠费的,要求企业尽快续费,同时通知企业,在 GPS 未修复前,该车辆禁止装运危险货物。至11月底,危货车辆周上线率达不到85%的,该局将停止该企业新车道路运输证的配发;在年终考核时,对周上线率达不到85%的单位,按考核标准对该辖区运管所(局)进行扣分。

(宜春市运管局信息科)

【高安市开展非法改装车辆专项整治行动】 2013年,该市交通运输局加大对货车违法行为的整治力度,联合工商、质监等部门对车厢改装厂开展联合执法行动,共出动热潮力量400余人次,现场关停非法车厢改装厂15家。通过整改、规范、引导和提升,真正使货运产业步入良性发展的轨道。①加强隐患排查。积极争取政府的重视与支持,在乡镇的大力配合下,对全市货运公司、货运场站、车辆改装企业逐一进行走访,并建立工作台账。对已排查的安全隐患,及时下发安全隐患整改通知书。②加经市场准入。对非法改装等不符合技术标准的车辆,一律不得允许进入道路运输市场。已获得道路运输证的车辆确需改装的,改装完比后,经车辆综合性检测合格后再办理道路运输证变更手续。发现机动车维修企业存在非法改装等违法违规行为的,严格按照《中华人民共和国道路运输条例》及《机动车维修管理规定》相关条款的规定予以处罚,并将有关情况作为机动车维修质量信誉考核的重要内容。③建立联动机制。在强化宣传的同时,立足边查边改,采取统一行动和日常管理相结合的方式,严厉打击非法改装行为。建立信息交换机制。对源头管理和执法检查中发现的非法改装企业信息,定期向公安、工商、发改委等有关部门通报。

(周世祥)

【宜丰县切实开展道路运输三项整治】 该县2013年认真开展"打击非法营运专项整治"。通过日查夜巡、定点巡查、分组分路等形式,全年共查处非法营运面包车62辆、非法营运摩托车30辆,查处无证上岗等违法行为车辆61辆,有效打击非法营运行为的嚣张气焰,有力地维护全县道路运输市场秩序。二是认真开展出租车市场专项整治。针对出租汽车跨区域区域运营、拒载、甩客、不打表等行为,开展为期一个月的出租车市场专项整治,共查处异地经营出租汽车5辆、拒载旅客出租汽车3辆、不系安全带出租汽车12辆。三是认真开展机动车维修市场专项整治。制定《宜丰县机动车维修市场专项整治工作方案》,对全县56家维修企业经营地址、企业法人、联系人员、联系电话、经营范围进行核对、补录,安全条件不符合要求的维修企业责令停业整顿。

(漆志勇)

【抚州市2272辆营运客车投入春运】 为保障春节道路旅客运输安全,抚州市运管处自1月7日起,组织全市所有参加春运的客运车辆进行一次综合性能检测。此次检测中,该市940辆出租车、1332辆客运车辆检测合格,投入2013年春节道路运输工作。报废车、上线检测后不符合相关技术规定车辆或维修后补检仍不达标的车辆,将被排除在春运客运市场之外。

(张　敏)

【抚州市汽车驾校培训成效显著】 针对近年来私家车大幅增加,学习汽车驾驶人员不断攀升的状况，抚州市交通运输部门以提高培训质量、保障学员合法权益为目标，采取切实措施，强化市场监管力度，促进全市汽车驾驶员培训市场健康发展。对新增驾校的立项审批更为严格，并坚持“优先培育和鼓励发展一级驾校，全面规范和适度发展二级驾校，严格控制和逐步淘汰三级驾校”的指导原则，鼓励驾校提档升级，使全市驾校步入规范教学，注重培训质量的良性发展轨道。至2013年，全市共有驾校26所，其中一级驾校8所，二级驾校17所，三级驾校1所；教练人员1035人，教练车909辆；教学场地712376平方米，年培训学员56324人次，较好地满足了社会培训需求。

（陈根玲）

【南城县交通运输局规范驾校经营】 一是加强日常监督。对驾校的基础设施、车辆状况、从业人员的教学行为、经营管理等不定期地进行监督检查，促进驾校提高教学质量和服务水平，使驾驶员培训工作规范有序。二是开展质量信誉考评。根据《江西省机动车驾驶员培训机构质量信誉考核办法》，对驾校的教练场地、规章制度建设、价格等情况进行检查评分，以推动驾校经营向规范化、制度化迈进。三是改善基础设施。继2011年南城县汽车运销集团有限公司投入1100余万元在万坊乡建设了占地面积15.3公顷的驾驶技能培训基地（已是二级驾校）后，南城县友谊机动车驾校2013年投入200多万元在上塘新建，该驾校占地7000平方米，总面积达20550平方米。

（王素红）

【抚州市交通运输局集中整治活动见实效】 从2013年1月1日起，抚州市交通运输局开展为期15天的集中整治交通运输秩序活动成效明显。

为搞好整治活动，各县区交通运管部门每天组织运管干部上路执法，整治非法经营车辆；临川区交通运输局为维护出租汽车营运秩序，对中心城区56家洗车（修车）场、12家汽车租赁公司、多个板车停放点进行政策宣讲，对情节较轻的店家进行教育，并要求其整改。市公交总公司则组织人员到市内各公交站台进行“牛皮癣”及垃圾广告的清理工作，共清洗站台60余座，清理垃圾广告200余条（张）；同时加快天然气公交车有关手续的办理工作，使天然气公交车春节前投入运行，取代仍在运行的破旧车辆。

（陈根玲）

城市客运管理

【全省城市公共交通发展基本情况】 城市公共交通是为社会公众提供基本出行服务的公益性事业，是关系人民群众衣食住行的重大民生工程。近年来，随着江西经济社会的快速发展，全省城市公共交通得到较快发展，基本满足了经济发展和人民生产生活需要。2013年年底，全省共有城市公共交通企业112户，从业人员20213人，车辆9813辆（10717标台），停车场面积64.29万平方米，保养场面积11.39万平方米，公交专用车道47.7千米；运营线路1042条，运营线路总长度18421.8千米，年运营里程7.57亿千米；年客运量14.99亿人次，日均客运量411万人次。

（游国侯）

【《江西省人民政府关于城市优先发展公共交通的实施意见》出台】 按照省政府和省交通运输厅的要求，为贯彻落实《国务院关于城市优先发展公共交通的指导意见》（国发〔2012〕64号），由省运管局代拟起草的《关于城市优先发展公共交通的实施意见》，经过多次调研和专家论证，于2013年7月底完成实施意见（征求意见稿）。2013年8月，征求各设区市人民政府和省优先发展城市公共交通工作厅际联席会议制度成员单位的意见。形成实施意见（送审稿），最后由省交通运输厅上报省政府并获通过。

江西省出台的《江西省人民政府关于城市优先发展公共交通的实施意见》，根据江西城市公共交通发展的实际，明确了城市公共交通的定位和发展城市公共交通的责任主体，根据时间节点和城市人口规模明确了设区城市公共交通的发展目标，从规划调控、基础设施、服务水平、安全管理四方面明确了具体发展任务，从落实用地、用地综合开发、财政补贴、路权优先、法规标准、投资渠道、综合管理、组织领导等八个方面细化了保障措施。

（游国侯）

【江西进一步加快城乡道路客运一体化发展】 为贯彻落实交通运输部《关于积极推进城乡道路客运一体化发展的意见》和《江西省人民政府关于进一步加快交通运输事业发展的意见》精神，2013年6月，省交通运输厅出台《关于推进城乡道路客运一体化发展的实施意见》，明确了江西省推进城乡道路客运一体化发展的指导思想、基本原则、总体目标、具体目标、主要任务、保障措施。全省各级运管机构积极争取当地政府出台有利于农村客运发展的扶持政策，大力推进农村客运线路公交化改造，2013年共有34条农村客运班线进行了改造，其中宜春的丰城、樟树等地的农村客运已全部实现了公交化改造。此外，对南昌至永修、郑州至开封等地的客运班线公交化改造进行实地调研，进一步理清了全省城乡客运一体化发展思路。

（游国候）

【全省城市客运工作会议在宜春召开】 5月9日，省运管局在宜春市组织召开了2013年全省城市客运工作会。会议听取了各单位贯彻实施2013年省局城市客运和农村客运管理工作要点情况的汇报，通报了2012年度出租汽车客运企业质量信誉考核情况，讨论了《江西省出租汽车单车考核办法（草案）》、城市客运企业质量信誉和驾驶员诚信考核管理台账文本，并对近期的重要工作进行了部署。

（游国候）

【全省城市客运企业2012年度质量信誉考核情况】 为贯彻落实《江西省道路运输条例》，根据《江西省城市公共汽车客运企业质量信誉考核办法（试行）》和《江西省出租汽车客运企业质量信誉考核办法（试行）》规定，201 3上半年，全省各级城市客运管理部门首次开展了对城市客运企业质量信誉考核。省运管局组织开展对全省2012年度质量信誉AAA级城市公共汽车客运企业和出租汽车客运企业的复核工作。经省运管局复核，2012年度全省共有7家城市公共汽车客运企业质量信誉被评为AAA级，12家出租汽车客运企业质量信誉被评为从A级。2013年11月29日，省运管局在全省城市公共交通协会一届四次会员代表大会上，对获得全省2012年度城市客运企业质量信誉考核AAA级单位进行表彰。

（游国候）

【江西省城市公共交通协会召开一届四次会员代表大会】 2013年11月29日，省城市公共交通协会一届四次会员代表大会在宜春市召开，来自全省各地的公交企业会员代表和厂商单位代表共计160余人集聚一堂，共商公交科学发展之大计，共谋提升经营管理和优质服务水平，更好地服务百姓大众之举措。宜春市政府副秘书长梁山定、省公路运输管理局副局长唐晓鸣、市交通运输局局长朱宜民、省公交协会会长李明出席会议并讲话。会议由省公交协会秘书长涂鹏主持。

会议回顾了协会2013年的工作，要求全省公交行业和省公交协会牢固树立“服务为本、乘客至上"的宗旨，在企业内部管理、行业精神文明建设和先进文化培育等各方面，充分发挥主体作用，切实为广大乘客提供安全、快捷、准点、舒适的乘车条件，为市民出行服务、为市民生活服务。

会上，还表彰了全省2012年度城市客运企业质量信誉考核活动AAA获奖单位和2013年度全省公交企业“二十佳优秀驾驶员”及“节油能手”，九江公交、南城公交就落实优先发展城市公共交通、打造公交优秀的经验做法做了交流。

（游国候）

【南昌市试点出租车合乘计价】 1月1日，南昌市十辆出租车加装了合乘新型多位计价器，开始对合乘方式的可行性进行测试，同时对合乘数据进行采集。为确保在测试期间不因测试发生违规运营行为，试点十辆车全部为行业优秀驾驶员的车辆。此次对合乘方式可行性的测试和数据采集是按照交通运输部节能减排区域性试点城市工作部署开展的，目前仅处于最初期阶段，随着行业政策引导的不断加强以及南昌经济、社会建设发展趋势，一旦时机成熟，出租汽车合乘工作将会科学有序逐步推广。

（吴卫平）

【南昌再推200辆出租车“合法拼车”】 南昌市交通运输局举行听证会，就出租车“合法拼车”征求民意。这是该局在2013年年初10辆出租车装载合乘计价器试运行获好评后，再次投入200辆出租车试行“合法拼车”。南昌市城市客运管理处相关负责人表示，针对出租车合乘特点，南昌市大新科技有限公司研发出租车多位计价器，可按照物价部门制定的收费标准，实现分客计价、分客显示和分客打票。

（张永康　雷声猛）

【南昌公交开展“畅通省城”活动】 7月12日，南昌市公交总公司“畅通省城”“创建文明城市”活动和授星大会在南昌公交红谷客运配套中心举行。12名驾驶员代表被授予星级驾驶员称号。为更好地响应“畅通省城”“创建文明城市”活动，打造“文明、平安、时尚、温馨”公交，南昌市公交总公司全体驾驶员从7月12日起将统一穿着新式工作服装并佩戴星级服务牌上岗，更好地展现驾驶员的精神风貌。

（游国候）

【南昌市举行出租汽车合乘运营听证会】 11月7日，南昌市物价局、南昌市交通运输局联合举行出租汽车合乘运营听证会。听证会于10月24日在市政府网站予以公告，并向有关单位发出邀请函，力求具有较强的广泛性。参加听证的代表人数共26人，其中，市人大代表2人，政协委员3人，工会代表3人，消费者协会1人，乘客代表5人，市出租汽车协会（企业、司机）7人，公安交警代表1人，旁听代表5人。

此前，南昌市城市客运管理处组织10辆出租汽车进行为期10个多月的现场测试运行。同时结合外省市经验，本着最大限度确保出租汽车合乘运营司乘双方的公平性，提出合乘运营的方案。参加听证的代表一致赞同出租车合乘运营，认为此举可以实现低成本缓解打车难、乘客、出租汽车企业、司机等各方利益全面提升。

出租车合乘运营方案坚持自愿安装合乘计价器；合乘必须征得乘客的同意；合乘运营出租汽车起步价不打折；当有二户以上乘客合乘时，按乘客乘车时间和里程分别计算起步价、里程价，根据每户乘客行驶的里程数和时间按公式计算实付金额：（应付金额一起步价）×60%＋起步价＝实付金额；由合乘计价器分别自动显示折后收费额（实付金额）；燃料附加费由车内最后一户乘客另行支付。

为确保出租车合乘的顺利实施，方案修改报市政府批准后，将选择200辆出租车扩大试点，对设施和合乘规则再修改和完善，选择适时分批次逐步推广。

（周国祥）

【南昌市严打出租车非法改装使用甲醇燃料】 南昌市运管处按照省、市政府关于整治出租车非法改装使用甲醇的要求，把打击出租车非法改装使用甲醇行为作为“畅通省城”和“打非治违”的重点内容，加大对非法甲醇灌装点的整治力度，发现一起查处一起。一方面加大宣传力度，鼓励群众积极举报出租车非法改装使用甲醇行为。另一方面强化路面巡查，加大对非法使用甲醇的打击力度。针对非法改装面包车使用塑料桶装甲醇，在隐蔽地点私自为出租车加注的行为，执法人员日夜认真在市区巡查。

8月14日，由市运管处牵头，联合市安监局、市公安交管局等部门又在全市范围内联合行动。联合执法组在龙沙路巡查时发现一辆赣AB5101东南牌面包车，该车经过非法改装后装有一大桶甲醇，司机不知去向。执法人员依法暂扣车辆，消除一起重大安全隐患。

（成时桂）

【南昌市严打非法营运】 随着新一轮暑运学生返校高峰的到来，大量客流涌入各出租车站点，部分非法营运驾驶员在利益的驱使下，顶风违法又在从事非法营运活动，而且比以往更为狡猾，更为隐蔽，从单一行动，变为团伙行动，一旦发现有稽查人员或稽查车辆就马上互相通知，或一起同时阻挠稽查人员正常执法，给查处工作造成了很大的不便。针对非法营运驾驶员转变非法营运活动的方式，市客管处稽查科根据掌握的情况及时调整工作方式，启动2号方案（联合机制）与市火车站综合整治办联合执法，安排专人负责盯梢，加大巡查力度，采取定点打击与流动稽查、定时打击与不定时打击、明察与暗查相结合的灵活多变的工作方法，对每一辆嫌疑车辆都进行检查。加强错峰时间段在火车站景怡酒店、站前路铁路公安处门前、新天地酒店门前、火车站地下南广场等区域的稽查工作。活动开展2周，共查处非法营运车辆15辆，异地营运外地出租车3辆。截至8月底累计查处非法营运车辆186

辆,异地营运车辆56辆。

(南昌市客管处)

【景德镇市召开出租汽车新增运力听证会】 8月15日,景德镇市交通运输局召开出租汽车新增运力听证会,来自全市社会各界的共40名代表(其中市人大代表4名、市政协委员4名、出租汽车企业代表2名、出租汽车车主代表6名、市民群众代表8人、政府部门代表7名、新闻媒体代表4名、社会其他领域代表5名)及8名旁听代表就是否新增出租汽车运力、如何加强出租汽车市场管理及提高出租汽车服务质量各抒己见。

听证会上,40名代表及8名旁听代表就景德镇市交通运输局主要负责人所作的《出租汽车新增运力陈述报告》展开热烈讨论。大多数代表认为,适当增加出租汽车运力是必要的,一方面可以有效缓解“打车难”问题,一方面可以通过新增出租汽车“公车公营”的引导,促进整体服务质量的提升;有代表认为,适当增加出租汽车运力是一个方面,加强市场管理则显得更为重要;还有代表建议新增出租汽车运力要分步实施,两年内要新增300辆。出租汽车车主代表对新增出租汽车运力则大多持相反意见,他们认为出租汽车业主加价、议价、擅自拼客、绕行等行为之所以较为普遍,是由于运价不合理造成的,运价过低导致经营利润过低;由于疏于管理,导致非法营车辆日益增多,在很大程度上抢占了市场、抢走了客源。他们要求将非法营车辆完全取缔之后才能增加出租汽车。

听证会上,40名代表认真填写景德镇市出租汽车新增运力征求意见表,庄严地行使了自己的民主参政权利,对是否新增出租汽车运力、如何加强出租汽车市场管理及提高出租汽车服务质量表明自己的观点。听证会上发放的40份景德镇市出租汽车新增运力征求意见表均有效,其中33份赞成增加出租汽车运力、7份反对增加出租汽车运力,无弃权票,赞成率为82.5%。

(涂 强)

【萍乡市部分公交站点设置公交车辆专用停靠线】 针对社会车辆严重占用公交站点,影响公交车辆正常进站停靠等乱象,2013年萍乡市公安交警在六中、鹅湖公园等公交站点设置公交车辆专用停靠线,严禁社会车辆在标识范围内停靠。公交车辆专用停靠线的设置,将有利于进一步规范城市文明行为,提升城市形象。

(张 颖)

【九江市构建公交线路“分区运行、四区互动”新模式】 2013年,在构建现代公交体系中,九江一改现有公交线路网在布局和设计上存在的缺陷,对浔阳区、庐山区、开发区、八里湖区四个区的现有公交线网进行全面优化,实行公交线路“分区运行、四区互动”新模式。

公交优化方案将市区公交线网分为快速公交线路、主干线网、公交支线网三个层次,最终形成以四区为重心,公交线路为纽带的层次分明、方便快捷、安全高效的公交网络,使浔阳区、庐山区、开发区、八里湖新区既可实现区内公交通达,又可通过引导换新实现跨区通行便捷对接。此优化方案在向社会各界征求意见阶段得到广大市民的普遍认可,正在实施过程中。

(九江市城客处)

【九江市区调整出租车空驶里程数】 九江市区调整出租车空驶里程公里数由超过10千米调整为超过6.5千米加收空驶费。

根据《江西省定价目录》等相关规定,九江市区出租车空驶里程数的调整工作,已按照政府定价规定程序,在对出租汽车运营成本及空驶里程调查测算基础上,召开价格听证会广泛听取社会各方意见,经综合考虑全省总体水平等情况,并报请市政府同意,市城区出租车空驶里程公里数现作如下调整:出租车空驶里程公里数由现行的单程租车超过10千米加收空驶费调整为超过6.5公里加收空驶费;空驶费标准按现行公里价的50%收取,往返租车不得收取空驶费。

市区出租车运价计价器自2013年7月4日起由计量部门陆续开始调试。出租车经营者在计价器调试期间要遵循“先调先执行,后调后执行”的原则,不得违反“按表计费”规定,在调表期间不得以任何理由加收费用,避免引起价格纠纷。如违反“按表计费”规定,将依据《中华人民共和国价格法》《江西省道路运输条例》和《九江市城市客运驾驶员诚信考核办法》严肃查处。

(九江市交通运输局)

【九江交通部门狠抓出租车转包管理】 2013 年，九江市城市客运管理部门针对部分车主随意转包出租车行为进行专项整治，并采取有效措施对转包出租车实行动态监管。一是调查摸底。对市区 10 家出租车公司 1487 辆出租车逐一进行登记，查清“二包”车辆数量，并建立相关资料档案，包括二包车所属公司、车主是谁、二包人是谁、从谁的手里承包的、驾驶员是谁等具体内容。二是落实“月检”。坚持出租车每月定期回场检验制度，对“二包”车辆的卫生、消防设备及出租车“六统一”情况进行严格检查，对不合格者，立即责其整改，直到符合要求为止。三是控制流动。规定每辆出租车只允许配备三名驾驶员，并要求与所属公司签订劳动合同，同时报出租车行业协会备案。从业人员在合同未到期之前，不得跳槽和不得办理相关转移手续。四是加强考核。在诚信考核过程中，凡年度有效投诉累计超过 5 次的，5 年内不得在本市从事出租客运经营；凡出租车单车考核连续两年低于 700 分的，则依照《江西省出租汽车单车考核办法》，收回该车经营权。

（九江市交通运输局）

【九江积极应对出租车新国标出台】 由国家质检总局、国家标准委正式批准发布的《出租车运营服务规范》，为出租车司机制定了 26 条服务用语以及多条服务要求，于 2014 年 4 月 1 日正式实施。

针对最新修订要求，九江市城市客运管理处从思想教育入手，积极着手布置学习贯彻出租车新国标的前期工作，以“如果我打的”为题谈看法，倡导出租车从业人员换位思考，提升出租客运服务水平。同时，该处还以典型案例告诫出租车司机不要违规经营，使大家充分认清出租车拒载、不打表收费、违规拼客等不良行为，共同促进出租客运行业的健康发展。

（九江市交通运输局）

【九江积极对接南昌至永修城际公交】 南昌市至永修县城际公交快线将于 2013 年国庆节前开通，是江西省首条跨行政区域的城际公交线路。该线路编为 139 路，其走向为：南昌市塘子河—八一大桥—庐山南大道—昌九高速—新祺周—永昌大道—永修公交总站。全程 45 千米，实行无人售票，10 元一票制，线路采取两头对发的运营模式。南昌公交开进永修，将配备节能环保空调公交车和高素质的司乘人员，对提升永修的城市功能和品位、促进昌九两地的经济发展具有重大的战略意义。

（九江市交通运输局）

【殷美根到市公交集团公司调研】 4 月 26 日，九江市委书记殷美根（时任市长）率领市交通运输局、规划局、建设局、财政局、国土局、发改委、物价局、交警支队、城投公司等部门到市公交集团公司，就城市公交工作进行专题调研。

（九江市交通运输局）

【九江市政府印发《九江市优化发展城市公共交通工作实施方案》】 5 月 9 日，九江市政府印发了《九江市优化发展城市公共交通工作实施方案》，就大力优化发展城区公交工作做了详细规定。

（九江市交通运输局）

【九江市公交集团公司加强加制度化】 11 月 2 日，为加强内部管理，确保完成责任目标，市公交集团公司结合岗位实际，制定和完善了《各部门岗位职责》《基层岗位考核办法》《公交营运工作指标》《目标考核制度》《岗位调整方案》等文件，并已全部集结成册，各项管理工作更加制度化。

（九江市交通运输局）

【新余市新增 18 辆清洁能源空调公交车】 新余市继 2013 年首批 22 辆新能源（气电混合动力）空调公交车，7 月 28 日投入运营后，12 月 6 日，又有 18 辆清洁能源空调公交车投入运营。至此，该市绿色公交达到公交日常营运车辆总数的 40%。

（彭　剑　娇　健）

【新余市开展出租车车容车貌专项检查】 5 月 15 日，新余市运管处以创建全国文明城市为契机，对全市出租车车容车貌开展专项检查。专项检查内容包括：车身外观是否整洁；车身、保险杠是否脱漆、破损；运价标签、温馨提示是否破损；从业资格证是否按规定摆放；坐垫套等是否干净；脚垫是否干净；后备箱是否整洁、物品摆放是否整齐等。此外，驾驶员的仪表、文明用语等经营行为和服务态度等也被纳入检查范围。此次检查，市运管处坚持“以人为本”的原则,教育为主,处罚为辅,对于卫生不合格的车辆,要求立即整改,把全市出租车规范运营提高到一个新水平。

(邓清华)

【新余市营运车辆指挥中心借助“北斗”定位找回被盗车辆】 9月10日凌晨2时许,新余市营运车辆指挥中心值班人员接到货车司机求助电话,司机称其停放在城南通济桥附近的一辆牌照为赣K18715的东风乘龙货车被盗,希望市营运车辆指挥中心借助北斗系统帮助寻回被盗车辆。该车近期在营运车辆检测中心安装了北斗行驶记录仪。

接到求助后,市营运车辆指挥中心值班人员在第一时间组织工作人员,经过排查快速锁定被盗车辆的位置及行驶路线,最终将被盗车辆精确定位于丰城市剑邑中大道中段,市营运车辆指挥中心便立即与被盗车辆所在地新余公安机关和丰城市警方取得联系,同时营运中心工作人员迅速赶往丰城市,积极协助丰城市公安机关开展相关工作。

在市营运指挥中心和新余、丰城两地警方的共同协作下,经过短短两个多小时搜寻,于当日凌晨4时成功将被盗车辆找回,失而复得的车主惊叹北斗系统的神奇功能,并向市营运车辆指挥中心工作人员再三表示感谢。

(廖　程)

【新余公交推行“一线工作法”改进公交干部作风】 2013年,新余公交推行“一线工作法”,即“情况在一线掌握、办法在一线形成、工作在一线落实、问题在一线解决”。

“一线工作法”是公司一季度经济分析会议的一项重要成果,是进一步落实“中央八项规定”,改进公交干部工作作风的又一重要举措。“一线工作法”对中层以上干部深入一线的时间和次数作了明确安排,对精简会议形式提出了具体要求,并建立了长效考核机制,以确保“一线工作法”长期贯彻执行。“一线工作法”务实高效,操作性强,体现了公司管理层深入一线,真抓实干的决心。

(宁茂昌)

【赣州出租车驾驶员统一着装上岗】 6月10日,赣州中心城区将开展为期一个月的出租汽车行业规范管理集中行动。按要求,赣州中心城区所有出租汽车公司必须安装出租汽车行业管理信息系统企业终端,各公司统一出租车驾驶员着装,督促企业制定完善并落实投诉受理、失物查找、驾驶员聘用管理等各项制度。规范经营行为,加大对非法营运车辆的打击查处力度,坚决遏制非法营运车辆扰乱市场秩序行为。

(杨有发　戴　明)

【赣州市中心城区46座公交站台升级改造】 7月21日起,赣州市中心城市区公交站台升级改造项目全面启动,首批改造的46座公交站台主要分布在红旗大道、文明大道、八一四大道、五洲大道、站前大道沿线,于2013年8月中旬完成。赣州公交总公司,2013年将分批次对赣州市中心城区原有设施陈旧、功能单一的公交站台进行全面更新改造,改造后的新型公交站台外形上美观新颖,将进一步提升城市形象。

(赣州市交通运输局)

【吉安市中心城区出租车全面“体检”】 春运期间,为让广大市民享受安全、舒适、舒心的服务,1月25日起,吉安市城客所对中心城区393辆出租车的车容车貌、服务规范进行全面检查,部分不达标车辆要求限期整改。此次检查设立三个检查点,即市中心城区人民广场北侧、吉福路口、吉安火车站外广场。当日,大部分出租车陆续参加了检查,工作人员对车辆外观、车辆设施、车内卫生等一一进行检查。截至1月28日,市中心城区出租车均已检查完毕,其中有31辆出租车现场检查不合格,不合格项目主要是车内座套未换洗、服务监督卡未正确摆放,已要求不合格车辆现场进行整改,整改合格后方可投入运营。

(吉安市交通运输局)

【吉安市吉泰走廊“三县三区”公交实现全覆盖】 8月1日,随着吉州区至泰和县501路公交线的正式开通运营,标志着吉安泰走廊公交一体化改造工作全面完成,沿线“三县三区”70千米、24个乡镇、103万群众(占全市总人口的20.6%)实现了期盼已久的“公交梦”,这是该市继2012年9月开通吉州区至吉水县301路公交线后的又一项实实在在的惠民举措。吉泰走廊公交线路分吉州区至吉水县、吉州区至泰和县两段运行，共投入36辆公交。

（吉安市交通运输局）

【抚州市严查出租车非法改装燃油装置行出为】 8月6日上午，抚州市人大环资委召开打击租车非法改装燃油装置、私自使用甲醇燃料专项整治活动调度会，决定于8月9日，在全市范围内开展打击出租车非法改装燃油装置、私自使用甲醇燃料整治活动，坚决依法打击和取缔出租车非法改装、使用甲醇行为。要求各级各有关部门高度重视此次整治活动，相关单位主要负责人要亲自抓落实；要动员全社会力量对辖区非法经营甲醇情况进行拉网式排查，一旦发现，一律予以取缔；要加大宣传力度，及时公布举报电话。

（陈根玲）

【黎川县大力支持城市公交发展】 2013年，该县为落实公交优先发展战略，将公交公司定为股级事业单位，安排5名财政全额拨款事业编制。在公交公司成立时就安排20万元开办经费和110万元城市公交线路经营权收购经费。先后投入资金600多万元于2008年、2010年和2011年每年新增车辆10部。2007年、2008年、2009年每年安排维修补贴经费30万元，县一中线路开通后，每年追加维修补贴经费8万元。确保了公司的不断壮大和顺利发展，方便了居民出行，深受群众一致好评。

（黎川县交通运输局）

【黎川县强化城市公交管理】 2013年，黎川县公交公司拥有公交车辆38部，其中扬州亚星20部、苏州金龙10部、河南少林8部，开辟公交线路6条，线网总长52千米，设有停车场1个，遮雨式站台20个。公交公司现有员工60人，其中管理人员5人、驾驶员及乘务员55人。

该县交通运输局自2011年11月接管公交公司以来，积极履行城市公交行业管理职能。一是加强对城市公交工作的领导，安排班子领导分管公交工作，明确干部驻点公交公司，主要领导调研公交工作。运管部门安排业务股对接公交公司，对公交公司业务进行指导，确保公交公司工作有序开展。二是加强对公交公司工作的行业指导。帮助公交公司建立健全管理制度，督促公交公司抓好安全生产，落实安全生产管理制度。三是争取上级支持城市公交发展，帮助企业排忧解难。县交通运输局针对公司驾驶员资质不符、年龄偏大和人员流动性大问题，专门形成《关于加大城市公交扶持力度，确保城市公交安全稳定的建议》的提案，得到了县政协的高度重视。

（黎川县交通运输局）

【上饶市启动中心城市出租车违规经营专项整治行动】 3月20日，上饶市启动中心城市出租车违规经营专项整治动活动。本次专项整治时间从3月20日至4月底。整治内容为出租车不按照里程计价表显示金额收取运费；无故拒载、甩客；未经乘客同意搭乘其他乘客；不文明经营、车况脏乱差；不按规定使用车载终端（GPS）；车辆乱停、乱靠等行为。

（章定成）

路政管理

【概况】 2013年，全省高速路政系统紧紧围绕路政发展主线，坚持以整治路域环境、提高路产结案率、强化清障施救监管、规范治超执法、加大队伍建设等为中心工作，团结一心，攻坚克难，较好地完成了各项年度目标任务，取得了较显著成绩。

路域环境整治活动成果明显。3月以来，严格按照违法涉路设施综合整治方案要求，通过举办业务讲座、广泛发放宣传手册、深入开展排查梳理、主动上门服务、争取当地政府支持等多种方式和手段。排查出违法涉路设施6617处。截至2013年12月31日，已强制拆除违法建筑和违法广告牌84处，对不能强行拆除的各类电力、通信管线，立案查处228件，结案56件，结案金额140.8万元。在这种高压态势下，相关涉路设施设置单位纷纷主动到路政部门申请办理行政审批手续，已办理65件，与各支队签订路政管理协议并提交申请1499件，占已排查违法涉路设施总数的24%。

路产案件结案率明显提高。年初在原有巡查

制度基础上进行，根据高速公路沿线车流量，对路面巡查计划进行科学调整，及时提出了“有效巡查”要求。截至2013年12月31日，全年共计巡查里程636万千米，办理各类损坏路产案件4931起，收取路产赔(补)偿费3946万元，赔(补)偿率为99.01%，较2012年上升了2个百分点。

严重超限超载现象明显减少。进一步加大路面治超工作力度，按照国家有关法律、法规和政策要求，对超限超载车辆进行了查处。全年高速公路治超站共查处超限超载车辆8863辆，卸载超限超载货物17273.21吨，严重超限超载现象得到了有效遏制，保护了高速公路桥梁的安全和路面的完好。白水湖治超站积极与大桥管理局、交警部门沟通联系、形成合力，共同做好了九江长江大桥公路桥桥面检修期间车货总重30吨以上超限超载车辆的劝返工作，确保了九江长江大桥的安全运行，全年共劝返30吨以上车辆12018辆。

清障施救违规收费现象明显减少。针对南昌市建缘汽车服务有限公司清障施救违规行为属实情况，在做好《关于清退南昌市建缘汽车服务有限公司清障施救工作的社会安全稳定风险评估报告》等准备工作后。果断清退了该公司并扣除全部履约保证金。开展了为期半年的规范全省高速公路清障施救工作整顿活动，通过召开现场会、加大督查、明察暗访、落实责任人责任等方式，逐步推进了清障施救整顿工作，高速公路清障施救工作日趋规范，投诉举报大幅下降，取得了较为明显的工作实效。进一步完善了各清障施救企业业务档案和活动资料，各清障施救企业人员、设备和场地基本符合要求。加大了清障施救监管工作责任追究。

清障施救收费获批。7月21日，省发改委印发了《江西省发展改革委关于重新核定全省高速公路清障施救收费项目和收费标准的函》。面对新政策实施时间紧迫的情况，及时在井冈山组织各支队有关人员、清障施救企业法人进行学习宣传。同时，要求全省高速公路清障施救企业的所有清障施救作业车辆全部按照统一样式，统一制作，统一安装，并公布了新收费标准，主动接受车主监督。

路产损失赔(补)偿获准。12月16日，获得《江西省发展改革委、江西省财政厅关于调整江西省高速公路及普通公路路产损失赔(补)偿收费项目及收费标准的复函》。新的收费标准增加了“占(利)用类”：将其细化成2类19个收费项目，明确了每个项目的收费标准，填补了路政在行政执法和行政收费中的空白。特别是对临时占用、利用高速公路、公路用地及建筑控制区的各种收费项目，对不可解体外廓尺寸超限运输车辆的路线勘察、护送等收费项目全面细化和明确。

自由裁量权得以核准。根据省厅关于开展全省交通运输行政处罚自由裁量权细化标准修订工作会议精神，总队高度重视，及时成立修订工作领导小组，抽调部分支队业务骨干，对细化标准(初稿)逐条逐项进行了修订完善。路政执法相关处罚项目最后被纳入省厅《江西省交通运输行政处罚自由裁量权适用规则》和《江西省交通运输行政处罚自由裁量权执行标准(试行)》文件，为高速路政行政处罚提供了更高层次的法律支持与保障。

应急保畅能力显著增强，圆满完成2次支前保障工作。根据省政府、省交通运输厅和省交战办的统一部署，按照“平战结合”要求，精心布置，广泛动员，迅速行动。交通保障期间，征用沿途社会清障施救企业119台车辆设备和248名清障人员，制定了多套路线变更应变工作方案，沿途密集设置交通保障点，共实施路面巡查12646千米，出动人员1549人次，出动车辆696车次，处理交通事故最短用时3分钟，确保了演练车队顺畅通过，圆满完成了“使命行动—2013”跨区机动演习在江西境内的高速公路交通保障任务。

(吴敏杰)

【萍乡市交通运输局完成城市交通治堵工程年度目标】 2013年，萍乡市交通运输针对城市交通拥堵情况，制定治堵年度目标，2013年1至3季度开展公交保畅调研，2013年年底完成《关于主城区道路交通治堵保畅的建议》和《萍城交通拥堵成因及治堵攻略》报告。2013年6月前，完成新公交站建设方案。年底，新公交站建设开工，并完成城区内现有公交站台、站牌更新改造。至年底，目标任务全部完成。

(晏卫东)

【上栗县交通运输局强化路政管理】 成立了由交警、养护、安监、运管等部门组成的公路路域环境综合整治检查站，专门针对公路两旁乱搭乱建、车辆货物遗洒、超载等开展联合整治。2013 年，联合执法队伍对 1278 辆违章车辆进行了处理，签订整改承诺书 2578 份，并且从主干道延伸到县乡道。通过综合整治，进一步规范公路管理行为，全面改善了全县公路的路容路貌和路域环境状况，全力构建畅通、安全、舒适、高效的公路交通环境。面对县乡公路点多面广，管理经费和人员不足等难题，该局整合资源，经常性巡查由路政管理大队负责，遇到重大的路政案件，从各站室抽调人员集中办案，每月保障 8 次以上的经常性巡查，共纠正各种违章行为 123 次。并和土地、交警部门建立了经常性的工作联系，遇到乱搭乱建行为，三家联合治理，从而有效地遏制了在公路两侧乱建房屋等违章现象，确保了农村公路的平安畅通。

（上栗县交通运输局）

【靖安县“重拳”整治公路环境】 为助推该县提出的“白云深处、靖安人家”幸福工程建设和国家级生态县创建活动，9 月下旬，该县交通运输局路政执法人员以整治公路环境为重点，加大路政执法力度，集中力量对影响农村公路通行环境的违规违法行为进行专项整治。一是加大公路法规宣传力度，路政执法人员向公路沿线政府、企业、群众发送公路法规宣传手册和宣传单，在集贸市场、村庄张贴宣传画，刷写宣传标语，使公路沿线群众了解公路法规。共发放宣传手册 250 本，宣传单 500 份，张贴宣传画 30 张，刷写标语 4 条。二是联合公路沿线政府等有关部门，集中对公路沿线乱堆乱放、占路为市等行为进行专项治理。共清理路面堆积物 28 处 122 立方米，清理占路为市集贸市场 4 处。三是加强对跨越、穿越公路管线和非公路标志的管理工作，路政执法人员主动上门为产权单位按照许可权限办理许可手续。对产权不明和破旧的非公路标志一律拆除。共拆除广告横幅 12 条，拆除广告牌 6 块。

（刘 斌）

【铜鼓县交通运输局加强路政管理】 随着经济的快速发展，农村公路承载的客运、货运量不断增长，农村公路不堪承受超重车辆通行，导致有些农村公路损坏较为严重。该局强化路政管理。一是不断加大宣传力度，全年共发放宣传资料 800 余份，增强老百姓爱路护路意识。二是加强农村公路日常养护管理。按属地管理的原则，根据各乡镇辖区内县乡道里程，该局按里程下拨日常养护资金到乡（镇），由乡（镇）负责日常养护工作。三是加大路政执法力度，打击各种侵犯路权的违规行为，全年共办理路政处罚案件 5 起，拆除违章建筑 7 处 257 平方米，消除障碍物 2800 立方米，查处超载车辆 30 余辆次，有效遏制损害公路交通安全的行为。

（黄祖芳）

【万载县依法强化路政管理】 县政府对依法保护路产、路权，保障全县公路安全、畅通给予高度重视。5 月 22 日，专门下发《关于加强公路沿线两侧建房审批管理的通知》指出，根据《中华人民共和国公路法》《公路安全保护条例》等有关法律、法规，强调“严格控制公路两侧建筑控制区范围”，公路两侧边沟外缘高速公路不少于 30 米，国道不少于 20 米，省道不少于 15 米，县道不少于 10 米，乡道不少于 5 米内不得修建永久性建筑，未经批准，不得搭建临时建筑物；各乡镇、街道及有关单位在制订规划时，涉及公路两侧建筑控制区的，需征求交通、公路主管理部门意见；公路两侧沿线建房（构筑物）实行各部门“联审制”，否则审批无效；对违反规定办理的，实行“谁批准，谁赔偿”的原则，对直接负责的主管人员和其他直接责任人，依法处分，造成损失的，依法承担赔偿责任等。此件发出后，各乡（镇）人民政府、街道办事处，县直各有关部门，认真对公路沿线的建筑物进行排查处理，县交通运输局旨在营造“畅、安、舒、美”的行车条件，加强公路沿线的巡查，确保良好的路容貌和路线环境。

（王松州）

【余干公路分局整治公路环境】 随着余干城市化建设步伐的加速，公路拓宽、改建工作的不断深入，很多拆迁户和农户在昌万线、余信线等公路两侧忙于拆、建房屋过程中，有部分房基的土石方、建房的材料及拆除下来的旧水泥路面板块垃圾堆放在公路边，不仅影响路容路貌及公路的正常运行，而且还存在严重的安全隐患。1 月 8 日起，余干公路分局组织开展了一次集中整治活动。共清除各类堆积物 50 余处计 1500 余平米，清理路肩 300 余平米，整治搭接道口 10 余处，清理大小店家搭建非标16块,净化路域环境,保障公路的安全畅通。

(陈均培 童志民)

【信州公路分局排查危险路段隐患】 信州公路分局针对G320国道车流量较大的特点,特别是位于320国道K542+600—K543+000路段的牛头山易坍塌,牛头山对面又是临崖落差近20米,存在重大安全隐患。为此,该局技术负责人员会同郊区交警部门人员实地考察排查,对该路段实施在原有安全标志的基础上增设"事故多发路段"警示标志牌2块,用波形护栏替换原水泥警示桩260米,由于此路段存在上下陡坡,增设减速震荡标线两处,同时上报公路上级主管部门对牛头山实施治理排除塌方隐患,确保安全畅通。

(乐顺明)

【信州区公路安全标志设施一新】 2013年,信州区交通运输局结合"平安公路",加强对农村公路沿线安全标志设施的设置与管理,完成农村公路特别是校车途径路段安全设施的设置,共安装警示标志100余块、减速带60余米、广角镜10余块。该局对各条公路平交口处通视三角形范围内影响安全视距的树木、非公路标志等障碍物完成了修剪、移植、砍伐、拆除。共修剪遮挡公路标志、影响安全视距的树木56处134棵;移植上述类型的公路行道树15棵,清理非公路标志42块,拆除悬挂在公路上方的横幅广告41条。

(陈均培)

【婺源路政严查车辆撒漏】 2013年春节后,婺源公路部门开展了车辆撒漏问题专项整治行动,对工程车行驶公路撒漏和超限运输等违法、违规现象进行治理。

在公路撒漏治理中,路政人员深入到公路沿线沙石料厂、工矿企业中,拜访部分车辆运输户,广泛宣传路政法律法规,共计发放宣传册200余份,出动宣传车十几台次,在撒漏现象多发路段对驾驶员进行宣传100余次,提高群众对撒漏污染公路危害性的认识。

(高 庆)

安全与应急管理

【概况】 2013年,全省交通运输系统各级单位坚持"安全第一、预防为主、综合治理"的方针,狠抓了重点领域、重点时段的安全保障,大力开展"平安交通"建设、"打非治违"、"百日安全大检查"、"道路客运安全年"、交通运输企业标准化达标建设等活动,各项工作抓得早、抓得细、抓得比较实。全省交通运输安全形势平稳,呈"两个下降、两个平稳"态势。即水上交通各项安全指标全面下降。共发生水上交通事故5起,死亡1人,沉船5艘,直接经济损失443.8万元。与2012年同比分别下降44.4%、50%、37.5%、36.6%。事故造成死亡人数仅占省安委会下达水上交通安全考核控制指标的12.5%。全年未发生渡运和远洋运输事故。道路旅客运输事故造成的伤亡人数下降。共发生道路旅客运输事故22起,死亡26人,受伤57人。事故起数与2012年持平,事故造成人员伤亡与2012年同比分别下降42.2%和38.7%。全年未发生重特大道路客运人员伤亡事故。全省交通重点工程建设安全形势保持平稳。共发生安全生产事故4起,死亡5人。事故造成死亡人数占省安委会下达重点工程建设安全考核控制指标的27.8%。各重点时段和法定节假日期间安全形势保持平稳。没有发生安全生产责任事故。

2013年交通安全工作,主要抓住关键环节、创新管理模式、深化隐患治理、破解工作难题、加大安全投入,强力推动"一个全面覆盖、两个有效推进、三个强化保障"。

1.全面覆盖开展交通运输安全生产大检查。

全省交通运输部门创新工作方式，将督查工作贯穿大检查工作始终，采取基层单位全面自查与行业重点抽查、互查相结合；明察与暗访相结合；现场查验与听取汇报相结合；查阅台账与当面问询相结合；查找隐患与督导工作相结合等方式开展工作，做到了“五个到位”。一是贯彻部署到位。高位推动，成立了由主要领导任组长的安全生产大检查工作领导小组，制订工作方案并迅速展开行动。二是检查标准到位。厅直属单位制定了专项安全检查对照表格10余项，指导各行业领域按照查非法、查管理、查资料、查设施、查落实“五查”的要求，全面开展检查。三是检查力度到位。2013年省厅由厅领导带队开展督查2次，省厅代表省政府、省安委会等对相关设区市开展综合、专项督查8次，接受国务院安委办、交通运输部督查5次。省运管局、省港航局派出明察暗访组1 7个，深入基层、深入企业查隐患、找问题。厅质监站通过组织项目自查、监督组抽查、站督查的方式，保障交通重点工程“大检查”落实到位。抚州市交通运输局组织全市11个县区交通运输局开展交叉互查。全系统共派出检查组1644个，出动检查人员6552人次，检查交通运输行业单位及场所6291处。四是隐患治理到位。做到督查情况有反馈、督查结果有通报，促隐患整改落实。通过大检查，全省共排查出安全隐患3288个，其中重大安全隐患9个，现均已基本整改到位。五是宣传报道到位。全系统既充分利用各种媒介，营造安全大检查工作氛围。又及时梳理上报发布工作动态信息。省厅在“江西交通信息网”发布工作动态信息26条，在交通运输部安全生产动态信息专刊刊发信息5篇，在江西省安全生产工作简报刊发信息9篇。

2. 有效推进“平安交通”创建。借助“平安交通”创建活动，深化各项专项整治活动，做到了“四个相结合”。一是将“平安交通”创建与道路安全年活动相结合。开展了代号为“追踪”的客运班线网上稽查行动。追踪稽查三类以上客运企业114家、客运班线1844条、客车3560辆，下达责令整改通知书933份，立案调查涉嫌违规车辆59辆。联合开展了货车违法行为、危爆物品等专项整治行动。通过安全审核将企业安全生产状况与企业营运资源挂起钩来。二是将“平安交通”创建与渡口渡船安全管理专项整治“回头看”活动相结合。“四措并举”深化整治活动。即：强化检查，开展渡口渡船安全专项检查和执法行动38次，排查整改渡口渡船隐患263项。实施“救生衣行动”，基本实现全省渡口按渡船载额人数100%配备救生设备。摸清全省乡镇渡口渡船台账，将现有474道渡口、477艘渡船登记造册。开展了水上交通安全知识进校园活动。并继续深化船舶治超、船舶标识以及砂石运输船、施工船等专项整治。三是将“平安交通”创建与“平安工地”考核评价相结合。开展了“平安工地”考核评价，将九江二桥、井睦项目作为平安工地冠名工程向部推荐申报。同时，深化工程建设领域预防施工起重机械脚手架等坍塌事故专项整治，组织督查8次，下发检查意见通知书14份。四是将“平安交通”创建与营运高速公路专项治理相结合。强化高速公路路面巡查，及时发现治理路面安全隐患。强化运输超限治理，提升收费窗口文明服务水平，先后对昌金萍乡服务区、梨温上饶服务区开展专项整治取得成效。

3. 有效推进交通运输企业标准化达标建设。稳步推进交通运输企业标准化达标建设，打牢“六个基础”。一是审定考评机构。通过单位申报、条件初审、厅相关处室审查、厅安委办审核、厅领导批准、网上公示等流程，确定二级考评机构8家，各设区市确定三级考评机构11家。二是建立考评员、自评员队伍。开展道路、水路运输、港口、城市客运等考评员培训共6期，经考核合格考评员556人次。组织企业自评员培训共3期，累计培训357人次。三是细化评分细则。在交通运输部考评评分标准的基础上进行细化，审定通过了道路水路旅客运输、危险货物运输等11个达标类别的考评评分细则。四是明确考评程序。制定《江西省交通运输企业安全生产标准化考评流程》。五是完成了达标考评试点。完成对南昌长运公司、南昌平川成品油运输公司等两试点企业二级达标考评发证工作。六是召开全省交通运输企业标准化达标建设推进会。全省交通运输企业安全生产标准化达标建设正全面铺开，已有5家企业完成二级企业标准化达标考评工作，10家企业开展二级达标考评。各设区市积极对申报三级达标的企业组织进行考评。此外，全省已完成“四个一”标准化建设的渡口，按照程序组织验收。

4. 强化制度建设，保障安全生产责任落实。

一方面进一步落实安全生产“一岗双责”,强化落实安全生产两个主体责任。另一方面注重制度的完善,制定《江西省交通运输安全生产挂牌督办办法》。经专家评审通过的道路水路旅客运输、危险货物运输等 11 个交通运输企业安全生产标准化考评评分细则,从起草之初就注重从企业安全生产本质和各生产环节上,落实企业安全生产主体责任。此外,还制定了《江西省道路运输安全生产隐患排查治理制度(试行)》《江西省道路运输卫星定位系统监控管理办法(试行)》等。《江西省公路水运工程质量安全监督管理条例》已被列入省人大立法项目。其次,严肃安全生产事故责任追究。按照“四不放过”原则,对全省交通运输系统几起事故组织或参与事故调查,严肃倒查追责相关责任人员 10 余名,对连续发生生产安全事故单位、发生内部安全事故单位进行了约谈,对工程建设相关事故责任单位进行了信用扣分。

5. 强化安全投入,保障基础设施条件改善。一是加大了公路改造和安保工程投入。投入 72.5 亿元完成国省道公路升级改造 71 7 千米、危桥改造 4732 延米/40 座、安保工程 1658 公里、灾害防治 550 千米。完成农村公路危桥改造 4615 延米/44 座,安保工程 595 千米。二是建成高速公路应急储备基地 12 个;“三位一体”普通国省干线公路养护中心 17 个;“六位一体”乡镇农村公路综合服务站 81 个。三是 3477 千米高速公路实施智能交通系统,实施里程占通车总里程的 81.6%。全省高速公路重点部位监控进行加密建设。启动普通国省道路网监测工程。建立了在建交通重点工程施工视频监控系统,完成了“质量安全管理平台”建设。四是全省有挖掘机、铲雪车、装载机等各式应急抢险设备 821 台套。各设区市组建应急保障车队,并在此基础上择优建立了首支省级应急保障车队。宜春等地投巨资更新客运班车、公交车辆,提高了车辆的安全性和舒适性。成功应对了两次冰冻雨雪灾害、防抗 9 次强降雨、强台风袭击,切实化解历史罕见持续高温干旱气候对交通运输造成的不利影响,保障了全省交通运输的安全稳定。

6. 强化教育培训,保障安全队伍素质提升。借助“安全生产月”活动契机,省厅组织开展了“平安交通”新闻作品、论文、格言警句征集评选活动。其中抚州海事局《送渡运知识进校园,赠救生衣保平安》一文荣获交通运输部优秀新闻作品奖。组织发放安全生产月主题宣传片和警示教育片光盘 500 余套。组织安全应急专家培训班 1 期,安全应急管理人员培训班 1 期,培训安全应急专家和安全管理骨干 150 余人次。全省各级交通运输部门广泛开展了形式多样的宣传教育活动,举办了各类知识竞赛;组织运输企业参加了全国交通运输行业“金龙龙翼杯”机动车驾驶员职业技能竞赛选拔赛;上饶市交通运输局还评选出了最美渡工 8 名。此外,正式印制出版了《江西省道路运输安全实用手册》;补充完善了《江西省交通建设一线作业人员岗前安全培训教材》内容;举办各类船员培训考试 64 期考核船员 1771 名;督促、指导各建设项目总结推广典型示范经验,累计组织现场观摩交流 30 余次。2013 年,全省交通运输系统共印制、张贴、发放宣传资料 6 万余份,培训教育从业人员 4000 余人次,开展各类应急演练活动 30 余次。

(刘晔)

【何建中率国务院安委会督察组到江西督察】 9 月 15 日至 18 日,交通运输部副部长何建中率国务部安委会安全生产第七综合督察组到江西省开展第二轮安全生产督察。督察组成员来自国家安监总局、公安部、交通运输部、住房和城乡建设部、体育总局、民航局等部局。省交通运输厅党委书记厅长朱希、总工程师胡钊芳、省安监局局长龙卿吉等出席汇报反馈会。

督察组分两路,分别赴上饶市、抚州市,采取实地检查、随机抽查和暗访等多种形式,深入建筑工地、车站、商业和文化体育娱乐场所、烟花爆竹企业等安全生产一线,对两市及有关县区、乡镇安全生产情况进行了督察。

督察组对江西省安全生产工作成效和亮点给予肯定,并指出了存在的问题与不足。针对下一步工作,何建中要求,一要在提高认识上下工夫,把安全生产工作放在第一位;二要在隐患整改上下工夫,按照“全覆盖、零容忍、严执法、重实效”在要求,切实抓好安全隐患排查和整改;三要在落实责任上下工夫。

(厅安监处)

【江西交通运输系统“三结合”推进安全生产大检查】 6月开展的安全生产大检查活动时间长、任务重、标准高、要求严,江西省运输系统各单位稳打稳扎、不急不躁,注意搞好三个“结合”,将大检查活动不断引向深入。一是与“平安交通”有机结合。按照交通运输部的安排和部署,江西省交通运输系统从2013年起全面启动了“平安交通”创建活动“平安公路”“平安工地”“平安车船”“平安港站”等创建活动在全省交通运输系统内蓬勃开展,各单位把创建活动指引“大检查”,用“大检查”促进创建活动。二是与“抗旱防暑”有机结合。入夏以来,全省普遍处于高温干旱状态。交通运输系统各单位积极行动,“抗高温、保安全”。各交通运输企业加强防爆胎、防自燃安全检查,重点检查营运客车的灭火器、安全锤以及油库、维修车间的防火灭火器材配备完好情况。交通工程施工作业单位重点加强了防中暑安全检查,并且采取各种防暑降温措施,确保作业安全。交通运输基层单位侧重开展用电安全和防火安全检查。三是与“教育活动”有机结合。江西交通运输系统是江西省党的群众路线教育实践活动的第一批单位,教育实践活动的一个重要环节是开门纳谏,听取基层单位侧重开展了用电安全和防火安全检查。

2013年,全省各级交通运输主管部门,累计派出由领导带队的督查组876个,排查安全隐患2614起,整改2332起,隐患整改“五到位”要求积极整改,继续保持了较为稳定的安全生产形势。

(厅安监处)

【省政府召开应急管理工作视频会议】 2013年2月19日,江西省政府召开全省应急管理工作视频会,省长鹿心社在南昌主会场出席会议,省委常委、常务副省长省凌成兴讲话,省政府秘书长谭晓林主持会议。江西省交通运输厅通过视频会议系统在省厅分会场参加了视频会议,厅总工程师胡钊芳出席会议并做汇报,厅机关有关处室、厅直属有关单位负责人一同参加。

凌成兴在讲话中指出,2012全省各级政府及有关部门、有关单位围绕省委、省政府的部署,以提高应急管理能力为主线,出色完成了《江西省突发事件应对条例》的起草送审工作,着重加强值守应急工作,全面推进应急预案体系建设,不断提升应急平台装备水平,积极推动横向应急交流合作,预防和应对突发事件的能力不断提升,为维护公共安全、构建和谐社会提供了有力保障。要扎实做好2013的应急管理工作,切实加强能力建设,重点抓好“一 提高、三着力”,即提高应急管理的法治水平,着力加大应急体系建设制度,着力加强应急 管理培训工作,着力引导公众参与应急管理,努力开创应急管理工作新局面,为建设富裕和谐秀美江西作出新贡献。

胡钊芳在汇报省交通运输厅2014年应急管理工作时指出,全省各级交通运输部门通过进一步健全应 急管理体系,完善“一案三制”,加大应急投入,夯实应急管理基础等措施,着力提升应急保障 能力,较好地完成了保障全省交通运输安全畅通的各项工作任务。一是充分利用科技手段,实现应急指挥可视化和决策科学化。二是加大基础投入,不断提升应急处置能力。三是坚持“以人为本”理念,联勤联动形成合力。

(李　明)

【省交通运输厅应急指挥中心对指挥车进行功能测试】 为了确保在发生突发事件情况下,应急指挥车能有效的实现现场图像、信息采集传输与指挥处置,5月3日,省交通运输厅应急指挥中心组织人员将应急指挥车开赴昌奉高速进行功能测试。

功能测试主要内容为应急指挥车的现场音视频获取能力、视频会议功能测试。测试过程中,应急指挥中心技术人员通过交通VSAT宽带卫星技术实现应急指挥车与省厅应急指挥大厅的互联互通。利用车载升降式摄像机、整车四方位的针孔摄像机对移动应急指挥平台四周的环境进行监控,车载升降式摄像机最大升降高度为9米,可以全方位、大景深地拍摄现场的视频图像。同时,使用单兵无线图传设备,模拟应急事件发生时车辆不能到达事故现场的状况,让工作人员进行深入采集音视频信息。

功能测试结束后,应急指挥中心工作人员表示将对应急指挥车进行不定期的功能测试和模拟处置突发事件的应急演练,以不断提高应急指挥处置能力。

同日,厅应急指挥中心在昌奉高速进行“96122”远端坐席操作培训,对“96122”远端坐席的功能作用、基本操作、常用操作等进行了详细讲解。全省已有隘瑞、德昌、永武、昌奉、吉莲等五条高速公路分中心安装了“96122”远端坐席。

(李　明)

【省交通运输厅完善应急处置措施和应急基地建设】 省交通运输厅结合全省交通运输系统实际,提出了应对突发事件的组织体系、应急保障和监督管理措施,明确了体系结构、机构职责、分级分类标准、应急工作程序、保障内容和监督形式等。

公路、运管、路政、海事等部门在此基础上,不断探索和完善自然灾害等突发事件的应急预案,出台《恶劣天气条件下高速公路防灾预警应急处置预案》和《江西省高速公路桥梁、隧道事故抢险应急预案》等细化措施,初步形成了较完善的应急预案体系。与此同时,各单位在实践中不断总结经验、补充提高,各项预案的实用性和可操作性得到不断增强。省港航局连续多年举行处置水上突发事件应急演练。

打造应急基地建设,建立省交通运输厅应急指挥中心、省水上搜救中心、鄱阳湖水上搜救中心、仙女湖水上搜救中心等,交通运输应对自然灾害更加直接、有效。

干线公路方面,首批20个市级普通干线公路综合养护中心项目建设全面启动,拉开了江西建设国省干线公路“三位一体”综合基地的序幕。“十二五”期间,江西省将建成50个普通干线综合养护中心,形成集养护、应急、服务于一体的养护体系

高速公路方面,推进了应急储备基地建设,新建了1万多平方米储备仓库,购置了1100多台(套)机械设备、2000多吨融雪材料,各类应急物资储备总量达到1万多吨,12个应急基地初具规模,进一步提升了应急水平,保障了冰冻雨雪等特殊时段的安全畅通。

(李　明)

【省交通运输厅采取六项应急措施全力以赴应对冰雪天气】 根据省委书记强卫、省长鹿心社2月9日上午视频调度会上的指示要求,交通运输厅再次部署,全力以赴应对本轮冰雪天气,做好抗冰雪保安全畅通工作。省厅要求高速公路铲冰雪的队伍做到“三个昼夜不停”即除冰铲雪的队伍要昼夜不停,各种应急除雪设备、排障车辆要昼夜不停,带班领导值守和路况巡查要昼夜不停,同时加强信息的报送、沟通。

省高速集团已启动三级应急响应,要求各重点路段管理单位领导必须到现场24小时蹲点,及时协调处置应急事件。尤其是盯住三大重点,即易结冰、堵车的长坡、陡坡路段,易结冰、堵车的大桥、特大桥,易结冰、堵车的互通立交。突出六个重点部位,即昌九高速通远天门坎及十里铺高架桥、昌樟高速瑶湖大桥、九景高速鄱阳湖大桥、德昌高速军山湖特大桥、泰赣高速赖坪高架桥及10千米长下坡段、武吉高速北段桥隧集中路段,严防死守。

省厅采取六项应急措施:一是组织干部职工到结冰积雪路段铲冰除雪、洒融雪剂、铺草麻袋,保证道路畅通;加强对桥梁、隧道、长下坡、陡坡等的巡查,尤其对重点路线实行了重兵把守,确保随时抢通。二是高速部门已增备各类机械设备481台套,碎石砂石、融雪剂等应急物资11130余吨,草袋、麻袋279000余个,确保一旦出现险情能及时应对。三是在各收费站、电子显示屏及时发布路况信息和安全提示信息。四是配合交警部门采取疏导缓慢通行等措施,及时组织车辆的疏通与清障施救,尽量做到不封路。五是积极为滞留在高速公路的司乘人员提供热水和食物等服务工作。六是利用“12328”(原“96122”)交通出行服务热线向过往司机提供服务信息 厅党委书记、厅长朱希,总工程师胡钊芳,副厅长王昭春等厅领导在厅应急指挥大厅进行应急指挥,省高速公路、路政、厅应急办、应急指挥中心等部门要负责人员到厅应急指挥大厅协助指挥。

为应对8日晚出现的雨雪天气做好冰雪天气状态下的应急处置工作,确保全省高速公路安全畅通,省厅主要做了以下工作。一是提前部署,省厅7日召开会议作出部署,下发《江西省交通运输厅关于应对雨雪冰冻天气 确保道路水路安全畅通的紧急通知》和《江西省交通运输厅转发省委办公厅 省政府办公厅关于做好低温雨雪天气应对工作的紧急通知》。8日厅长朱希带队到相关应急物资储备基地进行督察。二是要求各单位主要领导坐镇调度,分管领导靠前指挥,要求各部门做好应急物资、人员队伍的充分准备,人员、物资按应急预案要求到岗到位,对部分积雪结冰较严重路段进行撒盐和铲冰除雪作业。截至2月9

日10时，高速公路各路段投入人员6610人次，设备130台，融雪剂157吨、工业盐170吨，草麻袋9040个；路政部门共出动清障施救车辆510台，出动清障施救人员663人次，路政巡查次数196次，路政人员787人次，清除事故车辆850辆。

（李　明）

【省交通运输厅举办安全应急专家培训班】 7月12日，省厅在江西省交通干部学院举办安全应急专家培训班。来自全省交通运输系统的安全应急专家近70人参加了培训。厅党委委员、总工程师胡钊芳出席了开班仪式并做了题为《充分发挥应急专家智囊作用，提升安全应急工作水平》的讲座。他指出，成立安全应急专家组是提高安全应急管理能力的重要举措；专家们在安全应急工作中要切实发挥重要作用；交通运输系统各单位要为专家们开展工作创造良好环境。胡钊芳的讲座旁征博引，趣味生动，深入浅出地讲解了应急专家如何在事前、事中、事后发挥作用。厅监察室主任李建红应邀为专家们作廉政纪律讲座。培训班还进行安全应急经验交流，专家们结合工作实践谈认识、谈心得、谈体会、谈设想，同时对安全应急管理中存在的困难和问题进行深入探讨。培训班时间虽短，但内容丰富、安排紧凑，专家们纷纷表示收获良多，希望今后多举办这类培训班。

（李　明）

【昌樟改扩建项目办开展安全应急演练】 6月27日，昌樟改扩建项目办联合宜春高速路政、交警等部门组织开展老路基塌方暨交通安全应急演练。

本次演练成立了指挥协调组、现场调度组、安全保障组、应急救援组、交通维护组、技术保障组、综合协调组、医疗救护组和应急救援抢险队等，参演车辆包括指挥车2辆、现场调度车2辆、运输车2辆，装载机、挖掘机各1辆，救护车1辆。演练参加人员有昌樟改扩建项目办、省交警一支队、宜春高速路政管理支队一大队以及昌樟改扩建项目A1标、SR1高级驻地等共计60余人，整个演练过程紧张有序。

演练在当日上午9:30开始，假想梅林1号中桥左幅1号台后老路基由于连续几天的强降雨导致边坡严重塌方。发现险情后，现场安全负责人呼叫施工人员迅速撤离作业区域并即刻报告调度长，调度长接报后随即上报应急救援领导小组办公室，领导小组立刻到达施工现场，宣布立即启动应急救援预案，迅速组织人员、机械设备赶赴现场。交通维护组的人员赶往现场后立即进行交通疏导指挥车辆分流及设置交通安全警示标志。随后医疗救护组立即对伤员进行医治，将伤势严重者用救护车送往就近医院抢救。与此同时，应急救援组、技术保障组、相继赶往现场，装载机和挖掘机马上铲除清理塌方处的泥石、两辆运输车装载着碎石、木桩、槽钢、沙袋赶到现场，头戴安全帽身着橘红色防护背心的应急救援抢险队员有的拿起铁锹、铁铲等工具，对塌方处的堆积物进行了及时清理；有的背起装有碎石的砂袋，扛起木桩、槽钢等材料投入现场的应急抢险工作。经过近1个小时的奋力拼搏和艰苦努力，老路基塌方的余土清理和加固工作全部完成，道路恢复了畅通。

（李　明）

【高速公路出现两处险情经抢救修恢复通行】 5月16日凌晨5时许，厦蓉高速赣崇段K487＋100公桩处发生山体滑坡，大量泥石流涌向高速公路左幅路面，造成崇义往赣州方向通行受阻。同时，泥石流还影响到右幅路面的超车道。接到险情报告后，省高速集团赣州管理中心迅速组织10台大型机械设备和20多名抢险人员进行清理。经过6个小时的奋战，当日中午12时，受灾路段恢复单幅双向通行。16日上午9时许，受雨水不断冲刷影响，正在进行改扩建的沪昆高速昌樟段766KM＋250M（往广州方向）路肩出现10余米长的坍塌，造成应急车道和行车道受阻，只有超车道能够通行。昌樟改扩建项目办立即组织人员和设备对坍塌处进行回填，当晚恢复双车道通行。

（李　明）

【全省普通干线路网运行监测与应急处置平台技术培训班在九江举办】 6月20日至22日，江西省普通干线路网运行监测与应急处置平台技术培训班在九江举办。来自11个设区市公路局信息化部门的负责人与技术人员共40余人参加。

此次培训邀请了行业内6位技术专家分别针对本次路网平台建设中《网络架构及组网技术》《路网平台软件技术设计》《数字会议智能化系统技术》等内容进行授课和现场答疑。

通过培训,帮助全省公路信息化建设技术人员了解和掌握平台建设存在的技术难点,提升了大家专业技术水平,为加快推进全省普通干线路网运行监测与应急处置平台建设奠定了坚实的基础。

(林茂森)

【交通应急指挥车第二次常规演练在万年服务区举行】 近日,省交通运输厅应急指挥中心在万年服务区举行交通应急指挥车第二次常规演练。

此次演练模拟某高速某段因重大自然灾害造成路阻及通信中断,分五个科目进行。应急指挥车开赴现场后,建立前方临时指挥部,利用VSAT卫星通信、海事卫星电话建立通信系统,同时连通3G网络,利用3G网络与省厅应急指挥中心建立通信并展示指挥中心整合的各业务平台,商讨应急处置措施。

此次演练充分利用各种先进的技术手段,挖掘和整合现有信息资源和通讯手段,提高应急指挥和信息通讯快速反应能力,实现"指挥高效、信息畅通、机动灵活、保障有力"的最终目标。

(涂序东 王嫄嫄)

【省交通运输厅应急指挥中心开通搜狐微博服务公众出行】 为更好地服务公众出行,厅应急指挥中心在已有新浪微博(用户名:赣交通厅应急指挥中心;地址:http://weibo.com/yingjizhihuizhongxin)的基础上,开通搜狐微博(用户名:出行江西;地址:http://jiangxijtt.t.sohu.com/),实时播报高速公路路况信息及相关及相关行业信息。

春节期间,"出行江西"与"赣交通厅应急指挥中心"同步更新,实时发布高速公路路况信息,极大地方便了公众出行。"出行江西"已发布信息240余条,吸引6万余人关注。

(王嫄嫄)

【景德镇市一公交车与长途客车相撞伤15人】 2月8日14时45分左右,一辆车牌号为浙A33XXX的杭州至景德镇的高速直达客运班车在杭(州)瑞(丽)高速景德镇北收费站出高速公路后,由北向南行驶至金岭大道与机场路交叉路口时,与从另一路段驶出的车牌号为赣H05XXX的5路公交车发生碰撞,造成高速直达客运班车上1人受轻伤、5人受轻微伤,公交车上1人受轻伤、8人受轻微伤。事发后,15名伤者全部及时送医院治疗。

(涂 强)

【济广高速两车追尾三人被困】 4月9日23时23分,济广高速景德镇往合肥方向94 0 KM+100 M处发生车辆追尾事故,一辆双排6座小货车与一辆大型半挂货车严重追尾,造成小货车驾驶室严重挤压变形,驾驶室内3名男子被困。经过消防、医疗人员紧急施救,被困人员被成功救出。经现场医护人员检查确认,一伤者已经死亡多时,另两人伤势严重,被紧急送往医院救治。

(涂 强)

【206国道浮梁县段发生一起重大交通事故】 6月30日上午,206国道1368KM+776M处(浮梁县蛟潭镇地段),两辆小排量汽车交会时相向对撞,造成4人当场死亡,3人受伤。

(涂 强)

【南昌组织道路危险货物运输突发事件实战应急演练】 11月8日,南昌市公路运输管理处联合中国石油化工股份有限公司江西南昌分公司举行道路危险货物运输突发事 件实战应急演练。全市道路危险货物运输企业的代表现场观摩,并邀请省交通运输厅和市交通运输局负责安全的相关领导莅临指导。

此次演练在中石化江西培训中心内进行,共演练三个项目:(一)模拟危险货物运输车辆在高速公路上发生车辆故障,驾驶员将车辆紧急停靠在应急车道,押运员在50米外设置安全警示标志,并向公司值班领导报告及报警求助;(二)模拟油品运输 车辆发生泄漏事故,在事故发生地,应急求援人员根据现场情况,立即疏散围观群众,设立警戒带封锁现场,实施油品过驳、堵漏、吸油、洒水等,防止油品扩散遇火源引起燃烧爆炸及环境污染的危险;(三)模拟一辆油品运输车辆发生交通事故引发火情,在刚起小火的时候使用灭火毯将火扑灭,火势稍大情况下可以用灭火器控制火势,再使用灭火毯扑灭火苗。

本次演练主题明确,提高企业管理人员和从业人员对事故的预防能力和实战应急相关技能,熟悉掌握各自职责,各司其位,在应对突发状况中的相互配合，保证突发事件快速、协调、有效地处置，进一步完善道路危险货物运输突发事件应急处理机制。

（邓志伟）

【景德镇市长运公司再次荣膺全国“安康杯”安全生产竞赛优胜单位】 江西景德镇长运有限公司再次荣膺全国“安康杯”安全生产竞赛优胜单位，这是该公司连续第六届获此殊荣。

“安康杯”是由中华全国总工会和国家安全生产监督总局联合下发的全国安全生产最高奖项。景德镇市长运公司始终把安全工作放在企业经营生产的首要位置，形成了一整套涉及安全责任、教育培训、监督考核、应急保障等方面的规则制度，并严格按照标准抓好落实。责任事故率、责任死亡率、责任伤人率、经济损失率控制在国家一级道路运输企业控制指标以内，所属高客分公司创造了连续11年零死亡的纪录，并于2008年通过国家职业健康安全管理体系认证。

（张顺发）

【景德镇市联合开展工程建设领域安全事故专项整治】 从8月2日起，景德镇市安全生产监督管理局、发展和改革委员会、建设局、房产管理局、交通运输局、水务局、质量技术监督局等部门，联合开展为期6个月的全市工程建设领域预防施工起重机械、脚手架等坍塌事故专项整治，旨在进一步加强施工现场组织和管理，强化工程该市通过此次专项整治，进一步加强政府安全监管，全面履行行业监管职责，着力解决工程建设领域建筑施工安全监督管理中存在的突出问题和薄弱环节，不断健全完善相关监管制度；进一步规范施工起重机械、脚手架租赁等建筑市场秩序和施工起重机械、脚手架、高大模板等使用程序；进一步依靠先进科技等手段，有效预防工程建设领域施工起重机械、脚手架、高大模板、深基坑等坍塌事故，减少事故总量，努力实现2013年建筑施工坍塌事故起数和死亡人数同比大幅下降，杜绝重特大事故的发生，为建设繁荣和谐魅力瓷都创造良好的安全生产环境。

（涂　强）

【景德镇市交通运输局做好国庆节瓷博会期间安全生产】 面对国庆节、2013年中国（景德镇）国际陶瓷博览会期间客流量增大给旅客运输组织工作带来的压力，景德镇市交通运输局未雨绸缪，切实做好“节会”期间安全生产工作，预防各类安全生产事故发生，确保“节会”期间交通运输安全、和谐、稳定。

自9月22日起，该局机关及县（市、区）交通运输局、各行业管理单位、生产运输企业实行有领导带班的24小时安全值班制度，确保信息传达畅通、指令下达及时、应急处置有力；组织开展交通运输隐患排查，及时治理安全隐患，做到整改措施、责任、资金、时限和预案“五到位”；落实救援队伍，储备救险物资，确保在发生生产安全事故时迅速展开有效救援，最大限度减少人员伤亡和财产损失，防止次生、衍生事故的发生；全面落实道路运输“一带、一速、一平台、“一防护”（“一带”即安全带，“一速”即控制车速，“一台”即GPS监控平台，“一防护”即安全防护装置）规定，严格执行各项安全生产标准，开展安全生产自查自纠，督导运输企业做好运输车辆的安全检验工作，防止车辆带“病"运行；加大对营运车辆超载、无证营运、农用车非法载客、实施凌晨2时至5时临时停车休息措施等违法违规行为的查处力度；强化水上运输尤其是水上旅游船舶安全的监管力度，强制不符合适航条件的船只停航整改，加派专人值守人流量大的渡口，确保渡运安全；加强交通重点建设工程项目的安全监管，杜绝施工事故的发生。

（张港林）

【省交通运输厅督查组对新余市安全生产进行督查】 9月5日，省交通运输厅第六综合督查组一行7人对新余市交通运输安全生产工作进行督查，督查组对江西新余长运公司、仙女湖游船公司、江西国科责任有限公司及新余公共交通有限公司进行了实地查看，每到一处督查组都对公司的安全生产情况进行了详细的询问并查阅台账，了解情况，查找问题，排除隐患，随后督查组还听取了新余市交通运输系统各相关部门对当前安全生产情况的汇报。督查组对该市交通运输安全生严工作给予充分肯定，一致认为该市交通运输安全生产监管工作基础扎实、措施到位，在安全生产日常监管过程中积累了丰富的经验，有很多好的创新做法。同时要求交通运输工作必须抓住安全生产这根主线,对安全生产工作常抓不懈,继续加强安全生产管理工作,确保不出现任何安全生产责任事故。

(邓清华)

【新余市交通运输局部署安全生产工作】 3月26日,新余市交通运输局召开全市交通运输安全工作会议,会上就当前交通运输安全生产形势作了部署:(一)要求县(区)交通运输局和局属行业管理部门抓好"清明""五一"节前安全监管工作;(二)督促企业落实企业主体责任;(三)开展安全生产隐患排查治理;(四)认真开展打非治违工作。同时,该局安排4月中旬利用三天时间,组成三个安全监督检查组(道路运输检查组、水上运输检查组、交通工程检查组),检查组要深入交通运输安全生产一线。

(邓清华)

【鹰潭市运管处开展全市驾培行业安全生产大检查】 2013年鹰潭市运管处对全市16所驾校进行了安全生产大检查。此次检查重点对驾校科目二的教学现场进行明察暗访,了解学员学时、教练员的执教行为是否违反"五条禁令"驾校是否严格按照教学计划进行教学培训。通过检查,共查处部分驾校违规异地培训2起,不按规定使用驾驶培训计时装置14起,教练员不规范执教16起,以及部分教练车未统一标识等问题。针对存在的问题,市运管处立即要求驾校进行整改,对整改不到位的驾校一律依法予以上限处理。

(鹰潭市运管处)

【鹰潭市交通运输局对易燃易爆气体企业进行安全检查】 为认真吸取吉林省宝源丰禽业有限公司"6·3"特别重大爆炸事故的教训,防患于未然,6月7日,鹰潭市交通运输局对贵溪市远大气体有限公司和贵溪市宏源气体有限公司的安全生产工作进行检查。通过听取安全生产工作情况汇报、深入生产车间进行实地检查等形式,检查组在详细了解情况后,对两家企业安全生产管理工作予以充分肯定,并指出,企业生产安全重于泰山,排查各类隐患、提高安全意识不是一句空口号,其实是对每一条生命的尊重,严格落实安全生产责任制,把安全生产责任落实到每个岗位和个人,特别是炎热天气要注意防火、用电。以确保辖区内交通运输安全工作无事故,让人民群众平安出行。

(占丽芳)

【吉安市加快推进交通运输企业安全生产标准化建设】 2013年,吉安市交通运输局把交通运输企业安全生产标准化建设工作列入重要日程,工作取得明显进展。一是重新开展交通运输企业调查摸底,全市交通运输企业约520家,其中2013年要达标的道路客运、危货运输企业53家。二是组织参加省厅(局)举办的考评员培训,共有29人取得考评员资格。三是开展标准化建设试点,选择吉水县汽车运输总公司、吉安县正丰汽车运输有限公司为试点单位,两家试点企业汇编了迎接考评资料初稿。四是认定了首批安全生产标准化建设考评机构,吉安市道路运输协会为全市道路运输、城市客运企业三级达标考评机构。

(吉安市交通运输局)

【井冈山市开展运政稽查"追踪2号"行动】 11月11日至12月20日,井冈山市运管所在井冈山范围内针对旅游客运开展运政稽查"追踪2号"行动。整治行动中,运管所共出动执法人员50人次,检查客运车辆15部,对驾驶员面对面交通安全教育1 5人次,查处货车违法行为40余起,有效地提高了客运驾驶员的交通安全意识,净化了道路交通环境。

(吉安市交通运输局)

【新干县编织农村公路安保网】 2013,新干县实施以"消除隐患、珍爱生命"为主题的农村公路安全保障工程,对全县1200余千米农村公路上的急弯、陡坡、视距不良和危险边坡等影响行车安全的路段进行地毯式排查,并对安全隐患逐一登记造册,制定了《新干县农村公路安保工程"十二五"规划》,计划在五年内逐步消除所有管养公路上的261处安全隐患,用心编织全县农村公路安全网。

截至年底,该县已斥资100余万元在农村公路沿线急弯、陡坡、集市等地共安装了2200余米减速带、77块安全标志、120余块管养桥梁限载限速标志,在农村公路陡坡、桥涵等路段新增警示桩

300余根,在人群密集、学校等路段新增安全警示牌100余块,新增管养县道近200米栏杆,为全县10万多农民出行安全提供保障。

(吉安市交通运输局)

【南城县交通运输安全监管有力】 南城县交通运输局认真履行“一岗双责”,紧紧围绕车、船、路、人等运输节点要素,进一步强化安全生产主体责任,健全交通安全监管责任体系,坚持安全隐患排查制度化,加大交通安全法规宣传力度,积极开展“安全生产月”活动,强化源头管理、日常巡查和重点监管,加大悬崖临水危险路段的整治和农村公路安保设施建设力度,注重发挥GPS监控系统对客、危货运车辆运行的全天候跟踪监控作用,并“零容忍”地抓实隐患整改,把交通运输安全隐患消除在萌芽前。一年来,共培训司乘人员1000余人次,散发宣传资料3000余份,悬挂横幅标语16幅,下达隐患整改通知书13份,整治危险路段75处,清理柴草密集路段124千米,设置安全防护墩(墙)20余处,增设县道和乡道平交道口减速带(垄)19处,设置安全警示桩260个,增补安全标志、标牌122个,全县未发生一起客运责任事故,尤其渡运保持了连续36年“零事故”势头。

(王素红)

【抚州长运公司生产经营安全平稳有序】 2013年,抚州长运公司安全管理的力度得到加强,安全管理的举措不断创新。一是将驾驶员的安全教育和提醒从公司延伸到家庭,构筑驾驶员、公司、家庭三位一体的交通安全提醒和教育防线,实现齐抓共管,抚州片及部分分公司都召开了驾驶员家属座谈会,改进了安全管理方式、加大了安全工作的管控面;二是加大GPS监控力度,把多次违规的驾驶人和车辆列为重点监控对象,将处罚执行情况直接纳入分管安全副经理月绩效考核范围,全年共查处超速车辆490辆次,与上年同期相比下降49.43%,处罚4.39万元,与上年同期相比下降37.29%;三是狠抓安全带佩戴及管理,公司安委会专门下发加强安全带佩戴管理的文件,要求各分公司加强车辆出站安全带佩戴检查,同时还要加强行驶途中的安全带佩戴的提醒和检查工作;四是结合安全生产标准化建设工作,在制度管理、教育培训等方面进行了规范和强化。2013年,全司共发生安全事故3起,死亡人数4人,受伤人数2人,责任事故2.25次,责任死亡3人,责任受伤1.5人,责任事故率0.0047次/车,责任死亡率0.0062人/车,责任受伤率0.0031人%,各项安全指标均控制在规定范围之内。

(抚州长运公司)

【铜鼓县整治公路桥梁和水上交通安全隐患】 6月至9月,铜鼓县开展对全县公路桥梁和水上交通进行大排查、大整改行动。在这次集中整治行动中,在三都至西向、棋坪至港口、带溪至龙门等农村公路上增设了警示牌16块,共建挡土墙3处60延米,清理塌方12处1 5000余立方米。对全县农村公路桥梁进行一次全面的排查,排查有安全隐患的危桥(含轻度)14座。对带溪乡高岭桥进行了维修。组织专业技术人员对金谷园、丰田桥、港口桥三座危桥进行测量评估,并上报省、市立项改造。此次专项行动中,出动检查人员56人次,查出安全隐患10项,下发整改通知书3份。客运企业、施工企业、水上运输企业先后对10项安全隐患进行整改。县交通运输局会同水务局、大段镇政府、水库管理局组成联合整改小组,对大段库区内“三无”船舶、船舶乱停乱靠等安全隐患进行集中整改。通过整治,安全隐患得到有效整改,水上交通秩序明显好转,“三无”船舶退出库区,水上交通安全管理进一步规范。

(黄祖芳)

【赣州市开展“打非治违”行动】 赣州市交通运输局印发《赣州市交通运输局集中开展交通运输安全生产领域“打非治违”专项行动实施方案》,对专项行动进行部署。市运管部门对中心城区非法客运“黑车”进行了高压整治,得到了信丰、赣县、南康等运管所的积极配合。全年共出动执法人员0.3万多人次,出动执法车辆900余台次,查押非法营运“黑车”198辆。检查出租车辆达1万余车次,查处违规行为为653多起,受理乘客投诉320余次,并进行了查处。港航部门组织召开了“打非治违”的专项活动,并组织了统一的执法行为3起。

(赣州市交通运输局)

【赣州交通信息中心积极为应急管理工作服务】

该中心于2月对网站主页面栏目进行了调整，突出了宣传重点；明确了各单位网站信息上报任务，并实行了信息上报情况通报制度，网站信息内容保障工作得到提升。配合有关部门开辟了各活动专栏，及时反映工作动态，营造了活动宣传氛围。截至2013年11月，网站共发布各类信息1141条，网站访问量达8万多人次。

在赣州市交通运输局应急工作领导小组领导下，较好地完成了重大节假日，汛期应急值班工作，主要措施有：一是健全工作机构和配置好人员，成立了应急工作领导小组和工作小组，设立总值班室，实行2 4小时值班制度。二是完善应急信息的采集、报送渠道和工作设施，如设置了短信平台、应急手机、邮箱、传真机等。三是逐步完善制度建设，先后制定和完善了交通运输系统应急处置预案，规范了突发事件信思报告和处理等办法，有利于建立健全快速反应工作机刷制。截至2013年11月30日，报汛期、台风、节假日客运量、信访维稳等各阶段性应急信息110余条，报平安信息120多条。

(赣州市交通运输局)

【赣州市交通运输局开展安全生产大检查】 按照“全覆盖，零容忍，严执法，重实效”的总要求，组织了各行业全面开展安全生产“大检查、大整改、大宣传、大提高”活动，由市交通运输局领导带队，分6个督查组，对全市安全生产工作进行大检查，并对各单位存在的隐患及时反馈和治理。为确保重要时段安全平稳，在元旦、春节、“两会”、“五一”、国庆等时段，各部门加大检查强度和密度。运管部门把“客运站服务达标整治”“危货运输监管”列为检查重点，采取明察与暗访相结合的方式，组织全市18个运管所进行安全交叉检查。市运管处结合高速公路建设协调，积极对其进行安全生产监管，督促建设、施工、监理等单位加强企业安全生产主体责任落实。基建部门深入施工现场对脚手架、深基坑、高大模板、起重机械设备等较容易发生险情部位进行检查，排查安全隐患，并督促整改。石城交通运输局主动请安监部门到本系统企业进行检查，强化企业安全生产责任主体意识。安远县交通运输局按行业和属地管理原则，协调安监、质监、公安等部门对境内高速公路施工安全进行大检查，排查安全隐患3 3处，所属单位安全隐患排查力度大，共发现隐患310处，并督促责任单位进行了整改。寻乌县筹资5 3 2万元整治危险路段，改造危桥，修复水毁公路，完善安保设施，较好地保障了道路安全通行。

(赣州市交通运输局)

水路交通安全管理

【概况】 2013年，全省地方海事各级部门认真开展船舶证照、船舶标识、船舶配员和船员证书专项检查等一系列的水上交通安全专项整治活动。全省共发生一般及以上水上交通事故5起，死亡(失踪)1人，沉船5艘，直接经济损失443.8万元，同比分别下降44.4%、50%、36.6，死亡人数连续控制在个位数。港航建设、港口安保无事故，全省水路交通安全形势持续稳定。

抓好重点时段安全监管。在元旦、春运、“两会”、“五一”、“十一”黄金周等百姓 出行较频繁的重点时段，省、市两级海事部门组织多个督查组，采取明察暗访的方式深入主要渡口、重点码头及“两湖一山”(仙女湖、柘林湖、龙虎山)水上旅游风景区等重点水域进行安全督查。同时，加大现场监督检查力度和重点水域安全巡航密度，确保了重点时段水上交通无事故。

深化水上安全专项整治，规范水路运输市场。各级海事机构对船舶超载行为，始终保持严查、严处的高压态势。对始发港加强源头管理，严把关口，严防船舶超载出港；途经港加强巡航检查，及时发现和制止船舶超载航行；目的港严肃查处船舶超载行为，提高执法威慑力和船舶违法成本；船籍港海事管理机构加强了对船舶证书的核发、换发和补发管理，禁止为未解除协查的船舶换发、补发相关证书，彻底打消船员侥幸心理。全年共检查船舶6935艘次，查处严重超载船舶349艘，查处违规装卸的危险化学品船舶39艘次。

在全省水域开展船舶标识专项整治活动。对无船名船号或标识不清的船舶在规定的时间内，提供免费喷涂船名号的便民服务，并对喷涂船舶进行登记。超出规定时间的无船名号标识的或故意遮挡船名号的，一律予以处罚。整治期间共对

486 艘无船舶标识或者标识不清、故意遮挡的进行了处罚。

开展砂石运输船施工船专项整治。南昌市地方海事局配合市政府规范采砂船舶管理,全年共切割未持证采砂船舶 99 艘;各港航分局结合辖区实际制订相关方案,落实相关措施,强化现场监管,创新治理方式,积极引导涉水工程建设、施工单位和砂石采运船舶合法经营。开展渡口渡船安全状况及隐患排查活动。全年共检查渡口 450 余道,渡船 470 余艘。开展渡口渡船安全专项检查 27 次,查出渡口渡船各类安全隐患 263 项,现场纠正船舶违章行为 170 艘次。大力推进“救生衣行动”,对全省渡口按渡船载额人数 100% 配备救生衣的缺口进行了统计登记,将交通运输部海事局配发给本省的 5000 件救生衣严格按渡船载客定额数量优先发放到学生渡口和人流量大的重点渡口,确保了这一“平安工程”“民心工程”落到实处。完善全省乡镇渡口一渡船台账,在全省开展了乡镇渡口渡船情况调查统计工作,摸清渡口渡船底数,对全省乡镇渡口渡船资料汇编进行修订。

在全省范围内组织开展水上交通安全知识进校园活动。11 月 22 日在丰城拖船中学组织开展水上交通安全知识活动。通过开展一系列生动活泼的宣传教育,普及学生水上交通安全知识、拓宽水上交通安全视野,增强水上安全意识和自我保护的能力。共有 1771 名船员参加受训。对本省 11 家危险化学品运输公司及 120 余艘危险化学品运输船舶已实施国内安全管理体系的审核工作,全年共实施公司审核 13 次,船舶审核 50 艘次。

(罗淑青)

【全省船舶交易管理和行为规范商讨会在昌召开】 为进一步规范全省船舶交易管理,维护船舶交易双方的合法权益,4 月 23 日,由南昌市港航运输行业协会牵头,召开全省船舶交易管理和行为规范商讨会,共同商讨船舶交易估价等问题。南昌市港航处、南昌市港航运输行业协会、南昌市船舶交易中心等单位相关人员及南昌港辖区内几家比较有实力、运力多的航运企业负责人参加了商讨会。

会上大家畅所欲言。运输企业负责人提出了在船舶交易中遇到的一些实际问题和意见,南昌市港航处向公司负责人宣贯了有关文件和规定,最终达成一致意见,制定出一个合理的交易形式。此举为今后全省船舶公平交易,实现船舶资产的高效、有序流转,促进船舶交易市场健康发展具有重要的意义。

(刘　洁　陈明中)

【朱希督查春运水上交通安全】 2 月 1 日上午,厅党委书记朱希率厅直属有关部门负责人,在省港航局党委书记严允等陪同下,深入南昌县黄渡渡口督查水路交通安全生产工作。朱希登上渡口渡船仔细检查渡运安全制度公示及渡船安全设施配备情况,并与渡工亲切交谈,了解渡口的客流量和运营情况。同时,要求渡口驾乘人员、村镇领导要高度重视春运安全工作,继续加大工作力度,提升渡运安全管理水平,保障人民群众平安出行。

在督查中,朱希强调指出,江西是水网地区,水上运输和水上水下施工等活动频繁。春运期间是人民群众出行的高峰时段,各级海事、港航部门要认真履行职责,特别要加强对重点水域、重点渡口、重点部位的安全监管,及时掌握船舶运输安全状况和群众出行需求,认真落实各项安全防范措施,严防发生重大水上交通事故,确保春运期间全省港航安全生产形势的持续稳定。

(许海远　陈明中)

【湖南省水运局到江西考察水上搜救建设】 3 月 27 日,湖南省水运局总工程师许足怀、工会主席周壮志为组长的考察组来到省港航局进行水上搜救建设情况考察。

座谈会上,省局领导向湖南客人介绍了江西水运发展、水上搜救的机构设置、编制及近年搜救工作开展情况。双方还就非水网地区水上搜救的管理体制、经费来源、设备管理等方面进行了交流。随后,考察组一行还到设在星子的鄱阳湖水上搜救分中心基地进行了实地调研。

(曾万荣　陈明中)

【南昌航道处积极应对雨雪天气保通航】 1 月 4 日,雨昌突降大雪,造成航道标识多处被积雪覆盖,路面、桥梁、船甲板等结冰打滑,给群众水上出行带来诸多不便。南昌航道处为积极应对雨雪冰冻天气,一是安排两组机动人员,在夜间对桥区、取水口等重点水域进行不定期的巡查。发现问题，及时上报解决。二是增加对航标灯的专项维护，对管辖水域的航标灯和电池进行全面检查，发现有缺损、发光异常的航标灯和已或即将过期的电池，全部更新，确保航标灯正常发光。三是给每艘船艇都配备了足量的麻绳、草袋、救生衣和救生圈，出航人员在水上作业时，必须在船艇甲板上铺盖草袋以免打滑，并严格执行穿戴救生衣制度，从而除保证出航人员自身安全外，也可在巡航过程中遇有船民需要救助时，能及时有效得到救助。通过以上三大措施，确保了辖区航道（南昌至吴城、南昌至市汉、三江口）正常通航。

（胡　翔　汪　莹）

【新建县地方海事认真做好冬季水上安全监管】

1月1—4日，持续的大风雨雪冰冻天气席卷南昌，对水上交通安全监管带来不利影响。为确保辖区水上交通安全，新建县地方海事处执法人员放弃节假日休息，坚守工作岗位。一是深入辖区主要码头、渡口进行安全检查和安全宣传，严格辖区重点航段、重点施工水域现场监管，加大巡航力度，有效维护通航秩序；二是严把船舶签证关，严格执行恶劣气象条件下限制船舶航行的有关规定，严查船舶超载航行等违法行为；三是与气象部门实时对接，及时收集气象信息，做好水上安全预警工作；四是强化风险意识，对海巡艇、通信设备及值班制度执行情况进行全面检查，确保发生险情时能快速反应，实施有效救助；五是通过短信平台向各有船单位、渡口、涉水工程单位发送大风雪预警短信，做好避风防雪工作；六是对海巡艇和办公趸船进行全面检查，对积雪进行清扫，在主要船外过道及浮桥上铺设了防滑麻袋和防滑沙。

（綦　伟　汪　莹　陈明中）

【南昌海事紧急救援四艘千吨级搁浅轮船】 10月26日14时许，从黄渡前往蛤蟆石的4艘满载砂石的千吨级运砂船，因偏离航道航行，搁浅在赣江东支八一大桥下游1千米水域。正在该水域巡航的南昌地方海事人员发现后立即展开施救。海事人员联系吊机船舶赶赴现场，指导搁浅船员排水减载。经过3个多小时的工作，当日17时40分许，4艘搁浅船舶脱困。

（万鹤令　夏　亮　汪　莹）

【九江市地方海事局开展船舶标识专项整治】

自4月1日起，九江市地方海事局在辖区内，开展为期半年的船舶标识专项整治活动。即：针对过往船舶进行检查，一经发现标识不规范的船舶一律现场整改，并给予行政处罚；在办理船舶登记时，严格审查船方提交的船舶照片，对不符合船舶标识规定的船舶，不予办理船舶登记手续，并要求作业工程船不得为未按规定标明船舶标识的船舶进行配载作业。活动期间，柘林湖地方海事处对辖区船舶实行统一的系列船名，船名船牌均按规定统一制作、安装。共整治船舶标识不规范的船舶81艘次，实施行政处罚14起。

（夏　露　陈明中）

【九江地方海事做好成品油泄漏污染应急处置】

2月25日上午，中石化永修段发生输油管道漏油事件，江西潦河永修段部分流域受到污染，导致永修县城暂停供水。泄漏的石油经潦河流入修河，威胁鄱阳湖水域环境。为了防止污染事件进一步扩大，九江地方海事局主动在人员、装备上积极配合政府，全力做好水上防污染应急处置及保通航工作。

沿湖海事部门备好稻草、吸油毡和吸油绳等物资随时待命，并在第一时间调用省搜救中心300米围油栏做应急处置使用。星子、湖口地方海事处在其所辖水域实行交通管制，加设白色助航标志、黄色专用标志，保障夜间船舶通航安全；在鄱阳湖公路大桥第87号桥墩至航道左岸、星子银星造船厂至主航道左侧锚泊采砂工程船之间铺设围油栏避免油污继续蔓延。永修县地方海事处协助县应急处置指挥部在取水口处架设油污隔离带。自25日上午至26日晚11点，九江地方海事等部门共出动各类船艇60余艘，出动人员近两百人，共计铺设围油栏1700余米，加设专用航标3座。应急处置结束后，经省环保厅和九江市环保局组织人员检测，鄱阳湖流域未出现污染。

（九江地方海事局）

【九江地方海事实行24小时船舶报岗签证】 九江市地方海事局8月22日开始在全省率先实行了24小时船舶电话报岗签证制度。鄱阳湖九江蛤蟆石水域有着全国最大河砂过驳市场，日均船舶签证查验量达120余艘次，其中夜间平均办理签证查验量30余艘次，最高达50余艘次，分别占日均签证量的25%和42%。自电话报港开通以来，有效缩短了船舶待港时间，加快了船舶周转，降低了营成运本，受到了船主的好评。

（蒋艳华　黄海源）

【吉安地方海事举行处置水上突发事件应急演练】10月23日11时，由吉安市人民政府、省地方海事局联合局主办，吉安市地方海事局承办的“2013年吉安市处置水上突发事件应急演练”在吉安市石溪头水域举行。

省海事局局长于钦民、吉安市政府副市长涂建生担任了此次应急演练的总指挥，吉安市政府有关部门负责莅临演练现场观摩指导。

此次演练分为快速反速、人命救助和船舶救助三个科目。演练模拟为：一艘锚泊的砂石船舶突然锚链发生断裂，被洪水冲向下游。船员自救中，因主机故障不能启动，船舶失去控制。下游2千米就是抚吉高速公路吉水赣江特大桥，失主船很可能碰撞大桥，情势危急。船员向吉安市水上搜救中心值班室报警求救。

市水上搜救中心立即组织、指挥、协调专业和社会力量进行救助。其间，失去动力的砂石船舶与正在进行捕捞作业的渔船发生碰撞，小渔船损坏，二人落水。救援船赶到现场，救起落水渔民，同时控制住遇险船舶，制止了一起可能撞损大桥船毁人亡的事故发生。

此次应急演练共出动参演人员50余人、船舶9艘。通过演练，检验了吉安市地方海事局等部门应对水上突发事件的水平，锻炼各方的工作协调和救援抢险实战能力。

（郭路远　黄海源）

【鄱阳航道处成功解救激流中被困船舶】　3月4日下午17时许，一艘吃水2.7米左右的采砂船因动力不足，加之水流湍急，锚泊在饶河进入鄱阳湖区航道中间。由于事发水域航道狭窄，致使4艘货船滞留无法通行，险情可能随时发生。鄱阳航道处接到船民报告后，立即向上级报告险情，启动应急预案。次日上午7时，该处派出赣道政403船赶往事发水域，开展施救工作。执法人员在耐心劝导和安抚滞留泊船船民听从指挥，配合执法人员维护通航秩序的同时，立即对动力不足锚泊在航道中间的采砂船进行拖带。经执法人员和船民约4个小时的共同努力，被困采砂船已被成功拖带至安全水域，其他滞留船舶已全部疏通，航道恢复正常通行。

（胡寿平　邓文俊　陈明中）

【上饶港航分局处置船舶搁浅堵航】　8月19日上午，乐安河、龙口浅滩水域运煤船搁浅，造成堵航事件。11艘船舶滞留在航道中，其他上下船舶无法通行。

上饶航务分局接报后，立即启动应急处置预案。现场分析，由于7月以来高温少雨，水位持续下降，而营运船舶未按水深合理配载所致。上饶港航立即登船做好船员思想工作，克服焦躁情绪，避免产生混乱。接着在堵航河段上下游实施交通管制，及时联系船舶帮助减载船过驳，在搁浅处增设助航标志，引导航船有序通过浅滩。同时，向周边海事签证点和航运公司、船主发出水深预警通告，合理配载，防止事件扩大。这次行动共出动道政、海巡艇10艘次，道政、海事52人次，经过60多小时自施救，至22日18时，11艘煤船过驳减载后陆续安全通过浅滩，航道恢复正常通行。

（胡冬泉　黄海源）

【上饶海事为中华龙舟大赛保驾护航】　4月27日至28日，“2013年中华龙舟大赛”（鄱阳站）在鄱阳县鄱阳湖国家湿地公园隆重举行，来自全国各地的18支龙舟劲旅参加角逐。

为保障龙舟赛期间水上安全，上饶市地方海事局认真履职，靠前服务，先后出动执法人员30余人次、海巡艇5艘次，圆满完成了大赛前期及比赛期间赛事水域交通管制和应急救助的各项保障任务。

（邓文俊　陈明中）

水路交通管理

水路运输管理

【概况】 2013年,全省共133家省际内河企业通过水路运输许可证核查并完成换证工作,347户水路运输企业和个体经营户通过经营资质核查,2454艘215.4万载重吨营运船舶通过经营资质年度核查。全省省际沿海船舶达65艘29.1万载重吨,同比分别增长1.5%和16.3%;全省省际内河普通货船达1546艘167.3万载重吨,艘数同比减少9.7%,载重吨增长1.1%。全省总计营运船舶2454艘215万载重吨,船舶平均载重吨位由上年的775吨增加至878吨。

按照国务院和交通运输部有关文件要求,"四客一危"航运企业必须在2013年年底前通过企业安全生产标准化达标考评并取得达标证书。为确保全省港航企业安全生产标准化考评工作有序开展,省港航局于5月在九江市举办了第一期港航安全生产标准化考评员和自评员培训班,150余人参加了培训学习,其中78人通过了水路运输类考评员资格考试。7月,长江航务管理局在南昌举办了江西片区省际航运企业安全生产标准化考评员与自评员培训班,有70余家省际水运企业派员参加了培训学习。至年底,全省已有14家水路运输企业、12家港口营运类企业完成网上标准化初次申报。

开展全省水路运政大检查,对各级港航管理部门的管理工作和企业经营资质、船舶营业运输证、安全生产管理制度、安全设施等情况进行了检查。对发现的问题提出了整改措施和期限,并要求跟踪落实。通过了交通运输部对本省水路运政管理工作和水运企业经营资质情况抽查。对本省12家挂点水运企业分别进行了走访和座谈,收集有关信息和资料,掌握和了解了企业生产经营状况。为防止虚报、冒领、盗取国家对全省农村岛际水路客运补助用油量核定与分配补贴,使国家补贴真正发放到经营者手中。省港航局组织各设区市港航管理部门对全省农村岛际水路客运补助用油量进行了重新核定。

认真扎实开展全省水运企业诚信评价工作,建立水运企业诚信评价机制。2013年,全省共有9家水运企业获诚信企业称号。

(罗淑青)

【全省水路运输年度核查工作结束】 根据交通运输部《关于开展2013年国内水路运输业及水路运输服务业核查工作的通知》的要求,2013年,全省共有133家(15家危险品运输企业,118家普通货运企业)省际内河企业通过水路运输许可证核查并完成换证工作,同比增加18户,增幅14%;347户水路运输企业和个体经营户通过经营资质核查,其中:省际沿海运输企业25户,省际内河运输企业107户(含2家经部批准的长江外贸集装箱内支线运输企业);省内通过核查的水路运输企业15户,个体经营户200户(同比减少11户,减幅5.2%)。全省有70户水路运输服务经营企业通过年度核查(同比减少7户,减幅9.1%),其中船代企业52户,客货代企业16户,船舶管理业2户。

全省参加年度核查的营运船舶共计2454艘(同比减少228艘,减幅8.5%),2154639载重吨(同比增加75440载重吨,增幅3.6%),10785客位(同比减少570客位,减幅5%),2967TEU(同比增加655箱位,增幅28.3%),659122千瓦(同比增力31700千瓦,增幅5%)。其中:拖推船2艘、764千瓦;货船1884艘,1781399载重吨(同比减少203艘、载重吨增加了19310吨),531665千瓦;客船341艘,10748客位(同比减少24艘、570客位),14484千瓦;高速客船2艘,37客位,188千瓦;化学品船122艘,89662载重吨(同比减少24艘、570客位),30749千瓦;油船51艘,173251

载重吨,52727 千瓦;油/化二用船 19 艘油船(含油/化工用船),与上年艘数相同,47812 载重吨,载重吨增加了 49733 吨,13642 千瓦;集装箱船 33 艘(同比增加 4 艘),2967 箱位(同比增加 655 箱位),62515 载重吨(同比分别增加 10260 载重吨),14902 千瓦。省际沿海运输船舶参加核查 65 艘,291113 载重吨(同比增长 1.5% 和 16.3%),182667 总吨。其中:油船 25 艘,147647 载重吨,92269 总吨。普通货船 40 艘,143466 载重吨,90398 总吨。省际内河运输船舶通过核查 1724 艘,1844564 载重吨,1225566 总吨。其中:油船 26 艘,25604 载重吨,1621 1 总吨;化学品船 122 艘,89662 载重吨,57856 总吨,其他危险品船(油/化二用船)19 艘,47812 载重吨,30750 总吨;客船 2 艘,433 客位,274 总吨。省际内河普通货船通过核查 1546 艘,1673620 载重吨,1115231 总吨。省内客运船舶通过核查 301 艘,9996 客位,6140 总吨。省内普通货运船舶通过核查 324 艘,18962 载重吨,17949 总吨。

(罗淑青)

【南京军区驻九江航务军代处领导检查军交运输工作】 4 月 10 日,南京军区驻九江航务军代处一行来到湖口港区,检查指导军交运输工作。军代处一行首先对湖口港区重点码头进行了查看,详细了解湖口港区的发展、军交调度运营情况。在听取九江港口局湖口分局军交工作进展和港区建设情况汇报后,对其开展的军交工作表示肯定,并表示将一如既往支持港区各项工作,为做好军交保障工作作出不懈努力。

(罗　平　周阳泽　陈明中)

【省港航局调研客、渡运油价补贴申报及资金发放】 10 月 22 日至 11 月 1 日,省港航局组织两个调研组,对全省(除萍乡市)10 个设区市水路客、渡运成品油价格补贴燃油量申报及补贴资金发放工作进行调研。调研组通过听取汇报、查对资料、实地核查和访谈等方式,对燃油量申报及补贴资金发放工作进行了较全面的了解,对今后工作决策提供了有益的思路。调研结果认为:水路客运企业补贴资金发放情况良好,渡运补贴资金存在未及时、足额发到实际经营者手中的现象。省港航局针对此问题已向省厅提出相关工作建议,并将进一步督促落实到位,确保该专项资金及时、足额发放。

(刘　祥　熊　芬)

【省地方海事局为"海事云数据中心省级分中心"试点单位】 交通运输部海事局确定江西省地方海事局为"海事云数据中心省级分中心"试点单位,这是全国省级地方海事局唯一被列入部局试点的单位。

为配合部局试点工作的顺利推进,省地方海事局依据部局"一系统、二平台"建设构架要求,确立了"江西省地方海事局统一数据交换平台"配套建设项目。省地方海事局"统一数据交换平台(省级数据分中心)"建设的设计方案已完成,按法定程序和规范要求组织实施续后建设,2013 年年底完成。

(王鹿江　张南平)

【南昌集中切割非法采砂船】 2 月 8 日,南昌市青山湖区 3 条非法采砂船在扬子洲南洲船舶修造厂完成首次切割分解,南昌市集中切割非法采砂船工作正式启动。

集中切割非法采砂船是南昌市整治河道非法采砂工作中的一记重拳。南昌港航分局辖区共有 300 余艘"三证"不全、功率不符合要求的非法采砂船已被列入切割分解范围,其中,已有 90 余艘非法采砂船主动申请切割。该局抽调船检业务骨干人员参与非法采砂船鉴定及切割验收工作,协助市采砂船主动申请切割。该局已抽调船检业务骨干人员参与非法采砂船切割任务。

(汪　莹　冉亮平　陈明中)

【景德镇市地方海事局营造"四型海事"活动氛围】 为深入推进"学习型、责任型、服务型、创新型"四型海事建设,2013 年,景德镇市地方海事局结合自身实际,通过多种形式,在全局范围内广泛宣传"四型海事"内容和理念,全力营造"人人知晓、人人参与、人人支持"的活动氛围。

该局还将通过海报宣传及宣传手册的发放,在日常海事监督、基层海事处一线窗口,向行政相对人、服务对象宣传展示"四型海事"建设工作,提升活动影响力,持续深化"四型海事"建设工作。

(景德镇市地方海事局)

【九江地方海事实行 24 小时船舶报岗签证】 2013 年,为便利行政相对人,该局换位思考、主动作为,在全省率先实行了 24 小时全天候电话报岗签证制,实现对夜间船舶进出港业务办理的有效疏导,全天候、全时段为行政相对人提供优质高效的窗口服务。

(蒋艳华)

【南昌九江两港水上集装箱航班加密】 经南昌港开往九江港的集装箱班轮开始加密,增至每天 1—2 航次。

九江港、南昌港均属国内河主要港口,随着南昌九江两港腹地经济迅猛发展,南昌港 2013 年上半年集装箱量已达 416 万 TEU,同比增长 30%,九江港 1—10 月集装箱量达 157 万 TEU,同比增长 19%。近年来,昌九两港充分利用九江港国家一类对外开放口岸这一平台,紧紧抓住南昌及江西周边经济发展有利时机,积极响应江西省委、省政府提出的“做强南昌、做大九江、昌九一体、龙头昂起”的战略部署,昌九两港抱团发展,集装箱吞吐量连续 5 年呈现高位增长态势。

(方 武)

【九江市港航局专项检查湖区加油船】 6 月 26 日至 27 日,九江市港航局派出专项检查组,对湖区水上加油站(船)开展港口危货作业安全隐患排查和湖区流动加油船专项整治工作。通过检查,对达不到资质条件的 3 家企业及 4 艘流动加油船,下达限期停业整改通知。明确告之:在规定期间,仍达不到整改要求的,取消其危险货物港口作业许可资格。

(九江市交通运输局)

【长航水路运政检查组到九江检查】 7 月 4 日上午,长江航务管理局水路运政检查组客运旅游管理处处长曾毅一行,在九江市港航局城郊分局副局长蔡端阳陪同下,到九江金顺航运公司进行现场检查。检查范围涉及水运企业开业审批办理流程、营运证办理手续完备情况、水运企业经营资质情况、水运企业证件、组织机构、从业人员是否合规等。检查组表示,金顺航运公司运营情况总体良好,公司运营资质齐备、机构健全、分工明确、管理制度完善,检查范围的项目总体符合规定。但在安全管理记录和海务主管人员从业资格方面,还存在一些不足之处,并针对性地提出了改进意见。

(九江市交通运输局)

【九江市港航局积极贯彻实施《国内水路运输管理条例》】 新制定的《国内水路运输管理条例》于 2013 年 1 月 1 日正式实施。九江市港航管理局作为全市水路运输行政主管部门,认真履行职责,积极组织贯彻实施。

2012 年 10 月条例修订公布后,该局就采取多种行式广泛宣传,通过宣传栏、横幅等形式,充分运用报纸、网络等多渠道宣传条例。为了认真贯彻实施条例,准确理解和掌握条例的精神实质和基本内容,市港航局将《国内水路运输管理条例》印制成小册,分发给系统每位干部职工,散发到各水运企业和经营业户,组织学习条例内容,尤其是弄懂新修订的部分,促使局属各单位进一步改善和加强水路运输管理,进一步规范执法行为和办事程序,确保新修订的《国内水路运输管理条例》落到实处。

(九江市交通运输局)

【宜春市注重水路运输企业安全生产标准化建设】 全市各级港航管理部门按照国务院、省、市政府关于进一步加强企业安全生产工作的通知精神,科学谋划,精心组织,加强领导,制订方案,做到组织、领导、工作、举措四到位,安全生产管理形成正规化、制度化、规范化和常态化,取得较好效果,到年底,全市水路客运、化学危险品运输企业、港口经营企业安全生产工作全部要求达标。安全标准化建设工作量大,时间短,要求高,为切实加强对企业的安全监管,提高企业自身管理人员的安全管理能力,全市组织港航人员参加交通运输部及省交通运输厅举办的安全生产考评员和自评员培训班,参加学习 29 人,其中考评员 11 人,自评员 18 人,均取得资格证书。该市共有 16 家水运企业,其中化学危险品企业 6 家,港口经营企业 5 家,至年底,6 家化学危品企业安全生产工作全部达标。

(周青兰)

【宜春市港航管理处建立企业联系制度】 为全面掌握全市水运生产和企业经营动态、行业发展趋势及服务需求，更好地服务于水运企业，促进该市水运市场平稳健康发展，2013 年，市港航管理处制定企业联系制度。通过对企业进行“信息引导、政策咨询、收集诉求，扶优帮困，规范行为”，促进全市水运结构调整和政企之间、企业之间的相互交流，推进企业专业化、规范化、集约化经营，提升水运企业竞争力和抗风险能力。

（周青兰）

【樟树市完成 2013 年水路运输(服务)业经营资质核查】 按照省、市港航管理等有关部门要求，樟树港航管理处成立核查专项小组，对辖区内水路运输(服务)客户上门核查。全年核查营运船舶 105 艘，载货吨. 58391 吨，功率 18677 千瓦，总吨位 34539 吨。1. 省际运输船舶(长江中下游及支流)43 艘，载货吨 36691 吨，功率 13462 千瓦，总吨位 25239 吨。其中：普通货船 27 艘，载货吨 28873 吨，功率 8477 千瓦，总吨位 19819 吨；化学品船 16 艘，载货吨 7818 吨，功率 4985 千瓦，总吨位 5420 吨。2. 内河运输船舶(赣江及市内)62 艘，载货吨 21700 吨，功率 5215 千瓦，总吨位 9300 吨。并且重点对全市 3 户水运企业，1 户水运服务企业资质进行审核、审查，核查通过率 100%。

（杨　波）

【抚州市水上交通连续 29 年安全无事故】 2013 年，抚州市地方海事局始终坚持安全发展理念，全面担负起保障水上交通安全的重任。结合“四型海事”建设，切实履行水上交通安全监管职责，在元旦、春运、“两会”、“五一”等重点时段，尤其是清明节期间，全员出动自带干粮，全天候分兵把守，所有执法人员早晨 7 时之前全部到岗，现场维护渡运秩序。海巡艇在渡口水域高密度不间断巡航，做好水上搜救应急准备，打击农用船、渔船非法载客，确保了渡运高峰期的安全有序。全年共出动执法人员 360 人次，检查船舶 260 艘次，安全巡航 110 艘次，发布恶劣天气预警信息 10000 余条。全年共检验船舶 164 艘次，船舶总吨位 101680，主机总功率 45510 千瓦，实现检验到位率达到 100%，发证合格率达到 100%，发证及时率达到 100%，未发生一起船检质量安全责任事故。同时，积极争取地方政府对海事工作的支持，定期向政府通报辖区水上交通安全形势，排查安全隐患，并督促落实整改，辖区逐步形成了“政府统一领导、部门依法监管、企业全面负责、群众参与监督、社会广泛支持”的安全生产格局。至 2013 年年底，该局取得了连续 29 年辖区无水上交通事故的好成绩，为促进地方经济发展构建了和谐的水上交通安全环境。

（抚州市地方海事局）

【上饶市港航局严把水路运输资质核查】 上饶市港航管理局成立了以局分管领导为组长、业务科室为成员的水路运输资质核查领导小组，深入一线，对上饶市 9 个县(市、区)2013 年度水路运输企业的经营资质进行了核查和安全生产隐患排查工作，对经营资质不全的企业要求其停业整改。共核查水运企业 11 家、船舶 230 艘，核查总吨位 121000 吨，核查率达 100%。这次核查中共排查安全隐患 7 处并提出了整改措施，取消了 1 家不符合经营条件的客货运输公司，发放安全宣传教育资料 300 多份

（陈均培）

【上饶市加强水上运输规费征收】 5 月起，上饶市港航管理局派出业务能力强、责任心强的同志与海事部门一同开赴瓢山水域以及鄱阳、余干、万年三个港口展开专项行动，加大对企业和船舶经营资质不达标、无证无照及超范围经营等问题的整治力度，共出动船艇 72 艘次，检查船舶 826 艘次，补征规费 30 余万元。2013 年年初，对上饶市港航管理局现有管理制度进行修订完善，提高管理的制度化、规范化水平，出台《上饶市港航管理局机关事务管理手册》。同时，加强对制度执行情况的监督检查，提高制度执行的整体效益，积极与市财政部门对接，基本完成纳入市财政统管手续。预算外收入上缴专户已开户，基本办公经费已按月拨付到位。

（陈均培）

船舶检验

【概况】 2013 年，全省各级船舶检验部门坚持以提高检验质量为中心，积极推进低碳综合运输

体系建设,全力打造质量船检、科技船检、和谐船检,提升服务水平,提高船检队伍的工作质量和效能,努力开创船检事业发展新局面。

本年度,各级船检机构共检验船舶3170艘(次),计210余万总吨。其中,初次检验214余艘;授予海事局船检登记号79艘,完成58艘转入船,41艘转出船的跨省转籍检验。对客船、油船、海船等重点船舶的设计图纸,组织精兵强将集中审图145套(艘次)。重点抓好"四客一危"船舶、砂石运输船、施工船、老旧运输船、乡镇渡船等船舶的检验,完成455艘客渡船乘客定额专项复查,保障了船舶安全航行技术条件。严格把好船舶吨位丈量复核关,本年度审核发放船舶临时吨位证书172艘,跨年度办理船舶临时吨位证书313余艘。

继续注重专业技术人员的继续再教育,优化专业知识结构。7月,在南昌举办了船舶吨位丈量复核和LNG混燃动力船专业技术培训班。通过培训,进一步保障了船舶吨位丈量复核质量,杜绝产生"大船小证"现象。促进了绿色环保、低排放的LNG混合燃料动力船在江西省的快速发展。同时采取走出去请进来的办法分11批次派出48名验船人员参加部海事局组织的各类专业培训。

随着近几年长江干线船型标准化工作的大力开展和相关政策实施,江西省老旧落后运输船舶淘汰速度进一步加快,船舶运力结构得到进一步优化,具体体现在以下几方面,一是船舶向大型化、集约化、专业化方向发展趋势比较明显;二是船舶安全环保性能和技术经济指标均有较大幅度提高;三是新建船舶的标准化率有较大幅度提高。截至12月30日,经江西省交通运输厅和财政厅核准拆解的老旧运输船舶共计154艘38418总吨,核准补贴资金合计2803.554万元;实际拆解完工的老旧运输船舶113艘29454总吨,船东领取中央和地方政府财政补贴资金合计2171.9754万元。

2013年度,运输船舶状况的有关指标发生了较大变化:平均船龄由2009年年底的12.8年下降到2013年的9.9年,平均能耗指标由2009年的每千瓦小时23.1公升下降到2013年的22.2公升,平均载重吨位由2009年的492吨上升到2013年的878吨。

(罗淑青)

【广东海事部门到江西调研交流】 12月11日至14日,广东海事局就客渡船检验和档案管理工作到江西调研交流。其间,广东海事局一行还到九江,实地调研了九江市地方海事局客渡船检验管理工作。

(黄海源)

【省港航局增强创新能力坚持绿色发展】 2013年,省港航局在推进船型标准化工作中,全省共核准拆解15年以上老旧船舶154艘38418总吨,完成拆解113艘29454总吨,发放中央和地方政府财政补贴资金合计2171.97万元,平均船龄下降到9.9年。与此同时,启动LNG燃料动力船舶试点。2艘船舶改造方案获部核准,其中1艘评为省厅节能减排示范项目。装备30千瓦风光互补供电系统的65米趸船在九江投入使用,为利用新能源作了有益尝试。

(黄海源)

【江西船检资质通过部海事局审核】 11月,国家海事局以海船检〔2013〕547号文件批复了江西省船舶检验局法定检验的资质,核定为《中华人民共和国船舶检验机构资质认可与管理规则》(交海发〔2008〕50号)规定的B类船舶检验机构。

(黄　坚)

【江西首批LNG燃料动力船舶通过专家论证】 2月4日,部海事局在南昌组织召开了LNG燃料动力船舶即"赣抚州货0608""赣远26"试点方案专家论证会。与会专家、领导听取了有各关方对于上述两艘试点船舶的情况介绍,并审阅了相关文件,认为该试点方案满足部海事局48号文件《关于明确LNG燃料动力船舶试点工作相关事宜的通知》的要求,准予试点,这为今后全面推广双燃料动力船舶改造工作,加快建设绿色水运步伐,促进水运的全面、协调、可持续发展起到积极的推动作用。

(廖志强　庞春风　陈明中)

【部海事局复核上饶船检局船检资质】 6月6日,交通运输部海事局船检资质复核专家组一行6人,到上饶市船舶检验局就船检资质进行复核。

复核过程采取听汇报和现场验证的方式进

行。专家组首先听取了上饶船检局在船检机构、人员设置、船检质量管理体系运行等方面的情况汇报。随后,专家组对船检质量目标、受控文件、检验台账以及船舶档案进行了仔细检查,并形成审核报告。专家组对上饶船检工作的成效给予了肯定,对进一步加强和规范船舶检验工作进行了指导。

(邓文俊　张帆　陈明中)

【全省船舶检验资质通过部海事局复核】 6月3日至9日,交通运输部海事局船舶检验资质审核组对江西省船检局国内航行船舶检验资质进行了复核。省船检局局长于钦民参加了资质复核会议,并介绍了全省船检机构的概况、机构编制、人员设置和水运发展等情况。

在赣期间,审核组通过查阅机构资质认可材料、与验船师交谈、查阅体系运行记录以及抽查船舶检验档案等方式,对本局国内航行船舶检验情况进行了全面细致的审核,并对南昌、九江、景德镇、上饶四市船舶检验分支机构的海船、河船检验能力进行了资质复核。审核组对其在资质建设、验船人员、船检体系建立、检验设施、设备配备以及档案管理等方面所做的工作给予了肯定和总体认可,并建议交通运输部海事局认可江西省船舶检验局法定检验的资质。同时,也指出了检验管理工作中的不足和有待改进的方面,并对进一步加强和规范船舶检验管理工作进行了指导。

(黄　坚　陈明中)

【部省结对共建"四型海事"活动取得成果】 自交通运输部海事局船检处与省港航局结对共建"四型海事"活动开展以来,江西船检规范管理、优质服务能力和水平进一步加强,结对共建活动取得丰硕的成果。一是检验发证工作取得积极进展。截至6月底,本省已完成43艘现有未持证船舶的现场勘验和图纸审查工作,其中有19艘船舶已完成初次检验和船检登记授号工作。为推进共建活动,部海事局领导多次到赣调研,深入基层,对现有未持证船舶检验给予了极大的政策支持和技术帮助,为解决历史遗留的问题提供了方法和途径。二是LNG燃料动力船舶的改造试点工作进展顺利。为构建"畅通、高效、安全、绿色"水运体系,推动船舶节能减排和技术进步,大力推进江西LNG燃料动力船舶的改造应用试点工作。5月20日,已按有关相关检验规定和技术要求,完成了"赣远26"和"赣抚州货0608"的油改气设计图纸初审,进入审图意见交换阶段。部海事局船检处对上报的两公司LNG燃料应用试点方案,及时安排审核,印发了两艘船舶的试点核准通知。三是针对船检业务难点组织专业培训成效显著。为促进江西船舶检验队伍建设,部海事局船检处针对船检业务的难点和热点问题,组织CCS规范所、专业院校的师资力量,对本省的验船人员进行了多次培训,主要内容包括自卸砂船检验补充要求、气体燃料动力检验指南、LNG燃料动力试点船舶技术要求、LNG燃料动力试点船舶关键设备技术要求等。

(黄　坚　陈明中)

【赣州海事联手多部门就地拆解六艘餐饮趸船】 赣州地方海事联合水利、港航等多部门,对停泊在该市章江水域的六艘餐饮趸船进行就地拆解,有效消除了多年来因趸船无人管理带的安全隐患。各趸船甲板以上建筑全部拆解,拆解工作2月底前结束。

(黄　坚)

【"瑞金"轮通过ISM代表船审核】 1月9日,交通运输部交通安全质量管理体系审核中心委托江苏海事局在张家港对江西远洋公司"瑞金"轮进行ISM代表船审核。

审核组依据ISM规则对轮进行全面审核后,一致认为"瑞金"轮实操基本符合要求,公司安全管理体系在船运行有效。

(刘建平)

港口管理

【概况】 2013年,全省各级港口管理部门认真贯彻落实国家有关港口管理法律法规规章制度,在切实加强港口经营市场和港口安全生产监督管理、进一步规范港口经营市场秩序,全力保障港口生产安全方面开展了各项工作。抓好水路春运工作。港航管理部门按照"以客为主、科学组织、协调配合、安全有序”的春运工作原则,狠抓港口、客运站及客运船舶的安全措施的落实,切实保障了全省水路春运各项工作顺利进行。在为期40天的水路春运工作中,共投入各类客船7465艘次,累计安全发送旅客220826人次,确保了全省水路春运工作的圆满完成。

全面开展港口经营资质年度核查工作。自4月1日至6月30日对本省从事港口经营业务的港口经营人的经营资质保持情况、遵守有关法律法规及经营秩序情况、安全生产作业情况进行了一次认真审核。经核查,全省共有262户港口经营业户的经营资质符合规定要求,其中普通货物港口经营企业223户,危险货物港口经营业户36户,港口旅客运输服务经营业户3户。加强对港口危险货物装卸作业企业的监管。除加强对辖区内港口危险货物作业码头的巡查,严格执行港口危险货物作业申报制度,督促企业对排查出来的问题和安全隐患进行整改外,还对经营资质下降或达不到要求的,坚决予以清理。与此同时,按照交通运输部与国家安全生产监督管理总局联合印发的《关于明确港口危险化学品安全监督管理若干问题的通知》要求,确定好与安监部门各自监管界限范围,督促、指导相关设区市港口行政管理部门对辖区内港口危险化学品码头、仓库、储罐等设施情况进行摸底、排查,并与所在地安监部门办理港口危险化学品储存设施及港口仓储作业安全监管职责交接工作。

大力推进港口经营企业标准化考评工作。5月21日至25日,省港航局在九江市举办了港口营运企业安全生产标准化考评员和自评员培训班,74名港口营运考评员参加培训,其中71人获得了省厅核发的考评员证书。6月18日至21日,全省从事港口危险货物管理部门、港口危险货物经营企业派出20人在重庆参加了由交通运输部组织承办的《港口危险货物安全管理规定》培训班。通过学习培训,使从事港口危险货物的管理人员进一步熟悉并掌握了港口危险货物安全管理相关法律、法规、规定知识,安全管理素质及水平大为提高。至年底,全省已有口岸线提出了具体的管理实施细则,将进一步规范历史形成的临时码头以及长江港口岸线临时使用手续,有效规范统一基层港政管理工作。

(张燕斌　陈明中)

【全国港口保安和安全工作会议在昌召开】 12月10日,全国港口保安和安全工作会议在昌召开,交通运输部水运局杨华雄副局长、省交通运输厅党委委员、总工程师胡钊芳等和交通运输部水运局、水运科学研究院以及来自辽宁、山东、江苏、上海等20个省市的港口行政管理部门的代表参加了会议。会议就2014年12家港口营运类企业完成网上标准化初次申报手续,其中两家港口企业(中石化长江燃料有限公司九江分公司申报二级、江西金砂湾港务有限责任公司申报三级)正式向主管机关申报考评。

(罗淑青)

【湖北日报对江西省长江沿线港口发展进行专题采访】 1月23日,湖北日报经济新闻中心工作人员在省交通运输厅有关人员的陪同下,专程来到九江市,对其省内长江沿线港口发展情况进行专题采访。九江港是全国内河28个主要港口之一。沿江规划五个港区分别是瑞昌港区、城西港区、城区港区、湖口港区及彭泽港区,随着沿江港口项目的快速发展,计划年内将新建、续建港口项目12个,预计完成投资13.95亿元。“十二五”期间,沿江港口项目拟建52个泊位,投资达到68亿元,新增通过能力6570万吨,全港通过能力达到1亿吨。

(张燕斌　陈明中)

【部海事局调研组到江西开展内河最低安全配员调研】 8月19日,为进一步做好内河船舶最低安全配员管理工作,部海事局调研组到本省开展内河船舶最低安全配员调研活动。

为配合部调研组开展此次调研活动,省港航局召集部分分局及海事处、省内3家船员培训学校和9家航运企业代表共20余人参加了省局组织的全省船舶最低安全配员调研座谈会。

座谈会上,调研组听取了江西船员管理方面的工作情况汇报,并与分局及海事处、船员培训学校、航运企业代表展开了深入的交流和讨论,听取了他们提出的建议和意见。

(李　卿)

【南昌港国际集装箱码头单月吞吐量继续保持高速增长】 8月,南昌港国际集装箱码头共完成集装箱吞吐量9190标箱,环比上月增加7.3%,同比增加76.4%。这是该港本年度第二次月吞吐量突破9000标箱,继续保持高速增长的势头。

由于码头月吞吐量已超过设计生产能力120%以上,为确保能够安全、高效生产,码头公司不断改进生产工艺,优化作业流程,最大限度利用装卸设备和场地,争取向客户提供最优质的服务。

(张佳莹)

【九江举办港口企业安全生产管理培训班】 11月14日至15日,九江市安全生产监督管理局和九江市港口管理局联合举办港口安全管理人员培训班,沿江港口企业单位的百余名学员参加了培训学习。

本次培训班开设的主要课程为港口企业安全生产标准化操作流程和要点、港口安全生产管理、企业文化建设与思考、国务院安委会关于进一步加强安全培训工作的意见和港口典型事故案例分析与企业安全管理。培训班聘请了来自省港航局、市安监局和港口局的专家授课,结合港口实际案例传授知识技能,与学员交流沟通。127家港口企业主要负责人和安全管理人员通过培训和考核,获得九江市安监局颁发的安全生产管理资格证书。

(吴彩霞　黄海源)

【九江港口、港航审批窗口访企业送服务】 11月份,九江市行政服务中心港口局窗口和九江市港航局窗口共同发起开展为九江实施"双核"战略、决战工业一万亿提供优质服务的"走城东、访企业、送服务"实践活动。实践活动中,30余名行政审批工作人员先后走访了九江市城东港区沿江工业园基地、九江诺贝尔陶瓷有限公司、青岛啤酒九江分公司,省配煤中心通用码头、中粮九江公司等重要项目企业,听取企业负责人介绍企业发展情况和面临的发展机遇,征询企业对市行政服务中心意见和要求,解答企业对增资扩产等涉及发展的相关政策问题,积极为企业出谋划策,解决难题,把访企业知企情,帮企业办实事作为创新服务的方式,帮助企业健康发展。

(方　强　方　武　黄海源)

【九江市港口局办理首例港口机械维修服务经营许可】 1月7日,为严格把好准入关,在省局港口管理处指导下,九江市港口局依据《中华人民共和国港口法》、交通运输部《港口经营管理规定》,并参照长江下游省、市相关做法,经该局行政审批联审会审核通过,受理并办结了湖口港区九江船厂有限公司申请在港区内从事港口机械维修服务经营许可。这是该局成立以来首例办理港口机械维修服务经营许可。

(余方　刘望　陈明中)

【九江市港口局严格控制沿江临时使用港口岸线】 为充分发挥港口岸线的优势,服务地方经济的发展,3月12日,九江市港口管理局出台《严格控制沿江临时使用港口岸线的意见》,对在九江港152千米岸线范围内,申请临时使用长江港口岸线提出了具体管理实施细则,将进一步规范历史形成的临时码头以及长江港口岸线临时使用手续,有效规范统一基层港政管理工作。

(张燕斌　陈明中)

【九江港口吞吐量创单月最高纪录】 5月份,九江港口生产继续呈现出恢复性增长的态势,完成货物吞吐量591.77万吨,其中集装箱吞吐量1.63万标箱,累计完成6.71万标箱,同比增长5%,再次创下有史以来单月吞吐量最高纪录。

九江港位于长江黄金水道与京九铁路的十字交汇处,是江西省唯一通江达海的一类对外开放港口。在策应沿江大开发战略中,市港口管理局积极发挥岸线优势,加快港口发展,建成长江沿岸单件最大的800吨起重码头及瑞昌理文码头、在建城东省配煤中心专用码头及城西九鼎物流码头等项目,推动了港口经济发展。1至5月货物吞吐量累计完成2096.76万吨,同比增长7%,显示港口生产持续增长。

(丰伟鹏)

稽查征费

【概况】 砂船港务费历年来是港航部门规费征收的主要来源。2013年,江西省对采砂船偷采行为进行了严厉的打击,关停无证砂场,切割非法采砂船,使之采、运砂船的数量骤减,港务费征费费源面临不利局势。在此情形下,各级稽征部门关注费源动态,加大传统货船港务费的征收力度,采取有力措施,消除不利因素影响,港航规费征收总体趋稳。

为确保港航规费应征不漏,各稽查征费单位精心组织,合理安排,全力做好稽查征费工作。一是继续以各地、市政府采砂统一管理平台为依托,集中抽调精干力量,不断完善采砂平台的管理模式,确保每一艘砂石运输船舶货港费征收到位。二是强化沿江、湖各水域过驳区的现场监管,充分依托港航、海事联合执法的执法力度,加强对过往船舶的动态检查,做好查漏补征工作。三是加强规费征收激励机制,结合实际,制定激励措施,从绩效工资总额中提取5%作为征费单项奖励,实行征费征收与奖励挂钩,从而进一步提高了规费征收工作的积极性,促进了规费征收目标任务的完成。四是加强票据严格监管。定期对各类规费票据进行复核、清点、存档,票据流通的各个环节实行层层负责,严格落实票据报领和核销手续。

2013年,全省水路交通规费征收27831万元,同比下降8.9%。其中:海事规费征收9625万元,同比下降8.16%;港口规费征收18206万元,同比下降10.22%。

(罗淑青)

【九江港航星子分局做好滩地场地固定岸线使用费停征工作】 根据国家发改委和省行政审批制度改革领导小组的要求,为进一步减轻企业和个人负担,江西省发改委决定自11月1日起,将在全省范围内统一取消20项行政事业性收费项目,其中涉及港航行政管理部门的为滩地场地固定岸线(坡)使用费。基此,九江市港航局星子分局于10月底派出工作人员深入辖区各港口经营企业,及时向业户宣传政策。同时,将本年1—10月发生的固定岸线(坡)使用费,按征收标准足额征收入库。

滩地场地固定岸线(坡)使用费征收起始于1993年2月15日,执收时间已满20年,本着"取之于港、用之于港"的原则,该行政事业性收费项目在特定时期,曾经为江西港口建设起到推动作用。

(黄友坚 黄海源)

渡运管理

【江西代表在国际渡运安全会议上作经验报告】

国际海事组织(IMO)第二届渡船营运安全国际会议于10月—11日在南京召开。来自澳大利亚、印度、韩国、新加坡、缅甸、中国等16个国家的交通运输主管和海事当局、渡运企业、IMO秘书处官员,以及部分国内代表共100余人出席了本次会议。

此次渡船营运安全国际会议与会16国及国际海事组织从合用的规则、规则有效实施、合规的渡船、安全文化、船长(经营人、渡工)履职、事故报告及利益相关方有效对话等多个方面共同商讨了渡船安全营运问题,并对国际渡运前沿及热点问题进行了深入探讨交流。受会议主办方的邀请,江西代表作了《中国江西省渡船简易救生浮具使用情况报告》。

2010年,江西省交通运输厅为保证过渡群众安全,安排专项资金,由港航局负责统一定制17000简易救生浮具件,按载客定额的70%为全省渡船免费配发。近年来本省继续不断加大对渡运安全的投入力度,先后开展了渡船标准化更新改造、统一订制了《渡口守则》牌、大规模改渡建桥以及渡口标准化建设的"四个一工程",全省渡运安全有了较可靠的保证,渡运安全形势连续多年保持稳定,得到了与会的交通运输部及中国海事局代表的肯定。

(刘 祥 黄海源)

【渡口客运联挂开启鄱阳湖水运新模式】 九江市庐山区针对鄱阳湖蛤蟆石水域渔船非法载客屡禁不止、水运安全隐患堪忧的现象,采取渡口、客运联挂,以拍卖水上经营权的方式,组建股份责任制水上客运公司,变松散经营为集约式经营。

其主要运营方式是以蛤蟆石渡口为固定起始点,以4千米为半圆辐射扇面的区域,固定起点、客运联动挂钩,取缔渔船非法载客现象。

(九江市交通运输局)

【南昌市乡镇渡口仅存23个】 南昌市地处水网地带,自古以来舟楫渡运是滨湖和两岸民众的主要途径,乡村渡口遍布。伴随着交通的发展,公路和桥梁等农村基础设施的延伸。至2010年年底,全市乡村渡口仍有71个,涉及各县区乡镇32个、行政村66个。

"十一五"期间,南昌市撤渡建桥工程建设,多方筹集资金3.96亿元,共建成桥梁29座,桥梁总延米达2.5万米,单桥平均桥长为861米。这些桥梁的建成,沟通农村公路路网,从根本上消除渡运安全隐患,方便百姓出行,促进地方经济快速发展。其中,赣江及其支流建设5座桥梁,使南昌市高新开发区昌东镇,南昌县蒋巷镇、南新乡,新建县联圩镇联为一片,为南昌市向北发展拓展了空间;抚河主干道上建设3座桥梁,缓解了梁家渡大桥的交通压力;鄱阳湖太子河建成南矶山大桥,彻底改变了孤岛南矶山的交通出行;建成进贤县青岚湖大桥(1507米),为全省最长的渡改桥项目。至2013年年底,撤渡建桥使南昌市的乡村渡口仅剩下23个。南昌地区已经连续22年渡运安全无事故。

(樊 猛 周国祥)

【景德镇市开展渡口渡船安全管理专项整治"回头看"】 为巩固辖区内渡口渡船安全管理专项整治活动成效,及时解决近几年来出现的渡口渡运新问题,全面加强渡口渡船安全监管工作,满足人民群众出行安全要求,市交通运输局、市安全生产监督管理局自5月1日起,联合组织开展为期一年的渡口渡船安全管理专项整治"回头看"活动。

此次"回头看"活动以强化渡口渡船安全管理专项整治为主要抓手,切实加大渡口隐患排查力度,对排查出安全隐患,专门建档跟踪整改消除;积极推进"救生衣行动",对救生衣(救生浮具)配备不能满足现行规范要求的义渡、半义渡等渡船配置部分救生衣(救生浮具);完善全市乡(镇)渡口渡船台账;加大渡口安全投入,积极落实地方配套资金,抓紧完成渡口标准化建设项目,及时维修保养渡船,逐步提高渡工待遇,保持渡工队伍稳定。

通过"回头看"活动,巩固全市渡口渡船安全管理专项整治活动成效,将整治活动中好的制度固化,不断完善渡运安全管理长效机制,解决随着客观条件变化、随着人民出行要求的提高、随着"改渡建桥"后撤渡出现的新问题,有效保障全市渡运安全形势持续稳定。

(涂 强)

【景德镇市农村渡口改渡建桥项目全面完工】 7月12日,随着浮梁县兴田乡潭下大桥主体工程竣工,标志着景德镇市历时5年的农村渡口改渡建桥项目全面完工。

为消除农村渡口安全隐患,加大农村基础设施建设力度,改善农民群众安全出行交通条件,促进农村经济社会的全面协调发展,2008年8月18日,市政府转发市交通局《关于加快景德镇市农村渡口改渡建桥的实施意见》,提出到2010年底完成新建桥梁41座,撤销农村渡口54个,实现全市除大江、大河、大湖、水库外的农村渡口基本改渡建桥。后调整为完成新建桥梁30座,撤销农村渡口36个。其中,乐平市17个、浮梁县12个、市高新技术开发区1个。这30个农村渡口改渡建桥项目总长4965.1延米,总投资15969.13万元。其中,大桥(跨度为100米及以上)19座、中桥(跨度为30米至99米)9座、人行桥2座。

2008年11月,桥长150米、宽5.5米,总投资380万元的乐平市张家畈大桥竣工通车,2012年初,全市农村渡口改渡建桥项目中跨度最大的项目一浮梁县南门大桥建成通车。2013年5月22日,全市农村渡口改渡建桥项目中投资额度最大的项目——官庄大桥建成通车。

桥长317.96米、总投资607.98万元的乐平市洲渡大桥,桥长317.96米、总投资613.21万元的乐平市南岸大桥,桥长186.02米、总投资480万元的浮梁县郑坑大桥,桥长267.24米、总投资764.766万元的浮梁县石鼓大桥等重点大桥项目相继完工,为全市农村渡口改渡建桥项目的全面完工打下了扎实基础。这30个农村渡口改渡建桥项目完工投入使用后,项目两岸及附近村庄近十万群众从此告别"出门靠乘渡"的历史,在推动新农村建设、促进农村经济及村民增收等方面发挥积极作用。

(涂 强)

【余江县交通运输局加强渡口安全管理】 余江县交通运输局建立健全管理制度、从严管理渡口。

渡管站根据《江西省渡口管理条例》制定了《余江县乡村渡口管理职责》《渡管员职责》《渡口民约》《渡工职责》等各项管理制度。

在渡运管理上,为加强渡口检查督促,渡管员按照检查制度,每月到渡口检查不少于15天,洪水季节、节假日、渡口所在村的村干部实行值班制,负责做好维护渡运秩序,处理紧急情况。检查中从严要求渡工,杜绝“三无”,对一些存在严重安全隐患的渡船,渡管站采取强硬措施,坚决要求停航整改,并下发整改通知书。对非设置渡口要求乡镇重新审批,符合条件的报县政府批准设置,不符合条件的坚决予以取缔。协助重点渡口完善相关手续,改善渡运条件。孟津门渡口是一个安全隐患较多的渡口,2013年在该渡口做了很多工作,一是协助该渡口管理单位汛期散架桥。二是发现隐患及时督促整改。三是多跑多检查,竭尽全力维护渡运安全。对该渡口的安全管理时刻不忘重点时段,重点节假日都派人到渡口值班。结合浮桥安全管理实际,制定了职工岗位责任制,做到赏罚分明,在安全生产工作中,桥工实行分段包干,包干到人,做到浮桥“三无”(即桥面整洁无垃圾,舱内无积水、无青苔),建立了安全值班制度,做到白天、晚上都有人值班,严禁脱岗,保证了浮桥的安全畅通。耗资100多万元对潢溪上渡头浮桥15艘桥船进行了改造,维修工作船和渡船,添置锚、链等浮桥设备,大大提高浮桥的安全系数,使浮桥更加安全、整洁和畅通,并得到了过往群众的认可和赞许。

(余江县交通运输局)

【靖安县27年渡口安全无事故】 至2013年,该县交通部门接管渡口27年,从18个渡口到现在的仅有罗湾塘埠1个渡口和1艘机动渡船。县交通运输局一直把渡运安全放在工作的首位,采取强有力的措施:一是加强领导,历任班子实行“安全工作横向到底、纵向到边”的策略,年年层层签订责任书;二是加大渡改桥的力度,年年安排资金进行渡改桥建设,取得很大的成效,得到省政府和省厅的表彰;三是实行五级安全联动机制,“海事、县局抓好检查,乡镇领导抓好落实、村级抓好管理、渡工抓好具体安全”的“五抓”措施,坚持月排查制度,在节假日、汛期等重要期间由领导带班巡查,做到灾害天气不摆渡,保证渡运不出事故。通过年年加强渡运安全管理,保持自交通部门接管渡口以来27年无事故的纪录。

(刘 斌)

【丰城海事开展“水上交通安全知识进校园暨救生衣捐赠”活动】 11月22日下午,丰城市地方海事处在丰城市拖船镇中心小学组织开展“水上交通安全知识进校园暨救生衣捐赠”活动。省交通运输厅安全监督处处长彭瑜,省教育厅、省地方海事局、宜春市地方海事局、丰城市人民政府、丰城市交通运输局、丰城市教育局、丰城市地方海事处、拖船镇政府相关负责人以及拖船镇中心小学师生代表共计150余人参加此次活动。

彭瑜代表省交通运输厅对丰城市地方海事处为组织开展此次活动所做工作给予了高度的评价,并感谢丰城市政府对交通(海事)部门工作的大力支持。同时,对水上交通安全监管工作提出了几点要求:一是要多向地方政府汇报有关水上交通安全工作,争取地方政府的支持;二是要加强与地方教育部门的沟通和协调,将开展水上交通安全知识进校园活动常态化;三是要进一步抓好渡口的安全监管工作,为百姓的水上安全出行护好航。市政府分管副市长代表地方政府感谢省、市交通(海事)部门对丰城市水上交通安全工作的关心和帮助,要求学校广大师生一定要以此次活动为契机,加强对学生的安全教育工作。

活动还安排海事人员为师生作了主题为“水上平安交通,安全伴我成长”的安全知识讲座;到拖船渡口现场,实地查看渡口现场环境和学生过渡情况。宜春市地方海事局为丰城市拖船中学、丰城市拖船初级中学、丰城市拖船镇中心小学三所学校共捐赠救生衣计660余件。

(简志军 黄海源)

【崇仁渡运管理实现连续33年安全无事故】 2013年,崇仁县有渡口6个,均于1989年7月经县政府批准开始渡运,各有渡船1艘、为钢质渡船。6个渡口为“义渡”,有常年渡工6人。

为确保渡运安全,该县交通运输部门重点从以下几个方面抓好管理工作。一是落实安全责任。年初,抓好县政府与6个渡口的乡(镇)、乡(镇)与村、村与渡工“四级”渡运安全管理责任状的签订工作,将责任层层分解,落实到人,严格落实渡船管理、渡口值班、隐患跟踪、渡船维修保养、渡工管理、安全例会、渡口设置审批、渡口安全检查等 8 项制度。二是强化安全监管。采取勤查多督的办法,及时发现问题,及时进行整顿。对有安全隐患的渡船进行“停、换、清”的办法防止安全事故产生,并在重点节假日、庙会、汛期组织人员到渡口值班,维护渡运秩序。在洪水季节采取每 10 天对渡口渡运进行监督检查;枯水季节每月对渡口巡查一次。为使渡运平安运行,还经常性开展各项安全检查,对存在安全隐患的渡口渡船责令停运,救生设备陈旧缺失的及时给予更换和补充。全年共检查渡船 30 艘次。三是加强渡船保养,保障正常渡运。对运行的港河水库渡和许家洲渡渡船,督促渡工及时对船体进行防锈漆涂刷维护。四是配齐救生设施,提供安全保障。为常年运行的港河水库渡配备救生衣 30 件、许家洲渡救生衣 15 件。全县渡口渡运实现连续 33 年安全无事故。

（崇仁县交通运输局）

【上饶市撤销民间渡口 62 处】 2013 年,上饶市撤销,境内民间渡口 61 处、汽车渡 1 处,极大地改善了当地群众出行和交通运输的道路条件。被撤销的是:德兴市的碧泥田、海口、铜埠、湾头等 4 处;广丰县的溪东、大湾、和尚渡、三墩、土坞、下余、黄泥洲、清湖、南山、石山等 10 处;鄱阳县的江家岭、程家、刘风嘴、其林岸、钟家岸、大阳埠、潼万渡、合成、源公里、洲头嘴、竹篙嘴等 11 处;铅山县的安洲。港沿、五堡洲、鱿鱼洲、蒋家渡等 5 处;上饶县的观口、中洲 2 处;万年县的花门楼、石鼓、彭家 3 处;婺源县的金村、石砚、玉坦、秀水、虹冲 5 处;信州区的石墩、丁家山、六十三、杨村、塘里、娄底、淤里、畴口等 8 处;玉山县的板桥渡口;余干县的周家弄、杨埠渡口和河埠汽车渡口,花门、大港、武石、江家、黎背、阮家托 8 处民间渡口和 1 处汽车渡口;横峰县的杨家、祝家等 2 处民间渡口。

（陈均培）

【鄱阳县狠抓渡口安全】 鄱阳县拥有民间渡口 44 个,其中钢质渡船 38 艘,木质渡船 6 艘。该县以“以人为本、安全第一、预防为主、消除隐患”为方针,扎实有效的开展水上交通安全工作,尤其是在“春运”“两会”中华龙舟赛“和节假时段的值班制、巡检制的落实。县财政为渡工每月补贴 200 元,县乡各 50% 的比例承担每个渡口 5000 元的维护经费及在册船舶的维修费用,渡口经费得到保障。

（陈均培　张新冬）

党群工作

党建工作

【概况】 2013年,省交通运输厅按照"围绕中心抓党建、抓好党建促发展"的总体思路,开拓创新、积极作为,在努力推进党的思想建设、组织建设、作风建设、制度建设和反腐倡廉建设等方面动脑筋、下工夫。

1. 深入学习宣传贯彻中共十八届三中全会精神,在统一思想、凝心聚力上有新作为。省交通运输厅始终把理论武装工作作为强化基层党的思想建设的重要内容,着力在倡导学习理念、深化学习内容、创新学习方法、健全学习制度、增强学习实效上下工0夫。一是加强组织领导,发挥中心组学习示范带头作用。二是保障学习经费,创新学习载体。行政和党费都优先保障党员干部学习资料用书和党的理论学习培训费用,仅2013年,就为全厅党员干部购置了十几种书籍,配套编印了20多万字的学习资料,制作并人手一册发放了专用的学习笔记本。同时,在交通信息网上开辟了党建园地专栏,经常更新有关重要文件、理论原著、视频音频等学习资料以供全厅党员干部职工随时在线学习。坚持开展多渠道多层次培训工作,截至2013年年底,厅直属机关党委先后组织新党员培训160人次,完成省直机关工委党校调学任务16人次,完成省委党校(行政学院)调学任务20人次。三是突出学习重点,保证学习效果。2013年以来,厅直机关党委以学习宣传贯彻党的群众路线教育实践活动、中共十八届三中全会和总书记习近平系列讲话精神为重点,扎实开展科学理论武装工作。先后两次组织厅机关处以上干部开展党的群众路线教育实践活动集中学习活动。

2. 扎实开展党的群众路线教育实践活动,在改进作风,优化环境上有新气象。自2013年7月,省交通运输厅开展党的群众路线教育实践活动以来,厅直机关党委着眼于交通运输行业基层党的建设的工作实际,找准工作着力点,充分发挥厅直各级党组织作用,积极推动教育实践活动深入开展。一是注重学习教育,强化群众意识。坚持个人学。收集汇编了习近平总书记一系列重要讲话、刘云山在中央教育实践活动领导小组第三次会议和在部分省区市党委教育实践活动领导小组负责人员座谈会上的讲话等一系列重要讲话和要求，并购置了《论群众路线——重要论述摘编》《党的群众路线教育实践活动学习文件选编》等学习材料，人手一册发至副处级以上党员干部认真研读。全厅每位党员干部结合个人实际，都撰写了读书笔记和心得体会，真正做到学深悟透。集中交流学。制订了党的群众路线教育实践活动学习教育方案，先后两次集中组织厅机关副处以上干部围绕“坚定理想信念，强化宗旨意识，增强群众观点，加强作风建设”主题，专题学习党的群众路线教育实践相关文件、材料和总书记习近平一系列重要讲话，邀请了省委讲师团团长李江源以“中国梦和群众路线教育实践活动”为主题作专题辅导报告，组织观看了《永恒的信念》《筑梦之基》《苏联亡党亡国20年祭——俄罗斯人在诉说》等专题片，筑牢理想信念。并在认真学习领会的基础上，进行充分讨论和交流，真正达到了提高党员干部思想素质的要求。厅直各单位也安排了时间进行集中学习，处以上党员领导干部既参加了集中学习，又参加了所在支部的学习。向先进典型学。邀请了龚全珍先进事迹报告团来省交通运输厅开展宣讲报告会，用先进典型的事迹激励党员干部。同时，树立起身边的先进典型，深度挖掘、广泛宣传24年奋斗在施工一线、带病坚持工作的监理工程师、江西省道德模范敖志凡，广泛传递正能量。通过一系列的学习，使全厅党员干部更加深刻地认识到群众路线是中共党的生命线和根本工作路线，坚定了信仰，强化了群众意识，进一步增强了开展好党的群众路线教育实践活动信心和决心。二是广开渠道，多方征求意见。通过召开座谈会、发放征求意见表、民主评议、设置网上意见箱和在高速服务区、汽车站、港口管理处(局)等基层一线窗口单位发放调查问卷、进行专项调研等方式，畅通征求意见建议渠道，广泛听取各方面的声音。省交通运输厅机关及直属各单位累计召开征求意见座谈会142次，参与座谈职工1051人，个人访谈72人次，厅机关还两次寄发征求意见函共96份，通过各种征求意见建议渠道，交通厅本级共征集群众反映的各类意见建议共五大类325条。三是较真碰硬，高质量开好专题组织生活会。10月9日，厅直属机关党委专门下发《关于在党的群众路线教育实践活动中开好党支部组织生活会的通知》，要求厅机关和交通运输窗口单位各党支部按照“照镜子、正衣冠、洗洗澡、治治病”的总体要求，保质保量开好专题组织生活会。各党支部通过专题组织生活会对作风之弊、行为之垢进行一次大排查、大检修、大扫除，虚心听取意见，广泛开展谈心，做到了支委成员之间必谈、支委与党员之间必谈，党员相互之间必谈。在各支部专题组织生活会上，党员紧紧围绕为民务实清廉的重要内容开展批评和自我批评，在相互批评过程中，党员坚持原则，抓住实质，在肯定成绩和优点的基础上，对不足和缺点毫不避讳，直截了当，一针见血，既立足工作实际，又联系现在的身份和岗位职责；既从工作中找差距，又从思想和党性上找差距；既有红红脸、出出汗、揭短亮丑的紧张和严肃，又有加加油、鼓鼓劲的宽松和谐。通过专题组织生活会，党员吐露了心声、碰撞思想、讨论问题、交流观点，还开出药方，对找出的问题进一步细化具体整改方案。四是聚焦“四风”，建立健全长效机制。本着系统治理、源头治理、依法治理的思路，对“四风”问题及衍生出来的其他问题，推进制度创新，严格制度执行，用更加严明的制度、更加严格的执行、更加严密的监督，构建反对“四风”、加强作风建设的长效化、常态化制度体系和体制机制。结合交通运输工作实际，大力开展10项专项整治活动，并在梳理现有制度体系的基础上，建立健全15项制度规定、工作机制，进一步提升了为群众服务水平和破解发展难题的能力，提高了干部队伍素质，树立了交通运输行业的良好形象。

3. 全面推行党支部规范化建设，在夯实基础、强化责任上有新探索。牢牢把握加强基层党组织建设这个重点，强化责任落实，把加强基层党支部规范化建设作为做好厅直属基层党建工作的突破口和切入点，力争在夯实党建工作基础，落实党建责任制等方面取得新突破。一是全面推行基层党支部规范化建设。2013年，重新制订了《关于推进基层党建工作项目化发展的实施方案》，通过典型引路、以点带面的方式，省交通运输厅基层党支部规范建设由试点转入到全面推行阶段。6月24日，召开省交通运输厅基层党支部规范化建设现场推进会，组织厅直各单位党组织负责人员现场观摩了井冈山机场管理所党支部、吉安高速路政支队七大队党支部规范化、泰和县地方海事处党支部建设情况,交流了厅直基层党支部规范化建设工作的经验成果。在开展党支部规范化建设工作中,厅直各单位注重加强制度建设,在推动支部工作流程标准化上成效明显。进一步建立健全了基层党建工作相关制度,坚持和落实党支部组织生活制度、党员学习教育制度,党内帮扶制度、党员联系群众制度等,逐步形成了一套健全完整的基层党建工作制度体系。注重围绕中心工作,在提高办事效能和服务水平上成效明显。二是扎实抓好党员发展和党费收缴管理使用工作。2013 年加强了党员发展和党费收缴管理使用工作,并将此两基基础性工作列为年度党建工作目标管理考核的重要内容。按照发展党员的"十六字方针"和"控制总量、优化结构、提高质量、发挥作用"的总要求,2013 年加强了对发展党员数量的调控,严格落实省直工委下达的本年度发展党员 266 名的计划。三是着力提升党建工作科学化水平。严格按照省委、省直工委关于建立党建工作责任制的要求,把落实党建工作责任制列入重要议事日程,指导和督促厅直各单位党委会每年至少听取一次基层党建工作专题汇报,研究解决领导体制、队伍建设、经费保障等方面的实际问题,建立健全了主要领导亲自抓、一级抓一级、层层抓落实的党建工作格局。厅直属机关党委对党建工作做到年初有安排年中有督查,年末有考核,确保责任落实。2013 年,共召开 5 次机关党委会,学习贯彻全省机关党建工作会议精神,通报有关情况,履行组织秩序,研究工作措施,使机关党委自身建设和工作实效与时俱进。

(王爱和)

【省交通运输厅开展党的群众路线教育实践活动的主要做法】 2013 年 7 月,在省交通运输厅机关和厅直属 61 家副处级以上单位扎实开展了党的群众路线教育实践的活动,截至年底,厅党委教育实践活动办公室回顾了该项活动的主要做法。

1. 统筹领导,上下联动抓推进。一是全面部署。厅党委和 18 个厅直单位党委(支部)分别成立教育实践活动领导小组及办公室,组建工作机构,明确工作职责。二是全程尽责。落实好"两个职责",首先是落实活动办公室的统筹协调职责,明确了日常值班、工作周报、信息沟通、文件收发、文稿起草等工作职责,并每周召开工作例会,做到各项工作有布置、有检查、有情况汇总;其次是落实督导职责,厅教育实践活动办组建了 3 个督导组,对 18 个厅直单位进行全程督导,开展面对面的指导,进行面对面的服务,确保全厅教育实践活动扎实有序推进。三是全面宣传。共编发活动简报 75 期,先后在《江西新闻联播》、《中国交通报》、《江西日报》、大江网等媒体刊登报道 50 余篇,在江西交通信息网上刊发宣传报道 120 余篇。

2. 强化学习,提高认识强党性。在教育实践活动中,坚持把学习提高、强化认识贯彻始终,并在学习教育中突出抓好"四个结合":一是集中学习与个人自学相结合。二是专家辅导与观看专题片相结合。三是读原著与写心得体会相结合。四是学精神与学先进典型相结合。组织召开龚全珍事迹宣讲报告会,用先进典型事迹引导和激励党员干部。同时,挖掘宣传 24 年奋斗在施工一线、带病坚持工作的监理工程师敖志凡,树立身边的先进典型,广泛传播正能量。

3. 聚焦四风,虚心纳谏找问题。一是厅领导带头深入基层听取意见。厅党委班子成员带头深入 19 个联系点单位,深入项目工地等一线基层,召开座谈会 13 个,参与座谈人员 300 余人,个别访谈 16 人次,真心实意听取意见建议。厅机关及厅直属各单位累计召开征求意见座谈会 142 个,参与座谈职工达 2500 余人,个别访谈 72 人次。二是诚邀广大服务对象提意见。三是通过多种方式征求意见。省厅面向全厅干部职工,发放作风建设主题调查问卷 1050 份,收回 1028 份,并 2 次向有关单位发放征求意见函 96 份。通过上述各种方式征求到的意见建议,经梳理归纳为 5 大类 325 条,此外,省委常委会转办交办并由交通运输厅牵头办理的意见建议 9 条,以上共计为五大类 334 条。

4. 批评与自我批评,较真碰硬转作风。一是对照检查,自我剖析摆得深。通过群众提、自己找、上级点、互相帮等方式,厅领导班子和领导干部认真疏理、深入查摆了在"四风"方面存在的突出问题。二是交心谈心,交流意见说得透。民主生活会前,厅党委班子成员及其他副厅级领导干部共 16 位人员开展了诚挚深入的交心谈心活动。三是批评和自我批评,真碰硬。厅党委专题民主生活会于 2013 年 10 月 14 ~ 15 日召开,按照"一个一个过"的方式开展批评和自我批评。班子成员在自我批评中敢于揭短亮丑,在相互批评中敢于直言不讳,做到了既坚持原则、指出问题、较真碰硬,又实事求是、出于公心、与人为善。

5. 立改立行,突出重点抓整改。一是以案为鉴,加紧堵塞工程建设领域监管漏洞。结合许润龙、邓经国等人的腐败事实和深刻教训,广泛开展警示教育,同时对重点领域、重点岗位的干部经常进行重锤敲打,确保警示教育的针对性和有效性。二是民主集中,确保领导权力阳光运行。认真贯彻周泽民在厅党委班子民主生活会上的指示,坚持"三重一大"事项集中决策,重大事项避免一把手说了算,防止一言堂;领导班子成员分管领域的重大事项避免分管领导一个人说了算,使公权力与个人私利物理隔绝,确保领导权力阳光运行。三是深入调研,努力破解发展难题。认真梳理制约江西交通运输发展的重大问题,厅领导分别带队到具有代表性的兄弟省份深入进行学习调研。四是响应呼声,狠抓机关作风建设。组织开展文山会海、检查考核、公款吃喝、超标配车、公车私用等专项整治活动,以达到短期即见到成效,提升机关干部素质和形象的目的。五是着眼长远,科学谋划交通发展。以开展教育实践活动为契机,大力促进交通运输中心工作。

6. 整改落实,建章立制求实效。一是精心制定"两方案一计划"。厅党委于 2013 年 11 月 26 日印发《关于印发厅党委党的群众路线教育实践活动领导班子整改方案、专项整治方案、制度建设计划的通知》(赣交党字〔2013〕116 号),提出了厅党委班子要成为全厅干部职工"七个表率"的目标,明确厅党委书记、厅长朱希负总责,副厅长王爱和、厅纪委书记成松具体负责,党委其他成员根据分工牵头负责,实施厅党委班子的 25 项整改工作措施,开展 10 项专项整治活动,并在梳理现有制度体系的基础上,建立健全 15 项制度规定或工作机制。二是认真抓好整改落实各项工作。厅党委把各项整改工作列入重要议事日程,采取多种措施和方法扎实推进整改落实各项工作。到 2013 年年底,10 项专项整治活动、15 项制度建设计划全部完成,总共 334 条意见建议全部办理完毕,并向省委活动办、第十二督导组上报。三是坚持开门搞整改,接受群众监督。在整改落实、建章立制环节的工作过程中,始终坚持开门搞整改,广泛吸纳群众参与,接受群众监督。

7. 创新载体,展现特色促亮点。在做好"规定动作"之余,努力创新"自选动作",做到规定动作不走样,自选动作有特色。组织开展了"俭朴实干转作风,为民服务砺清廉"活动、参与"弘扬井冈山精神和苏区精神"研讨、向龚全珍及系统内先进典型敖志凡学习活动、实施基层党组织建设提升工程、举办群众路线知识竞赛、扎实开展扶贫帮困活动、核心价值体系学习教育、"中国梦·劳动美"交通职工特色文化展示等八项自选活动。

(雷声猛)

【省交通运输厅工程建设廉政监管的能力进一步提高】 2013 年,省交通运输厅在教育实践活动中,工程建设监管的能力进一步提高。一是领导干部违规干预插手工程建设的行为得到纠正。根据省纪委的统一部署,通过开展领导干部违规干预和插手工程项目谋取私利问题专项治理,严格规范领导干部的从政行为,为创建良好的工程建设环境创造了条件,在该专项治理中,厅纪委严肃处理了 1 名干部,清理了 2 支劳务施工队伍。同时,在违规收受"红包"问题的专项治理中,全厅共收缴"红包"106.67 万元,其中收缴工程建设管理人员"红包"22.32 万元。廉政建设的重拳,让工程项目建设从业人员的行为进一步得到规范。二是工程招标投标中围标串标的违规行为得到遏制。针对许润龙、邓经国案件暴露出交通运输厅在工程建设管理中存在的漏洞,立即组织整改,对招投标工作进一步完善。2013 年 9 月底至 11 月初,在新开工的南昌至宁都、南昌至上栗高速公路主体工程招投标工作中,结合交通工程电子招投标系统对资格后审的招标方式进行创新性的改革探索,实行全过程电子化招标。具体做法为"两个公开、四个保密、三个随机",即招标基本信息公开、投标人信用信息公开;投标前招投标双方身份保密、开标前投标保证金收取情况保密、开标前投标文件和投标保证金递交情况保密、资格预审结果保密;项目主体工程子类别随机分配、投标人的可投标段在开标现场随机抽取、评标基准价计算办法在开标现场随机抽取。从两个项目招投标实践看,以往托请、打招呼人为干预招投标现象基本得到杜绝,围标、串标等违规行为得到有效遏制,整个招投标活动做到了公开、公平、公正。三是堵塞工程建设监管漏洞的体制机制进一步构建。组织修订完善《高速公路项目建设单位管理考核评价办法》《公路工程设计变更管理办法》《基本建设项目审计制度》《工程建设领域招投标制度及相应规定》等一系列工程建设领域规章制度,为实现长效化治理奠定了基础。

(雷声猛)

【省交通运输厅为民服务的能力进一步提高】 2013年,省交通运输厅在教育实践活动中,转变机关作风,为民服务的能力进一步提高。一是"文山会海"问题有一定改观。通过开展文件简报、会议培训专项清理,在认真梳理的基础上,从减少发文数量、控制发文规格、限制发文范围、规范精减简报、加快公文运转五个方面提出了20条细致具体的规定;从规范减少各类会议、减少各类活动、规范各类学习培训三个方面提出了11条严格的要求。与2012年度相比,全厅(含厅属单位)会议费用下降57.7%,清理减少简报57种,印发文件减少13.4%。通过对各类检查考核、评比达标活动的专项清理,全厅性的检查考核、评比达标活动由原来的29项精减为16项,精减比例44.8%。二是机关工作作风、工作效率进一步好转。组织修订了厅机关《首问责任制》《一次性告知制》《限时办结制》等工作措施和规则,建立了重大事项督查督办工作机制,对机关工作流程、工作方式、工作时限等进行了严格的规定,经过一段时间的试行,以往存在的"门难进、脸难看、事难办"、办事推诿扯皮的现象已有明显好转。通过完善"三公"经费管理办法和开展超标配车、公车私用、收受"红包"等问题专项治理,进一步规范了机关干部行为。与2012年度相比,厅机关各类车辆数由原来的51辆减少到42辆,同比少17.6%;全厅(含厅属单位)公务接待次数减少44.9%,实际发生公务接待费用减少41.4%;办公经费支出减少26.3%;车辆运行费用减少15.9%。三是行政审批项目进一步精减。从2008年至2013年,省厅一直致力于减少审批、简化环节、强化监督工作。行政许可审批事项由51项精减到22项,精减比例56.9%;投资审批事项由19项精减到10项,精减比例47.4%;非许可审批事项由13项精减到10项,精减比例23.1%;审批时限在原法定办理时间的基础上缩减了30.0%。2013年又陆续下放审批项目6项,取消1项;设立行政审批服务窗口,优化网上审批系统,定期开展审批监督检查互查工作,提高了办事效率,优化了政务服务环境。

(雷声猛)

【省交通运输厅服务社会大众的能力进一步提高】 2013年,省交通运输厅在教育实践活动中,破解难题服务社会大众的能力进一步提高。一是工程建设项目拖欠民工工资问题进一步解决。通过开展工程建设项目民工工资保障和规范管理活动,将在昌樟改扩建项目中试点的成功经验推广至全省交通重点工程建设项目,实行农民工工资管理八项机制,并首创网络监管信息平台。八项机制指的是承包合同确认、农民工信息注册、农民工工资预存等,其中农民工工资预存即从计量工程款中预留12%作为农民工工资支付保证金。该机制推广以来,在建项目中,实现了5万多名农民工工资及时足额发放,切实维护民工权益,深化平安江西建设,到目前为止,基本实现了民工工资零拖欠,民工兄弟零投诉、零上访、零阻工。二是公路"三乱"等侵害群众利益问题进一步遏制。通过开展公路"三乱"等侵害群众利益问题的专项整治,进一步完善了治理公路"三乱"联席会议工作机制和快速反应机制。与此同时,严格落实鲜活农产品运输"绿色通道"及重大节假日小车免费通行等利民惠民政策,扎实推进普通公路收费站点清理,大力加强各类检查、治超站点设置管理,进一步规范交通行政执法行为,为百姓顺利出行、物流运输畅通提供了坚强的保障。三是公路服务区综合服务能力进一步提高。深入开展了高速公路服务区违规经营整治和"百姓满意服务区"创评活动,着力建设"服务规范、设施先进、环境优美、群众满意"的服务区,全面提升了高速公路服务区为民服务的综合能力,从广大车主对服务区工作的评价来看,成效是明显的。与此同时,省厅自2013年起,还在全省启动了16个普通国省干线公路服务区建设试点工作,以点带面,推进全省普通国省干线公路服务区发展,已有6家普通公路服务区开工建设。

(雷声猛)

【省港航局开展"中国梦"主题党课教育活动】 为深入学习宣传中共十八大精神和习近平总书记

关于实现中华民族伟大复兴"中国梦"的重要论述,按照省委、厅党委开展"中国梦"主题教育实践活动的统一部署,6 月 27 日,省港航局举办专题党课讲座,开展"中国梦"主题教育,局党委书记严允作题为《中国梦与实干兴邦》的辅导讲座。在昌局领导及局机关各处、室,省水上搜救中心、后勤服务中心全体党员,局属南昌地区各单位副科级以上党员干部参加了党课学习。讲座中,严允紧扣"中国梦"主题,详细解读"中国梦"的基本内涵,深刻阐述中国社会主义道路是实现"中国梦"的唯一途径,重点强调实干兴邦、努力实现"中国梦"的具体目标,并对全体党员干部提出实现"中国梦"的具体要求。严允强调,党员干部要时刻保持政治上的清醒,始终坚定共产主义信仰,坚持中国共产党的领导,严格遵守党的组织纪律和工作纪律,不断增强工作责任感,在工作、生活中将个人梦想与"中国梦"紧密结合,将理论知识与工作实践紧密结合,将理想信念与务实行动紧密结合,实干奋斗,争创一流,为繁荣江西港航事业、为早日实现伟大的"中国梦"贡献自己的一份力量。

（倪　磊　陈明中）

【朱希慰问驻江西省航务军代处官兵】 8 月 1 日,中国人民解放军建军 86 周年之际,南京军区联勤部驻江西省航务军代处党委兼职第一书记、省交通运输厅党委书记、厅长朱希走访慰问了中国人民解放军驻省航务军代处官兵,并与军代处官兵进行了座谈。南京军区联勤部驻江西省航务军代处第一主任、省港航局局长于钦民,党委书记严允陪同慰问。

朱希代表厅党委向军代处官兵致以节日的问候。朱希仔细询问了官兵的工作、生活情况,与官兵共叙军民深厚情谊,勉励官兵继续发扬吃苦耐劳和无私奉献的精神,努力工作,不断攀登新的高峰。朱希表示,将进一步在基础建设、队伍建设、官兵生活等方面对军代处给予有力支持。

（倪　磊）

【江西船检共建"四型海事"活动取得丰硕成果】

自上年 12 月交通运输部海事局船检处党支部与省船检局开展共建"四型海事"活动以来,双方围绕"共筑组织基础、共促队伍建设、共解群众急难、共办好事实事",扎实推进共建活动,部、局船检结对双方交流活动进一步加强。江西船检在共建活动中取得了丰硕成果。一是未持证船舶的检验发证工作取得积极进展。至 6 月底,全省已完成 43 艘现有未持证船舶的现场勘验和图纸审查工作,其中,有 19 艘船舶已完成初次检验和船检登记授号工作。全省各级船检机构及验船人员严格贯彻法规规范,落实有关检验程序、技术要求、证书发放、档案管理的要求,坚持"一检二帮三把关",在保证检验质量的同时,为船东提供优质服务。二是 LNG 燃料动力船舶的改造试点工作进展顺利。为构建"畅通、高效、安全、绿色"水运体系,推动船舶节能减排和技术进步,省局按照部海事局有关 LNG 燃料动力船舶相关检验规定和技术要求,完成了"赣远 26"和"赣抚州货 0608"的油改气设计图纸初审。三是船检业务难点专业知识培训效果显著。对全省验船人员进行了多次培训,主要内容包括:自卸砂船检验补充要求、气体燃料动力检验指南、LNG 燃料动力试点船舶技术要求、LNG 燃料动力试点船舶关键设备技术要求等。通过一系列培训,全省验船人员的业务素质和专业能力得到进一步提高。

根据共建协议的安排,双方还将就加强党员思想交流和党建工作经验开展一系列交流活动,组织开展党建专题活动和苏区红色革命传统教育活动。

（李　明　赖浩锋　陈明中）

【省运管局深入学习贯彻中共十八届三中全会精神】 为迅速掀起学习宣传贯彻中共十八届三中全会精神的热潮,努力凝聚起全面深化改革的广泛思想共识,省运管局将 12 月确定为省运管局"十八届三中全会精神集中学习月",注重集中学习与个人自学相结合、研读原文与撰写心得相结合、专题辅导与座谈研讨相结合,持续推动全省运管系统广大党员干部深入学习、深刻领会、全面把握中共十八届三中全会的精神实质和丰富内涵,促进全省道路运输事业科学发展。

一是抓好个人自学。为党员干部订阅一套学习辅导资料,组织全体党员干部职工认认真真、原原本本学习中共十八届三中全会公告和决定。二是开展集中宣讲。局党委书记曾晓文讲授了题为《以十八届三中全会精神为指引进一步加强机关干部队伍建设》的党课:举办视频辅导讲座,邀请中共江西省委党校公共管理学教研部副主任、副教授李志强,为全省运管干部职工解读中共十八届三中全会精神,帮助干部职工准确理解把握全会精神。三是进行研讨交流。局党委带头召开中心组理论学习扩大会议,各支部组织举办形式多样的学习活动,结合道路运输实际研讨交流,深刻领会精神实质,增强发展信心,强化学习效果。四是积极撰写心得。要求党员干部结合工作实际,撰写一篇十八届三中全会精神学习心得。

(朱　熹)

【省运管局扎实开展党的群众路线教育实践活动】 2013年党的群众路线教育实践活动开展以来,省运管局在扎实做好规定动作的基础上,结合行业特色精心设计并组织开展了道路运输发展专题调研活动、“优化运政服务、打造满意窗口”活动、以“下基层转作风办实事”为主题的机关党员干部服务群众活动等自选动作,通过强化领导抓推动,对照方案抓自查,明确责任抓落实,确保教育实践活动取得实效。

在“学习教育、听取意见”环节,一方面,抓好学习教育、提高思想认识。采取个人自学、集体学习、专题辅导、书记上党课等多种形式进行学习教育。另一方面,深入搜集情况、广泛听取意见。局领导带队分赴局属单位和11个市的基层运管部门和运输企业开展专项调研工作,并先后采取问卷调查、征集意见函、网络平台、走访座谈、设立意见箱等多种方式征求意见建议。

在“查摆问题、开展批评”环节,召开局党委会加强作风建设专门会议,审议通过《省运管局党委解决“四风”问题、加强作风建设的工作方案》。重点是开好领导班子专题民主生活会,坚持严肃认真、实事求是、民主团结、触及灵魂,本着对道路运输事业高度负责、对同志高度负责的态度,深入开展批评和自我批评,对上级点明、群众提到的问题一一作了回应,有的放矢,实实在在,真正把自己摆进去,把责任担起来,深刻剖析产生问题的根源,明确提出了整改方向和措施,达到“团结—批评—团结”的目的。

在“整改落实、建章立制”环节,从规范党委行为做起,从转变职能做起,从群众热盼做起,对收集整理的59条意见建议和省厅转办交办的意见建议等,以“钉钉子”精神抓好整改落实,组织开展了行政许可事项和业务办理流程的专项清理、各类行业培训的专项治理等6个方面的专项治理,并从体制机制创新、思维方式创新的角度大力推动突出问题的解决。在梳理现有制度体系的基础上,建立健全《江西省公路运输管理局首问责任制、一次性告知制、限时办结制》等9项制度规定、工作机制。

(朱　熹)

【省运管局加强支部规范化建设提升基层党建科学化水平】 2013年,省运管局按照省厅部署全面推行基层党支部规范化建设,认真落实“一个好的带头人、一个好的发展思路、一个好的工作制度、一个好的保障机制”的目标要求。一是完善基层党组织设置。为充分发挥基层党组织战斗堡垒作用,该局结合党员分布和楼层分布情况,把理清党员数、优化组织设置作为基础,对原机关党支部设置进行了调整,并围绕总结工作、配强班子、完善制度三方面要求,加强领导、深入发动、精心组织、认真实施,顺利完成了党支部换届选举工作。二是保障基层党组织工作经费。将机关基层党组织的活动经费列入行政经费预算,每年为局机关每个党支部开展活动提供1万元的活动经费支持,保障工作需要。并将经费使用情况纳入党务公开内容,接受上级党组织的检查和广大党员的监督。三是加强党员活动阵地建设。按照“一室多用”、增强阵地的教育、培训和综合服务功能的思路,规划和建设好集职工书屋、党员活动室、荣誉室等为一体的多功能室,向全体党员干部职工开放。各党支部也因地制宜了建设部生活园地和公开栏。四是夯实基层党组织工作基础。进一步健全党建工作程序,完善党建工作制度和党内台账,规范党的生活、党员管理等基础性党务工作。充分尊重党员的主体地位,积极引导党员严格履行义务,保障党员充分行使权利,组织党员参加党的生活,充分发挥党员先锋模范作用。

(朱　熹)

【江西省高速公路投资集团有限责任公司召开第一次党代会】 6月28日上午,江西省高速公路投资集团有限责任公司在南昌召开第一次党代会。大会选举产生了中共江西省高速公路投资集团有限责任公司第一届委员会、第一届纪律检查委员会，审议通过了关于集团党委工作报告的决议，关于集团纪委工作报告的决议，关于党费收缴、使用和管理情况报告的决议。省交通运输厅党委委员、副厅长王爱和出席会议并讲话，省高速集团总经理谢来发主持会议，集团党委书记王江军作党委工作报告，集团党委副书记、纪委书记魏炳彦作纪委工作报告，厅直属机关党委和集团出席会议。

出席大会的代表应到120人，实到118人符合有关规定。大会选举产生了中共江西省高速公路投资集团有限责任公司第一届委员会，委员为王江军、王昭春、邝宏柱、刘理、吴克海、周院芳、姚光南、黄铮、傅春华、谢来发、颜杏生、魏炳彦；选举产生了中共江西省高速公路投资集团有限责任公司第一届纪律检查委员会，委员为王勇、刘楚有、李良忠、余祖勤、邹玉林、张礼林、陈本华、陈志庭、游晓静（女）、谢景平、魏炳彦。在随后召开的第一届党委会和纪委会第一次会议上，王江军当选为党委书记，谢来发、魏炳彦当选为党委副书记，魏炳彦当选为纪委书记，陈志庭当选为纪委副书记。

大会还表彰了省高速集团2012年度先进党支部、优秀共产党员和优秀党务工作者。

（陈　菁）

【省高速集团召开上半年党建工作例会暨规范化党支部建设现场观摩交流活动】　4月22日，省高速集团召开2013年上半年党建工作例会暨规范化党支部建设现场观摩交流活动，集团党委副书记、纪委书记魏炳彦出席会议并讲话。魏炳彦对各单位党建、宣传思想、企业文化和精神文明建设各项工作取得的成绩给予了充分肯定。就如何做好下阶段工作，魏炳彦要求，要全面开展好“百千万”教育实践活动，创新党建工作方法，使党建工作与业务工作有机结合；要认真做好以为民务实清廉为主要内容的党的群众路线育实践活动前期准备工作。

（陈　箐）

【省交通运输厅在泰和管理中心召开基层党支部规范化建设现场推进会】　6月24日上午，省交通运输厅在泰和管理中心召开基层党支部规范化建设现场推进会。省直工委委员章官生，省交通厅副厅长王爱和出席会议并讲话。省公路局党委书记谢元银、省运管局党委书记曾晓文、省高速集团党委书记王江军、江西交通职业技术学院党委书记吴克绍，省厅路航管养处处长糜向荣、监察室主任李建红、后勤中心主任杜一峰、厅直机关党委副书记秦炜婷出席会议。

会前，与会人员先后到泰和管理中心井冈山机场管理所、泰和县地方海事处和吉安高速路政管理支队七大队，实地察看基层党支部规范化建设情况。通过察看了解和听取介绍，章官生对3个单位的基层党支部规范化建设给予了肯定。章官生表示，3个党支部规定动作严谨规范，自选动作特色鲜明，紧扣中心作用发挥突出，从不同侧面反映出省厅基层党支部规范化建设的整体水平。

厅机关各党支部书记，厅直各单位党组织主要负责人员，窗口单位党支部书记代表共计40余人参加会议。泰和管理中心井冈山机场所、泰和县地方海事处、吉安高速路政支队七大队作交流发言。

（陈　菁）

【省交通设计研究院有限责任公司公开选拔竞争上岗领导干部】　为扩大选人用人视野、优化省交通设计研究院有限责任公司领导干部队伍结构，促使优秀人才脱颖而出，选出“信念坚定、为民服务、勤政务实、勇于担当、清正廉洁”的好干部，根据《党政领导干部选拔任用工作条例》《党政机关竞争上岗工作规定》和全省组织工作会议精神要求，经省交通运输厅研究决定对该院副总经理（副院长）、总工程师2个职位实行竞争上岗。

院党委召开专题工作会议，研究部署在省厅党委直接组织下的竞争上岗工作，广泛动员符合竞争上岗条件的中层干部积极报名，接受厅党委的挑选。

经院党委的资格初审、厅组织人事处的资格终审，共有9名中层干部参加竞争上岗。9月5日，省厅组织人事处在该院举行了竞争上岗演讲大会，会上9名参加竞争上岗的中层干部分别介绍了自己的工作经历、德能勤绩廉方面的情况和对竞争职位开展工作的思路、工作措施及设想。每位竞聘者的竞聘演讲都十分精彩，充分展现了个人的成长历程和工作成绩，对竞争岗位的工作思路清晰。

在竞争上岗演讲的基础上,通过与会人员的民主推荐,厅组织人事处在9名参选人员中,确定了3名考察对象,按照《党政领导干部选拔任用工作条例》的程序要求,厅组织人事处到院现场进行了组织考察,对考察对象进行了德、能、勤、绩、廉的全面考察,进一步征求职工推荐意见。在考察的基础上经厅党委研究决定拟提人选,并在设计院范围内进行公示。通过厅党委、组织人事处制定的工作方案和细致工作程序,使得该次公开选拔院领导工作圆满结束。

(周良焜)

【景德镇市交通运输局开展行业核心价值体系学习实践教育月活动】 5月8日,景德镇市交通运输局党委就开展行业核心价值体系学习实践教育月活动作出部署,要求各单位结合行业特点和“窗口”实际情况,周密部署,明确重点,确保实践活动取得明显成效。学习实践教育月活动以“人便于行、货畅其流、服务群众、奉献社会”为主题,抓好“规定动作”和抓好“自选动作”两个重点,通过活动的开展,使行业核心价值观、行业使命、共同愿景、交通精神、职业道德在全行业得到普遍认知,形成广泛共识。“规定动作”有:开展向张兵、付杨波学习活动,开展学雷锋、树新风、道德领域专项教育和治理活动,组织参与“感动交通十大人物评选”“走基层——找美丽交通”活动,开展文明交通行活动,积极申报“行业核心价值体系教育基地”等,以先进典型培树为引领,实施品牌带动战略,提升干部职工思想道德素质和行业文明水平,进一步提升交通运输行业在社会上的影响力和美誉度。“自选动作”有:开展交通运输行业核心价值体系讨论宣贯活动,举办“核心价值观大家谈”,开展立足岗位学雷锋、志愿者服务活动,开展共建文明交通“窗口”主题实践活动,激励干部职工树立和弘扬优良作风,增强服务发展、促进发展的责任意识,引领干部职工立足岗位实践,倡行核心价值。

该局党委要求,把“学习实践教育”活动的“规定动作”,与“自选动作”相结合,通过组织群众性知识竞赛、演讲比赛、专题征文、全民阅读、道德讲堂等丰富多彩的活动,把行核心价值体系送进机关、送进基层、送进班组、送进家庭、送进干部职工的脑海,确保实践活动取得明显成效。

(涂 强)

【景德镇市交通运输局组织机关党员接受革命传统教育】 7月6日,景德镇市交通运输局机关党支部组织机关20余名党员、预备党员和积极分子等赴安徽省安庆市参观陈独秀纪念馆并凭吊陈独秀陵园,以此纪念中国共产党成立92周年,进一步学习弘扬中共十八大精神,深入落实科学发展观,认真贯彻总书记习近平关于中国梦的一系列重要讲话精神,缅怀党的光辉历程和丰功伟绩,接受革命传统教育。

陈独秀是新文化运动的倡导者和主要领导人之一,是中国文化启蒙运动的先驱、“五四”运动的旗帜,是中国共产党的创始人之一及首任总书记,一大至五大党的最高领袖。陈独秀对马列主义在中国的传播 及创建中国共产党等作出了杰出贡献。

纪念馆中的照片、手迹、展品生动地再现了革命先烈的艰苦奋斗史,展示了陈独秀的传奇人生和中国共产党的发展历史。在参观过程中,党员认真听取讲解员的介绍,了解了陈独秀为中国革命事业的不懈探索和无私奉献的一生。

在独秀园陈独秀雕像下,局机关两名新共产党员进行了庄严的入党宣誓,老党员们也重温了入党誓言。

在这次参观活动中,参观者对陈独秀先生为中国共产党的创立和建设所作的贡献有了更深的认识,对中国共产党的光辉历程有了更深的了解,也被中国共产党人为民族解放事业而前赴后继、抛头颅洒热血的精神深深感动。通过这次活动,参观者不仅了解了际独秀传奇的一生,更进一步激发了爱国爱党情怀,增强了为实现中国梦、建设美好未来的责任感。

(陈志华)

【萍乡市运管处以服务先行推动“学转强促”教育实践活动】 6月25日,该处召开党委第二季度中心组学习会,以服务运输企业促发展先行,认真部署了“学转强促”教育实践活动,是坚定理想信念、树立全心全意为人民服务思想的重大举措;是深入学习先进典型,形成学先进、争先进长效机制的重要载体;是践行为民务实清廉要求,加快转变机关作风的重要实践；更是推进萍乡道路运输科学发展的现实需要，会上还对活动相关要求作了明确规定，强调规定动作不能打折扣，更要在特色上下工夫，注重联系点实际情况，开展有针对性、可操作性和可见性的帮扶工作，确保活动取得实效。

（萍乡市交通运输局）

【萍乡市公交总公司党建工作取得好成绩】 2013年，该公司大力开展了服务型党组织建设及“三化”建设，得到市直机关工委对企业党建工作给予了高度肯定，并作为市直机关基层党组织“三化”建设第一批示范点授牌暨第二批示范点建设推进会会点，授予该司党委为“规范化、标准化、特色化”建设示范点。为有效促进企业党员先锋模仿作用的岗位化、具体化和有形化，全面激发广大党员的工作热情和创新意识。该公司精心培育“共产党员号”车组和“党员示范岗”，开展了“学转强促”“向龚全珍等全国道德模范学习”主题教育活动和“让党旗在公交线上迎风飘扬”主题实践活动。引导党员职工努力争当服务标兵、争创公交优秀。同时，推进“三位一体”服务承诺制，把服务工作置于广大乘客的监督之下。在“七一”前夕，开展了“廉政文化进家庭”等活动，认真贯彻“八项规定”，坚决反对“四风”，开展了“寻找最困难党员”活动、“两优一先”评比和党员先锋创绩百分制考核工作。二分公司支部被评为“先进党支部”，雷万春被评为优秀党务工作者，汤志猛等14人被评为优秀党员。

（萍乡市交通运输局）

【九江市交通运输局开展系列活动庆祝建党92周年】 为庆祝中国共产党成立92周年，九江市交通运输局在全市交通系统开展一系列活动。一是组织党员干部参观警示教育基地。二是积极参与市直“新区杯”篮球比赛。三是组织局机关全体在职党员接受传统教育。四是在全市出租车行业启动党员示范车（岗）仪式，并成立出租车行业党组织。五是积极参加市直“七一”大型歌咏比赛。六是召开全局“七一”表彰大会。七是开展走访慰问困难（高龄）党员活动。

（九江市交通运输局）

【九江市交通运输局党建工作再创佳绩】 局机关党委获“2013年度党的工作目标管理考评先进单位”。在2013年度市直机关“创党建品牌，做创绩先锋”主题实践活动评选中，交通运输系统推选的港航管理局湖口水路交通综合检查站党支部获“十佳党建示范点”、运管局城市客运管理处党支部推出的市区出租车行业从业党员动态管理机制获“优秀党建项目”、公交公司驾驶员胡绪光获“党员创绩先锋"荣誉称号。

（九江市交通运输局）

【九江市交通运输局传达贯彻总书记习近平重要批示精神】 1月24日，九江市交通运输局召开由局班子成员、局属单位党政主要领导及机关科级以上干部参加的专题会议，传达贯彻习近平总书记关于厉行勤俭节约、反对铺张浪费的重要批示精神，进一步落实中央政治局关于改进工作作风、密切联系群众的“八项规定”的相关部署。九江市交通运输局局长黄强主持会议，并结合工作实际提出落实意见。会议要求，局属单位及机关全体干部要充分认识厉行勤俭节约、反对铺张浪费的重大意义，切实贯彻落实好习近平总书记重要批示精神，坚决执行中央“八项规定”和省、市有关规定。把学习贯彻习近平总书记重要批示精神与集中整治干部作风突出问题结合起来，着力解决当前干部作风中的“庸”“懒”“浮”“赌”“贪”等突出问题。认真加强督查，畅通干部群众监督渠道，务求交通运输系统在干部廉洁自律和厉行节约上取得实实在在的效果。

（九江市交通运输局）

【九江出租车行业对流动党员实行动态管理】 为进一步增强基层党组织的创新动力，构建基层党建工作新格局，九江出租车行业流动党员支部结合实际，对流动党员实行动态管理，有效发挥党员的引领作用，促进了出租客运行业的健康发展。

2013年“七一”前夕，经九江市直工委批准，九江市区出租车行业流动党员支部。正式成立，该支部即成为江西省出租车行业第一个由流动党员组成的基层党组织。由于出租司机中党员流动频繁，新成立的流动党员支部从加强对流动党员动态管理入手，建立党建工作的四个平台：一是流动党员综合管理信息平台；二是以现有１０家出租车企业为依托的党员活动平台；三是联合九江广播交通台开办的"先锋党员窗口"宣传平台;四是"党员示范车"展示平台。

通过以上平台实施动态管理,开展形式多样的经常性教 育,及时向流动党员传送组织上的温暖,增强一线党组织的 凝聚力,提高党员使命感,弘扬党员正能量,使流动党员在 九江出租车行业的口碑越来越好。

(九江市交通运输局)

【九江市交通运输局组织学习中共十八届三中全会精神】 11月22日,九江市交通运输局组织全体干部职工集中学习中共十八届三中全会精神,会上全文学习了《中共中央关于全面深化改革若干重大问题的决定》。市交通运输局局长黄强、书记王金初以及在家领导参加学习。会议指出,要把学习贯彻中共十八届三中全会精神作为当前和今后一段时间的首要政治任务。要采取集中学、自我学、专题学等多种形式研读原文、做好笔记、撰写心得体会,全面领会其精神实质,努力把贯彻落实三中全会精神与当前的交通运输各项工作紧密结合,与作风转变相结合。

(九江市交通运输局)

【鹰潭市交通运输局举行科级干部竞争上岗述职演讲】 1月18日,交通运输局举行科级干部竞争上岗述职演讲。此次竞争上岗的职位有:市交通运输局运管处办公室主任和货运科科长。竞岗条件要求具有履行职行职责所需要的思想理论水平,有强烈的事业心和责任感,具备拟任职务所需的工作经验和领导能力、文化程度、年龄和工龄等。分公布实施方案与资格审查、民主推荐、竞岗述职、署名推荐、确定考察对象、组织考察与民主测评、组织任命等环节,确保竞争上岗的民主、公开、公平、择优。

(吴 玮)

【省运管局领导莅临市运管处开展党的群众路线教育实践活动调研工作】 8月6日上午,省运管局副局长王赣军、组织人事处处长贾玉平、办公室副主任梁富明一行3人轻车简从深入基层,来到市运管处组织召开党的群众路线教育实践活动专项调研座谈会。此次座谈会按照"百姓听音、基层问症"的要求,广泛邀请了全市运管部门中层以上干部、职工代表、企业代表、服务对象等近30余人参加。

座谈会期间,与会人员畅所欲言、各抒己见。与会人员一致认为为党的群众路线教育实践活动非常必要,活动应该与实际工作相结合,注重实际效果,做到不走形式、不走过场,切实把为人民服务的宗旨落到实处。在肯定省局领导班子及局机关作风过硬、工作过细、态度热情的同时,也将自己在平时工作中遇到的问题以及希望省局提供帮助的地方都开诚布公的反映出来,有效拉近了基层人员与领导干部之间的距离,真正达到此次调研活动"深入基层、广纳谏言"的目的。

(程 静)

【鹰潭市交通运输局开展革命传统再教育活动】 8月31日,为深入开展党的群众路线教育实践活动,进一步改进干部作风,充分发挥党员的先锋模范作用,市交通运输局组织局机关党员和贵溪、余江交通运输局党员代表共计20余人追寻先烈的足迹来到赣东北革命圣地贵溪市周坊镇,开展"重走革命圣地。重温入党誓词,接受革命传统再教育"主题教育活动。

在革命烈士纪念馆,党员代表一面聆听烈士馆解说员讲述革命先烈献身贵溪沃土的英雄故事,一面详细瞻仰纪念馆内的所有展品和图片。通过一件件珍贵的革命文物,一张张感人的历史图片,一个个震撼人心的故事,再现了贵溪大地革命历史全过程。党员代表每到一处都神情庄重,有的驻足沉思,有的久久凝视,仿佛每一件展品都能勾起党员代表对革命战争时期的记忆。

在周坊革命烈士纪念碑前,全体肃立,满怀崇敬之情,纪念革命先烈英魂,缅怀烈士的丰功伟绩,向纪念碑敬献花圈,并在碑前庄重地重温入党誓词。

通过这次"重走革命圣地,重温入党誓词"主题活动,使全体党员受到一次深刻的党性教育和心灵的洗礼,党员代表纷纷表示,将永远缅怀先烈的丰功伟绩,学习先烈的崇高品质,恪守入党庄重承诺,忠实践行入党誓言,以更加积极、昂扬的姿态投身于交通运输的各项事业之中,为建设富裕秀美宜居和谐鄱阳湖生态经济区璀璨明珠做出积极贡献。

(吴 玮)

【鹰潭市交通运输局积极开展党员志愿者活动】 2013 年，该局积极开展党员志愿者活动，机关党支部为服务企业发展，组成志愿服务队，以实际行动践行“为民、务实、清廉”的群众路线和“奉献、友爱、互助、进步”的志愿服务精神，努力帮助结对帮扶企业市鸿远汽车技术服务有限公司解难题、促转变、上水平，为企业发展提供心贴心的对接服务，提升企业竞争力。一是针对近期为年审的繁忙期，为保障在当前夏日炎炎下，顶着高温酷暑为车检测的市鸿远公司工作人员的防暑降温，保证安全生产，8 月 12 日，局机关党支部为市鸿远公司送去西瓜和矿泉水等消暑慰问品，看望慰问奋战在高温一线的员工，嘱咐员工在做好工作的同时，注重自身安全，搞好自我防范工作。二是结合当前车辆年检高峰期，请来专家对市鸿远公司工作人员进行汽车综合性能检测业务知识培训和开展安全知识讲座。通过相关活动的开展，切实保障了企业员工的安全健康，提高了企业员工的业务技能，同时也激发了员工的工作热情，促进整个企业的和谐发展。

（李　涛）

【宜春市交通运输局加强党组中心组理论学习工作】 2013 年，该局切实加强党组中心组理论学习的规范化、制度化建设，围绕“建设学习型机关，争做学习型干部”这一主题，坚持学以致用，充分发挥党组中心组理论学习示范带动作用，营造抓学习、促工作的良好氛围，为实现局党组年初提出的总体要求提供了强有力的政治保证，为推动全市交通运输工作科学发展奠定了坚实的思想基础。党组中心组坚持学理论、议大事、谋发展、出成效的思路，采取自学、集中辅导相结合，专题讨论、学习交流等学习形式，紧密联系工作实际，不断深化理论学习，丰富学习内容，突出学习重点。全年共安排中心组理论学习 12 次，时间为 12 天，其中集中学习讨论时间和自学时间各占一半。做到每月确保一次，出勤率 95% 以上，每个中心组成员都做了大量的学习笔记，结合分管的业务 T 作写心 得体会。做到了人员、时间、内容、效果 的“四落实”。呈现出领导带头好、学 习方法活、示范带动强、学习效果实的特点。一是领导重视，率先垂范，确保学习人员落到实处。按照上级的要求，严 格执行学习考勤制度、学习档案制度。每次集中学习，全体成员都能严格要 求，按时参加集中学习讨论。遇特殊情 况不能参加的，都事先向学习组长请假。局主要领导率先垂范，亲自主持学习会。中心组学习秘书对每次学习进行考勤记录，存入学习档案，公布出勤情况，确保学习人员的落实。二是制订计划，严格执行，确保学习时间落到实处。及时制定下发局党组中心组和机关年度理论学习作意见及学习计划，严格执行月学习计划，每两个月至少组织一次集中学习讨论，并确定一名领导作重点主导发言。中心组学习，做到年度有学习意见、每月有实施计划、个人有学习笔记、重要学习有专题活动。除集中学习外，中心组成员还充分利用 8 小时以外的时间认真看书学习，自觉开展读书自学活动，保证了学习时间的落实。三是制度保证，创新形式，确保学习效果落到实处。注重学习制度建设，以制度保障、规范和深化学习，创新学习方式，提高学习质量。以制度保障学习计划的落实。每次学习都提前通知，把学习内容、方法、个人自学准备的内容、重点发言人都一一通知每一位中心组成员，使参加学习的人员有充裕的时间安排好其他工作，避免工学矛盾，搞好自学，做好学习准备；以制度保障学习经费的落实。为了保证学习效果，机关共订阅《人民日报》6 份、《求是》3 份、《江西日报》10 份、《宜春日报》21 份，以及《半月谈》《党建文汇》《当代江西》等，从而保证了中心组和干部职工理论学习的需要；以制度保障学习效果的落实。不断完善考核制度，实行述学、评学制度，把运用理论解决实际问题的能力，作为年度考核的一项重要内容。并组织对下属单位、机关科室理论学习情况考核。通过学习，班子成员政治信念更加坚定，工作思路更加拓宽，建设服务型部门的自觉性、使命感、责任感得到提升。通过学习，干部职工思想理论水平和解决实际问题的能力得到提高。四是求真务实，突出重点，确保学习内容落到实处。结合 2013 年的形势和工作重点组织，深入学习党中共十八大和十八届三中全会精神，认真学习党的路线方针政策，认真开展社会主义法制理念教育，切实加强业务知识学习，努力提高履行领导、监督、协调交通工作的能力。

（晏小宜）

【宜春市袁州区交通运输局加强党建促发展】 2013年,该区交通运输局党委以学习中共十八大和十八届三中全会精神为主线,以改革创新为动力,以改进党支部和党员队伍建设为重点,着力提升领导班子科学发展能力,创先争优,充分发挥基层党组织战斗堡垒作用和党员的先锋模范带头作用,为袁州区交通运输事业实现跨越式发展提供坚强的组织保证。一是强化政治理论学习,保持党员队伍的先进性。切实加强党员队伍思想建设,不断提升党员思想政治理论水平,强化思想觉悟。组织全体党员认真学习贯彻中共十八大和十八届三中全会精神,深化落实中央《关于进一步加强和改进领导班子思想政治建设的意见》,强化一把手抓班子、带队伍的责任意识,建立健全一把手抓思想政治建设责任落实机制;坚持抓好民主集中制建设,开好、开活民主生活会,浓厚党内批评与自我批评氛围,极大调动党员干部积极性。二是加强党的基层组织建设,增强党组织的战斗堡垒作用。基层党组织是党全部工作和战斗力的基础。适应新形势新任务,扩大党的工作的覆盖面,不断加强和改进党的基层组织建设,使基层组织真正成为贯彻党的方针、政策、路线的组织者、推动者和实践者。2013年,机关党支部成功吸纳2名优秀青年干部入党。三是开展多样党内活动,不断彰显党员队伍作风新风貌。深入开展争创活动,激发党员先锋模范带头作用;开展"七一"表彰先进党支部和优秀党员,鼓舞和鞭策广大党员提升服务意识;开展"八一"走访慰问退伍军人及家属,送上慰问金15000元;开展联创联建和"三进四民"活动,走访湛郎桥社区困难群众,帮扶社区"三网"建设。硬化道路1700平方米,帮扶资金9万余元。四是加强党内制度建设,建立健全党内各项规章制度。完善发展党员"先上岗、后入党"制度、三级联审制度、预警制度、责任追究制度、票决制、公示制等相关制度。有计划、有步骤推进支部民主建设,用制度保障党员民主权利,调动广大党员参与党内事务的主动性、积极性。

(李　庆)

【吉安市交通运输局出台管理制度汇编】 2013年,吉安交通运输局深入贯彻中央关于改进工作作风、密切联系群众的"八项规定",在全局营造求真务实、勤俭节约之风,吉安市交通运输局在对以往管理制度修改完善补充的基础上出台了《管理制度汇编》。该汇编搜集了该局近年来制定的各项规章制度,内容涵盖综合类、政务类、事务类、业务类四大类,共58项管理制度。该汇编对交通运输日常工作的方方面面均作出了相应的规定,大到党委行政议事规则,小到水电卫生管理,尤其是对公务接待、公务用车、会议管理等方面本着"厉行节约、精简高效"的原则作出了严格而明确的规定,可操作性较强。该汇编的出台避免了以往工作中"靠人管人管事"的不良做法,转变成一切工作制度"说了算",对单位制度化、规范化、科学化管理作出了有益的探索。

(吉安市交通运输局)

纪检监察工作

【概况】 2013年,省交通运输厅紧密结合交通运输系统工作实际,深入贯彻落实省政府第一次廉政工作会和省纪委十三届三次全会精神,不断加大源头防治腐败工作力度,积极构建具有行业特色的惩治和预防腐败体系,为促进全省交通运输事业又好又快发展提供了较为有力的政治保障。

1. 着力构建"五个体系",扎实推进惩防体系建设。一是着力构建组织领导体系,不断健全和完善责任机制。2013年年初,制订下发了反腐倡廉工作计划,将年度工作任务细化分解为5个大项、83个小项,逐项落实了主办单位、协办单位,明确了完成时限。二是着力打造廉政教育体系,努力营造风清气正的良好氛围。7月,开展以"六个一"为主题的廉政宣传月活动,要求各单位开展一次廉政承诺、组织一次专题讨论、撰写一篇心得体会、剖析一件典型案例、旁听一次案件庭审和刊出一期专题信息,积极宣传反腐倡廉建设的做法和廉政先进典型。活动中,全厅领导干部共有1750人进行了廉政承诺,并将承诺表张贴上墙,主动接受群众的监督。2013年,全厅在交通运输部网站上稿10篇,在江西廉政网上稿6篇,刊登相关稿件60余篇,制作廉政宣传专栏184个、摄制廉政宣传片5部、干部职工撰写廉政心得体会500余篇。三是着力健全预防制度体系,把权力关进制度的笼子。2013年年初的工作会上,对谋划好2013～2017年惩防体系建设工作进行了部署，并列入年度反腐倡廉工作计划。重点围绕案件查办、廉能管理、项目监管等工作开展了课题研究。四是着力强化社会监督体系，树立交通运输行业良好形象。围绕“谁主管、谁负责”“管行业必须管行风”的原则，进一步加大纠风工作力度。五是着力完善内部监督惩处体系，促进领导干部廉洁从政。按照省纪委推行约谈工作的要求，积极在厅属单位开展约谈试点工作，将交通工程建设领域明确为约谈工作重点，约谈工作主要对象明确为项目实施单位主要负责人、甲方代表、项目经理、技术负责人、设计代表和监理人员等工程建设相关人员。截至11月，全厅纪检监察机关共接受群众来信来访电话举报334件（次），其中检控类83件（次），受理初核线索8件，立案12件，共处分违纪人员20人，其中处级干部9人，科级干部8人，一般干部3人。

中央八项规定出台后，该厅结合自身实际，制定出台《江西省交通运输厅改进工作作风、密切联系群众“九规范”》，并加强了对厅属单位贯彻落实中央八项规定工作的监督检查力度，厅本级共进行了6次明察暗访。截至11月底，全厅开展基层调研与上年同期相比增加35.8%；定期接访188次，对群众来信来访反映的突出问题处理比例增加98.3%；会议费用下降58.8%；清理减少简报57种，印发文件减少24.4%；公务接待次数减少41.7%，实际发生接待费用减少46.2%；办公经费支出减少18.6%，取得了较好的成效。

2. 深入开展四个专项治理，解决群众反映强烈的突出问题。一是深入开展“深化工程治理，规范市场秩序”专项治理。全年制定工程建设管理方面制度2个、下发规范性文件2个，工程项目进入公共资源交易市场交易金额达2734407.48万元。针对许润龙案件暴露出省交通运输厅在工程建设管理中存在的漏洞，对招投标工作进一步完善，9月底至11月初，在南昌至宁都、南昌至上栗高速公路主体工程招投标工作中，结合交通工程电子招投标系统对资格后审的招标方式进行创新性的改革探索，实行全过程电子化招标，取得较好成效。二是深入开展“清理涉企收费，减轻企业负担”专项治理。根据江西省纪委《关于开展企业发展环境和行业不正之风突出问题集中整治工作的通知》要求，省交通运输厅印发了实施方案，从9月下旬起至12月底，在厅机关及所属有行政审批职能的单位和部门中开展企业发展环境和行业不正之风突出问题集中整治工作。2013年9月，专门下发文件，要求各单位要全面排查本地区（单位）已建和在建公路项目保证金收取和返还情况。截至11月底，共清理返还无法律法规依据收取的保证金3768.5万元。三是深入开展“规范经营活动，防止利益冲突”专项治理。7月15日至9月30日，在全厅范围内开展领导干部违规干预插手工程专项治理活动。全厅各单位共召开动员会议80场、参加人数2570人，共有2222名干部开展了自查自纠。四是深入开展“严肃财经纪律，强化财务管理”专项治理。9月至11月，在全厅范围内开展了政府机构改革和职能转变情况监督检查，对检查中发现个别单位存在公款私存，个别领导存在兼职取酬等现象，及时责令相关单位和个人予以整改，年底前私存公款已转入单位账户，兼职所取薪酬也已退回单位。与此同时，10月至12月，开展了清理“小金库”回头看活动，活动分为自查和检查两个阶段，目前各单位自查已经基本结束。9月初，根据省纪委的部署，在全厅范围内开展了收送“红包”专项治理活动。截至11月1日，全厅共有500人上交红包，合计金额1066720元。

（李青峰）

【省交通运输系统反腐倡廉形势和存在的问题】

进入新世纪以来，全省交通运输事业大建设、大改革、大发展，在高速公路建设提速的同时，也发生了一些腐败案件，严重影响和制约了交通运输事业的健康发展。特别是2013年6月4日，省交通运输厅分管重点工程建设的副厅长许润龙，因涉嫌受贿、为亲友承揽工程等问题被省纪委立案调查，集中暴露了交通工程建设领域存在的突出问题。通过剖析许润龙腐败案件和省交通运输厅一些领导干部走上违法犯罪道路的原因，一方面是理想信念动摇和贪欲膨胀，在金钱面前难以抵挡诱惑，丧失了自我防线。另一方面是由于工程建设领域制度不健全、监督跟不上，权力滥用空间较大。同时，高速公路建设规模近几年快速集中、资金到位率高，导致一些低资质的企业和个体包工头，为分享高速公路建设的大蛋糕，想方设法进入市场，一定程度上扰乱了市场秩序，给一些不法分子滥用权力提供了条件。

结合上述情况,省交通运输厅反腐倡廉工作还存在以下不足:一是工程建设领域廉政监管力度有待进一步加强。近年来,交通重点工程建设领域资金投入大,涉及范围广,监管难度较大,在重大利益的诱惑下,非法转包、违法分包等行为较难从根本上杜绝。虽然省交通运输厅开展了工程建设专项治理等一系列活动,但工程建设领域围标、串标,违法分包、非法转包等现象仍有发生。工程建设领域廉政监管如何盯住对象,抓住要害,管住关键,管出成效,真正做到管得住、不出事,还有一定的差距。二是制度执行力度有待进一步加强。在党风廉政建设和反腐败工作方面,虽然制定出台了不少规章制度,但是在抓制度的落实上力度还不够,且存在部分党员领导干部主观上不愿意接受监督,不愿意接受制度约束的情况,给制度的执行带来了一定的阻力。针对以上问题,省交通运输厅将认真汲取教训,总结经验,科学把握反腐倡廉工作规律,采取更加有力的措施,不断推进反腐倡廉建设向纵深发展。

(李青峰)

【省交通运输厅打好“组合拳”认真落实中央八项规定】 中央八项规定、省委若干规定和交通运输部实施意见出台后,省交通运输厅周密部署,迅速行动,从强化措施、狠抓落实、注重长效入手,打好“组合拳”,进一步转变工作作风,提高工作效能。

打好“责任拳”,强化领导,明确任务。年初,该厅结合交通运输行业实际,第一时间制定下发《改进工作作风、密切联系群众“九规范”》,对公务接待、公车使用、外出出访等9项内容明确了48条具体规定。同时,将贯彻落实中央八项规定要求进行细化,列入年度反腐倡廉工作计划,提出了工作任务,明确了主办单位、协办单位和具体完成时限。此外,该厅主要领导还多次在全厅会议上对贯彻落实中央八项规定有关工作进行在动员、再部署和再强调,做到“紧箍咒”常念、“纪律弦”紧绷。

打好“宣教拳”,注重教育,营造氛围。该厅专门举办了集中学习总书记习近平重要讲话精神学习班,全厅处级以上领导干部和纪检监察干部共300余人参加了学习。具体工作中,注重整合宣传资源和载体,充分发挥舆论宣传的引导优势,利用内部网站、刊物、板报、宣传栏等平台,广泛宣传中央八项规定的重大意义、深刻内涵和具体内容,使干部员工熟知工作要求,时刻掌握工作动态。活动开展以来,全厅共制作宣传展板337块、宣传条幅264条、电子显示屏127块,在省、部级媒体上刊发宣传报道80篇。

打好“整改拳”,督促检查,狠抓落实。纪检监察部门充分履行职责,把监督执行中央、省委和交通运输部关于改进工作作风、密切联系群众相关规定作为一项经常性工作,认真抓紧抓好。成立暗访工作组,制度具体工作方案,采取不打招呼、不定时间、不定人员和不定路线的“四不”形式,加强了对厅属单位贯彻落实中央八项规定工作的监督检查力度,对发现的苗头性和倾向性问题及时查纠整改,对违反规定、顶风违纪的行为,实行“零容忍”,做到发现一起,查处一起,通报一起。

打好“长效拳”,着眼长效,建章立制。该厅制定《关于进一步加强车辆管理的通知》和《厅机关车辆和公务接待管理规定》等制度,厅属单位制定《公务接待管理办法》《公务接待用餐管理办法》《项目建设“十不准”》等制度。上半年,全厅落实中央八项规定共制定各项措施427项,为落实改进工作作风、密切联系群众要求提供了较为有力的制度保障。

2013年上半年,该厅开展基层调研数同比增加28.29%;定期接访112次,处理群众来信来访反映的突出问题同比增加73.62%;会议费用同比下降38.62%;清理减少简报42类,印发文件同比减少33.48%;公务接待次数同比减少38.98%,实际发生接待费用同比减少43.97%;办公经费支出同比减少31.41%;车辆运行费用同比减少20.73%。

(李青峰 刘伯庭)

2013年省交通运输厅厅直属二级单位（本级）纪检监察机构设置及干部配备情况统计表

表19

序号	单位	纪委	监察室	纪委书记	监察室主任	监察室副主任	副调研员	科级及科以下纪检员	备注
1	省公路管理局	1	1	1	0	1	0	2	
2	省港航管理局	1	1	1	1	1	1	1	
3	省公路运输管理局	1	1	1	1	1	0	0	
4	省高速公路投资集团有限责任公司	1	1	1	1	1	0	6	
5	交通职业技术学院	1	1	1	0	1	0	1	
6	省交通工程质量监督站	0	0	0	0	0	0	1	
7	省高速公路联网管理中心	1	0	1	0	0	0	0	
8	厅规划办	0	0	0	0	0	0	0	
9	厅外经办	0	0	0	0	0	0	1	
10	交通工会	0	0	0	0	0	0	1	
11	交通干部学院	0	1	0	1	0	0	1	
12	交通设计研究有限责任公司	1	1	1	1	0	0	1	监察室为政监处
13	交通科研院	0	0	0	0	0	0	1	
14	交通工程咨询监理中心	1	1	1	0	1	0	1	
15	厅信息中心	0	0	0	0	0	0	0	
16	省公路路政管理总队	1	1	1	1	0	0	2	
17	九江长江大桥公路桥管理局	1	1	1	1	1	0	0	
18	省交通运输厅	1	1	1	1	1	0	2	
合　计		11	11	11	8	8	1	22	

（杨建萍）

【省交通运输厅认真做好教育实践活动督导工作】 2013年，自党的群众路线教育实践活动开展以来，省厅教育实践活动督导组认真履行督导职责，找准角色定位，积极开展督导工作，有力地推动了教育实践活动的顺利进行。

一是围绕大局工作，认真履行职责。督导组高度重视教育实践活动有关文件的学习，认真研读了省委和厅党委教育实践活动实施方案和督导工作方案，严格按照厅教育实践活动领导小组提出的指导思想、目标要求和方法步骤，积极主动开展督导工作。先后细化了教育实践活动三个环节的督导工作安排，制作督导工作流程图；审核了所督导单位教育实践活动实施方案和领导班子个人对照检查材料，提出修改意见建议；参加所督导单位教育实践活动动员大会、加强作风建设专门会议及专题民主生活会，并认真组织开展了民主评议和个别谈话工作，先后对厅属19个单位的111名干部进行了民主评议，共发放民主评议表937份，收回919份，与156名干部进行了个别谈话。通过各种渠道全面了解和掌握所督导单位的基本情况，及时向活动领导小组报告活动进展情况及存在的问题，并提出相应意见和建议，为厅活动领导小组科学决策提供依据。二是摆好自身位置，树立服务意识。在督导工作中，督导组做到严格自律，找准角色，摆正位置，紧紧依靠、配合所督导单位党委（支部）开展工作，做到督导不主导、指导不领导、督办不包办、献策不决策、到位不越位。对所督导单位在活动过程中遇到的困难及时帮助解决;对所提出的疑难问题,均做到耐心细致的解答,科学引导所督导单位边学边查、边整边改。三是加强沟通联络,促进活动开展。注重加强与厅活动领导小组和所督导单位之间的沟通联络,按照统分结合、分工协作的原则,搞好衔接调度,合理统筹安排,确保活动有序深入开展。在活动开展过程中,充分发挥好"桥梁纽带"作用,做到第一时间将省厅的有关要求和文件精神传达至所督导单位并指导活动开展。与此同时,对所督导单位民主测评和个别谈话中所收集的基层单位干部群众提出的意见建议,认真梳理汇总,形成书面材料,及时向活动领导小组汇报,在活动领导小组和所督导单位之间搭建了一座"连心桥"。四是强化督促检查,着力抓好落实。在日常工作中,督导组注重加强与综合组和联络组的沟通联系,及时了解掌握所督导单位材料报送、组织学习教育、意见征求和问题整改等情况。所督导单位的重要会议都坚持到会指导,并针对重要环节、关键步骤认真开展督导检查,对个别单位存在活动进展缓慢、学习方法单一、征求意见不深不广、查摆问题不深不透、整改落实不够到位等问题当场指出,并要求进行"补课",以严谨的工作态度,有力地确保教育实践活动不走形式、不走过场。

(刘伯庭)

【省交通运输厅制定九项规范改进工作作风】 2013年,省交通运输厅出台《关于改进工作作风、密切联系群众的"九项规范"》(以下简称《规范》),对规范考察调研、规范联系群众、规范各项会议、规范各类活动、规范文件简报、规范公务接待、规范公务用车、规范外出出访、规范监督检查等九项内容明确了48条规定。

《规范》要求,调研考察要轻车简从,厅领导基层考察调研随行人员不得超过2人,厅直单位陪同领导不超过1人。考察调研单位一律不得到车站、高速公路出口和辖区边界迎送,不得组织人员献花和队列迎送,不得以任何形式悬挂或显示欢送标语和放鞭炮。厅机关和厅直属各单位的领导到基层调研,一律不得接受宴请。各单位一律不得安排宴请。

针对会议、文件,《规范》明确要求要严格控制会议数量,要尽量少开会、开短会。能通过文电、网络或其他方式部署工作的不再召开会议,会议内容相同或相近的应合并套开,大力推行网络和视频会议。同时,要精简文件简报,减少发文数量,控制发文规格,压缩公文篇幅;积极推广电子公文应用。此外,《规范》对规范公务用车、外出出访等提出了明确要求。《规范》还强调,省交通运输厅党委办公室、厅办公室每年年底要对贯彻执行本规定情况进行1次检查,要通报执行情况,对违反规定的要严肃处理。厅属各单位、各部门要结合实际,制定改进工作作风、密切联系群众的具体办法。对中央和省委改进工作作风有明确规定的要求,必须坚决执行,对作出的原则性规定要从严执行,对未作具体规定的要按照中央和省委有关精神严格执行。

(张永康　黄　金)

【加大力度集中整治企业发展环境和行业不正之风突出问题】 自9月底开始,省交通运输厅认真开展集中整治企业发展环境和行业不正之风突出问题工作,对行政审批、窗口服务、增加企业负担等三个方面的突出问题进行集中整治,力求在较短的时间内取得看得见、摸得着、感受得到的明显成效。为确保集中整治活动不走过场,该厅对行政审批工作进行了专项检查。

该次专项检查共分自查自纠、交叉互查和巩固提高三个阶段,重点查看是否存在"体外循环"的情况、"一个窗口对外"工作落实情况、网上审批工作落实情况、审批收费行为是否严格规范、审批后续监督检查是否到位、审批案卷管理是否规范等六个方面内容。

检查要求,各单位要将此次检查作为集中整顿"四风"、深化行政审批制度改革、加快政府职能转变的一项重要工作来抓,以查找问题为导向,以有效整改为目的,进一步规范行政权力运行,明确工作职责和责任分工,提高审批工作公开透明度,加强监督和管理,确保不搞形式、不走过场,认真提高机关行政服务水平,努力起到带头表率作用。

(黄　辉　段盛华)

【省交通运输厅采取"1+2+3"模式开展"红包"专项治理活动】 2013年,省交通运输厅在全厅范围内采取"1+2+3"模式,认真开展收送"红包"专项治理活动。

"1",即该厅给每名副科级以上干部发放"1

个信封”，采取实名形式，打消存在疑虑，引导相关人员主动上交“红包”。

“2”，即“2个保密”。“红包”金额统计过程做到全程保密、“红包”收据返还过程做到全程保密，切实保护“红包”上交人的合法权益。

“3”，即“3个结合”。一是将“红包”专项治理活动与群众路线教育实践活动相结合。通过开展“红包”专项治理活动促进“四风”问题的解决。二是将“红包”专项治理活动与严查领导干部干预插手在建工程行为相结合。采取有效措施，杜绝领导干部收受“红包”行为，防止领导干部违规插手工程建设项目；同时，通过严查领导干部干预插手在建工程项目，让别有用心之人的“红包”无处可送。三是将“红包”专项治理活动与规范财务管理相结合。注重在制度建设上下工夫，认真查找漏洞，进一步规范财务管理，有效巩固“小金库”和“账外账”治理工作成效，从源头上进行预防，铲除收送“红包”的土壤和条件。

（省交通运输厅纪委）

【省交通运输厅认真落实党风廉政责任制，在注重预防、健全机制上有新突破】 省交通运输厅紧密结合交通运输工作实际，紧密结合正在开展的党的群众路线教育实践活动，深入开展了形式多样的反腐倡廉教育和廉政文化创建活动，引导机关党员熟悉掌握新时期党风廉政建设理论、方针、政策及反腐倡廉法规制度，增强了党员干部拒腐防变的能力和廉洁从政的自觉性。一是狠抓宣传教育，筑牢思想道德防线。积极开展廉政宣教活动，定期组织观看警示教育片、参观廉政教育基地，坚持每月刊出一期廉政主题宣传期刊，努力营造风清气正的良好氛围。7月份，开展了以“六个一”为主题的廉政宣传月活动，要求各单位开展一次廉政承诺、组织一次专题讨论、撰写一篇心得体会、剖析一件典型案例、旁听一次案件庭审和刊出一期专题信息，积极宣传反腐倡廉建设的做法和廉政先进典型。活动中，全厅领导干部共有1750人进行了廉政承诺，并将承诺表张贴上墙，主动接受群众的监督。全年省厅在江西廉政网上稿6篇，在交通运输部网站上稿10篇，刊登相关稿件60余篇，制作廉政宣传专栏184个、摄制廉政宣传片5部、干部职工撰写廉政心得体会500余篇。二是建立健全制度，认真贯彻落实中央八项规定。中央八项规定出台后，及时制定下发该厅贯彻落实中央八项规定和省委若干规定的“九规范”。厅属各单位党组织严格按照中央八项规定，对改进调查研究、密切联系群众、精简会议活动、精简文件简报、公车管理使用等方面作出了详细规定，制定完善具体措施636项，为推动作风建设常态化提供了制度保障。截至11月底，全厅开展基层调研与去年同期相比增加35.8%；定期接访188次，对群众来信来访反映的突出问题处理比例增加98.3%；会议费用下降58.8%；清理减少简报57种，印发文件减少24.4%；公务接待次数减少41.7%，实际发生接待费用减少46.2%；办公经费支出减少18.6%，取得了较好的成效。

（雷声猛）

【省交通运输厅获2012年度全省干部作风集中整治活动先进单位】 2013年，省集中整治影响发展环境的干部作风突出问题活动领导小组发出表彰通报，省交通运输厅被授予“2012年度全省集中整治影响发展环境的干部作风突出问题活动先进单位”荣誉称号。

2012年，省厅围绕省委、省政府提出的作风整治活动要求，着力解决五个方面、24种突出问题，以推进全省交通运输事业发展实现新跨越为中心，分学习动员、自查自纠、督查整改、总结提高四个阶段，组织全系统开展干部作风集中整治活动。各单位紧紧围绕作风整治活动方案要求，把思想教育、督促整改、严格问责、完善制度贯穿始终，认真解决干部作风中存在的各类影响发展环境的突出问题，实现干部作风进一步转变，服务质量进一步提高，服务效能进一步提升。

（李青峰）

【省交通运输厅“六个一活动”奏响廉政宣传“六部曲”】 2013年7月为全省交通运输系统廉政宣传月，省交通运输厅结合工作实际，突出自身特色，创新活动载体，奏响廉政宣传“六部曲”，营造了和谐稳定的发展环境。

开展廉政承诺，奏响“倡廉曲”。围绕落实中央八项规定及落实党风廉政建设责任制等工作，统一印制廉政承诺表，发放给广大干部职工，开展廉政承诺活动。全厅共有1750名干部职工进行了承诺，并将承诺表张贴上墙，主动接受群众的监督。

组织专题讨论,奏响"议廉曲"。以党的群众路线教育实践活动为契机,自上而下开展了以落实中央八项规定、省委若干规定和省厅"九规范"为主要内容的专题讨论活动,进一步找准在工作作风中存在的问题和不足,并认真分析原因,有针对性地提出整改意见及措施,营造了崇尚廉洁的良好氛围。

撰写心得体会,奏响"学廉曲"。通过党政主要领导带头上党课和邀请党校教授进行现场授课等方式,科学引导党员干部讲党性、重品行、作表率。全厅纪检监察干部深入学习总书记习近平的一系列重要讲话精神,并认真撰写心得体会500余篇。

剖析典型案例,奏响"警廉曲"。有针对性地选取了近年来发生在交通运输系统内的典型违纪违法案例,组织党员干部对其产生的原因和形成的危害进行深入剖析,使广大党员干部能从身边的人、身边的案件中汲取教训,做到以案为鉴、警钟长鸣。

旁听案件庭审,奏响"促廉曲"。为提高廉政教育的直观性、针对性和实效性,先后组织干部职工前往南昌市中级人民法院和东湖区人民法院,旁听了职务犯罪和经济犯罪案件的庭审,使干部职工"零距离"接受了一次反腐倡廉警示教育,进一步加强了干部职工的法律意识和廉洁自律意识。

刊出专题信息,奏响"宣廉曲"。注重整合宣传资源和载体,不断总结提炼廉政宣传月活动中的好经验、好做法,并通过刊出专题纪检监察信息的形式进行宣传交流。与此同时,通过制作廉政文化宣传栏、悬挂廉政标语、警句等方式,不断加强正面宣传,有力推动了廉政宣传月活动的开展。

在开展"六个一"活动的基础上,该厅还结合交通运输行业实际。开展了形式多样的公益广告、读写廉文、廉政摄影、廉政书法、廉政短信征集、廉政知识竞赛等活动,不断筑牢干部职工拒腐防变的思想道德防线,真正实现了廉政理念入耳、入脑、入心。

(李青峰　刘伯庭)

【省交通运输厅对违规干预插手工程项目者严格问责】 省交通运输厅印发通知,决定自7月15日至9月15日,在全厅范围内开展对领导干部违反规定干预和插手在建工程项目为个人和亲友谋取私利专项治理活动,以进一步加强党风廉政建设,从严规范领导干部廉洁从政行为,促进交通运输事业健康稳定发展。

此次专项治理活动的对象是厅管副处以上干部,范围是厅在建工程项目,治理内容是针对领导干部利用职务上的影响,采取暗示、授意、打招呼、批条子、指定、强令等方式,干预和插手在建工程项目,为个人和亲友谋取利益的行为。主要包括:利用职权和职务便利,帮助亲友违规出借资质、借用资质投标,插手招投标、参与围标、串标、买标、卖标的行为;利用职权和职务便利,干预和插手工程建设项目,帮助亲友在承揽工程、承包项目、供应材料、提供服务等方面提供帮助的行为;利用职权和职务便利,在设计变更、计量支付和索赔工作中徇私舞弊、弄虚作假造成违规审批的行为;其他违反规定干预和插手工程建设活动侵害单位利益的行为。

省厅强调,此次专项治理活动中领导干部自查自纠并自觉及时纠正到位的问题,可以依法依规从轻从宽处理或免予处理。对由单位(项目办)在专项治理中发现的问题,对相关领导干部根据问题严重程度和有关问责规定,给予相应的党纪政纪处理。对拒不纠正的领导干部,或在专项治理期间仍在顶风违纪的,按照有关规定从重处理。涉嫌违法犯罪的,移送司法机关处理。

(涂序东　李青峰)

【省公路局创新举措切实落实中央八项规定】 省公路局纪委召开2013年度网络会议。会议以省公路局纪委QQ群作为交流平台,参会委员根据提前通知的会议议题做好准备,在规定时间内及时上线参与会议讨论,严禁空话、套话、官话,要求多讲重点、要点和关键点。

纪委网络会议是省公路局纪委着力推出的一项改进会风文风工作举措,与以往的会议相比,委员们不需要在来回路途上耗费时间,提高了工作效率,解决了公路施工单位的地域与时间的矛盾,参会人员即使出差在外也能通过网络及时参与会议讨论。

自中央八项规定出台以来,省公路局结合实际,陆续开展了一系列行动,力图把思想转变为行为,全面贯彻落实中央八项规定。通过倡导干部"十清",即"政治觉悟清醒、思路清晰、行业清明、工作清正、作风清廉、为人清白、生活清雅、环境清洁、家庭清馨、饮食清淡”,转变了干部形象;出台了公务用车管理规定,规定法定节假日期间所有机关车辆包括领导用车一律封存管理,进一步规范了公车使用;严把了财政预算关口,全面缩减“三公”经费特别是出国(境)经费,严控公款出国行为;细化机关公务接待办法,认真抓好厉行节约、反对铺张浪费工作;印发了改进工作作风、密切联系群众“十规范”,明确责任处室、部门和单位,努力建立贯彻落实中央、省委和省厅相关规定的长效机制。

(省公路局监察室)

【大余公路分局三项举措防止不正之风】 2013年,大余公路分局着力抓好三项举措,认真开展企业发展环境和行业不正之风突出问题集中整治工作。一是着力提高审批效率。该局已进驻行政服务中心,7项行政许可审批全部纳入网上审批和电子监察系统。为进一步提高行政审批效率,该局对所有审批项目重新承诺了办理期限,在原有期限的基础上缩短了3~5天。同时,该局要求审批过程中禁止向申请人吃、拿、卡、要,严禁出现“小鬼难缠”的行为,要求要消除一切阻碍行政审批规范进行的因素,着力加快路政许可审批流转,努力在新承诺期限内完成审批办理。二是着力提高服务质量。该局进一步加大执行力度,严格按照服务窗口工作制度,切实服务好办事群众。继续深入推行首问负责制、一次性告知制、及限时办结制,确保“一站式”落实到位,避免企业、群众来回跑、反复跑。同时,全面提高工作人员服务素质,切实做到“微笑服务”“阳光服务”,热情接待办事群众,详细解读办事指南,全面推行优质服务。三是着力规范执法行为。该局严格按照工作要求,坚持文明执法、规范执法,切实做到对车主处罚前先责令整改,对拒不整改或整改不到位的严格按照文件规定进行行政处罚。同时,坚持对罚款进行收支两条线管理,积极探索从源头上避免公路“三乱”行为发生的治本之策。

(刘 琼)

【许润龙因涉嫌滥用职权和受贿受审】 省交通运输厅原副厅长许润龙利用职务之便,为他人谋取利益,先后收受17人财物总计折合人民币1797万余元和0.3万美元。吉安市中级人民法院一审公开开庭审理了省交通运输厅原副厅长许润龙滥用职权、受贿案。

检察机关指控称,2010年下半年,江西万通集团法人代表方某借用浙江登峰交通集团有限公司等三家公司资质参与吉莲高速项目招标,方某担心借用的公司通不过资格预审,便找到许润龙出面打招呼,帮其通过资格预审。许润龙明知方某借用其他公司资质参与吉莲高速项目投标,不符合规定。仍应方某的请求出面打招呼,帮助其通过资格预审,使得浙江登蜂公司中标吉莲高速BP1标段。施工过程中,方某的工程质量存在严重缺陷,项目办责令停工并拟要求全面返工。为此,方某请求许润龙在确定具体处理意见时给予关照,减少损失。当项目办和专家论证会两次提出将全面返工的处置意见向许润龙汇报时,许润龙以工期紧、任务重为由要求项目办和专家慎重考虑,最后确定了部分返工和补强相结合的方案,并按该方案进行处置。2012年12月25日,吉莲高速BP1标段通过交工验收并通车。2013年8月23日,经江西省齐助建筑工程质量安全司法鉴定所鉴定,BPl标段下基层、中基层存有厚度离散型大、结构松散、密实性差等缺陷,对道路的使用性能和使用寿命有负面影响并会增加道路的维修、保养开支,对缺陷进行返工造价达2460余万元。

检察机关认为,被告人许润龙的行为构成滥用职权罪和受贿罪,应该数罪并罚。

许润龙涉嫌滥用职权和受贿案件公开庭审时,省纪委驻省交通运输厅纪检组组织厅直属单位、重点工程建设项目办和机关处室处级干部共计100余人参与旁听,近距离接受警示教育。

(何 赣)

【省港航局组织机关全体干部观看廉政警示教育片】 3月29日,省港航局组织局机关全体职工观看了廉政警示教育片《管好身边人》。该片选取了四个颇具代表性的案例,对身边人在领导干部走向腐败堕落中充当“催化剂”、成为“中转站”,甚至形成“共同体”的过程,剥笋般层层探究,深刻揭示了放纵身边人的种种恶果及教训,提出了在加强自身建设的同时,必须下决心管好身边人的具体措施。

观看廉政警示教育片,提高拒腐防变能力,是全省港航系统开展廉政宣传教育的一项重要内容。省局还将适时组织开展形式多样的警示教育活动,毫不放松地抓好党风廉政教育,紧紧筑牢拒腐防变的思想道德防线。

(龚 平 陈明中)

【省港航局明察暗访基层单位政风行风】 为进一步加强基层单位作风建设,优化港航行风政风,省港航局纪委抽调海事、纪检监察工作人员组成暗访组,于4月23~25日,对仙女湖、龙虎山和柘林湖3个地方海事处进行暗访检查。

仙女湖地方海事处、龙虎山地方海事处和柘林湖地方海事处均处江西省水上名胜旅游风景区。暗访组分别走访仙女湖游船有限责任公司、龙虎山文化旅游文化发展(集团)有限责任公司和柘林湖轮船有限责任公司等不同层面的服务对象,就基层海事处在依法行政、工作纪律、服务态度、办事效率和政务公开等方面的情况召开座谈会。通过座谈和发放调查问卷,服务对象普遍反映基层海事工作人员能够认真工作、依法行政、主动作为、上门服务,切实履行岗位工作职责,对水上交通安全监管能严把关、细管理,较好地保证了游客出行的生命和财产安全。与此同时,暗访组还对上述3处办公场所进行突击检查,各海事处工作人员均能按时上班,人员去向明确,车辆管理规范,工作纪律较好,没有发现上班玩游戏、炒股票、旷工等现象。

(陈长荣 陈明中)

【省运管局纪委履行督查职责,狠纠"四风"整改落实】 2013年党的群众路线教育实践活动开展以来,局纪委履行教育实践活动督查组的督查职能,以"钉钉子"精神抓作风整改,在立说立行抓落实、推进专项治理、完善制度体系3个方面下工夫,制订督查工作方案,明确督促内容和方法步骤,重点督促各处室抓好"整改落实、建章立制"环节的工作,把教育实践活动的重点对象由县处级以上领导机关、领导班子和领导对象延伸到局支部和机关全体党员;督促责任部门建立健全9项反对"四风"、改进作风的制度;对活动中收集的59条意见建议和省厅交办转办的6条意见建议,督促相应处室完成18项整改工作,6项专项治理,建立健全制度规定11项,为活动的有效实施和整改到位提供了有力保障。

(陈 坚)

【省运管局真抓实干,落实八项规定】 2013年,该局为贯彻落实中央八项规定和省厅九规范要求,积极行动,真抓实干,出台了一系列举措,取得了一定的效果:畅通举报渠道,设立举报箱,公开举报电话和网络举报邮箱,认真受理群众举报;强化日常监督,督促局后勤服务中心节假日严格执行公务用车管理各项规定;督促局三公经费每季度使用情况;及时向省厅纪委报送该局落实中央八项规定和省委具体规定有关情况统计报表和汇报材料(与上年相比,局机关会议费用、公务接待费用、车辆运行费用分别减少79.2%、55%、9.41%)。

(陈 坚)

【省运管局着力抓好政风行风建设提升行业形象】 2013年,该局本着"管行业必须管行风"的原则,坚持"两手抓",把政风行风建设与道路运输业务管理工作紧密结合,制定《2013年道路运输行业纠风工作实施方案》《江西省公路运输管理局道路运输管理行业服务项目"十公开"任务分工表》,指导各地市运管机构按"十公开"要求推行政务公开,集中开展了代号为"猎击""追踪1号""追踪2号"的全省统一运政稽查行动,查处非法营运案917起、客运违法案1132起、出租汽车违法案458起;畅通服务投诉、咨询渠道,依托"96122"交通服务热线开通了道路运政服务电话和在新浪微博平台上开通江西运政政务微博,开通以来共收到投诉咨询95件,以整改活动促进了作风的改进,服务质量的提升,最大限度地维护了群众合法权益。

(陈 坚)

【省运管局出台2013年道路运输行业纠风工作实施方案】 该局为贯彻落实全省交通运输系统廉政工作会议的部署和要求,结合道路运输行业工作实际,制定出台《2013年道路运输行业纠风工作实施方案》(赣运监察字〔2013〕1号,以下简称《方案》),《方案》从规范运政执法行为、加强道路运输市场监管、严肃查处"公路"三乱问题、严肃控制各类节庆表彰活动、规范行业协会和中介组织工作、加强行业和部门作风建设等六个方面提出了任务要求,并拟定于2013年5~11月期间,针对道路运输各行业中存在的问题,省运管局联合各地运管机构、城市客运管理部门开展专项整治监督活动,重点包括旅游市场、客运站经营、租赁市场、驾培市场、运政执法监督等,加强政风行风建设,切实解决道路运输行业损害群众利益的突出问题,为道路运输行业发展提供有力保障。

(陈　坚)

【省运管局重新梳理简化工作流程】 2013年,该局为使道路运输管理各项工作能科学规范、高效运行、公开透明,开展了新一轮廉政风险防控工作,重点规范业务处室的职权工作流程,结合以往业务处室制定的工作职权流程图,依法依规进行梳理、修订完善,实行流程再造达到与实际运用一致。经梳理后六个业务处室对外工作职权共有25项,制定流程图25个。从源头上有效确保权力依照法定程序行使。

(陈　坚)

【省运管局利用“制度+科技”方式规范权力运行】 2013年,为规范权力运行,省运管局组织召开关于局行政许可事项网上审批和电子监察工作专题会议,明确2014年元月1日省运管局严格按《江西省网上审批电子监察管理办法(试行)》要求,已纳入江西省网上审批监控范围的许可事项必须通过江西省网上审批系统规范运行。局客货运输处、科技信息处、监察室、办公室所属行政服务中心各司其职做好网上审批工作,从源头上规范行政许可权力运行,有效防止体外循环、不按时办结的现象产生。

(陈　坚)

【省交通运输厅规划办组织干部职工旁听经济犯罪案件开庭审理】 7月10日上午,省交通运输厅规划办公室组织干部职工前往南昌市中级人民法院旁听了一起职务犯罪案件的庭审,“零距离”接受了一次反腐倡廉警示教育。

当天审理的是一起南昌市某区处级领导干部涉嫌受贿、滥用职权和贪污的案件、公诉机关依法对被告人进行了指控。通过2个多小时的公诉机关举证、法庭调查、法庭辩论的审理过程,使参加该次活动的干部职工受到了一次深刻的廉政警示教育,真切的感受到法律的威严和违纪违法的惨痛教训。

(厅规划办)

【省交通设计研究院有限责任公司组织参观反腐倡廉教育馆】 8月9日下午,由纪委书记邵立范带队,组织该院各生产、管理部门负责人、各党支部书记冒着酷暑到省反腐倡廉教育馆,接受反腐倡廉警示教育。

参观活动是该院结合党的群众路线教育活动开展的重要一课。在讲解员的引导和细致讲解下,全体党员干部参观了廉政红白墙、英模柱和耻辱柱、警示教育图片、影像展,通过领略声光电等高科技手段展示出的一幅幅警示画面,党和国家第五代领导人关于反腐倡廉的铿锵话语激荡在参观者心田,一组组廉政典型人物的先进事迹激励着参观者常思己过、明辨是非,一个个贪腐分子声泪俱下的忏悔案例向参观者敲响警钟,心灵接受了一次极具震撼的洗礼。

“莫伸手,伸手必被捉。”通过参观学习,党员干部牢固坚守正确的人生观、价值观、利益观,不断增强廉洁自律意识,加强自我约束力,坚持拒腐蚀、永不沾,坚决抵制“四风”,继续历练出一支高度纯洁、高度自觉的交通设计队伍,为建设全省交通运输事业继续做出更好更大的贡献。

(李亚琼)

【景德镇市交通运输局“八个严禁”拒“红包”】 为认真贯彻落实中央八项规定和习近平总书记关于反对“四风”要持之以恒的重要批示精神,坚决刹住公款送节礼、公款吃喝、公款旅游和奢侈浪费等不正之风,确保国庆节风清气正,景德镇市交通运输局于9月28日推出“八个严禁”,坚决刹住国庆期间公款送月饼送节礼、公款吃喝和奢侈浪费等不正之风。

该局推出的“八个严禁”,一是严禁用公款送节礼,接受可能影响秉公用权的单位和管理服务对象赠送的礼金、礼品、有价证券(卡)和支付凭证;二是严禁用公款大搞豪华、奢侈的节庆活动;三是严禁公款大吃大喝或安排与公务无关的宴请;四是严禁参与以钱为注的活动,特别是以赌博形式收受财物;五是严禁用公款安排旅游、健身和高消费娱乐活动;六是严禁用以各种名义突击花钱和滥发津补贴、奖金、实物;七是严禁利用职务影响,大操大办婚丧喜庆事宜和借机敛财;八是严禁公车私用和领导私驾公车,放假期间除当日必要的公务活动和执法执勤外,所有公务用车一律封存。

(涂　强)

【景德镇市交通运输局开展落实党风廉政建设责任制大走访活动】 8月中旬,景德镇市交通运输局结合党的群众路线教育实践活动及治理"四风"活动,开展落实党风廉政建设责任制、优化发展环境大走访活动,旨在进一步加强党风廉政建设和反腐败工作,全面提升机关办事效能和服务水平,不断创优发展环境。为切实抓好这项活动,该局纪委召开专题会议进行部署并制定《落实党风廉政建设责任制、优化发展环境大走访分工表》,由局党委班子成员为组长,各责任科室相关人员为成员组成8个走访组。在这次走访活动中,局领导分别带队深入到乐平、浮梁、昌江区、珠山区85个物流企业、全市8家出租车公司及局属企业单位挨家挨户逐一上门走访,发放《市交通运输局职能介绍、服务承诺》宣传资料及《市交通运输局落实党风廉政建设责任制征求意见函》,广泛征求群众意见建议。

此次大走访活动重点围绕6个方面征求意见:一是对落实党风廉政建设责任制引入社会民意调查情况的了解;二是掌握局机关在工作中是否存在"门难进、话难听、事难办"的行为;三是局机关在工作或执法过程中是否存在"吃、拿、卡、要"等不良行为;四是局机关在工作中是否存在"慢作为、不作为、乱作为"的现象;五是局机关对群众反映问题是否能及时处理;六是对党风廉政建设和反腐败工作的意见建议。

(涂　强)

【景德镇市公路运输管理处开展"学、转、促"活动】 2月,为进一步改进工作作风,推进为民务实清廉机关建设,办好人民满意运管,市公路运输管理处在全体党员干部中开展"学八项规定、转工作作风、促运管发展"活动。

一是迅速召开党员干部"学八项规定、转工作作风、促运管发展"活动动员大会,对开展此活动进行动员部署。二是组织党员干部集中学习习近平总书记重要讲话精神及中央八项规定,在全处党员干部中掀起活动热潮。三是推出系列厉行节约、反对浪费的举措,推行公务接待自助餐,推进政务公开,减少行政审批事项,减少会议数量,控制会议规模,减少发文数量,压缩文件篇幅,倡导清新简练的文风,压缩公用行政经费支出,严禁一切不必要的开支等。四是积极转变工作作风,一切为群众着想,简化工作程序,明确工作职责,提高办事效率。该处要求各级党员领导干部多实地蹲点、多走进县所和道路运输企业、多走访业户;组织运政人员入驻景德镇汽车站、景德镇汽车东站,加强春运安全监管,维护春运秩序,提供优质服务,为广大旅客提供出行安全、便捷的运行环境,让运管人员真正"走进基层、走进服务对象、走进百姓",更好地为群众服务。五是加强宣传力度,采取设置宣传栏、悬挂宣传横幅、在景德镇运政简讯上开辟"八项规定大家谈"专栏等形式,营造浓厚的活动氛围,引导全处党员干部围绕活动主题,立足本职工作建言献策,更好地促进运管工作。

(刘巧英)

【萍乡市交通运输局注重实效强力贯彻落实党风廉政建设责任制】 2013年年初,局党委召开会议集中学习了市纪委全会和全省交通运输系统廉政工作会议精神,在认真总结上年工作的基础上,专题研究部署推进惩防体系建设暨落实党风廉政建设责任制工作,全面安排部署2013年党风廉政建设和反腐败工作,将其纳入全年工作目标一起部署、一并检查、一同考核。一是明确目标,落实责任。召开全系统廉政工作会议,与局属各单位签订了《党风廉政建设责任书》,制定并下发了《2013年市交通运输局党风廉政建设和反腐败工作要点》,按照"一把手负总责,谁主管谁负责""一岗双责"的原则,将领导干部和各科室、所属各单位在党风廉政建设和反腐败工作方面应担负的责任细化量化。保证了党风廉政建设责任制的有效落实。二是加强领导,健全机制。继续落实"一把手"负总责的党风廉政建设责任制,积极实行领导干部挂点联系重点项目制度,确保项目圆满完成。在没有专设纪委的局属各单位明确专人负责纪检监察工作,完成了纪检监察组织机构的全覆盖。三是强化责任,严格考核。根据"年初有安排,年中有检查,年底有考核"的工作部署,对局属各单位、县区交通运输局党风廉政建设和反腐倡廉工作完成情况进行了检查考核，对系统内科级领导干部落实党风廉政建设责任制情况开展了民主测评。四是抓好调度，推进工作。实行纪检监察例会制度，每季度召开一次纪检监察例会，对全系统上季度的党风廉政建设责任制工作进行点评并部署下阶段重点工作任务，进一步推进党风廉政建设责任制有关工作落实。

（萍乡市交通运输局）

【萍乡市交通运输局加强宣教筑牢反腐倡廉思想道德防线】 2013 年，该局坚持集中学习和分散学习相结合，把廉政学习作为中心组和日常学习的一项重要内容。组织参观安源纪念馆活动，重温入党誓词，传统教育洗涤心灵；安排干部职工观看廉政警示教育片，以案为鉴，警钟长鸣；组织开展了以“为民务实清廉”为主题的警示教育月活动，剖析该单位赵某贪污侵占公款被给予党政纪处分反面典型案例等，使党员干部在思想上受到教育，心灵上受到触动。先后组织开展了交通建设杯廉政书画摄影、演讲、篮球、羽毛球、乒乓球等多项比赛和廉政格言征集等多项活动，活跃了干部职工的业余文化生活，陶冶了情操，培养了健康的生活方式。参与市纪委组织的演讲比赛和书画作品征集活动，在全系统营造“以廉为荣、以贪为耻”的风清气正良好氛围。

（萍乡市交通运输局）

【萍乡市交通运输局着力抓好廉政文化建设年活动】 2013 年，萍乡市交通运输局结合实际，以开展“廉政文化建设年”活动为主线，打造交通运输系统为民、务实、清廉的良好形象。印发《萍乡市交通运输系统廉政文化建设年活动实施方案》，制作了专题廉政文化展板 11 块。积极开展廉政文化理论研究，结合工作实际明确了“建立监督检查长效机制研究”为调研主题，领导干部亲自领题调研共完成了调研文章 7 篇。坚持利用宣传展板每两个月推出廉政标语，节假日发送廉政短信，随时提醒党员干部廉洁敬业。办公区域悬挂了廉洁从政的警句格言，完善了具有交通运输特色的廉政文化楼院；充分利用萍乡交通信息网开辟了廉政文化宣传专题，刊载信息和宣传文章 50 余篇；在系统内深入开展创建廉洁家庭活动，局副科以上干部及配偶共同签署承诺书 170 份，有效的筑起家庭拒腐防线。组织市公交总公司、市长运公司等运输企业在全市开展“倡廉洁、树清风”全国优秀廉政公益广告展播活动，形成流动的廉政文化宣传风景。在公交车、出租车、省际、市际客运班线上重复播放廉政微电影，在公交站台制作了廉政公益广告 50 余幅，在城区 2 路公交车开通移动 4G 体验网络免费提供廉政文艺成果下载，提高了廉政文化的覆盖面，取得良好效果。

（萍乡市交通运输局）

【萍乡市交通运输局全面抓好干部作风建设】 2013 年，该局党委高度重视中央八项规定和省委若干规定的贯彻落实工作。一是强化责任，组织学习。召开了专题党委会，集中学习有关改进工作作风、密切联系群众的文件精神，并结合实际，进行了安排部署；以集中学习相结合的方式组织全体人员学习了中央、省、市有关违反八项规定和省委若干规定的案例共 4 次 30 余起，做到警钟长鸣。二是健全制度，落实规范。根据中央、省、市规定精神，结合实际制定了《萍乡市交通运输局改进工作作风、密切联系群众“九规范”》《市交通运输局车辆管理办法》《市交通运输局公务接待管理办法》，对公务接待、公车管理、调查研究、会务安排等进行细化规定，以制度为保障，有力促进中央八项规定的落实。三是学习先进，提升能力。以深入开展党的群众路线教育活动为抓手，扎实开展了“学习贯彻中央十八大、执纪为民做表率”主题教育活动，着力增强纪检监察干部宗旨意识、政治意识和大局意识，着力提高保障科学发展、做好群众工作、维护和谐稳定、有效防治腐败的工作能力。深入开展“学转强促”主题教育实践活动，以龚全珍老人为榜样，全系统“入户结亲”47 户，帮扶困难群众 14 户，帮助群众解决实际困难 42 件，为企业解决实际困难 10 件，为基层争取帮扶项目资金 3 万元，下拨帮扶资金 5 万元，由单位干部个人出资帮助困难群众近万元。

（萍乡市交通运输局）

【九江市交通运输局新任科级干部参观省反腐倡廉馆，接受廉政教育】 为进一步强化九江市交通运输系统干部队伍党风廉政建设，扎实开展反腐倡廉教育活动，提高党员干部廉洁自律意识。

2013年,九江市交通运输局组织基层单位新提拔32名副科级以上干部参观了省反腐倡廉馆。在讲解员的解说下,全体人员参观了“廉政教育大厅”“现身说法展示厅”“廉政教育警示厅”等廉政教育活动场所,听取了典型案例讲解,观看了职务犯罪警示教育片,一组组图片、一段段视频,生动形象地展现了近年来发生在全省的部分腐败案例,揭示了腐败的危害性。

通过参观省反腐倡廉馆,参观人员纷纷表示,这样的廉攻教育使自己的灵魂受到了极大的触动,深受启发和震撼。案例给人诸多警示,提高了对腐败犯罪危害性的认识。在今后工作和生活中,将从职务、职权行使的角度进一步深化廉政意识,以此为镜,自我约束,加强管理,不断增强自身法制意识和廉洁意识,勤政廉政,依法行政,不断增强防腐抗变能力。

(九江市交通运输局)

【九江市交通运输局召开“整治‘小鬼难缠’、优化发展环境”专项活动动员大会】 5月24日,九江市交通运输局召开“整治‘小鬼难缠’、优化发展环境”专项活动动员大会,会议学习传达市纪委书记杨小华在全市集中整治“小鬼难缠”,优化发展环境专项活动动员会上的讲话精神,并宣布了《九江市交通运输局整治“小鬼难缠”优化发展环境专项活动的实施方案》,该方案明确该局专项活动的目标任务、方法步骤、保障措施和工作要求及领导小组成员等。会议要求局全体干部职工做到统一思想,务求认识无误区;明确任务,务求工作无盲区;精心组织,务求建立领导责任区。

(九江市交通运输局)

【廉政短信促“端端正正”过端午】 端午节期间,九江市交通运输系统全体干部职工要严格执行中央八项规定和省、市廉政建设的有关要求,杜绝公车私用、公款吃请,做到令行禁止。祝大家端午节愉快!”2013年6月9日端午节前夕,九江市交通运输局副科级以上领导干部收到了一条“温馨提醒”的廉政短信,让干部职工过端午“廉节”。

端午、中秋、春节等传统节日前,该局利用短信平台,统一发送短信,温馨提醒领导干部廉洁过节,自觉遵守党风党纪、严格落实中央八项规定。廉政短信的内容主要包括党纪条规、廉政新闻、廉政典故、警句等,让干部在润物无声的廉政短信中潜移默化、增强廉洁免疫力,守住党员干部的精神家园。2013年以来,通过短信平台累计向200余人(次)发送了廉政短信。

(九江市交通运输局)

【新余市交通运输局组织观看《失德之害》警示教育片】 7月12日,该局组织全体干部职工观看了警示教育片《失德之害》。通过观看,使全局干部职工深受教育,认为作为一名国家公职人员,必须增强学习意识,善于解剖自己,做到警钟长鸣,常修为政之德,常思贪欲之害,常怀律己之心,清正廉洁,遵纪守法,清清白白做人,干干净净做事,忠于职守,努力工作,在实际工作中要做到公正、廉洁,为构建和谐社会作出贡献。

(邓清华)

【鹰潭市交通运输局开展集中解决“四风”问题专项调研活动】 2013年,该市交通运输局深入开展以“听民声、纳民谏、解民忧”为主题的集中解决“四风”问题专项调研活动,着力听真话、找空位,把准脉,为开展教育实践活动打牢基础。切实增加党的群众路线教育实践活动的针对性和实效性,以作风建设的新成效凝聚全市交通运输行业科学发展、跨越发展的强大力量。

7月中旬,局党委制订下发了《市交通运输局开展集中解决“四风”问题专项调研活动的实施方案》,局领导班子成员分别率队听取基层干部、农民和外出务工人员、社区群众和离退休老干部、企事业单位管理人员和职工、老师和科技人员等五方面基层干部群众的意见和建议。在这次专项调研活动中,结合交通运输实际,围绕贯彻执行中央八项规定、省委若干规定、市委实施办法存在的问题和不足;在形式主义、官僚主义、享乐主义和奢靡之风方面存在的问题及具体表现;对解决“四风”问题、改进作风的意见建议;对开展群众路线教育实践活动的意见建议等四个方面的内容开展调研。

局各调研组在专项调研活动中,深入基层、深入群众、深入一线,广泛征求群众意见和建议,严格查找问题、剖析问题、解决问题,使调研活动成为党员干部转作风、职工群众得实惠的生动实践。

(吴　玮)

【赣州市交通运输局加强对重点工作的监督检查】 2013年,该局把反腐倡廉工作摆在重要位置,使党风廉政建设与交通运输改革发展同步推进。一是加强对重点领域工作的监督检查。全市交通公路重点工程进展顺利。通过规范项目建设办事程序,严格执行立项和设计审批、质量监督、施工许可、安全监督等规定手续,做到了“五规范”(规范工程招标投标;规范工程建设管理;规范物资采购和资金使用;规范工程监督;规范重点建设项目“双公示制”)。二是加强对落实政策情况的监督检查。加强对执行中央、省、市各项政策规定的监督,确保了“八项规定”、《若干意见》、“三送”工作有效执行。落实了人事财务管理规定,执行“收支两条线”,做到了建管养分离,政企事分开。落实了党政负责人不直接分管人事工作,不直接不分管财务工作的规定。不仅在局机关得到了有效落实,在局属单位也全部实行了党政负责人不直接分管人事和财务的规定。三是加强了对热点难点工作的监督检查。严格执行企业改制政策,坚持把职工的利益放在首位。对群众反映的难点、热点问题,督促相关部门组织调查组进行深入调查处理。上半年,市交通运输局信访呈现出上访与上年同期相比持续下降,信访存量逐步减少,信访秩序明显好转,信访工作稳步增强的良好态势。开展交通运输行政执法监督检查。加强了对执法队伍建设情况的检查,对执法人员准入、执法人员培训、执法证件管理、执法作风建设和行政许可审批情况、行政复议应诉情况、涉企收费行为的监督检查,有效提高了文明执法、阳光执法的水平与质量。

(李发淳)

【赣州市交通运输局提高纪检监察干部素质】 为进一步加强交通运输系统纪检监察干部队伍建设,5月30日至31日,该局纪委在赣州交通职工学校举办首期全市交通运输系统纪检监察干部培训班,邀请了市纪委常委邱礼斌到培训班授课、指导。对全市交通运输系统78名纪检监察干部进行了拓展训练和业务培训,拓展训练实行军事化管理,注重培养纪检监察干部的团结协作、吃苦耐劳、积极乐观的精神;业务培训的重点是加强纪检监察干部专业化、职业化水平。通过培训,不断提高纪检监察干部专业化、职业化水平,使纪检监察干部适应反腐倡廉建设新任务、新要求,全面提升纪检监察干部的综合素质。

积极开展纪检监察干部会员卡零持有清理工作。通过对局机关纪检监察干部,局纪委委员,局属单位内设纪检监察干部共78人进行自查和清理,实现了纪检监察干部会员卡零持有工作目标。

(李发淳)

【赣州市交通运输局扎实开展“红包”问题专项治理工作】 2013年,该局开展“红包”问题专项治理工作中,不仅将副科级以上领导干部(含非领导职务)全部纳入清理范围,还将18个公路分局、5个治超站的股级股干部(含非领导职务)以及国有企业的中层以上领导干部也纳入清理范围,应参加自查自纠的人数为289人,实际参加自查自纠的人数为289人,“零报告”人数为289人,其中县处级干部25人,乡科级及股级人员264人,所有的自查对象都填写了专项治理“红包”自查自纠情况登记表,接受组织和社会群众的监督,做到抓小、抓全面、抓彻底。

(李发淳)

【赣州高速公路公司贯彻落实八项规定】 2013年,赣州高速公路公司结合自身实际,采取三条措施确保中央八项规定学习贯彻落实到位,切实改进干部工作作风。一是组织传达学习到位。公司利用党委会、党支部会、中心组学习会、班前会等形式组织广大党员干部认真学习《中共中央关于改进工作作风、密切联系群众的八项规定》和总书记习近平关于厉行勤俭节约、反对铺张浪费的重要批示精神,以及省、市有关文件和领导讲话精神,学习普及率达100%,使全体干部职工进一步认识到改进工作作风、密切联系群众重要性和必要性。二是采取有效措施,切实改进作风。首先公司各级领导干部率先垂范,认真执行中央、省、市改进干部作风的有关规定,结合“三送”活动,带头深入基层一线,深入“三送”点,开展了“送温暖、解民困”走访慰问活动,走访困难群众,给困难群众送温暖,为困难群众解难题,帮困难群众办实事,帮助民工解决劳务纠纷和工资发放问题,为司乘人员提供舒心、温馨的优质服务和安全、快捷的通行环境。其次按照八项规定的要求,制定下发《关于切实做好2013年春节期间有关工作的通知》,严格执行厉行勤俭节约的有关规定,制定了不准和不参加超标准接待,不准公车私用,不铺张浪费等规定。三是加强监督检查,严查违规行为。公司作风整治办组织公司党群工作、监察审计、人力资源等部门人员,对公司各部门、各单位、各项目办学习贯彻落实各级关于改进工作作风、密切联系群众的有关规定和领导讲话精神情况进行明察暗访,严格预防违规行为。公司规定,对有令不行、有禁不止、顶风违纪的,一旦发现,要严肃处理;涉嫌犯罪的,将移送司法机关处理;情节严重、造成恶劣影响的,在严肃处理当事人的同时,要依据党风廉政建设责任制的规定,追究有关负责人的责任。

(李发淳)

【全南县交通运输局开展廉政教育防范岗位职务风险】 2013 年,全南县交通运输局以突出岗位风险教育为主线,紧紧围绕岗位廉政教育特殊性、互动性和强制性的特点开展了廉政建设专题系列活动,使全体职工进一步明确岗位职责,切实提高廉洁自律意识,增强了廉政风险意识和廉洁自律观念。一是以学习贯彻总书记习近平关于反腐倡廉建设的系列讲话精神为重点,组织全体干部职工集中学习廉政法律法规制度,要求全体职工时刻保持清醒头脑,认真贯彻落实各项法规政策和法律规定。二是召开党风廉政建设专题会议,把任务分解到人,认真落实责任。该局主要负责人与各股(室)、所、站负责人,各股(室)、所站负责人与各职工层层签订《党风廉政建设和反腐败责任状》,推行廉洁承诺制,努力形成一级抓一级,层层抓落实的工作格局,明确各股(室)、所、站在党风廉政建设工作中的职责。三是组织全体职工观看反腐倡廉教育片《底线失守的代价》,让广大干部职工接受深刻的思想教育和党风党纪教育,充分认识党风廉政建设和反腐败斗争的重要性和必要性,对于加强党员干部作风建设,防控岗位廉政风险,促进廉洁从政具有重要意义。

(李发淳)

【瑞金公路分局转变机关作风提升干部素质】 2013 年,瑞金公路分局将机关学习由简单式改为开设学习讲堂式,大大激发了广大机关干部的学习热情,不断营造了人人自觉学习、个个争做学习型干部的浓厚氛围。为了切实转变机关学风,提升干部综合素质,增强服务本领。该局在年初的党建工作会议上明确:要深化职工教育,要充分利用"职工书屋"平台,把职工教育当做一项长期的工作战略抓紧、抓实、抓出成效。强调:要大兴勤学、钻研之风,坚持基层、机关每周一次学习制度,不断在全局上下形成一种"争六型、创红旗"的学、比、赶、帮、超的浓厚氛围。为了抓好机关学习,确保学习效果。该局认真制订了机关学习制度,规定从 2013 年 3 月起,要求每个领导、每个机关干部轮流坐庄担任授课人,均要在每周的机关学习日上讲一课,并将各自的学习情况在每月、每季和年终分别进行一次考核、考评与总评。该局机关干部学习热情高涨,改变过去陋习、认真听、认真记、学习态度端正的人普遍了,学习风气蔚然成风。

(李发淳)

【宜春市交通运输局开展民主评议党员处置不合格党员工作】 2013 年,市交通运输局各级党组织开展民主评议党员、处置不合格党员工作。民主评议党员以邓小平理论、"三个代表"重要思想和科学发展观为指导,分为动员、评议定格、组织处理、总结提高四阶段进行,按照"照镜子、正衣冠、洗洗澡、治治病"的总要求,采取"自己找、群众提、党员点、互相帮"的方式,从 11 月 8 日至 12 月 31 日,开展民主评议党员工作。通过民主评议,严肃处置不合格党员,进一步提高党员队伍素质,不断提高党组织战斗力和党员先锋模范作用,全局参加评议活动党员 168 人,经严格组织程序被评为合格党员,为全市交通运输事业大发展提供坚强的组织保证。一是加强领导。局机关党委把党员评议作为一项政治任务,多次召开会议研究,制定评议活动实施方案,实行统一领导、统一组织、统一部署、统一时间、统一标准,加强领导,提出明确要求。二是领导带头。局机关党组、机关党委、总支和各支部书记、副书记,以身作则,以一个普通党员身份,带头参加评议,带头写鉴定,带头开展批评与自我批评,带头改正缺点,把自己摆进去,受到教育。三是认真开展批评和自我评议。广大党员在评议中,对照党的信念、宗旨和价值观和人生观检查自己存在的问题,又敢于对他

赣粤高速公路昌九管理处

赣粤高速公司总经理谭生光察看收费岗亭分流工作情况

廉政视频会议

江西赣粤高速公路股份有限公司昌九高速公路管理处（以下简称赣粤高速公路昌九管理处）组建于2009年6月，管辖昌九高速公路的通行费征收、养护及路段管理工作。

昌九高速公路是江西省建成的第一条高速公路，被誉为“江西高速公路的摇篮”，是福州至银川国道主干线的组成部分，北接庐山之麓的“九省通衢”九江，南连鄱阳湖边的“英雄城”南昌，全长138千米。

赣粤高速公路昌九管理处现有员工1114名，内设综合事务部、党群工作部、人力资源部、收费管理部、审计监察部、财务部、工程技术部、安全监督部等8个部门，下设9个收费所13个收费站，1个信息中心，1个养护应急所。

多年来，赣粤高速公路昌九管理处在上级党委及管理层的正确领导和关心支持下，全体员工认真践行“三个代表”重要思想，发扬“改革创新、团结拼搏、艰苦奋斗、无私奉献、率先垂范”的昌九精神，解放思想、扎实工作，大力加强制度化、规范化和行业精神文明建设，树立了高速公路良好的窗口形象，为客户提供了“畅、洁、绿、美”的高速通道，受到社会各界和过往司乘人员的广泛赞誉。荣获全国青年文明号、全国巾帼文明岗、全国交通行业十佳文明示范窗口、全国交通系统文明示范窗口单位、全国职工职业道德建设十佳单位、全国五一劳动奖状、全国模范职工小家、国家级职工书屋等国家、省级荣誉20多项。

联勤联动协调会

员工访谈活动

岗亭服务、发放宣传册

岗亭文明服务

4000千米文艺汇演

抗冰保畅

精心养护

赣州市交通运输局

赣州至大余高速公路（三益至梅关段）

腾飞中的赣州航空事业

赣定高速公路监控大厅

微笑服务

赣州开通至香港的客运班线

2013年，赣州市的交通运输工作以振兴发展为主线，围绕振兴谋发展，推进发展促振兴，全市交通运输事业加快发展、转型发展、跨越发展迈出新步伐。在高速公路、国省道公路、县乡村公路建设，公路运输管理与生产、水路运输管理与生产、物流产业、安全工作等方面都取得了新的进展。

赣州市加强高速公路管理与建设力度，境内11条高速公路通车里程达958.26千米。3条在建设高速公路工程（计248千米）正在加快建设之中。全市公路通车总里程为2.88万千米（不含中心城区道路155.6千米），结束了全市上犹、崇义、全南、安远、定南等5个县无国道的历史，全市实现每一个县都通了国道的目标。市本级及时下拨农村公路养护经费，每年除燃油税中央返还资金5500万元外，还下拨500万元用于全市农村公路水毁补助。各县市专门成立公路养护管理机构。

2013年，赣州市农村公路建设取得新进展。农村路网结构进一步优化。全年完成农村公路建设2500千米，全市累计农村公路总里程为2.52千米。全年货物吞吐量1501.5万吨，旅客吞吐量144.5万人，旅客周转量1125万人千米。

全市道路运输企业围绕全省道路运输和全市交通运输工作目标开展工作，全年完成旅客运输量9334万人，全市营运车辆逐步向大型化、专业化、高级化方向发展，旅客运输、货物运输步入规模化、规范化、集约化良性发展的轨道。赣州市水路运输生产态势基良好。

赣州市物流办以赣南振兴发展为契机，以编制物流产业发展规划、完善落实物流政策平台、加快特流载休建设等为工作重点，砥砺奋进，各项工作取得了较大的进展。全年社会物流总额4885.92亿元、同比增长7.31%，物流业增加值120.26亿元、同比增长12.61%，占GDP比重7.38%、同比增长0.26%。

赣定高速

美丽的赣州市章江大道

九江市交通运输局

62家快递企业加入九江市快递行业协会。为解决快递配送车辆在城区通行、停靠和装卸作业等问题，市邮政局、公安交警、道路运输局联合下发了《关于保障快递企业运输车辆便捷通行的通知》，已审核发放快递车辆通行证127个

九江市出租汽车行业流动党员支部成立于2013年5月，是全省出租汽车行业第一个流动党员支部。39辆“党员示范车”已成为引领行业优质服务的标杆

九江市行政服务中心“交通窗口”遵循法规、快捷规范、热情服务，2014年共办理行政许可事项8310件，按时办结率100%，群众满意率100%，连续五年被评为文明窗口

2013年，九江市交通运输局在市委、市政府的正确领导下，在省交通运输厅的指导和大力支持下，全市交通运输系统坚持稳中求进的总基调，紧紧围绕打造双核，做大九江，推进昌九一体化发展战略，在加快建设中加速转型，在改善民生中调整结构，在改革创新中寻求突破，实现了交通运输事业又好又快的发展。

交通建设取得成效。全年投资基础设施规模达到7.73亿元，完成项目2135个。新建改造农村公路1500千米，安保工程28.2千米，完成9 座905延米桥梁，公路质量合格率99.7%。完成城市候机楼改造及8个农村综合服务站建设。

交通规划取得新成效。协助省交通运输厅对“十二五”规划进行了中期调整，《九江市环鄱阳湖港口总体规划》修编完成并纳入《九江港口总体规划》；编制完成《九江市自然村通水泥路建设规划（2013—2020）》和《昌九一体化公路水路交通规划（九江市）》；参与编制《城市综合交通体系规划》。为九江交通发展绘制了蓝图。

交通运输服务保障能力进一步增强。截至2013年底，全市营运客车3117辆，其中高级客车1182辆，货车42231辆。客运班线755条，农村客运班线396条，乡镇通车率达100%。行政村通车率达91.6%。

客运市场秩序进一步规范。客运市场秩序明显好转，服务质量明显提升。

城市公交优先发展取得新成效。市委、市政府把公交优先发展当作改善民生大事来抓，给予“三减轻”的政策、资金支持，明确公交场站建设用地供土地100余亩。

交通运输行业改革取得新成效。全年办理行政许可审批项7000件，满意率达100%，被评为行政服务目标管理考核先进单位。

交通行业安全形势稳定、交通运输队伍自身建设得到加强。以贯彻落实中央“八项规定”为契机，组织开展反腐倡廉教育，落实党风廉政建设责任制，“红包治理”等专项活动，执行中央规定”不打折扣，在严格控制公务接待，公款消费、公车私用和外出考察活动等方面取得了显著成效。

九江市25路公交女子车队先后获得“公交巾帼文明示范线路”、“五一巾帼标兵岗”、“九江市十大雷锋号示范岗”、“江西工人先锋号”等荣誉称号。该车队已成为浔城一道靓丽的风景线

江西省机场集团公司与九江长运合作，在九江长途汽车站旁建设全省首家城市候机楼，实现航空与地面的无缝隙对接，为航空旅客的出行提供“一站式”服务

2014年8月18日，九江市开通江西省首个“12328”交通运输服务监督电话受理平台，实现了管理、查询、投诉、资源、数据一体化共享，提高了办公效率和管理水平

万载至宜春

万宜高速在全省交通系统率先使用大梁预应力张拉和大循环压浆技术

路面施工精益求精，质量一流

2014年12月26日，万宜高速公路建成通车。万载至宜春高速公路位于宜春市境内，是沟通沪昆高速与万载县的一条地方加密线。路线起点位于万载县马步乡，接省道万载至上栗公路，途经万载县马步乡、袁州区柏木乡、三阳镇、袁州工业园、湖田镇等1个县1个区5个乡镇，与沪昆高速公路昌金段相接后终于明月山机场路A线，项目总长约34千米，概算投资总额为19.87亿元。全线采用双向四车道高速公路标准，路基宽21.5米，设计行车速度80千米/小时。全线土石方总量为351万立方米，共设大桥13座，分离式立交5座、涵洞通道55道。

据初步统计，万载县至宜春高速公路万载段工程建设规模为：路基土石方87万立方米，中小桥6座，隧道1座约500米，在马步乡宝石村设单喇叭互通道口1个，共需征用土地约900亩、拆迁各类建筑物19270平方米、拆迁电力线杆90根、电讯线杆350根。建设万宜高速公路是全省100个县(市、区）实现“县县通高速公路”的收官项目，标志着万载县公路等级将得到进一步提升，路网布局更趋完善。

梁场标准化建设，规范醒目的标识标牌、安全文明的施工

美观大气的万宜高速公路

高　速　公　路

万宜高速公路

路面单位标准化拌合站

雄伟壮观的棠梅村大桥

钢波纹管施工

隧道掘进爆破、锚杆打设、砼喷射井然有序、规范文明

路面施工切实把好原材料控制、配合比、运输、摊铺、碾压等关键环节，力求在每个细节上精益求精

万宜高速“带绿施工”，力求与沿途青山绿水融为一体

万宜高速取消中间绿化带，采用防撞墙及防眩板，大大节约了土地

萍乡至洪口界

省交通运输厅党委书记、厅长朱希视察萍洪高速公路建设

省重点办主任王前虎视察萍洪高速公路建设

省高投集团总经理任东红视察萍洪高速公路建设

项目办开展“大干 60 天”专项劳动竞赛活动

萍乡至洪口界高速公路 2014 年 12 月 26 日建成通车。萍洪高速公路位于江西省萍乡市境内，是国家高速公路网中沪昆高速和泉南高速公路的重要联络线，是江西通往湖南的又一出省通道。路线起于萍乡市国家经济开发区叶家坳村与 320 国道相接，经安源区青山镇，上栗县长平乡、上栗镇、金山镇，终点位于穿越赣湘交界金山镇洪口界，与湖南省长沙至浏阳高速公路相接，路线全长约 33.796 千米。

2012 年 12 月 14 日，江西省交通运输厅成立江西省交通运输厅萍乡至洪口界高速公路建设项目办公室，接手停工近 6 年的萍洪高速公路建设工作。从此，拉开了萍洪项目复工建设的序幕。

萍洪高速公路项目的领导班子可谓是“受命于困境之时，奋战在困难之间”。复工伊始，就面临着原有劳务队伍、民工全面讨薪和涉农受损赔偿等问题，全线施工经常遭遇不同程度的阻工。为快速解决问题，加大调度指挥的能力，萍洪高速公路项目办专门设立“协调安全处”，积极主动出击与沿线政府沟通，融洽地方关系，耐心细致地做好群众工作。面对复杂的局面，项目办主动担责任、想办法，为项目建设排除“三大拦路虎”，清欠了前期队伍、调查核定了涉农损失、解决征地拆迁拨付款项等问题，终于在 2013 年 8 月底基本解决了前期问题，

井栏冲桥

高 速 公 路

省厅重点工程建设项目巡察组多次视察萍洪项目

省交通运输厅副厅长王昭春视察萍洪高速公路建设

为复工建设大干快上奠定了良好基础。

萍洪高速由于停工近6年，原遗留的桥梁桩基挖孔、高边坡等已施工工程出现不同程度的病害和缺陷，未知风险多。在项目办进场之初，便组织人员对大临设施进行策划，尤其是拌和站、预制场，施工前绘制鸟瞰图，施工过程中严格按照标准化要求对现场进行布设，项目驻地、拌和站、预制场及钢筋加工场地均达到了标准化施工要求。

萍洪高速公路明山隧道全幅贯通

项目办还根据现场实际情况，制订了完善的施工现场安全防护设计方案，方案对各施工现场标准化安全防护做了详细要求，施工过程中严格按照标准化要求进行安全防护，有效的保证了现场施工安全。通过定期开展“安全生产月”、“平安工地考核评价”、“标准化工地”“防坠落、防坍塌、反三违”专项整治、“隐患排查”等专项活动，深入开展“平安工地”达标验收工作。组织开展场站建设、临时用电、安全防护等观摩会，促进各单位安全管理水平的提升。

经过一年多的努力，萍洪高速公路项目未发生一起安全事故，并在“平安工地”创建工作上取得了一定的成绩和效果，自评达到“示范”评级，最终在2013年江西省平安工地考核评价中获得“示范”评级。

樟木高架桥

路面标中面层试验段摊铺完成

路面摊铺施工

寻 乌 至 全 南

交通运输部部长杨传堂到寻全高速调研

交通运输部部长杨传堂调研寻全高速

省重点工程办公室检查指导寻全高速建设工作

寻全高速公路项目是国务院《关于支持赣南等原中央苏区振兴发展的若干意见》中重点支持的建设项目，也是赣州市在“若干意见”颁布实施后的第一个重大建设项目，也是江西省“县县通高速”的收官项目之一。该项目的建成对完善赣南地区、赣闽两省区域高速公路网，提高地区综合运输效益，改善通行条件，加强中部地区与海西经济区联系等具有重大的政治、经济意义，同时对增强国防交通战略保障，加快赣南等原中央苏区振兴，推动赣南建成区域交通枢纽，开发区域旅游资源等具有十分重要的意义。

项目途经寻乌、安远、信丰 3 个县 12 个乡镇，与大广、济广高速公路相接，路线全长 112.104 千米，采用双向四车道高速公路标准建设，设计时速 80 千米，路基宽度 21.5 米，项目概算总投资 87.13 亿元，平均每千米造价 7764.5 万元。

项目施工组织难度居全省前列，主要表现为“一高、两多、三大”：桥隧比高（35.08%）；高墩桥梁多（40 米以上高墩桥 25 座，最大桥高 75.5 米）；高填深挖路段多（高填路基 15.8 千米 /127 处，边部最大填高 61.2 米，深挖路基 15.6 千米 /139 处，最大挖深 58.7 米，填挖相对高差达 100 米）；土石方工程量巨大（平均每千米土石高达 30 万立方米）；隧道群庞大〔总长 16279 米 /20 座，高云山（一）隧道是本项目的控制性工程，隧道长 3367.5 米）；施工组织难度极大（区域范围内既有路网等级低、路况差，电力设施覆盖差、负荷低，如有的标段新修便道约 20 千米，架设电力线路造价约 500 万元〕。

全线施工共划分 18 个路基标、3 个路面标、8 个监理标、6 个绿化标、2 个机电标、2 个房建标、3 个交通安全设施标，项目于 2012 年 10 月开工建设，于 2014 年 12 月 26 日基本建成通车。

邱屋围高架桥左幅顺利架通

高　速　公　路

赣州高速公司董事长温杨汉到寻全高速调研

赣州高速公司总经理赖才丁到寻全高速调研

寻全高速梁厂制梁区：场区规模宏伟，井然有序

主线贯通

高云山一号隧道三级围岩全断面开挖

桂云山高架桥

路面摊铺

寻全高速水源 1 号大桥全幅贯通

九江绕城和都九高速

省委副书记、省长鹿新社视察九绕都九项目

省交通运输厅党委书记、厅长朱希视察九绕都九项目

省交通运输厅副厅长王昭春视察九绕都九项目

省交通运输厅总工程师胡钊芳督导工地安全工作

星子秀峰特大桥

九绕项目和都九项目（星子至九江段）围绕实现年底全部建成通车运营的目标，项目办紧扣时间节点、精心管理、科学调度，确保了两个项目主体工程稳步推进，附属工程有序实施，项目建设呈现你追我赶、争先创优的强劲势头。全年，项目办在省交通运输厅、省高速集团和公路开发总公司的科学指导和关心支持下，围绕“典范项目、精品工程、景观长廊、和谐大道”的管理理念，组织参建各方一如既往保持高昂士气，一鼓作气打造优质精品，聚全员之力高速高效推动了项目建设目标任务的实施，九绕和都九项目（星子至九江段）两个项目于2014年12月26日建成通车。

一、两个项目建设的主要成果

围绕两个项目年底全部建成通车这个中心任务，项目办变压力为动力，全体参建人员戮力同心，顽强拼搏，扎实落实了两个项目的统筹管理、统筹建设，项目建设管理实现两大目标，呈现四个亮点，即：

实现“两个目标”：

一是实现项目投资计划目标。截至11月底，九绕项目完成投资24.64亿元，占投资概算的79%，都九高速项目（星子至九江段）项目完成投资9.11亿元，占投资概算的73%，路基、桥梁、隧道工程已基本结束。到12月底，两个项目可完成投资总额超37亿元。

二是实现如期建成通车目标。截至11月底，九绕项目路基、路面、交通、房建工程已全部完成。绿化工程完成占总量的88.3%，机电工程进展顺利，可全部交付使用。都九项目（星子至九江段）路面上基层摊铺完成8.8千米，中（下）面层完成8.9千米。房建工程完成总量的59.4%，交通工程完成总量的7.2%，绿化工程完成总量的22.1%，机电工程正在有序推进，计划12月底可顺利完工并交付使用，两个项目能够实现年底全部建成通车。

二、呈现“四大亮点”：

一是征迁协调工作和谐平稳。两个项目共完成房屋拆迁125144.01平方米，土地征用6483.34亩，杆线迁移386244米。项目办通过与地方政府的紧密衔接、密切配合，征迁工作平稳扎实，和

九江绕城高速公路

公路（星子至九江段）

省高速集团总经理任东红视察工地

江西公路开发总公司总经理陈立新察看九绕和都九项目

谐推进。未出现重大矛盾纠纷，未发生群体性上访闹访事件，未收到有理举报投诉，两个项目在交叉推进的过程中，实现了平稳征迁、和谐征迁。

二是控制工程得以顺利突破。其中，九绕项目三座大桥均位于鄱阳湖核心区，包括1208米的鞋山湖特大桥，968米的丁家咀大桥，1369米的青山湖特大桥，以及都九项目（星子至九江段）1720米的温泉隧道共四大控制性工程。项目办通过加大投入、倒排工期，赶在枯水期完成了鄱阳湖三座特大桥下部构造，为实现项目总工期赢得了宝贵时间。温泉隧道在工期紧、任务重的压力下，项目办成立攻关小组，领导带队驻点施工标段，监理加强工序监管，施工企业利用隧道施工不受天气制约的特点，加班加点抢抓施工进度，顺利实现双幅贯通，为实现都九项目（星子至九江段）年底建成通车奠定了扎实基础。

三是三个项目管理交叉推进。九绕项目2012年10月开工建设，都九项目（星子至九江段）2013年4月开工建设，都九项目（都昌至星子段）2014年元月启动相关前期工作，三个项目一前一后相继启动实施，项目办实行两块牌子一套人马合署办公，在不增加人员、不增设机构的情况下，一边抓在建工程管理，一边抓新建项目报批，三个项目交叉进行，逐步推进，开创了项目高效统筹实施的新典范。在不影响九绕和都九项目（星子至九江段）工程进度的前期下，都九项目（都昌至星子段）工可在7月获得批复，初步设计在8月获得批复，项目路基工程招标已经结束。正在紧张有序组织自管模式方案报批工作，预计12月底施工单位进场，在资金保障的前提下，项目可实现顺利开工建设。

四是项目建设实现安全廉洁。在九绕和都九项目（星子至九江段）建设过程中，项目办严格执行省厅廉政建设“八条禁令”，全过程实施“平安工地”标准化施工，通过执行安全生产和廉政建设的管理制度、教育制度、检查制度、奖罚制度，狠抓安全和廉政工作责任制的落实，通过制度监督、教育监督、巡察监督，始终以史为鉴、以案为鉴，警钟长鸣，实现了项目建设管理无重特大安全生产事故、无违法违纪事件的发生，项目建设氛围和谐，干部队伍团结稳定。

项目办主任旷小林、党委书记栾丽察看工地施工

省交通质监站对九绕高速进行交工验收

九绕都九高速公路互通

鞋山湖梁板架设施工

南昌至宁都

省交通运输厅党委书记、厅长朱希察看昌宁项目建设

交通运输部对昌宁项目进行质量安全综合督查

昌宁高速公路全长248.601千米，是规划建设的“南昌—宁都—兴国—韶关”国家高速公路网的一部分，是江西省“四纵六横八射线”高速公路网主骨架的重要路段。路线起点位于南昌县冈上镇，途经丰城市、乐安县、永丰县、宁都县等5个县市26个乡镇，终点位于宁都县赖村镇，与泉南高速公路石吉段相接。全线纵贯江西南北，路线地质情况复杂，分别经过平原水网密集区、微丘区、山岭重丘区，地形落差达到千米级。主要难点有：南昌丰城境内不到30千米线路5跨高速、铁路，永丰境内高墩穿越溶洞等特殊地质群，永丰和宁都境内有特长隧道群、桥隧相连群；部分隧道围岩较差，裂隙水发育。昌宁项目建成后，将连通江西境内的三条东西向高速公路（沪昆线、抚吉线和泉南线），路网和通道功能十分明显。

昌宁项目率先在省内交通重点工程招投标中全过程采用电子招标交易系统，从源头进一步规范招投标工作流程，避免人为因素干预，真正做到公平竞争。未接到一起项目管理人员违纪违规投诉。通过建立项目管理系统，实现公文处理、工程计量、变更审批、资金支付、民工工资管理、安全管理等工作网上审批、手机（平板）审批，大大提高了工作效率。

雩山隧道右洞施工

路基施工

路基上边坡

桥梁

高 速 公 路

隧道施工安全应急救援演练

钢筋施工

昌宁项目将南昌英雄城、中央苏区、赣南革命老区连成一条“红色旅游线”，沿线有著名的八一起义纪念馆、第一次反围剿龙冈指挥所、第四次反围剿主战场、宁都起义指挥部等景点。沿线各类自然保护区和生态旅游区星罗棋布，著名的有阁皂山生态旅游区、流坑千年古村生态旅游区和老虎脑自然保护区、翠微峰生态旅游区等，生态环境优良，水系、植被非常丰富，对工程建设的生态环保要求非常高。昌宁项目是为《国务院关于支持赣南等原中央苏区振兴发展的若干意见》规划建设的路网工程，沿线的永丰、乐安、宁都三县均为原中央苏区重要组成部分，经济发展相对滞后，项目的建设将有助于当地将资源优势转为经济优势。继九江二桥、井睦项目之后，昌宁项目被交通运输部列入全国第四批创建“平安工地”示范路。

成型路基

路面摊铺

喷淋养生

桥梁施工

薄壁高墩施工

南 昌 至 上 栗

昌栗项目领导班子合影

标准化安全施工

南昌至上栗高速公路东接南昌西外环高速、西连萍洪高速与湖南浏阳对接，是赣西地区第三条高速大通道，项目途经南昌市、宜春市和萍乡市共3个地级市8个县（市、区），路线全长223.09千米，投资估算约为114.2亿元。该项目是完善江西省高速公路路网，实现2015年全省高速公路通车里程突破5000千米宏伟目标的项目之一，对打造南昌核心增长极、增强南昌辐射功能、提升高安、上高、万载、上栗等赣西地区县域经济发展，促进沿线旅游资源开发具有重要意义。

2014年是昌栗高速公路项目建设重要的一年。在江西省交通运输厅、省高速集团的关心和支持下，昌栗项目办统筹规划，精心组织，科学安排，项目管理始终贯穿“一套制度、两个平台、三个转型、四个标准、五个严格、六个抓手”的建设要求及工作思路，强化质量为重，立足标准建设，健全制度体系，全面保证昌栗项目管理科学有序。

一套制度“统全局”。即“一纲五册”纲领性制度：项目管理大纲、安全管理手册、质量管理手册、文明施工管理手册、廉政工作手册、内部综合管理手册，作为项目管理的纲领性文件，明确各方权责，确保各项工作在标准化的制度框架下进行。

水稳下基层碾压

两个平台“提效率”。即《江西昌栗高速公路网》和昌栗OA系统，为项目搭建了一个综合信息管理平台，实现了工程建设动态、十二公开、信息实时发布、公文流转、工程计量和支付等网上管理，大大缩短了人工处理的时间，提高了效率。

三个转型“谋建设”。即突破固有思维，逐步建设创新型项目办；实现自我超越，努力营造学习型项目办；转变思想作风，坚持做好服务型项目办。

四个标准“树形象”。即在管理标准化上力求做好四项工作：大临设施标准化、小型构件集中预制、现场观摩会和新科技新工艺的运用，努力实现“标准成为习惯、习惯符合标准、结果达到

锦江大桥

高速公路

梁场 T 梁预制

黑站安装就位

标准”的目标。

五个严格“保质量”。即严格合同履约，强化队伍管理；严格材料准入，强化源头控制；严格首件示范，强化标准工法；严格施工工艺，强化质量标准；严格试验检测，强化过程监控。

六个抓手“定乾坤”。即以信息化为抓手，首创“明”的新型招标模式；以竞争谈判为抓手，跨越“难”迁改的藩篱；以安全生产为抓手，实现“零”事故的目标；以变更管理为抓手，夯实“理”的建设理念；以民工工资管理为抓手，确保“稳”的建设环境；以廉政建设为抓手，筑牢“廉”字思想防线。

一年来，昌栗项目参建各单位克服了进场前期征地拆迁过慢、2014 年前三季度雨水天气过长等因素制约，振奋精神、齐心协力，抓质量、保安全，争分夺秒，确保项目建设如期推进。

江头高架桥

桥梁墩柱施工

下边坡防护工程

桥梁墩柱施工

桥面铺装

曾家桥水库大桥

赣江石虎塘航

2009 年 4 月，原江西省委常委、常务副省长凌成兴会见世界银行石虎塘代表团

2013 年 10 月 28 日，省政府召开新闻发布会，正式宣布工程完工

赣江石虎塘航电枢纽工程是原国家计划委员会批准的《江西省赣江流域规划报告》中赣江赣州以下河段六级开发方案中的第三个梯级枢纽工程。是江西省水运工程投资数量和建设规模最大的项目。是一座以航运为主，兼顾发电等水资源综合利用的Ⅱ等大型航电枢纽工程建设项目。枢纽位于赣江中游泰和县城公路桥下游 26 千米至吉安市井冈山大桥 33 千米处。项目总投资约 24.376 亿元，其中世行贷款 1 亿美元。计划工期 54 个月。

石虎塘项目主体工程包括船闸、泄水闸、电站、左、右岸挡水坝、坝顶交通桥、鱼道等工程。枢纽总长 1639.65 米，主体工程长 797.9 米，正常蓄水位 56.5 米（黄海高程），相应库容 1.67 亿立方米，渠化Ⅲ级航道 38 千米，千吨级船闸 1 座，船闸有效尺度为 180 米 ×23 米 ×3.5 米（长 × 宽 × 槛上水深），设计单向年通过能力 880 万吨；装机容量为 12 万千瓦发电站 1 座，年平均发电量 5.27 亿度。库区防护工程由万合防护区、沿溪防护区、樟塘防护区、金滩防护区及泰和县县城防护区 5 个防护区组成。堤线总长 43 千米；导托渠总长 56 千米；电排站 8 座，总装机容量 5980 千瓦；自排闸、节制闸各 2 座。附属工程包括枢纽管理区用房、渔业增殖站、进场公路。

石虎塘项目 2005 年年底开始前期工作，2009 年 4 月正式开工，2013 年 10 月 28 日建成。在国家有关部委、省委省政府的关怀、重视下，在世界银行、省直有关部门以及当地政府、群众的大力支持配合下，项目办和各参建单位经过 53 个月的艰苦奋斗，克服了工期紧、任务重、降雨天气多、洪水影响大、征地拆迁难、筹资难度大等诸多困难，实现了工期、质量、安全目标，创造了“工程质量优、建设进度快、外观形象美、管理绩效佳、生态环保好”的佳绩，提前完成了工程建设任务，保证了工程投资控制在概算之内。石虎塘工程建成了枢纽坝顶桥梁以及库区范围 82 座大小桥梁，极大地方便了两岸近十万人以及库区群众的交通。

泰和县滨江大道

水电站上游立视图

电 枢 纽 工 程

电厂中控室

电站厂房安装间

石虎塘船闸首次通航

项目管理区

船闸中控楼

节制闸

樟塘防护堤

枢纽下游立视图

抚州至吉安

施工单位驻地形象标准化建设

抚吉高速赣江大桥施工

抚州至吉安高速公路建设项目紧紧围绕创建规范施工示范工程的要求，求真务实，统筹规划，精心组织，精心施工，以工程质量为核心，以规范管理为抓手，以科技攻关为动力，以廉政建设为保障，大力推进工程建设，圆满完成了预定目标任务，2012 年 12 月底全线建成通车。

抚州至吉安高速公路项目（简称“抚吉高速公路项目”）是江西省 18 条加密高速公路之一，远期规划为连接海峡西岸经济区的大通道。它连接江西省中部地区两个重要的地级市抚州市和吉安市，东连福州至银川国家高速公路，西接樟树至吉安地方加密高速公路，途经抚州市临川区、金巢开发区、崇仁县、宜黄县、乐安县、吉安市永丰县、吉水县、吉州区两市八县（区），路线全长 179.188 千米，概算总投资 94.55 亿元。

抚吉高速公路隔离栅

抚吉高速公路项目的建设彻底改了变江西中部腹地无高速公路的局面，并成为中西部地区与东部沿海发达地区联络的又一快速通道，是对江西省高速公路网的重要补充，为促进江西在中部地区崛起起到了极其重要的作用。

抚吉高速公路项目管理的中心思路是“以规范化施工促进度、保质量”，项目办紧紧围绕“着力打造规范施工示范路”这个目标，确立了“以规范施工促工程进展，以工程进度体现规范施工，以路面工程促路基工程”和“向设备要生产力、向科技要

抚吉高速项目线路图

高　速　公　路

抚吉高速公路乐安收费站

抚吉高速公路相山隧道

质量、向管理要安全”的项目建设总体思路。在这个总体思路的统领下，认真总结和吸收省内外高速公路建设管理的实践经验，结合本项目的实际情况和特点，采取了一系列针对性强、操作性强的工作措施，并狠抓落实，抓出成效，基本达到了“标准成为习惯，习惯符合标准，结果达到标准”的目标要求，全线施工有序开展，快速推进，质量可控。

通过全体建设人员的共同努力，抚吉高速项目办优质高效地完成了省委、省政府下达的各项任务目标，又好又快地把抚吉高速公路建设成为了“工程质量更优、外观形象更美、生态环境更佳、依法管理更严、安全廉洁更好”的规范施工示范路。

抚吉高速公路服务区

抚吉高速公路宜黄河大桥

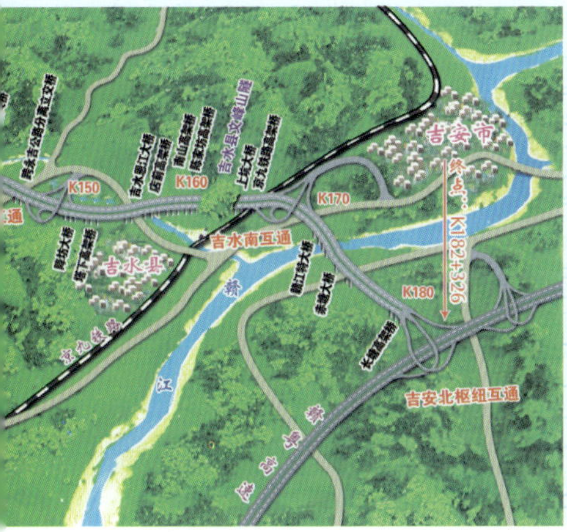

绿色环抱的抚吉高速公路

井冈山厦坪至睦村

交通运输部副部长冯正霖为井睦项目总监办颁发全国“十佳总监办”荣誉证书

先进的标准化中心试验室

井冈山特长隧道

井冈山厦坪至睦村（赣湘界）高速公路2013年10月建成通车。井睦高速公路项目位于江西省井冈山市境内，路线全长43.574千米，概算总投资32.76亿元，平均7518万元/千米，桥隧比32.4%，沿线途经井冈山市11个乡镇（场）26个行政村。全线路基土石方1068万立方米；桥梁26座7276.5米；涵洞通道145道；井冈山特长隧道6850米；互通立交3处，主线收费站1处，服务区1处。

井冈山特殊的自然气候对工程建设具有较大影响，经常性的雷阵雨天气多和入冬早、冻融期长，山区小气候突出。井睦项目按照“坚定总体目标、攻克工程难点、强化质量安全、统筹推进配套、做好群众工作”的要求，攻克了交通不便、电力短缺、山区软土和雨水频繁等困难，抢抓晴好天气、加大投入、合理安排雨季施工，保证了井睦项目的关键工序不停不慢、工程质量始终受控和安全生产态势平稳。

井睦项目是中国首次采用项目管理与工程监理合并管理（监管一体化）模式建设的公路项目，是江西省首次采用设计施工总承包模式建设的高速公路项目，由江西交通咨询公司负责实施、省交通工程集团公司和交通设计院联合体承建。项目全线均在井冈山境内，地理位置特殊，沿线风景优美，植被茂盛，环境和人文生态保护要求高，倍受领导和社会各界关注。井冈山特长隧道是江西省最长及首座采用斜井通风的公路隧道，也是全国首座同位双斜井隧道。

井睦项目厦坪枢纽互通

（赣湘界）高速公路

预制梁顶板钢筋吊装

全省首次在主线范围内施工的钢波纹管涵洞

标准化梁场

小型构件预制场

混凝土拌和站

桥面铺装

吉 安 至 莲 花

省高速集团总经理任东红看望永莲隧道建设者

国家专家组科研攻关

国家 973 专家组

吉安至莲花高速公路是国家“7918”高速公路网的第 15 横，也是江西省高速公路主骨架网的第 3 横，全长 106.661 千米，投资 52.5 亿元，途经吉安市的泰和、吉安、永新县和萍乡市的莲花县等 2 个设区市 4 个县 16 个乡镇。项目通过大打路基工程歼灭战、路面备料突击战、路面摊铺和钟家山隧道施工攻坚战，累计完成路基土石方 2031.32 万立方米，摊铺沥青混凝土上油面层 226.5 万平方米；建成大桥 29 座，中小桥 45 座，总长 15458 米，互通分离式立交 3 座；建成隧道 3 座，总长 3760 米；完成防护工程 16.6 万立方米，排水工程 26.7 万立方米。

吉莲项目是省交通运输厅确定的全省高速公路建设实行标准化管理的示范项目。项目办全力推进管理标准化、施工精细化，大力开展创建“典型示范合同段”活动，召开路基、桥梁、隧道等现场观摩会多达 15 次；推广应用“四新”，共引进新技术、新工艺、新设备各 3 项，改进工艺 10 余项，如路基采用“三次线控法”施工；桥梁钢筋笼制作使用“水平胎架法”，梁板预应力张拉采用智能张拉仪；隧道洞口首次在全省高速公路隧道工程建设中采用“零仰坡”进洞法；首次在国内高速公路服务区建立光伏发电及微电网示范工程；率先在全省高速公路建设中全路段设置及时提示和风光互补两大系统，首次在全省高速公路路面备料碎石加工时采用布袋除尘器除尘。项目于 2010 年 8 月 9 日奠基，2012 年 12 月底建成通车。

高　速　公　路

大干 150 天誓师大会

桩基溶洞处理专家会议

永莲隧道左洞顺利贯通

吉莲高速公路顺利建成通车

路堑边坡带绿施工

龙田禾水河施工大桥

隧道二衬施工

敖城高架薄壁墩施工

德兴至上饶

德上夜色

烟雨德上

德上高速建成通车

建成通车的德上高速

德兴至上饶高速公路位于江西省东北部，主线全长61.222千米，项目概算为47.917亿元，2010年8月9日召开开工新闻发布会，于2012年12月建成通车，是江西省高速公路通车里程突破4000千米的关键项目之一。线路始于德兴市花桥镇、途经德兴市龙头山乡、玉山县怀玉乡、樟村镇、临湖镇、必姆镇、下塘乡，终于上饶市信州区沙溪镇共三个县（市、区）8个乡镇。是江西省规划高速公路网的重要组成部分，也是德兴至南昌高速公路和上海至昆明高速公路之间的竖向地方加密高速公路。与沈阳至海口国家高速公路宁德至上饶联络线武夷山（赣闽界）至上饶高速公路组合形成了纵贯上饶市的一条快速通道。它的建设对完善全省高速公路网、改善江西省特别是上饶市路网结构，盘活沿线地方经济建设具有重要意义；对构筑旅游快速交通网，推动江西省旅游业发展，带动三清山、婺源周边旅游资源的开发利用，促进区域经济的快速发展具有举足轻重的意义。

项目途经地区山高坡陡，沟壑纵横，属山岭重丘区，被称为江西的“天路”，全线共有桥梁78座，隧道9座，土方量达1030万立方米，50米以上高墩桥梁共8座，最高墩有81.6米，为全省第二；高填深挖路段多，土石方集中，边坡最高达9级，最大填挖高度达80余米；桥隧比达40.73%，是江西省迄今为止唯一一个桥隧比超过40%的项目；仅施工便道就达300千米；项目途经大茅山、三清山、怀玉山、大茅山等环境敏感点，环保要求高，施工难度前所未有。项目办按照省委、省政府、省交通运输厅的要求，认真总结和汲取

关口高架

高 速 公 路

汪村高架

特大桥雄姿

省内外高速公路建设管理的经验，针对本项目特殊的地形地貌特点和极端天气的实际情况，采取有效措施，扎实推动管理标准化活动，使得一大批新工艺、新技术和新科技得到应用。项目办制订了一系列管理制度和活动方案，建立了规范、统一的标准，为提升项目管理水平和今后的项目建设积累了宝贵的经验。

项目建设者在建设过程中秉承“德行天下、上求卓越”的理念和追求，以“开明的工作方法，严明的工作纪律，过硬的工作作风，明确的工作责任，端正的工作态度”，使建成后的德上高速公路成为“质量优良、环境优美、和谐自然”的发展之路、文明之路、富民之路，为江西省深入贯彻落实科学发展观，推动跨越式发展，为建设美丽中国、秀美江西的可持续发展贡献自己的力量。

美观的附属工程

汪村高架

规范的路基施工

路面摊铺施工

德兴东枢纽

赣州至崇义

特大桥雄姿

樟树下大桥

赣崇高速公路

夜间施工

赣州至崇义高速公路是厦门至成都国家高速公路（厦蓉线）的组成部分，也是江西省“三纵四横”高速公路主骨架规划中第四横的重要组成部分。

赣崇高速项目具有“难、险、高、大、杂、多”六大特点，“难”(即施工困难)：一是高填深挖路段多，最大填高达51米，最大挖深为56米，最大填挖相对高差近100米；二是岩层破碎，红砂岩、岩溶、淤泥、高液限粉土分布广；三是工期跨雨季较多，雨季施工时间占总工期的2/3；四是薄壁墩多达500个（其中墩高超过40米的高墩有169个，分布在25座桥梁中。“险”（即地势险要）：全线地处赣南山岭重丘区，从崇义县城附近起到湖南交界处地势险要、峭壁千仞，地貌特征复杂，地形起伏较大，自古有“湘赣咽喉”之称。在施工难度和地形复杂方面，在江西全省高速公路建设史上实属罕见，可以形象的比作江西省的“青藏公路”。“高”（即桥隧比高）：全线桥隧比39%，崇义县境内部分路段桥隧比接近80%，全线平均1.25千米就有一座桥，7.29千米就有一座隧道，是目前全省在建项目或已建成项目桥隧比最高的项目之一。“大”（即工程量大）：全线共设桥梁21.4千米/69座；全线共设隧道12.96千米/12座。全线梁片约6000片；桥梁下部高墩多，薄壁墩500个；全线浇注混凝土233万立方米、使用钢筋22万吨、水泥104万吨。“杂”

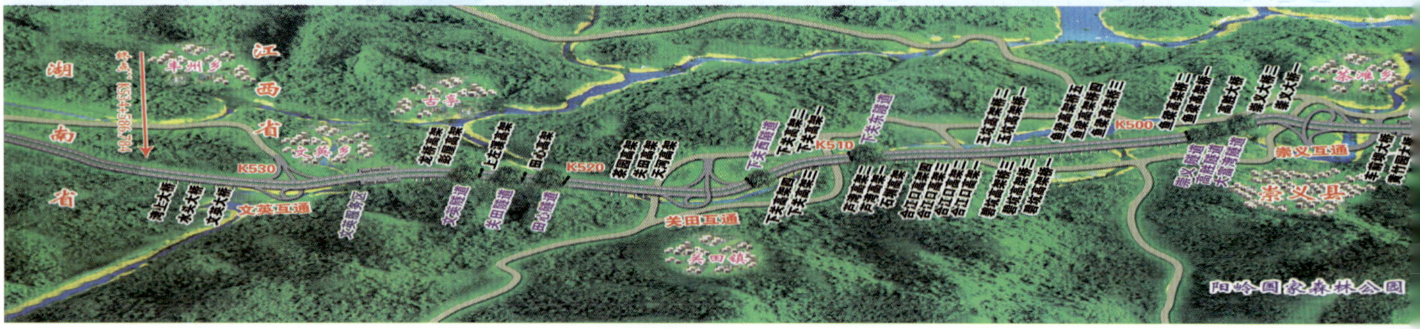

高 速 公 路

特大桥施工

全长 4085 米的尖峰岭隧道

（即地形复杂）：全线共 2 次跨上犹江、21 次跨崇义河、19 次跨赣丰公路、6 次改赣丰公路，给打开多个作业面和扫除施工盲点带来困难。“多”（即控制点多）：尖峰岭隧道特长隧道 4085 米 /1 座；大跨径刚构桥梁有 4 座，其中茶滩三大桥、车前坝大桥、崇义一桥主跨均为 80 米、崇义二桥主跨为 100 米。

赣崇高速项目工程概算总造价 68.95 亿元，平均每千米概算造价 7824 万元。由江西省交通运输厅与赣州市政府按 6:4 比例共同出资建设，双方派员组建项目建设办公室进行现场管理。项目位于厦蓉高速江西境内的最西端，全长 88.129 千米，2012 年 12 月底建成通车。

隧道施工

赣崇高速茶滩隧道顺利贯通

路面摊铺施工

路基土石方施工

路面碾压

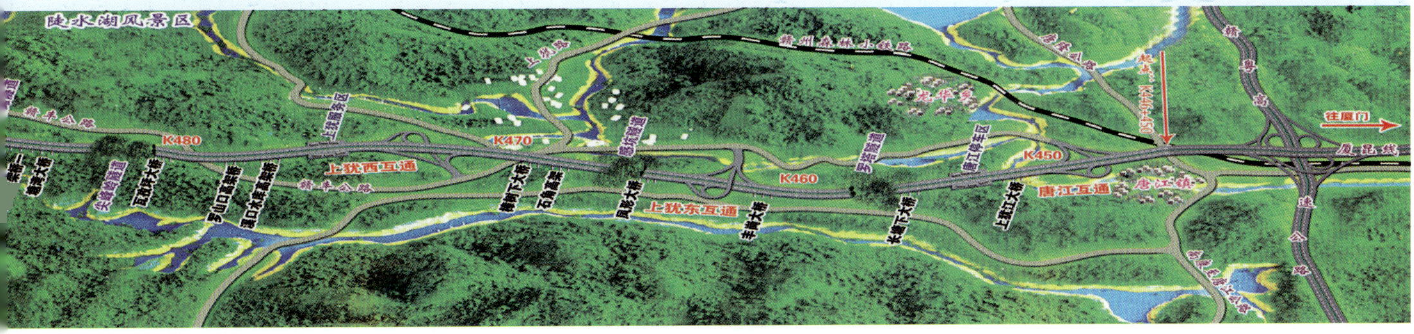

瑞 金 至 寻 乌

建成通车的瑞寻高速公路

建成通车的瑞寻高速公路

瑞金至寻乌高速公路全长123.956千米，建设工期24个月，概算总投资60.49亿元。该建设项目路线经过赣州市的瑞金市、会昌县、寻乌县两县一市，设计速度每小时100千米，整体式路基宽26米，路面采用沥青混凝土路面，全线主要工程量：路基土石方2489.5万立方米，大、中桥59座，总长13072.8米；涵洞通道488道；隧道5座，单洞总长9731米；互通立交4处；分离立交18处。瑞寻高速公路是国家“7918”高速公路规划网中的重要组成部分，是江西“三纵四横”高速公路主骨架第一纵在江西境内的最后一段，与已经通车的鹰瑞高速公路一起形成江西东部又一条南北大通道。

路面摊铺施工

瑞寻项目办下设A、B两个管理部，相应设有A、B段监理代表处，分别管理3个驻地办。该项目办内设6个职能处室，分别为工程技术处、合约管理处、行政综合处、征拆协调处、财务审计处和政治监察处。按照项目总体安排，项目建设分3个阶段：第一阶段从2010年1月至10月；第二阶段从2010年11月至2011年5月；第三阶段从2011年6月至2011年12月。

瑞寻高速公路建设项目办紧紧围绕省领导提出的“工程质量更优，外观形象更美，生态环境更佳，依法管理更严，安全廉洁更好”的建设目标，坚持“好”字优先，“快”字为本，突出重点、狠抓管理，通过全体建设者的共同努力，于2011年12月底建成通车。

羊子岩湘水大桥

高速公路

桥梁架设

特大桥施工

在工程建设中，瑞寻项目一是围绕质量创优目标，通过“首件工程认可制”，建立健全明晰的责任机制，抓好现场管理，严控质量关口。二是紧扣目标任务，统筹规划工期，灵活制定施工策略，分析重点、难点，抓好关键工程，运用奖优惩劣机制，强力推进工程进度。三是营造安全施工环境，在保障措施上下工夫，从项目办、各施工单位都层层建立健全了安全生产管理机构，实行“一岗双责”责任制，抓好现场的安全管理，加强安全生产制度、措施、经费的落实。四是做到警钟长鸣，在廉政建设上下功夫，通过严抓招投标、工程变更、计量支付等环节，强化对从业者的廉政教育，加大廉政建设监管力度，有效防止工程建设中的腐败问题。五是强调和谐理念，在科学发展上下工夫。项目办从开工之初就坚持“最小限度破坏，最大程度恢复”的原则，在施工中要求各施工单位尽量减少对自然景观和植被的破坏，尽快恢复施工中破坏的水系和路系，对容易发生滑坡、水土流失的部位采取护坡、拦坝、植草皮、砌挡墙等措施，防止水土污染。

忙碌的土方施工

建设中的瑞寻高速

首个实现架通的司背一桥

石城至吉安

项目办召开劳动竞赛动员大会

路基检测符合设计标准，一次验收合格

2010年9月16日，石城至吉安高速公路建成通车。石吉高速公路是国家“7918”高速公路网规划中的第十五横泉州至南宁高速公路江西境内的东段，也是江西省高速公路“三纵四横”主骨架中的第三横。路线起始于赣州市石城县东南约10千米处的赣闽省界五里亭，途经赣州市宁都县、兴国县、吉安市泰和县等26个乡镇，终于泰和县以北约11千米处的石山乡，全长190.7千米。工程概算总投资约103亿元。

工程起点处与泉州至南宁高速公路福建境内永安至宁化段相接；在宁都与在建的济南至广州高速公路江西境内鹰潭至瑞金段交汇，在终点处又与大庆至广州高速公路江西境内樟树至吉安段交汇，并与计划建设中的西段吉安至莲花高速公路相连。

建设中的古顺大桥

建设石吉高速公路，对于完善国家高速公路网和区域高速公路网建设意义重大；对于构筑江西省高速公路主骨架、完善江西公路网建设意义重大；对于加强沿海地区与内陆中西部地区的经济联系，改善革命老区落后的交通状况，带动沿线红色旅游资源的开发利用，促进区域经济快速发展意义重大；对于加速江西省实施“对接长珠闽、连接港澳台、融入全球化”的大开放主战略和强化江西承东启西、连南应北的交通枢纽作用意义重大。

石吉高速公路鸟瞰图

高　速　公　路

施工单位开展党建活动

石吉建设者到兴国县鼎龙乡杨村小学进行慰问

特大桥梁梁片架设施工

工作细致，一丝不苟

桩基施工

赣江特大桥主桥 2#
墩右幅板式墩砼浇筑完毕

整齐规范的桥梁孔桩钢筋笼

成功摊铺下基层

水稳试验路土工布养护

九　江　长　江

八里湖特大桥

引桥互通绿化

九江长江公路大桥是2004年7月国家发改委规划确定的70座跨长江公路通道之一，是“7918”国家高速公路网规划中福州至银川主线的重要组成部分，也是江西省建设的第一座具有世界领先水平的跨长江高速公路桥梁。本项目建成后，对于缓解长江过江交通压力、完善赣鄂两省高速公路网络、加强长江两岸经济社会联系、加快沿江经济带开发建设等都具有非常重要的意义。

项目起于昌九高速公路七里湖路段，终点接黄小高速公路小池收费站北侧，全长25.19千米，总概算投资约44.78亿元，建设工期48个月，自2009年9月27日开工建设，项目于2013年10月28日建成通车。全线主要由南岸引道工程、跨江大桥、北岸引道工程三部分组成，设有七里湖枢纽、九江西互通和湖北境内的分路互通，其中跨江大桥和南岸引道工程由江西省投资建设，长17.004千米，概算投资约37.61亿元；主桥为全长8462米、主跨跨径818米的双塔混合梁斜拉桥，居“世界第六，国内第四，江西第一”。

晚霞

九江长江公路大桥项目办在省交通运输

公　路　大　桥

互通枢纽

连接线互通

厅和沿线地方政府的关心和支持下，紧紧围绕“创一流管理，树一流形象，建一流大桥，育一流人才”的建设目标，坚持贯彻“围绕重点，把握细节，依托科技，打造特色，追求卓越”的建设理念，始终秉承“精心、精细、严谨、严格”的行为准则，大力推行标准化管理，持续提升混凝土质量，项目取得了良好成绩，得到了省、部等各级领导的充分肯定。2011 年 4 月 6 日，交通运输部副部长冯正霖视察大桥建设时赞叹：“施工队伍选得好、标准化效果好、项目开局良好”。时任省委常委、常务副省长凌成兴多次来到大桥工地视察，2011 年 6 月再次深入南塔施工现场时表扬：“施工进度理想、项目管理好、质量特别好、外观十分美观”。

主塔施工

大桥雄姿

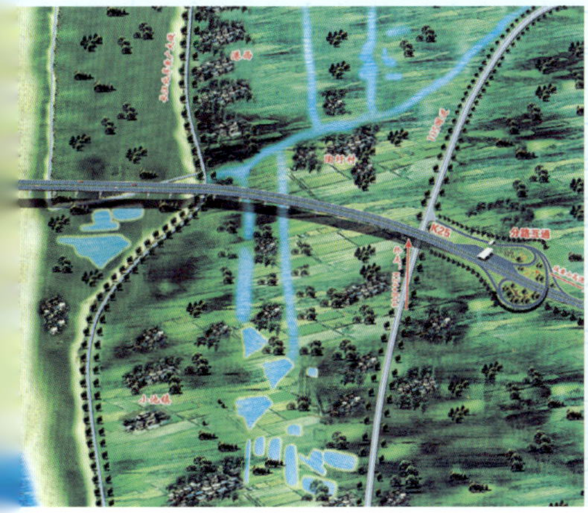

高速与铁路交汇

南昌至铜鼓

七重门

空中航拍高速风光

南昌至铜鼓高速公路为江西省高速公路网18条地方加密高速公路之一，是中部地区与东部沿海发达地区的快速通道即杭州—德兴市—南昌—铜鼓县—浏阳市—长沙—益阳—重庆中的一段。西接湖南的浏阳（湘赣界）至花垣（湘渝界）高速公路，东接德兴至南昌高速公路，与德兴至南昌高速公路的组合形成了横贯江西的又一条便捷的快速通道，它的建设对于降低沪昆高速公路的运输压力，促进沿海经济发达地区和中部地区的经济联络交流起到了十分重要的作用，被纳入交通运输部组织的《中部地区崛起公路水路交通发展规划》。

该项目的实施不仅是建设中部地区高速公路及江西省的高速公路网的需要，同时也是对国家高速公路网有利的补充。它的建设缩短了项目沿线地区各县区与南昌市的时空距离，有利于这些地区的经济发展，改善区域交通运输条件，缓解区域交通压力，对于提升省会城市南昌的辐射、带动作用，对于提升鄱阳湖生态经济区建设的发展优势，从而进一步发挥江西的生态优势，加速江西的工业化、城市化进程均具有十分重要的意义。

南昌西枢纽

该项目起点位于新建县望城镇青西村，顺接规划中的南昌城西快速路（连接生米大桥），与南昌西外环高速公路相交，途经新建、安义、奉新、靖安、宜丰，终于和湖南浏阳交界的铜鼓县铁树坳。路线全长190.9千米，其中新建里程170.3千米，与已建成的武吉高速公路共线约20.6千米，投资87亿元。该项目分两期建设，南昌至奉新段2009年7月16日开工建设，2011年12月28日建成通车，奉新至铜鼓段2010年8月9日开工建设，2012年10月28日建成通车。

高 速 公 路

跨江特大桥

竹海翠旺

标准化梁场建设

高架桥

标准化小构预制成品展示

铜鼓隧道

路面水稳层摊铺

日出东方

带溪互通

江西赣粤高速公路

开展革命传统教育

九绕高速公路路面测量

江西赣粤高速公路工程有限责任公司成立于2001年8月，拥有国家公路工程施工总承包一级资质，公路路面工程专业承包一级资质，公路路基工程专业承包一级资质，桥梁工程专业承包一级资质，公路交通工程交通安全设施施工专项资质，养护一、二、三类甲级资质和边坡病害处治乙级等资质，注册资本为10082.1万元。具备年完成产值超过10亿元的能力，是集公路、桥梁、隧道、交通安全设施施工、高科技养护（冷再生施工、乳化沥青、改性沥青加工）、机械设备租赁为一体的现代化专业施工企业。

公司自成立以来，在负责昌九高速公路养护的同时，先后参加了大量高速公路工程项目建设，主要有福银高速公路昌九段、昌奉高速公路、彭湖高速公路、德昌高速公路、永武高速公路等，总里程达360千米，为江西省的高速公路养护和建设事业做出了显著贡献，多次受到江西省委、省政府的表彰，荣获全国安全生产施工企业等称号。坚持"科技兴企"之路，先后引进了稀浆封层、微表处和冷再生等技术，成功生产SBS改性沥青和乳化沥青，尤其是冷再生技术的引进，填补了该项技术在江西省内的空白，"高速公路路面施工、高科技养护"两大品牌逐步形成。

冷再生拌合站

工程有限责任公司

九绕高速公路路面摊铺施工

九绕高速公路路面 AP1 合同段拌合站

路面施工

改性沥青加工厂

乳化沥青加工厂

标准化拌合站

江西省公路

福宁高速公路立交桥

广昌赤水互通

江西省公路机械工程局成立于1995年，是江西省交通系统首家通过ISO 9001:2000国际质量标准认证的国家公路工程施工一级总承包企业，具有路基、路面、桥梁、隧道、交通安全设施专业一级资质，市政工程二级总承包，城市及道路照明二级专业承包，养护工程施工甲级资质，园林绿化三级资质，结构补强资质；是江西省工商行政管理局“守合同，重信用”AAA企业；是江西省内多家银行的AAA资信企业；是省直文明单位、南昌市文明单位。

伴随着国家的繁荣昌盛、交通建设的飞速发展，在艰苦拼搏十多年的风雨沧桑历程中，江西省公路机械工程局已发展成为一支拥有员工504名、各类专业技术人员315名、公路市政等专业一级建造师46名；工程机械设备489台（套）、设备原值数亿元的企业。该局始终坚持“做对社会负责任企业”的宗旨和“以质量求生存，以管理求效益，以效益求发展”的方针，坚持以人为本，大力实施“科教兴局”、“人才强企”战略，大力加强精神文明建设和企业文化建设，深化机制改革，强化内部管理，紧扣市场脉搏，在开拓创新、和谐创业中不断发展壮大，现已发展成为集公路、桥梁、隧道、交通工程、公路养护、市政工程施工等工程建设及设备租赁、房地产开发、园林绿化、软件开发、对外贸易、高速公路项目代建等业务为一体、多元化发展的现代化集团式施工企业。

公司承建的万宜高速公路A3合同段路基施工

利用高起点的优势，依托强大的设备力量和技术支撑，采取先进科学的管理模式，突出施工质量、信誉，是江西省公路机械工程局大跨步向前发展的成功所在。该局拥有较为优良的沥青混凝土路面、水泥砼路面、路基土石方、桥梁、隧道、交通安全设施等各方面机械设备，拥有一批训练有素、技术过硬、经验丰富的项目经理队伍、施工管理人才和技术人员；全面按ISO 9001:2000标准要求设置机构、配置人员、规范管理、建立质量保证体系；注重引进、消化、借鉴、创新国内外高新工程技术，大力推广应用新技术、新材料、新工艺、新设备，企业正朝多元、质量、效益型道路快速发展。

泉厦高速公路

机械工程局

高架桥架梁施工

公司承建的万宜高速公路 A3 合同段架梁施工

近年来，该局积极参与省内外重点工程建设，取得了令人瞩目的可喜成绩，施工队伍日益壮大、施工能力和施工水平进一步提高，先后参建了江西省内的梨温高速、泰井高速、昌金高速、京福高速、武吉高速、昌九高速技术改造、石吉高速、德昌高速、永武高速、瑞寻高速、彭湖高速以及陕西省西柞高速、陕西省商漫高速、浙江省诸永高速、浙江省黄衢南高速、广东汕头金风大桥——西港高架桥工程、安徽省合六叶高速、辽宁省沈阳新市沈北区道路排水工程、辽宁省沈阳市浑南新区电力隧道工程、云南省水麻高速、广东省韶赣高速、广东省潮揭高速、内蒙古自治区赤峰至通辽高速、内蒙古自治区通辽至下洼高速、新疆自治区塔城至额敏至托里公路、新疆自治区奎屯至赛里木湖公路工程、河南省南阳至内乡高速、湖北省武荆高速、湖北省麻竹高速、河南省郑州至漯河高速、贵州省思南至剑河高速、山西省太佳高速、山东省青临高速、四川省九寨沟改建工程、甘肃省安西高速等多条高等级公路的工程建设，足迹遍及全国 20 多个省市（自治区），并于 2006 年承担了迄今为止全国一次性开工建设里程最长的高速公路建设项目——济南至广州高速公路江西鹰潭至瑞金段建设项目的代建业务，经济效益和社会效益逐年提高。“三个文明”建设硕果累累，多次被评为江西省交通系统和公路系统先进单位、南昌市文明单位、江西省文明单位；下属公司均被共青团江西省委授予“省级青年文明号”光荣称号，其中一个分公司被授予“国家级青年文明号”光荣称号。

京福高速公路竹岐隧道

公司承建的万宜高速公路 A3 合同段边坡施工

路基土方施工

墩柱施工现场

沥青拌和楼

高速公路路面养护施工

江西国际集装箱码头有限责任公司

办公大楼

集装箱到港装卸

南昌港集装箱码头是省内首座内河一流现代化集装箱专用码头，一期总投资 1.6 亿元，设计年吞吐量能力为 5 万标箱。港区内配备了集装箱轨道门机、进口正面吊、堆高机、叉车等集装箱专用设备 20 余台，并建有码头指挥、调度、管理和服务为一体的综合办公楼，为客户提供报关报检一站式的优质服务。

南昌港集装箱码头目前已成为南昌市和江西省综合运输的集散地和现代物流的重要基地，集装箱吞吐量屡创新高。箱量从 2005 年 1 万多标箱，上升至 2006 年 3 万多标箱，再到 2012 年的 6 万多标箱，增长速度突飞猛进。特别是在 2013 年，集装箱吞吐量突破了 9 万多标箱，同比 2012 年增长了 37%，超设计吞吐能力 80% 以上。为外向型经济发展提供了强有力的支持。

为响应省委省政府“做强南昌、做大九江、昌九一体、龙头昂起”战略部署，加快推进两港一体化发展，南昌港集装箱码头扩大再生产方案已提上议程，集装箱码头扩大规模后，在吞吐能力、物流速度、服务质量方面都将得到进一步的提升，从而能够进一步推动打造南昌核心增长极工作，以支持南昌在昌九一体化、鄱阳湖生态经济区和全省经济区中起着龙头带动作用，为全省外向型经济发展再立新功。

轨道式门机作业

码头货场

码头全景

人进行善意批评，从而达到既提高自己，又帮助别人，共同提高的目的。

（肖文锋）

【高安市交通运输局开展以“提升精气神奋力促赶超”为主题的作风建设活动】 2013年，市交通运输局通过开展以“提升精气神奋力促赶超”为主题的作风建设活动，进一步增强党员干部主动谋事、用心想事、努力成事的积极性、主动性和创造性，在全系统形成风清气正、奋发有为的干事创业氛围，有力促进交通运输工作的开展。1. 完善工作制度。推行服务承诺制和违诺追究制，执法单位公开依法行政主体、内容、程序、权限、收费标准等事项；所属单位就为民办事的具体内容、工作时间、责任主体等向社会公开承诺；运管所、港航所、渡口所等具有行政审批职能的单位就服务内容、程序、时限、标准等事项向社会做出公开承诺，接受群众监督；领导干部就未兑现承诺如何接受责任追究向社会作出公开承诺，提升工作办事效率。2. 严格工作纪律。依据市委办、政府办《关于改进工作作风、密切联系群众的实施细则》要求，结合交通运输实际，制定《关于改进工作作风、密切联系联众、提升党员干部形象的实施细则》，使工作制度更加具体、执行更有操作性。针对少数基层单位纪律意识不够，存在缺岗、吃空饷现象进行严肃处理，以改进机关作风的实际行动取信于民。3. 提升执法公信力。加强执法队伍教育培训力度，端正执法思想，提升执法能力，切实做到执法程序规范、准确、适当、齐备；强化执法人员的服务意识，切实解决少数执法人员对待群众“冷、硬、横、推”“门难进、脸难看、事难办”的耍特权思想问题，提升执法队伍形象。4. 切实解决问题。该局班子成员带着群众反映的突出问题，深入一线调查研究，寻求有效解决办法。针对群众反映农村公路只见建不见养问题，积极争取市政府重视，推动养护资金落实到位，使农村综合服务站发挥其应有职能。探索农村中学以及有条件的中心小学与客运企业签订学生往返协议，解决农村学生存在乘车难问题，提升交通运输幸福指数。

（周世祥）

【铜鼓县运管部门改进运政工作作风】 2013年，铜鼓县运管所不断创新工作方式，改进工作作风，以扎实有效的工作推进运输行业的发展。一是完善制度措施，狠抓机关效能。进一步严格各项工作制度，强化机关工作纪律，建立各项工作机制；切实提高办事效率和工作质量；规范机关管理制度。二是加强执法监督，狠抓规范执法。建立运政执法责任倒查机制，加大对不规范执法行为的查处力度，形成行政执法、行政处罚、社会监督联动机制；大力提倡规范执法与文明执法相结合，树立交通运管人新形象。三是强化服务意识，狠抓窗口建设。严格落实“首问负责制”“限时办结制”等服务制度，不断提高办事窗口服务质量；在行业管理中，定期召开运输经营者座谈会和开展上门服务，广泛征求经营者的意见、建议，帮助解决经营中存在的实际困难和问题。四是强化廉政风险防控，树立交通运输行业新风。建立廉政信息档案，同时利用开会、民主生活会时机进行岗位廉政宣传，对照岗位职责，开展可能影响廉政建设、酿成腐败问题的关键环节进行查找，加强防控；加强监督检查，对制度不落实、防范措施不到位的股室、个人，及时指出，责成整改，制定防范措施，形成良性廉政风险防范机制。

（李　洪）

【抚州市交通运输局党风廉政建设取得成效】 2013年，抚州市交通运输系统各级党组织高度重视党建工作，采取上廉政党课、收看电教片等方式，对党员干部进行理想信念教育、党性党风教育和廉洁从政教育，各级党员领导干部廉洁意识进一步增强。市局班子成员和机关干部带头贯彻落实中央八项规定，在改进调查研究、规范会议活动、精简文件简报、严禁铺张浪费等方面以身作则，组织副科以上干部到清风苑上廉政党课，开展各类廉政警示教育活动。严格按照整顿“四风”要求，扎实开展了“庸懒散”专项整治活动。通过作风整顿，党员干部精神面貌进一步改善，机关呈现出节俭、高效、务实的新风尚。全市交通运输系统各级党组织严格落实党风廉政建设责任制，深入开展岗位廉政风险防控机制建设和“红包”问题专项治理活动，认真落实责任制，公开权力运行流程，抓好电子监察系统建设，开展阳光政务，干部职工自律意识不断增强，党风廉政建设取得明显成效。

（陈根玲）

【抚州市交通运输局举行党风廉政建设责任书签字仪式】 3月25日上午,抚州市交通运输局在梦湖商务宾馆举行了简洁、庄严的党风廉政建设责任书签字仪式。抚州市交通运输局党委书记乐小红分别与机关各科室、局属各单位负责人签订了党风廉政建设目标责任书。

乐小红在签字仪式上指出,通过责任书的签订,使机关各科室、局属各单信第一责任人更加明晰自己肩上的政治责任,进一步增强反腐倡廉工作的责任感、紧迫感和使命感,为切实履行"一岗双责"奠定基础。这一举措必将进一步增强全体干部职工遵守工作纪律的自觉性,增强防腐拒变意识,筑牢反腐倡廉的思想防线,对于着力打造一支廉洁高效的交通运输队伍,人人争当廉洁交通人,促进交通运输事业科学发展具有重要的意义。乐小红要求,机关各科室、局属各单位负责人要认真贯彻落实中央关于加强党风廉政建设和反腐败工作的各项规定,明确责任,狠抓落实,确保党风廉改建设和反腐败各项任务的落实,认真落实责任制,努力把抚州交通运输系统党风廉政建设和反腐败斗争提高到一个新的水平。

(抚州市交通运输局)

【抚州市交通运输局组织党员干部观看《忠诚与背叛》】 4月12日下午,抚州市交通运输局组织百余名党员干部观看革命历史题材电影《忠诚与背叛》,警示机关公务人员特别是党员干部时刻保持党性纯洁,争做人民满意的公仆。该片融政治性、艺术性、观赏性于一体,生动形象地反映了在党内建立纪律检查机构和工作制度的重要性,真实再现了中国共产党为维护自身忠诚与纯洁而付出的艰苦卓绝的努力。影片对于加强党的先进性教育,保持党员领导干部树立入党为公、执政为民思想具有重要意义。

该局自开展保持党的纯洁性教育活动以来,始终把组织观看廉政教育等影片作为深入推进"保持党的纯洁性"主题教育活动的一项重要内容,常抓不懈,并要求全局党员干部撰写心得,进一步坚定理想信念、加强党性修养,始终保持共产党员的先进性和纯洁性。通过观看此片,党员干部感触很深,纷纷表示,作为一名受党培养教育多年的党员干部,特别是领导干部,一定要忠诚于党的事业,心中装着为人民,把群众满意不满意当着工作的出发点和落脚点。作为交通人就是要时刻想着辖区内老百姓出行是否便捷安全,群众生活是否富裕,经济社会发展是否和谐,以此作为交通运输工作的目标和动力,不断改进交通运输工作方式方法,为抚州经济社会快速发展和人民群众致富奔小康作出应有的贡献。

(李　维)

【上饶市交通运输局积极开展落实党风廉政建设责任制和推进惩防体系建设工作】 2013年,上饶市交通运输局认真组织开展了"红包"专项治理工作。按照规定,全系统92位清理对象(县级20人,科级72人)全部进行了自查自纠,没有发现收受"红包"现象,也没有收到情况举报。按时上报了清理情况周、月和阶段总结。对廉政准则贯彻执行情况进行监督检查,领导班子成员没有因违反"8项禁止52个不准"被查实的情况。领导班子成员2013年没有因违纪违法受到查处、受党纪政纪处分或刑事处罚的,也没有领导班子成员受到问责或因违反责任制规定受到责任追究。

(上饶市交通运输局)

【严抓制度落实切实提高廉能预警能力】 11月28日上午,上饶市交通运输局党组成员、纪检组长程黎霞,副县级纪检员、监察室主任王淑琴深入城客处,指导该单位扎实开展好风险岗位廉能预警分析会,会议由市城客处主任苏卫东主持,市城客处综合执法科、各执法中队负责人及有关人员参加了会议。

会议重点分析了市城客处综合执法科在廉能管理工作方面存在的风险,并结合工作实际,研究制定了10条切实可行的制度措施。程黎霞对市城客处廉能管理工作给予充分肯定,并对此次风险岗位廉能预警分析会进行了高度评价。程黎霞强调,各单位要进一步加强对中共十八届三中全会精神的理解和领悟,时刻绷紧风险岗位廉能管理这根弦,确保工作不出纰漏,风险岗位廉能管理工作更加扎实有效。

(上饶市交通运输局)

精神文明

【概况】 2013年,省交通运输厅精神文明建设工作坚持以邓小平理论、“三个代表”重要思想和科学发展观为指导,深入贯彻落实中共十八大、十八届三中全会精神,紧紧围绕全省交通运输发展大局,以开展“学先进、树新风、建体系、创一流”活动为载体,组织和引导广大干部职工积极开展形式多样、内容丰富的行业文明创建活动,努力在统一思想、凝聚人心、鼓舞士气、提升形象上下工夫,为全省交通运输事业又好又快发展提供有力的思想保证、精神动力和舆论支持。敖志凡荣获第四届全国道德模范提名奖和第三届“江西省道德模范”等荣誉称号,受到总书记习近平等党和国家领导的亲切接见。3个集体荣获全国青年文明号称号,39个单位荣获第九届省直机关文明单位称号,19个单位荣获全省首批“青年雷锋岗”称号,1名个人获第三届“江西十大法治人物”称号。

1. 扎实推进中国特色社会主义理论体系的学习宣传教育。始终坚持用邓小平理论、“三个代表”重要思想和科学观等马克思主义中国化最新成果武装教育党员干部职工,引导广大交通干部职工全面准确掌握中国特色社会主义理论体系的科学内涵、精神实质、根本要求,真正做到用科学理论武装头脑、指导实践、推动工作。

按照统一部署,把“中国梦”宣传教育活动,作为深化中共的十八大精神学习宣传的重点内容,精心制订活动方案,开展“畅行杯”共筑中国梦、交通在行动征文、“中国梦·劳动美”、“中国梦我的青春梦”主题团日等系列活动,进一步深化对中国特色社会主义理论的认识和理解,坚定道路自信、理论自信、制度自信,激励交通职工以更加饱满的热情投身到实现“中国梦”的建设中去。《江西日报》刊发《三名筑路人的“中国梦”》,对江西交通普通职工的“中国梦”进行报道。

各部门、各单位充分发挥网站、微博、墙报、专栏、简报等舆论工具作用,多层次、多形式地开展宣传教育。特别是中共十八届三中全会闭幕以来,全省交通运输行业各有关单位纷纷通过召开中心组学习会、专题报告会等形式,深入学习领会全会精神,并结合各自工作实际,围绕加快实现交通运输事业科学发展、创新发展、绿色发展、持续发展目标,提出具体意见和措施。

2. 行业典型塑造实现重大突破。2013年,省厅着力加大了典型挖掘宣传力度,着重挖掘交通监理中心敖志凡爱岗敬业无私奉献典型,对其事迹进行挖掘采访宣传。2013年以来,中央电视台、《人民日报》、《江西日报》、江西新闻联播对其事迹进行了报道。经省交通运输厅推荐申报,敖志凡荣获第四届全国道德模范提名奖和第三届“江西省道德模范”等荣誉称号,受到中共中央总书记、国家主席、中央军委主席习近平,中共中央政治局常委、中央文明委主任刘云山等党和国家领导及省委书记强卫等省领导的亲切接见。

充分发挥先进典型的示范带动作用,厅党委下发《关于开展向敖志凡同志学习活动的决定》,要求各部门、各单位组织干部职工广泛开展多种形式的向敖志凡学习的活动。《江西交通》编辑部开展“学习敖志凡、积聚正能量”征文活动,引导和鼓励广大干部职工交流学习敖志凡先进事迹体会,学习敖志凡先进事迹,激发干事创业激情。开展“我推荐、我评议身边好人”活动,一批交通职工入围全省“我推荐、我评议身边好人”加大窗口单位服务品牌宣传力度,推出抚州管理中心“向阳花”服务品牌主题宣传。

3. 大力加强交通文化建设。结合交通运输工作实际,以建设文化交通、和谐交通为目的,以培育和弘扬交通精神为核心,将文化建设与各项工作有机结合起来,用核心价值提升文化,用典型培育引领文化,用宣传品牌弘扬文化,用群众创建活跃文化,用窗口服务展示文化,用服务社会传播文化,着力推进交通运输行业文化建设不断发展,以文化建设引领行业发展、推动行业发展、提升行业发展、保障行业发展,取得了较好成效。省高速集团景德镇管理中心景北所、梨温公司鹰西收费站、昌泰公司泰和收费所荣获全国青年文明号称号;省交通运输厅及厅直属39个单位荣获第九届省直机关文明单位称号。一是广泛开展行业核心价值体系建设。结合实际,提出了“思想大解放,作风大转变,交通大发展”的江西交通发展理念,并组织开展大讨论活动,引导干部职工在解放思想中激发干劲,在转变作风中谋求发展。为进一步深化江西交通发展理念的内涵,在全省交通运输系统实施“六项工程”,着力打造“五个交通”,即实施交通服务设施文明优质工程,实施交通“窗口”单位满意服务工程,实施客运市场规范工程,实施文明出行宣传教育工程,实施交通系统机关务实高效工程,实施交通行政执法素质形象工程。提升发展理念,打造创新交通;推进效能建设,打造活力交通;强化拒腐防变,打造廉政交通;深化“学树建创”活动,打造文明交通;高度关注民生,打造和谐交通。

为将交通文化的理念内化于心、固化于制、外化于行,该厅通过专题宣传、摄影比赛、演讲比赛等多种形式开展学习宣传活动,提高交通运输职工对交通运输行业核心价值体系的认同感。与此同时,在全行业广泛推进交通标准化建设,使行业形象特征实现系统化、规范化,使交通文化根植于干部职工的思想意识,融入职工日常的工作方式、思维方式和思维习惯。通过行业内和外谐,达到文化建设、制度建设与文明建设相统一,最终实现行业科学、持续、健康发展。二是积极开展系列健康向上的文体活动。开展了服务区摄影比赛和摄影展,反映全省高速公路服务区整治工作成效,展现了全省高速公路服务区的建设成果和精细化管理、规范化运作、人性化服务等精神风貌,展现了“服务规范、设施先进、环境优美、群众满意”的服务区新形象。3 月 15 日,江西省摄影家协会对 2012 年度各摄影奖项进行表彰,由省交通运输厅、省文联主办的“江西省第五届‘赣粤高速杯’摄影作品展隆重举行”被评为“2012 年度江西摄影界十件大事”,江西高速公路摄影协会获“2012 年度江西省十佳摄影集体”称号,一名个人获“2012 年度江西省十佳摄影工作者”称号。中国交通报驻江西记者站和江西省高速公路文学艺术联合会联合主办“映山红”杯全省高速公路收费形象摄影比赛,充分展现了全省收费窗口快捷服务、礼仪服务、便民服务的文明风采,展现了收费窗口服务品牌建设成果和所站规范化管理成效。三是大力推动道德领域建设。各单位把道德领域突出问题专项教育和治理活动摆上重要位置,思想上高度重视,安排上统筹兼顾,措施上切实到位,推动教育治理工作制度的落实,推进教育和治理活动深入发展。推荐江西公路开发总公司梨温高速公路公司鹰潭管理处等 13 个单位参与全国交通运输行业道德领域突出问题专项教育和治理活动文明单位和行业文明示范窗口单位评选。四是认真组织多项社会公益活动。倡导广大干部职工立足岗位深入开展学雷锋、志愿者服务等活动,推动学雷锋实践活动常态化,在全行业推广学雷锋活动先进经验和典型,引导各单位和广大干部职工积极争创“雷锋岗”、“雷锋班组”和“雷锋式职工”。省厅共 19 个单位荣获全省首批“青年雷锋岗”称号。组织“公民道德宣传日”活动,营造职工思想道德建设的浓厚氛围;组织厅机关干部职工参加志愿无偿献血活动;开展“慈善一日捐”活动,积极募集善款;深入持久地开展全民艾滋病防治知识宣传,反对社会歧视,倡导相互关爱的道德风尚;在继续组织开展“扶贫济困送温暖”活动的同时,认真抓好定点扶贫工作。五是深入开展法制宣传教育活动。在全行业积极开展以“学法律、讲义务、讲责任”为主要内容的法制宣传教育活动,大力推进交通法制宣传教育和廉政教育进机关、进家庭、进校园、进工地、进车船、进所站,努力引导干部职工学法守法用法,增加依法维权和履行义务意识,促使交通工作始终沿着法制化轨道运行。厅宣传处熊昌军被推荐参评全国“六五”普法中期督导先进个人,宜春市公路管理局路政支队支队长吴雄生荣获第三届“江西十大法治人物”称号。

(练崇田)

【省交通运输厅努力做好党的群众路线教育实践活动等专题活动的宣传】 2013 年 党的群众路线教育实践活动启动后,省交通运输厅迅速部署,强化措施,大力宣传,为深入开展党的群众路线教育实践活动营造良好氛围。一是明确人员职责与分工,加强与省委党的群众路线教育实践活动领导小组办公室的沟通和联系,确保活动顺利开展。二是结合交通运输行业实际,制订宣传工作方案和工作计划。督促各单位根据本单位活动方案要求和工作实际制定宣传方案。三是及时编印工作简报,宣传各级交通运输部门开展党的群众路线教育实践活动的动态、特色工作和成效。四是在《江西交通》杂志和江西交通信息网开辟相关专栏,对交通运输系统各单位开展党的群众路线教育实践活动进行跟踪报道。五是加强与有关新闻媒体的沟通、协调和联系,及时宣传江西交通运输系统在开展党的群众路线教育实践活动中的主要经验和先进典型。六是开展系列特色活动。开展向龚全珍及交通运输系统先进典型敖志凡学习活动，以先进典型积聚推动教育实践活动的正能量。开展行业核心价值体系学习实践教育活动。开展“中国梦·劳动美”全省交通职工特色文化展示活动，以“创业、创新、奋斗、梦想”为主题，凸显行业实际和交通特色，展示形式多样的行业特色文化，使交通文化的理念内化于心、固化于制、外化于行，增强行业凝聚力，提高社会影响力。

（练崇田）

【省交通运输厅深入开展“中国梦”主题宣传教育活动】 2013年，结合省交通运输厅工作实际，通过典型引路、活动带路、特色开路，深入开展“中国梦”主题宣传教育活动，在共创和谐、增强活力上有新措施。一是典型引路。以正在开展的道德讲堂建设为平台，结合交通运输行业核心价值体系，结合行业先进典型宣传，深入开展信念教育、价值观教育、道德教育，引导广大交通干部职工树立正确的理想信念。积极参与第三届全省道德模范评选和第四届全国道德模范推荐活动，第十三届全国职工职业道德建设先进单位和个人、“中国好人”“身边好人”推荐评选，活动深入挖掘和宣传坚守一线、默默无闻、坚持信仰、努力奋斗的交通人物，努力把他们的先进事迹和高尚品格广泛传扬，在全系统掀起学习模范、人人争当模范的热潮。党员领导干部带头深入到车、船、港、站（码头）、工地等交通一线，结合干部职工的思想实际进行宣讲，使“中国梦”教育深入基层，深入人心。二是活动带路。以开展雷锋志愿活动为抓手，积极做好社会公益事业和扶贫工作。组织由厅机关党员干部职工组成的“学雷锋志愿服务队”，赴厅定点包扶的信丰县油山镇坑口村，开展了一次以“关爱农村自然生态暨保护母亲河”为主题的学雷锋志愿服务活动。三是特色开路。注重积聚群团力量，组织广大青年党团员积极投身“我的中国梦，志愿在行动”社会志愿服务活动；围绕“中国梦”主题，深入开展“青年岗位能手”、“优秀导师带徒”评选表彰和推报工作，引导团员青年立足本职做一流工作、作一流奉献。广泛开展“中国梦我的青春梦”梦想征集与圆梦活动，助力帮扶团员青年圆梦。深入开展“中国梦我的青春梦”青年文明号在行动活动，充分展示青年文明号职业文明，提升品牌服务效应。同时，通过开展形式多样、健康向上的群众文体活动，鼓励交通职工为圆“中国梦”以更加饱满的热情投身到江西交通的建设中去。开展“中国梦·劳动美”——职工文化展示活动，集中反映广大交通职工多姿多彩的文化生活和积极向上的精神追求。举办了“中国梦·劳动美”主题文化体育活动，激发交通运输职工顽强拼搏、团结一致追逐中国梦的热情。8月6日至年底，利用江西交通信息网的电子平台，举办了以“建功在交通，实现中国梦”为主题，以学习中共十八大精神和新党章为主要内容的网上知识竞答赛，激励广大党员干部职工加强党性修养，坚定理想信念，立足本职，脚踏实地，奋发努力去追梦、圆梦。

（雷声猛）

【全省港航系统19个单位荣获第十三届省级文明单位称号】 在中共江西省委、省政府下发的《关于表彰江西省第四届文明城市、文明村镇和第十三届文明单位的通报》中，全省港航系统共有19个单位获得第十三届省级文明单位荣誉称号，分别为：江西省港航管理局、省港航局南昌分局、九江港口局瑞昌分局、九江港航局瑞昌分局、九江港航局都昌分局、星子县地方海事处、九江市地方海事局、九江市港航管理局、省港航局景德镇分局、省港航局萍乡分局、省港航局新余分局、省港航局鹰潭分局、省界牌航电枢纽管理处、省港航局赣州分局、赣州港航分局赣州航道处、省港航局宜春分局、高安市地方海事处、万安县地方海事处、省港航管理局抚州分局。

（航　宣）

【省地方海事局多措并举营造“四型海事”建设浓厚氛围】 3月上旬，为深入推进“学习型、责任型、服务型、创新型”四型海事建设，全面提升履职能力和服务水平，实现海事科学安全发展。省地方海事局严格按照部海事局实践活动方案的要求和部署，通过全局深入学习和媒体深化宣传，营造“四型海事”建设浓厚氛围，扎实推进“四型海事”建设。一是中心组学习龙头带动。自部海事局下发实施方案以来，全局召开专题会议，党委中心组统一学习“四型海事”建设的相关指导意见，统一思想、明确方向，制订活动方案。二是让每一名海事工作人员充分认识到构建“四型海事”的深刻内涵和重要意义,增强其“四型海事”建设的使命感和责任感。其间,省局向机关18个处室和各分局、鄱阳湖搜救分中心等12个单位发放《“四型海事”200问》“四型海事”宣传折页、“四型海事”宣传海报等资料,并要求各单位在办公场所和窗口服务单位张贴宣传画、摆放宣传展板、发放宣传手册。三是媒体宣传持续深化。省局在江西港航信息网站、《江西港航》内刊上开设“四型海事”专栏,建立全省“四型海事”建设QQ群。通过门户网站、媒体、编印简报和宣传栏等形式,广泛宣传“四型海事”建设相关知识,及时发布学习实践活动相关动态,择优刊发各单位“四型海事”建设信息。与此同时,省局要求各单位大力开展“四个一”活动,即召开一次专题学习会、组织一次现场宣讲会、开辟一个学习专栏、打造一批特色品牌,进一步形成人人知晓“四型海事”、人人参与“四型海事”建设的良好局面。

（赖浩锋　陈明中）

【省运管局加强行业新闻宣传工作　努力营造良好舆论氛围】 2013年,省运管局紧紧围绕宣传贯彻中共十八届三中全会精神,营造群众路线教育实践活动良好氛围,坚持把握正确舆论导向,努力唱响主旋律,打好主动仗,服务行业发展。一是适应形势要求开通了江西运政微博,出台政务微博管理实施方案(试行),明确人员及职责,确保政务微博规范、有序运行。二是精心谋划组织全国驾培工作会宣传报道工作,积极协调《中国交通报》记者深入蓝天驾校进行采访报道。三是结合该局党的群众路线教育实践活动的开展,及时对外发布群众关注的行业信息,《追踪班线运营服务群众出行——省运管局开展大规模班线客车运营整治活动》《下基层访民情上门纳谏听诉求》等信息被多家媒体转载,并适时联合江西交通广播在《交广双声道》节目中进行江西运管“群接触”《关注百姓出行,运管服务先行》直播访谈。同时,继续加强行业新闻宣传,争取舆论支持。一方面,目标管理推动,将宣传工作纳入目标工作考核,努力提高各地抓宣传工作的积极性和主动性。各地除积极向媒体供稿,邀请媒体开展采访活动外,萍乡、鹰潭等多地运管对宣传报道工作建立了奖励机制,宜春运管还借助《宜春日报》平台,开办《运管之窗》栏目,并在5月配合新华社记者采访农村公路建管养运一体化建设情况。另一方面,负面报道促动,以负面报道为警戒,及时转办各类新闻媒体报道的负面消息,督促行业各相关部门尽快对各类新闻媒体报道的负面消息进行解释或整改,消除不良影响。

（朱　熹）

【省运管局扎实开展文明创建活动】 2013年,省运管局在继续抓好局机关文明单位创建活动的基础上,以行业核心价值体系为根本,拓宽领域,丰富内容,有效地促进了道路运输行业文明创建活动的开展。在文明创建工作中突出抓好道德讲堂建设,开展以职业道德、党风廉政和运管文化建设为重点的道德讲堂活动,举办社会主义核心价值观讲座,提升干部队伍思想道德素养;组建学雷锋志愿服务队,全局志愿者注册登记人数共47人,占单位干部职工总人数的53%,陆续组织了“温馨旅程”汽车站志愿服务、送文化进村植树护绿及敬老爱老等志愿服务活动;开展文明餐桌行动,普及餐桌文明知识、推广餐桌文明礼仪、倡导节约用餐行为。2013年,省运管局先后被表彰为江西省第十三届文明单位、南昌市第十四届文明单位。同时,积极推进行业文明创建,培树行业典型。江西大众交通运输有限公司标兵车队被授予“全国工人先锋号”称号;在全省范围内推荐2个领袖品牌、7名风范人物参评中国道路运输领袖品牌和风范人物;深入开展“争创诚信示范窗口”主题实践活动,南昌市运管处等单位被推荐参评全省“诚信示范窗口”,并向省厅推荐该局行政服务中心窗口人员马洁态参评先进个人;萍乡市运管处开展运管文化建设示范点创建活动等。

（朱　熹）

【省运管局开展学雷锋志愿服务活动】 3月22日,南昌徐坊客运站出现了10余名身披印有“省运管局志愿服务队”字样绶带,头戴小红帽的志愿服务者。忙碌服务的身影,装点了人流涌动的汽车站,也温暖了旅途乘客的心。此次“温馨旅程”活动是省运管局按照省厅统一部署,立足行业特点开展的学雷锋志愿服务活动。省运管局10余名志愿者积极响应号召,深入徐坊客运站,搭设志愿者服务台,积极为旅客提供义务咨询、安全宣传、拎拿行李、免费送水等服务。

在服务过程中，志愿服务者奉献着自己的热情，以实际行动践行着雷锋精神。在进站口“温馨旅程”志愿服务台前，志愿者们向过往的旅客散发乘车指南、“安全带——生命带”宣传单，耐心地解答着旅客的询问；在安检处，志愿者们一刻不停地提醒帮助旅客将行包过安检；在候车大厅，推着“雷锋车”的志愿者们，为有需要的乘客送上热开水；在检票口，志愿者们协助车站人员组织旅客有序进站乘车，帮助旅客搬送行李；在发车区客车上，志愿者向旅客纷纷散发“安全带——生命带”宣传单，提醒旅客注意安全，系好安全带，为旅客送上了一份关怀和温暖。

（朱　熹）

【省委书记强卫看望龚全珍、敖志凡等全省第四届全国道德模范及提名奖获得者】　9月26日，第四届全国道德模范座谈会和授奖仪式在北京举行。江西省高速集团井睦项目办总监办主任敖志凡荣获全国道德模范提名奖，受到了中共中央总书记、国家主席、中央军委主席习近平和中共中央政治局常委、中央文明委主任刘云山等中央领导的亲切会见。习近平在会见时指出，道德模范的高尚品德，温暖了人心，感动了中国，为全社会树立了榜样。要深入开展学习宣传道德模范活动，弘扬真善美，传播正能量，激励人民群众崇德向善、见贤思齐，鼓励全社会积善成德、明德惟馨，为实现中华民族伟大复兴的中国梦凝聚起强大的精神力量和有力的道德支撑。

9月29日上午，省委书记强卫在南昌看望了从北京载誉归来的龚全珍、敖志凡等全省第四届全国道德模范及提名奖获得者。省领导赵智勇、姚亚平参加看望。强卫强调，要深入学习习近平总书记在会见第四届全国道德模范及提名奖获得者时的重要讲话精神，在全社会大力宣传道德模范的先进事迹，大力弘扬道德模范的伟大精神，迅速掀起向先进学习、向先进看齐、向先进靠拢热潮，促进社会主义核心价值观的广泛普及。强卫指出，广大党员干部要结合党的群众路线教育实践活动，带头学习道德模范，不断提升道德品质，加强党性修养，以优良党风推动形成良好社会风气。社会各界要以道德模范为榜样，学习道德模范爱党爱国、恪尽职守的奉献精神，见义勇为、不怕牺牲的英雄气概，崇德向善、助人为乐的大爱情怀，孝老爱亲、诚实守信的优秀品格，推动形成知荣辱、讲正气、作奉献、促和谐的社会风尚。强卫勉励全省全国道德模范及提名奖获得者，继续发扬好作风，传递正能量，用自己的言行影响和带动更多的人，为推动文明江西建设做出新的更大贡献。

9月30日，省交通运输厅党委书记、厅长朱希和厅领导王爱和、彭志先、成松、魏炳彦、王昭春，省高速集团党委书记王江军看望了敖志凡。朱希代表厅党委对敖志凡荣获第四届全国道德模范提名奖、当选第三届江西省道德模范表示热烈的祝贺。

（陈　菁）

【省高速集团昌樟管理处被评选为第十三届“全国职工职业道德建设先进单位”】　12月，在全国第十三届职工职业道德建设评选活动中，经过公示、网络投票等环节，昌樟管理处被评选为第十三届“全国职工职业道德建设先进单位”，系江西交通运输系统唯一获此殊荣的单位。

（陈　菁）

【省高速集团一批集体和个人先后受到表彰】　1月，公路开发公司被授予2010~2011年度“全国交通运输行业文明单位”称号，宜春管理中心宜春管理所宜春收费站、畅行公司庐山服务区被授予2010~2011年度“全国交通运输行业文明示范窗口”称号，梨温公司进贤收费站收费班长龚胜被授予2010~2011年度“全国交通运输行业文明职工标兵”称号，赣粤公司昌北收费所党支部书记刘健被授予2010~2011年度“全国交通运输行业精神文明建设先进工作者”称号；泰和管理中心井冈山管理所党支部书记、所长杜仁昌被授予2010~2012年度“全国交通运输行业优秀思想政治工作者”称号；畅行公司新余服务区职工付春菊被评为全省“加强诚信建设提升窗口形象”主题实践活动先进个人。昌九管理处邹家河收费所被授予“全国巾帼文明岗”称号，九景管理处彭泽收费所所长雍成香、抚州管理中心南新管理所党支部书记陈宝莲被评为“全国巾帼建功标兵”，景德镇管理中心江湾管理所、畅行公司庐山服务区、交通咨询公司被评为“全国公路交通系统模范职工小家”，抚吉项目办被评为“全国公路交通系统重点工程劳动竞赛先进单位”,集团工会副主席谢泓被授予“全国公路交通系统金桥奖”,省高速集团、昌泰公司被评为“江西省厂务公开民主管理示范单位”,抚州管理中心工会副主席蒲秋月被评为“江西省五一巾帼标兵”。

(陈 菁)

【景德镇市公路运输管理处荣获“江西省第十三届文明单位”称号】 6月,景德镇市公路运输管理处荣获省委、省政府授予的“江西省第十三届文明单位”的称号。

景德镇市市公路运输管理处始终坚持以邓小平理论和“三个代表”重要思想为指导,坚持科学发展观,以道路运政管理工作为核心,以文明创建为目标,以创新发展为主线,通过狠抓运政队伍建设,着力提高运管干部综合素质;开展形式多样的精神文明活动,激发干部职工的工作热情;建立和完善有效的制约机制,认真抓好规范化建设;实施凝心聚力工程等具体措施,促进道路运管各项工作蓬勃发展,在 政治文明、物质文明、精神文明“三个文明”建设中结出丰硕成果,先后多次被省交通运输厅、省公路运输管理局评为“全省交通系统两个文明建设先进单位”“全省运管工作先进单位”,并被景德镇市委、市政府评为市级文明单位;所属市运政服务大厅被省公路运输管理局评为“全省十佳运政服务大厅”,并分别被共青团景德镇市委、共青团江西省委授予“青年文明号标兵”“省青年文明号”荣誉称号。

该处通过开展文明创建活动,道路运输发展环境得到优化,办事效能和服务水平明显提升,行业风气有了根本好转,队伍素质得到进一步增强,运政执法进一步规范,为建设繁荣和谐、魅力瓷都提供坚实的道路运输保障。

(刘巧英)

【景德镇市“爱心送考”十一载】 6月6日,由共青团景德镇市委、市公安局交警支队、市城市客运管理处、瓷都交通音乐广播联合主办的“爱在路上情满瓷都2013爱心送考”活动启动仪式在昌南大道东端路口举行。

自2003年以来,景德镇市有关单位、媒体都要在高考期间举办“爱心送考”活动,到2013年已经连续11年,成为该市精神文明建设的重要品牌。

2013年的“爱心送考”活动与往年一样,除出租汽车驾驶员主动参与外,还得到了社会各界的大力支持和积极响应,共有120多辆出租汽车和私家车、企业主参与,其中50%是私家车。高考期间,全市共设三个爱心送考点和三个爱心接考点,三个爱心送考点分别为金昌利陶瓷市场大门东侧、昌南大道东端路口、里村街心花园;三个爱心接考点分别为景德镇一中、景德镇二中、昌江中学。爱心送考车张贴统一标识,为高考学子提供方便、快捷、准时的送考服务,考生凡遇到贴有“爱心送考”字样车贴的车辆,均可出示准考证免费乘车去往市区任一考点。

(涂 强)

【景德镇市交通运输局举办“景德镇精神在我心中”演讲比赛】 为大力弘扬“大器成景,厚德立镇”的景德镇精神,切实加强交通运输系统精神文明建设,凝聚交通运输人的向心力和创造力,加快发展交通运输事业,景德镇市交通运输局党委于5月24日下午举办全市交通运输系统“景德镇精神在我心中”演讲比赛。

演讲比赛以“大器成景,厚德立镇”的景德镇精神为主题,来自该局机关及所属企、事业单位的16名选手各展其能,或直白或婉约或热烈或深情,用生动的语言、丰富的情感,讲述自己或同事践行景德镇精神的感人事迹,畅谈传承和发扬景德镇精神的事业规划,表示要用实际行动擦亮交通运输这个服务社会的“窗口”,让中外宾朋和广大市民在乘坐公交车、出租车、高客大巴时感触到景德镇精神的独特魅力和深刻内涵。

“城市精神是展示形象、引领发展的一面旗帜……”“经济要发展,交通必先行……”台上激情昂扬,选手直抒胸臆,用自己工作中的感悟诠释着景德镇精神;台下掌声不断,观众们欢呼喝彩,用自己的热情回应选手的演讲。这是贯穿比赛现场始终的场景。

经过两个多小时的激烈角逐,景德镇市城市客运管理处的选手甘俊彦斩获一等奖,景德镇市交通运输局机关的选手黄标欣、景德镇市公交公司的选手罗敏分获二等奖,景德镇市港航管理处的选手庄明生、万婷,景德镇市公交公司的选手汪帆分获三等奖。

(涂 强)

【景德镇市交通运输局开展“讲职业道德建和谐城市”主题教育活动】 5月15日，景德镇市交通运输局组织开展“讲职业道德建和谐城市”主题教育活动，旨在进一步提高干部职工职业道德水平，深化作风和效能建设，着力改善发展环境，形成“爱岗敬业、诚实守信、办事公道、服务群众、奉献社会”的职业道德风尚，为建设和谐城市贡献力量。

主题教育活动覆盖该局机关及下属行政管理部门、生产经营企业、办事机构、执法队伍及行业“窗口”单位，以“遵纪守法，勤政高效；实事求是，秉公执政；顾全大局，团结协作；清正廉洁，率先垂范；文明执法，服务社会”为主要教育内容，以规范为核心，以机制作保证，以各种文明创建活动和推行社会服务承诺制为载体，以纠建结合、标本兼治、内强素质、外树形象为总要求，切实加强职业道德建设，不断改进工作作风，提高工作效能，提升行业形象，进一步密切党群、干群关系，塑造廉洁、勤政、务实、高效党政机关和行业新形象。

主题教育活动分动员部署、全面推进、总结提高三个阶段渐次推开，在动员部署阶段，重点组织行业从业人员学习《公民道德建设实施纲要》、相关法律法规及单位规章制度；在全面推进阶段重点落妻三项工作，一是查问题。通过个人自查、岗位互查、单位督查的方式，查思想、查作风、查效率，检查症结所在，比对目标差距，研究提出解决问题的具体办法举措。二是重举措。认真剖析存在问题的深层次原因，落实整改措施，完善职业道德考核办法。三是促提升。丰富教育活动的载体方式和内容，开展职业道德教育演讲比赛、职业道德评比活动，组织职业道德知识考试和岗位业务培训等，以活动促进干部职工思想境界和执行力不断提升，行政行为不断规范。在总结提高阶段，重点把职业道德教育活动与群众投诉受理、效能督查和单位系统内目标考核结合起来，通过完善干部职业道德激励机制，奖优罚劣，使职业道德规范管理规范化、制度化、常规化。该局组织开展的主题教育活动持续到年底。

（涂　强）

【景德镇市交通运输局“创先争优”活动成效显著】 5月31日，景德镇市交通运输局党委召开全市交通运输系统党建工作暨“创先争优”活动总结大会，全市交通运输系统“创先争优”活动中评选出来的2个先进基层党委、7个先进基层党支部、22名优秀共产党员和10名优秀党务工作者受到隆重表彰。

在党的基层组织和党员中深入开展创先争优活动开展三年来，景德镇市交通运输系统各单位党组织和广大党员围绕推动科学发展、促进社会和谐、服务人民群众、加强基层组织的总体要求，紧紧咬住基层党组织“五个好”、共产党员“五带头”目标，先后开展“建设鄱阳湖生态经济区、探索科学发展新路子”主题实践活动，以走进基层、走进服务对象、走进群众为主要内容的党员干部“三走进”活动，向“爱岗敬业楷模”吴斌同志学习活动，以干部联系困难家庭送服务、联系失业家庭送岗位、联系病困家庭送健康、联系孤寡户送温暖和联系失学家庭送学上门为主要内容的“五联五送”活动，“讲大局、讲奉献、讲团结、讲纪律、比学习、比工作、比干劲、比贡献”的“四讲四比”活动，佩戴党徽、亮出党员身份活动等，广大党员通过“两诺三评”（公开承诺、全面履诺，基层党组织和党员自评、领导点评、群众评议），主动接受群众监督，把兑现承诺和服务发展、服务基层、服务群众有机结合起来，切实转变作风，改进工作方法，切实解决群众在生产生活中遇到的实际困难，涌现出致力培育企业文化、锻造企业核心竞争力的景德镇长运公司党委，切实改善市民出行条件、努力提升公交服务质量的市公交公司党委，积极创造工作条件、关心青年党员成长的市港航管理处机关党支部等先进基层党组织，胃部出血却一声不吭坚持工作的机关干部涂强、不惧谩骂威胁坚守城市客运市场整治活动一线的徐祖华、热心为离退休老人们排忧解难的老干部蔡精益等优秀共产党员和优秀党务工作者。

在先进基层党组织的团结带领下，在优秀共产党员和优秀党务工作者的影响下，雷锋式的好人好事不断涌现。2012年2月11日，景德镇汽车运输（集团）公司所属通达出租汽车公司驾驶员余凤英，及时将一名乘客遗落在车中的装有4万元现金及银行卡（有存款4万余元）等物品的手提包交还失主；2012年8月18日深夜，景德镇长运公司旅游公司驾驶员江海安驾车行经德（兴）（南）昌高速路时，恰遇一位袁某某驾驶私家车发生翻车事故，包括袁某某自己在内一家6人不同程度受伤。看到车祸现场惨状,江海安急忙停下车,二话不说将袁某某一家扶上自己驾驶的大客车后急忙送往附近医院进行救治,在为袁某某一家垫付医药费后默默离开。这些鲜活事例充分说明,人便于行、货畅其流、服务群众、奉献社会的行业核心价值观在全市交通运输系统得到充分体现和弘扬。

(涂 强)

【景德镇市交通运输局开展"争创诚信示范窗口"主题实践活动】 9月10日,景德镇市交通运输局党委启动为期4个月的全市交通运输公共服务部门和窗口单位"争创诚信示范窗口"主题实践活动,旨在进一步贯彻落实中央"开展道德领域突出问题专项教育和治理活动"要求,加强交通运输从业人员社会公德、职业道德、家庭美德、个人品德教育,深化政风行风建设,满足人民群众需求,为经济社会发展和人民群众生产生活提供安全、便捷、舒适、高效的公共运输服务。

此次"争创诚信示范窗口"主题实践活动的对象涵盖道路运政、水路运政、城市客运管理等行政执法单位及城市公共交通、公路客运企业等直接服务于群众生产生活的"窗口"和公共服务部门及公共场所。活动内容以深化干部职工诚信教育、加强诚信问题自查自纠、完善诚信制度建设、开展"道德评议"和选树典型活动为重点,实现"窗口"服务软、硬件综合大升级,员工素质、服务水平、"窗口"形象大提升。

该局党委要求列入活动对象的各公共服务部门和"窗口"单位,积极开展多种形式的增强道德荣誉感、提升诚信服务效能的竞赛活动,进一步提高员工道德素质和文明程度;广泛向社会和服务对象征求意见,梳理在诚信和公德方面存在的问题,制定整改措施;针对自我查找、群众反映等方式梳理出的问题,建立规范的工作制度、完善的工作流程,建立有效的管理机制,切实纠正行业不正之风;积极宣传公共服务部门和"窗口"单位的有效做法和成功经验,总结推广高效率、可操作、受欢迎的"诚信服务工作法"或优秀案例。

该市交通运输系统列入此次"争创诚信示范窗口"主题实践活动的单位已纷纷行动起来,把主题实践活动与创建文明单位有机结合、与讲文明树新风宣传教育有机结合、与道德领域突出问题专项教育治理活动有机结合,力求主题实践活动成为干部职工受教育、人民群众得实惠的过程,成为推动职业道德建设、提高干部职工综合素质、推动自身改革发展的过程。

(涂 强)

【南昌市交通运输局机关为出租汽车司机"夏日送清凉"】 8月20日正处盛夏酷暑,南昌市交通运输周组织机关及所属事业单位干部职工,在火车站金辉家园、天佑路口、二七南路口、长安汽车站发牢点、徐坊客运站、青山北站、广场沃尔玛、老福山立交桥下、昌北机场等110个出租车服务站点,开展"夏日送清凉"活动,为出租汽车司机提供清凉油、人丹、矿泉水等降暑物品,并分发出租汽车驾驶员文明礼貌服务倡议书,倡导并提醒广大出租车司机规范经营,文明服务,做彰显文明的宣传员、做城市风貌的解说员、做友善亲和的服务员,用优质的服务和全新的精神面貌,为行业争光,为英雄城南昌添彩。

(颜家坤)

【萍乡市交通运输局积极无偿献血以实际行动弘扬社会正能量】 无偿献血挽救生命,是救死扶伤的崇高行为,是奉献爱心的具体表现。长期以来,萍乡市交通运输局努力倾力付出,接力传递爱心,不断为构建和谐社会贡献自己的微薄之力。萍乡市交通运输局党委高度重视无偿献血工作,一直把倡导无偿献血作为体现全市交通运输系统良好风貌和整体素质的一项特殊任务来完成,获得了萍乡市献血领导小组办公室的高度肯定,多次被评为"萍乡市无偿献血先进单位"。每次接到萍乡市献血办的用血情况通报后,该局党委即指示有关部门加大宣传力度,着力布置献血工作,大力号召积极动员健康、适龄的干部职工参加献血活动。该局领导班子成员也积极以身作则,率先垂范,尤其是"一把手"张洪,年年带头参加献血,已累计献血近2000毫升,用无声的行动影响和带动了全系统广大干部职员积极参与献血活动,体现了个人高尚的风范和品德。2012~2103年,在萍乡市交通运输局党委的积极倡导和认真组织下,局机关和所属事业单位参加无偿献血的人数达到了局机关和6个事业单位总人数的45%,献血总量近50000毫升。积极参与义务献血已成为萍乡市交通运输系统干部职工的自觉行动,献血者始终以无私的奉献践行助人为乐的传统理念,用善良的捐助诠释大爱和谐和人道主义精神,用淳朴的爱心谱写中华民族传统美德的新篇章。

(萍乡市交通运输局)

【萍乡市交通运输局文明创建注重打造品牌】 该局在2013年大力发展交通运输建设项目的同时始终高度重视文明单位创建工作,并把文明创建作为品牌来打造。一是自始至终贯彻一个指导原则,坚持以科学发展观为指导,认真践行“三个服务”,发扬“干事、创业、为民、发展”的主旋律。二是紧贴中心任务,把文明创建放在交通发展中谋划,忠于行业使命,建设一个畅通、高效、安全、绿色的现代化交通运输系统,实现人便于行、货畅其流,让人们享受高品质的运输服务,让经济社会发展更加充满活力,让交通与自然、与社会更加和谐。三是融入主题活动,丰富文明创建新内涵,让文明建设与交通运输发展同步,公路建设一线党员“大爱在心,为民开路”,甘当铺路石;公交一线党员带头让社会体会“公交服务、天天进步”;出租一线党员带头让市民体验“城市名片、文明使者”的形象,使“党员先锋岗”成为流动“音符”。四是注重理论武装,不断提升干部职工综合素质,建设学习型党组织,提高队伍的综合素质,以中心组专题学习、理论研讨、组织生活、党课、短训、“星期五学习日”等多种形式,通过不断强化干部职工思想境界、更新知识结构,来提升文明创建的能力和水平。五是着力培树典型,助推文明创建水平进一步提升,通过树典型、学榜样、争先进,使全系统党员干部学有标杆、追有目标。六是坚持全员参与,形成辐射全行业的文明创建格局。该局已被江西省连续4年评为第10、11、12、13届文明单位。

(晏卫东)

【萍乡市公交总公司强化措施助推文明城市创建】 2013年,该公司把创建工作摆在突出位置,把创建工作作为头等大事来抓。一是加强组织领导。成立党委书记、总经理任组长的创建工作领导小组,形成主要领导负总责、亲自抓,分管领导具体抓,班子成员共同抓的良好格局。二是加强创建宣传。充分利用车身广告、车载电视等宣传阵地,围绕文明创建、志愿服务、道德建设、礼仪规范等内容,制作车身公益广告、站台公益、护栏公益广告等。三是开展创建活动。以全市开展“学转强促”教育实践活动和“向龚全珍等全国道德模范学习活动”为契机,以开展创建文明单位为载体,积极组织公交青年志愿者参与全市的“学习雷锋,奉献他人,提升自己”宣传教育活动。四是开展文明服务活动。开展了“让旗帜在公交线上迎风飘扬”主题实践活动和“文明班线、文明车和文明驾乘人员”争创活动,对公交营运车辆实行了站点停靠“五项规定”,推行员工正能量积分,40多名员工获得正能量积分,全年员工积分5210分。

(萍乡市交通运输局)

【九江交通运输系统8单位荣获“省文明单位”称号】 在日前公示的江西省第十三届文明单位名单中,九江交通运输系统共有8个单位被评为“江西省第十三届文明单位”。进入新世纪以来,该市交通运输系统各单位积极主动适应形势和任务发展变化的需要,切实履行行业监管职责,不断提高“三个服务”的能力和水平,精神文明建设工作取得了瞩目的成绩。获得表彰的8家单位分别是:九江市港航管理局、九江市港航管理局瑞昌分局、九江市港航管理局武宁分局、九江市港航管理局都昌分局、九江市道路运输管理局城区分局、九江市道路运输管理局庐山区分局、武宁县交通运输局、九江长途汽车运输集团有限公司都昌公司。

(九江市交通运输局)

【九江市交通运输系统文明创建成绩显著】 2013年,九江市交通运输系统积极推荐局属单位参加市工委举办的“十大雷锋号示范岗、十大雷锋式优秀司机”评选活动,公交集团16路车队、25路女子车队荣获2013年十大雷锋号示范岗荣誉称号;公交集团104路司机丁卫东、5路司机余磊、31路司机王涛荣获2013年十大雷锋式优秀司机荣誉称号。参加市妇联主办的“中国梦巾帼行”励志抒怀主题演讲比赛决赛,并分获一、二等奖;参加市直单位庆祝中国共产党成立92周年大型歌咏比赛,并获得二等奖;参加新区杯篮球赛,并获得第六名。

(九江市交通运输局)

【**九江市港航局开展“创党建品牌,做创绩先锋”创评活动**】 4月26日上午,九江市港航管理局召开党建创评布置会,部署“创党建品牌,做创绩先锋”创评活动。

创评活动以创建先进基层党组织、争当优秀共产党员为主要内容,要求局属各单位党组织深入贯彻中共十八大会议精神,认真落实九江市委、市政府关于“推进鄱阳湖生态经济区建设,打造长江中游特大城市”的工作部署,在局属各单位党组织和广大共产党员中开展“创党建品牌,做创绩先锋”创评活动。通过“党建示范点”“优秀党建项目”和“党员创绩先锋”的创评,加强基层党组织建设,提升党员干部队伍活力,打造党建项目品牌,扎实推进港航基层党建工作,提高行业管理水平,促进九江市水运事业稳步发展。基层各单位要分别按照创评条件,选准目标,制定措施,按步实施。2014年“七一”前夕,九江市港航局党总支对评出的“常建示范点”“优秀党建项目”“党员创绩先锋”进行表彰。

(九江市交通运输局)

【**九江长运集团公司荣获中道协“优秀会员单位”称号**】 10月31日至11月1日,中国道路运输协会在北京召开四届二次会员代表大会暨2013年年会,600多名会员单位的代表参加会议。会议回顾总结本届理事会两年多来的工作,部署下一阶段的工作任务,表彰优秀会员单位。九江长运集团公司荣获“优秀会员单位”称号。交通运输部副部长冯正霖、部道路运输司司长王水平等领导出席大会,并为获奖单位颁发了荣誉证书。

(九江市交通运输局)

【**九江长运都昌公司荣获江西省第十三届文明单位荣誉称号**】 6月,江西省委、省政府印发关于命名表彰全省文明城市、文明村镇和第十三届文明单位公告,九江长运都昌公司荣获全省第十三届文明单位称号。

(九江市交通运输局)

【**九江港口局为烈日下一线工作者“送清凉”**】 8月,烈日酷暑,骄阳似火,九江港口局相关领导来到中石化股份有限公司九江石油分公司金鸡坡油库及中铁九桥工程有限公司大件物流分公司作业码头,对工作在一线的工人们送去清凉。

一箱箱的饮料和防暑药品等防暑用品,不仅送去了清凉,更是把温暖和关心传递到每一位工人心中。活动中,九江港口局相关领导与工人们进行了亲切交谈,详细了解工人们作业环境及生活环境,叮嘱注意自身安全,同时督促企业严格按照规定做好防暑降温工作,避开高温作业,确保安全生产。

(丰伟鹏)

【**新余公交推进企业文化宣传阵地建设**】 宣传栏是企业文化建设和精神文明建设的重要窗口,建好用好企业宣传栏,是加强企业文化宣传阵地建设的重要一环。2013年,经过精心筹划、合理定位,公司在办公大楼和公交停车场新建了3处宣传栏,更新了6块宣传版面,为做好企业宣传工作创造了有利条件。

通过采取图文并茂的形式,紧密结合企业发展形势,先后制作了中共十八大宣传栏、2013年度工作思路和目标任务、光荣榜、企业文化专栏等6块宣传栏,向广大员工宣传党的路线、方针、政策,宣传公司的发展思路和目标任务,及时介绍企业工作动态、展示员工风采、表彰鼓励先进、树立典型示范、传播企业文化,使之成为上传下达,宣传鼓励全体员工的“传话器”。让广大职工通过宣传栏这一窗口,更好地了解企业发展的方方面面,努力使宣传栏真正成为职工关心企业发展,点燃工作激情,树立行为规范,增进沟通和谐的重要平台。

(宁茂昌)

【**吉安市“高考爱心车队”集结再出发**】 6月6日,吉安市中心城区高考爱心车队启动仪式在市人民广场举行,市委常委、宣传部部长李庐琦,市人民政府副市长左继生参加仪式,高考爱心车队代表、出租行业党支部书记肖炳仁进行了爱心送考宣誓。

为让“出行有困难、打车不方便”的考生顺利赶赴考场,在吉安市出租车行业党支部、行业专委会、吉安交通广播电台倡导组织下,吉安市“高考爱心车”第八次驶上服务考生、助力高考的爱心大道。高考期间,爱心车辆谨慎驾驶、热情服务、安全准时地把莘莘学子送往高考考场,为高考学子保驾护航。报名参加 2013 年中心城区高考爱心车队的出租车车辆共 247 辆，参加省高考爱心车队吉安分队的车辆有 81 辆。

（吉安市交通运输局）

【袁州区交通运输局积极创建文明交通窗口】 2013 年，区交通运输局紧紧围绕文明管理、优质服务这条主线，通过不断优化行政审批服务理念，落实“便民、高效、廉洁、规范”的社会承诺，努力抓好文明窗口创建工作。一是深入开展作风整治，努力争创红旗窗口。积极推进干部工作作风整治，中心窗口严格按照岗位职责，深入查摆行政审批服务中存在的不足，采取“大家评、相互查、集体改”的方式落实整改措施，形成“人人有担子、个个有担当”的工作氛围。二是遵守服务规范，严格执行量化考核。交通窗口紧抓内部管理，工作人员都严格遵守行政服务中心量化考核、上下班考勤、外出请假、上网“五不准”等管理制度。工作时间做到不串岗聊天，不做与工作无关的事。上岗时服装整洁，仪表端正，自觉做好卫生工作，物品摆放有序。同时，积极配合中心管理工作，参加中心组织召开的窗口负责人会议和各类学习活动。行政审批服务科定期就各项目标管理量化考核和责任倒查，确保窗口全年业务办理零误差、服务质量零投诉。三是强化服务监督，大力推进政务公开。区交通局窗口严格按照行政许可法等法律要求，坚持公开、公平、公正、便民原则，推行政务公开，坚持秉公办事，廉洁自律，在业务办理过程中，一视同仁，热情接待，认真办理，坚决杜绝“吃、拿、卡、要”等行为的发生。将所有项目七公开，即：公开法律依据、办事程序、申请条件、申报材料、收费依据及标准、办理时限、投诉渠道。在所办理的审批项目中从未有违反审批程序和超期办理现象。四是优化服务意识，扎实推进文明创建。以“党员示范岗”活动为抓手，注重发挥党员带头作用。优化服务举措，推行首问负责制、微笑服务、一站式办公等便民服务措施，把接待礼仪、审批规范、交通政策法规等作为重点学习内容来抓，不断强化文明创建；定期组织集体学习，通过开展集中学习讨论，认真领会中共十八大精神，丰富业务知识、法律法规和信息化办公知识，不断优化服务理念。全年未发生一起违法违纪现象，受到区行政服务中心领导的肯定。（李　庆）

【丰城市交通窗口实现三个 100%】 2013 年，市交通运输局驻市行政服务中心交通窗口；受理各项业务 304 件，办结率 100%；招投标窗口受理工程招投标项目 5 项，其中公开招投标 4 项，邀请招投标 1 项，工程造价总额达 1235.7 万元，办结率 100%；行政审批事项在规定的时限内缩短 30%；在招投标全过程中做到公正、公平、公开、诚信，全窗口投诉率为零，群众满意率为 100%。在市行政中心综合评比中，交通全窗口被评为“五星级窗口”，窗口首席代表徐明星被评为“服务标兵”；工作人员陆胜被评为“党员先锋岗”；范立峰被评为“巾国文明岗”；招投标窗口罗东平被连续评为“服务标兵”。在日常工作中，为提升交通运输形象，助推交通运输发展发挥较好作用。1. 宣传法规、明确程序。涉及交通运输服务项目的相关法律、法规、政策等资料一应齐全，交通窗口《办事指南》一目了然。2. 规则制度自觉遵守，从无迟到早退，违规违纪现象。3. 热情周到，微笑服务。对前来办事的群众热情接待、耐心解答、举止文明、语言贴心。4. 优质服务、清正廉明。对符合审批条件的，做到随到随办。对不符合审批条件的，耐心解释，并告知该如何办理。受理招投标事项过程中，做到公平、公正、公开、诚信服务，从不接受客户的吃请和礼品，深受群众的好评。

（熊雪芽）

【抚州市交通运输开展文明创建活动】 2013 年，全市交通运输系统始终坚持两手抓，一手抓好交通运输发展，一手抓好行业文明建设，扎实开展了文明行业、文明单位、文明窗口等各种文明创建活动，行业文明程度进一步提高。积极参与全市“四城同创”活动，广大干部职工深入一线，主动开展志愿服务活动，全市 2 家客运公司、4 家二级以上客运站、千余名客运从业人员，认真开展了“向雷锋同志学习”活动，为抚州创建省级文明城市做出了积极贡献。深入开展“学、树、建、创”文明创建活动，培育、选树了以“最热情司机”许万军为代表的先进典型和优秀标兵，在全省交通运输系统中树立了标杆，被省交通运输厅评为“全省交通运输系统文明职工标兵”。全市交通运输系统结合交通运输行业特点，认真组织开展“道德讲堂”、“创先争优”等活动，交通运输系统广大干部职工道德素养和文明水平全面提升。全市各级交通运输部门均被授予县级以上文明单位,其中省级文明单位4个,市级文明单位8个,县级文明单位16个。市交通运输局继续保持省级文明单位称号,并先后获得"全市跑项争资先进单位""招商引资工作先进单位""人大建议、政协提案工作先进单位""法制工作先进单位""市长专线工作先进单位""督查工作先进单位"等多项荣誉。

(陈根玲)

【抚州市客运出租汽车行业开展"创建省级文明城市,争做文明使者"活动】 市运管处根据《抚州市交通运输局创建省级卫生城市工作方案》,组织全市客运出租汽车行业开展"创建省级文明城市,争做文明使者"活动。活动分宣传发动(4月1日至4月30日)、具体实施(5月1日至8月31日)、总结评比表彰(9月1日至9月30日)3个阶段进行,其中5月1日至8月31日为具体实施阶段。通过此项活动,努力提高从业人员素质,规范经营行为,保持良好的车容、车貌和技术状况,改善服务环境。此次开展的"创建省级文明城市,争做城市文明使者"活动,要求各出租,汽车企业加强对自身所属车辆的监管,提高从业人员的素质,提升服务层次,重点做到"三个规范":规范从业人员语言使用,活动期间,定期开展以普通话、文明用语为主的教育培训,实现从业人员普遍使用普通话、文明用语;规范从业人员服务举止,通过宣传、培训和检查督导,积极引导从业人员服务举止规范,主动开关车门,照顾乘客上下车辆,提放行李,有问必答,服务周到;规范从业人员经营行为,通过开展活动,严格规范出租汽车从业人员按表收费,近路行驶,就近停车,守信等候,杜绝拒载、甩客、随意收费、绕路、欺诈、强行服务等现象的发生,尤其是要彻底改变乱停、乱放、乱掉头现象。

通过活动的开展,集中治理车容车貌脏、乱、差等"老大难"问题,促使各出租汽车企业真正把"七统一"管理规定落到实处,各出租汽车从业人员养成每天清洗车辆内外卫生习惯,自觉清除未经主管部门许可张贴的广告;行业主管部门每半个月进行抽查,实行车主自查、公司普查、行业抽查相结合的检查联动机制,鼓励出租车驾驶员提前更新车辆,为市民提供一个良好、舒适、卫生的出行环境。出租汽车从业人员未达到"四城同创"要求的,行业主管部门将暂扣其道路运输证及从业资格证一个月,同时扣除其当年诚值考核分值15分。

(张　敏)

【抚州市"爱心助考"活动5月25日启动】 5月25日上午,抚州市一年一度的"爱心助考"活动在抚州市区马家山广场正式启动,仅当日,就有300余辆出租车、私家车加入爱心车队,车队将在高考期间为高考学子免费提供爱心接送服务。

此次活动由该市教育局、市公安局交警支队、市广播电视台、市公路运输管理处联合主办,自2006年以来已是第八个年头。所有高考爱心车都统一张贴"爱心车"的标志,司机统一穿印有"爱心高考"字样的文化衫。在高考期间,考生看到"爱心车",只要凭准考证即可免费乘坐。同时,对家庭困难或行动不便、距离考点较远交通不方便的考生进行"一对一"爱心接送,确保考生能顺利到达考场。截至5月25日,已有300余辆出租车、私家车加入爱心车队,数量为历年之最,并且已有42名高考学子与"爱心车"结成"一对一"服务。2013年,随着人民生活水平的提高和社会主义核心价值观深入人心,私家车已成为为高考学子献爱心的主力。

在高考考场附近,爱心车主们还将设立"高考应急点",为突发事件做好充分准备,并为考生们免费提供矿泉水、防暑药品等。

(陈根玲)

【南城县交通运输局文明创建工作常抓不懈】 2013年,南城县交通运输局紧紧围绕"打好'三大战役',建设幸福南城"这一主题,以"鼓士气、顺民心、树新风"、"赶超发展我先行"党员承诺活动、"三包为民"、"干部工作作风整顿"等系列主题活动为抓手,以开展"平安和谐交通"创建活动和交通文化建设为主要内容,深入开展精神文明创建。一是制订《南城县交通运输系统"平安交通"创建活动实施方案》,并督导各责任单位及其责任人以自身形象的再塑造、大提高带动行风政风的大提升。二是进一步完善了行政执法责任制和首问责任制、承诺服务、限时办结制等服务机制,进一步提高执法人员依法行政、规范执法、文明执法水平。三是配合创建全省文明城市,联合城管、交警等部门对客运市场进行了大规模整治，严查出租车不打表、拒载、买卖客源、无证上岗等违规经营行为，持续保持打击“摩的”“黑的”等非法营运高压态势。四是经常开展健康、文明、有益的群众性文体活动和全民健身运动，积极组织志愿者参加无偿献血等社会公益性活动，有力地陶冶了全体干部职工的情操，培养了团队精神。

通过对精神文明建设的常抓不懈，极大提升了交通“三个服务”水平和能力，不断塑造出交通文明形象，有力地推动了全县交通运输事业的又好又快发展，取得了政治、精神、物质、生态文明建设“齐丰收”。该局先后荣获“全省渡改桥先进集体”“抚州市第七届文明单位”“全省公路水路交通运输行业人才资源统计调查先进单位”“全省交通战备先进单位”“档案工作规范化管理省三级单位”“鹰瑞高速公路工程建设先进集体”“全市综合治理工作先进单位”“全市改渡建桥先进单位”“全县信访工作先进单位”“全县安全生产先进单位”“全县先进三包为民工作临时党组织”“十佳办事窗口”等佳奖。

（王素红）

【上饶市交通系统开展“建最美上饶市，做最美上饶人”的活动】 2013 年，上饶市交通运输局为认真贯彻中共十八大精神，围绕市委、市政府提出的“建最美上饶市，做最美上饶人”主题，成立以局长为组长，局领导和各科室负责人为成员的领导小组，制定活动形式和内容，提出加强实效，确保实效，密切配合，加强协调，完善制度，形成机制的工作要求，凝聚科学发展，和谐发展，率先发展的强大合力，动员和激励全市交通系统为建设宜居宜业宜游的现代 化区域中心城市而努力。

（陈均培　韩晓艺）

【上饶市交通运输系统文明创建不断深化】 2013 年，上饶市交通运输系统积极开展群众性精神文明创建活动，不断深化交通行业文明创建工作，取得了一定成效。铅山县运管所获得交通运输部表彰的“全国道路运输工作先进单位”称号。市运管局、市交通质监局和铅山县运管所荣获了第十三届省级文明单位。市局机关荣获第七届市级文明单位。市运管局被评为全市“十佳服务窗口”“先进基层党组织红旗单位”。上武高速公路铅山南收费二班被市妇联授予“巾帼文明号”称号。社会管理、信访、保密、交通战备、科技教育、离退休干部管理及机关后勤工作也都得到了加强，取得了较好成绩。市局已连续六年被评为综治工作先进单位。

【上饶交通系统举办“两个最美”知识赛】 7 月 19 日上午，上饶市交通运输系统“践行两个最美，再创交通佳绩”知识竞赛举行。

全市交通运输系统共有 17 支代表队参加笔试初赛，11 支代表队参加预赛。经过激烈角逐、层层筛选，6 支代表队进入最后决赛。玉山县交通运输局代表队获得了该次竞赛活动的一等奖，市交通运输局机关代表队和鄱阳县交通运输局代表队分别获得二等奖，广丰县交通运输局代表队、市运输管理局代表队和市城市公共客运管理处代表队分别获得三等奖。

为进一步学习宣传贯彻好中共十八大精神，严格贯彻执行中央八项规定，全市交通运输系统以此次竞赛活动为契机，广泛开展以为民务实清廉为主题的党的群众路线教育实践活动，扎实推进学习型、服务型、创新型党组织建设，引导基层党组织和广大党员干部以昂扬向上的斗志和务实进取的精神，努力践行“两个最美”，再创交通佳绩，不断实现交通运输事业持续健康发展。

（刘　晶）

工会工作

【概况】 2013 年，全省交通基层工会以中共十八大精神为统领，坚持走中国特色社会主义工会发展道路，不断深化劳动竞赛建功立业活动，全面推进“两个普遍”工作，着力构建和谐劳动关系，维护职工合法权益，创建学习型、服务型、创新型工会。

1. 唱响劳动美，服务交通运输全局的贡献力得到增强。一是组织开展农民工平安返乡（岗）安全优质服务竞赛。以“安全优质、温馨快捷、和谐春运”为主题，组织开展竞赛活动，确保春运任务完成。二是组织开展职工安全卫生知识教育和学习竞赛活动。三是开展技术创新、岗位练兵活动。四是弘扬劳模精神。开展全国、省五一劳动奖状、奖章、工人先锋号等选树工作,组织部分省级以上劳模参加了全总、省总的疗休养活动。

2. 传播正能量,构建和谐劳动关系的维权力得到增强。一是开展工资集体协商工作。二是深化厂务公开民主管理工作。全省交通基层工会共推选了7篇优秀论文参加省总工会深化、创新厂务公开民主管理理论研讨征文活动,1篇论文获二等奖,1个单位获省厂务公开民主管理示范单位。

3. 当好贴心人,情系一线职工的帮扶力得到增强。一是开展帮扶、慰问职工活动。元旦、春节期间,交通工会共筹集资金52万元,重点走访了基层困难劳模和困难职工家庭86户。开展了"金秋助学"活动,发放助学金51000元,共资助困难职工子女大学新生17人。开展了"送清凉"活动,共向8个道班、班组发放了绿豆、冰糖等防暑降温用品。二是规范困难职工建档工作。印发《江西省交通工会困难职工档案动态管理暂行办法》。2013年,共新增建档困难职工97名。交通工会建档困难职工共329名。

4. 弘扬主旋律,提升职工队伍素质的文化力得到增强。一是组织参加"中国梦·劳动美"主题系列活动。二是举办以"中国梦·劳动美"为主题的各类文体活动。三是推进"职工素质工程"建设。2013年,创建省级"职工书屋"22家,推荐全国"职工书屋"示范点和自建点各1个。

5. 凝聚精气神,做好新形势下工会工作的内动力得到增强。一是加强了自身建设。加强学习教育,改进工作作风,提升工会干部素质。全年选送了36名工会干部参加中国海员建设工会、省总工会和省交通运输厅举办的各类培训班。二是加强女职工工作和互助保障工作。开展"女职工关爱行动",发放困难女职工慰问金1.2万元。组织开展"五一巾帼标兵岗""标兵"参评工作。三是加强财务规范化管理,2013年对16个交通基层工会的财务工作进行检查和审计。完成省总工会下达的经费上解任务,2013年交通工会财务工作被省总工会评为先进单位,经审工作获二等奖。

(高　梅)

【省交通工会召开全省部分交通企业"工资集体协商"座谈会】 4月26日上午,全省部分交通企业工资集体协商座谈会在景德镇长运公司召开。全省交通系统17家企业的工会主席参加了座谈。会议学习了有关工资集体协商工作的文件,景德镇长运公司工会作了经验介绍。与会人员对如何开展好工资集体协商工作进行了讨论和经验交流。

(高　梅　伍红琳)

【省交通工会组织部分企业工会主席赴上海市运输工会学习工资集体协商工作】 为贯彻落实全国总工会"两个普遍"工作方针,做好交通运输系统企业工资集体协商工作,12月18日至20日,省交通工会组织部分企业工会主席,赴上海市运输工会学习企业工资集体协商工作。此次一行听取了上海市运输工会主席介绍企业工资集体协商工作开展情况,观看了经验介绍光盘,查阅了相关资料,并就工资集体协商具体操作程序及操作实施过程中应注意的问题进行了面对面地交流。

(高　梅　万铮宇)

【省交通工会召开全省交通基层工会座谈会】 8月23日,全省交通基层工会深化、创新厂务公开民主管理工作座谈会在南昌召开,全省交通基层工会40多位代表参加会议。会议学习了全国总工会副主席陈荣书在全国工会推进企业民主管理工作会议上的讲话,7个单位作了交流发言。该次会议采取了会上座谈交流,会下互相查看资料和台账的办法进行交流学习。

(高　梅　胡　莎)

【省交通工会走访慰问基层单位困难职工】 1月14日至19日,省交通工会开展元旦、春节送温暖活动,分4个慰问组筹集资金60余万元,重点走访慰问了各基层单位困难职工。慰问组到困难职工家中,嘘寒问暖,送去省厅的关怀和工会组织的温暖。

(高　梅　胡　莎)

【省交通工会举行"金秋助学"资金发放仪式】 8月30日下午,省交通工会举行2013年"金秋助学"资金发放仪式。南昌地区交通运输系统基层单位4名受资助困难职工子女及其家长作为代表参加了发放仪式。省交通工会通过逐级申报、反复筛选和严格把关,最终确定了17名受资助对象,每人可享受3000元助学金,资助总额为

51000元。省交通工会已经连续17年开展“金秋助学”活动。

（吴晓飞）

【省交通工会赴基层单位开展调研及送清凉活动】 8月28～30日，省交通工会赴赣州、吉安、景德镇三市开展调研及送清凉活动。

此次调研以面对面座谈交流、发放《省交通工会征求“四风”意见调查问卷》的形式，主要围绕征求对省交通工会改进“四风”、加强作风建设和如何帮扶好困难劳模这两个方面的意见建议进行。调研组先后在赣州市公路管理局和吉安市公路管理局召开座谈会，出席座谈会的人员为两市公路管理局、长运公司、汽运公司、高速路政管理支队和港航管理分局的工会干部及劳模代表。座谈会上，代表们围绕议题，结合工作实际，针对省交通工会的作风建设、关爱困难劳模生活等方面提出了许多意见和建议。调研组对代表们提出的一些切实问题和合理性意见建议作了充分肯定和详细记录，并不时与大家进行互动交流，详细询问所提问题的细节和具体表现，耐心地对代表们反映的一些问题进行解释说明。

调研间隙，调研组还深入部分交通基层单位送“清凉”，看望慰问了一线职工，并送上了绿豆、冰糖等消暑用品。

（高　梅　吴晓飞）

【省交通工会举办“中国梦·劳动美”全省交通职工特色文化展示比赛】 11月5日“中国梦·劳动美”全省交通职工特色文化展示比赛在南昌圆满结束。本次比赛采取各单位选拔优秀节目、刻录光盘上报及专家评审三阶段进行，共收到1 5个单位的25个节目。各单位选送的参赛节目，形式新颖，内容丰富，特色鲜明，较好的展示了交通职工风貌。经专家组评审，省运管局说唱《多彩公交》、宜春市公路局小品《女婿上门》、省高速集团抚州管理中心情景剧《文化托起中国梦》获前三名。

（高　梅　胡　莎）

【省交通工会举办“中国梦·劳动美”全省交通职工羽毛球比赛】 6月24日，“中国梦·劳动美”全省交通职工羽毛球比赛在畅行公司南昌雷公坳服务区羽毛球馆落下帷幕。省交通运输厅副厅长王爱和、省体育总会副秘书长杨东出席了颁奖仪式，并为团体赛前八名颁奖。该次比赛22日开始，为期3天，共有来自全省交通运输系统的26个代表队共170余名运动员参赛，比赛设男子单打甲乙组、女子单打甲乙组、男子双打甲乙组、团体赛共七个项目。经过3天共343场比赛，省高速集团夺得团体赛第一名，鹰潭市公路局、吉安市公路局分别获得团体赛第二、第三名，同时还决出了男、女单甲、乙组冠军和男双甲、乙组冠军。

（高　梅　胡　莎）

【省交通工会举办“中国梦·劳动美”南昌地区交通职工拔河比赛】 11月16日，省交通工会在省交通干部管理学院举办“中国梦·劳动美”南昌地区交通职工拔河比赛。该次比赛采用混合团体赛，直接淘汰赛的办法。共13个代表队，160余名运动员参加比赛，上场队员为男8人，女2人。经过12场淘汰赛，最后决出了前八名，代表队分别是：省高速集团、省港航局、南昌市公路局、省路政总队、省交通设计院、远洋公司、省运管局、省公路管理局。厅机关、交通干部学院、交通工程咨询中心、港航建设投资公司、联网管理中心获体育道德风尚奖。

（高　梅　李跃平）

【交通工会召开厅直属单位职工互助保障工作会议】 9月13日，省交通工会在宜春温汤镇召开了厅直属单位工会职工互助保障工作会议暨职工互保业务培训班。会议通报了2012年厅直属单位职工互保任务完成情况，下达了2013年互保工作任务；省总职工互助保障会主任讲授了职工互保业务知识。2013年交通工会互保任务为36.5万元，2012年完成5 1.5万元，参保约3万人次，赔付金额16.38万元，赔付率达31.7%。

（高　梅　熊　微）

【第三届“情结高速“交友联谊会在南昌举行】 11月9日，由省交通工会主办、省高速集团工会承办的第三届“情结高速”交友联谊会在赣粤公司职工之家举行。省交通工会、省交通运输厅直属各单位工会负责人员、集团直属各单位和各路段管理单位分管工会工作的领导到场观摩。厅直各单位160余名单身青年参加了联谊会。

联谊会设置了个人才艺表演、小游戏、“爱情表白”等环节。与往届不同的是,该届游戏环节采用分组拓展的形式进行,160余名单身青年分成6个小队,各自确定队名、队歌、队训、队徽,并选出队长,在队长的带领下,团结协作完成“数字有缘”“能量传输”等任务。通过游戏,单身青年近距离交流互动,有效加深了了解。最终在“爱情表白”环节,男女青年们纷纷登台,大胆说出自己的“意中人”,更是将现场的气氛推向了高潮。该届联谊会共有10余对青年男女当场“牵手”成功。

(罗时善)

【省高速集团公司举办工会工作业务学习班】 5月23~24日,省高速集团公司举办工会工作业务学习班。集团工会、各直属单位工会负责人员和工会工作人员共计50余人参加了学习。此次业务学习班课程紧凑,针对性强,紧密结合工会工作实际。课后,还组织学员们观看了业务光盘,推广了省高速集团企业歌曲和第九套广播体操,套开了困难职工救助基金管理办法座谈会。

(吴晓飞)

【吉安市公路局工会开展庆“三八”女职工时装表演比赛】 3月6日上午,吉安市公路局工会举办了女职工时装表演赛,19个参赛单位的126名女职工参加了比赛。此次活动以节简、快乐、阳光、青春、靓丽为主调,让平日忙碌在繁重体力劳动工作一线女职工们走上自己搭建的T形舞台。比赛持续了近两个小时,最终评选了一等奖1名、二等奖2名,三等奖4名。

(赖兴天　钟　华)

【九江长运运业公司工会举办庆“五一”自行车趣味赛】 4月27日,九江长运运业股份有限公司工会在九江汽车总站站前广场举办了一场自行车趣味赛,共有49名职工参加了比赛。此次自行车趣味赛着重趣味性与竞技性相结合,设慢骑赛和绕桩竞速赛两个项目,分男子组和女子组进行。角逐出了各项的前三名。

(汤少华)

【省港航局获得国家体委总局表彰】 1月14日下午,全国第九套广播体操通讯赛二等奖授牌仪式在该局举行。授牌仪式由省省直机关工委副主任田晓宇主持,省港航局党委、省交通工会领导及局有关处、室负责人出席。

省交通工会主席刘盖群对省港航局荣获全国机关组二等奖表示热烈祝贺,称赞省局的运动健儿们为江西港航争得了荣誉,还为江西交通争得了荣誉。省局党委负责人表示,这块奖牌寄托着国家体委、省直机关工委、省交通运输厅对省局全民健身运动和职工文体活动的期望和厚爱,并要求继续发扬勇于拼搏、昂扬向上的运动精神,上下一心,同舟共济,开创江西港航事业新局面。

(李新平　涂雅婷　陈明中)

【省港航局组织离、退休老人们举办棋牌比赛活动】 为丰富离、退休老人们的精神文化生活,促进老人们的身心健康,营造良好的文化氛围,省港航局老年体协于1月17日至18日举办了为期两天的迎新春棋牌比赛。

此次棋牌比赛设扑克、象棋、跳棋、麻将四个项目,有60多名老人们参加了比赛。经过两天紧张的角逐,共产生一、二、三等奖各5名。

(高玉茹　陈明中)

【病魔无情人间有爱特种保险温暖职工】 12月23日下午,省总工会副秘书长赵冉、省港航局党委副书记熊海清、省交通工会副主席李坪一行专程到景德镇,将医疗保险金交到景德镇港航分局职工戴亚东家属手中,并鼓励戴亚东树立信心战胜病魔,争取早日康复。戴亚东是景德镇港航分局船检科科长,9月被诊断患多发性骨髓瘤,先后经历外科手术切除肿瘤、化疗和造血干细胞移植等多项医学治疗,前期治疗费用高达数十万元。省总工会采取“特事特办,绿色通道”的方式,快速翔实地审核了有关情况材料,根据职工互助保障赔付标准,给予了92540元高标准的赔付,这是全省交通运输系统职工迄今为止,获得的最高特种重病医疗保险金额。

(李新平　程纪品)

【省港航局机关开展登山活动】 为进一步推进港航系统全民健身活动的开展,丰富职工业余生活，强身健体，以实际行动迎接节能宣传周和首个全国低碳日，6月15日，省港局组织机关干部、职工在梅岭（老汉坡）开展了登山活动。

该次登山路线从梅岭老汉坡徒步至老四坡再原地返回。在持续2个小时的登山过程中，登山者一路情绪高昂，营造了一种欢乐、愉悦、文明、和谐的氛围，激励着登山者对美好生活的憧憬和希望。局领导身体力行，率先垂范，积极倡导节能、低碳、环保的健康生活方式，不仅活跃和丰富了职工的业余生活，同时也促进了职工之间相互交流，增强了凝聚力。活动结束后，登山者纷纷表示，今后将不断加强体能的锻炼，以更好的身体状态投入到本职工作中去。

（李新平　涂雅婷　陈明中）

【鹰潭港航开展劳动技能知识竞赛活动】 7月25日上午，鹰潭分局工会组织开展了劳动技能综合知识竞赛活动。由安监、船检、航道、法规、纪检等相关部门编制劳动技能综合知识试卷，通过答题评点、比学赶帮，提高了职工法律法规、劳动技能、安全生产、廉洁自律等方面的水平，同时进一步增强了职工的凝聚力。

（苏小玲）

【省运管局工会围绕运管中心工作 服务职工群众】 2013年，省运管局工会按照省交通工会及局党委的部署和要求，紧紧围绕运管中心工作，服务大局，服务职工群众，各项工作逐步推进，初见成效。一是关爱全体职工，保障职工合法权益。坚持“五必访”制度，积极开展元旦、春节“送温暖”活动，逐一走访慰问离退休老干部、困难党员职工；继续做好职工互助保障工作，为全体在职职工购买职工互助保险，及时为2名因意外伤害及癌症事项职工办理理赔手续，切实维护职工权益；坚持每年组织全体干部职工进行一次身体健康体检，建立健全职工健康档案。二是提升机关活力，开展丰富多彩活动。积极组织参加“劳动我最美”全国职工微博大赛、全省交通职工羽毛球比赛、“中国梦劳动美”全省交通职工特色文化展示比赛、南昌地区交通职工拔河比赛等文体活动，其中，该局选送的说唱节目《多彩公交》获得特色文化展示比赛一等奖。同时，深入开展走进徐坊客运站服务社会，走进扶贫村坳背村送文化进村、植树护绿，走进离退休干部活动中心敬老爱老等学雷锋志愿服务活动场所。三是加强自身建设，努力提高工会工作水平。做到及时解缴工会经费，为工会活动提供经费保障；加强工会经费使用监管，有效实施财务管理；积极组织相关人员参与交通工会组织的培训，加强工会干部队伍建设，提高工会干部政治理论水平和业务能力，使工会工作更好地适应不断发展变化的新形势要求。

（朱　熹）

【省高速集团开展春节前夕送温暖活动】 1月10日至30日，省高速集团开展春节前夕送温暖活动。集团成立了以党委书记李素华、总经理谢来发为组长的送温暖领导小组，集团领导谢来发、魏炳彦、姚光南、颜杏生、吴克海、邝宏柱、林传阳等分别带领7个慰问组，走访慰问了集团所属各单位8位身患重大疾病的职工和总部27名离退休职工。截至1月30日，集团各单位共走访慰问了困难职工236人，慰问金额达35万多元。

（陈　菁）

【省交通设计研究院有限责任公司完成改制后首份集体合同签订】 5月，为加强现代企业制度建设，建立省交通设计研究院有限责任公司改制之后新的劳资制度，维护好企业和职工的合法权益，建立公正、公平、合理的劳动关系，根据劳动法、工会法、人力资源和社会保障部颁布的《集体合同规定》《江西省集体合同条例》以及相关法律法规的规定，该院行政方和职工方代表（院工会）经过友好协商顺利签订《江西省交通设计研究院有限责任公司集体合同》，并报送省人力资源和社会保障厅审查备案。

此为该院改制后首次签订的集体合同，为了增加职工的幸福感，院工会代表职工与院行政就带薪休假问题进行了商洽并最终达成共识，在集体合同中增加了第十八条，鼓励符合条件的职工带薪休年休假，且休假期间企业不扣除职工的收入，给职工公休假方面营造了一个宽松的环境。

（谷　川）

【景德镇长运公司举办2013年度劳模事迹宣讲活动】 景德镇长运公司党委于8月24日举办2013年度劳模事迹宣讲活动。该公司中层干部和机关管理人员、班(组)长共170余人聆听劳模事迹宣讲。为搞好此项活动,“以先进的思想引领人,以先进的事迹鼓舞人,以典型的力量激励人”,传播正能量,该公司党委对活动事项进行周密部署,统筹安排;公司培训中心对劳模先进事迹材料进行认真核实整理、对宣讲人员进行精心筛选。宣讲的劳模先进事迹突出,感人至深。劳模中有年近六旬的高客公司副经理周宝华,周宝华精于管理,一心为企,为高客公司机务管理无私奉献,为企业节约大笔修理费用;有汽车总站分公司副经理肖付仔,肖付仔对待工作敢管敢拼,敢于碰硬,勇于创新,提拔中层管理岗位并分管汽车南站经营工作仅一年时间,就使该站经营效益取得20%以上的增长;有乐平客运长运客运有限公司客运中心站站长毛耀萍,毛耀萍曾在多个岗位工作,在每个岗位上,都能够做到兢兢业业、任劳任怨,不管作为普通员工,还是担任基层管理干部,都能够以身作则,处处严格要求自己,从不计较个人得失,服从组织安排,并为乐平长运经营发展做出了突出的贡献;有浮梁公共交通有限公司驾驶员江正文和高客分公司驾驶员胡芝华,劳模刻苦钻研驾驶技能,注重安全,热心服务,为每一位旅客的出行筑起一道安全之墙。劳模没有惊天动地的业绩,有的是安全行车数年安全无事故的纪录,有的是十年如一日的认真工作态度,有的是热心为旅客服务的一颗拳拳之心。劳模的先进事迹引起与会强烈的共鸣,纷纷表示要以劳模为榜样,以满腔的工作热情投入到工作中去,为实现“行业振兴、企业永续”的长运梦作出自己应有的贡献。

(张顺发)

【莲花县交通运输局工会工作有特色】 2013年,该局以促进和谐为主线,以服务职工为主旨,以提升素质为重点,以创新文化为活力,按照“1325”交通工作思路,有力推进了以下工作:一是努力提升职工整体素质。为适应建设学习型社会的要求,结合局党委年初制订的干部职工学习计划,积极组织职工参加该单位的政治、业务学习,积极引导职工学科学、学法律、学技术,通过参加各类业务培训、学历进修,不断提高职工的文化、业务、技术水平,打造了一支充满思想活力、充满知识动力、充满文化魅力的学习型交通队伍。二是切实履行工会职责,维护广大职工的合法权益。局工会把维护职工的合法权益作为工会工作的重点,要求工会干部针对职工关心的热点、难点问题,进行调查研究,倾听职工呼声,积极反映职工的意愿和要求。从关心女职工的身心健康出发,增加了女职工体检项目,并健全女职工健康档案。通过开展创建劳动关系和谐企业活动,使职工和企业和谐共荣共谋发展,促进全县的交通经济建设。三是继续开展“送温暖,献爱心”活动,打响工会“送温暖”工作品牌。

(萍乡市交通运输局)

【萍乡市交通系统代表团参加市第十二届运动会获得好成绩】 经过3个多月的激烈角逐,萍乡市第十二届运动会于12月8日在市体育中心胜利闭幕。为促进“和谐交通”建设,提升萍乡市交通系统的整体形象,由萍乡市交通运输局、萍乡市公路管理局、萍乡市邮政管理局、省高速路政总队萍乡支队和江西萍乡长运有限公司共同组建了由100多名运动员组成的交通系统代表团,参加男子篮球、乒乓球、羽毛球、网球、田径、棋类、桥牌等七个项目的比赛。经过比赛,萍乡市交通系统代表团在该届运动会上共获得8块金牌、10块银牌、2块铜牌、4个第四名、4个第五名的好成绩,金牌总数排名社会部第七名,总分排名社会部第六名,同时荣获了市运会组委会设置的优秀组织奖,在全市人民面前展示了交通系统健康、文明、团结、向上的精神面貌和良好的素质。此外,由于开展群众性体育活动有特色、有亮点,萍乡市交通运输局还荣获了“2009～2012”年全市群众体育先进单位荣誉称号。

萍乡市第十二届运动会是该市体育发展和全民健身的一件大事,是对全市体育事业的一次大检阅,更是全市政治、经济、文化发展成果的一次集中展示。2009年来,萍乡市坚持实施全民健身计划,群众体育蓬勃开展,竞技体育阔步向前,城乡体育基础设施明显改善,体育产业迅速发展,多项工作走在全国、全省先进行列,荣获多项国家级、省级奖项。该届运动会的举办,对于进一步加快萍乡市体育后备人才培养,提高竞技体育运动水平,推进全民健身计划纲要实施,对提振全市人民信心、应对挑战,凝聚力量、攻坚克难,全面实施萍乡市“一二三四五”总体工作思路具有重要意义。

(陈孝法)

【九江市第三届的士司机健康节圆满落幕】 由九江市交通运输局主办的第三届的士司机健康节于6月25日至26日在风景优美的八里湖畔进行,市区10家出租车公司负责人为全体出租车司机领取免费体检卡和防暑降温药品后,参加健康节启动仪式的400多名的哥的姐纷纷参加了以"强身健体、快乐出行"为主题的运动会。运动项目丰富多彩,活动现场气氛热烈。环湖长跑、拔河等竞赛项目高潮迭起,"车轮滚滚"、"并肩前进"等趣味互动游戏妙趣横生,加油声、叫好声此起彼伏,运动会洋溢着浓浓的欢乐祥和气氛。经过连续两天的紧张角逐,顺隆、东方、东宝三家公司分别获得拔河团体赛的前3名;宏昌公司、石松公司荣获组织奖;其他各类单项奖均花落其主。

举办深受出租车司机喜爱的的士司机健康节,是行业管理部门为的哥的姐搭建的一个展示运动风采的平台。这次运动会是继2010年以来九江出租车行业的第三次体育盛事,运动员在比赛中发扬"顽强拼搏、争创一流"的过硬作风和"友谊第一、比赛第二"的道德风尚,赛出了风格和水平,充分展现出租车司机团结奉献、奋发有为、锐意进取的精神风貌,的士司机健康节已成为出租车行业凝心聚力、团结进取的盛会,为提高出租车司机的健康水平起到了积极的促进作用。

(九江市交通运输局)

【九江市交通女职工参加市妇女法律法规知识电视大奖赛】 5月16日,九江市交通运输局代表队参加由市妇联、市总工会等主办的九江市"妇保杯"妇女法律知识电视大奖赛,并荣获二等奖的好成绩。此次大赛主题是"做学法懂法新女性,同心共筑'中国梦'",旨在加大妇女法律知识宣传和普及的广度与深度,增强妇女群众依法维权意识和能力,提高广大妇女对新规划实施的知晓率和参与率,营造妇女儿童事业发展的良好社会氛围,推进中华民族伟大复兴"中国梦"的实现。比赛内容包括妇女权益保障法、婚姻法、《女职工劳动保护特别规定》、母婴保健法、《九江市妇女儿童发展规划(2011~2020年)》。

(九江市交通运输局)

【九江市港航管理局领导慰问一线职工】 入夏以来,九江持续高温天气,热浪袭人。8月13日上午,九江市港航管理局总支书记柳江及班子成员携带防暑降温物品和慰问金,慰问坚守在鄱阳湖区采砂管理一线的干部职工。局领导先后到湖口检查站、庐山区分局、港航海事联合执法静态组、星子综治平台和位于都昌的市政府采砂统一管理平台,亲切慰问港航干部职工。每到一处,都详细询问职工们的工作和生活情况,实地察看办公、食宿和安全防护情况,叮嘱湖区各部门负责人,要牢固树立安全意识,合理安排工作,认真做好防暑降温工作,确保各项工作有效开展。总支书记柳江每到一处都亲切地与职工交谈,并对一线干部职工提出:一是越是在条件艰苦的环境下,越要发扬不怕苦、不怕累工作精神,确保水运市场有序运转,港航规费征收应征不漏。二是在高温酷暑天气里,各级领导要把关心职工工作和生活放在首位,要尽全力改善职工工作生活环境,合理安排工作时间,让职工能安全安心工作。

港航干部职工在领导的关怀和鼓舞下,纷纷表示要扎实做好本职工作,确保高温季节湖区采砂管理各项工作有序、顺利、持续进行。

(九江市交通运输局)

【新余公交庆"五一"趣味竞赛活动精彩纷呈】 "五一"前夕,新余公交公司在天工停车场举办了系列趣味竞赛活动,共160余名员工报名参加,创下参赛人数新高。竞赛分为"龙凤戏珠"和"海底捞月"2个项目。比赛中,各组选手生龙活虎,志在必得,比赛过程更是紧张激烈,精彩不断,同时又趣味横生。经过激烈的角逐,公交三车队以优异的成绩包揽了"海底捞月"团体前四名的三个奖项,修理厂获第三名。"龙凤戏珠"则由二车队摘得桂冠和第三名,三车队获第二名,综合办和财务结算部的组合获第四名。

(刘凤英)

【袁州区交通运输局工会积极开展多样活动】 2013年,区交通运输局工会开展各种形式活动,加强职工交流互动,增强职工间的情感联系,维护职工队伍稳定。一是利用春节、"三八"妇女节、"八一"建军节等,组织职工开展一系列活动。如"三八"组织全局妇女攀登明月山,"八一"建军节工会和党办共同组织开展拥军慰问活动,增强军民友好关系。二是积极组织职工参加区总工会举办的拔河比赛、象棋比赛系列活动。为在比赛中获得好成绩,赛前参赛人员充分利用业余休息时间加强练习。三是关爱离退休干部,在重阳节,局工会上门走访慰问,组织离退休老干部聚餐赏菊、聊家常,交流感情,保持健康心态,安享晚年。通过系列活动,激发干部职工的工作热情,有效发挥工会在推动全局工作顺利开展中的积极作用。

(李 庆)

【上饶汽运集团奖励员工优秀子女】 金秋喜报不断,市汽运集团员工子女考取各类大学的大学生有42人,该公司均给予了奖励。42人中有研究生6人、本科生27人、专科生9人,录取的院校有中国政法大学、香港理工大学、东北大学等。这是上饶市汽运公司职工子女考取重点大学最好的一年,也是录取大学生人数最多的一年。

(李长乐)

共青团工作

【概况】 2013年,厅直团的工作在省直团工委和厅直机关党委的正确领导下,深入学习贯彻中共十八大和十八届二中、三中全会和团的十七大会议精神,坚持党建带团建,积极开展形式多样的活动,以大力加强团的思想、组织、作风建设为重点,做了大量的工作。

强化思想教育。深入开展中共十八届三中全会精神学习宣传活动,积极引导团员青年把思想和行动统一到全会精神上来,进一步坚定理想信念,不断提升能力素质,在本职岗位上履职尽责。以“中国梦 我的青春梦”为主题,积极举办演讲赛、征文比赛、座谈会等活动,激励团员青年立足本职岗位,干一流工作,做一流贡献。

强化组织建设。加强厅直单位团组织建设,批复成立了省路政总队团委、厅信息中心团支部。深化行业团建工作,指导民营企业江西省运安科技有限公司成立了团支部,督促省公路局、省港航局完成了换届工作。

强化典型培树。“五四”期间,厅直团委表彰了8个先进基层团组织、24名优秀共青团员、13名优秀共青团干部。省高速集团景德镇管理中心景北所、梨温公司鹰西收费站、昌泰公司泰和收费所3个集体荣获全国青年文明号称号。省高速集团赣州管理中心瑞金省界管理所等19个单位获全省首批“青年雷锋岗”称号。

强化活动引导。深入开展志愿服务活动,以学雷锋日、国际志愿服务日等集中开展志愿服务活动为契机,推动志愿服务活动专业化、长效化、常态化。大力开展摄影、登山、歌唱、拓展训练等文体活动,丰富团员青年业余文化生活,提高团组织的凝聚力向心力。利用微博、微信、微电影等现代媒体,加强对团员青年思想引导,传播社会正能量。

(陈志光)

【团中央书记处第一书记秦宜智到井冈山“映山红”收费站调研青年文明号创建工作】 11月15日,团中央书记处第一书记秦宜智一行到全国青年文明号井冈山“映山红”收费站实地调研青年文明号创建工作。团中央书记处书记傅振邦、团中央办公厅主任康国明、团中央城市青年部副部长鲁亚、全国青少年井冈山革命传统教育基地管理中心主任刘爱平、团省委书记曾萍等参加调研。

在井冈山“映山红”收费站号手的引导下,秦宜智来到收费岗亭,看望一线收费员,详细了解该站青年文明号创建情况和青年志愿者活动开展情况。秦宜智强调,作为进出革命圣地、国家级风景区井冈山的重要通道,井冈山“映山红”收费站要当好井冈山精神和红色文化的“传承人”,让过往车主和游客感受到井冈山人民的热情,秦宜智勉励井冈山“映山红”收费站的团员青年要以创建全国青年文明号为契机,再接再厉,努力比同行业其他窗口做得更出色,以更高的标准、更优的服务展示团员青年的风采。

(温荣生 王 平 胡艳梅)

【厅直青年文明号单位开展送温暖活动】 春节将至,厅直各级青年文明号集体广泛开展了送温暖活动,积极履行了团员青年社会责任,展示了青年文明号集体的良好形象。

免费服务奉献社会。春运期间,省高速集团各级青年文明号集体在高速公路服务区和收费广场,专门设立“温馨服务台”,免费提供应急药品、热水,提供零钱兑换、雨伞等多项免费温馨服务。

尊老爱幼奉献爱心。省公路局、省港航局、省高速集团所属各级青年文明号团员青年们主动走进敬老院、留守老人和儿童家庭,积极动手打扫庭院、走廊、房间卫生,到菜园帮忙摘菜,给老人们洗衣服、捶背按摩,送上节日慰问金和慰问品,了解老人身体情况,关心关爱老人生活情况。为定点帮扶学校送去文体设施设备,娱乐学生身心,为贫困学生送去了慰问金、新衣服、学习用品,并帮学生试穿新衣服,鼓励学生自强自立,好好学习,将来回报社会。

缴纳团费扶贫济困。省交通工程集团公司团员青年主动为扶贫点全南县中寨乡黄泥水村缴纳特殊团费2970元,并在第一时间将特殊团费通过银行汇款送达,帮助扶贫点建设。

拓展阵地广泛动员。通过设立论坛、微博等新型网络传播载体,广泛宣传报道,唤起社会各界对弱势群体的关注,让更多的人参与到活动中来,实现了青年文明号优质服务由岗位向社会延伸。省高速集团团委微博设立《青年文明号温暖你我他》话题发布信息205条、阅读100000余次。

全厅共76个青年文明号集体、1368名团员青年参加送温暖活动,捐赠金额120335.6元。

(厅直机关团委)

【19个单位获全省首批“青年雷锋岗”称号】 交通运输系统全省首批“青年雷锋岗”名单:江西省高速公路投资集团公司赣州管理中心瑞金省界管理所青年雷锋岗、江西赣粤高速公路股份公司昌泰综合援助服务指挥中心青年雷锋岗、江西省高速集团宜春管理中心宜春收费站青年雷锋岗、江西省高速集团宜春管理中心新余管理所女子收费班青年雷锋岗、江西省高速公路投资集团公司宜春管理中心萍乡管理所五星收费班组青年雷锋岗、江西省高速公路投资集团公司畅行公司庐山服务区青年雷锋岗、江西赣粤高速公路股份公司峡江服务区青年雷锋岗、江西省高速公路投资集团公司抚州管理中心广昌管理所青年雷锋岗、江西省港航局行政服务大厅海事管理青年雷锋岗、江西省港航局行政服务大厅运输管理青年雷锋岗、江西交通职业技术学院图书馆工作部青年雷锋岗、江西交通职业技术学院驾驶培训预约青年雷锋岗、宜春高速公路路政管理支队二大队青年雷锋岗、江西省高速公路投资集团公司公路开发总公司梨温高速赣浙收费处青年雷锋岗、江西省高速公路投资集团公司抚州管理中心南昌东管理所青年雷锋岗、江西省高速集团宜春管理中心赣湘界金鱼石收费站青年雷锋岗、江西省高速公路投资集团公司上高管理中心梅棠管理所青年雷锋岗、吉安高速公路路政管理支队三大队青年雷锋岗、景德镇市交通运输局党委办公室青年雷锋岗。

(厅直机关团委)

【省交通运输厅副厅长万明调研高速公路青年文明号创建工作】 4月17日,省交通运输厅副厅长、厅直机关党委书记万明深入省高速集团调研高速公路青年文明号创建工作,省高速集团党委书记王江军随同调研。调研期间,万明还为荣获全国青年文明号的景德镇管理中心景北管理所和梨温公司鹰潭西收费站揭牌。

调研过程中,万明指出,近年来,厅直机关团委以青年文明号创建活动为抓手,以“青春献交通、建功在岗位”为主题,组织开展了丰富多彩、形式多样的实践活动,取得了良好的效果。万明要求,一是要珍惜荣誉,再接再厉。创建只有起点,没有终点,希望青年们珍惜来之不易的荣誉,以此为起点,脚踏实地,奋进拼搏,在全国青年文明号荣誉的激励和指引下,全体青年职工更加紧密团结,各项工作更加有声有色,发展更加充满生气。二是要创造特色,创新发展。希望全体青年以共青团江西省第十五次代表大会精神为指导,用“中国梦”引领全体青年,紧紧围绕中心工作,开展具有本单位特色的创建活动。以岗位实践为基本途径,逐步完善和提高创建标准,把共青团的品牌工作和日常活动结合起来,为推动交通运输科学发展,实现江西与全国同步全面建成小康社会展现青春作为、绽放青春光彩。三是要服务青年,奉献社会。坚持以人为本,以青年健康成长的需求为导向,搭建青年学习成才的新舞台,开辟青年学习成才的新途径,使青年文明号成为培养青年人才的基地和摇篮。要扎根于群众,立足岗位实际,突出窗口特点,发挥自身优势,增强服务能力,弘扬职业文明,创造一流业绩,使青年文明号活动成为服务群众、报效祖国、奉献社会的实践舞台。

(胡　丹　刘洁云　万庭慧)

【省高速集团赣州管理中心拍微电影传递公益正能量】 7月上旬,省高速集团赣州管理中心自编自导自演了励志公益微电影《微爱传递》,该短片以中心爱心服务和青年志愿者服务为主题,讲述了一位奢侈浪费的拜金女孩通过参加中心组织的青年志愿者服务活动,化身为乐于助人的热心女孩的故事。

该部公益微电影的创作打破传统的说教和死板的介绍,用新形式、新载体传播身边的小故事、小创意以引起大家的共鸣,影片表现出的温暖人心的力量更能感染人,具有非常良好的导向作用。

(曾彦梅)

【省高速集团万年管理中心"五四"歌咏比赛精彩纷呈】 为纪念"五四"运动94周年,展示青年团员创先争优、带头表率的精神风貌,5月15日下午,万年管理中心开展"五四"歌咏比赛。省高速集团总经理谢来发观看比赛并为获奖选手颁奖。

该次歌咏比赛经过前期预选,选出了14名选手参加。比赛内容既有爱国歌曲、民族歌曲,也有流行音乐和京剧演唱。浮梁管理处的欧阳小红以歌曲《呼伦贝尔大草原》摘得比赛一等奖,中心机关瞿硕以《千万次的问》、泾口管理处瑞洪收费站徐冬云以藏族歌曲《洗衣歌》获得二等奖,余江管理处吴雅婷以歌曲《浏阳河》、德兴管理处彭媛以《一个人的精彩》、浮梁管理处龚斐以《小白杨》获得该次比赛的三等奖。

(万年管理中心团委)

【省高速集团抚州管理中心举办"亲近自然畅享生活"登山比赛】 5月17日,省高速集团抚州管理中心在抚州市灵谷峰举行了登山比赛。来自中心机关、基层所站共20支代表队100余人参加了比赛。此次登山比赛包含个人赛和团体赛,其中个人赛分男、女组,每支参赛队伍含男、女选手各两名。来自广昌管理所的李鹏飞以绝对优势获得男子组冠军;摘得女子组桂冠是来自温圳东管理所的运动女将王丹。而在展现整体实力的团体赛中,临川管理所代表队凭借雄厚的整体实力荣获冠军,机关和宜黄管理所代表队分获团体二、三名。

(抚州管理中心团委)

【江西交通学院开展"我的中国梦"主题团日系列活动】 5月3~9日,一系列以"我的中国梦"为主题的团日活动在江西交通学院基层团组织和广大学生中蓬勃开展,同学们以各种形式踊跃参与到各项活动中。该学院所有基层团组织和广大学生统一登录腾讯网"校园百万团支部'青春中国梦'线上主题团日"的专题空间参与各项全国性线上活动。各基层团支部和广大青年学生对"中国梦·我的梦""梦想传递""中国梦解析""青春梦立方""梦想加速度"等话题进行讨论互动,分享对"什么是中国梦""如何实现中国梦""青年学生与中国梦的关系"的认识和理解,拍照晒出自己的梦想。5月3日下午,该学院团委组织开展了"我的中国梦"为主题的红色经典诵读活动,共有35名选手参加此次比赛,比赛中,选手们紧扣主题,歌颂祖国的悠久历史、灿烂文化和民族精神,畅谈诵读"我的梦中国梦"。

(宋俊鸣)

【赣州管理中心十载如一日帮扶遂川下湾小学】 5月28日,省高速集团赣州管理中心组织青年志愿者走进遂川县巾石乡下湾小学,开展主题为"大手拉小手,快乐过六一"帮扶贫困山区儿童助学活动,提前陪孩子们过了一个特殊的儿童节。

活动过程中,志愿者们首先给下湾小学的孩子们上了一堂生动有趣的声乐课,教会了孩子们《幸福拍手歌》,并与孩子们一起跳舞、玩耍。随后,20余名志愿者又与学生们玩起了转呼啦圈、协同作战、穿衣服比赛等多个有趣的小游戏,每一位参与游戏的小朋友们都能领到书包、文具盒、彩笔等学习用品作为奖励,这种寓教于乐的方式不仅拉近了志愿者们与孩子的距离,更是将欢声笑语铺满整个校园,把活动的气氛推向了高潮。

此次助学活动所捐赠的学习用品,以及电脑等办公用品共计价值17000余元。这类帮扶贫困山区儿童助学活动,赣州管理中心已经在下湾小学持续开展了近10年。

(赣州管理中心团委)

【工地上的集体婚礼】 10月12日15时38分,昌樟高速公路改扩建工程B1标项目部工地上喜气洋洋。在昌樟改扩建项目办和中铁十三层集团为年轻建设者们举办的集体婚礼上,6对新人同时放飞气球,携手开创美好生活。

用简易工棚做背景,以药湖大桥为舞台,在鲜花和掌声的簇拥下,6对新人幸福地走上婚庆典礼舞台。不远处，为赶工程进度仍在作业的机器声还不时传到婚礼现场，为《婚礼进行曲》伴奏，数百名建设者和群众成为新人们幸福的见证人。

"我们要用自己的青春与汗水铺路、架桥，为昌樟高速公路改扩建项目早日建成贡献自己的一分力量。"新人代表彭志川在婚礼上说。

这6对新人分别来自辽宁、陕西、山西、重庆等地，新人虽然有的是同学，有的是老乡，有的是参建这个项目的同事，但却拥有一个共同的"媒人"——昌樟高速改扩建工程。由于工期紧、任务重，新人们的婚期一推再推。项目办和中铁十三局集团为一线员工着想，特地在建设工地为新人们举办了这场集体婚礼。

（戴梅岑　胡　萍）

【省港航局志愿者走进滕王阁社区开展志愿活动】　12月6日，省港航局团委组织南昌地区10余名志愿者走进滕王阁社区，开展志愿活动，以自己的实际行动为社会的和谐文明做出一份贡献。志愿者们首先走进低保户以及残疾人家庭，给困难家庭送去了食用油、大米等生活用品，与困难家庭谈心，了解困难家庭的生活状况。随后，到社区文化活动广场，有的拿着扫把清扫地上的落叶、垃圾，有的拿着钳子拾起草地花坛中的纸屑烟头，有的拿着小铲子清除墙上、凳子上的牛皮癣小广告，还社区居民一个干净整洁的活动场所。

（省港航局团委）

【省高速集团开展"中国梦我的青春梦"主题团日活动】　为庆祝"五四"青年节，5月3日，省高速集团开展"中国梦我的青春梦"主题团日活动。当日上午，集团举行"青春心中国梦"主题演讲比赛。集团总经理谢来发，党委书记王江军，党委副书记、纪委书记魏炳彦，集团党委委员、公路开发公司党委书记傅春华观看比赛并为获奖选手颁奖。比赛中，16名选手围绕主题，结合实际，以多种视角阐释了江西高速人心中的"中国梦"。

下午，集团召开青年代表座谈会。王江军、魏炳彦、傅春华出席活动。座谈会上，公路开发公司和抚州管理中心党委分别就加强党建带团建、培养青年人才工作作了交流发言，团内先进代表、集团新进大学生代表、建设养护专业技术干部代表、收费员代表和基层团干部代表等分别围绕学习贯彻中共十八大精神、践行"中国梦"各抒己见。在认真倾听了代表发言后，王江军作了讲话。王江军对广大团员青年和共青团干部致以节日的问候和良好的祝愿，充分肯定了高速青年为推动高速公路事业改革发展所发挥的重要作用和所作出的重要贡献。王江军对高速青年提出了四点希望，一是希望广大高速青年图强立志，做有梦想、有朝气的现代青年。二是希望广大高速青年勤学立身，做有思想、有底气的现代青年。三是希望广大高速青年克己立德，做有修养、有正气的现代青年。四是希望广大高速青年实干立业，做有作为、有锐气的现代青年。

（陈　菁）

【省港航局开展学雷锋志愿服务活动】　4月2日上午，省港航局学雷锋志愿者服务队到局对口帮扶村进贤县前坊镇和平村和平小学，开展"手拉手、心连心"为主题的学雷锋志愿服务活动。

和平小学是一所村办小学，有60多名学生，大多数为留守儿童，学习、生活条件比较艰苦。活动中，志愿者们和孩子们一起聊天、做游戏，了解孩子们学习生活情况，并为他们送去价值3万多元的千册书籍和羽毛球拍、篮球、跳绳、书包等用品。此次志愿服务活动和捐赠，不仅给孩子们带去的是知识，更重要的是带给孩子们一份关怀。志愿者们表示：今后将尽所能，一如既往地关注贫困留守儿童，用凝聚的爱心为孩子们服务，为建设和谐社会贡献一份力量。

（黄文平　陈明中）

【省运管局开展"五四"素质拓展活动】　为庆祝"五四"青年节，弘扬"艰苦奋斗、勇于创新，不畏风险、默默奉献"的交通精神，5月3日，省运管局30余名团员青年前往江西紫阳湖拓展基地开展了为期一天的素质拓展活动。活动围绕"活力青春、团结奋进"主题展开，旨在增强机关青年沟通协作与团结互助能力，营造健康向上的机关文化氛围。

（朱　熹）

【省交通运输厅规划办学雷锋、树新风】　2013年3月5日在"学雷锋纪念日"来临之际，省交通运输厅规划办共青团组织由8人组成的"雷锋"小组,深入该单位所在的上凤凰坡社区,参与了社区组织的学雷锋大扫除活动,捡除花坛的垃圾,清扫街道卫生,在学习新颁布的《南昌市城市管理条例》的同时,还帮助社区干部到辖区商铺分发和宣传该条例,弘扬雷锋服务人民、助人为乐的奉献精神,以实际行动学习雷锋精神。

（厅规划办）

【省交通设计研究院有限责任公司团委组织团员青年学雷锋走进敬老院】　在学雷锋月到来之际,省交通设计研究院有限责任公司团委响应上级号召,组织该院部分青年团员走进敬老院,走到老人中间,把中华民族尊老敬老的美德传承。

3月25日,院团委组织团员青年一行10人带着食用油、大米等慰问品到南新乡敬老院看望慰问孤寡老人。在一片温馨祥和的气氛中,该院团员青年们把一份份浓浓的尊老敬老的情意传达给在座的每一位老人。

（谷　川）

【萍乡市交通运输局团委举办"我的交通梦·设计杯"演讲比赛】　7月12日,为纪念中国共产党成立92周年,推进交通运输行业文化建设,进一步增强干部职工文化素质,展现交通系统干部职工的风采,该局团委举办了"我的交通梦·设计杯"演讲比赛。此次比赛共有来自局属各单位推荐的15名选手参与角逐。比赛现场气氛热烈,参赛选手围绕"我的交通梦",主题,以自己的工作经历、工作体会、身边的感人事迹和奋斗精神为例,从不同角度阐述只有通过劳动创造才能托起"交通梦",赢得了现场观众的热烈掌声,体现了交通人立足本职、爱岗敬业、奋发向上的精神风貌。经过两个多小时的激烈角逐,万娜获得比赛的一等奖,许琳、刘妮芳获得二等奖,江钰、张叠、刘祁获得三等奖。市委组织部村建办副主任兰海皎对比赛选手的表现做了精彩点评,团市委副书记李志猛代表团市委对比赛成功举办给予了肯定和祝贺,市交通运输局局长张洪对演讲比赛进行了总结讲话,"我的交通梦·设计杯"演讲比赛取得了圆满成功。

（萍乡市交通运输局）

【萍乡市运管处团委开展学雷锋志愿服务活动】8月16日下午,该处共青团组织开展学雷锋志愿服务活动,全处干部职工走出办公室,带上扫帚,拿着铁锹和火钳,按照划分的卫生责任区,对院内院外卫生进行清扫,对办公室环境卫生进行集中整治。酷暑的8月气温稍有回落,伴随着丝丝凉意,全处干部职工干劲十足、热情高涨地行动起来,很快就将责任区打扫得干干净净的,在劳动的快乐中,全处干部用辛勤的双手美化着周边环境。

（张　未　文　熙）

【庆"五四"新余公交团员青年开展户外拓展训练】　为庆祝"五四"青年节,节日当天,该公司组织20余名团员青年到仙女湖拓展培训基地,开展了为期一天的户外拓展训练,全新的训练模式,独特的训练方法给队员们留下了深刻的印象。

在一天的拓展训练中,从最初的团队建设,到高空抓杆、生死电网、信任背摔、齐心协力、信息传阅等5个拓展项目,学员们不断领悟自身和团队的优势与不足,经过特定情景下的团队训练,全面提高了团队的各项能力和素质。

（宁茂昌　周小梅）

【宜丰县交通运输局努力打造关心下一代工作的新特色】　2013年,该局充分发挥局老干部、老战士、老专家、老劳模的育人优势,切实服务青少年健康成长和长远发展,制订干部职工成才计划,鼓励自学成才和在职教育。一是局党组将关心下一代工作纳入重要议事日程,健全"134"的工作机制。"1"即确定一项制度,坚持每年召开一次专题会议,每季度听取一次工作汇报,推动关工委工作的经常化;"3"即做到三个纳入,将关工委工作纳入党组工作日程、纳入全局精神文明建设总体规划、纳入领导干部职责范围,形成工作合力;"4"即坚持四个同时,把关工委工作与其他重点工作同部署、同检查、同总结、同考核,真正做到放在心上、抓在手上、落实到行动上。与此同时,局主要领导高度重视关心下一代工作,定期听取工作汇报,提出任务和要求,技术解决问题,基本实现上级关工委提出的"五个一"的目标要求落实到位,即有班子、有队伍、有办公地点、有交通工具、有工作经费。二是制订年度工作计划,重点建立完善六一儿童节送书、高考奖励制度,建立相关档案(35岁以下人员摸底表、挂点单位留守儿童花名册、困难户花名册等)。三是深入开展"学雷锋、心向党、讲品德、见行动"的主题教育活动,深化对青少年社会主义核心价值体系教育,做社会主义道德规范的模范践行者。

(漆志勇)

【高安市交通运输局团委组织开展登山活动】 为进一步发挥广大青年团员在工作中的凝聚力和战斗力,增强团员青年的集体意识与活力,丰富其业余生活,4月29日,市交通运输局团委组织青年职工50余人举行登华林山活动,受到广大青年职工的大力支持。登山活动中,青年团员们充分发挥团结奋进、友爱互助、积极向上的精神风貌和集体主义精神,一路上欢歌笑语、亲切交谈。经过近2个小时的徒步,终于登上海拔800多米的华林山极顶,领略大自然的美景。此次登山活动活跃团组织气氛,增强团组织的凝聚力、向心力,使团员青年在紧张的工作之余身心得到放松,增进了团员青年相互之间的感情交流。

(周世祥)

老龄工作

【概况】 2013年,省交通运输厅离退休干部管理处紧紧围绕交通运输中心工作,坚持"六个老有"方针,抓好二项建设,较好的落实好了老干部的各项政治生活待遇,保持了老干部队伍的和谐稳定,完成了年度工作目标和任务,并荣获了省委老干局授予的"宣传政治工作先进单位"称号。

1. 认真抓好思想政治工作和党支部两项建设,较好落实老干部政治待遇。一年来,以学习贯彻中共十八大精神为主线,以党的群众路线教育实践活动为契机,进一步加强了老干部的思想政治工作。坚持每月一次的党员集中学习,重点学习中共十八大精神、党的群众观点的重要论述,特别是习近平的一系列重要讲话精神,及时传达厅党委的重要精神。根据老干部的身体状况,坚持集中学习和个人分散学习相结合,为便于自学,给每位老干部发放了多本学习资料。通过学习教育,使老干部们及时了解和掌握了中央、省委、厅党委的重要精神,把老干部的思想认识统一到厅党委行政的重大决策上来。该处思想政治工作得到省委老干局的充分肯定,厅离退休干部管理处被授予宣传政治工作先进单位称号。

根据厅机关党委推进基层党组织规范化建设的要求,该处狠抓党支部的建设,坚持党的组织制度,及时收缴并按规定上交党费,支委会认真召开为民务实清廉为主题的专题民主生活会,会上积极开展了批评与自我批评,并于12月进行了支部换届选举,选举产生了更加年轻化、更加有活力的新一届支委会。党支部的建设更加规范。

2. 真心提供优质服务,较好落实了老干部的各项生活待遇。一年来,该处狠抓老干部各项生活待遇的落实,认真倾听老干部的心声,以优质的服务,及时解决老干部生活中的困难和问题。确保了各项费用及时发放到位,如离休干部公用、特需经费、护理费、防暑降温费、取暖费、退休干部活动经费、电话费、老干部遗孀的生活补助费、丧葬费、抚恤金等,全部及时按政策主动发放;老干部的医疗也得到很好的保障,处室工作人员主动帮助老干部代办医药费的报销,大大方便了老干部,并组织安排了全体老干部的健康体检。坚持了走访慰问制度,做到生日必慰问、生病住院必慰问、春节等重大节日必慰问,一年来,对老干部生日慰问85人次,慰问因病住院老干部35人次;还组织了老干部到庐山健康疗养、到九江长江二桥参观考察。真心的服务赢得了老干部的赞扬,该处的工作得到了老干部们的充分理解和大力支持,老干部队伍保持了和谐稳定。

(胡建强)

【省交通运输厅组织老干部开展有益的文化活动】 2013年,为让离退休老干部晚年生活过得丰富多彩,厅离退休老干部管理处筹措经费,依托厅老年体协,积极组织开展了各种有益于身心健康的文体活动。一年来,组织厅机关老干部开展了7次垂钓活动、5次门球比赛、40多次大合唱活动以及元宵节、重阳节扑克、摸球、飞镖等小型比赛娱乐活动;组织厅直各单位老干部开展了两次老年垂钓比赛;成功承办了省直机关老年乒乓球比赛,参赛老年运动员达160余人,创造了省直机关老年乒乓球赛参赛人数的新高,这次乒乓球赛的成功组织得到了省直机关老年体协的高度赞扬。另外,厅老年体协还派出围棋、桥牌、门球等选手,参加了省老年体协的交流活动,均取得较好的比赛成绩。这些活动的开展,丰富了老干部的精神文化生活,促进了健康,愉悦了心情,受到了老干部的好评。

(胡建强)

【吉安港航组织退休职工参观石虎塘航电枢纽工程】 10月14日,吉安港航分局组织50多位退休职工参观石虎塘航电枢纽工程。老人们抚今追昔,对港航的巨大发展变化感慨万端,纷纷表示要老有所为,发挥余热,为港航事业献计献策。

(李华志)

【宜春公交获第一届全国"敬老文明号"荣誉称号】 2013年,为倡导敬老、爱老的传统风尚,宜春公交以行业、岗位为老服务为重点,以"关爱老人、倡导文明、构建幸福宜春"为主题,该公司积极开展一系列社会敬老服务工作,积极参加社会敬老活动。在承担社会责任的同时,更让老年人实实在在感受公交尊老爱老的风尚。一方面,坚持公交的公益性特点,切实解决老年人出行难的问题,为70岁以上老年人、离退休军人等老年群体提供免费乘车的优待政策。已办理免费乘车卡1.55万张,年提供免费乘车200余万人次;另一方面,在选购公交车时,采用二级低踏步,方便老年乘客上下车,同时,所有公交车辆设有老人专座、装有塑胶扶手、语音报站器等,当老年乘客上车后,适时播放服务用语,引导乘客为老年人让座。针对部分行动不便的乘客,要求驾驶员停车搀扶老人上下车辆,同时还特别要求司乘人员,待老年人坐稳后再将车驶离站台,安全下车后再关闭车门,上车有迎声、问询有答声、下车有送声,做到温馨、细致、贴心服务,全方位为老年人乘车提供方便、安全、满意的服务。9月,市公交公司被全国老龄工作委员会授予第一届全国"敬老文明号"荣誉称号。

(何　清)

【宜春市交通运输局离退休干部开展形式多样活动】 该局有离退休干部25人,其中:副地级干部1人,县级干部11人,科级干部8人,高级工程师4人,经济师、会计师5人。由于局领导高度重视,列入议事日程,做到老干部工作与交通运输发展同研究、同部署、同检查、同总结,领导有分管,管理有专干,工作有计划,活动有经费,结合老干部实际,开展形式多样活动,既活跃晚年生活,又有益身体健康,为推动全市交通运输发展进言献策,多年被评为全省"红旗"党支部和省、市老龄工作先进单位。一是坚持治理论学习。每月28日,组织离退休干部认真学习中共十八大和十八大二中、三中全会精神,学习总书记习近平系列重要讲话,学习党的方针政策等,做到边学习、边讨论、边写日记,谈认识,谈体会,全年在活动室办了三期学习园地,先后有20多人次撰写学习心得体会文章,交流学习经验。通过学习,进一步提高政治理论水平,一致坚信在以习近平为总书记为首的党中央领导下,中华民族复兴中国梦一定会实现。二是坚持每月开展一次文体比赛活动。离退休干部每月一次集聚在活动室开展麻将、扑克,象棋、乒乓球、跳绳等项目比赛,畅叙友情,有利身体健康。三是坚持发挥余热。离退休干部离岗不离志,利用个人专长,继续为社会和交通运输发展服务。一位83岁退休老干部担任20多年离退休党支部书记、局老年体协主席,抓班子,抓队伍,抓制度,抓管理,使老干部工作取得优异成绩。一位退休干部坚持10多年跳舞,被市老年大学聘请跳舞教练,先后培养学员300余名,并多次参加全国、省、市跳舞比赛,获得奖牌200多块,被广大群众称为"舞司令"。一位退休干部被市里聘请为市老年科协工作,经常到农村跑工厂,为经济发展提供科技支持。一位退休干部被局聘请为志鉴编辑,8年来,该编辑主笔编纂《宜春市交通志(1991—2010)》《交通运输年鉴》等志书11本,付梓250册,文字达2500余万字,受到省交通运输厅充分肯定,并多次推介宜春经验,为交通文化建设作出应有贡献。

(吴泽水)

【靖安县交通运输局老干部工作落在实处】 2013年,县交通运输局结合开展学习中共十八大精神和"白云深处,靖安人家"幸福工程活动,从领导到每个工作人员都从讲政治的高度,树立以人为本的理念,充分认识到做好老干部工作的重大意义。认真按照关于做好老干部工作的部署要求,时时处处带着感情和责任做好老干部工作。一是健全老干部工作领导机构。由局长任组长,分管领导任副组长,同时设有专人负责老干部工作。坚持把老干部工作同其他工作一样摆在重要位置来抓,一同研究、一同部署、一同落实、一同督查,确实做好老干部工作。二是落实好老干部的政治、生活待遇。凡是上级有文件规定涉及离退休老干部待遇的各项要求,都及时做到填表上报、审批兑现待遇。春节前,局班子成员到老干部家进行走访慰问,给老人们带去礼品和慰问金,把党和政府的关怀、体贴、照顾送到每个老干部家中。每年按规定为老干部订阅报刊,保证老干部的各项政治、生活待遇落到实处。三是做老干部体育工作。有兼职老年协会主席。有专人主抓老年体协工作。千方百计为离退休老干部老有所养、老有所乐创造条件,想方设法为老干部身体健康长寿、安度晚年构筑平台。在资金困难短缺的情况下,筹措5000~10000元资金投入到老年体育健身活动事业中,吸引更多的老干部参与文体健身活动,并组织老年门球队参加市县活动。四是设立老干部活动室,有书报架、还添加麻将桌等娱乐设施,供老干部读书、娱乐。五是履行老干部管理服务职责。该局结合开展学习实践科学发展观活动和"白云深处,靖安人家"幸福工程活动,进一步增强服务意识、大局意识,深入学习老干部工作的政策理论和业务知识,提高工作人员的政策理论素养和管理服务水平。5年来,该局离退休老干部的管理和服务工作取得实效,做到让县委县政府满意,让上级主管部门满意,让老干部本人及家属满意,让职工们满意。树立局领导班子尊老、爱老的新形象。

(刘　斌)

【抚州市交通运输局领导走访慰问离退休人员】 2月5日上午,抚州市交通运输局党政领导率局机关相关科室负责人,带着浓浓的关切之情,走访慰问了局离退休人员,为老人们送去了春节的祝福和亲切的问候。

在离退休人员家中,该局领导与老干部亲切握手,嘘寒问暖,细致入微地询问老人家庭生活和健康情况,与老干部忆往昔、谈今朝、话未来,感谢老人们 为全市交通运输工作做出的重要贡献,希望老人在保重身体的同时,一如既往地 关心和支持抚州交通运输事业的发展,多提宝贵的意见和建议。

老干部们高度赞赏市局在打好"三大战役",建设幸福抚州进程中所取得的巨大成就,感谢组织关怀和局领导的关心照顾,并表示继续关注、支持市交通运输工作,为全交通运输事业

(抚州市交通运输局)

【抚州市交通运输局组织退休人员参加老年人健步走】 为庆祝中国老年人体育协会成立30周年,号召全市老年人"摆动双臂、迈开双腿、走出健康、走向幸福",11月11日早,抚州市老年协会在市体育休闲广场举办全国老年人健步走大联动活动,抚州市城区1500余老年人冒着阴雨天气加入大联动行列,抚州市交通运输局16名退休人员参加了这次活动。老人迈着矫健的步伐,从体育休闲广场出发,沿体育路往西,顺玉茗大道向北,经过马家山广场,最后沿赣东大道返回体育休闲广场,全程用时30分钟。全市各县(区)、乡(镇)、村(社区)共组织10万名老年人同步参加健步走大联动活动。

(陈根玲)

【上饶市交通运输局离退休老人们活动形式多样】 2013年,上饶市交通运输局按上饶市委老干局老干管理信息库要求,采集了全局老干部、老党员基本信息,报送上饶市委老干部局。组织开展了一次老干部活动,丰富老干部文化生活,组织老干部22人赴广丰县考察学习,参观了广丰县交通建设重点项目——广丰至上饶快速通道工程项目、广丰县经济发展重点企业——广丰斯尔摩家具厂、广丰卷烟厂。10月,组织局机关和局属单位离退休老人们开展欢度重阳节活动,上饶市交通运输局分管领导及工作人员与23名老人赴德上高速公路和德兴市交通运输局参观。对7名特困离休老干部困难情况进行摸底统计,及时报送市委老干部局。在平时关心照顾老干部生活,及时为老干部们提供服务,对存在困难及患病老干部做到及时走访慰问。

(韩晓艺)

【上饶市公交公司发放"敬老IC卡""爱心IC卡"】 上饶市公交公司为进一步规范老年人乘车问题,从10月13日起,对市中心城区(含信州区、上饶县、经开区)70周岁以上老人办理"敬老

IC卡”,提供享受免费乘公交车服务。为照顾60~69周岁的老年人,办理“爱心IC卡”可享受50%的优惠乘车服务。70周岁以上老人凭“敬老IC卡”可享受每人每年800次免费乘车,60~69周岁(含60周岁)的老人凭“爱心IC卡”可享受刷卡乘车4.5折优惠,超过规定乘车次数后,由老年人按市公交公司规定自付票价。

为便于老年人办理手续,由市公交公司安排时间,事先告知,以街道、乡镇、居委会(村)为单位设立办卡受理点,收取相关办证资料统一交由市公交公司IC卡客服中心办理后返回各办卡受理点分批发放。

市公交公司有关人士称,对异地(非常住上饶市)满60周岁以上的老年人,继续凭当地老年人优待证可免费或优惠乘坐城区公交车辆。

(陈均培)

扶贫救灾工作

【概况】 2013年是省交通运输厅在信丰县油山镇坑口村开展定点包扶工作承上启下的关键一年,包扶工作按照《关于开展第二轮“党旗引领致富路,携手共建新农村”定点包扶贫困村工作的通知》(赣办字〔2011〕50号)等有关文件要求,以中共十八大精神和“三个代表”重要思想为指导,认真贯彻落实科学发展观,以《江西省交通运输厅定点包扶坑口村三年规划》为基础,以贫困群众增收脱贫为目标,以加强基础设施建设和扶持村域经济项目为抓手,认真谋划,强化措施,在继续做好首年延续工作的同时,全力推进第二年度定点包扶工作进程。2013年度落实项目20个,投资232万元;争取相关部门支持项目12个,投资173万元,合计共落实项目32个,总投资405万元。

一年来,工作组通过以基层组织建设、基础设施建设、教育设施改善、村域经济培育、水渠水坝修缮、农村电网改造、爱心关怀等众多方面为抓手,使坑口村的党员队伍凝聚力得到了加强、基础设施更加完善、产业结构更趋于合理、民生工程基本覆盖全村、人均收入稳步提升,推动该厅定点包扶工作向着既定目标前进。

(林万华 甘正阳)

【领导高度重视,组织协调到位】 2013年,省交通运输厅领导高度重视定点包扶工作,把定点包扶作为一项重要工作来抓。厅党政将扶贫工作列入党委重要议事日程,及时调整了以厅党委书记、厅长朱希为组长,厅党委委员、副厅长梁必康,厅副巡视员魏炳彦为副组长的厅扶贫领导小组。同时按照“以老带新”的原则,经过反复筛选,选派2名中青年干部组建驻村扶贫工作组,为定点包扶工作提供了坚强有力的组织保障。工作组驻村以来,厅领导坚持定期调研包扶工作和听取工作组汇报,认真审查年度工作计划并协调有关处室及部门确保扶贫资金按时到位。厅党委书记、厅长朱希,时任厅党委委员、副厅长万明,时任厅党委委员、副厅长邓经国,厅党委委员、纪委书记成松,厅副巡视员魏炳彦先后5次深入坑口村,就如何做好包扶工作进行现场指导。厅组织人事处、党办、规划处、财务处及厅属有关单位多名处级领导也先后到村里支持帮助扶贫工作,极大地推进了各项包扶工作。

(林万华 甘正阳)

【加强组织建设,培育致富能手】 2013年,省交通运输厅驻村扶贫工作组始终把加强党员干部队伍建设作为基层党组织的建设重点,鉴于坑口村党支部书记空缺的情况,为了更好地发挥村党支部的战斗堡垒作用,经扶贫组与当地镇党委沟通交流,协助村委选举出书记,配齐了班子。工作组还多次与村支部成员一起共同探讨,积极筹划,帮助发展党员4人;培养入党积极分子3人;帮助建立村级工作制度2项;帮助培养党员致富能手6人;针对坑口村实际情况,帮助开展实用技术培训2期,共382人次;帮助培养“双带”型村干部3人。同时,以“三送”活动为抓手结对帮扶贫困户45户,为扶贫工作开展奠定了扎实的基础,提供了有力的保证。

(林万华 甘正阳)

【改善基础设施,科学组织实施】 2013年度计划项目资金基本到位,针对工程施工受雨季、农忙等时段限制的特点,省交通运输厅扶贫工作组精心组织各项目的施工,认真督促抓好各项工程的施工进度。其中:上一年度延续项目中的象子头桥建设工程和坑口村宣传文体活动中心建设工程已竣工并通过验收，现已投入使用：黄坑口至槽里公路硬化工程、信池线至黄屋小组公路已完工等待验收；信池线至山塘里通组公路经工程量变更后正在施工。本年度计划项目中坑口村宣传文体活动中心广场建设工程已完工验收；坑口小学食堂及教师周转房建设工程主体已完工；坑口小学校门改造和黄坑口小组饮水工程已启动。

作为本年度包扶工作的重点，黄坑口—扇迳公路硬化工程和芭蕉湾—上观音山公路硬化工程的实施标志着省交通运输厅定点包扶坑口村三年规划中的重大基础设施建设项目已全部启动。两条公路总计4.3千米，总投资142万元，共惠及4个村民小组，可极大解决农户出行困难和脐橙等农产品的运输销售等难题，节约运输成本，提高经济效益。预计共可新增脐橙种植面积12公顷，新增脐橙45万公斤，受益村组人均年收入增加约2800元。为强化项目实施管理，工作组与村、镇及县直有关部门一道，齐心协力，精打细算，多次邀请专业技术人员携带设备现场核验工程量，多方商议选取最佳方案，严格依法依规办事，确保了项目质优价廉，力争惠及面更广，发挥效益更佳。同时，在基础设施建设中突出“以工代赈”特色。所有扶贫建设项目中的用工优先本村农民，特别向特困户和贫困户倾斜，让村民们在家门口打工，既可兼顾农活和家务，又能增加一些收入。

（林万华　甘正阳）

【培育亮点产业，创新包扶思路】 2013年，省交通运输厅扶贫工作组在信丰县油山镇坑口村培育亮点产业，创新包扶思路。

1.发展养蜂业扶持贫困户。充分利用坑口村的丰富生态林业养蜂资源，经多方论证，在产业帮扶项目上选定了中华蜂养殖项目。由上年度省交通运输厅扶贫组与养殖户签订协议，出资分两期共23万元购置中华蜂种、养蜂工具和设备，所有资金已全额支付到位。养蜂基地将于2013～2015年每年向村委会无偿提供100群蜂种以及上交400公斤蜂蜜，由村委会免费派发给坑口村10户贫困线以下农户养殖（3年共计30户）或作为村集体经济项目，每群蜂可为贫困户每年增加600元纯收入。2013年上交的蜂群及蜂蜜已分发至贫困户手中。

2.扶持养殖江南竹鼠帮助贫困户。充分利用坑口村丰富的林业养鼠资源，经多方论证，于2013年产业帮扶项目上新增江南竹鼠养殖项目。由本年度扶贫组与养殖户签订协议，出资分两期共10万元用于每年支付场地建设租赁费及购置50对优质种鼠，首期5万元已支付。竹鼠养殖基地将于2014～2015年每年向村委会无偿提供50对种鼠以及上交40只活商品鼠，由村委会免费派发给部分符合条件的坑口村贫困线以下农户养殖或作为村集体经济项目。预计每年帮扶8户困难户（2年共计16户），可为贫困户每年增加8400元纯收入。

（林万华　甘正阳）

【适时走访慰问，争取多方支持】 省交通运输厅争取多方支持扶贫工作。

1.2013年春节前夕，时任省交通厅扶贫领导小组副组长、厅党委委员、副厅长邓经国深入坑口村，走访慰问了贫困村民54户、交通运输行业驻村基层单位贫困职工2户，共发放慰问金5.86万元。

2.在省交通运输厅的争取和工作组的协调下，2013年已获得省农业开发办、省电力集团公司以扶贫协作的方式分别在各自领域对坑口村扶贫进行帮扶，项目涉及水渠工程、山塘水陂、机耕道改造、农村电网改造等多项民生工程，其中小水利工程9个，受益水塘面积21.87公顷；农网改造工程3个，新增线路0.68千米，新增50千伏安变压器1台，免费改造户表564户，极大地解决了村民们的实际需求。

（林万华　甘正阳）

【省交通运输厅机关学雷锋志愿服务队赴坑口村开展“关爱农村自然生态暨保护母亲河”活动】 3月13～14日，省交通运输厅党委委员、副厅长、厅直机关党委书记万明率厅机关22名党员干部职工，赴信丰县油山镇坑口村，成功开展了一次以“关爱农村自然生态暨保护母亲河”为主题的“学雷锋志愿服务活动”。志愿者与小学生及当地干群，在坑口小学植下18棵桂花树，在赣江水源之一的西河河堤上植下18棵柳树；参观赣粤边特委旧址等南方三年游击战争遗址，聆听党史专家的精彩讲解，缅怀老一辈革命家的危难历程和丰功伟绩；参观油山中蜂繁殖培训基地、村民宣传文体活动中心、象子头桥等部分扶贫项目，为扶贫工作提出了一些新思路、好点子。此外,为延伸活动,厅驻村扶贫工作组积极开展“反哺苏区农村,爱心结对助学”活动,结对帮扶3名贫困学子;为坑口村和坑口小学捐建了4个垃圾收集处理池,添置了6处垃圾中转桶,聘请保洁员,向老表们发放300个家用垃圾桶和300张《坑口村村民环境保护公约》;厅驻坑口村扶贫工作组组长郭昌为坑口小学学生上了一堂“崇尚生态文明,做善于发现身边美景的好少年”公开课。之后,厅驻村扶贫工作组积极帮助坑口村添置完善环保设施器具,拓展宣传教育形式,形成了生态文明常态化管理机制。

(郭　昌　张建新)

【扶贫工作组广泛征求扶贫工作意见】　5月22日上午,省交通运输厅扶贫工作组长林万华在坑口村新村部主持召开了扶贫工作座谈会,广泛征求大家对厅驻村扶贫工作的意见和建议。坑口村部分村小组组长、创业能手、老党员、村干部等共20余人参加了座谈。参会人员逐个踊跃发言,在修建通组公路、改造病危水利设施、扶持村集体经济和选择致富产业等方面发表了各自观点,为制定第二年度扶贫工作计划提出了宝贵意见和建议。通过广泛征求意见,使扶贫工作组初步了解了坑口村目前存在的主要困难和问题,梳理了扶贫工作思路。

22日下午,林万华在油山镇政府主持召开扶贫工作座谈会,与油山镇政府班子成员一起沟通交流,集思广益,共同商议第二年度扶贫工作。油山镇政府在家班子成员等共10余人参加了此次座谈。镇党委书记刘贤联、镇长康平在发言中开拓了一些工作思路,并表示基层政府部门将与省交通运输厅一道,对定点包扶贫困村工作实行联动、形成合力,大力推进实用且惠及面广的生产生活基础设施建设,同时加强村域经济产业扶持力度,力争早日使广大村民脱贫致富。

(林万华　甘正阳)

【景德镇市交通运输局查看建胜村受灾情况并商讨包村帮扶工作】　6月8日,在得知对口帮扶的浮梁县蛟潭镇建胜村受灾情况后,景德镇市交通运输局党委班子成员率领包村帮扶驻村工作组工作人员,第一时间赶赴建胜村查看受灾情况并且商讨包村帮扶工作事宜。

该局党委班子成员在建胜村党支部第一书记、村“两委”干部的陪同下,深入受灾一线进行调研,了解到水毁粮田面积37.33公顷,水毁淹没公路全长3千米,冲毁水堰2座,全村预计经济损失达60万元。在无情的水灾面前,该局党委班子成员要求村“两委”组织村民进行生产自救,尽力减少损失,并且保证村民正常安全出行。对于水稻、蔬菜受灾情况,进行摸底统计,及时把有关情况反馈给上级政府,争取上级补助。

随后,该局党委班子成员主持召开包村帮扶工作座谈会议,与该村“两委”干部共同商议包村帮扶工作,提出按照三年包村帮扶规划,村党支部一方面要进一步加强村党支部建设,把村党组织建设成为带领全村脱贫奔小康的战斗堡垒;一方面征求村民对发展生产、新农村建设及包村帮扶工作方面的意见建议,梳理出年内能够落实解决的问题。在此基础上,确定了2013年包村帮扶计划。

(鄢志永)

【江西昌汽公司向雅安地震灾区捐赠15辆救援车】　4月24日上午11时,江西昌河汽车有限责任公司向四川雅安地震灾区捐赠的15辆昌河福瑞达微客赈灾救援车从昌河汽车景德镇工厂发出。这批救援车将于26日抵达四川成都并在第一时间送往地震灾区,主要用作灾后救援载客载物的工作用车,支持灾区的救助和重建工作。

考虑到灾区需要车辆进行物资运输等用途,江西昌河汽车有限责任公司为灾区捐赠“昌河”汽车旗下的福瑞达车型。该车型有着空间大、动力强的特点,在灾区能充分发挥救援作用。该车采用5片加宽加厚钢板弹簧悬架系统,高强度钢板纵梁,底盘全部采用2毫米厚的高强度钢板,从根本上保证了整车的强度和刚度,在路面损坏严重的情况下,该车型具有更加有效的通过性及安全保障。

(涂　强)

【萍乡市交通运输局发挥交通优势帮扶发展村级集体经济】　村级集体经济是村级组织服务群众、发展农村公益事业的物质基础,是增加农民收入,带领群众共同致富的重要载体。为了服务“三农”,建设好社会主义新农村,萍乡市交通运输局充分发挥交通对经济发展的促进作用,发展壮大村级集体经济。2013 年,该局锯溪村结成帮扶对象,为该村做好 8 件大事:1. 治理雅溪河。2. 建设 3 千米村级水泥公路和村桥附属工程。3. 建一栋老年活动中心场所,新建雅溪篮球场、门球、棋牌等设施。4. 协助雅溪沿河路开发。5. 开展结对帮扶。6. 推动雅溪农业种养综合开发。7. 建设该村清洁工程项目,改善卫生条件。8. 推进落实政府民生工程。经过多形式争资立项、招商引资和开发建设,该村村级集体经济收入大幅度提高,除财政转移支付外,全村 40% 的集体经济年纯收入达到 5 万元以上,部分达到 10 万元,经济发展后劲明显增强。

(晏卫东)

【芦溪县交通运输局关注民生认真抓好抗灾救灾工作】 5 月 14 日至 19 日,该县遭受了一次历史罕见特大暴雨袭击,造成新泉乡境内县道市上—武功山公路 K1 +300 处长 80 米左右的公路全部冲毁,交通中断,共造成公路塌方 37457 立方米、冲毁路面 5556 米、冲毁路基 4323 米、山体滑坡 1 处 15 米、桥 7 座 257 延米,公路中断交通超过 100 条,造成经济损失 1000 多万元,抢险救灾资金缺口较大。灾情发生后,全县迅速展开应急救援和灾后重建工作,市上—武功山公路在 8 月已全部恢复通车,其他公路都在第一时间内全部抢通,有效地保障了公路安全通行。

(萍乡市交通运输局)

【赣州市交通运输局扎实推进“三送”工作】 2013 年,赣州市交通运输系统“送政策、送温暖、送服务”工作务实高效。全系统广大党员干部深入基层,密切联系群众,扎实推进“三送”工作。其中,赣州市交通运输局机关加大了对宁都县小布镇“三送”挂点帮扶工作力度,真心实意为群众解难题、办实事,多渠道争取交通建设补助资金 2300 余万元,改造农村公路 26 千米。土坯房 860 户,新建敬老院 1 座、便民服务中心 1 个,新修圩镇主干道 3 条、防洪堤 300 米、桥梁 2 座、水渠 3400 米,引导帮扶发展产业 6 个,小布镇面貌焕然一新,市交通运输局“三送”工作获得了挂点乡村干部群众的广泛好评。

(李发淳)

【宜春市交通运输局开展“三进四民”活动】 10 月 21 日至 11 月 4 日,按照市委、市政府《关于在全市城镇社区开展以“创新社会管理、推进三网建设”为主题的“三进四民”活动的通知》部署和要求,由市交通运输局一起组织工作组,在袁州区湛郎桥街道湛郎社区开展为期 15 天的“三进四民”活动,受到社区党员、干部、群众的欢迎和一致好评。一是成立由局长朱宜民任组长的活动领导小组,下设办公室,制订活动工作方案,负责活动开展情况。二是为找准湛郎桥社区的困难和实际需求,局领导多次深入社区走访、座谈,听取社区党员、干部、群众意见。三是梳理社区存在的问题 5 个,已全部解决,为社区办好实事 4 件。投资 13 万元,帮扶湛郎桥社区八台电脑,硬化社区路面 1619.5 平方米。同时,帮助社区完善“三网”信息录入工作,并制定一系列长效机制。通过活动,社区基础设施明显完善,生活环境明显改善,干群关系明显密切,居民幸福指数明显提高。

(柳承启　易　峰)

【宜春市交通运输局抓好“三个着力点”深入开展镇村联动帮扶工作】 按照中共宜春市委办公室、宜春市人民政府办公室《关于开展“万名干部下镇村,助推城乡一体化”活动实施方案》(宜办发〔2013〕15 号)部署,6 月 14 日至 29 日,市交通运输局成立工作组脱产到万载县三兴镇闹坪村,集中 15 天,开展以“三促一帮”为主要内容的“万名干部下镇村,助推城乡一体化”活动。一是高度重视。局早研究、早安排、早部署,成立由局长朱宜民、党组书记李奇任组长的领导小组,下设办公室,并抽调精干力量成立新农村建设工作小组,制订工作方案,负责新农村建设情况落实。二是高点谋划。工作组利用 2 天时间,通过与村干部座谈、逐户走访村民、现场查看等方式,详细了解闹坪村新农村建设点、镇村联动范围内村小组的基本情况和面临的主要难题,紧密结合市里工作部署,研究制订工作方案。三是高位推进。6 月 17 日,朱宜民局长带领市交通运输局领导班子在闹坪村召开一天的现场办公会,专题研究挂点帮扶工作,决定挤出资金 10 万元,用于闹坪村铁锤坑小组自来水、房屋改造等工作,解决 20 多户村民饮水和房屋改造资金不足的问题;调剂资金 5 万元在铁锤坑小组与万芳公路交会处建设高标准候车亭1个,为村民乘车提供便利;立项修建万芳公路—小洲上—月形山公路3千米,解决村民生产生活出行不便的难题,并明确责任人和时间节点。通过此次活动,三兴镇闹坪村基础设施明显完善,安全隐患明显减少,环境卫生明显改善,和谐因素明显增多,居民幸福指数明显提高。

（柳承启　易　锋）

文史工作

【省交通运输厅召开《江西交通年鉴(2013)》审稿会】 10月29~31日,省交通运输厅在景德镇市召开《江西交通年鉴(2013)》审稿会,副厅长王爱和出席会议并讲话,省地方志办公室党组书记、主任梅宏应邀参会,交通史志编委会有关委员、景德镇市交通运输局领导、各设区市交通运输局主撰人员、厅直属各单位分管领导及主撰人员、厅机关各处室主撰人员等近60人参加,会议由厅办公室主任熊华武主持。会上,厅史志办副主任邓振胜通报了2013年各单位年鉴交稿和编纂情况,对2014版年鉴提出了三点创新意见:封面创新、排版创新、内容创新。

王爱和强调了交通史志工作的重要性,江西交通史是了解江西交通发展脉络和发展历程的重要途径;同时肯定了交通史志编委会30余年来的编鉴修志工作,指出了志鉴编撰工作中存在的问题和不足;也对进一步推进史志工作迈上新台阶作出了五点要求,一要把握史志工作的正确方向,二要明确交通史志工作的任务,三要严把史志工作的质量关口,四要加强史志资源的开发利用,五要进一步强化队伍建设。

梅宏在会上对省交通运输厅史志工作取得的显著成绩进行了表扬及肯定,对取得突出成绩的原因进行了剖析和说明,一是领导重视、高位推进,二是落实责任、保障条件,三是不断探索、富于创新。而且针对志书和年鉴的编纂要求分析了二者的异同之处,给与会成员较大启迪。

会后,各单位主撰人员进行核稿和集中会审,对部分提出的修改意见进行讨论并确定,尽量减少年鉴的错误,保证年鉴的质量和水平。集中会审后,厅史志办主任王林水作了会议小结。

（巢强花）

【《鄱阳湖志》涉及相关篇目编纂工作会议在昌召开】 7月3日,省港航局召开《鄱阳湖志》涉及相关篇目编纂工作会议,对做好《鄱阳湖志》涉及相关篇目编纂工作进行部署。省局分管领导讲话,局办公室、局史志办及环鄱阳湖地区相关单位史志工作负责人员和编撰人员参加会议。

做好《鄱阳湖志》涉及相关篇目编纂工作,确保按时、保质、高效完成编纂工作任务,一要提高认识,进一步增强责任感和紧迫感;二要突出重点,按时间节点扎实推进编纂工作;三要加强组织领导,实现上下联动,推动责任落实,确保各项任务顺利高效完成。

（邱志勇　陈明中）

【省港航局启动《当代江西航运发展史(1949~2010)》编纂工作】 按照交通运输部及中国航海学会、中国航海史研究会长江片委员会关于编纂《当代长江航运发展史》丛书的要求,11月15日,省港航管理局召开《当代江西航运发展史(1949~2010)》编纂工作部署视频会。省港航局副局长乔文典出席会议并讲话。省局机关相关处室、省水上搜救中心负责人在省局主会场参会;各设区市相关单位《当代江西航运发展史(1949~2010)》编委会成员、史志工作分管领导及工作人员在各港航分局分会场参会。

乔文典在讲话中对2013年前阶段全省港航系统年鉴史志工作进行了总结,并对《当代江西航运发展史(194~2010)》编纂工作进行了部署。乔文典指出,编写《当代江西航运发展史(1949~2010年)》一书,是推进江西水路交通文化建设的重大举措,是一项功在当代、利在千秋的工程。各单位要进一步加强组织领导,明确工作目标和时限,加大工作保障力度,加强工作协调、衔接和配合,高起点、高标准、高质量地完成《当代江西航运发展史(1949~2010年)》编撰工作。

（陈明中）

【上饶港航职工美术作品《父亲》获奖】 上饶港航分局职工金英美术作品《父亲》,在2013年江西省国家公务员美术书法作品大赛中荣获优秀作品奖,并于7月1日至7日在文联艺术展览中心展出。

该大赛由江西省文联主办,省美术院、省美协、省书协共同承办。作品《父亲》表现了劳动者质朴勤劳、积极进取的优秀品质,整幅作品传递了一种正能量,对弘扬港航文化,构建交通运输行业核心价值观将产生积极的影响。

(程世华　周亚玲)

【省港航摄影协会在昌成立】 3月19日,全省港航摄影协会成立大会在南昌召开。省港航管理局党委书记严允等领导出席会议并讲话,局属各单位分管宣传的领导、党办负责人,局机关有关处室人员参加了会议。

严允在讲话中指出,成立港航摄影协会是局党委加强港航文化建设的重大举措和重要载体,是港航文化建设新的起点。对这项工作的开展,严允提出了三点希望:一是加强组织管理,增强队伍凝聚力和吸引力。要尽快完善组织机构,大力开展活动,通过活动来凝聚人心,使协会逐步成长、壮大、发展。二是多出港航特色的精品。会员要多到一线,深入工作、生活现场去发现"闪光点",拍出有水运行业特色的作品,扩大其影响面、宣传面。三是各单位要在人员、经费等方面,大力支持摄影协会开展工作。

会议讨论通过《江西港航摄影协会章程》,成立江西省港航摄影协会理事会。

(曾万荣　陈明中)

悼雷中一君

邓振胜

侧闻中一已逝游,
寒风瑟瑟白云愁。
洪城朝夕相襄事,
赣水悠悠向北流。
笑貌音容常在目,
音容笑貌怎么收。
光华似露飘空碧,
百龄如花向晚秋。

2014年3月25日

说明:雷中一原是交通老人,20世纪80年代擢升省直工委领导,《风范》杂志主编,经常关心交通史志工作,仅以此诗,以志铭记。

【景德镇市公路运输管理处举办"道德讲堂"激发正能量】 唱首歌、看短片、听讲述、诵经典、作点评。这是景德镇市公路运输管理处"道德讲堂"的主要内容。8月15日下午,该处举办了一场别开生面的"道德讲堂"。

景德镇市公路运输管理处高度重视干部职工的思想道德教育,希望以"道德讲堂"作为加强运政队伍思想道德建设的新平台,通过持之以恒、长效运作,广泛宣传道德文化以及干部群众看得见、摸得着、学得到的"平民英雄"和"凡人善举",以小课堂联动大家庭,小故事折射大道理,引导广大干部职工自觉成为道德的传播者和实践者,推动运管各项工作再上新台阶。活动在全场高唱《好人就在身边》的歌曲声中拉开序幕。在一个多小时的讲堂中,参与者围绕学习和实践社会主义核心价值观,共同观看"钥匙阿姨"的感人事迹,齐声诵读了《上善若水,水善利万物而不争》,并聆听了副处长蒋君景作的《体道与行道》专题辅导讲座。蒋君景对中华民族博大精深的道德文化所作的形象而生动的精解,赢得了参与者热烈的掌声。规范的活动形式与丰富的活动内容融为一体,向活动参与者奉上了一场精神盛宴,传递了强大的道德能力。

(熊钦锦　刘巧英)

【萍乡市交通局举办第三届书法摄影艺术展】 在2013新春来临之际,第三届"交通建设杯"书法摄影艺术展正式拉开帷幕。该次参展入选作品91幅,其中摄影作品76幅、书法作品15幅。这些作品以交通人火热的工作、生活和祖国如画江山为素材,热情歌颂了交通人忠实践行实现"中国梦""交通梦"总体要求的光辉足迹,展示了交通人丰富多彩的精神世界和艺术才华。政治性、思想性、艺术性的统一,展示着十分强烈的感染力,无论是参观者或是参与者,都不约而同的体察到了参展人员对艺术的认知都有着共同的主张。经过评比,最终7幅摄影作品,6幅书法作品获奖。

(萍乡市交通运输局)

【九江市交通运输局积极做好交通史志工作】 6月份,九江市交通运输局完成近30万字的《九江交通运输志(1991~2010年)》资料汇编任务,资料分为序言、概述,道路、道路运输、港口、水路运输、交通规划、管理与法制、精神文明建设、民用航空、管道运输共9篇，30章，77节，以纸质、电子版、光碟3种形式上报省交通厅史志办。2013年11月，完成了由江西省发改委编纂、省交通运输厅交办的鄱阳湖志中的渡口、桥梁资料搜集工作。资料涵盖了湖口县、都昌县、星子县、永修县、德安县、共青城市32座横跨鄱阳湖及湖汊的桥梁（含渡改桥），湖口县、都昌县、庐山区、星子县、永修县、德安县、共青城市107个鄱阳湖及湖汊古今渡口。

（九江市交通运输局）

【宜春市交通运输年鉴工作持续推进】 2013年，该局出版《宜春市交通运输年鉴（2012）》50万字，上报省厅年鉴资料、撰稿80余万字和上报市年鉴撰稿2万字，共计132余万字，是全省报送这年鉴资料、文稿，文字最多，上报时间最早的设区市之一，省厅11月在景德镇全省年鉴编审会议上推介宜春市的做法，厅领导讲话号召全省向宜春学习。一是坚持完善编纂机构，加强领导。全市各级交通运输部门把年鉴工作当作文化工程来抓，实行统一领导，统一组织，统一部署，统一时间，统一考核，在全市范围内形成主要领导亲自抓，分管领导协同抓，年鉴办全力抓，交通人积极参与的良好局面。县（市、区）交通运输局和局直属单位均成立组织机构，由主要领导担任主任委员或领导小组组长，均设有年鉴办公室，均配备专职或兼职编辑人员，职能科（股）室和局所属单位配备了资料员，做到“一纳入”、“五到位”、“五落实”等，层层落实任务，建立长效工作机制。二是坚持开展编纂人员培训，抓队伍建设。市局采取以短会代训的办法进行培训，5月在上高县举办各县（市、区）和市局各科室及局属单位分管领导和编辑人员培训班。市局党组书记、市局交通运输年鉴编纂委员会主任委员李奇和市局年鉴办主笔分别联系年鉴工作实际进行授课。通过培训，进一步提高编纂人员写作水平和史志工作知识，反映良好。三是坚持科学谋划，不断创新。在年鉴编目上新增“交通运输物流业”、“交通运输节能减排”、“农村公路安保工程建设”、“城市交通”等篇目；在内容上及时反映新观点、新知识、新举措、新成果；在工作上强化责任，任务落实到人，实行定人、定目标、定任务、定标准、定时间，形成千斤担子万人挑。在方法上抓典型，做到强化调度与督查相结合，实行目标管理和奖励，调动编辑和撰稿人员工作积极性。四是坚持把年鉴质量放在第一位，打造精品效应。为把好年鉴质量关，从严要求，对上报稿件内容不全、体例不规范的，粗制滥造，一律退回重写，所有上报的稿件必须经单位主要领导签字上报，否则一律退回，对每一篇稿件基本做到反复修改，反复推敲，去粗求精，力求完善。因此全市年鉴稿件质量比往年大幅度提升。五是坚持督查通报，落实整改措施。局年鉴办采取告知单、电话、编发撰稿进度表、组织人员到各地了解情况等形式进行督查，进一步推进全市交通运输年鉴工作开展。

（吴泽水　陈维民）

【丰城市交通运输局年鉴工作呈现良好局面】 为贯彻落实全市交通运输年鉴工作会议精神，7月中旬，市交通运输局派员赴丰城市交通运输局，采取召开座谈会，听取情况介绍，查阅有关资料等方法，对全市交通运输年鉴工作会议精神贯彻落实情况进行专题调研。调研组一行对该局的作法予以充分肯定。主要体现在：领导重视，行动快捷，举措有力，效果良好。一是召开专项会议。6月21日，由局长主持召开各科室和直属单位主要负责人参加的局务会议，听取全市交通运输年鉴工作会议精神传达，总结年鉴工作经验，按照市局会议要求，对年鉴工作进行专题研究。制发《关于做好丰城市交通运输年鉴撰稿报送制度》和《关于加可丰城市交通运输年鉴编纂工作的通知》切实做到领导、人员、经费、条件、举措五到位。二是调整组织机构。为进一步加强领导，成立由局长任组长，分管局领导任副组长，局各科室、直属单位主要负责人为成员的丰城市交通运输年鉴编纂领导小组，下设年鉴办公室，做到五有：即有编辑人员、有办公室、有牌子、有设备、有报刊。三是充实编纂人员。由1人增至2人，聘请已退休的原局办公室主任为交通运输年鉴编辑，局各科室和直属单位配备1名资料员，并拟举办一期编辑、资料员培训班，请市史志办专家授课并组织学习国务院《关于全国地方志工作条例》等志鉴工作基本知识。四是落实具体任务。根据各科室和直属单位工作职责，局已通知直属单位每年最少完成撰稿20篇，局各科室10篇，对完成任务好的年终进行表彰，给予奖励；对没有完成任务的单位进行通报批评，相关领导不准评先。所有撰写稿件，单位领导要从严把关，签字上报，把稿件质量放在第一位。切实做到撰稿任务、撰稿人员、稿件报酬、交稿时间、责任五落实。五是实行奖励制度。为鼓励和调动工作人员对年鉴撰稿积极性，该局已发专文，明确规定，凡被丰城市年鉴和宜春市交通运输年鉴采用的稿件，每篇奖励撰稿人员50元至200元，江西省交通运输年鉴采用的稿件，每篇奖励300元至500元。

（吴泽水）

【赣东路桥企业文化迈上新台阶】 2月4日，“一座座、一条条，讲述着路桥人进取的自豪……”新年开始，在赣东路桥公司里的各个角落，不时能听到员工在闲暇之余哼唱着同一首歌，这不是网络流行歌曲，也不是选秀比赛的走红歌曲，而是刚刚出炉的赣东路桥建设集团企业歌曲—《赣东路桥之歌》。

“十二五”规划以来，赣东路桥建设集团采取各种措施不断加强企业文化建设。先后组织优秀员工考察，制定工地职工家属探亲制度，成立“员工家属之家”，发放“爱心联系卡”等，大大提高公司亲情文化。同时，建立内部网络群，沟通交流，增加公司理念宣传；统一着装、设计公司标志、公司旗帜、手提袋，对企业的视觉识别作了统一和规范，精心打造赣东路桥形象品牌；制作员工手册，每年设计宣传画册，每月出版宣传简报、简讯，把企业文化建设纳入公司发展战略，不断增加公司凝聚力，塑造公司良好的社会形象，为实现公司改革发展目标提供了强有力的智力支持和精神动力。

这次精心制作的企业歌曲作为赣东路桥的有声名片，成为公司形象的良好载体，讲一步弘扬了企业精神，反映出员工对企业深厚的情感和未来发展的期盼。

（陈根玲）

【抚州长运公司企业文化建设成果丰硕】 2013年，公司开展“平凡中的奉献”先进典型事迹巡回宣讲活动，分别在崇仁分公司、金溪分公司、南城分公司、抚州片四个片区进行，宣传先进典型对工作高度负责的态度和顽强拼搏、无私奉献的精神，宣讲赢得了与会者的热烈掌声，弘扬了正能量。2013年基层单位的好人好事，员工队伍中的爱岗敬业先进典型、先进事迹大部分被《抚州日报》《抚州新都市》《抚州电视台》《临川晚报》《大江网抚州频道》报道，产生了良好的社会影响。组织员工积极参加股份公司、省交通运输厅举办的各类竞赛。在2013年股份公司举行的“中国梦、长运梦、我的梦”征文比赛中，共组织7篇征文参赛；在中国交通企业管理协会第二十届全国企业管理现代化创新成果活动中，获得三等奖；在江西省第十五届企业管理现代化创新成果活动中，获得二等奖。公司先后获得“全国五一劳动奖章”“江西省优秀企业”“江西省劳动关系和谐企业”“抚州市先进企业”“抚州市创建和谐劳动关系先进企业”“抚州市服务经济建设先进单位”和“全市就业先进企业”等荣誉称号。具有抚州长运特色的企业文化逐渐形成。

（抚州长运）

【上饶市完成《鄱阳湖志》湖泊桥梁、渡口的资料汇集工作】 上饶市交通运输局对境内湖泊桥梁和渡口资料进行了调查和收集，于7月底完成汇集工作。该市域内有鄱阳、余干两县涉湖，总面积达953平方千米，其中湖东北面313平方千米属鄱阳县境，都昌县以南640平方千米属余干县境。该市局分别对3座鄱阳湖湖泊桥梁的建造时间、结构和17处渡口的建渡年代、规模、结构、河面宽度以及撤渡时间、沿湖村民行路所经历艰辛和对渡桥的期盼进行了调查。

（陈均培）

【上饶市交通年鉴资料备受新闻媒体青睐】 《上饶市交通志（1986—2005）》的出版和2006年后每年《上饶市交通年鉴》的编辑工作，受到社会各界的关注，上饶市交通运输局史志办经常接待寻求志鉴资料的部门和个人。8月27日、28日连续两天接受上饶电视台专访，拍摄史鉴书籍原本和有关该市中心城区公共交通的起步、成长、变革、发展的有关文宗、图片资料镜头。局史志办的工作人员以服务社会、与人方便的理念，热情、无私地奉献。正如记者所说“幸亏有你们这样的宝库，有宝可掏”。

（陈均培）

市、县交通运输

南昌市

2013年,南昌市交通运输系统围绕打造南昌核心增长极、建设鄱阳湖生态经济区两个关键点,按照市委、市政府工作要求,开展"落实年"活动,推动各项工作任务的落实,基本完成年初确定的工作任务。

2013年,南昌市交通运输突出两个特点:一是在建设方面,战线长,项目多,投资大,涵盖路桥建设、站场建设、码头建设、公交建设、低碳建设,大大小小近500个项目,总投资金额在5亿元以上,交通运输基础设施建设得到加强。二是在管理方面,层面多、力度大、落实好,涵盖客货运输、行业管理、路风整治、畅通省城、安全生产,克服行政管理人员不足等诸多困难,保证交通运输发展稳中有进。

一、基础设施建设 全年南昌市公路通车里程达到10820.48千米,其中,高速公路341.75千米;国道231.0千米;省道134.59千米;县乡道2402.22千米;村道7637.76千米;专用道73.17千米。其中,农村公路建设年初计划为468.2千米,已全部完工,完工率100%;2012~2013年度,全市启动市级危桥改造共69座,至年底已完工22座,完工率31.9%;5座农村公路综合服务站建设全部展开。

道路旅客运输业户316户,道路货物运输业户1.45万户,道路运输相关业务经营业户1361户,从业人员14.33余万人。营运载客汽车1939辆,客位5.64万座。公路客运线512条,其中,省内391条,跨省121条;营运载货汽车4.37万辆,运力

18.04万吨。全年旅客发送量9003万人次，客运周转量为74.21亿人千米，同比分别增长3.0%和2.0%；完成道路货运量8510万吨，货运周转量261.61亿吨千米，分别增长12.0%和31.0%。

拥有城市客运公交线路172条，公交车3137辆，年客运量5.96亿人次，比上年增加4800万人次，增长0.87%。出租车企业29户，出租汽车5153辆。

全市有航道461.8千米，主航道为Ⅲ级；南昌港码头68座，105个泊位，总延长5738米；1000吨级的船舶可以常年驶入南昌港。有各类营运船舶261艘、41.84万载重吨。至年底，水路货运量748.6万吨，比上年增长4.7%；货运周转量完成17.79亿吨千米，比上年下降7.2%。水路客运继续全面停航。完成港口吞吐量2120万吨，同比增长35%，其中，集装箱吞吐量6.17万标箱，同比增长21%。从业人数近2万人。

二、行业管理得到加强 运输市场管理重拳出击，查处非法营运车辆216辆、各类违章600余起；对216家货运企业进行质量信誉考核，推动货运企业转型升级。对重点码头、重点货物进行重点监管稽查，实现水路运政检查全覆盖。加大对各出租车站点的现场整治力度，查处出租汽车违规营运1072辆次、异地经营行为64起，督办各出租汽车企业完成车辆违规整改550辆次，现场抽查出租车3749辆，服务设施完好率达94%。成功申报“公交都市”国家试点城市，完成市公交总公司23条优化调整线路勘察、批复和西客站公交线路开通审核批复。按照“昌九一体化”框架协议，成功开通南昌—永修跨区域公交班线。加强行业安全生产综合治理，安全监管落到实处。春运期间，发送旅客267.89万人次，投放车辆近9万辆次，无一例安全事故。全国“两会”、中秋国庆双节、中共十八届三中全会期间，全市交通系统保持安全生产形势平稳和内部稳定。在全行业统一开展在岗驾驶员继续教育工作；组织公交驾驶员开展交通法律法规培训再教育。农村渡口连续22年无渡运事故。

三、形象建设迈出新步 按照交通运输部的要求，执法场所规范化建设基本完成。积极开展交通运输形象宣传，开通南昌交通运输微博、参加省、市电视台访谈直播，接听热线电话66个、微博访谈292条，开展“除夕温暖车队”“高考爱心车队”公益活动和“关爱自然、保护环境，我们在行动”等志愿者活动，得到社会广泛认同。

南　昌　县

2013年，南昌县交通基础设施项目建设再掀高潮，交通重点工程项目取得预期效果。

1. 快速推进农村交通基础设施建设。投资亿元强力推进85座存在安全隐患桥梁的改造工作，至年底已完工和在建70座，其余进行招投标程序。全面完成投资4500万元的15.5千米通乡公路建设。完成农村公路连通工程138.6千米，占计划里程的100%。组织实施总投资1025万元19千米县、乡道养护大中修工程。

2. 全力构建大交通路网格局。争取市公路局完成省道昌万公路升级改造和县道莲谢路建设；负责实施总投资6亿元的320国道改造项目的前期工作；负责总投资13亿元的昌南大道东延工程征地拆迁、施工环境等协调工作，已完成碎石垫层铺筑；协调南昌—宁都高速建设，土地征用工作已接近尾声，房屋丈量已完成；积极介入南昌市南外环快速路路线走向、互通设置、路基形式等前期论证工作，配合市城投集团公司完成中桩放样；提前协调昌东大道南延等主干公路网的规划，全力完善南昌县高效、便捷、快速骨干公路网络，努力构建外接南昌城区、内连五大片区的“大交通”格局。全县179个农村客运候车亭已全部竣工。

3. 2013年完成全社会公路客运量1.47亿人次，同比增长21.4%；完成旅客周转量40.99亿人千米，同比增长32.5%；完成全社会公路货运量2094万吨，同比增长10.1%；完成货物周转量58.29亿吨千米，同比增长33%。

新　建　县

2013年，新建县完成公路基础设施建设投资1.82亿元，其中县乡公路建设投资1.59亿元，农村公路建设投资1413万元，危桥改造373万元，农村公路养护451万元。完成流湖温泉城道路改线工程,南道路改线工程,长968米,于2013年9月完工通车;东道路延伸工程,长360米,于2013年11月完工;全线共长2221米,二级公路建设标准,路基宽30米,路面宽12米,采用沥青砼路面,总造价1317万元;东岗桥—厚田公路改造工程、县道石抗线公路改造工程、揭家—新祺周公路加油站—金桥段改造工程、金盘—铁河公路金桥—铁河段改造工程、昌邑—联圩段升级改造工程等,总造价达1亿元。全县通自然村公路项目192个,总里程152.2千米。至年底已完成项目55个,实际完成里程47.1千米,完成建设投资1413万元。全县分3年实施105座危桥改造,已入市数据库29座,已完义渡大桥、巷口一桥、樵舍峰桥等6座,其余都在有序推进。

2013年,全县货运企业144户,个体业户1642户,其中规模性货运公司20家,达到50辆货车规模性以上公司11家,货运车辆总数3854辆,全年货运量1355.85万吨,同比增长31%,货运周转量45.86亿吨千米,同比增长31%。全县客运班线12条,开通公交班线19条,公交班线至乡镇通达率达100%。全县共投放客运车辆152辆,1723座;全县完成客运量316万人次,同比增长3%;客运周转量1.44亿人千米,同比增长2%。港口货运吞吐量约340万吨,比上年下降约40万吨。

进 贤 县

2013年,进贤县委、县政府成立七大指挥部推进项目建设,交通重点重大项目等基础设施建设提速发展。其中:①G320绕城和进昌一级公路改建工程,总长31.1千米,项目投资9.19亿元,已完成征地103.33公顷,房屋拆迁8000平方米,杆线迁移30千米,施工单位已经进驻。②县城新汽车站建设工程占地2.67公顷,总投资7000万元,已经全面完工并投入使用。新汽车站拥有80个停车位,候车室使用面积1200平方米,其规模、功能和硬件设施位于全市乃至全省县区汽车站前三甲。同时,老汽车站搬迁。③福银高速李渡开口互通工程总投资3800万元,已完成征地10.33公顷,房屋拆迁700平方米,开始工程招投标。④县城中山大道下穿沪昆铁路框架桥工程长57米,宽34米,总投资7500万元,已完成设计评审等前期工作。⑤全县农村公路总长3225千米,90%已经水泥路面硬化改造,2013年完成121千米改造任务。⑥完成路面修复、桥梁加固等大中修工程总量2.1万平方米。⑦危桥改造启动11座,已开工8座。⑧乡镇客运站建设完成5个。⑨县城公交站台计划建120个,完成了120个。

2013年,全县道路客货运输量继续保持较快增长。其中,全年完成客运量1233.6万人次,客运周转量4.2亿人千米,分别比上年同期增长8%和8.2%;完成货运量301万吨,货运周转量7.2亿吨千米,分别比上年同期增长1.2%和11.7%。

安 义 县

2013年,安义县全年完成固定资产投资1.9亿元,公路客运量489万人次,客运周转量2.85亿人千米,同比增长41 %;货运量531万吨,货运周转量3.63亿吨千米, 同比增长43%,超额完成市政府下达的指标。按照“建设四站”“推进四路”“ 启动二桥”,突出重点工程抓项目,工程建设优质高效推进。

一、建设四站

1.县公交枢纽站工程建设用地面积2.4公顷,总建筑面积约1.25万平方米,可停放公交车200辆,调度主楼、二层裙楼、三层综合维修楼已基本竣工,136路公交始发站由县汽运公司过渡站搬迁至公交枢纽站,从根本上改善乘客的出行条件。

2.启动安义客运站建设(建设用地2公顷),采取公开出让的方式合法取得该土地的建设经营权;规划方案通过了县规划委员会审定,原则同意该项目的规划设计;高效办理各项建设手续,并于2013年7月中旬正式开工建设。

3.东阳客运站,通过省市运管部门验收,作为全市2013年唯一启动的乡镇客运站——东阳农村客运站,占地面积3000平方米,建筑面积为554.4平方米,主体结构为三层框架。房屋建筑及车站装修全面完成。

4.万埠农村公路综合服务站建设,于2013年

6月25日正式开工，占地0.67公顷，主楼3层，建筑面积1200余平方米。

二、推进四路

1. 龙安大道建成通车。项目全长8.975千米，一级公路兼城市道路，其中双向6车道宽50米1.5千米，双向4车道宽36米7.475千米，中间绿化景观带，总投资2.08亿元，2013年6月底全面建成并通车，已办理交工验收。成为中华人民共和国成立后安义县地方政府自筹资金投资最大的基础设施民生工程，成为该县南大门的主动脉和又一快速通道，使该县真正融入南昌“半小时”经济圈。

2. 渡改桥引道工程顺利推进。已完工通车的黄洲大桥连接线工程全长904米，路基宽9米，路面宽7米，采用水泥混凝土，总投资117万元；在建的戴坊大桥连接线工程，全长2.9千米，总投资2000余万元，其中北连接线长1.4千米，路面宽40米~24米，投资1400万元，将为县城做大规模和储备盘活土地存量奠定坚实基础，进一步带动工业园区经济发展；南连接线长1.5千米，路基宽12米，路面宽9米二级水泥公路，投资600万元。项目前期工作之工程可行性研究、设计等已全面完成。

3. 农村公路建管养有序开展。全县农村公路建设项目98个，共计89.3千米，其中村村互通、村组互通项目66个，里程59千米。已完成硬化改造里程82.5千米，77.6千米已验收通车，其余4.9千米在施工中。

4. 启动安黄公路—龙安大道连接线建设。随着龙安大道建成通车，为更好地打造提升安义千年古村群形象和品位，带动黄洲镇经济发展，兼顾鼎湖镇长青城项目建设，规划建设安黄公路—龙安大道连接线旅游公路。起点为昌铜高速安义互通口，终点为茅店村向家垅自然村，公路全长5千米，路基宽12米，路面宽9米，二级公路，总投资1000万元。

三、启动二桥

1. 潦河大桥加幅拓宽工程建设。龙安大道建成通车后，潦河大桥的瓶颈制约更加凸显。为更好地对接龙安大道，助推“三县一城”新型城镇化建设，2013年全面启动潦河大桥加幅拓宽工程，确定桥型方案，招标代理和设计单位，经招标已全面进场，并完成初步设计及评审和征地等工作；航道论证、行洪报告已批复；进行投资主体和融资渠道的确定，将启动实质性的工程建设。

2. 启动危桥改造项目工程建设4个。4个工程万埠的翅膀洼桥、长均的下湾桥、黄洲的龙头岗桥、东阳的柘下桥，已全面开工建设，工程进展顺利。

南昌经济技术开发区

2013年，该区新建通自然村公路3条计4千米，分别为蛟桥镇赤府村马家—难泥坑2.2千米；蛟桥镇前进村蛟万线—槐树村300米和蛟桥镇青岚村西外环至青岚水库1.5千米。完成投资200万元。区交通运输办公室全年共处理安全隐患26处，危险路段埋设警示桩8根，增补安全标志9块，修整路肩8千米。争取市级专项补助资金28万元，对蛟桥—枫景、岭背—大麦坑、赤府—赤府新村和村委会—夏家4条公路进行中度维修，基本实现全区农村公路的畅、洁、绿、美、安。在县乡公路管理方面，该办以保障公路畅通为目标，坚持依法治路，不定期开展路容路貌专项整治，重点打击乱堆乱放、路肩边坡种植庄稼等违法行为。路政执法人员共上路巡查200人次，纠正违规违法行为3起，确保公路安全畅通。为车辆和群众出行提供通畅、整治、安全的道路交通环境。

南昌高新技术开发区

2013年，南昌高新技术开发区完成2012年农村公路计划项目里程8.5千米。完成农村公路（水毁恢复重建）计划项目程家闸—灌子口公路一标段5.1千米。完成麻丘乡道升级改造工程谢埠—涂洲公路6.102千米混凝土路面硬化。完成县乡村水泥路变更计划项目昌东镇吉南村公路5.1千米。

桑海开发区

2013 年,桑海开发区交通办公室围绕全区打造“南昌跨越发展北大门、临空产业核心聚集区”的重大战略部署,建设城区道路 1.4 千米,属二级公路,地方政府自筹资金 140 万元。继续做好农村公路建设,着力完善路网结构,完成农村公路硬化任务 1.4 千米,其中,永昌大道—水产养殖场 300 米、水产养殖场一支路 600 米、水产养殖场二支路 500 米,属四级公路,共投资 42 万元,其中,国家投资 18.2 万元,地方配套 23.8 万元。在实施建设项目过程中,对工程设计、施工、竣工等方面进行全过程、全方位监督,确保工程质量,并经上级验收合格。全区农村公路养护里程为 36.7 千米,以全面提高公路管养水平为重点,建立健全农村公路管理养护规章制度、技术规范和标准体系,确保“建即有养、养即到位”,认真履行管理责任。在公路用地范围内,种植绿化林带,主要选择本土化彩色树种,使公路两侧宜林地段绿化率达 95%以上。同时,深入推进辖区公路边“三化”(洁化、绿化、美化)工作,公路路域环境明显改善,绿化达标。公路水毁防治到位,无公路突发事件。

道路运输。以强化行业管理为主线,确保客货运持续稳定发展。全区拥有营运车辆 119 辆,其中货车 99 辆,货运量全年 25.5 万吨;客车 20 辆,客运班线 2 条(南昌公交、农村客运),南昌直达新祺周运价每人 5 元,长堎—新祺周每人 7 元,客运量全年 91.2 万人次。

景德镇市

2013 年,景德镇市交通运输系统全力推进交通运输跨越发展、安全发展、高效发展、协调发展、创新发展,为“全力以赴打好陶瓷产业、航空产业、旅游服务业”三张主牌,为建设繁荣和谐魅力瓷都提供强有力的交通支撑和高品质的公共运输服务。

一、交通重点工程有序推进 ①杭(州)瑞(丽)高速公路罗家滩综合管理所及收费站西迁工程于 3 月 21 日如期开工建设,新收费大棚于 5 月 10 日开工建设,收费大棚主体工程全面完工,管理用房主体工程基本完工。②飞虹大桥和飞虹大道建设采用 BT 等模式运作。景德镇市交通运输局积极争取省级补助资金,落实按公路桥梁最高标准予以补贴,落实补助资金 1120 万元。③11 月 20 日,瑶里寺前—白绛岭(浮梁县与婺源县交界处)旅游公路项目全线完工,全长 12.5 千米,总投资逾 3700 万元。

二、交通民生工程稳步实施 ①全市 115 千米通自然村公路硬化项目全面完工,解决 130 个自然村外接水泥路问题;2013 年,浮梁县鹅湖农村公路综合服务站全面完工;开工建设 4 个农村客运网络化连通工程(新建公路)项目共 17 千米,其中,3 个项目共 13.7 千米完工。②全市共安排 25 户以上自然村村内道路硬化项目补贴资金 579.5 万元,并全部下拨到位。③5 月底,农村渡口改渡建桥项目—官庄大桥建成通车,标志着全市 29 个农村渡口改渡建桥(不含乐平小港嘴桥)项目全面完工。对全市现有 47 农村渡口(不含改渡建桥的渡口)进行“四个一”标准化建设(一套完整的制度、一个包含风雨亭的标准化渡口设施、一艘合格的渡船、一套视频监控设备)。截至 2013 年年底,首批 6 个渡口的标准化建设试点项目全面完成。④将原购置 30 辆大型空调公交车的计划改为购置 19 辆大型空调公交车、17 辆中型空调车。新购置的 36 辆公交车于 6 月 26 日到位,并于 7 月 1 日投放运营。12 月 26 日,开通陶瓷学院老校区(新厂)至陶院新区的 30 路公交线路。

三、交通运输经济稳健增长 全年道路运输完成客运量1785万人次、旅客周转量8.66亿人千米、货运量2277万吨、货物周转量37.62亿吨千米,同比分别增长0.68%、1.36%、15%和26.12%。

四、交通行业管理不断强化 完成全市11家客运企业及三个客运站的质量信誉考核工作,完成景德镇—丰城客运班线公司化改造。在全市范围开展打击非法违法道路运输生产经营"猎击"、"追踪"专项行动,查处非法营运26起,道路运输市场环境得到改善。积极落实加强和改善公交车运营管理、加强出租汽车行业管理、控制小客车数量,严禁手驾非法营运行为的4项工作职责,城区85辆非法营运的"瓷都手驾"已被全部取缔。新增出租汽车实施方案通过听证并报市政府,年内新增出租汽车105辆。市公交公司积极加强和改善公交车运营管理,联合网络运营商开通"掌上公交"、4G网络覆盖部分公交班线,强化公交车运营适时调度,并于7月1日推出1路精品公交线路,实现全空调运行,实行"着装统一、用语规范、微笑服务、卫生标准、运行准点"的星级服务。积极开展反"三无"船舶和整治水上"三乱"活动,组织水上生产安全大检查4次,排除安全隐患4处。全年全市港航规费征收计划完成180余万元。

五、安全生产监督常抓不懈 先后举办2期危险品运输从业人员培训班,全市共116人次参加系统培训,取得良好效果。会同安监、公安、质监、工商、旅游等部门共同开展危险化学品运输、校车管理、三轮摩托车和旅游包车等专项整治,通过整治摸清辖区内危险化学品生产、经营、储存、维修及运输企业数量,加强对危险化学品运输企业的经营资质、运输车辆资质、从业人员资质的管理,提高危险化学品道路运输事故现场处置能力。会同海事、安监部门多次联合进行水上安全大检查,对水上交通运输、滩涂造船,渡运、超限超载、农用车载客、危险品运输和规范农药运输业等进行了较大力度的整治,强化乡镇船舶监管,防止滩涂造船、非法渡运的死灰复燃。

(涂　强)

昌　江　区

2013年,昌江区交通运输局以项目为抓手,改进服务,提效能、促发展,各项工作有序推进,全面完成各项目标任务。

一、农村公路建设 继续紧抓农村公路建设机遇,进一步加快农村公路的改造、建设步伐,积极实施国家农村公路建设项目。全年实施农村公路升级改造及危桥重建等项目4个:①完成小港嘴—天宝桥、义城—新206国道客运网络化项目2个,建设里程3千米,总投资300万元。②鲇鱼山镇新桥危桥重建项目于9月完工,投入资金150万元。③206国道—鲇鱼山镇县道升级改造项目于8月正式开工,截至年底,该项目路基、水稳层已全部完工,完成2/3的工作量。④鲇鱼山农村公路综合服务站室内装修工程全部完成。在抓好重点项目的同时,实施自然村及新农村公路建设项目93个,总建设里程57.2千米,总投资668万元。对全区范围内所有自然村公路进行GPS线路采集规划工作,为自然村公路升级改造的全面铺开打下坚实的基础。全年共投入交通运输建设资金1350万元。成功申报双坑—湖田、吕蒙村—杨湾2个县道升级改造项目,建设总里程15.4千米,完成河西—二亭、柳树下—新柳村、新桥—柳树下等3个项目县道升级改造项目以及严家桥—冷水尖客运网络化项目的工可设计和项目申报工作。

二、水上交通安全 加大对安全生产工作的投入,投入资金9万元对全区6条渡船进行换底、焊护栏、油漆维修,向渡工补助渡运燃油费2万,消除安全隐患,规范渡运管理。经区交通运输局积极争取,昌江区丽阳乡洪家村渡运码头被列入省交通运输厅渡运码头改造计划,该项目计划投资10万元,作为昌江区第一座标准化渡运码头开工建设。

三、运输管理工 积极组织做好保安全、保畅通、保运输各项管理工作。春运前对参加春运的车辆进行强制维护检查,排查安全隐患。确保无带病车参加春运,春运车辆运行中充分运用GPS监控系统进行适时监控,保证春运安全顺利。全力推动农村客运网络化工作,稳步推进区乡站建设,促成丽阳—联村、市区—昌江区荷塘乡杨湾村2公交线路的顺利开通。营运车辆年检年审工作于9月全面完成,全区客车年检年审率达到100%,货运车辆超过95%。

(洪　涛)

乐　平　市

2013年,乐平市交通运输局进一步规范运输行业管理、路政管理,做好运输市场的管理、安全生产等其他各项交通工作,为经济社会和谐发展提供坚实的交通运输保障。

一、交通建设加速推进　完成村村通公路项目的验收及取芯工作;县道改造以众篁、礼众、官湾线为重点,总里程62.8千米,总投资1.032亿元;客运网络化19.5千米,投资3118万元;农村通村公路125.2千米,投资3289.54万元;国道升级改造12.98千米,拟投资5亿元;完成红色旅游公路项目设计批复,完成土石方工程30万立方米。健全公路养护体系,完成新秧战备公路、吴乐秧挂线、镇杨线、梅枧线、西渡线、鸣观线等路面维修和挡土墙、塌方工程;完成塔科线防护设施项目;组织实施下徐桥、山下桥、朱家一桥、朱家二桥、范家盖板涵、大坑桥等水毁项目重建工程,并且已全面完成。

二、交通服务能力提升　完成众埠农村公路综合服务站的建设,强化水运管理,促进水运事业良好发展。完成规费征收16.3万元,完成货运量34.78万吨,运输周转量1.36亿吨千米。做好水运行业核查工作,通过核查登记,共有52艘船舶参加审验,审验率100%。全年新增运力9437吨,首次突破2万吨大关,全市载重运力达2.68万吨。不断加大对城区非法载客经营行为的查处力度,全年共查处非法运营"面包车"85车次,查扣出租车违规经营车辆19车次;积极配合市城市交通拥堵综合整治领导小组开展整治"五车"活动,维护城市交通秩序,散发宣传单5000份和告知书120余份,劝导不文明出行行为20余起,查处非法"电动三轮车"90多辆,劝限、扣缴车辆45辆。加强路政管理,对公路沿线的摆摊设点、乱堆乱放、乱设广告牌,占道施工等现象进行专项整治,拆除非公路标志牌21块,先后出动铲车6次,对塔科公路、景鹰连接线、新秧战备公路以及官洺公路沿线的乱堆乱放进行清理,清理生活垃圾230立方米,消除路障。严格公路两侧建筑控制区的管理,拆除官洺公路临时性乱搭乱建房屋3处共计60平方米。共查处损坏路产案件4起,严格按照公路路政管理规定办理路政行政许可9件。

三、交通安全监管能力增强　运管部门组织开展"道路客运安全年"活动,积极开展道路运输安全生产各项专项活动和隐患排查工作,实现全年道路运输安全无重特大事故,并取得第16个无事故的平安春运年。加强对渡口渡船的检查工作,确保渡运安全,并取得第25个渡运安全年;对九潭等5处渡口渡船进行修复,提高渡船的安全性能。强化安全管理,城市客运管理部门督促公交和出租车企业召开安全生产会议9场次、签订安全生产责任书20份、创办安全生产宣传栏6期、悬挂安全生产宣传横幅8条、安全隐患排查19件次、下达整改通知书12份、补充公交救生锤10个,出租车从业人员继续教育培训达到全覆盖,城市客运行业安全秩序保持平稳,全年未发生一起重大以上交通安全责任事故。

四、交通经济效益提升　乐平市汽运公司通过积极努力,顺利开通流芳—德兴、名口—乐平客运班线;新增危货车辆2台,全年经济收入较上年同期增长16%。新世纪客运公司已对乐平—甘棠、乐平—洄田和乐平—景德镇客运班线的17辆客车全部进行了更新,全年共完成客运量130万人次,较上年同期增长5%,完成客运周转量1100万人千米,比上年同期增长6%,公司营收76万余元,上缴税金20余万元。认真做好车辆的维护保养,全年对车辆二级维护检测240台次,安全行驶里程435万千米。运输公司完成270万元营业收入,税收累计上缴10.5万元,均比上年度同期有稳步提高。

(盛建国)

浮　梁　县

2013年，浮梁县交通运输局大力推进“畅通富民”工程，交通基础建设、农村公路养护管理水平显著提升，道路运输、安全生产形势总体平稳，交通经济运行呈现向好态势。

一、重点工程项目　①程家山—盛莲塘红色旅游公路项目全长6.4千米，总投资1350万元，按三级公路标准建设，截至2013年年底，全线桥涵、路基和水稳层工程完工，路面完成半幅施工。②寺前—白绛岭公路项目是连接瑶里—婺源旅游景区的一条县乡旅游公路，全长13.2千米，接三级公路标准建设，总投资5000万元，年底该项目路面工程全面完成。③经公桥—西湖西溪国防公路项目全长27.459千米，总投资7511万元，8月23日通过省发改委评审，拆迁工作全部完成，至年底路基垫层工程基本完成。④沧溪—诰峰段升级改造项目属农村客运网络化连通和旅游公路项目，全长5.1千米，总投资1330万元，按三级公路标准建设，于10月底开工建设。⑤浯溪口水利枢纽工程库区周边公路项目恢复工程，分别为峙滩—明溪、峙滩—龙潭两条道路。峙滩—明溪全长10.59千米，按四级公路标准建设，总投资3780万元；峙滩—龙潭全长12.59千米，接三级公路标准建设，总投资5082万元，年底，2条公路完成工程招投标。⑥鹅湖—潘村公路升级改造项目属镇村联动项目，全长4.833千米，接三级公路标准建设，总投资974万元，于11月开工建设。

二、农村公路建设　全年共完成农村公路建设111.2千米，其中完成新农村14.5千米、农村公路成品油18千米、农村公路车购税项目47.5千米，完成农村客运网络化连通工程31.2千米；完成申报独立桥计划及电子图采集工作，完成全县410座桥梁的外业普查和有关数据收集、整理工作。

三、农村公路养护　2013年上半年，蛟潭农村公路综合服务站完成并投入使用，11月18日鹅湖农村公路综合服务站完成招投标工作。组建蛟潭、鹅湖、经公桥3个农村公路综合服务站，并以综合服务站为中心辐射，全县农村公路养护管理工作全面铺开。

四、水毁抢修与危桥加固　6月6～7日，浮梁县遭受暴雨袭击，山洪突发，河水猛涨，造成公路、桥涵等交通基础设施坍塌损毁，共造成道路受损36条92.2千米，冲毁路基4715米，塌方56处6万余立方米，冲毁桥梁31座（含2座简易桥），受损桥梁16座，直接经济损失达1888.5万元。浮梁县交通运输局第一时间组织技术人员抢修受损道路桥梁，并进行灾情勘察，确定修复方案，确保群众安全出行，其中：蛟潭—坑头、经公桥—刘家、港口—梓里、西湖—西溪水毁抢修工程于6月份开工，8月底全面完工。王港大桥、湘湖北安大桥、西湖小屋畈桥、庄湾大桥等四座危桥的维修和加固项目整体工程于5月全面完成，王港坑西桥危桥重建项目8月底全面完工。

五、道路运输管理　全年共完成旅客运输量179万人次、旅客周转量5995.06万人千米、货物运输量1005.52万吨、货物周转量6.53亿吨千米，新增货运企业1户，新增货运车辆243辆，全县道路运输市场继续保持健康发展的良好态势。深入开展“打非治违”“重剑”等专项治理行动，出动64人次，查处违法违章车辆23辆，有力地维护道路运输市场秩序。规范车辆维护市场，提升驾培服务质量，全年共组织三批58人次维修从业人员培训。

六、安全生产监管　组织开展一系列渡运安全汛前大检查、不定期抽查、隐患排查、隐患整改等活动30余次，共排查整改隐患9起，安排渡船维修、码头建设资金47万元。安全隐患全部整改到位，有力地维护渡运秩序，保障水上交通安全畅通，渡运安全保持连续25年安全无事故。

（郑卫华）

萍 乡 市

2013年,萍乡市交通运输局突出交通基础设施建设和重点项目协调,全面强化行业管理,进一步培育健康有序的道路运输市场,大力加强安全监管,狠抓廉政建设、队伍建设和文明创建,努力构建安全、畅通、便捷、绿色的一体化现代综合交通运输体系,较好地完成了各项交通运输工作任务。

一、交通重大项目建设进展顺利 萍洪高速项目复工取突破。昌栗高速开工建设。S231改造工程(即上六战备公路)基本完成。杭南长客运专线项目萍乡段顺利推进,完成境内红线内的全部征地拆迁任务。高铁综合枢纽站完成开工前期准备工作,春节前全面动工建设。湘东陶瓷产业基地铁路专用线、华能萍乡电厂铁路专用线等重大项目扎实推进。

二、道路交通运输服务能力提升 农村公路建设继续有序推进,完成民生工程农村公路建设220千米,34.5千米通乡水毁重建项目、54千米通村水毁重建项目全部建设完成,完成县道升级改造项目(三级公路)15千米,完成客运网络公路项目(三级公路)路基25千米、路面4千米。投资1380万元的王源大桥全面合拢,2013年12月份全面通车,标志着全市16座渡改桥任务全面完成;新获批的四个农村综合服务站全部完成前期审批工作,2013年12月底全面动工。完成五个农村客运站建设任务。完成省交通运输厅下达的农村客运候车亭建设任务。继续稳妥推进"公交进郊、微巴进村"工程,努力实现交通运输基本公共服务均等化。

三、交通运输行业管理得到加强 公交优先发展政策得到进一步落实。城市客运实现规范化管理新机制,新组建了专门的城市客运监管机构,城市客运管理瓶颈逐步获得根本性的破解。新增出租汽车运力经营模式保持不走样,促进出租车有序健康发展。以创建为契机,大力开展出租车文明服务活动,打造出萍乡出租汽车"公车公营"样板精品。建立健全行政许可审批制度,加强对行政许可审批事项的监督管理,进一步规范行政许可项目、提高服务水平、加强行政执法监督,树立了萍乡交通运输执法新形象。

四、运输物流业快速发展 萍乡市达金物流有限公司获得由交通运输部、财政部共同授予的全国公路甩挂运输第二批试点牌匾,这是萍乡市获得国家级政策与财政扶持的第一家道路运输企业。上海永璟物流有限公司与萍乡市达金物流有限公司合作建设的江西烟花鞭炮物流中心建设成为全省物流业一颗耀眼的明星。农村物流试点工作逐步推进,上栗主动对接并融入"长株潭"城市群,推动物流业发展,取得了不错的成绩。

五、交通安全生产形势平稳 严格执行安全生产制度,加大对公交车辆及"两客一危"企业及车辆管理。全市交通运输安全生产形势总体稳定,水路运输连续保持31年无事故。公路建设工程质量监督得到进一步强化,未发生交通建设工程责任事故,未出现因道路、桥梁建设质量问题而发生交通事故的情况。

安 源 区

安源区位于萍乡市中心地带,辖区总面积200平方千米,总人口40余万人,下辖4个镇、6条街、1个管委会,交通区域优势突出。截至2013年年底,辖区内有公路767.6千米,公路养护里程为709.056千米。高铁1条(沪昆客专)6.95千米,高速公路1条(沪昆高速)7.3千米,国道2条(G319、G320)共计36.217千米;省道1条15.027千米;县道8条共计90.41千米;乡道31条共计99.49千米;村道519.16千米。其中,乡村两级公路合计618.65千米,占总里程的79.59%,占安源区路网的绝大部分。该区紧紧抓住国家大力发展交通基础设施建设契机,全力推进农村路网工程建设，成绩显著。“十五”期间54个行政村全部实现“村村通”，“十一五”期间全面实现“组组通”，“十二五”规划“户户通”工程有序推进。辖区内所有农村公路养护工作覆盖率达到100%，农村公路路况良好，公路养路护路率达到100%。

湘 东 区

2013年以来，湘东区交通运输局千方百计跑项目争资金，攻坚克难搞建设促发展，实现交通工作大投入、大建设、大提升，为全区经济社会发展提供有力保障。

一、全年重点项目建设有新进展 省级试点的湘东农村公路综合服务站和产业基地铁路大桥全面完工，省道S232陈家塘—东桥桥头段公路改造工程、老关农村公路综合服务站和产业基地铁路专用线项目顺利推进，东界公路升级改造工程和湘东老街大桥改造工程先后开工，启动五里—桐田道路升级改造工程。

二、农村公路通畅水平有新提升 启动县道升级改造项目5个计45.1千米；全部完成客运网络化连通工程项目7个共18.9千米，推进2个共16千米，其余3个共7.5千米即将启动；抓紧做好2个新建独立桥梁和危桥改造项目前期工作；完成农村公路建设105.1千米；投资1000余万元修复和改造道路6.25万平方米，投资48万元完成塌方30余处，投资97万元改造或加固危桥12座。

三、跑项融资有新突破 编制2020年前农村公路规划，争取农村公路规划指标1000千米，资金达8000万元。申报县道升级改造项目2个共11.1千米、客运网络化连通工程项目2个共10.5千米、新建独立桥梁项目1个，争取将广寒—白竺、姚家洲—大屏山道路列入省道规划，实现到位资金8200余万元，通过BT模式解决重点项目资金达亿元。

经济技术开发区

2013年，萍乡经济开发区交通系统在市委、市政府的领导下，在构建社会主义和谐社会中，开拓创新，扎实工作，着力推进交通事业新的跨越式发展，各项工作取得了好的成绩。总投入300万建设农村公路7.1千米，开工建设县道X121辖内段升级改造工程。总投资为950万元，对全区未来8年(2013～2020年)自然村通水泥路建设工作进行科学合理的规划。规划范围覆盖11个管理处、18个自然村居民点，进村外接公路32千米，有力提升全区交通运输服务能力和水平。

芦 溪 县

2013年芦溪县交通运输局紧紧围绕中共十八大精神，坚定不移地落实县委、县政府及上级业务主管部门的工作部署，立足交通运输工作实际，大力弘扬求真务实、勤俭节约优良传统，全面提高交通运输工作能力水平。通过全体交通干部职工和各级组织的共同努力，抢抓机遇，踏实苦干，基础建设工作取得显著成绩，重点项目顺利实施，运输管理规范有序，保持全县交通运输事业持续、快速、健康发展。全面完成县委、县政府提出的公路里程计划、经济指标增长30%的目标。全面完成历年遗留下来的11项重点工程的扫尾工作。全面完成杭南长高铁涉路、涉水的恢复重建工作，完成2013年县道升级改造、网络连通等工程，完成农村公路养护，实现好路率98%以上。积极探索创新养护模式，受到交通运输部、省交通运输厅的认可，实现安全事故为零的目标。

上 栗 县

2013年，上栗县交通运输局按照市县制定的交通发展目标,站在科学发展的高度,按照上栗县“一三三三六”即围绕把上栗建设成为赣西工业、商贸、旅游重镇这一目标,实施城区、经济开发区、旅游景区“三区推进”,注重安全发展、转型发展、绿色发展“三大发展”,加快新型城镇化、工业化、农业化、农业现代化“三化互动”,实施基础设施承载能力提升、产业素质提升、城市和景区品味提升、安全保障和群众工作能力提升、党的建设科学化水平提升、人民群众生活品位提升“六个提升”的总体工作思路,立足“建设大交通,促进大发展,建设上栗现代化立体交通”的奋斗目标,全力推进“交通建设提升年”工作。着力完善“四纵七横”道路主框架,倾力打造“车畅其流、人便于行、城乡一体、内外畅通”的现代公路交通网络,狠抓党风廉政建设,规范交通运输行业管理,使全县交通运输事业实现科学健康安全发展。2013年,该局在市交通运输工作目标考核综合考评中荣获一等奖,在县目标管理工作综合考评中荣获一等奖。

莲 花 县

2013年,莲花县交通运输局认真贯彻落实县委、县政府的重大决策、工作思路和上级交通工作会议精神,紧紧围绕交通工作总体思路,紧扣交通部门“建、管、养、运”四项基本职能,紧抓交通基础设施建设这个重点,继往开来,开拓进取,真抓实干,全面开展各项工作,努力推进交通事业全面协调持续发展,全县交通建设取得新进展,交通面貌有了新改观。

该局紧扣国家政策,跑项争资有成效。积极向上争取资金1.36亿元。投资1.4亿元开工建设吉莲公路莲花段属三级公路改为二级公路工程、安成大道(即319国道绕城线)、南门大桥重建项目和一批新型城镇化重点项目。全年共完成农村公路建设120千米,在实现100%的行政村通水泥路的基础上,加快推进自然村特别是新农村建设点自然村通水泥路进程,加快全县农村交通向纵深发展。

九 江 市

2013年,交通工作围绕打造双核、做大九江,推进昌九一体化发展战略,积极发挥交通运输职能作用,突出服务发展、保障民生两大功能,扎实工作、不断进取,推进交通运输重点、难点、热点工作,交通运输全面建设有了新的发展。

全年完成交通基础设施建设投资7.73亿元;完成农村公路建设1500千米,农村公路综合服务站主体完工8个;实现交通运输企业综合收入和港航规费征收总额7.34亿元,其中,长运集团公司综合收入5.53亿元,实现税利2699万元;公交集团公司综合收入7359.83万元,上缴税金146.24万元;港航规费征收1.07亿元;全市拥有公路营运汽车辆5.46万辆,其中客车6494辆、载货汽车4.81万辆,完成客运量1.15亿万人,货运量8852万吨;全市拥有船舶701艘,其中货运船舶588艘,水路完成货运量997.9万吨,取得了较好的成绩。

客运市场整治成效显著 一是开展市区客运市场整治。自5月1日至年底,共查处各类违法违规行为787起,查扣违规违章车辆476辆,其中黑车171辆,残疾人车辆26辆,摩的、拐的144辆,出租车变相从事班线客运的46辆,违法旅游车14辆,其他违规违章的车辆78辆。二是严厉打击非法营运。共查处违章车辆2984辆,其中非法营运车1022辆,不按规定维护检测、擅自改造1357辆,无从业资格证376辆,不按批准的客运站点停靠或者变相从事班线客运经营车辆117辆,其他违法违规行为162辆。三是推进城乡客运公交改造。对现有涉及城乡客运化改造的17

家客运企业、29条班线、277辆营运车及678名股东全面进行整合,组建3家股份制客运企业,依照公交运营模式,统一经营,引导其向公司化、企业化迈进。

交通基础设施建设顺利 一是投资规模突破7亿元,达到7.73亿元,完成项目2135个。二是完成农村公路建设1500千米,安保工程28.2千米,完成通村公路质量检测624.13千米,合格率达到99.6%。三是交通设施建设进展顺利。完成8个农村综合服务站建设,德安新汽车站已投入运营,永修新汽车站主体完工,完成九江城市候机楼改造,推进九江汽车客运西站、八里湖公交综合枢纽站、武宁新车站、彭泽新车站、星子新车站、彭泽水运综合楼、湖口金沙湾货运物流站场等项目建设。此外,交通战备和部队进出口道路建设项目有序推进,战备器材库规范化建设通过省里和南京军区验收。

交通重点工程建设效果明显 一是九江长江二桥竣工通车。九江长江二桥全长25.19千米、主桥桥长1405米、主跨跨径818米,总投资40.57亿元,历时4年,10月28日正式通车。二是昌九高速通远试验段改扩建项目征地拆迁工作如期完成,征收土地47.3公顷,超计划扩征3.56公顷,红线内拆迁房屋3839平方米,拆除违章建筑3575平方米,实际拆除房屋7214平方米(16户),项目施工有序推进。三是昌九高速公路收费站迁建,八里湖客运西站和公交综合场站建设等重点工作密切协调。

城区公共交通优先发展 进一步实施公交优先发展战略,加快公交场站建设,完善公交线路布局,提升服务水平:一是正式出台《九江市优化发展城市公共交通实施方案》,编制完成《公交线路优化方案》,用于公交发展补贴资金达6944.3万元;二是支持公交场站建设,明确由浔阳区、庐山区、开发区免费提供相关土地用于建设公交综合停车场,其中,十里大道原制氧机厂1.87公顷用地、城东港区0.6公顷用地已交付,石化总厂首末站、开发区观澜盛世首末站、城西港区首末站以及八里湖一医院首末站已建成并投入使用;三是加强车辆更新,全年更新天然气公交车辆100辆,投入市区6路、26路、101路运营;四是强化内部管理力度,已商讨制订《九江市公交客运服务成本规制方案》,完善《各部门岗位职责》《基层岗位考核办法》《公交营运工作指标》《目标考核制度》《岗位调整方案》等文件。

促进交通运输市场发展 全市拥有客车3117辆、货车4.22万辆,中、高级客车达到1182辆,拥有客运班线755条,开通农村客运班线396条,乡镇通班车率达100%,行政村通班车率达91.6%。全年完成客运量1.15亿人、客运周转量44.94亿人千米、完成货运量1.10亿吨、货运周转量250.91亿吨千米,同比分别增长3.1%、2.8%、11.5%和20.1%;水路完成货运量997.9万吨,客运量36.1万人次,港口吞吐量达到1.06亿吨;民航旅客吞吐量11.8万人次、货邮运量578余吨、飞机起降1848架次,同比分别增长61.56%、81.98%和40.85%。

德　安　县

2013年,德安县交通运输局紧紧围绕县域经济社会发展和改善民生,突出重点项目建设、行业监管和运输服务,提升交通网络化水平、公共运输服务水平、交通运输保障水平和全面协调发展水平,较好地实现了年初既定的阶段性目标。

一、公路建设

1.德安县3条县乡公路升级改造完成。1条是聂桥—车桥县道升级改造工程,全长22.1千米,投资1580万元,其中,项目补助资金884万元。工程于2012年6月开工,2013年12月底完工。改造后全线公路标准将由原来的四级提升到三级。另两条是白水—九井、港口—宝泉乡道升级改造工程。白水—九井全长2.5千米,投资128万元,项目补助资金62.5万元;港口—宝泉全长1.7千米,投资90万元,项目资金42.5万元。

2.共安大道。为连接共青城与德安县城的交通主干道,东西走向部分:设计全长1220米,已修筑880米,西起跨铁路高架桥(共安大桥),东至导托渠,道路全宽100米。南北走向部分:北起共安大道东西线,南接共安大道共青段,全长735米,其中,德安建设110米,德安出资共青建设625米,道路全宽100米。道路设计荷载为公路Ⅰ级,混凝土路面。工程总投资(含1615米道路、绿化、管道、亮化)近6000万元。

3. 金带路项目改造工程。建设规模为长2200米(其中包含二座桥梁),道路宽28米。2013年12月通车,总投资4000万元,日交通量逾8000辆。

4. 林白战备公路。起点位于德安县丰林镇白果大桥,与德安—白水二级公路相连,经彭山林场、白果树、依塘水库、燕窝孙村、林泉镇、蔡家墩、九江县蔡家、周家、藕塘畈,终于马回岭镇。全线属山区丘陵地带,项目全长21千米,其中德安县境内14.7千米,九江县境内6.3千米。项目总投资4000万元,建设资金由上级资金及县财政解决。

5. 95条通自然村公路改造完成。全年完成95个项目61.5千米自然村公路改造,涉及全县11个乡镇,总投资1538万元,其中上级部门项目补助资金492万元。该项目的完成,使德安县78个自然村由原来的砂石路面改变成水泥路面,使该县自然村通畅率提高到72%。

二、桥梁建设 渊明大桥系渊明大道跨越昌九高速公路桥梁。全长866.94米,其中桥梁长474.44米,两端接线道路长392.5米,主桥宽28米,引桥宽24米,梯道宽2.6米。总投资5000万元。

三、公路养护 农村公路养护坚持建管并重,2013年共投入8万元对全县11个乡镇79.9千米农村公路进行养护主要是清除路肩杂草及清理边沟。

四、站场建设

1. 新长运客运站。位于商业繁荣的建材大市场的南面岳山垅村,占地2公顷,以国家二级汽车站建设标准要求进行建设。项目投资2000万元,主体工程4000平方米,站房设施齐全。站前广场1000平方米,停车场和发车位5000平方米,可容纳300余台车。于2013年4月25日,按德安县创建国家卫生县城的整体要求,老汽车站整体搬迁至新汽车站运营。运营班车142辆,日发班250次。

2. 公交总站建设。该工程占地0.67公顷,位于共安大桥与火车站之间,建筑面积3800平方米,工程总投资500万元,于2013年7月1日开工建设。该项目可满足30万人口的中型城市公共交通需要,是九江市县级城市第一座综合型公交总站。

五、道路运输 德安县道路旅客运输有班线客运、出租车、公交车三种客运方式运作,有客运公司1个,公交出租车公司2个,农村客运站5个,候车亭108个。现有客车146辆,客运线路23条,有公交车18辆,出租车100辆,货运企业2家,货运车辆20辆。

六、汽车维修 德安县现有维修业户118户均做到了合法经营。

都 昌 县

2013年,都昌县交通运输局以狠抓项目建设为重点,上下一心,攻坚克难,较好地完成了年初制定的工作任务。

一、公路建设

1. 都中公路升级改造。都中公路是贯穿都昌县东西的交通大动脉,是连接省道S304及九景高速的重要交通主干线,沿线人口稠密。该项目按照二级公路标准建设,是都昌县公路建设史上投资规模最大、建设标准最高、建设速度最快、建设质量最好的示范公路。全长44.26千米,总投资3.6亿元,于2012年3月开工建设,2013年7月全线竣工通车。项目建成后,惠及14个乡镇50余万人口,大大改善了都昌交通运输条件,提升了都昌交通区位优势。

2. 新妙湖大道延伸线 。项目由都昌县交通运输局担任业主负责建设。总投资1.2亿元,建设里程3.26千米,于2013年8月开工建设。

二、船舶修造 全年新造船舶10艘(其中竣工9艘,1艘在建),修理船舶1艘。

三、场站建设 新建狮山农村公路综合服务站1个,该站总投资400万元(其中上级补100万元,县政府配套300万元,占地面积1.23公顷,主体工程全面完工。

四、公路养护 养护里程180.6千米,小修30.6千米,中修18千米,改建公路2条(中南、枫芗)19千米。

共青城市

2013年，在市委、市政府和九江市交通运输局的正确领导及大力支持下，共青城市交通运输局紧紧围绕交通运输发展质量提高、服务水平提升目标，扎实推进交通基础设施建设，各项中心工作有序推进。

一、重点公路建设 积极协助南湖路网建设指挥部对南湖部分路段进行改造，四纵四横路网于2013年9月18日正式开工，计划2014年5月30日全部竣工。截至年底，完成投资3亿余元。

四纵：

共安大道：全长9.5千米，红线宽60米，城市主干道，双向六车道，投资3.5亿元。

人民路：全长3.8千米，红线宽40米，城市主干道，双向四车道，投资4796万元的。

富华大道：全长4.5千米，红线宽40米，城市主干道，双向四车道，投资8848万元。

建设路：建设路是人民路、青年大道、井冈山大道道路延伸，全长2.5千米，红线宽20米，投资4200万元。

四横：

鄱阳湖大道：鄱阳湖大道全长2.6千米，红线宽60米，城市主干道，双向八车道，总投资1.1亿元，是连接永武高速的主要公路，截至年底，水稳层已完成100%，计划2014年4月30日竣工。

井冈山大道：全长3.0千米，红线宽28米，城市次干道，双向四车道，投资3914万元。

青年大道：全长3.2千米，红线宽40米，城市次干道，双向四车道，投资6200万元。

五四大道：全长3.6千米，红线宽40米，城市主干道，双向四车道，投资9341万元。

对江益弓山墓地公路进行加宽改造，完成投资20余万元，改造总里程2.3千米。

对燕滩线江益—荷塘段公路升级改造，该道路全长8.8千米，升级改造后路基宽12.5米，路面宽12米。

二、农村公路建设 2013年，全市公路总里程424千米，其中，国道3.8千米，县道37千米，乡道17千米，村道366.2千米。

三、农村公路综合服务站建设 农村公路综合服务站位于工业新区经一路西侧，亚华电子对面，柘林灌区东侧，占地面积0.67公顷。

四、农村公路管理养护 共青城市交通运输局重点对燕滩线、杨棋线等公路进行养护，养护里程共计396千米，日常养护54千米、小修38千米、中修12千米、大修4千米。重点对两个路段进行改建，历时2个月，改建里程5.4千米，其中，大厦—东城3.8千米、新村—高尔夫球场1.54千米。施划道路交通标线4.5万米、安装道路交通标志牌18个，有效保障了道路交通安全。

五、公路绿化、水毁防治、突发事件及处理 2013年共青城市公路绿化共20千米；对甘露信用社—共青水闸进行公路水毁防治，共投入资金5万元；全部县乡公路均实现公路标准化。全市辖区内无重大事故发生。

六、道路运输方面 共青城市共30辆客车、12辆公交车、60辆出租车，周转量1134万人千米。货车999辆，周转量2.22吨千米。

七、水路运输方面 共青城境内共两个货运码头，金湖码头和共青码头。通航河道博阳河为Ⅵ—(3)级航道，总长22千米，最大通航能力为1000吨级船舶(以16米高程水位计)，货运量150万吨，货运周转量6.8万吨千米。

八、汽车修理、检测等情况 共青城市修理厂共17家，其中二类修理厂3家、三类修理厂14个；驾校2个；检测站1个。

湖口县

2013年，湖口县交通运输局在农村公路建设、基础设施建设、运输市场监管等方面取得成效，为促进湖口县经济社会发展作出贡献，也较好地完成了工作目标任务。

一、公路建设

1. 学士路延伸段。起点位于石塘小区，途经双钟镇台山村，马影镇罗岭村、海山村，终点萍钢宿舍区。全长3.297千米，总造价3000余万元。

2. 张青—海山县道升级改造。全长8.2千米，起点张青乡，终点海山村。途经张青乡的张青村、长塘村，马影镇的走马村、马影村、海山村，于

2013年4月1日开工,同年12月15日完工,按照公路三级标准建设,水泥混凝土路面,宽6.5米,总投资1640万元,其中,省厅补助328万元,地方配套1312万元。

3. 殷山—均桥县道升级改造。2012年立项,县道升级改造项目,全长5千米。起点水车村,终点均桥集镇。途经付垅乡的水车村、唐畈村、徐凤村、夏畈村,文桥乡、均桥村。此项目于2013年4月1日开工,同年12月20日完工,按照公路三级标准建设,水泥混凝土路面,宽6.5米,总投资1000万元,其中,省厅补助200万元,地方配套800万元。

二、桥渡隧建设 四官桥位于湖口县凰村乡境内,是连接四官吴家的主要通道,此桥所在路线名称牛湖路—四官吴家,桥梁全长31.96米,桥面净宽6.5米+2×0.5米安全带,上部结构采用3~8米整体现浇板,下部结构采用U型桥台,扩大基础,桥墩采用实体墩,总投资70万元,于2013年11月28日开工。

三、车站、港口、码头建设 西门渡口设立于1989年。2011年进行了标准化改造,新建候船亭两个,面积120平方米,并对码头进行了水泥硬化。2013年,此渡口顺利注册成立"西门渡口渡运有限责任公司",并加强现场安全监管力度,确保了渡运平稳、有序。

四、场站建设 2012年11月动工建设首家农村公路综合服务站。该站位于湖口县文桥集镇,临近省道景湖路,处于地域中心地带,东接付垅乡,南连武山镇,西有城山、舜德、流芳,北临南北港,距离县城11千米,按照四级站标准设计,占地面积5500平方米,建筑面积1500平方米,主楼层为三层,总投资500余万元。历时一年,于2013年12月底通过省市验收。

五、公路养护 2013年年末,湖口县共有农村公路1048.95千米,其中,县道105.26千米,乡道275.38千米,村道612.31千米,专用道6千米,新增村道50千米。

2013年5月,出台《湖口县农村公路养护与管理办法》,成立"湖口县农村公路养护站",在流芳乡顺利召开农村公路管养现场会,率先在全市实行公路"管养"全覆盖。县政府每年按照养护里程给予养护补贴,县道3000元/千米·年,乡道1500元/千米·年,村道500元/千米·年。聘请20多位县道养护工作人员,完成80余千米的县道养护任务,做到"有路必养、养必优良、有路必管、管必到位"。

六、公路绿化 2013年,湖口县交通运输局高度重视公路绿化工作,通过栽树、维护等措施,全县公路绿化率达80%。

七、道路运输 拥有1家检测机构、6家二类维修厂、6家三类维修厂。1家县外班线公司(长运)、1家公交公司(鄱湖)、1家县内班线公司(安泰)、3家出租车公司(长运、石钟、金砂)。

八、船舶修造 为了确保客货运输车辆安全,截至2013年年底全县共有维修企业二类5户,三类24户,检测站1家。

九 江 县

2013年,九江县交通运输局以交通基础设施建设、客运市场管理、安全稳定等为着力点,加快交通运输事业的发展,较好地完成全年工作任务。

一、公路建设

1. 县道升级改造工程。县道马回岭路段全长1千米,因交通流量大,路面破损严重,2013年1月按路基宽6米,路面宽4.5米,水泥路面的四级公路标准改造完工,总投资70万元(中央投资25万元,地方自筹45万元)。

2. 客运网络化连通工程项目建设。完成客运网络连通工程项目1个3千米,按四级公路标准建设,路基宽6.5米,路面宽4.5米,路面结构为:18厘米厚C30混凝土面板+15厘米厚水泥稳定碎石基层、水泥混凝土设计弯拉强度不低于4.0MP,总投资为270万元(车购税投资60万元,地方自筹210万元)。

3. 通自然村公路建设。完成连通工程项目108个90.4千米,按四级公路标准建设,总投资2712万元(中央投资561.6万元,地方自筹2150.4万元),投资方式上级补助和地方自筹。计划外项目提前实施26个计20.2千米,自筹资金606万元。

二、站场码头建设 1. 乡镇客运站建设。九江县共有客运班线车117辆,城市出租车52辆,城市公交24辆,农村候车亭70个、乡镇客运站7个。

2013年10月20日,集农村客运、货运、运政、路政、公路建设与养护为一体的九江县狮子农村公路综合服务站开工建设,占地面积0.87公顷,总建筑面积2557.88平方米,总投资450万元。

2. 渡口渡运运转零事故。九江县现有渡口23个,渡船19艘。2013年,九江县渡管人员牢固树立"安全第一"的安全理念,齐心协力,狠抓安全管理,取得了全年渡口渡运平安无事故,实现连续29年九江县渡口渡运零事故、零死亡的好成绩。

三、公路养护 全年共养护公路里程1090.4千米,其中,县道124千米,乡道180千米,村道786.4千米。养护投入资金54.52万元。

庐山管理局

2013年,庐山管理局工业交通运输局狠抓重点项目建设,强化旅游交通运输市场监管,提升旅游运输服务水平,提高旅游运输保障能力,促进旅游交通全面协调发展,在服务庐山旅游经济发展方面发挥了重要的作用。

一、公路建设

1. 景区道路建设情况。2013年,庐山管理局共投资4000余万元,加大对庐山景区道路的改造力度,大大改善了庐山旅游交通基础条件。

①南山公路大中修项目 起点为茶科所所属通远村,终点为庐山风景名胜区含鄱口三岔路口,全长22千米。工程主要是对该路段全程的沥青混凝土路面进行重新铺设,并对沿线安保工程进行维护。该路被列入全省2013年度大中修改造项目,项目总投资1500万元,于2013年10月开始施工。

②街心公园地下停车库项目。为解决庐山停车位严重不足,有效缓解牯岭街交通压力,庐山管理局投资近2000万元,在庐山街心公路建设占地面积3800平方米,总面积7600平方米三层钢筋混凝土框架立体式停车库。该项目于2013年9月底完工并投入使用,可容纳300余辆车同时停放。

③白鹿洞书院公路拓宽项目。2013年6月,庐山管理局投资100余万元对白鹿洞书院进院公路进行拓宽,大大改善了白鹿洞书院景区的交通条件。

④仰天坪道路维修改造工程。道路起点为含鄱路与人大休养所路口,终点为仰天坪度假区,全长2.593千米。改造的主要内容为路基、路面、排水、防护、交通及照明工程。工程预算为610万元,分两个阶段进行,第一阶段进行路基部分的施工,已于2013年4月底完成,路基工程造价为240万元;第二阶段路面工程待仰天坪区域的项目建设基本完成后再组织施工。

⑤回龙路大修改造项目及建成区游步道改造工程。回龙路是庐山1条重要的游步道,2013年4~6月,庐山管理局投资近200万元,对回龙路进行大修,保证了道路的安全,使其成为1条重要的景观道路。同时,投资200多万元,对庐山建成区人行游步道进行改造,使庐山景区道路功能进一步齐全。

2. 省市重点工程服务。

①九江绕城高速公路新建项目。2013年,该项目在庐山范围内共征地7.67公顷,拆房4座1052.7平方米,已完成主体工程。

②南昌—九江高速公路通远试验段改扩建项目。该项目主要设计标准由原双向四车道扩建为双向八车道,扩建路线总长10.426千米,途经庐山通远等地,项目总投资8.16亿元。项目征地15.36公顷(其中耕地5.3公顷),拆房584平方米。

3. 农村公路建设。完成了连通工程项目7个5.6千米,总投资196万元,投资方式为车购税和地方自筹。

二、公路养护 辖区内有各类公路74条152.1千米;按行政等级分:省道1条49千米,县道1条3千米,乡道31条63.2千米,村道45条共计36.9千米。省道49千米由庐山公路分局管养。庐山管理局管养的公路103.1千米,2008年年底由庐山区划归庐山管养。养护主要是日常养护为主,由公路沿线村庄承担,无专业养护队伍和人员。

三、公路绿化、水毁防治和突发事件处理

1. 公路绿化。庐山是著名风景区,南北登山公路进行全面绿化。景区内的道路,公路两边基本为山林。

2. 突发事件处置。庐山是一个景区,容易发生滑坡、泥石流等自然灾害,同时庐山冬季雨雪冰冻天气较频繁,给庐山旅游交通带来安全隐患。根据实际情况,制订《公路交通突发公共事件应急预案》,做到应对措施及时到位,处置及时到位,运力保障及时到位,保证交通通行安全,发现问题及时通报,及时组织修复。

四、道路运输

1. 运输市场监管。2013年,累计出动稽查人员2560人次,稽查车580辆次,检查车辆1852次,查处各类违规运输车辆130余辆,通过专项整治,旅游市场秩序得到明显改善,优化了庐山旅游市场环境。

2. 道路运输。2013年,庐山的道路运输市场的客运量共计145万人,货运量1.4万吨。

道路旅客运输有班线客运、出租车、旅游车、公交车三种客运模式,庐山的道路运输班线有5条:庐山—沙河,票价15元;庐山—九江,票价15元;庐山—南昌,票价50元;庐山—德安,票价25元;庐山—武汉,票价90元。共有班线车辆27台。

庐山出租车公司1家,运营的庐山出租车共有30台,车型全部更新为北京现代。

庐山公交公司1家,公交车10台,主要满足居民出行和居住在九江职工上下班的需求。

庐山从事旅游客运的共有2家,一家为庐山旅游观光车公司,共有旅游客车186台,主要在庐山核心景区专营,观光车票价为80元,共设站点27个;另一家为庐山旅游汽车运输责任有限公司,共有旅游客车32台。

五、水路运输　庐山辖区内无港口,在庐山青山垦殖场有客运码头1个,由长江航运公司经营。

六、汽车维修　庐山现有维修业户5户,均做到了持证经营、合法经营。

庐　山　区

2013年,庐山区交通运输局紧紧围绕"加快城乡一体,建设经济强区"的战略部署,认真做好庐山区境内九江绕城高速,昌九高速通远段改建项目,九星路改造,城东港区铁路货场和取消环山公路威家收费站等项目的征地、拆迁、施工过程中矛盾化解和协调处理工作,实现了全区农村公路网络建设的进一步完善及水上交通安全零事故的新局面。

一、公路建设　庐山区交通运输局完成农村公路建设77条,共39.2千米,超额完成农村公路建设任务。编制完成《庐山区自然村通水泥路2013~2020年建设规划》,在实现村村通基础上,全区共有通25户以上公路410条,203.1千米道路被列入规划,为庐山区今后的农村公路项目申报提供了规划保障。

二、站场码头建设　庐山区姑塘农村公路综合服务站,位于姑塘镇滨湖新城白鹿大道西侧,规划用地面积0.62公顷,总投资400万元,省厅拨付资金100万元。该项目已完成可行性研究并获得省厅批复,工程建设设计,土地征用、平整,改路和改电工作已完成。

三、公路养护　庐山区国土总面积495平方千米,辖3个街道、7个镇、1个乡,至2013年年底,农村公路养护总里程534千米,其中,县道3条共计20.11千米,乡道48条共计135.39千米,村道635条共计378.5千米。2013年,全面实施《庐山区农村公路管理养护暂行办法》,各乡镇成立农村公路管养机构,落实专人管养,制定考核办法,落实养护管理人员14名,养护人员65人,养护资金103.14万元,切实保障了道路畅通,有效保护了路产路权和道路通行安全

四、公路、水路突发事件处理　针对鄱阳湖蛤蟆石水域渔船非法载客屡禁不止、水运安全隐患堪忧的现象,庐山区交通运输局成立了蛤蟆石渡口管理站,并完善渡口的安全硬件建设;采取渡口、客运联挂,以拍卖水上经营权的方式,组建股份责任制水上客运公司,变松散经营为集约式经营。2013年9月29日水上客运公司正式挂牌,2013年11月22日正式运营,彻底改变了鄱阳湖水上渔船载客的乱象。此项整治是全省首家鄱阳湖区渔船非法载客的整治范例。

五、道路运输　庐山区道路旅客运输有旅游客运、公交车两种客运方式运作,有旅游客运公司1个,公交公司1个,农村客运站2个,候车亭45个。现有客车80辆,有公交车73辆,货运企业71家,货运车辆5062辆,2013年客运量457万人,年货运量59万吨。

六、水路运输　2013年,全区水路运输总运力规模达7627吨,水路货运量12.30亿吨,货运周转量3427.50亿吨千米,港口砂石出口量达2866.62亿吨。

七、汽车维修　随着庐山区交通运输业的快

速发展，该区的机动车维修业户也在不断增加，现有维修业户 106 户（一类 9 户、二类 59 户、三类 38 户）。除因不符合该区创建国家卫生城要求，取缔 7 户机动车美容店外，均做到了亮证经营、合法经营。

彭 泽 县

2013 年，彭泽县交通运输局大力推进农村公路建设，深化农村公路建、管、养一体化发展，推进农村综合服务站建设，强化运输市场监管，取得较好的成效，促进全年工作的完成。

一、公路建设

1. 彭泽县绕城公路。该公路位于彭泽县东部，西起山南新区，接龙兴路与塔桥路相交，沿铜九铁路向东，途径南阳水库、南阳浒、庄里阳、寺前程、余粮等地，终点至泉山与湖双线相接，全长 5.65 千米，设计路基宽 15 米，路面宽 12 米，按二级公路标准建设，总投资规模 1.2 亿元。该项目于 2013 年 8 月中旬开工建设。

2. 县城至黄岭公路。县城—黄岭公路系县道升级改造工程项目起点龙城大道，下穿铜九铁路，经排楼宗、岭上宗、繁荣村、杨家塘、饶家店、莲花塘，过黄岭街，全长 11.2 千米，设计路基宽 8.5 米，路面宽 6.5 米，按三级重型交通公路标准建设，总投资规模 1000 万元。该项目于 2013 年 10 月 16 日开工建设。

3. 农村公路建设。全年完成工程项目 165 个，里程 108.6 千米，总投资 3281 万元。

二、桥梁建设 芙蓉危桥建设。桥梁全长 105 米，桥面净宽为 9 米 +2×1.5 米，采用桩柱式桥墩：上部构造为 5×20 米预应力混凝土空心板梁，两端通道为现行二级公路技术标准，设计时速 40 千米/小时，工程总造价 510 万元，该工程于 2013 年 7 月 16 日开工。

三、公路养护 全县农村公路通车里程为 1566 千米（不含县公路局管养的公路），其中县道 120 千米，乡道 276 千米，村道 1170 千米，全县有县道养护队 3 个，专业从事县道养护人员 20 人，乡村公路养护人数 328 人。

2007 年，该县农村公路养护中心正式成立。并建立了“县道县管、乡道乡管、村道村管”三级管理体系。确定了正常养护补助标准，分别是：县道 2000 元/千米·年、乡道 1000 元/千米·年、村道 500 元/千米·年，全年共投入养护经费 138 万元。

全年公路养护投资 138 万元，完成 27 条 396 千米县、乡公路养护任务，挖补坑槽 1.1 万平方米，小修 7 千米，中修 4.2 千米，安装减速带 200 米，全县县乡公路好路率明显上升。

四、公路绿化、公路水毁防治

1. 公路绿化。投入资金 36 万元，绿化了农村公路县道 31 千米。

2. 公路水毁防治。制订《公路交通突发公共事件应急预案》，建立公路交通应急机制，2013 年，全县农村公路共发生路基损毁 2.6 万立方米，路面损毁 9000 平方米，涵洞 400 道，灾情发生后，彭泽县交通运输局立即启动应急预案，投入应急资金及进进行了抢修，确保了农村公路安全畅通。

五、道路运输 现有客货运公司 3 个，公交出租车公司 1 个，农村客运站 11 个，候车亭 36 个，现有客车 45 辆，客运线路 12 条，公交车辆 47 辆，出租车 52 辆，货运企业 32 家，货运车辆 5270 辆，2013 年客运量 117 万人次，货运量 900 万吨。

六、水路运输 全年县内水路运输新增船舶运力 13461 吨，全县水路运输总运力规模达 4.98 万吨，水路旅客运输为 6.4 万人次，客运周转量 125 万人千米，水路货运量 336 万吨，货运周转量 400 万吨千米，港口砂石出口量达 214 万吨。

七、汽车维修 现有机动车维修业户 28 户（二类 8 户、三类 20 户），均做到亮证经营，合法经营。

瑞 昌 市

2013 年，瑞昌市交通运输局致力于交通基础设施、农村场站建设、交通运输管理，着力交通战备建设，为瑞昌市经济社会发展发挥了积极的作用，较好地完成了年初的各项任务。

一、公路建设

1. 立肇线二级公路改造项目。起于瑞昌市区立新桥处，终于瑞昌市肇陈镇与湖北阳新县交界处，全线 49.6 千米，按照九江市政府“分期分段”原则要求,三年完成工程改造。2013年,完成立新桥—高丰镇境内8.6千米原路基路面改造,按双向二车道二级公路标准建设,设计速度60千米/小时,路基宽度12米,路面宽度9米,路面结构为25厘米未筛分碎石垫层+15厘米水泥稳定碎石下基层+15厘米水泥稳定碎石上基层+25厘米水泥混凝土路面。拆迁房屋面积7800平方米,完成投资额3600万元,瑞昌市政府完成投资征地拆迁、路基土石方及垫层1000万元,九江市政府负责投资路面、桥涵、排水防护等工程2600万元。

2. 县乡道升级改造项目。改造项目共12.1千米,其中:大德—大坳(洪—段)1.9千米、(乐园段)6千米;南阳—红旗(南阳段)4.2千米,总投资1270万元,投资方式为车购税和地方自筹。乡道四级公路改造项目11.5千米,其中,南阳乡罗城山—陈家凼2.6千米、洪—乡洞下—王司畈7千米、桂林街道办大路口—四五九厂1.9千米,总投资575万元,投资方式为车购税和地方自筹资金。

3. 瑞码大道连山临湖段过渡路面工程改造。路面全长3477米,由于该段路基经过赤湖水域,湖底淤泥较深,填筑的路基难以稳定,经过三年多的沉降,经过九江交通质量检测,达到路基稳定基本要求,于2013年9月1日至12月30日完成水泥混凝土路面改造。该路段完成总投资1561万元,由瑞昌市政府投资改造。

4. 连通工程项目建设。连通工程项目175个101.8千米,总投资为2545万元,其中,车购税项目149条86.925千米,投资额为695.4万元;燃油税项目26条14.875千米,投资额为119万元;其余资金为地方自筹。

二、站场建设 武蛟综合服务站是2011年省交通运输厅批准建设50个试点项目之一,2012年6月正式动工,2013年6月全面竣工,同年12月通过省交通运输厅竣(交)工验收。综合服务站及附属用房建筑面积1154.39平方米。该站辐射黄金乡、夏畈镇、南阳乡、横立山乡、码头镇、武蛟乡、白杨镇七个乡镇,管理公路里程538千米,其中,县道75千米、乡道165千米、村道298千米。

三、桥梁建设

1. 南阳陈家桥。系新建独立桥项目,长35米,宽12米,设计荷载:公路—Ⅱ级,设计洪水频率1/100,桥梁结构形式:上部为空心板,下部为重力式桥墩,总投资114万元,其中,车购税28万元,地方自筹资金86万元。

2. 范镇长春桥。新建独立桥项目,长71.04米,设计荷载:公路—Ⅱ级,设计洪水频率1/50,桥梁结构形式:上部预应力混凝土空心板,下部采用桩柱式桥墩,总投资为158.2万元,其中,车购税56.8万元,地方自筹资金102.1万元。

四、交通运输管理

1. 道路运输及管理。客运企业11家,出租车企业3家,货运企业32家,全市客运线路79条,客运车辆279辆,出租车210辆,客运量800万人,客运周转量3.64亿人千米,农村客运票价平均0.2元/千米,客运站场12个。货运车辆4220辆,货运量1092万吨,货运周转量7.33亿吨千米。新开通11条通行政村客运线路,新增客运车辆14辆,更新客车23辆,行政村通班车率达98%。瑞码大道建成10个港湾式候车亭,优化调整6条公交线路,增加了公交车辆的运行班次和班时,实现城市主要道路和大型居民集聚地的公交线路全覆盖。

2. 水路运输。水路运输企业11家,船舶40艘,其中,客船2艘489客位,4.10万吨,年客运量9.94万人,旅客周转量49.70万人千米;货运量115.7万吨,货运周转量2.66亿吨;码头19个,其中,服务功能型码头3个,水路运输服务企业3家。

武 宁 县

2013年,武宁县交通运输部门以三个服务为导向,以项目建设为龙头,以科学发展为目标,以完善机制为保证,全力谋求交通运输安全发展、高效发展、协调发展、创新发展,圆满完成各项目标任务。

一、公路建设

1. 船滩—东林。船东线起点位于船滩,终于东林乡,途经山头、茶畲,全长15千米,按三级公路标准建设,路基宽7.5米,路面宽6.5米,设计行车速度30千米/小时,2013年底全线竣工通车。

2. 船滩—上汤。船上线起点位于船滩,终于上汤乡,途经白沙、石溪,全长11.8千米,按三级公路标准建设,路基宽7.5米,路面宽6.5米,设计行车速度30千米/小时,2013年年底全线竣工通车。

3. 曹坑—石坑公路。是连接澧溪镇与船滩镇两个乡镇一条重要的公路,项目全长5.2千米,起点位于澧溪镇曹坑村,终点止于船滩镇石坑村,按四级公路标准建设,路基宽6.5米,路面宽5米,水泥路面,设计行车速度20千米/小时,于2013年4月开工,2013年9月竣工通车,完成总投资208万元。

4. 白水—饭坑公路。是连接武宁县东林乡与修水县新湾乡两个乡镇一条重要的公路,项目全长0.8千米,起于武宁县东林乡白水村,终于修水县新湾乡饭坑村,按四级公路标准建设,路基宽6.5米,路面宽5米,水泥路面,设计行车速度20千米/小时,于2013年3月开工,2013年4月竣工通车,完成总投资80万元。

5. 坪港—坪源公路。是武宁县重要的旅游公路,项目全长7.5千米,起于罗溪乡坪港村,终于坪源村,按三级公路标准建设,路基宽7.5米,路面宽6.5米,水泥路面,设计行车速度30千米/小时,于2013年7月开工,当年完成路基改造工程。

6. 通自然村公路建设。完成通自然村公路建设项目102个96.8千米,按四级公路标准建设,总投资2239万元。

二、桥梁渡口建设 共完成独立中桥项目3个,具体为:

1. 杨洲乡江桥村万果寺桥。全长42米,全宽6.5米,设计荷载公路II级,设计洪水频率1/100,桥型:上部结构为预制3×10米空心板梁桥,桥面连续;下部结构为柱式墩,U形桥台,扩大基础,总投资100万元。

2. 船滩镇吴湾村洞下桥。全长62米,全宽6.5米,设计荷载公路II级,设计洪水频率1/100,桥型:上部结构为预制5×10米空心板梁桥,桥面连续;下部结构为柱式墩,U形桥台,扩大基础,总投资150万元。

3. 船滩镇坎头村爬水下桥。全长68米,全宽6.5米,设计荷载公路II级,设计洪水频率1/100,桥型:上部结构为预制6×10米空心板梁桥,桥面连续;下部结构为柱式墩,U形桥台,扩大基础,总投资160万元。

4. 石渡渡口标准化建设项目。位于修河中游的石渡乡石渡村石渡渡口,与甫田乡湖滩渡口为单船往返渡口,按大型渡口建设,含I型风雨亭2座约48平方米,混凝土斜坡道长180米,宽2.4米,船舶系固6处,于2013年5月启动,年底正式建成,总投资24万元,其中,争取上级专项资金14万元。

三、公路养护、绿化、水毁防治及突发事件处置 至2013年年底,全县农村公路养护总里程2283.836千米,其中,县道16条295.5千米、乡道47条379.2千米、村道851条1609.2千米,比2012年新增107.5千米。

1. 公路绿化。投入资金20余万元重点对县道宋巾线、金株线、杨洲—神雾山线等宜林路段进行了绿化,补种路树1.2万多株,起到了美化和防护的双重功效。

2. 水毁防治。投入40余万元修复了挡墙6道,油路路面40千米;投入35万元,第一时间清理塌方21处1.59万立方米,修复路基缺口3处43米,修复桥梁基础2处,有力地保证了农村公路安全畅通。

3. 路政执法。联合县公路分局、九江市双溪超限站不定期开展联合治超活动,查处超限运输案件6件,侵犯路产路权案件4件,有力地维护了路产路权不受侵害。

四、交通运输

1. 道路运输。武宁县道路运输有班线客运、出租车、公交车、旅游车4种客运和货物运输等方式运作,有客运公司1家,公交出租车公司1家,旅游公司1家,农村客运站12个,候车亭98个,货运企业29户。现有客运线路99条,客车167辆,公交车22辆,出租车71辆,旅游客车20辆,货运车辆3200辆,2013年客运量103万人,客运周转量6180万人千米,货运量741万吨,货运周转量5.87亿吨千米。

2. 水路运输。武宁县水路运输有旅客运输、旅游运输、货物运输,全县有客运船舶8艘,旅游船舶19艘,客位965座。货运船舶58艘,总吨位4.69万吨,2013年客运量3.8万人,客运周转量98万人千米,货运量96.5万吨,货运周转量3.87亿吨千米。港口沙石出口量为84.2万吨。

五、汽车维修、船舶修造 1. 汽车维修。全县有机动车维修业户206户,其中,汽车维修业户有100户,(一类2户,二类型10户,三类88户)。

摩托车维修业户有106户。全部经过年审,做到合法经营。

2. 船舶修造。全县拥有造船厂、航运公司两家有造船资质的企业,2013年共新建钢质工程船1艘,实载吨位300吨,动力120千瓦;钢质自卸船2艘,实载吨位800吨,动力320千瓦;钢质挖沙船2艘,动力160千瓦。修理渡船1艘。

修 水 县

2013年修水县交通运输局努力拼搏,真抓实干,圆满地完成了年度各项目标任务。

一、重点项目建设 大广高速修水北互通及连接线工程。项目位于修水县太阳升镇、庙岭乡境内,起点位于太阳升工业园,途径汪家坳、段头,终于大广高速K2624+106处。连接线全长5.043千米、互通匝道总长3.12千米,连接线路基宽24.5米、迎宾大道路基宽50米、互通匝道路基宽14米,路面宽8.5米。总投资1.7亿元,由江西赣北公路工程有限公司中标承建。截至年底累计完成总投资5000万元,迎宾大道至互通口匝道完成1500万元工程量;连接线完成路基土石方及涵洞总工程量90%。

二、公路建设

1. 农村客运网络化建设连通工程。全长72.1千米,其中新建21.7千米、路面改造15.5千米、路面拓宽34.9千米;三级公路10.7千米、四级公路61.4千米,总投资6677万元,其中,中央投资2287万元、自筹资金4390万元。

2. 县道升级改造项目。大桥—余段—龙门,全长7.2千米,按三级公路标准建设,路基宽7.5米、路面宽6.5米,总投资720万元,其中,中央投资360万元、自筹资金360万元。

山口—漫江,全长5.8千米,按三级公路标准建设,路基宽7.5米、路面宽6.5米,总投资580万元,其中,中央投资290万元、自筹资金290万元。

复原—坑口,全长7.0千米,接三级公路标准建设,路基宽7.5米、路面宽6.5米,总投资700万元,其中中央投资350万元、自筹资金350万元。

3. 通自然村公路建设。全长271.5千米,按四级公路标准建设,路基宽5.0~6.0米、路面宽3.5-4.5米,总投资7741万元,其中,中央投资3258万元、自筹资金4483万元。

4. 公路路网结构改造工程。安保工程29.8千米,设置防撞墙及防护墩,总投资443万元,其中,中央资金119万元、自筹资金324万元。

三、桥渡隧建设

1. 危桥改造1座。何市镇下田浦桥全长88延米,总投资218万元,其中,中央资金123万元,自筹资金95万元。公路总投资2188万元,其中,中央投资547万元、自筹资金1641万元。

2. 新建独立桥10座。总长684延米(古市镇金沙湾大桥长125米宽10米,渣津镇章家段大桥长110米宽6.5米,渣津镇高碑堰大桥长130米宽6.5米,竹坪乡陈家桥长37米宽7.0米,港口镇牛狮埚桥长53米宽6.5米,庙岭乡郭家桥长41米宽6.5米,港口镇洞下桥长50米宽6.5米,白岭镇韩家场桥长48米宽4.0米,白岭镇石塔桥长45米宽7.0米,白岭镇经德桥长45米宽5.5米)。

四、物流产业发展 达星物流商贸城一、二、三期物流配送区、仓储区、汽车修配区等共计7万余平方米建设完成,并投入使用。园区企业共有141家,正式投产企业89家,物流企业有20家物流线路,其中,广东线1家、浙江线2家、福建线1家、赣州线1家、长沙线2家、武汉线2家、南昌线10家、九江线1家,共有货运车辆70余台,日进货运车辆30车次,车载吨位达600吨;日出货运车辆10车次、车载吨位达200吨,其中工业园产品通过物流园区运送量每年在8500吨左右。

五、站场码头建设 为提高工业园区公交覆盖率,调整了公交线路:一是重新开通9路(妇幼保健院—新一小),二是新增10路(民政局—良塘线)、延伸原2路(走马线),三是加密3路(湘竹线)。新增2个港湾式公交站台(人民医院北院、新一小),新增公交车7台。调整后修水县共有公交车67台、156个公交站台,运行线路10条

六、公路养护

1. 养护里程。修水县国土总面积4504平方千米,是江西省面积最大的县,辖36个乡镇,2个工业园,至2013年年底,修水县交通运输局农村公路养护总里程298.73千米,全年大中修公路7.8千米,投入资金315万元,日常养护投入经费186万元,改建公路10.3千米。

2. 安保工程。实施安保工程28.8千米,设置波形护栏、防撞墙及防护墩,总投资565万元,其中中央资金115万元、自筹资金450万元。

3. 日常养护。2013年,公路绿化里程县、乡、村道分别为206千米、365千米、785千米,绿化率分别为70%、50%、45%。县、乡道全面硬化,村道基本全面达到了硬化,好路率分别达到80%、60%、40%。

4. 公路水毁和突发事件。2013年元月,组织应急队抢修冰雪损毁公路78千米;7月,洪水造成汤黄线、山复线、溪界线边坡塌方和路基坍塌,共计投入水毁修复资金52万元,水毁防治80处,砌筑护坡1400立方米,修复挡土墙260立方米,清理边坡塌方3.26万立方米,有力地保障了全县农村公路安全畅通。

七、道路运输 修水县道路旅客运输有班线客运、出租车、公交车三种客运方式,有客运公司1个,公交公司1个,出租车公司2个。2013年,完成客运量4412万人,旅客周转量8.04亿人千米,货运量690万吨,货物周转量7.13亿吨千米。

永 修 县

2013年永修县交通运输局主攻重点工程,着力基础设施建设,加强运输市场监管,全面完成了年初的工作任务。

一、公路建设

1. 吴罗线(X219)大湖池段公路改造。三级水泥公路,全长5.06千米,项目总造价3400万元,争取国家县道改造30万元/千米,其余资金由县财政负担,项目于2013年9月2日开工建设,同年12月完工。

2. 燕滩线立新大桥—电排站公路升级改造。三级水泥公路,全长1.4千米,项目总造价170万元,争取国家县道升级资金40万元/千米,其余资金由县、乡负担,项目于2013年5月1日开工建设,已完成路基工程。

3. 燕滩线开元大道—三角乡段升级改造。二级水泥公路,全长1.4千米,项目总造价400万元,争取国家县道升级40万元/千米,其余资金由县、乡负担,项目于2013年10月1日开工建设,同年12月底完工。

二、桥渡隧建设

1. 修河新大桥。一级公路,全长1.3千米,桥梁长811米,项目总造价1.6亿元,资金全额由县财政负担,项目于2013年2月8日开工建设,同年12月底完工下部结构。

2. 滩溪下湾桥。按四级公路标准建设,全长40米,项目总造价60万元,争取国家资金32万元,其余由所在地方负担,项目于2013年10月1日开工建设,同年12底完工。

三、公路绿化 开元大道绿化。一级公路,全长3.5千米,绿化总造价3300万元,由县财政负担,项目于2013年9月完工。

四、车站、码头、场站建设

1. 永修县城新汽车站。于2013年4月开工,占地3.33公顷,位于新城湖东新区开元大道,工程总投资5000万元左右。

2. 马口镇泗洲渡口及码头。2013年向上争取和各级筹措资金25万元,对马口镇泗洲渡口及码头实施规范化建设,该项目于2013年8月动工,当年年底全部竣工。

3. 马口农村综合服务站。该服务站于2013年12月初正式动工,该项目占地面积为1.07公顷,总建筑面积为1660平方米,其中,综合楼建筑面积1183平方米,三层框架结构建筑总高度20米,已基本完成基础建设部分。

五、公路养护 全年永修县交通运输局完成县级公路养护里程30千米;农村公路小修里程10千米;农村公路改建里程为5.05千米。

六、道路运输 永修县2013年载客汽车133辆,2809客位;载货汽车1150辆,5302吨位;客运量137万人次,周转量7901万人千米,货运量104.5万吨,周转量7814.3万吨千米;公路客运线路为39条。

七、水路运输 2013年,永修县水路运输中无客运量和周转量,货运量为268.3万吨,周转量31.28亿吨千米。

(九江市交通运输局)

新 余 市

2013 年,新余市交通运输局全力推进交通运输跨越发展、安全发展、高效发展、协调发展、创新发展,圆满完成各项工作任务,为"十二五"时期新余交通运输跨越发展奠定了坚实基础。

一、交通基础设施建设稳步推进

1. 农村公路建设。2013 年,全市争取到农村公路通自然村水泥路建设指标 210.4 千米。争取农村公路安保工程项目 7 个,建设总里程 54.79 千米;危桥改造 3 座,总长度 94.12 延米。争取县乡道升级改造项目 2 个,建设总里程 7.3 千米;农村公路客运网络化连通工程 3 个,建设总里程 11 千米;国有农林场通沥青(水泥)路建设项目 2 个,建设总里程 13.3 千米;农村公路新建独立桥 5 座,总长度 248 延米。全年共争取到国家补助资金 3933.2 万元,市本级启动县道维修 32.6 千米、乡道维修 35.85 千米、危桥改造 588.18 延米。调查核实全市 25 户以上自然村未通水泥路的村庄 943 个,总里程 765.6 千米;组织开展 2013 ~ 2020 年全市通自然村公路建设规划编制工作。

2. 物流园区建设。加快推进赣西中心物流园区项目建设。赣西中心物流园区形成以万商红为核心,汽车城和钢材市场为两区的"一核两区"三大产业联动发展局面。开工建设项目 17 个,完成项目投资 29.82 亿元,已有 11 个建成运营,在建项目 6 个。2013 年 2 月 1 日成立新余市物流协会,发展会员 81 家,各项工作有序开展,正逐步步入正常轨道。研究制定《关于加快推进全市服务业(物流业部分)发展的若干意见》。

3. 渡口标准化建设。完成仙女湖区凤凰湾办事处浒头渡口、钤阳管理处昌田渡口和分宜县分宜镇池塘渡口 3 个渡口标准化建设工程。自 2012 年启动全市渡口标准化建设工作以来,全市 4 个渡口标准化建设工程全部完工,实现全市所有渡口的渡船、码头、风雨亭的规范化管理。

二、交通运输生产稳步增长 2013 年,全市道路货运企业有 205 户,从事营业性运输的货运车辆 3.89 万辆、44.31 万吨,同比分别增长 5.7% 和 10.6%。开展省、市、县客运班线复审工作,其中,省市际班线 58 条,农村班线 116 条,城乡公交 24 条。全市营运客车拥有量为 453 辆,其中:班线客车 173 辆,农村班线客车 154 辆,城市(际、乡)公交 126 辆;出租车 636 辆。全市道路运输完成旅客运输量 1844 万人次、旅客周转量 6.73 亿人千米、货运量 1.27 亿吨、货物周转量 245.23 亿吨千米,同比分别增长 1.5%、2.1%、16.5% 和 20.1%。春运期间,全市投入客运运力 1598 辆,其中班车客运车辆 453 辆,旅游客运车辆 37 辆,城市公交客运 336 辆,城乡公交客运 136 辆,出租车 636 辆;完成旅客运输量 576.83 万人次,其中,道路客运 97.71 万人,同比增长 2.05%;公交客运 479.12 万人,同比增长 1.56%。

2013 年,新增水路旅客运输公司 1 家。完成旅客运输量 36.1 万人次,旅客周转量 722 万人千米;货物运输量 15.9 万吨,货物周转量 1 亿吨千米。春运期间,共投入客船 13 艘,835 客位,运送旅客 8371 人次,旅客周转量 15.4 万人千米。

三、交通运输行业监管规范有序

1. 进一步规范质量监督行为,提高质监工作绩效。完成农村公路 196 个项目共计 112.5 千米,仙女湖江口中桥等 7 座桥梁的交工检测工作;完成樟排线(河下—分宜段)17.1 千米交工验收检测工作及清宜线货运通道(钢丝厂—河下段)7 千米竣工验收检测。对余新线 24 千米、樟排线(水西—罗坊段)10.3 千米、良山经济开发区经开大道一期 4 千米、滨江路 3 千米、战备公路分宜段、农村危桥改造项目及农村公路已开工项目进行全程监督,确保质量安全。

2. 严格质量信誉考核制度。对全市 11 所机动车驾驶员培训学校进行质量信誉考核,评出 AAA 级驾校 3 所、AA 级驾校 7 所、A 级驾校 1 所;对全市 78 家一、二类维修企业进行质量信誉考核,评出 AAA 级维修企业 4 户,AA 级维修企业

44 户,A 级维修企业 30 户;对全市 205 家货运企业进行质量信誉考核,评出 AAA 级货运企业 1 户、AA 级货运企业 104 户、A 级货运企业 100 户。

3. 严把道路运输从业资格培训考核关。进一步规范营运车驾驶员从业资格培训、考试工作,实现部、省、市驾培机构信息联网,组织道路客货运输驾驶员从业资格考试 15 期,考试合格共计 1154 人(客运 31 人、货运 525 人、出租车 263 人、综合 335 人),组织危险货物运输驾驶员从业资格考试 3 期,考试合格共计 36 人。

四、交通运输节能减排成效显著

2013 年,新余市交通运输局帮助公交公司争取国家节能减排综合示范城市补助资金 800 万元。大力推进全市新能源车辆的更新工作,主要包括公交车、出租车、大客、重卡等更新项目,共计更新新能源车辆 355 辆。其中:市公交公司投资 4000 万元更新 40 辆新能源车辆(22 辆汽电混合动力车,18 辆 LNG 天然气车辆);出租车公司更新新能源出租车共计 220 辆;日通物流公司投入 4300 万元更新天然气重卡 61 辆(东风天龙 41 辆,陕西重汽 20 辆);市长运公司投入 440 万元(新余—南昌线路)更新 LNG 大型客车 4 辆;分宜公交公司投入 570 万元更新 20 辆 LNG 新能源车辆;安信驾校投入 110 万元更新 10 辆油气混合动力教练车。

(简少华　邓清华)

分　宜　县

2013 年,分宜县交通运输局抢抓发展机遇,增强发展动力,提升发展水平,各项工作有了长足发展,交通事业呈现出又好又快和谐发展的良好势头。

一、交通基础设施建设扎实推进

1. 重点工程推进"快"。共向上申报投资 4 亿元的交通建设项目资金。分别是:人和—洞村 6.1 千米三级公路建设和洞宜线凤阳—洋江 16.1 千米二级公路改建工程投资,由于投资及时到位,上述工程快速推进。2. 农村公路启动"早"。全年共开工建设农村公路 88 条,总里程 72.23 千米,完成投资 3500 多万元。完成双林镇农村公路综合服务站建设,完成公路养护投资 64 万元。3. 灾后重建工作"实"。加大对危路险段道路、桥梁的灾后重建力度,投入资金近 20 万元用于春运前抢修道路 50 千米;安装指示标志牌 3 块;修建涵洞 1 道;拓宽道路 3 处。

二、运输市场经营行为日趋规范　重点加大对出租车、公交车行业进行专项整治;对全县 302 辆客运车辆、32 家货运企业和 10 家二类维修企业进行质量信誉考核,合格率达 100%,同时进一步加大机动车维修市场的监管力度,严厉打击无证维修、超范围维修及不按规定乱收费等现象。

三、道路运输发展日趋繁荣　全县营运客车拥有量为 127 辆(班线客车 29 辆、农村班线客车 98 辆),公交车 75 辆,出租车 105 辆;全县客运班线 76 条(其中农村客运班线 57 条)。2013 年,更新农村客运车辆 93 辆,完成投资 1200 万元。新增公交车 20 辆,完成投资 800 万元。更新出租车 44 辆,占总数的 41.9%,完成投资 880 万元。发展各类物流企业 19 家,完成货运量 3600 万吨,比上年增加 27%,物流企业上缴利税超 4200 万元,其中,上缴利税 100 万元以上物流企业达 15 家。

四、交通运输安全形势稳定　坚持对客运、危运企业、客运站场、在建工程及机动车维修企业月安全生产检查,及时纠正安全隐患 32 处,为运输市场安全运作提供保障,实现连续 18 年渡口"零"事故。

(分宜县交通运输局)

渝　水　区

2013 年,坚持稳中求进和民生优先,积极推进交通基础设施建设,强化道路运输行业管理,加强水上渡运和道路运输安全监管,各项工作进展顺利,全年目标任务得以顺利完成。

一、交通基础设施建设稳步推进　余新公路建设全面完成,仙女湖大道西延段绿化亮化工程和樟排线征地拆迁工作全面完成;农村水泥路建设稳步推进,全年完成自然村通水泥路连通工程、国有农场通水泥路、农村客运网络化连通工程等建设 95.4 千米,县道安保工程 28.9 千米,农村公路新建独立桥梁 45 米;完成农村公路维修改造县道13千米、乡道14千米,农村公路危桥改造16座(259延米),总投资4314.8万元,其中争取上级补助资金2768.2万元;投资200万元完成水北农村公路综合服务站建设。

二、道路运输发展日趋繁荣 全年新增货运企业20家,新增货运车辆2180辆,新增运力吨位2.22万吨。截至2013年年底,全区货运企业总数达114家,货运车辆总数1.32万辆,农用车1450辆,总吨位11.76万吨;拥有客运公司3个,城乡公交公司3个,客运车队1个,拥有客运车辆119辆(其中,农村客运车48辆,城乡公交车71辆),班线48条,日发班次476班;拥有乡镇客运站9个,客运招呼站187个;拥有一类维修企业5家,二类维修企业20家,三类维修企业87家;拥有二类汽车驾驶培训学校2家。完成客运量862.24万人次,客运周转量1.9亿人千米;完成货运量1622.15万吨,货运周转量4.84亿吨千米。

三、交通运输安全生产形势稳定 强化道路运输、路桥施工和水上渡运安全监管,重点加强节假日、汛期等重点时段交通安全检查,加强源头管理,及时排查和整改安全隐患,落实安全防范措施。积极开展道路、水路等运输安全专项整治活动,全年共下发各类整改通知书、告知单25份,检查车辆2000余辆次,查处并纠正违章经营行为230辆次,全年未发生一起交通安全责任事故,水上交通连续27年实现安全渡运。

(渝水区交通运输局)

仙女湖区

2013年,仙女湖区交通运输局创新发展理念和方法,不断提升交通运输行业精细化管理水平,切实巩固交通安全生产基础,深入开展文明单位创建活动,全面推进全区交通运输事业又好又快发展。

一、重点项目建设 一是仙女湖大道西延段附属工程建设项目边沟基本完成,边坡工程进入收尾阶段。二是总投资916.34万元的仙女湖水域视频监控系统项目完成立项和工程招投标工作,年底完工交付使用。三是光大货运建设项目,该项目办公楼及一、二号仓储楼已建成,并完成内部装修,检测站已正式投入营业。

二、民生工程建设 1.2013年安排建设农村公路10.5千米,其中河下镇6.3千米、钤阳办事处2.8千米、九龙山乡1千米、凤凰湾办事处0.4千米,争取上级补助资金110余万元。编制完成2013~2020年仙女湖区农村公路发展规划。2.对洋田、浒头、昌田三村委渡口分别投入14万余元进行标准化建设。3.西客站于2013年5月1日投入使用,63趟班次停靠,全年客运总量1万余人次,西客站—圣集寺、凤凰湾农村客运班线全面开通营运,至此,农村客运网络在全区各乡镇(办)实现全辐射。

三、交通运输业持续发展 全区共有货运公司48家,规模以上24家,质量信誉考核达AA标准的16家、A标准8家,共有货运车辆1.4万辆,吨位23.31万吨,新增车辆525辆,吨位1.89万吨。全区二类以上维修企业9家,新增注册落户维修企业4S店4家。

四、行业安全监管常抓不懈 1.隐患排查治理全面深入。对辖区内的公路、水路、道路营运等方面安全生产进行深入排查,排查出各种安全隐患5个,整治隐患5个。2.加大对安保设施的投入。对环湖公路全路段都增设里程牌66个、百米桩600个,道口桩66根,增加广角镜5套、减速带60米,震荡标线310平方米,共投入资金120余万元。3.积极改善安全硬件设施,督促游船公司对五艘铁质船舶(赣仙游002、020、024、033、034),投资12.5万元进行上岸维修。

五、交通行业管理全面加强 一是按照省、市区开展"安全生产月"活动,对辖区内运输企业安全生产大检查,发现问题8起,整改8起,运输安全进一步得到加强。二是规范货运企业和维修行业市场,充分利用"开展信誉考核和法规体系建设"工作契机,对全区28家货运公司和4家维修企业经营实施质量信誉考核,清理运车辆2435辆,补充完善车辆档案资料3000余份,车辆年审2500余次。

(仙女湖区交通运输局)

高 新 区

高新区交通运输局抢抓机遇，务实肯干，在农村公路建设、行业管理等方面都取得较好成绩。

一、加快交通项目建设 一是协调好重点项目余新快速货运公路、樟排线二期建设。二是积极争取项目资金。2013 年，争取农村公路建设项目 33 个 18.4 千米，投资 474.9 万元；新建桥梁 2 座，投资 280 万元；危桥改造 6 座，投资 208.5 万元；县道改造 5.3 千米，投资 1262 万元；农村客运网络化连通工程路面改造项目 8 千米，投资 580 万元；水西农村综合服务站投资 445.22 万元；安保工程 25.916 千米，投资 196 万元；公路维修 8.8 千米，投资 354 万元以上项目全部动工建设，大部分年底完工并投入使用。

二、建养并重，公路管理水平再上台阶 农村公路管理工作稳步推进，管理机制不断加强。一是根据《新余市农村公路养护管理规定(试行)》，起草《高新区农村公路养护管理办法(征求意见稿)》并提交管委会研究，农村公路养护工作将走向科学化、规范化管理。二是开展农村公路 2013 ~2020 年发展规划，完善农村公路网络，新增农村公路 130 条，里程 92.3 千米。

三、加强交通行业管理 一是规范客运市场，完善客运网络，方便民众出行，圆满完成春运、"十一"黄金周等重点时段旅客运输，统筹城乡客运发展，新增城乡公交线路一条。

二是实施大交通运输战略，强化运输行业发展，加快推进综合物流网络体系建设和货运市场信息平台建设。大力发展第三方物流，引导传统货运企业向现代物流企业发展，着力提升物流业专业化、社会化服务水平。

三是运输市场规范推进。共完成区内企业(客运企业 1 家、货运企业 17 家、维修企业 19 家)质量信誉考核，考核率达 100%，对 2371 辆货运车辆进行道路运输证年审。加强维修业户管理。对维修企业进行安全检查 137 户次。调解汽车维修纠纷 6 次。开展全区 38 家维修业户质量信誉考核考核率达 100%。

(高新区交通运输局)

鹰 潭 市

2013 年，在市委、市政府的正确领导下，市交通运输局开拓创新，锐意进取，服务大局，忠实履职，圆满完成了各项任务，取得优异成绩。

一、项目建设实现突破 农村公路建设不断推进。完成农村公路 306.86 千米，完成投资 2.06 亿元。行政村通达率 100%，自然村通达率 44.1%。省重点工程沪昆高速龙虎山服务区项目总投资 1.5 亿元。上清—饶桥旅游公路建设项目总投资 4 亿元，前期工作已经完成。信江浮桥项目总投资 2300 万元，于 2013 年 11 月 8 日正式启用。协调协助白鹤湖大道工程建设工作，于 2013 年 10 月 25 日开工建设。贵冶周边村庄新农村建设继续推进，2013 年度，争取专项资金 600 余万元，完成 15 千米自然村道路建设。鹰北、鹰南、鹰西枢纽站场建设，前期工作全面展开，进展顺利。龙虎山桂洲大桥，四个渡口标准化建设项目相继开工建设。

二、公共服务平稳发展 安全生产成绩突出。落实安全生产责任，排查整改安全隐患，成功撤销民间渡口 2 个，实现道路、水上交通和工程安全生产零事故，被评为全市安全生产先进单位。城乡客运大为改观。全市农村客运班车通达率达 92.4%，完成市区域内出租车 GPS 安装工作，新建乡镇客运站 2 个累计达 36 个。城市公交持续发展。更新车辆 19 台，完成鹰南公交枢纽站、首末站场建设用地规划许可证、用地红线图等工作，城市公交全年营运收入达2600万元，同比增长8%。

三、行业管理持续加强 全年共受理行政许可119件，办结率100%。行业管理日益加强。全年稽查违规违章经营行为465起，涉案人员1500余人。规范行政执法行为，细化行政处罚自由裁量权标准，开展6次行政执法大检查，加大道路、水路运输市场有效监管，依法注销70家普货运输企业、3家危货运输企业，清理违规车辆58辆，行业健康有序发展。运输保障不断提升。全市拥有营运客车432辆，货车2.48万辆，公交车264辆，出租车450辆；客运量、客运周转量、货运量、货运周转量同比分别增长6.6%、6.52%、20.35%、22.06%。

四、体制改革步伐加快 农村公路管养机制改革不断深化，农村公路养护朝规范化目标迈进，上清、潢溪、文坊省级农村公路综合服务试点站完成建设并投入使用，较好地实现"有路必养、养必有效"。公交发展实现体制创新。完成鹰潭市公共交通有限责任公司与上市公司江西长运股份公司的股份合作。

五、服务物流产业发展力度加强 出台简化办事程序、降低收费标准、认可异地检测、挂车实行免检等多项针对物流企业的优惠政策。2013年，引进59家物流企业，2392台车，全市共有物流企业共计544家，营运车辆1.86辆33.21吨位。

贵 溪 市

2013年，贵溪市交通运输局在市委、市政府的正确领导下和上级交通运输部门的业务指导下，各项工作顺利完成。

一、交通基础工程建设成效显著 ①完成320国道(福达家园—流口段)拓宽改造主体工程建设，工程全长4.13千米，按一级公路标准进行建设，总投资4000万元。②完成白鹤湖大道建设项目前期工可报告、公路勘察设计、工程预算、相关手续报批以及建设用地征地拆迁等各项工作，工程总投资2.4亿元。③完成雷溪农业现代化科技示范园7条计5.03千米四级公路改建项目，总投资300万元。④完成贵冶周边环境整治区域内改善交通出行条件公路15条计26.81千米，桥梁2座20延米，总投资1416.3万元。⑤完成新建和改建农村公路建设项目115条计150千米；完成25千米主要路网安保工程1条计25千米，总投资300万元；完成新建独立公路桥梁3座112延米，总投资350万元，在建3座355延米。⑥完成上文公路檑山4.5米盖板涵、枫山段、龚资公路(耳口、冷水)段、文冷公路文天段4个水毁修复重建工程，总投资260万元。⑦完成文坊虹桥、志光塔桥桥梁维修加固工程2个，总投资20万元；在建滨江箬港桥、罗河曲溪桥2座公路桥梁。⑧基本完成文坊服务站点主体工程，总投资650万元。⑨已完成原中央苏区公路水路交通规划(2012～2020年)规划编制工作及贵溪市自然村水泥路硬化规划(2013～2020年)编制工作。

二、农村公路管养实现提升 ①编制农村公路养护保洁工作实施方案，对市管16条176.25千米重点县乡道路进行管理养护，实现全市好路率达82%。②针对雨季损毁公路进行抢修，组织清理边坡塌方1000余立方米，抢通十余处受阻公路，有效保障农村公路安全畅通。③加强路政执法工作，维护路产路权，狠抓超限运输现场及源头管理，与交警、城管配合，集中整治货车超限超载专项活动共处罚车辆300余辆，有效地震慑了超限车辆的通行。

三、交通运输生产平稳发展 全市拥有客车132辆、出租车138辆、拥有货车1933辆，实际完成客运量848万人，客运周转量1.35亿人千米，完成公路货运量514万吨，货物周转量6.61亿吨千米。2013年，新增物流企业19家，已申报14个滨江镇候车亭建设，公交总站已启用，城南、城北客运站升级改造已启动。春运期间，投入班线客车144辆，共发班次1.81万班次，完成旅客输送72万人次，同比增长13.1%。

四、行业管理规范有序 开展道路运输安全生产整治工作，共排查班线客运企业(车队)11家、危货企业3户，驾培企业3户、出租企业2户、公交企业2户、站场2家，对发现的问题及时进行纠正。整顿和规范道路运输市场秩序，共查处非法营运车辆717辆、摩的535辆、黑车69辆，纠正违章行为148起。开展客运运输企业及货物运输企业质量信誉考核，共考核客运企业13家、危货运输5家；开展驾校质量信誉考核工作，审核铜城、信江及城南三所驾校并全部达标。春运期间，共处理各类投诉12起，查处“黑的”11辆，未发生道路安全责任事故。

五、城市公交形象提升 以省长运公司进驻贵溪为契机，全力促进交通运输事业快速发展。自长运公司正式挂牌营运，投入新型混合动力公交车22辆，并配合重新优化全市公交路线，使全市城市公交企业朝着安全、优质、便利、整洁的轨道健康发展，极大地提升了城市公交的新形象。

六、稳步实施标准化渡口建设 积极争取省交通运输厅标准化渡口建设项目，争取设置的标准化渡口项目4个（滨江乡的金沙渡口、地理渡口、李家渡口，河潭镇的余家滩渡口），争取省交通运输厅资金80万元，地方配套资金56万元。4个项目年底全部完工。通过加强水上安全监管力度，实现水路运输连续50年无安全事故。

余 江 县

2013年，该县交通运输局深入贯彻落实科学发展观，扎实推进交通基础设施建设，不断加大农村公路养护工作力度，进一步规范运输行业管理，加强队伍建设，切实提升交通工作服务质量和水平。各项工作取得了明显成效。

一、交通建设加快推进 ①完成农村通自然村公路水泥混凝土路面改造工程80千米，完成投资1800万元。②完成严毕线县道升级水泥混凝土路面工程6.5千米，完成投资415万。③累计完成农村客运网络水泥混凝土路面改造工程13千米，完成投资400万元。④潢溪农村公路综合服务站全面竣工，完成投资300万元。⑤累计完成新农村建设水泥混凝土路面改造工程11.7千米，完成投资2288万元。⑥完成鹰东线县道升级水泥混凝土路面工程7.6千米，完成投资400余万元。

二、农村公路管养不断提升 以农村公路养护年活动为契机，深化养管体制，落实养管责任主体，明确县道县养、乡道乡养，县级指导的养护责任，不断提升农村公路的通行能力和服务水平。全面加强县乡公路养护工作。进一步加强路政执法力度，有效维护路产路权，开展路检路查5次，出动执法人员36人次，发生并处理路政案件2起，公路设施赔偿案8起，无法调查取证1起，现场查处、教育路政违章案件2起；下发各种违章通知3起。收取公路设施赔偿费、公路路产补偿费共13万元。加强路政管理相关政策法规的宣传教育工作，全年共开展宣传活动2次，散发宣传材料1500余份。

三、安全生产全面深化 着力抓好水、陆运输安全生产管理。把客货运输和危险品运输作为重点，加强危险路段和危桥排查整改，以及施工安全管理和水上运输船舶管理，定期或不定期对施工现场、车站、码头等重点位置进行安全大检查。同时扎实开展安全生产宣传教育活动，散发宣传单2000份，渡管员下渡口检查累计600余人次，提高广大群众的安全出行意识。

四、行业管理得到加强 一是扎实做好春运工作，春运期间全县出动客运车辆108部，发送旅客班车6000余辆次，运送旅客36万人次，无一例客运交通事故，真正达到“和谐春运、平安春运、幸福春运”的要求。二是强化安全管理，没发生重特大交通运输安全生产事故，运输安全形势继续稳定。三是加强运输行业管理：①调处客运纠纷，解决客户间矛盾。全年共调处各类客运纠纷16起，班线纠纷基本化解。②积极培育新的运量运力，全年共审批、引进新的物流企业25户，增加车辆1500辆、运力2.5万吨位。③配合国家惠农政策，积极为农村班线业主争取优惠政策和优惠资金，全年燃油补贴足额及时地发放到每位业主手中。④规范驾校培训管理，发现问题，及时纠正。规范维修市场秩序，促进机动车维修。⑤整顿运输市场秩序，打击非法运营，对余江的运输市场进行专项整治，查处各类违章违法车辆106辆次，净化了运输市场秩序。⑥扎实做好2013年客运车辆燃油补贴资金发放工作，共发放燃油补贴资金375.60万元，其中，对出租车41辆、发放补贴资金74.88万元；对城市公交车24辆发放补贴资金98.77万元；对农村班线客运车辆90辆发放补贴资金201.95万元。

五、招商引资见成效 全年完成招商引资总任务5000万元，引进每户3万吨陶瓷底料，项目企业1户，投资8000万元。引进省长运公司入驻余江，对余江的公交线路、农村客运班线进行收购，已完成收购59辆。

龙虎山风景名胜区

2013年,该区按照景区党委、管委会提出的“规划统领、项目带动、改革突破、跨越发展”总体工作要求,求真务实,与时俱进,开拓创新,较好地完成了各项工作,有力推动了景区交通事业的发展。

一、加快推进景区旅游综合开发建设 根据景区《决战景区加快推进龙虎山旅游综合开发建设实施方案》(龙区办字〔2012〕50号)文件精神,景区交通运输局对已经安排的建设项目,由局长亲自抓,分管领导具体抓,并落实专人负责。一是排衙石道路延伸工程7月中旬动工建设,11月底交工验收通车;二是仙城路工程4月底动工建设,10月底交工验收通车;三是仙女岩码头建设工程4月2日提前完成并交付使用;四是上清天师府大道新建工程完成工可报告,并通过专家评审,市发改委已对该项目进行立项批复。

二、加快农村通自然村公路建设 共争取通自然村公路项目15千米(其中:通村公路11千米,新农村建设点4千米)。已完成龚资线—肖家800千米,龚资线—江家山1.3千米,陶瓷场—落家基1千米,饶家—付家1.5千米,城门—水南1.2千米,同时完成鱼塘姜家水毁中桥工程建设,为百姓民生工程提供交通便捷。

三、加快景区旅游交通基础设施建设 一是桂洲—圣井旅游公路第三标段(圣井山—大脚岭延伸段)6月底完成路基路面交工通车,确保圣井山旅游开发项目顺利推进;二是完成汉浦大桥危桥重建工程建设,为汉浦1000余名老百姓过河提供了极大便利;三是完成桂洲大桥工可、初步设计及施工图纸设计,等配套资金到位后开工建设;四是完成上清农村公路综合服务站工程建设;五是完成龙虎山姜家桥主体工程,12月底竣工通车。

四、全面推行农村公路养护管理体制 ①明确养护体制,按照“县道县管,乡道乡管,村道村管”的基本要求,县、乡道路由交通部门养护,村道由镇村养护。②确保公路养护投入,投入40余万元用于公路养护,分别对洪豪线高速公路涵洞处破损路段进行全面翻修,对响溪桥增设护栏加固,对圩桂线历山老石塔桥进行基座加固,对上彭线通桥敖家破损涵管进行开挖重建,对上圳路五处石断板路段及两处塌方地段进行修复,对蔡家桥铁路涵洞严重积水现象进行疏通处理,使景区农村公路养护上一个新的平台。

五、围绕景区发展做好中心工作 ①作为美人桥项目的责任单位,与龙虎山镇通力合作做好美人桥项目协议完善及项目立项等建设前期工作。②逍遥城项目。协助龙虎山镇做好逍遥城项目钱家征地工作,在时间节点内完成3户征地协议。③招商工作取得突破性进展,引进新和生物科技及鸿发物流等企业,共缴税56万元。

六、码头建设情况 2013年8月,投资167万元的仙水岩客运码头竣工并投入使用。总投资740万元的九曲洲旅游客运码头工程,于2013年2月26日开工建设,10月竣工并投入使用。

赣　州　市

2013年,赣州市的交通运输工作以振兴发展为主线,围绕振兴谋发展,推进发展促振兴,全市交通运输事业加快发展、转型发展、跨越发展迈出新步伐。在高速公路、国省道公路、县乡村公路建设,公路运输管理与生产、水路运输管理与生产、物流产业、安全工作、等方面都取得了新的进展。

一、高速公路 赣州市加强高速公路管理与建设力度,境内11条高速公路通车里程达958.26千米。3条在建高速公路工程(计248千米)正在加快建设之中。

二、国省道公路　全市公路通车总里程为2.88万千米(不含中心城区道路155.6千米),国道由4条932千米增加到11条1950千米,省道由15条1481千米增加到22条、1634千米。全市国道里程占全省国省道总里程的25.98%,结束了全市上犹、崇义、全南、安远、定南等5个县无国道的历史。

三、公路养护　该市交通运输局共管养市养公路2639.89千米/62条,桥梁881座,隧道4道,按行政等级分,其中,国道4条,计930.75千米;省道14条,计1099.72千米;县道31条,计543.57千米;乡道8条,计15.319千米;专用公路5条,计50.53千米。按技术等级分,一级公路247.33千米;二级公路1649.97千米;三级公路533.87千米,四级以下公路208.73千米。市本级及时下拨农村公路养护经费,每年除燃油税中央返还资金5500万元外,还下拨500万元用于全市农村公路水毁补助。各县市专门成立公路养护管理机构。

四、县乡村公路　2013年,赣州市农村公路建设取得新进展。农村路网结构进一步优化。全年完成农村公路建设2500千米,全市累计农村公路总里程为2.52万千米。按行政等级分,省道382千米,县道3884千米,乡道4437千米、村道1.63万千米,专用道路184千米。按技术等级分,一级公路14千米,二级公路163千米,三级公路758千米,四级公路1.88万千米,等外公路5522千米,此外,全市农村公路上桥梁数量为13.74万延米/4265座,隧道2座。农村公路中,硬化公路(含简易铺装路面)1.89万千米,占75%。未硬化公路6314千米,占25%。危桥改造160座。其中,支持农村危旧土坯房改造集中新建点道路建设200千米。综合服务站建设改变落后局面。全市16个试点项目中8个开工建设,5个建成完工,3个投入使用。

五、公路运输管理与生产　全市道路运输企业围绕全省道路运输和全市交通运输工作目标开展工作,全年完成旅客运输量9334万人,客运周转量81.88亿人千米,同比分别增长1.98%和3.7%;完成货运量1.86亿吨,货运周转量277.74亿吨千米,同比分别增长7.98%和20.1%。全市营运车辆逐步向大型化、专业化、高级化方向发展,旅客运输、货物运输步入规模化、规范化、集约化良性发展的轨道。全市拥有营运客车2961辆,其中,中高级客车1967辆,同比增长8%,拥有营运货车4.74万辆,同比增长1.21%;公路客运班线通达11个省,拥有跨省班线353条,省内跨设区市班线64条,跨县班线169条,县内班线673条,形成了长中短结合,高中低配套的旅客运输服务格局;货物运输“多、小、散、乱”的现状有所改观,大件运输、集装箱运输从无到有,综合物流服务应运而生,道路客货运输总量分别占社会运输量的89.3%和75.2%。

六、水路运输管理与生产　赣州市水路运输生产态势基本良好。水路运输业户139户(其中,省际普通货物运输1户,沿海危险货物运输1户,省内客运企业2户,个体工商户135户。限期整改1户)。经营船舶240艘2.83万吨,载货4.31万吨。省际69艘2.44万吨。省际沿海油船1艘2188吨,通过核查;省际内河普通货船68艘2.22万吨,通过核查65艘,整改3艘。省内171艘3903吨。省内客运90艘1186吨,2410个客位,全部通过核查。省内普货81艘2717吨,全部通过核查。全年,货物吞吐量1501.5万吨,其中,出港8.9万吨;货运量1465.7万吨,货物周转量4.48亿吨千米;旅客吞吐量144.5万人,其中,出港72.3万人;客运量144.5万人,旅客周转量1125万人千米。

七、物流产业　赣州市物流办以赣南振兴发展为契机,以编制物流产业发展规划、完善落实物流政策平台、加快物流载体建设等为工作重点,砥砺奋进,各项工作取得了较大的进展。全年,社会物流总额4885.92亿元、同比增长7.31%,物流业增加值120.26亿元、同比增长12.61%,占GDP比重为7.38%、同比增长0.26%。

(李发淳)

章贡区

2013年,章贡区交通运输局紧紧围绕赣南苏区振兴发展的总目标,认真抓好农村公路建设与养护管理、道路运输管理、物流业建设等各项工作。

一、农村公路建设　2013年,共投入560万元建设村组水泥公路22条计18.9千米,其中,沙石镇6条计7.4千米,沙河镇5条计2.9千米,水西镇11条计8.6千米;共投入100万元新建沙土公路6条10千米,其中:沙石镇4条计5.5千米,沙河镇1条3.3千米,水西镇1条1.2千米。在农村公路建设中,区交通运输局始终安排工程技术人员进驻施工现场,严格监督施工质量与进度。

二、农村公路养护 全年共投入农村公路养护资金207万元专门用于农村公路养护维修工程,农村公路好路率达87%。2013年,全区公路总里程达410千米,其中,国道2条计47.9千米、省道1条13.8千米、县道4条计43.5千米、乡道14条计61.6千米、村道203条计243.3千米。由该区交通运输局管养的农村公路里程达330千米,其中,县道3条计24.6千米、乡道14条计61.6千米、村道203条计243.3千米,水泥混凝土路面287千米,占农村公路总里程的87%。

三、运输管理工作 安排运政管理人员通过上门服务和窗口服务,为运输客户办理上户登记、道路运输证、营运证等手续,做到文明周到、高效服务,深得广大运输客户的好评,全年新增上户货运车辆579辆计3292吨。落实货运企业安全生产评价体系,强化危险品货物运输企业安全生产监管,定期对危货运输企业进行安全监督检查,召开通报会,发现有超速超载的违章车辆,及时通知企业进行处理,对处理结果及时上报并备案检查,进一步加强全区危险品道路运输企业的安全生产管理。组织区交通运政执法队伍深入镇村进行农村公路运输安全巡查,制止纠正各类违章车辆,查处取缔无牌无证非法营运车辆,及时消除事故隐患。全年出动交通运政执法人员335余人次,出动执法车辆72余辆次,维护了全区道路运输市场秩序,确保道路运输安全。

四、汽车维修行业管理 该区交通运输局把汽车维修行业监管作为行业管理重点工作来抓,全面规范机动车维修企业经营行为,加强机动车维修企业安全生产与维修质量,彻底排查安全隐患。2013年,章贡区拥有一类、二类汽车维修企业40户,三类汽车维修企业139户,摩托车维修企业26户。不定期组织运政管理人员上门走访车辆维修企业,宣传有关法律法规,检查企业依法经营情况,及时整治企业存在的问题,规范车辆维修行业经营秩序。同时,加强机动车维修企业质量信誉考核,对机动车维修企业的从业人员素质、安全生产、维修质量、服务质量、遵章守纪、环境保护、企业管理及维修价格等多方面进行综合考评,对不合格的企业限期整改,对拒不整改或不按要求整改到位的,将撤销该企业的行政许可或降低企业类别。

(章贡区交通运输局)

赣　县

2013年,赣县交通运输局紧紧围绕全年工作目标,抓好重点项目建设,认真组织实施全县农村公路建设、危桥改造等民生工程,切实抓好农村公路养护工作,全面完成江口农村公路综合服务站、小坪客运站等场站建设任务,大力发展城市公交和农村公交,全县交通运输环境进一步改善,为赣县加快融入中心城区奠定了坚实的基础。

一、交通基础设施建设 积极协助做好总投资7650万元由省高投负责投资建设的瑞赣高速赣县北互通相关工作。全年完成路基工程88%,桥涵工程85%;总投资2000余万元,由赣县交通运输局承担的双向4车道瑞赣高速赣县北互通连接线扩宽工程于2013年11月开工建设;兴国—赣县高速公路,进行征地拆迁工作;积极协助做好客家大桥项目建设;做好赣州梅林汽车客运站征地拆迁工作。

二、农村公路建设 2013年度全县新建农村公路101千米,县道改造项目韩坊—信丰公路正进行桥梁及路基施工。危桥改造,沙地镇外甫前桥、王母渡镇水口桥已完工;大田乡大田大桥、石芫乡广教寺桥、长洛乡老乡政府桥已维修加固。城乡客运,新建江口农村公路综合服务站,小坪客运站主体工程已完工,新建候车亭(牌)14个。赣县有7条县道被列入国家交通运输部2013年~2015年罗霄山片区交通扶贫规划。赣县大田—大埠、田村—白鹭、王母渡—阳埠、沙地—攸镇、小坌—小坪、江口—石芫、石芫—湖江等县道改造项目已被列入交通运输部2013年~2015年罗霄山片区交通扶贫规划,这些项目的实施,将有力改善赣县边远乡镇的交通条件,助推当地经济社会事业的发展。

三、运输市场整治卓有成效 根据上级部署及该县实际，迅速行动，开展以市场整治为重点的专项治理行动。通过制订出台打击非法营运专项治理行动方案，加大宣传力度，印发通告及宣传标语，出动宣传车到乡镇巡回广播，做到专项整治行动人人皆知、家喻户晓。同时，集中力量，分阶段、分行业进行整治，2013 年，全县共取缔非法驾驶员培训点 12 个，非法培训车辆 10 辆，查扣非法营运客车 30 辆，货车 20 辆。

四、物流产业迅速发展 2013 年，全县累计新增货运车辆 393 辆，新增货运吨位 3197 吨，物流业上缴税收 2000 万元，新增市规模以上物流企业 1 户，新增其他物流企业 5 户。现有物流企业 31 户。拥有营运货运车辆 4475 辆，共计 2.57 万吨。

赣县红金物流中心加快物流中心项目建设调度，物流中心内一汽大众斯柯达 4S 店、东风悦达起亚 4S 店和雪佛兰 4S 店均已如期完成工程建设，开始试营业。大力发展市规模以上物流企业。组织物流企业积极参加市规模以上物流企业申报工作，全县市规模以上物流企业已达 11 户。

五、加强港口码头基础设施管护 对赣州市涌金门客运码头及趸船等设施进行维修加固、对汶潭货运码头的基础和吊机进行维修加固；对攸镇客货运码头的基础和台阶进行加固维修。抓好港口码头项目的规划：一是积极支持配合做好赣州市水运发展规划；二是以赣南苏区振兴发展为契机，积极做好赣县红色旅游码头、储潭镇白涧滩货运码头和茅店镇散货码头等项目的选址规划和申报等前期工作；三是认真规划乡镇客运船舶停靠简易码头建设项目。

（赣县交通运输局）

上　犹　县

2013 年上犹县交通运输系统紧紧围绕建设“宜居、宜游、宜业”上犹工作目标，立足本职，狠抓落实，为全县经济社会事业快速发展做了大量工作，取得了可喜的成绩。

一、公路交通基础设施建设

1. 截至 2013 年底，该县境内规划建设通车总里程 2173.15 千米，按行政等级分，国道 76 千米，省道 133 千米，县道 120 千米，乡道 176 千米，专用公路 28 千米，村道（含通组路）1640.15 千米；按技术等级分，高速公路 22.75 千米，一级公路 13.15 千米，二级公路 27.97 千米，三级公路 153.20 千米，四级公路 608.23 千米，等外公路 1347.85 千米；按路面类型分，有铺装路面 668.527 千米，简易铺装路面 157.84 千米，未铺装路面 1346.78 千米。全县农村公路建设投资规模为 3919 万元（未含高速公路建设相关投资以及县道升级改造）。

2. 高速公路建设遗留问题。高速公路在施工过程中损坏的黄埠镇、东山镇村组道路，2013 年全部修复完成，共 9.953 千米，造价 308 万元。

3. 国道 G220（原省道 230）上犹段公路建设。项目可研报告已批复（赣路综规字〔2013〕62 号），已经启动该项目建设实施阶段的相关工作，勘察设计招标工作已经完成，上犹境内高洞—双溪段已完成工程可行性研究报告编制和评审。

4. 赣丰线上犹黄埠—东山公路（城西大道上犹段）。（续建项目）赣丰线上犹黄埠—东山公路（城西大道上犹段），即上犹县迎宾大道建设工程，路线全长 10.04 千米，其中，东互通—七里坳路段建成通车，上犹大桥建成通车，完成建设投资 9000 万元。

5. 上犹县黄沙坑经双宵—黄埠公路建设项目。（续建项目）根据工程可行性研究报告的批复，路线长 99.719 千米，投资额为 3.28 亿元，申请国家补助资金 1.07 亿元，建设工期初定为 24 个月。

6. 赣崇高速上犹西互通连接线工程。线路总长度 5.75 千米，按一级公路标准建设，设计速度 60 千米/小时，路基宽度 23 千米，机动车道 14 米，沥青混凝土路面，设计年限 15 年。至 2013 年底，完成初步设计工作。

7. 上犹环南湖公路建设工程。上犹县环南湖公路由南岸、北岸、南湖大桥组成，路线全长 26.5 千米，此项目已完成初步设计工作。

8. 危桥改造。新增 4 座危桥进入危桥基础项目库。

二、运输行业稳步发展

1. 全县客运站场 3 个，营运车辆拥有量 740 辆，其中，营运货车 621 辆，营运客车 119 辆（班车 64 辆，公交车 20 辆，出租车 35 辆），全年完成客运量 219 万人，客运周转量 1.96 亿人千米，同比略有下降。完成货运量528万吨,货运周转量7.78亿吨千米。水上运输客运船只30艘,完成客运量37.3万人,客运周转量373万人千米。货运船只59艘,货运量49.7万吨,货运周转量497万吨千米。

2. 全县从事道路旅客运输经营业户共有6家,其中从事班车客运4家,从事出租车客运1家,县内公交车客运1家。从事道路货物运输经营企业4户,从事机动车驾驶员培训的学校4家。从事机动车维修企业155户(其中,二类维修企业5户,三类维修企业150户),汽车综合性能检测站1家。道路客运路线54条,其中,省际21条,县际15条,县内18条。

3. 大力发展农村客运班线,班车通达率100%,全县行政村(符合通行条件的)客车通达率达96.05%。

4. 企业改制平稳有序推进。通过采取明确责任,落实改制政策,帮助职工再就业等有效措施,平稳有序地推进交通企业改制工作。县汽车站有改制职工53人,已签订改制协议的有37人,占改制职工数的69.8%;县汽修厂参与改制职工48人,已有36人签订改制协议,占改制职工总数的75%。改制过程平稳有序,没有出现不稳定事件。

(上犹县交通运输局)

崇 义 县

一、全力推进交通工程建设

1. 陡水湖旅游公路。该公路是环陡水湖公路的重要组成部分,是崇义水上旅游的重要通道,是连接茶滩温泉、茶滩客家风情园项目的重要公路。路线起点位于横水镇稍坑与赣丰线相接,途经茶滩、鹿坑,终于上獭坑与上犹县交界处。路线全长18.6千米(其中,主线长17.1千米,支线长1.5千米)。拟按三级公路标准设计,设计速度30千米/小时,路基宽8.5米,路面宽7.0米,概算总投资2.71亿元。拟分两期实施,第一期为石门子—鹿坑段,路线长3.8千米;拟按路基宽7.5米、水泥路面宽6米升级改造,总投资408万元,已完成工可设计等前期工作。

2. 通组公路。2013年,崇义县交通运输局把100千米通组公路项目作为重点工程来推动,全年完成测量设计60个项目94.8千米,完成水泥路面浇筑125千米。

3. 崇义互通连接线拓宽收尾工程。该工程与赣崇高速公路同步投入使用,但绿化、护坡、河流改道、污水管线改道等工程需2013年续建。经反复与赣崇高速项目办协调,督促承建单位A7标加紧施工,有效推进工程进展。基本完成边坡工程、绿化工程和河流改道等收尾工程,县政府已批复移交管养相关事宜。

4. 上堡—万长山茶场公路改建工程。该公路长13千米,预算投资1090.1万元,是通往上堡乡竹溪村万长山茶叶基地、上堡梯田旅游景区的公路。原有公路坡陡弯急、等级低下,服务能力和通畅水平远远无法满足景区进一步发展的要求,迫切需要改造。该局组织专业技术人员完成初步测量设计,制订实施方案,并向县政府专题请示项目建设事宜。

5. 南康市赤土—扬眉云峰山林场(新屋孜)公路改建工程。该项目起点位于南康市赤土畲族乡,终点位于该县扬眉镇,路线长18.83千米(该县境内4.345千米),按三级技术标准建设,路基宽7.5米,水泥混凝土路面宽5米。该项目8月16日开工,至2013年年底,工程全面完工并投入了使用。

6. 物流中心项目。该项目为引进香港客商投资兴建,概算总投资7000万元,项目选址于横水镇背风坑绕城公路旁,占地面积3.33公顷,完成林地征用和房屋拆迁任务,"三通一平"完成土方量12万立方米,占总土方量的80%,建筑工程规划方案已获审批。

7. 鹿湾旅游码头。该项目选址于横水镇新坑村鹿坑组,三面环水舌形半岛,全岛面积10.67公顷,拟建码头前沿为深水区,全年可通航,占用湖区岸线120米。码头主要设施构成:踏步台阶(码头主体),浮筒平台,候船长廊,停车场,站房,通码头公路,游步道等7项构成。工程可行性研究规模投资900万元,年客运量10.6万人次。已完成码头建设地块地形图绘制、码头效果图及工可编制工作。争取财政资金48万元,先行实施游艇浮筒码头,至11月已全面完工并投入使用。

8. 扬眉综合服务站项目。2013年,主要实施的主体工程装修及养护车间、维修检测车间及附属工程建设全面完工，并向省厅申报竣工验收。

二、积极向上争资争项 2013年，向上申报县乡公路升级改造3个项目58千米，通组公路70.05千米，中桥4座125.08延米。其中，过埠—上堡、龙峰—古亭2个项目计40.9千米已批复工可，通组公路、4座中桥已批复立项，上述项目争取资金2296万元。

三、突击道路抢险和灾后重建 ①应急抢险。2013年“5·15”强降雨后，杰坝、金坑、茶滩、水口公路相继受阻，该局迅速启动应急预案，对路面湿滑、路基塌陷路段采取铺砂防滑、堆放砂袋和填石加固等方式应急处理，共投入沙子310立方米、矿石290立方米，设置道路警示牌120余块，动用工程机械车辆130余台班，投入人力150余人次，确保灾区灾后重建道路畅通。②灾后重建。灾情发生后，该局组织力量对道路塌方进行清理，对部分县乡公路路基掏空的安全隐患，争取财政资金207万元分6个标段进行修复，已全面完工，确保道路安全畅通。③过埠大桥重建。该桥全长107米，1973年修建，因年久失修，长期长负荷运行，现成为四类危桥，已采取限行措施，完成重建工可编制。已向上申报危桥改造项目和资金，并向县政府专题请示相关重建事宜。

四、强化道路运输管理 春运期间，共投放客运4802班次，安全运送旅客27.53万人次，保持春运道路旅客运输责任事故零纪录。保持非法客运整治常态化，检查非法客运嫌疑车辆23台；出租车、公交车运行稳定，增加公交班次密度，优化公交服务。2013年度，共办理道路运输经营许可证171本、道路运输证163本、办理营运车辆季(年)审889台次。

五、全力攻坚征地拆迁 一是上半年全面完成县物流中心项目4.67公顷土地(含林地)、3栋四大户1290平方米主体房和510平方米附属房的征地拆迁任务；二是按时圆满完成阳岭新城征迁任务，完成7栋主体房(含3栋砖混小康楼)、10间附属房、2.73公顷新征土地的征迁任务。

(崇义县交通运输局)

南 康 市

2013年，该市交通运输局紧紧围绕市委、市政府“主动融入都市区，提速提质促发展，千方百计惠民生，真抓实干兴南康”目标要求，解放思想，开拓进取，不断开创南康交通振兴发展新局面，较好地完成了各项目标任务。

全年争取省交通运输厅对三江浮桥改造和大广高速省公路南康南互通立项，争取1条省道路已升为国道，2条县道已升为省道，争取到上级交通科研经费20万元；落实立项建设章惠渠红色旅游码头项目；完成赤土畲族乡—南康公路改造工程和大广高速横市出入口道路拓宽改造；横市、大窝两个农村公路综合服务站建设项目扎实推进；完成129座桥梁的排查，完成危桥重建、维修、加固资金660万元。全年共运送旅客634万人次，旅客周转量5.56亿人千米，货运量1776万吨，货物周转量26.40亿吨千米。

一、交通基础设施建设

1. 县、乡、村公路建设。2013年，全市完成通组水泥路建设项目98个，完成投资2471.2万元；新建桥梁、危桥改造、维修或加固项目12个，完成投资709.6万元；县道升级改造项目1个，完成投资552万元；乡道升级改造1个，完成投资170.5万元。

2. 国省道建设。整修路面2.21万平方米/2.46千米，整修路肩9.23万平方米/6.154千米，清理边沟143.6千米，中修打板3100平方米，示范路创建57千米，路树刷白与安全标志刷新115.227千米。

3. 公路养护与管理。2013年，全市县道实现平均好路率83.8%，乡道实现平均好路率68.5%，较同期有所提高；进一步搞好公路绿化工作，全市完成植树3660棵，路树成活率和保存率均较高。全市县养公路完成公路绿化种植里程80余千米。整修路肩26千米，横市养路队中修打板1042平方米。

4. 高速公路建设、铁路建设。2013年度，赣韶铁路项目进入紧张的后期施工建设阶段；大广高速南康南互通、昌吉赣铁路客运专线等项目进入前期准备工作;京九铁路,赣粤高速、厦蓉高速赣州城西段、赣大高速公路(三益—梅关段)、赣州环城高速等项目遗留问题得到较为妥善解决;振兴苏区相关项目规划工作井然有序开展。

二、客货运生产及管理。2013年,有267辆客车投入运输,其中:公交车100辆、出租车24辆,总共完成运送旅客634万人次,旅客周转量5.56亿人千米;有载货汽车3493辆,完成货运量1776万吨,货物周转量26.40亿吨千米。强化道路水路运政管理,规范行政执法行为,加强内部管理。全年共查处违法违章运输车辆630起,查处非法营运“黑车”63辆,罚没款入库169.8余万元。

(南康市交通运输局)

大余县

2013年,全县交通系统弘扬苏区好作风,建设活力钨都、绿色南安、幸福大余,进一步解放思想、团结协作、求真务实、开拓创新,各项工作取得了较好的成绩。

一、交通基础设施建稳步发展 1. G323线黄龙—县城段公路进行拓宽建设,建设里程6.4千米,工程总投资6400万元,2013年年底基本完成路面浇筑工程。并争取交通部2014~2015年国省干线14.1千米改造项目计划。2. 池江杨梅—樟斗红芬、樟斗横江—左拔两条公路改造。池江杨梅—樟斗红芬公路改造4.3千米,工程总投资270.76万元,2013年年底实施路面浇筑工程;樟斗—左拔公路改造4.73千米,工程总投资253.65万元,2013年年底实施路面稳定层。3. 县城梅关大桥、中山桥及坝上桥改建,即将开工建设。4. 323国道—南方红军三年游击战争纪念馆(323国道—梅关景区)公路建设,征地拆迁红线已完成。

二、加强农村交通基础设施建设 1. 县道升级改造。小内线小梅关—三角塘段12.1千米,浮江—吉村公路9.1千米,龙山—灵潭公路4千米,3条县道计25.2千米计划已下达。2. 农村公路改造工程。农村通村组公路99.5千米,已做好可行性研究申报表,省交通运输厅已下达工可批复,2013年年底已完成80千米。3. 危桥改造。危桥改造4座,新城镇塘背上大桥桥长105米,桥宽8.5米(属新建的独立大桥),已完成工可评审,省交通运输厅已下达工可批复和施工项目批复。新城下鹅湾危桥已改造完工。其他2座桥(村江堤桥、斗峰山桥)已做好前期工作。4. 农村客运站场和候车亭建设。浮江综合服务站于6月破土动工建设,基础已开挖完成;候车亭建设,已向县政府报送《关于优化公交运营模式方便工业园区职工乘车出行的实施意见》,拟建7个公交候车亭,正按要求做好实施前的各项工作。5. 发展城乡公共交通。新增公交车8辆和公交线路2条,力争符合通行条件的行政村通客车率达98%以上,解决群众出行难问题;已开通浮江农村客运班线及县城、梅岭等公交班线,由4辆公交车循环运行。

三、道路运输行业管理开创新局面 全县拥有营运货车1434辆,3603.024吨;物流运输服务业13家,其中,上规模的货运企业(双佳汽车运输服务有限公司)1户,资产总额1985万元,现有车辆163辆,总载重量1478吨;危险品运输企业3户。一类维修企业1户,二类维修企业10户,三类维修企业57户,汽车综合性能检测站1家。普通货运车辆新增325辆,转出18辆;新增二类维修企业3户,三类维修企业3户。机动车驾驶员培训学校共5家,其中,二级4家,三级1家,全县共有教练车80辆,教练员89名,年培训能力8040人次。县内有客运企业2户,营运客车69辆,座位数2482座;储备运力6辆,座位数310座;出租车20辆;城市公交车4辆;电瓶公交车6辆。开通客运班线36条,其中,省际班线7条,投放客车19辆;市际1条;县际9条,投放客车19辆;县境内班线19条,投放客车31辆,全县乡镇通班车率100%,符合安全通客车条件的行政村通班车率95%(按运输运输行业统计口径,通客车线路辐射2千米范围内行政村均算已通班车);县内有二级客运站1个,四级客运站4个,客运候车亭35个。

春运期间,共检查登记车辆1157辆次,其中纠正违章1起,安全运送旅客7.05万人次,周转量1264.07万人千米、总班次4907班。实现春运安全零事故,圆满完成2013年春运各项工作任务。

(大余县交通运输局)

信丰县

2013年,信丰县交通运输局以保障群众安全便捷出行为出发点,以抓好交通基础设施建设和规范道路运输市场秩序为总抓手,突破难点,力求实效,全县交通运输事业呈现良好发展局面。

一、农村公路建设

1. 农村公路建设进展顺利。2013年,该县农村公路建设任务是116.6千米,已完成农村公路建设里程120千米,同比增加30%。西牛白兰—正平共和14.3千米乡际公路已全部完工。西牛—黄泥上跨铁路桥工程已选定施工队伍并于11月进场施工。同时,抓好农村公路建设基础工作,派出力量历时2个多月完成2013年土坯房建设点改路摸底调查及全县148个新农村建设点64.7千米通路计划的申报工作,开展全县2081个未通公路的自然村(小组)公路的调查摸底及电子地图采集工作,为今后申报项目奠定基础。

2. 水毁公路抢修迅速及时。进入主汛期以来,该县出现多次强降雨天气,特别是"5·16"特大洪灾对全县的公路造成较大的损害。据统计,有严重塌方路段47处,冲毁小桥7座,涵洞9道,路基3.32万立方米,水泥路面4225平方米。其中,冲毁县道路基1.11万立方米、17.37千米,水泥路石3630平方米、660米,桥梁1座,涵洞8道,塌方1720立方米、25处,合计损失156.61万元。该局及时组织人员和设备对受损公路进行抢修疏通,在一时无法修复的危险路段及冲毁的桥梁和涵洞灾害点及时地设置安全警示标志,并积极组织施工人员进行灾后恢复重建。为确保全县重大活动开展,维修曾思玉将军墓、大阿蔬菜基地公路和省政府领导来县考察点上的公路路段,确保公路安全畅通。

二、道路运输管理 1. 全县有二级客运站1个,乡镇客运站13个,简易站及招呼站219个,机动车维修业户143个,汽车综合性能检测站1个,驾校8家。共有客车176辆,4853座,其中公共汽车28辆536座,出租车60辆300座,货车3389辆,总吨位达8593吨。全县公路交通完成客运量778万人,客运周转量5.40亿人千米,分别比上年同期增长9%、9%;完成货运量981万吨,货运周转量10.13亿吨千米,分别比上年同期增长5%、5%。2. 春运期间,全县共投入客运车辆386辆,出租车60辆,完成公路旅客运输量70余万人次,查处非法营运的"黑车"39辆次,圆满完成2013年道路春运工作,确保了春运期间运输安全有序。3. 严厉打击非法营运行为。共查处无证经营的"黑车"46辆次,查处其他违法违规行为20余次,保障全县道路运输安全秩序。4. 物流产业发展再上台阶。大力扶持物流企业做大做强,新增规模以上物流企业1户,全县物流企业总数达34户,规模物流企业达到5户。

三、重点工程建设 1. 信池线(城区段)改建工程。全长800米,涉及拆迁户37户,由20个县直单位及嘉定镇政府包干。2013年,签订拆迁协议户数16户(总签订34户),共拆除34户(2013年拆除16户),尚有3户未签订拆迁协议;工程方面,已完成西段400米公路的雨污排水管道铺设、水泥路面硬化、安置地填土和水泥路面硬化及桩基工程。东段路面建设工程已铺设排水管道570米,污水管道361米已全部完成,填路基土方2.6万立方米。拆迁户安置地已完成填土和水泥路面硬化,桩基工程已全面完成,水电安装工程基本解决。2. 站前大道综合改造工程。该工程东起迎宾大道(105国道),西至县火车站,道路全长1902.4米,宽64米,工程于5月14日完成招投标,已完成公路清表工作,铺设排雨污水管2000米,征地款已发放到位,军用光缆已迁移完毕,燃气管道已铺设一半。3. 桃江大桥重建工程。该项目业主为县城投公司,该县交通运输局主要是负责技术监督工作。该局抽调2名专业技术人员专抓,确保工程质量。已完成53个桩基和6个承台,完成投资2000万元,占工程中标价的29%。4. 综合物流园区项目。该项目占地133.33公顷,总投资20亿元。

(信丰县交通运输局)

龙南县

一、交通基础设施建设

1. 重点工程建设有新突破。一是重点项目建设。三南快线项目积极推进中,市交通建设领导小组已同意项目建设标准,确定项目业主,成立项目建设指挥部,该项目工程已通过省公路局组织的评审,并形成行业评审意见报省交通运输厅;二是公路运输站场建设。九连山区乡站已完成主体工程,2013年年底竣工,南亨农村公路综合服务站已完成项目招投标,施工单位已进场施工;三是完成省级综合养护中心沥青拌和楼的安装、场地平整、路面硬化,水泥混凝土拌和站、储料场、分料墙的设置,完成建设工程总额130万元。

2. 公路项目建设进展顺利。共完成2012~2013年农村公路改造102.10千米,累计完成投资2552.50万元,其中,完成2012年建设计划79.2千米,占计划数的100%。危桥改造项目五一桥、渡江桥均已完工通车,完成黄石迳桥、清潭迳二桥危桥改造工程总额106.33万元。县道中和—水口升级改造项目已完成路基、挡墙等相关工程建设。横黄公路墩头—黄牛石路段改建工程已完成红线放样工作,通过公开招标,已确定施工单位。还积极向上争取到2013年农村公路建设计划160千米。完成G105线二级公路水泥混凝土破碎板修1920平方米;根据交通运输部2013年度国家干线公路网监测路况及桥梁抽检工作要求,投入资金380万元,对105国道路容、路貌、路域环境进行整治,对东坑路段2千米油路进行沥青罩面,完成600米路面改造。

二、公路养护

1. 县、乡、村道路养护工作。加强农村公路大、中修工程和安保工程的建设与管理,全年共完成抢修投资486万元,路面修复10.80千米,清理土石方1316立方米,挡土墙750立方米。完成安保工程投入100万元,15千米,在县道破损较严重的路段和危桥处增设15块Ø800毫米限载标志牌。切实保障全县农村公路的安全畅通。

2. 国、省道路养护工作。一是坚持科学养护和预防性养护,抓好水泥路纵横缝、裂缝和油路裂缝灌缝,油沙封面等工作,巩固预防性养护成果。共计完成油沙封面2.02万平方米,水泥路纵横缝灌缝7.58万米,沥青路面灌缝4800米,处治路面跳车5200平方米,修补沥青路面坑槽2.02万平方米,修补水泥板角5480平方米。二是投入资金20万元,采用乔、灌、花、草相结合方式,突显层次主要栽植了天竺桂、红叶石楠、红花继木球等灌木5000余株。三是抓好105国道绿色生态公路建设,做好绿化空白路段路树补植,共补植路树5000株。共完成68.36千米“示范路”创建工作,清铲高路肩整理二坡45千米。

三、路政管理 1. 2013年5月和9月,深入开展法制宣传活动,印制发放1000份宣传资料。2. 以路域环境整治为重点,组织开展片区联合执法2次,联合政府、交管、工商等部门开展圩镇路域环境整治5次。3. 加大路面巡查力度,开展路障清理活动,及时查处路损案件,维护路产路权,全年查处路损案件54起,办理路政许可6起,拆除违法建筑548平方米/15起,清除占路堆积物162平方米/99处,处理污染路面案件12起,案件查处率100%,结案率达100%。

四、公路抗灾抢修工作 1. 在汛期做好应急物资储备,开展汛期防汛工作。共完成清疏水沟200千米,清铲高路肩18.8万平方米,割除高草18.8万平方米,清理桥涵600道,清理塌方9.59立方米,砂石路面水毁修复38.05万平方米,修补坑槽1.14万平方米。2. 对105国道南亨段K2289+500~K2289+000溶洞路段进行打孔灌浆处理,对105国道K2282+200右侧路基缺口挡土墙进行修复。

五、道路运输生产

1. 客货运市场服务质量稳步发展。全县营运车辆拥有量达2902辆,其中客车118辆;全县营运线路45条,其中县市际班线8条,省际班线14条,农村班线23条。物流运输企业和货运站(场)27家,城区内机动车维修企业61户,驾驶员培训学校3家。2013年,全县共完成旅客客运量达541万人,旅客周转量4.35亿人千米,货运量达1025万吨,货运周转量15.39亿吨千米。

2. 运输保障能力不断增强。春运期间,全县共投放车辆数124辆,完成客运量44.8万人次,与上年相比增长2.4%。周转量为3085万人千米,加班车辆数588班次,未发生一起事故,圆满完成春运各项工作任务。

4. 公交和出租车市场服务水平逐步提高。共新建公交亭36座,新开通1条公交线,全县现有公交线路6条,公交车20辆,出租车75辆。中高考期间,共调派公交车辆17台,组织爱心出租车12辆,明确专人亲自护送,圆满完成考生接送工作。

六、争资争项及招商引资工作 1. 争资争项工作。紧贴龙南公路网络实际，努力抢抓机遇，找准立足点，强化沟通协调，积极将赣南苏区振兴发展规划转化为具体的规划、政策、项目、资金，2013年储备了赣州市龙南综合养护中心项目、农村客运网络化连通工程（农科所—水尾、青潭迳—上围）、2013年农村公路项目、龙南县里仁狮山大桥、龙南县武当镇河背新桥、龙南县金虎桥、龙南县新都大桥、三南快线工程、南亨乡综合服务站工程、龙南县临塘新圩桥（危桥）重建工程10个项目，共争取计划资金4319.01万元。2. 招商引资工作。年初签约引进广东惠州财贸集团有限公司投资30亿元，占地95.33公顷的龙南客家围屋文化旅游城项目，已完成征地19.75公顷；投资2亿元的骏能化工（龙南）有限公司项目已与县经济技术开发区签订投资合同，并完成工商营业执照、组织机构代码证等相关开业手续，绮都纺织和安达物流新增投资4032.6万元。

（龙南县交通运输局）

全 南 县

2013年，该县交通运输局紧紧围绕年初确定的目标任务，精心安排部署，认真履行部门职责，加快交通基础设施建设，强化交通运输管理，保持交通运输事业持续、平稳快速发展。

一、公路建设 寻茅线全南县绕城一级公路工程，落实招标代理机构，完成征地（其中：耕地完成94.85%，林地完成86.69%），迁坟完成97.64%，拆迁完成69.31%。上汶线上屋场—陂头桥升级改造工程全面完工。全年累计完成105千米农村公路改造任务。

二、公路养护 县道养护总里程达96.7千米，乡村道养护总里程达564千米。投资80余万元进行道路隐患整治。

三、交通运政管理 圆满完成2013年春运工作任务。春运期间，全县共完成客运量12.3万人次，完成客运周转量965.40万人千米，春运全过程安全有序、优质高效。

四、积极发展乡镇至村农村客运 督促客运企业新购置8辆面包车投入营运，截至2013年年底，已开通18条乡镇—村的每日班或圩日班客运班线，极大地方便了群众出行。

五、筹备开通新型城市公交 按照县委、县政府的统一安排部署，该局积极协调组织公交企业完成新型城市公交运营的前期工作。2013年6月3日，公交公司新上正规公交车10台分3路开始运营，还有10台已购回车辆准备加密现有班次和开通工业园专线运行。城区群众出行需求基本得到解决。

六、交通安全生产 2013年交通安全工作继续以强化道路运输安全管理为重点，坚持“安全第一，预防为主”的方针，认真抓好交通安全生产工作。全年道路交通和公路建设安全事故为零。

（全南县交通运输局）

定 南 县

2013年，全县交通系统攻坚克难，真抓实干，交通基础设施建设不断务实，交通运输“三个服务”的能力和水平得到不断提高，各项工作取得显著成绩。

一、重点项目建设 1. 小江—定南—细坳三级公路（天花—九曲段）改建工程，路线全长7.82千米，路基工程已完成92%，路面完成5.9千米，浆砌水沟完成单边3200米，完成投资总额1230万元。2. 省道S226小江—定南县城段路面改造工程已全部顺利完工，路线全长47.826千米，除与寻全高速相交4千米会相互影响施工（暂缓施工）外，其余工程全部完成。3. 岭南大道一期工程总量完成路基工程78%，桥涵工程完成97%，防护工程完成20%。4. 岭南大道二期工程土石方已完成5%；桥涵工程完成4%。5. 2013年建成农村公路里程107千米。其中，新增农村客运网络项目4个，完成三级公路7.0千米，通自然村公路工程项目建设里程100千米，全县行政村通水泥路率达100%，全县农村公路里程县乡村共608.385千米。

二、公路养护 2013年，定南县交通运输局将公路养护作为重点工作来抓，为此，制定《定南县农村公路养护管理实施办法》及《农村公路养护质量检查评定办法》，对全县416.72千米的农村公路进行养护。为做好定南县县乡公路养护工作,使养护管理工作专业化、规范化,提高县乡公路养护质量,改善县乡公路的通行服务水平,定南县交通运输局与定南县顺丰公路养护公司签订定南县县乡公路的养护协议。

三、公路运输 1. 2013 年,共完成客运量 240 万人、旅客周转量 1.96 亿人千米;货运量 380 万吨、货物周转量 3.10 亿吨千米。全年驾驶员培训学校共报名培训 3600 人次。强华检测站共完成营运车辆检测量 1250 辆,其中,等级评定 890 辆,二级维护 360 辆。全县各项道路运输指标稳步增长,道路运输整体形势呈健康发展态势。2. 全县共有客运公司 6 家,出租汽车公司 1 家,规模以上货运企业 2 家;二级汽车客运站 1 家,四级汽车客运站 3 家(鹅公汽车站、岭北汽车站、岿美山汽车站),二类驾驶员培训学校 3 家;维修企业 112 户,其中:二类维修企业 5 户,新增二类维修企业 1 户;机动车综合性能检测企业 1 户;汽车租赁企业 1 户;危货企业 2 户,新增危货企业 1 户。

四、场站和道路运输管理 1. 客运站全年共发送旅客 240 万人,完成客运周转量 1.96 亿人千米。2. 全年共受理电话投诉 13 起、信访批件 2 起,查处各类违章案件 25 起,道路运输市场秩序得到明显好转。认真做好 2013 年度道路运输从业人员的诚信考核工作,全年共考核道路运输从业人员 1056 人。从业者的经营行为进一步规范,道路运输业健康有序发展,运输服务质量有所提高。

(定南县交通运输局)

安　远　县

2013 年,安远县交通运输局紧紧围绕赣南苏区振兴和罗霄山脉交通扶贫开发这一历史发展机遇,围绕加快交通基础设施建设,加强交通行业管理这一目标,突出争资争项和务实求效两大重点,扎实推进交通各项工作。

一、重点项目建设

1. 争资争项。全年共争取项目资金 8239 万元:①里重线里田—心怀段 13.5 千米(1890 万元);②客运网络化连通工程(蔡坊—渡江、千功陂—牛角石、明俊—阳佳计 7.6 千米,228 万元);③新农村建设点外接公路和通自然村水泥路 160.5 千米(1605 万元)。

2. 公路建设。①S219 沙龙线(小坌—龙布段)公路改建项目,长 19.5 千米,按二级公路标准设计,工程预算总投资 1.01 亿元。由市宏泰公司组织实施,2013 年 7 月开工建设,桥涵工程基本完工,已完成 50% 路基工程。②S223 石镇线车头迳仔口—黎洞公路改建工程,2013 年 7 月完成红线放样、环保批复、规划选址意见书和土地用地指标的申报工作,车头镇开展征地拆迁工作。③里田—心怀公路升级改造工程,2013 年 12 月完成红线放样。④通自然村水泥路,继续完成 2012 年度计划 7.2 千米;2013 年下达建设计划 160.5 千米,已完成 21.7 千米新农村建设点外接公路和 100.10 千米/84 条通自然村水泥路。

3. 桥梁建设。①新建独立中桥:车头镇龙头桥于 2013 年 10 月 16 日完工,桥梁全长 70.08 米,桥型结构为 3×20 米预应力混凝土空心板桥,桥面宽为净 6 米 +2×0.5 米防撞栏,双柱式桥墩扩大基础,U 型桥台扩大基础,总投资 113.21 万元。②危桥重建:欣山镇古田桥于 2013 年 6 月 20 日完工,桥梁全长 65.04 米,桥型结构为 6×10 米钢筋混凝土空心板桥,桥面宽为净 6 米 +2×0.5 米人行道 +2×0.25 栏杆,下部构造采用桩基接盖梁,总投资 111.70 万元。天心镇水头桥于 2013 年 6 月 10 日动工建设,2014 年 3 月 10 日完工,桥梁全长 38.04 米,桥型结构为 2×16 米预应力混凝土空心板桥,桥面宽为净 5 米 +2×0.5 防撞栏,桥台采用桩基接盖梁,双柱式桥墩桩基础,总投资 51.33 万元。

二、农村公路养护 全年县、乡公路养护支出 276.48 万元,其中,用于公路养护和维护工程 55.42 万元;用于水毁公路抢险抢修 183.65 万元;桥梁修护 29.0 万元;用于公路绿化 7.51 万元。县道年平均好路率 95.32%,乡道年平均好路率为 78.36%。2013 年,根据省市交通主管部门的要求,对县内所管养省、县、乡道临岩傍水的路两旁补种绿化路树,树种主要以桉树、杉树为主,总投资 7.51 万元,路树成活率和保存率均较高。

三、公路运输管理

1. 维修行业管理。全县有一类维修企业 1 户,二类维修企业 4 户,三类维修企业 46 户。

2. 车站管理。安远县汽车总站于 2013 年 12

月成功进行企业转制，新组建安远县汽车总站有限公司，2013 年有职工 50 人，进站营运车辆 96 辆，通达班线 41 条，日均进站客车 90 辆，日发班次 113 班，日客流量 1500 人。车站占地面积 1.7 万平方米，站房建筑面积 3000 平方米，站场面积 6000 平方米，站前广场面积 5000 平方米，固定资产 3000 万元，属二级客运站。客运车辆通达广东梅县、兴宁、揭阳、潮阳、汕头、澄海、广州、中山、东莞、深圳和福建厦门、石狮等地，省内南昌、赣州、瑞金、会昌、定南、龙南、寻乌、于都等县市，以及县内 18 个乡镇。

3. 物流运输。截至 2013 年 12 月底，有物流运输型企业 4 户，其中，赣州市重点物流企业 1 户，安远县重点物流企业 3 户，全县年底物流运输企业车辆 157 辆，吨位 1175 吨，运力比上年略有下降，全年完成货运量 41.17 万吨，货运周转量 329.76 万吨千米，4 家物流企业共计上缴税收 773.50 万元。物流仓储型企业总共 44 家公司：5000 平方米 2 家，4000 平方米 1 家，3000 平方米 7 家，2000 平方米 11 家，1000 平方米 5 家，1000 平方米以下 18 家。

（安远县交通运输局）

寻　乌　县

2013 年，该县按照《县委 2013 年工作要点》和《政府工作报告》明确的工作目标任务，围绕完善公路路网结构，提高交通运输公共服务与保障能力工作目标。进一步加快交通重点项目建设，加强农村公路管理和养护工作，加大交通运输行业管理力度，抓好上争项目工作，扎实、有效地开展工作，取得良好工作成效。

截至 2013 年年末，全县农村公路在册总里程达 941.46 千米，其中：县道公路 204.33 千米，乡道公路 190.47 千米，村道公路 546.66 千米。全县农村公路桥梁 5591.54 延米/230 座，其中：县道桥梁 1378 延米/75 座，乡道 1119.5 延米/51 座，村道桥梁 3094.04 延米/104 座。全县 15 个乡（镇）、173 个行政村和 6 个居委会通了水泥路。

全县运输站点 8 个，其中，县级汽车客运站 1 个，区乡级客运站 7 个（澄江汽车站、吉潭汽车站、菖蒲汽车站、晨光汽车站、留车汽车站、桂竹帽汽车站、南桥汽车站）；全县共有客货运输车辆 464 辆，其中，客运车辆 72 辆 2008 客位，公交车 20 辆 380 客位，出租车 30 辆 150 客位，货运车辆 342 辆 1482 吨位；驾校 4 家。2013 年，实现客运量 163 万人，客运周转量 1.50 亿人千米，货运量 669 万吨，货运周转量 3.80 亿吨千米。

（寻乌县交通运输局）

于　都　县

2013 年，于都县的交通运输工作以重点工程和民生工程为依托，以推进交通基础设施建设和夯实客运市场秩序为中心，持续加大行业监管力度，不断提高行政执法水平。推动交通运输事业发展。

一、交通重点工程建设

1. G323 国道于都绕城改线工程。该项目由省交通运输厅批准立项，列为 2013 年省重大项目调度。路线全长 14.16 千米，全线按一级公路技术标准建设，路基宽 26 米，水泥路面宽 24 米，其中，县城规划区 11.38 千米范围拓宽至 50 米大道，按双向 6 车道兼城市主干道功能建设。该项目于 2013 年 9 月 10 日公开招标，确定了施工单位和工程监理并签订合同，工程分 A1、A2、A3 三个标段，各标段施工单位已于 10 月 20 日前建立项目部并进场开工建设。施工单位和监理单位已制定施工（监理）方案并进行地面清表、开挖土石方和桥涵清基工程。

2. 厦蓉高速于都互通连接线及收费大棚改建工程。该项目由省交通运输厅批准立项，并申报省重大项目调度会。路线全长 9.39 千米，全线按双向 6 车道一级公路兼城市主干道功能建设，其中，拓宽段（于都互通出口—楂林村）5.1 千米路基宽 60 米，新建段（楂林村—于河路）4.29 千米路基宽 50 米。同时，将原收费大棚往县城方向 100 米处异地重建，按“三进五出”8 车道标准建设。该项目已完成工可、初步设计、施工图设计及评审，落实了林地审批、土地预审和建设用地压覆矿产资源及地质灾害危险性评估报告。已启动项目征地搬迁工作，委托招标代理单位编制招标方案,开工收费大棚土石方工程,12月中旬项目开标建设。

3. 于都汽车客运南站。该项目是交通运输部《罗霄山集中连片特困地区交通建设扶贫规划(2011~2020)》的实施项目,占地面积7.5公顷,按设计日旅客发送1.5万人次、日班次发送600班次的一级汽车客运站标准建设。项目的建成,可同时容纳300辆客车停靠进站作业。该项目已完成工可及评审,启动项目的征地搬迁工作,确定设计单位,完成图纸设计方案。已开工项目的"三通一平"工程,12月底完成施工图设计及评审。

二、农村公路建管养护

1. 县道升级改造。葛坳—曲洋公路8.9千米于10月29日完成招投标并开工建设。高龙—黄麟公路24.9千米已完成施工图设计及审批。利村—新陂公路7.2千米已完成施工图设计并送审。县城—新陂公路在编制施工图设计,仙下—车溪—段屋公路已委托施工图设计单位并进行外业测量。

2. 通组公路建设。已完成通组公路水泥路面硬化95千米,年内可以完成120千米以上。

3. 危桥重建。黄麟公馆桥、梓山澄江桥、岭背东流水桥等3个项目已完成施工图设计及审批。梓山水口江桥、黄麟城布桥及宽田石岑桥、水口桥、新田桥等已基本完成施工图设计及评审。

4. 新建大中桥。岭背太坪桥及岭南桥、罗江横江桥已完成招投标并开工建设,仙下新圩桥及东片石桥、银坑下洋桥已完成施工图设计及审批。靖石龙江桥、宽田李屋水口桥、盘古山石峰甜桥、仙下西洋坝桥、岭背金沙桥、新陂新陂桥、利村利村桥等已完成工可评审等前期工作并向上申报立项。

5. 公路日常管养。加强农村公路路政管理和维修养护,投资400余万元整修三门—金沙公路,投资100余万元抢修于盘公路盘古山段、利园线祁禄山段等重大水毁工程。全年下拨乡镇养护补助资金241万元,共清除塌方2.52万立方米/31处、路基2.9万立方米/2.45千米、路面27539平方米/5.15千米、挡土墙1.17万立方米/31处、涵洞198米/22道、桥梁维修421.6米/12座。同时,对辖区内县道进行安全隐患排查,查处边坡易塌方路段18处、急弯路段111处、公路旁学校22所、十字路口路段10处、陡坎路段31处、危桥59座,共设置安全警示标志牌569块。

三、公路运输行业监管

1. 春运工作。成立春运工作领导小组,并组建5个由县领导带队,政法、公安、交警、交通、运管执法人员组成的联合执法检查组。强化疏运力度,缓解高峰压力。共调集427辆客车参加春运(其中,正常运力289辆,启用机动运力58辆,二类以上客运企业调配外地运力80辆),满足春运旅客乘车需求,确保车站旅客不滞留。同时积极争取铁路部门支持,报经南昌铁路局批准,春运期间瑞金—南昌往返K8723/K8724列车停靠于都上下旅客并延续固定;开通1趟于都—东莞东"爱心专列",发送旅客3200人次。春运期间,全县道路客运共运送旅客52.6万人次,同比增长6%。2013年,该县共有客运车辆278辆,货运车辆1657辆。全年共完成客运量1244万人,完成货运量759万吨。

2. 规范客运市场秩序。一是加大"黑车"打击力度。增设交通运输稽查队伍并采取机动灵活方式,共查处"黑车"经营82辆次,查处各种出租车违规行为21辆次,有效遏制"黑车"载客行为。二是开展县内客运班线延续经营许可。根据《道路旅客运输及客运站管理规定》,结合该县实际情况,为6家客运企业提交的78条县内班线延续经营申请进行审查许可。三是规范客运企业经营行为。以车站为依托,加强客运企业和汽车站经营行为的规范,客运企业全部实行公司化经营,汽车客运总站全面实行封闭式管理。

3. 道路运输安全生产。围绕"一带、一速、一平台、一防护"的"四个一"要求,加强客运车辆动态监管,全县345辆客车全部安装安全带,严格控制运营车辆超速行为,建立所企联网的GPS车辆监控平台,并对超速车辆司乘人员及时短线或电话提醒服务。加强货运车辆的二级维护和年检工作,全年共开展运输行业安全检查18次,出动检查162人次,下发整改通知31份,排除安全隐患46项次。

4. 客运站场建设。银坑农村公路综合服务站已完成施工图设计及评审,组织工程招投标、征地搬迁工作,12月开工建设。罗坳、黄麟、禾丰落实项目前期工作。新陂、盘古山、梓山、桥头、祁禄山等乡镇客运站和建制村候车亭(牌)进行施工图设计、选址等前期工作。

四、水路运输行业监管 1. 港航管理工作。积极参与全县河道采砂权新一轮拍卖，一次性征收3年港航规费801万元。加强水上运输安全监管，会同有关部门不定期查处水上安全隐患。2. 渡口管理工作。完善安全组织机构和管理网络，签订安全生产目标责任书，指导渡运船只落实安全措施并加强督查。

（于都县交通运输局）

兴 国 县

兴国县境内有319国道和泉南高速公路经过，泉南高速在兴国段有3个互通口，距昆厦高速公路40千米。境内交通基础设施日臻完善，运输方式有铁路、公路和管道运输。京九铁路贯穿县境南北，境内长达50余千米，分设三级客站和货站1个、四级客站3个。石吉高速公路由东向北穿越县境68.74千米，兴赣高速境内长35千米。319国道由东向北穿越县境64.12千米。西气东输管道在建设之中。县际干线公路四通八达，客货运输方便快捷。

境内行政村以上农村公路100%硬化，正在实施通25户以上自然村组公路改造。除库区1处渡口外全部完成撤渡建桥。全县96%的行政村通了班车。至2013年年底，全县公路通达总里程2451.44千米，其中，高速公路68.74千米、国道64.12千米、省道87.90千米、县道399.60千米、乡道224.74千米、专用道11.60千米、村道1594.74千米。有1个农村渡口和1座港航站，8个简易码头分布在水库库区，有14艘钢质渡船。有道路客运站场223座（二级站1座、四级站7座、农村公路综合服务站2座、招呼站213座）。有客运企业9户（客运7户、公交1户、出租车1户），共有客运车267辆7543座（省际26辆、市际19辆、县际28辆、县内122辆、公交40辆、出租32辆）。有货运车辆2160辆计3697吨。有物流企业39户，从业人员468人，规模以上物流企业1户。有维修企业88户，其中，二类8户、三类72户、四类8户。有驾培学校5家，其中，一级1家，二级4家，共188辆教练车。

（兴国县交通运输局）

瑞 金 市

2013年，瑞金市交通运输局紧紧围绕瑞金振兴发展这一主线，推进重点工程建设，奠定振兴发展基础；服务经济中心大局，提升振兴发展实力；履行政府工作职能，创优振兴发展环境，圆满完成年度工作目标任务。

一、推进交通基础设施建设

1. 完成冈九县道升级改建。重点实施蛇子岗—塔下寺公路冈面—九堡路段改建工程，长20千米，按三级公路标准改建，完成投资2450万元。

2. 开展日黄公路改建前期工作。日东湖陂—黄沙公路改建工程长30.78千米，为2012年国家战备公路计划项目，按三级公路标准改建，完成2阶段施工设计编制和报审工作。

3. 完成洁源村公路路面修复。委托赣南公路勘察设计院专家编制路面改造施工方案，采取分段单边修复的方式组织施工，保质保量完成了3千米路面修复任务。

4. 全面完成通组公路建设。共争取通组公路水泥路计划规模240千米，已全部完成硬化。

5. 完成瑞林镇农村公路综合服务站建设。该服务站坐落在瑞林镇大坪村圩屋坝下，占地0.74公顷，是省级试点建设项目，已完成项目主体工程。

6. 启动白口危桥改造。积极配合壬田镇政府做好白口大桥危桥改造项目前期工作，目前完成招投标并开工建设。

7. 推进商贸物流园建设。该项目位于火车站前广场东北侧区域，规划用地面积51公顷，已完成立项审批、规划选址、土地征用、安置地选址以及园区内房屋拆迁的前期基本丈量核算工作，并就项目开发加紧招商。

8. 开展零担货运站建设前期工作。该项目位于瑞金城区东南部，规划用地面积5.47公顷，制订项目建设实施方案，开展项目选址、坟墓清点等前期工作。

9. 完成新汽车站项目招投标前期工作。该站项目位于市旅游集散中心，规划面积3.56公顷，按一级站标准建设，已完成项目用地规划选址、环境评估、用地预审、土地征用,适时进行土地招拍挂。

二、积极争取建设资金

1.加大争项目争资金力度。争取沙洲坝—九堡、对坊—瑞林县道升级改造资金1832万元、通组公路建设等项目资金1440万元,合计3272万元,落实到位农村公路建设、旅游公路建设、公路水毁、区乡站候车亭建设等资金1894.21万元;争取项目5个,其中:323国道梅岗经九堡、冈面、瑞林、丁陂—宁都赖村县道升省道2013~2015年建设规划80.6千米,县道升级改造计划21.8千米,通组公路计划240千米,农村客运站计划3个,新式候车亭计划23个。

2.加大招商引资力度。一是加强已签订项目的跟踪服务工作。2013年1月,瑞金市交通运输局与瑞金欣宸科技有限公司签订生产液体软包装内袋项目落户合同,项目用地1.4公顷,已完成用地平整。二是加大商贸物流产业园的招商力度。重点围绕物流产业园开展招商,接待外商46批次,外出招商12次。三是加强企业对接。重点围绕电气机械及器材制造产业,分别到粤、闽、浙、苏、豫、冀等省份10家电气机械及器材制造企业进行实地对接,进一步宣传推介该市投资发展环境和产业发展政策,打响红都金字招牌。

三、创优运输市场环境

1.完成道路运输保障任务。截至12月,道路运输完成客运量646万人、客运周转量5.78亿人千米、货运量639万吨、货运周转量6.05亿吨千米,同比增长均达12%;全市拥有客车226辆、货车2238辆。

2.社会物流持续稳步发展。全市拥有货运企业38户,仓储配送企业11户,货运代理(托运部)34家,快递8家,仓储面积4.8万平方米,物流从业人员1.6万人。全年社会物流总额达到120亿元,物流业增加值达9.8亿元。

3.理顺公交、出租管理体制。一是实现公交公司化经营。将公交经营权许可给瑞祥公司经营,收购公交线路2条,新开通旅游公交线路1条,公交车更新10辆、新增6辆,全市已拥有公交线路7条、公交车56辆。二是实现出租车市场平稳过渡。将57辆出租车经营权重新许可给隆兴公司经营,并结合该市实际新增出租运力29辆,全市已拥有出租车100辆。三是完善公交基础设施。建成公交站台12个,规划公交客运指挥中心及3个换乘枢纽站。

4.规范农村公路养护管理。全年上路巡查328人次,纠正违章42件,强拆县道公路控制区违章建筑2起,抓好4条县道样板路建设,投入100余万元及时修复9处破损县道,设置警示牌80块,安装减速梗321米,疏通公路塌方12处,清除泥石7876余立方米,确保农村公路安全畅通。

5.安全维稳形势趋于平稳。全年运政执法累计检查各类车辆2098辆次,纠正各类违章508起,查处非法营运"黑车"25辆次,道路运输市场规范有序,没有发生一起重大以上行车事故。切实加强安全生产管理,排查整改隐患80余起,保持第23个渡运安全全年纪录。加强港航监管,维护港区秩序,确保水上交通安全,全年累计完成砂石货物吞吐量32万吨,周转量24万吨千米。

(瑞金市交通运输局)

会 昌 县

2013年,会昌县交通运输局结合县交通运输工作实际,继续加大交通运输基础设施网络建设,加快交通运输发展方式转变,为现代交通运输业发展打下扎实基础,为全面建成小康社会提供坚实的交通运输保障。

一、交通基础设施建设

截至年底,全县公路总里程达到1694千米,其中,高速公路84千米(厦蓉高速公路会昌段27千米,济广高速公路会昌段57千米),国道84千米(206国道62千米、323国道22千米),省道99千米(S217黄会线45千米、S325金分线54千米),农村公路1427千米(县道236千米,乡道336千米,专用公路19千米,村道836千米)。路网密度达到62千米/百平方千米。

全年,向上争取通村公路建设计划185.3千米。会杉线公路升级改造工程路线全长33.6千米,总投资2.74亿元,已于8月底建成通车。站塘—洞头公路改造工程由道路部分和棠梅湖大桥两部分组成,其中,道路部分总投资8000万元,路线全长25.64千米,路基工程土石方完成99%;棠梅湖大桥总投资850万元,完成总量的70.5%;筠清公路改造工程总投资7350万元,路线全长19.6千米，已完成水泥路面硬化16.7千米，占总工程量的90%。

二、运输行业管理 全县公路总里程实现1694.803千米，比上年增加42.548千米；全县营运汽车拥有量957辆，其中，营运货车789辆（含233辆农用车），营运客车168辆（客车122辆，出租车30辆，公交车16辆）；县内公交线路5条，客运班线62条。其中，跨省15条，跨区1条，跨县班线12条，县内班线34条，全县乡镇通班车率100%，行政村通班车率95%。一、二类维修企业5户，物流运输服务企业47户，拥有机动车驾驶员培训学校4家。与上年相比，货车新增95.6吨位，新增客车2辆，新增物流运输服务企业30户，新增二类维修企业1户，三类维修企业25户。年内共更新低碳排量的客运车辆9辆，新增2辆。

三、客运路网建设 公路网络不断优化，积极推进农村客运网络建设。开通会昌—瑞金拔英、庄埠—庄口2条客运班线，完成9座新式农村候车亭建设任务，庄口农村公路服务站已开工建设主体工程，方便人民群众的出行；认真做好道路从业人员从业资格证的诚信考核工作，加强道路运输从业人员队伍建设。全年共为1200名道路运输从业人员办理诚信考核，对460名道路运输客运驾驶员进行继续教育工作培训。全县有机动车驾驶员培训学校4家，都为二级驾校，有教练车92辆，教练员122人，全年共培训合格人员3120人。

四、物流管理 至2013年年末，全县有货运车辆1738辆，吨位4402.1吨，比上年增长10.2%，年货运量3329.25万吨，同比增长15.8%，年货运周转量16.23亿吨千米。注册物流服务企业47户，比上年增加29户。全年度江西昌宁、致远、锦程三大物流公司共上缴税收1147.57万元，比上年增加571.52万元，增长99%。

（会昌县交通运输局）

石　城　县

2013年，石城交通交通运输事业取得良好发展，在农村公路建设、农村公路管养、运输事业发展、服务中心工作等各方面取得显著业绩。

截至2013年年底，全县公路总里程达到1382.35千米，按行政等级分，高速公路26.53千米，国道80.57千米，省道0千米，县道231.00千米，乡道103.17千米，村道941.08千米；按技术等级划分，高速公路26.53千米，二级公路66.09千米，三级公路32.33千米，四级公路848.48千米，等外公路408.91千米；按路面类型分，有铺装路面[水泥（油）路面]950.79千米，简易铺装路面10.01千米，未铺装路面421.54千米。境内公路密度为87.41千米/百平方千米。全县有公路桥梁314座计1.41万延米，其中，大桥33座计7099.6延米；中桥83座计4103延米；小桥198座计2847.9延米。全县共有危桥51座，计2614.1米。全县有客运车辆118辆，其中，班线客车87辆计2268座、公共汽车6辆计127座，客运出租车25辆计125座，共输旅客186万人次，完成客运周转量为1.44亿人千米。全县共有货运车辆1087辆计1970吨，其中，载货汽车665辆计1548吨，其他载货机动车422辆计422吨，完成货运量310万吨，货运周转量3.24亿吨千米。

一、公路桥梁建设快速推进

1. 新一轮县乡道升级改造开局良好。龙岗—大由公路（大由段）全面完成路基工程、沙砾垫层、水稳基层，完成水泥路面浇筑1.5千米，累计完成投资640万元，占总投资81%；龙岗—大由公路（龙岗段）完成路基5.6千米，完成垫层3千米，累计完成投资610万元，完成总投资60.4%；丹阳—横江公路完成路基2.1千米，完成垫层和水稳基层1.9千米，完成面层浇筑700米，累计完成投资550万元，占总投资55%；乡道升级改造项目枫岭脑—坝口公路完成路面浇筑1.4千米。

2. 大中桥梁建设稳步推进。王泥塘桥、长安桥全面完工，实现总投资130万元。温坊大桥完成桥梁主体工程，完成投资1450万元；大由乡庙子潭大桥完成1根桩基钻孔。

3. 通自然村公路再创历史新高。全年争取上级建设计划100千米，同比增长20%。完成路面浇筑72千米，实现投资2554万元。

4. 县管省道升级改造。原S323省道燕首—宁石亭公路已升格为国道G356，被列入升级改造计划。

二、公路管养开创历史新篇章

1. 落实养护资金。全县每年日常养护资金总额达260万元,其中县财政安排150万元,乡镇自筹60万元,村级通过多种渠道筹集50万元。落实路面大中修、安保和小型水毁修复工程资金。县养公路所需由县财政统筹安排,每年不低于60万元;乡(镇)、村养公路则由乡村两级通过"一事一议""三送"(送政策、送温暖、送服务)项目等渠道解决。通过积极争取,县"三送"民生资金中专门安排900万元,主要用于农村公路水毁工程修复、重要路段的安保设施和小桥涵洞的建设。

2. 扎实开展养护管理工作。13条县养公路共230千米采取"先集中整治、后落实到养护工人"的办法,11月底基本完成整治任务。村养公路中的467千米开展养护工作,列养率达81%。

三、运输市场繁荣活跃

1. 客运站场建设顺利推进。坝口综合服务站完成工可、选址等工作,木兰客运站完成土地平整和图纸设计等工作,9个新式候车亭全部建成,进一步改善该县乡村群众乘车和候车条件。

2. 重点节假日运输安全平稳。春运期间全县共投入客车97辆、25辆出租车、城市公交车6辆,输送旅客13.67万人次,比上年同期上升4.37%。"五一"假期共完成旅客输送量6543人次,比上年同期下降0.99%;国庆黄金周共完成旅客运输量2.72万人次,比上年同期下降2.92%。实现零事故目标,实现连续道路运输安全年。

3. 运输产业发展持续健康。新开通石城—上海省际班线,延伸上柏、大秀等3个行政村通客车,全年共输送旅客186万人次,客运周转量1.44亿人千米。新增货运企业3户,分别为江西新力物流有限公司、石城县世明物流有限公司和赣州市鼎基物流有限公司,新增货运车辆117辆共计190吨,完成货运量310万吨,货运周转量为3.24亿吨千米。新增三类机动车维修业户13户,按一类驾校标准新发展1所,二类驾校—安达驾校。

4. 行业监管规范有序。积极开展驾培行业经营行为专项整治工作,查处私设培训点2处,依法暂扣"黑教练"车辆3辆。行政执法方面,执法大队共出动稽查1600人次,稽查各类车辆2300辆次,其中,查处未经许可、擅自从事机动车驾驶员异地培训3起,未经许可擅自从事汽车租赁经营1起,未经许可从事货运站场经营的1起,共查处各类违法违规车辆269起。受理举报、投诉、咨询等各类案件16起,回复率达100%,未发生一起行政复议或行政诉讼案件,较好地保护经营户的合法权益。

四、重点工作成效显著

1. 争资争项成效显著。全年共争取资金4472万元,并且通过积极争取,庙子潭桥被列为危桥改造项目,全市仅有4座桥梁被列为该项目。

2. 招商引资硕果累累。一是服务企业有新举措,实行专人进行蹲点帮扶,协调解决企业用工、办证等相关事宜,全年,荣城鞋业有限公司完成税收300余万元,乔威漆业已完成生产设备购置,预计实现产值1800万元。二是引进外资有新进展,年内引进外资250万元,34万美元。

(石城县交通运输局)

宁 都 县

一、主干公路现状 全县公路通车总里程已达到2553.15千米,其中,高速公路91.94千米,国道319线81.56千米,省道五条(石宁线、新宁线、宋水线、蛇永线、际大线)267.51千米,县道11条278.44千米,乡道80条716.30千米,村道1117.41千米。县内2条省道提升为国道,1条乡道提升为省道,其中原S208省道提升为国道G236(芜湖—汕尾),原S323提升为国道G356(福建莆田湄洲—西昌),宁都已有3条国道,国道总里程达210千米。县道X431黄陂—蔡江、乡道竹笮—田头—长胜—固村高速公路出口、乡道赖村—丁陂—瑞金升格为省道。全县24个乡镇299个行政村都通了水泥公路,通畅率为100%;全县所有渡口都已经实施渡改桥,撤销所有乡村渡口,通自然村水泥公路已实施完成460千米。

二、交通基础设施建设

1. 南昌—宁都高速公路已开工建设。全长248.59千米,于2013年7月立项,11月开工建设,其中,宁都境内55千米,连接线长14.7千米,宁都境内总投资50亿元。

2. 城市道路建设。宁都大道C段完成工程造价8000万元。龙溪湾项目道路网建设全面开花，龙溪北路、龙溪南一路、龙溪南二路、翠微西路西延竣工在望；三环南路、梅江西路南延开工、永宁新城路网框架依稀可见。

3. 干线公路改造初具规模。省道S319线蛇形排—黄陂至小布公路改造项目，长39.6千米，二级公路，路基工程及路面碎石垫层已经全部完工，完成投资7000万元。国道356线（原省道323）宁石亭—赖坊段公路改造工程已开工建设，完成挖填方工程量的1/3，完成投资1500万元。省道S222洛口—来源公路改建项目重新续建，累计完成投资1000万元。

4. 农村公路建设进展顺利。①启动安福—连陂、洛口南岭—719矿县道改造项目，其中，安福—连陂路基工程已经完工，完成投资600万元，南岭—719矿路基工程完成投资150万元。②建设完成长胜—大柏地（投资600万元）、上湖塘—桥背(65万元）等客运网络连通工程项目。③在上级建设计划未下达的情况下，完成通自然村公路260千米，完成投资7800万元。

5. 危桥改造成效显著。重点危桥改造项目布头大桥已经完工，总投资776万元，实施完成农村中小危桥改造130座，总投资1500万元。

三、农村公路养护 一是国省道大中修常态化。2013年，修复昌厦公路破碎板1.7万平方米，投资297.5万元，大修沥青路面1.76万平方米，投资228.4万元。二是加大农村公路养护投入。一方面在省道蛇形排—黄陂公路在改造期间投入资金60万元及时修复受损路段，保障该路段基本通行；另一方面安排资金150万元，出动机械50台次抢修全县水毁灾情，力保主要公路畅通，实现农村公路水毁零伤亡。三是完善危险路段安保设施。安排资金100万元用于临崖临水路段防撞墩、减速带、警示牌等安保设施投入。四是全县农村公路养护实施意见已经出台。将公路养护进一步向村、组延伸，实行全覆盖。

四、道路运输行业管理

1. 道路运输业继续保持良好的发展态势 。2013年，全县拥有班线营运客车250辆7004座，出租车70辆，公交客车40辆。拥有营运货运车辆1218辆、吨位2952吨。开通跨省班线35条，跨区班线7条，跨县班线8条，县内短途班线91条，辖区内有客运企业6户，二类维修企业6户，驾驶员培训学校9家。

2. 客货运输实现安全畅通。完成客运量529万人，客运周转量4.45亿人千米，完成货运量661万吨，货运周转量60.30亿吨千米。

3. 专项整治工作取得实效。成立以分管副县长为组长的客运市场整治工作领导小组，由公安、城管等13个部门共同参与，对运输企业、车站、城市客运等进行全方位整治，重点打击非法营运。查扣非法营运车辆78辆，实现车站封闭管理，客运市场秩序明显好转。

4. 群众出行更加方便快捷。实施14个农村客运候车亭建设，使全县农村客运候车亭总数达114座，新增农村班线3条，新增市际班线1条，恢复市际班线1条，新增和更新农村客运班车13辆，农村客运班车通达率已达94%，广大农村的出行条件大为改善。

（宁都县交通运输局）

吉 安 市

2013年，该市交通运输局以中央苏区振兴、罗霄山连片扶贫开发、吉泰走廊建设为契机，紧扣年度目标，主攻项目、强化措施、狠抓落实，积极推进交通运输各项工作，全年目标任务全面完成。

一 、重点项目建设有新进展

1. 新井冈山大桥项目顺利开工建设。作为拉大全市城区框架的重点项目之一，该项目工程可行性研究批复前置工作有效推进，工程可行性研究初步设计如期获得省发改委批复，设计、监理、施工招投标工作按程序顺利开展，9月底，项目如期开工建设。2013 年,共完成投资 6040 万元。项目进展顺利且成功被纳入省政府重点调度项目目录。

2. 配合做好高速公路协调工作。2013 年,该市境内的吉莲、抚吉、井睦高速先后建成通车,南昌—宁都高速公路也于 2013 年 11 月底开工建设。该市交通运输局积极做好征地拆迁协调工作,为高速公路建设营造良好施工环境,重点协调抚吉高速、吉莲高速已完工项目的遗留问题,如吉水县玉山采石厂拆迁补偿等事宜。全年共新增高速公路里程 205.3 千米,全市高速公路里程达 574.3 千米,占全省高速公路总里程 4335 千米的 13.3%。随着高速公路建设的进一步加快,该市"一纵二横二联络"的高速公路网主骨架已基本形成,对促进全市经济社会发展将起到更加重要的推动作用。

二、民生工程建设有新成果 农村公路建设驶入快车道。①做好农村公路基础设施建设工作。吉安市交通运输局紧紧抓住国家支持原中央苏区振兴和罗霄山集中连片特困扶贫的有利政策,全年争取农村公路建设规模达 2191 个计 2257.7 千米,省交通运输厅下达的投资计划达 4.98 亿元。该局重点做好县乡道升级改造、农村客运网络化连通工程、农村公路危桥改造工程及 25 户以上自然村通水泥路四项民生工程。全年共完成 1719 千米农村公路建设任务,建成 5 个农村公路综合服务站,完成投资 7 亿元。②加大养护工作力度。继续开展农村公路管理养护年活动,在全市范围内开展养护示范路创建活动,共安排 200 余万元养护资金对全市 96 千米县道作为养护示范路进行资金支持,通过示范带动,遂川、泰和等县的农村公路养护水平显著提高,全市县道经常性养护率达到 100%,乡道经常性养护率达到65%以上,村道经常性养护率达到45%以上。

三、运输市场管理和物流业发展有新局面

1. 运输市场管理规范有序。①圆满完成假日旅客运输工作,有效保持全年的道路运输安全平稳态势。春运 40 天,全市日均投放客运班车 1850 辆,日均开行客运班次 3607 次,共计组织春运包车 2545 次、加班 2499 次,完成客运量 498.6 万人次,同比增长 3.1%;城市公交客运日均投入运力 661 辆,运送旅客 981.5 万人次;出租客运日均投入运力 906 辆,运送旅客 393.9 余万人。"十一"黄金周期间,全市共发 15138 个客班,其中包车 590 班、加班 519 班,共输送旅客 76 万人,无一人伤亡。②规范客运市场秩序。通过客运市场整顿,加大打击黑车力度等措施,确保道路运输市场规范有序。中心城区运管部门共出动人员 665 人次,查处违规经营车辆 87 台次,教育放行 136 台次(出租车 58 台次),查处"黑车"63 辆。各县(市、区)运管部门根据辖区客运市场实际情况,有针对性地进行包括整治"黑车"、治理客运市场、货运市场不规范行为为内容的多次专项整治行动,重点加强对面包车非法载客和班线客车不按核定线路经营、货运车辆非法改装行为打击力度,并取得显著的工作成效,有效维护了道路运输市场秩序。

2. 城市公交发展普惠百姓。①吉泰走廊"三县三区"公交实现全覆盖。2013 年 8 月 1 日,吉州—泰和公交线正式开通,使吉泰走廊公交一体化得以实现。②进一步完善城市公交线路。完善调整及新增线路基础设施,延伸 9 路公交线、新开通 8 路公交线,由政府出资开通新老政府直达公交专线,方便群众出行。

3. 物流业发展务实推进。物流园区加快建设"一平台、多园区",井开区、泰和县、吉州区、吉安县等物流园区(中心)建设一期已基本建设完成。全市还有报批在建的物流园区(中心)16 个,已全面完工的有 2 个,完成主体工程的有 2 个,开工建设的有 5 个,作项目前期准备工作的有 7 个。吉安市基本形成了以货运有形市场为平台,以鼓励建设一定规模的物流园区(中心)为目标,引导货运业转型,促进大型货运企业向现代物流业发展的良好局面。峡江、吉水、遂川、新干、吉安县、永丰等县的物流业税收收入均突破 1 亿元大关,峡江县突破 2 亿元,继续领跑全市。

4. 交通运输企业搬迁及改制。圆满完成城南军民西路汽车、物流企业搬迁工作,共搬迁物流企业 28 户、维修企业 55 户、零配件企业 24 户。完成赣江西堤除险加固工程涉及的 2 户企业的征地拆迁及人员安置工作。顺利实现对吉安船厂的破产改制清算和职工安置工作。

吉 州 区

一、基础设施建设 ①朱北公路改造工程。该工程是樟山新区建设的重要组成部分，工程分两期建设，投资5亿元。一期按城市Ⅱ级公路建设，道路红线宽55米，双向6车道；二期按一级公路建设，道路红线宽31米，双向6车道。朱北公路一期（吉州区工业园东庆化工厂—樟山镇金牛广场）1.7千米城市Ⅱ级道路建设已建成通车，12月完工。二期（樟山金牛广场—泸田段）3.43千米一级公路改造已开工建设，12月主体工程垫层通车。②河西综合物流园区公路货运枢纽。该工程已通过交通运输部调查与规划，并已向交通运输部上报资金申请报告。已完成6万平方米主体工程建设任务，4万平方米仓储12月开工建设。完成固定资产投资8000万元。

二、农村公路建养情况 ①农村公路桥梁建设。西四乡联网公路17.27千米及双长线4.07千米四级公路改为三级公路建设工程已开工建设，12月完工。客运网络公路计划建设里程12.5千米，完工7千米。通自然村公路：上报通自然村公路项目共计178个、160千米，大部分项目已开工建设。下湾桥、田心桥已建成通车，振兴道桥完成主体工程。②农村公路管理体制改革。该区政府制订下发《吉州区关于加强“十二五”全区农村公路管理养护工作实施意见》，该区公路管理站更名为区农村公路管理所，并将自收自支事业单位确定为全额拨款事业单位。将农村公路养护正常工作运转经费、养护工程费、日常养护费列入财政预算。

三、民间渡口全部撤销 近年来，吉州区多方筹集资金，大力实施“渡改桥”项目，先后有11个渡口因建桥而被撤销。通过建桥撤渡，2013年撤销樟山文石、江口2个渡口，5艘渡船全部处理，吉州区所有乡村渡口全部撤销。

青 原 区

一、基础设施建设 ①青东公路“三级公路改为二级公路”工程全面完工，该路起于华能井冈山电厂水泵房，终于东固江口村，全长64.51千米，按二级公路标准改建，沥青混凝土路面，路基宽12米，路面宽10.5米，设计速度为80千米/小时。山区路段路基宽8.5米，路面宽7米，设计速度为40千米/小时，总投资2.5亿元。分2期实施，二期工程长39.1千米，投资1.6亿元，2013年7月完成油路面通车。②105国道吉安中心城区（青原段）改道工程。该工程起于青原区天玉镇与河东街道交界的草坪桥，终于河东街道案头新村，与新建永和连心大桥相接。路线全长11.4千米，投资3.6亿元，已完成路基挖方、填方、盖板涵和圆管涵及4座小桥建设；底基层完成工程总量的96%，下基层完成工程总量的89%，上基层完成工程总量的88%，下面层完成总量的36%。累计完成投资1.98亿元，2013年11月底完成油路面通车。

二、农村公路建养情况 ①农村公路桥梁建设。2013年，及时上报通村公路计划83.7千米、新农村公路计划12.6千米，并完成以上公路的外业测量和内业设计任务；完成定点扶贫村公路计划3.8千米、县乡道升级计划4.7千米及一座150米长的危桥改造计划上报任务；完成4座现代庐陵风格候车亭及4个公交车招呼站建设计划的上报任务。②农村公路管理体制改革。区政府明确区农村公路管理养护体制改革的总体目标和工作重点，将区公路管理站和公路工程质量监督站合并组建为青原区农村公路管理所，并设立文陂、富田两个农村公路管养站，区财政局吉青财〔2013〕112号文件将农村公路管理部门人员工资福利、正常工作经费、养护工程费和日常养护费等纳入财政预算。

吉　安　县

一、永和连心大桥工程　该大桥路基填方、涵洞、纵向边沟、护坡等底基层工作全部完成。地下236根桩基、68个承台及68个墩身、62个盖梁全部完成,T梁预制266片,完成率为76.4%;架设228片,完成率为65.5%,完成总投资2.3亿元。

二、农村公路桥梁建设　县道三锡坊—袁家17千米全面开工建设,三锡芳—指阳段11千米基本完成路面建设,指阳大桥—袁家6千米完成垫层施工。县道林科所—梅塘13.9千米已经完成施工图设计审批。县道澧田—敬老院段2千米全面完工。凤凰、梅塘、敖城、北源、澧田5个农村综合服务站计划投资1500万元,完成投资300万元。征地工作全面落实并已完成编制工可。凤凰—高塘公路建设项目已经完成勘测设计招标、初步设计;新澧田大桥完成初步设计并通过省审批立项。投资65万元对指阳大桥进行维修加固,已完工。

三、农村公路管理体制改革　县政府制定下发《吉安县关于加强“十二五”全区农村公路管理养护工作实施意见》,县公路管理站更名为县农村公路管理所,并将自收自支事业单位确定为全额拨款事业单位。将农村公路养护正常工作运转经费、养护工程费、日常养护费列入财政预算。进一步深化管养体制和管养责任落实,把全县1728.7千米硬化的县乡村道路全面纳入公路养护,并明确分级养护责任。

(吉安县交通运输局)

新　干　县

一、余新公路拓宽改造工程通车　新干县交通运输局积极响应县政府“沿江开发、城市东扩、跨江发展”的城市建设战略,抓好余新公路拓宽改造工程,截至11月底完成沥青上面层的铺筑,实现了全面通车并完善交通标志标线。

二、大力发展汽车物流业　新干县全年新增物流车辆349辆,新增吨位4105.40吨,货运业税收达到1.87亿元,与上年同比增长121%。全县累计拥有物流车辆3609辆,总吨位3.21万吨,共有物流企业27户 。

三、农村公路综合服务站建设　全面推进农村公路建、管、养、运一体化服务发展,抓好神政桥等综合服务站建设,该站建设已全面完成,并通过市交通运输局验收,待通过省交通运输厅验收后即可投入使用。另外,七琴、溧江两站建设均得到省交通运输厅工程可行性研究报告批复,已启动前期工作。

四、加快推进水毁工程修复　全年共投入资金30余万元修复城塘线麦斜—王坑路段水毁路面;修复沥青路面680平方米、水泥路面8000余平方米;桥涵加固修复浆砌片石350立方米、水泥混凝土50立方米;平整、修复路肩21千米,有力地保证了管养公路的畅通无阻。

五、加大农村公路绿化精品路建设力度　在公路通道绿化建设的基础上,致力于绿化精品路建设。年初,购买4200余株樟树、松树和杨树等,组织人员完成了对界埠—巴邱公路、新干—三湖公路的绿化植树,至此,新干境内5条县道级100千米的农村公路实现绿化全覆盖。进一步提升了全县农村公路的行车环境,完成农村公路从洁化到绿化再到美化的公路“三化”建设。

(新干县交通运输局)

峡　江　县

一、全县物流业再创历史新高　全县新购货车210辆3465吨,货车总量达到6000余辆6.91万吨,其中,牵引货车3796辆5.11万吨;全县货运船舶总数达81艘4.87万吨。新增货运物流企业11户,货运物流企业总数达82户,其中一般纳税企业总数达48户,货运物流从业人员达到1.7余万人。全县10吨以上的重型化、多轴式、厢体型大货车得到进一步扩充,运力结构进一步优化,保持在货运总量的90%以上,运力在市内仍保持首位。1~10月,全县共实现货运税收2.7亿元,占年目标任务的128%,与上年同期相比增长139%。全年货运税收突破3亿元。

二、农村公路桥梁建设 仁和农村公路综合服务站建设项目于2013年11月动工建设；县道升级改造戈坪—白沙项目，总长12.4千米，按三级路标准建设，总投资1148万元，11月底完工；危桥改造项目方面，对巴仁线王家桥、下痕村委红光桥、湖洲村委湖洲桥3座桥梁进行改造，其中，王家桥已竣工，红光桥已完成80%工程量。古井张家独立桥已完成测量设计，并着手招投标。沙坊枫林洲桥已确定施工队伍，并动工建设。同时积极向上申报，完成戈坪、象口等14座危桥的鉴定入库工作。另外，对砚溪镇鹏溪村樟溪上组进村桥等11座小桥进行了加固维修。

（峡江县交通运输局）

吉　水　县

一、农村公路建设 全县通村组公路开工里程达90%以上，完工里程80千米。续建项目环湖主干道45.5千米，其中，住歧—醪桥段39.5千米，该项目路基垫层、圆管涵及小、中桥基本完成，水稳层摊铺完成22千米，混凝土路面完成13千米；环湖路南延段醪桥—县城防洪路堤结合工程6.01千米，该工程已完成施工图变更设计及施工招标工作，项目征地也基本完成，11月中旬动工建设。

二、恩江二桥 该桥可施工范围内下部构造全部完成，共完成工程投资5800万元，占43%。工程已完成桩基108根（共134根，占81%），剩余26根因医院未搬迁暂无法施工；承台14个，已全部完工；立柱48根（共56根，占86%），剩余8根因医院未搬迁暂无法施工；预制小箱梁110片（共117片，占94%）；盖梁8个（共9个，占89%）；桥台1个（共2个，占50%）；箱梁架设60片（共117片，占51%）；P8# ~ P9#段满堂支架完成90%；路基填土5.5万立方米（共6.3万立方米，占87%）。

（吉水县交通运输局）

永　丰　县

一、基础设施建设 ①省道S223石镇线古县—江口段改造。该项目长25.8千米，路基宽10～12米，路面宽7～7.5米，沥青混凝土路面，总投资1.57亿元，上级补助5384.4万元，地方政府配套1.02亿元。完成全线征地拆迁工作，完成50%路基土石方和全部涵洞，完成投资5000万元，2013年年底完成路基工程。②城北物流产业园建成。产业园占地面积4.55公顷（其中：商住房建设用地1.55公顷，交通用地3公顷），总建筑面积4.5万平方米，项目投资1.1亿元，园区分为货物运输配载、货运信息服务、汽修汽配、汽车展示交易、仓储停车、商住等六大功能区，园区内主体工程2012年年底已全部竣工。2013年投资1300万元，完成主体工程外墙装饰，市政人行道板铺装，供水、供电、排水排污管道，场地硬化、绿化等公共配套设施工程，年底投入使用。

二、农村公路养护管理体制改革 2013年，完成公路管理站体制改革，挂牌成立永丰县农村公路管理所，为副科级全额拨款单位，理顺人员和编制。完善农村公路管理养护办法，按标准配备日常养护人员，积极推进农村公路养护市场化，县道采取专业养护、委托养护和公开招标相结合的办法进行养护，乡道和村道采取个人分段承包、沿线家庭承揽、委托专业队伍养护或一事一议的办法进行养护。

（永丰县交通运输局）

泰　和　县

一、沿溪综合货运码头建设 该码头建设前期工作进展顺利，已编制完成可行性研究报告、用地预审和项目选址等工作，8月动工建设。项目总投资1.2亿元，将建成两个千吨级泊位，设计年吞吐量为55万吨，船型为1000吨级货船。

二、苑前至阳丘公路建设工程 苑前—阳丘公路建设工程在泰和县公共资源交易中心招投标完成。工程总概算600万元,路线全长6千米,按三级公路技术标准设计,设计速度为30千米/小时,路面宽6.5米,水泥混凝土路面,其中2.7千米为新建路面。

(泰和县交通运输局)

遂川县

一、大广高速遂川连接线二级公路改为一级公路工程 该工程24.5米路宽段的路基、垫层全部完成,铺设5千米水稳层,60米路宽段路基基本完成,完成2.5千米的垫层、1000米污水管和30个污水井。

二、“两桥”拓宽改造工程 泉江大桥于9月1日竣工通车,龙泉大桥进入最后引道及附属工程施工阶段,11月底竣工通车。

三、物流业发展迅猛 全年物流运力达到1.74万吨,上缴利税达1.53亿元,分别完成年度任务的116%、112%;全年新增物流企业10户,运力536辆、吨位5126吨。全县共有物流企业57户,货运车辆4285辆,吨位达1.74万吨。

(遂川县交通运输局)

万安县

一、大广高速万安互通连接线(含嵩阳桥)改造工程 该工程总投资1.95亿元、长11.05千米,工可及初步设计于2013年年初通过省公路管理局评审并批复,6月13日完成项目设计评审,8月15日完成招标,由江西中煤建设集团有限公司中标,9月1日正式开工,已完成桥梁桩基21根,桩柱14根,系梁8根,完成路基土方1300立方米,清淤泥500立方米。

二、农村公路建设 农村公路项目146个(171.8千米,桥梁49米/1座),总投资5567万元,已完工71个,在建4个,筹备开工项目71个,累计完成投资1413.8万元。

三、西港物流园建设 项目总投资2亿元,于2013年3月26日完成项目投资协议签订,由江西伯美实业有限公司投资建设,5月完成经营主体(江西乐易通物流有限公司)注册登记工作,首批建设用地5.06万平方米,于10月完成招拍挂,年底开工。

(万安县交通运输局)

安福县

一、农村公路建设 该县全面完成上级下达的80千米建设目标任务,完成建设总投资2400余万元;完成新建独立桥梁2座(山庄乡连村葛洲桥、洋溪镇东风桥),建设总投资290万元;完成农村客运网络线路改造6.7千米,建设总投资469万元;完成赤谷—马石县道安保工程2.4千米,建设总投资91万元。

二、道路运输事业发展 截至2013年年底,全县共有营运车3353辆,分别同比增长11.6%,其中客车217辆6029座,同比增长9.5%、15.3%,年内新增更新客车20辆658座;公交车45辆1577座,年内新增公交车13辆433座;出租车65辆,与上年持平。全县共有客运班线101条,营运总里程1.07万千米。行政村通客车率达92.2%。完成客运量348万人次,同比下降2.2%;客运周转量1.25亿人千米,同比下降2.2%;货车3024辆1.22万吨,分别同比增长11.7%和16.9%,年内新增408辆1697吨,完成货运量415万吨,同比增长2%,货运周转量11.91亿吨千米,同比增长2.6%。交通运输改制企业发展平稳。

(安福县交通运输局)

永新县

一、将军大道续建工程 将军大道是永新县城园对接的一条主要交通干道,全长9.927千米,分两期投资建设,一期4.8千米,二期5.127千米,按一级公路标准兼顾城市道路功能设计。工程概算总投资2.1亿元(含征地拆迁费用),绿化工程总投资为5200万元。2013年年底,整个工程全面竣工通车。

二、319国道园区段改造 该项目全长3.02千米，采用一级公路标准设计，道路宽度为30.5米，投资4300万元。12月底，全部完工。

三、319国道汶水至里田段改造 项目全长15.62千米，采用二级公路标准设计，路基宽12米，双向2车道，投资3000万元（不包括大中桥、路面工程）。施工单位已进驻工地有序施工。11月底，完成路基土石方填筑以及桥梁工程，12月底完成垫层铺设。

（永新县交通运输局）

井 冈 山

一、大陇至源头公路 公路全长11.8千米，按山岭重丘三级公路标准进行加宽改造和安保设施设置（路基宽7.5米，路面宽6.5米），总投资3000万元。截至2013年年底，共完成路基土石方42万立方米，防护工程3万立方米，涵洞570米计60道，路基基本成型，共完成投资额1700万元。

二、井睦高速公路正式建成通车 10月28日，井冈山通往湖南炎陵的井睦高速公路正式通车。该公路起点位于井冈山市厦坪镇，接已建成的泰井高速公路，终点位于湖南炎陵县两渡镇与江西井冈山睦村乡交界处，接湖南境内炎睦高速公路。项目全长43.3千米，其中，鹅岭隧道总长6684米，在井冈山境内设有鹅岭、龙市两个出口通车后，井冈山—湖南省炎陵的行车时间由现在的近2个小时缩短至50分钟。

（井冈山市交通运输局）

宜 春 市

2013年，全市各级交通运输部门抓发展、抓改革、抓服务、抓管理，建设综合、智慧、绿色、平安交通，全面完成各项工作任务。

一、交通基础设施建设有序推进 万宜高速、昌樟高速改扩建工程正在加速建设，昌栗高速公路已动工建设，万铜、昌宁高速公路建设前期工作已启动，沪昆高铁宜春段、宜春新火车站综合枢纽、宜春长途汽车客运总站基本建成。宜春明月山机场已建成通航，已开通昆明—宜春—上海和深圳—宜春—北京两条航线，宜春明月山高山旅游铁路专线基本建成，已投入试营运。投资300万元的樟树港大码头改建工程已完成；投资185万元的铜鼓县大段库区客运码头建设已投入使用，改写该市无高铁、无民用机场和无旅游铁路专用线历史。全市新建农村水泥公路1250条，里程1.37万千米，工程投资9.23亿元。农村公路桥梁23座，全长1928米，引道长5000延米，工程投资7562万元；农村公路综合服务站19个，建筑面积1.68万平方米，工程投资9600万元；乡镇客运站1个，建筑面积300平方米，工程投资50万元；农村候车亭56个，建筑面积1680平方米，工程投资168万元。

二、交通运输稳定发展 全市道路客运企业14户，拥有营运客车1494辆，座位4.93万个，座位同比增长6.7%；通班车行政村2057个，占行政村总数的81%；全年完成道路客运量8677万人次，旅客周转量43.21亿人千米，同比分别增长5%和6%。货运企业7615户，拥有营运货车5.42万辆，吨位57.48万吨，同比分别增长1.9%和12.5%；完成货物周转量444.87亿吨千米，同比增长18.3%；汽车维修企业979户，同比增加147家；出租车1521辆，同比增加109辆；港航企业126户，拥有营运船舶1146艘，吨位74.45万吨；完成港口吞吐量1808万吨，水路货运量2245.5万吨，货物周转量26.80亿吨千米。

三、现代交通物流异军突起 全市各级政府和交通运输部门把物流作为经济发展新亮点,实行优惠政策,积极引导鼓励个人融资、招商引资、政府投资等办法,加快现代物流业发展。高安市拥有3万营运车辆、10万人从事物流人员,年创税收超3亿元。引进外资和国内知名企业合计投资30亿元在樟树市建医药物流园和樟树港现代物流园。引进驻上海外商投资10余亿元在万载县建花爆物流园。为对接航空高铁时代,策应市委、市政府“兴工强市”战略,宜春中心城区重新布局物流格局,在高铁火车站、明月山机场、经济开发区、锂电产业基地、高速公路口、城南等地设6个货运枢纽。充分利用宜春汽运公司覆盖全市1600多个农村的客运班线网络化优势,在乡(村)设立农村超市1600多个,将农村物流、商品销售与农村客运、农民旅游有机结合,采取班车带货、大宗物品货车配送等模式,进一步加快城乡物流发展。

四、交通运输安全生产实现无重大责任事故

坚持“安全第一、预防为主、综合治理”方针,加强领导,制定举措,形成一级抓一级,层层抓落实工作机制,严格执行“三不进站、六不出站”〔危险品不进站、无关人员不进站(发车区)、无关车辆不进站;超载客车不出站、安全例检不合格客车不出站、驾驶员资格不符合要求不出站、客车证件不齐全不出站、出站登记表未经审核签字不出站、乘客和驾驶员不系安全带不出站〕和凌晨2时强制长途客车休息等规定。加大排查,加大教育,加大经费投入,加大整治,加大工作力度,强化制度建设,广泛开展安全生产宣传月活动。加强监督,坚持车船驾驶员日自查一次,乡村和运输企业旬检查一次,县(市、区)月督查一次。开展查思想、查制度、查违章、查隐患工作,发现问题及时整改到位,从整治运输市场入手,与交警、海事等部门多次联合开展交通运输安全生产秩序专项治理活动,加大对车船驾驶员酒后驾驶和疲劳驾驶的查处力度。加快车船更新和农村改渡建桥步伐,形成人人讲安全、个个管安全的浓厚氛围。全年全市实现道路客运无重大责任事故,水路运输、交通重点工程建设零事故,农村渡运保持连续26年无死亡事故,交通运输安全生产持续稳定。

(吴泽水)

袁州区

该区交通运输局发展“四个交通”,全面完成全年各项工作任务,交通运输稳中有进。

一、交通基础设施建设取得新进展 宜春明月山机场全面竣工,并已正式投入使用;南昌—上栗高速公路袁州段已开工建设;投资1.68亿元的宜春汽车客运站站房18—32轴主体完工;宜慈公路建设已于8月18日开工建设,工程投资10亿元,建设里程67.8千米;新火车站枢纽工程沪昆高速铁路建设基本完成;宜新公路改造项目建设启动,其中:新城区段已开工,下浦—彬江段前期工作已启动。新建农村水泥公路218条,里程259.75千米,工程投资1.10亿元,其中:新建通自然村水泥公路199条,里程177.8千米,工程投资4913.2万元;国有林场水泥公路2条,里程7.8千米,工程投资417万元;县道升级改造水泥公路2条,里程10.5千米,投资1050万元;农村客运网络化连通工程水泥公路14条,里程45.3千米,工程投资4599万元;农村公路安保工程1项,里程18.35千米,工程投资110万元。建农村公路桥梁2座,全长177延米,工程投资384万元。新建农村候车亭14个,建筑面积350平方米,工程投资42万元;在建金瑞镇农村公路综合服务站,建筑面积1450平方米,工程投资230万元。

二、道路运输生产新发展 全区拥有营运客车275辆,同比增长2.6%,全年完成道路客运量1268万人次,客运周转量3.19亿人千米,同比分别增长3%和5%。通客车行政村332个,占行政村总数的100%。拥有营运货车5936辆,吨位2.85万吨,同比分别增长9%和9.4%,全年完成货运量2172万吨,货运周转量11.08亿吨千米,同比分别增长3.5%和4.5%。全区货运企业158家,同比增加38家。拥有城市公交车354辆,出租车504辆,同比分别增加20辆和100辆。机动车维修企业184家,同比增加65家。汽车驾校17所。为策应工业大发展需求,宜春中心城区在高铁火车站、明月山机场、经济开发区、锂电产业基地、高速路口和城南等地设6个货运枢纽,现代物流业异军突起,交通运输发展进入快车道。

三、交通运输安全生产取得新成效 坚持"安全第一、预防为主、综合治理"的方针,制订安全生产管理方案,层层签订安全生产责任状,形成主要领导负总责,分管领导具体抓,专干全力抓,一级抓一级,层层落实工作机制。从抓道路运输整治入手,检查企业150多家,下发整改通知书20份,其中18家已经整改到位。大力开展安全生产月活动,进行安全教育培训858人次,提高广大司乘人员安全意识。做到"三不进站""六不出站"。加强对企业的GPS监控进行排查,24小时GPS监控。对四类危桥限载通行,渡运坚持每月排查一次,特别是在节假日、重要活动日及恶劣天气日,安全人员到现场指挥监督。全年实现道路客运无重大责任事故,农村渡运零事故,路桥无垮塌伤亡事故,交通安全持续平稳。

(李 庆)

樟 树 市

2013年,樟树市交通运输局以交通惠民工程建设为重点,全面完成各项工作任务,交通运输事业又好又快发展。

一、城乡公共交通一体化取得新成效 实行城乡公交一体化,日开行城乡客运班线21条,客车88辆,运行班次658班,日运送旅客2.8万人次,票价10千米以内1元/人次,10～20千米2元/人次,20千米以上3元,票价降幅56%,距市区最远乡镇达77%,市政府拨款1100万元作为道路客运企业的收益差额补贴。新增高档客车59辆,新增出租车60辆,开通城乡公交。

二、重点工程协调实现新突破 樟树东站铁路货场进场公路进展顺利。A线8千米于7月竣工通车。B线3月签订征地拆迁协议,5月开工建设。昌樟高速公路樟树段改扩建项目正在加速建设,经楼服务区(两侧)、经楼互通各1个,征地拆迁已提前完成,市协调服务保障工作到位。樟树赣江二公路大桥工程监理和施工队伍已完成招投标。赣江二公路大桥至经楼连接线项目,工程前期工作已启动。外商投资20亿余元的樟树港工程建设项目顺利开工。

三、农村路网通达能力迈上新台阶 市政府拨款3600余万元,已完成全市10条农村破损严重的主要县乡道路技术改造,新建农村水泥公路95条,里程78.9千米,工程投资2206万元,其中,通自然村水泥公路76条,里程68.9千米,工程投资1900万元,建进村水泥公路19条,里程10千米,工程投资570.4万元。新建客运网络改造2条,里程8.5千米,工程投资340万元。新建农村公路桥梁2座,全长66延米,工程投资210万元。完成永泰、昌傅、黄土岗、观上、阁山和张家山危桥改造7座,全长210延米,工程投资508.1万元。在建农村公路综合服务站1个,建筑面积730平方米,工程投资320万元,进一步改善农村交通条件。

四、交通运输业取得新进展 全市拥有客车98辆,座位2485个。全年完成公路客运量912万人次,旅客周转量2565万人千米,同比分别增长72%和17%;通客运行政村230个,占行政村总数的95%。全市货运企业86家,同比增加24家,营运货车4758辆,吨位3.49万吨,全年完成货运量2328万吨,货物周转量56.94亿吨千米,同比分别增长23%和68%。港航企业5家,完成港口货物吞吐量141.3万吨,同比增长1.05%;营运船舶105艘,吨位3.45万吨,完成水路货运量164.8万吨,货物周转量1514.2万吨千米。城市公交车144辆,同比增加59辆,出租车196辆,同比增加60辆,机动维修企业20家,汽车驾校8所。引进外商投资10亿元建设医药物流园;引进中国物流总公司投资20亿元建设樟树港现代物流园,与此同时,一大批物流企业纷纷落户该市,推进了该市物流行业快速发展。

五、交通运输安全生产新发展 抓好行业安全监管。推进渡口标准化建设,督促汽车站落实封闭式管理和客车安全例检工作,严格执行"三不进站、六不出站",对营运车辆运营情况进行实时监控,确保运输安全。做好出租车司机集体上访矛盾纠纷排查调处化解工作,保持客运稳定。做好交通费改税后交管站人员队伍稳定工作和思想稳控工作,维护正常工作秩序。完善交通综治维稳、行政调解、平安创建、三网建设工作机制和台账资料,夯实维稳基础,全年实现道路客运无重大责任事故,交通工程建设、农村渡运零事故,全市交通运输安全生产持续稳定。

(杨 波)

丰 城 市

该市交通运输局围绕“担当领头羊,领先东西部,百强再进位”总目标,突出重点,增添措施,全面完成各项工作任务,全市交通运输呈现良好发展势头。

一、交通重点工程建设进展顺利 昌樟高速公路丰城段四车道改为八车道工程建设进展顺利,“四改八”工程药湖公路特大桥与引桥合拢,加速建设;丰城锦江公路特大桥已建成通车,大桥全长1208米,工程投资1.26亿元;丰厚一级公路完成路基土方183万立方米,占工程总量的97%,累计完成工程投资3.9亿元,占工程投资总额50%;昌宁高速公路丰城段建设前期工作已启动。梅林—隍城温泉公路,全长14.96千米,工程投资1.41亿元,完成投资1亿元,已完成工程总量的80%;养生硒谷温泉景观公路一期工程全长5.6千米,9月开工建设,路基土方及涵洞工程已全部完工;全年建农村水泥公路149条,全长175.56千米,工程投资8903万元,其中:县道升级改造项目3个,全长26.8千米,工程投资2144万元,客运网络化项目3个,全长19.9千米,工程投资1200万元;建自然村水泥公路52条,全长26.96千米,工程投资2518万元。成品油价格和税费转移支付资金建水泥公路39条,全长41千米,工程投资1640万元;新农村建设村点水泥公路建设52条,全长24.94千米,工程投资996万元。建农村公路桥梁3座,全长225延米,工程投资405万元;建农村公路综合服务站4个,建筑面积8047.7平方米,工程投资1800万元。

二、交通运输有序发展 全年拥有客车147辆,座位3490个,全年完成道路客运量1476万人次,完成客运周转量6.59亿人千米,同比分别增长15%和15.5%。通客车行政村440个,通达率85%。城市公交车74辆,出租车210辆,新增10辆。全市道路货运企业64家,同比增加22家。拥有营运货车5589辆,吨位3.73万吨,同比分别增长21.5%和19%。完成货运量2014万吨,完成货运周转量55.60亿吨千米,同比分别增长11.5%和15.5%。机动车维修企业321家,汽车驾校11所。港航企业14家,同比增加1家,拥有营运船舶478艘,吨位68.3万吨,完成港口货物吞吐量1409.35万吨,水路货运量1487.3万吨,货物周转量229.56亿吨千米。

三、交通运输安全生产持续稳定 坚持“预防为主,安全第一、综合治理”的方针,加强领导,制定举措,层层签订责任状,加大工作、经费投入、监管力度,形成政府带动、舆论推动、部门互动、上下齐动工作机制。深入开展“安全生产年”活动,严格落实安全生产责任制度,按照“谁检查、谁签字、谁负责”的原则,明确各自岗位职责;加强安全生产宣传教育;狠抓薄弱环节,强化隐患排查整改,实施安全生产动态监管和考核。全年实现农村渡运连续28年无死亡事故;全年道路旅客运输无重大责任事故;交通重点工程建设工程无责任事故;水路运输零事故,交通运输安全生产持续稳定。

(熊雪芽)

靖 安 县

2013年,靖安县交通运输局紧紧围绕县委县政府“白云深处、靖安人家”目标,各项工作有序推进。

一、主攻公路建设,路网结构得到改善 县城环城北路于9月份动工建设,道路全长12.26千米,按一级公路兼城市道路功能设计建设,道路宽38米,行车道宽20米,双向四车道,两侧各设5米人行道和4米绿化带。工程建设内容两座大桥(其中白云大桥长160.8米、九岭大桥长217.16米)、一座中桥、八座小桥,工程建设总投资2.16亿元。路基土石方工程已经完成80%,桥涵工程已经完成8%,雨污水工程开工建设。完成三爪仑大道工程的扫尾工作,投入200余万元资金对沿线标志、标牌进一步进行完善,增加安装太阳能爆闪灯6套、悬臂式标志牌6套、铸钢减速带400余米。新建农村水泥公路84.0千米。工程总投资7655.8万元。其中,通自然村水泥公路52条,全长55.6千米,工程投资1520万元;新建农村水泥路4条,全长2千米,工程投资54.8万元;建农村公路路网改善工程项目4个,全长26.5千米,工程投资4581万元；建农村公路桥梁5座，全长563.16延米，工程投资3100万元。

二、优化运输结构，道路运输市场不断繁荣 2月，开通县城—雷公尖、水口、仁首、香田等5个乡镇和2个工业园共7条公交线路，投入10辆新公交车，新建公交候车亭6个。全年新增货运企业7家，新增营运货车157辆，吨位2745.95吨，全县货运企业达52家，拥有营运货车951辆，吨位1.72万吨。完成货运量167万吨，货运周转量3.66亿吨千米，同比分别增长8.8%和9.5%。完成客运量62.5万人，客运周转量7208.6万人千米，同比分别增长4.1%和3.7 %。公交车10辆，出租车40辆，汽车驾校2所，机动维修企业72家。全县"四个交通"正在形成，助推该县经济社会大发展。

三、开展专项整治，强化市场监管 为营造市场优良环境，建立有序、畅通、平安运输市场。抓服务、抓管理、抓整治，先后多次与县交警、城管、工商等部门联合成立若干个整治小组，制订整治实施方案，抽调执法人员，由领导带队，分赴各乡镇，集中开展非法营运车辆专项整治活动。全年共查处各类道路运输违章行为33起，查处占道修车4户，暂扣道路经营许可证件1户，取缔机动车维修无证经营2户。驾校信誉考核率达100%，客车道路运输证和经营许可证年审率为100%，出租汽车审验率为100%，年度审验车辆综合性能检测客车达100%，货车96%以上，参检车辆建档建卡率、合同维修签订率为100%，强制维护率达98%。通过整治和强化管理，进一步净化道路运输秩序，改善运输环境，为交通运输发展注入活力。

（刘　斌）

奉　新　县

2013年，奉新县交通运输局以交通民生工程为先导，团结拼搏，共同发力，全面完成各项工作任务，为助推全县经济社会发展发挥"先行官"作用。

一、交通基础设施建设加快推进 昌铜高速公路奉新连接线（天工大道）建设加速，奉新—沪昆高铁高安火车站一级公路里程29.1千米，其中，一期14.5千米，工程投资5776万元，9月开工建设，已完成工程投资1580万元，占工程总投资的27.3%，完成土石方700万立方米，占土石方工程量的70%；全县新建农村水泥公路92条，里程74.6千米，工程投资2480万元，其中，通25户以上自然村水泥公路88条，里程68.4千米，工程投资2188万元。农林垦殖场水泥公路4条，里程2.2千米，工程投资132万元。新农村点水泥公路2条，里程2.3千米，工程投资74万元；新建农村公路综合服务站1个，建筑面积1070平方米，投资415万元。交通工程建设项目创历史较高水平。

二、道路运输生产有序发展 全县拥有各类客车159辆，座位2523个，其中城乡公交车47辆，出租车40辆。全年完成道路客运量367.16万人次，旅客周转量1.5亿人千米，同比分别增长1.5%和1%；道路货运企业36家，同比增加4家，拥有营运货车1910辆，吨位2.15万吨。全年完成道路货运量206.92万吨，货运周转量3.71亿吨千米，同比分别增长7.5%和7.3%；有机动车维修企业141家，汽车驾校8所，教练车70辆，均比上年增加，呈现运输产业结构调整加快，客车高档化，货车大吨化，物流现代化良好局面。

三、交通运输安全生产持续稳定 坚持"安全第一，预防为主、综合治理"方针，加强领导，落实举措，强化监管，做到"五个到位"和"五个落实"，从整治运输市场和安全秩序入手，开展"安全月活动"大排查、大整治、大宣传、大投入，加大工作力度，严格执行"三不进站、六不出站"等交通运输法规。坚决查处车舶超载行驶、疲劳驾驶和酒后驾驶等违规行为，用高科技进行监控，层层签订安全责任状，实行一级抓一级，层层抓落实工作机制。由于全面强化监管，举措有力，全年全县实现道路客运无重大责任事故，交通运输工程建设和农村渡运零事故。

（魏振宇）

高　安　市

该市交通运输局紧紧围绕全市"一年进一

位、五年进十强”的目标,立足大交通、发展大物流、形成大产业、促进大发展,交通运输事业取得长足进步。

一、交通基础设施建设有序推进 昌栗高速公路开工建设,昌樟高速四车道改造为八车道工程路基基本成型,东环路桥工程项目路基全线贯通;建设农村水泥公路163条,里程184.1千米,累计完成投资2965.4万元,其中:通自然村水泥公路125条,里程127.1千米,工程投资920.8万元;县乡道升级建设项目3条,里程17.3千米,工程投资692万元;客运网络9条,里程20.9千米,工程投资418万元;国有农林场道路建设项目4条,里程14.1千米,工程投资447.5万元;中央预算内建设项目1条,里程4.7千米,工程投资117.5万元;新建农村公路桥梁3条,工程投资109.6万元;农村公路危桥改造1座,全长85.05延米,工程投资119万元;农村公路安保工程建设项目1个,全长13.3千米,工程投资45万元;完成农村公路综合站建设2个,建筑面积2863平方米,工程投资885.5万元。

二、交通运输保障能力有序提升 以强化行业管理为主线,以提供优质、高效运输服务为目标,不断提高交通运输公共服务的能力和水平,实现全市交通运输科学发展安全发展。全市累计完成公路客运量132万人,旅客周转量3010万人千米,同比分别增长3%、3.4%;货运量190万吨,货物周转量33.41万吨千米,同比分别增长5%、5.1%。完成水运客运量6600人,客运周转量3.3万人千米,同比增长85.9%、155.3%;货运量73.8万吨,货运周转量738万吨千米,同比均下降5%。全市货运(物流)企业662家,新增84家,其中有AAAA物流企业四家,高安兴海物流公司还成为全国第三批甩挂运输试点江西唯一企业;有营运货车1.95万辆,总运力26.2万吨,其中新增营运普货车3908辆,运力6万吨;营运客车242辆,核定座位6866座;出租公司2家,出租车180辆,公交公司2家,在运营公交车47辆;机动车维修企业98家,驾驶员培训学校6家。

三、行业安全生产有序稳定 严格落实安全生产主体责任,进一步加大监管力度,继续开展安全运输大检查。加大从业人员培训,提高安全防范意识。通过各种有效手段,水上实现了连续26个渡运安全年,客运未发生责任事故,持续保持筠州大桥治超工作高压态势,杜绝超载超重车辆通行大桥,确保大桥运行安全。

四、交通队伍素质建设有序推进 积极推进“三基三化”(基层执法队伍的职业化、基层执法站所的标准化、基层管理制度的规范化),稳步提高交通执法队伍的业务素质和执法水平,全系统未发生行政执法错案和行政复议案件及公路“三乱”行为;深入推进农村公路养护管理改革,出台《高安市农村公路养护管理暂行办法》,建立了以政府为主导的农村公路养护管理体制。

(周世祥)

上　高　县

上高县交通运输局紧紧围绕县委县政府“挺进第一方阵、建设中等城市”目标,坚持以交通基础设施项目建设为重点,突出抓好交通行业管理,努力实现交通各项工作全面协调发展。

一、全力推进交通基础设施建设 完成昌栗高速公路(上高段)征地290.5公顷,拆迁房屋2.05万平方米、坟墓1902穴。完成徐家渡、泗溪农村公路综合服务站主体工程建设,建筑面积2800平方米,完成投资270万元。新建设农村客运网络公路4.4千米,村组公路52.3千米,共计56.7千米,工程投资1654.22万元;建农村公路桥梁2座,全长110延米,投资240万元;上八线石湖—磻村段公路改造工程全面竣工,投资1803.6万元。

二、大力提升公路管养水平 县养护资金县道及主要乡道从1000元/千米增加到2000元/千米,乡道从200元/千米增加到1000元/千米,县财政年支持农村公路养护资金达147.08万元。进一步深化农村公路养护体制改革,在实行管养分离的基础上,对农村公路养护进行动态管理,采取县道月巡查、乡道季考评、全部农村公路年终考核相结合,考核结果与农村公路养护资金拨付挂钩的方法。推行“定人员、定路段、定标准、定报酬、保畅通”的管养方式,提升农村公路管养质量,使农村公路管养规范化、常态化、全覆盖。2013年全县农村公路好路率比上年提升2个百分点。

三、大力加快交通运输业发展 全年道路运输业新增货运企业17家(其中物流企业10家),新增营运汽车420辆,其他机动车95辆。全县货运企业53家,其中,物流企业27家,客运企业3家(汽运分公司、城市公交、出租车公司);新增二类以上维修企业5家,维修企业达117家(其中一类维修企业2家,二类维修企业9家,三类维修企业106家);机动车驾驶员培学校6所。全县有营运汽车1710辆,其他机动车辆634辆,班线客车172辆,城市公交车60辆,出租车141辆。水路运输业审验挖沙船23艘、运沙船46艘。至12月底,完成道路客运量720万人次,客运周转量3760万人千米,完成货运量740万吨,货运周转量4.18亿吨千米,同比分别增长4.3%、4.8%、4.2%和4.8%。

四、着力规范运输市场秩序 开展非法营运车辆专项整治行动;货运车辆改型、货车超限、超载定期整治;打击驾培市场非法设点培训;清理整顿维修企业;治理多船采砂、超采区采砂等整治活动。全年查处客车违规经营46辆次,取缔非法营运“面的”13辆、“摩的”53辆,查处非法经营货车28辆,取缔非法驾培培训点2个,清理未年审及不合格维修企业13家,对15个违规砂场的多船采砂行为进行了处理,全县运输市场秩序得到明显改善。

五、强力抓好安全生产管理 建立安全生产“一岗双责”责任体系,与局属各企事业单位层层签订年度安全生产目标责任书,实行安全目标管理。全年到客运企业、渡口、公路施工企业开展安全检查100余人次,下发整改通知书4份,及时消除各种安全隐患4起,全县道路运输安全四项指标(事故起数、死亡人、受伤人数和直接经济损失)为零,全行业安全平稳。

(冷光明)

宜 丰 县

该县交通运输局紧紧围绕建设“幸福宜丰、幸福交通”总体目标和“统筹城乡交通发展,打造畅通平安交通”工作为主题,拓宽思路求发展,凝心聚力抓落实,实现了宜丰交通运输工作快速发展、科学发展、安全发展、协调发展。

一、交通重点工程稳步实施 (一)做好高速公路建设协调工作。一是积极做好昌栗高速征地和房屋征收工作。8月26日,县政府组织召开全县征地和房屋征收工作动员大会,制订下发工作方案,编印《征地和房屋征收政策宣传册》。10月23日,宜丰与昌栗高速公路项目办签订了红线范围内征地和房屋征收协议,征用土地134.3公顷、征用建筑物面积8797平方米。二是妥善处理奉铜高速公路建设遗留问题。接待信访群众60多人,化解矛盾纠纷20余起,确保了无重大矛盾纠纷。(二)加快重点工程项目建设。320国道新连接线(前头—石市一级公路)于8月完成路面工程及附属工程建设并通车。宜杨公路棠浦—口溪段土石方工程基本完成,桥涵工程完成80%,水沟、防护工程和碎石垫层完成50%。荷舍—棠浦段路面工程和石镇线棠浦—花桥苦竹坳段大中修工程相继于11月竣工;双峰龙袍—黄花线农村客运网络改造工程于10月竣工;黄冈哨前桥于8月竣工;石市凌江大桥和新昌埠头桥12月底竣工。武吉高速公路宜丰收费站收费棚扩建和武吉高速连接线拓宽改造工程已完成招投标工作。11月板坑水库—敖桥道路(县道)升级改造工程开工建设。

二、突出民生为先,多措并举保障公众出行 (一)农村公路建设稳步推进。一是着力加快农村公路建设步伐。全年完成县乡道升级改造工程13.9千米,完成危桥和独立桥梁改造3座302延米,完成自然村通水泥路85千米,新增118个自然村通水泥路,实现自然村通畅率达50%以上。二是切实加强独立桥建设和危桥改造。在抓好石市凌江大桥、黄冈哨前桥、新昌埠头桥建设的同时,车上东岸南坑桥、花桥仁义南山桥两个独立桥建设项目拟开工建设。北门水库蓝田湾大桥独立桥建设项目已获省市批复。(二)全面提升交通运输保障能力。一是运输企业服务水平大为提升。宜春汽运股份公司宜丰分公司投入500余万元分别从江苏常州、江西吉安等地购进19辆空调公交车、总公司调拨车辆11辆,有效解决客运超载问题。在澄塘、潭山、黄冈、芳溪、新庄分别设立售票点,在芳溪香源、澄塘钩下、棠浦陈家路口、车上、黄冈、新庄、同安、花桥设立“招呼站”。二是货运产业快速发展。全年新增货运公司10家,营运货车总数达到6237辆8.45万吨,其中新增营运车辆1546辆2.11万吨。三是公交客运安排更加贴近群众。对园区四期与园区三期线路进行整合,将线路调整为自“鹰美”厂起改道延伸进园区三期道路。可途径超光、华庆、炜伦、上岗科技、长胜、精能、神州等企业,再经工业园大道—宜丰桥西公交总站。增加一辆车运行双峰线路,每日增加4个班次;开通棠浦—同安—天宝—宜丰班线和宜丰—凌江客运班线。(三)强力推进农村公路综合服务站建设和管理。启动天宝农村综合服务站项目建设。积极做好黄冈农村综合服务站运营管理扎实抓好农村候车亭建设,全年建设候车亭18个。

(漆志勇)

铜 鼓 县

铜鼓县交通运输局紧紧围绕县委“生态兴县、干部强县、绿色崛起”的目标,扎实推进全县“四个”交通运输加快速发展。

一、交通基础设施建设取得新成效 花山隧道长2.54千米,工程总投资2.1亿元,已完成主体工程;铜鼓新建公路大桥,桥长238.5米,宽26.8米,工程总投资826万元,已完成4跨中的3跨。投资3200万元,对县城城南西路、定江东路进行改造;改造农村客运网络化连通工程3个,全长12.44米,工程投资365万元;新建自然村水泥公路26条,全长23.2千米,工程投资549万元。铜鼓县汽车服务广场二期工程基本竣工,建筑面积1.56万平方米,工程投资5250万元。棋坪镇农村综合服务站建筑面积426平方米,已完成主体工程。大段库区客运码头主体工程已完工,工程投资160万元。温泉大道建设前期完成,全长3.3千米,宽42米,工程概算投资8645万元。“铜鼓—万载”高速公路项目完成境内工程可行性研究。新建候车亭2个,建筑面积200平方米,工程投资4万元。维修候车亭13个。

二、道路运输取得新发展 全县有38个货运中心,同比增加3家;有货车2108辆,同比增加279辆,总吨位1.96万吨,同比增长21.3%;全年完成道路货运量59万吨,货物同转量1.84亿吨千米,同比分别增长12.1%和17.5%。全县机动车维修企业78家,同比增加6家。新开通村班线2班,行政村通客车比例达到94%。更新客车7辆,新增客车3辆,新增客船4艘,座位120个,全年水路客运量近10万人,同比增长25%。

三、交通运输安全生产取得新成效 始终坚持“预防为主、安全第一、综合治理”的方针,加大安全隐患排查力度,强化整改措施。会同有关部门对大段水库水上运输安全隐患进行综合执法检查和重点整治。协助天柱峰景区有限公司办理水上运输许可,结束大段水库渡运历史。开展为期3个月的安全生产大检查。在全系统开展平安交通创建活动。进一步加强交通系统治安防控体系建设,完善内部保卫工作制度。督促客运企业全面落实安全生产主体责任,强化DPS平台监控,落实“三不进站、六不出站”规定。加大打黑力度,共查处违章车辆32辆,非法摩的4辆。全年举办司乘人员和渡工进行了业务培训2期。由于安全生产管理到位,全县实现客运无重大责任事故、交通基础设施无责任事故和农村渡运“零”事故,交通运输安全生产稳定发展,保护一方平安,促进社会和谐。

(黄祖芳)

万 载 县

2013年,该县交通运输局紧紧围绕县委、县政府决战“一城”“两园”“三大产业”目标,以科学发展观为指导,深入贯彻中共十八届二中、三中全会精神,以改革为重点,抓发展、抓服务、抓管理、全面完成各项工作任务,推动交通运输快速发展。

一、交通基础设施建设有新突破 万宜高速万载段、在进行路面施工阶段。昌栗高速公路万载段已开工建设,完成征地326公顷,征迁面积9500平方米。万铜高速公路前期工作已启动。新建农村水泥公路255条,全长210.8千米,工程投资5584万元。其中,通自然村244条,170千米,新建农村公路桥梁5座,全长476.14延米,工程投资1651万元。锦江大桥306米,桥宽18米,工程投资1345.1万元。建农村公路综合服务站1个,建筑面积1635平方米。工程投资280余万元。新建公交站点、站台56个。交通物流中心大楼主体工程已完工。建筑面积5900平方米,投资1500万元。农村公路安保项目3个,全长5千米,工程投资120万元.

二、道路运输生产有新发展 年底,拥有道路客车133辆,座位4081个,与上年持平。全年完成客运量357万人次,旅客周转量1.42亿人千米,同比分别增长0.56%和0.55%。全县行政村客运通车率达93%,全县货运企业有116家,比上年增加38家,加上挂靠的共有营运货车7951辆,吨位8.55万吨,同比分别增长11%和21%。完成货运量3898万吨,货物周转量36.29亿吨千米,同比分别增长27.9%和20%。汽车维修企业431家,物流企业109家,同比分别增加6家、39家。全县向客车高档化、货车大吨位化和物流现代化迈进。汽车驾校10所,步入系统化规范化管理。

三、行业监督能力有新提升 该局全年多次联合交警、城管等部门,抽调执法人员,制订实施方案,先后集中开展道路客货运输、公交运输、出租车运输秩序专项整治,取缔非法运输,打击黑车,共取缔非法载客三轮电瓶(人力)车、摩托车1800多辆,查处违法违规货车280余起。查处一批超重超载、酒后开车和疲劳驾驶行为,打击黑出租车及出租车绕道、拒载、不打计价器等违法行为80余车次。通过治理,进一步净化运输秩序,改善运输环境,助推道路运输业加快发展。

(胡爱仙)

抚　州　市

2013年,抚州市交通运输系统以中共十八大精神为指导,认真贯彻落实科学发展观,围绕市委、市政府决策部署和年度目标任务,求真务实,开拓创新,完成或超额完成了各项工作任务。

一、交通基础设施建设成效显著 2013年,抚州高速公路建成通车488千米,占全省的12.2%,超过全省平均数。金溪—抚州、资溪花山界—里木、南昌—宁都3条高速公路先后开工建设,其中,金抚高速项目被市政府评为优秀项目,福银高速抚北互通项目被市政府授予年度目标奖,广昌—船顶隘、东乡—昌傅2条高速公路前期工作进展顺利。农村公路建设计划520千米,实际完成1441千米,超过计划921千米。完成农村公路危桥改造12座1040延米。建成农村公路综合服务站5个、乡镇客运站7个、候车亭61个,完成标准化渡口建设试点项目2个,农村出行条件进一步改善。

二、运输服务能力进一步增强 全市道路客运经营业户达46家,客运车辆1456辆,3.2万客位,客运线路748条,新增省际客运班线7条,市际客运班线2条,新增(更新)县际及以上班线客车77辆,全年完成客运量4742万人次,旅客周转量28.81亿人千米。道路货物运输业户1.19万家,货运车辆4.36万辆,46.15万吨位,新增道路货物运输企业(业户)1216家、货运车辆4126台,年完成货运量1.28亿万吨,货物周转量464.66亿吨千米。水上运输完成运量104万吨,周转量12亿吨千米。大力发展城市公交,新增油气混合动力公交车107台,新建公交站亭174座,新开通、优化公交线路13条。

三、交通运输安全形势稳定 以开展"安全生产年"活动为载体,坚持"一岗双责"和源头监管,通过树立"三种意识"(政治意识、细节意识、危机意识)、落实"三方责任"(领导责任、部门监管责任、企业主体责任)、实施"四大工程"(道路运输安全工程、农村公路安保工程、交通建设平安工程、渡运零事故工程),深入开展"安全生产年""道路客运安全年""平安工地"等活动,推进交通运输企业安全生产标准化建设,推进渡口标准化管理,开展"打非治违"等安全整治活动,强化重点时段、重点领域的隐患排查,确保全市公路桥梁、道路运输和渡运安全。春运期间,全市运输旅客531万人次，同比增长6.13%，没发生一起责任安全事故。水上运输实现连续29年无伤亡事故。

四、文明执法水平大幅提升 成立运政稽查支队，招聘25名交通协管员，加大城市客运秩序特别是出租车市场的整顿。积极推进行政审批改革，取消和变更行政审批事项2项。2013年，市本级行政处罚64件，行政审批112件，全部公开、公平、公正按时办结。积极协调落实东临公路收费站撤站工作，2013年10月1日零时，东临公路收费站停止收费，中央惠农惠民政策得到落实。

五、市重点工程建设和跑项争资工作卓有成效 由该局承担的牛角湾农贸市场提前完工交付使用，成为中心城区第一个标准化新型农贸市场。被省商业厅命名为全省标准化菜市场改造示范项目；抚州综合客运站主站房、地下室和地下人防工程基本完工。公交枢纽工程完成施工图纸设计和土方工程招标，并进行图审和预算编制；高速公路赣东应急中心破土动工。制订原汽运公司棚户区改造融资方案和拆迁安置补偿方案。在招商引资方面，采取“走出去，请进来”和“以商招商、以情招商”的办法，实现进资8000万元。在“四城同创”工作中，该局挂点的孝桥片区在全市30个整治片区中第一个通过达标验收。

（陈根玲）

宜黄县

2013年，宜黄县交通运输局紧紧围绕县委、县政府“生态立县、工业强县、城镇兴县、旅游活县”战略和“建设生态、实力、魅力、和谐、品质的美丽幸福新宜黄”思路，坚持以项目为主抓手，推动交通项目建设，提升行业服务水平，较好地完成了全年的各项工作。

一、交通基础设施建设进一步加快

1. 积极做好抚吉高速公路宜黄连接线工程。该工程为抚吉高速公路宜黄互通—县城的一条交通干道，起自宜黄互通收费站出口，位于凤冈镇龙井村附近，至终点与省道石宁线相交地鱼鳞石，长6.95千米。公路等级为一级，时速60千米，另设支线从互通收费站—源口村，通往曹山寺，公路等级为二级，全线路长1.95千米。2013年年底建成，工程投资1.2亿元。

2. 农村公路建设稳步推进。2013年该县交通运输部门加大农村水泥路建设的力度，全县投资2亿多元，实现县、乡、村通水泥路的目标，农村公路总里程达1208千米。完成村组公路建设20千米，县乡道升级24千米，其中，县道升级君山—棠阴12千米，桐源—阮家3千米；乡道升级潭坊—新中4千米，高庄—梨溪5千米。

3. 桥梁建设同步加快。新建桥梁2座：花家桥位于中港镇龙岗村村道V032(熊家桥—鹿岗花家)K0+115处，全长85.98米，公路等级Ⅱ级，桥宽净6.0米+2×0.5米，钢筋混凝土预应力简支梁桥，工程造价224.41万元，其中，建安费186.78万元，2013年10月动工；新斜桥位于村道V201谣上—临宁线K0+200处，桥长74.58米，桥宽7米，净宽6米，预应力钢筋混凝土简支空心板桥，工程总预算219.5万元，其中建安费166.6万元，2013年11月动工。危桥维修加固4座：梨溪中桥位于县道龙三线九车村梨水河上，全长62.5米，净宽4.7米(行车道)+2×0.2米(栏杆)，造价69万元，2013年6月开工，2013年10月完工；周家中桥位于棠阴镇大岚村，起于里崇线，止于周家村，建于1976年，三孔14米混凝土梁桥，全长43.5米，净宽3米+2×0.25米(安全带)，造价55万元，2013年11月开工，未完工；白槎大桥起于帘前村跨宜水河，止于白槎村，上世纪80年代建造，该桥为4孔25米空腹式圆弧拱桥，全长123.8米，净宽4米+2×0.25米(安全带)，总造价123.7万元。九车桥全长70米，总投资800万元，其中，中央资金40万元，2013年年底完工。

4. 公路养护与绿化全面加强。该县按照“县道县养、乡道乡养、村道村养”的原则，做到公路养护常态化，使全县农村公路好路率保持在98%以上。针对6月份以来的强降雨对公路的损毁，积极组织人员抢修，先后对棠南线杨坊段、草新线等路段的几处挡土墙进行抢修加固，投入资金80余万元。清理土石方2.2万立方米，投入资金30万元。同时，对全县10多座四五类危桥进行巡查观测，并做好登记记录，有隐患的要求设立警示牌、限行设施，并广而告之，有效保障汛期交通运输安全畅通。

5. 建设乡镇客运站3个,修建旅客候车亭58个。县城老车站搬迁改造工程紧张有序。年初,该县聘请设计单位到现场勘察,完成住户登记(61户)和建筑面积测量(4000平方米),制订初步方案(①老车站拆迁面积为4400平方米;②老车站、职工房、交通局、站前广场面积为1.61万平方米;③老车站、职工房、交通局、站前广场、经贸委及住房面积为2.74万平方米),对老车站周边住户(138户)进行初步摸底调查。至12月底,老车站已拟定拆迁合同、落实拆迁队伍、砌好围墙,各相关有线单位也已做好迁移方案,拆迁工作全面展开。

二、运输生产安全有序 全县拥有客运企业6户,共计客车118辆,客运线路53条,平均日发班车225班次,年客运量142.5万人次,客运周转量4404万人千米。乡镇通客车率100%,138个行政村有120个行政村已通班车,占行政村总数的86.9%。由于该县境内形成了四通八达的公路运输网络,公路货物运输有了较快的发展,公路通车里程达1000多千米,综合货物运输能力达到106万吨/年。全县有货物运输企业54家,各类货物运输车辆1246辆,其中,货车831辆5068吨位;农用车415辆469吨位。拥有城市公交公司一个,公交车辆达到21辆,392座位,公交线路5条,里程由原来的45千米延伸至85.5千米,年客运量达20万人次。开通农村客运线路49条,营运客车60辆,日发班次138车次。拥有出租汽车50辆,大大方便了群众出行,群众乘车难问题基本得到解决。

三、交通行业管理进一步规范 2013年,全县共投入资金2.2亿元,实现全县乡、村通水泥路的目标,有620个自然村通水泥路,农村水泥路建设总里程达到900余千米,公路总里程达1208千米。挤出资金300万元用于公路安保工程建设,在农村公路两旁安装警示标志牌4200余块,安装广角镜730块,确保车辆安全行驶。此外,县里还拨出资金200万元用于农村公路重建与养护,使全县农村公路好路率保持在98%以上。

(宜黄县交通运输局)

东 乡 县

2013年,该县交通运输局借鉴江苏沭阳县学习考察交通运输建设管理工作的经验,以主动加压,奋勇争先精神,倡导100%执行力,努力推动东乡交通运输各项工作向前发展。

一、农村公路建养管协调发展

1. 危桥改造全面启动。该局组织有关人员对全县桥梁进行调查摸底,取得县政府的支持,出台2013~2015年危桥改造实施意见。共总投入资金646.03万元(乡镇自筹323.15万元)实施危桥改造21座,该局采取统一设计、统一监理,并聘请村组群众代表为工程监督员。

2. 农村公路建设取得实质性进展。全县自然村未通水泥路共657条计595.9千米。2013年,修建农村公路80千米,升级改造茶林—杨桥公路9.5千米,全县农村公路路网等级得到有效提升。至2013年年底,全县共有农村公路1596千米,其中,县道170千米,已硬化147.4千米,硬化率达86.7%;乡道224千米,已硬化192千米,硬化率达85.7%;村道1202千米,已硬化697.5千米,硬化率达58%。县道安保设施完成了74千米,达到43.5%。

二、交通运输管理全面加强

1. 公交管理日趋规范。一方面根据城区发展的现状需求调整增设公交线路,并逐步设立公交站台,另一方面督促引导公交公司加强内部管理。组织有人大代表、政协委员、社区居民群众代表和有关部门参加的重新设置公交线路的听证会,并将设置的12条公交线路在电视上做了公告,新增6条公交线路,开通大富园区及渊山岗工业园区的公交线路,部分园区企业职工上下班交通不便正在逐步得到解决。会同交警、城管、园林等部门对城区公交站台设置进行勘测,并在1、2路(恒安路、龙山路)和部分线路段新建公交站台66个(要求站台之间设立1~2个停靠点)。

2. 积极打击非法营运行为。对城区非法营运车辆进行摸底登记,全县三轮车有537辆,其中残疾人有189辆,占35.2%、60岁以上老人有117辆,占22%。对此,该县交通运输局以集中整治行动促进日常管理,一方面按照县里的部署,和交警、城管等有关部门对城区从事非法营运的车辆进行集中整治,日常主要是在一些重点路段和区域进行查处。另一方面对出租车拒载、不打表、变相从事班线客运等违章行为全天候稽查。

3. 道路运输业蓬勃发展。全县共有跨区客运线路17条,客车42辆,县内线路22条,客车102辆,出租车公司2家,出租车122辆,运输保障能力不断增强。春运期间,共完成客运量72万人次,客运周转量1516万人千米。全县货运企业达98户,货运车辆6959辆, 8.08万吨位。2013年12月底共完成货运量1168万吨,货运周转量19.97亿吨千米,实现货运税收2.6亿元。

三、积极参与县城重点工程建设 2013年该县交通运输局牵头负责城东大道和物流大道西延伸两项重点工程项目。由于城东大道涉及通信、国防光缆、供电供水和征地拆迁等矛盾问题,仅前坊村小组迁坟976座,工程难度大,工程质量要求高。为确保工程的顺利实施,县交通运输局在城东大道安排2名班子成员和2名中层干部驻守工地,督促监理保质量,督促施工方保进度,督促局驻工地人员保协调,及时化解协调施工过程中的纠纷,保障工程的顺利进行。

(东乡县交通运输局)

临 川 区

2013年,临川区交通运输局紧抓交通建设不放松,强化行业服务不动摇,严守交通安全不懈怠,凝心聚力,砥砺奋进,全力破解交通瓶颈制约,全区交通运输事业呈现良好发展态势。

一、交通基设施建设稳步推进

1. 重点工程建设扎实有效。抚吉高速公路临川连接线工程2013年年底全面竣工,完成投资2.2亿元。总投资2600万元的上顿渡大桥于7月建成通车。抚北互通至温泉风景区连接线工程进展顺利,完成投资2.3亿元。抚北大桥—园区公路新建工程完成投资1.2亿元,拆迁工程完成90%,路基全部完工,垫层完成60%,水稳完成40%,沥青路面完成40%。展坪乡桥头大桥建设工程5月完成招投标工作,7月正式开工建设。金抚高速公路工程征地拆迁工作基本完成。

2. 农村公路建设快速推进。完成通自然村水泥公路120千米,占上级下达任务的130%。完成县道升级改造32千米,占上级下达任务的260%。全区农村公路里程达1116千米,其中,县道13条计258千米,乡村道95条计831千米。完成危桥改造5座计721.55延米及独立桥1座86延米。投资70余万元完成农村公路维修和路基抢修任务42处。

二、运输行业管理进一步规范 全区有公路客运站10个,其中一级站1个,二级站2个,三级站2个,四级站5个。驾培学校9家。客车379辆1.03万座,货车4365辆2.94万吨,客货运输从业人员6700余人。有一类企业4家、二类汽车维修企业28家、三类9家,从业人员900余人,总产值8600余万元。车辆检测单位有1家,即抚州市第二车辆综合性能第二固定检测站,从业人员13人,年产值160万元。全年共完成客运量857万人次,客运周转量7.41亿人千米,分别比上年增长1.52%、1.8%;完成货运量518.9万吨,货运周转量5.322亿吨千米,分别比上年增长1.3%、1.2%。

三、交通安全生产工作成效明显 通过坚持不懈强抓安全生产,全区交通运输安全形势总体平稳,水运、渡口、道路运输和工程施工未发生安全生产事故。

(临川区交通运输局)

黎 川 县

2013年,黎川县交通运输局紧紧围绕全县工作大局和年度工作目标,抢抓机遇,大力实施交通重点工程和农村公路建设,强化行业管理,优化发展环境,各项工作都取得了较好成绩,为县域经济跨越发展营造了良好的交通环境。

一、抢抓机遇,加快交通基础设施项目建设

1. 积极争取农村公路建设项目立项。争取到2013年农村客运网络化公路项目5个,建设规模13.5千米,项目投资565万元;争取到2013年连通工程84个,总建设里程92.0千米,项目资金929万元;争取到新农村建设入村公路33条,建设里程10,9千米,项目资金109万元,完成项目投资339.9万元;完成通村小组公路建设项目50个,建设里程60千米,完成项目投资1620万元;争取2013年新建独木桥项目2座,桥梁总长度121米,项目资金96.8万元;熊村综合服务站主体工程全面竣工。

2. 积极推进重点交通工程项目建设。向莆铁路黎川站建设项目得到中国铁路总公司同意启动建设程序,高速公路黎川出入口西移项目完成初步规划设计并经省交通运输厅批准,项目可行性研究通过邀标。

3. 认真抓好项目实施。严格项目建设程序,加强项目巡查,落实"一分管领导一技术人员"负责机制,确保项目建设质量。10月以来,根据县委要求,积极开展项目建设"百日大会战",一旬一督促一调度,强势推动项目建设。

4. 认真抓好公路维修,投入资金50万元,完成县城—湖坊公路路面维修工程,维修里程17千米,保证了县纪念赣闽省政府成立80周年活动的顺利进行。

二、强化管理,全面提升道路运输服务水平

1. 继续加强和完善客运市场宏观调控措施,把调控运力和线路、保持运力和运量基本平衡、严防客运运力盲目投放作为客运发展的重点,积极调控运力结构。全县有等级客运站6个,其中,二级站1个,五级站5个,农村客运候车亭86个。中、高级客车占营运客车总量比例为40.5%(客车总数79辆1449座,其中:高级7辆259座,中级25辆567座),出租车45辆225座。

2. 充分利用各种优惠政策和采取鼓励扶持措施,大力促进货运市场发展,营运货车总数达1327辆2.1万个吨位。

3. 加大了交通运输市场秩序整顿和规范。以"打黑"为着力点,开展道路运输行业非法生产专项整治行为。至11月底,共查处各类道路运输违章行为13起,保障全县道路运输市场秩序的正常运转。

2013年,该县拥有营业性公路运输客车125辆1873客位,其中,班车客运客车80辆1738客位,出租客车45辆135客位;营业性公路运输货车2502辆2.1万吨位。全年完成客运量157万人次、客运周转量1.27亿人千米、货运量284万吨、货运周转量7.98亿吨千米。 (黎川县交通运输局)

南 城 县

2013年,南城县交通运输局坚定贯彻"发展升级、小康提速、绿色崛起、实干兴赣"十六字基本方针,紧扣构建综合交通运输体系、发展现代交通运输业这一目标,开拓奋进、克难攻坚,全面或超额完成年初既定的各项目标任务。

一、交通建设取得新成效

1. 农村公路建设提速提质。年内已完成了尧家边—徐家桥、新池线—昌厦公路6.3千米的客运网络化工程及55个计划总里程60.7千米的通自然村公路改造项目;路东—睦安、包坊—洪门、龙湖—资溪桐埠和汾水—源头、汾水—段上等工程建设大幅推进;2013年立项的2个计划总里程13.6千米的县道升级改造工程(南城—池门口、长兴—杨埠)和5个计划总里程11.1千米的客运网络化工程(坊头下湾—包坊、南上线—中塘、杨家渡—白洲、白石岭—余公头外排、杨家边—连沅)进行前期工作;水口桥、鄱阳桥重建工程先后竣工。突出抓好雨季、夏季、冬季等恶劣气候下的公路养护,及时修复水毁病害公路,共修复水毁水泥路4千米、砂石路5千米、水毁涵洞60余道、挡土墙3500余立方米、危桥6座,全面提升农村公路技术状况。公路植树1.2万余株,全县农村公路好路率达92.6%。

2. 周家堡渡改桥顺利竣工。该桥是南城县迄今最长、投资最大的渡改桥,于2013年11月底全线胜利竣工通车,标志着南城人民彻底告别摆渡出行的历史。同时,该桥的竣工使南城河东工业园区及其株良校具产业园与昌厦一级公路实现直接对接,并成为南城新的南外环公路,进而拉动城区向南延伸4.5千米、面积扩大11.8平方千米,改善全县公路网结构,带动和辐射株良、建昌、天井源等6个乡镇经济的加速发展,便捷园区周边群众在家门口实现就业。

3. 运输站场建设稳步推进。南城火车站9月份正式投入使用,占地0.55公顷的站前简易停车场及其公交站台交付使用。随着向蒲铁路正式运营,让南城告别不通火车的历史;省道丰德线杨林渡大桥—洪门段的升级改造全面竣工,南城县以铁路、高速公路和国省道干线公路为骨架、以农村公路为脉络的交通网,更加四通八达、内畅外联,区位更加凸显。

二、物流运输业迈出新步伐 2013年,全县共新增道路货物运力596辆1.21万吨位。全县营运货车4250辆总载重7.1万吨,危货车辆491辆,年货运量639万吨,货运周转量550亿吨千米。拥有水路总运力1.99万吨位。物流运输企业238户(其中,运输企业89户)、从业人员2万人,物流运输营运收入50亿元,缴纳税收2.35亿元,进一步夯实了打造成抚州现代物流中心的基础。

三、行业管理得到新加强

1.春运组织安全有序。春运期间,日均投放客车152辆,累计发班1.64万车次(其中加班67车次),运输旅客47万人次、同比增长6%,未发生旅客滞留和一起客货运责任事故。

2.城乡客运一体化加速融合。2013年,增开6、7路两条公交线路,投入公交车18辆。全县共有各类运输企业246户,物流运输企业242户,危物运输企业4户。公路旅客客运班线106条,其中,跨省班线7条、跨地(市)班线2条、跨县班线7条。营运客车159辆,其中,省外客车19辆,省内客车36辆,县内客车104辆。91%的行政村通了班车,年客运量346万人次;出租汽车100辆,年客运量65万人次;新增公交线路2条,已开通公交线路6条,投入运营公交车50辆,营运总里程达78千米,年客运量395万人次。

3.专项整治常态深入。深入开展道路运输年活动,先后组织开展了道路客运、道路危险化学品运输、机动车维修市场、客运站(场)专项整治行动,正本清源,打非治违,进一步规范了交通运输从业行为和运输市场秩序。整治期间,共收缴摩的30余辆,纠正摩托车、电动车私装晴雨棚100余起,查处黑的5辆,纠正出租车违规违章经营行为40起,有力地遏制非法营运的反弹,整肃县城交通运营秩序。

4.交通安全监管更加有力。全年共培训司乘人员1000余人次,散发宣传资料3000余份,悬挂横幅标语16幅,下达隐患整改通知书13份,整治危险路段75处,清理柴草密集路段124千米,设置安全防护墩(墙)20余处,增设县道和乡道平交道口减速带(垄)19处,设置安全警示桩260个,增补安全标志、标牌122个,全县未发生一起客运责任事故,尤其渡运保持了连续36年"零事故"势头。

四、服务大局展示新作为 "三大战役"精彩纷呈。①积极争资金。围绕全县交通建设重点,精心谋划和包装项目,2013年已争取上级交通建设资金3200余万元,超额完成县政府下达的目标任务,为该县交通建设提速提质争取了有力的资金支持。②积极引资金。2013年,引进上海西上海(南城)有限公司1500吨货物运力、南城开元汽车运输有限公司840个吨位落户南城纳税。③积极建项目。在督促河东工业大道、高速跨线桥完成竣工验收的同时,高效推进周家堡大桥重点工程建设进程,确保该桥在2013年11月实现全线竣工通车,并被评为全县优秀重点工程。

(南城县交通运输局)

南丰县

2013年,南丰县交通运输局围绕县委、县政府提出的建设幸福新桔都的战略目标,树立建设畅通高效、安全绿色交通运输体系的新理念,开拓进取、扎实工作,各项工作都取得了较大的发展。

一、交通基础设施建设进展顺利

1.积极抓好县交通重点项目建设服务工作。2013年,该县交通运输局承接9个县重点工程,至年底已交付使用的有3个,即连接昌厦公路与火车站的黄井大道,投资8000余万元,全长11.6千米;投资1500万元的温泉旅游公路长3.279千米,投资2700万元,长602米的傩乡大桥。新建项目有3个,投资1.2亿元的环城北路建设工程于2013年3月正式开工,12月底完成河东段路基建设,部分路段完成垫层铺设;投资2000余万元的迎宾大道正式动工,年底已完成土方工程;投资1000余万元的太和—白舍旅游公路第一期工程8.3千米顺利开工,年底已完成垫层铺设。完成3个项目招投标的前期准备工作:投资3500万元的南丰大桥重建工程;投资2000万元的观必上旅游公路;投资600万元的黄景大道扩建工程。

2.努力加强农村交通基础设施建设。该局争取上级村组公路水泥路建设计划103千米,首次实施年度公路计划超百千米,2013年开工76.4千米,竣工69.1千米,开、竣工里程均创历史最高水平。组织实施7座农村危桥重建工程，总投资572.34万元，建设长度194.2延米，其中，30米以上的中桥2座，年底已竣工4座。2013年，启动并完成太和镇综合服务站建设，站场面积7000平方米，建筑面积812.4平方米，建设总造价300万元。为建设以太和镇为中心，惠及付坊、桑田、莱溪等乡镇的农村客运网络城乡一体奠定了良好的基础。完成南方驾校的科目三考试地建设，完善教学设施、设备，规范培训管理制度，促使驾校在硬件和软件方面取得新进展，成为周边县的驾训管理中心。南方驾校投资4000万元在南建公路旁兴建一座占地4万余平方米，集教练、考试于一体的现代化大型培训中心，该驾校已通过省运输管理局审批，获得一级驾校资质。

二、交通行业管理开创新局面

1. 圆满完成春运工作任务。2013年春运，全县共投入客车203辆（含出租车60辆），组织加班467趟次，运送旅客1.89万人次，包车40趟次，运送旅客1186人，在整个春运期间共完成旅客运输34.24万人次，客运量比上年同期增长5.1%，客运周转量1.43亿人千米。取得经济效益和社会效益的双丰收。春运安全生产形势平稳，没有发生重大安全生产事故。

2. 客运市场不断规范。2013年，该局4个稽查组共查处违章车辆86次、查处“摩的”59辆次、查处“黑车”7辆次，查处农用车、三轮车载客6辆次。经过整顿，全县的客运市场秩序有了明显的改观。加强客运市场管理，策应向莆铁路开通，及时开辟5路公交车线路，调整部分路线点，更新安装10座高档次公交候车亭，公交形象得到新的提高。

3. 汽车维修市场不断好转。该局在做好宣传工作的同时多次召开业户会议，派出工作人员深入到企业指导检查工作，严厉查处只收费不维护的现象，严格检查各项制度落实情况，对维修质量投诉案件立即查处，并利用媒体进行曝光。2013年，重点打击和取缔一批无证无照和超范围、超类别及占道经营的维修点，维修质量得到明显提高，维修质量投诉案件与上年同期相比下降91%以上。

4. 积极发展货运物流业。该局物流业管理中心人员认真对汽车物流公司进行政策指导，为其提供办证快捷、跟踪服务等方面工作，协助地税收缴各种税收近1.1亿元，努力营造宽松的发展空间，促进物流业发展。

三、交通安全生产继续保持良好的态势 强化道路交通安全治理，强化公路的建设、管理和养护，开展为期半年的农村公路安全保障专项整治工作，组织力量对全县的农村危桥、道路、防护墙设施、标志标牌、限速设置等安全隐患问题进行全面排查，针对梳理出来的问题，及时下达整改意见书，向县政府提出可行性整改意见，争取上级900多万元的专项整治资金，有效地改善农村道路安全状况。通过共同努力确保了各项交通安全，全年没有发生一起重特大安全责任事故。

（南丰县交通运输局）

广 昌 县

2013年，广昌县交通运输局紧紧围绕全县年度经济社会发展目标，务实求真、锐意进取、突出重点、狠抓落实，交通基础设施建设进展顺利，行业管理力度不断增强，安全运行态势保持平稳，各项中心工作有序推进，交通运输工作取得了新成绩。

一、交通重点工程建设推进有力 2013年该局负责实施5个政府重点项目工程。顺化大桥重建项目工程2013年年底全面竣工，该桥全长206米，宽23米，总投资3690万元；滨江东路三经路—顺化大桥段工程全长274.1米，宽35米，总投资222.13万元，年底竣工；汽车综合服务中心项目主体工程占地面积1.33公顷，总投资6000万元，12月底全部完成，进入试运营阶段；滨江东路雁塔大桥—河东大桥段新建工程，全长582米，道路宽35米，总投资1000万元，10月开工建设，年底已完成总工程量的70%；河东大桥原址坝桥合一工程全长228米，宽9米，总投资1100万元，11月开始招投标。

二、农村公路建设步伐进一步加快 ①2013年，完成县道升级改造续建项目1个，即高洲—双港，长3.6千米，总投资430万元。在建项目4个计34.1千米，其中，黄坊—东营项目已开工建设，高洲—重田正在进行招投标工作，大塘—白田、杨坊—塘坊2个项目的前期工作已完成。新争取高洲—千善线项目1个。争取通自然村水泥路建设项目95个，已全部完成，建设里程100千米，总投资3500万元。②完成危桥危涵重建项目10个，计125.5延米，总投资325万元，分别是尖峰东营桥、千善高洲二桥、赤水留田桥、长桥下埔桥、珠江二桥，甘千线涵洞2座、杨塘线涵洞2座。在建危桥重建项目1个，危桥加固项目5个，文会桥、赤水姚家坊大桥、枫岭桥、清潭大桥4个项目已竣工，甘竹大桥维修项目1个。③完成独立中桥项目3座，总投资500余万元，分别是盱江镇青寿村添子嵊桥、大塘村上堡桥和赤水镇枫岭村饶家陂桥。④完成10千米农村公路架设公路标识标牌安保项目1个，自筹资金20余万元，增设公路桥梁安全标志20余处，对全县县道的30余处危桥栏杆毁损进行全面修复。

三、农村公路养护力度不断加大 农村公路的日常养护和大中修工作有效进展，确保农村公路的畅通有序。安排项目资金100余万元，用于路面塌方、挡土墙、护坡、桥栏等隐患治理，完成路面维修870平方米，砂石路面维修2.5万平方米，修建挡土墙3处，增设改建县道排水涵洞20余道，修建安保防护320米，清除中小塌方20余处、土石2480余立方米，农村公路的安全状况得到较大地改观。

四、运输行业管理得到稳步加强

1. 运输行业保持持续健康快速发展的势头。全县道路运输经济运行态势良好，各项指标全面增长，货运运力增速达12%，物流基础产业发展稳步增长，运输基础设施建设步伐加快。全县道路运输经营业户有783户，营运车辆达4134辆。其中，货运车辆达3986辆，总运力达3.48万吨，年货运量557万吨、货运周转量13.00亿吨千米；客车148辆，总乘座达2700余座，年客运量420万人次、客运周转量9301万人千米。占地2.59公顷，总投资4200万元的新客运站已全面竣工。

2. 2013年春运工作安全有序。制订完善的春运工作方案以及春运旅客紧急疏通方案，强化春运安全保障，有效地保证春运安全有序。在整个春运阶段共发送客车1.07万班次，完成客运量27.3万人次，客运安全周转量4142.8万人千米，未发生一起安全事故，未发生一起旅客滞留事件。

3. 农村客运网络化顺利推进。新建成农村客运站1个，千善乡客运站项目已竣工投入使用；集农村公路建、管、养，群众出行、货运五位一体的农村公路综合服务站项目建设进程提速，总投资达300万元的长桥站项目已全面开工建设，主站房已封顶；头陂站、赤水站已完成前期工程可行性研究编制工作。全县乡镇通班车率为100%，行政村开通班车率达95%。

五、跑项争资招商引资有新突破 该县交通运输局充分利用振兴苏区等政策优势，开发争取5个重大交通项目，项目资金达3026.34万元。招商引资工作实现新突破，全年新引进工业项目3个，煌培实业，凯睿达实业，天华实业落户园区；鑫昌、安华、桔兴、宏吉、路邦、鼎辉6个物流项目已签投资意向书；在谈工业项目2个。超额完成县委、县政府下达该局的招商引资计划任务额。

六、行政执法工作高效规范 通过建立“打黑”快速反应机制，该县交通运输局会同安监、公安、交警、城管等部门联合执法，铲除行业害群之马“钉子户”黑车6辆、黑校车10辆，纠正各类违法经营行为160余次。路政执法力度有效加强，全年查处路旁违章建筑案件21起，下达安全整改书6份，农村公路旁乱搭乱建现象得到有效遏制。

（广昌县交通运输局）

资　溪　县

2013年，资溪县交通运输局全面贯彻落实县域经济发展战略和上级交通运输部门交通建设目标任务，采取切实有力措施，扎实工作，加快推进交通运输各项工作，取得良好的成绩。

一、农村公路建设

1. 通村公路。2013年上级共下达该县通村小组建设规模28个项目，共29千米，至年底实现28个村小组通水泥路。

2. 独立桥建设。2013年该局向省交通运输厅争取2座独立桥项目，总长190.6延米，其中，泸水大桥全长105.3延米，鱼塘中桥全长85.3延米，两座桥梁于2013年年底全部竣工，并向上级交通部门申请竣工验收。高阜镇高阜泸溪桥长85延米，马头山镇走马洲独立桥96延米基本完成。高陂独立桥已完成施工图设计和施工图设计评审。

3. 通乡项目。东源—港东通乡项目全长11.1千米，于2013年5月全面完成。

4. 农村客运网络化连接工程。2013年，该县积极向上级交通部门争取连通工程建设项目，共申报金溪至欧溪县道升级改造项目16.3千米，其他连通工程6.2千米，均已通过省公路管理局组织的工可评审。

5.公路养护。①对主要县道路面隐患进行排查。该局对抚草线、昌初线、杨坊—马头山线路基、路面存在的安全隐患情况进行实地排查统计，共排查出路基隐患点35处，路面隐患点28处，边坡塌方和涵洞毁坏各1处，同时编制隐患整治方案，投入维修经费132万元。组织工程技术人员对全县126座运营的公路桥梁进行认真细致的安全大排查，共排查出危桥28座，对排查出来影响通行的6座四、五类危桥，一方面在一时无法改造重建的情况下采取设立警示限行等整治措施，一方面积极向上级交通部门进行危桥等级认定和申报，争取进入危桥改造项目库。②加强对主要县道抚草线、昌初线、杨坊—马头山线、法水和昌坪旅游公路的日常养护，全年共投入机械台班380余小时，人员287人次，设立警示提示标牌126块，经费12万多元，用于主要县道的水毁抢修工程，确保公路的安全畅通。

二、重点项目建设 资溪花山界—里木高速公路，全长39千米，总投资27亿元。2013年8月，资溪县政府与省路桥项目投资公司签订花山界（赣闽界）—里木高速公路建设项目的征地和房屋征收拆迁包干协议。需征地295.5公顷，征收房屋2000多平方米。至年底，征地、房屋征收完成任务。资洵线改造项目启动，该项目全长18.7千米，总投资8154.979万元，分2个标段建设，一是长兴岭隧道项目，北起鹤城镇下长兴村，南至鹤城镇长兴村葛坪桥组，长5.00千米，长兴村葛坪桥组涉及征地14.6公顷，已签订协议6.47公顷。二是葛坪桥—乌石横山段，长13.6千米，征地工基本完成，施工单位全部进场。

三、交通运输管理服务工作

1.圆满完成春运、国庆等假日旅客运输工作。在为期40天的春运工作中，秉承“以客为主、优质服务”的春运服务管理工作理念。全县共投入客运班车65辆、共投入道路运输客运车辆4000余班次，运输旅客7.16万人次，日平均发100班次，日平均发送旅客1791人次。实现“安全畅通、文明和谐”的目标。在清明、“五一”、国庆等节日旅客运输中，科学调配运力，未造成假日期间旅客滞留现象。

2.开展整治道路客货运输市场专项行动。开展城区道路安全综合管理整治行动。一是根据《资溪县城区道路安全综合管理整治方案》的有关要求，成立领导小组，制订实施方案。二是加强宣传、动员力度。与交警等部门配合组织召开全县各运输企业负责人、安全员和部分业户代表参加的整治动员大会。在整治活动中印制《致全县客运班车驾驶员的一封信》100余张，向广大驾驶员进行宣传。在县汽车站、公共场所悬挂宣传横幅5条。三是坚持对客运站和客运车辆的督促检查。采取固定与流动相结合，定时与不定时相结合，教育与处罚相结合的办法适时进行检查、处罚，整治期间共查处违章行为10余人次，并进行教育、警告和罚款处理。通过100天的城区道路安全整治，使广大运输业户和从业人员提高安全意识，运输市场秩序明显好转。

3.加强客货运输市场日常监管，强化运输企业安全工作。2013年，全县拥有客运企业4个，拥有客车96辆，货运企业57个，货车1237辆。完成客运量78.2万人次，周转量3734万人千米。共完成货运量220.5万吨，货运周转量2.35亿吨千米。拥有公交车辆4台、线路2条，完成客运量6万人次、周转量28.8万人千米。拥有出租车辆32辆，更新31辆，完成客运量35万人次。

四、招商引资、争项目争资金工作

结合县委“三大战役”的要求，以旅游项目为重点，以交通建设项目为主体，进一步加大招商引资和争项目争资金工作力度，全年完成招商引资4000万元、争项目争资金2100万元任务。

（资溪县交通运输局）

金 溪 县

2013年，金溪县交通运输局攻坚克难，勤俭务实，切实保障金抚高速公路建设项目的顺利实施和交通运输事业的持续发展。

一、交通基础设施建设成效显著

1.金抚高速公路建设方面。2013年年底，金抚高速公路项目建设的征地和房屋征收工作进展顺利，成效显著。该局在高速征迁工作过程中，充分发挥牵头作用,协助县政府顺利召开全县高速征迁工作动员大会、设立工作机构、编印《金抚高速(金溪段)建设项目征地拆迁工作实施方案》,较好地完成高速公路边桩红线放样和沿线各镇地类、面积的复查、复核工作,协调解决各种地类误差和征迁纠纷,并与沿线各镇签订征地拆迁补偿包干协议,将征拆补偿资金及时全额发放到征迁户手中,及时清场交付施工单位,工程路基已完成一半,援建工作取得较好成效。

2. 金抚高速挂线项目。金溪县金抚高速挂线建设工程,全长4.19千米,设计宽度45.5米,总投资7142.98万元,工程起点位于316国道育新学校附近,终点为金抚高速琅琚互通,是该县重点建设工程项目之一。县交通运输局已取得连接线建设项目业主权。同时指派一名副局长专职负责协调、筹备前期准备工作,年底已完成施工图设计和预算,勘测红线及打好边桩工作;完成预算审核,摇号产生招标代理机构,已编制招标文件。

3. 农村公路建设方面。2013年,争取到农村公路改造计划数88.4千米,公路危桥改造2座和县道升级改造1.6千米。

4. 陆坊农村公路综合服务站。陆坊农村公路综合服务站是省交通运输厅安排的第一批50个建设试点站之一,县委、县政府及时安排建设土地和地方配套资金,该站相比较其他县区,进展较快,主楼、挡土墙、围墙、场地绿化和内部装修等附属工程建设顺利,年底全部竣工。

二、交通运输行业监管规范运行 深入开展城区非法营运专项整治活动,重点打击“黑的”、“摩的”等扰乱客运市场秩序的非法运输行为。共出动执法人员213人次,执法车辆156余辆次,查扣违法车辆187余辆次。较好地完成元旦、春节、“两会”、清明、“五一”、中秋、国庆等重大节假日的交通运输任务,运送旅客106万人次,未发生人员滞留情况,无重、特大事故发生,无人员伤亡。至2013年12月底,该县拥有客运企业2家,客车106辆;出租、公交企业各1家,出租车50辆、公交车30辆。全年客运量460万人次,旅客周转量2.27亿人次千米。拥有货运企业35户,货车2635辆,全年货运量445万吨,货物周转量12.64亿吨千米。

三、中心工作稳步开展

1. 跑项争资工作有好开端。2013年,该县交通运输局坚持“创新思路找项目、增进感情争项目、俯下身子建项目”,全力做好跑项争资工作。全年上报交通建设项目6个,争取上级无偿资金2697.08万元,加速助推全县交通运输事业发展。

2. 招商引资工作取得新成果。2013年的招商引资工作取得新的成果。该县交通运输局与金溪蜂鸟服饰有限公司和金溪县宏达金属铸造厂签订招商引资合同,其中,蜂鸟服饰是一个年产服装200万件、固定资产总投资1100万元、产值4000万元、年利税50万元的服装加工企业,5月正式落户在县工业园中小企业创业园,成为县域经济发展的一股新生力量。

3. 新农村帮扶工作展现新气象。合市镇坪上村委会付家岭村是该局2013年度新农村建设挂点帮扶村,共注入帮扶资金1.1万元,并帮助申报农村公路建设补助资金26万元。至年底,村容村貌整治进展顺利,环村路1.1千米已竣工投入使用,坪上—付家岭长4.4千米的农村公路硬化改造已完成申报手续,待上级批复后即可投入建设。

(金溪县交通运输局)

乐 安 县

2013年,乐安县交通运输局按照年初制定的工作计划和目标任务,全力推进交通基础设施建设、民生工程建设、运输市场管理、交通行政执法和社会稳定、安全生产等重点工作,为县域经济发展营造了良好的交通环境。

一、抓好重点工程和基础设施建设工作

1. 积极做好昌宁高速公路的征拆协调工作。南昌岗上—宁都高速公路全长248千米,途经南昌县、丰城市、乐安县、永丰县、宁都县。其中,在乐安境内65千米,途经山砀、龚坊、戴坊、牛田、万崇、湖坪、罗陂等乡镇,需征用各类土地395.2公顷,拆迁房屋面积3.06万平方米,拆迁厂房7130平方米,迁移坟墓3350座,至11月底,已全面完成各项征地拆迁任务,确保工程建设顺利进行。

2. 积极做好县道升级改造和红色旅游公路及村组公路路项争资工作。流坑—枫树下、银口—参陂、乐安—南村等3个县道升级改造项目和万崇—湖坪红色旅游公路建设项目,以及通村组公路建设项目已由省交通运输厅下达建设计划，全年共争取项目资金7000余万元。所有建设项目年底进入招投标程序。

3.积极抓好县重点工程项目工作。抚吉高速乐安互通连接线工程已进行扫尾，各项工作全面完成；县重点建设项目新长运汽车站及交通综合大楼已全面竣工；县公交总站选址西环路，占地面积1.33公顷，年底已完成设计预算。省道S222山砀—敖溪公路厚发工业园区段3.5千米已经发改委立项，招标工作已完成；县城城南出口公路及附属工程已全面完成。县城—湖溪—山砀一级公路改造已完成初步设计，各项工作有序推进。

二、抓好道路运输行业管理工作

1.完成春运、“五一”、“十一”黄金周运输任务。2013年，全县投入营运客车128辆，加班412趟次，加班主要以县内为主，没有跨省包车业务，全年重要节假日共完成客运量62.7万人次。

2.开展查处非法载客的“黑面的”“黑出租”专项整治活动。全年共查处非法经营的“面的”30辆，违法驾驶员培训点2处，查处异地经营客车32辆，纠正各类违章70多起。

3.开展质量信誉考核和安全隐患大排查，共考核客运企业6户，货运企业12户，二类维修企业5户，驾培学校1家。对考核达不到要求的运输企业责令进行整改，对发现安全隐患的及时进行消除。

4.抓运政服务窗口建设，自觉履行“四不让”承诺：不让政策在窗口受阻、不让群众在窗口受冷、不让差错在窗口出现、不让时间在窗口拖延。

至2013年年底，全县拥有乡镇客运站达7个，候车亭95个。全县乡镇、行政村通客车通达率分别达到100%和95%。全县维修厂家二类6家，三类52家。全县客运车辆121辆，检测率达100%；货运车辆175辆，检测率96%。全县完成年客运量125万人次，客运周转量1.49亿人千米；货运量92万吨，货运周转量1.43亿吨千米。全县共有专业搬运装卸工人95人，装卸量142万吨，比上年有减少。

三、抓好农村公路养护工作

2013年，该局进一步深化农村公路管理养护体制，认真落实农村公路管理养护各项制度，组织人员对县、乡公路进行安全大检查，对破损路面、临水、临崖、危桥及存在安全隐患路段进行重点检查，建立档案，发现隐患及时消除。同时，聘请30名养护工对省道县养、县道和通客车的乡道、村道进行日常养护，筹集40万元资金用于道路安保设施的建设，确保道路交通安全。

（乐安县交通运输局）

崇 仁 县

2013年，崇仁县交通运输局围绕建设“幸福崇仁”目标，进一步转变工作作风，优化交通发展环境，认真履行部门职能，大力实施交通基础设施项目，强化行业监管，保障行业安全，各项主要工作得到新发展。

一、砥砺奋进，配合县中心工作取得成效

1.“两违”和“创卫”整治工作开展顺利。积极配合全县开展“两违”建筑的集中整治，打击违法用地和违法建筑行为。一是加强整治“两违”工作的宣传力度，对参与非法建筑材料运输的车辆，做到发现一起处理一起；二是大力配合县“两违”工作组的工作，认真核实“两违”对象户情况，做好思想动员，促使“两违”对象户及时接受处理；三是全力做好本单位干部职工“两违”现象的整治工作，教育干部职工增强依法用地、依法建设的法制意识，主动申报，按时依规接受处理。

2.县重点交通项目工程实施达预期。抚吉高速公路崇仁连接线项目计9.22千米的路面工程全部完成，10月1日实现全线正式通车；县城区西郊路改造工程于9月22日开工建设，工程进展顺利，项目总投资730万元、计1.1千米，12月20日全面完工；公园环路项目工程继续稳步推进，项目完成投资2300余万元；东城路改造续建工程全面完工，并组织了工程验收。

3.招商和争取项目工作获得新进展。认真做好已引进企业的跟踪服务，积极推进引进企业落户。投资5000万元的江西共鸿电气有限公司投产前期工作就绪。全年通过争取项目共获得农村公路建设计划项目89个，其中，公路桥项目1个、客运网络公路改造项目2个、自然村公路建设项目86个，争取项目到位资金2090.1万元。

二、管理有为，交通基础设施项目实施有序

农村公路建设完成43.7千米，其中：通自然村公路计划35千米建设项目全部完成,许坊乡的“龙井—谙源”8千米县道升级改造项目全面完工,“沙堤—罗陂岗”700米客运网络公路改造工程完成水泥路面硬化建设。桃源乡贯下公路桥工程全部完成,石庄乡村头公路桥完成桥梁架设。

河上农村公路综合服务站建设项目实施顺利,综合服务楼、场地、附属用房等工程建设和施工机械、办公设施等购置基本完成,累计投资281万元。

农村公路养护管理有新突破。制订县道公路养护实施方案,明确县道公路养护主体。15条县道公路均在日常管养范围,养护里程达100%,农村公路综合好路率达82.7%以上。2013年,完成投资18万余元对县道公路进行2次抢修和修铺任务,即东来—王八界300米破损公路的抢修和东来—河上1100平方米破损公路路面的修铺,同时投资16万余元完成陈坊一桥的维修改造。

三、提质提效,客货运输能力稳步增长 积极开发线路,更新车辆,调整运力,改善秩序,优化环境,提升服务,创收效益。50条营运班线辐射省外三省一市和省内八个市县、全县乡镇通班车率100%、行政村通班车率88.7%,通达深度进一步拓展。抚吉高速崇仁连接线全线通车,实现县内即可上高速,运行效率大幅提升。新增公交线路1条、主城区原公交线路延伸至县行政中心,规划建设公交站点84个,年底全部建成。老年人、军人及学生和园区职工的免费或优费乘坐公交财政补贴政策得到落实,城市公交发展更加便民。行业维修市场从业人员素质和企业服务水平进一步提升,至2013年年底,机动车维修业户达到87户,主要是二类维修企业4户、三类维修企业70户、摩托车修理13户,其中,二类维修企业增加1户,三类维修企业新开业4户、户数与上年持平;检测车辆1654辆,其中危货和载客车辆检测率达100%,普货车检测1424辆。全年二类维修企业稳步发展,三类维修企业得到巩固提高,较好地保障了全县道路运输行业的发展。驾培教学质量得到提高。全县机动驾驶员培训业户有2户,即:天虹驾校和华恩驾校,其中,天虹升级为一级驾校。全年共培训7030人,比上年增69%,获得驾驶合格证5356人、通过率达76.18%,驾校培训实现本县培训、本县考试、本县拿证。运输工具和运力结构进一步优化。全县共拥有营运汽车2085辆、总吨位2.45万吨。其中,普通货运汽车2003辆,危货汽车82辆、吨位1047吨。营运载客汽车194辆,其中,班线客运98辆、出租汽车63辆、公共汽车33辆,班线客运车辆中:大型客车18辆,中型客车14辆,营运载客汽车总座数有3190座。更新公共汽车3辆。全年实现新增货车127辆、吨位达1280.40吨,更新班线客车8辆,更新公交车辆3辆。2013年,完成道路客运量246万人、比上年增长12.84%,旅客周转量9380万人千米、比上年增长102%。全县货物运输企业69家,车辆1956辆、达2.43万吨。

四、监管有力,道路运输市场运行更加有序 强化流动稽查,对运输车辆执行动态监管。开展“打非治违”等专项治理活动,集中力量查处非法营运现象,全年共查处“黑车”“黑的”18台次,取缔拐的21辆。强化货运企业和货物集散地等源头管理,强化危险货物运输的管理,大力开展城区交通秩序集中整治,规范公交车定点停放、整治出租车乱停乱放、规范站外发班客运车辆停放点,城区交通秩序得到改观。

(崇仁县交通运输局)

上 饶 市

2013年,上饶市交通系统凝心聚力、攻坚克难、苦干实干,全面完成了年度工作目标任务,交通运输事业呈现出稳中有进、稳中有为的发展态势。

一、交通项目建设实现突破 ①固定资产投资增长较快。全市完成交通固定资产投资20.3亿元,剔除高速公路建设因素,同比增长23.6%。

全市争取部、厅农村交通项目补助资金4.02亿元，同比增长26%；地方筹措配套农村交通项目资金10.93亿元，同比增长16.8%。②项目前期工作扎实有效。完成《上饶市自然村通水泥路建设规划(2013～2020年)》编制工作。争取部、厅各类交通项目建设计划1000余个、农村公路建设计划2336千米。上饶综合客运枢纽项目成功列入全国百个客运枢纽扶持项目。③重点项目建设推进有力。德上高速三清山连接线、沪昆高速公路经开区互通及连接线、铅山县城—上武高速公路连接线等工程扎实推进。上饶—广丰快速通道、上饶—铅山快速通道、上饶综合交通枢纽和福州港上饶码头项目开工建设并进展顺利。婺源灵岩洞—瑶里旅游公路和万年港综合码头一期工程基本完工。交通科研培训大楼顺利落成。④农村交通建设呈现亮点。全市完成农村交通项目建设投资14.1亿元，同比增长104%；完成农村公路建设2060千米，同比增长126%；完成渡口改渡建桥5座、新建独立桥13座、危桥改造项目3座、安保工程42千米。农村公路综合服务站2011年5个试点项目全部建成并一次性通过省交通运输厅验收。

二、运输服务能力得到增强 ①客货运输持续增长。全市完成公路客运量1.65亿人次、客运周转量45.92亿人千米、公路货运量1.86亿吨、货运周转量375.86亿吨千米，同比分别增长2.99%、2.5%、12%和20%。完成水路客运量63.1万人、旅客周转量1525万人千米、货运量681.4万吨、货运周转量16.23亿吨。全市拥有营运客车4898辆、8.98万座，同比分别增长0.1%和0.7%；拥有营运货车5.49万辆、35.55万吨位，同比分别增长16.4%和12.2%。全市运输船舶运力达到230艘、12万载重吨。②农村客运持续发展。全市农村客运班线达631条，新增63条，农村客运车辆达1802辆，新增51辆，行政村通班车率达95%。③上武高速公路经营服务持续改善。认真执行鲜活农产品运输“绿色通道”和重大节假日小客车免费通行等政策，扎实开展经营管理规范化达标活动，确保了高速公路通行安全畅通。全年收取通行费2600万元，同比增长107%；实得1553万元，同比增长51%。

三、行业监管水平不断提升 ①强化运输市场监管。中心城市共查处各类非法营运车辆437辆；查处违规经营出租车1082辆次，违规经营班线车72辆。加强出租车管理，制定出台《市中心城市出租汽车经营服务投诉处理暂行办法》，对出租车空驶费进行调整，并对511辆出租车进行单车考核。开展中心城市工程渣土和砂石运输专项整治、驾培市场专项整治、危货运输专项整治。强化水运企业经营资质监管，共出动船艇72艘次，检查船舶826艘次，进一步规范港口市场经营秩序。②严格交通工程质量监管。全年共组织督查530余人次，抽检原材料90组，抽检项目12项565组；检测农村公路1380千米、渡改桥16座；下达质量通报和整改通知书53份、质量抽检意见通知书36份、安全隐患整改通知单13份。③推进交通行业节能减排。完成行业节能目标任务，实现综合节能效益2.77万吨标准煤。加快客运车辆的结构调整和更新，淘汰高耗能老旧车辆641辆。更新出租车65辆、公交车60辆，淘汰老旧高油耗公交车25辆。

四、城市公交发展势头向好 ①加大公交投入。积极争取市政府设立由市本级、信州区、上饶县、经开区共同筹集的优先发展城市公共交通专项资金，统筹额度由2012年的1500万元提高到2500万元，并视财力增长逐年增加，为中心城市公交发展提供稳定的投入保障。②改善公交设施。购置新能源公交车60辆，与之配套的LNG加气站建成运营。新建各类候车亭31个、招呼站80个、线路标识牌154个。改善市公交公司经营管理办公用房，紧抓驾驶员从业培训中心、智能调度投诉中心、IC卡便民服务中心“三个中心”建设。

经济技术开发区

2013年，上饶经济技术开发区交通运输局紧紧围绕全区的统一部署和省、市确定的目标，积极完成年度各项目标任务。

一、重点工程建设 ①沪昆高速上饶经开区互通工程：2013年年底前项目正式投入运营。②铅山—开发区快速通道项目：项目已确定具体线路走向，并开展征地拆迁工作。③战备公路方面：项目前期申报工作基本完成，省发改委和省交通运输厅已完成各项审批手续，国家补助的项目资金1650万元已到地方财政,已组织编制项目工程初步设计及施工图设计。④上饶(海西)物流园项目:该项目已完成初步选址。⑤渡改桥方面:马鞍山大桥和红石大桥均已完成建设。马鞍山大桥对岸引道上饶县已完成建设,红石大桥对岸引道铅山县未动工建设。开发区管委会已撤销马鞍山及红石两渡口。

二、农村公路建设 ①自然村公路:2013年已批复计划项目共9条,里程13.9千米。②县道升级改造:开发区管委会于2013年年初结合市政道路建设龙大路湖州尾至马鞍山大道段,已完成路基土石方工程,路面工程基本完成。项目施工图设计评审通过,上级补助资金1100万元。

信 州 区

2013年,信州区交通运输局进一步促进信州区道路运输管理工作和农村公路养护的规范化,切实抓好各项交通工作任务的落实。

一、物流产业 2013年1~11月,全区完成物流产业税2.32亿元,占全年计划任务的92.67%,同比增长26.78%。

二、交通基础设施 ①县道升级改造,重点实施的西沙公路10.07千米和严十公路19千米实现全线通车。②争取到上级部门自然村通达计划51.3千米,新农村进村道路计划11.5千米,县道升级改造计划15.8千米,合计争取上级配套资金1305.3万元。

三、农村公路综合服务站建设 该项目选址在秦峰乡秦峰村,计划用地1公顷,各功能区建筑面积2000平方米,总投资600余万元,施工图设计已经完成,征地工作已经启动。

四、农村公路管养 2013年,分两季度完成县道养护61.1千米,乡道养护75.7千米,村道养护125千米,共计261.8千米,并增设校车途经线路的安全设施、警示牌及其他路段安全标志等。在路政管理上,公路路政大队加大人员设备投入,配备路政执法人员8名,配备路巡车辆、摄像机、电脑和打印机等路政设备。各乡镇、街道农村公路管理站配备19名路政管理员。

五、服务重点工程建设 ①上广快速通道全长17.17千米,信州区段12.87千米,途经秦峰乡、朝阳镇和灵溪镇,一级公路双向6车道,路基32米,沥青混凝土路面,工程总投资7.2亿元。其中,信州区段征用土地93.3公顷,房屋征收4万余平方米,征地征迁资金1.1亿元,已到位7千万元。信州区段已完成征地任务90%,规划区外房屋征迁工作已经启动。②320国道上饶城区段改建项目前期手续报批已完成,桥梁及引道工程开工建设,沙溪大桥已动工。③赣东北汽车园项目选址在上饶市信州区叶挺大道以西、机场路以东,位于信州区茅家岭街道周田和茅家岭村区域,总规划用地33.3公顷。按照"一轴贯五区"的规划布局,划分为中心服务区、汽车4S展销区、汽车配件区、汽车用品区和二手车交易区等五大功能分区。

上 饶 县

2013年,上饶县交通运输局坚持"建管养运"一体化的工作思路,一手抓交通建设,一手抓行业管理,通过全局的共同努力,各项工作取得了较好的成绩

一、交通基础设施建设 2013年,该局积极向上争取项目439个,项目资金6271.6万元,比2012年增加1172.6万元,增长23%。其中:自然村公路项目420个,建设里程378.7千米;国有农林场公路项目8个,建设里程26.7千米;新建独立中桥6座,计368延米;客运网络化连通工程项目4个,建设里程16.2千米;安保项目1个,建设里程8千米。①自然村公路建设。2012~2013年,该县争取到自然村公路(含国有农林场)建设项目719个,里程713.6千米;实施项目593.8个,里程578千米,完成83%。全县75%以上自然村通上水泥路。②县乡道升级改造项目。新田—黄狮公路总长3.7千米,已完成项目前期工作,2013年年底开工建设。③农村客运网络化连通工程建设。2012~2013年项目8个,总里程37.8千米,2013年完成8千米,占49%。④新建独立中桥建设。2012~2013年项目8个,2013年项目6个,张家桥已完成桥墩工程,其他5个项目已完成项目评审,进入项目招投标程序。⑤农村

公路村公路服务站项目。皂头农村公路综合服务站项目已开工建设。

二、公路养护工作进行 ①县乡道养护管理。2013年共投入养护资金120万元，购植苗木1.35万株、修复水毁挡墙9处、维修涵洞4处、桥梁4座、路面1.3千米、树立安保警示牌235块。确保公路安全畅通。②创建文明样板路。河北—下会坑公路全长14千米，投入养护资金15万元，路肩修复14千米，树立标设牌130块。

三、运输行业管理 ①全力保障春运安全。春运期间，全县有176辆客车通过检测合格并投放市场。②成立4个运政执法队伍，共出动执法人员256人次，检查源头企业22个次，维修企业18个次，下发文件30份，简报12份，处罚违规源头企业3户。③道路运输经济。全县日均投入客运车辆176辆，完成客运量468万人，旅客周转量2.53亿人千米。共有货运车辆5332台，完成货运量3786万吨，货运周转量25.49亿吨千米，比上年增长2%。

广 丰 县

2013年，广丰县交通运输局坚持建、管、养并重，大力推进公路交通综合化、城乡公交一体化和重点工程设施建设，推动广丰县经济社会的发展。

一、基础设施和重点工程建设 ①编制完成《广丰县苏区交通运输发展规划（2012～2020年）》和《广丰县自然村通水泥路建设规划（2013～2020年）》。完成沪昆高速广丰连接线等18个项目的招标工作。对竹航山公园道路工程、慈坞—骑马关公路路面改建工程、黄家淤—五角塘公路屏风山段2.1千米升级改造项目进行跟踪管理。②省道S201大二线（广丰—上饶火车站段快速通道）完成改线工程广丰段路基清表工作，累计完成土石方30.7万立方米，占总工程量的58.1%；管涵完成8道，盖板1道，边沟完成800米；拆迁工作全力推进，安置区土石方、下水道工程基本完成。信州区段已完成路基清表3.5千米。③迎宾大道市政工程。完成土石方工程96%，完成盖板涵及涵洞工程；完成全线污水管道、雨水管道铺设；完成路面水泥稳定层浇筑（含沥青路面下封层）。④沪昆高速广丰连接线路面改建项目工程，于2013年5月13日开工，11月13日如期竣工通车。⑤农村公路综合服务站建设。铜钹山农村公路综合服务站主楼已封顶；五都农村公路综合服务站由原五都客运站置换，已交付使用。⑥建设完成铜钹山九仙湖猴狲潭悬索人行桥，于2013年10月1日正式通行。

二、交通项目储备 ①申报排山镇农村公路综合服务站项目，计划总投资430万元。②上报2013年度新农村建设的进村外接公路和通自然村公路建设计划149.4千米，申请上级补助共1195万元。③上报农村公路独立桥梁大桥以上1座，申请上级补助共77.6万元，计划总投资673.2万元。④上报2013年度县道升级改造项目计划5.5千米，申请上级补助共220万元，计划总投资1513万元。⑤申报铜钹山九仙湖码头建设项目，计划总投资900万元。

三、道路运输管理 ①圆满完成春运工作。2013年春运期间共投入营运客车315台，其中外调运力58台，完成客运量118.56万人次，企业营收达2830万元，同比上升2%。②坚持校车安全管理。在全县范围的校车运行线路上划定校车停靠点127个，制作校车停靠标识标牌127块、预告标牌228块，安装校车运行安全警示标牌、限速标志牌405块，在临水、临崖路段新建防撞墙1.04万米。③严格规范道路运输市场秩序。全年共开展督查360次，派出督查人员3600余人次、执法车辆720辆次，打击非法客运车105辆、其他违章车辆520辆。

四、农村公路养护和路政管理 ①严格公路管养和修复标准。2013年完成仙六线路肩整修铲土、培土，上广公路绿化带绿化补植、卫生清理以及排水沟的疏通。完成仙六线吴村段10千米破损路面的维修；完成五都—十都公路慈坞—骑马关段1.01千米路面改建工程和十都村段350米道路维修；完成沙田大桥的修复加固；完成五峰桥加固工程和八都道路维修工程。②坚持路政巡查。全年路政大队在巡查中共查处违法建围墙15处计1100米，制止违法建房8处计1300平方米，取缔路边集贸市场6处，清除路阻路障500余处，拆除临时厂棚6处，拆除非公路标牌58块，维护了公路路产、路权。

玉　山　县

2013 年,玉山县交通运输局积极推进农村公路建设,全面加强道路运输管理,不断强化交通安全监管,圆满完成各项工作任务,为推进玉山社会经济发展提供坚强的交通运输保障。

一、农村公路工作　①积极开展农村公路桥梁建设项目申报、资金争取和实施监督工作。2013 年共争取项目资金 1812.23 万元,其中:通自然村公路 960.63 万元,农垦公路 750 万元,独立桥梁 101.6 万元。2013 年,通自然村公路 97.9 千米,完成 70.3 千米;农垦公路 20.2 千米,完成 11.8 千米;独立桥梁 3 座,完成 1 座。续建项目中,10.5 千米的"下镇—六都"县道升级工程已全部完成,12.5 千米的飞青线县道升级工程已完成 7.5 千米,完成 5 千米的"下镇—道塘"乡道升级工程。②大力加强公路养护工作。并投资 50 余万元抢修仙岩—官溪修复挡土墙 3 处,投资 30 万元清理南山—童坊公路塌方 1 万立方米,投资 28.5 万元修复飞青线中干渠小桥,投资 5.8 万元对田飞路、飞青线 4.42 千米路面进行沥青灌缝。县道实行 100% 正常养护,好路率 88%,乡道 60% 以上纳入正常养护,好路率达 70%,村道由各行政村养护,好路率达 50%。③认真做好县重点建设项目工作。县城—高铁玉山南站连接线(金沙溪大桥—沧溪桥段)新建工程,项目概算 1.43 亿元,其中,建安费 1.2 亿元。完成路基填筑土方 2.2 万立方米,金沙溪大桥浇注桩基 27 根,沧溪中桥施工便桥已完成,浇注桩基 3 根。德上高速公路童坊—玉峰连接线项目于 2012 年 9 月 18 日开工,建设总里程 18 千米,总投资 2.38 亿元。完成会花线东津桥维修加固工程。

二、运输管理　①圆满完成春运工作任务。春运期间累计发送车辆 8702 辆次,运输旅客 57.9 万人次。②扎实做好运政基础工作。自 4 月份开始,对全县道路客货运企业、营运客车、汽车站、机动车维修企业、机动车驾驶员培训学校进行质量信誉考核,考核率达 100%。认真组织营运车辆审验,共审验客车 187 辆,货车 1331 辆。③全力维护运输市场秩序。共查处各类违规车辆 726 辆次。④积极开展玉山公交总站(农村综合服务站)前期工作。该项目是集公交总站、农村客运、货运、运政、路政、公路建设与养护等功能于一体的交通综合体,位于县城东南方,占地面积 2.95 公顷,建筑面积 1.07 万平方米,中标价为 2207 万元,12 月中旬开工建设。⑤开展出租车提升改造工作。更新改造出租车 60 辆,新增 40 辆,于 9 月 28 日正式投放市场运营。全年新增客运企业 1 户、普货企业 2 户、机动车维修企业 1 户、汽车租赁公司 1 家。新增客运车辆 4 辆、货运车辆 510 辆。

三、交通执法　共查处交通运输违法案件 726 起,其中未经许可擅自从事道路旅客运输 30 起、道路货物运输 28 起、使用无道路运输证车辆从事道路货物运输 13 起、未按规定维护和检查车辆 19 起、客运班车不按批准的客运站停靠 4 起、出租汽车不按照里程计价表显示金额收取运费 5 起、擅自改装已取得营运证车辆 557 起、损坏公路路产 60 起、其他违章 10 起。

德　兴　市

2013 年,德兴市交通运输局开拓创新,锐意进取,克难奋进,各项经济目标任务进展较好,交通运输工作得到了又好又快的发展。

一、交通基础设施建设情况　①农村公路建设。2013 年完成自然村公路 67.1 千米。②县道和独立桥梁建设。绕余线徐家坊—余家墩 6.2 千米建设已开展路基建设;浮昭线 4 千米(K10 + 800 ~ K11 + 200 K12 + 200 ~ K12 + 500 K13 + 800 ~ K17 + 100)路段完成改造。加上已经完成的 5.1 千米,昭林—小浮溪段全线竣工。完成新村大桥下部构造,施家大桥、黄家大桥、车畈中桥、土口中桥、南门山中桥完成部分水下工程,新屋大桥开展前期工作。③重点公路建设。新东线公路全长 36.09 千米,总投资 1.5 亿元,已基本完工。祝梧公路全长 15.531 千米,总投资 4649.11 万元,完成前期工作。德上高速路口—合福高铁德兴火车站公路路线全长 5.67 千米,项目总投资 1.25 亿元,完成前期工作。合福高铁德兴市火车站—三清山连接线全长 23.6 千米,投资 1.8 亿元,完成前期工作。④农村公路管养。全年共投入养护资金153.2万元,其中:日常养护里程545.59千米,投入资金83.52万元;农村公路大中修工程(主要对万青线、李暖线、小闵线、汪杨线进行维修)投入资金30.26万元;修复公路护坡、挡土墙及排水沟3828立方米,投入资金29.86万元;清理塌方1710立方米,投入资金5.24万元;埋设安全警示标志牌74余块,投入资金4.32万元。

二、道路运输管理与建设 ①交通运输管理。完成客运量304万人次、客运周转量2.64亿人千米、公路货运量296万吨、公路货运周转量2.68亿吨千米。开展交通秩序整治。共处罚违章车辆100余台次。②交通安全管理。建立健全管理机构,完善管理措施,做到安全事务有人管理,安全工作人人做,层层抓落实,促使安全工作进入常态化、规范化管理轨道。在客运方面,建立健全严格的安全生产责任制,落实专人管理,定期开展安全检查,确保客运企业生产安全. 在公路建设安全方面,深入一线进行督促检查,确保在建工程安全。

婺 源 县

2013年,婺源县交通运输局立足行业管理职能,自身建设不断加强,项目建设捷报频传,运输市场日趋规范,公路网络持续优化,交通运输各项工作均取得明显成效。

一、项目争取及招商引资 全年共争取公路项目163个306.9千米,上级无偿资金7638.12万元,占全市项目资金的三分之一。11月15日,婺源县召开国道济宁—宁德(G237)婺源县城段和台州—小金(G351)婺源县城段项目工可评审会,项目工可通过省交通运输厅评审。赋春—乐平沿沟29.8千米专项公路(战备路)项目申报前期工作,招标选定工程可行性研究编制单位,工可已编制完成。全年引进物流企业21家,完成招商引资2000万元,总部经济50万元。

二、公路建设 2013年,累计完成固定资产投资3亿元。新增通水泥路自然村99个,通畅率43.86%,同比增长7%,为婺源县"十二五"末基本实现自然村通水泥油路目标打下坚实的基础。截至11月底,段莘—浙源(28.5千米)、清华横坑口—沱川公路(14.655千米)、瑶里—灵岩洞公路(9.5千米)等3条共53.655千米重点旅游公路已竣工,婺源北部交通环线基本形成,旅游旺季交通拥堵状况将彻底改观,同时进一步加快婺北旅游资源深度开发。外环线公路(原大二线县城段10.11千米),已完成58%路基土石方工程量,桥涵工程施工接近尾声。西门星江大桥拓宽提载工程已开工。自行车道旅游公路全长134.2千米,已全线贯通,完成路基改造134.2千米,路面硬化120.0千米,桥梁6座。大二线县城段、段莘—浙源、高速婺源北出口连接线等100多个投资5.3亿元项目和婺源县交通运输局做业主的项目均严格执行告知备案、公示报名、公开(邀请)招投标等规范程序,招投标比例达100%。加强监督管理,受理投诉举报1件,处理1件,办结率达100%。

三、养护管理 积极上报农村公路养护里程,新增纳入市养护补贴里程462千米,基本做到农村公路养护全覆盖。婺源县交通运输局投入100余万元用于农村公路重点养护补贴。投资10多万元购置完善割草机、养护标志服、反光锥筒等小型养护器具,及时发放至养护单位和养护工,实现养护规范化、科学化。举办养护技术培训班2期,培训人员达126人次,全年县乡公路养护好路率达86%。受汛期影响,农村公路严重受损,直接经济损失达7200余万元。段浙线、清沱线施工期间,洪水冲毁路基、农田损失严重,工程指挥部领导亲自调度,投入100多万元及时修复水毁工程和农田水利设施,工程建设得以顺利推进。投资10余万元建造钢构桥,确保大鄣山菊径山体滑坡地质灾害点路段的交通安全畅通。10月中旬,总投资360余万元的中云农村公路综合服务站顺利通过省市验收,清华综合服务站项目前期工作有序开展,土建工程已破土动工。联合省测绘部门编制婺源县公路交通网络图,及时印发至全县186个行政村。编印《婺源交通桥》为全县1108座桥梁建档立案。

四、春运工作 全县安全运输旅客81万人次,票房收入较上年增长3%。打击外地非法营运客车17辆,非法售票点4处。全年安全运输旅客达185万人次,未发生客运行车事故和旅客滞留现象,圆满完成春运工作任务。

五、城市客运 新增三类维修企业13户,新增货运企业21户,新增二级驾校1家,新增汽车租赁公司1家,更新客运车辆22台,新增20台出租车。切实做好营运车辆年审工作,全县客运车辆年审率100%,出租车年审率100%,货运车辆年审率95%,及时完成对全县客运企业、货运企业、维修企业及驾校的质量信誉考核。建立道路运输行业安全短信平台,恶劣天气和关键时段及时发布信息提醒,全年累计发送短信3000余条。全力服务乡村文化节活动,积极组织运力,调配营运客车26台次,运送演员1000余人次。成立打击非法营运车辆专项整治小组,共查处非法营运车辆共计32台,罚款金额共计16万。

六、延伸班线、增建候车亭 年内新增开乡村客运班线6条,进一步提高客运班车覆盖面和通达深度,95%农村客运班线已实行公司化经营。

七、道路运输管理 ①召开全县营运驾驶员会议12次。认真开展2013年道路运输安全生产月,制订《婺源县开展2013年道路运输安全生产月活动方案》,6月11日开展安全知识咨询活动,做到安全生产警钟长鸣,安全形势平稳发展。②开展道路客运交通安全隐患大排查大整治、道路运输"打非治违"等专项行动,对全县客运市场组织开展"一户不漏、一车不缺、一人不放"的大排查、大整改、大督查。全年开展安全生产检查62次,出动人员223人次,检查企业186家次,实施道路运输企业安全例行检查10次,及时发现处理隐患29项。认真开展全县运输市场整治工作,共出动运政稽查人员255人次,查扣非法营运车辆58辆,有效遏制非法营运车辆。③运管所长途客运监控天天在线,多次受到市运管局通报表扬;充分发挥GPS卫星定位安全服务系统的作用,督促企业对所属客运车辆、载重货车、危险货运车辆进行全过程监控。

八、水上渡口管理 健全检查和重点督查机制,全面检查3次,重点督查1次,确保渡口运输安全。挤出资金在湖村渡口建设简易码头,方便湖村群众上下渡口。对太白临河渡口加强管理,积极协助申报省交通运输厅独立大桥项目,尽快完成撤渡建桥程序。

九、公路安保工程 结合婺源旅游发展需要,及时变更完善公路标志和防护设施。段浙线安保工程260万元、标识牌70余万元,清沱线安保70万、标识牌18万元在路面工程竣工后及时配套实施。认真排查农村公路危桥险路安全隐患,投资560余万元及时完善大鄣山、江岭、篁岭等近300千米景区公路安全警示标志,并对全县800多千米已硬化通村公路的急弯、陡坡和村庄、学校处安装减速带、警示标志牌,稳步提高婺源公路安全系数。

鄱 阳 县

2013年,鄱阳县交通运输局以政府工作报告提出的交通重点项目建设和行业管理目标为重点,扎实高效狠抓工作落实。

一、重点项目建设 ①鄱莲快速通道全长14.2千米,工程总造价9300万元,于5月23日启动开工仪式,计划建设工期为15个月。完成鄱阳镇及团林乡范围内的征地任务,完成土方施工1.34千米(K3+860~K5+160),K4+073暗桥已完工,K4+320、K4+501两混凝土盖板函已完工,K4+550钢筋混凝土圆管涵已完工,完成投资1600万元。②环鄱阳湖东岸旅游公路全长147千米,其中,鄱阳段83.9千米。鄱阳湖国家湿地公园—余干交界段29.3千米作为一期项目,按一级公路标准建设,路基宽24.5米,路面宽20米(其中,饶河大桥按城市桥梁设计,宽34米),投资19亿元。12中旬完成全部立项批复前置条件和立项批复,力争于2014年元月底正式开工建设。该项目余干乌泥—鄱阳县城段20千米路段积极争取纳入全省高速项目计划。

二、县乡公路建设 2013年,全县实施县乡公路升级改造20千米、通自然村水泥路建设240千米,通行政村扫尾工程50千米。①县乡公路升级项目。完成县道杨莲线升级改造16千米;县道洪玉线(枧田街段)升级改造10.6千米,已完成总工程量的70%;县道福莲线(莲花山段)15.6千米升级改造项目路基建设顺利推进。②水毁重建项目。县道高双线(高家岭段)水毁重建项目9.3千米,完成里程8.6千米,完成珠湖段3.8千米;完成县道洪玉线(田畈街段)水毁重建项目7千米。③县乡公路项目。完成滑金线12.9千米和太阳埠—富林6千米县通乡公路建设。完成通行政村扫尾工程50千米。2013年,计划实施

240.5 千米，完成 216.5 千米，完成全年计划 90%。2013 年计划实施农村客运网络化连通工程 25.3 千米，正在实施路基建设。④农林场公路项目。农林垦项目鄱田线—高家岭垦殖场正在施工，其他项目已完成；农林垦项目花园—饶丰总场正在施工中，其他项目已完工；2013 年的农林垦项目计划 90.9 千米，江莲线—莳山等 6 个项目共 45.6 千米完成建设，完成全年计划 50%，其他项目陆续启动建设。⑤ 桥梁建设。完成响水中桥危桥重建任务；饶埠上湖洲新建独立中桥于 10 月 19 日开工建设，8 根桩已全部完成。

三、农村公路管养 2013 年 7 月，鄱阳县交通运输局制定印发《鄱阳县农村公路养护管理实施细则》，对全县 422 千米县道、775.28 千米乡道、2472.21 千米村道明确了养护职责，落实相关经费与考评制度。2013 年，加大全县县道公路日常养护及安保设施、路肩的管理，完成公路养护管理投入 200 万元。投入数十万元资金对管辖内的天鹅大道、湖城大道城外段、民兵训练基地、老鄱莲公路等县道和县内重要公路进行局部维修。芦田乡吴张村申报 6.2 千米共计 3 条村级外接公路硬化项目，已经全面实施完成。村内道路按新农村建设要求高标准实施，道路两旁进行整齐有序的绿化，树立超载限行标示牌，成为鄱阳县打造成农村公路建养示范点的重点村和一大亮点。在危桥重建方面，完成投资 230 万元响水滩中桥重建任务，10 月验收；投资 105 万元饶埠上湖洲中桥于 10 月底正式开工建设。

四、交通行业管理 ①物流中心建设项目及产业发展。2013 年，落户鄱阳县的物流企业共 29 户，完成税收总额 6661 余万元，扶持资金奖返总计 4256 余万元。②公路运输管理工作。截至 11 月底，全县完成道路客运量 736 万人次，客运周转量 3.58 亿人千米，货运量 1214 万吨，货运周转量 7.44 亿吨千米。6 月 20 日开始，启动针对载客电动三轮车的综合整治行动。淘汰 130 余辆用于非法载客的电动三轮车，城区从事非法载客的电动三轮车数量明显减少，取得阶段性成果。

五、交通安全管理 扎实有效地开展水上、道路、交通工程等方面安全工作，有效打击非法渡运行为。争取县财政对全县 43 名渡工每月补贴 200 元，对 37 个渡口按每个渡口 5000 元维护经费及在册 44 艘船舶维修经费按县、乡各 50% 的比例承担，开地方财政大力度支持交通安全工作的历史先河。

余 干 县

2013 年，余干县交通运输局扎实推进项目建设、行业管理、安全生产、公路养护、行政执法等各项工作，为“建设‘五个余干’，实现进位赶超、绿色崛起”提供了强有力的支撑。

一、以通畅工程为重点，强力推进交通建设大跨步 ①干线公路建设：康山旅游公路全长 24 千米，项目总投资 5487 万元，已完成工程招投标，进入征地拆迁阶段。环鄱阳湖东岸旅游公路新建工程余干段全长 55 千米，项目投资估算 9.5 亿元，完成前期准备工作。②县乡公路建设：完成余瑞线洪中段改造项目，全长 10 千米、总投资 1000 万元。柴店—高峰、塔尾塘—高古岭公路全长 9.83 千米，项目总投资为 510 万元，9 月建成通车。③城市道路建设：完成全长 3.61 千米、总投资 1.27 亿元的县城外环东路和全长 3.65 千米、总投资 9500 万元的县城干越大道改造工程，其中，外环东路成为全县公路样板工程。④渡改桥工作。完成主桥长 280 米、宽 7 米、引道长 276 米、总投资 844 万元的古埠邱家墩大桥；马背咀二桥扩建工程全长 1.71 千米，大桥主体长 399 米，宽 12 米，；新建左半幅桥梁与老桥平行布置，桥面总宽 24.55 米，引道长 1314 米，完成 20 根桩基、桥墩、盖梁各 1 个。⑤农村公路建设。开展自然村通公路的项目规划、设计、审报和建设工作，累计投资 5000 余万元完成 240 千米的自然村通水泥路工程，解决 249 个自然村出行难问题。⑥农村公路综合服务站建设。建成乌泥农村公路综合服务站，申报瑞洪镇、黄金埠镇建设两座农村公路综合服务站。

二、管控预防抓安全，确保行业形势安全稳定 定期召开安全生产例会，组织开展 5 次安全生产大检查、大巡查、大排查、大整治活动，以“平安交通”“打非治违”“安全生产月”等活动为抓手。一是加强节假日运输安全，仅春运期间共投入客车 398 台，完成公路旅客运输 74.52 万人次，检查车辆 1.78 万台次。二是加强公路安全隐患治理,全面落实"一处险情、一套预案、一名领导、一名技术员、一名监控员"责任制,对全县危桥险路、渡口渡船、客运站场、在建交通工程等隐患点进行5次大巡查、大排查、大整改。

三、依法行政抓管理,维护运输环境规范有序 ①集中开展客运市场"清剿""黑车"营运、出租车异地驻点违规载客等专项整治。查处非法改装改型车辆40辆,查处"黑车"20辆,纠正异地出租车驻点营运320台次,纠正违章12起,处罚站外上下客28台次,停班整改客运车辆6台。②强化对驾校、维修市场及营运车辆、从业人员资格的监管,严把准入关口,严厉打击各类非法营运行为,维护道路运输市场秩序。

万 年 县

2013年,万年县交通运输局紧紧围绕"发展大交通"的目标,着力加快交通基础设施建设和规范交通行业管理,各项工作取得阶段性成果。

一、交通基础设施建设 ①9月25日,省交通运输厅规划办到上饶对上万高速公路路线走向进行现场踏勘和征求意见。万年县对路线方案提出建议。②镇垱线改造(珠田—苏桥)项目施工图设计已经完成,准备开工建设。③青云农村公路综合服务站正在开工建设。汪家农村公路综合服务站完工,并通过省厅验收。④万年港综合码头水工工程,道路堆场、大型土石方完成,轨道梁完成,机械设备安装全部完成,龙门吊安装完成。⑤中洲大桥主桥于2013年9月底通车,南引道工程完成,北引道完成土方工程。⑥农村公路建设养护。全县落实农村公路建设计划40千米,完成86千米,完成总投资1600万元。地方公路县道年末好路率、年平均好路率、乡道养护率达均比上年有所提高。

二、行业监管和服务 ①春运期间,全县共投入客运车辆11.33万班次,加班车辆370辆,包车80班,完成客运量45.11万人,比上年同期增长3.45%,无重大事故。②公交客运延长运营时间,延伸公交路线,实行学生、老人、军人免费或优惠乘车。进一步加强客运站场源头管理,共检查各种道路车辆(含打击黑车)104台,纠正违章车辆69台;处罚严重违章违法车辆41台。③渡口连续56年无安全事故。⑤客运能力和服务水平实现大提升。全县拥有各类客运车辆242辆,其中高级客车38辆、出租车40辆,公交车18辆,中低档客车146辆。上半年,完成客运量367万人次,较上年增长1.89%,完成旅客周转量2.64亿人千米,较上年增长1.89%。⑥货运能力和水平实现大提升。全县共有货运物流企业43户,货运车辆214台。全年完成货运量367万吨,完成货物周转量1.86万吨千米。⑦水上能力和服务实现大提升。全县共有水运企业8户,各类运输船舶72艘 其中危货运输船舶6艘,货物运输能力达1.8万吨。完成水路货运量106.79万吨,货运周转量5868.7万吨千米,分别比上年增长3.58%和1.47%。

弋 阳 县

2013年弋阳县交通运输局积极履行交通职责,突出重点,锐意进取,全面推进重点工程项目建设,较好地完成了各项工作。

一、公路建设和养护 ①农村公路建设。2013年上半年上报农村公路建设计划总里程90.5千米,其中,自然村公路86.1千米,县道升级改造4.4千米,已建成自然村公路69.7千米。②农林垦公路改造情况。2013年,建设计划共15.2千米,已进入前期准备阶段。③公路养护管理情况。一是认真抓好干线公路抢险保通,投资35万元对摘圣线、坑清线、双流线(叠山段)、杨箭线、汪杨线进行路面抢修、桥(涵)加固和限高保护。二是强化农村公路养护工作,投入资金34万元对所管养的县道、乡道进行日常养护,全县各乡、镇、村投入资金16万元对所管养的乡道、村道进行日常养护,投入15万元资金对村道水毁工程进行修复。三是在平交路口、弯道、村庄、连续弯道等重要路段投入资金15万元设置交通安全警示标志牌等。四是加大路面巡查力度,公路沿线乱堆乱放、乱搭乱建、超限车辆逐步减少。共处理违章建筑9起、乱堆乱放510平方、超限车辆23辆,切实维护好路产路权,保障农村公路安全、畅通。

二、道路、水路运输 ①加强客、货市场日常监管，做到“三不进站六不出站”，严格落实车辆例检制度；认真履行“三把关一监督”职责，对凡不达标和没有合格证的车辆一律不予以办理营运手续；对危险品运输车辆严格按照道路危险货物管理规定，严厉打击无危险货物运输标志的违法行为。完成客运量416万人，客运周转量2.42亿人千米，货运量705万吨，货运周转量7.59亿吨千米。②水路运输管理。加强水上交通运输管理，严厉打击“三无”船舶。上半年，港航管理部门重点对辖区内“四客一危”船舶和渡船的安全技术资质和从业人员资格审核；各渡口、旅游景区安全责任签订到位；船舶二证一线一牌一须知、消防、救生设备到位。在重大节假日，督促乡镇政府密切注意气象部门预报，注视雨情和水情的变化，加强辖区内渡船和旅游船舶的安全自我监管。

三、交通运输安全 2013年，弋阳县交通运输部门深入持续开展“道路、水路客运安全年”“打非治违”“平安工地”等活动和多项整治工作。①开展交通安全生产宣传教育。共发放宣传资料600份，制作宣传栏4块，利用显示屏滚动播放安全生产标语15条。②加强行业安全监管。针对重大节假日弋阳县交通运输局成立5个督查组对农村公路、客运站、客运公司、渡口等进行督查，公管部门持续深入开展道路交通安全隐患排查治理工作；运管部门按照“五个管严、五个严查、五个一律”要求，切实抓好客运各项安全措施，并与各运输企业签订道路运输安全责任制，做到零伤亡、零事故；港航管理部门于各渡口、景区签订渡口安全责任制，层层落实，全年未发生一起交通安全事故。③加大交通执法力度。持续开展“道路客运安全年”“打非治违”活动，路政、稽查人员发放宣传资料1200份，利用机械清理乱堆乱放510平方米，查出违章车辆241辆，暂扣非法营运车辆10辆。全年共查处载客车辆违规471起、出租车异地载客68起、未经许可从事运营车辆45起、擅自改装车辆206起、取缔未经许可擅自从事机动车驾驶员培训学校1起。

横 峰 县

2013年，横峰县交通运输局以构建完善运输综合服务设施、构建和谐交通为主要目标，全力推进交通基础设施建设、公路养护、运输市场管理、交通行政执法等重点工作，

一、重点工程建设，农村公路建设 1. 县重点项目。①世行贷款城铺大道项目，全长7.27千米。总投资1.02亿元。已完成项目初步设计审查、林地、土地指标的审批，12月4日进行招标。②世行贷款姚港公路项目，全长16.6千米，三级公路标准建设，总投资4280万元。已完成项目初步设计审查。③红色旅游白沙岭—楼底公路，全长8.4千米，三级公路标准建设，总投资1080万元。完成征地拆迁工作，项目已开工。

2. 农村公路建设。①农村客运网络化横峰大桥—善塘公路，全长8.3千米，三级公路，总投资3000万元。路基土石方基本完成，浇筑水泥路面5.7千米。②山黄—葛溪垦区公路，全长9千米，三级公路标准建设，总投资2292万元，工程已完工。③完成农村公路通自然村项目78个，完成水泥路路面硬化里程82千米。

3. 农村公路综合服务站建设。岑阳农村公路综合服务站项目占地0.67公顷，建筑面积600余平方米，集“建管养运”四位一体，工程于6月初完工，已经过省、市工程验收。

4. 渡改桥项目顺利完工。杨家信江大桥渡改桥项目基本完工，已向上级业务主管部门进行报请验收。

二、交通行业管理不断攀升 1. 春运工作平安有序。春运共投入营运客车73辆，外调运力客车32辆，累计发班1.29万辆次，日均发送旅客8053人次，完成客运量32.21万人次。春运期间，对辖区内危货企业进行安全检查，下达整改通知书1份，并对整改情况进行验收。

2. 行业管理工作全面推进。2013年累计新增货运车辆866辆，新增吨位9376.32吨。客运量420万人，旅客周转量2.43亿人千米，货运量483万吨，货物周转量5.31万吨千米。对客运企业、客运站、驾校进行质量信誉考核，考核率

100%。AAA级客运企业1家,AA级客运企业7家,AAA级驾校1家,AA级驾校1家,4月份新增初审驾校1所。加大黑车打击力度,2013年共出动执勤536次(平均每日两次),检查车辆392辆次,查处纠正违章280余辆。

三、农村公路管养工作有序推进　加大农村公路管养力度,对道路和危桥进行维修改造。上半年共清理县乡公路塌方35处,8320立方米;挡墙倒塌20处,共1050立方米;共投入资金56.7万元,已全部完成。县道好路率78%、乡道好路率80%、村道好路率65%,全面完成市级下达的各项任务。

四、安全工作态势良好　落实安全生产岗位责任制,建立长效安全管理机制。层层签订安全生产责任状,制订《横峰县交通运输局关于开展交通运输局行业安全生产大检查的实施方案》《横峰县交通运输局安全生产监督管理职责暂行规定》,开展春运前道路运输安全生产大检查和人大、政协"两会"期间与清明、"五一"国庆节日假期期间安全生产大检查和"安全生产月"活动,强化道路运输源头安全管理,实施常态化重点领域安全检查,全年进行安全检查36次。与此同时,抓好安全隐患的整改落实,建好安全检查台账,坚持日常安全检查通报制度,确保交通运输安全无责任事故。

铅　山　县

2013年,铅山县交通运输局积极融入"1+5"信江河谷城镇群建设,着力推进两个连接线工程建设,加快旅游公路建设步伐,继续加大农村公路及危桥改造力度,完善农村公路综合服务站体系建设,深化农村公路养护体制建设,促进交通运输事业全面协调持续发展,为把铅山建设成为新型工业化生态城市营造良好的交通环境。

一、公路、桥梁建设

1. 农村公路及桥梁。①农村公路建设。2013年,通自然村公路和新农村建设点进村主干道硬化计划99.6千米,完成路基改造97千米,路面硬化111.16千米。②县通乡公路项目。伦潭—天柱山15千米新建工程完工,于5月通车;汪二镇杨家—湖坊镇安兰公路3.1千米建成通车。③危桥改造。新滩乡下高塘桥、篁碧畲族乡篁碧老桥重建工程完工;鹅湖镇青溪银村大桥年底完工;河口镇白沙大桥于10月开工;陈老线岩山咀大桥、虾公山大桥完成招投标,11月底开工建设。④渡改桥建设。九狮大桥、下古埠大桥建成通车;杨林大桥重新启动开工建设。

2. 旅游公路。①石塘—柏畈红色旅游公路。全长4.8千米,路基宽10米,路面宽8.5米,沥青路面,二级旅游公路。项目于2013年1月开工。已完成桩基灌注43根,占中洲、尤田两桥44根桩基的98%,完成尤田大桥2个承台、1个台身、3根系梁、盖板涵5道、圆管涵18道;完成土石方23.5万立方米,占土石方总量的75%。②上分线—鹅湖书院二级旅游公路。路基改造已完成,2013年年底前竣工。

二、重点交通项目建设

1. 县城—上武高速公路鹅湖互通连接线工程。该项目为一级公路,属全省重点建设项目。起点在县城九阳南大道接口,终点在鹅湖镇汪乌线,全长10.145千米,路宽32米,双向4车道,兼顾城市道路功能,立项批准总投资2.3亿元。I标段的书院大桥主体结构基本完成,小桥涵洞全部完成,路基土石方13.80立方米,完成总工程量100%;II标段已全面完成土石方132万立方米,小桥涵洞全部完成,防护工程完成90%,排水工程完成90%,全线路基8.82千米全部完成交工验收;级配碎石垫层8.82千米全部完成,水稳底基层8.82千米年底全部完成。

2. 上饶经济开发区—铅山县城连接线。全长14.7千米,在铅山县境内5.6千米,全线按一级公路标准建设,总投资4亿元,是铅山融入上饶"1+5"信江河谷城镇群建设的一项重大工程项目。省发改委项目建议书已批复,省交通运输厅已对工程可行性研究预审,上饶发改委已批复工可、初步设计。新滩段2.8千米路基工程完成全部土石方18.52万立方米,完成圆管涵4道,盖板涵1道。已征用水田8.77公顷,菜地0.6公顷,林地14.9公顷,林地中开垦旱地0.37公顷,坟墓安置地1.7公顷,迁移坟墓203穴。

3. 石塘农村公路综合服务站。项目投资399万元,占地0.55公顷,建筑面积1100平方米,于2013年5月竣工,并投入试运行。该站极大地发挥服务站建管养运等综合功能,彻底改变重建轻养的局面，推动农村公路建设的良性发展。

4. 县城—永平快速通道。全长8.01千米，按一级公路标准建设。于2013年12月底完成项目建设前期工作。

5. 天南公交总站大楼。该项目总投资7919.35万元，公交总站大楼占地面积3758.23平方米，建筑面积为3.49平方米，主楼16层，公交附属设施大楼占地3680平方米，建筑面积为7200平方米，项目已完成征地填方。

三、农村公路养护管理 ①严厉打击超限超载车辆，依法查处违章车辆100余台，共处罚没款9万元，结案率达97%，制止侵犯路产路权的事件5起。②加强日常管理养护，着力推进“三化”（精细化、规范化、网格化）建设，铅山县农村公路养护率达到100%，养护里程688.286千米，清理水沟400多千米，清除杂草1000余千米，清理塌方8000立方米，培育路肩200余千米。③突出抢修农村水毁公路。截至11月底，完成陈老线天柱山、篁碧段路基缺口浆砌片石挡土墙1500立方米，紫桐线西坑段路基缺口浆砌片石挡土墙300立方米；完成黄篁线路基缺口浆砌片石挡土墙1100立方米，清除破损旧砼路面，浇混路面870立方米；完成五虹线、陈老线杨村段清除破损旧混凝土路面，浇混凝土路面350立方米；完成陈老线石涵段砂石路面大修6.3千米，完成港上线修复路面下沉300米，在县道紫桐线、五虹线、乡道保鹅线安装广角镜及警示标志160余块，各行政村路标300余块。④加大创建“文明示范路”的力度。全年共完成县道20千米、乡道20千米、村道50千米“文明示范路”的目标。

四、道路运输管理 ①开展车辆维修质量服务月活动。在“3·15”活动中，组织辖区内5家汽车维修企业开展维修质量服务月活动。对铅山县2家一类维修企业和16家二类维修企业进行质量信誉考核，共考核三类汽车维修59户，质量检验员14人，统计维修技术人员200余人。②开展非法营运整治活动。全年共检查车辆450辆余次、查处“黑车”“黑的”68辆，客车10辆、危险品5辆、其他违章46辆，上网案件共110件，有效地维护了全县道路运输市场秩序和道路运输安全。③继续推进城乡客运一体化发展。以建立全县城乡客运一体化为目标，逐步形成城乡相互衔接、布局合理、方便快捷、畅通有序的客运网络运行新机制，推动城乡一体化建设。全年新建候车亭15个，累计完成147个，新汽车站二期项目已完成80%。

五、交通安全生产管理 ①安全圆满地完成春运任务。2013年春运期间，安全运送旅客44.9万人次，日均投放客车143辆，临时加班603辆。已查纠违章经营57例，查处黑车17台。辖区内未发生一起重大责任事故。②抓渡口、浮桥的日常安全管理。全年共下发渡口检查通知书64份，隐患整改通知书9份；维修渡船2艘，更换船底2艘，其余渡船逐步更换。

交通统计资料

2013 年全省交通主要统计指标

表 20

指标名称	计算单位	2013 年	2012 年	2013 年为 2012 年%或增减
一、公路、水路与国民经济的关系				
1. 生产总值与公路、水路货运量				
生产总值(按当年价格计算)	亿元	14339	12949	110.74
全社会公路货运量	万吨	121279	113703	106.66
全社会水路货运量	万吨	8679	7931	109.39
每万元国内生产总值的全社会公路货运量	吨	8.46	8.78	-0.23
每万元国内生产总值的全社会水路货运量	吨	0.61	0.61	-0.01
2. 全省人口与公路、水路客运量				
全省人口数	万人	4522	4504	100.40
全社会公路客运量	万人	57915	77650	
全社会水路客运量	万人	206.6	255	
全省平均每人乘汽车数	次	12.81	17.24	-4.43
全省平均每人乘轮船数	次	0.05	0.06	-0.01
二、全省公路里程	千米	152067	150595	100.98

续表 20

指标名称	计算单位	2013 年	2012 年	2013 年为 2012 年%或增减
1. 按技术等级分				
(1)等级公路	千米	122675	120332	101.95
高速公路	千米	4303	4229	101.75
一级公路	千米	1643	1543	106.48
二级公路	千米	9790	9540	102.13
三级公路	千米	9379	9497	98.76
四级公路	千米	97559	95523	102.13
(2)等级外公路	千米	29393	30263	97.13
等级公路占总里程比重	%	80.67	79.90	0.77
#二级以上公路	%	10.35	10.17	0.18
等外公路占总里程比重	%	19.33	20.10	-0.77
2. 按路面类型分				
有铺装路面里程	千米	109251	105944	103.12
#沥青混凝土	千米	10488	9907	105.86
#水泥混凝土	千米	98763	96037	102.84
简易铺装路面里程	千米	5853	6486	90.24
未铺装路面里程	千米	36964	38166	96.85
铺装路面里程(含简易)占总里程比重	%	75.69	74.66	1.04
3. 按行政等级分				
国道公路	千米	6211	6199	100.19
#国家高速公路	千米	3101	3088	100.42
省道公路	千米	9161	9103	100.64
县道公路	千米	20589	20600	99.95
乡道公路	千米	29295	29294	100.00
专用公路	千米	661	668	98.95
村道公路	千米	86150	84733	101.67
4. 公路养护里程	千米	146700	145140	101.07
5. 公路可绿化里程	千米	148481	146965	101.03
#公路绿化里程	千米	88464	85173	103.86
三、全省公路桥梁设计				
1. 全省公路桥梁总计	座	25192	25075	100.47
	延米	1278198	1249987	102.26
#特大桥	座	54	47	114.89
	延米	100878	86891	116.10

续表 20

指标名称	计算单位	2013 年	2012 年	2013 年为 2012 年%或增减
#大桥	座	2592	2550	101.65
	延米	603549	593218	101.74
2. 全省隧道	处	220	220	100.00
	米	202424	195127	103.74
四、公路密度及通达情况				
公路密度　以国土面积算	千米/百平方千米	91.11	90.23	0.88
以人口数量算	千米/万人	33.76	33.55	0.21
全省通公路的乡镇比重	%	100.00	100.00	—
全省通公路的行政村比重	%	100.00	100.00	—
五、全省内河航道通航里程	千米	5716	5716	—
1. 等级航道	千米	2427	2427	—
一级航道	千米	156	156	—
二级航道	千米	—	—	—
三级航道	千米	342	342	—
四级航道	千米	87	87	—
五级航道	千米	240	240	—
六级航道	千米	443	443	—
七级航道	千米	1160	1160	—
2. 等外航道	千米	3289	3289	—
等级航道所占比重	%	42.46	42.46	—
六、港口				
港口个数	个	59	59	—
港区个数	个	73	73	—
泊位个数	个	1796	1796	100.00
其中:千吨级泊位个数	个	116	116	100.00
码头长度	米	67126	67126	100.00
七、汽车站场				
1. 汽车客运站	个	13374	13292	100.62
#等级站	个	956	874	109.38
2. 道路客运班线	条	6805	6907	98.52
乡镇客班车通达率	%	100.00	100.00	
建制村客班车通达率	%	92.39	91.40	1.00
3. 汽车货运站	个	56	57	98.25
八、民用汽车拥有量	辆	2564459	2116862	121.14

续表 20

指标名称	计算单位	2013 年	2012 年	2013 年为 2012 年% 或增减
#载客汽车	辆	1901083	1577246	124.48
载货汽车	辆	545621	470113	116.06
九、营业性运输汽车拥有量	辆	403833	384200	105.11
#载客汽车	辆	17976	18953	94.85
	客位	483950	492156	98.33
载货汽车	辆	385857	365247	105.64
	吨位	3255339	2910559	111.85[注]
十、民用运输船舶拥有量				
艘数	艘	3942	4190	94.08
净载重量	吨位	2294612	2266471	101.24
载客量	客位	10758	10967	98.09
标准箱位	TEU	2953	2663	110.00
功率	千瓦	731640	714384	102.42
1. 机动船				
艘数	艘	3926	4156	94.47
净载重量	吨位	2287031	2251231	101.59
载客量	客位	10758	10967	98.09
标准箱位	TEU	2901	2591	111.96
功率	千瓦	731640	714384	102.42
#拖船功率	千瓦	764	1849	41.32
2. 驳船				
艘数	艘	16	34	47.06
净载重量	吨位	7581	15240	49.74
标准箱位	TEU	52	72	72.22
十一、运输量	万吨			
1. 全社会货运量	万吨	135036	127020	106.31
(1)铁路	万吨	5077	5384	94.30
(2)公路	万吨	121279	113703	106.66
(3)水路	万吨	8676	7931	109.40
(4)民航	万吨	4.0	3.8	106.60
公路运输在各种运输方式中所占比重	%	89.81	89.52	0.30
水路运输在各种运输方式中所占比重	%	6.43	6.24	0.18
2. 全社会货物周转量	亿吨千米	3646.04	3448.96	105.71
(1)铁路	亿吨千米	618.66	681.75	90.75

续表 20

指标名称	计算单位	2013 年	2012 年	2013 年为 2012 年%或增减
(2)公路	亿吨千米	2829.02	2559.78	—
(3)水路	亿吨千米	198.36	207.26	—
(4)民航	亿吨千米		0.17	0.00
公路运输在各种运输方式中所占比重	%	77.59	74.22	—
水路运输在各种运输方式中所占比重	%	5.44	6.01	—
3.全社会客运量	万人	65748	84459	77.85
(1)铁路	万人	6945	6335	109.63
(2)公路	万人	57915	77650	—
(3)水路	万人	207	255	—
(4)民航	万人	681	602	113.12
公路运输在各种运输方式中所占比重	%	88.09	91.94	—
水路运输在各种运输方式中所占比重	%	0.31	0.30	—
4.全社会旅客周转量	亿人千米	930.69	979.85	101.80
(1)铁路	亿人千米	622.63	584.06	106.60
(2)公路	亿人千米	307.69	371.89	—
(3)水路	亿人千米	0.36	0.32	—
(4)民航	亿人千米		23.58	0.00
公路运输在各种运输方式中所占比重	%	33.06	37.95	-4.9
水路运输在各种运输方式中所占比重	%	0.04	0.05	0.0
十二、公路、水路运输平均运距				
(1)公路货运	千米	233	225	—
(2)公路客运	千米	53	48	—
(3)水路货运	千米	229	261	—
(4)水路客运	千米	17	13	—
十三、城市(县城)客运				
全省公共汽车运营车数	辆	9813	9849	99.63
	标台	10718	10899	98.34
全省出租车运营车数	辆	16975	16219	104.66
全省客运轮渡运营船数	艘	3	8	37.50
全省公共汽车运营线路长度	千米	17839	17222	103.58
全省公交专用车道长度	千米	47.7	25.7	185.60
全省公交交通客运量	万人次	214574	212091	101.17
#公共汽车	万人次	149878	147502	101.61
出租汽车	万人次	64660	64526	100.21

续表 20

指标名称	计算单位	2013 年	2012 年	2013 年为 2012 年%或增减
客运轮渡	万人次	36	63	57.14
十四、内河港口吞吐量				
1. 货物吞吐量	万吨	26243.3	25270.8	103.85
#外贸	万吨	249.0	190.7	130.57
2. 集装箱吞吐量	万 TEU	28.6	22.6	126.55
3. 旅客吞吐量	万人	353.6	458.7	77.09
#离港	万人	168.5	228.9	73.61
十五、固定资产投资				
1. 固定资产投资完成额	亿元	355.08	353.61	0.24
高速公路	亿元	189.89	242.57	-21.72
国省干线	亿元	79.70	58.42	36.43
汽车站场	亿元	9.70	4.77	103.35
农村公路	亿元	71.36	38.80	83.92
水路	亿元	4.43	8.91	-50.28
其他	亿元		0.14	—
2. 按行业划分				
水运业	亿元	4.43	8.91	-50.28
内:航道建设	亿元	3.36	8.41	-60.05
内:港口码头	亿元	1.07	0.50	114.00
公路运输业	亿元	350.65	344.56	1.77
内:公路投资	亿元	338.88	339.79	-0.27
其他行业	亿元		0.14	—
十六、船舶海损事故				
事故次数	件	5	9	0.00
死亡(失踪)人数	人	1	2	0.00
沉没船舶	艘	5	8	—

说明:2013 年全省公路、水路运输量为交通运输业经济专项调查数,统计口径进行了调整,故与上年数据不可比。

2013 年全省公路里程(按技术等级分)

表 21　　单位:千米

地区	总计	等级公路									等外公路
		合计	高速公路				级	二级	三级	四级	
			小计	四车道	六车道	八车道					
全省合计	152067	122675	4303	4106	191	6	1643	9790	9379	97559	29393

续表21

地区	总计	等级公路									等外公路
		合计	高速公路				级	二级	三级	四级	
			小计	四车道	六车道	八车道					
南昌市	10549	8817	69	28	37	4	107	624	450	7568	1732
景德镇市	4447	3816	—	—	—	—	43	341	390	3042	630
萍乡市	6766	5295	—	—	—	—	51	372	273	4598	1472
九江市	18604	13489	64	48	16	0	200	983	1155	11088	5115
新余市	4149	3259	—	—	—	—	56	305	316	2582	890
鹰潭市	3926	3049	—	—	—	—	46	125	472	2406	877
赣州市	28268	22714	412	351	61	0	265	1840	1288	18910	5553
吉安市	21343	19437	—	—	—	—	206	1629	1262	16341	1906
宜春市	17636	13528	—	—	—	—	260	1465	1227	10575	4108
抚州市	13590	11226	—	—	—	—	174	677	1044	9332	2364
上饶市	19085	14339	—	—	—	—	236	1430	1503	11117	4746
省高速集团公司	3705	3705	3705	3626	77	3	—	—	—	—	—

说明:因小数取舍,故分项之和与总数略有差异

2013年全省公路里程(按路面类型分)

表22

单位:千米

地区	总计	路面类型			晴雨通车	可绿化里程	养护里程
		有铺装路面(高级)	简易铺装路面(次高级)	未铺装路面(中级、低级、无路面)			
全省合计	150595	109251	5854	36964	145452	88464	146639
南昌市	10549	8685	51	1813	10322	7528	10293
景德镇市	4447	3089	743	616	4367	2350	4373
萍乡市	6766	5410	227	1129	6759	3485	6745
九江市	18604	11346	819	6440	17622	9066	17855
新余市	4150	3151	149	850	4036	2475	4067
鹰潭市	3926	2788	4	1134	3925	2508	3890
赣州市	28268	21377	541	6350	26467	15246	26846
吉安市	21343	15012	1110	5221	20245	14461	20356
宜春市	17635	11604	1098	4933	17000	10518	17489
抚州市	13589	9847	356	3386	13361	7919	13399
上饶市	19085	13237	756	5092	17673	9229	17681
省高速集团公司	3705	3705	—	—	3705	3580	3705

说明:因小数点取舍,故分项之和与总数略有差异

2013 年全省公路里程(按行政等级分)

表 23 单位:千米

地区	合计	国道公路	省道公路	县道公路	乡道公路	专用公路	村道公路
全省合计	152067	6211	9161	20589	29295	661	89150
南昌市	10549	301	137	1231	1169	73	7638
景德镇市	4447	132	259	823	1049	3	2181
萍乡市	6766	203	403	599	1020	16	4525
九江市	18604	308	844	2118	3626	16	11692
新余市	4149	—	212	544	1381	11	2002
鹰潭市	3926	110	35	489	915	19	2357
赣州市	28268	1244	1581	4427	4470	220	16325
吉安市	21343	425	1230	3006	4416	103	12163
宜春市	17636	256	1080	2305	4506	35	9454
抚州市	13590	359	1032	2171	3465	53	6509
上饶市	19085	189	1340	2875	3276	100	11304
省高速集团公司	3705	2685	1009	—	—	12	—

说明:因小数点取舍,故分项之和与总数略有差异

2013 年全省公路桥梁(按使用年限分)

表 24

地区	合计		永久生		半永久性		临时性		总计中:危桥	
	数量(座)	长度(米)	数量(座)	长度(米)	数量(座)	长度(米)	数量(座)	长度(米)	数量(座)	长度(米)
全省合计	25192	1278199	23183	1235104	1792	37913	217	5182	5508	190545
南昌市	1177	42922	1159	42553	18	369	—	—	195	6710
景德镇市	657	29764	642	29291	15	473	—	—	64	3988
萍乡市	773	26717	773	26717	—	—	—	—	180	7003
九江市	2533	92671	2154	86452	328	4846	51	1373	913	20649
新余市	572	17015	494	15884	77	1119	1	12	180	4391
鹰潭市	753	28541	646	26484	100	1918	7	139	202	5406
赣州市	5442	222096	5124	214625	257	5962	61	1451	1123	47650
吉安市	3629	109673	3110	98052	452	10237	67	1381	709	25135
宜春市	2261	90338	2086	85320	165	4637	10	381	493	21353
抚州市	1801	66937	1629	62783	165	4025	7	129	663	20518
上饶市	2856	1162049	2628	111409	215	4327	13	313	786	27740
省高速集团公司	2738	435534	2738	435534	—	—	—	—	—	—

说明:因小数点取舍,故分项之和与总数略有差异

2013 年全省公路运输工具拥有量

表 25

地区	一、汽车合计(辆)	1、载客汽车		2、载货汽车		(1)普通载货汽车		(2)专用载货汽车		二、其他机动车		三、轮胎式拖拉机	
		辆	客位	辆	吨位	辆	吨位	辆	吨位	辆	吨位	辆	吨位
全省合计	403833	17976	483950	385857	3255339	272705	1623998	12059	137956	67389	68874	124	167
南昌市	45523	1839	56436	43684	180400	41176	162039	826	8353	1893	1597	—	—
景德镇市	14697	610	17731	14087	91070	10354	51813	208	2982	—	—	—	—
萍乡市	20257	1040	25319	19217	94459	16549	46182	358	2926	9928	9308	—	—
九江市	42677	3117	77992	39560	271943	32227	165078	1038	10086	2671	3076	—	—
新余市	36003	325	8744	35678	440819	21019	145173	417	4259	3214	2232	—	—
鹰潭市	25443	456	10684	24987	374751	10377	83340	149	1546	948	947	—	—
赣州市	38679	2961	82813	35718	132789	32597	91017	793	10086	11685	11384	—	—
吉安市	36080	1838	53700	34242	292756	22684	111872	3530	43645	16350	17138	—	—
宜春市	53364	1494	49294	51870	571583	25685	393693	3061	34995	2280	3195	—	—
抚州市	45022	1456	31962	43566	461493	27379	202747	1051	13359	6884	7958	—	—
上饶市	46088	2840	69275	43248	343276	32658	171044	628	5737	11536	12039	124	167

2013 年全省水路运输工具拥有量

表 26

指标	轮驳船总计					一、机动船				
	艘数(艘)	净载重量(吨位)	载客量(客位)	集装箱位(TEU)	功率(千瓦)	艘数(艘)	净载重量(吨位)	载客量(客位)	集装箱位(TEU)	功率(千瓦)
全省总计	3942	2294612	10758	2953	731640	3926	2287031	10758	2901	731640
南昌市	263	419292	213	2775	116673	261	418392	213	2775	116673
景德镇市	170	30433	—	—	10979	170	30433	—	—	10979
九江市	583	565675	4590	0	183652	576	560834	4590	0	183652
新余市	68	6940	2183	—	5157	68	6940	2183	—	5157
鹰潭市	200	7583	—	—	3561	200	7583	—	—	3561
赣州市	429	50094	2561	—	22250	429	50094	2561	—	22250
吉安市	447	213625	444	—	71003	447	213625	444	—	71003
宜春市	1146	744494	44	0	216242	1146	744494	44	0	216242
抚州市	126	122176	—	—	42759	126	122176	—	—	42759
上饶市	508	120700	723	178	53828	501	118860	723	126	53828
远洋公司	2	13600	—	—	5536	2	13600	—	—	5536

2013 年全省水路运输工具拥有量

表 27

指标	1. 客轮			2. 货轮				3. 拖船		二、驳船		
	艘数（艘）	载客量（客位）	功率（千瓦）	艘数（艘）	净载重量（吨位）	集装箱位 TEU	功率（千瓦）	艘数（艘）	功率（千瓦）	艘数（艘）	净载重量（吨位）	集装箱位（TEU）
全省总计	336	10758	17350	3588	2287031	2901	713526	2	764	16	7581	52
南昌市	2	213	587	258	418392	2775	115910	1	176	2	900	—
景德镇市	—	—	—	170	30433	—	10979	—	—	—	—	—
九江市	129	4590	7614	446	560834	—	175450	1	588	7	4841	—
新余市	63	2183	3405	5	6940	—	1752	—	—	—	—	—
鹰潭市	—	—	—	200	7583	—	3561	—	—	—	—	—
赣州市	93	2561	2602	336	50094	—	19648	—	—	—	—	—
吉安市	11	444	590	436	213625	—	70413	—	—	—	—	—
宜春市	6	44	202	1140	744494	—	216040	—	—	—	—	—
抚州市	—	—	—	126	122176	—	42759	—	—	—	—	—
上饶市	32	723	2350	469	118860	126	51478	—	—	7	1840	52
远洋公司	—	—	—	2	13600	—	5536	—	—	—	—	—

2013 年全社会各种运输方式客、货运输量

表 28

运输方式	运量		周转量	
	绝对数（万吨、人）	构成（%）	绝对数（亿吨、人千米）	构成（%）
一、客运总计	65748	100.00	9306886	100.00
1. 铁路	6945	10.56	6226300	66.90
2. 公路	57915	88.09	3076941	33.06
3. 水路	206.6	0.31	3645	0.04
4. 民航	681.1	1.04	0	0.00
二、货运总计	135036	100.00	36460456	100.00
1. 铁路	5077.2	3.76	6186600	16.97
2. 公路	121279	89.81	28290235	77.59
3. 水路	8676	6.42	1983621	5.44
4. 民航	4.04	0.00	0	0.00

2013 年全省公路客货运输量

表 29

单位名称	旅客运输量		货物运输量	
	客运量(万人)	旅客周转量(万人千米)	货运量(万吨)	货物周转量(万吨千米)
全省总计	57915	3076941	121279	28290235
南昌市	3721	427510	10329	2378250
景德镇市	1840	107236	1648	379709
萍乡市	7498	190474	5247	561170
九江市	9365	448457	10048	2353100
新余市	1274	68645	14222	2835140
鹰潭市	1630	77307	9588	2804914
赣州市	8025	517918	15042	1638848
吉安市	5961	388858	8984	2944016
宜春市	4924	269280	15498	5496908
抚州市	4299	222631	13229	3542314
上饶市	9378	358625	17443	3355867

说明:数据为 2013 年交通运输行业经济专项调查数据

2013 年全省水路客货运输量

表 30

地区	客运量(万人)	旅客周转量(万人千米)	货运量(万吨)	货物周转量(万吨千米)
全省总计	206.6	3645	8676.5	1983621
南昌市	—	—	758.1	181454
景德镇市	—	—	164.9	29275
九江市	49.5	632	1134.2	730712
新余市	35.5	718	15.3	14472
鹰潭市	—	—	203.0	1232
赣州市	75.6	1290	1478.7	54579
吉安市	7.1	155	1680.9	264536
宜春市	0.6	12.0	2272.2	308480
抚州市	—	—	222.8	164170
上饶市	38.3	838	729.4	167558
远洋公司	—	—	17.00	67153

说明:数据为 2013 年交通运输行经济专项调查数据

2013 年全省港口吞吐量(按港口分)

表 31

港口	货物吞吐量							旅客吞吐量		利用自然岸坡完成船舶货物装卸量(万吨)
	合计(万吨)	外贸	# 出港	外贸	集装箱 箱数(万 TEU)	集装箱 重量(万吨)	集装箱 货重	总计(万人)	出港	
全省总计	26243.3	249.0	16767.9	167.0	286.6	347.1	290.0	353.6	168.5	686.9
九江港	6029.8	187.0	3396.6	119.2	19.5	239.7	200.7	17.7	9.3	8.4
都昌港	1466.14	0.0	1439.2	0.0	0.0	0.0	0.0	0.0	0.0	0.0
星子港	2448.6	0.0	2447.6	0.0	0.0	0.0	0.0	0.0	0.0	0.0
庐山区港	3543.9	0.0	3416.2	0.0	0.0	0.0	0.0	0.0	0.0	0.0
湖口港	1011.9	0.0	1006.5	0.0	0.0	0.0	0.0	46.6	23.5	0.0
修水港	42.4	0.0	42.4	0.0	0.0	0.0	0.0	0.7	0.3	42.4
武宁港	84.2	0.0	84.2	0.0	0.0	0.0	0.0	3.8	2.0	9.4
永修港	2046.9	0.0	2046.9	0.0	0.0	0.0	0.0	0.0	0.0	0.0
拓林湖	0.0	0.0	0.0	0.0	0.0	0.0	0.0	13.9	6.9	0.0
赣州港	361.0	0.0	8.9	0.0	0.0	0.0	0.0	5.6	2.8	0.0
崇义港	10.5	0.0	0.0	0.0	0.0	0.0	0.0	17.6	8.8	0.0
上犹港	39.0	0.0	0.0	0.0	0.0	0.0	0.0	46.8	23.4	0.0
寻乌港	11.0	0.0	0.0	0.0	0.0	0.0	0.0	0.0	0.0	0.0
龙南港	60.0	0.0	0.0	0.0	0.0	0.0	0.0	0.0	0.0	0.0
信丰港	120.0	0.0	0.0	0.0	0.0	0.0	0.0	0.0	0.0	0.0
南康港	130.0	0.0	0.0	0.0	0.0	0.0	0.0	0.0	0.0	0.0
石城港	130.0	0.0	0.0	0.0	0.0	0.0	0.0	0.0	0.0	0.0
瑞金港	60.0	0.0	0.0	0.0	0.0	0.0	0.0	0.4	0.2	0.0
会昌港	95.0	0.0	0.0	0.0	0.0	0.0	0.0	10.1	5.1	0.0
宁都港	130.0	0.0	0.0	0.0	0.0	0.0	0.0	0.0	0.0	0.0
于都港	150.0	0.0	0.0	0.0	0.0	0.0	0.0	0.0	0.0	0.0
兴国港	75.0	0.0	0.0	0.0	0.0	0.0	0.0	0.0	0.0	0.0
赣县港	130.0	0.0	0.0	0.0	0.0	0.0	0.0	64.0	32.0	0.0
万安港	170.0	0.0	0.0	0.0	0.0	0.0	0.0	16.2	7.8	0.0
泰和港	130.0	0.0	0.0	0.0	0.0	0.0	0.0	0.0	0.0	0.0
吉安港	264.0	0.0	0.0	0.0	0.0	0.0	0.0	0.0	0.0	0.0
吉水港	200.0	0.0	0.0	0.0	0.0	0.0	0.0	0.4	0.2	0.0
峡江港	132.0	0.0	0.0	0.0	0.0	0.0	0.0	0.0	0.0	0.0
新干港	228.0	0.0	0.0	0.0	0.0	0.0	0.0	0.0	0.0	0.0
吉安县港	168.0	0.0	0.0	0.0	0.0	0.0	0.0	0.0	0.0	0.0
永丰港	60.0	0.0	0.0	0.0	0.0	0.0	0.0	0.0	0.0	0.0

续表 31

港口	货物吞吐量				集装箱			旅客吞吐量		利用自然岸坡完成船舶货物装卸量(万吨)
	合计(万吨)	外贸	# 出港	外贸	箱数(万 TEU)	重量(万吨)	货量	总计(万人)	出港	
樟树港	141.3	0.0	0.0	0.0	0.0	0.0	0.0	0.0	0.0	0.0
丰城港	1513.5	0.0	1062.0	0.0	0.0	0.0	0.0	0.0	0.0	0.0
高安港	73.8	0.0	0.0	0.0	0.0	0.0	0.0	0.0	0.0	0.0
上高港	14.7	0.0	0.0	0.0	0.0	0.0	0.0	0.0	0.0	0.0
袁州港	6.0	0.0	0.0	0.0	0.0	0.0	0.0	0.0	0.0	0.0
万载港	15.2	0.0	0.0	0.0	0.0	0.0	0.0	0.0	0.0	0.0
宜丰港	12.0	0.0	0.0	0.0	0.0	0.0	0.0	0.0	0.0	0.0
奉新港	31.7	0.0	0.0	0.0	0.0	0.0	0.0	0.0	0.0	0.0
新余港	66.5	0.0	0.0	0.0	0.0	0.0	0.0	72.2	36.1	0.0
分宜港	16.0	0.0	0.0	0.0	0.0	0.0	0.0	0.0	0.0	0.0
临川港	343.0	0.0	0.0	0.0	0.0	0.0	0.0	0.0	0.0	0.0
南城港	113.0	0.0	0.0	0.0	0.0	0.0	0.0	0.0	0.0	0.0
金溪港	85.8	0.0	0.0	0.0	0.0	0.0	0.0	0.0	0.0	0.0
南昌县港	155.4	0.0	155.4	0.0	0.0	0.0	0.0	0.0	0.0	14.6
南昌港	2038.8	62.0	521.2	47.8	9.1	107.4	89.2	0.0	0.0	391.1
进贤县港	114.0	0.0	0.0	0.0	0.0	0.0	0.0	0.0	0.0	31.0
玉山港	14.4	0.0	0.0	0.0	0.0	0.0	0.0	5.5	0.0	2.8
上饶县港	1.7	0.0	0.0	0.0	0.0	0.0	0.0	0.0	0.0	7.7
铅山港	37.9	0.0	0.0	0.0	0.0	0.0	0.0	0.0	0.0	16.8
横峰港	3.6	0.0	0.0	0.0	0.0	0.0	0.0	0.0	0.0	1.0
弋阳港	71.5	0.0	0.0	0.0	0.0	0.0	0.0	11.9	0.0	30.1
余干港	894.3	0.0	760.9	0.0	0.0	0.0	0.0	0.0	0.0	41.2
万年港	102.1	0.0	19.7	0.0	0.0	0.0	0.0	1.7	0.9	20.8
潘阳港	429.1	0.0	258.8	0.0	0.0	0.0	0.0	18.5	9.3	69.6
鹰潭港	328.6	0.0	0.0	0.0	0.0	0.0	0.0	0.0	0.0	0.0
景德镇港	61.4	0.0	61.4	0.0	0.0	0.0	0.0	0.0	0.0	0.0
乐平港	30.7	0.0	30.7	0.0	0.0	0.0	0.0	0.0	0.0	0.0

人物　先进集体

人物简介

吴雄生　男,1966年3月出生,江西省高安市人,本科学历,中共党员,宜春市公路管理局路政执法支队支队长兼市治超办主任,高级经济师,江西省五一劳动奖章获得者。

吴雄生于1981年8月在原宜春公路分局工程队参加工作,历任经济员、公路分局路保科和安技科助理经济师、主持工作的副科长,宜春市治超办主任。2010年7月起至今在宜春市公路管理局工作,后担任宜春市公路管理局路政执法支队支队长兼市治超办主任。

吴雄生爱岗敬业、拼搏创新。30多来无论是当普通员工,还是走上领导岗位,始终恪尽职守、兢兢业业、开拓创新,取得了许多成果。他策划制作的廉政执法小品《女婿上门》,在"中国梦·劳动美"全省交通职工特色文化展示比赛中荣获一等奖。他为了实现无纸化办公,提高工作效率,不断向科技要生产力,拼搏进取,挖掘潜力,研究开发了路政信息管理系统,实现了网上办案、网上审批、网上监督和各类收费标准电脑控制,从此数据无法随意更改,确保了执法工作的统一。该系统在全省公路系统推广使用后,取得了丰硕成果,尤其在2010年"迎国检"工作中,发挥了特殊的重要作用。与此同时,他依据自己的经验,总结、探索、编纂了一整套适应性强的“公路路政法律文书的规范化制作”模式。2009年,在全省举办规范路政许可、处罚、赔(补)偿三套文书的规范制作研讨会上,他就“公路路政法律文书的规范化制作”模式作了介绍和演讲,受到与会者的一致好评。这套模式后来成为全省公路路政法律文书的规范化制作的范本。2011年,他和支队同事自编自导的全省公路系统首部廉政方言电视短剧《都是超限惹的祸》和廉政小品《女婿上门》,通过幽默诙谐的宜春方言与平凡真实的故事情节和群众喜闻乐见的方式方法广泛宣传公路安全法律法规,进行法治教育,得到江西省公路管理局的肯定,并在“中国梦·劳动美”全省交通职工特色文化展示比赛中荣获一等奖。

2010年7月后,吴雄生面对其主持的路政支队承担着宜春市国省道及部分县乡道共2300多千米和721座桥梁的执法保护与承担着该市3个治超站、11个路政执法大队进行业务指导等繁重任务,他数年如一日不辱使命,始终践行着公平与正义的庄严承诺,坚持秉公执法,不徇私情,时时刻刻严守法律的尺度,而且对执法队伍的严格管理也是出了名的。他从执法人员的竞争上岗、培训、考核入手,把好每个关口,制定了巡查制度、培训制度、重大案件集体讨论制度、责任追究制度等系列规章制度,做到依法行政、规范管理,锻造出一支“业务精、素质高、服务好、过得硬、攻坚克难,依法护路”的路政执法队伍,确保了路权、路产维护到位和交通运输安全、畅通。其主持的治超办曾连续8年被评为“全省治超工作先进单位”。他领导宜春市公路管理局路政执法支队实现了公正执法零投诉。2012年1月,被交通运输部评为2011~2012年度全国交通运输行政执法评议考核优秀单位;2012年9月,被交通运输部评为2011~2012年度全国交通运输依法行政先进集体;2013年1月,被江西省公路管理局评为江西省公路系统第四届(2011~2012年度)创建文明行业十佳标兵单位;2013年7月,被江西省公路管理局评为2013年全省公路系统行政执法评议考核优秀单位;2012年11月与2013年12月在全省优秀行政执法案卷评选中被江西省人民政府法制办公室分别评为2012年、2013年全省行政处罚案卷一等奖;2013年12月,在全省优秀行政执法案卷评选中被江西省人民政府法制办公室评为2013年全省优秀行政许可案卷二等奖;2014年1月,被宜春市人民政府法制办评为2013年度全市法制工作先进单位;并被江西省交通运输厅评为2011~2012年度全省交通运输系统精神文明建设文明示范窗口。

吴雄生常说:“依法护路、确保安全畅通,是路政人的天职,只有起点,没有终点;没有最好,只有更好”。2011年9月2日,沪昆高速昌金段西村至芦溪K940+300米附近双向路面塌陷,造成交通中断,大量的重载车辆分流改行320国道。他立即启动应急预案,并每天来回徒步,奔波数十千米和同事们一道24小时坚守在320国道一线和袁河大桥上,餐餐吃盒饭、方便面,就连中秋节也不例外。日夜疏导过往车辆,确保交通安全、有序、畅通。2013年年初,吴雄生在宜春市开展中心城区治超专项整治活动中,在执法一线日夜连轴转。有一次,他在安福县与袁州区新坊镇路段驻守期间,时近黄昏,从安福方向驶来50多辆装沙车,严重超载,车主将车停到路边的山上以躲避检查和处罚。他担心超载车集体冲岗,引发安全事故,前去逐个做车主的工作。面对爱理不理的车主,他和队员们苦口婆心耐心说服教育,最终使车主心服口服地开车下山,接受了检查和处罚。此时,吴雄生经过整整48个小时的忙碌,被刺骨强山风吹打的脸,引发了面瘫。治疗期间,吴雄生得知宜春中心城区混凝土车辆整治行动出现一些状况后,在无法开口说话的情况下,以笔代言将专项整治工作重新布置,并一边治疗,一边戴着口罩上班,领导和同事都劝他休息,但他却依然顽强地坚守在工作一线,被人们誉为“宜春2300千米公路的‘守护神’‘拼命三郎’”,被宜春市委、市政府评为“320国道保畅通先进个人”。

多年来,吴雄生既严格执法,又热情服务,为广大司乘人员送去人文关怀。他在引导路政执法人员实现由管理型向服务型转变的同时,为使执法行为得到执法对象的理解、配合、支持,推出“执法警示教育室”“说理式处罚”等一系列的举措,把机械的执法转变为人性化的服务,用真情服务赢得了人民群众的理解、信任、好评,常常让一些遇到困难的过往司机倍感温暖。2011年9月的一天深夜,一辆湖南籍货车因故障,停靠在320国道袁州区源仙台路段,司机一筹莫展。正在该路段巡逻值勤的吴雄生发现后，立即上前询问，得知是发动机漏油后，赶紧联系汽车维修店，让维修工赶来修车。经过一个多小时的抢修，排除了故障。这位司机无比感动地说："我开车在外地跑运输10多年，还是头一回遇到你这样的好人"。2011年正月初四，个体司机陈平驾驶的货车从湖南返回高安时，在宜春市郊抛锚了。他带队巡查时了解到这一情况后，马上为其请来修车师傅，还给他泡好方便面，使陈平深深感受到路政执法人员温情的一面。吴雄生长年累月奔波于国、省道公路沿线，把帮助车主排忧解难，服务群众看成是自己应尽的义务，在宜春"有困难，找路政"已经深入人心，广为传颂。

吴雄生为江西交通运输事业跨越式发展呕心沥血，无私奉献自己的青春年华和力量，受到各组织的表彰。曾连续9年被评为全省治理车辆超限超载工作先进工作者；2011年11月，被宜春市人民政府评为宜春市320国道保畅通工作先进个人；2012年12月，被江西省公路管理局评为全省公路路政大练兵大比武先进个人；被江西省公路管理局授予"江西省公路系统第三届（2009～2010年度）、第四届（2011～2012年度）十佳路政执法标兵"称号；2013年2月，被中共宜春市委、市人民政府评为宜春市安全稳定百日千人大督查活动先进个人；2013年12月，当选为"2013年江西十大法治人物"；2014年1月，被江西省交通运输厅评为2011～2012年度全省交通运输系统精神文明建设先进个人；2014年4月22日，荣获江西省五一劳动奖章。

（吴　倩）

胡　虎　男，1974年2月22日出生，江西省南昌市人，大专文化，中共党员，江西长运公司高客分公司高级驾驶员，江西省五一劳动奖章获得者。

他于1995年12月在南昌市运输公司洪运商场参加工作。1996年至2001年调任江西长运公司太平洋分公司驾驶员，自2002年起至今担任江西长运高客分公司驾驶员、驾驶员指导技师。多年来，胡虎坚持在学中干、干中学，刻苦钻研机械理论和车辆维修知识、不断提高自身素质。他掌握了一整套过硬的理论知识和普通高速客车、双层高速客车等各种车辆的性能、驾驶技艺与维修知识。同时，总结出一整套在不同条件、不同季节、不同气候和各种复杂道路条件下，安全行车要领与操作技艺，保障了安全行车无事故。2003年，被评为中级驾驶员，2005年被授予"驾驶员指导技师"称号，2010年被南昌市总工会授予"首席技师"称号。

他在驾驶车辆20年里，长年默默奋战在运输生产一线。不论是炎热高温的夏天，还是冰天雪地的冬天，总是安全准点把旅客送到目的地。每年的节假日，是客运行业最忙的时候，他除了完成自身的正常跑班加班加点，完成公司安排的各项加班任务外，还主动放弃与家人团聚的机会，承担其他客运任务把幸福与欢乐留给千家万户。他把安全安行车看得比泰山还重，已安全行车300多万千米无事故。他千方百计节能降耗，自2008年公司开展此项活动以来，共节约燃油4万多公升。2013年，他驾驶的赣A28929车在安全行车12万千米、创造单车营收74万元、利润16万元、安全运送旅客1.2万人次的同时，单车节油高达6200公升。他所在的班组先后被省总工会、市总工会分别授予"工人先锋号"称号。

几十年来，他以"坚持以人为本、全心全意服务旅客"为座右铭，以"旅客出行安全、便捷、乘车温馨如家"为宗旨，几十年如一日热情服务旅客，安全准点地把旅客送至目的地，使每一位旅客倍感温馨，受到各级组织的赞赏。2009～2011年，他被江西长运公司授予"百万公里安全行车无事故驾驶员"称号；2008～2012年，连续5年被江西长运公司评为劳动模范；2012年，荣获南昌市五一劳动奖章；2013年，成为公安部"警风监督信息员"；2014年4月22日，荣获江西省五一劳动奖章。

（江西长运公司高客分公司）

李江涛　男，现年47岁，江西省宜春市人，中共党员，江西长运新余公共交通有限公司102路驾驶员、路线组长，江西省五一劳动奖章获得者。

他自2000年由新余公共交通有限公司招聘担任驾驶员工作后，以刻苦钻研业务、不断求精创新著称。多年来，他利用业余时间学习机械理论、

车辆维修、节能降耗等技艺知识，坚持理论与实际相结合，综合素质大幅提升，成了新余市爱车、懂车、维护车辆的行家里手。其驾驶的赣 K52969 号车的车辆管理和使用始终保持着最佳状态。多年来，他从自己所开车辆的车型、车况出发，潜心钻研节油技术，攻克了各种维修技术和节油技巧，其驾驶的车辆的发动机大修间隔里程达 11 万千米以上，超过部颁标准近倍里程。他还主动与线路高耗车驾驶员调换开车，并经常利用工余时间和线路员工一道刻苦钻研探讨节油技术、交流经验，攻克了一个又一个的“油老虎”，摸索出一整套节能降耗技艺。在他的带动下，102 路公交车队员工的节油意识和节油技术逐渐提高，油耗指标逐年下降，仅 2013 年 102 路整条线路车辆节油就达 2800 余升。同年，其本人在超额完成生产任务 28% 的同时，节约各项原材料成本达 2 万余元。在公司组织的公交驾驶员技术比武竞赛中，荣获第一名的好成绩。

李江涛爱岗敬业，时刻发挥党员先锋模范带头作用。为满足高新区企业员工夜间上下班的出行需求，公司自 2011 年起陆续开通了接送高新区企业员工上下班的公交夜间专线。由于驾驶员紧缺，不得不安排正班驾驶兼开夜班车，有的驾驶员因夜班车要工作到凌晨望而却步，而李江涛就自告奋勇第一个站了出来，主动请缨要求兼开夜班车。他一干就是 3 年，坚持每天工作到凌晨 2 点钟才回家，风雨无阻，从未间断，他的车成了公司“党员示范车”。

李江涛在企业员工眼里是“最可爱的人”。他担任线路班组长以来，不仅用心服务好每一位乘客，而且主动协助车队承担线路管理任务。总是利用业余时间深入沿线企业、院校征求意见建议，了解公众出行需求，为公司优化调整运行班次提出合理化建议；深入线路员工队伍了解他们生活和工作情况，帮助线路班组驾驶员向车队反映员工的切实的问题，为班组成员排忧解难，为公司的员工队伍建设出谋划策。他在班组制定了班组例会制度和班组学习制度，经常组织班组成员开展经验交流和传帮结带等项活动，并开展以“争创安全行车好、文明服务好、营收完成好、节能降耗好、遵章守纪好、团结协作好”为主要内容的“六好”劳动竞赛活动，使全班拧成一股绳，齐心协力创佳绩，出色完成了公司下达的各项生产（工作）任务。其所在的线路多次被评为公司的优胜线路，其主持的班组成了全公司班组学习的典范。

李江涛在乘客心目中是“活雷锋”。城市公交是一个流动的小社会，也是一个传播精神文明的窗口。他每年都要参加送温暖、送清凉、文明宣传、维护公交站台秩序等党员志愿活动达 20 次以上。2012 年，他在创建文明城市活动中，作为驾驶员代表郑重的在文明志愿服务承诺书上签下了自己的姓名。从此，他总是走上各个公交站台，用亲切的语言，礼貌的举止，宣传文明乘车倡议书，维持站台候车秩序，用文明服务引导感染身边的人自觉遵守文明礼仪，投身文明建设。他还特别注重加强文明窗口建设。为使乘客有一个良好的乘车环境，其所驾驶的车辆尽管车厢卫生每天有专职的清洁人员清扫，但他仍是坚持每天提前半小时上班，仔细打扫车厢，做好行车准备。某当跑完一趟车，他都要利用休憩时间再擦拭一遍，使车辆始终保持整洁卫生。他服务广大旅客细致周到，时刻提示乘客注意保管好自己的财物。每到一站前他总是提前预报站名，及时提醒人们别坐过站，及时提醒外地乘客到站下车。有一次，当李江涛把乘客运抵火车站时，一名合肥籍老大娘突然发现自己回家仅有的 300 多元路费不翼而飞，泪水满面。他便一边安慰老人，一边搀扶老大娘至火车站，用自己的钱为老大娘购买返程票、送上车，还买了一大包水果和食品硬塞给了这位素不相识的老大娘。多年来，每当乘客的身份 证、工作证、学生证、IC 卡等物品遗失在他的车上时，他总是 想方设法寻找失主，对外地失主，便将丢失的证件寄去；当有乘客晕车或突 然发病时，他总时千方百计将乘客送至医院；当乘客生命财产安全受到威胁时，他总是挺身而出，与不法分子斗智斗勇，帮助乘客摆脱危险。他以真诚和爱心服务每一位乘客，每天都在演绎着 一个个感人的故事，广大旅客和市民亲切地称他是“活雷锋”。

多年来，李江涛以“乘客至上，服务为本、文明行车”为信条，累计安全行车 25 万千米，运送乘客近132万人。在平凡的岗位上平，他以自己闪光的青春和实际行动诠释人生价值，受到各级组织和广大人民群众的高度赞誉。这些年来，他收到社会各类表扬信函110余件、锦旗10多面；已连续多年被江西长运新余公共交通有限公司评为先进个人；被新余公共交通有限公司授予"服务标兵"称号；多次被新余市交通运输局评为全市交通运输系统先进个人；2010年荣获新余市五一劳动奖章；2013年被新余公共交通有限公司授予"新余公共交通有限公司首届'十大红旗'驾驶员"称号；2014年4月22日，荣获江西省五一劳动奖章。

（邓清华）

敖志凡　男，1969年9月生，湖南省岳阳市人，大学文化，中共党员，江西交通工程咨询监理中心总监理工程师，井睦高速公路项目办总监办主任，江西省道德模范，第四届全国道德模范候选人。

他于1989年参加工作后，从计量员到工程师，再到现在的总监理工程师，在监理岗位一干就是24年，一直奋斗在施工一线。他先后参与昌九高速等十几条高速公路项目建设，在平凡的风岗位上勤奋工作，为江西高速从无到有、从零到4000千米的跨越式发展奉献着自己的青春年华和力量。1998年，他多次有"转运"的好机会，都被他毫不犹豫地放弃了。当年，北京一家知名的咨询监理公司老总希望他能"跳槽"，并许诺给他一个项目做。在诱惑面前，他毫不动心，依然如故的要在江西这块红土地上依靠自己顽强拼搏，实现自己的人生价值。

2011年4月，敖志凡担任井睦高速公路项目办总监办主任。这个项目是国家首次试行"高速公路代建与监理合并管理模式"（即监管一体化模式）的工程建设项目。项目正式开工后，他每天忙个不停，连续3个月不休息。"一天进嘴四两土，白天不够晚上补"成了他的口头禅。2012年12月的一个晚上，天空乌云密布，就要下雨了。敖志凡途经所辖路段时，见施工队伍正在进行油面摊铺，现场还有4车料没有铺完。如果施工人员冒雨强行摊铺或草草了事，势必影响工程质量。据此，他顶着刺骨的寒风，在现场蹲守了近两个小时，赶在下雨前把所有铺料按要求摊铺完，此时已接近深夜零点。他已冻得脸色发青，双腿都迈不开步。功夫不负有心人，2012年5月，江西交通咨询公司井睦项目总监办荣获"全国十佳公路水路工程优秀总监（驻地）办"称号。

2011年10月，敖志凡经常感觉腹部有难忍的绞痛。当时，井睦高速公路项目正处于施工关键时期，作为总监办主任的他重任在肩，一直坚守在工地。同年11月18日，他在工地现场再次出现了剧烈的腹痛，脸上布满了汗珠，身子缩成一团，在场的同事急忙把他送到南昌检查。一检查，发现其除了患有肾结石外，肝脏还有一个肿瘤，必须马上手术。敖志凡把一切事务安排好之后才请假到上海东方肝胆医院进行手术。手术完后，医生叮嘱他肿瘤切除后至少要休息一年才能从事野外工作，家人、同事都劝他利用这次机会调回机关上班，不要回工地了，但是他总是憨然一笑说："习惯了，离不开工地。"在手术后不到3个月，他就强行回到工地。敖志凡强忍手术刀口因颠簸带来的疼痛，每天来回奔忙在崎岖的井睦高速公路施工现场，经常豆大的汗珠从额上滚落下来，仍顽强拼搏在施工一线。

敖志凡用自己的实际行动充分展示了江西交通人爱岗敬业、顽强拼搏、甘于奉献的优秀品质和最能吃苦、最能战斗、最能奉献的精神风貌。被人们誉为"新时期江西交通人的优秀代表和基层职工的楷模"。多次获得江西高速公路建设"先进个人""劳动模范"等称号；2013年6月19日，敖志凡被中共江西省委宣传部、江西省文明办、江西省总工会、共青团江西省委、江西省妇联评为敬业奉献模范；同年6月，敖志凡被评为第三届江西省道德模范；同年，被有关组织推荐为第四届全国道德模范候选人，并获第四届全国道德模范提名奖；同年，还被有关组织推荐为参评第十三届全省职工职业道德建设标兵个人和"中国好人"。中央电视台、《人民日报》和《江西日报》头版、江西新闻联播先后对其事迹进行报道。特别是受到中共中央总书记、国家主席、中央军委主席习近平和中共中央政治局常委、中央文明委主任刘云山等党和国家领导与省委书记强卫等省领导的亲切接见。

（录自《江西日报》《江西交通》杂志）

2013 年度全省交通运输系统先进个人

全国五一巾帼标兵

（全国总工会 2013 年 3 月表彰）

徐　刚　九江长江公路大桥 B2 合同段项目工程师

全国公路交通系统金桥奖获得者

钟小洪　赣州市公路管理局直属分局

第七届中国公路百名优秀工程师称号获得者

（中国公路学会 2013－09－03 发布）

王昭春　省高速集团副总经理、教授级高级工程师
余力克　省交通运输厅信息中心主任、教授级高级工程师
彭　明　省交通科研院副总工程师、省公路学会副秘书长
彭爱红　省公路桥梁工程局副总工程师

2013 年春运农民工平安返乡(岗)优质服务竞赛先进个人

（全国海员建设工会 2013 年 5 月发布）

张文强　江西省公路运输管理局副主任科员
肖南华　江西省赣县地方海事处攸镇海事所所长
周淑芳　江西新世纪汽运集团有限公司站务分公司党支部书记
徐兴国　江西省鹰潭市公路运输管理处科员
曾　庆　江西省新余市长运有限公司副部长
胡严峻　江西长运公司高客分公司驾驶员

2011～2012 年度全国交通运输行业节能减排先进个人

（交通运输部 2013－08－13 发布）

王　秦(女)　江西省交通运输厅科技处科员
王任东　南昌市交通运输局处长
江兴智　江西长运股份有限公司副总工程师
郭　辉　江西省萍乡市交通运输局节能办主任

全国道路运输工作先进个人

何文海　江西省萍乡市交通运输局运管处干部。
卢江宜　萍乡市交通运输局

2011～2012年度全国海事系统“庆文式”标兵

（交通运输部海事局2013年发布）

胡　翔　九江市地方海事局直属执法监察大队大队长

2010～2012年度全国交通运输行业优秀思想政治工作者

（交通运输部2013年1月发布）

杜仁昌　高速集团泰和管理中心井冈山管理所党支部书记

全国交通勘察设计系统优秀企业家

（中国勘察设计学会2013年11月发布）

聂复生　江西省交通设计研究院有限责任公司董事长、总经理

江西省五一劳动奖章获得者

吴雄生　宜春市公路管理局路政执法支队支队长兼宜春市治超办主任
胡　虎　江西长运公司高客分公司高级驾驶员
李江涛　江西长运新余公共交通有限公司102路驾驶员、路线组长

第三届江西省道德模范、第四届全国道德模范候选人

敖志凡　江西交通工程咨询监理中心总监理工程师、井睦高速公路项目总监办主任

江西省五一巾帼标兵

熊　妹　江西长运公司徐坊客运站职工

江西省敬业奉献模范

（省委宣传部、省文明办、总工会、团省委、省妇联2013－06－19发布）

敖志凡　江西交通工程咨询监理中心监理工程师、井睦高速公路项目总监办主任

2013年度全省春运工作先进个人

王胜华　宜春市道路运输管理局副调研员
田　勇　赣州市交通运输局
梁文龙　赣州市交通运输局
张华斌　赣州市交通运输局
郭远昌　赣州市交通运输局
陈建生　赣州市交通运输局

2013年度江西十大法治人物

（省委宣传部等六部门2013－12－02发布）

吴雄生　宜春市公路管理局路政支队支队长兼宜春市治超办主任

江西省职工经济技术创新活动组织工作先进个人

(大江网 2013－04－28 发布)

胡国华 江西景德镇长运有限公司工人
陈雪梅(女) 赣州市公共交通总司纪检书记、工会主席
俞文生 江西省交通工程投资集团项目管理部部长
陈　国 江西省交通设计研究院有限责任公司交通地理信息研究所副所长

全省优秀工会工作者

(省总工会 2013－07－02 发布)

邓　丽 江西公路开发总公司工会副主席
冯期林 九江市公路局工会
李永水 上饶市公路局工会副主席

全省优秀工会积极分子

熊　芬 省港航局干部
刘　娅 景德镇长运公司工会副主席

全省优秀工会之友

熊海清 省港航局党委副书记
张伟进 江西长运公司总经理

全省“加强诚信建设、提升窗口形象”主题实践活动先进个人

(省文明办 2013 年 1 月表彰)

傅春菊 高速集团畅行公司新余服务区职工

2013 年度全省交通运输系统先进集体

2013 年度全国五一劳动奖状获得单位

(全国总工会 2013 年 4 月发布)

江西省高速公路投资集团股份有限公司

2013 年度全国五一巾帼标兵岗

省高速集团景德镇管理中心景北管理所

全国公路交通系统金桥奖获奖单位

(中国海员建设工会 2013 年表彰)

江西交通通信总站 96122 公众出行交通服务热线
江西省高速公路投资集团有限公司景德镇管理中心江湾管理所工会
江西畅行高速公路开发经营有限公司庐山中心服务区

新余市公路管理局渝水分局下村道班
江西省铅山县交通系统工会委员会
景德镇市公路管理局浮梁公路分局黄泥头道班
江西省公路科研设计院设计二所
江西交通工程咨询监理中心工会机关分会

2012 年度全国交通信息工作先进单位

（交通运输部 2013 年发布）

江西省交通运输厅

2011～2012 年度全国青年文明号

（交通运输部、共青团中央 2013 年 3 月发布）

江西省高速集团景德镇管理中心景北所
梨温高速公路公司鹰西收费站
昌泰高速公路公司泰和收费站

全国工人先锋号

江西省高速集团景德镇管理中心景北所
南昌市公共交通总公司二分公司 202 线路

全国道路运输工作先进单位

（交通运输部 2013－12－20 发布）

上饶市公路运输管理局
上饶市沿山县交通运输局

2013 年全国五一巾帼标兵岗

（全国总工会 2013 年 3 月发布）

江西长运股份有限公司徐坊客运站李红服务组
新余市公路管理局分宜分局机械物质管理站冷补车间
全国“安康杯”安全生产竞赛优胜单位
景德镇长运有限公司

全国公路交通系统重点工程劳动竞赛先进单位

（交通运输部 2013－02－21 发布）

江西交通工程咨询监理中心抚州至吉安高速公路项目建设办公室
江西赣东路桥建设集团有限公司
新余市公路管理局分宜分局

2013 年度春运农民工平安返乡(岗)安全优质服务竞赛先进集体

(全国海员建设工会 2013 年 5 月发布)

江西省吉安长运有限公司永新分公司
江西省于都县交通运输局

2012 年度全国交通运输行政执法评议考试优秀单位

(交通运输部 2013－01－18 发布)

吉安市吉水县道路运输管理所

2013 年度交通运输部道路运输管理工作先进单位

赣州市公路运输管理处

2013 年度交通运输部道路客运安全年活动成绩突出单位

赣州市公路运输管理处

2011～2012 年度全国交通运输行业节能减排先进集体

(交通运输部 2013－08－13 发布)

江西省交通运输厅科技教育处
江西省高速公路投资集团

2011～2012 年度全国交通运输行业节能减排先进企业

(交通运输部 2013－08－13 发布)

江西高速公路投资集团有限责任公司
江西长运集团有限公司
宜春市公共交通公司

全国模范职工之家

修水县汽车运输有限公司

全国交通勘察设计系统创新型优秀企业

(中国勘察设计协会 2013 年 11 月发布)

江西省交通设计研究院有限责任公司

“中国高速公路优秀服务区管理公司”称号获得单位

(中国公路学会 2013 年发布)

江西省高速集团畅行高速公路开发经营有限公司

全国交通企业管理现代化创新成果一等奖获得单位

江西省高速集团昌泰高速公路公司

2012～2013 年度国家优质投资项目奖获得单位

（中国投资协会 2013 年 3 月发布）

永修至武宁（庐山西海）高速公路

全国文明诚信、优质服务驾校

（中国道路协会 2013 年 12 月发布）

江西交通职业技术学院驾驶培训学校

全国先进工程勘察设计企业

（住房和城乡建设部、建市〔2013〕19 号文件公布）

江西省交通设计研究院有限责任公司

中国区域性高速媒体 20 强

江西省高速集团畅行高速公路服务区公司

2011～2012 年度全国汽车行业诚信企业

（2013 年发布）

江西省宜春汽车运输股份有限公司宜春汽车维修总站

2013～2014 年中国区域性高速媒体 20 强

江西高速传媒公司

全国交通企业管理现代化创新成果奖获得单位

江西省交通集团昌泰交通公路公司（一等奖）
江西省交通集团景德镇管理中心（二等奖）

第十一届中国土木工程“詹天佑奖”获得单位

景婺黄（常）高速公路公司

全国公路交通系统模范职工小家

（全国总工会 2013 年 2 月 21 日发布）

江西交通通信总站 96122 公众出行交通服务热线
江西省高速公路投资集团有限责任限公司景德镇管理中心江湾管理所工会
江西畅行高速公路开发经营有限公司庐山中心服务区
新余市公路管理局渝水分局下村道班
江西省铅山县交通系统工会委员会
景德镇市公路管理局浮梁公路分局黄泥头道班
江西省公路科研设计院设计二所
江西交通工程咨询监理中心工会机关分会

第一届全国"敬老文明号"

(全国老龄委发布)

萍乡市公共交通总公司
宜春市公交公司

中国上市公司"金国桌奖"董事会建设特别贡献奖获得单位

江西赣粤高速公路股份有限公司

第十三届全国职工职业道德建设先进单位

(2013年12月发布)

江西省高速集团昌樟管理处

江西省第十三届文明单位(141个)

(省委、省政府2013年5月14日发布)

1. 江西省港航管理局
2. 江西省交通工程监理公司
3. 江西省交通工程质量监督站
4. 江西省港航管理局南昌分局
5. 南昌市公路管理局
6. 南昌市出租汽车有限公司
7. 江西省公路管理局
8. 江西省交通工程集团公司
9. 江西省公路管理局交通通信总站
10. 江西省公路运输管理局
11. 江西省交通工程咨询监理中心
12. 江西省高速公路投资集团
13. 江西赣粤高速公路股份有限公司
14. 江西公路开发总公司万年管理中心泾口管理处
15. 江西赣粤高速公路股份有限公司温厚收费所
16. 江西公路开发总公司梨温高速公路公司
17. 江西赣粤高速公路股份有限公司昌西南收费所
18. 江西省高速公路物资有限公司
19. 江西国际集装箱码头有限责任公司
20. 江西交通职业技术学院
21. 江西省高速集团抚州管理中心
22. 江西省交通干部学院
23. 江西恒辉物业有限责任公司
24. 江西省高速集团抚州管理中心南新管理所
25. 武宁县交通运输局
26. 九江市公路管理局武宁分局
27. 九江市公路管理局湖口分局
28. 江西赣粤高速公路股份有限公司九景高速公路管理处
29. 江西赣粤高速公路股份有限公司邹家河收费所
30. 景德镇市公路管理局
31. 江西省港航管理局景德镇分局
32. 江西公路开发总公司景鹰高速公路公司浮梁管理处
33. 江西省高速集团万年管理中心隧桥管理处
34. 江西省高速集团景德镇管理中心景德镇北管理所
35. 景德镇市公路运输管理局
36. 江西省高速集团景德镇管理中心
37. 萍乡市交通运输局
38. 江西省港航管理局萍乡分局
39. 萍乡市公路管理局
40. 萍乡市公路管理局安源分局
41. 萍乡市公路管理局湘东分局
42. 萍乡市公路机械工程处
43. 新余市公路管理局

44. 江西省港航管理局新余分局
45. 江西省高速公路路政管理总队新余高速公路路政管理支队
46. 江西省高速集团新余收费所
47. 江西省港航管理局鹰潭分局
48. 江西省港航管理局界牌航电枢纽管理处
49. 江西省鹰潭高速公路路政管理支队
50. 江西公路开发总公司梨温高速公路公司鹰潭管理处
51. 江西省高速集团赣州管理中心
52. 江西景鹰高速公路公司路政管理支队二大队
53. 江西景鹰高速公路公司余江管理处
54. 江西省港航管理局赣州分局
55. 江西省机场集团公司赣州机场分公司
56. 江西省港航管理局赣州分局赣州航道处
57. 江西省高速集团赣州管理中心
58. 江西省高速集团赣州管理中心赣州北管理所
59. 赣州市公路管理局上犹分局
60. 江西省高速集团宜春管理中心
61. 江西省港航管理局宜春分局
62. 宜春市公路管理局丰城分局
63. 宜春市公路管理局高安分局
64. 江西远洋运输公司
65. 江西公路开发总公司
66. 南昌市公路运输管理处
67. 九江市公路管理局修水分局
68. 九江市公路管理局瑞昌分局
69. 九江港口管理局瑞昌分局
70. 九江长途汽车运输集团公司都昌公司
71. 九江市港航管理局都昌分局
72. 九江市公路管理局星子分局
73. 江西赣粤高速公路股份有限公司九景高速公路信息中心
74. 江西赣粤高速公路股份有限公司艾城收费所
75. 江西省高速集团上高管理中心梅棠管理所
76. 江西赣粤高速公路股份有限公司田塘收费所
77. 星子县地方海事处
78. 中铁大桥局集团第五工程有限公司
79. 九江长江海事局
80. 长江九江航道管理处
81. 九江市道路运输管理局城区分局
82. 九江市地方海事处
83. 九江市港航管理局
84. 中铁四局集团第五工程有限公司
85. 江西赣粤高速公路股份有限公司邹家河收费站
86. 九江市道路运输管理局庐山分局
87. 萍乡市公路运输管理处
88. 萍乡市公共交通总公司
89. 新余市公路管理局渝水分局
90. 中铁十一局集团桥梁有限公司
91. 宜春市公路管理局樟树分局
92. 江西赣粤高速公路股份有限公司胡家坊收费所
93. 宜春市公路管理局上高分局
94. 宜春市公路管理局奉新分局
95. 宜春市公路管理局铜鼓分局
96. 宜春市公路管理局袁州区分局
97. 宜春市公路管理局明月山分局
98. 上饶高速公路路政管理支队
99. 上饶市道路运输管理局
100. 上饶市交通工程质量监督局
101. 江西梨温高速公路公司赣浙收费处
102. 江西梨温高速公路公司玉山管理处
103. 上饶市公路管理局广丰分局
104. 上饶市公路管理局上饶县分局
105. 上饶市公路管理局婺源分局
106. 江西省高速集团景德镇管理中心婺源管理所
107. 上饶市高速公路路政管理支队六大队
108. 上饶市公路管理局德兴分局
109. 上饶市公路管理局弋阳分局
110. 上饶市铅山县公路运输管理所
111. 上饶市公路局铅山分局
112. 上饶市高速公路路政管理支队五大队
113. 上饶市公路管理局横峰分局
114. 江西梨温高速公路公司杨梅岭管理处
115. 江西赣粤高速公路股份有限公司鄱阳管理处
116. 江西景鹰高速公路公司鄱阳管理处
117. 上饶高速公路路政管理支队三大队

118. 上饶市公路管理局余干分局
119. 江西公路开发总公司泾口管理处瑞洪收费所
120. 江西省高速公路投资集团万年管理中心
121. 江西梨温高速公路公司上饶西收费站
122. 江西昌泰高速公路公司
123. 吉安市县乡公路管理处
124. 吉安市公路管理局直属分局
125. 吉安市公路管理局井冈山分局
126. 吉安市公路管理局永丰分局
127. 吉安市吉水县道路运输管理所
128. 吉安市公路管理局吉水分局
129. 吉安市公路管理局吉安分局
130. 江西昌泰高速公路公司泰和收费站
131. 吉安市公路管理局泰和分局
132. 吉安高速公路路政管理七大队
133. 吉安市公路管理局万安分局
134. 吉安市公路管理局永新分局
135. 江西省港航管理局抚州分局
136. 抚州市交通运输局
137. 江西省高速集团抚州管理中心临川管理所
138. 江西省高速集团抚州管理中心梨川管理所
139. 江西梨温高速公路公司东乡管理处
140. 江西高速集团抚州管理中心赣闽界熊村管理处
141. 萍乡市公路运输管理处

江西省2012年度信息报送工作先进单位

江西省交通运输厅

2012年度全省绿化模范单位

(2013年6月省绿化委发布)

江西省高速集团泰和管理中心

省直机关第九届文明单位(40个)

(省直机关工委、省文明委2013年发布)

1. 江西省交通运输厅
2. 江西畅通高速公路服务区开发经营有限公司
3. 江西省高速公路投资集团景德镇管理中心景德镇北管理所
4. 江西省高速公路联网管理中心
5. 江西交通工程咨询监理中心
6. 江西交通职业技术学院
7. 江西省公路路政管理总队
8. 江西省交通设计研究院有限责任公司
9. 江西公路开发总公司
10. 江西省高速公路投资集团泰和管理中心
11. 江西省高速公路投资集团景德镇管理中心
12. 江西省公路路政管理总队景德镇高速公路路政管理支队
13. 江西省高速公路投资集团抚州管理中心
14. 江西省交通科学研究院
15. 江西远洋运输公司
16. 江西省高速公路投资集团泰和管理中心机场管理所
17. 江西省水上搜救中心鄱阳湖分中心

18. 江西省高速公路投资集团泰和管理中心兴国管理所
19. 江西省高速公路投资集团景德镇管理中心养护应急管理所
20. 江西省交通工程质量监督站
21. 江西国际集装箱码头有限责任公司
22. 江西省高速公路投资集团抚州管理中心南城管理所
23. 江西省高速公路投资集团上高管理中心上菁管理所
24. 江西省高速公路投资集团抚州管理中心广昌管理所
25. 江西省高速公路投资集团景德镇管理中心三清山管理所
26. 江西省高速公路投资集团抚州管理中心工程队
27. 江西省高速公路投资集团抚州管理中心南新管理所
28. 江西省高速公路投资集团景德镇管理中心婺源管理所
29. 江西省高速公路投资集团抚州管理中心南新养护工区
30. 江西省高速公路投资集团赣州管理中心石城北管理所
31. 江西省高速公路投资集团上高管理中心养护中心
32. 江西省高速公路投资集团上高管理中心
33. 江西省高速公路投资集团上高管理中心上高管理所
34. 江西交通运输厅规划办公室
35. 江西交通运输厅对外经济联络办
36. 江西省高速公路投资集团赣州中心瑞金南管理所
37. 江西省高速公路投资集团赣州管理中心瑞金省界管理所
38. 江西赣粤高速公路工程有限公司
39. 江西省高速公路投资集团赣州管理中心昌北管理所
40. 江西省高速公路投资集团景德镇管理中心江湾管理所

全省春运工作先进单位

（省春运工作领导小组发布）

宜春市道路运输管理局
萍乡市公路运输管理处

江西省领军企业 50 强

江西赣粤高速公路股份有限责任公司
江西长运股份有限责任公司

2013 年度江西省道路运输管理工作先进单位

萍乡市公路运输管理处
赣州市公路运输管理处

江西省五一巾帼标兵岗

赣州市公路管理局全南分局陈君华道班

全省道路运输管理工作出租汽车管理优胜杯获得单位

赣州市城市客运管理处

2013 年度江西省工人先锋号

江西省新余市公共交通有限公司 601 线路
江西省昌泰高速公路有限责任公司泰和收费所
江西省赣州康大高速公路有限责任公司梅关收费所
江西长运股份有限公司徐家坊客运站李红服务组
江西省公路管理局交通通信站
96122 江西省公众出行交通服务热线

江西省春运工作先进单位

赣州市春运办
江西新世纪汽运集团有限公司

2013 年度江西省五一巾帼标兵岗

(省总工会 2014 年 3 月发布)

江西长运洪城客运站“金穗服务组”

全省模范职工之家

(省总工会 2013－06－18 发布)

九江长运集团工会
省港航局工会
省公路局交通通信总站工会
景德镇长运公司工会
上饶市公路局万年分局工会

全省模范职工小家

(省总工会 2013－07－22 发布)

江西交通职业技术学院工会管理分工会
省高速集团万年管理中心瑞洪收费站工会小组
江西赣粤股份公司昌樟管理处温厚收费所工会小组
新余市公路局分宜分局松山道班工会小组
上饶市公路局婺源分局清华道班工会小组

2013 年度江西省职工经济技术创新活动先进集体

江西省高速公路投资集团有限责任公司景德镇管理中心婺源管理所
赣州市公共交通总公司
江西赣粤高速公路股份有限公司沥青再生技术研究团队

江西省重点软件企业 20 强

江西方兴科技有限责任公司

江西省首批“青年雷锋岗”称号获得单位(19个)

(共青团江西省委2013年发布)

1. 江西省高速公路投资集团公司赣州管理中心瑞金省界管理所青年雷锋岗
2. 江西 赣粤高速公路股份公司昌泰综合援助服务指挥中心青年雷锋岗
3. 江西省高速集团宜春管理中心宜春收费站青年雷锋岗
4. 江西省高速集团宜春管理中心新余管理所女子收费班青年雷锋岗
5. 江西省高速公路投资集团公司宜春管理中心萍乡管理所五星收费班组青年雷锋岗
6. 江西省高速公路投资集团公司畅行公司庐山服务区青年雷锋岗
7. 江西赣粤高速公路股份公司峡江服务区青年雷锋岗
8. 江西省高速公路投资集团公司抚州管理中心广昌管理所青年雷锋岗
9. 江西港航局行政服务大厅海事管理青年雷锋岗
10. 江西港航局行政服务大厅运输管理青年雷锋岗
11. 江西交通职业技术学院图书馆工作部青年雷锋岗
12. 江西交通职业技术学院驾驶培训预约青年雷锋岗
13. 宜春高速公路路政管理支队二大队青年雷锋岗
14. 江西省高速公路投资集团公司公路开发总公司梨温高速赣浙收费处青年雷锋岗
15. 江西省高速公路投资集团公司抚州管理中心南昌东管理所青年雷锋岗
16. 江西省高速公路投资集团公司宜春管理中心赣湘界金鱼石收费站青年雷锋岗
17. 江西省高速公路投资集团公司上高管理中心梅棠管理所青年雷锋岗
18. 吉安高速公路路政管理支队三大队青年雷锋岗
19. 景德镇市交通运输局党委办公室青年雷锋岗

江西省汽修维修行业、汽车空调检测维修技能竞赛组织奖获得单位

赣州市公路运输管理处

江西省交通运输厅表彰的先进集体

2013年度全省交通运输工作先进单位(13个)

1. 宜春市交通运输局
2. 上饶市交通运输局
3. 吉安市交通运输局
4. 萍乡市交通运输局
5. 新余市交通运输局
6. 省港航管理局
7. 省公路运输管理局
8. 省高速公路投资集团公司
9. 省高速公路联网管理中心
10. 省交通工程咨询监理中心
11. 省公路管理局
12. 江西交通职业技术学院
13. 省交通工程质量监督站

2013年度全省交通运输安全生产(工作)先进单位(9个)

1. 宜春市交通运输局
2. 赣州市交通运输局

3. 上饶市交通运输局
4. 景德镇市交通运输局
5. 萍乡市交通运输局
6. 南昌市交通运输局
7. 省高速公路投资集团公司
8. 省公路管理局
9. 省港航管理局

2011～2012 年度全省交通运输系统文明单位

宜春市交通运输局
樟树市交通运输局

2011～2012 年度全省交通运输系统文明示范窗口

宜春市公共交通公司 IC 卡管理中心
宜春市汽车运输股份有限公司宜春汽车站

2012 年度“百姓满意服务区”(18 个)

(2013 年省交通运输厅发布)

1. 庐山服务区
2. 峡江服务区
3. 三清山服务区
4. 石钟山服务区
5. 鄱阳服务区
6. 宜春服务区
7. 庐山西海服务区
8. 吉安服务区
9. 樟树服务区
10. 彭泽服务区
11. 德兴服务区
12. 月亮湖服务区
13. 万年东服务区
14. 七里岗服务区
15. 会昌服务区
16. 泰和东服务区
17. 新余服务区
18. 广昌服务区

2013 年度省交通运输厅厅直单位取得高级专业技术职务任职资格人员

2013 年度厅直单位取得高级专业技术职务任职资格人员一览

表 30

姓名	取得专业技术资格名称	所在单位
向乾俊	教授级高级工程师	江西省交通设计研究院有限责任公司
王小红	教授级高级工程师	江西省交通设计研究院有限责任公司
胡曙光	教授级高级工程师	江西省高速公路投资集团公司
陈　涛	教授级高级工程师	江西省高速公路投资集团公司
樊文胜	教授级高级工程师	江西交通咨询公司
于钦民	教授级高级工程师	江西省港航管理局
华叙恒	教授级高级工程师	江西省公路机械工程局
潘金平	教授级高级工程师	江西省港航管理局
彭爱红	教授级高级工程师	江西公路桥梁工程局
周院芳	教授级高级工程师	江西公路开发总公司
李柏殿	教授级高级工程师	江西省高速公路投资集团公司
杨梅芳	高级会计师	江西公路开发总公司
桂训德	高级会计师	江西省高速公路投资集团公司
涂　鹏	高级会计师	江西省高速公路物资有限公司
曾重飞	高级会计师	江西省公路桥梁工程局
吴寿敏	高级会计师	江西省高速公路投资集团公司
陈　蓉	高级会计师	江西省高速公路投资集团公司
陈双喜	高级会计师	江西省港航管理局景德镇分局
刘庆忠	高级工程师	江西省港航管理局九江分局
董德富	高级工程师	江西省港航管理局上饶分局
王华涛	高级会计师	江西省航务勘察设计院
费伦林	高级工程师	江西省高速公路投资集团公司
邓省斌	高级工程师	江西省高速公路投资集团公司
欧阳天水	高级工程师	江西省高速公路投资集团公司
王　林	高级工程师	江西省高速公路投资集团公司
段卫党	高级工程师	江西省高速公路投资集团公司
曾　辉	高级工程师	江西省高速公路投资集团公司
邓文渊	高级工程师	江西省高速公路投资集团公司

续表 30

姓名	取得专业技术资格名称	所在单位
金　斌	高级工程师	江西省高速公路投资集团公司
刘　妍	高级工程师	江西省高速公路投资集团公司
黎　杉	高级工程师	江西省高速公路投资集团公司
潭光辉	高级工程师	江西省高速公路投资集团公司
李文华	高级工程师	江西省高速公路投资集团公司
万丽霞	高级工程师	江西省高速公路投资集团公司
熊四华	高级工程师	江西省高速公路投资集团公司
胡品槐	高级工程师	江西省高速公路投资集团公司
史　越	高级工程师	江西省高速公路投资集团公司
兰　华	高级工程师	江西公路开发总公司
漆志然	高级工程师	江西公路开发总公司
洪英维	高级工程师	江西省交通设计研究院有限责任公司
万迪伟	高级工程师	江西省交通设计研究院有限责任公司
陈　勇	高级工程师	江西省交通设计研究院有限责任公司
李俊文	高级工程师	江西省交通设计研究院有限责任公司
周湘君	高级工程师	江西省交通设计研究院有限责任公司
黄跃华	高级工程师	江西省交通设计研究院有限责任公司
刘劲勇	高级工程师	江西省交通设计研究院有限责任公司
潘伟辉	高级工程师	江西省交通设计研究院有限责任公司
陈　概	高级工程师	江西省交通设计研究院有限责任公司
黄栋明	高级工程师	江西省交通设计研究院有限责任公司
王立军	高级工程师	江西交通职业技术学院
朱耀庭	高级工程师	江西省交通科学研究院
张冬兵	高级工程师	江西省交通科学研究院
俞　博	高级工程师	江西省交通科学研究院
赖　毅	高级工程师	江西省交通科学研究院
罗　强	高级工程师	江西省交通科学研究院
伍建强	高级工程师	江西省交通科学研究院
余绪金	高级工程师	江西省高速公路联网管理中心
周志祥	高级工程师	江西省公路机械工程局
况志敏	高级工程师	江西省公路机械工程局
曾得勇	高级工程师	江西省公路机械工程局
张祖辉	高级工程师	江西省公路机械工程局
廖志清	高级工程师	江西省公路机械工程局
黄　河	高级工程师	江西省公路桥梁工程监理咨询中心

续表 30

姓名	取得专业技术资格名称	所在单位
廖建云	高级工程师	江西省交通工程集团公司
邓凌燕	高级工程师	江西省公路研究设计院
王　鹏	高级工程师	江西省公路研究设计院
王国丽	高级工程师	江西省公路研究设计院
肖　琦	高级工程师	江西省公路研究设计院
郑建新	高级工程师	江西省公路研究设计院
聂　磊	高级工程师	江西省公路研究设计院
姜浩智	高级工程师	江西省公路管理局信息数据中心
黄锦安	高级工程师	江西省公路桥梁工程局
稂　欢	高级工程师	江西省公路桥梁工程局
任　康	高级工程师	江西省公路管理局交通通信总站
杜启宏	高级工程师	江西省公路管理局交通通信总站
刘　文	高级工程师	江西省交通工程质量监督站
周　颖	高级工程师	江西交通咨询公司
李春泉	高级工程师	江西交通咨询公司
尚爱国	高级工程师	江西交通咨询公司
邱亚桢	高级经济师	江西赣粤高速公路股份有限公司
黎　凯	高级经济师	江西赣粤高速公路股份有限公司
高春华	高级经济师	江西省高速公路投资集团公司
吴敏丹	高级经济师	江西公路开发总公司
周莉红	高级经济师	江西省交通设计研究院有限责任公司
邓建民	高级经济师	江西省高速集团赣州管理中心
甘红缨	高职教授	江西省交通职业技术学院
刘造新	高职教授	江西省交通职业技术学院
徐佩英	高职教授	江西省交通职业技术学院
曾雅静	高职副教授	江西省交通职业技术学院
傅鹏斌	高职副教授	江西省交通职业技术学院
胡明霞	高职副教授	江西省交通职业技术学院
柳　伟	高职副教授	江西省交通职业技术学院
喻　璟	高职副教授	江西省交通职业技术学院
刘　涛	高级实验师	江西省交通职业技术学院
许　伟	高级实验师	江西省交通职业技术学院
朱　革	研究馆员	江西省交通设计研究院有限责任公司

文件　文献

道路危险货物运输管理规定

（中华人民共和国交通运输部令　2013 年第 2 号）

《道路危险货物运输管理规定》已于 2012 年 12 月 31 日经第 10 次部务会议通过，现予公布，自 2013 年 7 月 1 日起施行。

部长　杨传堂

2013 年 1 月 23 日

道路危险货物运输管理规定

第一章　总　　则

第一条　为规范道路危险货物运输市场秩序，保障人民生命财产安全，保护环境，维护道路危险货物运输各方当事人的合法权益，根据《中华人民共和国道路运输条例》和《危险化学品安全管理条例》等有关法律、行政法规，制定本规定。

第二条　从事道路危险货物运输活动，应当遵守本规定。军事危险货物运输除外。

法律、行政法规对民用爆炸物品、烟花爆竹、放射性物品等特定种类危险货物的道路运输另有规定的，从其规定。

第三条　本规定所称危险货物，是指具有爆炸、易燃、毒害、感染、腐蚀等危险特性，在生产、经营、运输、储存、使用和处置中，容易造成人身伤亡、财产损毁或者环境污染而需要特别防护的物质和物品。危险货物以列入国家标准《危险货物品名表》(GB12268)的为准，未列入《危险货物品名表》的，以有关法律、行政法规的规定或者国务院有关部门公布的结果为准。

本规定所称道路危险货物运输，是指使用载货汽车通过道路运输危险货物的作业全过程。

本规定所称道路危险货物运输车辆，是指满足特定技术条件和要求，从事道路危险货物运输的载货汽车(以下简称专用车辆)。

第四条　危险货物的分类、分项、品名和品名编号应当按照国家标准《危险货物分类和品名编号》(GB6944)、《危险货物品名表》(GB12268)执行。危险货物的危险程度依据国家标准《危险货物运输包装通用技术条件》(GB12463)，分为Ⅰ、Ⅱ、Ⅲ等级。

第五条　从事道路危险货物运输应当保障安全，依法运输，诚实信用。

第六条　国家鼓励技术力量雄厚、设备和运输条件好的大型专业危险化学品生产企业从事道路危险货物运输，鼓励道路危险货物运输企业实行集约化、专业化经营，鼓励使用厢式、罐式和集装箱等专用车辆运输危险货物。

第七条　交通运输部主管全国道路危险货物运输管理工作。

县级以上地方人民政府交通运输主管部门负责组织领导本行政区域的道路危险货物运输管理工作。

县级以上道路运输管理机构负责具体实施道路危险货物运输管理工作。

第二章　道路危险货物运输许可

第八条　申请从事道路危险货物运输经营，应当具备下列条件：

(一)有符合下列要求的专用车辆及设备：

1. 自有专用车辆(挂车除外)5辆以上；运输剧毒化学品、爆炸品的，自有专用车辆(挂车除外)10辆以上。

2. 专用车辆技术性能符合国家标准《营运车辆综合性能要求和检验方法》(GB18565)的要求；技术等级达到行业标准《营运车辆技术等级划分和评定要求》(JT/T198)规定的一级技术等级。

3. 专用车辆外廓尺寸、轴荷和质量符合国家标准《道路车辆外廓尺寸、轴荷和质量限值》(GB1589)的要求。

4. 专用车辆燃料消耗量符合行业标准《营运货车燃料消耗量限值及测量方法》(JT719)的要求。

5. 配备有效的通讯工具。

6. 专用车辆应当安装具有行驶记录功能的卫星定位装置。

7. 运输剧毒化学品、爆炸品、易制爆危险化学品的，应当配备罐式、厢式专用车辆或者压力容器等专用容器。

8. 罐式专用车辆的罐体应当经质量检验部门检验合格，且罐体载货后总质量与专用车辆核定载质量相匹配。运输爆炸品、强腐蚀性危险货物的罐式专用车辆的罐体容积不得超过20立方米，运输剧毒化学品的罐式专用车辆的罐体容积不得超过10立方米,但符合国家有关标准的罐式集装箱除外。

9. 运输剧毒化学品、爆炸品、强腐蚀性危险货物的非罐式专用车辆,核定载质量不得超过10吨,但符合国家有关标准的集装箱运输专用车辆除外。

10. 配备与运输的危险货物性质相适应的安全防护、环境保护和消防设施设备。

(二)有符合下列要求的停车场地:

1. 自有或者租借期限为3年以上,且与经营范围、规模相适应的停车场地,停车场地应当位于企业注册地市级行政区域内。

2. 运输剧毒化学品、爆炸品专用车辆以及罐式专用车辆,数量为20辆(含)以下的,停车场地面积不低于车辆正投影面积的1.5倍,数量为20辆以上的,超过部分,每辆车的停车场地面积不低于车辆正投影面积;运输其他危险货物的,专用车辆数量为10辆(含)以下的,停车场地面积不低于车辆正投影面积的1.5倍;数量为10辆以上的,超过部分,每辆车的停车场地面积不低于车辆正投影面积。

3. 停车场地应当封闭并设立明显标志,不得妨碍居民生活和威胁公共安全。

(三)有符合下列要求的从业人员和安全管理人员:

1. 专用车辆的驾驶人员取得相应机动车驾驶证,年龄不超过60周岁。

2. 从事道路危险货物运输的驾驶人员、装卸管理人员、押运人员应当经所在地设区的市级人民政府交通运输主管部门考试合格,并取得相应的从业资格证;从事剧毒化学品、爆炸品道路运输的驾驶人员、装卸管理人员、押运人员,应当经考试合格,取得注明为“剧毒化学品运输”或者“爆炸品运输”类别的从业资格证。

3. 企业应当配备专职安全管理人员。

(四)有健全的安全生产管理制度:

1. 企业主要负责人、安全管理部门负责人、专职安全管理人员安全生产责任制度。

2. 从业人员安全生产责任制度。

3. 安全生产监督检查制度。

4. 安全生产教育培训制度。

5. 从业人员、专用车辆、设备及停车场地安全管理制度。

6. 应急救援预案制度。

7. 安全生产作业规程。

8. 安全生产考核与奖惩制度。

9. 安全事故报告、统计与处理制度。

第九条 符合下列条件的企事业单位,可以使用自备专用车辆从事为本单位服务的非经营性道路危险货物运输:

(一)属于下列企事业单位之一:

1. 省级以上安全生产监督管理部门批准设立的生产、使用、储存危险化学品的企业。

2. 有特殊需求的科研、军工等企事业单位。

(二)具备第八条规定的条件,但自有专用车辆(挂车除外)的数量可以少于5辆。

第十条 申请从事道路危险货物运输经营的企业,应当向所在地设区的市级道路运输管理机构提出申请,并提交以下材料:

(一)道路危险货物运输经营申请表,包括申请人基本信息、申请运输的危险货物范围(类别、项别或品名,如果为剧毒化学品应当标注“剧毒”)等内容。

(二)拟担任企业法定代表人的投资人或者负责人的身份证明及其复印件,经办人身份证明及其复印件和书面委托书。

(三)企业章程文本。

(四)证明专用车辆、设备情况的材料,包括:

1. 未购置专用车辆、设备的,应当提交拟投入专用车辆、设备承诺书。承诺书内容应当包括车辆数量、类型、技术等级、总质量、核定载质量、车轴数以及车辆外廓尺寸;通讯工具和卫星定位装置配备情况;罐式专用车辆的罐体容积;罐式专用车辆罐体载货后的总质量与车辆核定载质量相匹配情况;运输剧毒化学品、爆炸品、易制爆危险化学品的专用车辆核定载质量等有关情况。承诺期限不得超过1年。

2. 已购置专用车辆、设备的,应当提供车辆行驶证、车辆技术等级证明或者车辆综合性能检测技术合格证明;通讯工具和卫星定位装置配备;罐式专用车辆的罐体检测合格证或者检测报告及复印件等有关材料。

(五)拟聘用专职安全管理人员、驾驶人员、装卸管理人员、押运人员的,应当提交拟聘用承诺书,承诺期限不得超过1年;已聘用的应当提交从业资格证及其复印件以及驾驶证及其复印件。

（六）停车场地的土地使用证、租借合同、场地平面图等材料。

（七）相关安全防护、环境保护、消防设施设备的配备情况清单。

（八）有关安全生产管理制度文本。

第十一条　申请从事非经营性道路危险货物运输的单位，向所在地设区的市级道路运输管理机构提出申请时，除提交第十条第（四）项至第（八）项规定的材料外，还应当提交以下材料：

（一）《道路危险货物运输申请表》，包括申请人基本信息、申请运输的物品范围（类别、项别或品名，如果为剧毒化学品应当标注“剧毒”）等内容。

（二）下列形式之一的单位基本情况证明：

1. 省级以上安全生产监督管理部门颁发的危险化学品生产、使用等证明。

2. 能证明科研、军工等企事业单位性质或者业务范围的有关材料。

（三）特殊运输需求的说明材料。

（四）经办人的身份证明及其复印件以及书面委托书。

第十二条　设区的市级道路运输管理机构应当按照《中华人民共和国道路运输条例》和《交通行政许可实施程序规定》，以及本规定所明确的程序和时限实施道路危险货物运输行政许可，并进行实地核查。

决定准予许可的，应当向被许可人出具《道路危险货物运输行政许可决定书》，注明许可事项，具体内容应当包括运输危险货物的范围（类别、项别或品名，如果为剧毒化学品应当标注“剧毒”），专用车辆数量、要求以及运输性质，并在10日内向道路危险货物运输经营申请人发放道路运输经营许可证，向非经营性道路危险货物运输申请人发放道路危险货物运输许可证。

市级道路运输管理机构应当将准予许可的企业或单位的许可事项等，及时以书面形式告知县级道路运输管理机构。

决定不予许可的，应当向申请人出具《不予交通行政许可决定书》。

第十三条　被许可人已获得其他道路运输经营许可的，设区的市级道路运输管理机构应当为其换发道路运输经营许可证，并在经营范围中加注新许可的事项。如果原道路运输经营许可证是由省级道路运输管理机构发放的，由原许可机关按照上述要求予以换发。

第十四条　被许可人应当按照承诺期限落实拟投入的专用车辆、设备。

原许可机关应当对被许可人落实的专用车辆、设备予以核实，对符合许可条件的专用车辆配发道路运输证，并在道路运输证经营范围栏内注明允许运输的危险货物类别、项别或者品名，如果为剧毒化学品应标注“剧毒”；对从事非经营性道路危险货物运输的车辆，还应当加盖“非经营性危险货物运输专用章”。

被许可人未在承诺期限内落实专用车辆、设备的，原许可机关应当撤销许可决定，并收回已核发的许可证明文件。

第十五条　被许可人应当按照承诺期限落实拟聘用的专职安全管理人员、驾驶人员、装卸管理人员和押运人员。

被许可人未在承诺期限内按照承诺聘用专职安全管理人员、驾驶人员、装卸管理人员和押运人员的，原许可机关应当撤销许可决定，并收回已核发的许可证明文件。

第十六条　道路运输管理机构不得许可一次性、临时性的道路危险货物运输。

第十七条　被许可人应当持道路运输经营许可证或者道路危险货物运输许可证依法向工商行政管理机关办理登记手续。

第十八条　中外合资、中外合作、外商独资形式投资道路危险货物运输的，应当同时遵守《外商投资道路运输业管理规定》。

第十九条　道路危险货物运输企业设立子公司从事道路危险货物运输的，应当向子公司注册地设区的市级道路运输管理机构申请运输许可。设立分公司的，应当向分公司注册地设区的市级道路运输管理机构备案。

第二十条　道路危险货物运输企业或者单位需要变更许可事项的，应当向原许可机关提出申请，按照本章有关许可的规定办理。

道路危险货物运输企业或者单位变更法定代表人、名称、地址等工商登记事项的，应当在30日内向原许可机关备案。

第二十一条　道路危险货物运输企业或者单位终止危险货物运输业务的，应当在终止之日的30日前告知原许可机关，并在停业后10日内将道路运输经营许可证或者道路危险货物运输许可证以及道路运输证交回原许可机关。

第三章　专用车辆、设备管理

第二十二条　道路危险货物运输企业或者单位应当按照《道路货物运输及站场管理规定》中有关车辆管理的规定,维护、检测、使用和管理专用车辆,确保专用车辆技术状况良好。

第二十三条　设区的市级道路运输管理机构应当定期对专用车辆进行审验,每年审验一次。审验按照《道路货物运输及站场管理规定》进行,并增加以下审验项目:

(一)专用车辆投保危险货物承运人责任险情况;

(二)必需的应急处理器材、安全防护设施设备和专用车辆标志的配备情况;

(三)具有行驶记录功能的卫星定位装置的配备情况。

第二十四条　禁止使用报废的、擅自改装的、检测不合格的、车辆技术等级达不到一级的和其他不符合国家规定的车辆从事道路危险货物运输。

除铰接列车、具有特殊装置的大型物件运输专用车辆外,严禁使用货车列车从事危险货物运输;倾卸式车辆只能运输散装硫黄、萘饼、粗蒽、煤焦沥青等危险货物。

禁止使用移动罐体(罐式集装箱除外)从事危险货物运输。

第二十五条　运输剧毒化学品、爆炸品专用车辆及罐式专用车辆(含罐式挂车)应当到具备道路危险货物运输车辆维修资质的企业进行维修。

牵引车以及 其他专用车辆由企业自行消除危险货物的危害后,可到具备一般车辆维修资质的企业进行维修。

第二十六条　用于装卸危险货物的机械及工具的技术状况应当符合行业标准《汽车运输危险货物规则》(JT617)规定的技术要求。

第二十七条　罐式专用车辆的常压罐体应当符合国家标准《道路运输液体危险货物罐式车辆 第1部分:金属常压罐体技术要求》(GB18564.1)、《道路运输液体危险货物罐式车辆第2部分:非金属常压罐体技术要求》(GB18564.2)等有关技术要求。

使用压力容器运输危险货物的,应当符合国家特种设备安全监督管理部门制订并公布的《移动式压力容器安全技术监察规程》(TSG R0005)等有关技术要求。

压力容器和罐式专用车辆应当在质量检验部门出具的压力容器或者罐体检验合格的有效期内承运危险货物。

第二十八条　道路危险货物运输企业或者单位对重复使用的危险货物包装物、容器,在重复使用前应当进行检查;发现存在安全隐患的,应当维修或者更换。

道路危险货物运输企业或者单位应当对检查情况作出记录,记录的保存期限不得少于2年。

第二十九条　道路危险货物运输企业或者单位应当到具有污染物处理能力的机构对常压罐体进行清洗(置换)作业,将废气、污水等污染物集中收集,消除污染,不得随意排放,污染环境。

第四章　道路危险货物运输

第三十条　道路危险货物运输企业或者单位应当严格按照道路运输管理机构决定的许可事项从事道路危险货物运输活动,不得转让、出租道路危险货物运输许可证件。

严禁非经营性道路危险货物运输单位从事道路危险货物运输经营活动。

第三十一条　危险货物托运人应当委托具有道路危险货物运输资质的企业承运。

危险货物托运人应当对托运的危险货物种类、数量和承运人等相关信息予以记录,记录的保存期限不得少于1年。

第三十二条　危险货物托运人应当严格按照国家有关规定妥善包装并在外包装设置标志,并向承运人说明危险货物的品名、数量、危害、应急措施等情况。需要添加抑制剂或者稳定剂的,托运人应当按照规定添加,并告知承运人相关注意事项。

危险货物托运人托运危险化学品的,还应当提交与托运的危险化学品完全一致的安全技术说明书和安全标签。

第三十三条　不得使用罐式专用车辆或者运输有毒、感染性、腐蚀性危险货物的专用车辆运输普通货物。

其他专用车辆可以从事食品、生活用品、药品、医疗器具以外的普通货物运输,但应当由运输企业对专用车辆进行消除危害处理，确保不对普通货物造成污染、损害。

不得将危险货物与普通货物混装运输。

第三十四条　专用车辆应当按照国家标准《道路运输危险货物车辆标志》（GB13392）的要求悬挂标志。

第三十五条　运输剧毒化学品、爆炸品的企业或者单位，应当配备专用停车区域，并设立明显的警示标牌。

第三十六条　专用车辆应当配备符合有关国家标准以及与所载运的危险货物相适应的应急处理器材和安全防护设备。

第三十七条　道路危险货物运输企业或者单位不得运输法律、行政法规禁止运输的货物。

法律、行政法规规定的限运、凭证运输货物，道路危险货物运输企业或者单位应当按照有关规定办理相关运输手续。

法律、行政法规规定托运人必须办理有关手续后方可运输的危险货物，道路危险货物运输企业应当查验有关手续齐全有效后方可承运。

第三十八条　道路危险货物运输企业或者单位应当采取必要措施，防止危险货物脱落、扬散、丢失以及燃烧、爆炸、泄漏等。

第三十九条　驾驶人员应当随车携带道路运输证。驾驶人员或者押运人员应当按照汽车运输危险货物规则（JT617）的要求，随车携带道路运输危险货物安全卡。

第四十条　在道路危险货物运输过程中，除驾驶人员外，还应当在专用车辆上配备押运人员，确保危险货物处于押运人员监管之下。

第四十一条　道路危险货物运输途中，驾驶人员不得随意停车。

因住宿或者发生影响正常运输的情况需要较长时间停车的，驾驶人员、押运人员应当设置警戒带，并采取相应的安全防范措施。

运输剧毒化学品或者易制爆危险化学品需要较长时间停车的，驾驶人员或者押运人员应当向当地公安机关报告。

第四十二条　危险货物的装卸作业应当遵守安全作业标准、规程和制度，并在装卸管理人员的现场指挥或者监控下进行。

危险货物运输托运人和承运人应当按照合同约定指派装卸管理人员；若合同未予约定，则由负责装卸作业的一方指派装卸管理人员。

第四十三条　驾驶人员、装卸管理人员和押运人员上岗时应当随身携带从业资格证。

第四十四条　严禁专用车辆违反国家有关规定超载、超限运输。

道路危险货物运输企业或者单位使用罐式专用车辆运输货物时，罐体载货后的总质量应当和专用车辆核定载质量相匹配；使用牵引车运输货物时，挂车载货后的总质量应当与牵引车的准牵引总质量相匹配。

第四十五条　道路危险货物运输企业或者单位应当要求驾驶人员和押运人员在运输危险货物时，严格遵守有关部门关于危险货物运输线路、时间、速度方面的有关规定，并遵守有关部门关于剧毒、爆炸危险品道路运输车辆在重大节假日通行高速公路的相关规定。

第四十六条　道路危险货物运输企业或者单位应当通过卫星定位监控平台或者监控终端及时纠正和处理超速行驶、疲劳驾驶、不按规定线路行驶等违法违规驾驶行为。

监控数据应当至少保存3个月，违法驾驶信息及处理情况应当至少保存3年。

第四十七条　道路危险货物运输从业人员必须熟悉有关安全生产的法规、技术标准和安全生产规章制度、安全操作规程，了解所装运危险货物的性质、危害特性、包装物或者容器的使用要求和发生意外事故时的处置措施，并严格执行《汽车运输危险货物规则》（JT617）、《汽车运输、装卸危险货物作业规程》（JT618）等标准，不得违章作业。

第四十八条　道路危险货物运输企业或者单位应当通过岗前培训、例会、定期学习等方式，对从业人员进行经常性安全生产、职业道德、业务知识和操作规程的教育培训。

第四十九条　道路危险货物运输企业或者单位应当加强安全生产管理，制定突发事件应急预案，配备应急救援人员和必要的应急救援器材、设备，并定期组织应急救援演练，严格落实各项安全制度。

第五十条　道路危险货物运输企业或者单位应当委托具备资质条件的机构，对本企业或单位的安全管理情况每3年至少进行一次安全评估，出具安全评估报告。

第五十一条　在危险货物运输过程中发生燃

烧、爆炸、污染、中毒或者被盗、丢失、流散、泄漏等事故,驾驶人员、押运人员应当立即根据应急预案和道路运输危险货物安全卡的要求采取应急处置措施,并向事故发生地公安部门、交通运输主管部门和本运输企业或者单位报告。运输企业或者单位接到事故报告后,应当按照本单位危险货物应急预案组织救援,并向事故发生地安全生产监督管理部门和环境保护、卫生主管部门报告。

道路危险货物运输管理机构应当公布事故报告电话。

第五十二条 在危险货物装卸过程中,应当根据危险货物的性质,轻装轻卸,堆码整齐,防止混杂、撒漏、破损,不得与普通货物混合堆放。

第五十三条 道路危险货物运输企业或者单位应当为其承运的危险货物投保承运人责任险。

第五十四条 道路危险货物运输企业异地经营(运输线路起讫点均不在企业注册地市域内)累计3个月以上的,应当向经营地设区的市级道路运输管理机构备案并接受其监管。

第五章 监督检查

第五十五条 道路危险货物运输监督检查按照《道路货物运输及站场管理规定》执行。

道路运输管理机构工作人员应当定期或者不定期对道路危险货物运输企业或者单位进行现场检查。

第五十六条 道路运输管理机构工作人员对在异地取得从业资格的人员监督检查时,可以向原发证机关申请提供相应的从业资格档案资料,原发证机关应当予以配合。

第五十七条 道路运输管理机构在实施监督检查过程中,经本部门主要负责人批准,可以对没有随车携带道路运输证又无法当场提供其他有效证明文件的危险货物运输专用车辆予以扣押。

第五十八条 任何单位和个人对违反本规定的行为,有权向道路危险货物运输管理机构举报。

道路危险货物运输管理机构应当公布举报电话,并在接到举报后及时依法处理;对不属于本部门职责的,应当及时移送有关部门处理。

第六章 法律责任

第五十九条 违反本规定,有下列情形之一的,由县级以上道路运输管理机构责令停止运输经营,有违法所得的,没收违法所得,处违法所得2倍以上10倍以下的罚款;没有违法所得或者违法所得不足2万元的,处3万元以上10万元以下的罚款;构成犯罪的,依法追究刑事责任:

(一)未取得道路危险货物运输许可,擅自从事道路危险货物运输的;

(二)使用失效、伪造、变造、被注销等无效道路危险货物运输许可证件从事道路危险货物运输的;

(三)超越许可事项,从事道路危险货物运输的;

(四)非经营性道路危险货物运输单位从事道路危险货物运输经营的。

第六十条 违反本规定,道路危险货物运输企业或者单位非法转让、出租道路危险货物运输许可证件的,由县级以上道路运输管理机构责令停止违法行为,收缴有关证件,处2000元以上1万元以下的罚款;有违法所得的,没收违法所得。

第六十一条 违反本规定,道路危险货物运输企业或者单位有下列行为之一,由县级以上道路运输管理机构责令限期投保;拒不投保的,由原许可机关吊销道路运输经营许可证或者道路危险货物运输许可证,或者吊销相应的经营范围:

(一)未投保危险货物承运人责任险的;

(二)投保的危险货物承运人责任险已过期,未继续投保的。

第六十二条 违反本规定,道路危险货物运输企业或者单位未按规定维护或者检测专用车辆的,由县级以上道路运输管理机构责令改正,并处1000元以上5000元以下的罚款。

第六十三条 违反本规定,道路危险货物运输企业或者单位不按照规定随车携带道路运输证的,由县级以上道路运输管理机构责令改正,处警告或者20元以上200元以下的罚款。

第六十四条 违反本规定,道路危险货物运输企业或者单位以及托运人有下列情形之一的,由县级以上道路运输管理机构责令改正,并处5万元以上10万元以下的罚款,拒不改正的,责令停产停业整顿;构成犯罪的,依法追究刑事责任:

(一)驾驶人员、装卸管理人员、押运人员未取得从业资格上岗作业的;

(二)托运人不向承运人说明所托运的危险化学品的种类、数量、危险特性以及发生危险情况的应急处置措施，或者未按照国家有关规定对所托运的危险化学品妥善包装并在外包装上设置相应标志的；

（三）未根据危险化学品的危险特性采取相应的安全防护措施，或者未配备必要的防护用品和应急救援器材的；

（四）运输危险化学品需要添加抑制剂或者稳定剂，托运人未添加或者未将有关情况告知承运人的。

第六十五条　违反本规定，道路危险货物运输企业或者单位未配备专职安全管理人员的，由县级以上道路运输管理机构责令改正，可以处1万元以下的罚款；拒不改正的，对危险化学品运输企业或单位处1万元以上5万元以下的罚款，对运输危险化学品以外其他危险货物的企业或单位处1万元以上2万元以下的罚款。

第六十六条　违反本规定，道路危险化学品运输托运人有下列行为之一的，由县级以上道路运输管理机构责令改正，处10万元以上20万元以下的罚款，有违法所得的，没收违法所得；拒不改正的，责令停产停业整顿；构成犯罪的，依法追究刑事责任：

（一）委托未依法取得危险货物道路运输许可的企业承运危险化学品的；

（二）在托运的普通货物中夹带危险化学品，或者将危险化学品谎报或者匿报为普通货物托运的。

第六十七条　违反本规定，道路危险货物运输企业擅自改装已取得道路运输证的专用车辆及罐式专用车辆罐体的，由县级以上道路运输管理机构责令改正，并处5000元以上2万元以下的罚款。

第七章　附　　则

第六十八条　本规定对道路危险货物运输经营未作规定的，按照《道路货物运输及站场管理规定》执行；对非经营性道路危险货物运输未作规定的，参照《道路货物运输及站场管理规定》执行。

第六十九条　道路危险货物运输许可证件和道路运输证工本费的具体收费标准由省、自治区、直辖市人民政府财政、价格主管部门会同同级交通运输主管部门核定。

第七十条　交通运输部可以根据相关行业协会的申请，经组织专家论证后，统一公布可以按照普通货物实施道路运输管理的危险货物。

第七十一条　本规定自2013年7月1日起施行。原交通部2005年发布的《道路危险货物运输管理规定》（交通部令2005年第9号）及交通运输部2010年发布的《关于修改〈道路危险货物运输管理规定〉的决定》（交通运输部令2010年第5号）同时废止。

关于修改《公路工程勘察设计招投标管理办法》的决定

(中华人民共和国交通运输部令 2013年第3号)

《关于修改〈公路工程勘察设计招标投标管理办法〉的决定》已于2013年2月4日经第2次部务会议通过,现予公布,自公布之日施行。

部长 杨传堂

2013年2月17日

交通运输部决定对《公路工程勘察设计招标投标管理办法》(交通部令2001年第6号)作如下修改:

一、第三条修改为:

公路建设项目有下列情形之一的,可以不进行勘察设计招标:

(一)涉及国家安全、国家秘密、抢险救灾或者属于利用扶贫资金实行以工代赈等特殊情况;

(二)需要采用不可替代的专利或者专有技术;

(三)采购人依法能够自行提供勘察设计;

(四)已通过招标方式选定的特许经营项目投资人依法能够自行提供勘察设计;

(五)需要向原中标人采购勘察设计,否则将影响施工或者功能配套要求;

(六)国家规定的其他特殊情形。

二、第十二条修改为:

国有资金占控股或者主导地位的依法必须进行招标的公路建设项目,勘察设计应当公开招标。

国务院发展改革部门确定的国家重点项目和省级人民政府确定的地方重点项目不适宜公开招标的,经国务院发展改革部门或者省级人民政府批准,可以进行邀请招标。其他公路建设项目有下列情形之一的,可以邀请招标:

(一)技术复杂、有特殊要求或者受自然环境限制,只有少量潜在投标人可供选择;

(二)采用公开招标方式的费用占项目合同金额的比例过大。

有前款第(二)项所列情形,属于按照国家有关规定需要履行项目审批、核准手续的依法必须进行招标的项目,由项目审批、核准部门在审批、核准项目时作出认定,其他项目由招标人按照项目管理权限申请交通运输主管部门作出认定。

三、第十八条修改为:国家高速公路网建设项目的勘察设计招标资格预审结果和招标文件应当报交通运输部备案,其他公路建设项目的勘察设计招标资格预审结果和招标文件应当按照项目管理权限报县级以上地方人民政府交通运输主管部门备案。

四、第六条、第十条、第十六条、第三十五条、第四十条和第五十四条中的“交通部”修改为“交通运输部”;第六条、第十条、第十六条、第三十五条、第四十条、第四十四条和第五十二条中的“交通主管部门”修改为“交通运输主管部门”。

本决定自公布之日起施行。

《公路工程勘察设计招标投标管理办法》根据本决定作相应修正,重新公布。

公路工程勘察设计招标投标管理办法

（2001年8月21日交通部发布 根据2013年2月17日交通运输部《关于修改〈公路工程勘察设计招标投标管理办法〉的决定》修正）

第一章　总　　则

第一条　为规范公路建设市场秩序，提高公路工程勘察设计水平和公路建设投资效益，确保工程质量，根据《中华人民共和国公路法》、《中华人民共和国招标投标法》和国家有关规定，制定本办法。

第二条　公路建设项目的勘察、设计单项合同估算价在50万元人民币以上，或者建设项目总投资额在3000万元人民币以上的，必须进行勘察设计招标。

第三条　公路建设项目有下列情形之一的，可以不进行勘察设计招标：

涉及国家安全、国家秘密、抢险救灾或者属于利用扶贫资金实行以工代赈等特殊情况；

（二）需要采用不可替代的专利或者专有技术；

（三）采购人依法能够自行提供勘察设计；

（四）已通过招标方式选定的特许经营项目投资人依法能够自行提供勘察设计；

（五）需要向原中标人采购勘察设计，否则将影响施工或者功能配套要求；

（六）国家规定的其他特殊情形。

第四条　公路工程勘察设计招标投标活动应当遵循公开、公平、公正、诚实信用的原则。

第五条　公路工程勘察设计招标投标活动不受地区或者部门的限制，任何单位和个人不得以任何方式干预正当的招标投标活动；不得将必须进行招标的项目化整为零或者以其他任何方式规避招标。

第六条　公路工程勘察设计招标投标活动的监督管理实行统一领导、分级管理。

交通运输部负责全国公路建设项目勘察设计招标投标活动的监督管理工作。

省级人民政府交通运输主管部门负责本行政区域内公路建设项目勘察设计招标投标活动的监督管理工作。

县级以上人民政府交通运输主管部门按照项目管理权限，依法查处公路建设项目勘察设计招标投标活动中的违法行为。

第二章　招　　标

第七条　公路工程勘察设计招标是指招标人按照国家基本建设程序，依据批准的可行性研究报告，对公路工程初步设计、施工图设计通过招标活动选定勘察设计单位。

公路工程勘察设计招标可以实行一次性招标、分阶段招标，有特殊要求的关键工程可以进行方案招标。

第八条　招标人是符合公路建设市场准入条件，依照本办法规定提出公路工程勘察设计招标项目、进行招标的项目法人。

第九条　招标人具有与招标项目规模相适应的工程技术、管理人员，具备组织编制勘察设计招标文件和组织评标能力的，可以自行办理招标事宜。

招标人不具备前款规定条件的，应当委托符合公路建设市场准入条件、具有相应资格的招标代理机构办理招标事宜。招标代理机构应当在招标人委托的代理范围内办理招标事宜。

任何单位和个人不得以任何方式为招标人指定招标代理机构。

第十条　招标人自行办理招标事宜的，应当在发布招标公告或者发出投标邀请书十五日前，按项目管理权限报交通运输部或者省级人民政府交通运输主管部门核备；招标人委托招标代理机构办理招标事宜的，应当在委托合同签订后十五日内，按项目管理权限报交通运输部或者省级人民政府交通运输主管部门核备。

第十一条 公路工程勘察设计招标分为公开招标和邀请招标。

公开招标是招标人通过国家指定的报刊、信息网络或者其他媒体发布招标公告,邀请不特定的法人或者组织投标。

邀请招标是招标人以投标邀请书的方式,邀请三个以上具有相应资质、具备承担招标项目勘察设计能力的、资信良好的特定法人或者组织投标。

招标公告或者投标邀请书应当载明招标人的名称和地址、招标项目的基本概况、投标人的资质要求以及获取资格预审文件、招标文件的办法等事项。

第十二条 国有资金占控股或者主导地位的依法必须进行招标的公路建设项目,勘察设计应当公开招标。

国务院发展改革部门确定的国家重点项目和省级人民政府确定的地方重点项目不适宜公开招标的,经国务院发展改革部门或者省级人民政府批准,可以进行邀请招标。其他公路建设项目有下列情形之一的,可以邀请招标:

技术复杂、有特殊要求或者受自然环境限制,只有少量潜在投标人可供选择;

(二)采用公开招标方式的费用占项目合同金额的比例过大。

有前款第(二)项所列情形,属于按照国家有关规定需要履行项目审批、核准手续的依法必须进行招标的项目,由项目审批、核准部门在审批、核准项目时作出认定,其他项目由招标人按照项目管理权限申请交通运输主管部门作出认定。

第十三条 公路工程勘察设计招标实行资格审查制度。公开招标的,实行资格预审;邀请招标的,实行资格后审。

资格预审是招标人在发布招标公告后,发出投标邀请书前对潜在投标人的资质、信誉、业绩和能力的审查。招标人只向资格预审合格的潜在投标人发出投标邀请书、发售招标文件。

资格后审是招标人在收到被邀请投标人的投标文件后,对投标人的资质、信誉、业绩和能力的审查。

第十四条 公路工程勘察设计招标按下列程序进行:

(一)编制资格预审文件和招标文件;

(二)发布招标公告或者发出投标邀请书;

(三)对潜在投标人进行资格审查;

(四)向合格的潜在投标人发售招标文件;

(五)组织潜在投标人勘察现场,召开标前会;

(六)接受投标人的投标文件,公开开标;

(七)组建评标委员会评标,推荐中标候选人;

(八)确定中标人,发出中标通知书;

(九)与中标人签订合同。

公路工程勘察设计招标实行邀请招标的,在编制招标文件后,按上述程序的(四)至(九)项要求进行。

第十五条 资格预审文件应当要求潜在投标人提供下列基本材料:

(一)营业执照、资质等级证书、资信证明和勘察设计收费证书;

(二)近五年完成的主要公路工程勘察设计项目和获奖情况以及社会信誉;

(三)正在承担的和即将承担的勘察设计项目情况;

(四)拟安排的项目负责人、主要技术人员和技术设备、应用软件投入情况;

(五)上两个会计年度的财务决算审计情况;

(六)以联合体形式投标的,联合体成员各方共同签订的投标协议和联合体各方的资质证明材料;

(七)有分包计划的,提交分包计划和拟分包单位的资质要求。

第十六条 招标文件应当按照交通运输部或者省级人民政府交通运输主管部门颁布的公路工程勘察设计招标文件范本,结合招标项目的特点和实际需要进行编制。招标文件应当包括以下内容:

(一)投标邀请书;

(二)投标须知;

(三)勘察设计合同通用条款和专用条款;

(四)勘察设计标准规范;

(五)勘察设计原始资料;

(六)勘察设计协议书格式;

(七)投标文件格式;

(八)评标标准和方法。

第十七条　招标人对已发出的招标文件进行必要的补遗或者修正时，应当在提交投标文件截止日期十五日前，书面通知所有招标文件收受人。该补遗或者修正的内容为招标文件的组成部分。

第十八条　国家高速公路网建设项目的勘察设计招标资格预审结果和招标文件应当报交通运输部备案，其他公路建设项目的勘察设计招标资格预审结果和招标文件应当按照项目管理权限报县级以上地方人民政府交通运输主管部门备案。

第十九条　招标人应当合理确定资格预审申请文件和投标文件的编制时间。自招标公告发布之日起至潜在投标人递交资格预审文件截止时间，不得少于十四日；自招标文件发售截止之日至投标人递交投标文件截止时间，不得少于二十一日。

第三章　投　　标

第二十条　投标人是符合公路建设市场准入条件，具备规定资格，响应招标、参加投标竞争的法人或者组织。

第二十一条　两个以上法人或者组织可以组成联合体，以一个投标人身份共同投标。由同一专业的法人或者组织组成的联合体资质按联合体成员内资质等级低的确定。

联合体成员各方应当签订共同投标协议，明确联合体主办人和成员各方拟承担的工作和责任，并将共同投标协议连同投标文件一并提交招标人。

招标人不得强制投标人组成联合体共同投标，不得限制投标人之间的竞争。

第二十二条　投标人拟将部分非主体、非关键工作进行分包的，必须向招标人提交分包计划，并在投标文件中载明。分包单位的资质应当与其承担的工程规模标准相适应。

第二十三条　投标人应当按照招标文件要求编制投标文件，投标文件应当对招标文件提出的实质性要求和条件作出响应。

第二十四条　投标文件由商务文件、技术文件和报价清单组成。

商务文件包括下列基本内容：

（一）投标书；

（二）授权书；

（三）项目负责人及主要技术人员基本情况；

（四）勘察设计工作大纲。

技术文件包括下列基本内容：

（一）对招标项目的理解；

（二）对招标项目特点、难点、重点等的技术分析和处理措施；

（三）拟进行的科研课题；

（四）工程造价初步测算。

报价清单包括下列基本内容：

（一）勘察设计费报价；

（二）勘察设计费计算清单。

第二十五条　投标文件中的商务文件应当包括资格预审文件规定的主要内容以及通过资格预审后的更新材料，勘察设计工作大纲应当包括勘察设计周期、进度和质量保证措施、后续服务措施。

第二十六条　投标文件的报价清单中，对勘察设计取费应当按照现行公路工程勘察设计费收费标准进行计算。

第二十七条　投标文件应当采用双信封密封，第一个信封内为商务文件和技术文件，第二个信封内为报价清单。上述两个信封应当密封于同一信封中为一份投标文件。

投标人应当在招标文件要求截止日期前，将投标文件送达指定地点。投标文件及任何说明函件应当经投标人盖章或者其法定代表人或者其授权代理人签字。

第二十八条　投标人在招标文件要求的截止日期前，可以补充、修改或者撤回已递交的投标文件，并书面通知招标人。补充、修改的内容应当使用与投标书相同的密封方式投递，并作为投标文件的组成部分。

第二十九条　招标人在收到投标文件后，应当签收保存，不得开启。对在投标截止日期后送达的任何函件，招标人均不得接受。投标人少于三个的，招标人应当按照本办法规定重新招标。

第三十条　投标人在投标过程中不得串通作弊，不得妨碍其他投标人的公平竞争，不得以行贿、弄虚作假等手段骗取中标。

第四章　开标、评标、中标

第三十一条　开标应当在招标文件确定的提交投标文件截止日期的同一时间公开进行。开标地点应当为招标文件预先确定的地点。

第三十二条　开标由招标人主持，邀请所有投标人参加。进行公证的，应当有公证员出席。

第三十三条 开标时,由投标人或者其推选的代表检查投标文件的密封情况,也可以由招标人委托的公证机构检查并公证;经确认无误后,当众拆封投标文件的第一个信封,宣读投标人名称、投标文件签署情况及商务文件标前页的主要内容。投标文件中的第二个信封不予拆封,并妥善保存。

开标过程应当记录,并存档备查。

第三十四条 属于下列情况之一的,应当作为废标处理:

(一)投标文件未按要求密封;

(二)投标文件未加盖投标人公章或者未经法定代表人或者其授权代理人签字;

(三)投标文件字迹潦草、模糊,无法辨认;

(四)投标人对同一招标项目递交两份或者多份内容不同的投标文件,未书面声明哪一个有效;

(五)投标文件不符合招标文件实质性要求。

第三十五 条评标由招标人依法组建的评标委员会负责,评标工作按照交通运输部制定的公路工程勘察设计招标评标有关规定和招标文件的有关要求进行。

评标委员会成员由招标人的代表及有关技术、经济等方面的专家组成,人数为五人以上单数,其中专家人数不得少于成员总数的三分之二。与投标人有利害关系的人员不得进入评标委员会。

交通运输部和省级人民政府交通运输主管部门应当分别设立评标专家库。国道主干线和国家、部重点公路建设项目的评标委员会专家,从交通运输部设立的评标专家库中确定,或者由交通运输部授权从省级人民政府交通运输主管部门设立的评标专家库中确定。其他公路建设项目的评标委员会专家从省级人民政府交通运输主管部门设立的评标专家库中确定。

评标委员会成员名单在中标结果确定前应当保密。

第三十六条 评标委员会可以要求投标人对投标文件中含义不明确的内容作必要的澄清或者说明,但是澄清或者说明不得超出投标文件的实质性内容。

第三十七条 评标委员会应当按照招标文件确定的评标标准,采用综合评价方法对投标人的信誉和经验,项目负责人的资格和能力,对项目的技术建议,勘察设计周期及进度计划、质量保证措施,后续服务和报价进行分别打分评议。

评标委员会对投标人的第一个信封评审打分后,在监督机构到场的情况下,拆封投标人的第二个信封,对第二个信封进行评审打分。经综合评审,依据对投标人综合得分结果的排序高低推荐二名中标候选人,并向招标人提出书面评标报告。

招标人根据评标委员会提出的书面评标报告和推荐的合格中标候选人确定中标人。招标人也可以授权评标委员会确定中标人。

第三十八条 评标委员会经评审,认为所有投标都不满足招标文件要求的,可以否决所有投标。出现下列情况之一的,招标人应当依照本办法重新招标:

(一)所有的投标文件均未通过商务文件、技术文件符合性审查;

(二)所有的投标文件均不能满足招标文件要求。

第三十九条 评标委员会成员应当客观、公正地履行职责,遵守职业道德,对所提出的评审意见承担个人责任。

评标委员会成员不得私下接触投标人,不得收受投标人的财物或者其他好处,不得透露对投标文件的评审、中标候选人的推荐情况以及与评标有关的其他情况。

第四十条 中标人确定后,招标人应当在七日内向中标人发出中标通知书,并同时将中标结果通知所有未中标的投标人;在十五日之内,按项目管理权限将评标报告向交通运输部或者省级人民政府交通运输主管部门核备。

第四十一条 在中标通知书发出之日起三十日内,招标人和中标人应当按照招标文件和投标文件签订合同。招标人和中标人不得再行订立背离合同实质性内容的其他协议。

招标文件要求中标人提交履约保证金的,中标人应当提供。

第四十二条 中标人应当按照合同约定履行义务,完成中标项目。

联合体中标的,联合体各方应当共同与招标人签订合同,就中标项目向招标人承担连带责任。

中标人将中标项目的部分非主体、非关键性工作分包给他人完成的,中标人应当就分包项目向招标人负责，分包人就分包项目承担连带责任。

第四十三条　进行方案招标的，招标人、中标人使用未中标人的专利、专有技术的投标方案，应当征得未中标人的同意，并给予合理的经济补偿。

第五章　法律责任

第四十四条　必须进行公路工程勘察设计招标的项目，招标人自行组织或者委托招标代理机构办理招标事宜，未在规定时间内按项目管理权限报交通运输主管部门核备的，给予警告，责令停止招标活动。

第四十五条　违反本办法规定，必须进行招标的项目而不招标的，将必须进行招标的项目化整为零，或者以其他任何方式规避招标的，责令限期改正，可以处以项目合同金额千分之五以上千分之十以下的罚款；对全部或者部分使用国有资金的项目，可以暂停项目执行或者暂停资金拨付，对单位直接负责的主管人员和其他直接责任人员依法给予行政处分。

第四十六条　招标代理机构违反本办法规定，泄露应当保密的与招标投标活动有关的情况和资料的，或者与招标人、投标人串通损害国家利益、社会公共利益或者他人合法权益的，处五万元以上二十五万元以下的罚款，对单位直接负责的主管人员和其他直接责任人员处单位罚款数额百分之五以上百分之十以下的罚款；有违法所得的，并处没收违法所得；情节严重的，暂停直至取消招标代理资格。

第四十七条　投标人违反本办法，相互串通投标或者与招标人串通投标，投标人以向招标人或者评标委员会成员行贿的手段谋取中标的，中标无效，处中标项目金额千分之五以上千分之十以下的罚款；有违法所得的，并处没收违法所得；情节严重的，取消其一年至二年内参加依法必须进行招标的项目的投标资格并予以公告。

第四十八条　评标委员会成员收受投标人的财物或者其他好处的，评标委员会成员或者参加评标的有关工作人员向他人透露对投标文件的评审和比较、中标候选人的推荐以及与评标有关的其他情况的，给予警告，没收收受财物，可以并处三千元以上五万元以下的罚款，对违法的评标委员会成员取消其评标委员会专家资格，建议所在单位按有关规定给予行政处分。

第四十九条　招标人在评标委员会推荐的中标候选人以外确定中标人的，所有投标被评标委员会否决后自行确定中标人的，中标无效，责令改正，可以处中标项目金额千分之五以上千分之十以下的罚款；对单位直接负责的主管人员和其他直接责任人员依法给予处分。

第五十条　中标人将中标项目转让给他人的，将中标项目肢解后分别转让给他人的，违反本办法规定将中标项目的部分主体、关键性工作分包给他人的，或者分包人再次分包的，转让、分包无效，处转让、分包项目金额千分之五以上千分之十以下的罚款，对单位直接负责的主管人员和其他直接责任人员依法给予处分。

第五十一条　任何单位违反本办法规定，限制或者排斥本地区、本系统以外的潜在投标人参加投标的，为招标人指定招标代理机构的，强制招标人委托招标代理机构办理招标事宜的，或者以其他方式干涉招标投标活动的，责令改正；对单位直接负责的主管人员和其他直接责任人员依法给予处分。

第五十二条　交通运输主管部门的工作人员徇私舞弊、滥用职权、索贿、行贿、受贿、干预正常招标投标活动的，视情况由交通运输主管部门会同有关部门依法给予行政处分，构成犯罪的，依法追究刑事责任。

第六章　附　　则

第五十三条　使用国际组织或者外国政府贷款、援助资金的项目进行招标，贷款方、资金提供方对招标投标有特殊规定的，可以适用其规定，但违背中华人民共和国的社会公共利益的除外。

第五十四条　本办法由交通运输部负责解释。

第五十五条　本办法自 2002 年 1 月 1 日起施行。

关于修改《中华人民共和国国际海运条例实施细则》的决定

（中华人民共和国交通运输部令　2013 年 第 9 号）

《关于修改〈中华人民共和国国际海运条例实施细则〉的决定》已于 2013 年 8 月 22 日经第 10 次部务会议通过，现予公布，自公布之日起施行。

部长　杨传堂

2013 年 8 月 29 日

交通运输部决定对《中华人民共和国国际海运条例实施细则》作如下修改：

一、将第七条修改为：“在中国境内设立企业经营国际船舶代理业务，或者中国企业法人经营国际船舶代理业务，应当有固定的营业场所和必要的营业设施，其高级业务管理人员中至少应当有 2 人具有 3 年以上从事国际海上运输经营活动的经历。

从事国际船舶代理业务的企业，应当在开业后 30 日内持营业场所证明文件和有关人员资历证明文件向交通运输部备案。

从事国际船舶代理业务的企业变更企业信息或者不再从事国际船舶代理经营活动的，应当在信息变更或者停止经营活动的 15 日内，向交通运输部备案”。

二、将第九条修改为：“国际船舶管理经营者在中国境内的分支机构经营相关业务的，应当符合《海运条例》第九条的规定，并按照《海运条例》第十条和本实施细则第八条的规定进行登记。登记申请材料应当包括：

（一）申请书；

（二）可行性分析报告；

（三）母公司的商业登记文件；

（四）母公司的《国际海运辅助业经营资格登记证》副本；

（五）母公司确定该分支机构经营范围确认文件；

（六）营业场所的证明文件；

（七）《海运条例》第九条规定的人员的从业资历或者资格的证明文件。”

三、删去第二十一条第一款中的“国际船舶代理经营者”。

四、将第三十条修改为：“国际班轮运输经营者委托代理人接受订舱、代签提单、代收运费等项业务的，委托的代理人应当是依法成立的国际船舶代理经营者。”

五、删去第三十三条。

六、将第四十二条改为第四十一条，并修改为：“设立外商投资企业经营国际船舶代理业务，应当通过拟设立企业所在地的省、自治区、直辖市人民政府交通运输主管部门向交通运输部提交符合本实施细则第七条第一款规定条件的申请材料。有关省、自治区、直辖市人民政府交通运输主管部门收到完整齐备的上述材料后，应当于 10 个工作日内将有关材料及意见转报交通运输部。

交通运输部应当自收到转报的上述材料和意见之日起 30 个工作日内，按照本实施细则第七条第一款的规定进行审核，作出批准或者不予批准的决定。决定批准的，发给批准文件；不予批准的，应当书面通知申请人并告知理由。

获得批准的申请人应当持交通运输部批准文件，按照国家有关外商投资企业的法律、法规的要求到有关部门办理相应的设立外商投资企业的审批手续。取得相应的批准文件后，到交通运输部领取国际船舶代理经营资格登记证书”。

七、删去第四十八条、第四十九条、第五十条、第五十一条。

八、将第六十三条改为第五十八条，并修改为：“班轮公会协议、运营协议和运价协议、国际船舶代理经营者未按规定向交通运输部备案的，由交通运输部依照《海运条例》第四十五条的规定，对本实施细则第七条、第三十二条规定的备案人实施处罚。班轮公会不按规定报备的，可对其公会成员予以处罚。”

此外，对条文的顺序和部分文字作相应的调整和修改。

本决定自公布之日起施行。

《中华人民共和国国际海运条例实施细则》根据本决定作相应修改，重新发布。

中华人民共和国国际海运条例实施细则

（2003年1月20日交通部发布根据2013年8月29日交通运输部《关于修改〈中华人民共和国国际海运条例实施细则〉的决定》修正）

第一章　总　　则

第一条　根据《中华人民共和国国际海运条例》（以下简称《海运条例》）的规定，制定本实施细则。

第二条　交通运输部和有关地方人民政府交通运输主管部门应当依照《海运条例》和本实施细则的规定，按照公平、高效、便利的原则，管理国际海上运输经营活动和与国际海上运输相关的辅助性经营活动，鼓励公平竞争，禁止不正当竞争。

第三条　《海运条例》和本实施细则中下列用语的含义是：

（一）国际船舶运输业务，是指国际船舶运输经营者使用自有或者经营的船舶、舱位，提供国际海上货物运输和旅客运输服务以及为完成这些服务而围绕其船舶、所载旅客或者货物开展的相关活动，包括签订有关协议、接受定舱、商定和收取运费、签发提单及其他相关运输单证、安排货物装卸、安排保管、进行货物交接、安排中转运输和船舶进出港等活动。

（二）国际船舶运输经营者，包括中国国际船舶运输经营者和外国国际船舶运输经营者。其中，中国国际船舶运输经营者是指依据《海运条例》和本实施细则规定取得《国际船舶运输经营许可证》经营国际船舶运输业务的中国企业法人；外国国际船舶运输经营者是指依据外国法律设立经营进出中国港口国际船舶运输业务的外国企业。

（三）国际班轮运输业务，是指以自有或者经营的船舶，或者以《海运条例》第十四条第三款规定的方式，在固定的港口之间提供的定期国际海上货物或旅客运输。

（四）无船承运业务，是指《海运条例》第七条第二款规定的业务，包括为完成该项业务围绕其所承运的货物开展的下列活动：

（1）以承运人身份与托运人订立国际货物运输合同；

（2）以承运人身份接收货物、交付货物；

（3）签发提单或者其他运输单证；

（4）收取运费及其他服务报酬；

（5）向国际船舶运输经营者或者其他运输方式经营者为所承运的货物订舱和办理托运；

（6）支付港到港运费或者其他运输费用；

（7）集装箱拆箱、集拼箱业务；

（8）其他相关的业务。

（五）无船承运业务经营者，包括中国无船承运业务经营者和外国无船承运业务经营者。其中中国无船承运业务经营者是指依照《海运条例》和本实施细则规定取得无船承运业务经营资格的中国企业法人；外国无船承运业务经营者是指依照外国法律设立并依照《海运条例》和本实施细则的相关规定取得经营进出中国港口货物无船承运业务资格的外国企业。

（六）国际船舶代理经营者，是指依照中国法律设立从事《海运条例》第二十六条规定业务的中国企业法人。

(七)国际船舶管理经营者,是指依照中国法律设立从事《海运条例》第二十七条规定业务的中国企业法人。

(八)国际海运货物仓储业务经营者,是指依照中国法律设立,提供海运货物仓库保管、存货管理以及货物整理、分装、包装、分拨等服务的中国企业法人。

(九)国际海运集装箱站与堆场业务经营者,是指依照中国法律设立,提供海运货物集装箱的堆存、保管、清洗、修理以及集装箱货物的存储、集拼、分拨等服务的中国企业法人。

(十)外商投资企业,是指依照中国法律投资设立的中外合资经营企业、中外合作经营企业和外商独资企业。

(十一)外商常驻代表机构,是指外国企业或者其他经济组织在中国境内依法设立的,为其派出机构开展宣传、推介、咨询和联络活动的非营业性机构。

(十二)企业商业登记文件,是指企业登记机关或者企业所在国有关当局签发的企业营业执照或者企业设立的证明文件。企业商业登记文件为复印件的,须有企业登记机关在复印件上的确认或者证明复印件与原件一致的公证文书。

(十三)专用发票,是指由国家税务总局批准统一印制的票据,它是证明付款人向国际船舶运输经营者或者其代理人、无船承运业务经营者或者其代理人支付运费或者其他相关费用的凭证,包括国际海运业运输专用发票和国际海运业船舶代理专用发票。

(十四)班轮公会协议,是指符合联合国《1974 年班轮公会行动守则公约》定义的,由班轮公会成员之间以及班轮公会之间订立的各类协议。

(十五)运营协议,是指两个或者两个以上国际班轮运输经营者为稳定或者控制运价订立的关于在一条或者数条航线上增加或者减少船舶运力协议,以及其他协调国际班轮运输经营者共同行动的协议,包括具有上述性质内容的会议纪要;两个或者两个以上国际班轮运输经营者为提高运营效率订立的关于共同使用船舶、共同使用港口设施及其他合作经营协议和各类联盟协议、联营体协议。

(十六)运价协议,是指两个或者两个以上国际班轮运输经营者之间订立的关于收费项目及其费率、运价或者附加费等内容的协议,包括具有上述内容的会议纪要。

(十七)公布运价,是指国际班轮运输经营者和无船承运业务经营者运价本上载明的运价。运价本由运价、运价规则、承运人和托运人应当遵守的规定等内容组成。

(十八)协议运价,指国际班轮运输经营者与货主、无船承运业务经营者约定的运价,包括运价及其相关要素。协议运价以合同或者协议形式书面订立。

(十九)从业资历证明文件,是指被证明人具有 3 年以上从事国际海上运输或者国际海上运输辅助性经营活动经历的个人履历表。个人履历表须经公证机关公证。

第二章　国际海上运输及其辅助性业务的经营者

第四条　在中国境内设立企业经营国际船舶运输业务,或者中国企业法人申请经营国际船舶运输业务,应当符合《海运条例》第五条规定的条件,考虑交通运输部公布的国际海运市场竞争状况和国家关于国际海上运输业发展的政策。

交通运输部应当在其政府网站和其他适当媒体上及时公布国际海运市场竞争状况和国家关于国际海上运输业发展的政策。上述状况和政策未经公布,不得作为拒绝申请的理由。

第五条　在中国境内设立企业经营国际船舶运输业务,或者中国企业法人申请经营国际船舶运输业务,申请人应当向交通运输部提出申请,报送相关材料,并应同时将申请材料抄报企业所在地的省、自治区、直辖市人民政府交通运输主管部门。申请材料应当包括:

(一)申请书;

(二)可行性分析报告、投资协议;

(三)申请人的企业商业登记文件(拟设立企业的,主要投资人的商业登记文件或者身份证明);

(四)船舶所有权证书、国籍证书和法定检验证书的副本或者复印件;

(五)提单、客票或者多式联运单证样本;

(六)符合交通运输部规定的高级业务管理人员的从业资格证明。

有关省、自治区、直辖市人民政府交通运输主管部门自收到上述抄报材料后，应当就有关材料进行审核，提出意见，并应当自收到有关材料之日起10个工作日内将有关意见报送交通运输部。

交通运输部收到申请人的申请材料后，应当在申请材料完整齐备之日起30个工作日内按照《海运条例》第五条和第六条的规定进行审核，作出许可或者不许可的决定。决定许可的，向申请人颁发《国际船舶运输经营许可证》；决定不许可的，应当书面通知申请人并告知理由。

第六条　中国国际船舶运输经营者在中国境内设立分支机构的，适用本实施细则第五条规定的程序。申请材料应当包括：

（一）申请书；

（二）可行性分析报告；

（三）母公司的商业登记文件；

（四）母公司的《国际船舶运输经营许可证》副本；

（五）母公司对该分支机构经营范围的确认文件；

（六）符合交通运输部要求的高级业务管理人员的从业资格证明。

中国国际船舶运输经营者的分支机构可为其母公司所有或者经营的船舶提供办理船舶进出港口手续、安排港口作业、接受订舱、签发提单、收取运费等服务。

第七条　在中国境内设立企业经营国际船舶代理业务，或者中国企业法人经营国际船舶代理业务，应当有固定的营业场所和必要的营业设施，其高级业务管理人员中至少应当有2人具有3年以上从事国际海上运输经营活动的经历。

从事国际船舶代理业务的企业，应当在开业后30日内持营业场所证明文件和有关人员资历证明文件向交通运输部备案。

从事国际船舶代理业务的企业变更企业信息或者不再从事国际船舶代理经营活动的，应当在信息变更或者停止经营活动的15日内，向交通运输部备案。

第八条 中国企业法人申请经营国际船舶管理业务或者在中国境内设立企业经营国际船舶管理业务，应当向拟经营业务所在地的省、自治区、直辖市人民政府交通运输主管部门提出申请，申请材料应当包括：

（一）申请书；

（二）可行性分析报告、投资协议；

（三）申请人的商业登记文件（拟设立企业的，主要投资人的商业登记文件或者身份证明）；

（四）固定营业场所的证明文件；

（五）《海运条例》第九条第（一）项规定的高级业务管理人员的从业资历证明文件；

（六）《海运条例》第九条第（二）项规定的人员的船长、轮机长适任证书复印件。

有关省、自治区、直辖市人民政府交通运输主管部门收到申请人的申请材料后，应当在申请材料完整齐备之日起15个工作日内进行审核。材料真实且符合《海运条例》第九条规定条件的，予以资格登记，并颁发《国际海运辅助业经营资格登记证》；材料不真实或者不符合《海运条例》第九条规定条件的，不予登记，书面通知申请人并告知理由。申请人持《国际海运辅助业经营资格登记证》向企业登记机关办理企业登记，向税务部门和外汇管理部门指定的银行办理相关手续。

第九条　国际船舶管理经营者在中国境内的分支机构经营相关业务的，应当符合《海运条例》第九条的规定，并按照《海运条例》第十条和本实施细则第八条的规定进行登记。登记申请材料应当包括：

（一）申请书；

（二）可行性分析报告；

（三）母公司的商业登记文件；

（四）母公司的国际海运辅助业经营资格登记证副本；

（五）母公司确定该分支机构经营范围确认文件；

（六）营业场所的证明文件；

（七）《海运条例》第九条规定的人员的从业资历或者资格的证明文件。

第十条　国际船舶运输经营者申请经营进出中国港口国际班轮运输业务，应当向交通运输部提出申请，并报送《海运条例》第十五条规定的材料。交通运输部应当按照《海运条例》第十五条的规定进行审核。予以登记的，颁发国际班轮运输经营资格登记证。申请材料不真实、不齐备的，不予登记，应当书面通知申请人并告知理由。

国际船舶运输经营者依法取得经营进出中国港口国际班轮运输业务资格后，交通运输部在其政府网站公布国际班轮运输经营者名称及其提单格式样本。

第十一条 申请办理无船承运业务经营者提单登记的,应当向交通运输部提出提单登记申请,报送相关材料,并应当同时将申请材料抄报企业所在地或者外国无船承运业务经营者指定的联络机构所在地的省、自治区、直辖市人民政府交通运输主管部门。申请材料应当包括:

(一)申请书;

(二)可行性分析报告;

(三)企业商业登记文件;

(四)提单格式样本;

(五)保证金已交存的银行凭证复印件。

申请人为外国无船承运业务经营者的,还应当提交本实施细则第二十五条规定的其指定的联络机构的有关材料。

有关省、自治区、直辖市人民政府交通运输主管部门自收到上述抄报材料后,应当就有关材料进行审核,提出意见,并应当自收到抄报的申请材料之日起7个工作日内将有关意见报送交通运输部。

交通运输部收到申请人的材料后,应当在申请材料完整齐备之日起 15 个工作日内按照《海运条例》第七条和第八条的规定进行审核。审核合格的,予以提单登记,并颁发无船承运业务经营资格登记证;不合格的,应当书面通知当事人并告知理由。

中国的申请人取得《无船承运业务经营资格登记证》,并向原企业登记机关办理企业相应登记手续后,方可从事无船承运业务经营活动。

第十二条 外国无船承运业务经营者按照外国法律已取得经营资格且有合法财务责任保证的,在按照《海运条例》和本实施细则申请从事进出中国港口无船承运业务时,可以不向中国境内的银行交存保证金。但为了保证外国无船承运业务经营者清偿因其不履行承运人义务或者履行义务不当所产生的债务以及支付罚款,满足《海运条例》第八条第三款的规定,该外国无船承运业务经营者的政府主管部门与中国政府交通运输主管部门应就财务责任保证实现方式签订协议。

第十三条 没有在中国港口开展国际班轮运输业务,但在中国境内承揽货物、签发提单或者其他运输单证、收取运费,通过租赁国际班轮运输经营者船舶舱位提供进出中国港口国际货物运输服务;或者利用国际班轮运输经营者提供的支线服务,在中国港口承揽货物后运抵外国港口中转的,应当按照本实施细则的有关规定,取得无船承运业务经营资格。但有《海运条例》第十四条第三款规定情形的除外。

第十四条 中国的无船承运业务经营者在中国境内的分支机构,应当按照《海运条例》第八条第二款的规定交纳保证金,并按照本实施细则第十一条的规定进行登记,取得《无船承运业务经营资格登记证》。申请登记应当提交下列材料:

(一)申请书;

(二)母公司的企业商业登记文件;

(三)母公司的《无船承运业务经营资格登记证》副本;

(四)母公司确认该分支机构经营范围的确认文件;

(五)保证金已交存的银行凭证复印件。

第十五条 无船承运业务经营者申请提单登记时,提单台头名称应当与申请人名称相一致。

提单台头名称与申请人名称不一致的,申请人应当提供说明该提单确实为申请人制作、使用的相关材料,并附送申请人对申请登记提单承担承运人责任的书面申明。

第十六条 无船承运业务经营者使用两种或者两种以上提单的,各种提单均应登记。

国际班轮运输经营者和无船承运业务经营者的登记提单发生变更的,应当于新的提单使用之日起 15 日前将新的提单样本格式向交通运输部备案。

第十七条 无船承运业务经营申请者交纳保证金并办理提单登记,依法取得无船承运业务经营资格后,交通运输部在其政府网站公布无船承运业务经营者名称及其提单格式样本。

第十八条 无船承运业务经营者应当依法在交通运输部指定的商业银行开设的无船承运业务经营者专门账户上交存保证金,保证金利息按照中国人民银行公布的活期存款利率计息。

第十九条 无船承运业务经营者交存的保证金,受国家法律保护。除下列情形外,保证金不得动用:

(一)因无船承运业务经营者不履行承运人义务或者履行义务不当,根据司法机关已生效的判决或者司法机关裁定执行的仲裁机构裁决应当承担赔偿责任的；

（二）被交通运输主管部门依法处以罚款的。

有前款（一）、（二）项情形需要从保证金中划拨的，应当依法进行。

无船承运业务经营者的保证金不符合《海运条例》规定数额的，交通运输部应当书面通知其补足。无船承运业务经营者自收到交通运输部书面通知之日起30日内未补足的，交通运输部应当按照《海运条例》第十三条的规定取消其经营资格。

第二十条　无船承运业务经营者被交通运输部依法取消经营资格、申请终止经营或者因其他原因终止经营的，可向交通运输部申请退还保证金。交通运输部应将该申请事项在其政府网站上公示30日。

在公示期内，有关当事人认为无船承运业务经营者有本实施细则第十九条第一款第（一）项情形需要对其保证金采取保全措施的，应当在上述期限内取得司法机关的财产保全裁定。自保证金被保全之日起，交通运输部依照《海运条例》对保证金账户的监督程序结束。有关纠纷由当事双方通过司法程序解决。

公示期届满未有前款规定情形的，交通运输部应当通知保证金开户银行退还无船承运业务经营者保证金及其利息，并收缴该无船承运业务经营者的无船承运业务经营资格登记证。

第二十一条　中国国际船舶运输经营者、中国无船承运业务经营者、国际船舶管理经营者有下列变更情形之一的，应当向原资格许可、登记机关备案：

（一）变更企业名称；

（二）企业迁移；

（三）变更出资人；

（四）歇业、终止经营。

变更企业名称的，由原资格许可、登记机关换发相关经营许可证或者经营资格登记证；企业终止经营的，应当将有关许可、登记证书交回原许可、登记机关。

第二十二条 除《海运条例》和本实施细则第四章规定的外商投资企业外，经营国际海运货物仓储、国际海运集装箱站与堆场业务的经营者应当自开始从事上述经营活动之日起30日内将有关情况向企业所在地的省、自治区、直辖市人民政府交通运输主管部门报备。

第三章　国际海上运输及其辅助性业务经营活动

第二十三条　国际班轮运输经营者新开或者停开国际班轮运输航线，或者变更国际班轮运输船舶、班期的，应当按照《海运条例》第十七条的规定在交通运输部指定媒体上公告，并按规定报备。

第二十四条　中国国际船舶运输经营者增加运营船舶，包括以光船租赁方式租用船舶增加运营船舶的，应当于投入运营前15日向交通运输部备案，取得备案证明文件。备案材料应当载明公司名称、注册地、船名、船舶国籍、船舶类型、船舶吨位、拟运营航线。

交通运输部收到备案材料后，应当在3个工作日内出具备案证明文件。

第二十五条　在中国港口开展国际班轮运输业务的外国国际船舶运输经营者，以及在中国委托代理人提供进出中国港口国际货物运输服务的外国无船承运业务经营者，应当在中国境内委托一个联络机构，负责代表该外国企业与中国政府有关部门就《海运条例》和本实施细则规定的有关管理及法律事宜进行联络。联络机构可以是该外国企业在中国境内设立的外商投资企业或者常驻代表机构，也可以是其他中国企业法人或者在中国境内有固定住所的其他经济组织。委托的联络机构应当向交通运输部备案，并提交下列文件：

（一）联络机构说明书，载明联络机构名称、住所、联系方式及联系人；

（二）委托书副本或者复印件；

（三）委托人与联络机构的协议副本；

（四）联络机构的工商登记文件复印件。

联络机构为该外国企业在中国境内的外商投资企业或者常驻代表机构的，不须提供本条第一款第（二）项、第（三）项文件。

联络机构或者联络机构说明书所载明的事项发生改变的，应当自发生改变之日起15日内向交通运输部备案。

第二十六条　任何单位和个人不得擅自使用国际班轮运输经营者和无船承运业务经营者已经登记的提单。

第二十七条　无船承运业务经营者需要委托

代理人签发提单或者相关单证的，应当委托依法取得经营资格的国际船舶运输经营者、无船承运业务经营者和国际海运辅助业务经营者代理上述事项。

前款规定的经营者不得接受未办理提单登记并交存保证金的无船承运业务经营者的委托，为其代理签发提单。

第二十八条 国际班轮运输经营者与货主和无船承运业务经营者协议运价的，应当采用书面形式。协议运价号应当在提单或者相关单证上显示。

第二十九条 国际船舶运输经营者不得接受未办理提单登记并交纳保证金的无船承运业务经营者提供的货物或者集装箱。

第三十条 国际班轮运输经营者委托代理人接受订舱、代签提单、代收运费等项业务的，委托的代理人应当是依法成立的国际船舶代理经营者。

第三十一条 国际班轮运输经营者和无船承运业务经营者应当将其在中国境内的船舶代理人、签发提单代理人在交通运输部指定的媒体上公布。公布事项包括代理人名称、注册地、住所、联系方式。代理人发生变动的，应当于有关代理协议生效前7日内公布上述事项。

国际班轮运输经营者、无船承运业务经营者应当及时将公布代理事项的媒体名称向交通运输部备案。

第三十二条 国际船舶运输经营者之间订立的涉及中国港口的班轮公会协议、运营协议、运价协议等，应当自协议订立之日起15日内，按下列规定向交通运输部备案：

(一)班轮公会协议，由班轮公会代表其所有经营进出中国港口海上运输的成员备案。班轮公会备案时，应当同时提供该公会的成员名单。

(二)国际船舶运输经营者之间订立的运营协议、运价协议，由参加订立协议的国际船舶运输经营者分别备案。

第三十三条 下列经营者在中国境内收取运费、代为收取运费以及其他相关费用，应当向付款人出具专用发票：

(一)中国国际船舶运输经营者及其分支机构；

(二)中国无船承运业务经营者及其分支机构；

(三)国际船舶代理经营者及其分支机构；

(四)《海运条例》第三十条规定的企业。

前款所列经营者应当向公司所在地的省、自治区、直辖市人民政府交通运输主管部门办理专用发票使用证明后，向公司所在地的税务机关申请领取专用发票。国家税务总局另有规定的，从其规定。

第三十四条 国际船舶管理经营者应当根据合同的约定和国家有关规定，履行有关船舶安全和防止污染的义务。

第三十五条 经营进出中国港口国际班轮运输业务的国际班轮运输经营者，应当填报《中华人民共和国海上国际运输业信息表(航运公司基本情况)》《中华人民共和国海上国际运输业信息表(航运公司集装箱出口重箱运量)》和《中华人民共和国海上国际运输业信息表(航运公司集装箱进口重箱运量)》，于当年3月31日前报送交通运输部。

外国国际船舶运输经营者的上述材料由其委托的联络机构报送。

第三十六条 中国国际船舶运输经营者、国际船舶代理经营者以及国际集装箱运输港口经营人，应当分别填报《中华人民共和国海上国际运输业信息表(航运公司基本情况)》《中华人民共和国海上国际运输业信息表(国际船舶代理)》和《中华人民共和国海上国际运输业信息表(港口集装箱吞吐量)》，于当年3月15日前报送公司所在地省、自治区、直辖市人民政府交通运输主管部门。

各有关省、自治区、直辖市人民政府交通运输主管部门应当将上述信息表及其汇总信息于当年3月31日前报送交通运输部。

第三十七条 国际船舶代理经营者、国际船舶管理经营者、国际海运货物仓储业务经营者以及国际集装箱站与堆场业务经营者，不得有下列行为：

(一)以非正常、合理的收费水平提供服务，妨碍公平竞争；

(二)在会计账簿之外暗中给予客户回扣，以承揽业务；

(三)滥用优势地位，限制交易当事人自主选择国际海运辅助业务经营者，或者以其相关产业的垄断地位诱导交易当事人，排斥同业竞争；

（四）其他不正当竞争行为。

第三十八条 外国国际船舶运输经营者以及外国国际海运辅助企业的常驻代表机构不得从事经营活动，包括不得：

（一）代表其境外母公司接受订舱，签发母公司提单或者相关单证；

（二）为母公司办理结算或者收取运费及其他费用；

（三）开具境外母公司或者其母公司在中国境内设立的《海运条例》第三十条规定的企业的票据；

（四）以托运人身份向国际班轮运输经营者托运货物；

（五）以外商常驻代表机构名义与客户签订业务合同。

第四章 外商投资经营国际海上运输及其辅助性业务

第三十九条 设立中外合资、合作经营企业经营国际船舶运输业务，应当通过拟设立企业所在地的省、自治区、直辖市人民政府交通运输主管部门向交通运输部提出申请。申请材料应当包括：

（一）申请书；

（二）可行性分析报告；

（三）合资或者合作协议；

（四）投资者的企业商业登记文件或者身份证件；

（五）符合交通运输部规定的高级业务管理人员的从业资格证明。

有关省、自治区、直辖市人民政府交通运输主管部门应当自收到完整齐备的材料之日起10个工作日内将申请材料及意见转报交通运输部。

交通运输部应当自收到转报的上述材料和意见之日起30个工作日内，按照《海运条例》第二十九条第二款、第三款和第四款的规定以及交通运输部公布的国际海运市场竞争状况和国家关于国际海上运输业发展的政策进行审核，作出批准或者不予批准的决定。决定批准的，发给批准文件；不予批准的，应当书面通知申请人并告知理由。

获得批准的申请人应当持交通运输部批准文件，按照国家有关外商投资企业的法律、法规的要求，到有关部门办理相应的设立外商投资企业的审批手续。取得相应的审批手续后，应当持有关部门许可设立企业的文件和本实施细则第五条第一款（四）至（六）项的相关材料，按照本实施细则第五条规定的程序向交通运输部领取相应的国际船舶运输经营许可证。

第四十条 设立《海运条例》第三十条规定的外商投资企业，应当按照交通运输部和对外贸易经济合作部的有关规定办理。

第四十一条 设立外商投资企业经营国际船舶代理业务，应当通过拟设立企业所在地的省、自治区、直辖市人民政府交通运输主管部门向交通运输部提交符合本实施细则第七条第一款规定条件的申请材料。有关省、自治区、直辖市人民政府交通运输主管部门收到完整齐备的上述材料后，应当于10个工作日内将有关材料及意见转报交通运输部。

交通运输部应当自收到转报的上述材料和意见之日起30个工作日内，按照本实施细则第七条第一款的规定进行审核，作出批准或者不予批准的决定。决定批准的，发给批准文件；不予批准的，应当书面通知申请人并告知理由。

获得批准的申请人应当持交通运输部批准文件，按照国家有关外商投资企业的法律、法规的要求到有关部门办理相应的设立外商投资企业的审批手续。取得相应的批准文件后，到交通运输部领取国际船舶代理经营资格登记证书。

第四十二条 设立外商投资企业经营国际船舶管理业务，应当通过拟设立企业所在地的省、自治区、直辖市人民政府交通运输主管部门向交通运输部提交本实施细则第八条规定的申请材料。有关省、自治区、直辖市人民政府交通运输主管部门收到完整齐备的上述材料后，应当于10个工作日内将有关材料及意见转报交通运输部。

交通运输部应当自收到转报的上述材料和意见之日起30个工作日内，按照《海运条例》第九条的规定进行审核，作出批准或者不予批准的决定。决定批准的，发给批准文件；不予批准的，应当书面通知申请人并告知理由。

获得批准的申请人应当持交通运输部批准文件，按照国家有关外商投资企业的法律、法规的要求到有关部门办理相应的设立外商投资企业的审批手续。取得相应的审批手续后，应当持有关部门的批准文件按照本实施细则第八条规定的程序向企业所在地的省、自治区、直辖市人民政府交通运输主管部门办理登记,领取国际海运辅助业经营资格登记证。

第四十三条 经营国际海运货物仓储业务,应当具备下列条件:

(一)有固定的营业场所;

(二)有与经营范围相适应的仓库设施;

(三)高级业务管理人员中至少2人具有3年以上从事相关业务的经历;

(四)法律、法规规定的其他条件。

第四十四条 经营国际海运集装箱站及堆场业务,应当具备下列条件:

(一)有固定的营业场所;

(二)有与经营范围相适应的车辆、装卸机械、堆场、集装箱检查设备、设施;

(三)高级业务管理人员中至少2人具有3年以上从事相关业务的经历;

(四)法律、法规规定的其他条件。

第四十五条 设立外商投资企业,经营国际海运货物仓储业务或者设立中外合资、合作企业经营国际集装箱站与堆场业务,应当通过拟设立企业所在地的省、自治区、直辖市人民政府交通运输主管部门向交通运输部提出申请。申请材料应当包括:

(一)申请书;

(二)可行性分析报告;

(三)合资或者合营协议;

(四)投资者的企业商业登记文件或者身份证件。

有关省、自治区、直辖市人民政府交通运输主管部门收到完整齐备的上述材料后,应当于10个工作日内将有关材料及意见转报交通运输部。

交通运输部应当在收到转报的上述材料和意见之日起30个工作日内,按照本实施细则第四十三条或者第四十四条的规定进行审核,作出批准或者不批准的决定。决定批准的,予以登记,并发给相应的批准文件;不予批准的,应当书面通知申请人并告知理由。

获得批准的申请人应当持交通运输部批准文件,按照国家有关外商投资企业的法律、法规的要求到有关部门办理设立外商投资企业的审批手续。取得相应的批准文件后,向交通运输部办理登记,换领国际海运辅助业经营资格登记证。

第四十六条 国际海运货物仓储业务经营者、国际集装箱站与堆场业务经营者,须持交通运输部颁发的资格登记证明文件,向监管地海关办理登记手续后,方可存放海关监管货物或者集装箱。

第五章 调查与处理

第四十七条 利害关系人认为国际海上运输业务经营者、国际海运辅助业务经营者有《海运条例》第三十二条和本实施细则第三十七条规定情形的,可依照《海运条例》第三十二条的规定请求交通运输部实施调查。请求调查时,应当提出书面调查申请,并阐述理由,提供必要的证据。

交通运输部对调查申请应当进行评估,在自收到调查申请之日起60个工作日内作出实施调查或者不予调查的决定:

(一)交通运输部认为调查申请理由不充分或者证据不足的,决定不予调查并通知调查申请人。申请人可补充理由或者证据后再次提出调查申请。

(二)交通运输部根据评估结论认为应当实施调查或者按照《海运条例》第三十二条规定自行决定调查的,应当将有关材料和评估结论通报国务院工商行政管理部门和价格部门。

第四十八条 调查的实施由交通运输部会同国务院工商行政管理部门和价格部门(以下简称调查机关)共同成立的调查组进行。

调查机关应当将调查组组成人员、调查事由、调查期限等情况通知被调查人。被调查人应当在调查通知送达后30日内就调查事项作出答辩。

被调查人认为调查组成员同调查申请人、被调查人或者调查事项有利害关系的,有权提出回避请求。调查机关认为回避请求成立的,应当对调查组成员进行调整。

第四十九条 被调查人接受调查时,应当根据调查组的要求提供相关数据、资料及文件等。属于商业秘密的,应当向调查组提出。调查组应当以书面形式记录备查。

调查机关和调查人员对被调查人的商业秘密应当予以保密。

被调查人发现调查人员泄露其商业秘密并有充分证据的,有权向调查机关投诉。

第五十条 调查机关对被调查人"低于正常、合理水平运价"的认定,应当考虑下列因素:

（一）同一行业内多数经营者的运价水平以及与被调查人具有同等规模经营者的运价水平；

（二）被调查人实施该运价水平的理由，包括成本构成、管理水平和盈亏状况等；

（三）是否针对特定的竞争对手并以排挤竞争对手为目的。

第五十一条　调查机关对“损害公平竞争”或者“损害交易对方”的认定，应当考虑下列因素：

（一）对托运人自由选择承运人造成妨碍；

（二）影响货物的正常出运；

（三）以账外暗中回扣承揽货物，扭曲市场竞争规则。

第五十二条　调查机关作出调查结论前，可举行专家咨询会议，对“损害公平竞争”或者“损害交易对方”的程度进行评估。

聘请的咨询专家不得与调查申请人、被调查人具有利害关系。

第五十三条　调查结束时，调查机关应当作出调查结论，并书面通知调查申请人和被调查人：

（一）基本事实不成立的，调查机关应当决定终止调查；

（二）基本事实存在但对市场公平竞争不造成实质损害的，调查机关可决定不对被调查人采取禁止性、限制性措施；

（三）基本事实清楚且对市场公平竞争造成实质损害的，调查机关应当根据《海运条例》的规定，对被调查人采取限制性、禁止性措施。

第五十四条　调查机关在作出采取禁止性、限制性措施的决定前，应当告知当事人有举行听证的权利；当事人要求举行听证的，应当在自调查机关通知送达之日起10日内，向调查机关书面提出；逾期未提出听证请求的，视为自动放弃请求听证的权利。

第五十五条　就本实施细则第三十七条所列情形实施调查的，调查组成员中应当包括对被调查人的资格实施登记的有关省、自治区、直辖市交通主管部门的人员。

对有本实施细则第三十七条第（三）项所列违法行为并给交易当事人或者同业竞争者造成实质损害的，调查机关可采取限制其在一定时期内扩大业务量的限制性措施。

第六章　法律责任

第五十六条　违反《海运条例》和本实施细则的规定应当予以处罚的，交通运输部或授权的省、自治区、直辖市人民政府交通运输主管部门应当按照《海运条例》第六章和本章的规定予以处罚。

第五十七条　外商常驻代表机构有本实施细则第三十八条规定情形的，交通运输部或者有关省、自治区、直辖市人民政府交通运输主管部门可将有关情况通报有关工商行政管理部门，由工商行政管理部门按照《海运条例》第四十九条的规定处罚。

第五十八条　班轮公会协议、运营协议和运价协议、国际船舶代理经营者未按规定向交通运输部备案的，由交通运输部依照《海运条例》第四十五条的规定，对本实施细则第七条、第三十二条规定的备案人实施处罚。班轮公会不按规定报备的，可对其公会成员予以处罚。

第五十九条　调查人员违反规定，泄露被调查人保密信息的，依法给予行政处分；造成严重后果，触犯刑律的，依法追究刑事责任。

第七章　附　　则

第六十条　《海运条例》和本实施细则规定的许可、登记事项，申请人可委托代理人办理。代理人办理委托事项的，应当提供授权委托书。外国申请人或者投资者提交的公证文书，应当由申请人或者投资者所在国公证机关或者执业律师开出。

本实施细则所要求的各类文字资料应当用中文书写，如使用其他文字的，应随附中文译文。

第六十一条　对《海运条例》和本实施细则规定的备案事项的具体要求、报备方式和方法应当按照交通运输部的规定办理。

第六十二条　香港特别行政区、澳门特别行政区和台湾地区的投资者在内地投资从事国际海上运输和与国际海上运输相关的辅助性业务，比照适用《海运条例》第四章和本实施细则第四章的有关规定。

第六十三条　《海运条例》第十八条规定的公布运价和协议运价备案的具体办法，由交通运输部另行规定。

第六十四条　经营港口国际海运货物装卸、港口内国际海运货物仓储业务和国际海运集装箱码头和堆场业务的,按国家有关港口管理的法律、行政法规的规定办理。

第六十五条 本实施细则自2003年3月1日起施行。交通部1985年4月11日发布的《交通部对从事国际海运船舶公司的暂行管理办法》、1990年3月2日发布的《国际船舶代理管理规定》、1990年6月20日发布的《国际班轮运输管理规定》、1992年6月9日发布的《中华人民共和国海上国际集装箱运输管理规定实施细则》和1997年10月17日发布的《外国水路运输企业常驻代表机构管理办法》同时废止。

关于修改《中华人民共和国船员服务管理规定》的决定

(中华人民共和国交通运输部令 2013年第10号)

《关于修改〈中华人民共和国船员服务管理规定〉的决定》已于2013年8月22日经第10次部务会议通过,现予公布,自公布之日施行。

部长 杨传堂

2013年8月31日

交通运输部决定对《中华人民共和国船员服务管理规定》(交通运输部令2008年第6号)作如下修改:

一、在第六条中增加一款作为第二款,内容为:"从事内河船舶船员服务业务的服务机构,应当自开业之日起15日内,持企业法人营业执照复印件、场地证明、人员资质证明和相应的管理制度向该机构工商注册地的交通运输部直属海事管理机构或者地方海事管理机构备案。"

二、将第九条、第十条、第二十八条中的"船员服务"修改为"海船船员服务"。

三、删去第十一条第三款。

四、将第二十九条修改为:"违反本规定,船员服务机构未将其机构信息、招用或者管理的船员的姓名、所服务的船公司和船舶的名称、所属国家等情况定期向海事管理机构备案的,由海事管理机构责令改正,处5000元以上2万元以下罚款。"

五、将《中华人民共和国船员服务管理规定》各条款中的"船员服务机构许可证"修改为"海船船员服务机构许可证。"

本决定自公布之日起施行。

《中华人民共和国船员服务管理规定》根据本决定作相应修改,重新发布。

中华人民共和国船员服务管理规定

（2008 年 7 月 22 日交通运输部发布　根据 2013 年 8 月 31 日交通运输部《关于修改〈中华人民共和国船员服务管理规定〉的决定》修正）

第一章　总　　则

第一条　为加强船员服务管理，规范船员服务行为，维护船员和船员服务机构的合法权益，根据《中华人民共和国劳动合同法》《中华人民共和国船员条例》等法律、行政法规，制定本规定。

第二条　在中华人民共和国境内提供船员服务，适用本规定。

本规定所称船员服务，是指代理船员办理申请培训、考试、申领证书（包括外国船员证书）等有关手续，代理船员用人单位管理船员事务，为船舶提供配员等相关活动。

第三条　交通运输部主管船员服务工作。

中华人民共和国海事局负责统一实施船员服务管理工作。

海船船员服务管理工作由交通运输部直属海事管理机构具体负责；内河船舶船员服务管理工作由交通运输部直属海事管理机构、地方海事管理机构具体负责。

第四条　国家鼓励成立船员服务行业协会，规范行业行为，提高行业服务水平，增强行业自律能力。

第二章　船员服务机构资质

第五条　船员服务机构分为内河船舶船员服务机构和海船船员服务机构；海船船员服务机构分为甲级、乙级两类。

内河船舶船员服务机构，是指为内河船舶船员提供船员服务的机构。

甲级海船船员服务机构，是指为国际航行和国内航行海船船员提供各项船员服务的机构。

乙级海船船员服务机构，是指为国内航行海船船员提供船员服务的机构。

第六条　从事内河船舶船员服务业务的机构，应当符合下列条件：

（一）在中华人民共和国境内依法设立的法人；

（二）有不少于 100 平方米的固定办公场所；

（三）有 2 名以上具有内河一等、二等船舶高级船员任职资历的专职管理人员和 2 名以上专职业务人员；

（四）按照中华人民共和国海事局的规定，建立船员服务质量管理制度、人员和资源保障制度、教育培训制度、应急处理制度和服务业务报告制度等内河船舶船员服务管理制度。

从事内河船舶船员服务业务的服务机构，应当自开业之日起 15 日内，持企业法人营业执照复印件、场地证明、人员资质证明和相应的管理制度向该机构工商注册地的交通运输部直属海事管理机构或者地方海事管理机构备案。

第七条　从事甲级海船船员服务业务的机构，应当符合下列条件：

（一）在中华人民共和国境内依法设立的法人；

（二）有不少于 300 平方米的固定办公场所；

（三）有 2 名以上具有海船甲类一等高级船员任职资历的专职管理人员和 5 名以上专职业务人员；

（四）从事乙级海船船员服务业务 3 年以上，并且最近 3 年来为国内沿海船舶提供配员 500 人以上；

（五）按照中华人民共和国海事局的规定，建立船员服务质量管理制度、人员和资源保障制度、教育培训制度、应急处理制度和服务业务报告制度等海船船员服务管理制度。

第八条　从事乙级海船船员服务业务的机构，应当符合下列条件：

（一）在中华人民共和国境内依法设立的法人；

（二）有不少于150平方米的固定办公场所；

（三）有2名以上具有海船甲类、乙类和丙类一等高级船员任职资历的专职管理人员和2名以上专职业务人员；

（四）按照中华人民共和国海事局的规定，建立船员服务质量管理制度、人员和资源保障制度、教育培训制度、应急处理制度和服务业务报告制度等海船船员服务管理制度。

第九条 申请从事海船船员服务业务的机构，应当提交下列材料：

（一）设立海船船员服务机构的申请文书；

（二）企业法人营业执照复印件；

（三）专职管理人员的船员适任证书复印件或者相关证明材料；

（四）拟设立机构的人员组成、职责等情况的说明材料；

（五）船员服务相关管理制度文件；

（六）为国内沿海船舶提供配员的证明材料（仅适用甲级海船船员服务机构申请人）；

（七）其他相关证明材料。

申请人在提供企业法人营业执照和专职管理人员的船员适任证书复印件时，应当向海事管理机构出示原件。

第十条 海船船员服务机构的申请和受理工作应当按照《交通行政许可实施程序规定》的有关要求办理。

第十一条 申请甲级海船船员服务业务，应当向中华人民共和国海事局提出。

申请乙级海船船员服务业务，应当向该机构工商注册地的交通运输部直属海事管理机构提出，该机构工商注册地没有交通运输部直属海事管理机构的，应当向中华人民共和国海事局指定的交通运输部直属海事管理机构提出。

海事管理机构应当自受理申请之日起30日内作出批准或者不予批准的决定。予以批准的，发给海船船员服务机构许可证；不予批准的，书面通知申请人并说明理由。

第十二条 海船船员服务机构许可证上应当载明船员服务机构编号、名称、法定代表人姓名、地址、服务范围、有效期以及其他有关事项。

海船船员服务机构许可证的有效期为5年。

第十三条 海船船员服务机构许可证记载的事项发生变更的，船员服务机构应当到发证机构办理变更手续。变更服务范围的，应当重新提出申请。

第十四条 海船船员服务机构许可证实施中期核查制度。

中期核查应当自海船船员服务机构许可证发证之日起第2周年至第3周年之间进行。

申请海船船员服务机构许可证中期核查，船员服务机构应当提交下列材料：

（一）中期核查申请文书；

（二）船员服务机构的资质符合情况说明材料；

（三）开展船员服务业务的情况说明；

（四）其他证明材料。

中期核查合格的，海事管理机构应当在《海船船员服务机构许可证》上进行签注；中期核查不合格的，海事管理机构应当责令限期改正。

第十五条 船员服务机构应当在海船船员服务机构许可证届满之日30日以前申请办理海船船员服务机构许可证延续手续。

申请办理海船船员服务机构许可证延续手续，应当提交下列材料：

（一）海船船员服务机构许可证延续申请；

（二）本规定第九条第一款第（二）项至第（五）项、第二款规定的材料。

第十六条 有下列情形之一的，海事管理机构应当办理海船船员服务机构许可证注销手续：

（一）申请注销；

（二）法人依法终止；

（三）海船船员服务机构许可证被依法撤销或者吊销。

第三章 船员服务机构的权利与义务

第十七条 依法与船员签订劳动合同的单位，为船员用人单位。使用未与船员用人单位解除劳动合同船员的单位，为船员用工单位。

船员服务机构向船员用人单位或者船员用工单位提供船员服务，应当签订船舶配员服务协议或者劳务派遣协议。船舶配员服务协议应当明确船员的劳动报酬、工作时间和休息休假、遣返方式和费用、意外伤亡保险和社会保险、违反协议的责任等，并将船舶配员服务协议的内容告知有关船员。劳务派遣协议应当约定被派遣船员岗位和人员数量、派遣期限、劳动报酬、意外伤亡保险和社会保险费以及违反协议的责任等，并将船员劳务派遣协议的内容告知被派遣船员。

船员服务机构为已经与航运公司或者其他单位签订劳动合同的船员提供船舶配员服务的，应当事先经过船员用人单位同意。

船员服务机构提供船舶配员服务，应当督促船员用人单位与船员依法订立劳动合同。船员用人单位未与船员签订劳动合同的，船员服务机构应当终止向船员用人单位提供船员服务。

第十八条　船员服务机构向船员提供船员服务业务，应当与船员签订船员服务协议。

船员服务机构不得为未经船员注册的人员提供船舶配员服务。

船员服务机构不得克扣船员用人单位、船员用工单位按照船舶配员服务协议支付给船员的劳动报酬。

为与船员服务机构签订劳动合同的船员提供船舶配员服务的，船员服务机构为船员用人单位，船员服务机构应当同时履行船员用人单位的责任和义务。

第十九条　船员服务机构提供船员服务，应当遵守国家船员管理、劳动和社会保障的有关规定，履行诚实守信义务。

船员服务机构应当向社会公布服务内容和收费标准，不得重复或者超过标准收取费用。

船员服务机构在提供船舶配员服务时，应当向船员用人单位或者船员用工单位以及有关船员提供全面、真实的信息。不得提供虚假信息，不得损害船员的合法权益。

第二十条　船员服务机构应当为其服务的船员取得法定和约定的劳动和社会保障权利提供相应的支持。

船员发生失踪、死亡或者其他意外伤害的，船员服务机构应当配合船员用人单位做好相应的善后工作。

第二十一条　船员服务机构不得有下列行为：

（一）以欺骗、贿赂、提供虚假材料等非法手段取得海船船员服务机构许可证；

（二）伪造、变造、倒卖、出租、出借海船船员服务机构许可证，或者以其他形式非法转让海船船员服务机构许可证；

（三）超出海船船员服务机构许可证服务范围提供船员服务；

（四）以虚假资历、虚假证明等手段向海事管理机构申请办理船员培训、考试、申领证书等有关业务；

（五）为未取得船员服务机构资质而从事船员服务的机构代办各类船员服务业务；

（六）严重侵害船员的合法权益，或者当所服务船员的合法权益受到严重侵害时不履行法定义务。

第二十二条　境外船员用人单位不得在中华人民共和国境内直接招用中国籍船员，应当通过符合本规定资质条件的船员服务机构办理。

第二十三条　船员服务机构应当建立船员服务信息档案，记载服务船员在船员服务期间发生的下列事宜，并保持船员服务信息记载的真实、连续和完整：

（一）船上任职资历；

（二）基本安全培训、适任培训和特殊培训情况；

（三）适任状况、安全记录和违章记录；

（四）劳动合同、船员服务协议、船舶配员服务协议。

船员服务机构应当建立船员名册，记载服务船员的姓名、所服务的船公司和船舶的名称、船籍港、所属国家等情况，并定期以书面或者电子方式向海事管理机构备案。

第四章　监督检查

第二十四条　海事管理机构应当建立健全船员服务机构监督检查制度，加强对船员服务机构诚实守信以及保护船员合法权益等情况的监督检查。

第二十五条　海事管理机构应当建立船员服务机构管理档案，记载船员服务机构的名称、地址、法定代表人、服务范围、业务开展情况和遵纪守法情况等。

第二十六条　海事管理机构应当建立船员服务机构名单公布制度，对不依法履行相应职责和承担法律义务、侵害船员合法权益或者不诚实守信的船员服务机构，定期向社会公布。

第二十七条　船员服务机构不再具备规定条件的，由海事管理机构责令限期改正；逾期不改正的，海事管理机构应当撤销相应的船员服务机构许可决定，并依法办理海船船员服务机构许可证的注销手续。

第五章 法律责任

第二十八条 违反本规定,未经批准擅自从事海船船员服务的,由海事管理机构责令改正,处5万元以上25万元以下罚款;有违法所得的,还应当没收违法所得。

本规定所称“未经批准擅自从事海船船员服务”,是指下列行为:

(一)未取得海船船员服务机构许可证擅自从事船员服务业务的;

(二)以欺骗、贿赂、提供虚假材料等非法手段取得海船船员服务机构许可证的;

(三)超出海船船员服务机构许可证服务范围提供海船船员服务的。

第二十九条 违反本规定,船员服务机构未将其机构信息、招用或者管理的船员的姓名、所服务的船公司和船舶的名称、所属国家等情况定期向海事管理机构备案的,由海事管理机构责令改正,处5000元以上2万元以下罚款。

第三十条 违反本规定,船员服务机构在提供船员服务时,提供虚假信息,欺诈船员的,由海事管理机构责令改正,处3万元以上15万元以下罚款;情节严重的,并给予暂停海船船员服务机构许可证6个月以上2年以下直至吊销海船船员服务机构许可证的处罚。

本规定所称“提供虚假信息,欺诈船员”,是指船员服务机构的下列行为:

(一)未向社会公布服务内容、收费项目和标准的;

(二)重复或者超过标准收取费用,或者在公布的收费项目之外收取费用;

(三)未将船舶配员服务协议的相关内容告知有关船员的;

(四)克扣按照船舶配员服务协议应当支付给船员的劳动报酬的;

(五)有其他欺诈船员行为的。

第三十一条 违反本规定的规定,船员服务机构在船员用人单位未与船员订立劳动合同的情况下,向船员用人单位提供船员的,由海事管理机构责令改正,处5万元以上25万元以下罚款;情节严重的,给予暂停海船船员服务机构许可证6个月以上2年以下直至吊销海船船员服务机构许可证的处罚。

第三十二条 违反本规定的规定,船员服务机构有下列行为之一的,由海事管理机构责令改正,处1万元以上3万元以下罚款:

(一)为未经船员注册的人员提供船舶配员服务,或者未经船员用人单位同意,为尚未解除劳动合同关系的船员提供船舶配员服务;

(二)伪造、变造、倒卖、出租、出借海船船员服务机构许可证,或者以其他形式非法转让海船船员服务机构许可证;

(三)以虚假资历、虚假证明等手段向海事管理机构申请办理船员培训、考试、申领证书等有关业务;

(四)严重侵害船员的合法权益,或者当所服务船员的合法权益受到严重侵害时不履行法定义务。

第三十三条 海事管理机构工作人员有下列情形之一的,依法给予行政处分:

(一)违反规定给予船员服务机构许可;

(二)不依法履行监督检查职责;

(三)不依法实施行政强制或者行政处罚;

(四)滥用职权、玩忽职守的其他行为。

第六章 附　　则

第三十四条 为航行于香港特别行政区、澳门特别行政区和台湾地区的船舶提供船员服务的,按照为国际航行船舶提供船员服务管理,应当取得甲级海船船员服务机构许可证。

第三十五条 本规定施行前已开展船员服务的机构,符合本规定第七条第(一)至第(三)项、第(五)项规定,并且最近3年来为外国籍船舶提供配员300人以上的,可以按照本规定申请甲级海船船员服务机构资质。

第三十六条 本规定自2008年10月1日起施行。

关于修改《中华人民共和国船舶油污损害民事责任保险实施办法》的决定

（中华人民共和国交通运输部令　2013 年第 11 号）

《关于修改〈中华人民共和国船舶油污损害民事责任保险实施办法〉的决定》已于 2013 年 8 月 22 日经第 10 次部务会议通过，现予公布，自公布之日施行。

部长　杨传堂

2013 年 8 月 31 日

交通运输部决定对《中华人民共和国船舶油污损害民事责任保险实施办法》（交通运输部令 2010 年第 3 号）作如下修改：

一、删去第三章“船舶油污损害民事责任保险机构”。

二、增加一条作为第八条，内容为“中国籍船舶的所有人应当向在我国境内依法成立的商业性保险机构、在我国境内依法成立或者在我国境内设有代表机构或者代理机构的互助性保险机构投保船舶油污损害民事责任保险，或者取得上述保险机构以及境内银行所出具的保函、信用证等其他财务保证。

中国籍船舶的所有人应当向具有赔付能力的保险机构投保船舶油污损害民事责任保险或者取得财务保证，保险机构应当向中国籍船舶的所有人出示能够证明其具有赔付能力的相关文件”。

三、将第二十条改为第十六条，并修改为：“从事船舶油污损害民事责任保险的保险机构在生效的法院判决、仲裁裁决书或者仲裁调解书规定的履行期间届满后拒不执行，未向所承保船舶赔付的，自发现之年次年起三年内，海事管理机构在受理船舶油污损害民事责任保险证书申请时不接受其签发的船舶油污损害民事责任保险单证或者其他财务保证证明”。

此外，对条文的顺序作相应的调整和修改。

本决定自公布之日起施行。

《中华人民共和国船舶油污损害民事责任保险实施办法》根据本决定作相应修改，重新发布。

中华人民共和国船舶油污损害民事责任保险实施办法

（2010 年 8 月 19 日交通运输部公布 根据 2013 年 8 月 31 日交通运输部《关于修改〈中华人民共和国船舶油污损害民事责任保险实施办法〉的决定》修正）

第一章　总　　则

第一条　为完善船舶污染事故损害赔偿机制，建立船舶油污损害民事责任保险制度，根据《中华人民共和国海洋环境保护法》《中华人民共和国海商法》《中华人民共和国防治船舶污染海洋环境管理条例》等法律、行政法规和我国缔结或者参加的有关国际条约,制定本办法。

第二条 在中华人民共和国管辖海域内航行的载运油类物质的船舶和1000总吨以上载运非油类物质的船舶,其所有人应当按照本办法的规定投保船舶油污损害民事责任保险或者取得相应的财务担保。

承担船舶油污损害民事责任保险的商业性保险机构和互助性保险机构,应当遵守本办法。

第三条 国务院交通运输主管部门负责统一管理全国船舶油污损害民事责任保险工作。

国家海事管理机构负责组织实施全国船舶油污损害民事责任保险工作。

沿海各级海事管理机构依照各自职责负责具体实施船舶油污损害民事责任保险工作。

第二章 船舶油污损害民事责任保险及额度

第四条 在中华人民共和国管辖海域内航行的船舶应当按照以下规定投保油污损害民事责任保险或者取得其他财务保证:

(一)载运散装持久性油类物质的船舶,投保油污损害民事责任保险,其保险标的应当包括持久性油类物质造成的污染损害;(二)1000总吨以上载运非持久性油类物质的船舶,投保油污损害民事责任保险,其保险标的应当包括非持久性油类物质造成的污染损害和燃油造成的污染损害;(三)1000总吨以上载运非油类物质的船舶,投保油污损害民事责任保险,其保险标的应当包括燃油造成的污染损害;(四)1000总吨以下载运非持久性油类物质的船舶,投保油污损害民事责任保险,其保险标的应当包括非持久性油类物质造成的污染损害。

第五条 在中华人民共和国管辖海域内航行的载运散装持久性油类物质的船舶,投保油污损害民事责任保险或者取得其他财务保证,应当不低于以下额度:

(一)5000总吨以下的船舶为451万特别提款权;(二)5000总吨以上的船舶,除前项所规定的数额外,每增加一吨,增加631特别提款权,但是,此总额度在任何情况下不超过8977万特别提款权。

第六条 在中华人民共和国管辖海域内航行的载运非持久性油类物质的船舶,以及1000总吨以上载运非油类物质的船舶,投保油污损害民事责任保险或者取得其他财务保证,应当不低于以下额度:

(一)20总吨以上、21总吨以下的船舶,为27500特别提款权;(二)21总吨以上、300总吨以下的船舶,除第(一)项所规定的数额外,每增加一吨,增加500特别提款权;(三)300总吨至500总吨的船舶,为167000特别提款权;(四)501总吨至30000总吨的船舶,除第(三)项所规定的数额外,每增加一吨,增加167特别提款权;(五)30001总吨至70000总吨的船舶,除第(四)项所规定的数额外,每增加一吨,增加125特别提款权;(六)70001总吨以上的船舶,除第(五)项所规定的数额外,每增加一吨,增加83特别提款权。

第七条 从事中华人民共和国港口之间货物运输或者沿海作业的船舶,投保油污损害民事责任保险或者取得其他财务保证,其额度按照第六条所规定额度的50%计算。

第三章 船舶油污损害民事责任保险证书

第八条 中国籍船舶的所有人应当向在我国境内依法成立的商业性保险机构、在我国境内依法成立或者在我国境内设有代表机构或者代理机构的互助性保险机构投保船舶油污损害民事责任保险,或者取得上述保险机构以及境内银行所出具的保函、信用证等其他财务保证。

中国籍船舶的所有人应当向具有赔付能力的保险机构投保船舶油污损害民事责任保险或者取得财务保证,保险机构应当向中国籍船舶的所有人出示能够证明其具有赔付能力的相关文件。

第九条 中国籍船舶投保船舶油污损害民事责任保险或者取得其他财务保证之后,应当按以下规定向船籍港所在地的直属海事管理机构申请办理相应船舶油污损害民事责任保险证书:

(一)载运持久性油类物质的船舶,应当办理油污损害民事责任保险或其他财务保证证书;(二)1000总吨以上的载运非持久性油类物质的船舶,应当办理燃油污染损害民事责任保险或其他财务保证证书和非持久性油类污染损害民事责任保险或其他财务保证证书;(三)1000总吨以下的载运非持久性油类的船舶,应当办理非持久性油类污染损害民事责任保险或其他财务保证证书;(四)1000总吨以上的载运非油类物质的船舶,应当办理燃油污染损害民事责任保险或其他财务保证证书。

第十条　中国籍船舶申请办理船舶油污损害民事责任保险证书,应向海事管理机构提交以下材料:

(一)申请书;(二)有效的船舶油污损害民事责任保险单证或者其他财务保证证明;(三)船舶国籍证书。

第十一条　海事管理机构应当对申请材料进行审核,对符合本办法规定的,在受理之日起7个工作日内,向船舶签发相应的船舶油污损害民事责任保险证书。

船舶油污损害民事责任保险证书的有效期不得超过船舶油污损害民事责任保险合同或者其他财务保证证明的期限。

第十二条　船舶油污损害民事责任保险证书不得伪造、涂改,并应当随船携带,以备海事管理机构查验。

船舶油污损害民事责任保险证书遗失的,应当书面说明理由,附具有关证明文件,向原发证机关申请补发。

第十三条　在我国管辖海域内航行的外国籍船舶应当符合以下规定:

(一)适用《1992年国际油污损害民事责任公约》的,应当持有缔约国主管机关或其授权机构签发的《油污损害民事责任保险或其他财务保证证书》;(二)适用《2001年国际燃油污染损害民事责任公约》的,应当持有缔约国主管机关或其授权机构签发的燃油污染损害民事责任保险或其他财务保证证书;(三)1000总吨以下载运非持久性油类物质的船舶,应当持有有效的非持久性油类污染民事责任保险单证或其他财务保证证明。

第十四条　海事管理机构应当加强对船舶油污损害民事责任保险证书、保险单证或其他财务保证证明的查验。

第四章　法律责任

第十五条　有下列情形之一的,由海事管理机构责令改正,并处1万元以上5万元以下的罚款;拒不改正的,责令停航、禁止进出港或者过境停留,并处5万元以上25万元以下的罚款:

(一)在我国管辖海域内航行的船舶,其所有人未按照规定投保船舶油污损害民事责任保险或者取得其他财务保证的;(二)船舶所有人投保油污损害民事责任保险或者取得其他财务保证的额度低于本办法规定的。

下列情形视为船舶未按照规定投保船舶油污损害民事责任保险或者取得其他财务保证:

(一)未取得相应的船舶油污损害民事责任保险证书;(二)伪造、涂改船舶油污损害民事责任保险证书;(三)所持有的船舶油污损害民事责任保险证书超过有效期;(四)所持有的船舶油污损害民事责任保险证书与船舶实际情况不相符。

船舶伪造、涂改船舶油污损害民事责任保险证书的,海事管理机构还应当对已签发的船舶油污损害民事责任保险证书予以撤销。

第十六条　从事船舶油污损害民事责任保险的保险机构在生效的法院判决、仲裁裁决书或仲裁调解书规定的履行期间届满后拒不执行,未向所承保船舶赔付的,自发现之年次年起三年内,海事管理机构在受理船舶油污损害民事责任保险证书申请时不接受其签发的船舶油污损害民事责任保险单证或者其他财务保证证明。

第十七条　海事管理人员滥用职权、徇私舞弊、玩忽职守、严重失职的,由所在单位或者上级机关给予行政处分;构成犯罪的,依法追究刑事责任。

第五章　附　　则

第十八条　本办法所称的“以上”包括本数,所称的“以下”不包括本数。

第十九条　本法中下列用语的含义是:

“油类”是指任何类型的油及其炼制品。

“持久性油类”是指任何持久性烃类矿物油,例如原油、燃油、重柴油和润滑油等。

“非持久性油类”是指持久性油类以外的任何油类。

第二十条　本办法自2010年10月1日起实施。

关于修改《中华人民共和国船舶及其有关作业活动污染海洋环境防治管理规定》的决定

（中华人民共和国交通运输部令 2013 年第 12 号）

《关于修改〈中华人民共和国船舶及其有关作业活动污染海洋环境防治管理规定〉的决定》已于2013年8月22日经第10次部务会议通过，现予公布，自公布之日起施行。

部长 杨传堂

2013 年 8 月 31 日

交通运输部决定对《中华人民共和国船舶及其有关作业活动污染海洋环境防治管理规定》(交通运输部令2010年第7号)作如下修改：

删去第四十四条第一款。

本决定自公布之日起施行。

《中华人民共和国船舶及其有关作业活动污染海洋环境防治管理规定》根据本决定作相应修改，重新发布。

中华人民共和国船舶及其有关作业活动污染海洋环境防治管理规定

(2010年11月16日交通运输部发布根据2013年8月31日交通运输部《关于修改〈中华人民共和国船舶及其有关作业活动污染海洋环境防治管理规定〉的决定》修正)

第一章 总 则

第一条 为了防治船舶及其有关作业活动污染海洋环境，根据《中华人民共和国海洋环境保护法》、《中华人民共和国防治船舶污染海洋环境管理条例》和中华人民共和国缔结或者加入的国际条约，制定本规定。

第二条 防治船舶及其有关作业活动污染中华人民共和国管辖海域适用本规定。

本规定所称有关作业活动，是指船舶装卸、过驳、清舱、洗舱、油料供受、修造、打捞、拆解、污染危害性货物装箱、充罐、污染清除以及其他水上水下船舶施工作业等活动。

第三条 国务院交通运输主管部门主管全国船舶及其有关作业活动污染海洋环境的防治工作。

国家海事管理机构负责监督管理全国船舶及其有关作业活动污染海洋环境的防治工作。

各级海事管理机构根据职责权限，具体负责监督管理本辖区船舶及其有关作业活动污染海洋环境的防治工作。

第二章 一般规定

第四条 船舶的结构、设备、器材应当符合国家有关防治船舶污染海洋环境的船舶检验规范以及中华人民共和国缔结或者加入的国际条约的要求，并按照国家规定取得相应的合格证书。

第五条　船舶应当依照法律、行政法规、国务院交通运输主管部门的规定以及中华人民共和国缔结或者加入的国际条约的要求，取得并随船携带相应的防治船舶污染海洋环境的证书、文书。

海事管理机构应当向社会公布本条第一款规定的证书、文书目录，并及时更新。

第六条　中国籍船舶持有的防治船舶污染海洋环境的证书、文书由国家海事管理机构或者其认可的机构签发；外国籍船舶持有的防治船舶污染海洋环境的证书、文书应当符合中华人民共和国缔结或者加入的国际条约的要求。

第七条　船员应当具有相应的防治船舶污染海洋环境的专业知识和技能，并按照有关法律、行政法规、规章的规定参加相应的培训、考试，持有有效的适任证书或者相应的培训合格证明。

从事有关作业活动的单位应当组织本单位作业人员进行操作技能、设备使用、作业程序、安全防护和应急反应等专业培训，确保作业人员具备相关安全和防治污染的专业知识和技能。

第八条　港口、码头、装卸站和从事船舶修造作业的单位应当按照国家有关标准配备相应的污染监视设施和污染物接收设施。

港口、码头、装卸站以及从事船舶修造、打捞、拆解等有关作业活动的其他单位应当按照国家有关标准配备相应的防治污染设备和器材。

第九条　船舶从事下列作业活动，应当按照《中华人民共和国海事行政许可条件规定》的规定，取得海事管理机构的许可，并遵守相关操作规程，落实安全和防治污染措施：

（一）在沿海港口进行舷外拷铲、油漆作业或者使用焚烧炉的；

（二）在港区水域内洗舱、清舱、驱气以及排放压载水的；

（三）冲洗沾有污染物、有毒有害物质的甲板的；

（四）进行船舶水上拆解、打捞、修造和其他水上、水下船舶施工作业的。

第十条　海事管理机构在依法审批3万载重吨以上油轮的货舱清舱、1万吨以上散装液体污染危害性货物过驳以及沉船打捞、油轮拆解等存在较大污染风险的作业活动时，可以要求申请人进行作业方案可行性研究。

第十一条　任何单位和个人发现船舶及其有关作业活动造成或者可能造成海洋环境污染的，应当立即就近向海事管理机构报告。

第三章　船舶污染物的排放与接收

第十二条　在中华人民共和国管辖海域航行、停泊、作业的船舶排放船舶垃圾、生活污水、含油污水、含有毒有害物质污水、废气等污染物以及压载水，应当符合法律、行政法规、有关标准以及中华人民共和国缔结或者加入的国际条约的规定。

第十三条　船舶不得向依法划定的海洋自然保护区、海洋特别保护区、海滨风景名胜区、重要渔业水域以及其他需要特别保护的海域排放污染物。

依法设立本条第一款规定的需要特别保护的海域的，应当在适当的区域配套设置船舶污染物接收设施和应急设备器材。

第十四条　船舶应当将不符合第十二条规定排放要求以及依法禁止向海域排放的污染物，排入具备相应接收能力的港口接收设施或者委托具备相应接收能力的船舶污染物接收单位接收。

船舶委托船舶污染物接收单位进行污染物接收作业的，其船舶经营人应当在作业前明确指定所委托的船舶污染物接收单位。

第十五条　船舶污染物接收单位进行船舶垃圾、残油、含油污水、含有毒有害物质污水接收作业，应当具有与其作业风险相适应的预防和清除污染的能力，并经海事管理机构批准。

第十六条　船舶污染物接收作业单位应当落实安全与防污染管理制度。进行污染物接收作业的，应当遵守国家有关标准、规程，并采取有效的防污染措施，防止污染物溢漏。

第十七条　船舶污染物接收单位应当在污染物接收作业完毕后，向船舶出具污染物接收单证，如实填写所接收的污染物种类和数量，并由船长签字确认。船舶污染物接收单证上应当注明作业单位名称，作业双方船名，作业开始和结束的时间、地点，以及污染物种类、数量等内容。

船舶应当携带相应的记录簿和船舶污染物接收单证到海事管理机构办理船舶污染物接收证明，并将船舶污染物接收证明保存在相应的记录簿中。

第十八条　国际航行船舶在驶离国内港口前应当将船上污染物清理干净，并在办理出口岸手续时向海事管理机构出示有效的污染物接收证明。

第十九条 船舶进行涉及污染物处置的作业,应当在相应的记录簿内规范填写、如实记录,真实反映船舶运行过程中产生的污染物数量、处置过程和去向。按照法律、行政法规、国务院交通运输主管部门的规定以及中华人民共和国缔结或者加入的国际条约的要求,不需要配备记录簿的,应当将有关情况在作业当日的航海日志或者轮机日志中如实记载。

船舶应当将使用完毕的船舶垃圾记录簿在船舶上保留2年;将使用完毕的含油污水、含有毒有害物质污水记录簿在船舶上保留3年。

第二十条 船舶污染物接收单位应当将接收的污染物交由具有国家规定资质的污染物处理单位进行处理,并每月将船舶污染物的接收和处理情况报海事管理机构备案。

第二十一条 接收处理含有有毒有害物质或者其他危险成分的船舶污染物的,应当符合国家有关危险废物的管理规定。来自疫区船舶产生的污染物,应当经有关检疫部门检疫处理后方可进行接收和处理。

第二十二条 船舶应当配备有盖、不渗漏、不外溢的垃圾储存容器,或者对垃圾实行袋装。

船舶应当对垃圾进行分类收集和存放,对含有有毒有害物质或者其他危险成分的垃圾应当单独存放。

船舶将含有有毒有害物质或者其他危险成分的垃圾排入港口接收设施或者委托船舶污染物接收单位接收的,应当向对方说明此类垃圾所含物质的名称、性质和数量等情况。

第二十三条 船舶应当按照国家有关规定以及中华人民共和国缔结或者加入的国际条约的要求,设置与生活污水产生量相适应的处理装置或者储存容器。

第四章 船舶载运污染危害性货物及其有关作业

第二十四条 本规定所称污染危害性货物,是指直接或者间接进入水体,会损害水体质量和环境质量,从而产生损害生物资源、危害人体健康等有害影响的货物。

国家海事管理机构应当向社会公布污染危害性货物的名录,并根据需要及时更新。

第二十五条 船舶载运污染危害性货物进出港口,承运人或者代理人应当在进出港24小时前(航程不足24小时的,在驶离上一港口时)向海事管理机构办理船舶适载申报手续;货物所有人或者代理人应当在船舶适载申报之前向海事管理机构办理货物适运申报手续。

货物适运申报和船舶适载申报经海事管理机构审核同意后,船舶方可进出港口、过境停留或者进行装卸作业。

第二十六条 交付运输的污染危害性货物的特性、包装以及针对货物采取的风险防范和应急措施等应当符合国家有关标准、规定以及中华人民共和国缔结或者加入的国际条约的要求;需要经国家有关主管部门依法批准后方可载运的,还需要取得有关主管部门的批准。

船舶适载的条件按照《中华人民共和国海事行政许可条件规定》关于船舶载运危险货物的适载条件执行。

第二十七条 货物所有人或者代理人办理货物适运申报手续的,应当向海事管理机构提交下列材料:

(一)货物适运申报单,包括货物所有人或者代理人有关情况以及货物名称、种类、特性等基本信息;

(二)由代理人办理货物适运申报手续的,应当提供货物所有人出具的有效授权证明;

(三)相应的污染危害性货物安全技术说明书,安全作业注意事项、防范和应急措施等有关材料;

(四)需要经国家有关主管部门依法批准后方可载运的污染危害性货物,应当持有有效的批准文件;

(五)交付运输下列污染危害性货物的,还应当提交下列材料:

1. 载运包装污染危害性货物的,应当提供包装和中型散装容器检验合格证明或者压力容器检验合格证明;

2. 使用可移动罐柜装载污染危害性货物的,应当提供罐柜检验合格证明;

3. 载运放射性污染危害性货物的,应当提交放射性剂量证明;

4. 货物中添加抑止剂或者稳定剂的,应当提交抑止剂或者稳定剂的名称、数量、温度、有效期以及超过有效期时应当采取的措施；

5. 载运限量污染危害性货物的，应当提交限量危险货物证明；

6. 载运污染危害性不明货物的，应当提交符合第三十一条规定的污染危害性评估报告。

第二十八条　承运人或者代理人办理船舶适载申报手续的，应当向海事管理机构提交下列材料：

（一）船舶载运污染危害性货物申报单，包括承运人或者代理人有关情况以及货物名称、种类、特性等基本信息；

（二）海事管理机构批准的货物适运证明；

（三）由代理人办理船舶适载申报手续的，应当提供承运人出具的有效授权证明；

（四）防止油污证书、船舶适载证书、船舶油污损害民事责任保险或者其他财务保证证书；

（五）载运污染危害性货物的船舶在运输途中发生过意外情况的，还应当在船舶载运污染危害性货物申报单内扼要说明所发生意外情况的原因、已采取的控制措施和目前状况等有关情况，并于抵港后送交详细报告；

（六）列明实际装载情况的清单、舱单或者积载图；

（七）拟进行装卸作业的港口、码头、装卸站。

定船舶、定航线、定货种的船舶可以办理不超过一个月期限的船舶定期适载申报手续。办理船舶定期适载申报手续的，除应当提交本条第一款规定的材料外，还应当提交能够证明固定船舶在固定航线上运输固定污染危害性货物的有关材料。

第二十九条　海事管理机构收到货物适运申报、船舶适载申报后，应当根据第二十六条规定的条件在24小时内作出批准或者不批准的决定；办理船舶定期适载申报的，应当在7日内作出批准或者不批准的决定。

第三十条　货物所有人或者代理人交付船舶载运污染危害性货物，应当采取有效的防治污染措施，确保货物的包装与标志的规格、比例、色度、持久性等符合国家有关安全与防治污染的要求，并在运输单证上如实注明该货物的技术名称、数量、类别、性质、预防和应急措施等内容。

第三十一条　货物所有人或者代理人交付船舶载运污染危害性不明的货物，应当由国家海事管理机构认定的评估机构进行污染危害性评估，明确货物的污染危害性质和船舶载运技术条件，并经海事管理机构确认后方可交付船舶运输。

国家海事管理机构应当根据下列标准认定并定期公布本条第一款规定的评估机构名单：

（一）有固定的办公场所，并配备必要的检测、鉴定等设施、设备；

（二）具有与污染危害性货物评估相适应技术能力的专业人员；

（三）有符合污染危害性货物评估要求的管理制度。

第三十二条　曾经载运污染危害性货物的空容器和运输组件，应当彻底清洗并消除危害，取得由具有国家规定资质的检测机构出具的清洁证明后，方可按照普通货物交付船舶运输。在未彻底清洗并消除危害之前，应当按照原所装货物的要求进行运输。

第三十三条　海事管理机构认为交付船舶载运的货物应当按照污染危害性货物申报而未申报的，或者申报的内容不符合实际情况的，经海事管理机构负责人批准，可以采取开箱等方式查验。

海事管理机构在实施开箱查验时，货物所有人或者代理人应当到场，并负责搬移货物，开拆和重封货物的包装。海事管理机构认为必要时，可以径行开验、复验或者提取货样。有关单位和个人应当配合。

第三十四条　船舶不符合污染危害性货物适载要求的，不得载运污染危害性货物，码头、装卸站不得为其进行装卸作业。

发现船舶及其有关作业活动可能对海洋环境造成污染危害的，码头、装卸站、船舶应当立即采取相应的应急措施，并向海事管理机构报告。

第三十五条　从事污染危害性货物装卸作业的码头、装卸站，应当符合安全装卸和污染物处理的相关标准，并向海事管理机构提交安全装卸和污染物处理能力情况的有关材料。海事管理机构应当将具有相应安全装卸和污染物处理能力的码头、装卸站向社会公布。

载运污染危害性货物的船舶应当在海事管理机构公布的具有相应安全装卸和污染物处理能力的码头、装卸站进行装卸作业。

第三十六条　船舶进行散装液体污染危害性

货物过驳作业的,应当符合国家海上交通安全和防治船舶海洋污染环境的管理规定和技术规范,选择缓流、避风、水深、底质等条件较好的水域,远离人口密集区、船舶通航密集区、航道、重要的民用目标或者设施、军用水域,制定安全和防治污染的措施和应急计划并保证有效实施。

第三十七条　进行散装液体污染危害性货物过驳作业的船舶,其承运人、货物所有人或者代理人应当向海事管理机构提交下列申请材料:

(一)船舶作业申请书,内容包括作业船舶资料、联系人、联系方式、作业时间、作业地点、过驳种类和数量等基本情况;

(二)船舶作业方案、拟采取的监护和防治污染措施;

(三)船舶作业应急预案;

(四)对船舶作业水域通航安全和污染风险的分析报告;

(五)与具有相应资质的污染清除作业单位签订的污染清除作业协议。

以过驳方式进行油料供受作业的,应当提交本条第一款第(一)、(二)、(三)、(五)项规定的材料。

海事管理机构应当自受理申请之日起2日内根据第三十六条规定的条件作出批准或者不予批准的决定。2日内无法作出决定的,经海事管理机构负责人批准,可以延长5日。

第三十八条　从事船舶油料供受作业的单位应当向海事管理机构备案,并提交下列备案材料:

(一)工商营业执照;

(二)安全与防治污染制度文件、应急预案、应急设备物资清单、输油软管耐压检测证明以及作业人员参加培训情况;

(三)通过船舶进行油料供受作业的,还应当提交船舶相关证书、船上油污应急计划、作业船舶油污责任保险凭证以及船员适任证书;

(四)燃油质量承诺书;从事成品油供受作业的单位应当同时提交有关部门依法批准的成品油批发或者零售经营的证书。

第三十九条　进行船舶油料供受作业的,作业双方应当采取满足安全和防治污染要求的供受油作业管理措施,同时应当遵守下列规定:

(一)作业前,应当做到:

1. 检查管路、阀门,做好准备工作,堵好甲板排水孔,关好有关通海阀;

2. 检查油类作业的有关设备,使其处于良好状态;

3. 对可能发生溢漏的地方,设置集油容器;

4. 供受油双方以受方为主商定联系信号,双方均应切实执行。

(二)作业中,要有足够人员值班,当班人员要坚守岗位,严格执行操作规程,掌握作业进度,防止跑油、漏油;

(三)停止作业时,必须有效关闭有关阀门;

(四)收解输油软管时,必须事先用盲板将软管有效封闭,或者采取其他有效措施,防止软管存油倒流入海。

海事管理机构应当对船舶油料供受作业进行监督检查,发现不符合安全和防治污染要求的,应当予以制止。

第四十条　船舶燃油供给单位应当如实填写燃油供受单证,并向船舶提供燃油供受单证和燃油样品。燃油供受单证应当包括受油船船名,船舶识别号或国际海事组织编号,作业时间、地点,燃油供应商的名称、地址和联系方式以及燃油种类、数量、密度和含硫量等内容。船舶和燃油供给单位应当将燃油供受单证保存3年,将燃油样品妥善保存1年。

燃油供给单位应当确保所供燃油的质量符合相关标准要求,并将所供燃油送交取得国家规定资质的燃油检测单位检测。燃油质量的检测报告应当留存在作业船舶上备查。

第四十一条　船舶从事300吨及以上的油类或者比重小于1且不溶、微溶于水的散装有毒液体物质的装卸、过驳作业,应当布设围油栏。

布设围油栏方案应当在作业前报海事管理机构备案。因受自然条件或者其他原因限制,不适合布设围油栏的,可以采用其他防治污染替代措施,但应当将拟采取的替代措施和理由在作业前报海事管理机构同意。

第四十二条　载运污染危害性货物的船舶进出港口和通过桥区、交通管制区、通航密集区以及航行条件受限制的区域,或者载运剧毒、爆炸、放射性货物的船舶进出港口,应当遵守海事管理机构的特别规定,并采取必要的安全和防治污染保障措施。

第四十三条　船舶载运散发有毒有害气体或

者粉尘物质等货物的，应当采取密闭或者其他防护措施。对有封闭作业要求的污染危害性货物，在运输和作业过程中应当采取措施回收有毒有害气体。

第五章　船舶拆解、打捞、修造和其他水上水下船舶施工作业

第四十四条　禁止采取冲滩方式进行船舶拆解作业。

第四十五条　进行船舶拆解、打捞、修造和其他水上水下船舶施工作业的，应当遵守相关操作规程，并采取必要的安全和防治污染措施。

第四十六条　在进行船舶拆解和船舶油舱修理作业前，作业单位应当将船舶上的残余物和废弃物进行有效处置，将燃油舱、货油舱中的存油驳出，进行洗舱、清舱、测爆等工作，并按照规定取得船舶污染物接收证明和有效的测爆证书。

船舶燃油舱、货油舱中的存油需要通过过驳方式交付储存的，应当交由船舶污染物接收单位或者依法获得船舶油料供受作业资质的单位储存，并按照第三十七条的规定经过海事管理机构的批准。

第四十七条　在船坞内进行船舶修造作业的，修造船厂应当将坞内污染物清理完毕，确认不会造成水域污染后，方可沉起浮船坞或者开启坞门。

第四十八条　船舶拆解、打捞、修造或者其他水上水下船舶施工作业结束后，应当及时清除污染物，并将作业全过程产生的污染物的清除处理情况一并向海事管理机构报告，海事管理机构可以视情况进行现场核实。

第六章　法律责任

第四十九条　海事管理机构发现船舶、有关作业单位存在违反本规定行为的，应当责令改正；拒不改正的，海事管理机构可以责令停止作业、强制卸载，禁止船舶进出港口、靠泊、过境停留，或者责令停航、改航、离境、驶向指定地点。

第五十条　违反本规定，船舶的结构不符合国家有关防治船舶污染海洋环境的船舶检验规范或者有关国际条约要求的，由海事管理机构处10万元以上30万元以下的罚款。

第五十一条　违反本规定，船舶、港口、码头和装卸站未配备防治污染设施、设备、器材，有下列情形之一的，由海事管理机构予以警告，或者处2万元以上10万元以下的罚款：

（一）配备的防治污染设施、设备、器材数量不能满足法律、行政法规、规章、有关标准以及我国缔结或者参加的国际条约要求的；

（二）配备的防治污染设施、设备、器材技术性能不能满足法律、行政法规、规章、有关标准以及我国缔结或者参加的国际条约要求的。

第五十二条　违反本规定，船舶未持有防治船舶污染海洋环境的证书、文书的，由海事管理机构予以警告，或者处2万元以下的罚款。

第五十三条　违反本规定，船舶向海域排放本规定禁止排放的污染物的，由海事管理机构处3万元以上20万元以下的罚款。

第五十四条　违反本规定，船舶排放或者处置污染物，有下列情形之一的，由海事管理机构处2万元以上10万元以下的罚款：

（一）超过标准向海域排放污染物的；

（二）未按照规定在船上留存船舶污染物排放或者处置记录的；

（三）船舶污染物处置记录与船舶运行过程中产生的污染物数量不符合的。

第五十五条　违反本规定，船舶污染物接收单位未经海事管理机构批准，擅自进行船舶垃圾、残油、含油污水、含有毒有害物质污水接收作业的，由海事管理机构处1万元以上5万元以下的罚款；造成海洋环境污染的，处5万元以上25万元以下的罚款。

第五十六条　违反本规定，船舶、船舶污染物接收单位接收处理污染物，有下列第（一）项情形的，由海事管理机构予以警告，或者处2万元以下的罚款；有下列第（二）项、第（三）项情形的，由海事管理机构处2万元以下的罚款：

（一）船舶未如实记录污染物处置情况的；

（二）船舶未按照规定办理污染物接收证明的；

（三）船舶污染物接收单位未按照规定将船舶污染物的接收和处理情况报海事管理机构备案的。

第五十七条　违反本规定，未经海事管理机构批准，船舶载运污染危害性货物进出港口、过境停留、进行装卸的，由海事管理机构对其承运人、

货物所有人或者代理人处1万元以上5万元以下的罚款;未经海事管理机构批准,船舶进行散装液体污染危害性货物过驳作业的,由海事管理机构对船舶处1万元以上5万元以下的罚款。

第五十八条 违反本规定,有下列第(一)项情形的,由海事管理机构予以警告,或者处2万元以上10万元以下的罚款;有下列第(二)项、第(三)项、第(四)项情形的,由海事管理机构处2万元以上10万元以下的罚款:

(一)船舶载运的污染危害性货物不具备适运条件的;

(二)载运污染危害性货物的船舶不符合污染危害性货物适载要求的;

(三)载运污染危害性货物的船舶未在具有相应安全装卸和污染物处理能力的码头、装卸站进行装卸作业的;

(四)货物所有人或者代理人未按照规定对污染危害性不明的货物进行污染危害性评估的。

第五十九条 违反本规定,有下列情形之一的,由海事管理机构处2000元以上1万元以下的罚款:

(一)船舶未按照规定保存污染物接收证明的;

(二)船舶油料供受单位未如实填写燃油供受单证的;

(三)船舶油料供受单位未按照规定向船舶提供燃油供受单证和燃油样品的;

(四)船舶和船舶油料供受单位未按照规定保存燃油供受单证和燃油样品的。

第六十条 违反本规定,进行船舶水上拆解、旧船改装、打捞和其他水上水下船舶施工作业,造成海洋环境污染损害的,由海事管理机构予以警告,或者处5万元以上20万元以下的罚款。

第七章 附 则

第六十一条 军事船舶以及国务院交通运输主管部门所辖港区水域外渔业船舶污染海洋环境的防治工作,不适用本规定。

第六十二条 本规定自2011年2月1日起施行。

江西省人民政府关于进一步加快交通运输事业发展的意见

(赣府发〔2013〕10号)

各市、县(区)人民政府,省政府各部门:

为认真贯彻落实党的十八大精神,进一步加快交通运输事业发展,充分发挥其在推进科学发展、绿色崛起,建设富裕和谐秀美江西中的基础性、先导性作用,现结合我省实际,提出如下意见。

一、指导思想

以邓小平理论、"三个代表"重要思想和科学发展观为指导,深入学习贯彻党的十八大精神,着眼于全面建成小康社会的新要求,紧紧围绕全省经济社会发展的新部署,坚持"适度超前、稳中求进"原则,加强规划指导、突出建设重点,加大资金保障、破解发展难题,推动交通运输科学发展、创新发展、绿色发展、持续发展,逐步形成布局合理、功能完善、有机衔接、安全环保的交通运输综合体系。

二、目标任务

(一)道路及水运建设

1. 高速公路建设:根据江西省2020年高速公路规划修编,到2020年底全省高速公路通车里程力争突破6000公里,形成"四纵六横八射"加14条联络线网络布局。

按照到2015年底前全省高速公路通车里程突破5000公里的阶段任务,重点建成九江长江公路大桥、井冈山至睦村高速公路、抚州至吉安高速公路赣江大桥以西段、九江绕城高速公路、万载至宜春高速公路、寻乌至全南高速公路、南昌至樟树高速公路扩建工程、南昌至九江高速公路扩建工程通远段、萍乡至洪口高速公路、南昌至宁都高速公路、南昌至上栗高速公路、兴国至赣县高速公路、宁都至兴国(龙口)高速公路、金溪至抚州高速公路、都昌至九江高速公路星子至九江段、资溪花山界至里木高速公路16个项目,实现县县通高速目标,打通26个出省高速通道。

2. 国省干线公路建设:到2020年底,普通国省道公路里程达到18000公里,实施养护大中修(含预防性养护)20000公里,基本建成与城镇化、工业化布局相匹配的、路网结构等级合理的普通干线公路网络。

到2015年底前重点加快升级改造"七纵十横"和罗霄山集中连片特困地区、赣南等原中央苏区国、省道网,实现98%的县通国道、80%的乡镇通省道,国道路网二级及以上公路比重达90%。

3. 农村公路建设:到2020年底,全省行政村通25户以上人口自然村基本建成水泥路。

到2015年底前重点每年建设8000~10000公里通自然村公路,继续实施全省县乡道升级改造、农村客运网络化连通工程等,率先完成38个原中央苏区县和特困片区县行政村通25户以上人口自然村水泥路建设任务。

4. 水运航道建设:到2020年底,基本建成以"两横一纵"国家高等级航道(长江江西段、赣江、信江)为主骨架的畅通、高效、平安、绿色现代江西内河水运体系。

到2015年底前重点加快内河水运基础设施建设,内河高等级航道达789公里,高等级航道达标率超过70%,实现千吨级船舶从赣江上游直达长江;九江港、南昌港建成亿吨国内内河大港;赣州港、吉安港、樟树港、鄱阳港、鹰潭港建成区域性综合物流中心。

5. 道路运输体系建设:到2020年底,基本建成布局合理、结构优化、相互衔接、便捷通畅、安全可靠、绿色节能的现代道路运输体系。

到2015年底前重点推进重要交通节点运输枢纽化、实施基本公共服务均等化、公路运输组织集约化,建成14个国家级综合客运枢纽、15个国家级综合货运枢纽;实现100%的乡镇和92%的建制村通客车;实现拥有货车100辆以上的货运企业达50家以上,组织3家以上运输企业参与甩挂运输试点;大力扶持4家公路骨干客运企业发展。

(二)铁路建设

根据国家和江西省铁路网规划,到2020年底全省铁路运营里程力争突破5000公里,形成"五纵五横"路网主骨架,努力实现铁路布局不断向经济据点(县市)延伸、不断向工业重镇延伸、不断向旅游景区延伸,全力打造南昌到赣州2个小时、到上海3个小时、到北京5个小时的高铁时代。

按照到2015年底前全省铁路运营里程突破4000公里的阶段任务,重点建成向莆铁路、衡茶吉铁路、赣韶铁路、沪昆客专、合福客专、赣龙铁路扩能改造等6个项目;全面开工九景衢铁路、武九客专、蒙西至华中地区铁路煤运通道、昌吉赣客专等项目;着力推进皖赣扩能、鹰梅铁路、合九客专(含池九城际)、赣州至深圳客专、井冈山至赣州铁路、六安至景德镇铁路等项目前期工作;积极开展衡茶吉铁路东延、岳阳至九江铁路、吉安至泉州铁路、赣韶复线等项目规划研究工作。

(三)民航建设

根据国家民航机场布局规划和《江西省综合交通运输体系"十二五"发展规划》,到2020年底形成"一干七支"的民航运输机场布局。

到2015年底前的阶段任务是,建成上饶三清山机场、井冈山机场扩建、赣州黄金机场扩建工程,建设瑞金通勤机场等通用机场,积极推进赣东南机场规划选址。

三、保障措施

(一)构建免费公路和收费公路两个体系。

1. 全部取消普通公路收费,在全省取消政府还贷二级公路和省属一级公路收费的基础上,力争2013年底前取消其余一级公路收费,构建为公众提供基本服务的非收费普通公路体系。

2. 完善高速公路统贷统还政策,对省属收费还贷高速公路实行统贷统还,实行统一收费、整体还贷、以丰补歉、滚动发展,构建为公众提供高效出行服务的收费高速公路体系。

(二)充分发挥高速公路融资带动作用。

3. 按照与周边省份收费标准相衔接的原则,在2013年适时调整全省高速公路货车计重收费标准和小型客车收费标准。其中,货车计重收费增量收入缴交省级财政,由省财政厅会同省发改委、省交通运输厅统筹用于农村公路建设。

(三)进一步拓宽高速公路建设资本金筹资渠道。

4. 省财政在2020年前对赣粤高速公路股份有限公司现有支持政策不变,并每年给予省高速公路投资集团公司(以下简称“省高速集团”)不低于10亿元作为高速公路建设财政补贴,支持高速公路建设事业。

5. 沿线市、县(区)政府按新建高速公路境内概算投资总额8%筹措建设资金注入省高速集团[其中3.5%由省财政厅统一运作,4.5%由省高速集团商所在市、县(区)政府运作],用于高速公路建设。

(四)进一步提高高速公路工程建设全过程管理水平。

6. 省交通运输厅要指导省高速集团认真总结工程建设经验,科学化、规范化管理,千方百计降低高速公路建设成本,做到技术先进、经济合理、安全适用、确保质量。

(五)多方筹措自然村水泥路建设补助资金。

7. 为解决自然村水泥路建设无资金来源的问题,省、市、县(区)要多方自筹,对行政村接自然村口水泥路建设,按照省补8万元/公里,市、县(区)各补2万元/公里的标准,分别落实建设补助资金。

8. 对25户以上自然村村内道路省级按照人均200元给予补助。

(六)切实抓好普通公路建设养护。

9. 积极向中央争取地方政府债券发行额度,在分配债券增量资金时,对公路建设予以倾斜。

10. 各市、县(区)政府切实按照《江西省人民政府办公厅关于印发加强“十二五”期间普通国省干线公路建设与养护管理意见的通知》(赣府厅发〔2011〕14号)履行建管养职责,将辖区内普通国省干线公路建设与养护管理资金纳入各级政府公共财政预算保障,进一步加大对普通国省干线公路建设与养护管理力度;将普通国省道干线公路“三位一体”综合养护中心和服务区建设用地纳入土地利用规划。

(七)积极支持内河水运发展。

11. 省财政2013年至2015年三年每年安排1亿元资金用于水运建设。市、县(区)政府将各级水路运输管理经费纳入同级财政保障。

12. 南昌、九江市政府分别负责落实南昌港总体规划、九江港总体规划;超前控制和预留规划实施需征用的土地和岸线,优先安排港口建设、港口物流园区、仓储用地;对规划港区的岸线、陆域、水域和集疏运通道实行有效保护和有序开发。赣州市政府负责将赣州水运发展规划与国家和省振兴赣南等原中央苏区规划相衔接。

13. 新建航电枢纽工程库区建设管理由地方政府负责。

(八)扶持道路运输站场建设。

14. 省财政2020年前每年安排0.2亿元资金用于城乡客运一体化、甩挂运输和客货运站场基础设施建设。

15. 南昌、赣州、宜春、吉安、九江、鹰潭市政府根据《国家公路运输枢纽总体布局规划》,将规划道路运输站场设施纳入城市总体规划和控制性详细规划,在用地上给予充分保障,优先安排建设。

16. 市、县(区)政府将各级道路运输管理经费纳入同级财政保障;加快编制出台道路运输基础设施建设相关发展规划,保障道路运输站场建设用地,妥善解决用地指标问题,并给予必要的投资补助和优惠政策。积极引导城乡客运一体化。各级政府要按照《突发事件应对法》、《江西省突发公共事件总体应急预案》等要求,切实落实好紧急情况下交通运输保障工作。

(九)扶持铁路和航空发展的政策措施。

继续执行省政府有关支持铁路建设和发展的政策措施;继续执行省政府有关机场建设和航空发展的政策措施。

四、形成合力

各地、各部门要各负其责、通力合作,形成推进大交通运输发展工作合力。

(一)由省发改委负责研究落实调整全省高速公路货车计重收费标准和小型客车收费标准,充分发挥高速公路融资带动作用的政策措施。

(二)由省财政厅负责研究落实完善支持我省交通基础设施建设资金政策措施。

(三)由省国土资源厅负责研究落实交通建设项目用地的政策措施。

(四)由省交通运输厅负责研究落实调整和完善高速公路统贷统还的政策措施,并做好与省直有关单位的沟通衔接工作。

（五）各市、县（区）政府要认真贯彻落实《意见》，结合实际，制定出台相关配套政策措施支持交通运输发展。

江西省人民政府
2013年3月19日

江西省人民政府关于修改《江西省水路运输管理办法》等11件省政府规章的决定

江西省人民政府令　第210号

《江西省人民政府关于修改〈江西省水路运输管理办法〉等11件省政府规章的决定》已经2014年1月27日第18次省政府常务会议审议通过，现予公布，自公布之日起施行。

省长　鹿心社
2014年1月30日

为了维护社会主义法制统一，根据《中华人民共和国立法法》的规定，省人民政府决定对《江西省水路运输管理办法》等11件规章作如下修改：

一、江西省水路运输管理办法

（一）将第十二条修改为："经营水路运输业务，应当按照国务院交通运输主管部门的规定，经国务院交通运输主管部门或者省、设区的市的港航管理部门批准。

负责审批的部门应当自受理申请之日起20个工作日内审查完毕，并作出准予许可或者不予许可的决定。予以许可的，发给水路运输业务经营许可证件，并为申请人投入运营的船舶配发船舶营运证件；不予许可的，应当书面通知申请人并说明理由。

（二）删除第十三条。

（三）将第十四条改为第十三条，修改为："经营船舶管理业务，应当经设区的市以上人民政府负责水路运输管理的部门批准。

申请经营船舶管理业务，应当向前款规定的部门提交申请书和证明申请人符合规定条件的相关材料。

受理申请的部门应当自受理申请之日起30个工作日内审查完毕，作出准予许可或者不予许可的决定。予以许可的，发给船舶管理业务经营许可证件，并向国务院交通运输主管部门备案，不予许可的，应当书面通知申请人并说明理由。

（四）删除第十五条第一款。

（五）将第三十一条第二款第（一）项修改为："对无营运证经营水路运输的，责令其停止营业，并处100元至300元的罚款。"

二、江西省船舶建造、监督检验管理规定

将第二十二条修改为："有下列情况之一的，内河船舶的所有人或者经营人应向船舶检验机构申请附加检验：

（一）因发生事故，影响船舶适航性能；

（二）改变船舶证书所限定的用途或者航区；

（三）法定证书失效；

（四）船舶所有人或者经营人变更及船名或者船籍港变更；

（五）涉及船舶的修理或者改装（包括证书中注明的遗留项目的消除）。

（编者注：此件为辑录件，江西省交通运输行业外的其他行业法规修改未录入。）

江西省人民政府关于加强道路交通安全工作的实施意见

赣府发〔2013〕13 号

各市、县(区)人民政府,省政府各部门:

为进一步加强道路交通安全工作,保障人民群众生命财产安全,根据《国务院关于加强道路交通安全工作的意见》(国发〔2012〕30 号)和国务院办公厅《印发贯彻落实国务院关于加强道路交通安全工作意见重点工作分工方案的通知》(国办函〔2012〕211 号)精神,现结合本省实际,提出如下实施意见:

一、促进道路运输企业加强安全管理

(一)规范道路运输企业生产经营行为。交通运输部门要完善道路运输市场准入机制,对道路客运和危险货物运输企业严格按照行业发展规划和旅游运力投放计划依法实施准入管理;会同公安、安监部门督促道路运输企业落实安全主体责任,鼓励道路运输企业实行公司化经营;严禁客运车辆、危险品运输车辆挂靠经营,对采取挂靠经营的企业,责令限期整改,并依法予以处理;推进道路运输企业诚信体系建设,不断完善企业安全管理的激励约束机制;鼓励运输企业采用交通安全统筹等形式,加强行业互助,提高企业抗风险能力。

(二)加强企业安全生产标准化建设。交通运输部门要健全客运、危险品运输企业安全评估制度,督促客运、危险货物运输企业完成安全生产标准化建设,对未实现达标的企业依法依规处理,并通过媒体曝光。督促专业运输企业建立交通安全质量管理体系,健全客运、危险品运输企业安全评估制度,对安全责任不落实、管理混乱、存在重大安全隐患的企业进行全面排查清理,依法责令停业整顿,对整改不达标的按规定取消其相应资质。

(三)严格长途客运和旅游客运安全管理。交通运输部门要会同公安部门加强客运班线途经道路安全适应性评估,合理确定营运线路、车型和时段,严格控制 1000 公里以上的跨省长途客运班线,对已审批运行的长途客运班线进行清理整顿,整改不合格的坚决停止运营;创造条件积极推行长途客运车辆凌晨 2 时至 5 时停止运行或实行接驳运输;客运车辆夜间 22 时至凌晨 5 时行驶速度不得超过日间限速的 80%;会同旅游部门加强旅游包车安全管理,根据运行里程严格按规定配备包车驾驶人,逐步推行包车业务网上申请和办理制度,严禁发放空白旅游包车牌证;会同人力资源社会保障部门督促客运企业在安排运输任务时保障驾驶人的休息时间,严格要求客运驾驶人 24 小时累计驾驶时间不超过 8 小时,日间连续驾驶不超过 4 小时,夜间连续驾驶不超过 2 小时,每次停车休息时间不少于 20 分钟。公安部门要加强对夜间客运安全的管控和速度管理,依法严格处理超时、超速驾驶等违法行为。

(四)严格运输车辆动态监管。交通运输部门要会同公安、安监、工信部门制定道路运输车辆动态监督管理办法,规范卫星定位装置安装、使用行为;会同公安、安监、工信、教育部门督促相关企业和单位在旅游包车、三类以上班线客车、危险品运输车和校车上按规定安装使用具有行驶记录功能的卫星定位装置,在卧铺客车上同时安装车载视频装置,并鼓励农村客运车辆安装使用卫星定位装置;会同公安、安监部门督促运输企业落实安全监控主体责任,督促运输企业根据车辆运行时间配足监控人员,加强对所属车辆和驾驶人的动态监管,确保卫星定位装置工作正常、监控有效。对不按规定使用或故意损坏卫星定位装置的,要追究相关责任人和企业负责人的责任。

二、加强驾驶人培训考试和管理

(五)加强和改进驾驶人培训考试工作。公

安部门要加快推动道路考试智能评判系统建设，并引入驾驶人考试工作社会化监督机制，通过考试过程互联网实时播放、考试人员人脸自动识别等手段，实现驾驶人考试工作公开化、透明化。交通运输部门要督促驾校落实大中型客货车驾驶人培训的相关规定，监督指导驾校开展复杂条件和复杂路况培训。交通运输、公安部门要加强培训与考试工作的衔接，公安部门受理驾校驾驶人考试申请应当查验培训情况。

（六）严格驾驶人培训质量的监管。交通运输、公安部门要联合对驾校培训能力进行评估，根据训练场地面积等因素，核定其教练车及可培训和考试人员数量，并通过互联网向社会公布。公安部门要制定驾驶人考试外设考场管理规定，规范外设考场的规划、建设、验收和使用管理。交通运输部门要加强驾校培训质量的监督，全面推广应用驾驶人计时培训管理系统，保证驾驶人培训满足学时、里程等培训要求。对发生的重大道路交通事故，安监、公安、交通运输部门按照各自职责，对驾驶人培训、考试等环节进行责任倒查。

（七）加强客货运驾驶人安全管理。交通运输部门要严格执行道路运输从业资格考试标准，加强对大型客车、货车和危险货物运输车驾驶人从业资格管理；加快推进客货运驾驶人信息平台建设，与公安部门建立客货运驾驶人从业信息、交通违法信息、交通事故信息共享机制；加快推进道路运输行业诚信考核信息系统建设，将客货运驾驶人交通违法、交通事故等情况纳入诚信考核系统，实现诚信考核结果与道路运输市场资源配置、企业生存发展相挂钩，不断完善企业安全管理的激励约束机制；要督促运输企业严格驾驶人的聘用和管理，对发生道路交通事故致人死亡且负同等以上责任的，交通违法记满12分的，以及有酒后驾驶、超员20%以上、超速50%（高速公路超速20%）以上，或者12个月内有3次以上超速违法记录的客运驾驶人，由公安部门依法处罚并由交通运输部门通报企业解除聘用。公安部门要搭建道路交通管理综合业务数据分析平台，定期对客货运企业的车辆违法率和交通事故率进行统计分析并通报，交通运输、公安、安监部门要根据各自职责督促企业落实整改。

三、加强车辆安全监管

（八）提高机动车安全性能。工信部门要按照国家有关政策，大力推广厢式货车取代栏板式货车，尽快淘汰高安全风险车型；要督促机动车生产企业改进车辆安全技术，增设客运车辆限速和货运车辆限载等安全装置。公安部门要完善机动车查验检验监管系统，并严格按照国家标准办理大中型客货车注册登记和查验；定期对机动车查验情况进行统计分析，及时发现和堵塞管理漏洞，加强机动车源头管理。质监部门要加强对机动车安全技术检验机构的监督管理，依法查处机动车安全技术检验机构违法违规行为。公安部门对不按国家标准检验、出具虚假检验结果的机动车安全技术检验机构，要依法从严处理并将情况通报质监部门。

（九）加强机动车安全管理。工信、公安、质监、交通运输、商务部门要落实和完善机动车生产企业及产品公告管理、强制性产品认证、注册登记、使用维修和报废等管理制度。交通运输、工商、财政、保险、银行部门要积极构建机动车维修市场诚信体系，强化机动车维修质量管理，对信誉度高、诚信和品牌过硬的机动车维修企业在保险、银行信贷等方面给予优惠政策，为机动车运行安全提供技术保障支持。公安部门要对未按时参加检验的大中型客货车信息进行系统锁定，并对其依法处理。交通运输部门要督促企业落实车辆技术管理主体责任，加强营运车辆综合性能检测，将车辆技术管理状况与企业诚信考核、延续经营许可等挂钩。商务、公安、工商部门要严格报废汽车回收企业资格认定和监督管理，依法严厉打击制造和销售拼装车行为，严禁拼装车和报废汽车上路行驶。对涉及客货车辆的重特大道路交通事故，安监部门要会同公安、工商、工信、交通运输、质监部门对肇事客货车的安全技术性能进行调查，涉及车辆非法生产、改装、拼装以及机动车产品严重质量安全问题的，要严查责任，依法从重处理。

（十）强化电动自行车安全监管。工信部门要按照国家标准，严格电动自行车生产的行业管理，对违规生产电动自行车的企业责令整改。质监部门要做好电动自行车生产许可证管理，加强生产企业的监管。工商部门要加强对电动自行车销售企业的日常监管，加强对电动自行车商品质量的监督检查，督促销售企业建立并执行进货查验制度，规范流通领域电动自行车市场经营秩序，依法处罚违规销售不合格产品的企业。公安部门要按照《江西省非机动车管理办法》以及相关规定,加强电动自行车通行秩序管理,严查电动自行车交通违法行为。

四、提高道路安全保障水平

(十一)完善道路交通安全设施标准和制度。交通运输部门、住房城乡建设部门要严格执行公路及城市道路安全设施设计、施工、安全性评价等技术标准,项目建设前期要导入交通设计流程,加强道路交叉口渠化设计,科学设置道路安全防护设施;督促落实交通安全设施与道路建设主体工程同时设计、同时施工、同时投入使用的"三同时"制度;督促新建、改建、扩建道路工程在项目规划阶段落实交通影响评价制度,在竣(交)工验收时吸收公安、安监等部门人员参加,严格安全评价,交通安全设施验收不合格的不得通车运行。对因交通安全设施缺失导致重大交通事故的,要限期进行整改,整改到位前暂停该区域新建道路项目的审批。

(十二)加强道路交通安全设施建设。各市、县(区)人民政府要大力实施道路安全生命防护工程,逐年增加和改善道路安全设施。项目审批部门要严格审核道路项目建设内容和主要技术标准,确保交通安全设施符合技术规范标准规定和要求。交通运输部门要在临水临崖、连续下坡、急弯陡坡等路段严格按照技术规范和标准规定安装隔离栅、防护栏、防撞墙等安全设施,设置标志标线,并结合大中修、改建、扩建道路工程,完善标志、标线和公路交通安全设施;对国省道主干线平交路口进行全面排查整治,确保交通安全设施、标志以及公路路面等处于良好技术状态;保障公路跨铁路立交桥安全设施按标准设置,保障跨航道桥梁通航安全设施的设置与维护,完善公路与铁路平交道口安全设施设置与交通安全日常管理。交通运输、公安、气象、广电部门要建立和完善信息服务资源网络体系,建立集语音、数据、图像三网融合的应急处置平台,切实提高恶劣天气影响交通的应急处置能力。

(十三)深化道路隐患排查治理工作。各市、县(区)人民政府要建立和完善道路交通安全隐患排查治理制度,每年组织道路安全隐患排查,实施挂牌督办整改,明确整改要求和整改期限,对整改情况严格验收。公安部门要强化交通事故统计分析,每年年初提出事故多发点段隐患排查意见,交通运输部门要根据公安部门提出的排查意见和公路相关技术标准及时进行隐患排查,确需治理的,明确治理责任单位和时限,强化对治理情况的全过程监督。

五、加强农村道路交通安全管理

(十四)强化农村道路交通安全基础。各级道路交通安全工作领导小组成员单位要深入开展"平安畅通县市"和"平安农机"创建活动,改善农村道路交通安全环境。县级人民政府要严格落实农村公路建设养护管理主体责任,每年年初制定改善农村道路交通安全状况的计划,落实资金,加大建设和养护力度;新建、改建农村公路根据需要同步建设安全设施,并逐步完善已建成的农村公路安全设施。各市、县(区)人民政府要统筹城乡公共交通发展,每年年初制定城乡公共交通发展年度规划,建立城乡公交接驳站,通过政策引导、市场经营、政府监管等措施,鼓励发展农村公共交通,切实解决农村群众安全出行问题。交通运输部门要加强县、乡道升级改造和农村客运网络规划连通工程建设,加大危桥改造和安保工程建设力度,消除道路交通安全隐患。

(十五)加强农村道路交通安全监管。各市、县(区)人民政府要加强农村道路交通安全组织体系建设,明确乡镇政府安全监督管理责任,调整优化交警警力布局,整合农村派出所、农机监理站以及驾驶人协会、村委会的作用,建立专兼职道路交通安全管理队伍,加强乡镇道路交通安全管控,扩大农村道路交通管理覆盖面。农业部门要完善农机机械安全监督管理体系,加强对农机安全监理机构的支持保障,积极推广应用农机安全技术,加强对拖拉机、联合收割机等农业机械的安全管理;深入开展农业机械及驾驶操作人员安全教育整顿活动,把好农业机械安全技术审验关,集中整治违法违章行为,防范农机安全生产事故发生。

六、强化道路交通安全执法

(十六)加大道路交通违法行为整治力度。公安部门要加强路面巡逻管控,并根据交通流量和交通秩序状况在省际、市际、县际口、高速公路服务区按规定设置交通安全检查服务站,严查严控客运车、危险品运输车、校车等重点车辆,大力整治超速超员、疲劳驾驶、酒后驾驶、货车违法占道行驶、不按规定使用安全带以及三轮汽车、低速货车和拖拉机违法载人等各类交通违法行为；完善客货运车辆和驾驶人严重交通违法行为举报奖励制度，通过新闻媒体公布举报方式及奖励内容，接受群众举报，形成全社会共同维护交通秩序的良好氛围；加强城市道路通行秩序管理，从严管控车辆、行人在交叉路口的通行秩序和车辆乱停乱放等行为。交通运输部门要会同公安等部门大力推进车辆超限超载治理工作，形成长效工作机制，切实消除安全隐患。

（十七）提升道路交通安全执法效能。各市、县（区）人民政府要逐年加大智能交通设施建设力度，切实提高道路交通管理科技化水平。公安部门要拓展电子警察功能和安装范围，建立公路卡口联网控制系统，最大限度提高执法效能。交通运输部门要推动高速公路经营管理单位加大投入，推进高速公路全程监控等智能交通管理系统建设，对于已建高速公路要增装高质量摄像头；对于新建高速公路，要将道路监控系统建设列入建设规划中，与道路同步建设；完善路面交通诱导系统，在恶劣天气多发的路段配备高密度的视线诱导标志，适时向驾驶人进行交通诱导。公安、交通运输部门要实现路况信息、路面监控、交通违法抓拍、沿线光缆、供电设备等资源共享，提高道路交通安全管控能力；与周边省份共同建设高速公路智能指挥调度系统，实现部门、区域联勤联动、资源共享。

（十八）完善道路交通事故应急救援机制。各市、县（区）人民政府要建立交通事故应急救援联动机制，加强与相邻市、县的协调联动，并将高速公路事故救援纳入当地救援体系，实现交通事故紧急救援体系全覆盖；每年要组织应急救援联合演练，开展应急救援知识培训，切实提高道路交通事故应急救援能力。交通运输部门要科学规划高速公路施救力量布局，强化装备配备，规范操作流程，健全管理制度，提高高速公路清障施救效率。财政部门要会同公安、保监、卫生、农业部门加强道路交通事故社会救助基金的筹集、使用和管理，对本省道路交通事故中受伤人员依法进行救助。卫生部门要进一步均衡医疗资源，实现省、市、县三级医护专家、抢救设备、药物药品等医疗资源的调配共享；各120急救中心要与公安、消防等部门建立信息互通和应急联动机制，提高紧急医疗救援队伍的现场处置能力和救治水平。

七、深入开展道路交通安全宣传教育

（十九）建立健全交通安全宣传教育长效机制。各市、县（区）人民政府每年要结合当地交通安全形势，制定并组织实施道路交通安全宣传教育计划，加大宣传教育投入，督促各部门和单位积极履行宣传教育责任和义务，实现交通安全宣传教育制度化；加大城市大型电子显示屏、出租车显示屏以及大型户外平面媒体的交通安全公益广告投放力度，广泛开展道路交通安全宣传活动；建立新闻媒体交通安全公益宣传机制，在当地电视、广播、报刊、网站等新闻媒体的重要版面、时段通过新闻报道、专题节目、公益广告等方式开展交通安全公益宣传。

（二十）推动文明交通素质教育工程的实施。各市、县（区）人民政府要深入推进“文明交通行动计划”，以交通安全宣传进农村、进社区、进企业、进学校、进家庭为抓手，组织开展交通安全主题宣传活动，增强人民群众的文明交通意识。各级文明办要会同相关部门大力开展文明创建活动，深入推进文明交通志愿服务活动，加大对不文明交通行为的曝光力度，积极营造文明交通氛围。教育部门要坚持交通安全教育从儿童抓起，积极会同公安部门督促指导中小学、幼儿园结合有关课程加强交通安全教育，鼓励学校结合实际开发有关交通安全教育的校本课程，努力创建一批全省文明交通示范学校。

（二十一）加强道路交通安全文化建设。各市、县（区）人民政府要加强道路交通安全宣传教育基地建设，创新宣传教育方法；大力推广交通安全宣传服务站建设，拓宽交通安全宣传辐射范围；要通过组织开展交通安全宣讲、文艺巡演、主题征文、演讲比赛、知识竞赛、专家论坛等活动，广泛宣传道路交通安全法律法规和安全知识；要在互联网搭建交通安全宣传教育及资源共享平台，实现交通安全宣传资料共享。

八、严格道路交通事故责任追究

（二十二）加强重大道路交通事故联合督办。各市、县（区）人民政府要严格执行重大事故挂牌督办制度，健全完善重大道路交通事故“现场联合督导、统筹协调调查、挂牌通报警示、重点约谈检查、跟踪整改落实”的联合督办工作机制，形成各有关部门齐抓共管的监管合力；制定道路交通安全奖惩制度，对预防道路交通事故成效显著的地方、部门和单位要予以表扬和奖励,并进行经验总结推广;对发生一次死亡10人以上的重大交通事故,省人民政府进行调查;对发生一次死亡3人以上的较大交通事故,各设区市人民政府负责调查;对发生一次死亡3人以下的一般交通事故,各县(市、区)人民政府负责调查。

(二十三)加大事故责任追究力度。安监部门要会同交通运输、公安、监察、旅游等部门对发生重大及以上或者6个月内发生两起较大及以上责任事故的道路运输企业,依法责令停业整顿,停业整顿后符合安全生产条件的,准予恢复运营,但客运企业3年内不得新增客运班线,旅游企业3年内不得新增旅游车辆;停业整顿仍不具备安全生产条件的,取消相应许可或吊销其道路运输经营许可证,并责令其办理变更、注销登记直至依法吊销营业执照。对道路交通事故发生负有责任的单位及其负责人,依法依规予以处罚,构成犯罪的,依法追究刑事责任。发生重特大道路交通事故的,要依法依纪追究地方政府及相关部门的责任。

九、提高道路交通安全组织保障水平

(二十四)加强道路交通安全组织领导。各市、县(区)人民政府要高度重视道路交通安全工作,将其纳入经济和社会发展规划,与经济建设和社会发展同部署、同落实、同考核,并加强对道路交通安全工作的统筹协调和监督指导。实行主要领导总负责、分管领导具体负责的道路交通安全工作责任制,将道路交通安全工作纳入政府工作重要议事日程,定期组织分析研判安全形势,研究部署重点工作。建立道路交通事故总结报告制度,各市、县(区)人民政府每年1月10日前要将本地区上年度道路交通安全工作情况向上一级政府作出专题报告。

(二十五)落实部门管理和监督职责。各有关部门要按照“谁主管、谁负责,谁审批、谁负责”的原则,依法履行职责,落实监管责任,切实构建“权责一致、分工负责、齐抓共管、综合治理”的协调联动机制。要严格责任考核,将道路交通安全工作作为有关领导干部实绩考评的重要内容,并将考评结果作为综合考核评价的重要依据。

(二十六)完善道路交通安全保障机制。各市、县(区)人民政府要研究建立政府、企业和社会共同承担的道路交通安全长效投入机制,不断拓展道路交通安全资金保障来源,推动完善相关财政、税收、信贷支持政策,强化政府投资对道路交通安全投入的引导和带动作用。公安部门要会同编办、财政部门根据道路里程、机动车增长等情况,相应加强道路交通安全管理力量建设,完善道路交通警务保障机制。发改、财政、公安、交通运输部门要研究出台高速公路交通安全发展的相关保障政策,将高速公路交通安全执勤执法营房等配套设施与高速公路建设同步规划设计、同步投入使用并给予资金保障,高速公路建设管理单位要积极创造条件予以配合支持。

江西省人民政府

2013年5月16日

2013年度交通运输文件、文献名称辑录

1. 快递市场管理办法(中华人民共和国交通运输部令　2013年第1号)

2. 道路危险货物运输管理规定(中华人民共和国交通运输部令　2013年第2号)

3. 关于修改《公路工程勘察设计招投标管理办法》的决定(中华人民共和国交通运输部令　2013年第3号)

4. 关于修改《快递业务经营许可管理办法》的决定(中华人民共和国交通运输部令　2013年第4号)

5. 关于修改《邮票发行监督管理办法》的决定(中华人民共和国交通运输部令　2013年第5号)

6. 关于修改《邮票发创监督管理办法》的决定(中华人民共和国交通运输部令　2013年第6号)

7. 关于修改《集邮市场管理办法》的决定(中华人民共和国交通运输部令　第2013年第7号)

8. 关于修改《邮政行业统计管理办法》的决定(中华人民共和国交通运输部令　2013年第8号)

9. 关于修改《中华人民共和国国际海运条例实施细则》的决定(中华人民共和国交通运输部令　2013年第9号)

10. 关于修改《中华人民共和国船员服务管理规定》的决定(中华人民共和国交通运输部令　2013年第10号)

11. 关于修改《中华人民共和国船舶油污损害民事责任保险实施办法》的决定(中华人民共和国交通运输部令　2013年第11号)

12. 关于修改《中华人民共和国船舶及其作业活动污染海洋环境防治管理规定》的决定(中华人民共和国交通运输部令　2013年第12号)

13. 江西省人民政府关《进一步加快交通运输事业发展的意见》(江西省人民政府　赣府发〔2013〕10号)

14. 江西省人民政府《关于修改〈江西省水路运输管理办法〉的决定》(江西省人民政府令第210号)

15. 江西省人民政府《关于加强道路交通安全工作的实施意见》(江西省人民政府　赣府发〔2013〕13号)

16. 关于印发《港航行政执法责任制》的通知(江西省港航管理局　赣港航法规〔2013〕9号)

17. 关于印发《港航规范性文件制定程序规定》等五个规范性文件的通知(江西省港航管理局　赣港航法规〔2013〕10号)

18. 关于公布2012年度江西省道路客货运企业、站场质量信誉考核AAA级企业名单的通知(江西省公路运输管理局　赣运客货字〔2013〕24号)

19. 关于局行政服务中心正式运行的通知(江西省公路运输管理局　赣运办定〔2013〕27号)

20. 关于加强道路运输企业车辆技术管理主体责任的通知(江西省公路运输管理局　赣运车技字〔2013〕19号)

21. 关于全省2012年度城市客运企业质量信誉考核结果及有关情况的通报(江西省公路运输管理局　赣运城客字〔2013〕18号)

22. 关于印发全国交通运输行业“金龙龙翼杯”机动车驾驶员职业技能竞赛江西省选拔赛工作方案和技术方案的通知(江西省公路运输管理局　赣运驾培字〔2013〕26号)

23. 关于开展全省道路运输系统十佳执法标兵和十佳执法案卷评选活动的通知(江西省公路运输管理局　赣运法稽字〔2013〕22号)

24. 关于2013年度全省道路运输系统行政执法评议考核情况的通报(江西省公路运输管理局　赣运稽字〔2013〕20号)

25. 关于2013年全省汽车维修行业汽车空调检测维修技能竞赛的通报(江西省公路运输管理局　赣运车技字〔2013〕15号)

26. 关于全省省际、市际客运班线及其车辆

经营行为网上稽查情况的通报(江西省公路运输管理局　赣运法稽字〔2013〕15号)

27. 关于对2012年全省驾培机构质量信誉考核工作检查复核情况的全省驾培机构质量信誉考核工作检查复核情况的通报(江西省公路运输管理局　赣运驾培字〔2013〕20号)

28. 江西省公路运输管理局关于公布2012年度全省机动车维修质量信誉考核AAA级企业的通报(江西省公路运输管理局　赣运车技字〔2013〕13号)

29. 关于开展2013年全省运政稽查“追踪行动”的通知(江西省公路运输管理局　赣运法稽字〔2013〕13号)

30. 关于举办2013年全省汽车维修行业汽车空调检测维修技能竞赛活动的通知(江西省公路运输管理局　赣运车技字〔2013〕12号)

31. 关于印发《开展2013年全省道路运输行政执法评议考核工作方案》的通知(江西省公路运输管理局　赣运法稽字〔2013〕12号)

32. 关于印发江西省2013年度开展道路客运安全年活动实施方案的通知(江西省公路运输管理局　赣运安监字〔2013〕13号)

33. 关于开展机动车维修企业价格结算员和业务接待员培训发证工作的通知(江西省公路运输管理局　赣运车技字〔2013〕10号)

34. 关于2013年度机动车检测维修专业技术人员职业水平考试有关问题的通知(江西省公路运输管理局　赣运车技字〔2013〕9号)

35. 关于印发2013年道路运输行业纠风工作实施方案的通知(江西省公路运输管理局　赣运监察字〔2013〕1号)

36. 关于贯彻落实交通运输部《汽车客运站营运客车安全例行检查工作规范》的实施意见(江西省公路运输管理局　赣运车技字〔2013〕8号)

37. 关于印发全省道路运输行业2013年节能减排工作要点的通知(江西省公路运输管理局　赣运车技字〔2013〕4号)

38. 关于规范我省驻外道路货物运输车辆维护管理工作的通知(江西省公路运输管理局　赣运车技字〔2013〕3号)

39. 关于表彰2012年度全省道路运输管理“夺杯争先”活动优胜单位的通报(江西省公路运输管理局　赣运办字〔2013〕11号)

40. 关于加强政务信息报送工作的通知(江西省公路运输管理局　赣运办字〔2013〕8号)

41. 关于加强政务信息报送工作的通知表彰2012年度全省道路运输管理工作先进单位的决定(江西省公路运输管理局　赣运办字〔2013〕10号)

42. 关于印发《江西省城乡道路客运燃油消耗申报管理工作规范》的通知(江西省公路运输管理局　赣运城客字〔2013〕2号)

43. 关于印发《包车客运管理信息系统建设工作方案》的通知(江西公路运输管理局　赣运客货字〔2013〕6号)

44. 关于印发《2013年全省道路春运工作宣传方案》的通知(江西省公路运输管理局　赣运宣字〔2013〕2号)

45. 关于印发《2013年全省春运期间运政稽查“猎击”行动工作方案》的通知(江西省公路运输管理局　赣运法稽字〔2013〕3号)

46. 关于印发《江西省2013年道路春运工作方案》的通知(江西省公路运输管理局　赣运客货字〔2013〕3号)

47. 关于印发《江西省道路运输安全生产隐患排查治理制度(试行)》的通知(江西省公路运输管理局　赣运安监字〔2013〕1号)

48. 关于公布2012年江西省汽车客运站服务达标专项整治验收结果的通知(江西省公路运输管理局　赣运客货字〔2013〕2号)

附 录

铁 路

【概况】 2013年,南昌铁路局(以下简称铁路局)管辖赣闽两省全部和湘鄂两省部分铁路。铁路分界站(点):京九线北端(蔡山站)K1277+000处与武汉铁路局分界,京九线南端(定南站)K2008+200处与广州铁路(集团)公司分界;沪昆线东端(新塘边站)K502+200处与上海铁路局分界,沪昆线西端(株洲站)K1102+000处与广州铁路(集团)公司分界;皖赣线(倒湖站)K342+500处与上海铁路局分界;武九线(西河村站)K185+809处与武汉铁路局分界;合九线(孔垄站)K278+871处与上海铁路局分界;漳龙线(琥市站)K143+037处与广州铁路(集团)公司分界;铜九线(香隅站)K164+000处与上海铁路局分界;杭深线(苍南站)K664+589处与上海铁路局分界。

截至2013年年底,铁路局营业里程6057.4千米(江西境内2946.9千米)、增加891.1千米(江西境内增249.7千米)。其中,国家铁路营业里程3766.5千米(江西境内2498.3千米),合资铁路营业里程2290.9千米(江西境内448.6千米)。线路延展里程1.21万千米,增加1878.2千米、增长18.3%。复线里程2975.8千米,复线率49.1%,增加6.0个百分点;电气化里程4147.7千米,电化率68.5%,增加2.4个百分点;时速120千米及以上铁路营业里程3289.8千米,时速160千米及以上铁路营业里程1928.3千米,时速

200 千米及以上铁路营业里程 1847 千米,时速 250 千米铁路营业里程 706.9 千米。

全年,铁路局完成 21 个大中型基建项目投资 337.05 亿元(含合资铁路项目),完成计划 100%。截至年底,全局车站 410 个(江西境内 178 个)。铁路沿线绿化里程 2841 千米,与上年持平。

2013 年,铁路局完成运输收入 194.87 亿元,增收 18.64 亿元,同比增长 10.6%。其中,客票收入 109.91 亿元,增收 13.52 亿元,同比增长 14%;货物运费 52.07 亿元,增收 2.07 亿元,同比增长 4.1%;其他收入 20.68 亿元,增收 3.62 亿元,同比增长 21.2%;建设基金 12.21 亿元,减收 5754.4 万元,同比下降 4.5%。铁路局发送旅客 1.36 亿人(提前 21 天完成年度计划),增加 1817.1 万人,同比增长 15.5%。其中,管内发送 8938.6 万人,增加 1484 万人,增长 19.9%;直通发送 4610.5 万人,增加 333.4 万人,增长 7.8%;中转旅客 2.1 万人,减少 2089 人,下降 8.9%。铁路局发送货物 8848.2 万吨,减少 477.8 万吨,同比下降 5.1%。其中,管内发送 6109 万吨,减少 42.2 万吨,同比下降 0.7%;直通发送 2739.2 万吨,减少 435.7 万吨,同比下降 13.7%。铁路局重点物资运输:运送煤炭 2407.8 万吨,增加 77.5 万吨,同比增长 3.3%;运送粮食 49.5 万吨,减少 14.5 万吨,同比下降 22.6%;运送化肥 161 万吨,减少 18.6 万吨,同比下降 10.3%;运送石油 299 万吨,增加 5.1 万吨,同比增长 1.7%;运送金矿 2110.5 万吨,减少 238.9 万吨,同比下降 10.2%;运送钢铁 861.2 万吨,减少 216.6 万吨,同比下降 20.1%。

(刘　仁)

【机车车辆配属】　2013 年,铁路局和谐号动车组配属 105 组 896 辆(增加 40 组 320 辆);机车配属 1241 台(内燃机车 554 台,占 44.6%;电力机车 687 台,占 55.4%);客车配属 4180 辆(含局管路用客车),增加 331 辆,同比增长 8.6%。其中,空调客车 3479 辆,占 83.2%。

(刘　仁)

【科研与培训 1】　2013 年,下达科研开发经费 500 万元,组织科研攻关项目 46 项;科技论文 102 篇,科技成果 38 项。

组织工人培训 545 期 3.1 万人次,干部培训 262 期 1.93 万人次。晋升工人技师 383 人、高级技师 63 人。

(刘　仁)

【运输业劳动生产率】　截至 2013 年年底,铁路局从业人员 99073 人。其中,运输业从业人员 86981 人。按运输收入计算,运输业从业人员劳动生产率 23.06 万元/人,同比增长 8.4%。

(刘　仁)

【非运输企业经营收入】　截至 2013 年年底,铁路非运输企业(法人企)48 家,平均从业人员 6370 人(减少 2838 人,下降 30.8%),完成营业收入 176.98 亿元,增加 14.06 亿元,同比增长 8.6%。

(刘　仁)

【综合能耗】　2013 年,铁路局单位运输工作量综合能耗 4.16 吨标煤/百万换算吨千米,降低 3.7%。能源消耗 70.34 万吨标准煤,减少 3.65 万吨标准煤,同比下降 4.9%。其中,煤炭消耗 1.05 万吨,减少 3768.1 4 吨,下降 26.5%;柴油消耗 23.41 万吨,减少 4.87 万吨,下降 17.2%;电力消耗 28.42 亿千瓦时,增加 3.02 亿千瓦时、上升 11.9%;汽油消耗 2394.21 吨,增加 143.82 吨、上升 6.4%;天然气消耗 65.95 万立方米,增加 9.8 万立方米,上升 17.5%;新鲜水消耗 2070.2 7 万吨,减少 85.26 万吨,下降 0.4%。

(刘　仁)

【污染物排放量】　2013 年,铁路局化学需氧量排放量 68.17 吨,比计划减少 1.83 吨,降低 2.6%,比上年减少 9.23 吨,降低 11.9%;二氧化硫排放量 112.07 吨,比计划减少 16.93 吨,降低 13.1%,比上年减少 22.79 吨,下降 16.9%。

(刘　仁)

【生产生活条件】　2013 年,铁路局投资 1.55 亿元建设和改造沿线生产房屋、行车公寓、单身宿舍,1988 万元实施三线(生活线、文化线、卫生保障线)建设,1880 万元组织 9569 名职工健康休养,1792 万元改造沿线饮水设施,1289 万元改造沿线文体馆、俱乐部，617.8万元改善沿线生活、文体设施，951.7万元组织40612名职工健康体检，258.6万元组织16300名女职工体检，120万元组织1280名职工荣誉性休养，增拨1179万元，提高职工劳动保护费用标准，支出2081万元保障职工节假日期间生活，支出救助金3660.4万元帮扶职工64894人次。

（刘　仁）

【向莆铁路开通运营】　9月26日，随着南昌西、福州、莆田、三明北4个车站动车组列车的开行，向莆铁路开通运营。

该铁路建设工期60个月（2008年10月1日开工），概算投资516.58亿元（江西境内165.52亿元），正线全长632.36千米（江西境内241.54千米），全线设南昌西、三江镇、大岗、抚州北、抚州、腾桥、南城、南丰、西城、建宁北、泰宁、将乐、夏茂、三明北、尤溪、中仙、长庆、永泰、涵江北、莆田、杜坞、福州22个车站；桥梁247座，占正线长度23.2%；隧道116座，占正线长度44.8%。

向莆铁路的开通运营，既打造省内主要城市1~2小时生活圈，又缩短赣闽两省的时空距离（省会之间构成3小时交通圈），实现“千里赣闽一日往返”。同时，向莆铁路将中部地区与东南沿海联系起来，形成“山海协作”的格局。

（刘　仁）

【九景衢铁路和武九客专开工】　12月29日，九景衢铁路和武九客专项目在九江开工建设。

九景衢铁路是国家Ⅰ级双线电气化铁路，设计时速200千米，建设里程333.33千米（江西境内244.97千米）。线路西起江西省九江市，东至浙江省衢州市；江西境内设11个车站（九江、琵琶湖、湖口、都昌、油墩街、鄱阳、景德镇北、赋春、桥上村、婺源、新岗山）；项目投资259.2亿元（江西境内196.25亿元），建设工期3年6个月。

武九客专是江西省北上进京的第一条高铁通道，自九江引出，途经瑞昌进入湖北省；江西境内建设里程45.86千米，为客运专线铁路，设计时速250千米，设九江、庐山、城门、瑞昌南4个车站，项目投资70.48亿元，建设工期3年。

（刘　仁）

【江西铁路民间投资第一人——叶日民】　12月31日，余干铁路物流专线通车，这是江西省第一条吸收民间资本修建的铁路。

自2011年起，在江西省人民政府的支持下，经原铁道部（现中国铁路总公司）批准，江西铭日集团董事长叶日民投1.3亿元资金，与铁路局下属江西京九物流有限公司合作，在余干县黄金埠镇兴建3.89千米的铁路物流专线，成为江西铁路民间投资第一人。

（刘　仁）

【南昌车站】　车站机关位于南昌市西湖区二七南路213号（邮政编码330002），管辖南昌站和南昌西站（均为客运一等站）。

南昌站位于京九线K1444+598处，分本场、Ⅱ场和客技场。站房建筑面积19154平方米，候车室8个（含动车组候车室、VIP候车服务区、贵宾室各一个），旅客候车面积7545平方米；站内设35个售票窗口（售票大厅24个、动车组候车室5个，进站口2个，出站地道4个），站外（市郊县）设客票代售点119个；配有10台自动售票（取换票）机、8台自动取换票机及电子引导、票额显示、电子监控、手机自动充电器、电子寄存柜等客运服务设施。本场采用微机联锁和ZPW—2000自动闭塞设备，设4座站台（2、3站台为高站台），正线、到发线11股，存车线4股；Ⅱ场设到发线6股，存车线27股，4条专用线（其中南昌电厂专用线于5月15日、省物资专用线和外贸专用线于12月31日停办），接发列车设备采用CTC模式，办理南昌市中转粮库专用线货运业务及客车散车存放；客技场设整备、检修、存车线30股。

南昌西站9月26日开通运营。位于昌九城际线K139+12处，连接昌福线和在建沪昆客专线，站场由北至南分城际场和沪昆场，呈横列布置，设正线4股（城际场和沪昆场各2股），旅客列车到发线22股（城际场和沪昆场各11股），站台12座（城际场和沪昆场各6座）；站场东西长1.8千米，南北宽385.5米，站房建筑面积11.5万平方米，无柱雨棚7.25万平方米，2个候车区面积3.7万平方米；设售票窗口48个、自动售票机55台，自助检票闸机158台，扶梯64部、直梯26部以及旅客服务中心、重点旅客服务区、LED显示、综控室等客运服务设施。

南昌站日均接发图定列车130.5对(其中旅客列车102.5对、其他列车28对),南昌西站42.5对(其中旅客列车29对、其他列车13.5对)。全年,南昌车站发送旅客2285.7万人,比上年增长10.2%;完成运输收入21.39亿元,比上年增长11%。截至12月31日,实现运输安全1335天。2013年,南昌车站获铁道部文明车站、江西省第十三届文明单位、江西省春运工作先进单位等称号。

(刘 仁)

【南昌车务段】 段机关位于南昌市青云谱区南莲路668号(邮政编码330001),管辖42个车站,分布在沪昆、京九、向莆、南昌西环线及抚江、张塘、张建、丰洛4条支线,专用线53条,货物线61条,营业里程687.94千米(其中支线213.8千米);货物品类主要有煤、石油、钢材、粮食等。

2013年,南昌车务段发送货物975.7万吨,完成运输收入12.7亿元,比上年增长14%。至12月31日,实现运输安全4555天。

2013年,南昌车务段获铁路局先进单位、货运改革先进单位等称号。

(刘 仁)

【景德镇市珠山中路火车(飞机)票代售点开业】 1月6日,景德镇市珠山中路火车票、飞机票代售点营业。珠山中路火车票、飞机票代售点隶属于景德镇珠山康辉旅行社旗下,坐落于市中心良友宾馆对面红店街口,是全国规范的代售点。

该代售点营业时间为8时到19时,火车票窗口可预售18天内全国各地火车票,电话与网络提订票提前20天接受预定,凭身份证到代售点取票。代售点只收取规定的5元/票的代办手续费,学生票不收取手续费。该代售点还提供市区内飞机票免费送票上门服务。

(涂 强)

【景德镇火车站春运增开至厦门、杭州临客】 自1月26日起,景德镇火车站增开景德镇至厦门L8809/10次临时旅客列车(L8810次9:09终到,L8809次景德镇13:10始发),专门接送厦门方向的务工人员返程过年。

自2月13日(正月初四)起,该站每天增开景德镇至厦门L8809/10次临时旅客列车(9:09终到,15:30始发),全程运行17个小时;景德镇至杭州L533次临时旅客列车(景德镇16:50始发),次日3:00终到杭州,全程11个多小时。

原上海开往黄山的K8420/19次旅客列车延伸至景德镇终到并始发。自2月13日(正月初四)起,K8420次旅客列车返程时,景德镇火车站(15:50)始发。

(孙卫华)

【景德镇火车站春运期间累计发送旅客超20万人次】 在为期40天的"蛇年"春运中,景德镇火车站共发送旅客201608人(次),同比增长10.77%。

(涂 强)

【景德镇市获评"全国平安铁路示范市"】 4月底,景德镇市获评"全国平安铁路示范市"称号。

在近四年的"全国平安铁路示范市"创建中,景德镇市积极构建护路"四级防控网络"机制,第一级网络以市专职护路队员为主,加强铁路治安巡防;第二级网络以县(市、区)公安、交通、工商、安监等成员单位为主,对铁路沿线废旧金属收购站点、站场及重点人群进行全方位监控和管理;第三级网络以乡(镇、街道)为主,组建治安巡防队,重点加强铁路沿线周边治安巡逻防控;第四级网络以村(社区)为主,聘请义务护路队员和信息员,重点加强铁路沿线桥、涵等重点部位看守、卡控和信息收集。同时,积极开展铁路护路宣传。四年来,共在全市范围内开展大型宣传活动17场次,深入铁路沿线24个乡(镇、街道)、62个村(社区)、51所中小学校,开展宣传教育活动150余场次,发放宣传资料6万余份,张贴宣传画2万余张,粉刷宣传标语200余条,编写墙报105块,安装各类警示牌100块,受教育群众达70余万人次。另外,景德镇市综治委广泛开展基层平安铁路创建活动。四年来,全市累计有88个乡镇和社区被评为平安铁路示范乡镇(社区)称号。2012年,该市四个县(市、区)和高新区被授予江西省"平安铁路示范县(市、区)"称号。此外,景德镇市综治委还积极开展群防群治,组建了24支专职护路队伍和29支兼职护路队伍,配备了214名护路员和113名信息员。 (涂 强)

【南昌铁路局首单“门到门”运输在景德镇南站发车】 6月25日，南昌铁路局货运组织改革以来第一单“门到门”运输业务—1000吨(16车)外贸硫酸铵产品自景德镇南站发出。

3月，铁道部政企“分家”，成立的中国铁路总公司承担铁道部的企业职责后，中国铁路总公司向广大客户作出“简化受理、随到随办、规范收费、热情服务”的四句话承诺，改变多年以来“站到站”运输方式，推出“门到门”“门到站”“站到门”等多种服务，使得铁路运输方式更加方便、快捷、实惠。

硫酸铵是景德镇焦化(集团)公司的附属产品，长年以来用于外销。由于过去铁路运输只能办理“站到站”运输，而且手续繁杂，该公司一直以来都是通过汽车运输至南京龙潭港口，再装船外运至越南、马来西亚等国。为满足该公司运输要求，景德镇铁路南站的工作人员仔细研究铁路运输最短路径，尽可能为公司节省运输成本，积极与南京龙潭港口附近多个货运站联系，了解对方站接卸能力和“站到门”运输能力，制订卸车转运组织方案，实施公司仓库至始发站、到达站至南京龙潭港口装船的转运服务，将“站到站”运输方式延伸至“门到门”，景德镇焦化(集团)公司的销售人员只需在南京龙潭港口监督装船即可。这单业务也成为南昌铁路局货运组织改革以来第一单“门到门”运输业务。

(涂 强)

【九景衢铁路(江西段)建设启动工作会议在景召开】 9月12日，九景衢铁路江西有限公司第一次股东会、一届一次董事会、一届一次监事会暨九景衢铁路(江西段)建设启动工作会议在景德镇市召开。江西省委常委、常务副省长莫建成出席会议，并为九景衢铁路江西有限公司揭牌。江西省政府副秘书长涂琼理，省发改委主任李安泽，南昌铁路局局长刘振芳，省发改委党组成员、省铁办主任熊燕斌，景德镇市委书记刘昌林，市委副书记、市政府党组书记颜赣辉，市委常委、常务副市长于秀明，市政协副主席、市政府秘书长刘朝阳，市委秘书长俞小平等出席会议。颜赣辉、李安泽、刘振芳、熊燕斌分别致辞。

颜赣辉在致辞中指出，瓷都人民期盼多年的九景衢铁路建设终于正式启动，这是景德镇铁路发展史上的大事、喜事、盛事，必将在景德镇的历史上写下浓墨重彩的一笔。九景衢铁路的开工建设，将使景德镇与上海、浙江等沿海发达地区的连接更加快捷畅通，对于极大改善我市的交通运输条件，加强各类资源的开发利用，承接长三角产业转移、具有极其重要的历史性意义。

颜赣辉要求，景德镇市各级各有关部门要以九景衢铁路江西有限公司挂牌成立为新起点，严格按照国家铁路总公司和省委、省政府的要求，以不畏艰难险阻的工作精神和作风，举全市之力做好各项保障服务工作，为九景衢铁路建设提供满意的环境。同时，希望九景衢铁路公司与我市保持密切协作，把争取时间放在首位，把空间占满，把时间用足，齐头并进、倒排工期、交叉作业，力争早开工、早建成、早使用。

新建九景衢铁路为国家一级双线电气化铁路，设计时速200千米，建设里程333.33千米，其中江西境内244.97千米(景德镇境内包括长短链共59千米)，项目总投资265.56亿元。九景衢铁路西连九江市，与武九、京九、合九、铜九铁路衔接，直达北京、上海，东接浙江省衢州市，与沪昆铁路和正在规划建设的沪昆客运专线、衢州至宁德铁路衔接，是江西与东部地区之间的快速铁路通道。

(涂 强)

【景德镇火车站列车时刻表调整】 受昌福、永莆新线开通、列车停站和时刻调整等影响，自9月26日起，景德镇火车站与全国同步调整列车时刻。具体为：皖赣线南昌到扬州K432/1次列车停运1对、提升快速旅客列车景德镇至厦门K8709/10次，由厦门站终到并始发1对，景德镇始发至南昌K8729次提前至12:47开，景德镇始发至厦门K8709次推后至14:08开。因新旧列车时刻交替，9月25日至30日，景德镇开K8729次停运，但25日至30日南昌(8:18始发)开往景德镇K8730次仍然正常行驶，故该次列车时刻调整变动较大。原厦门返回景德镇K8710次旅客列车推后至11:44到景德镇站，到景德镇站后，于12:47开K8729次始发去南昌；南昌至景德镇K8730次(13:09)至景德镇站后，由景德镇站14:08开K8709次始发至厦门；景德镇至鹰潭7211次旅客列车改为15:00始发；厦门开往徐州的K178次改为16:05别到景德镇站。自9月25日起,原景德镇12:15始发至厦门高崎的旅客列车5209/10次停运。

(孙卫华)

【赣州车务段】 (一)段机关位于江西省赣州市章贡区赣州火车站旁(邮政编码341000)。管辖京九线峡江—定南站、赣龙线赣州东—瑞金站、吉衡线吉安南—睦村和吉井线的运营里程735.3千米,乘务里程1210千米(担当2对旅客列车的乘务工作)。客货运输业务辐射江西、福建、广东、湖南、浙江、上海、北京等省市。

行政设行政办公室、人事劳动科、计划财务科、安全科、技术统计科、职工教育科、营销业务科、信息管理科及多元经营部9个科室,辖40个车站(一等站2个、二等站2个、三等站8个、四五等站28个)及赣州乘务室、客车队,向西列尾所,综合事务室;党群系统设党委、纪委、工会、团委和党群工作办公室,辖2个党总支、30个党支部、38个工会支会、10个团支部、1个俱乐部。段长罗海明(12月底调离)、曾方平(12月底任),党委书记杨晖(12月底任),副段长刘小平、盛忠义、李小安、汪赣黔(2月任)、彭杰(12月任)、杨学玲(2月调研),党委副书记、纪委书记赵文辉,工会主席曾繁红,团委书记甘强。截至2013年年底,在册职工1760人,固定资产6.32亿元。

2013年,该段管内有调车作业车站18个,车流主要解编靠赣州东和吉安站,日均解体列车20列,编组17列,调车68批/1348辆;该段站改施工1704次,其中涉及非正常121站次、办理非正常接发列车作业124站次;该段共检查安全风险问题8852件,其中A类安全风险问题135件(含“红线”问题),B类安全风险问题4303件,C类安全风险问题4114件。全年发送旅客1202.86万人,同比增长12.3%;货物发送229.11万吨,同比增长19.2%;运输收入完成104433.98万元,同比增长15.9%。春运期间,该段安全发送旅客165.18万人次,客运收入11911.23万元。

(李发淳)

【向莆铁路抚州段运营工作调度会召开】 9月3日,向莆铁路抚州段运营工作调度会在抚州市政府第一会议室召开。市委常委、常务副市长陈日武出席并讲话。市政府副巡视员、市发改委任熊世平主持会议。会议听取了有关部门关于向莆铁路抚州段建设进展情况的汇报,分析研究铁路建设中遇到的问题,并就如何协调解决问题进行了部署。陈日武指出,向莆铁路是市委、市政府通过多年努力争取来的重大项目,也是抚州人民期盼多年的梦想。9月26日,向莆铁路将正式开通运行,这标志着抚州将结束境内没有铁路干线通过腹地的历史。向莆铁路抚州段建设已进入关键冲刺阶段,如何确保向莆铁路正常运行,是市、县(区)两级政府责无旁贷的重大责任。陈日武要求,向莆铁路运营前的相关准备工作必须在9月22日前基本完成。各地各部门要明确工作目标,强化调度,主动衔接,加班加点,全力实现“三个确保”:一是确保9月26日铁路开通运营之后,沿线车站的旅客进出通道畅通无阻。二是确保铁路运营之后,全线畅通无阻。三是确保沿途车站的内部环境一流、外部环境一流和生态环境一流,努力把向莆铁路打造成中国最美铁路。

(陈根玲)

【向莆铁路全线联调联试】 全国铁路快速客运网的重要组成部分——向莆铁路8月9日启动全线联通调联试,为正式开通运营做最后准备。来自全国的近百家媒体登上动车综合检测车,抢先体验这条被誉为“中国最美铁路”的独特魅力。

向莆铁路为客货共线快速铁路干线,客运设计时速200千米,货运时速120千米,建设里程632千米,其中江西境内241千米,全线设南昌西、三江、大岗、抚州北、抚州、腾桥、南城、南丰、西城、建宁北、泰宁、将乐、夏茂、三明北、尤溪、中仙、长庆、永泰、涵江北、莆田、杜坞、福州共22个车站。向莆铁路2007年11月24日开工建设,2012年11月29日全线贯通,2013年5月开始分区段联调联试,8月10日起转入全线联调联试,9月26日全线通车。

向莆铁路抚州段总长度约158米,投资概算约68亿元,途经临川、抚州高、新区、南城、南丰、黎川等5个县区。向莆铁路的建成通车,将结束抚州市没有干线铁路穿越城市经济腹地的历史,为全市“融入南昌都市圈、对接海峡西岸经济区”创造了良好条件。对百姓而言,铁路更是抚州人民几代人的梦想。向莆铁路通车后,将极大地方便市民的出行。与此同时,借助向莆铁路的开通,可以充分发挥该市历史文化及旅游资源的优势，吸引更多的人来抚州观光旅游，提高城市知名度。

（陈根玲）

【“钢铁动脉”开启抚州海铁联运新纪元】　受交通制约，长期以来，抚州市农产品和工业产品出口，只能先通过公路运输至上海、宁波、厦门、深圳等沿海口岸，然后再装船出海，不仅花费了大量时间，还给企业增加了不少物流成本。随着向莆铁路这条“钢铁大动脉”的建成，开启了抚州海铁联运的新纪元。

向莆铁路建成通车后，将成为西部地区重要的便捷出海通道。当今的湄洲湾海岸线上，处处都是建设的大工地。国家质检总局批准的全国首个海运进口木材检疫除害处理区已投入运营；40万吨级、中国东南沿海最大的铁矿石码头正抓紧建设；国家开发投资公司投资建设的20万吨级、可停靠世界上最大煤炭船泊的码头正在填海施工。大唐抚州电厂建成后，所需煤炭可通过湄洲湾经向莆铁路运抵抚州市，每吨可节省运输费约20元。

海铁联运只需一次申报，一次查验、一次放行就可完成，具备输送能力大、速度快、港口吞吐能力强、成本低等优势。根据车流组织原则，向莆铁路莆田港站日均办理列车近期24对、远期35对。

（陈根玲）

【向莆铁路首次调整列车运行图】　为科学优化列车开行方案，进一步方便旅客的乘车需求，南昌铁路局自10月28日起调整向莆铁路新的列车运行图方案。这是向莆铁路自9月26日开通以来首次调图，是南昌铁路局根据市场客流的调查研判，在广泛征求旅客意见和建议的基础上对部分列车车次的运行时刻、停靠站点等进行微调，以满足旅客的出行需求。

其中，运行时刻及办理客运业务站调整的车次为：D6510次福州17时24分开、二明北18时31分、增加将乐18时55分、增加泰宁19时14分、增加南丰19时45分、抚州20时16分、南昌21时06分到；福州开D6502次福州改8时48分开、增加永泰9时11分/13分；福州开K322次泰宁改19时30分/50分；海口开K1122/3次向塘改20时31分/21分；福州开K1316/7次抚州改20时30分/45分、南昌西改21时43分/51分。福州开D6512次改南昌站终到并取消泰宁、南丰、南城站办理客运业务。D6512次终到南昌后，车底开行0D6514/2次空送至南昌西动力所检修开行次日D6501次。D6512次运行时刻及办理客运业务站改为：福卅/19时18分开，三明北20时21分，抚州21时43分，南昌22时30分到。

自10月28日起，南昌西动车所至南丰加0D6547次、南丰至南昌西加开D6548次。D6548次办理客运业务站及时刻表：南丰8时20开，南城8时33分、抚州8时54分，南昌西9时34分到。

增加修改调整内容车次为：D6510次福州17时24分开，杜坞17时29分，永大泰17时46分，长庆1 7时57分，中仙18时07分，尤溪18时55分，三明北18时31分，夏茂18时46分，将乐18时55分，泰宁19时14分，建宁县北19时28分，南丰19时45分，南城19时59分，腾桥20时08分，抚州20时16分，抚州北20时24分，大岗20时31分，三江镇20时38分，向塘20时50分，横岗20时54分，莲塘20时57分，南昌南20时59分，南昌21时06分到。

D6512次福州19时18分开，杜坞19时22分，永泰19时37分，长庆19时48分，尤溪20时06分，三明北20时21分，厦茂20时33分，将乐20时40分，泰宁20时53分，建宁县北21时02分，南丰21时17分，南城21时27分，腾桥21时35分，抚州21时43分，抚州北21时51分，大岗21时58分，三江镇22时05分，向塘22时15分，横岗22时19分，莲塘22时22分，南昌22时30分到。D6502次福州8时48分开，杜坞8睦52分，永泰9时11分。

K1316次南丰19时18分，南城19时47分腾桥20时03分，抚州20时30分，抚州北20时52分，大岗21时05分，三江镇21时17分，南昌西城际场21时43分，农大线路所22时04分，乐化城际场22时08分，永修城际城22时20分，共青城城际场22时34分，德安际场22时38分。

（陈根玲）

【南城县火车站站前广场工程竣工投入使用】
南城县火车站站前广场及站前路位于南城火车站东侧，总占地面积约8.5万平方米，其中站前广场占地面积约3.4万平方米，站前道路占地面积约

5.1万平方米,景观绿化面积1.28万平方米。主要建设内容为站前广场、站前道路两大部分,包括站前广场、广场门楼、特色景墙、休息廊、广场照明、站前道路、路灯、绿化、箱涵、给排水及相关配套设施等,是一个集商业、休闲、候车为一体的综合性绿色生态广场。其中广场门楼总高度16.9米、总跨度59.6米、最大单跨24米、是全省跨度最大的门楼。门楼为仿汉式建筑,主色调采用西汉时期建筑通用的灰色调,中间镶嵌"西汉古邑"四字匾额,让进入南城的外乡人一眼就可以读出南城是个有着两千多年历史的古县;中门两侧的楼柱悬挂青灰色石板的"龙"形浮雕,该浮雕大气磅礴,表达了龙腾吉祥、风调雨顺的美好愿望。休息长廊,长39.6米、宽2.2米、高2.6米,主要是供来往旅客休息和居民休闲使用。广场中部两侧设置了两个特色文化景墙,分别是"洞天福地麻姑山"和"碧水丹山洪门湖"。"碧水丹山洪门湖"文化景墙是豆绿色石板浮雕,长20米,高4.1米,表现了洪门水库碧波荡漾,岩窟深幽,丹崖叠嶂,水鸟翔集的旖旎风光。背面镌刻的是谢灵运、刘禹锡、白居易吟诵麻姑山的诗篇。"洞天福地麻姑山"文化景墙为豆绿色石板浮雕,长20米,高4.1米,浮雕揉入国画风格,气势磅礴,表现了麻姑山洞天福地的神秘色彩。背面镌刻的是晏殊、李纲、施闰章等历代名人吟诵麻姑山的诗篇。

火车站站前广场工程是该县2012年城市建设的重点项目之一,2013年9月正式投入使用,总投资5000万元。该工程施工单位为上饶市金日市政工程有限责任公司,工程监理单位为新余永安监理咨询有限公司,由湖北省林业勘察设计院进行设计。

(王素红)

民用航空

【概况】 2013年6月26日,宜春明月山机场正式建成通航,这标志着江西省"一干五支"的机场布局正式形成。作为展示江西崛起的重要窗口,江西省机场集团公司(以下简称"机场公司")运输服务功能进一步增强。2013年,机场公司运输生产保持快速增长,航线网络得到进一步优化,通达城市较2012年增加5个,新开通国际航线4条,地区航线1条。机场公司深化安全质量体系建设,开展安全专项整治和安全监察,实施客户满意度工程,成功处置8起虚假威胁信息事件,所属6个机场未发生责任范围内的事故、事故征候,安全形势保持总体平稳。随着《江西省民用运输机场管理办法》出台,公司公共基础设施定位更加清晰。2013年,机场公司借力省、市政府,主动融入"昌九一体化"发展战略,对接南昌临空经济区建设,积极推动"昌九一体化"向纵深发展。2013年,江西省机场集团公司先后获得"江西领军企业50强"、"改革开放35周年企业文化竞争力优秀单位"、"全国实施用户满意工程先进单位(服务类)"等荣誉称号,并连续18年获得"江西省社会管理综合治理先进单位"称号,被评为南昌市"文明单位"。

(谢　丽)

【旅客吞吐量首破800万大关】 2013年,江西省机场集团公司共保障各类飞行起降82433架次,同比增长13.93%;完成旅客吞吐量8488739人次,同比增长12.88%;完成货邮吞吐量47243.9吨,同比增长4.2%。其中,南昌机场起降64029架次,同比增长14.78%;旅客吞吐量6811028人次,同比增长13.17%;货邮吞吐量40388.9吨,同比增长6.69%。南昌机场国际(地区)旅客吞吐量突破19万人次,同比增长70%,增速居于行业前列;赣州机场起降7038架次,旅客吞吐量626849人次,货邮吞吐量3795.5吨;景德镇机场起降3604架次,旅客吞吐量405021人次,货邮吞吐量630.9吨;吉安机场起降4870架次,旅客吞吐量444378人次,货邮吞吐量1831.1吨;九江机场完成起降1848架次,旅客吞吐量118353人次,货邮吞吐量577.7吨;宜春机场完成起降1044架次,旅客吞吐量83110人次,货邮吞吐量19.8吨。

（谢　丽）

【航线网络进一步优化】　截至2013年年底,江西省机场集团公司共开通航线101条,通航城市53个,航线网络得到进一步优化。其中,南昌昌北国际机场新增通航城市为5个,分别是:杭州、长春、海拉尔、烟台、西双版纳;运营航空公司25家;台湾航线实现台北每天1班,并新开高雄航线;南昌飞往韩国、泰国新增3个通航点,新开南昌新加坡航线。

（谢　丽）

【安全服务品质持续提升】　2013年,江西省机场集团公司开展为期106天的安全生产大检查工作,自查问题266个,已整改240个,整改率90%,正在整改的项目均已得到有效管控。景德镇机场、九江机场通过民航江西安全监督管理局2013年度安全适用性检查。景德镇机场通过民航江西安全监督管理局机场使用许可换证审查。开展各类演练139次,突发事件应对能力得到有效提升。南昌昌北机场成功处置8起恐怖威胁事件和“10·24”精神病人非法翻越围界事件。为提高机场服务品质,南昌昌北机场先后开通新余城市候机楼、连通南昌高铁西客站的机场巴士3号线,与江西广播电视台信息交通台合作打造“江西交通广播105.4民航信息播报”栏目,与中国电信江西分公司联合推出手机“掌上登机牌”项目。集团公司荣获“全国实施用户满意工程先进单位”荣誉称号,律动等3个班组获得“江西省质量信得过班组”称号,安检护卫部彭泉等5名服务人员获得“用户满意服务明星”称号。

（谢　丽）

【《江西省民用运输机场管理办法》获省政府第十七次常务会议审议通过】　2013年12月30日,省政府第十七次常务会议审议通过《江西省民用运输机场管理办法》,这标志着作为江西省民航自成立近60年以来的第一部民用运输机场地方性法规正式出台。该办法将于2014年3月1日正式颁布实施。此次《办法》的出台,对规范民用运输机场的建设与管理,促进民用运输机场和临空经济发展,保障民用运输机场安全运营,维护有关当事人的合法权益,推动江西民航事业的快速、健康发展提供坚强、有力的法律保障。

（谢　丽）

【宜春明月山机场建成通航】　2013年6月26日上午11点09分,一架来自昆明的波音737—700飞机降落在明月山机场,停靠50分钟之后,又启程飞往上海,这架飞机的到来标志着宜春正式迈进航空时代,标志着江西省正式形成“一千五支”的机场布局。宜春明月山机场是国内第185个建成通航的机场,宜春机场的通航运营同步开启“地方政府直补运营亏损”的支线机场接收新模式。作为江西省赣西地区唯一的民用机场,宜春明月山机场服务范围主要包括宜春、新余、萍乡三座城市,以及九江修水、吉安安福等地,机场辐射3.4平方千米,服务1000余万人口。

（谢　丽）

【赣州机场扩建工程总体规划正式获批】　赣州黄金机场是《国务院关于支持赣南等原中央苏区振兴发展的若干意见》的重要支持项目,2013年8月29日,中国民用航空华东地区管理局正式批复赣州黄金机场总体规划(2013版),明确赣州黄金机场规划发展目标。本次总体规划近远期按4D规划,以2025年为近期规划目标年,2045年为远期规划目标年。近期按照年旅客吞吐量220万人次、年货邮吞吐量17600吨、年飞机起降23687架次规划,机位数达到21个,航站楼建筑面积3.4万平方米。远期按年旅客吞吐量600万人次、年货邮吞吐量48000吨、年飞机起降62422架次规划,机位数达到41个,航站楼建筑面积8.4万平方米。

（谢　丽）

【南昌首个城市候机楼共建合作协议签订】　2013年12月20日,江西省机场集团公司与江西泰耐克大酒店签订共建城市候机楼合作协议,标志着南昌首个城市候机楼建设正式启动,预计将在2014年年初投入使用。城市候机楼投入使用后,旅客可直接在酒店办理值机、行李托运等手续,进机场旅客仅需通过安检就可乘机。12月1

日起,始发于红谷滩泰耐克酒店的机场巴士2号(短班)已开始运行。城市候机楼的启用将为旅客提供更便捷的乘机体验。

(谢 丽)

【景德镇市逢3月31日起执行夏秋航班时刻】 3月31日至10月26日,景德镇市民航班执行夏秋航班时刻:景德镇至北京航班在每晚1班的基础上,逢周一、三、五、日加密1班早间航班(班期将根据市场需求进行适时调整),北京起飞时间为7:00,9:10抵达景德镇,景德镇起飞时间为10:00,11:55抵达北京,而此前每天19:50从景德镇起飞到北京的航班时刻不变。景德镇至成都、景德镇至厦门航班改由山东航空公司独飞。成都方向航班每周执飞4班(周一、三、五、日),景德镇至成都起飞时间调整为16:30,18:45到达成都。景德镇至厦门方向的航班起飞时间逢周一、五调整为23:00,23:55到达厦门;逢周三、日起飞时间调整为22:20,23:15到达厦门。

(涂 强)

【AC311直升机交付首批用户】 6月28日上午,3架AC311轻型通用直升机在江西景德镇市正式交付用户,天津市滨海新区公安局、北京航翔广告公司、云南驼峰飞机销售有限公司的代表从中航工业昌飞董事长余枫手中接过了直升机"钥匙"。AC311直升机顺利交付首批用户,标志着国产民用直升机正式进入中国航空市场。

AC311由中航工业直升机研究所和中航工业昌河飞机工业公司联合研制,被誉为"空中小精灵",最大起飞重量2.2吨,最大巡航速度236千米/小时,最大航程590千米,可广泛应用于飞行训练、公务飞行、公安执法、通信指挥、航空拍摄、海洋监视、抢险救灾、医疗救护、电力巡线、护林防火等领域。

AC311直升机贯彻了最新的国际适航标准,2012年获得中国民航局颁发的型号合格证和生产合格证,并按照最严格的运营标准通过AEG评审。中航工业直升机研究所和中航工业昌河飞机工业公司秉承市场为导向、客户为中心的原则,根据客户需求专门进行客户化改装,包括满足VIP客户服务要求。天津市滨海新区公安局购买的警用型直升机配有专用的扬声器和探照灯,能够满足警用公安执法要求。北京航翔广告公司购买的直升机是首架民营企业订购的国产直升机,设计师们根据用户要求为所购直升机选装真皮座椅,配备专用机载空调,配备专用脚踏。云南驼峰飞机销售有限公司购买的直升机属于标准型,主要用于通用航空服务。

(涂 强)

【次都航空票务有限公司开业】 7月8日,瓷都航空票务有限公司开业运营。

2012年底,瓷都航空票务有限公司注册成立,2013年1月取得中国航协资格认证,5月取得国际航协认证,至开业时获得全国8大航空公司机票代理销售权。作为景德镇市最大的航空票务代理公司,瓷都航空票务有限公司在市区设立枫树山教育小区、十八桥、景德镇火车站3个营业网点。瓷都航空票务有限公司的创立,极大地方便景德镇市民购买飞机票,促进景德镇外向型经济的发展。

(涂 强)

【AC311多用直升机天津国际直升机博览会上展示优越性能】 9月5日至8日,在第二届中国天津国际直升机博览会上,AC311轻型多用途直升机参加主题飞行表演和整机静态展览,在中外客商及游人面前展示其优越性能。

AC311直升机由中航工业昌河飞机工业公司和中国直升机研究所共同研制,具有完全自主知识产权。2010年11月8日,AC311直升机在天津首飞,2012年5月9日获得中国民用航空局颁发的型号合格证(TC),2012年10月26日通过中国民用航空局航空器评审组(AEG)审查,成劳霰自第一个通过AEG审查的直升机产品。2012年11月13日,AC311直升机获得中国民用航空局颁发的生产许可证(PC)。

AC311直升机按照与国际接轨的适航标准进行设计和验证,采用全数字化设计和制造技术,是一款2吨级单发单旋翼、带尾桨式多用途民用直升机,最大巡航速度241千米每小时,航程590千米,被誉为"空中小精灵"。AC311直升机最大起飞重量为2200千克,最多可乘坐6人。作为单旋翼常规布局轻型直升机,AC311型机座舱宽敞,全机振动小;座舱大面积的玻璃结构,视野开阔,乘坐舒适。整机维护简单，使用成本低。AC311 直升机飞行稳定、姿态优雅、操控灵活，并先后完成了高原和高寒取证试飞，充分展现了国产直升机的优越性能。

该机采用高橇式起落架，装备单台低油耗发动机，配置高度集成化综合航空电子系统。机头采用以驾驶员为原点，视野开阔的大面积玻璃设计，内饰和坐椅可满足用户个性化需求；整机大量使用复合材料。该机采用全数字化设计和制造技术，充分体现了安全性、经济性、舒适性、环保性的设计理念，适用于民用和准军事领域，可在高原、高寒气候条件下使用。AC311 直升机可广泛用于客货运输、飞行训练、通讯指挥、旅游观光、公务飞行；并可通过加装任务设备，满足医疗救护、电力巡检、地质勘探、空中执法、航空拍摄、飞播灭虫、护林防火等不同领域的作业需求。

（涂　强）

【亚洲最大吨位直升机获准投入市场】　12 月 18 日，国产大型民用直升机 AC313 通过中国民航局 AEG 审查，标志着这款亚洲最大吨位的直升机具备投入市场运营条件。

AEG 即航空器评审，是航空产品交付运营前的必备环节，以满足相关的训练、使用、维护、放行要求。该直升机于 2012 年 1 月 5 日取得型号合格证，是鞭囟首次开展适航取证的大型民用直升机，AEG 评审工作于 2008 年正式启动，2012 年加速推进。中航工业直升机所和中航工业昌飞公司开展了大量工作，按照国际标准，从组织机构调整，完善体系建设到优化驾驶舱、飞行维护程序制定等多方面进行了优化与完善。

该直升机是世界上首款根据美国航空运输协会最新制定的《旋翼航空器计划维修制定（RMSG—3）》标准全面完成分析和验证的直升机型号；首次按照国际 S1000D 标准，开发形成交互式电子技术手册，方便用户使用；首次在研制阶段对主要维修程序进行全面验证；首次由设计人员随机参与飞行手册关键程序验证；首次按照 CCAR61 部的要求，研制单位教员取得“旋翼机基础地面理论教员”资质；首次按照民机要求，开展国产航电系统仪表飞行能力评估和飞行验证。

中国地质灾害频发的地理环境、广袤的海疆和目前远低于世界直升机平均拥有量的现状，决定了大型直升机的广阔市场空间。低空领域的逐步开放，也为直升机带来井喷式市场需求。AC313 直升机具有卓越的飞行性能，适合在高原、海洋、高寒等特殊环境下飞行，飞行范围可覆盖全部疆域。

（涂　强）

【九江机场 2013 年旅客吞吐量实现历史突破】近几年，随着九江经济的快速发展，九江机场的旅客吞吐量一直保持着平稳较快的增长，尤其是 2013 年，在市委、市政府高度重视及相关单位大力支持下，九江民航管理局与九江机场分公司相互支持，密切配合，不断完善航线航班网络布局，辐射功能进一步增强，客货量取得了长足发展，确保了九江机场的稳定运营。

九江机场全年累计运行航班 1848 架次，旅客吞吐量达 118353 人次，成功突破十万人次大关，同比分别增长了 40. 85%，61. 56%。与此同时，货物运输也稳步增加，全年累计完成货邮 578 吨，同比增长82%，三项纪录均创九江民航历史之最。

（九江市交通运输局）

【九江机场如期实现“零事故、零事件、零投诉”目标】　九江庐山机场通航近 20 年以来，始终坚持“安全第一”的理念，不断的建设安全体系，积极落实安全责任到部门、到个人。九江民航管理局秉承着“安全第一、预防为主、综合治理”的理念，持续增加机场对设施设备、安全流程、净空环境督查的频次，切实做到发现隐患及时排除、及时整改，有效确保了军民航空安全起降，2013 年九江机场全年安全形势平稳，如期实现“零事故、零事件、零投诉”目标。

（九江市交通运输局）

【赣州机场分公司航空运输】　2013 年，协助赣州航空发展服务有限公司与各个航空公司联系开辟新航线（夏秋季开通石家庄—西安—赣州航线及南宁—赣州—杭州航线，冬春季开通赣州—南昌—天津航线及赣州—昆明航线），不断完善赣州机场的航线网络布局，满足旅客的出行需求。保持机场航线的正常发展，提高机场旅客吞吐量，增加机场收益。

充分利用春运和暑运高峰期,拉高流量,和航空发展公司合作营销航班航线市场,做好航班换季的市场宣传工作,利用新开通航线出台相关的优惠营销政策,如国航北京航线出台中转免费住宿优惠政策;赣州—广州和赣州:深圳航线出台一系列的中转联程套票等,极大地方便了旅客对航空延伸服务的需求。针对春运单向性特征,进行了节前出港和节后进港特价机票促销。按实际需求配合航空发展公司联系南航、东航调配运力,合理安排赣州至广州、上海航线的春节加班,满足了春节期间往来旅客的需求。不断挖掘潜力,重点开发地市市场和中间市场,与当地旅行社建立了定期的信息沟通机制。

赣州机场运营航线16条,通航城市17个(北京、深圳、广州、上海、成都、厦门、南昌、武汉、福州、南宁、天津、西安、石家庄、海口、杭州、昆明、杭州),平均周航班量140架次,进出港平均客座率73.1%,平均载运率55.9%。

2013年,赣州机场共完成旅客吞吐量626849人次,起降7038架次,货邮吞吐量3795.5吨。

(李发淳)

【赣州航空发展服务有限责任公司】 2013年,赣州航空发展服务有限责任公司在赣州市委、市政府和市交通运输局的正确领导下,面对民航业整体业绩严重下滑,国内民航客运市场持续低迷等不利情况,公司优化航线布局、深挖市场潜力,努力推动赣州民航业持续稳定发展。2013年赣州民航进出港旅客吞吐量62.68万人次,同比增长4.18%。

(李发淳)

索　　引

说　　明

1. 本索引内容为条目主题词及相关人名、地名、单位名、文件与事物名称。
2. 词条按汉语拼音首字母顺序排列。
3. 词条后的数字表示所在页码,a代表左栏,b代表右栏。重复出现的词以多个页码表示。
4. 年鉴的特载、专文、文献文件与附录未编入索引。

A

B

C

D

E

H

J

K

L

M

N

Y

Z

江西交通建设工程监理所

世行专家检查瑞赣高速公路项目

利用多媒体演示召开监理工作会议

江西交通建设工程监理所，成立于1994年5月，隶属于江西省交通设计研究院有限责任公司，是具有交通部公路工程甲级监理资质的专门从事交通建设工程监理服务的独立法人机构，能在全国范围内从事一、二、三类公路工程、桥梁工程、隧道工程项目的监理业务。2007年通过ISO9001:2000质量体系认证，同年获得交通部公路工程试验检测综合乙级资质。

监理所实行所长负责制，配有副所长、总工程师、总经济师、总会计师，下设综合部、生产经营部、中心试验室。机构设置合理，职责分明，精炼高效。项目管理实行二级管理、三级责任制体制。成立以来，完成高速公路等主要工程施工监理服务28项，里程超过1000千米，监理业务涉及了省内外诸多交通工程重点项目和部分地方工程项目。在所监理的工程项目中，企业始终坚持“干一项工程、创一块牌子、锻炼一支队伍、闯一方市场”的企业精神，严格遵守“严格监理、热情服务、顾客满意、持续改进”的质量方针，赢得了业主单位的好评，产生了良好的经济效益和社会效益，培养了一批具有丰富的监理、设计、施工经验的优秀人才队伍。共有7个项目获得江西省高速公路建设领导小组授予的项目“先进单位”称号、9个项目获得“先进集体”称号、20人次获“劳动模范”、91人次获“先进生产工作者”。2005、2011年获得江西省人民政府授予的“江西省‘十五’、‘十一五’重点工程建设先进单位”称号。

“十一五”重点工程先进单位

设计院领导与上武项目获奖劳模、先进合影

监理所的赣州绕城高速路段

中铁四局集团第四工程有限公司

公司总经理杨红卫莅临指导工作

公司工会主席程晓涛到工地检查指导工作

管控专家组检查指导

中国中铁四局集团有限公司是具有综合施工能力的大型建筑企业，是世界500强企业——中国中铁股份有限公司的标杆企业和骨干成员单位，持有铁路工程施工总承包特级资质，公路、市政、房建、机电安装工程施工总承包一级资质，桥梁、隧道等专业承包一级资质。同时，公司还拥有国外工程承包资质和对外经营权。除基础设施工程施工外，公司业务范围还包括建筑勘察设计、国家基础建设投资等多个领域。由于卓越的管理和良好的信誉，中国中铁四局集团有限公司成为自铁道部2005年开展铁路信用评价以来，在近百家铁路施工企业中唯一一家连续位居A类企业的单位。

中铁四局集团第四工程有限公司进场施工九江绕城A4标以来，非常重视九绕高速的建点及施工生产工作，迅速组织了一批精兵强干进行驻地、搅拌站的建设，很快具备了施工生产能力。在施工生产中项目经理部以高度的责任心和使命感，按时完成了九绕高速项目办制定的节点工期目标。九绕项目关键性节点工程之一青山湖特大桥全长1369米，便道需铺筑1100米，共填筑土方40800立方米，桩基144根。A4标针对青山湖大桥工期紧、任务重的特点，不断优化施工方案，科学安排施工计划。成立了12人的施工生产工作小组，保障青山湖特大桥下部桩基的施工能在雨季来临前结束。现场以生产副经理为组长，工程部、安质部、物资部、现场领工员为组员，24小时留住工地。在鄱阳湖水位持续上涨的严峻形势下，该项目部与施工队伍顽强拼搏、勇往直前，三天两夜的抢修施工便道，一桩一机抢抓剩余桩基施，抢在湖水淹没便道前完成了大桥所有桩基施工。随后一鼓作气，完成了一个又一个重要节点工期。

A4标项目经理部采取得力措施，力求组织生产科学化，安排工作合理化，做到均衡生产、安全生产，用自己的汗水和智慧，在九绕高速的青山绿水间奋力开拓，决心用精品工程塑造新丰碑。他们的努力使得项目建设取得安全质量、施工进度、环境保护、文明施工等方面的良好成绩，多次受到业主评比表彰，因高效完成节点工期目标得到业主贺电及全线通报表扬。他们还将发扬"勇于争先、永不满足"的企业精神，为江西的大建设大发展做出更大贡献。

庐山水泥厂铁路跨线桥架梁

模板规范施工

青山湖特大桥桥面铺装

中铁五局(集团)有限公司

中铁五局施工现场观摩会

引进新技术和设备确保工程质量上台阶

中铁五局（集团）有限公司始建于1950年，前身为西南铁路工程局，1970年局机关入驻贵阳，1979年分建为铁道部第五工程局，2000年改制为中铁五局（集团）有限公司，是世界500强之一中国中铁股份有限公司的主要成员企业。

公司现有总资产169亿元，拥有各种机械设备3500多台（套），现有员工23000余人，其中专业技术人员8700余人。拥有建筑施工、海外业务、房地产和酒店等较为合理的产业布局，年生产能力300亿元具有铁路工程施工总承包特级、公路工程施工总承包一级、市政公路工程施工总承包一级、水利水电工程施工总承包一级、房屋建筑工程施工总承包一级、桥梁工程专业承包一级、隧道工程专业承包一级、公路路基工程专业承包一级、公路路面工程专业承包一级、城市轨道交通工程专业承包等资质。

六十年来，公司先后参加了全国80多条铁路干线、100多条公路干线、10多个城市的轨道交通等重点工程，以及全国各地机场、码头、水利水电、市政工程的建设。公司积极拓展海外业务，参加了中亚、非洲、拉美、南太平洋地区10多个国家和地区的铁路、公路、房建及市政工程建设。改革开放以来，公司累计完成铁路建设5000多千米，公路建设6000多千米，创造了多项全国、亚洲、世界纪录，一大批工程项目荣获鲁班奖、詹天佑奖、国家优质工程奖、全国用户满意工程等国家级奖项。

科学管理、精心施工

九绕高速公路A5合同段成立了由李陵担任项目经理、张平根担任项目书记、苏辉担任项目总工、张厚法担任项目副经理的项目部领导班子。项目部参建员工跑步进场，采用边安家建点边施工的原则，积极开展各项施工准备工作。提出了“用制度抓工作、用工作提能力、用能力保目标”施工管理思路，不断加强现场宣传鼓动，充分调动和发挥主动性、积极性和创造性，奋力拼搏，迎难而上，使施工进度日新月异。多次获得业主月度评比前三名，并获得九绕项目办组织的第一阶段评比优胜单位等荣誉称号。

承建的九绕高速公路特大桥

广东省长大公路工程有限公司

公司承建的都九高速公路温泉隧道优质高效完成

公司工地场站标准化建设

广东省长大公路工程有限公司隶属于广东省交通集团有限公司，成立于建国初期，是一家具备国家公路工程施工总承包特级资质，拥有对外经营权的特大型国有施工企业。半个多世纪以来，公司艰苦创业，稳健经营，集聚了雄厚的实力，取得了辉煌的业绩，赢得了良好的社会信誉，在中国建筑行业中享有盛誉。悬索桥、斜拉桥及大跨径连续刚构桥施工技术，高速公路水泥混凝土、沥青混凝土路面摊铺以及海水造浆、挂篮悬臂施工、桥梁抗风减振、氧化沥青钢桥面铺装等工艺均居国内同行业先进水平。公司拥有国内外先进的大型桥梁安装、海上施工设备、路面施工拌和摊铺及隧道施工设备等 2000 多台（套），年土建施工能力 45 亿元。“十五”期间公司完成产值 132 亿元。

广东汕头宕石大桥

多年来，广东长大公司严格遵循“规范管理、优质诚信、顾客满意、精益求精”的质量方针和“遵章守纪、规范管理、文明施工、持续改进”的安全理念，通过了 ISO 9001 国际质量管理体系、OSH 18001 职业健康安全管理体系、ISO 14001 环境管理体系认证。先后获得科技成果国家级 8 项、省部级 23 项，获得“全国五一劳动奖状”“广东省文明单位”“AAA 级中国建设信誉企业”“AAA+ 级中国质量信用企业”等光荣称号，被列入全国建筑业 100 强。

广东省汕揭梅高速公路

公司在大力开拓省内外市场的同时，积极开展与美国、日本、丹麦、德国、澳大利亚等国家的公路技术项目交流与合作，充分利用广东毗邻港澳、东南亚的优势，积极探索国际工程承包。公司已完工程项目均以优质高效而获国际社会的好评。

在 50 多年的发展征程中，广东长大公司为广东省交通建设事业作出了重要贡献。特别是改革开放以来，共修筑公路 2000 多千米，其中高等级公路 1800 多千米，特大型、大中型桥梁 250 多座。主要代表作有：番禺洛溪大桥、高明西江大桥、东莞虎门大桥、佛开高速九江大桥、西部沿海高速公路崖门大桥、福建厦门海沧大桥、深圳湾公路大桥、湛江海湾大桥以及深汕、佛开、新台、京珠南、开阳、广惠、梅河、粤赣、渝湛等高速公路的路基、路面、桥隧工程。

广深珠高速公路虎门大桥工程

回首过去，广东长大公司的成功，离不开精湛的技术、雄厚的人才资源和健全的企业制度。展望未来，在充满机遇和挑战的 21 世纪，广东长大人将进一步整合技术、管理、人才等优势资源，与时俱进，锐意创新，再创“广东长大”新辉煌！

杭州湾跨海大桥

福建泉州大桥

中交二航局第五工程分公司

都九高速跨线桥施工

鹰潭信江大桥

中交第二航务工程局有限公司第五工程分公司（简称中交二航局五分公司），成立于1963年，本部位于武汉市，隶属于“世界500强”中国交通建设股份有限公司的全资子公司中交二航局。

经过50年的发展，中交二航局五分公司已成长为以路桥、港航、铁路、市政工程施工为主业，多元化经营的大型工程建设企业，拥有公路工程施工总承包特级、港口与航道工程施工总承包特级、市政公用工程施工总承包一级资质。现拥有各类机械设备1500台（套），通过设立技术中心、财务共享中心、物流中心、机械设备站、试验检测中心、精测大队等专业机构，为工程项目提供强有力的专业化服务。公司严格按照国家建设工程项目管理规范进行施工管理，先后获得“鲁班奖”、“詹天佑奖”、国家优质工程银质奖、中国市政工程金杯奖等。

作为中国港口工程骨干施工企业，二航局五分公司先后参与了江苏常州港万吨级通用码头、福建大唐电厂码头、安徽池州港散货码头、江西赣江石虎塘船闸等一大批水工重点工程建设。公司先后参建了珠海琪澳大桥、武汉军山长江大桥、江苏淮安大桥、九江长江公路大桥、贵州北盘江大桥、内蒙古荣乌高速黄河大桥等一大批特大型桥梁，进一步体现了公司的建桥技术、管理、人才和设备优势。

在以湖北、贵州、江西、内蒙等地区为重点的公路建设中，公司在不断造福员工的同时也取得了良好的社会效益，为当地交通建设做出了突出贡献，累计修建高等级公路300多千米。

公司注重科学管理与文化管理的有机结合，积极导入卓越绩效模式，建立“信息化、一体化”两个管理平台，实现了扁平化和快捷高效的管理模式，管理能力和科技创新能力大幅提升。

展望未来，二航局五分公司将巩固传统区域和产品，优化产业结构，加大科技创新力度，建设卓越文化，以“优秀的员工形象、优良的产品形象、优质的服务形象、优美的环境形象、优异的管理形象”赢得各方尊重，为打造更具特色、更高品质、更加幸福的百年企业而不懈努力！

南昌洪都大桥

赣江石湖塘航电枢纽工程

九江长江公路大桥

永武高速公路南山一桥

鞍 山 公 路 工

国道 205 线莱芜至新泰高速公路

洛三高速公路

鞍山公路工程有限公司成立于2005年7月，其前身是鞍山公路工程总公司，始建于1964年，至今已有48年的施工经历。企业现有注册资本12800万元，实有生产经营性固定资产原值15081万元。施工机械、检测设备778台，有职称工程技术经济人员339人，其中工程系列266人，工程系列中高、中级工程技术人员142人，有资质建造师43人，其中一级建造师20人;公司年工程施工能力6亿元。市场覆盖省内沈阳、鞍山、营口、本溪、铁岭、盘锦、朝阳等市，国内有辽宁、吉林、山东、江西、内蒙、黑龙江等省。

江西最大最宽公跨铁张家跨线桥

鞍山公路工程总公司前身是鞍山市交通运输管理局公路处，1988年更名为鞍山市公路工程公司，1989年又更名为鞍山市公路工程处，1997年按建筑业行业要求更名为鞍山市公路工程公司，1998年更名为鞍山市公路工程总公司，1999年市交通局将所属的交通工程公司公路施工部分及海、台、岫、千山的筑路公司划归公路工程总公司。2005年改制为鞍山公路工程有限公司。

近10年来，公司建成高速公路300余千米，高级路面800余万平方米，建成大中型桥梁60余座，其中特大桥7座，获各级优质工程奖50余项。

公司质量方针：以人为本重质量；科技兴企塑精品；各方满意创品牌；持续改进求发展。

公司环境、职业健康安全管理方针:控制污染，节能降耗;遵守法则，预防为主；减少风险，保障健康；全员参与，不断完善。

山东济南黄河大桥

程　有　限　公　司

建兴高速丁家沟转体桥

阜朝高速立柱施工

上基层摊铺

九绕高速上基层施工

九绕高速边坡绿化

九绕高速中面层摊铺

路面摊铺

中交一公局第六

建成通车的库阿高速公路

重庆轻轨项目

应急救援演练

承秦高速

寻乌至全南高速公路C2合同段是由中交一公局第六工程有限公司承建。本合同段位于江西省赣州市信丰县虎山乡境内，全长5.58千米，起点桩号为K85+960，终点桩号为K91+540。主要工程量为路基挖方148.2万立方米，填方118万立方米，路基排水防护20512.6立方米，大桥1942米/6座，涵洞2道、通道5道，各桥高墩总量46个，其中40米以上高墩占墩柱施工总量22.8%以上，最高墩柱达58.6米。项目管段内以变质岩类构造剥蚀丘陵地貌为主，植被发育，山势陡峻，沿线冲沟内地下水发育，施工难度大。寻全高速C2合同段项目部进场后便树立“抢进度、抓质量、保安全、重文明”的施工总目标，克服便道打通难度大、雨季施工、恶劣地质条件等种种困难，优质、高效、安全的完成了主体工程。在建设过程中召开了全线的预制梁场标准化观摩会及高墩施工安全应急演练等大型活动，施工安全、质量、进度一直在全线领跑，一直受到业主项目办表扬。

成绩的取得离不开公司对项目的支持，中交一公局第六工程有限公司是有着38年历史的国有公路施工企业。公司成立于1971年2月，原名交通部第一公路工程局第二工程处；2000年更名为路桥集团第一公路工程局天津工程处；2005年12月，经过改制重组中国交通建设集团有限公司成立，公司随更名为中交一公局第六工程有限公司。

公司具有公路工程施工总承包一级资质、市政公用工程施工总承包一级资质，具有公路路基、路面、桥梁、隧道、地基

公司哈大项目

工程有限公司

承秦高速瀑河大桥

四川广元罗家沟立交桥

与基础工程等专业一级资质。通过ISO 9000质量管理体系、ISO 14000环境管理体系、OHSAS 18000职业健康安全管理体系的三位一体认证。2010年，获得全国信用评价A级企业。

公司共有职工千余人，其中高、中级职称技术管理人员300余人，建立了公司专家团队，为新建项目前期策划、在建项目重大技术问题指导、专业技术骨干培养、高新施工技术课题研究等提供了有力支持，完成十余项公路、桥梁、隧道施工技术研发课题。几十年的施工经历，取得多项荣誉，先后获得“詹天佑奖”“鲁班奖”“全国优质工程一等奖”“全国优质工程银奖”“天津市海河杯奖”。先后被评为“全国优秀施工企业”“全国用户满意企业”“中央企业先进集体”及天津市“重合同守信誉单位”。

桥梁墩柱施工

隧道施工

寻全高速预制梁场

高架桥施工

沈丹客专

中交一公局桥隧

九绕高速公路项目办领导视察公司承建的 A7 合同段

九绕项目办领导视察施工现场

中交一公局桥隧工程有限公司（以下简称公司），创建于 2004 年，是中国交通基础设施建设的领军企业——中交第一公路工程局有限公司所属的大型国有独资子公司。公司注册地点为北京市丰台区科学城星火路 10 号，注册资金 30008 万人民币。公司拥有公路工程施工总承包一级资质和公路路基、路面、桥梁、隧道、土石方工程专业承包一级资质。

近几年，公司不断优化产品结构，积极向铁路、市政工程等领域拓展，使企业的生产规模和经营质量均实现了新的飞跃。2014 年公司新签合同额 43.13 亿元，营业额 56 亿元，利润总额 1.1 亿元。截至 2014 年底，公司工程遍及全国十九个省份，在建项目达 36 个，涉及路基、桥梁、路面、市政、铁路、隧道、地铁等领域。并且公司承建的多项工程被评为“部优”和“省优”，其中连徐高速公路和宿淮高速公路获国家土木工程“詹天佑大奖”。2014 年，公司参建的武汉市轨道交通一号线汉口北延长线工程、成武高速公路、沪昆客专湖南段、九江绕城高速公路、谷竹高速公路、京石二通道、十房高速公路等多项国家及省市重点工程相继建成通车，使公司的品牌知名度进一步提高；公司获得“2014 年全国优秀施工企业”、“公路建设行业诚信百佳企业”、“北京市实施用户满意工程（企业类）先进单位”等多项殊荣。

京沪高速铁路跨娄江大桥

2015 年是充满挑战和蕴含机遇的一年，面对国家宏观政策和新的形势，公司将抓住和用好这一重要战略机遇期，秉承“诚信、合作、人本、创新”的核心价值观，发扬“敢打硬仗、善打硬仗、攻必克、战必胜”的工作作风，认真践行科学发展观，巩固传统市场、拓展新型业务，注重经营质量、提高盈利水平，将公司打造成为综合实力更强的现代化企业，为客户创造超值回报，为国家的交通基础建设做出新的更大的贡献！

公司承建的宁宿徐高速公路盱眙南段路面工程

工 程 有 限 公 司

公司承建的九绕高速 A7 标周家湾分离立交桥全幅架通

公司承建的京承高速土建工程

大桥高墩架设

岳潜高速河东特大桥

沪蓉西高速父子关隧道

瑞寻高速公路架梁施工

哈大铁路客运专线工程

中铁十三局集

路面施工

数据测试

中铁十三局集团有限公司，是世界500强企业中国铁建所属的中央企业，是集施工、设计、科研、地产、物流于一体的大型工程总承包企业集团。其前身是组建于1948年8月的铁道兵第三师，1984年1月兵改工为铁道部第十三工程局，2001年6月改制为集团有限公司。

集团拥有24个类别的51项施工资质，其中铁路工程施工总承包为特级，有公路、市政、房建、水利水电、矿山、桥梁、隧道、机场、城市轨道、水工隧洞等一级资质36项，其他资质14项，并具有承包境外工程和境内国际招标工程资质。企业先后参加了大秦、京九、内昆、渝怀、青藏等50多条铁路和沈大、石中、广渝、京珠等60多条高速公路建设，以及多项特大桥、长大隧道施工和水利水电、工民建、矿山、钢结构、市政等多项工程的施工。

作为一支专业化的交通施工企业，中铁十三局集团有限公司以开拓的精神和雄厚的实力承揽省内外多项工程。集团施工地域遍及31个省市自治区，并进入了海外市场。先后参建了举世瞩目的国内四大标志性工程青藏铁路、南水北调、西气东输、西电东送工程，以及京九铁路、中国高速铁路京广高铁、京沪铁路、哈大客运专线等工程；参建了在复杂地质条件下施工的内昆、渝怀、宜万、贵广、兰渝铁路等80多条铁路工程，和赣粤、鹰瑞 、石吉

路面测量

路面施工

安全标志

团　有　限　公　司

消防演练

员工培训

等上百条高速公路工程；集团先后多次荣获国家级优质工程奖，其中鲁班奖10项，詹天佑奖4项，国家优质工程奖8项。荣获国家级科技进步奖4项，国家级工法9项，填补国内技术空白10余项。曾在全国500家大型建筑企业中排名第24位，在全国建设系统综合经营百强企业排序中名列第13位，获得“全国优秀施工企业”、“全国用户满意企业”、“全国建筑业优秀施工企业”、“全国首届工程管理现代化成果奖企业”、“全国工程建设质量管理小组优秀企业”、“全国守合同重信用企业”、“全国和谐劳动关系优秀企业”、“全国诚信等级‘AAA’企业”、“全国企业文化建设优秀单位”、“全国模范职工之家”等多项荣誉。

近10年来，中铁十三局集团有限公司决策者们将发展的目光投向了江西这块正在开发开放的红土地，他们以敢于挑重担、勇于搞实干的工作作风，开拓创新、奋勇争先的进取姿态，坚持安全为本、质量为上的经营方式，百折不挠、攻坚克难，力争用一流的水平、一流的工程和一流的业绩，在为江西的中部地区崛起的广阔舞台上展现出自己的不凡实力与非凡魅力。

此次由中铁十三局集团有限公司承建的九绕高速路AP2合同段属路面工程类别，起点桩号为K19+300，终点桩号为K46+664.75，全长27.364千米，主要工程项目为桩号范围内的路面施工（包括桥面铺装）、路面排水工程等。项目部位于江西省九江市星子县温泉镇境内，面对施工时间紧、工程量大的建设实际，中铁十三局集团有限公司高度重视、果断决策，立即抽调精兵强将，快速建成了3500平米的项目经理部，迅速完成了白站和占地200平米的工地实验室建设，并按业主要求完成黑站建设，保质保量完成了施工任务。

精心测量

摊铺施工

安全设施

中 铁 十 四 局 集

公司承建的九绕高速公路 A8 合同段

公司九绕高速 A8 标率先实现路基桥梁半幅贯通

中铁十四局集团有限公司是经国家建设部核准的具有综合施工能力的铁路特级施工总承包企业，具有公路工程施工总承包一级、市政公用工程施工总承包一级、房屋建筑工程施工总承包一级、水利水电工程施工总承包一级、公路路基工程专业承包一级、公路路面工程专业承包一级、隧道工程专业承包一级、桥梁工程专业承包一级、城市轨道交通工程专业承包增项资质和国土资源部核准的地质灾害防治工程施工甲级资质，并经国家商务部批准，享有对外经营权。集团所辖 11 个全资子公司、3 个专业性分公司、海外分公司和北京、杭州、武汉、广州、成都、青岛、西安等 7 个区域性工程指挥部以及武广客专、广深港客专、达成、宜万、包西、京沪高铁、南京长江隧道、四川五一桥水电站和阿尔及利亚公路等工程指挥部。7 个子公司均具有一级施工总承包和专业承包资质。主要承担铁路、公路、市政、房屋建筑、水利水电、桥梁、隧道、机场、码头、地铁、城市轻轨等各类总承包和专业承包项目。2004 年集团公司开始步入建筑业的高端市场，投资了多项 BT、BOT、BOO 项目，项目代建业务和房地产开发规模不断扩大，资本经营业务呈现良好的发展态势。集团公司积极开拓海外建筑市场，目前已成功进入阿富汗、阿尔及利亚、印度、尼日尔等国家，承建工程总量已达 100 亿元以上。

已建成开通的浙赣铁路复线公跨铁立交桥

集团公司注册资本金 5.1 亿元。集团总资产 118 亿元，拥有各类进口的公路、铁路、水利、桥隧、地下工程等大型工程机械设备 2227 台（套），设备原值 16.93 亿元，集团年施工能力达 130 亿元以上。

中铁十四局集团公司前身为铁道兵第四师，组建于 1947 年，先后参加了近 60 条、长达 2900 余千米的铁路主干线、复线、客运专线的建设；担负过 200 多条 2600 多千米的高速公路的施工任务；承建的特大桥、高架桥、大型立交桥有上百座；完成隧道施工 500 余座，

东营黄河大桥

团　有　限　公　司

三岔河特大桥

青岛流亭立交桥

总延长米为368000米；参建的机场有20余个，承建高层建筑100多座，总建筑面积达268万平方米；还参加了北京、广州、天津、武汉、南京、成都、沈阳、西安等城市轨道交通工程的建设。集团公司先后荣获“全国企业文化建设优秀奖”“全国工程建设质量管理优秀企业”“全国技术先进企业”“创鲁班奖工程特别荣誉单位”“中国文化管理先进单位”等荣誉称号。

中国铁建中铁十四局集团有限公司坚持以“诚信、合作、创新、卓越”为经营宗旨，竭诚为国内外用户提供优质的建筑产品和最佳的服务。

集团承建的荣获中国建筑工程鲁班奖的济南经十路

张石高速公路东峪河特大桥

九绕高速特大桥施工

天路　青藏铁路

中铁十五局集

公司承建的万宜高速 A1 合同段施工现场

浇注第一片梁

中铁十五局集团有限公司是集施工、设计、科研为一体的国家铁路工程施工总承包特级企业，房屋建筑工程施工、公路工程施工、水利水电工程施工、市政公用工程施工总承包一级企业，隧道工程专业承包，桥梁工程专业承包，公路路面专业承包，铁路铺轨架梁专业承包一级资质，城市轨道交通专业承包资质和地质灾害治理工程甲级施工企业，具有开展国外经济合作业务的资格，2001 年 4 月，按照国有企业建立现代企业制度的要求，正式改制为中铁十五局集团有限公司。

标准化料仓

中铁十五局集团有限公司现有正式职工 2 万余人，下辖 10 个控股公司，16 个分公司和局属工程指挥部，专业技术管理人员 5000 余人，拥有大型机械设备 3000 余台（套），年施工能力可达 300 亿元以上。先后获国家级优质工程 30 余项，其中鲁班奖 9 项，詹天佑大奖 3 项，完成科技开发项目 91 项，获国家和省部级科技进步奖 18 项。

公司先后参加了 50 多条国铁干线和 300 多条高速公路建设，在市政建设，城市立交，高层建筑，通信电力，

万宜高速特大桥施工

团 有 限 公 司

静载试验

涵洞盖板施工

水利水电，地铁轻轨，国防洞库等领域业绩突出。近年来，每年完成税利在6亿元以上。目前，公司在江西万宜高速公路在建工程为A1合同段。

中铁十五局集团有限公司已具备跨地区，跨行业，跨所有制和跨国经营的能力。各级领导和全体员工，将秉承“诚信，创新永恒；精品，人品同在”的企业价值观，全面贯彻安全管理方针，努力建设国内一流，国际知名的现代企业集团。

架梁施工

边坡绿化

安全防护

万宜高速路基施工

中铁二十局集团第

内昆铁路：全国环保示范工程

宝鸡蟠龙大桥

中铁二十局集团第六工程有限公司是国家房屋建筑工程施工总承包一级企业。前身为中国人民解放军铁道兵十师所属部队，始建于1949年4月，1984年奉国务院、中央军委命令集体转业并入铁道部，2002年3月建立现代企业制度改制为现名称。公司具有房屋建筑、公路工程、市政公用工程施工总承包一级资质，铁路工程施工总承包二级资质，装修装饰、桥梁工程、隧道工程、公路路基工程、土石方工程专业承包一级资质和管道安装施工特种许可的业务范围。公司愿景：行业一流、追求卓越。公司秉承“责任高于一切，诚信是最大的智慧”的价值理念、“精品人品同在，质量生命共存”的企业精神和“确保履约能力，与您共同发展”的企业使命，致力于创造对人类和环境充满关怀的建筑艺术品。

生产周例会

公司寻全高速公路项目为寻乌（赣闽界）至全南高速公路寻乌至信丰段土建工程—B3合同段，中标价3.118亿元。自项目开工以来，项目部先后克服了资金紧缺、征地协调、电力架设、材料供应等诸多困难，妥善处理好多边关系，始终坚持“快速严谨、务实高效”的企业作风，牢固树立“铁军”思想，强化责任意识。项目部坚持通过每日碰头会、周例会、生产调度会、定期检查等多种形式掌握施工动态，部署周计划任务并严格实行奖惩制度；面对问题绝不退让，积极寻求切实可行的施工方案，为全面完成项目任务，共担风雨，齐心协力！

广州西二环金沙互通立交

六工程有限公司

世界第一高隧道——青藏铁路风火山隧道

鲁班奖——雁门关隧道

下庄隧道半幅路面施工

预制梁混凝土捣固

寻全高速公路全线最长桥——大田脑高架桥

桥梁墩柱施工

黄万铁路独流减河特大桥

中 铁 隧 道 集 团

贵广铁路梁片架设

贵广铁路莫家寨大桥移动模架过孔

钢筋加工厂

广深铁路港羊角隧道光面爆破

中铁隧道集团三处有限公司是世界企业五百强、世界品牌之一的中国中铁股份有限公司下属的中铁隧道集团有限公司的全资子公司，注册资本2.1亿元。拥有公路工程、市政公用施工总承包一级，地基与基础工程、桥梁工程、隧道工程、公路路基工程专业承包一级，城市轨道交通工程专业承包资质。机电安装工程施工总承包一级，公路工程综合乙级，国内贸业，旅业资质。主要从事铁路、市政、公路、长大隧道、城市轨道交通、地基与基础、桥梁、水利水电、机电设备安装等工程的施工。年生产隧道能力80000米，桥梁12000，路基1000万立方米，年施工产值50亿元以上。通过了ISO 9001:2000质量管理体系、ISO 14001:2004环境管理体系和GB/T28001—2001职业健康管理体系认证，承包工程合格率达100%，优良率98%以上。

公司与有50多年施工历史，为成昆线沙木拉打，襄渝线大巴山、衡广复线大瑶山、南昆线米花岭隧道做出决定性贡献;改革开放以来，公司面向市场，先后在全国20多个省、市、自治区承建了数百项高速公路、市政、地铁、水利、地基与基础、矿山、码头等工程。其中，衡广复线大瑶山隧道荣获国家科技进步特等奖；深圳罗莎公路梧桐山隧道、川藏公路二郎山隧道荣获中国建筑工程最高奖－鲁班奖；广州地铁二号线越秀公园路、重庆轻轨临江门车站，深圳地铁国贸—老街区间荣获中国土木工程詹天佑大奖。另外，深圳地铁国贸—老街区间1890吨大轴力桩基托换，暗挖重叠隧道创中国企业新纪录。

贵广铁路梁场全貌

三处有限公司

福建永春到永定高速公路九斗洋大桥架梁

路基防护骨架施工

中铁隧道集团三处有限公司拥有国内领先的专业施工技术，尤其在软弱围岩、膨胀性围岩、浅埋地段，涌水，溶洞、岩爆、黄土等不良地质条件下修建各类隧道及地下工程等方面具有独到的施工技术，开发运用了“新奥法”“CRD 工法”“中导洞法”“岩锚梁”“双侧壁法”，在地铁施工中广泛采用了“明挖顺筑法”“鑫挖逆筑法”“咬合桩工法”“桩基托换”“重叠隧道法”等先进施工工艺。面向未来，中铁隧道集团三处有限公司将以“一切为用户服务、一切让用户满意”为宗旨，真诚同社会各界广泛交流与合作，共谋发展，共创辉煌，以更多的精品工程服务人民，报效国家。

谷城至竹溪高速公路隧道洞口布置

安全文明施工

重庆轨道交通大坪车站二衬成型图

尖峰山隧道进口洞门

寻全高速 LM2 标
路面底基层施工

安全生产

浙江省交通工程建设集团

公司承建的九绕高速公路 A2 标项目经理余樟华现场介绍施工情况

九绕高速公路鞋山湖特大桥

规范施工安全生产

浙江省交通工程建设集团是拥有公路工程总承包特级资质的施工企业，年产值超过60多亿元，是浙江省内规模最大、实力最强的省级交通工程施工企业。

近年来，面对日趋激烈的市场竞争，公司一直以来注重科技投入，转变增长方式，逐步由要素驱动向科技驱动转变。业务不断从省内拓展到省外、海外，经营模式也从单一施工拓展到设计施工总承包、BT 等模式。集团公司现有职工 4000 余人，各类专业技术人员 1700 余名，其中具有高、中级技术职称的近 800 人。路面施工设备有 5000 型拌合楼 4 套，3000 型、4000 型拌合楼 30 余套，大型进口摊铺机近 30 台，压路机近百台。

公司先后参与了杭金衢 G60、沪杭 G60、杭新景 G56、甬金 G1512、两龙 G25、申嘉湖 S12、杭浦 G60 、黄衢南 G3 等浙江省内所有高速公路的施工及江西、湖南、内蒙、甘肃、福建、新疆、黑龙江等多地高等级路面建设，以及刚果（布）国家二号公路路基及沥青路面的施工。承建的路面工程总里程达 3200 多千米，路面工程质量合格率达 100%，优良率达 95% 以上。沥青混凝土路面施工技术始终处于国内和同行业施工企业领先水平。集团公司注重项目整体策划，组织内部专家组进行现场勘察、方案对比、论证，形成实施性施工组织设计；积极推进项目标准化建设，贯彻落实《高速公路施工标准化技术指南》系列要求，对所有在建项目实施标准化、程序化和精细化管理，并取得了卓越成效。

公司为路面工程的安全生产在资金、人员和管理方面提供了足够的保障，使得路面项目的安全生产工作得到顺利的开展。认真贯彻落实了省交投下发的“安全生产，一岗双责”的责任考核制度。让现场的每一个管理员都参与安全管理，将安全事故的发生率降至最低点。

公司承建的九绕高速公路鞋山湖特大桥

中交第四公路工程局有限公司

时任江西省委常委、常务副省长凌成兴视察公司昌九技改项目工地

程家畈大桥25米高墩柱

中交第四公路工程局有限公司（以下简称"四公局"）是隶属于中国交通建设股份有限公司的全资子公司。四公局经过三十余年的发展，现已成长为一家以公路、桥梁、铁路、房地产、市政工程施工为主业的多元化经营的大型工程建设企业，注册资金3亿元，总部位于北京。

制梁场全景

目前，四公局下辖5个全资子公司、6个分公司，3个直属项目部，具有公路工程施工总承包一级、房屋建筑工程施工总承包一级、市政公用工程施工总承包一级、建筑装修装饰工程专业承包一级以及桥梁工程、隧道工程、公路路面工程、公路路基工程专业承包一级资质，主要承接国内外高等级公路、特大型桥梁、市政工程和长大隧道、房屋建筑，并从事房屋装修、桥梁道路监测及其他民用工程。施工项目分布在国内30多个省（市）、自治区和境外多个国家。

四公局坚持以市场为导向、以质量求生存、以管理创效益、以和谐促发展的经营理念，依靠管理创新、制度创新和技术创新，全方位提升企业核心竞争力。展望未来，四公局愿与各界真诚合作，和谐发展，共创辉煌，为祖国的基础设施建设事业作出更大的贡献。

米仓山隧道洞口

扬中市奥体中心钢结构

承朝高速大石庙大桥

河北广通路桥集团有限公司

寻全高速土方填筑

寻全高速黄坑二高架桥

河北广通路桥集团有限公司座落于河北省邯郸市，是一家集承揽高等级公路工程、筑路机械设备租赁为一体的股份制民营企业、河北省重点支持30家骨干优势建筑业企业。公司组建于2000年，注册资金为6.1亿元，具有国家建设部颁发的公路工程施工总承包一级；桥梁工程专业承包一级、隧道工程专业承包一级、公路路面工程专业承包一级、公路路基工程专业承包一级、公路交通工程专业承包交通安全设施资质；公路养护工程施工一类，公路养护工程施工二类（甲级）；市政公用工程施工总承包二级；同时通过质量体系认证、职业健康安全管理体系、环境管理体系整合认证。经营范围包括：公路、桥梁、隧道、公路养护、市政及工业与民用建筑工程。公司现有员工860人，有大型机械设备360余台套，其中沥青含量测定仪、车辙试验成型机等设备具有国内外先进水平。

自公司成立以来，在社会各界的支持下，共参加本省和外省的高等级公路建设数十条（段），总里程达700多千米，大型桥梁建设30多座，总计1.8万余延米，已经竣工的工程建设项目，工程质量全部达到优良，曾多次受到业主单位的表彰、奖励及社会各界的好评。河北广通路桥正以雄厚的实力谋求着新的发展，以全新面貌迎接着新的挑战，公司将始终秉承“以质量赢得市场、信誉成就未来”的宗旨，愿与社会各界同仁广泛交流、资源共享、互通有无、齐心合作，共同创造美好的明天和灿烂辉煌的未来。

寻全高速龙竹高架桥盖梁施工

黄坑高架桥高墩

黄坑一高架桥架梁施工